찰리 채플린
나의 자서전

MY AUTOBIOGRAPHY
by Charlie Chaplin

Copyright © Charles Chaplin 1964
PAC Holding, S.A. 1964
All images from Chaplin films made from 19118 onwards, Copyright © Roy Export Company Establishment. Charles Chaplin and the Little Tramp are trademarks and/or service marks of Bubbles Inc. S.A. and/or Roy Exports Company Establishments, used with permission.

Cover photograph © Roy Export Company Establishment
All photographs unless otherwise specifically acknowledged are the copyright of the Roy Export Company Establishment.

All rights reserved.

Korean translation copyright © 2007 Gimm-Young Publishers, Inc.

This Korean edition was published by Gimmyoung Publishers Inc. in 2007 by arrangement with Random House Group Ltd, London through KCC(Korea Copyright Center Inc.), Seoul.

My Autobiography

찰리
채플린
나의 자서전

찰리 채플린 | 류현 옮김

김영사

찰리 채플린, 나의 자서전

1판 1쇄 발행 2007. 12. 14.
1판 7쇄 발행 2023. 4. 10.

지은이 찰리 채플린
옮긴이 류현

발행인 고세규
발행처 김영사
등록 1979년 5월 17일(제406-2003-036호)
주소 경기도 파주시 문발로 197(문발동) 우편번호 10881
전화 마케팅부 031)955-3100, 편집부 031)955-3200 | 팩스 031)955-3111

이 책의 한국어 판 저작권은 ㈜한국저작권센터(KCC)를 통한 저작권자와의
독점계약으로 김영사에 있습니다. 저작권법에 의해 한국 내에서 보호를 받는 저작물이므로
무단전재와 복제를 금합니다.

값은 뒤표지에 있습니다.
ISBN 978-89-349-2790-7 03990

홈페이지 www.gimmyoung.com 블로그 blog.naver.com/gybook
인스타그램 instagram.com/gimmyoung 이메일 bestbook@gimmyoung.com

좋은 독자가 좋은 책을 만듭니다.
김영사는 독자 여러분의 의견에 항상 귀 기울이고 있습니다.

실망과 근심으로 가득한 세상에서
절망에 빠지지 않기 위해 선택할 수 있는 탈출구는
철학이나 유머에 의지하는 것이다.

찰리 채플린

차례

들어가는 말 내 인생의 서막 8

1 엇갈린 운명의 무대 · 15
2 가난 그리고 가족이라는 이름 · 43
3 여덟 살 꼬마 배우 · 79
4 아버지의 죽음 · 101
5 희극배우가 되다 · 145
6 나의 사춘기 시절 · 181
7 청춘이라는 무대 · 217
8 미국으로 가는 길 · 241
9 정든 희극무대를 떠나다 · 269
10 뜨내기의 탄생 · 287
11 내 이름은 찰리! · 331
12 꿈에 그리던 백만장자가 되다 · 371
13 할리우드에서 만난 세기의 거장들 · 395
14 내 연기론과 영화론 · 425
15 유나이티드 아티스트 영화사 설립 · 445
16 〈키드〉의 시절 · 475

My Autobiography

17 십 년 만의 영국 방문 • 553
18 어머니의 죽음 • 595
19 유나이티드 아티스트 시절 • 621
20 나의 '황금광 시대' • 649
21 무성영화의 황혼기 • 691
22 두 번째 영국 방문 • 711
23 나의 동방견문록 • 779
24 나의 세기, 〈모던 타임스〉 • 799
25 2차 세계대전 그리고 〈위대한 독재자〉의 탄생 • 829
26 정치의 소용돌이 • 863
27 우나를 만나다 • 889
28 〈무슈 베르두〉 • 923
29 공산주의자로 몰리다 • 951
30 할리우드여 안녕! • 981
31 은막은 내리지 않는다 • 1005

옮긴이의 말 익살 연기에 녹아든 시대의 양심 • 1038
작가연표 • 1041 **작품목록** • 1049 **찾아보기** • 1053

| 들어가는 말 |
내 인생의 서막

웨스트민스터브리지가 놓이기 전까지 캐닝턴 가는 우마차나 겨우 다닐 수 있는 작은 길에 불과했다. 캐닝턴 가는 내가 어린 시절 대부분을 보낸 추억이 서려 있는 곳으로, 1750년 이후에 웨스트민스터브리지에서 브라이튼까지 곧장 연결하는 새로운 도로가 뚫리면서 빠르게 변화했다. 새 도로를 따라 건축학적으로 손꼽히는 멋진 저택들이 차례로 들어섰고, 도로를 향하고 있는 발코니에서는 조지 4세가 브라이튼으로 행차하는 모습도 지켜볼 수 있었다고 한다.

19세기 중엽이 되면서 이들 저택은 대부분 임대 주택과 아파트로 전락했지만 다행히 의사들, 성공한 상인들 그리고 인기 보드빌(노래·춤·만담·곡예 등을 섞은 쇼—옮긴이) 배우들이 소유한 저택들은 원래 지을 때 모습 그대로를 유지하고 있었다. 일요일 아침이면 캐닝턴 가는 보드빌 배우를 태울 멋진 마차들로 일대 장사진을 이뤘다. 보통 보드빌 배우들은 마차를 타고 캐닝턴에서 10마일이나 떨어진 노드나 머튼까지 갔다. 그리고 돌아오는 길에 캐닝턴 가에 있던 화이트호스, 호른스 그리고 탱커드 같은 선술집에 들러 식사를 하거나 술을 마시곤 했다.

열두 살 무렵 나는 자주 선술집 탱커드 앞에 서서 마차에서 내려 바로 술집 들어가는 배우들을 부러운 눈초리로 바라보고는 했다. 탱커드는 당대 유명 보드빌 배우들이 자주 들락거리던 선술집으로 그들은 점심을 먹으러 집으로 돌아가는 길에 잠깐 들러서 '한잔' 걸치는 것을 일요일의 주요 일과 중 하나로 여겼다. 체크 무늬 양복에 회색 중산모를 쓰고 반짝이는 다이아몬드 반지와 넥타이핀을 하고 있던 그들은 정말 멋져 보였다. 일요일 오후 2시, 선술집이 문을 닫을 시간이면 손님들은 밖으로 나와 아쉬움을 달래며 작별인사를 나누었다. 나는 그런 모습이 흥미로워 넋을 잃고 바라보고는 했다. 개중에는 취기 때문이었는지 다소 거들먹거리는 사람들도 있었는데, 그런 모습은 조금 우스꽝스러웠다.

사람들이 모두 돌아가고 나면 나는 마치 해가 구름 속으로 사라진 것처럼 마음이 허전했다. 그러면 캐닝턴 가 뒷골목에 죽 늘어선 낡고 초라한 집들을 지나, 당장이라도 무너질 것 같은 계단을 터벅터벅 걸어 올라 집으로 돌아갔다. 우리는 파우널 테라스 3번지에 있던 한 낡은 집의 다락방에서 살았다. 집은 허름하기 그지없었고, 방 안엔 항상 하수구에서 나는 음식 썩는 냄새와 남루한 옷에서 피는 곰팡내가 진동했다. 아마 그 일요일에도 나는 탱커드 앞에 서서 유명 보드빌 배우들을 부러운 시선으로 바라보다가 돌아오는 길이었을 것이다. 어머니는 창가에 우두커니 앉아 밖을 내다보고 계셨다. 그리고 집에 돌아온 나를 보며 힘없이 엷은 미소를 지으셨다. 방은 12평방미터 남짓했던 것 같은데, 아무튼 숨이 막힐 정도로 작았다. 천장은 반듯하지 않고 경사져서 더 낮아 보였다. 벽 쪽에 붙여놓은 식탁에는 씻지 않은 접시들과 찻잔들이 수북이 쌓여 있었고, 천장 낮은 쪽 벽면 구석에는 오래된 철제 침대가 초라하게 놓여 있었다. 그나마 침대는 어머니가 흰색으로 새로 칠을 해 깨끗한 편이었다. 침대와 창문 사이에는 작은 벽난로가 붙어 있었고, 침대 옆에는 오래된 안락의자가 놓여 있었다. 이 의자는 등받이를 젖히면 침대로 사용할 수 있었는데, 시드니 형이 선원으로 일하러 나가기 전에 침대로 썼다.

그날따라 방 안은 더 스산해 보였다. 어머니가 방을 정돈하지 않아 그랬을 수도 있지만, 다른 뭔가 좋지 않은 기운이 감돌았다. 서른일곱 줄에 들어선 어머니는 항상 밝고 명랑했다. 그리고 정리 정돈하는 것을 좋아해 허름한 다락방도 그럭저럭 포근하고 살 만했다. 특히 쌀쌀한 겨울 일요일 아침에 눈을 뜨면 방은 언제나 깨끗하게 정리되어 있었고 벽난로를 피워 훈기가 돌았다. 벽난로 위에 올려놓은 주전자에서는 김이 모락모락 피어올랐고, 난로 불 똥막이 울 옆에는 대구나 훈제 청어를 얹어 불에 데웠다. 그리고 침대에 누워 만화책을 읽곤 했던 나를 위해 어머니는 토스트를 만들어주셨다. 기분이 좋아 보이는 어머니, 아늑한 방 그리고 티 포트의 물 끓는 소리 등은 일요일 아침을 즐겁게 해주었다.

그러나 그 일요일, 어머니는 무슨 일인지 멍하니 창밖만 바라다보고 계셨다. 사실 그날뿐만 아니라 근 사흘째 어머니는 평상시와 달리 아무런 말도 없이 뭔가에 사로잡힌 듯 그렇게 창가에 앉아 계셨다. 나는 어머니가 무엇을 걱정하는지 알았다. 선원으로 일을 나간 형 시드니는 두 달 넘게 감감무소식이었고, 어머니가 품팔이를 하려고 빌린 재봉틀은 사용료를 내지 못해 임대인이 도로 뺏어가버린 상황이었다. 당시 흔히 있는 일이었다.

그리고 내가 댄스 교습으로 벌어오던 5실링도 일을 그만두면서 갑자기 끊기고 말았다.

항상 어렵게 살았기 때문에 이번에는 어떤 어려운 일이 닥쳤는지 감을 잡을 수 없었다. 그리고 나는 어린애였다. 어린애들이 거의 다 그러듯이 어려운 일은 쉽게 잊어버렸다. 나는 학교가 끝나면 언제나 집으로 곧장 달려와 어머니의 심부름을 도왔다. 음식물 쓰레기를 내다 버리고 들통에 깨끗한 물을 길어놓은 다음 서둘러 매카시네 집으로 향했다. 나는 매카시네 집에서 저녁 내내 놀다가 집으로 돌아왔다. 사실 스산한 다락방 구석을 벗어날 수 있으면 어디든 좋았다.

매카시네 식구들과는 어머니가 보드빌 극장에 나갈 때부터 알고지낸 친구 사이였다. 그들은 캐닝턴 가에서 그래도 여유 있는 사람들이 사는 지역에 괜찮은 아파트를 갖고 있었다. 그리고 윌리라는 아이가 있었는데, 나는 어두컴컴해질 때까지 그 애와 함께 놀았고 항상 같이 우유나 차를 마셨다. 정신없이 놀다가 끼니를 얻어먹은 경우도 한두 번이 아니었다. 이따금 매카시 부인이, 요즘 도통 어머니를 뵐 수 없구나,라며 어떻게 지내는지 안부를 물어오기도 했다. 그럴 때마다 나는 어머니가 바쁘시다는 둥 이런저런 핑계를 둘러댔다. 그러나 실은 집안 사정이 좋지 않을 때면 어머니는 좀처럼 극장 친구들을 만나려고 하지 않으셨다.

물론 아무 데도 나가지 않고 집에 종일 붙어 있는 경우도 많았다. 그럴 때면 어머니는 내게 차를 끓여주거나 쇠고기 기름에 빵을 튀겨주기도 했다. 얼마나 맛있었던지 지금도 생각하면 군침이 돈다. 그리고 가끔 한 시간씩 책도 읽어주셨는데 어찌나 재밌게 읽어주시는지 어머니랑 같이 있는 것이 큰 즐거움이었고, 매카시네 집에 가는 것보다 집에 있는 것이 더 좋다는 생각이 들기도 했다.

그 일요일 날, 내가 방 안에 들어서자 어머니는 고개를 돌려 화가 난 듯 매서운 눈초리로 나를 쳐다봤다. 나는 어머니의 모습에 적잖이 놀랐다. 몸은 야윌 대로 야위어 있었고, 고통에 겨운 듯 괴로운 눈빛을 하고 있었다. 이루 형용할 수 없는 슬픔이 나를 엄습했다. 나는 순간 어머니 곁에 있어야 할지 아니면 이런 어색한 상황에서 도망쳐야 할지 마음을 정할 수 없었다. 어머니는 무심한 눈초리로 나를 바라보며 물었다.

"왜 매카시네 집에 놀러가지 않았니?"

나는 눈물이 나오려는 것을 꾹 참으며 대답했다.

"엄마랑 있고 싶어."

어머니는 아무 대꾸 없이 고개를 돌려 다시 멍하니 창밖을 내다봤다. 그리고 이렇게 말을 이었다.

"매카시네 집에 가서 저녁을 먹고 와. 집에는 먹을 게 아무것도 없어."

어머니의 목소리는 분명히 화가 나 있었다. 그러나 나는 애써 못 들은 척했다. 그러다가 기어들어가는 목소리로 대답했다.

"엄마가 원하시면 그렇게 할게요."

어머니는 창백한 얼굴에 미소를 지으면서 내 머리를 쓰다듬어 주었다.

"그래, 어서 갔다 오렴."

그래도 나는 집에 있겠다고 졸랐지만 어머니는 막무가내였다.

결국 나는 초라한 다락방에 어머니를 혼자 놔두고 죄지은 사람처럼 매카시네 집으로 향했다. 그때 나는 끔찍한 운명이 어머니를 기다리고 있을 줄은 꿈에도 몰랐다.

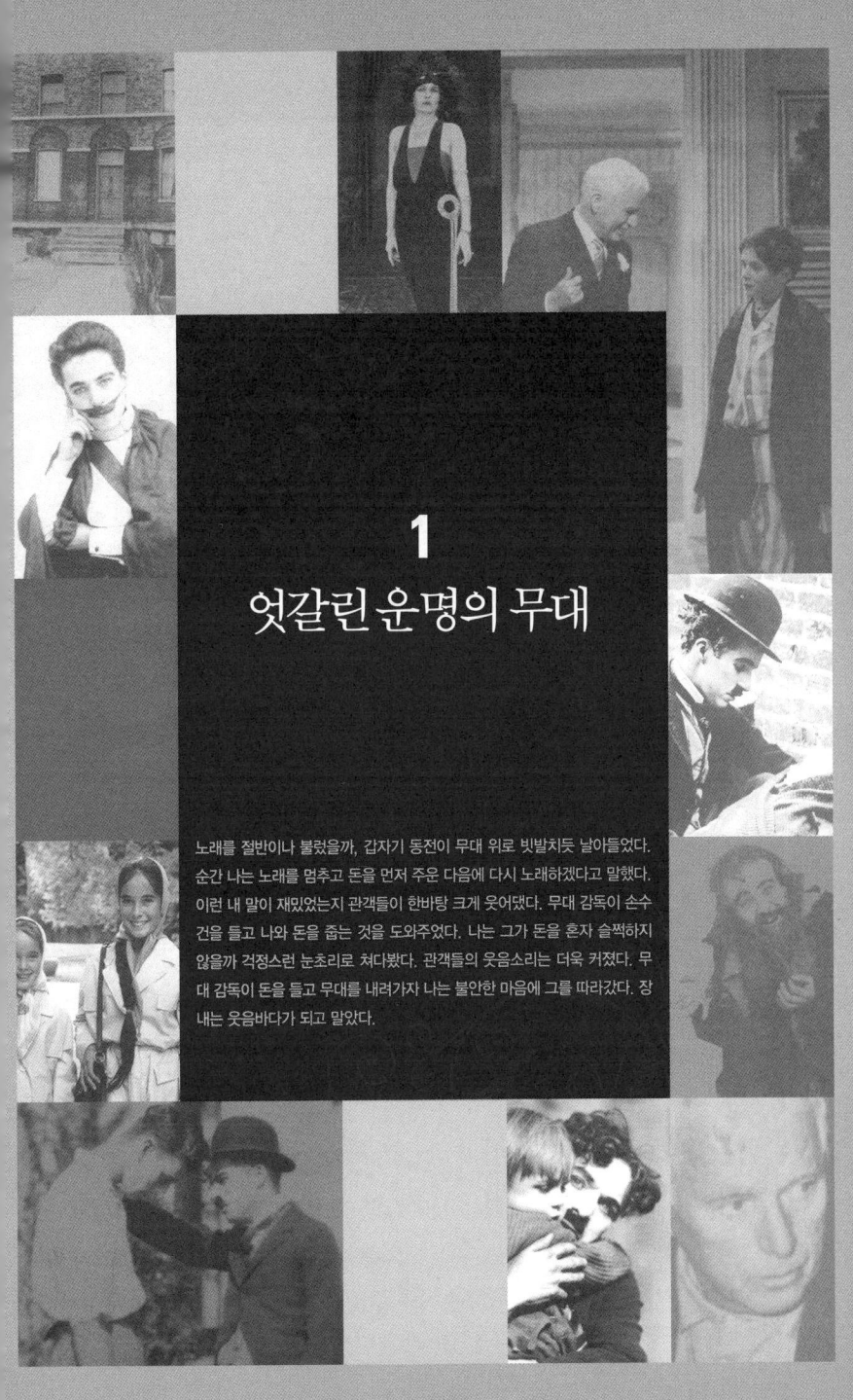

1
엇갈린 운명의 무대

노래를 절반이나 불렀을까, 갑자기 동전이 무대 위로 빗발치듯 날아들었다. 순간 나는 노래를 멈추고 돈을 먼저 주운 다음에 다시 노래하겠다고 말했다. 이런 내 말이 재있었는지 관객들이 한바탕 크게 웃어댔다. 무대 감독이 손수건을 들고 나와 돈을 줍는 것을 도와주었다. 나는 그가 돈을 혼자 슬쩍하지 않을까 걱정스런 눈초리로 쳐다봤다. 관객들의 웃음소리는 더욱 커졌다. 무대 감독이 돈을 들고 무대를 내려가자 나는 불안한 마음에 그를 따라갔다. 장내는 웃음바다가 되고 말았다.

연극배우 집안에서 태어나다

나는 1889년 4월 16일 저녁 8시에 월워스의 이스트 레인에서 태어났다. 그리고 태어나자마자 가족 모두가 램버스 구 세인트 조지 가에 있는 웨스트 스퀘어로 이사했다. 어머니 말에 의하면 그 무렵 우리 집은 그런대로 형편이 좋아서 고풍스런 가구가 딸린 방 세 칸짜리 집에서 살았다고 한다. 기억이 가물가물하기는 하지만 어머니가 매일 저녁 형 시드니와 나를 침대에 살포시 눕힌 다음 가정부에게 우리를 맡겨놓고 극장에 나가시던 기억이 아직 남아 있다. 당시 세 살 반이었던 나는 불가능을 몰랐다. 나는 남이 할 수 있는 것은 나도 할 수 있다고 생각했다. 남이 할 수 있는데 내가 못한다는 게 납득이 가지 않았다. 네 살 위인 형 시드니가 동전을 삼킨 다음 그것을 머리 뒤쪽에서 꺼내는 요술을 보여주면 나도 해보겠다며 그대로 따라했다. 결국 반 페니짜리 동전을 삼키는 바람에 어머니가 의사를 부르는 소동을 일으키기도 했다.

매일 늦은 시각에 극장에서 돌아오는 어머니는 형과 나를 위해 식탁에 나폴리 조각 케이크나 사탕 등 과자를 놓아두셨다. 어머니는 보통 늦게 주무셨기 때문에 아침에 우리가 소란을 피우지 않는 조건으로 항상 사탕을 사다주셨던 것이다.

이십대 후반이었던 어머니는 여러 무대에서 배우로 일했다. 주연배우는 아니었지만 고운 피부에 보랏빛 눈동자 그리고 허리까지 내려오는 밝은 갈색 머릿결을 가진 아름다운 여인이었다. 형 시드니와 나는 그런 어머니를 진심으로 사랑했다. 비록 뛰어난 미모는 아니었지만 우리는 어머니가 기품 있는 모습을 하고 있다고 생각했다. 훗날, 어머니를 알고 지냈던 분들은 어머니가 우아하고 매력적이었으며 다른 사람들의 이목을 끄는 매혹적인 여성이었다고 말해주었다. 행여 일요일에 외출할 일이 있으면 어머니는 우리에게 정장을 입혔는데 그것이 어머니의 유일한 자랑거리였다. 형 시드니에게는 바짓가랑이가 긴 이튼 슈트를 입혔고 내게는 파란 벨벳 슈트와 그에 어울리는 파란 장갑을 끼워주었다. 이렇게 멋지게 차려입고 집을 나선 우리는 어깨를 으쓱이며 천천히 캐닝턴 가를 거닐었다.

당시 런던은 차분한 도시였다. 도시의 전반적인 흐름 자체가 완만했다. 웨스트민스터브리지 가를 운행하는 궤도전차는 항상 천천히 달렸고, 다리 근처 종점에 있는 회전대를 돌 때도 서서히 돌았다. 어머니의 수입이 좋았을 때는 웨스트민스터브리지 가에서 산 적도 있었다. 웨스트민스터브리지 가는 사람들의 이목을 사로잡는 고급 상점, 레스토랑 그리고 뮤직홀 들로 활기 넘치는 곳이었다. 웨스트민스터브리지 가 길모퉁이에서 웨스트민스터브리지를 정면으로 바라보고 있던 과일 가게에는 오렌지, 사과, 배, 바나나 들이 피라미드처럼 쌓여 있었는데 마치 색의 향연을 펼치기라도 하는

어머니, 해너 채플린

것처럼 화려했다. 반면 강 건너 육중한 모습의 국회의사당(웨스트민스터 사원—옮긴이)은 회색빛으로 매우 대조적이었다.

런던은 내 어린 시절의 기억, 느낌 그리고 의식이 녹아 있는 곳이다. 어린 시절 기억을 더듬어보면 무엇보다 램버스의 봄이 생각난다. 그리고 기억조차 희미한 사소한 일들, 어머니와 함께 승합마차를 타고 가면서 손을 뻗어 라일락 가지를 잡아채려 했던 일, 궤도전차와 승합마차가 멈춰 서는 정류장 부근 보도에 버려져 있던 오렌지색, 파란색, 분홍색, 녹색 등 다채로웠던 승차표들, 웨스트민스터브리지 모퉁이에서 금박과 양치류 잎을 이용해 단춧구멍에 꽂는 꽃 장식을 만들어 팔던 얼굴 발그레한 소녀들, 나에게 막연한 슬픔을 안겨주었던 촉촉하고 풋풋한 장미꽃 향기, 울적한 일요일 그리고 웨스트민스터브리지를 건너는 창백한 모습의 어른들과 부모들을 따라 나온 아이들. 그래도 아이들은 다리 위에서 형형색색의 풍선을 날리고 바람개비를 돌리며 신나 했다. 그리고 연통을 낮추고 서서히 웨스트민스터브리지 밑을 통과하는 운임 1페니짜리 증기여객선 등등. 모두 사소한 기억들이지만 나는 이 모든 것들이 내 영혼을 키웠다고 생각한다.

또 내 감성에 영향을 준 물건들이 있다. 무엇보다 우리 집 거실에 놓여 있던 물건들이 내 의식에 고스란히 남아 있다. 거실 벽에는 어머니가 가져온 넬 귄(찰스 2세의 정부였던 유명 여배우—옮긴이)의 등신대 초상화가 걸려 있었다. 그러나 나는 이 그림을 싫어했다. 찬장에는 와인을 담아 먹는 목이 긴 유리병들이 진열되어 있었다. 이 병들을 보고 있으면 어딘지 울적했다. 그리고 구름 위를 나는 천사가 새겨져 있고 광택이 나도록 에나멜을 입힌 작고 둥그스름한 오르골도 있었다. 나는 오르골 소리를 좋아하기는 했지만 어떻게 소리가 나는지 신기해했던 것 같다. 그러나 내가 제일 아꼈던 것은 집시에게 6펜스를 주고 산 장난감 의자였다. 무엇보다 내 것이라는 생각이 들어 소중히 다뤘다.

그리고 몇 가지 경험이 내 기억에 또렷이 남아 있다. 어머니와 함께 왕립수족관(웨스트민스터 사원 맞은편 빅토리아 가 모퉁이에 있는 거대한 홀—옮긴이)에 가서 수족관을 둘러보고 밖으로 나와 곳곳에서 펼쳐지던 부대 행사들을 둘러보았던 일 그리고 그것을 열심히 바라보고 계신 어머니를 옆에서 몰래 지켜보았던 일, 입으로 불을 내뿜으며 방긋이 웃어 보이던 여자 광대의 묘기, 6펜스를 주고 산 복주머니, 어머니가 나를 들어올려 커다란 톱밥 통에서 호루라기 모양의 사탕과 장난감 루비 브로치가 들어 있는 깜짝 과자 봉지를 꺼냈던 일, 그런 다음 캔터베리 뮤직홀에 가서 붉은 벨벳 의자에 앉아 아버지의 연기를 보았던 일 등등.

그리고 밤이 되어 우리는 사두마차를 타고 집으로 향했다. 나는 마차 안에서 한바탕 웃음보따리를 풀어놓던 어머니와 어머니의 극장 친구들 틈에서 여행용 무릎 덮개를 덮은 채 귀여움을 독차지 했다. 우리가 탄 마차는 짤랑거리는 마구와 말발굽 소리에 리듬을 맞춰 캐닝턴 가를 지나 집에까지 데려다주었다.

그리고 얼마 지나지 않아 일이 터졌다. 한 달 뒤였는지 며칠 뒤였는지 정확치는 않다. 여하튼 어머니 신상에 좋지 않은 일이 일어난 것이 분명했다. 그날 어머니는 아침에 친구와 같이 나갔다가 흥분된 상태로 집에 돌아왔다. 방바닥에서 혼자 놀고 있던 나에게 알 수 없는 불안감이 엄습했다. 마치 내면 깊숙이에서 들려오는 불길한 전조 같았다. 어머니는 계속 암스트롱이란 이름을 들먹이며, 암스트롱이 이렇게 말했다, 저렇게 말했다, 암스트롱은 짐승이다, 라고 고함을 지르며 눈물을 흘렸다. 어머니가 흥분한 모습이 너무 낯설어 나는 그만 울음을 터뜨리고 말았다. 얼마나 심하게 울어댔는지 어머니는 하는 수 없이 나를 끌어안고 달래주었다. 내가 그날 오후에 무슨 일이 있었는지 알게 된 것은 그로부터 몇 해 지난 뒤였다. 어머니는 아이의 양육비를 대지 않는 아버지를 고소했던 것이다. 그러나 소송은 어머니에게 유리하게 진행되지 않았다. 암스트롱은 아버지의 변론을 맡은 변호사였다.

나는 아버지에 대해 거의 알지 못했다. 그리고 우리와 같이 산 기억도 없었다. 아버지도 보드빌 배우였는데 검은 눈동자에 조용한 성품으로 생각이 깊으신 분이었다. 어머니는 아버지가 나폴레옹을 닮았다고 말해주었다. 아버지는 맑은 바리톤 목소리를 갖고 있었고 매우 뛰어난 예술가로 인정을 받았다. 당시 아버지는 주당 40파운드를 벌 정도로 수입이 상당했다. 그러나 문제는 술을 많이 마셨다는 것이다. 어머니는 술 때문에 아버지와 이혼했다고 했다.

당시 보드빌 배우들이 술을 멀리하는 것은 쉽지 않았다. 모든 극장이 술집을 겸했는데, 공연이 끝나면 으레 극장 바에 내려가 손님들과 술을 마시는 것이 관례처럼 되어 있었다. 바에서 술을 팔아 입장료보다 더 많은 수익을 거둬들이는 극장들도 있었다. 많은 배우들이 재능에 따라 높은 봉급을 받았지만 대부분 극장 바에서 술을 마시며 탕진했기 때문에 극장들만 일석이조였다. 결국 상당수의 배우들이 술로 인생을 망치고 말았다. 아버지도 그중 한 명이었다. 아버지는 과음으로 서른일곱이란 나이에 죽었다.

가끔 어머니는 내게 아버지에 대한 이야기를 해주었는데 그때마다 울고 웃기를 반복했다. 아버지는 술을 마시면 성격이 난폭

아버지, 찰스 채플린

해졌다. 한번은 아버지가 술에 취해 난동을 부리자 어머니가 몇몇 친구들과 브라이튼으로 도망친 적이 있다고 했다. 화가 머리 끝까지 치민 아버지가 어머니에게 전보를 쳤다.

"지금 뭐 하고 있는 거야? 당장 답신을 보내!"

그러자 어머니는 이렇게 답신을 보냈다.

"무도회장도 가도 파티에도 가고 소풍도 갔어."

어머니는 두 딸 중 맏이였다. 외할아버지 찰스 힐은 아일랜드

코크 군 출신의 구두장이였다. 외할아버지는 불그스레한 사과빛 얼굴에 헝클어진 흰 머리와 수염을 하고 있어 미국의 화가 휘슬러(1834~1903)가 그린 칼라일을 닮은 듯했다. 외할아버지는 지병인 류머티즘 때문에 허리가 굽어 있었다. 외할아버지는 아일랜드 민족주의 봉기가 일어났을 때 경찰의 눈을 피해 도망치며 습지에서 노숙한 것이 류머티즘을 얻게 된 원인이라고 말했다. 돌아가시기 직전 런던으로 이사 온 외할아버지는 월워스 이스트 레인에 가게를 내어 구두 수선 일을 하셨다.

외할머니는 집시의 피가 흐르고 있었다. 물론 이것은 집안의 비밀로 되어 있었다. 그럼에도 외할머니는 가게 세를 밀리지 않고 꼬박꼬박 낼 수 있는 것을 자랑으로 여기셨다. 출가하기 전 외할머니의 성은 스미스였다. 체구는 작았지만 활달한 성격이었던 외할머니는 항상 나를 정겹게 맞아주셨다. 외할머니는 내가 여섯 살이 되기 전에 돌아가셨다. 외할머니는 외할아버지와 이혼을 했는데 두 분 모두 그 이유에 대해서는 말하지 않았다. 케이트 이모에 의하면 외할머니가 한때 다른 남자와 눈이 맞았는데 그게 할아버지에게 발각돼 이혼했다고 했다.

우리 집안의 윤리관을 통상적인 잣대로 재는 것은 끓는 물에 온도계를 넣는 것만큼이나 무모한 짓이다. 집안 내력 때문이었을까, 외할아버지와 외할머니의 귀여운 두 딸은 일찍 독립해 극장 무대에 올랐다.

어머니의 동생인 케이트 이모 역시 배우였다. 그러나 우리는 이모에 대해 잘 알지 못했다. 사실 이모는 집에 붙어 있는 날이 거의 없었다. 이모는 예쁘기는 했지만 성격이 급해서 어머니와 사이가 좋지 않았다. 가끔 우리 집에 찾아와도 어머니의 말이나 행동거지를 트집 잡아 싸우기 일쑤였다.

어머니는 열여덟 살에 중년 남자와 아프리카로 사랑의 도피를 한 적이 있었다. 어머니는 아프리카에서 어떻게 지냈는지 자주 이야기해주었다. 플랜테이션 농장들, 하인들 그리고 승마용 말들에 대해 이야기했던 것을 보면 잠깐이기는 했지만 호사스러운 생활을 했던 것 같다.

그리고 그 남자와의 사이에서 형 시드니를 낳았다. 나는 형이 귀족의 아들이며 스물한 살이 되면 2,000파운드의 재산을 상속받게 될 것이란 말을 들은 적이 있었다. 그 얘길 들었을 때 나는 한편으로 기쁘기도 했지만 화가 나기도 했다.

어머니는 아프리카에 오래 머물지는 않았고, 영국으로 돌아와 바로 아버지와 결혼했다. 어머니가 아프리카를 왜 떠났는지는 모르지만, 뒤에 우리가 빈곤에 허덕일 때 나는 그런 호사스런 생활을 포기한 어머니를 원망하기도 했다. 그러면 어머니는 한숨을 지으며 그때는 너무 어려서 신중하지도 현명하지도 못했다고 한탄할 뿐이었다.

어머니가 아버지를 얼마나 사랑했는지는 알 수 없었지만 크게 나쁜 말을 했던 것 같지는 않다. 그래서 오히려 나는 어머니가 아버지를 진심으로 사랑하지 않았던 것은 아닐까 하는 생각도 했다. 어머니는 때로 아버지에 대해 동정심을 보이기도 했지만 아버지의 음주벽과 술주정을 나무라는 말을 많이 했다. 뒷날 어머니는 나 때문에 화가 나면 "너도 네 아비처럼 술통에 빠져 끝장날 거야"라며 비참한 표정을 지으셨다.

어머니는 아프리카로 가기 전에 이미 아버지를 알고 있었다. 두 사람은 연인 사이였고 〈샤머스 오브라이언〉이란 제목의 아일랜드 멜로드라마에 같이 출연한 적도 있었다. 당시 열여섯 살이었던 어머니는 이 드라마의 여주인공이었다. 그리고 이 드라마로 지방 순회공연을 다니던 중 중년 귀족을 만나 아프리카로 사랑의 도피를 했던 것이다. 어머니가 영국으로 다시 돌아왔을 때 아버지는 어머니를 순순히 다시 받아주었고 결혼까지 했다. 그리고 3년 뒤에 내가 태어났다.

술을 많이 마셨다는 것 외에 달리 아버지에 대해 아는 것은 없지만, 두 분은 내가 태어나고 1년 뒤에 이혼했다. 어머니는 위자료를 청구하지 않았다. 어머니도 나름 알려진 배우였고 주당 25파운드의 수입이 있었기 때문에 그럭저럭 세 가족을 먹여 살릴 수 있었다. 그러나 어머니에게 불운이 닥치자 그제야 아버지에게 우리의 양육비와 위자료를 청구했던 것이다. 그렇지 않았다면 아버지와 소송까지 가는 일은 없었을 것이다.

일이 이렇게 된 것은 어머니의 목소리에 이상이 생기면서부터였다. 어느 날부터 목소리를 크게 내지 못하더니 감기 기운이 있으면 몇 주 동안 계속 후두염을 앓았다. 그러나 생계 때문에 일은 쉴 수 없었고, 목의 상태는 갈수록 악화되었다. 어머니도 점차 자신감을 잃어갔다. 한창 노래를 부르다 목소리가 갈라지거나 갑자기 잠기기도 했다. 관객들은 웃었고 야유를 퍼부었다. 어머니는 목소리 때문에 너무 신경을 쓴 나머지 건강이 나빠져 신경쇠약에 걸렸다. 그리고 무대 출연 기회도 계속 줄어들더니 결국은 어떤 극장에서도 더 이상 어머니를 찾지 않게 되었다.

다섯 살, 생애 첫 무대에 서다

내가 다섯 살에 처음 무대에 섰던 것도 어머니의 목소리 때문이었다. 어머니는 밤에 극장으로 일을 나가면서 나를 셋방에 혼자 놔두기보다는 자주 극장에 데려갔다. 그때 어머니는 올더쇼트(런던 남서쪽 햄프셔 주에 있던 육군 훈련기지—옮긴이)에 있던 남루하고 지저분한 병영 극장에 나가고 있었다. 관객이라야 거의 군인들뿐이었는데 난폭한 데다가 아무리 잘해도 조소와 야유를 퍼붓기 일쑤였다. 어머니는 이 극장 무대에 일주일간 나갔는데, 어머니뿐만 아니라 모든 연기자들이 내내 공포에 떨어야 했다.

어머니가 무대에 올라 노래를 부르는 동안 나는 무대 옆에 서서 지켜보고 있었다. 순간 어머니의 목소리가 갈라지더니 이내 잠겨 버렸다. 관객들이 웃기 시작했다. 그리고 이내 가성으로 갈라지고 잠긴 어머니의 목소리를 흉내 내면서 야유를 퍼붓기 시작했다. 처음에는 뭐가 어떻게 진행되는지 전혀 알아차릴 수 없었다. 그러나 점점 야유 소리가 높아갔고 어머니는 무대를 내려올 수밖에 없었다. 무대 뒤로 돌아온 어머니는 당황한 듯 무대 감독과 무언가 이야기를 나눴다. 내가 전에 어머니의 친구들 앞에서 노래 부르는 것을 본 적이 있던 무대 감독은 내게 다가와 어머니 대신 무대에 나가 노래를 부르라고 말했다.

어수선한 와중에 무대 감독은 내 손을 이끌고 무대로 나가 관객들에게 몇 마디 설명을 한 다음 무대를 내려갔다. 나는 뜨거운 조명을 받으며 담배 연기 자욱한 객석의 관객들을 바라보면서 얼떨결에 노래를 부르기 시작했다. 오케스트라 반주가 뒤따르더니 이

내 내 음조에 맞춰 연주를 해주었다. 내가 그날 부른 노래는 당시 잘 알려져 있던 〈잭 존스〉라는 곡이었다. 다음과 같은 가사였다.

> 잭 존스를 모르는 사람은 없어요
> 시장 바닥에서 그를 본 적 없나요
> 그에게는 어떤 허물도 찾아보기 힘들었죠
> 그러나 지금은 옛날의 그가 아니랍니다
> 그놈의 황금 덩어리가 뭐기에
> 완전히 딴사람이 되었어요
> 잭이 옛 친구들 대하는 것 좀 보세요
> 정나미가 뚝 떨어져요
> 일요일 아침이면 〈텔레그래프〉를 읽어요
> 옛날에는 〈스타〉를 읽었지요
> 주머니에 돈푼깨나 생겼다고
> 이제 다른 사람은 안중에도 없어요

노래를 절반이나 불렀을까, 갑자기 동전이 무대 위로 빗발치듯 날아들었다. 순간 나는 노래를 멈추고 돈을 먼저 주운 다음에 다시 노래하겠다고 말했다. 이런 내 말이 재밌었는지 관객들이 한바탕 난리법석을 떨며 크게 웃어댔다. 무대 감독이 손수건을 들고 나와 돈을 줍는 것을 도와주었다. 나는 그가 돈을 혼자 슬쩍하지 않을까 걱정스런 눈초리로 쳐다봤다. 그리고 내 걱정스런 눈초리가 관객들에게 그대로 전달되었는지 웃음소리는 더욱 커졌다. 무대 감독이 돈을 들고 무대를 내려가자 나는 불안한 마음에 그를 따라갔다. 또 한 번 장내는 웃음바다가 되고 말았다. 무대 감독이 그것을 어머니에게 건네는 것을 확인한 뒤에 안심하고 무대로 돌아와 계속 노래를 불렀다. 나는 전혀 흥분하지 않았다. 나는 관객들에게 말을 걸었고, 춤을 췄으며, 어머니의 목소리 흉내도 냈다. 그중에 어머니가 부르던 행진곡 풍의 아일랜드 노래를 부르며 목이 잠긴 어머니를 흉내 내기도 했다.

> 라일리, 라일리, 그이는 당신을 속일지 모르지만
> 라일리, 라일리, 나에게는 그리운 사람
> 세상의 많고 많은 군대에서
> 용맹한 88연대 소속의
> 라일리 중사만큼
> 잘생기고 멋진 군인은 보지 못했네

특히 이 노래의 후렴구를 반복하면서 나는 얼떨결에 어머니의 갈라지고 잠기는 목소리를 흉내 낸 것이다. 이것을 들은 관객들은 다시 한 번 열광의 도가니에 빠지고 말았다. 관객들은 무대가 떠나갈 듯이 박수갈채를 보냈고, 또다시 동전이 무대 위로 빗발쳤다. 어머니가 나를 데리러 무대 위로 올라오자 관객들은 어머니에게 우레와 같은 박수를 보냈다. 그날 밤 그 무대는 내 인생의 첫 무대였지만 어머니에게는 마지막 무대였다. 인생이 그렇게 한순간에 뒤바뀐 것이다.

어머니가 가르쳐준 연기

 운명의 여신은 인간의 운명에 동정심도 공정함도 보이지 않는다. 어머니도 얄궂은 운명의 여신을 피해가지 못했다. 어머니는 결국 목소리를 회복하지 못했다. 가을이 저물고 겨울이 왔을 무렵 집안 형편은 더욱 악화되었다. 다행히 어머니가 조금 모아놓은 돈이 있었지만 오래가지는 못했다. 어머니는 어떻게든 먹고살기 위해 가진 보석과 물건들을 내다 팔았다. 그러면서도 목소리가 돌아올 것이라는 희망을 버리지 않았다.

 하지만 결국 살던 집을 팔고 이사 갈 수밖에 없는 상황이 되고 말았다. 우리는 그런대로 살 만했던 방 세 칸짜리 집에서 두 칸짜리 집으로 이사를 갔다가 이내 한 칸짜리로 옮겨갔다. 그때마다 세간은 계속 줄어들었고, 사는 곳도 점점 누추해져갔다.

 어머니는 목소리가 돌아오기를 바라는 마음에서 신앙에 매달렸던 것 같다. 어머니는 웨스트민스터브리지 가에 있던 크라이스트 교회에 나갔는데 나도 매주 일요일 어머니를 따라 교회에 갔다. 나는 파이프오르간으로 연주되는 바흐의 찬송가를 들으며 예배당에 들어가 어머니 옆에 앉았다. 그리고 본당 회중석에 쩌렁쩌렁 울려 퍼지던 F. B. 메이어 신부님의 열의에 찬 설교를 따분한 심정으로 듣고 있어야 했다. 그러나 메이어 신부님의 설교는 분명히 호소력이 있었다. 가끔 어머니는 신부님의 설교를 들으며 눈물을 훔치곤 했다. 나는 어머니의 그런 모습에 다소 당황스러웠다.

 교회에 나가면서 가장 기억에 남는 것은 무더운 여름날 있었던 성찬식이었다. 그날 향기로운 포도주가 차가운 은잔에 담겨 회중들 사이를 돌았는데 내가 얼마나 마셨던지 어머니가 그만 마시라고 손사래를 칠 정도였다. 그리고 매번 메이어 신부님이 성경책을 덮는 순간이 가장 행복했던 것 같다. 신부님이 성경책을 덮는다는 것은 설교가 끝나고 회중들이 기도를 한 다음에 마지막 찬송가를 부른다는 것을 의미했다. 나는 집에 돌아갈 수 있다는 생각에 그때가 가장 기다려지고 기뻤다.

어머니는 교회에 다니기 시작하면서부터 극장 친구들을 좀처럼 만나려 하지 않았다. 극장에서 배우로 보낸 세월은 하루같이 지나가버렸고 추억으로만 남았다. 그러나 우리의 생활은 좀체 나아지지 않았다. 1년 사이에 평생 살아도 다 겪지 못할 고생을 모두 한 것 같았다. 그리고 더 이상 희망도 없어 보였다. 당시 경제 상황도 좋지 못해 일자리를 찾기는 하늘의 별 따기였다. 특히 무대에 서는 일 외에 달리 배운 것이 없었던 어머니에게는 더욱더 어려운 시절이었다. 어머니는 몸집이 작았고 고상한 데가 있었으며 민감한 성격이었다.

바야흐로 빅토리아 왕조 시대였다. 빈부격차가 극심했고, 하층 계급 여성들은 남의 집 하녀로 일하거나 아니면 공장에서 저임금으로 장시간 노동을 하는 수밖에 없었다. 간혹 보모 일을 나가기도 했지만 자주 있지도 않았고 기간도 짧았다. 그럼에도 전혀 재능이 없었던 것은 아니다. 어머니는 극장에서 배우로 일하면서 직접 자기 의상을 지어 입었다. 그래서 바느질 솜씨는 꽤 괜찮은 편이었다. 어머니는 교회 신도들에게 옷을 지어주고 다만 얼마라도 벌 수 있었다. 그러나 세 식구를 먹여 살리기에는 충분하지 않았다. 아버지는 갈수록 음주벽이 심해졌다. 따라서 정기적으로 나가던 극장이 하나 둘씩 끊기기 시작하더니 주당 10실링씩 보내오던 양육비도 보내오다 말다 했다.

어머니는 내다 팔 수 있는 물건들은 죄다 팔았다. 마지막 남은 것은 무대용 의상이 담긴 트렁크뿐이었다. 목소리가 돌아오면 극장 무대로 돌아갈 생각에 이곳저곳 이사를 다니면서도 팔지 못하고 계속 끌고 다녔던 것이다. 이따금 어머니는 트렁크를 열어 뭔가를 꺼내곤 했다. 우리는 번쩍이는 의상이나 가발을 보면 어머니에게 한번 입어보라고 졸라댔다. 어머니가 재판관 분장을 하고 당신이 직접 작사해 크게 인기를 끌었던 노래를 나지막한 목소리로 불러주었던 기억이 아직까지 선명하게 남아 있다. 노래는 4분의 2박자에 가사는 다음과 같았다.

　나는 여자 판사
　물론 공정하기로 이름난 판사지요
　공정한 재판은
　좀처럼 보기 힘들지요
　변호사들에게 한두 가지 가르치고 싶은 게 있어요
　그리고 정확히 보여주고 싶은 것도 있고요
　바로 여자가 무엇을 할 수 있는지

그리고 아주 자연스럽게 우아한 춤을 추기 시작했다. 어머니는 옷을 바꿔 입는 것도 잊은 채 지쳐 숨이 차 헐떡일 때까지 우리에게 노래를 불러주고 춤을 보여주었다. 잠시 숨을 돌리는 사이엔 오래된 공연 포스터들을 보며 회상에 잠기곤 했다. 어머니가 보여준 공연 포스터에는 이런 글귀가 들어간 것도 있었다.

상상을 초월하는 무대!
우아하고 재능 있는 여배우
릴리 할리(채플린 어머니의 배우 시절 예명—옮긴이)
희비극 배우이자 성우이자 댄서!

어머니는 우리 앞에서 당신이 극장 무대에서 했던 연기를 직접 보여주기도 했고, 때로는 소위 정극 무대에서 본 적이 있는 다른 여배우들을 흉내 내 보이기도 했다.

그리고 우리에게 희곡에 대해 설명해줄 때면 그냥 말로만 하는 것이 아니라 희곡에 등장하는 다양한 인물들을 직접 연기해 보였다. 예를 들면, 윌슨 바레트의 희곡 〈기적의 십자가〉에 대해 설명해주면서 어머니는 이미 죽을 각오로 사자들이 득실거리는 투기장으로 의연하게 걸어 들어가는 머시아를 연기하는가 하면, 굽이 5인치나 되는 높은 구두를 신은 주교로 분장한 윌슨 바레트(그는 키가 실제로 작았다)가 소리 높여 설교하는 장면을 그대로 흉내 내기도 했다.

"나는 그리스도의 가르침이 무엇인지 모르오. 그러나 이것만은 분명이 알고 있소. 머시아 같은 여성들이 그리스도의 가르침을 받고 순교자의 길을 택한 것이라면, 로마, 아니 전 세계가 그리스도의 가르침으로 인해 더 순결한 곳이 될 것이오!"

어머니는 이 장면을 조금 익살스럽게 연기하기는 했지만 바레트가 보여주었던 재능의 진면목을 깎아내리거나 한 것은 아니었다.

어머니는 천부적인 재능을 가진 사람들을 알아보는 능력이 탁월했다. 여배우 엘렌 테리든, 뮤직홀 배우였던 조 엘빈이든, 어머니는 많은 배우들이 갖고 있는 각각의 끼와 재능에 대해 말해주었다. 어머니는 연기 기법에 대해 본능적으로 알고 있었고 연극계의 상황에도 정통했다. 연기와 연극을 진심으로 사랑하지 않는 사람이라면 불가능한 일이다.

우리에게 옛날 이야기를 해줄 때도 어머니는 그냥 말로만 하는 것이 아니라 모든 것을 연기를 통해 보여주었다. 예를 들어, 어머니는 나폴레옹 황제가 서가에서 책을 꺼내기 위해 발꿈치를 들고 손을 내밀자 미셸 네이 제독이 가로막으며 나눈 대화를 직접 연기해 보이며 설명해주었다. 이때 어머니는 두 사람을 번갈아가며 연기했는데 항상 유머를 잃지 않았다.

"폐하, 신에게 맡기시지요. 신이 폐하보다 키는 크옵니다."

그러자 나폴레옹 황제가 버럭 화를 내며 이렇게 말했다.

"뭐, 크다고? 자네가 나보다 키가 더 크다고!"

어머니는 찰스 2세와의 사이에서 낳은 아이를 안고 궁전 계단에 기대어 찰스 2세를 협박하던 넬 귄을 정말 실감나게 연기했다.

"이 아이에게 이름을 내려주십시오. 제 청을 들어주지 않으시면 차라리 아이를 바닥에 내던져 죽여버리겠나이다."

그러자 찰스 2세는 당황하여 얼른 허락한다.

"좋소! 이제부터 그 아이를 세인트 앨번스 공이라 부르도록 하시오."

오클리 가에 있는 방 한 칸짜리 지하 셋방에 살았을 때 있었던 일이다. 나는 몸에 열이 나서 하루 종일 침대에 누워 있었다. 형 시드니는 야간 학교에 가고 없었고 어머니와 나 단둘이 방에 남아 있었다. 늦은 오후였는데, 어머니는 창을 등지고 앉아 신약성서를 읽으면서 가난한 자들과 연약한 어린이들에 대한 예수 그리스도의 자애와 연민에 대해 나름의 독특한 방식인 연기를 통해 내게 설명해주고 계셨다. 내가 앓고 있었기 때문에 더 애틋한 감정이 일었을 수도 있지만, 어머니가 당시 연기를 통해 몸소 들려준 예수에 대한 이야기는 내가 지금까지 보고 들어온 그 어떤 것보다도 명쾌하고 감동적이었다. 어머니는 몰려든 군중이 던진 돌에 맞아 죽을 지경에 처한 한 죄지은 여인의 이야기를 예로 들어 그리스도의 자비로움에 대해 설명하셨다. 그리고 예수가 군중의 앞을 가로막으며 "너희 가운데 죄 없는 자가 먼저 이 여인에게 돌을 던져라!"라고 한 말을 정말 실감나게 연기했다.

밖은 벌써 어두컴컴했다. 그러나 어머니는 램프에 불을 밝히기 위해 잠시 중단했을 뿐 계속해서 예수가 병자들에게 믿음으로 마음의 눈을 뜨게 한 이야기라든가 병자들이 예수의 옷자락을 스치는 것만으로도 병이 나았다는 이야기 등을 들려주었다.

어머니는 예수가 유대교 대제사장들과 바리새인들의 증오와 질시로 인해 체포되어 끌려가는 장면과 폭군 본디오 빌라도 총독 앞에서조차 위엄을 잃지 않는 모습을 자세히 들려주었다. 그리고 예수 그리스도에게 사형을 언도한 후 손을 씻으며 "이자에게서 나는 아무런 죄도 찾지 못했소"라고 말하는 본디오 빌라도 총독을 직접 연기해 보였다. 물론 잘 알려져 있듯이 본디오 빌라도 총독은 군중의 동요를 두려워해 예수에게 사형을 언도했다. 어머니는 어떻게 로마인들이 예수를 발가벗겨 채찍으로 때리고 가시면

류관을 씌우고 침을 뱉으며 능멸했는지 이야기해주었다. 그리고 본디오 빌라도 총독이 한 말을 감정을 실어 소리 높여 읊조렸다.

"유대인의 왕이시여, 만세!"

어머니는 결국 이 대목에서 눈물을 흘렸다. 어머니는 그리스도의 형틀 십자가를 나르는 것을 도와준 베드로와 그런 그에게 감사의 눈길을 보내는 예수에 대한 이야기를 이어갔다. 그리고 예수와 함께 형틀 십자가에 박혀 처형을 기다리던 한 도둑이 예수에게 참회와 용서를 비는 대목을 직접 연기해 보였다. 예수는 도둑에게 말한다.

"오늘 그대는 나와 함께 천국에 임하리라."

또 어머니는 예수가 형틀 십자가에서 어머니인 성모 마리아를 내려다보며 하는 말을 연기를 통해 그대로 보여주었다.

"여인이여, 당신의 아들을 보소서!"

예수 그리스도는 마지막으로 죽음의 고통 앞에서 울부짖는다.

"나의 하느님, 나의 하느님, 어찌하여 나를 버리시나이까?"

이 대목에서는 어머니도 나도 함께 울었다.

"알겠니?" 어머니가 물었다.

"그분이 얼마나 인간다웠는지? 우리처럼 그분도 의구심에 괴로워했던 거야."

어머니의 이야기에 얼마나 몰입했던지 나는 그날 밤 바로 죽어 예수 그리스도를 만나보고 싶다고 말했다. 그러자 어머니는 태연하게 이렇게 말하셨다.

"예수님은 네가 살아서 이승에서 네 운명을 다하기를 바라신단다."

시간은 어느덧 한밤중이었다. 오클리 가에 있던 어두운 지하 단칸방에서 어머니는 이 세상에 알려진 가장 찬란한 빛을 내게 비춰주었다. 그리고 그것은 문학과 연극의 소재로 가장 많이 사용되는 사랑과 자비 그리고 인간애에 대한 것이었다.

가난의 굴레 속에서

하층민들의 생활에 젖어들다 보면 일상에서 쓰는 말조차 별다른 주의를 기울이지 않게 되기 십상이다. 그러나 어머니는 어려운 생활 속에서도 전혀 흐트러짐이 없었다. 그리고 우리가 나쁜 말을 쓰거나 문법에 어긋나는 말을 쓰면 항상 고쳐주었고 우리가 주변 사람들과는 다르다는 감정을 심어주었다.

생활이 갈수록 궁핍해지자 아무것도 몰랐던 나는 어머니에게 왜 무대에 나가지 않느냐고 원망을 늘어놓았다. 그래도 어머니는 미소를 지으며 말했다. 무대란 곳은 거짓과 허세로 가득한 곳이어서 그런 세계에 발을 들인 사람은 쉽게 신을 잊어버린다고……. 그러나 무대 이야기가 나오면 어머니는 언제 그랬냐는 듯이 금세 연극 이야기에 빠져들었다. 이렇게 옛날 이야기를 하고 나면 어머니는 며칠이고 아무 말 없이 바느질에만 매달렸다. 그러면 나는 이제 두 번 다시 어머니의 흥미로운 옛날 이야기를 듣지 못할까 봐 울적해졌다. 그런 나를 어머니는 물끄러미 바라보시며 따뜻하게 위로해주었다.

겨울이 다가왔지만 형 시드니에게는 입을 만한 게 없었다. 그래서 어머니는 당신의 낡은 벨벳 재킷을 뜯어 형 시드니에게 코트를 만들어주었다. 원래 재킷은 붉고 검은 줄무늬 소매에 양어깨까지 주름이 잡혀 있는 것이었다. 고심 끝에 그것을 모두 뜯어내고 새로 코트를 만들었지만 볼품은 없었다. 코트를 걸쳐본 형은 그만 울음을 터뜨렸다.

"학교에서 애들이 뭐라 하겠어?"

그러자 어머니는 "다른 사람들이 뭐라고 하든 무슨 상관이니? 그리고 다른 옷과 달리 독특해 보이지 않니!"라고 말했다.

어머니는 계속 설득했지만 형은 자신이 왜 그런 옷을 입어야 하는지 납득하려 들지 않았다. 그러나 결국 형은 옷을 입었다. 게다가 어머니는 당신이 신던 구두 굽을 떼어내 형이 신을 수 있도록 만들어주었다. 그 때문이었을까, 형은 허구한 날 학교에서 친구들과 싸우고 들어왔다. 애들은 형을 '색동옷을 입은 조지프'라 부르며 놀려댔다. 그리고 어머니의 붉은 타이츠를 줄여 만들었지만 그래도 커서 입고 있으면 주름이 지는 스타킹을 신은 나는 '프랜시스 드레이크 경(1540~1596, 영국의 정치가—옮긴이)'이라는 놀림을 받았다.

형편이 갈수록 힘겨워지자 어머니는 편두통을 앓기 시작했다. 결국 하던 삯바느질도 그만두었다. 그리고 며칠 동안 찻잎을 눈에 올려놓고 어두운 방구석에 누워 있어야 했다. 피카소에게도 힘든 시절이 있었지만, 그 시기에 그가 가장 왕성하게 작품 활동을 했기 때문에 사람들은 청색시대(피카소가 아직 유명세를 타지 못했던 젊은 시절, 주로 파란색 물감을 이용해 그림을 그린 시기—옮긴이)라 부른다. 그러나 우리도 똑같이 어려운 시기를 겪었지만, 그 빛깔은 회색이었다. 우리는 교구의 자선기금, 수프를 타 먹을 수 있는 티켓 그리고 각종 구호품에 의지해 살았다. 형 시드니는 학교에 다니며 틈나는 대로 신문을 팔러 다녔다. 수입은 보잘것없었지만 그나마 생활에 많은 보탬이 되었다. 그러나 위기에도 반전이 있는 법이라 우리에게도 비명을 지르며 기뻐할 만한 일도 있었다.

어머니는 병세가 호전되기는 했지만 여전히 눈에는 찻잎을 붙이고 누워 있었다. 그러던 어느 날 형이 문을 박차고 어두운 방으로 들어와 신문을 침대에 내동댕이치면서 소리쳤다.

"내가 지갑을 주웠어!"

형은 그것을 어머니에게 건넸다. 어머니가 지갑을 열자 안에는 은화와 동전이 가득 들어 있었다. 어머니는 서둘러 지갑을 닫았다. 그리고 흥분된 마음을 다독이며 침대에 가서 다시 누웠다.

그날도 역시 형은 신문을 팔려고 버스에 올랐다가 빈자리에서 우연히 지갑을 발견했다. 지갑을 발견한 형은 아무렇지 않게 신문 한 부를 지갑 위에 떨어뜨리고 신문을 줍는 척하면서 지갑을 집어 든 다음 황급히 버스에서 내렸다. 버스에서 내린 형은 근처 광고판 뒤에 숨어 지갑을 열어보고 은화와 동전이 가득한 것을 확인했다. 그러나 형은 심장이 벌렁거리고 손이 떨려 돈은 세어 보지도 못한 채 얼른 집으로 달려온 것이었다.

어머니가 정신을 차리고 일어나 지갑을 열어 침대 위에 툴툴 털었다. 은화와 동전이 짤랑거리며 침대 위로 떨어졌다. 그런데 안에 있던 것이 다 나온 것 같은데도 지갑은 여전히 묵직했다. 살펴보니 지갑 안에 동전 지갑이 하나 더 있었다. 어머니는 그것도 열어 보았다. 안에는 1파운드짜리 소버린 금화 7개가 들어 있었다.

우리는 기뻐 미칠 지경이었다. 지갑 안에는, 다행히도, 주소도 아무것도 없었다. 그래서였는지 어머니는 아무런 양심의 가책을 느끼지 않았다. 지갑을 잃어버린 사람에게 미안한 마음이 들기는 했지만 어머니는 서둘러 그것을 신이 내려주신 가호라 믿고 깨끗이 잊어버렸다. 이것만으로도 당시 우리 상황이 어땠는지 알 수 있을 것이다.

어머니의 병이 육체적인 것이었는지 심리적인 것이었는지 나는 전혀 몰랐다. 여하튼 어머니는 일주일 만에 언제 아팠냐는 듯 깨끗이 나았다. 어머니가 건강을 되찾자마자 우리는 휴일에 날을 잡아 사우센드 온 시(영국 에섹스 주에 위치한 바닷가 휴양지-옮긴이)로 바람을 쐬러 갔다. 물론 예전에 그랬듯이 어머니는 우리에게 새 옷을 사서 말쑥하게 갈아입혔다.

태어나서 처음 바다를 본 나는 사우센드 온 시에 도착하자마자 그 자리에서 넋을 잃었다. 언덕길에서 따가운 햇볕이 내리쬐는 바닷가로 내려갔다. 멀리서 볼 때는 잠잠한 것 같았던 바다는 금방이라도 덮칠 것처럼 나에게 달려드는 괴물로 보였다. 우리 세 사람은 신발을 벗고 바닷물에 발을 담갔다. 발등과 발목에 와 닿는 미지근한 바닷물과 발밑에서 느껴지는 부드러운 모래는 나에게 색다른 경험을 선사했다.

사프란이 널려 있던 해변, 그곳에 널브러져 있던 보라색과 파란색 들통들, 나무로 된 삽들, 여러 색상의 텐트들과 파라솔들, 살랑대는 물결을 헤치고 앞으로 나아가는 배와 모래 언덕에 비스듬히 누워 있는 다른 배들 그리고 해초와 뱃사람들의 냄새. 얼마나 멋진 날이었던지 지금도 그때의 그 기분을 잊을 수 없다.

1957년, 나는 스위스에 정착한 뒤에 다시 한 번 사우센드 온 시에 가보았다. 그러나 예전에 내가 그곳에 도착해서 처음으로 바다를 내려다봤던 좁은 언덕길은 흔적도 없이 사라졌다. 어촌 마을 끝에 있는 오래된 가게 진열장에 그래도 옛 모습을 찾아볼 수 있는 물건들이 남아 있어 어렴풋이 그때의 느낌을 되살릴 수 있었다. 마치 그때 맡았던 해초와 뱃사람들의 냄새가 풍기는 것 같았다.

모래시계의 모래처럼 돈은 금세 바닥났다. 그리고 다시 어려움이 닥쳤다. 어머니는 다른 일자리를 알아보았지만 쉽지 않았다. 엎친 데 덮친 격으로 어머니가 바느질을 하기 위해 빌린 재봉틀의 임대료를 내지 못해 주인이 도로 가져가버렸다. 아버지가 매주 보내오던 10실링도 아예 끊겨버렸다. 자포자기하는 심정으로 새로운 변호사를 찾아갔지만 소송으로 아버지에게 보상을 받아내는 것은 쉽지 않기 때문에 아버지에게 양육비를 받아내고 싶으면 차라리 램버스 시당국으로 찾아가 호소해보는 것이 나을 거라고 충고했다.

다른 방도가 없었다. 어머니는 딸린 아이 둘에 건강도 좋지 않았다. 결국 우리 세 식구는 빈민구호소에 의탁하기로 결심했다.

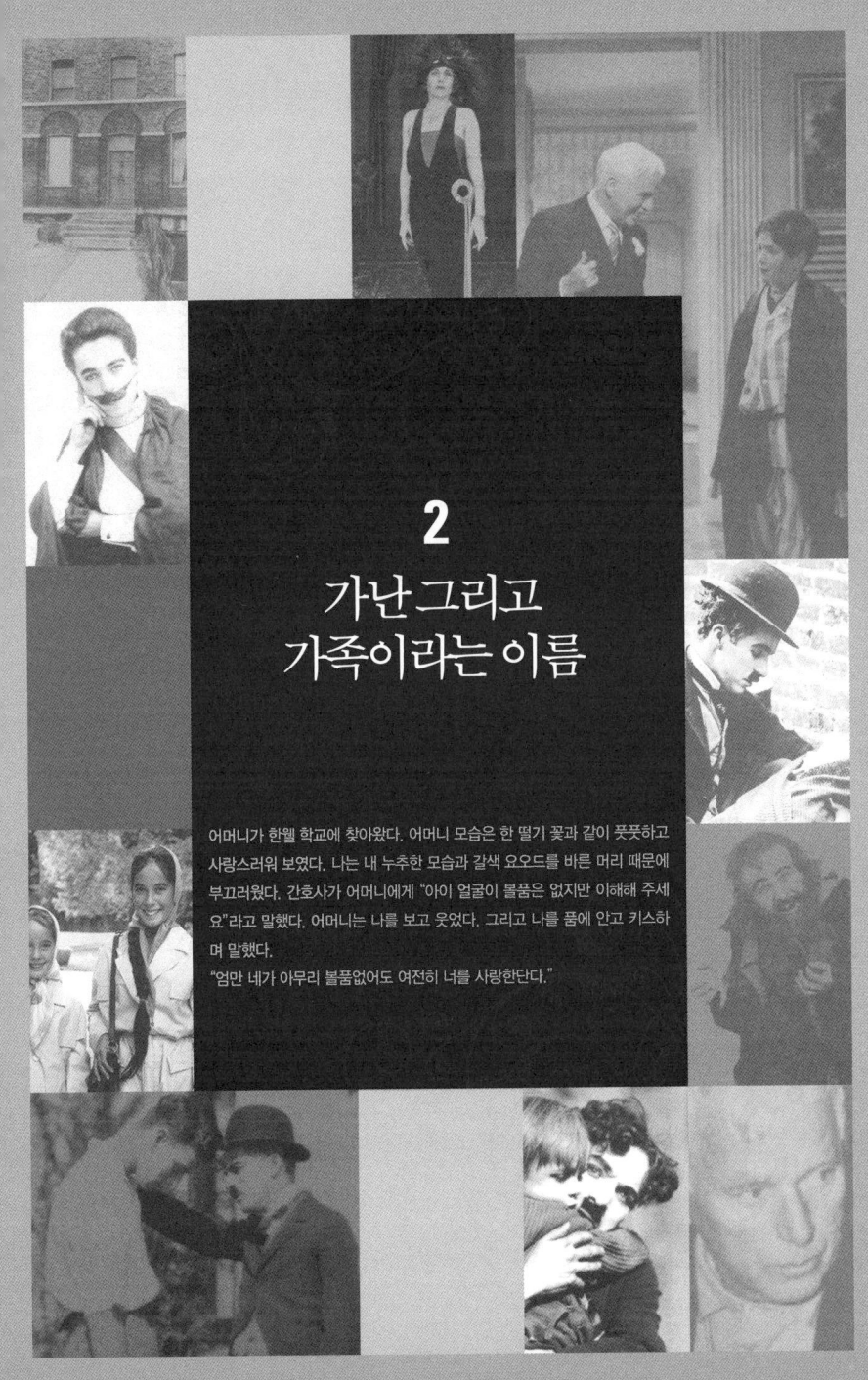

2
가난 그리고 가족이라는 이름

어머니가 한웰 학교에 찾아왔다. 어머니 모습은 한 떨기 꽃과 같이 풋풋하고 사랑스러워 보였다. 나는 내 누추한 모습과 갈색 요오드를 바른 머리 때문에 부끄러웠다. 간호사가 어머니에게 "아이 얼굴이 볼품은 없지만 이해해 주세요"라고 말했다. 어머니는 나를 보고 웃었다. 그리고 나를 품에 안고 키스하며 말했다.
"엄만 네가 아무리 볼품없어도 여전히 너를 사랑한단다."

빈민구호소에 들어가다

 빈민구호소에 들어가는 것이 부끄러운 일이라는 것을 알기는 했지만 막상 어머니가 그런 결심을 이야기하자 시드니와 나는 오히려 어두컴컴하고 숨 막히는 지하 단칸방에서 벗어날 수 있는 절호의 기회라고 생각하며 기뻐했다. 사실 형이나 나나 빈민구호소가 어떤 곳인지 잘 몰랐다. 그러나 빈민구호소에 발을 들여놓는 순간 나는 그곳이 어떤 곳인지 뼈저리게 알 수 있었다. 정말 슬픈 날이었다. 빈민구호소에서 우리는 같이 살 수 없었다. 어머니는 여자 숙소로 우리는 어린이 숙소로 각각 배정을 받았다. 나는 버림받았다는 느낌이 들었다.

 어머니와 처음으로 면회가 허락된 날의 그 비통하고 애통한 마음을 나는 아직도 잊지 못한다. 나는 빈민구호소에서 나눠준 옷을 입고 면회실에 들어오는 어머니를 보고 순간 충격에 휩싸였다. 어머니는 정말 처참한 모습이었다. 일주일 새 어머니는 야윌 대로 야위었고 폭삭 늙어 보였다. 그래도 어머니는 우리를 보기 위해 얼굴을 들었다. 형과 나는 울기 시작했다. 어머니도 울었다.

그리고 서로 엉겨 붙어 펑펑 울었다. 어머니 눈에서는 굵은 눈물 방울이 뺨을 타고 줄줄 흘러내렸다. 겨우 마음을 가라앉히고 평정을 되찾은 우리는 허름한 의자에 함께 앉았다. 어머니가 우리 손을 당신 무릎에 올려놓고 포근하게 어루만져주었다. 그리고 짧게 자른 우리 머리를 쓰다듬으며 곧 다시 함께 살 수 있을 것이라고 위로했다. 어머니는 앞치마에서 코코넛 사탕 한 봉지를 꺼내 우리에게 주었다. 어머니가 한 간호사에게 레이스 소매 장식을 떠주고 받은 돈으로 빈민구호소 매점에서 사온 것이었다. 면회시간이 끝나고 어머니와 헤어지고 나자 형은 어머니가 너무 나이 들어 보이고 수척해져 마음이 아프다고 말했다.

형 시드니와 나는 빈민구호소 생활에 빠르게 적응해갔지만 암담한 마음은 쉽게 떨쳐버릴 수 없었다. 그곳에서 어떤 일이 있었는지 기억에 남는 것은 거의 없지만 긴 탁자에서 다른 애들과 같이 먹던 점심식사는 아직도 생생하게 기억난다. 그 시간이 가장 행복했고 기다려졌던 것 같다. 빈민구호소 관장 자리는 그곳에 수용되어 있는 사람 가운데 한 명에게 맡겨졌는데, 내가 그곳에 있을 때는 나이 지긋한 할아버지였다. 연세는 일흔다섯 정도로 보였고, 얼굴에는 흰 수염이 듬성듬성 나 있었으며 슬픈 눈을 하고 있었다. 내가 머리를 자를 때 할아버지는 나를 데려다가 당신 옆에 앉혔다. 빈민구호소에서 내가 가장 어리고 곱슬머리였기 때

램버스 빈민구호소

문이다. 할아버지는 나를 "내 호랑이"라고 불렀다. 그리고 훗날 내가 꽃 모양 모표가 달린 실크해트를 쓴 큰 인물이 되면 당신이 나를 마차에 태워 손수 몰아주겠다는 말도 했다. 이런 말 때문이었는지는 몰라도 나는 그런 할아버지가 좋았다. 그러나 하루인가 이틀 뒤인가 정확치는 않지만, 나보다 더 곱슬머리인 아이가 빈민구호소에 들어오면서 내 자리를 빼앗아가버렸다. 할아버지는 내가 그 자리를 차지할 때 다른 아이에게 했던 것처럼, 항상 가장 어리고 곱슬머리인 아이가 그 자리에 앉을 자격이 있다고 말하며 그 애를 당신 옆에 앉혔다.

램버스 빈민구호소(이 부분에서 약간의 착오가 있는 것 같다. 찰리와 시드니가 처음 수용된 곳은 뉴잉턴 빈민구호소였다. 뒤에 두 사람은 다시 한 번 빈민구호소에 수용되는데, 그곳이 램버스 빈민구호소이다—옮긴이)에 들어간 지 3주 뒤에 우리는 런던에서 12마일 떨어진 한웰 고아·빈민 아동 학교로 보내졌다. 빵 운반용 마차를 타고 가는 것은 위험천만한 일이었지만 오히려 그런 상황이 더 짜릿했다. 당시 한웰 학교 주변으로는 마로니에가 길게 늘어선 오솔길이 나 있었고, 내가 그곳에 도착했을 때는 드넓은 밀밭에 밀이 막 익어가고 있던 참이었다. 그리고 과수원도 있었는데 나무마다 가지가 꺾어질 정도로 과일이 풍성하게 매달려 있었다. 무엇보다 한웰 학교에서 기억에 남는 것은 비가 내린 다음 바람에 실려 오던 싱그러운 아로마 향기다. 그 시절을 생각하면 아직도 코끝에 그 향기가 맴도는 듯한 착각이 든다.

우리는 도착하자마자 기숙사를 배정받고 입학 심사를 받았다. 정식 입학을 위해서는 신체검사와 정신검진을 받아야 했다. 300에서 400명이나 되는 아이들 가운데 저능아나 환자가 섞여 있으면 학교 위생이나 환경에 좋지 않은 영향을 미치기 때문에 어쩔 수 없는 조처였다.

처음 며칠간 나는 상실감에 빠져 있었다. 빈민구호소에 있었을 때는 함께 있지는 않아도 어머니가 가까이에 있다는 느낌이 들어 그나마 위안이 되었는데, 한웰 학교로 오고 나서는 정말 떨어져 있다는 것이 실감났기 때문이다. 시드니와 나는 입학 심사를 마치고 정식으로 학교를 배정받았다. 그리고 이제 형과도 떨어져 지내야 했다. 형은 상급반을 나는 유아반을 배정받았다. 잠도 같이 잘 수 없었다. 그래서 좀처럼 만날 수도 없었다. 여섯 살밖에 안 된 나는 외톨이가 되었다는 생각에 비참했다. 여름날 잠자리에 들기 전, 잠옷으로 갈아입고 다른 20명의 아이들과 기숙사 방 한가운데 무릎을 꿇고 앉아 기도하는 사이, 장방형 창문 너머로 석양에 물든 언덕을 바라보면서 음정, 박자 하나도 맞지 않는 노래를 울먹이는 목소리로 부르고 있으면 정말 세상에 나 혼자 뚝 떨어져 있는 느낌이었다.

>저희와 함께해 주소서
>저녁이 오고
>어둠이 깊어가고 있어요
>주여, 저와 함께해 주소서
>도움의 손길도
>몸을 의지할 곳도 없는
>불쌍한 저희와 이 밤을 함께해 주소서.

특히 찬송가를 부를 때면 나는 완전히 풀이 죽었다. 비록 찬송가를 잘 이해하지는 못했지만, 찬송가의 분위기와 저녁 시간 때가 딱 맞아떨어져 나를 더욱 슬프게 만들었다.

그러나 한웰 학교에 온 지 두 달도 채 안 돼 어머니에게서 기쁜 소식이 날아왔다. 어머니가 우리를 다시 런던에 있는 램버스 빈민구호소로 갈 수 있게끔 조치해주었던 것이다(여기에도 약간 착오가 있다. 이때 시드니와 찰리는 한웰 학교가 아닌 노드 학교에 있었다. 그러나 램버스 빈민구호소는 맞다—옮긴이). 어머니는 빈민구호소 옷이 아닌 일반 옷으로 갈아입고 학교 정문에서 우리를 기다리고 있었다. 그러나 램버스 빈민구호소에 도착해서 알게 된 사실이었는데, 어머니는 하루만이라도 우리가 보고 싶어 한웰 학교에 특별히 조퇴를 신청했던 것이었다. 우리는 몇 시간 만난 뒤에 다시 그날 안으로 한웰 학교로 돌아가야 했다. 어머니는 빈민구호소의 피수용자 신분이었기 때문에 우리를 만나기 위해서는 그렇게 할 수밖에 없었다.

램버스 빈민구호소에 들어가기 전에 우리는 입고 있던 옷을 벗어 증기 소독을 했다. 그러나 소독 과정에서 옷이 구겨질 대로 구겨져버려 입고 나가기 민망했다. 그래도 우리 세 사람은 구겨진 옷을 입고 빈민구호소 정문을 걸어 나왔다. 오랜만의 외출이라고 하기에는 세 사람 모두 볼품없는 모습이었다. 이른 아침이라 갈 곳이 마땅치 않았다. 그래서 우리는 빈민구호소에서 1마일가량 떨어져 있던 캐닝턴 공원 쪽으로 향했다. 형 시드니가 손수건에 꽁꽁 싸서 몰래 갖고 다니던 9펜스가 있어 그걸로 버찌 반 파운드를 사서 의자에 앉아 먹었다. 공원까지 걸어오느라 시간을 허비했고, 앉아서 버찌를 먹고 났더니 벌써 아침나절이 다 지나가버렸다. 형이 둘둘 만 신문지에 실을 감아 만든 공으로 셋이서 잠시 동안 캐치볼을 하며 놀았다. 점심때가 되자 우리는 근처 커피숍으로 자리를 옮겼다. 우리는 남은 돈으로 2펜스짜리 티케이크, 1펜스짜리 훈제 청어 그리고 나머지 2펜스 반으로 차를 사서 함께 나눠먹었다. 다시 공원으로 돌아온 우리는 캐치볼을 하며 놀았고, 어머니는 옆에서 뜨개질을 했다.

저녁때가 되어 우리는 왔던 길을 따라 램버스 빈민구호소로 돌아왔다. 어머니가 "다행히 쉬는 시간에 맞춰 왔구나!"라며 아무렇지 않게 말했다. 그러나 빈민구호소 관계자들은 우리에게 몹시

화를 냈다. 왜냐하면 빈민구호소에 들어가려면 다시 옷을 증기 소독해야 했기 때문에 귀찮았던 것이다. 그러나 형과 나는 오히려 기뻤다. 옷을 소독하는 잠시 동안이라도 더 어머니와 함께 있을 수 있었기 때문이다.

그러나 그 뒤로 거의 1년 동안 우리는 한웰 학교에서 한 발짝도 나갈 수 없었다. 나는 정식으로 학교 교육을 받았다. 내 이름 '채플린'(채플린의 본명은 아버지와 같은 찰스 스펜서 채플린이다. 찰리는 그의 애칭—옮긴이)을 쓰는 법도 배웠다. 나는 내 이름이 무척 마음에 들었는데 나와 잘 맞는 이름이라고 생각했다.

한웰 학교는 남자 학급과 여자 학급으로 각각 나뉘어 있었다. 유아반 아이들은 주로 토요일 오후에 목욕탕을 사용했는데 우리보다 나이 많은 여학생들이 몸을 씻겨주었다. 비록 겨우 여섯 살이었지만 나는 이것이 달갑지 않았다. 열네 살 먹은 어린 여학생에게 내 몸을 맡긴 채 구석구석을 문지르게 하는 일이 여간 부끄러운 게 아니었다. 내 기억으로는 이때 처음 부끄러움이 뭔지를 느꼈던 것 같다.

일곱 살이 되자 나는 유아반에서 상급반으로 올라갔다. 상급반은 일곱 살에서 열네 살까지 아이들이 함께 섞여 있었다. 상급반이 되자 나도 성인 대상 교육을 받을 수 있었다. 교련과 체육을 배웠고, 매주 두 번씩 있었던 교외 행진에도 참여했다.

한웰 학교에서의 생활에 별다른 어려움은 없었지만 외로움만은 떨칠 수 없었다. 학교 분위기도 전체적으로 어두웠고, 슬픔이 감돌았다. 교외로 행진을 나갈 때면 우리는 좁은 시골길을 따라 두 줄로 길게 늘어서서 걸었다. 나는 교외로 행진을 나가는 게 싫었다. 우리가 지나가는 마을마다 사람들이 밖에 나와 우리를 쳐다 봤기 때문이었다. 당시 빈민구호소를 속어로 '교도소'라 불렀는데 마을 사람들은 우리를 무슨 범죄자라도 되는 것처럼 이상한 눈초리로 쳐다봤다.

공포의 체벌 시간

한웰 학교에는 널따란 판석을 깐, 거의 1에이커에 달하는 넓은 남학생 운동장이 따로 있었다. 운동장을 가운데 두고 교무실, 창고, 양호실, 치과, 남학생 전용 탈의실 등으로 사용되는 1층짜리 벽돌 건물들이 죽 늘어서 있었다. 그리고 운동장 가장 후미진 곳에 빈 창고 같은 게 하나 있었는데, 그곳에는 얼마 전까지 열네 살 먹은 소년이 감금되어 있었다. 다른 아이들 말에 따르면, 그 학생은 학교에서 도망치려다 붙잡힌 아주 나쁜 애라고 했다. 그는 기숙사 2층 창문을 빠져나와 지붕을 타고 학교에서 도망치려고 했다. 그리고 그를 붙잡기 위해 쫓아오는 직원들과 교사들에게 돌과 마로니에 열매를 던지면서 끝까지 저항했다. 밤사이에 벌어진 일이었기 때문에 깊이 곯아떨어져 있던 유아반 아이들은 다음 날 아침이 되어서야 간밤에 무슨 일이 일어났는지 전해들을 수 있었다.

이런 학칙 위반자에 대한 처벌은 매주 금요일마다 체육관에서 학생들이 지켜보는 가운데 공개적으로 이뤄졌다. 일종의 본때를 보여주기 위한 학교의 부당한 처사였다. 처벌은 주로 체벌이었다. 체육관은 가로 60피트, 세로 40피트 크기에 천장이 꽤 높았고 한쪽 면에는 등반용 밧줄이 천장 대들보에 매달려 있었다. 그냥 보기만 해도 음침하고 소름끼치는 곳이었다. 체벌이 있는 금요일 아침이면 200에서 300명이나 되는 상급반 남학생들이 나이별로 나뉘어 체육관 시멘트벽을 등지고 군대식으로 정렬했다. 나머지 한쪽 면에는 체벌대로 쓰일 넓은 군용 식탁이 놓였다. 군용 식탁은 학교에서 책상 대용으로 쓰던 것을 체벌대로 따로 개조한 것이었다. 그리고 그 너머로 판결과 처벌을 기다리는 아이들이 풀 죽은 채 서 있었다. 책상 오른쪽 앞에는 손목을 붙들어 맬 수 있도록 가죽 끈이 달려 있었고, 그 옆에는 체벌에 쓸 자작나무로 만든 커다란 몽둥이가 기분 나쁘게 매달려 대롱거렸다. 이 일은 주로 교련 선생님들이 도맡아 했다. 교련 선생님들은 모두 전현직 군인들이었다.

체벌 과정은 이랬다. 비교적 죄가 가벼운 한 애를 긴 체벌대 위에 배를 깔고 엎드리게 한다. 한 중사가 그 애의 발을 묶어 꼼짝 못하게 한 다음 다른 중사와 합심해 그 애의 셔츠를 머리끝까지 끌어올리고, 바지는 벗겨 묶어놓은 발목까지 끌어내렸다. 이러면 체벌 준비는 끝난 것이다.

그러면 힌드럼 대령이 한 손에 성인 남자의 엄지손가락 굵기만 한 몽둥이를 들고 다른 한 손은 뒷짐을 진 상태로 체벌대에 누워 있는 애의 볼기를 툭툭 건드리면서 위엄 있는 자태로 선다. 힌드럼 대령은 퇴역한 해군 장교로 몸무게가 200파운드나 나가는 거구였다. 힌드럼 대령은 들고 있던 몽둥이를 서서히 들어 올린 다음 체벌대에 누운 애의 볼기에서 철썩 소리가 날 만큼 세게 내리친다. 차마 눈 뜨고 볼 수 없는 장면이었다. 매번 그렇지만 매를 맞는 애는 정신을 잃고 기절했다.

매는 최소 세 대에서 최대 여섯 대까지였다. 매가 세 대를 넘어가면 맞는 애의 비명 소리는 소름이 돋을 정도로 섬뜩해졌다. 이를 악물고 참는 애들도 있었지만 실신하는 애들도 있었다. 매를 맞으면 몸에 마비가 오는데 그런 애는 한쪽으로 옮겨 매트리스 위에 올려놓았다. 그러면 매를 맞은 애는 통증이 잦아들 때까지 적어도 10분가량 몸을 이리 꼬고 저리 꼬며 안절부절못했다. 그리고 붉게 상기된 볼기에는 맞은 매의 수만큼 선명한 자국이 남았다.

자작나무 몽둥이는 일반 몽둥이와 달랐다. 그것으로 세 대 이상 맞은 한 애가 부사관 두 명의 부축을 받아 양호실로 옮겨졌다.

아이들은 아무리 죄를 짓지 않았어도 결백을 주장하지 말라는 충고를 들었다. 왜냐하면 어떻게든 잘못한 것이 입증되면 경중에 상관없이 최고 처벌이 내려졌기 때문이다. 그래서 대개 자기 결백을 분명하게 말하는 아이들이 없었다.

내가 일곱 살이 되어 상급반에 올라갔을 때 일이다. 나는 내가 그때 처음 목격한 체벌 현장을 아직도 생생하게 기억하고 있다. 주위에 침묵이 흘렀다. 직원들과 교사들이 체육관으로 들어오자 마치 내가 체벌을 당하는 것처럼 가슴이 마구 떨려왔다. 책상 너머로 학교에서 도망치려다 붙잡힌 한 애가 서 있었다. 우리는 책상 위로 살짝 튀어나온 그 애의 머리와 어깨밖에 볼 수 없었는데 그만큼 키가 작았다. 몸은 호리하고 얼굴은 깡말라서 눈망울만 커 보였다.

교장은 죄목은 말하지도 않은 채 대뜸 이렇게 물었다.

"죄가 있느냐, 없느냐?"

그 애는 아무런 대답 없이 독기 품은 얼굴로 교장을 쳐다봤다. 결국 이유를 물을 것도 없이 그 애는 체벌대 앞으로 끌려갔다. 그러나 키가 작았기 때문에 비누 상자를 밟고 올라가 체벌대에 손목이 묶였다. 그 애는 자작나무 몽둥이로 세 대를 맞고 기절해 양호실로 옮겨져 치료를 받았다. 그만큼 자작나무 몽둥이는 무시무시했다.

체벌 대상자는 목요일마다 미리 발표되었는데 운동장에서 군용 나팔이 울리면 우리는 일제히 놀던 것을 멈추고 동상처럼 꽁꽁 얼어붙은 자세로 힌드럼 대령이 메가폰으로 금요일 체벌을 받게 될 아이들의 이름을 호명하는 것을 들어야 했다.

어느 목요일, 나는 내 이름이 호명되는 것을 듣고 소스라치게 놀랐다. 나는 내가 무슨 잘못을 했는지 전혀 기억이 없었다. 그러나 이유가 뭐든 내 이름이 불리자 다리가 후들거렸다. 왜냐하면 죄가 있든 없든 이름이 호명된 이상 무시무시한 체벌을 피해갈 수는 없었기 때문이다. 다음 날, 나는 판결을 받기 위해 앞으로 걸어 나갔다. 교장이 말했다.

"네 죄목이 뭔지 아느냐? 화장실에서 불장난을 한 거야!"

그러나 이것은 사실이 아니었다. 내가 화장실에 볼일을 보러 들어갔을 때 애들 몇이 종이에 불을 붙여 장난을 치고 있었던 것은 분명하다. 그러나 나는 불장난에 끼지 않았다. 교장이 물었다.

"맞아, 틀려?"

나는 너무 긴장한 나머지 "맞습니다"라는 말이 입에서 저절로 튀어나왔다. 내가 왜 그렇게 대답했을까 후회가 되거나 교장의 처사가 부당하다는 생각은 전혀 들지 않았다. 다만 책상 앞에 끌려가 볼기 세 대를 맞아야 한다는 생각에 온몸에 소름이 돋고 정신이 멍해졌을 뿐이다. 한 대 맞는 순간 통증이 얼마나 심했던지 숨이 멎을 지경이었다. 그러나 나는 터져나오려는 신음을 이를 악물고 꾹 참았다. 맞은 데가 얼얼해지며 마비 증세가 왔다. 매트리스로 옮겨져 통증이 가라앉기를 기다렸다. 나는 고통을 참아냈다는 것에 뭔지 모를 짜릿함을 느꼈다.

내가 체벌 대상자로 호명되던 날, 형 시드니는 취사 당번이라 식당에 있었기 때문에 내가 체벌을 받는 줄은 꿈에도 모르고 있었다. 그래서 금요일 날, 다른 학생들과 함께 체육관으로 행진해 들어오면서 내가 책상 뒤에 서 있는 것을 보고 엄청 놀랐다고 했다. 그리고 내가 몽둥이로 세 대를 맞는 것을 보고 울화가 치밀어 눈물을 흘렸다고 말했다.

당시 어린 남동생은 대개 나이 많은 형을 '엉아'라고 부르곤 했는데, 그러면 형은 기분이 좋아져 동생에게 더 잘해주었다. 나도 식당에서 식사를 하면서 종종 형을 보고 '엉아'라고 부르곤 했다. '엉아'가 취사 당번으로 식당에서 일했기 때문에 가끔 내게 버터를 듬뿍 바른 빵조각을 몰래 주고는 했다. 나는 그것을 속옷 안에 숨겨서 몰래 가지고 나와 다른 애들과 나눠먹었다. 굶주렸던 것은 아니지만 그곳에서 버터를 실컷 먹는다는 것은 호사스러운 일이었다. 그러나 이런 맛있는 것을 얻어먹는 것도 오래가지 않았다. 형이 해군 훈련함 엑스마우스 호에 승선하기 위해 한웰 학교를 그만두었기 때문이었다.

빈민구호소에 수용된 소년은 열한 살이 되면 육군 또는 해군에서 복무할 수 있는 선택권이 주어졌다. 해군을 선택하면 당시에는 대부분 엑스마우스 호에 승선해 일정 기간 군사 훈련을 받았다. 물론 군 복무가 의무는 아니었다. 그러나 형은 해상 경력을 쌓고 싶어 했다. 결국 형은 떠났고 한웰 학교에는 나 혼자만 남게 되었다.

 이유는 알 수 없지만 아이들에게 머리카락은 신체의 소중한 일부다. 태어나서 처음 머리를 깎을 때 아이들은 안간힘을 쓰며 울어댄다. 머리카락이 부스스하든 뻣뻣하든 곱실거리든 상관없이 아이들은 신체의 일부가 잘려나가는 느낌에 두려워 우는 것이다.
 한웰 학교에 버짐이 퍼진 적이 있었다. 전염성이 강했기 때문에 버짐에 걸린 아이들은 운동장이 내려다보이는 1층짜리 숙소 건물에 격리되었다. 이렇게 격리 수용된 아이들은 완치될 때까지 밖으로 나올 수 없었기 때문에 창문 너머로 우리를 부러운 눈초리로 내다보곤 했다. 버짐에 걸리면 머리카락을 박박 밀어내고 갈색 요오드를 발랐다. 그런 모습을 보고 있으면 온몸에 소름이 돋는 것 같아 우리는 항상 그들을 혐오스런 눈초리로 올려다봤다.
 하루는 식당에서 식사를 하고 있을 때였다. 간호사 한 명이 내 등 뒤로 와서 머리를 이리저리 뒤적거리더니 갑자기 "버짐이다!" 하고 소리치는 것이 아닌가. 순간 나는 두려운 마음에 왈칵 울음을 터뜨리고 말았다.
 나는 버짐에 걸린 다른 아이들과 마찬가지로 격리 수용되었다.

가난 그리고 가족이라는 이름 57

머리를 빡빡 밀고 갈색 요오드를 바른 다음에 목화 따는 사람처럼 손수건으로 머리를 싸맸다. 버짐이 완치되기까지는 몇 주일이 걸렸다. 그 시간이 한도 끝도 없이 길게만 느껴졌다. 그러나 나는 차마 창문 너머로 밖을 내다볼 수 없었다. 왜냐하면 밖에 있는 아이들이 나를 경멸의 눈초리로 바라볼 게 뻔했기 때문이다.

내가 버짐을 앓고 있을 때 어머니가 한웰 학교에 찾아왔다. 어머니는 가까스로 램버스 빈민구호소에서 나와 우리가 함께 살 집을 마련하기 위해 애쓰고 계셨다. 어머니가 찾아왔다는 소식이 그렇게 반가울 수가 없었다. 어머니 모습은 한 떨기 꽃과 같이 풋풋하고 사랑스러워 보였다. 나는 내 누추한 모습과 갈색 요오드를 바른 머리 때문에 부끄러웠다. 간호사가 어머니에게 "아이 얼굴이 볼품은 없지만 이해해주세요"라고 말했다. 어머니는 나를 보고 웃었다. 그날 어머니가 나를 품에 안고 키스를 해주면서 했던 애틋한 말이 아직도 기억에 생생하다.

"엄만 네가 아무리 볼품없어도 여전히 너를 사랑한단다."

그리고 얼마 지나지 않아 시드니가 엑스마우스 호에서 하선했고, 나도 한웰 학교에서 나와 세 식구는 다시 함께 살게 되었다. 어머니가 캐닝턴 공원 뒤편에 단칸방을 세내어 잠깐 동안이기는 했지만 세 식구가 같이 지낼 수 있었다. 하지만 우리는 얼마 지나지 않아서 다시 빈민구호소로 돌아가야 했다. 어머니가 일자리를 얻기 위해 안간힘을 썼지만 소용없었다. 그땐 아버지도 극장 무대에 서는 일이 신통치 않았다. 내가 한웰 학교에서 나와 다시 빈민구호소로 돌아가기까지 짧은 기간 동안 우리는 여기저기 셋방을 옮겨다니며 전전긍긍했다. 그 모습이 마치 장기 놀이라도 하는 것 같았다. 궁지에 몰린 장기 알이 살아남기 위해 안간힘을 쓰고 여기저기 옮겨다니다가 결국에는 빈민구호소로 되돌아온 꼴이었다.

그러나 이번에는 다른 빈민구호소(앞서 지적했듯이, 시드니와 찰리는 한웰 학교로 보내지기 전에 뉴잉턴 빈민구호소에 수용되었으며, 한웰 학교를 나온 뒤에 다시 수용된 곳이 램버스 빈민구호소다. 시드니와 찰리는 이곳에서 노드 빈민·고아 아동 학교로 보내진다. 그리고 세 모자가 캐닝턴 공원으로 소풍을 간 것은 시드니와 찰리가 한웰 학교가 아닌 노드 학교에 있을 때였다—옮긴이)로 보내졌다. 그 이유는 우리가 마지막으로 거주했던 곳이 이전과는 다른 교구에 속한 곳이었기 때문이다. 형과 나는 그곳에서 노드 학교에 보내졌다. 노드 학교는 한웰 학교보다 더 암담한 곳이었다. 키가 크고 잎이 짙은 나무들이 학교를 마치 요새처럼 둘러싸고 있어 밖에서 학교 안이 잘 보이지 않았다. 학교 주변도 한웰 학교보다 넓고 앞이 트이기는 했지만 생기나 활력은 없었다.

어느 날, 형이 운동장에서 축구시합을 하고 있는데 간호사 두 명이 형을 불러내 어머니가 정신이상으로 케인힐 정신병원에 입원했다고 말해주었다. 형은 이런 충격적인 말을 듣고도 아무렇지 않게 다시 운동장에 돌아가 시합을 계속했다. 그러나 형은 시합이 끝나자 혼자 몰래 빠져나와 연신 눈물을 훔쳤다.

형이 나에게 이 소식을 전했을 때, 나도 처음에는 도저히 믿기지 않았다. 울지도 않았다. 그러나 까닭 모를 절망감이 가슴 깊이 밀려왔다. 어머니가 어쩌다가 이렇게까지 되었을까? 매사에 낙천적이고 쾌활했던 어머니가 어떻게 정신이 이상해질 수 있는가?

나는 어머니가 일부러 미친 척하며 우리를 내버리려고 하는 것은 아닌지 의심을 품기도 했다. 너무 절망한 나머지 나를 버리고 도망치며 애처롭게 뒤돌아보는 어머니의 환영을 보기도 했다.

아버지 집에 얹혀살다

그로부터 일주일 뒤에 우리는 어머니가 정신병원에 입원했다는 소식을 정식으로 통보받았다. 그리고 법원이 아버지에게 형과 내 양육을 책임져야 한다는 판결을 내렸다는 소식도 전해들었다. 무엇보다 나는 아버지와 함께 살 수 있다는 생각에 무척이나 기뻤다. 물론 나는 그때까지 아버지를 딱 두 번 봤다. 한 번은 무대에서 공연하는 모습을 봤고, 다른 한 번은 캐닝턴 가를 지나다가 어떤 집 앞에서 우연히 아버지와 마주친 적이 있었다. 그때 아버지는 어떤 여자와 함께 정원으로 나 있는 길을 걸어 내려오고 있었다. 나는 이전에 무대에 선 아버지를 본 적이 있었기 때문에 순간적으로 그가 아버지라는 것을 알아차리고 잠시 멈춰 서서 바라봤다. 그런 나를 본 아버지가 손짓으로 오라고 부르더니 이름을 물어봤다. 나는 마치 드라마의 한 장면을 연기하듯 시치미를 뚝 떼고 "찰리 채플린이요"라고 대답했다. 아버지는 고개를 끄떡이며 옆에 서 있던 여자를 쳐다보더니 호주머니에서 반 크라운짜리 은화 한 닢을 꺼내 내게 주었다. 나는 그것을 넙죽 받아들고 곧장 집으로 달려와 아버지를 만난 일을 어머니에게 말해주었다.

그렇게 해서 우리는 아버지와 캐닝턴 가에서 살게 되었다. 캐닝턴 가는 어렸을 적부터 살던 곳이라 전혀 낯설지 않았다. 무엇보다 노드 학교처럼 암담하지도 않았다. 물론 그곳과 어찌 비교할 수 있으랴.

빈민구호소 관리들이 빵 운반 마차에 우리를 태워 캐닝턴 가 287번지 앞에 내려주었다. 내가 정원 사이로 난 길을 걸어 내려오던 아버지를 목격했던 바로 그 집이었다. 그때 아버지와 같이 있던 여자가 우리를 맞아주었다. 그녀는 겉보기에 사치스럽고 성미가 까다로워 보였다. 그래도 큰 키에 맵시 있는 몸매, 두툼한 입술과 암사슴의 깊고 슬픈 눈을 한 아름다운 여자였다. 나이는 서른 살 정도로 보였고, 모두들 그녀를 루이스라고 불렀다. 아버지가 집에 없어 루이스가 대신 인수인계 확인서에 서명을 해주었다.

빈민구호소 관리들이 돌아가자 루이스는 우리를 층계참을 지나 2층 거실로 데려갔다. 어린아이 하나가 방바닥에서 놀고 있었다. 크고 검은 눈동자에 짙은 갈색 곱슬머리를 가진 네 살짜리 예쁘장한 사내아이였다. 알고 보니 루이스의 아들이었다. 물론 나에게는 이복동생이었다.

방 두 개짜리 집이었다. 앞방은 큰 유리창이 있기는 했지만 빛이 선명하게 들어오지 않았다. 마치 물속을 투과한 빛처럼 뿌옇게 보였다. 집은 루이스에게서 받은 첫 느낌 그대로 전체적으로 우울했다. 벽지는 서글퍼 보였고, 말총 장식이 달려 있는 가구며, 유리 상자 안에 들어 있는 창꼬치를 잡아먹은 형상의 창꼬치 장식품(몸통은 보이지 않고 머리만 아가리 밖으로 튀어나와 있었다)도 소름끼치도록 슬퍼 보였다.

루이스가 뒷방에 형 시드니와 내가 함께 지낼 수 있도록 여분의 침대를 넣어주었지만 둘이 쓰기에는 너무 작았다. 형이 나를 쳐다보며 차라리 거실 소파에서 자자고 말했다. 그러나 루이스는 "여기에서 자! 다른 데는 안 돼!"라고 딱 잘라 말했다. 순간 어색한 침묵이 흘렀다. 우리는 뒷방에서 나와 다시 거실로 돌아갔다.

지금 생각해보면 우리를 받아주는 게 루이스로서는 달가운 일은 아니었을 것이다. 어느 날 갑자가 형과 내가 그녀의 삶에 끼어든 것이나 마찬가지였다. 더구나 우리는 이혼한 전처의 소생들이었다.

우리 둘은 아무 말 없이 앉아 그녀가 뭔가 먹을 것을 준비하는 것을 지켜보았다. 그녀가 갑자기 형을 보며 말문을 열었다.

"가만히 앉아 있지만 말고 이 석탄통 가지고 가서 석탄 좀 담아와."

그리고 나를 돌아보며 이렇게 말했다.

"너는 저 아래 화이트하트 선술집 옆에 있는 정육점에 가서 콘비프 1실링어치 사오고."

나는 심부름은 둘째치고 퉁명스런 그녀와 어색한 분위기에서 벗어날 수 있다는 생각에 속으로 기뻤다. 그녀와 같이 있으려니 내 속에 잠자고 있던 공포심이 폭발할 것 같았다. 그래서 괜히 이곳에 왔다는 생각이 들자 노드 학교로 다시 돌아가고 싶은 생각이 간절했다.

아버지가 늦게 귀가해 우리를 따뜻하게 맞아주었다. 나는 아버지가 무척 좋았다. 그래서 식사 시간 내내 아버지의 세세한 손놀림까지 자세히 지켜봤다. 식사하는 방법이며 나이프를 쥐는 방식까지. 아버지는 고기를 썰 때 나이프를 펜을 잡듯이 쥐고 썰었다. 나는 오랫동안 아버지의 동작 하나하나를 그대로 따라했다.

루이스가 낮에 침대 때문에 있었던 일을 아버지에게 그대로 일렀다. 아버지는 형에게 방이 불편하면 거실 소파에서 자도 좋다고 허락했다. 그러나 이 일로 두 사람은 사이가 더 나빠져 그녀는 형을 더욱 매몰차게 대했다. 그리고 아버지에게도 형에 대한 험담을 끊임없이 늘어놓았다.

루이스는 성격이 까다롭기는 했지만 나를 때리거나 윽박지른 적은 한 번도 없었다. 다만 시드니를 너무 싫어했기 때문에 도리어 나까지 그녀가 두렵고 무서웠다. 그리고 그녀는 술도 많이 마셨는데, 이것 때문에 혹시나 하는 마음이 들어 더 두려웠던 것 같다. 그녀는 술을 한번 마시면 인사불성이 되도록 마셨다. 그럼에도 자기 아이에게만은 항상 미소 띤 얼굴로 자상하게 대했다. 그런데 이 아이도 이해할 수 없었던 것이, 그런 엄마에게 욕을 하고 쌍스러운 말을 자주 해댔다는 것이다. 어쨌든 몇 가지 이유에서 나는 그 애를 한 번도 가까이한 적이 없었다. 내가 그 애보다 네 살이나 많았는데도 말 한 번 제대로 걸어보지 않았던 것 같다.

가끔 루이스가 술을 마시다 말고 미동도 하지 않고 앉아 있으면 나는 두려움에 숨이 막힐 정도로 조마조마했다. 그러나 형은 전혀 상관하지 않았다. 그리고 좀처럼 집에 일찍 들어오는 경우도 없었다. 반면 나는 학교가 끝나는 대로 집으로 돌아와 그녀의 잔심부름을 해주었다.

루이스는 우리를 캐닝턴로드 학교에 보냈다. 비록 학교에 가도 기분이 썩 좋지는 않았지만, 그런대로 같은 또래 아이들이 있어 외롭다는 생각은 들지 않았다. 토요일은 오전 수업만 했기 때문에 학교가 일찍 끝났지만, 나는 항상 토요일이 싫었다. 왜냐하면 학교가 끝나면 곧장 집으로 가서 청소를 하거나 설거지를 거들어야 했기 때문이다. 그리고 무엇보다 토요일만 되면 루이스는 어김없이 술을 마셨다. 그녀는 내게 설거지를 시키고 친구들과 앉아 술을 마시면서 신세타령을 늘어놓았다. 요지는 자신이 형과 나를 돌보는 것이 부당하다는 것이었다. 나는 아직도 그녀가 한 말을 잊지 못한다.

"얘는 그런대로 나아." 나를 두고 하는 말이었다.

"그런데 다른 놈은 싹수가 노래. 그런 새끼는 소년원에 처박아야 돼. 그리고 찰리가 낳은 애도 아니잖아!"

그날 나는 그녀가 형에 대해 이렇게까지 얘기하는 소리를 듣고 무거운 마음으로 침대에 가서 누웠다. 그러나 마음이 심란해 잠이 오지 않았다. 나는 아직 여덟 살밖에 되지 않았지만, 이 시절은 정말 암담하고 절망스러운 시기였다.

토요일 밤, 이렇게 낙담한 채 침대에 누워 있으면 가끔씩 방 뒤로 나 있는 창문으로 아코디언을 연주하며 지나가는 행렬 소리가 들려왔다. 스코틀랜드 행진곡을 주로 연주했는데, 그 뒤를 동네 청년들과 물건 파는 처녀들이 시끌벅적 떠들어대며 뒤따랐다. 그런 발랄한 곡이 내 기분과 들어맞지 않아 잔인하다고 생각했지만, 음악 소리가 서서히 희미해질수록 아쉬운 생각도 들었다.

행상이 지나가며 외치는 소리도 들려왔다. 특히 거의 하루도 거르지 않고 밤마다 집 앞을 지나가는 행상이 있었는데, 굴을 팔러 다니던 그는 처음에는 국가를 소리 높여 부르다가 어느 순간 엉뚱하게 빠져 부르는 둥 마는 둥 웅얼거리며 끝맺곤 했다. 그리고 근처 선술집에서는 문 닫을 시각이 되면 술에 거나하게 취한 손님들이 아쉬움을 달래며 불러 젖히는 노랫소리도 들려왔다. 그들은 당시 유행하던 애절한 곡조의 노래를 고래고래 악을 쓰며 불러댔다.

> 옛정을 생각해 우리 서로 미워하지 말아요
> 우리 지난날의 정분을 생각해 서로 잊고 용서해요
> 인생은 짧잖아요
> 서로 싸우며 미워할 이유가 있나요
> 그대를 사랑하는 마음은 변치 않아요
> 우리 옛일은 이제 홀홀 털어버리고 좋은 친구로 지내요
> 지난날의 정분을 생각해서

나는 이 노래의 뜻이나 심정은 알지 못했지만, 당시 내 불행한 상황과 딱 맞아떨어지는 것 같아 귀 기울여 듣다가 어느새 잠이 들곤 했다.

형은 거의 항상 늦게 들어왔는데, 밤늦은 시간에 들어오면 자기 전에 꼭 먹을 것이 없나 찬장을 뒤지는 습관이 있었다. 이것이 형에게 좋지 않은 감정을 갖고 있는 루이스를 더욱 화나게 만들었다. 어느 날 밤, 술을 마시던 그녀는 우리가 자고 있는 방으로 들어와 형의 이불을 걷어 젖히며 나가라고 소리쳤다. 그런데 형은 이런 일이 있을 줄로 미리 예상하고 있었는지 베개 밑에서 뭔가 뾰족한 것을 꺼내들더니 루이스를 겨냥했다. 구두끈을 꿰는 긴 단추걸이의 끝을 뾰족하게 갈아서 만든 송곳 같았다.

"가까이만 와봐. 확 찌를 테니까."

형이 루이스를 위협했다.

루이스는 깜짝 놀라 뒷걸음치며 이렇게 말했다.

"오냐, 그래 이제 나를 죽이기라도 할 참이냐! 살벌한 놈."

"그래, 널 죽일 거야!" 형이 연극조의 어투로 받아쳤다.

"아버지가 들어오면 당신이 우릴 어떻게 대했는지 다 말해버릴 거야!"

그러나 내 기억으로는 아버지는 집에 들어오는 날이 거의 없었다. 그래도 나는 아버지가 모처럼 집에 일찍 들어와 루이스와 함께 술을 마시던 어느 토요일 밤에 있었던 일을 아직도 기억한다. 어떤 이유에선지는 몰라도 그날은 형과 나도 집주인 내외와 함께 1층 응접실에 앉아 있었다. 백열등 밑에 앉아 있는 아버지는 낯빛이 매우 창백했다. 그리고 기분이 좋지 않았는지 혼자서 알아들을 수 없는 말을 계속 중얼거렸다. 그러더니 갑자기 호주머니에서 돈을 한 움큼 꺼내 바닥에 내동댕이쳤다. 금화와 은화가 요란한 소리를 내며 사방으로 흩어졌다. 나는 금화와 은화가 그렇게 요란한 소리를 내는 것은 그때 처음 들었다. 순간 주위는 쥐 죽은 듯이 고요해졌다. 집주인 여자는 뚱한 얼굴로 앉아 있었지만, 나는 그녀의 눈이 의자 밑으로 굴러 들어가는 소버린 금화를 좇는 것을 눈치 챘다. 내 눈도 그것을 좇고 있었다. 그런데 아무도 움직일 생각을 하지 않았다. 그래서 내가 먼저 일어나 동전을 줍는 것이 낫겠다는 생각이 들어 자리에서 일어났다. 그러자 주인집 여자와 다른 사람들이 자리에서 일어나 나머지 동전을 줍기 시작했다. 아버지가 분을 삭이지 못하고 두 눈을 부라리고 있었기 때문에 모두들 행동이 조심스러웠다.

서글픈 부정父情

 어느 토요일 오후, 나는 학교 수업이 끝나자마자 집으로 돌아왔다. 그러나 집 안에는 인기척이 없었다. 시드니는 학교가 끝나면 항상 축구시합을 했으니 집에 돌아와 있을 턱이 없었다. 주인집 여자에게 물어보니 루이스가 아들을 데리고 아침 일찍 외출을 했다는 것이었다. 그 말을 듣는 순간 나는 안도했다. 루이스가 없으니 청소나 설거지를 하지 않아도 된다는 생각 때문이었다.
 그러나 점심시간이 한참 지났는데도 아무도 돌아올 생각을 하지 않았다. 나는 갑자기 걱정이 되기 시작했다. 혹시 나를 버리고 도망간 것이 아닐까? 저녁이 되자 이제는 그들이 그리워졌다. 혹시 무슨 좋지 않은 일이라도 일어난 걸까? 방에 혼자 있자니 무서운 생각이 들었다. 방이 텅 비어 있어 두렵기까지 했다. 배가 고파 찬장을 열어봤지만 먹을 거라곤 아무것도 없었다. 빈방에 혼자 있는 것이 견딜 수 없어 나는 쓸쓸히 집 밖으로 나와 해가 질 때까지 근처 시장을 돌아다녔다. 램버스워크와 커트를 배회하면서 허기진 배를 움켜쥐고 식당 창문 너머로 김이 모락모락 나는 쇠고기 갈비구이와 돼지고기를 보며 군침을 삼켰다. 육수에 적신 김이 모락모락 나는 감자도 먹음직스러웠다. 그리고 나는 시장에서 지나가는 행인들을 불러놓고 약을 파는 약장수들을 몇 시간이나 앉아 지켜보기도 했다. 그런데 그것이 얼마나 재미있던지 배가 고픈 것도 잊어버린 채 넋을 잃고 바라봤다.
 집 앞에 도착하니 벌써 저녁이었다. 문을 두드렸지만 여전히 아무런 인기척도 없었다. 혹시나 싶어 문을 열고 들어갔지만 역시나 집 안에는 아무도 없었다. 나는 피곤한 몸을 이끌고 밖으로 나가 집에 오려면 반드시 지나야 하는 캐닝턴 사거리로 걸어 내려갔다. 그러고는 근처 보도 위에 쭈그리고 앉아 누구라도 어서 돌아오기를 기다렸다. 피곤하기도 하고 비참한 생각도 들어 눈물이 났다. 그리고 형이 어디에 있는지도 궁금했다. 한밤중이 되도록 기다렸지만 아무도 오지 않았다. 이제 캐닝턴 사거리에도 한두 명의 부랑자를 제외하곤 인적이 끊긴 상태였다. 근처 약국과 술집을 제외하고 가게들도 불을 끄고 문을 걸어 잠그기 시작했다. 내 자신이 그렇게 가엾고 초라할 수 없었다.

어디에선가 갑자기 음악 소리가 들려왔다. 캐닝턴 사거리 모퉁이에 있는 선술집 화이트하트 현관에서 들려오는 소리였다. 그리고 그것은 광장으로 멋지게 울려 퍼졌다. 연주되는 곡은 〈금은화와 꿀벌〉로, 소형 오르간과 클라리넷이 절묘하게 어우러져 아름다운 화음을 냈다. 내가 태어나 처음 들어보는 연주였지만 아름답고 서정적이었으며, 흥겹고 경쾌했다. 마음에 위안을 주는 부드러운 곡이었다. 나는 그 소리에 홀려 길을 건너 음악이 흘러나오는 선술집으로 향했다. 오르간 연주자는 장님이었다. 눈에는 흉터가 선명했다. 클라리넷 연주자는 얼굴이 우락부락했는데 술이 얼근하게 올라 더 그렇게 보였다.

금세 연주가 끝나고 그들이 떠나자 다시 서글픈 생각이 들었다. 허기지고 피곤했다. 나는 왔던 길을 되돌아가 집으로 향했다. 이제 집에 누가 들어와 있든 말든 상관없었다. 그냥 누워 자고만 싶었다. 그때 집 앞 정원 사이로 난 길을 걸어 올라가는 사람의 모습이 희미하게 보였다. 루이스였다. 그녀의 아들은 앞서 잰 걸음으로 걸어가고 있었다. 그런데 걸음걸이가 이상했다. 심하게 비틀거리는 데다 몸이 한쪽으로 기울어져 있었다. 순간 사고라도 당해 다리를 다쳤나 싶어 가슴이 철렁했다. 그러나 그녀는 술에 취해 있었다. 그렇게 몸을 가누지 못할 정도로 많이 마신 것은 처음 봤다.

나는 그런 상황에서는 우선 피하고 보는 게 상책이란 생각이 들어 그녀가 먼저 집으로 들어갈 때까지 밖에서 기다렸다. 얼마 지나지 않아 집주인 여자가 도착했고, 루이스를 부축해 집 안으로 데리고 들어갔다. 나는 루이스에게 들키지 않게 몰래 숨어 들어갈 목적으로 어두운 층계를 살금살금 기어 올라갔다. 그러나 그 순간 루이스가 비틀거리며 층계참으로 나오는 바람에 들키고 말았다. 그녀가 술 취한 목소리로 이렇게 말했다.

"어딜 올라와? 여기가 네 집이야?"

나는 꼼짝 않고 서 있었다.

"오늘은 안 돼. 여기에서 못 자. 너희만 보면 진절머리가 나. 당장 나가! 너하고 네 형! 너희 아버지한테 가서 돌봐달라고 해. 알았어?"

이런 상황에선 사정하고 말고 할 여지도 없었다. 나는 바로 돌아서서 계단을 내려와 집 밖으로 나왔다. 졸음이 싹 달아났다. 그리고 잠시 숨을 돌렸다. 아버지가 집에서 반 마일 정도 떨어져 있는 프린스 가의 선술집 퀸스헤드(채플린의 삼촌이 운영하던 선술집－옮긴이)의 단골이라는 얘기를 들은 적이 있어 혹시나 하는 마음으로 그곳으로 향했다. 그러나 얼마 가지 않아 가로등 불빛에 길게 늘어진 아버지의 그림자를 볼 수 있었다. 아버지를 보자마자 울음이 터져나왔다. 나는 울먹이는 목소리로 이렇게 말했다.

"그녀가 들여보내주지 않아요. 지금도 술을 마시고 있을 거예요."

우리는 함께 집으로 향했으나, 아버지도 몸을 가누지 못할 정도로 심하게 비틀거렸다.

"아빠가 많이 취했지?"

아버지가 말했다. 나는 아버지가 취하지 않았다고 말해주며 기운을 돋웠다. 그러나 아버지는 뭔가 후회하는 것 같은 심정이 묻어나는 목소리로 "아냐, 난 취했어"라고 중얼거렸다.

아버지가 거실 문을 열고 아무 말 없이 서서 루이스를 무섭게 노려봤다. 루이스는 벽난로 선반에 의지한 채 겨우 서 있었다. 아버지가 먼저 말을 꺼냈다.

"왜 애를 안 들여보내?"

그녀가 술 취한 아버지를 쳐다보며 받아쳤다.

"당신도 나가서 뒈져버려! 모두 나가! 다 보기 싫어."

갑자기 아버지가 찬장에서 무거운 옷솔을 집어 들더니 그녀에게 던졌다. 정말 순식간의 일이었다. 옷솔은 그녀의 얼굴을 맞고 튕겨 나왔다. 그녀는 눈을 감았고, 순간 의식을 잃고 바닥에 쿵 하고 쓰러졌다.

나는 아버지가 그런 폭력을 행사한 것에 매우 놀랐다. 그리고 그때까지 아버지에게 갖고 있던 존경심이 한순간에 사라졌다. 그러나 그 뒤에 일이 어떻게 진행됐는지는 기억이 잘 나지 않는다. 아마 시드니가 바로 들어오고, 아버지가 우리 둘을 침대에 재운 후 다시 집을 나갔던 것 같다.

나는 그날 아침 아버지와 루이스가 한바탕 싸운 것을 알고 있었다. 아버지가 램버스에서 술집을 여러 개 운영하고 있던 형님 스펜서 채플린을 만나러 가면서 그녀를 떼어놓고 간 것이 화근이었다. 채플린 집안에서 자신의 입지가 불분명했던 루이스는 아버지가 형님을 만나러 가는 것을 좋아하지 않았다. 그래서 그날도 아버지는 혼자 갔고, 이에 앙갚음이라도 하듯 루이스는 하루 종일 밖에서 술을 마시고 들어왔던 것이다.

그녀는 아버지를 사랑했다. 내가 비록 어리기는 했지만, 그날 밤 술에 취해 벽난로 선반에 기대어 자신에게 무심한 아버지를 바라보던 그녀의 눈빛에서 그것을 알아챌 수 있었다. 물론 아버지도 그녀를 사랑했다. 나는 그것을 여러 번 목격했다. 아버지는 기분이 좋을 때면 밤에 극장에 나가기 전에 꼭 그녀에게 키스를 하곤 했다. 그리고 일요일 아침, 술을 마시지 않고 집에 있는 날이면 함께 아침을 먹으며 요즘 하고 있는 보드빌 연기에 대해 이야기해 우리 모두를 즐겁게 해주었다. 그러면 나는 한 마리 매처럼 아버지의 몸짓을 하나라도 놓치지 않기 위해 유심히 살펴봤다. 한 번은 장난기가 발동해서 머리에 수건을 두르고 루이스의 아들을 뒤쫓으면서 "나는 터키 왕 루밥이다!" 하고 외쳤다.

저녁 8시쯤, 극장에 나가기 전에 아버지는 포트와인(일반적으로 포르투갈 와인을 포트와인이라고 하는데, 정확하게는 와인에 브랜디를 첨가한 것을 말한다—옮긴이)에 달걀 6개를 넣어 마셨다. 그런데 매일같이 집에서 먹는 거라곤 이게 다였다. 아버지는 식사를 든든하게 하고 나간 적이 거의 없었다. 좀처럼 집에도 오지 않았다. 집에 와도 술을 깨기 위해 한잠 자러 오는 것이 전부였다.

하루는 '아동학대 방지협회'라는 곳에서 루이스를 찾아왔다. 그녀는 그들이 찾아온 것에 매우 화를 냈다. 그들이 집에 찾아온 날 새벽에 시드니와 나는 야경꾼이 피워놓은 모닥불 곁에서 잠을 자고 있었다. 루이스가 간밤에 우리를 밖으로 내쫓고 문을 잠그는 바람에 형과 나는 집에 들어가지 못하고 밖에서 전전긍긍하고 있었던 것이다. 그때 순찰을 돌던 경찰이 우리를 발견하고 집까지 데려다줬는데 아마 뒤에 이것을 협회에 보고했던 것 같다.

그로부터 며칠 뒤 아버지가 지방 순회공연을 가 있는 동안 어머니가 정신병원에서 퇴원했다는 통지서가 날아왔다. 다음 날이었는지 그다음 날이었는지 정확하지는 않지만, 집주인 여자가 올라와 대문 앞에서 어떤 여자가 시드니와 찰리라는 아이들을 찾고 있다고 알려주었다. "너희 엄마가 찾아왔다"라고 루이스가 전해주었다. 순간 멈칫했다. 그러나 형은 잽싸게 계단을 뛰어 내려가 어머니 품에 안겼다. 나도 얼른 뒤따라갔다. 어머니는 여전히 따스한 미소로 우리를 반기며 품에 안아주었다.

어머니는 루이스와 눈을 마주치는 것이 싫었는지 대문 밖에서 기다렸다. 우리는 2층으로 올라가 짐을 챙겼다. 루이스는 우리가 떠나는 게 기분이 좋았는지 아무 말 없이 지켜만 봤다. 심지어 형에게 상냥한 얼굴로 잘 가라는 인사까지 했다.

연기의 매력에 눈뜨다

어머니는 캐닝턴 사거리 뒷골목에 방 한 칸을 세냈는데, 근처에 헤이워드 피클 공장이 있어 오후가 되면 시큼한 냄새가 사방에

어머니가 케인힐 정신병원에서 퇴원한 뒤 잠시 살았던 곳. 근처에 도살장과 피클 공장이 있었다.(왼쪽) 가난했던 시절 형과 내가 어머니와 함께 살았던 캐닝턴 가 파우널 테라스 3번지 다락방(오른쪽)

진동했다. 다행히 방값이 저렴했기 때문에 우리는 그곳에서 다시 함께 살았다. 어머니의 건강도 양호했는데, 정말 아파서 병원에 있었던 사람이었는지 의심이 들 정도였다.

나는 이 시기에 우리가 어떻게 살았는지 정확히 기억하고 있다. 예전처럼 아주 곤란한 일을 겪거나 어려운 상황에 처했던 것 같지는 않다. 그때는 아버지도 일주일에 10실링씩 꼬박꼬박 보내주었다. 물론 어머니도 다시 삯바느질을 시작했고, 새로운 마음으로 교회에도 나갔다.

이때 목격했던 한 가지 사건이 기억에 선명하게 남아 있다. 우리 셋방이 있던 거리 끝에 도살장이 있었다. 그래서 도살될 양들이 늘 우리 셋방 앞을 지나갔다. 하루는 양 한 마리가 무리를 빠

가난 그리고 가족이라는 이름 73

져나와 도망치기 시작했다. 사람들이 양을 잡으려고 혈안이 되었다. 옆에 서 있던 구경꾼들은 그것이 재미있는지 계속 깔깔대며 웃었다. 나도 시시덕거리며 양을 잡으려고 사람들 뒤를 졸졸 따라다녔다. 생각하면 정말 우스운 장면이었다. 그러나 양이 잡히고 도살장으로 돌려보내지자 즐거웠던 기분이 갑자기 슬픔으로 바뀌었다. 나는 셋방으로 달려가 엉엉 울며 어머니에게 말했다.

"사람들이 양을 죽이려고 해! 그 양을 죽이려고 해!"

충격적이었던 그 봄날 오후와 양을 잡기 위해 깔깔대며 뒤쫓던 사람들의 모습은 지금까지도 잊히지 않는다. 한 마디로 희극과 비극이 교차되는 순간이었다. 아마도 이날 내가 경험했던 이런 희극과 비극의 교차가 내 영화 인생의 시발점이 되었는지도 모르겠다.

학교 생활도 이전과는 전혀 달랐다. 역사, 시, 과학 등을 배웠다. 그러나 과목 중에는 따분하고 재미없는 것도 있었다. 특히 산수가 그랬다. 덧셈과 뺄셈을 배울 때는 점원이나 현금 출납계가 된 것 같은 기분이 들었다. 그래도 거스름돈을 계산할 때는 배운 게 도움이 됐다.

역사는 강자와 폭력의 기록이었다. 대부분 누가 언제 왕을 시해했다거나 아니면 왕이 왕비나 형제 또는 조카 등 친인척들을 죽였다는 얘기뿐이었다. 지리는 한 마디로 지도 찾기였고, 시는 기억력 훈련에 지나지 않았다. 이처럼 학교에서 가르쳐주는 지식은 내 흥미를 끌지 못했다.

만약 누군가 세일즈맨 같은 수완을 발휘해서 각 수업마다 내가 흥미를 느낄 수 있도록 단순 사실만을 나열하지 않고 상상의 나래를 펼 수 있도록 가르쳤다면, 숫자의 묘미로 나의 흥미를 자극하거나 지도를 펼치더라도 흥미로운 이야깃거리를 덧붙이거나 역사를 바라보는 관점을 제시하거나 시가 갖고 있는 음악적 요소를 제대로 가르쳤더라면, 나는 아마 학자가 됐을지도 모른다.

우리 곁으로 다시 돌아온 뒤부터 어머니는 내가 연기에 관심을 가질 수 있도록 다시 자극을 주기 시작했다. 무엇보다 어머니는 내가 연기에 타고난 재능이 있다는 확신을 심어주었다. 크리스마스가 다가오자 학교는 축제의 하나로 칸타타 〈신데렐라〉를 무대에 올리기로 결정했다. 나는 내심 배우로 선발되면 어머니가 지금까지 가르쳐준 연기를 무대에서 모두 선보이리라 다짐하고 있었다. 그러나 나는 선발되지 못했다. 아쉬웠다. 선발된 애들이 부러웠지만, 그 애들보다 내가 더 잘할 수 있다고 생각하며 아쉬움을 달랬다. 나는 선발된 애들이 자기가 맡은 역할을 밋밋하게 연기하는 것을 보고 화가 치밀었다. 계모의 두 딸을 연기한 애들은 연기에 대한 열의도 익살스런 멋도 없었다. 대사도 소리만 크게 내지를 뿐 전혀 감정을 싣지 않고 책 읽듯이 또박또박 말할 뿐이었다. 나는 어머니에게 배운 연기력도 있고 해서 계모의 두 딸 가운데 하나는 꼭 맡고 싶었다. 무엇보다 나는 신데렐라 역을 맡은 여자애에게 마음이 끌렸다. 그 애는 열네 살에 단아하고 예뻤다. 나는 그 애를 짝사랑했지만, 내 처지나 나이 차이 때문에 다가설 수 있는 상대가 아니었다.

크리스마스이브에 무대에 올린 〈신데렐라〉를 보며 이런 생각이 들었다. '신데렐라 역을 맡은 소녀는 미모를 제외하면 정말 연기는 볼품이 없구나.' 한 마디로 실망스러웠다. 그러나 두 달 뒤에

캐닝턴에 있는 한 초등학교에 다닐 때, 일곱 살 무렵

내게도 뜻하지 않은 기회가 왔다. 내가 〈프리실라 양의 고양이〉를 각 학급을 돌며 낭송하는 기회를 얻은 것이었다. 〈프리실라 양의 고양이〉는 어머니가 신문 가판대를 지나치다 그곳에 꽂힌 신문에서 우연히 읽고 재미있다는 생각이 들어 가판대 창틀에다 종이를 대고 손수 베껴가지고 온 풍자 희극시였다.

쉬는 시간에 나는 그것을 같은 반 친구들 몇 명에게 낭송해주었다. 그리고 그것이 재미있었는지 교실에 남아 일을 보고 있던 라이드 선생님은 쉬는 시간이 끝나고 학생들이 모두 제자리에 돌아오자 반 친구들 앞에서 한 번 더 낭독해보라고 시켰다. 내가 낭독을 끝내자 교실은 한바탕 웃음바다가 되었다. 이 일로 내 이름이 교내에 알려졌고, 다음 날 나는 이 반 저 반으로 불려다니며 그것을 낭독해 보였다.

다섯 살 때 우연히 어머니를 대신해 관객들 앞에서 연기를 한 적이 있기는 했지만, 실제로 연기의 매력을 느낀 것은 그때가 처음이었다. 학교 생활이 갑자기 흥미로워지기 시작했다. 내성적이고 수줍음이 많았던 내가 선생님들과 아이들의 시선을 한 몸에 받게 된 것이다. 덩달아 성적도 올랐다.

그러나 학교 생활은 오래가지 않았다. 나는 학교를 그만두고 클로그댄스(탭댄스의 일종으로 나막신을 신고 춤을 춘다-옮긴이) 팀이었던 '여덟 명의 랭커셔 소년들'의 단원으로 입단했다.

3
여덟 살 꼬마 배우

나는 어린이 희극배우가 되고 싶었다. 내가 염두에 두고 있던 것은 두 소년이 떠돌이 광대 복장을 하고 듀엣으로 연기하는 것이었다. 나는 이 아이디어를 다른 한 아이에게 말했고, 그것은 우리의 소중한 꿈이 되었다. '브리스톨과 채플린, 백만장자 떠돌이'란 이름도 지었다.

희극배우를 꿈꾸다

아버지는 내가 입단한 '여덟 명의 랭커셔 소년들'을 이끌고 있던 단장 잭슨 씨와 안면이 있는 사이였다. 아버지는 내가 무대 경력을 쌓는 데 좋은 기회가 될 것이라며 어머니를 안심시켰다. 물론 경제적으로도 도움이 될 거라는 말도 빼놓지 않았다. 아버지는 내가 식사와 숙소를 제공받을 뿐 아니라 주당 5실링을 받게 될 거라고 했다. 처음에 어머니는 확신을 갖지 못했지만, 잭슨 씨와 그의 가족들을 만나보고 나서 내가 '여덟 명의 랭커셔 소년들'의 단원이 되는 것을 허락했다.

당시 오십대 중반이었던 잭슨 씨는 랭커셔에서 학교 선생님을 하고 있었고 슬하에 3남 1녀를 두고 있었다. 아이들도 모두 '여덟 명의 랭커셔 소년들'에서 활동했다. 잭슨 씨는 독실한 가톨릭 신자였다. 첫 번째 부인과는 사별했고, 아이들과 상의해 재혼했다. 두 번째 부인은 그보다 나이가 많았다. 잭슨 씨는 두 번째 부인과 어떻게 결혼하게 되었는지 신앙인답게 경건한 자세로 이야기해 주었다. 그는 신문에 재혼할 여성을 찾는다는 구혼 광고를 냈고,

그 결과 전국적으로 300여 통이 넘는 편지를 받았다. 하느님께 좋은 배필을 인도해줄 것을 간절히 기도한 다음 그는 그 가운데 한 통을 골라 열어 봤다. 지금의 잭슨 부인이 보낸 편지였다. 그의 간절한 기도가 하느님께 전달되었는지 잭슨 부인 역시 학교 선생님이자 독실한 가톨릭 신자였다.

잭슨 부인은 빼어난 미모의 소유자는 아니었으며 속된 말로 관능적이지도 않았다. 내 기억으로는 비쩍 마른 얼굴에 주름이 많았고 수척했다. 결혼하고 늦은 나이에 아이를 낳다 보니 힘들었을 것이다. 그럼에도 잭슨 부인은 성실하고 헌신적인 아내였다. 잭슨 씨는 잭슨 부인이 아이를 낳아 모유 수유를 하면서도 극단 일을 헌신적으로 도와주었다고 칭찬을 아끼지 않았다.

그러나 두 사람의 결혼에 대한 잭슨 부인의 이야기는 조금 달랐다. 두 사람은 결혼하기까지 서로 편지를 주고받기는 했지만 결혼하는 날까지 한 번도 만나본 적이 없었다. 결혼식을 올리는 날, 가족들은 다른 방에서 기다리게 하고 단둘이 객실에서 만났을 때 잭슨 씨가 이렇게 말했다.

"당신은 내가 바라던 바로 그 사람이오."

그녀는 이 말에 수긍했다. 그녀도 마찬가지였기 때문이다. 그리고 마지막에 이런 말을 덧붙였다.

"그렇지만 제가 여덟 아이의 어머니가 되리라곤 생각지도 못했지요."

그 뜻을 제대로 이해하진 못했지만 그녀의 말에도 일리가 있어 보였다. 아들 셋은 나이가 열둘에서 열여섯 사이였고, 하나 있는 딸은 아홉 살이었다. 딸도 극단에 넣기 위해 머리카락을 짧게 깎아놓아 마치 사내아이처럼 보였다.

 매주 일요일마다 나만 제외하고 모든 사람이 가톨릭 교회에 나갔다. 나만 개신교 신자였는데 혼자 있는 것이 외로워 가끔 나도 교회에 따라갔다. 당시 가톨릭으로 개종할 수도 있었지만, 어머니가 독실한 개신교 신자였기 때문에 마음에 걸려 그렇게 하지는 못했다. 나는 가톨릭 신비주의와 내 숙소 구석에 모셔둔 성모 마리아 상이 무척 마음에 들었다. 다른 아이들은 거기에 꽃과 양초로 장식을 했고, 항상 그 앞을 지날 때마다 무릎을 꿇고 기도를 올렸다.

 6주간 연습한 끝에 나도 단원들과 함께 춤을 출 수 있게 되었다. 그러나 당시 여덟 살밖에 되지 않았던 나는 자신이 서질 않았다. 그리고 무대에 올라 관객들 앞에 서는 것 자체가 두려웠다. 나는 다리가 후들거려 거의 움직일 수 없었다. 그리고 다른 아이들처럼 독무(獨舞)를 할 수 있기까지는 몇 주가 더 걸렸다.

 나는 여덟 명의 소년들로 구성된 극단에서 클로그댄서가 되는 것에는 별다른 매력을 느끼지 못했다. 나도 다른 단원들처럼 1인극을 하고 싶었다. 그 이유는 1인극을 하면 돈을 더 많이 벌 수 있는 데다, 본능적으로 그것이 춤을 추는 것보다 더욱 큰 성취감을 줄 거라고 느꼈기 때문이다. 나는 어린이 희극배우가 되고 싶었다. 그러나 혼자 무대에 서기 위해서는 굉장한 용기가 필요했다. 그럼에도 춤보다 다른 것을 해보고 싶다는 생각에 스스로도 묘한 기분이 들었다. 내가 염두에 두고 있던 것은 두 소년이 떠돌이 광대 복장을 하고 듀엣으로 연기하는 것이었다. 나는 이런 아이디어를 다른 한 아이에게 말했고, 우리는 서로 파트너가 되기로 결심했다. 그것은 우리의 소중한 꿈이 되었다. 그리고 '브리스톨과 채플린, 백만장자 떠돌이'란 이름도 지었다. 거지 차림에 수염을 붙이고 큼지막한 다이아몬드 반지를 끼기로 했다. 이런 아이디어가 재미있고 돈벌이도 될 거라고 생각했지만 불행하게도 실현되지는 못했다.

관객들은 '여덟 명의 랭커셔 소년들'을 좋아했는데, 잭슨 씨의 말대로 우리가 꾸밈없이 순수해 보였기 때문이었다. '여덟 명의 랭커셔 소년들'은 절대 분장을 하지 않았다. 우리는 맨 얼굴 그대로 무대에 올라 어린이들 특유의 홍조 띤 볼을 관객들에게 보여주었다. 그것이 우리 극단만이 가진 자랑거리이기도 했다. 그래서 무대에 오르기 전에 얼굴빛이 창백하면 볼을 발그스름하게 만들기 위해 일부러 꼬집어달라고 부탁하기도 했다. 그러나 런던에서 하룻밤에 둘 내지 세 곳씩 뮤직홀에 출연하느라 정신이 없을 때면 가끔 깜박하고 피로한 기색으로 무표정하게 무대에 오르는 경우도 있었다. 그러면 무대 옆에서 잭슨 씨가 웃는 표정을 지어 보이며 눈치를 줬다. 관객들을 향해 밝게 웃으라는 뜻이었다. 그럼 우리는 아차 싶어 얼른 웃는 표정을 지었다.

극단 생활로 바쁘기는 했지만 공부를 중단하지는 않았다. 지방 순회공연을 가면 가는 곳마다 근처 학교에 나가 공부를 했다. 물론 중단한 학업을 보충하기에는 역부족이었다.

크리스마스 시즌에 우리는 런던 히포드롬 극장에 올릴 〈신데렐라〉 팬터마임 극에 개와 고양이 역으로 출연하기로 되어 있었다. 당시로선 최신식 극장이었던 히포드롬 극장은 보드빌과 서커스를 결합한 공연을 무대에 올려 선풍적인 인기를 끌고 있었다. 중앙 원형 무대가 내려가면 물이 채워지면서 발레단이 입장할 수 있도록 장치가 만들어져 있었다. 반짝거리는 의상을 입은 예쁜 소녀들이 열을 지어 들어와 물속으로 속속 사라진다. 마지막 열까지 모두 물속으로 사라지면, 프랑스 출신의 배우로 당시 엄청난 인기를 끌었던 어릿광대 마르셀린이 헐렁한 연미복에 오페라 해트를 쓰고 낚싯대를 둘러메고 무대에 올라온다. 그리고 접이식 의자에 앉아 커다란 보석함을 열어 다이아몬드 목걸이를 꺼내 낚싯바늘에 미끼로 꿰어 물속에 던진다. 그리고 잠시 팔찌 같은 작은 보석들을 '밑밥'으로 물속에 던진다. 그러다가 아예 보석함을 뒤집어서 탈탈 털어 넣는 시늉을 한다. 갑자기 낚시에 입질하는 신호가 오고, 그는 그것을 낚기 위해 낚싯대를 빙빙 돌려가며 용쓰는 모습을 우스꽝스럽게 연기한다. 마침내 물속에서 뭔가를 낚아 올린다. 푸들이다. 강아지는 마르셀린이 하는 대로 따라하도록 훈련을 받았다. 그가 앉으면 강아지도 앉았고, 그가 물구나무를 서면 강아지도 물구나무를 섰다.

마르셀린의 희극 연기는 익살스럽고 매력적이어서 런던 사람들은 그에게 열광적인 환호를 보냈다. 나는 부엌 장면에 무대에 올라 마르셀린과 몇 가지 우스꽝스런 동작을 연기했다. 내가 맡은 역할은 고양이였는데, 마르셀린이 개를 보고 무서워 뒷걸음질 치다가 우유를 먹고 있는 내 등 위로 넘어지는 장면이었다. 이 장면에서 마르셀린은 내가 등을 제대로 구부리지 않아 넘어지는 게 자연스럽지 않다고 항상 불평했다. 나는 끈을 잡아당기면 눈을 껌벅일 수 있도록 제작된 놀란 표정의 고양이 가면을 쓰고 무대에 올랐다.

어린이를 위한 낮 공연이 있던 첫날, 나는 개 꽁무니에 가서 킁킁 냄새 맡는 시늉을 하며 관객들의 시선을 잡았다. 관객들이 내 동작을 보고 시시덕거리기 시작했다. 그러자 나는 신이 나서 객석으로 고개를 돌리고 연신 끈을 잡아 당겨 눈을 껌뻑이며 놀란 표정을 지어 보였다. 나는 아이들이 좋아하는 것 같아 이 동작을 여러 번 반복했는데 극장 지배인이 무대 뒤편으로 올라와 미친 듯이 손을 흔드는 게 보였다. 그만하라는 뜻이었지만, 나는 모른 체하고 계속했다. 개의 꽁무니 냄새를 맡은 다음 무대 앞쪽으로 다가가 뭔가 냄새 맡는 시늉을 하고 다리를 들어올렸다. 관객들이 박장대소했다. 고양이가 개처럼 행동하리라고는 누구도 감히 예상을 못 했으리라. 그런데 그런 행동이 어린 관객들에겐 재미있었던 것이다. 결국 극장 지배인과 눈이 마주쳤고, 나는 관객들의 박수갈채를 받으며 깡충깡충 뛰어서 무대를 내려왔다.

"극장을 말아먹을 참이냐. 한 번만 더 그런 짓을 했단 봐라!"

극장 지배인이 씩씩거리며 말했다. 내가 무대에서 보인 행동이 미풍양속에 저해되는 것이었기 때문에 자칫하면 국내성 장관으로부터 극장 폐쇄 명령을 받을 수도 있었던 것이다.

〈신데렐라〉는 대성공이었다. 비록 마르셀린이 이 팬터마임 연극에서 맡은 역할은 아주 미미했지만 인기는 그의 독차지였다. 몇 년 뒤에 마르셀린은 뉴욕 히포드롬 극장으로 옮겼다. 그곳에서도 그는 일대 파란을 일으켰다. 그러나 뉴욕 히포드롬 극장이 경영난을 이유로 서커스 무대를 폐쇄하면서 그의 존재도 잊히고 말았다.

정확치는 않지만 1918년 무렵에 내가 미국으로 건너가 영화에 출연하고 있을 때 '링링 브라더스 서커스단'(1884년 일곱 명의 링링 형제들이 뉴욕에서 설립한 서커스단—옮긴이)이 공연차 로스앤젤레스에 온 적이 있었는데 그 속에 마르셀린도 끼어 있었다. 나는 마르셀린이 주연으로 무대에 설 것으로 기대했지만, 그가 커다란 무대를 이리저리 뛰어다니는 어릿광대들 틈바구니에서 연기하는 것을 보고 무척 놀랐다. 한때 잘나가던 인기 배우가 통속적인 스리링 서커스(세 장소에서 동시에 하는 연기나 대활극—옮긴이)에서 그저 그런 평범한 배우로 전락해 있었던 것이다.

나중에 나는 분장실로 그를 만나러 갔다. 그리고 런던 히포드롬 극장에서 같이 고양이 연기를 했던 나를 기억하느냐고 물으며 알은체를 했지만 그의 반응은 냉담했다. 어릿광대 분장 뒤로 그는 심드렁한 표정을 지었다.

1년 뒤에 그는 뉴욕에서 자살했다. 그의 사망 소식은 신문에 짤막하게 났을 뿐 별다른 관심을 끌지 못했다. 마르셀린과 같은 집에 사는 한 이웃이 총성을 들었고, 발견 당시 그는 손에 권총을 쥔 채 바닥에 드러누워 있었다. 그리고 레코드판에서는 〈달빛과 장미〉라는 곡이 흘러나오고 있었다.

영국 출신의 많은 희극배우들이 자살을 했다. 매우 재치 있는 연기를 했던 T. E. 던빌(1867~1924)은 술집에서 누군가 자신에 대해 이렇게 이야기하는 것을 들었다.

"그도 한물간 배우지."

그날 그는 템스 강에서 익사체로 발견되었다. 자살이었다.

영국의 저명한 희극배우 중 한 사람이었던 마크 셰리단(1866~1918)은 글래스고 관객들에게 좋은 반응을 얻지 못하자 글래스고 공원에서 자살했다.

매사에 활기차고 호탕했던 희극배우로 '여덟 명의 랭커셔 소년들'과 함께 공연한 적이 있는 프랭크 코인은 다음과 같은 유쾌한 노래로 사랑을 받았다.

> 말에 올라탄 나를 두 번 다시 붙잡을 수 없을걸
> 뭐 내가 그런 진짜 말을 탈 리는 없겠지만
> 내가 아는 한 탈 수 있는 유일한 말은
> 옷을 걸친 빨래건조대 같은 마누라라네!

무대 밖에서 그는 상냥했고 항상 미소를 짓고 다녔다. 그러던 어느 날 오후 그는 부인과 함께 이륜마차를 타고 외출 준비를 하다가 뭔가 잊고 온 것이 있다며 부인에게 기다리라고 하고는 2층으로 올라갔다. 20분이 지나도록 내려올 기미가 없자 부인은 마차에서 내려 무슨 일이 있나 하고 2층으로 올라갔다. 그는 욕실 바닥에 피를 흘리며 죽어 있었다. 손에는 면도날이 들려 있었는데, 그것으로 자신의 목을 그어 자살한 것이었다.

내가 어렸을 때 본 많은 예술가들, 특히 나에게 깊은 인상을 준 예술가들은 그다지 유명하지는 않았지만 무대 밖에서 매우 개성 넘치는 사람들이었다. 떠돌이 곡예사로 희극배우였던 자르모는 매일 아침 극장 문이 열리자마자 도착해 몇 시간이고 곡예를 연습할 정도로 스스로에게 엄격한 배우였다. 우리는 무대 뒤에서 자신의 턱에 당구 큐를 올려놓고 균형을 잡으면서 당구공을 위로 던진 다음 그것을 큐 끝에 올려놓는 묘기를 연습하는 그를 자주 목격할 수 있었다. 그러나 실패가 잦았다. 그는 근 4년 동안 이 묘기를 연습했는데, 하루는 그가 이제 관객들에게 이 묘기를 보여줄 때가 됐다고 잭슨 씨에게 말했다. 자르모가 이 묘기를 처음 무대에 올리기로 한 날 밤, 우리는 무대 뒤에서 숨을 죽이고 그의 묘기를 지켜봤다. 그는 그것을 완벽하게 해냈다. 그것도 단 한 번에! 먼저 당구공을 위로 던진 다음 그것을 큐 끝에 올려놓았다. 그리고 두 번째 공을 던져 첫 번째 당구공 위에 올려놓는 절묘한 묘기였다. 그러나 관객들의 반응은 신통치 않았다. 잭슨 씨는 그날 밤 무대 뒤에서 자르모에게 이렇게 말했다.

"자넨 그 묘기를 너무 쉽게 해냈어. 관객들을 감쪽같이 속였어야지. 몇 번 틀리는 시늉도 하고, 그다음에 성공하는 것을 보여줘야 더 극적이잖아."

그런데 자르모는 이렇게 말하며 그냥 웃어넘겼다.

"틀리는 게 익숙하지 않아서요."

자르모는 골상학에 일가견이 있어 얼굴 생김새를 보고 우리의 성격이나 운명에 대해 말해주고는 했다. 그는 나에게 한 번 배운 것은 절대 잊어먹지 않고 유용하게 써먹을 줄 아는 능력을 타고 났다고 말해주었다.

그리고 재밌고 인상 깊었던 그리피스 형제도 있었다. 그들 형제는 나를 정신적으로 혼란스럽게 했는데, 두 사람은 두툼하게 패드를 덧댄 커다란 신발을 신고 그네를 타면서 상대의 얼굴을 잔인할 정도로 세게 걷어차는 희극 연기를 펼치는 어릿광대들이었다. 먼저 맞은 쪽에서 이렇게 소리친다.

"아야! 내가 가만있을 줄 알아."

그러면 눈이 휘둥그레진 상대는 휘청거리며 이렇게 외친다.
"네가 감히? …… 퍽!" 그러면 다시, "얘가 또 때려!"
나는 이런 폭력적인 연기에 적잖이 놀랐다. 그러나 무대 밖에서 그들은 정말 다정한 형제였다. 항상 조용했고 진지했다.

댄 레노(1860~1904)는 전설적인 팬터마임 배우 그리말디(1779~1837) 이래 가장 유명한 영국 희극배우였다. 물론 내 말에 동의하지 않는 사람도 있을 것이다. 비록 내가 전성기의 댄 레노를 실제로 본 적은 없었지만, 나에게 그는 희극배우라기보다는 성격배우에 가까웠다. 어머니의 말에 따르면, 그는 런던 하층계급들에 대한 다양한 연기를 펼쳤는데 그 묘사가 인간적이고 사랑스러웠다고 한다.

우리 극단은 유명하기는 했지만 노래는 보잘것없었다는 평을 듣고 있던 마리 로이드(1870~1922)와 함께 스트랜드 가의 낡은 티볼리 극장 무대에 오른 적이 있었다. 내 기억으로는 그녀만큼 진지하고 성실한 예술가는 없었던 것 같다. 나는 무대에 오르기 전에 긴장했는지 초조한 마음으로 안절부절못하고 무대 뒤를 어슬렁거리던 작고 풍만한 체구의 그녀를 자주 목격했다. 그녀는 무대에 오르는 순간까지도 마음을 놓지 못하고 항상 걱정스러운 눈초리를 하고 다녔다. 그러나 막상 무대에 오르면 언제 그랬냐는 듯이 밝고 편하게 노래를 불렀다.

1인극에 도전하다

디킨스의 작품에 다수 출연했던 브랜스비 윌리엄스는 내 마음을 단번에 사로잡았다. 그는 유라이어 힙(디킨스의 《데이비드 코퍼필드》의 등장인물—옮긴이), 빌 사이크스(디킨스의 《올리버 트위스트》의 등장인물—옮긴이) 그리고 《골동품 상점》에 나오는 노인 등을 완벽하게 재현했다. 무례하기로 유명했던 글래스고 관객들 앞에서 이런 매력적인 인물들을 완벽하게 연기해낸 이 잘생기고 위엄 있는 젊은 배우는 연기의 새로운 장을 열었다고 해도 과언이 아니었다. 그는 내가 문학에 관심을 갖도록 불을 지핀 장본인이기도 했다. 나는 디킨스가 쓴 소설들에 숨겨진 알쏭달쏭한 신비스러움, 즉 낯선 크룩섕크적 세계〔당대 정치를 비판하는 삽화를 많이 그린 영국의 삽화가이자 풍자 만화가였던 크룩섕크(1792~1878)의 작풍을 가리킨다—옮긴이〕에 발을 들여놓는 디킨스의 암울한 작중인물들을 파헤쳐보고 싶었다. 그래서 거의 읽지는 못했지만 《올리버 트위스트》를 구입하기까지 했다.

찰스 디킨스의 소설에 나오는 인물들에 매료됐던 나는 브랜스비 윌리엄스가 그랬던 것처럼 그들을 하나 둘 흉내 내 보았다. 그리고 막 발동하기 시작한 끼를 오랫동안 숨기고 있는 것도 참기 어려운 일이라 극단의 다른 아이들 앞에서 직접 연기를 해 보이고는 했다. 그러던 어느 날 내가 아이들 앞에서 《골동품 상점》에 나오는 노인 역을 흉내 내는 것을 잭슨 씨가 우연히 보게 되었다. 잭슨 씨는 나의 천부적인 재능을 알아채고 곧장 그것을 무대에 올리기로 결정했다.

그리고 나는 미들스브러에 있는 한 극장에서 처음으로 관객들에게 1인극을 선보였다. 클로그댄스가 끝나자 잭슨 씨는 무대에 오르더니 진지한 목소리로 관객들에게 마치 젊은 메시아가 왕림이라도 한 것처럼 거창하게 나를 소개했다. 그는 관객들에게 자신이 이끌고 있는 극단의 단원 중에서 연기에 천부적인 재능을 가진 아이를 발견했다고 소개하면서 내가 브랜스비 윌리엄스가 완벽하게 연기했던 《골동품 상점》의 노인을 그대로 연기해 보일 것이라고 말했다. 내가 연기한 장면은 노인이 떠돌이 소녀 넬의 죽음을 알고 믿을 수 없다는 듯이 흐느끼는 부분이었다.

　이미 우리의 저녁 공연에 별반 흥미를 느끼지 못했던 관객들은 잭슨 씨의 말에 별다른 반응을 보이지 않았다. 그래도 나는 클로그댄스를 할 때 입었던 의상 그대로 무대에 올랐다. 클로그댄스를 출 때 우리는 레이스 깃이 달린 흰색 리넨 블라우스에 무명 천으로 만든 니커보커 바지(무릎 아래에서 졸라매는 낙낙한 짧은 바지—옮긴이)를 입고 붉은색 댄스용 신발을 신었는데, 나는 이 의상에다가 분장만 아흔 살 노인처럼 하고 무대에 올랐던 것이다. 언제 어디에서 어떻게 구했는지는 모르지만 노인용 가발도 쓰고 있었다. 아마 잭슨 씨가 사다 주었을 것이다. 그러나 내 머리에 맞지 않았다. 나도 머리가 큰 편이었지만 가발은 더 컸다. 머리카락을 긴 회색 실로 듬성듬성 장식한 대머리 가발이었기 때문에 내가 노인처럼 허리를 구부리고 무대에 올랐을 때는 마치 딱정벌레 한 마리가 기어가는 것처럼 보였다. 관객들은 그 모습이 재미있는지 킥킥거리며 웃기 시작했다.

　그러나 막상 연기를 해야 하는데 사람들이 웃음소리를 낮추지 않았다. 나는 나직한 목소리로 이렇게 말했다.

　"쉿, 쉿, 조용히 해요. 넬리가 깰지도 몰라요."

　그러자 관객들이 소리쳤다.

"야, 안 들려. 좀 크게 말해!"

그러나 나는 노인 특유의 나약하고 친근한 목소리로 계속 중얼거렸다. 너무 친근했는지 관객들이 야유를 보내기 시작했다. 그리고 이것이 찰스 디킨스의 소설에 등장하는 인물들을 흉내 내는 내 연기의 처음이자 마지막이 되었다.

형편이 넉넉하지는 않았지만 '여덟 명의 랭커셔 소년들'에서의 생활은 즐거웠다. 물론 때론 의견 차이 때문에 서로 티격태격하는 경우도 있었다. 한 번은 다른 극단의 어린 곡예사 두 명과 같은 무대에 올라 연기를 한 적이 있었다. 나와 비슷한 또래의 아이들이었지만 아직 견습생이었다. 두 아이는 자신들이 주급으로 7실링 6펜스를 받고 있으며, 용돈으로 일주일에 1실링을 따로 받는다고 귀띔해주었다. 무엇보다 용돈은 매주 월요일 아침 어머니가 베이컨과 계란 프라이 요리를 해주면서 아무런 조건 없이 접시 밑에 놓아둔다는 것이었다. 그러자 이 말을 듣고 있던 우리 극단의 한 애가 "우리는 고작 2펜스만 받는데. 그리고 아침으론 허구한 날 빵에 잼만 발라 먹잖아" 하고 투덜거렸다.

옆에서 우리의 불평을 듣고 있던 잭슨 씨의 아들 존이 울음을 터뜨리며 얘기했다. 말인즉슨, 우리 극단이 런던 교외에서 일주일에 여러 차례 공연을 해도 전체 수입이 주당 7파운드밖에 되지 않고 이익은커녕 적자를 보지 않는 것만도 다행이라는 것이었다.

그러나 두 어린 견습생이 우리보다 풍족하게 생활한다는 것을 알고 나자 우리는 곡예사가 되면 어떨까 하는 생각을 품기 시작했다. 그래서 며칠 동안 아침에 극장 문이 열리면 우리 중 한두 명은 일찍 나와 밧줄을 허리에 감고 도르래에 매달려 한쪽 끝을 다른 아이에게 잡게 하고 공중제비를 연습하기도 했다. 나는 그런대로 공중제비를 잘했지만 바닥에 떨어지는 바람에 엄지손가락을 삐고 말았다. 결국 곡예사의 꿈은 접어야 했다.

클로그댄스 외에 우리는 항상 다른 기예를 익히려고 열심이었다. 나는 희극 곡예사가 되고 싶었다. 그래서 일단 돈을 모아 고무공 네 개와 양철 접시 네 개를 사서 잠자리에 들기 전 침대 머리맡에 서서 몇 시간씩 공 굴리기와 접시 돌리기를 연습했다.

잭슨 씨는 원래 성품이 좋은 사람이었다. 내가 '여덟 명의 랭커셔 소년들'을 그만두기 3개월 전에 우리 극단은 병석에 누워 있던 아버지를 위해 자선 무대를 가졌다. 우리 극단뿐 아니라 많은 보드빌 배우들이 무료로 이 무대에 섰다. 그날 밤 아버지는 거친 숨을 몰아쉬며 간신히 무대에 올라 인사를 했다. 나는 무대 옆에서 그런 아버지를 지켜보고 있었다. 그러나 아버지가 곧 죽으리라고는 상상도 하지 못했다.

극단이 런던에 머물 때면, 나는 매주 어머니를 찾아갔다. 어머니는 내가 얼굴색이 창백하고 너무 야위었다며 걱정했는데, 춤을 추기 때문에 폐가 나빠져서 그런 것으로 생각했다. 얼마나 걱정스러웠는지 어머니는 잭슨 씨에게 편지를 보냈고, 이것에 화가 난 잭슨 씨는 나를 집으로 돌려보냈다. 잭슨 씨는 어머니를 걱정시키는 나 같은 골칫덩어리는 필요 없다고 말했다.

그리고 몇 주 뒤에 나는 천식을 일으켰다. 어찌나 심했던지 어머니는 내가 결핵에 걸렸다고 생각했다. 그래서 곧장 브롬프톤 병원으로 데려가 정밀검진을 받았다. 폐에는 아무런 이상이 없었고 단순 천식으로 밝혀졌다. 여러 달을 고통 속에서 지냈다. 제대로 숨조차 쉴 수 없었다. 창문으로 뛰어내려 죽고 싶다는 생각도 여러 번 했다. 머리에 담요를 뒤집어쓰고 약초 연기를 들이마셔 보았지만 아무런 효과가 없었다. 그러나 의사 말대로 차츰 차도를 보이기는 했다.

이 시기의 기억들은 가물가물하다. 가장 기억에 남는 것은 생활이 여전히 비참할 정도로 곤궁했다는 것뿐이다. 당시 형이 어디에 가 있었는지는 기억나지 않는다. 나보다 네 살이 많았기 때문에 별로 형에 대해 의식하며 살지는 않았다. 아마 어머니의 경제적 부담을 덜어주기 위해 외할아버지와 같이 살았던 것 같다. 그리고 당시 살던 곳에서 다른 곳으로 거처를 옮기는 것 때문에 어머니가 머뭇거렸던 것 같기도 하다. 그러나 결국 우리는 파우널 테라스 3번지로 이사했다.

운수 좋은 날

나는 가난이 사회적으로 어떻게 인식되는지 잘 알았다. 그것은 하나의 치욕이었다. 아무리 가난한 집 아이일지라도 일요일 저녁은 집에서 음식을 만들어 먹었다. 하지만 집에서 로스트 요리를 먹는다는 것은 그 집안의 사회적 지위, 즉 가난한 계급과 상류층 계급을 구분하는 사회적 기준이었다. 일요일 저녁을 집에서 먹을 수 없는 사람들은 빌어먹는 계급이었다. 우리 집이 바로 그런 계급이었다. 어머니는 자주 나에게 근처 커피숍에 가서 고기와 두 가지 채소를 곁들인 6펜스짜리 저녁을 사오라고 심부름을 보내곤 했다.

나는 그게 그렇게 부끄러울 수 없었다. 특히 일요일 저녁에! 나는 왜 일요일 저녁인데 집에서 아무것도 해주지 않느냐고 어머니를 탓했다. 그러면 어머니는 집에서 요리하려면 돈이 두 배나 더 든다고 나를 타일렀다. 그러나 어린 내가 그걸 이해할 턱이 없었다.

그러던 어느 재수 좋은 금요일, 어머니가 경마에 내기를 걸어 5실링을 땄다. 그것으로 어머니는 내게 오는 일요일 저녁은 집에서 요리를 해주겠다고 약속했다. 그런데 지금도 조금 어이없다고 생각되는 것은 쇠고기를 살지 아니면 다른 고기를 살지 정하지도 않고 정육점에 가서 무작정 로스트용 고기를 사 온 일이었다. 고기는 5파운드에 '로스트용'이란 딱지가 붙어 있었다. 그래서 지금까지도 나는 그때 무슨 고기를 먹었는지 모른다.

오븐이 없었던 어머니는 집주인의 오븐을 잠시 빌렸다. 그러나 남의 집 오븐을 빌려 쓰는 것이 창피해 부엌을 들락날락할 수 없어 대충 고기가 익을 시간을 맞춰놓고 나왔다. 그러나 우리가 다시 부엌에 갔을 때 고기는 크리켓 공만큼 줄어들어 있었다. 어머니는 커피숍에서 사먹는 6펜스짜리 저녁이 고생스럽지도 않고 맛도 좋다고 주장했지만, 나는 어머니가 직접 만들어준 그것이 더 좋았다. 그리고 이웃의 여느 집처럼 우리도 일요일 저녁에 집에서 요리를 해먹었다는 생각에 마음 한구석이 뿌듯했다.

우리 생활에 갑작스런 변화가 생겼다. 어머니가 부자가 된 옛날 극단 친구를 만났다. 그녀는 부유하고 나이 많은 장교와 결혼해 무대를 떠난 친구로, 미인인 데다가 화려하고 기품 있어 보이는 여자였다. 그녀는 부유층이 모여 살던 스톡웰에 살았다. 어머니를 다시 만난 것이 기뻤던지 그녀는 여름에 자신과 같이 지내자며 우리를 그녀의 저택으로 초대했다. 시드니가 홉 따는 일에 고용되어 지방에 가 있었기 때문에 어머니는 별다른 고민 없이 그렇게 하기로 했다. 어머니는 바느질 솜씨를 발휘해 남 보기에 부끄럽지 않은 옷을 지어 입었다. 나도 일요일 외출복 대용으로 사용했던 '여덟 명의 랭커셔 소년들' 시절에 입었던 무대 의상을 갖춰 입고 집을 나섰다. 나름대로 보기 흉하지는 않았다.

그리고 하룻밤 사이에 우리는 파우널 테라스 3번지에서 랜스다운 광장 모퉁이에 있는 한적한 대저택으로 옮겨갔다. 저택은 온갖 것들을 다 갖추고 있었다. 가정부들도 많았고, 분홍과 파랑으로 치장된 침실에 사라사 무명 커튼 그리고 백곰 가죽 양탄자 등등, 짧은 기간이었지만 우리는 그야말로 호사스런 생활을 했다. 무엇보다 기억에 남는 것은 식당 찬장에 올려놓은 온실에서 재배한 먹음직스러운 청포도였다. 그것이 얼마나 맛있던지 나는 식당에 몰래 들락거리며 하나 둘씩 따먹어서 나중에는 앙상한 줄기만 남겨놓았다.

가사 일은 요리사 한 명과 가정부 셋이 도맡아 했다. 어머니와 나 외에도 다른 손님이 있었는데, 짧고 불그스름한 턱수염을 기른 잘생긴 젊은 청년이었다. 그는 매력적이고 예의발랐으며, 이 저택에 늘 기거하는 사람처럼 보였다. 그런데 지금도 이해가 가지 않는 것은 회색 구레나룻을 한 대령이 나타나면 어디론가 사라지고 코빼기도 보이지 않았다는 것이다.

 대령은 일주일에 한두 번 정도 저택에 들렀다. 그가 저택에 오는 날이면 묘한 기운이 감돌았다. 어머니는 내게 절대 밖에 나가지 말고, 그의 눈에 띄지 않게 조심하라고 주의를 줬다. 하루는 내가 현관으로 달려 들어가는데 대령이 앞에서 계단을 내려오고 있었다. 그는 프록코트형 군복에 실크해트를 쓰고 있었는데 키가 크고 위엄이 있어 보였다. 맵시 있는 얼굴에 긴 회색 구레나룻을 길렀고 무엇보다 대머리였다. 그는 나를 보고 다정한 미소를 지어 보이더니 그냥 지나쳤다.

 나는 대령이 저택에 오는 날이면 왜 모든 사람이 숨죽인 채 안절부절못하는지 이해할 수 없었다. 그러나 그는 오래 머물지 않았다. 그가 저택을 나서면 짧은 턱수염을 한 청년이 다시 나타나고, 저택은 다시 정상으로 돌아갔다.

 나는 짧은 턱수염을 한 청년이 좋았다. 우리는 안주인의 멋진 애견 그레이하운드 두 마리를 데리고 멀리 클래팸 커먼까지 산책을 나가곤 했다. 당시의 클래팸 커먼은 운치 있는 곳이었다. 그리고 산책을 다녀오는 길에 가끔 들러 물건을 샀던 약국은 향수와 비누 그리고 분 향기 등이 뒤섞여 야릇한 냄새를 풍겼다. 그 이후로 나는 약국에서 나는 냄새를 맡을 때마다 그 당시 추억에 잠기곤 한다. 그는 어머니에게 내 천식을 치료하려면 매일 아침 냉수 목욕을 시키라고 조언을 해주었다. 실제로 냉수 목욕은 천식에 도움이 되었다. 나는 냉수 목욕을 하면서 활기를 되찾았고, 그래서 아침마다 냉수 목욕하는 것이 좋았다.

 인간은 정말 자신이 처한 환경에 빠르게 적응하는 것 같다. 우리도 이런 호사스런 생활에 빠르게 적응했다. 채 일주일도 지나지 않아 나는 주변의 모든 것을 자연스럽게 받아들였다. 얼마나 행복한 생활이었는지! 아침에 일어나 냉수 목욕을 하고, 그레이하운드 두 마리를 새 갈색 가죽 끈에 매어 데리고 산책을 나갔다. 그리고 점심때가 되어 아름다운 저택에 돌아오면 어느새 점심식사가 우리를 기다리고 있었다. 은 접시에 담긴 요리는 보기만 해도 군침이 돌 정도로 푸짐하고 맛있었다.

저택 뒤편에 있던 정원은 이웃집과 맞닿아 있었다. 그 집도 우리 집처럼 가정부들이 많았다. 그 집은 젊은 부부와 아들, 이렇게 세 식구가 살았다. 아들은 나와 같은 또래였는데, 방에는 아름답고 값비싼 장난감들이 가득했다. 그 애는 나를 자주 자기 집에 불러서 같이 놀았다. 나는 그 애의 집에서 저녁을 먹고 올 정도로 가까운 친구처럼 지냈다. 그 애의 아버지는 시내에 있는 한 은행의 중역이었고 어머니는 상당히 젊고 미인이었다.

하루는 우리 집 가정부와 그 집 가정부가 소곤소곤 이야기를 나누는 것을 엿들었다. 그 집 가정부가 도련님에게 가정교사가 필요하다고 말하자, 우리 집 가정부도 질세라 "우리 집 도련님도 가정교사가 필요한데"라며 맞장구를 쳤다. 당시 안주인에게는 아이가 없었기 때문에 도련님이란 나를 가리키는 것이었다. 그 말을 듣고 내가 부잣집 아이로 비친 것 같아 기분이 으쓱했지만, 왜 그녀가 나를 그렇게까지 추켜세웠는지는 이해할 수 없었다. 그러나 생각해보면 그녀는 자신이 섬기는 주인을 높임으로써 자기 자신을 높인 것일 수도 있다. 그 이후로 내가 그 애와 같이 식사를 할 때면 어쩐지 내가 사기꾼이 된 것 같은 기분이 들었다.

다시 파우널 테라스 3번지로 돌아가는 날, 한편으로는 호사스런 대저택을 떠나야 한다는 생각에 서글프기도 했지만, 다른 한편으로는 자유로운 생활로 돌아간다는 생각에 마음이 홀가분하기도 했다. 결국 손님은 손님이었던 것이다. 우리는 짧은 기간이기는 했지만 매일 긴장하며 살았다. 어머니는 그곳에 머무는 동안 나에게 이렇게 말했다. 손님은 케이크와 같다. 케이크는 오래 놔두면 신선도도 떨어지고 맛도 없어진다. 짧은 기간이었지만 호사스러운 생활도 끝나고 우리는 다시 무일푼의 가난한 생활로 돌아왔다.

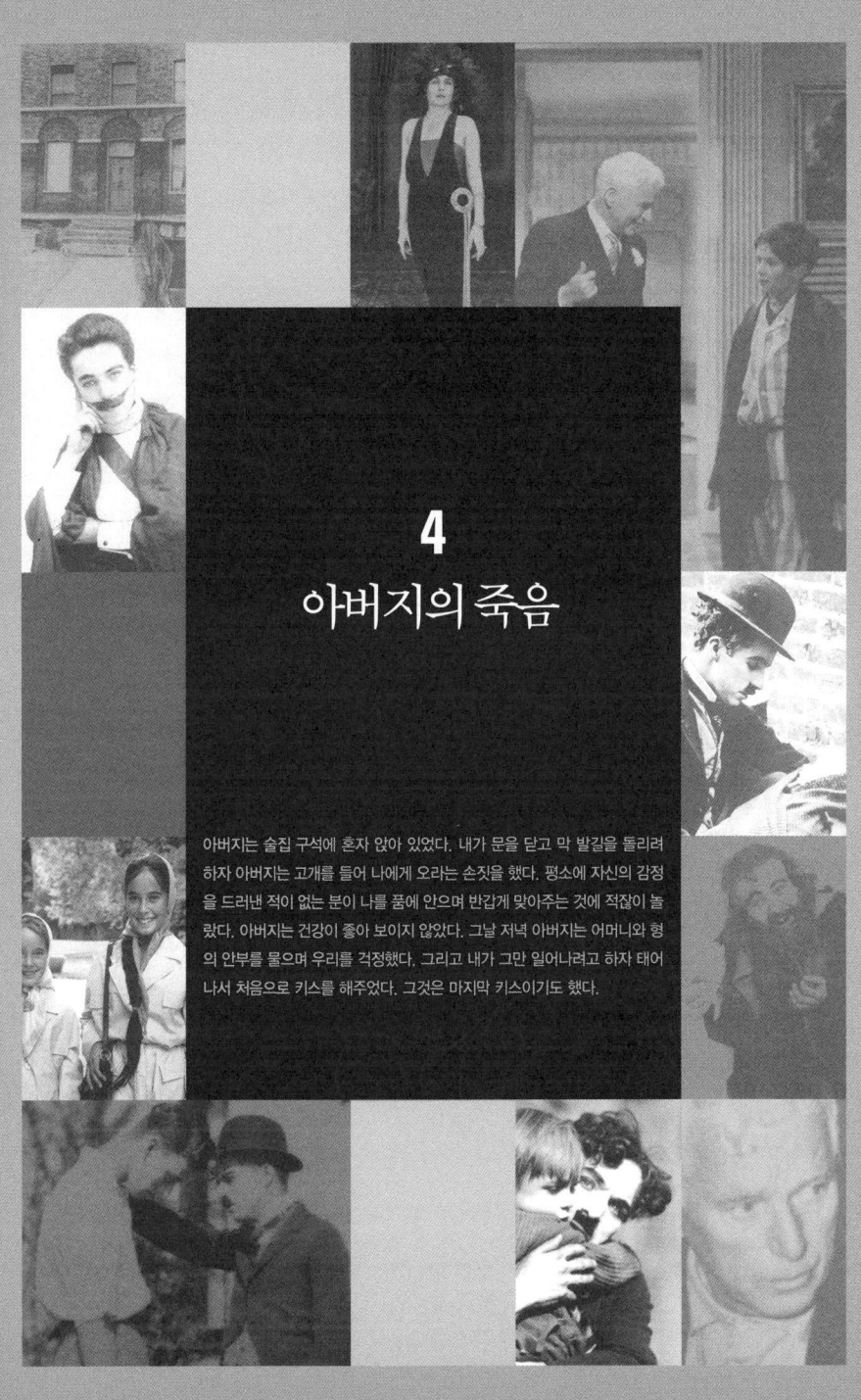

4
아버지의 죽음

아버지는 술집 구석에 혼자 앉아 있었다. 내가 문을 닫고 막 발길을 돌리려 하자 아버지는 고개를 들어 나에게 오라는 손짓을 했다. 평소에 자신의 감정을 드러낸 적이 없는 분이 나를 품에 안으며 반갑게 맞아주는 것에 적잖이 놀랐다. 아버지는 건강이 좋아 보이지 않았다. 그날 저녁 아버지는 어머니와 형의 안부를 물으며 우리를 걱정했다. 그리고 내가 그만 일어나려고 하자 태어나서 처음으로 키스를 해주었다. 그것은 마지막 키스이기도 했다.

혹독한 궁핍의 시절

1899년은 구레나룻의 시대였다. 볼에 구레나룻을 기른 국왕들, 정치가들, 군인들과 선원들, 크루거 수염, 솔즈베리 수염, 키처 수염, 카이저 수염 그리고 크리켓 선수들의 수염까지 종류도 다양했다. 때는 또한 허세와 부조리, 극단적인 빈부격차, 각종 풍자와 언론의 무의미한 정치적 편향 등 상식적으로 납득이 가지 않는 일이 도처에서 벌어지던 시대이기도 했다. 그러나 영국은 많은 내적 충격과 외부의 분노를 견뎌냈다. 아프리카 트란스발[남아프리카공화국 동북부의 주(州)로 세계 제1의 금 산지—옮긴이]의 농민들이 부당하게 싸움을 걸어왔다. 무방비 상태에다가 붉은 군복을 입고 있어 유난히 눈에 잘 띄던 우리 군인들을 바위틈에 숨어 총으로 쏜 것이다. 결국 육군성이 새로 창설되고, 군복도 카키색으로 바뀌었다. 만약 보어인들이 그걸 노렸다면, 영국의 전통적인 군복 색깔을 바꾸게 한 장본인은 바로 그들이다.

나는 당시 울려 퍼지던 국가, 보드빌 촌극 그리고 장군들의 얼굴이 새겨진 담뱃갑 등에서 어렴풋하게 전쟁 소식을 접할 수 있었다. 물론 적은 철천지원수로 인식되었다. 보어인들이 레이디스미스(남아프리카공화국 나탈 주 북서부에 있는 도시. 1899년 11월 1일부터 1900년 2월 28일까지 점령했다-옮긴이)를 포위했다는 소식에 온 영국이 들썩였고, 얼마 지나지 않아 영국 군대가 레이디스미스와 마페킹(남아프리카공화국의 국경 도시-옮긴이)을 탈환했다는 소식에 온 나라가 열광의 도가니에 빠지는 등 종잡을 수 없는 상황이 계속됐다. 마침내 영국 군대가 승리했다. 사실 간신히 이겼다는 표현이 맞을 것이다. 나는 이런 소식을 다른 사람들에게 전해 듣지 못했다. 어머니는 전쟁에 대해 이러쿵저러쿵 한 마디도 하지 않았다. 사실 어머니는 당신이 직면한 전쟁과 싸우고 있었다.

형 시드니는 열네 살이 되자 학교를 그만두고 스트랜드 우체국에 사환으로 취직했다. 형이 벌어오는 봉급과 어머니가 삯바느질을 해서 버는 돈으로 우리는 그럭저럭 먹고살 수 있었다. 그러나 어머니가 버는 돈은 그렇게 많지 않았다. 어머니는 블라우스 꿰매는 일을 했는데, 12벌을 꿰매야 겨우 1실링 6펜스를 받았다. 이미 재단된 천을 바느질만 하면 되는 단순노동이었지만 블라우스 12벌을 꿰매려면 12시간이나 걸렸다. 말 그대로 중노동이었다. 바쁠 때는 일주일에 무려 44벌을 꿰맨 적도 있었다. 그렇게 해서 6실링 9펜스를 벌었다.

나는 재봉틀 앞에서 밤을 지새우는 어머니의 뒷모습을 자주 지켜보았다. 기름 램프 때문에 머리에는 후광이 생겼고, 얼굴에는 희미한 그림자가 비쳤다. 어머니는 입술을 살짝 벌린 채 빠르게 재봉틀을 밟아가며 옷을 꿰매는 데 정신이 팔려 있었다. 나는 그렇게 재봉틀 돌아가는 소리를 들으며 잠이 들었다. 이렇게 늦게까지 일하다 보면, 어느새 재봉틀 월부금을 내야 할 날짜가 다가왔다. 월부금 내는 것도 항상 힘에 부쳤다.

그리고 얼마 지나지 않아 재정적으로 어려움에 봉착했다. 시드니에게 새 옷이 필요했다. 그는 우체국에 출근할 때 입는 제복을 일주일 내내 입고 지냈다. 일요일에도 마찬가지였다. 친구들은 형의 옷차림을 놀려댔다. 그래서 형은 어머니가 감색 서지 옷을 사줄 때까지 밖에 한 발짝도 나가지 않고 집안에 틀어박혀 있었다. 어머니는 어렵게 18실링을 모았고, 그것으로 형의 옷을 사주었다. 결국 우리 가계에 구멍이 생겼다. 그래서 어머니는 월요일마다 형이 우체국에 출근하면 새 옷을 전당포에 맡기고 돈을 빌렸다. 옷을 맡기고 빌릴 수 있는 돈은 7실링이었다. 그리고 주말이 다가오면 형이 일요일에 입을 수 있도록 되찾아왔다. 이렇게 월요일에 맡기고 토요일에 찾아오는 일을 거의 1년 동안 계속했다. 옷이 닳아 해질 때까지. 그러나 옷이 닳아 해어진다는 사실은 우리에게 충격 그 자체였다.

어느 월요일 아침, 어머니는 평소대로 옷을 들고 전당포에 갔다. 그런데 전당포 주인이 이번에는 돈을 빌려주기를 주저했다.

"채플린 부인, 죄송합니다. 더 이상 7실링을 빌려드릴 수 없습니다."

어머니는 놀랐다.

"왜요?"

전당포 주인이 바지 엉덩이 부분을 가리키며 말했다.

"여길 보세요. 바지가 해어졌죠. 저희도 이게 돈벌인데. 해져서 빛이 비치잖아요."

"여하튼 이번 토요일에 찾으러 오겠습니다."

어머니가 말했지만 전당포 주인은 고개를 가로저었다.

"제가 드릴 수 있는 건 윗저고리와 조끼를 합쳐 3실링뿐입니다."

여간해서는 눈물을 보이지 않는 어머니였지만 마음이 참담했는지 집에 오는 내내 눈물을 훔쳤다. 지금까지 어머니는 전당포에서 받는 7실링으로 일주일을 버텼던 것이다.

하긴 내가 입고 있던 옷도 볼품없기는 마찬가지였다. '여덟 명의 랭커셔 소년들' 시절에 입던 옷을 계속 입고 다녔기 때문에 때가 묻고 색이 바래 얼룩덜룩했다. 해진 데도 많아서 여기저기 덧대 기운 곳이 눈에 거슬릴 정도였다. 바지며 구두, 양말 할 것 없이 성한 데가 없었다.

어느 날 이런 차림으로 스톡웰에서 친하게 지낸 친구와 우연히 마주친 적이 있다. 그가 그날 캐닝턴에서 무엇을 하고 있었는지는 알 수 없었지만, 너무 당황해서 물어볼 생각조차 못했다. 그는 나를 다정하게 대해주었지만, 내 꼴을 보고 불쌍히 여기는 눈치였다. 당황한 모습을 감추기 위해 나는 별일 아니라는 듯 태연하게 지금 목수 일을 배우고 오는 길이라 낡은 옷을 입고 있다고 둘러댔다. 그러나 그는 믿으려 하지 않았다. 오히려 그가 멋쩍어하면서 곤혹스러움을 감추기 위해 시선을 다른 곳으로 돌리기 시작했다. 그는 어머니의 안부를 물었다. 나는 어머니가 지방에 내려가 있다고 거짓말을 하고 서둘러 말을 돌렸다.

"너는 아직도 거기에서 살고 있니?"

"응."

그는 대답을 하면서도 나를 무슨 죄지은 사람처럼 아래위로 훑어봤다.

"그럼, 난 이만 가봐야 해서!"

나는 퉁명스럽게 말했다. 그가 알 수 없는 미소를 지었다.

"그래, 잘 가."

그가 말했다. 그리고 우리는 헤어졌다. 한편으로는 부끄럽고, 다른 한편으로는 화도 났던 나는 그와는 반대 방향으로 허겁지겁 내달렸다.

어머니는 한 가지 격언을 마음에 품고 살았다. '머리를 숙이고 땅바닥만 쳐다봐야 건질 건 하나도 없다.' 그러나 정작 어머니가 이런 금쪽같은 격언을 어기는 행동을 하자 화가 치밀었다. 어느 날, 브롬프톤 병원에 갔다가 돌아오는 길에 아이들이 누더기를 걸친 여자 거지를 괴롭히는 것을 본 어머니는 다가가서 말렸다. 그 여자는 당시로서는 드물게 짧은 머리를 하고 있었는데, 아이들은 그녀를 거지라고 욕하면서 마치 스치기만 해도 더러운 것이 묻기라도 하는 듯 서로 여자 쪽으로 밀치며 장난을 쳤다. 여자는 어머니가 끼어들 때까지 멍청히 당하고만 있었다. 그런데 갑자기 여자가 어머니를 알은체했다.

"릴리 아니니?"

그녀는 어머니가 배우였을 때 무대에서 썼던 예명을 나지막하게 불렀다.

"나 모르겠니? 에바 레스토크야."

그러자 어머니도 그녀를 알아보았다. 어머니가 보드빌 배우로 일할 때 알고 지내던 친구였다.

나는 어머니가 거지와 아는 사이라는 사실이 너무 창피해 얼른 길모퉁이로 숨었다. 애들이 낄낄대며 내 옆을 지나쳤다. 나는 화가 치밀었다. 나는 어머니가 무엇을 하고 있는지 궁금해 고개를 돌려 쳐다봤다. 그런데 어머니가 여자 거지와 함께 내가 있는 쪽으로 걸어오는 것이 아닌가.

어머니가 말했다.

"우리 둘째 아들 찰리 알지?"

"그럼, 알지."

그녀가 풀죽은 목소리로 대답했다.

"애기였을 때, 내가 여러 번 안아주기도 했는걸."

그녀는 너무 지저분하고 더러운 데다가 역겨운 냄새까지 났다. 나는 그녀가 불결하고 불쾌하다는 생각이 들어 멀리했다. 그리고 함께 걸어오는 동안 지나가는 사람들이 고개를 돌려 우리를 쳐다보는 것 같아 창피해 죽을 지경이었다.

그녀는 어머니와 같이 보드빌 배우였을 때 '화려한 에바 레스토크'로 불렸다고 했다. 어머니는 그녀가 미인에다가 성격이 활달했다고 내게 말해주었다. 그녀는 몸이 아파 병원에 입원했다가 퇴원한 뒤에 갈 곳이 없어서 거리에서 노숙하거나 구세군보호소 등을 전전했다고 말했다.

어머니는 우선 그녀를 공중목욕탕에 데려가 씻긴 다음 우리가 사는 좁은 다락방에 데려왔다. 그녀가 거지가 된 것이 단지 병 때문이었는지 아닌지 알 길은 없었다. 여하튼 나는 어머니가 그녀를 우리 집에 데리고 온 것에 기겁했다. 더군다나 견딜 수 없었던 것은 그녀가 형이 침대로 사용하는 소파에서 잠을 잤다는 것이다. 설상가상으로 어머니는 한술 더 떠서 그녀에게 입을 옷가지를 주고 돈도 2실링이나 빌려줬다. 사흘 뒤에 그녀는 우리 집을 떠났다. 그러나 그것이 마지막이었다. 이후 우리는 '화려한 에바레스토크'가 어떻게 되었는지, 어디서 무엇을 하고 사는지 전혀 듣지 못했다.

아버지가 죽기 전에 우리는 파우널 테라스 3번지에서 나와, 어머니가 친구처럼 지내던 테일러 부인의 집에 방 한 칸을 얻어 이사했다. 테일러 부인은 독실한 기독교 신자로 어머니와 같은 교회에 다녔다. 나이는 오십대 중반에 키는 작았고, 각진 얼굴에 주름이 많았다. 교회에 다닐 때 눈치 챈 것이지만, 그녀는 틀니를 하고 있었다. 그래서 찬송가를 부를 때 틀니가 자주 잇몸에서 빠져 애를 먹곤 했다.

테일러 부인은 모든 일에 맺고 끊는 것이 분명했고 매사에 열정적인 사람이었다. 그녀는 어머니에게 예수 그리스도의 가호가 함께할 수 있도록 인도해주었고, 우리에게 방 한 칸을 저렴한 가격에 빌려주었다. 그녀의 집은 공동묘지와 머리를 맞대고 있었는데, 우리 방은 2층에 있었고 창문을 열면 묘지가 바로 바라다보였다.

그녀의 남편은 디킨스의 작중인물 중 하나인 피크윅 씨를 그대로 빼닮은 사람으로 정밀 자를 만드는 일을 했다. 건물 맨 꼭대기 층에 작업실이 있었다. 지붕에는 채광창이 나 있었다. 얼마나 조용했던지 그곳에 갈 때마다 나는 천국이 따로 없다는 생각을 했다. 나는 자주 그의 작업실에 가서 그가 일하는 모습을 지켜보곤 했다. 큼지막한 확대경을 쓰고 돋보기를 들여다보면서 작업하는 모습이 매혹적이었다. 그는 50분의 1인치까지 잴 수 있는 철제 자를 만들었다. 그는 혼자 일했기 때문에 나는 종종 그의 심부름을 해주었다.

테일러 부인에게는 한 가지 소원이 있었다. 그것은 남편을 기독교 신자로 만들어 교회에 나오도록 하는 것이었다. 그녀의 남편은 절대 교회에 나가지 않았는데, 그녀의 기독교적 관념에 의하면 그는 영락없이 중죄인이었다. 그리고 딸이 하나 있었는데 혈색이 좋고, 당연한 일이지만 젊다는 것을 제외하면 어머니를 거의 그대로 빼닮았다. 거만하고 청개구리 같은 성질만 아니었다면 참한 여자였을 것이다. 그녀 역시 아버지처럼 절대 교회에 나가지 않았다. 테일러 부인에게는 눈에 넣어도 아프지 않을 귀한 딸이었을지 모르지만, 어머니는 그녀를 좋아하지 않았다.

어느 날 오후, 내가 건물 꼭대기 층에 올라가 테일러 씨 옆에서 작업하는 모습을 지켜보고 있는데 아래층에서 어머니와 테일러 양이 티격태격하는 소리가 들려왔다. 테일러 부인은 밖에 나가고 없었다. 무슨 이유에서 다투기 시작했는지는 알 수 없었지만, 두 사람은 서로를 쳐다보며 언성을 높였다. 내가 층계참까지 내려가 보니 어머니는 난간에 기대서서 그녀에게 소리치고 있었다.

"도대체 네가 뭔데? 싸가지 없는 년!"
그러자 테일러 양이 소리쳤다.
"오호라! 그래, 기독교인은 그런 쌍스런 말도 입에 올리나 보죠!"
어머니가 바로 받아쳤다.
"내 맘이지. 성경에도 나와 있어, 왜 이래. 신명기 28장 37절. 단어는 약간 다르긴 하지만, 싸가지라는 말이 네게 딱 어울려."
결국 우리는 파우널 테라스 3번지로 돌아가야 했다.

아버지의 마지막 키스

캐닝턴 가에 있던 선술집 '스리 스테그스(세 마리 수사슴이란 뜻—옮긴이)'는 아버지가 자주 가는 곳은 아니었지만 어느 날 저녁 나는 그 앞을 지나치다가 혹시나 하는 생각에 살짝 안을 들여다보고 싶어졌다. 나는 술집 문을 빼꼼 열고 들여다보았다. 역시나 아버지가 그곳에 계셨다. 아버지는 술집 구석에 혼자 앉아 있었다. 내가 문을 닫고 막 발길을 돌리려 하자 아버지는 고개를 들어 나에게 오라는 손짓을 했다. 평소에 자신의 감정을 드러낸 적이 없는 분이 나를 품에 안으며 반갑게 맞아주는 것에 적잖이 놀랐다. 아버지는 건강이 좋아 보이지 않았다. 눈은 움푹 들어가고 몸은 심하게 부어 있었다. 숨 쉬는 것이 힘들어서 그랬는지 한쪽 손을 조끼 안쪽에 넣고 있었는데, 그 모습이 흡사 나폴레옹을 보는 것 같았다. 그날 저녁 아버지는 어머니와 형의 안부를 물으면서 우리를 걱정했다. 그리고 내가 그만 일어나려고 하자 태어나서 처음으로 키스를 해주었다. 그것은 마지막 키스이기도 했다.

　그로부터 3주 뒤에 아버지는 성토머스 병원으로 실려갔다. 맨정신으로는 병원에 가려 하지 않아 술에 취하게 한 다음 데려왔다고 전해 들었다. 술이 깬 뒤에 병원에 있는 걸 알고 아버지는 한바탕 소란을 피웠다. 그러나 아버지는 죽어가고 있었다. 아직 서른넷의 젊은 나이였지만 전신 부종을 앓고 있었다. 무릎에서 1리터도 넘게 물을 빼냈다.

　어머니는 여러 번 병문안을 갔다. 그리고 그때마다 슬픔을 감추지 못했다. 어머니는 아버지가 옛날로 돌아가 아프리카에서 새로운 삶을 살고 싶다고 했다고 내게 말해주었다. 내가 그렇게 하자고 하자 어머니는 고개를 가로저으며 말했다.

　"그냥, 그랬으면 좋겠다, 라고 말하는 거야."

　하루는 아버지 병문안을 갔던 어머니가 매우 화난 얼굴로 돌아왔다. 복음과 교회의 존 맥닐 목사가 아버지를 찾아와 "찰리, 당신을 보니 심은 대로 거두리라는 격언이 생각납니다"라고 말했다며 펄쩍 뛰었던 것이다. 어머니가 말했다.

　"다 죽어가고 있는 사람 앞에서 위로랍시고 하는 말이, 심은 대로 거두리라라니."

　며칠 뒤에 아버지가 숨을 거뒀다.

　병원은 누가 아버지의 시신을 거둘지 알고 싶어 했다. 무일푼이었던 어머니는 예술인들이 만든 자선 단체인 '예술인 공제기금'의 도움을 받고 싶어 했다. 그러나 아버지 쪽 유족들이 난리법석을 피우며 반대하고 나섰다. 그들은 공제기금으로 장례를 치르는 것이 집안의 수치라고 생각했던 것이다. 아프리카에 살던 아버지의 막내 동생 앨버트 삼촌이 마침 런던에 있었는데, 삼촌이 아버지의 장례 비용을 모두 내겠다고 나섰다.

장례식이 있던 날 우리는 성토머스 병원에서 만나 다른 친척들과 함께 시신을 운구해 투팅 공동묘지로 향했다. 형 시드니는 근무 때문에 장례식에 오지 못했다. 어머니와 나는 약속 시간보다 2시간 먼저 병원에 도착했다. 어머니는 입관 전에 아버지를 한 번 더 보고 싶어 했다.

관은 흰 천으로 덮여 있었고 한쪽에는 아버지 얼굴을 형상화한 작은 흰색 데이지 꽃이 놓여 있었다. 어머니는 수수하게 보인다며 감격했다. 그리고 누가 데이지 꽃을 가져다 놓았는지 수소문했다. 한 장례식 참석자가 어떤 부인이 아침 일찍 어린아이와 함께 왔다가 돌아갔다고 말해주었다. 루이스였다.

선두 마차에 어머니, 앨버트 삼촌 그리고 내가 탔다. 어머니나 나나 앨버트 삼촌을 만나본 적이 없었기 때문에 투팅 공동묘지까지 가는 내내 서로 말 한 마디 없이 서먹서먹했다. 앨버트 삼촌은 멋쟁이에 교양 있는 말투를 사용했다. 그리고 예의가 발랐지만 살가운 느낌은 들지 않았다. 그는 상당한 재력가라는 소문이 있었다. 트란스발에 커다란 말 목장을 갖고 있었고 보어 전쟁 기간 동안에는 영국 정부에 군용 말을 공급했다.

장례식이 진행되는 동안 비가 내렸다. 무덤 파는 인부들이 흙을 떠 넣자 관 위로 떨어지며 쿵 하는 소리를 냈다. 그 울림이 가슴에 와닿았다. 섬뜩하고 두려운 생각이 들어 나는 울기 시작했다. 친척들이 들고 있던 화환과 꽃을 관 위에 던졌다. 던질 것이 아무것도 없었던 어머니는 내 귀중한 손수건을 가져가 관 위에 던졌다. 테두리가 검은 손수건이었다. 어머니가 내게 속삭였다.

"애야, 우리 둘을 위해서란다."

장례식이 끝나고 유족들은 점심을 먹기 위해 선술집에 들렀다. 그러나 어머니와 나는 함께 들어가지 않았다. 우리가 먼저 자리를 뜨려 하자 한 친척이 우리에게 사는 곳이 어딘지 공손하게 물어왔다. 집까지 데려다줄 참이었다. 그렇게 해서 우리는 집에 돌아왔다.

집에 돌아오기는 했지만 막상 집에는 먹을 것이 없었다. 쇠고기 국물 한 접시가 고작이었다. 더구나 돈은 한 푼도 없었다. 어제까지 2펜스가 남아 있기는 했는데 점심값으로 형에게 주고 빈털터리였다. 아버지 병간호를 하느라 일할 시간도 없었고, 또 주말이 코앞이라 형이 주급으로 받아온 7실링도 이미 바닥난 상태였다. 여하튼 장례식에 다녀오는 길이라 우리는 배가 고팠다. 마침 넝마주이가 우리 집 앞을 지나가고 있었다. 어머니는 낡은 석유난로를 반 페니를 받고 넝마주이에게 팔았다. 그 돈으로 어머니는 빵을 사와 고기 국물에 찍어 먹었다.

돈벌이에 재미를 붙이다

어머니는 아버지의 법적 미망인이었다. 그래서 장례식 다음 날 병원으로부터 아버지의 유품을 찾아가라는 연락을 받았다. 유품이라야 피 묻은 검은색 양복, 속옷, 셔츠, 검은색 넥타이, 실내복 그리고 격자무늬 실내용 슬리퍼가 전부였다. 슬리퍼에는 오렌지가 들어 있었다. 어머니가 슬리퍼에서 오렌지를 꺼내자 반 파운드짜리 소버린 금화가 침대 위로 떨어졌다. 뜻하지 않은 행운이었다.

나는 몇 주일 동안 팔에 검은 상장(喪章)을 하고 다녔다. 이 상장은 내가 토요일 오후에 꽃을 팔러 다닐 때 여러 모로 도움이 되었다. 나는 어머니를 설득해 1실링을 빌려 꽃가게에서 수선화 두 단을 샀다. 그리고 학교가 끝나자마자 집으로 와서 한 송이씩 팔 수 있게 다시 포장했다. 모두 팔리면 두 배를 벌 수 있는 괜찮은 아이디어였다. 나는 술집을 돌아다니며 슬픈 모습을 한 사람이 보이면 옆으로 살짝 다가가 작은 소리로 말했다.

"수선화 사세요, 아가씨!" 혹은 "부인, 수선화 사세요."

그러면 여자들은 내가 달고 있는 상장을 보고 물었다.

"얘야, 누가 돌아가셨니?"

그러면 나는 낮은 목소리로 대답했다.

"아버지가요."

그러면 그들은 꽃을 사면서 거스름돈을 받지 않았다. 어머니는 내가 오후에 나갔다가 5실링이 넘는 돈을 들고 집에 오자 적잖이 놀랐다. 그런데 어느 날 나는 선술집에서 꽃을 팔고 나오다가 그만 어머니와 마주치고 말았다. 물론 꽃 파는 일은 그것으로 끝이었다. 자신의 아들이 술집에서 행상처럼 꽃을 팔고 다니는 것은 그녀의 기독교적 도덕관념으로는 도저히 용납할 수 없는 일이었다.

어머니가 말했다.

"네 아버지가 어떻게 죽었는지 알지? 술 때문이란다. 그런 곳에서 번 돈으로 우리가 행복해질 수 있겠니?"

그러나 어머니는 그날 내가 번 돈은 군말 없어 가져갔다. 하지만 더 이상 꽃은 팔지 못하게 했다.

나는 장사에 소질이 있었다. 더 이상 꽃을 팔러 나가지는 못했지만 장사를 해보고 싶다는 생각이 떠나질 않았다. 길가에 비어 있는 가게라도 눈에 띄면 여기에서 어떤 장사를 하면 돈을 벌 수 있을지 궁리했다. 생선 가게, 스낵 가게 그리고 식품점에 이르기까지 생각의 나래가 끊이질 않았다. 그런데 가난하게 살아서 그랬는지, 대부분 음식과 관련된 것이었다. 그러나 문제는 자금이었다. 어떻게 자금을 마련할까? 결국 나는 어머니에게 학교를 그만두고 취직을 하겠다고 말했다.

나는 학교를 그만두고 본격적으로 일을 하기 시작했다. 이 일 저 일 가리지 않고 닥치는 대로 했다. 먼저 나는 잡화점에서 심부름꾼으로 일했다. 물건을 가지러 비누, 전분, 양초, 과자, 비스킷 등 온갖 것들이 수북이 쌓여 있는 지하 창고에 내려갈 때가 가장 즐거웠다. 왜냐하면 창고에 내려갈 때마다 몰래 사탕 과자를 맛볼 수 있었기 때문이다. 그러나 그것도 얼마 지나지 않아 질리고 말았다.

그다음에 스로그모턴 가(런던 증권거래소가 있는 거리-옮긴이)에 있던 홀 앤드 킨제이테일러라는 진료소에 일자리를 얻었다. 원래 시드니가 하던 일이었는데 형이 그만두면서 나를 추천했던 것이다. 급료는 주당 12실링으로 그런대로 높은 편이었다. 나는 그곳에서 환자 접수받는 일과 의사들이 퇴근한 뒤에 진료소를 청소하는 일을 했다. 접수 받는 일은 나름 잘했다. 그리고 진료를 기다리는 환자들에게도 잘 대해주었다. 그러나 진료소 청소는 별로 하고 싶은 생각이 들지 않았다. 청소는 형이 더 잘했다. 소변 받는 병을 비우는 일은 별로 어렵지 않았지만, 10피트나 되는 진료소 유리창을 닦는 일은 나에게 벅찼다. 사무실은 날이 갈수록 먼지가 쌓이고 더러워졌다. 결국 나는 이 일을 하기에는 키가 너무 작다는 이유로 쫓겨났다.

해고되었다는 말을 듣고 나는 서글퍼 울음을 터뜨렸다. 킨제이테일러 의사는 그런 내가 불쌍해 보였는지 나에게 자신의 저택에서 급사 일을 해보지 않겠느냐고 물었다. 그는 랭커스터 게이트에 대저택을 갖고 있는 부잣집 부인과 결혼해서 살고 있었다. 나는 그의 제안에 정말 뛸 듯이 기뻤다. 개인 저택에서 급사로 일하다니, 당시로는 정말 근사한 일자리였다.

말 그대로 멋진 일이었다. 특히 모든 가정부가 나를 예뻐해주어 행복했다. 그들은 나를 어린애처럼 보살펴주었고, 잠자리에 들기 전에 굿나이트 키스도 해주었다. 운명의 장난만 아니었다면 나는 아마 그 집의 집사가 되었을지도 모른다. 하루는 킨제이테일러 부인이 내게 지하 창고에 쌓여 있는 박스와 잡동사니를 정리하고 청소까지 해놓으라는 일을 시켰다. 나는 창고에 내려가 잡동사니를 정리하다가 8피트나 되는 긴 쇠파이프를 발견하고 일은 뒷전으로 미룬 채 트럼펫 부는 시늉을 하며 장난을 치고 있었다. 그때 마침 부인이 창고에 들어왔다. 결국 나는 사흘 말미를 주고 해고한다는 통지를 받았다.

신문과 책을 판매하는 W. H. 스미스 앤드 손에서 했던 허드렛일도 재미있었다. 그러나 들어가자마자 나이가 어리다는 이유로 쫓겨났다. 그러고 나서 유리 부는 직공으로 일했다. 그 일도 하루를 채 넘기지 못했다. 학교에서 유리 부는 것을 배운 적이 있어 낭만적일 거라고 생각했는데, 용광로 앞에 서는 순간 뜨거운 열기에 정신을 잃고 말았다. 나는 옆에 있던 인부들에게 들려 나와 모래 더미 위에 눕혀졌다. 물론 이 일도 그것으로 끝이었다. 그날 일한 품삯을 달라고 하기에도 민망했다.

그다음에 일한 곳이 인쇄소와 문방구를 겸했던 스트레이커스였다. 스트레이커스는 높이가 20피트나 되는 육중한 와피데일 인쇄기(1856년에 윌리엄 도손과 데이비드 페인이 개발한 인쇄기—옮긴이)를 갖추고 있었다. 그들은 그 기계를 다룰 수 있는 사람을 구하고 있었는데, 나는 그것을 다룰 줄 안다고 거짓말을 했다. 예전에 길을 가다가 어떤 지하실에서 그것이 돌아가는 것을 본 적이 있었는데 별로 어려워 보이지 않았다. 구인란에는 '와피데일 인쇄기 직공 구함. 유경험자 우대'라고 쓰여 있었다.

직공이 나를 인쇄기 앞에 데려갔다. 정말 괴물 같이 육중한 모습이었다. 그것을 조종하려면 5피트나 되는 발판을 밟고 올라서야 했다. 마치 에펠탑 꼭대기에 올라선 것 같았다.

직공이 말했다.

"힘껏 내리쳐!"

"내리치라니요?"

내가 머뭇거리자 그는 웃으며 말했다.

"너 와피데일 인쇄기를 한 번도 다뤄본 적 없지?"

어쩔 수 없이 나는 직공에게 기회를 달라고 빌고 또 빌었다.

"한 번만 기회를 주세요. 금방 배울 수 있어요."

'내리쳐'라는 말은 괴물 같은 인쇄기를 돌리기 위해 레버를 잡아당기라는 뜻이었다. 직공은 내게 레버가 어떤 건지 알려주었다. 레버를 천천히 잡아당기자 인쇄기가 서서히 움직이기 시작했고, 완전히 잡아당기자 으르렁거리며 돌아가기 시작했다. 마치 나를 잡아먹으려고 덤벼드는 것만 같았다. 인쇄용지도 인쇄기에 걸맞게 컸다. 나를 한 번에 감쌀 수 있을 정도였다. 나는 아이보리 스크레이퍼(종이를 판판하게 펴는 도구—옮긴이)를 가지고 인쇄용지를 부채꼴로 펼쳤다. 그리고 양 끝을 잡아 한 장씩 빼내 조심스럽게 인쇄기에 물려주었다. 그때 타이밍을 잘 맞춰야 했다. 이렇게 물려주면 인쇄기는 용지를 빨아들여 반대쪽에 있는 출구로 인쇄된 종이를 내뱉었다. 첫날은 나를 집어삼킬 듯 덤벼드는 인쇄기 앞에서 쩔쩔매며 보냈다. 다행히 주급으로 12실링을 받기로 하고 일자리를 얻었다.

해가 뜨기 전, 새벽녘에 찬바람을 쐬며 직장에 나가는 일은 그런대로 낭만적이었다. 거리는 조용했다. 가끔 아침을 먹으러 록하르트의 찻집으로 향하는 한두 사람의 그림자만이 불빛에 희미하게 비칠 뿐이었다. 하루 일과를 시작하기 전에 잠깐이기는 했지만 동료들과 함께 즐거운 마음으로 뜨거운 차를 마실 수 있다는 것이 진정한 행복처럼 다가왔다. 인쇄소 일도 그렇게 나쁘지는 않았다. 가장 힘든 것은 매 주말마다 100파운드가 넘는 젤라틴 롤러를 분리해 잉크 찌꺼기를 닦아내는 일이었다. 그래도 참고 견딜 만했다. 그러나 3주가 지났을까. 나는 심한 독감에 걸리고 말았다. 어머니는 다시 학교에 돌아가라고 성화를 부렸다.

아프리카로 떠난 시드니

그때 형 시드니는 열여섯 살이었다. 그리고 어느 날 아프리카로 항해하는 여객선 도노번 앤드 캐슬라인 호에 나팔수 자리를 구했다며 흥분해 집에 들어왔다. 그가 선상에서 하는 일은 점심 등 식사시간을 알리는 나팔을 부는 것이었다. 형은 해군 훈련함 엑스마우스 호에 승선했을 때 나팔 부는 것을 배운 적이 있었다. 이제야 실력 발휘를 할 수 있게 된 것이다. 봉급은 월 2파운드 10실링이었고, 2등 선실에서 테이블 세 개를 맡아 서비스를 하고 받는 팁을 가질 수 있었다. 그리고 출항 전 선금으로 35실링을 받았다. 형은 그 돈을 어머니에게 주었다. 그리고 우리는 한 달 뒤에 형이 받게 될 봉급을 기대하고 체스터 가에 있는 이발소 2층에 방 두 칸짜리 집으로 이사했다.

형이 첫 항해를 마치고 집에 돌아왔을 때 한바탕 축제가 벌어졌다. 팁으로 번 돈만 3파운드가 넘었다. 그리고 모두 은화였다. 그가 호주머니에서 돈을 꺼내 침대에 쏟아내던 기억이 아직도 눈에 선하다. 내가 지금까지 봐왔던 모든 돈을 합친 것보다도 많았다. 내 손으로는 한 번에 움켜잡을 수도 없었다. 나는 두 손으로 퍼올려 보기도 하고, 떨어뜨려 보기도 하고, 산더미처럼 쌓아올려 보기도 하고, 갖고 장난을 치기도 했다. 그런 모습을 보고 어머니와 형은 나를 구두쇠라고 놀려댔다.

그때는 얼마나 여유롭고 호사스러웠던지. 때는 여름이라 케이크와 아이스크림을 많이 사먹었던 것 같다. 뿐만 아니라 아침식사로 훈제 청어, 훈제 연어, 대구와 구운 티케이크를 먹었다. 일

형 시드니, 열일곱 살 때

요일 아침에는 머핀과 핫케이크를 먹었다.

시드니가 감기에 걸려 며칠 동안 침대에 누워 있게 되자, 어머니와 나는 옆에서 형이 낫기를 기다렸다. 이런 와중에도 우리는 아이스크림을 먹었다. 나는 큼지막한 텀블러 잔을 들고 이탈리안 아이스크림 가게에 가서 아이스크림 1펜스어치를 담아달라고 주문했다. 주인이 화를 냈다. 두 번째 갔을 때 주인은 왜 욕조를 들고 오지 않았냐며 화를 냈다. 그리고 여름 내내 셔벗과 우유를 섞어 마셨다. 저지방 우유에 셔벗을 섞어 마시면 맛이 정말 일품이었다.

형은 항해 중에 있었던 재미있는 일화들을 들려주었다. 출항 전에 처음으로 점심을 알리는 나팔을 불었다가 어렵게 얻은 일자리를 잃을 뻔했다는 어이없는 이야기였다. 오랫동안 연습을 하지 않았기 때문에 막상 불려고 하니 제대로 소리가 나지 않았던 것이다. 바람 새는 소리만 크게 났는데, 갑판에 있던 군인들이 놀려대기 시작했다. 그리고 그 소리를 듣고 화가 난 주방장이 갑판으로 뛰쳐나오며 소리쳤다.

"너 지금 그걸 나팔이라고 분 거냐?"

"죄송합니다, 주방장님. 입술이 아직 나팔에 적응이 안 돼서 그럽니다."

형이 대답했다.

"배가 출항하기 전에 입이 부르트도록 연습해. 그러지 않으면 하선시킬 줄 알아. 알았어?"

식사 시간이 되면 웨이터들이 손님들의 식사 주문을 받아 식당 앞에 줄을 지어 기다렸다. 형도 담당 테이블의 주문을 받고 줄을 서서 기다리다가 차례가 왔는데 그만 주문받은 음식을 까먹어 다시 주문을 받으러 가는 바람에 줄 맨 뒤에 선 적도 있었다. 결국 처음 며칠 동안 이런 일이 반복됐고, 다른 손님들이 디저트를 먹을 때 자신은 그제야 수프를 날랐다고 수줍어하며 이야기했다.

시드니는 번 돈을 다 쓸 때까지 집에 머물렀다. 그러나 두 번째 항해가 예약되어 있었기 때문에 이번에도 35실링을 미리 받아 어머니에게 주었다. 그러나 이 돈은 오래가지 않았다. 3주가 지나자 돈은 바닥을 드러냈다. 그런데 형이 돌아올 날까지는 3주가 더 남아 있었다. 어머니가 삯바느질을 계속하고 있기는 했지만, 어머니의 수입으로는 먹고살기가 여의치 않았다. 결국 우리는 다시 위기와 맞닥뜨렸다.

그러자 내가 한 가지 꾀를 냈다. 어머니는 입지 않는 오래된 옷들을 많이 갖고 있었다. 그리고 마침 토요일 아침이기도 해서 나는 그것을 시장에 내다 팔면 어떻겠느냐고 물어보았다. 어머니는 약간 주저했지만 이내 너무 오래된 것들이라 팔 수 없을 거라고 잘라 말했다. 그러나 나는 헌옷들을 보자기에 싸서 사우스와크에 있는 뉴잉턴 버츠 시장으로 갔다. 그리고 길가에 헌옷들을 늘어놓았다. 비참한 광경이었다. 나는 하수도 위에 서서 헌 셔츠와 코르셋을 번갈아 들었다 내려놓으면서 소리쳤다.

"자! 부르는 게 값입니다. 1실링, 6펜스, 3펜스, 2펜스? 얼마에 원하세요?"

그러나 나는 1페니에도 아무것도 팔지 못했다. 사람들은 멈춰 서서 놀란 표정으로 쳐다보다가 그냥 가버렸다. 나도 난감하기는 마찬가지였다. 맞은편 보석 가게 주인들이 유리창을 통해 나를 이상한 눈으로 쳐다보기 시작했다. 그렇지만 나는 굴하지 않았다. 결국 그중에서 그런대로 상태가 괜찮았던 각반이 6펜스에 팔렸다. 그러나 시간이 지날수록 창피하고 낯이 뜨거워지기 시작했다. 조금 뒤에 보석 가게에서 한 신사가 나오더니 내게 다가와 강한 러시아 억양으로 이 장사를 시작한 지 얼마나 됐냐고 물었다. 비록 그는 엄숙한 표정을 하고 있기는 했지만, 나는 그의 말투에서 나를 조롱하는 것 같은 느낌을 받았다. 나는 오늘 처음 이런 일을 해본다고 거리낌 없이 대답했다. 그는 느리적거리는 걸음으로 보석 가게 창문을 통해 나를 바라보며 싱글거리고 있는 동료들에게 돌아갔다.

그것으로 족했다! 나는 풀어놓은 짐을 싸서 집으로 돌아왔다. 내가 집에 돌아와 각반을 6펜스에 팔았다고 말하자 어머니는 "그보다 더 받을 수 있는 건데"라며 화를 냈다. 또 "그게 얼마나 좋은 건데" 하며 아쉬움도 토로했다.

이때 우리는 방세를 지불할 수 없을 정도로 파탄 지경이었다. 우리는 거의 체념해서 버틸 수 있을 때까지 버티기로 마음먹었다. 방세를 받으러 오는 날이면 하루 종일 집에 들어가지 않았다. 갖고 있는 것이라고 해봐야 값나가는 것이 없었기 때문에 걱정하지 않았다. 사실 실어가는 데 돈이 더 들게 뻔했다. 물론 오래 버티지는 못했다. 우리는 다시 파우널 테라스 3번지로 이사했다.

내가 캐닝턴 가 뒷골목의 한 마구간에서 일하는 노인과 그의 아들을 알게 된 것도 이때였다. 그들은 글래스고에서 온 떠돌이 장난감 제작자들로 이 도시 저 도시를 돌며 장난감을 만들어 팔았다. 나는 그들의 자유롭고 거칠 것 없는 생활이 부러웠다. 그들의 직업은 자금도 많이 들지 않았다. 그들은 1실링이 조금 넘는 돈으로 이 일을 시작했다고 했다. 우선 그들은 구둣가게에서 쉽게 구두 상자를 모았다. 그리고 포도를 담을 때 쓰는 코르크 톱밥도 공짜로 얻었다. 그들이 초기에 지출한 비용은 아교 1펜스어치, 나무 1펜스어치, 끈 실 2펜스어치, 크리스마스용 색종이 1펜스어치 그리고 2펜스짜리 반짝이 세 뭉치가 전부였다. 그들은 이렇게 1실링이 조금 넘는 돈을 투자해 장난감 배 7다스를 만들어 개당 1펜스에 팔았다. 구두 상자 옆면을 배 모양이 되도록 오려내 평평한 마분지에 붙인다. 그리고 마분지의 매끄러운 표면에 아교를 바른 다음 그 위에 코르크 톱밥을 뿌린다. 돛대를 세우고 반짝이를 감는다. 중간 돛대와 앞뒤로 있는 활대에 파랑 노랑 빨강 깃발을 단다. 이렇게 반짝이와 깃발을 단 조그만 장난감 배들을 수백 개씩 만들어 한꺼번에 전시해놓으면 지나가는 손님들의 시선을 끌 만큼 장관을 이뤘다. 그리고 쉽게 팔려나갔다.

그들과 알고 지내면서 나는 그들이 장난감 배를 만드는 것을 돕기 시작했다. 그리고 곧 나도 장난감 배를 만드는 기술을 익힐 수 있었다. 그들이 다른 도시로 옮겨간 뒤 나는 혼자서 이 일을 시작했다. 나는 6펜스로 재료를 사고, 마분지를 자르느라 손이 부르트면서까지 고생고생해서 일주일 만에 3다스의 장난감 배를 만들 수 있었다.

그러나 어머니와 내가 함께 작업하기에는 우리 집 다락방이 턱없이 비좁았다. 게다가 어머니는 아교 끓이는 냄새가 싫다며 핀잔을 줬다. 그리고 아교가 어머니가 일감으로 가지고 온 리넨 블라우스에 묻기라도 하는 날엔 큰 낭패였다. 내가 장난감 배를 만들어 버는 돈보다 어머니가 삯바느질을 해서 버는 돈이 많았기 때문에 나는 장난감 배 만드는 일을 포기했다.

이 시기에 우리는 거의 외할아버지를 찾아뵙지 못했다. 무엇보다 할아버지는 지난해부터 건강이 좋지 않았다. 통풍으로 손이 부어올라 구두 수선하는 일도 여의치 않았다. 이전에는 여유가 있을 때마다 2실링 정도씩 어머니를 도와주기도 했고, 우리가 찾아가면 손수 저녁을 만들어주기도 했다. 퀘이커 귀리와 양파를 소금과 후추로 간을 한 우유에 넣고 끓인 일종의 오트밀 스튜 요리가 할아버지가 가장 자신 있어 하는 요리였다. 이걸 먹으면 배고프고 추운 겨울밤도 거뜬히 날 수 있을 정도로 든든했다.

어렸을 적에 나는 외할아버지를 멀리했다. 외할아버지는 내 행동거지나 말씨가 예의에 어긋나면 어김없이 야단을 치고 혼을 냈기 때문에 무섭게 느껴졌다. 그래서 다 커서도 할아버지가 좋지만은 않았다. 외할아버지가 류머티즘 때문에 입원하면서 어머니는 매일같이 외할아버지 병간호를 위해 병원에 갔다. 이런 정성이 헛되지는 않았나 보다. 어머니는 외할아버지 병간호를 하고 올 때마다 신선한 계란을 한가득 담아 가지고 돌아왔다. 살림살이가 어려웠던 우리에게 신선한 계란은 호사스런 음식이었다. 어머니가 갈 수 없을 때는 나를 대신 보냈다. 나는 외할아버지가 나를 반갑게 맞이해주는 것에 적잖이 놀랐다. 나를 볼 때마다 행복해하는 것 같았다. 할아버지는 간호사들 사이에서 인기가 많았다. 할아버지는 늦은 나이지만 간호사들과 농담도 주고받는다고 내게 말했다. 가령, 류머티즘 때문에 병원에 왔지 다른 데가 고장 나서 온 것은 아니라는 식의 농담이었다. 이런 허풍이 간호사들을 즐겁게 했다. 통증이 조금이라도 가시면 할아버지는 꼭 병원 주방에 내려갔다. 신선한 계란의 출처가 여기에 있었다. 우리가 찾아가는 날, 할아버지는 항상 병상에 누워 있었지만, 병상 옆에 있는 선반에서 커다란 봉지를 꺼내 몰래 건네주었다. 계란이 든 봉지였다. 그러면 나는 그것을 입고 간 선원용 오버스커트에 얼른 숨겨서 가지고 나왔다.

그렇게 몇 주 동안 우리는 계란만 먹으며 지냈다. 일단 계란으로 만들 수 있는 요리는 무엇이든 다 해 먹었다. 삶아 먹고, 프라이해 먹고, 커스터드(우유·달걀·설탕 따위를 섞어 찌거나 구운 과자—옮긴이)를 만들어 먹었다. 할아버지가 간호사들이 당신 친구이고 계란에 대해 얼마간 눈치 채고 있다고 안심을 시키기는 했지만, 나는 계란을 숨겨 병실을 나설 때면 들킬까 봐 초조했다. 밀랍으로 닦은 바닥에 미끄러지지 않을지, 내 부푼 배가 발각되지는 않을지 노심초사였다. 그런데 이상하게도 내가 병실을 나서면 그전까지 여기저기 바삐 돌아다니던 간호사들이 한 명도 보이지 않았다. 그래서 할아버지의 류머티즘이 나아 병원을 나서는 날은 오히려 서글픈 생각이 들었다.

6주가 지났지만 항해를 떠난 시드니는 돌아올 생각을 하지 않았다. 어머니는 처음엔 별로 놀라는 기색을 보이지 않았지만, 7주째가 돼도 아무런 소식이 없자 도노번 앤드 캐슬라인 선박회사에 직접 편지를 썼다. 그리고 이런 답변이 돌아왔다. 형이 류머티즘을 앓아 케이프타운에 하선해 치료를 받고 있다는 것이었다. 형이 아프다는 소식에 놀란 어머니는 덩달아 건강이 나빠졌다. 그래도 어머니는 삯바느질을 계속했고, 나도 다행히 방과 후에 어떤 가정에서 댄스 교습을 해주는 대가로 주당 5실링을 벌게 되었다.

그리고 이때 매카시네가 캐닝턴 가로 이사 왔다. 매카시 부인은 아일랜드 출신의 희극배우이자 어머니의 친구였다. 그녀는 공인회계사인 월터 매카시와 결혼했다. 그러나 어머니가 무대를 떠나게 되면서 매카시 부부와 연락을 끊고 지내다가 7년 만에 다시 만나게 된 것이다. 매카시네는 캐닝턴 가에 상류층이 모여 사는 월코트 맨션에서 살았다.

아들 월리 매카시는 나와 동갑내기였다. 어렸을 적 친한 친구였던 우리는 어른 흉내를 내며 놀고는 했다. 보드빌 배우 흉내를 내거나 시가를 물고 담배를 피우는 척하거나 이륜마차를 모는 흉내를 내며 놀았다. 이런 장난은 알고 보면 모두 부모님의 영향이었을 것이다.

매카시네가 월코트 맨션으로 이사 왔어도 어머니는 그들을 거의 만나지 않았다. 그러나 월리와 나는 달랐다. 우리는 떼려야 뗄 수 없는 친한 친구가 되었다. 나는 학교가 끝나자마자 집으로 달려와 어머니에게 심부름할 것이 있는지 여쭤본 다음 없으면 바로 매카시네로 향했다. 우리는 월코트 맨션 뒤편에서 연극 놀이를 하며 놀았다. 감독은 항상 내 몫이었기 때문에 배역을 정할 때 나는 항상 악역을 맡았다. 왜냐하면 악역이 영웅보다 다채롭다는 것을 본능적으로 알았기 때문이다. 이렇게 우리는 저녁 먹을 때까지 놀았다.

나는 대개 매카시네에서 월리와 함께 저녁을 먹었다. 식사 시간이 다가오면 어떻게든 월리와 함께 먹기 위해 환심을 사도록 노력했다. 물론 어려운 일은 아니었다. 최대한 월리의 비위만 맞춰주면 되는 일이었다. 그러나 이것도 매번 통하는 것은 아니어서 허탕을 치고 집에 돌아가는 경우도 많았다. 그래도 집에 오면 항상 어머니가 있었다. 어머니는 고기 국물에 적신 구운 빵 또는 할아버지에게서 가져온 계란 요리에 홍차를 곁들여 저녁을 차려주었다. 내게 책도 읽어주었고, 때로는 창가에 앉아 지나가는 행인들을 보며 이런저런 이야기를 지어내 나를 즐겁게 해주었다. 예를 들어, 무슨 즐거운 일이 있는 듯 건들거리는 걸음걸이로 지나가는 젊은이를 보고 어머니는 이런 이야기를 지어냈다.

"저기 호펜스코치 씨가 지나간다. 지금 내기를 하러 가는 길이야. 오늘 운이 좋아 내기에서 이기면 자기와 여자친구를 위해 2인승 자전거를 살 수 있을 거야."

얼굴을 찡그리고 천천히 걸어가는 사람을 보고는, "음, 저 사람은 집에 저녁을 먹으러 가고 있는 중이야. 오늘 저녁은 스튜와 파스닙 요리지. 그런데 그가 제일 싫어하는 요리야." 하고 말했다.

또 걸음걸이가 거만한 사람이 지나가면, "저기 젊은이를 봐. 잘 차려입었지. 그런데 지금 속옷 엉덩이 부분에 구멍이 나서 무지 신경 쓰이는 거야"라고 했다.

그리고 멀리 바쁜 걸음으로 휙 지나가는 사람이 보이자, "저 신사는 설사약을 먹고 화장실에 급히 가는 거야!"라고 이야기를 지어냈다.

어머니는 이렇게 지나가는 사람들을 보고 이야기를 만들어 나를 계속 즐겁게 해주었다.

또 한 주가 지났지만, 시드니에게서는 아무런 소식도 없었다. 그때 내가 조금만 더 컸더라면 그리고 어머니가 형 일을 얼마나 걱정하는지 눈치 챘더라면 뒤에 있을 더 큰 일을 미연에 막을 수 있었을지도 모른다. 그러면 나는 어머니가 집안 정리도 안 하고 평소와 달리 멍하니 넋을 잃은 사람처럼 창가에 앉아 있는 것을 눈치 챘을 것이다. 셔츠 제조업자들이 어머니가 납품한 옷에 하자가 있다는 이유로 더 이상 일감을 주지 않는 것과 임대료가 밀렸다며 재봉틀을 강제로 들고 가버렸을 때 이미 이상한 낌새를 챌 수도 있었다. 설상가상으로 내가 댄스 교습으로 벌던 5실링도 갑자기 끊긴 상황이었다. 이런 정황에 대해 내가 조금만 주의를 기울였더라면 어머니가 전과 달리 냉담하고 내게 무관심한 것을 알아챌 수 있었을 것이다.

어느 날 매카시 부인이 갑자기 죽었다. 그녀는 가끔 통증을 호소했는데, 죽기 전에 건강이 급속도로 나빠졌다. 순간 나는 이런 생각이 들었다. 매카시 씨하고 어머니가 재혼한다면 얼마나 좋을까! 윌리와 나는 친한 친구 사이이고, 그렇게만 될 수 있다면 어머니가 안고 있는 문제는 일거에 해결되는 것이었다.

매카시 부인의 장례식이 끝나자마자 나는 어머니에게 내 생각을 이야기했다.

"매카시 씨와 자주 만나보세요. 아마 어머니하고 결혼하고 싶어 할 거예요."

어머니는 힘없이 웃으며 이렇게 말했다.

"그 가엾은 사람을 구제해주라고."

"예전처럼 옷도 잘 입고 화장도 하고 그러면 매카시 씨가 넘어올 거예요. 요즘에는 꾸밀 생각조차 안 하잖아요. 매일 이런 구질구질한 방 안에만 틀어박혀 있으니 갈수록 볼품없어지는 거예요."

가엾은 어머니. 나는 이렇게 말한 것을 지금도 후회하고 있다. 나는 어머니가 영양실조에 걸렸다는 것을 눈치 채지 못했다. 그러나 다음 날 어머니는 정말 초인적인 힘으로 방을 깨끗이 청소했다.

어머니의 정신병 발병

여름방학이 시작됐다. 그래서 나는 아침 일찍부터 매카시네로 놀러갔다. 구질구질한 다락방에서 벗어날 수 있다면 어디라도 상관없었다. 점심때가 다가오자 매카시는 점심을 먹고 가라고 했다. 그러나 그날따라 나는 어머니에게 가봐야 할 것 같은 이상한 느낌이 들었다. 그래서 매카시네를 나와 집으로 향했다. 집에 거의 다 왔을 즈음 이웃에 살던 아이들이 문 앞에서 나를 막아섰다.

자그마한 체구의 여자애가 말했다.

"너희 엄마 미쳤대!"

나는 무슨 영문인지 몰라 어안이 벙벙했다.

"무슨 말을 하는 거야?"

내가 더듬거리며 되묻자 다른 애가 대답했다.

"정말이야! 집집마다 다니면서 문을 두드리고, 애들한테 생일 선물이라며 연탄재를 나눠줬대. 못 믿겠으면 우리 엄마한테 물어봐."

나는 더 이상 듣지 않고 주인집 대문을 지나 우리 방으로 나 있는 계단을 뛰어올라가 방문을 열었다. 숨이 차서 잠깐 숨을 몰아쉰 다음 어머니를 유심히 살펴봤다. 여름 오후라 방 안은 후덥지근했다. 어머니는 평소대로 창가에 앉아 있었다. 어머니가 천천히 고개를 돌려 나를 쳐다봤다. 얼굴은 창백했고 고통스러워 보였다.

"엄마!"

나는 큰 소리로 불렀다.

"왜 그러니?"

어머니가 기운 없는 목소리로 물었다. 나는 방으로 뛰어들어가 어머니 무릎에 얼굴을 묻고 엉엉 울었다.

"자, 자, 걱정 마라. 무슨 안 좋은 일이라도 있었니?"

어머니가 내 머리를 부드럽게 쓰다듬으며 물었다.

"엄마가 아프잖아!"

나는 울먹이며 말했다. 그러자 어머니는 나를 안심시키려는 듯 "엄마는 괜찮아"라고 했다.

"아냐! 아냐! 사람들이 엄마가 집집마다 문을 두드리며 돌아다녔다고 말했어. 그리고……."

나는 말을 잇지 못한 채 흐느껴 울었다.

"엄만 네 형을 찾으러 갔던 거야."

어머니가 힘없이 말했다.

"사람들이 네 형을 감춰놓고 못 만나게 해."

이때 나는 아이들이 했던 말이 사실임을 깨달았다.

"엄마, 그런 말 하지 마요. 제발!" 나는 흐느껴 울었다.

"엄마, 의사한테 가요."

어머니는 계속 내 머리를 쓰다듬으며 헛소리를 했다.

"매카시네는 네 형이 어디 있는지 알고 있어. 그런데 사람들이 못 만나게 해."

"엄마, 제발 의사한테 가요."

나는 울먹이며 말했다. 그리고 일어나 문으로 향했다. 어머니는 괴로운 표정으로 나를 쳐다봤다.

"어디 가려고?"

"의사 선생님을 모시고 올게요. 금방 올 거예요."

어머니는 아무런 대답 없이 걱정스런 얼굴로 나를 바라봤다. 나는 서둘러 계단을 내려와 집주인에게 갔다.

"급히 의사 선생님을 불러주실 수 있으세요? 어머니가 아파서요."

집주인 여자도 이미 알고 있었는지 이렇게 말했다.

"벌써 의사 선생님을 모시러 갔단다."

교구 의사는 나이 많은 노인이었는데 성격이 까칠해 보였다. 그는 어머니를 정확히 검진해보지도 않고 집주인 여자의 말만 들어보고 나서 진단을 내렸다. 아이들이 했던 말과 다르지 않았다.

"정신이상입니다. 병원에 입원시키세요."

교구 의사의 처방이었다. 그리고 소견서를 써줬다. 소견서에는 어머니가 영양실조를 앓고 있다는 소견이 들어 있었다. 교구 의사는 내게 어머니가 영양부족 상태라고 설명해주었다.

"오히려 병원이 더 편할 거야. 먹는 것도 그렇고."

집주인은 나를 안심시키기 위해 이렇게 말했다. 그러고는 어머니의 옷가지를 챙겨주고 옷도 입혀주었다. 어머니는 아이처럼 순순히 따라나섰다. 몸에 기운이 없었기 때문에 체념한 것처럼 보이기도 했다. 집 밖을 나서자 이웃 사람들과 아이들이 대문 앞에 모여 두려운 얼굴로 쳐다봤다.

병원은 1마일 정도 떨어진 곳에 있었다. 어머니와 나는 나란히 걸었다. 그러나 어머니는 기운이 없었기 때문에 술에 취한 사람처럼 비틀거렸다. 그래서 나는 이쪽저쪽 왔다 갔다 하며 어머니를 부축했다. 지나가는 사람들은 어머니가 술에 취했다고 생각했겠지만, 나는 지나가는 사람들이 우리를 어떻게 보든 상관하지 않았다. 어머니는 아무 말도 하지 않았지만, 어디에 가고 있는지 알고 있는 것 같았다. 그리고 병원에 거의 도착할 즈음 걱정하는 눈치를 보였다. 내가 어머니를 안심시키려고 하자 어머니는 기운이 없는지 미소만 지을 뿐 아무 말도 하지 못했다.

병원에 도착하자 젊은 의사가 어머니를 진찰했다. 먼저 나는 교구 의사의 소견서를 건넸다. 젊은 의사는 소견서를 읽어본 다음 친절하게 이렇게 말했다.

"채플린 부인, 이쪽으로 오세요."

어머니는 순순히 따라 일어났다. 그러나 간호사들이 어머니를 부축해 데려가려 하자 무슨 생각이 들었는지 걱정스러운 눈초리로 나를 돌아봤다. 뒤에 혼자 남을 나를 걱정하는 것 같았다.

"내일 다시 올게요."

나는 아무렇지 않은 표정을 지으며 말했다.

그들은 나에 대한 걱정으로 걸음을 떼지 못하는 어머니를 데려갔다. 어머니가 병실로 들어가자 의사가 돌아보며 내게 물었다.

"그래, 넌 앞으로 어떻게 지낼 거니?"

빈민구호소는 진절머리가 났기 때문에 나는 아무렇지도 않다는 듯이 이렇게 말했다.

"숙모님과 같이 살 거예요."

병원을 나와 집으로 돌아오면서 나는 이루 헤아릴 수 없이 서글 펐다. 그러나 다소 안심이 되었다. 왜냐하면 어두운 방에서 혼자 앉아 아무것도 먹지 못해 영양실조를 앓는 것보다 병원에 있는 게 어머니에게 훨씬 나을 것이란 생각이 들었기 때문이다. 그러나 그들이 어머니를 데려가던 그 광경은 도저히 잊을 수 없었다.

내 인생에서 가장 가슴이 미어질 것 같은 순간이었다.

나는 어머니의 밝고 아름다운 모습, 상냥하고 다정다감한 모습을 떠올렸다. 그리고 피로에 지친 얼굴로 길을 가다가도 당신을 보고 달려오는 나를 보면 언제나 밝게 웃어주던 어머니의 모습을 떠올렸다. 어떻게 그렇게 바로 표정을 바꿀 수 있었을까. 나는 그렇게 달려가 어머니가 들고 있는 봉지에 무엇이 들어 있는지 뒤져보고는 했다. 어머니는 밖에 나갔다가 집에 돌아오는 길에 형과 나를 위해 꼭 군것질거리를 사다주었다. 그날 아침에도 어머니는 사탕 몇 개를 나에게 주려고 준비해놓았다. 내가 어머니 무릎에 얼굴을 파묻고 울고 있는 사이 어머니는 그것을 나에게 주었다.

나는 곧장 집으로 가지 않았다. 아니, 갈 수가 없었다. 나는 뉴잉턴 버츠 시장으로 향했다. 그리고 오후 늦게까지 여기저기를 돌아다니며 쇼윈도를 기웃거렸다. 그리고 어두컴컴해서야 비좁은 다락방에 돌아왔지만 방은 휑하니 썰렁했다. 물이 반쯤 찬 세탁용 대야가 의자 위에 그대로 올려져 있었다. 내 셔츠 두 벌과 어머니의 슈미즈가 담겨 있었다. 배가 고파 먹을 것이 없는지 여기저기 뒤지기 시작했다. 찬장에는 반쯤 남은 차 봉지 외에 먹을 거라곤 아무것도 없었다. 벽난로 선반에 어머니 지갑이 있었다. 열어보니 반 펜스짜리 세 개와 열쇠 몇 개 그리고 전당표 몇 장만 들어 있었다. 식탁 옆에는 어머니가 내게 준 사탕이 있었다. 다시 슬픔이 북받쳐 눈물이 흘렀다.

하루 종일 긴장한 탓에 녹초가 된 나는 바로 잠에 곯아떨어졌다. 아침에 눈을 떠 빈방을 이리저리 둘러보았다. 햇빛이 들어와 바닥을 비추긴 했지만 어머니가 없다는 생각에 애처로운 기분만

들었다. 조금 있으니 안주인이 올라왔다. 방이 나갈 때까지 있어도 되니 걱정하지 말고 먹을 게 필요하면 언제든지 이야기하라고 말하고 내려갔다. 나는 안주인에게 감사하다고 인사하고 형 시드니가 돌아오는 대로 밀린 월세를 꼭 갚겠다고 말했다. 그러나 차마 먹을 것을 달라는 말은 하지 못했다.

나는 다음 날 어머니를 보러 가지 않았다. 아니, 갈 수가 없었다. 어머니를 볼 면목이 없었다. 그러나 안주인이 의사에게 들은 말이라며 어머니가 이미 케인힐 정신병원으로 이송됐다고 전해주었다. 슬픈 소식이었지만, 어머니를 보러 가지 않았다는 죄책감은 조금 덜 수 있었다. 케인힐 정신병원은 런던에서 20마일이나 떨어져 있었기 때문에 나로서는 거기까지 갈 방도가 없었다. 형이 돌아오면 같이 어머니를 보러 갈 생각을 했다. 처음 며칠 동안 나는 아무도 만나지도 않았고 말도 걸지 않았다.

나는 아침 일찍 집주인 몰래 빠져나와 하루 종일 밖에서 보냈다. 배가 고프면 아무 데서나 얻어먹었다. 사실 밥을 굶는 게 어려운 일은 아니었다. 하루는 아침에 일찍 일어나 몰래 빠져나가려고 하는데 안주인과 마주쳤다. 아침을 먹었는지 물어보았다. 나는 고개를 흔들었다. 안주인이 퉁명스럽게 말하며 먹을 것을 주었다.

"자, 이거라도 먹으렴."

나는 매카시네도 가지 않았다. 어머니 소식이 그들에게 알려지는 것이 싫었다. 마치 도망자처럼 나는 모든 사람의 눈을 피해 다녔다.

어머니가 정신병원에 입원한 지 일주일이 지났다. 나는 슬프지도 즐겁지도 않은 종잡을 수 없는 생활에 익숙해져갔다. 그러나 걱정스러운 것은 집주인이었다. 시드니가 돌아오지 않으면 조만간 그녀는 나를 교구 당국에 보고할 것이고, 그러면 나는 램버스 빈민구호소로 보내져 한웰 학교로 갈 것이 뻔했다. 그래서 나는 집주인의 눈을 피해 다녔고, 집에 들어가지 않고 밖에서 자기도 했다.

　그때 나는 캐닝턴 가 뒤편에 있는 한 헛간에서 일하는 장작 패는 사람들을 알게 되었다. 어두운 헛간에서 무던히 일만 열심히 하는 사람들이었다. 말도 항상 소곤소곤 낮은 목소리로 했다. 하루 종일 나무를 켜고 자르고 해서 반 펜스짜리 장작 다발을 만들었다. 나는 그 앞을 지나다가 열린 문틈으로 그들이 일하는 모습을 지켜봤다. 그들은 1피트 정도 되는 통나무를 가져다가 1인치 두께로 켰다. 그리고 그것을 다시 쌓아놓고 하나하나 토막을 냈다. 통나무를 켜고 자르는 속도가 얼마나 빨랐던지 매력적인 일이라 생각했다. 어느새 나는 그들을 옆에서 돕기 시작했다. 우선 그들은 건물 철거업자들에게 폐목재를 사와 헛간에 쌓아놓았다. 그리고 다음 날 그것을 켜는 작업을 하고 그다음 날에는 그것을 토막 내는 작업을 했다. 금요일과 토요일에는 그렇게 만든 장작을 내다 팔았다. 그러나 장작을 내다 파는 일은 별로 재미없었다. 나는 헛간에서 그들과 함께 일하는 것이 더 좋았다.

그들은 모두 상냥하고 조용했다. 대부분 나이는 사십대 후반 정도로 보였지만 생김새나 행동거지는 더 늙어 보였다. 두목(우리는 그를 그렇게 불렀는데)은 당뇨병을 앓고 있는지 코가 붉었고 아랫니는 하나도 없고 윗니도 송곳니 하나만 빼고 성한 게 없었다. 그러나 사람은 상냥해 보였다. 웃을 때 항상 하나밖에 남지 않은 송곳니가 밖으로 삐져나와 우스꽝스러웠다. 같이 모여 차를 마시려는데 찻잔이 하나 모자라자 그는 빈 우유 깡통을 주워와 씻은 다음 내게 보여주며 "이거 괜찮지?" 하고는 씩 웃었다. 또 다른 사람도 상냥하기는 했지만 말은 많지 않았다. 얼굴은 창백했고 두꺼운 입술을 갖고 있었으며 말도 천천히 했다.

매일 1시쯤 되면 두목이 나를 쳐다보며 이렇게 묻곤 했다.

"너 치즈 껍질로 만든 웰시 레빗(치즈 껍질을 녹여 맥주와 섞어 토스트에 발라 먹는 요리―옮긴이) 먹어본 적 있니?"

"그럼요. 여러 번 먹어봤어요."

내가 대답했다. 그러면 그는 한바탕 크게 웃어젖히며 나에게 2펜스를 주었다. 나는 그가 준 돈을 들고 캐닝턴 가 모퉁이에 있는 애쉬라는 식품점으로 달려갔다. 주인 아저씨는 나를 좋게 봤는지 항상 내가 가진 돈보다 더 많이 줬다. 나는 치즈 껍질과 빵을 1펜스어치씩 사서 돌아왔다. 치즈를 깨끗이 씻어 잘게 잘라 물에 넣고 소금과 후추로 간을 맞췄다. 가끔 두목이 베이컨 조각과 양파 조각을 던져 넣기도 했다. 여기에 홍차 한 잔을 곁들이면 정말 근사한 식사였다.

내가 돈을 달라고 한 적도 없는데 두목은 주말이 되자 나에게 6펜스를 주었다. 생각지도 못한 보수에 나는 뛸 듯이 기뻤다.

그리고 조라고 불리던 남자가 있었다. 얼굴색이 창백했는데 알고 보니 간질 환자였다. 그래서 그가 간질 발작을 일으키면 다른 사람들이 그의 코밑에 갈색 종이를 태워 정신이 들게 했다. 간혹 심하면 입에 거품을 물기도 하고 혀를 깨물기도 했는데, 그는 그게 부끄러웠는지 정신이 들면 몸 둘 바를 몰라 했다.

장작 패는 사람들은 아침 7시부터 저녁 7시까지 일했다. 물론 더 늦게 끝나는 경우도 허다했지만, 그들이 헛간 문을 잠그고 집에 돌아갈 때가 되면 나는 왠지 모르게 서글퍼졌다. 하루는 두목이 일이 끝난 뒤에 사우스 런던 뮤직홀에 데려가 연극을 보여주겠다고 약속했다. 뮤직홀 맨 위층 2페니짜리 관람석이라 좋은 자리는 아니었지만 조와 나는 서둘러 손발을 씻고 두목을 기다렸다. 그래도 나는 프레드 카노 극단의 희극 〈이른 아침의 새들〉을 볼 수 있다는 생각에 온몸에 전율이 왔다. 프레드 카노 극단은 내가 수년 뒤에 입단하게 될 극단이다. 두목을 기다리면서 조는 마구간 벽에 기대서 있었고 나는 맞은편에 서 있었다. 그때 갑자기 조가 소리를 지르더니 벽을 타고 옆으로 쓰러졌다. 극장에 간다는 생각에 너무 흥분해서 발작이 일어난 것이었다. 두목이 남아서 그를 돌보겠다고 했지만, 조는 아침이면 멀쩡해질 테니 걱정하지 말고 우리 둘이서 공연에 다녀오라고 극구 사양했다.

어렸을 적 내게 학교는 언제나 내 주위를 떠나지 않고 맴도는 물귀신 같은 존재였다. 이따금 장작 패는 사람들이 나에게 학교에 대해 물어보았다. 특히 여름방학이 끝날 무렵이 다가오자 그들은 약간 걱정하는 눈치를 보였다. 그래서 나는 방학이 끝나자 학교에 다니는 것처럼 속이기 위해 4시 반 이후에 마구간에 갔다.

물론 나는 학교에 가지 않았다. 그래서 마구간에 가는 4시 반까지 백주대낮에 길거리를 헤매고 다니는 일은 지루하고 힘들었다.

시드니, 무사히 돌아오다

어느 날 밤, 내가 밤늦은 시간에 몰래 방으로 들어가려는데 뒤에서 집주인이 나를 부르는 소리가 들렸다. 그녀는 내가 집에 들어올 때까지 자지 않고 기다리고 있었던 것이다. 그녀는 흥분된 목소리로 나에게 전보 한 장을 건넸다. 전보에는 이렇게 쓰여 있었다.

'내일 아침 10시에 워털루 역에 도착 예정. 시드니.'

다음 날 나는 역으로 형을 마중 나갔다. 그러나 역에 나온 내 모습은 형편없었다. 옷은 더러웠고 찢어진 곳도 있었다. 신발은 앞이 터져 발가락이 보일 정도였고, 눌러쓴 모자는 안감이 페티코트가 흘러내린 것처럼 삐져나와 있었다. 그리고 얼굴도 장작 패는 사람들의 마구간에서 대충 씻고 나온 터라 칙칙했다. 집에서 씻고 나오려면 물통에 물을 담아 3층에 있는 다락방까지 날라야 했는데 여간 번거로운 일이 아니었다. 더구나 집주인의 부엌을 지나야 했다. 형을 마중 나갔을 때 내 모습 곳곳에는 어두운 그림자가 드리워져 있었다.

나를 이리저리 뜯어보던 형이 말을 꺼냈다.

"무슨 일 있었니?"

나는 어머니에게 벌어진 일을 서둘러 말했다.

"엄마가 정신이 이상해져서 병원에 입원했어."

갑자기 형의 얼굴에 그늘이 졌다. 그러나 그는 침착했다.

"지금 어디에서 사니?"

"아직 그곳에 살아. 파우널 테라스에."

형은 짐을 찾으러 갔다. 형도 안색이 썩 좋지는 않았다. 얼굴은 창백했고 몸은 수척했다. 그는 마차를 부르고 짐꾼을 시켜 짐을 싣게 했다. 형이 갖고 온 짐에서 무엇보다 눈에 띈 것은 바나나가 들어 있는 상자였다.

"이거 우리 거야?"

내가 혹시나 해서 물어봤다.

그는 고개를 끄덕였다.

"아직 덜 익었어. 먹으려면 하루나 이틀 정도 더 놔둬야 해."

집에 오는 길에 형은 어머니에 대해 이것저것 물어봤다. 나는 형이 없는 사이에 있었던 일을 이야기해주었다. 그러나 너무 흥분된 나머지 주저리주저리 떠들어댔다. 다행히 형은 내 말을 잘 알아들었다. 내 말이 끝나자 형이 그동안 있었던 일을 말해주었다. 형은 류머티즘 치료를 위해 케이프타운에 하선해 병원에 입원해 있었던 일과 돌아오는 길에 선상에서 20파운드를 벌게 된 이야기를 해주었다. 그는 그 돈을 어머니에게 줄 생각이었다. 형은 군인들과 도박과 제비뽑기를 해 그 돈을 벌었다. 그리고 자신의 계획을 나에게 말해주었다. 그는 선원 생활을 그만두고 배우가 되겠다고 했다. 형은 지금 수중에 있는 돈으로 5개월 정도는 버틸 수 있다는 계산을 하고 그사이에 극장에 일자리를 알아볼 계획이었다.

우리가 마차를 타고 집에 도착하자 이웃들과 집주인이 놀라는 눈치로 다가왔다. 특히 바나나 상자를 보고 더 놀랐을 것이다. 집주인은 형에게 어머니에 대해 이야기했다. 그러나 그렇게 심하게 말하지는 않았다.

집에 도착하자마자 형은 나를 데리고 시내에 나가 새 옷을 사주었다. 그리고 그날 밤 우리는 새로 산 옷을 입고 사우스 런던 뮤직홀의 1층 정면에 있는 1등석에 앉아 연극을 관람했다. 연극을 보는 내내 형은 이렇게 중얼거렸다.

"어머니가 같이 계셨다면 오늘 밤 정말 좋아하셨을 텐데."

형이 집에 도착한 그 주에 우리는 어머니를 뵈러 케인힐 정신병원에 갔다. 면회실에 앉아 어머니를 기다리는 동안 마음이 초조해 견딜 수 없었다. 열쇠 돌리는 소리가 나고 어머니가 들어오던 모습이 아직도 눈에 선하다. 얼굴은 창백했고 입술은 부르터 있었다. 우리를 알아보기는 했지만 반가운 표정은 짓지 않았다. 예전의 활기는 어디에도 찾아볼 수 없었다. 어머니를 따라온 간호사는 착해 보이기는 했지만 옆에 서서 자꾸 우리 사이에 끼어들었다.

"이럴 때 오셔서 유감입니다만, 오늘은 어머니께서 상태가 좋지 않습니다."

어머니는 그녀를 흘긋 쳐다보며 살짝 미소를 보였다. 그만 가보라는 신호였다.

"다음 면회는 어머니 상태가 호전되면 오도록 하세요."

간호사는 이렇게 덧붙이고 자리를 떴다.

이제 우리만 남게 되었다. 형은 선상에서 돈을 번 일, 자신이 운이 좋았던 일 그리고 집에 늦게 오게 된 이유를 설명하면서 어머니의 기분을 돋우려 했지만, 어머니는 무심히 들으며 연신 고개만 끄덕였다. 얼굴은 멍하니 넋이 나간 사람처럼 보였다. 나는 어머니 건강이 곧 좋아질 거라고 위로의 말을 건넸다. 어머니는 처량한 목소리로 내게 말했다.

"물론이지. 네가 그날 오후에 차 한 잔 타줬더라면, 나는 괜찮았을 텐데."

면회가 끝나고 우리는 담당 의사를 만나러 갔다. 담당 의사는 형에게 어머니의 정신이상은 영양실조로 인해 발병한 것이 분명하기 때문에 적절한 치료가 필요하고, 간혹 제정신으로 돌아오기도 하지만, 완전히 회복될 때까지 여러 달이 걸릴 것이라고 말했다. 그러나 나는 며칠 동안 어머니가 마지막에 한 말이 귓전을 떠나지 않았다.

"네가 차 한 잔 타줬더라면, 나는 괜찮았을 텐데."

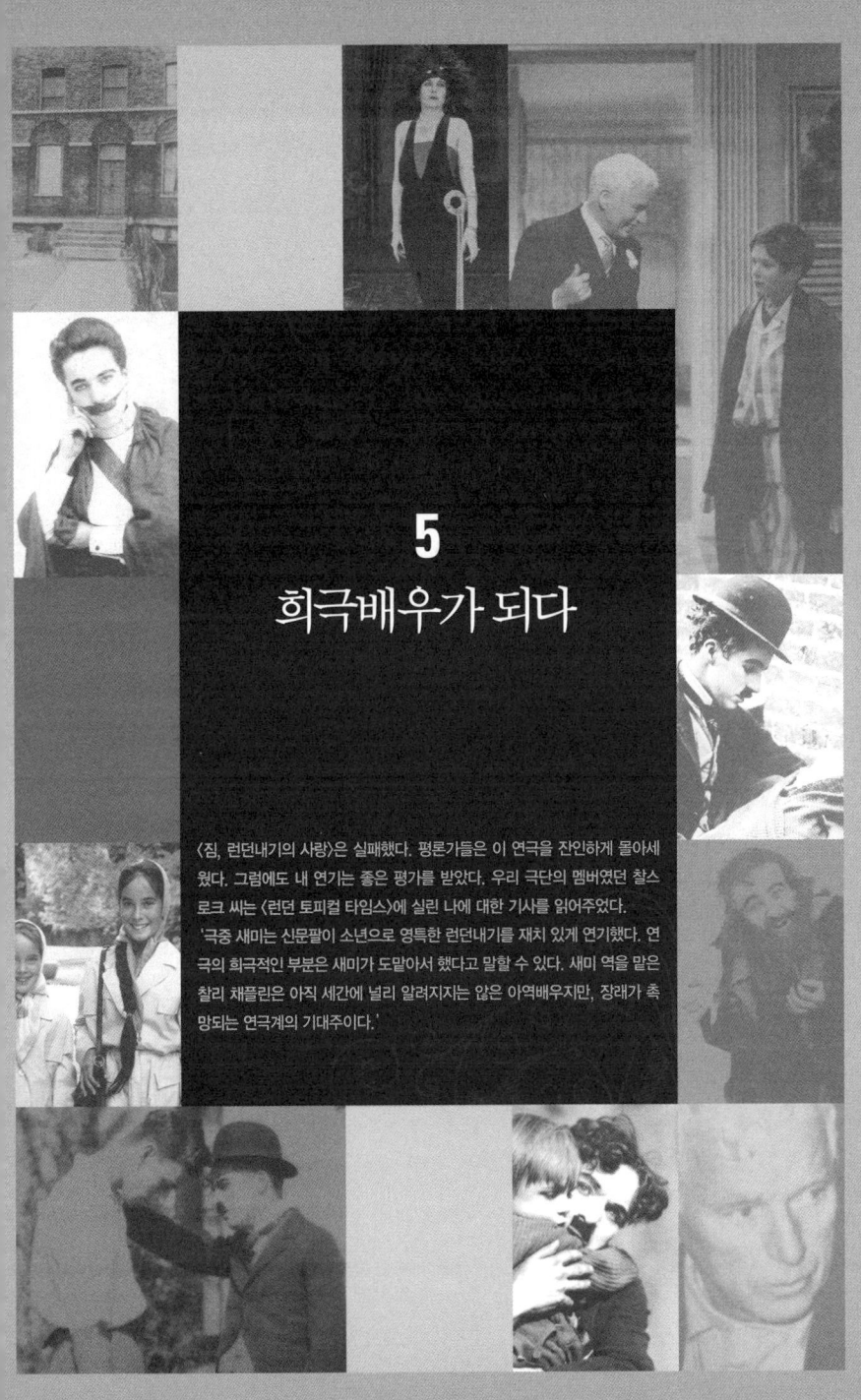

5
희극배우가 되다

〈짐, 런던내기의 사랑〉은 실패했다. 평론가들은 이 연극을 잔인하게 몰아세웠다. 그럼에도 내 연기는 좋은 평가를 받았다. 우리 극단의 멤버였던 찰스 로크 씨는 〈런던 토피컬 타임스〉에 실린 나에 대한 기사를 읽어주었다.
'극중 새미는 신문팔이 소년으로 영특한 런던내기를 재치 있게 연기했다. 연극의 희극적인 부분은 새미가 도맡아서 했다고 말할 수 있다. 새미 역을 맡은 찰리 채플린은 아직 세간에 널리 알려지지는 않은 아역배우지만, 장래가 촉망되는 연극계의 기대주이다.'

프로만 극단에 캐스팅 되다

조지프 콘래드는 친구에게 이런 내용의 편지를 쓴 적이 있다. '인생은 궁지에 몰린 눈먼 쥐가 맞아죽기를 기다리는 것과 같아.' 이런 비유는 당시 비참한 상황에 처해 있던 우리를 그대로 대변하는 말이기도 했다. 그럼에도 모든 행운이 우리를 비켜가지는 않았다. 나에게 행운이 따랐던 것이다.

나는 신문팔이, 인쇄소 일, 장난감 만드는 일, 유리 부는 일, 병원 잡부, 장작 패는 일 등 온갖 일을 다 했지만, 형 시드니와 마찬가지로 배우가 되겠다는 생각은 한시도 내 마음에서 떠난 적이 없었다. 그래서 나는 시간이 나는 대로 구두를 닦고, 옷을 솔질한 다음 깨끗한 깃을 달아 차려입고 스트랜드 시내에서 조금 떨어진 베드포드 가에 있던 블랙모어 배우 중개소에 정기적으로 나가보았다. 나는 신발에 구멍이 나고 옷이 너덜너덜해져 갈 수 없을 때까지 계속 갔다.

내가 처음 그곳에 갔을 때 사무실에서는 깨끗한 옷을 차려입은 남녀 배우 여럿이 모여서 시끄럽게 이야기를 나누고 있었다. 순간 당황스럽기도 하고 부끄럽기도 했던 나는 문간 한쪽 구석으로 비켜서 있었다. 그들과 비교해보면 비바람을 맞아 다 해진 옷과 구멍 난 신을 신고 있는 내 꼴은 초라하기 그지없었다. 이따금씩 사무실 안쪽에서 젊은 직원이 나와 짤막한 말로 배역을 얻기 위해 찾아온 배우들의 기를 꺾어놓았다.

"당신에겐 오늘 들어온 배역이 없어. 당신도. 그리고 당신도."

그러면 사무실은 예배가 끝난 교회당처럼 삽시간에 텅 비었다. 한 번은 나만 혼자 구석에 남아 서 있던 적이 있었다. 직원이 나를 보고 돌연 멈춰 서더니 이렇게 물었다.

"넌 왜 여기 있니?"

나는 구걸하는 올리버 트위스트가 된 기분이었다.

"아역 배우는 쓰지 않으세요?"

이렇게 말하는 나는 숨이 넘어갈 것 같았다.

"등록은 했니?"

나는 머리를 가로저었다.

그런데 의외로 그는 사무실 안쪽으로 나를 데리고 들어가더니 이름과 주소 등 내 개인 신상을 적으면서 일자리가 나면 알려주겠다고 친절히 말했다. 사무실을 나오면서 나는 어떤 의무라도 완수한 것처럼 떨 듯이 기뻤다. 그러나 실은 내 차림새 때문에 우려했던 일이 일어나지 않은 것에 감사하고 또 감사했다. 그리고 형 시드니가 케이프타운에서 돌아온 지 한 달 뒤에 나는 엽서 한 장을 받았다. 엽서에는 이렇게 쓰여 있었다. '스트랜드 베드퍼드가 블랙모어 배우 중개소에 들러주십시오.'

나는 형이 새로 사준 옷을 입고 블랙모어 씨를 만났다. 그는 웃음을 띠면서 상냥하게 나를 대했다. 나는 블랙모어 씨가 거만하고 깐깐한 사람일 거라고 생각하고 있었다. 그는 찰스 프로만 사무실의 C. E. 해밀턴 씨에게 내 소개장을 써주었다.

소개장을 읽은 해밀턴 씨는 내게 흥미를 보였다. 그러나 내가 나이보다 어리게 보이는지 놀라는 눈치였다. 실은 나는 열네 살이라고 나이를 속였던 것이다. 당시 내 진짜 나이는 열두 살하고 여섯 달이었다. 그는 내가 가을에 막을 올려 40주 정도 순회공연에 나설 프로만 극단의 〈셜록 홈스〉에서 사환인 빌리 역을 맡게 될 것이라고 간단히 설명했다. 그리고 이렇게 말을 이었다.

"그 전에 H. A. 세인츠버리 씨가 쓴 〈짐, 런던내기의 사랑〉을 무대에 올릴 예정이란다. 너는 이 연극에서 착한 아이 역을 맡게 될 거야. 참, 세인츠버리 씨는 〈셜록 홈스〉에도 주연으로 출연할 예정이야."

〈짐, 런던내기의 사랑〉은 〈셜록 홈스〉의 순회공연에 앞서 킹스턴의 로열카운티 극장 무대에 올린 작품이었다. 나는 이 연극에서 새미 역을 맡았다. 봉급은 주당 2파운드 10실링이었다. 〈셜록 홈스〉에 출연하면 받게 될 봉급과 같았다. 나로서는 생각지도 못했던 큰돈이었지만 결코 놀란 내색은 하지 않았다. 그리고 "계약 조건에 대해서는 제 형과 의논해보겠습니다"라고 정중히 말했다. 해밀턴 씨는 이런 내 말이 재미있었는지 나를 보고 미소를 지으며 크게 웃었다. 그리고 사무실 직원들을 불러놓고 나를 소개했다.

"우리의 빌리라네. 여러분은 어떻게 생각합니까?"

사무실에 있던 모든 사람들이 나를 보고 반갑게 웃어주었다. 나는 순간 무슨 일이 어떻게 돌아가는지 몰라 당황스러웠다. 세상이 갑자기 뒤바뀌어 나를 그 일원으로 받아들이고 사랑스럽게 감싸주는 것 같았다. 그런 다음 해밀턴 씨가 세인츠버리 씨에게 나에 대한 소개장을 써주며, 레스터 광장에 있는 그린룸 클럽에 가면 그를 찾을 수 있을 것이라고 말했다. 나는 그 길로 사무실을 나왔다. 구름 위라도 걷는 것처럼 그렇게 좋을 수가 없었다.

해밀턴 씨의 소개장을 들고 세인츠버리 씨를 찾아 간 그린룸 클럽에서도 똑같은 상황이 연출되었다. 그는 클럽 회원들을 모아놓고 나를 소개했다. 그리고 나에게 내가 맡은 새미 역의 대본을 건넸다. 그는 새미 역이 이번에 자신이 출연하는 연극에서 중요한 인물 가운데 하나라고 말했다. 나는 혹시 그가 대본 한 구절을 읽어보라고 하는 것은 아닐까 싶어 긴장했다. 나는 학교에 다니기는 했지만 글은 거의 읽을 줄 몰랐다. 다행히 그는 그것을 집에 가지고 가서 틈틈이 읽어보라고 했다. 대본 연습은 2주 뒤에나 있을 예정이었다.

나는 이것이 꿈인지 생시인지 얼떨떨한 기분으로 클럽을 나왔다. 그리고 버스를 타고 집에 도착해서야 내게 정말 무슨 일이 일어났는지 실감할 수 있었다. 나는 행복에 겨워 비명을 질렀다. 어느 날 갑자기 나는 지긋지긋한 가난에서 벗어나 오랫동안 꿈꿔왔던 세계에 발을 들여놓은 것이었다. 어머니가 자주 이야기해주면서 즐거워했던 꿈이었다. 나는 이제 배우가 되는 것이었다. 너무 갑작스럽게 닥친 일이라서 전혀 예상하지 못했다. 나는 내 역할이 들어 있는 대본을 계속 넘겨봤다. 대본은 깨끗한 갈색 표지를 하고 있었다. 내가 지금까지 손에 받아든 것 중 가장 중요하고 소중한 책자였다. 버스를 타고 집에 돌아오는 길에 내가 인생의 중요한 한 문턱을 넘어섰다는 것을 깨달았다. 더 이상 나는 빈민가의 그저 그런 떨거지가 아니었다. 이제 나는 떳떳한 연극배우였다. 순간 나는 울고 싶어졌다.

그날 저녁, 내가 낮에 있었던 일을 시드니에게 말하자 형은 눈물을 글썽이며 기뻐했다. 형은 침대에 쭈그리고 앉아 골똘히 창밖을 내다보며 내 이야기를 들었다. 그리고 내가 말하는 동안 머리를 흔들거나 끄덕이면서 감정에 북받친 목소리로 중얼거렸다.

"우리 인생에 일대 전환이 찾아온 거야. 어머니가 계셨더라면 얼마나 기뻐하셨을까!"

나는 듣는 둥 마는 둥 혼자 신나서 계속 떠들었다.

"생각해봐. 40주를 일하고, 주당 2파운드 10실링을 받아. 그리고 해밀턴 씨에게 나와 관련한 사무적인 일은 형이 맡는다고 했어. 그래서 우리는 그것보다 더 벌 수도 있을 거야. 여하튼 올해 우리는 60파운드를 저축할 수 있어!"

흥분이 가라앉자 우리는 그런 주요 배역에 주당 2파운드 10실링은 적다는 생각이 들었다. 그래서 형이 내 출연료를 올려볼 참으로 해밀턴 씨를 만나러 갔다. 나도 "한번 얘기해보는 건데 손해 볼 건 없잖아"라고 형을 거들었다. 그러나 해밀턴 씨는 완강했다. 그는 "2파운드 10실링이면 최고 대우일세"라고 했다. 더 이상 달리 할 말이 없었다. 어쨌든 우리는 그것만으로도 만족했다.

시드니가 나에게 대본을 읽어주고 대사 외우는 것도 도와주었다. 35장면에 달하는 중요한 배역이었다. 그러나 나는 그것을 사흘 만에 모두 외워버렸다.

장래가 촉망되는 연극계의 기대주

〈짐, 런던내기의 사랑〉의 대본 연습은 드루어리 레인 극장 2층 로비에서 했다. 형이 정말 열심히 지도해준 덕분에 대사는 완벽했다. 하지만 단어 하나가 계속 말썽이었다. 그 단어가 들어가 있는 문장은 이랬다. '당신이 어떤 사람이라고 생각하시죠, 피어폰트 모건 씨?' 문제는 '피어폰트 모건 씨'였다. 나는 자꾸 그의 이름을 '퍼터핀트 모건'이라 읽었다. 세인츠버리 씨가 제대로 발음할 수 있을 때까지 계속 반복시켰다.

첫 대본 연습은 나에게 별천지였다. 그것은 연기 기법이라는 새로운 세계를 내게 열어주었다. 이전까지 나는 연출이나 연기 기법, 타이밍, 휴지, 방향을 틀고 앉고 하는 등의 신호가 있다는 것을 알지 못했다. 그러나 이런 기법들이 전혀 어색하지 않았다. 다만 세인츠버리 씨가 한 가지 지적하며 고쳐준 것이 있었다. 내가 대사를 할 때 머리를 흔드는 버릇이 있고 얼굴 표정도 제대로 살리지 못한 채 '일그러진다'고 지적해주었다.

몇 가지 장면의 대본 연습이 끝났을 때 세인츠버리 씨는 나를 보고 놀라움을 감추지 못했다. 그리고 전에 연기를 해본 적이 있는지 물어보았다. 세인츠버리 씨와 나머지 배우들이 내 연기를 칭찬했다. 나는 그들을 기쁘게 해주었다는 사실에 어깨가 으쓱했지만, 내색하지 않고 태연하게 받아들였다.

〈짐, 런던내기의 사랑〉은 킹스턴의 로열카운티 극장과 풀햄의 그랜드 극장에서 각각 일주일씩 무대에 올랐다. 이 작품은 헨리 아서 존스의 〈실버 왕〉을 본뜬 멜로드라마였다. 기억상실증에 걸린 한 귀족이 꽃 파는 소녀, 신문팔이 소년과 허름한 다락방에서 함께 산다는 것이 기본 줄거리였다. 신문팔이 소년 새미가 바로 내가 맡은 역할이었다. 도덕적 기준에서 어떤 부적절한 이야기가 들어 있지는 않았다. 소녀는 다락방 벽장에서 잠을 잤고, 극중에서 우리가 공작이라 부르는 귀족은 소파에서 잠을 잤다. 내 배역인 새미는 바닥에서 잠을 잤다.

제1막은 부유한 변호사 제임스 시튼 갯로크의 사무실이 있는 템플 가 데브루 법정 7A호실이었다. 누더기를 걸친 공작이 지난날 연적이었던 갯로크 변호사 사무실에 찾아와 구걸하다시피 돈을 빌려달라고 부탁한다. 자신이 기억상실증에 걸렸을 때 극진히 보살펴준 꽃 파는 소녀가 병에 걸려 돕고 싶었기 때문이다. 두 사람은 서로 티격태격 말을 주고받으며 한동안 격론을 벌인다. 그때 변호사가 공작에게 버럭 소리를 지른다.

"당장 나가. 나가 뒈져버려. 너도 꽃 파는 소녀도 내가 알게 뭐야!"

힘으로는 당해낼 수 없었는지 공작은 책상 위에 있던 페이퍼나이프를 집어 들어 변호사를 찌르려 한다. 그런데 갑자기 간질 발작이 일어나 공작은 손에 쥔 페이퍼나이프를 바닥에 떨어뜨리고 의식을 잃고 쓰러진다. 그리고 바로 이 순간 한때 누더기 공작을 사랑했던 변호사의 전 부인이 사무실로 들어온다. 바닥에 쓰러져 있는 공작을 발견한 그녀는 변호사에게 이렇게 간청한다.

"이 사람은 저에게 실연당한 뒤 변호사의 길도 접었어요. 조금 도와줄 수도 있잖아요!"

그러나 변호사는 단호히 거절한다. 오히려 변호사는 그녀에게 공작과 불륜을 저지른 것은 아니냐며 호되게 몰아붙인다. 그리고 곧 장면이 절정에 다다른다. 이 말에 격앙된 그녀가 공작이 떨어뜨린 페이퍼나이프를 주워들고 변호사를 찌른다. 변호사는 자신의 안락의자에서 죽음을 맞이한다. 공작은 여전히 쓰러진 채로 의식불명이다. 여자가 무대에서 사라지고, 의식을 되찾은 공작이 죽어 있는 변호사를 발견한다. 그는 이렇게 외친다.

"신이시여. 제가 사람을 죽이다니."

어쨌든 돈이 필요했던 공작은 도둑질을 결심한다. 공작이 변호사의 주머니에 있던 지갑에서 돈을 꺼낸다. 그리고 다이아몬드 반지와 보석류도 훔친다. 그리고 창문을 넘어 달아나려던 공작이 뒤를 돌아보며 이렇게 말한다.

"잘 가게, 갯로크. 어쨌든 자넨 나를 도와준 걸세."

이렇게 제1막이 내린다.

제2막은 공작이 꽃 파는 소녀와 함께 살았던 허름한 다락방이다. 막이 오르자 탐정 한 사람이 방 안의 벽장을 조사하고 있다. 나는 휘파람을 불며 들어오다가 탐정을 보고 멈춰 선다.

신문팔이 소년 어, 거기는 여자 침실인데?
탐정 뭐라고! 벽장이? 이쪽으로 와봐.
신문팔이 소년 엉큼한 분이시네요!
탐정 그런 말 하지 마라. 문 닫고 들어와라.
신문팔이 소년 (탐정 쪽으로 다가가며)친절도 하셔라. 집주인에게 집에 들어오라니요.
탐정 난 탐정이야.

신문팔이 소년 뭐, 경찰! 전 죄지은 거 없어요!

탐정 널 잡으러 온 게 아니야. 정보가 조금 필요해서. 도움을 줘야 할 사람이 있어.

신문팔이 소년 도움을 준다! 이 집에 도움이 필요한 사람이 있다고 해도 경찰이 무슨 상관이죠!

탐정 허튼소리 마라. 내가 언제 경찰이라고 말했나?

신문팔이 소년 못 말리겠군! 신발 보고 알았어요!

탐정 여기에 누가 사니?

신문팔이 소년 공작이요.

탐정 그래. 진짜 이름은 뭐지?

신문팔이 소년 전 몰라요. 공작은 자기를 '놈 드 게르('가명'이라는 뜻—옮긴이)'라고 불렀어요. 하지만 맹세컨대 저는 그게 무슨 뜻인지 몰라요.

탐정 생김새는 어떠니?

신문팔이 소년 삐쩍 말랐어요. 머리는 희끗희끗하고, 수염은 기르지 않아요. 그리고 실크해트와 코안경을 써요. 젠장, 코안경 너머로 상대를 째려보는 그의 눈빛을 한 번 봐야 되는데!

탐정 그리고 짐은 누구지?

신문팔이 소년 그라뇨? 여잔데!

탐정 아, 그래. 그 여자는 누구지?

신문팔이 소년 (말을 가로막으면서 혼자 주절거린다) 벽장에서 자는 여자예요. 저는 여기서 자고, 공작은 저기에서 자요.

내 대사는 이것보다 훨씬 분량이 많았다. 믿거나 말거나지만 관객들은 내가 나온 장면을 매우 재미있어 했다. 이유야 알 수 없지만, 내가 생각보다 어리게 보였기 때문이었을 것이다. 내가 하는 대사마다 관객들이 웃음을 터뜨렸다. 다만 기술적인 부분이 나를 성가시게 했다. 무대에서 실제로 차를 끓여야 했는데, 찻잎을 먼저 넣고 물을 붓는지 아니면 물을 먼저 붓고 찻잎을 넣는지 종잡을 수 없었다. 이상하게 들릴지 모르겠지만, 나는 무대에서 몸짓 연기보다 대사 연기가 훨씬 더 쉬웠다.

그러나 〈짐, 런던내기의 사랑〉은 실패했다. 평론가들은 이 연극을 잔인하게 몰아세웠다. 그럼에도 내 연기는 좋은 평가를 받았다. 그중에 우리 극단의 멤버였던 찰스 로크 씨는 나에게 특히 좋은 평가를 해주었다. 그는 아델피 극장 소속으로 당시에 명성이 자자했던 원로 배우 중 한 사람이었다. 내가 출연한 장면은 거의 그와 함께 연기하는 부분이었다. 그는 "애야, 내 글을 읽고 자만에 빠지지는 마라"라고 나에게 충고하듯 말했다. 그리고 겸손과 은혜에 대해 일장 연설을 한 다음 〈런던 토피컬 타임스〉에 실린 나에 대한 기사를 읽어주었다. 나는 아직도 그 기사를 한 자도 빼놓지 않고 기억하고 있다. 기사는 〈짐, 런던내기의 사랑〉에 대해 혹평을 늘어놓은 다음 이런 말로 끝을 맺고 있다.

'그러나 이런 우려를 일거에 불식시킨 인물이 있다. 바로 극중 새미다. 새미는 신문팔이 소년으로 영특한 런던내기를 재치 있게 연기했다. 연극의 희극적인 부분은 새미가 도맡아서 했다고 말할 수 있을 것이다. 약간 진부하고 구식이기는 했지만 새미 역을 맡은 찰리 채플린은 멋지게 연기했다. 아직 세간에 널리 알려지지는

않은 아역배우지만, 그는 장래가 촉망되는 연극계의 기대주이다.'

형 시드니는 나에 대한 기사가 나온 신문을 수십 부나 사들고 집으로 돌아왔다.

2주 동안 〈짐, 런던내기의 사랑〉을 무대에 올리고 나서 우리는 〈셜록 홈스〉 대본 연습에 들어갔다. 이 시기만 해도 형과 나는 파우널 테라스 3번지에서 그대로 살았다. 경제적으로 아직 확실한 기반을 마련하지 못했기 때문이다.

대본 연습 기간 동안 형과 나는 케인힐 정신병원으로 어머니의 병문안을 갔다. 처음에 간호사들은 어머니의 몸 상태가 좋지 않기 때문에 면회를 시켜줄 수 없다고 말했다. 그래도 우리는 꼭 봐야 한다고 고집을 피웠다. 그러자 간호사들이 형만 따로 불러 뭔가 이야기를 나눴다. 나는 형이 이렇게 말하는 것을 들었다.

"안 돼요. 동생은 절대 납득하지 못할 거예요."

형은 애처로운 얼굴로 나를 쳐다보며 이렇게 말했다.

"엄마가 격리실에 수용돼 있대. 그래도 보고 가고 싶니?"

"안 돼, 안 돼! 엄마를 꼭 봐야 돼!"

나는 뒷걸음질치며 말했다.

그러나 병원은 형만 어머니를 면회할 수 있도록 허락했다. 그런데 어머니가 형을 알아보자 몇 분 뒤에 나에게도 어머니를 면회할 수 있도록 허가가 났다. 즉 어머니의 상태가 양호하니 만나보고 싶으면 만날 수 있다는 것이었다. 우리는 어머니가 격리되어 있는 방에서 같이 만났다. 어머니는 우리가 방을 나가기 전에 나를 따로 옆에 앉혀놓고 맥없이 이렇게 속삭였다.

"길을 잃지 말거라. 잘못하면 너도 이곳에 들어올 수 있어."

어머니는 그로부터 18개월 뒤에 완쾌되어 케인힐 정신병원 문을 나섰다. 물론 형은 내가 〈셜록 홈스〉 순회공연 때문에 지방에 내려가 있는 동안에도 정기적으로 어머니 면회를 갔다.

외로운 지방 순회공연

〈셜록 홈스〉에서 홈스 역을 맡은 H. A. 세인츠버리 씨는 〈스트랜드 매거진〉에 연재된 삽화 속의 홈스가 살아서 걸어 나온 것처럼 똑같았다. 그는 길고 이지적인 얼굴에 번득이는 이마를 갖고 있었다. 그는 역대 홈스를 연기한 배우 가운데 가장 적임자로 인정을 받았다. 나아가 그는 〈셜록 홈스〉의 각색자이자 초대 홈스 역을 맡았던 윌리엄 질레트(1853~1937, 미국의 연극배우이자 극작가—옮긴이)보다도 더 적임자라는 평가를 받고 있었다.

순회공연 중에 극단 책임자는 내가 그린 씨 부부와 같이 지내도록 배려해주었다. 그린 씨는 극단의 목수였고, 그린 여사는 의상을 담당했다. 그러나 나는 그린 부부와 지내는 것이 별로 달갑지 않았다. 그린 부부는 가끔 내가 보는 앞에서 술을 마셨다. 게다가 식사 시간도 맞지 않아 불편했다. 나는 아무것도 먹고 싶지 않은데 항상 정해진 시간에 함께 식사해야 하는 것이 여간 불편하지 않았다. 물론 나는 내가 그린 부부와 같이 지내는 것이 나보다도 두 부부에게 더 불편하리란 것을 잘 알고 있었다. 그래서 3주가 지난 뒤에 우리는 서로 떨어져 지내기로 의견 일치를 보았다. 그러나 내가 너무 어렸기 때문에 다른 단원들과 함께 지내는 것도 여의치 않아 결국 나는 혼자 지내게 되었다.

나는 순회공연 내내 낯선 도시의 뒷골방을 얻어 혼자 지냈다. 그리고 저녁 공연 전까지 거의 아무도 만나지 않았다. 방 안에서 혼자 떠들어봐야 들리는 건 내 목소리뿐이었다. 가끔 단원들이 모여 있는 술집에 가서 당구하는 것을 옆에서 지켜보기도 했지만, 내가 그들의 대화에 방해가 된다는 느낌을 받았다. 실제로 대화 중간에 끼어들기라도 하면 그들은 어색해하거나 대화의 주제를 바꾸고는 했다. 물론 그들이 나에게 얼굴을 찡그리거나 하지는 않았지만, 그런 행동을 보면 나만 소외된 것 같아 이내 시무룩해졌다.

나는 점차 울적해지기 시작했다. 어느 일요일 밤, 순회공연차 들른 북쪽의 어느 마을에 도착해 어두컴컴한 길을 걸으며 들려오던 교회 종소리는 내 마음을 더 처량하게 만들었다. 주말이 되면 나는 근처 시장을 돌아다니며 필요한 물건을 샀다. 그리고 공연 기간 동안 묵게 될 숙소의 집 안주인에게 요리를 부탁하기 위해 채소류와 고기를 샀다. 숙소에서 혼자 지내야 했기 때문에 요리 재료를 사다주는 대신 집주인이 요리를 해주었던 것이다. 가끔 숙식을 제공하는 곳도 있어서 나는 부엌에서 집주인과 같이 식사를 했다. 나는 이런 게 좋았다. 특히 북쪽에 위치한 랭커셔 지방은 부엌이 대체로 깨끗했고 위생적이었다. 부엌에는 파란 화덕이 놓여 있고 바닥은 깨끗하게 닦아 윤기가 났다. 날씨가 춥고 어두컴컴하던 어느 날 저녁 무렵, 밖에 있다가 숙소에 들어오니 안주인이 빵을 굽느라 분주했다. 벌겋게 달아오른 화덕과 그 옆에 놓여 있는 빵 덩어리를 보고 있자니 기분이 절로 좋아졌다. 나는 집

주인과 같이 앉아 식사를 하고 차도 마셨다. 오븐에서 갓 구워낸 빵에 신선한 버터를 발라 먹는 맛이란 그 무엇과도 비교할 수 없었다.

나는 6개월 동안 지방 순회공연을 다녔다. 형 시드니는 극장에서 일자리를 얻으려는 계획이 제대로 되지 않자 배우가 되겠다는 꿈을 버리고 스트랜드 가에 있는 콜홀이라는 술집에 바텐더로 지원해 150대 1의 경쟁을 뚫고 일자리를 얻었다. 그러나 형은 그 일을 별로 좋아하지 않았다. 배우가 되겠다는 꿈을 포기한 것이 못내 아쉬웠기 때문이다.

형은 나에게 정기적으로 편지를 써서 어머니의 근황을 알려주었지만, 나는 좀처럼 답장을 하지 않았다. 한 가지 이유는 내가 글을 제대로 쓸 줄 몰랐다는 것이다. 어떤 편지는 너무 감동적이어서 형과의 친밀감을 더해주기도 했다. 내가 답장이 없으면 형은 다음 편지에서 그것을 꾸짖고 어려운 상황에서도 서로 믿고 의지하며 살았던 옛일을 상기시켰다. 한 번은 형이 이런 편지를 보내왔다.

'어머니가 아프기 때문에 세상에서 믿고 의지할 사람은 너와 나뿐이지 않니. 바쁘더라도 자주 편지하려무나. 너는 나에게 하나밖에 없는 동생이야.'

나는 너무 감격스러워 바로 답장을 했다. 이 편지를 받고 나는 형이 이전과는 다르게 보였다. 그 뒤로 우리 형제의 우애는 더욱 돈독해져 평생을 변치 않고 아껴주며 살았다.

순회공연이 길어지면서 나는 혼자 생활하는 것에 익숙해져갔다. 그러나 말상대 없이 혼자 지내다 보니 단원이라도 마주치면 어떻게 대해야 할지 난감했다. 간혹 예상치 못한 질문이라도 받으면 나는 너무 당황해서 두서없이 대답하기 일쑤였다. 그러면 그들은 마치 내가 정신이상자라도 되는 듯이 쳐다보고 이내 돌아서면서 고개를 갸우뚱거렸다. 한 번은 그레타 한 양과 우연히 마주친 적이 있었다. 그레타 한은 우리 극단의 주연급 여배우로 아름답고 매력적인 여자였다. 그리고 상당히 친절했다. 나는 그녀가 길을 가로질러 내가 있는 쪽으로 다가오는 것이 보이기라도 하면 그녀를 피하기 위해 얼른 고개를 돌리고 가게 안을 들여다보는 척하거나 다른 길로 돌아갔다.

나는 내 자신에 대해 무관심해졌고 행동거지도 종잡을 수 없는 사람이 되어갔다. 극단이 다른 지방으로 이동할 때마다 나는 항상 역에 제일 늦게 도착했다. 그런데 역에 도착해서 보면 머리는 빗지 않아 산발에다 깃도 달지 않은 옷을 입고 오는 경우가 많아서 매번 꾸지람을 듣기 일쑤였다.

나는 적적함을 달래기 위해 토끼를 한 마리 샀다. 그래서 숙소를 옮길 때마다 집주인이 눈치 채지 못하도록 몰래 방으로 데리고 들어갔다. 방 안에서 키울 수 있도록 길들여진 동물은 아니었지만, 사랑스럽고 앙증맞았다. 오줌 지리는 것을 제외하면 깨끗하고 흰 털이 마음에 들었다. 나는 토끼를 나무 상자에 담아 침대 밑에 숨겨놓고 키웠다. 내 아침식사를 들고 방에 들어온 집주인은 방에서 나는 이상한 지린내를 맡고 수상한 눈초리로 방을 나가곤 했다. 나는 집주인이 문을 닫고 나가면 얼른 토끼를 꺼내 방 안에 풀어놓았다. 그러면 토끼는 기분이 좋은지 방 안을 이리저리 뛰어다녔다.

나는 집주인에게 토끼를 들키지 않기 위해 문 두드리는 소리가 나면 상자 안으로 들어가도록 토끼를 훈련시켰다. 간혹 내가 방에서 토끼를 기르고 있다는 사실을 들켜도 토끼의 이런 재주를 보여주면 집주인도 흥미로운지 눈감아주는 경우도 있었다.

그러나 웨일스의 토니펜디로 순회공연을 갔을 때 토끼를 잃어버리고 말았다. 내가 묵었던 숙소의 집주인에게 토끼를 들켜 혹시나 하는 생각에 토끼의 재주를 보여주었지만 웃기만 할 뿐 별다른 말이 없었다. 그런데 그날 밤 공연을 마치고 숙소에 돌아와 보니 토끼가 보이지 않았다. 집주인에게 토끼에 대해 물어보았지만 모른다며 고개를 절레절레 흔들었다.

"혼자 달아났거나 아니면 누가 훔쳐갔겠지."

그 말에 나는 더 이상 어떻게 할 방도가 없었다.

우리는 토니펜디에서 에부베일로 갔다. 에부베일에서는 사흘간 머물 예정이었다. 나는 사흘만 체류하는 것에 감사했는데, 에부베일은 전통적인 탄광 도시로 당시에 문을 닫은 곳이 많아 을씨년스러웠다. 집들도 하나같이 똑같은 모양을 하고 줄지어 늘어서 있어 섬뜩한 기분이 들었다. 집들은 방이 네 개로 이뤄졌으나 모두 작았고 기름램프를 사용했기 때문에 희미한 불빛이 새어나왔다. 단원들 대부분은 그곳에 있는 작은 호텔에 묵었다. 나는 다행히 한 광부의 집에 방 한 칸을 빌릴 수 있었다. 방은 작았지만 편안하고 깨끗했다. 첫날 밤, 공연이 끝나고 숙소에 돌아오니 저녁 식사가 식지 않게 화덕 앞에 놓여 있었다.

집 안주인은 중년에 키가 크고 기품도 있어 보였지만 다소 어두운 얼굴을 하고 있었다. 그리고 거의 말이 없었다. 다음 날 아침,

내게 식사를 갖다 주면서도 그녀는 한 마디도 말을 하지 않았다. 뿐만 아니라 부엌문은 항상 잠겨 있었다. 따라서 집주인에게 뭔가 부탁할 것이 있을 때는 꼭 노크를 하고 한참을 기다려야 했다. 그때도 문을 살짝 열고 빠끔히 쳐다볼 뿐 아무 말도 하지 않았다.

이튿날 밤, 내가 저녁을 먹고 있는 사이에 그녀의 남편이 들어왔다. 나이는 안주인과 비슷해 보였다. 마침 그날 저녁 그는 우리 극단의 공연을 보기 위해 극장에 다녀온 모양이었다. 그는 잠시 서서 부인과 뭔가 대화를 나눴다. 손에는 양초를 들고 있었는데, 아마 잠자리에 들러 가던 참이었던 것 같다. 그리고 내게 뭔가 할 말이 있는지 내 방문 앞에 서서 잠시 머뭇거렸다. 그리고 마침내 말을 꺼냈다.

"저기, 당신들이 하는 일에 딱 어울릴 듯한 것을 갖고 있소만. 혹시 인간 개구리를 본 적 있는가? 자넨 양초를 들고 있게. 내가 램프를 가져올 테니."

그는 나를 데리고 부엌으로 들어가더니 램프를 벽장 문 앞에 놓인 찬장 위에 올려놓았다. 찬장은 아래쪽으로 커튼이 쳐 있었다. 그가 커튼을 젖히며 외쳤다.

"어이, 길버트. 이리 나와봐!"

다리 없이 몸통만 있는 남자가 찬장 밑에서 기어 나왔다. 몸집은 뚱뚱했고, 금발에 넓적한 머리와 오랫동안 햇빛을 보지 못했는지 신물이 날 정도로 흰 얼굴 그리고 납작한 코와 큰 입을 가졌으며, 어깨와 팔만 사용했는지 그곳만 근육이 비정상적으로 거대했다. 그는 허벅지 아래쪽을 잘라낸 짧은 플란넬 속옷만 걸치고 있었고, 그 아래로 짤막한 발가락 열 개가 눈에 들어왔다. 보기만 해도 소름이 돋았다. 그리고 좀처럼 나이를 분간할 수 없었다. 이렇게 보면 스무 살처럼 보였고, 저렇게 보면 마흔 살처럼 보이기도 했다. 그는 고개를 들어 듬성듬성 남아 있는 누런 이빨을 드러내 보이며 나를 향해 씩 웃었다. 알고 보니 그는 이들 부부의 아들이었다.

"자, 길버트, 뛰어봐!"

아버지가 말하자 그 가엾은 인간이 서서히 몸을 낮추더니 팔을 이용해 머리 높이까지 뛰어올랐다.

"서커스단에서 보여주면 통할 것 같소? 인간 개구리!"

나는 너무 놀라서 거의 입을 열 수가 없었다. 그렇지만 상처를 주지 않기 위해 그가 지원할 만한 서커스단 몇 개를 알려주었다.

그는 아들 길버트가 이것 외에도 한 발로 뛰기, 기어오르기 그리고 흔들리는 의자에서 거꾸로 물구나무 서기 등 다른 묘기들도 할 줄 안다고 말했다. 길버트는 자신이 할 수 있는 묘기들을 차례로 보여주었다. 그리고 마지막 묘기가 끝나자 나는 마치 그의 묘기에 흥미라도 있는 것처럼 정말 대단하다고 칭찬을 늘어놨다.

나는 부엌을 나오면서 길버트에게 인사했다.

"잘 자요, 길버트."

그러자 가엾은 길버트는 맥 빠진 사람처럼 짧은 혀로 "자알 자요"라고 대답했다.

그날 밤 나는 깊이 잠을 잘 수 없었다. 잠든 사이 혹시 무슨 변이라도 당할지 모른다는 생각에 자다가도 일어나 방문이 제대로 잠겨 있는지 여러 번 확인했다. 다음 날 아침 안주인은 평소와 달리 내게 말을 걸어왔다. 어제 일로 기분이 많이 좋아진 것 같았다. 그녀는 "어젯밤에 길버트 봤지요. 극단 사람들을 투숙객으로 받을 때만 찬장 밑에서 잠을 자요"라고 말했다. 갑자기 온몸에 소름이 돋고 머리끝이 서는 것 같았다. 그렇다면 내가 길버트의 침대에서 잠을 잤단 말인가! 나는 "네, 봤습니다"라고 대답했다. 그리고 길버트가 서커스단에 들어갈 수 있는지를 두고 진지한 대화를 나눴다. 그녀는 고개를 끄덕이며 "저희도 그렇게 생각하고 있어요" 하고 말했다.

비록 나 혼자만의 생각일 수도 있지만, 내가 길버트의 묘기에 흥미를 보인 것이 안주인을 기쁘게 한 것 같았다. 나는 에부베일에서 공연이 끝나고 다른 도시로 떠나기에 앞서 부엌으로 가서 길버트에게 작별인사를 건넸다. 마음이 내키지는 않았지만 아무렇지도 않게 그의 커다랗고 단단한 손을 잡고 악수를 청했다. 그도 살짝 내 손을 잡고 악수를 했다.

가족의 재회 그리고 또 이별

우리는 무려 40주에 걸쳐 〈셜록 홈스〉의 지방 순회공연을 마치고 런던으로 돌아와 근교에서 8주 동안 더 무대에 올랐다. 당시 〈셜록 홈스〉는 엄청난 성공을 거뒀다. 따라서 우리는 첫 번째 순회공연을 마치고 3주 뒤에 두 번째 순회공연에 나설 계획이었다.

시드니와 나는 파우널 테라스 3번지 다락방에서 나와 캐닝턴 가에 좀 더 살 만한 곳으로 이사를 가기로 결정했다. 즉 뱀이 허물을 벗는 것처럼 우리도 어려웠던 과거의 흔적을 벗어버리고 싶었다.

나는 두 번째 순회공연을 떠나기 전에 감독을 만나 이번 순회공연 때 형을 단역으로라도 써줄 수 있는지 부탁했다. 그는 내 부탁을 기꺼이 받아주었다. 봉급은 주당 35실링이었다. 그래서 우리는 두 번째 순회공연부터 같이 지낼 수 있었다.

형은 어머니에게 매주 편지를 썼다. 그리고 두 번째 순회공연이 끝나갈 즈음 케인힐 정신병원으로부터 기쁜 소식이 왔다. 어머니의 건강이 완전히 회복되었다는 통지서였다. 정말 기다리고 기다리던 소식이었다. 우리는 서둘러 어머니의 퇴원 수속을 밟은 다음 순회공연차 머물고 있던 리딩에서 어머니를 맞이할 준비를 했다. 어머니의 퇴원을 축하하는 뜻에서 우리는 침실 두 개에 거실에 피아노가 놓여 있는 고급 아파트를 세냈다. 그리고 특별히 어머니가 묵을 방에는 꽃으로 장식하고 어머니의 기분을 돋우기 위해 멋진 저녁을 주문했다.

형과 나는 역에 나가 어머니를 기다렸다. 긴장과 행복이 교차했다. 어머니가 우리를 어떻게 받아들일지 걱정이 앞섰다. 왜냐하면 막상 어머니가 퇴원해 우리와 같이 살 수 있게 되었지만, 예전처럼 행복하고 즐거웠던 시절로 다시 돌아가는 것은 불가능했기 때문이다.

드디어 기차가 역에 도착했다. 기쁨과 불안이 뒤섞인 마음으로 짐을 들고 역에서 빠져나오는 사람들의 얼굴을 하나하나 자세히 살폈다. 그리고 마침내 사람들 사이에서 어머니를 찾을 수 있었다. 어머니는 얼굴에 미소를 띠고 우리를 향해 천천히 걸어왔다. 어머니는 우리를 보고도 반가운 내색은 하지 않았지만 여전히 다정하게 맞아주었다. 어머니는 그 순간에도 가슴 깊이 북받쳐오르는 감정을 억지로 참고 있었던 것이다.

마차를 타고 우리가 묵을 아파트로 오는 짧은 시간 동안 우리는 그동안 있었던 온갖 일을 두서없이 이야기했다. 어머니에게 우리가 묵을 아파트와 꽃으로 장식한 침실을 보여준 다음, 거실에 나와 앉았지만 어딘지 모르게 서먹했다. 우리는 말없이 서로 멀뚱히 쳐다보기만 했다. 날씨는 더없이 맑았고, 아파트도 한적한 골목에 위치해 조용했다. 그래서 침묵은 더 가시방석 같았다. 나는 어머니와 함께 행복하기를 바랐지만 기분은 갈수록 울적해졌다. 가엾은 어머니. 당신의 기분이나 행복을 위해서는 달리 아무것도 하지 않았던 어머니. 그런 어머니는 나의 불행한 과거를 떠올리게 했다.

어머니는 내 인생에 가장 큰 영향을 준 세상에서 유일한 사람이었다. 그러나 나는 이런 사실을 숨기며 살았다. 그사이에 어머니는 나이도 더 들어 보이고 몸도 불었는지 뚱뚱해 보였다. 나는 아름다운 외모에 항상 옷을 예쁘게 입고 다녔던 어머니를 자랑스럽게 생각했다. 그래서 나는 그런 어머니가 퇴원하면 극단 사람들에게 꼭 소개하고 싶었다. 그러나 지금은 어딘지 모르게 초라하게만 보였다. 어머니는 내가 염려하는 것을 알아챈 듯 뭔가 물어보려는 눈치로 나를 쳐다봤다. 나는 어머니의 흐트러진 머리카락을 수줍게 매만져주면서 이렇게 말했다.

"극단 사람들을 만나기 전에 예뻐져야 해요."

어머니는 나를 보며 분첩을 꺼내더니 얼굴에 발랐다. 그러고는 행복한 미소를 지으며 이렇게 말했다.

"엄마는 지금 살아 있는 것만으로도 행복하단다."

어머니의 이 말에 어색함은 사라지고, 나도 울적하던 기분이 가셨다. 형과 나는 이미 많이 커 있었다. 그래서 우리 기억에 남아 있는 어릴 적 따뜻했던 가족애는 더 이상 찾아볼 수 없었다. 어머니도 이제 우리가 어린애가 아니라는 것을 알고 있었다. 그런데 이것이 어머니에 대한 애틋한 감정을 더해주었다.

순회공연 중이라 어머니가 쇼핑과 요리를 대신해주고 과일과 군것질거리도 챙겨주었다. 그리고 조금이기는 했지만 어머니는 꽃을 사다가 집 안도 장식했다. 지난 시절, 아무리 가난하고 어렵더라도 어머니는 토요일 밤에 쇼핑을 나가는 날이면 어김없이 꽃을 사가지고 돌아오셨다.

퇴원 후에도 어머니는 한 마디 말없이 멍하니 앉아 있는 경우가 많았다. 나는 그 모습을 볼 때마다 그렇게 마음이 아플 수가 없었다. 무엇보다 어머니는 우리 어머니가 아니라 손님처럼 행동했다. 그렇게 한 달이 지나자 어머니는 런던으로 돌아가고 싶어 했다. 어머니는 먼저 런던으로 돌아가 집을 장만하고, 우리 순회공연이 끝나면 함께 살 계획을 세워두고 계셨다. 그게 함께 순회공연을 따라다니는 것보다 비용도 적게 들고, 한 사람이라도 돈을 절약할 수 있다는 것이었다.

어머니는 예전에 한 번 살았던 체스터 가의 이발소 2층에 세를 내고 가구도 장만했다. 가구는 비쌌기 때문에 할부로 구입했다. 방은 베르사유 궁전처럼 넓거나 우아하지는 않았지만 오렌지색 크레톤 사라사 천을 사다가 침실을 꾸며 그런대로 운치가 있어 보였다. 형과 나는 주당 받는 4파운드 5실링 가운데 1파운드 5실링을 어머니에게 보내주었다.

시드니와 나는 두 번째 순회공연이 끝나자마자 집으로 돌아와 어머니와 함께 몇 주를 보냈다. 우리는 어머니와 함께 지내는 것만으로도 행복했지만, 다시 극단이 순회공연에 나선다는 소식을 듣고 속으로 기뻐했다. 왜냐하면 체스터 가에 새로 얻은 집은 우리가 순회공연을 다니며 묵는 아파트나 숙소보다 여러모로 불편했기 때문이었다. 형과 나는 어느새 순회공연 생활에 익숙해져 있었다. 어머니도 이미 그것을 눈치 채고 있는 것 같았다. 순회공연에 나서기 위해 집을 나와 역까지 올 때만 해도 어머니는 웃는 얼굴로 즐거워했다. 그런데 열차가 움직이기 시작했을 때 플랫폼에 서서 잘 다녀오라며 애써 웃는 얼굴로 손수건을 꺼내 흔들어주던 어머니의 모습에서는 알 수 없는 그리움 같은 것이 배어났다.

세 번째 순회공연을 나가 있는 동안 어머니는 루이스가 사망했다는 소식을 전해주었다. 아이러니하게도 그녀가 죽은 곳은 한때 우리가 수용됐던 램버스 빈민구호소였다. 아버지가 죽은 지 4년이 지난 뒤였다. 그동안 그녀가 어떻게 지냈는지 알 수는 없었지만 아들은 고아원에 보내졌다가 형과 내가 다녔던 한웰 학교에 보내졌다고 들었다.

어머니는 그 애를 찾아갔던 일을 편지로 알려주었다. 어머니는 그 애에게 당신이 누군지 소상히 설명하고, 형과 내가 캐닝턴 가에서 그의 양친과 함께 살았던 일도 이야기했다. 그러나 그 애는 그 일을 기억하지 못했다. 당연한 것이, 그때 그 애는 네 살밖에 되지 않았기 때문에 우리를 기억하는 것은 쉽지 않았을 것이다. 그런데 그 애는 아버지에 대한 기억도 전혀 갖고 있지 않았다.

어머니가 그 애를 찾아갔을 때는 이미 열 살이었다. 이름은 루이스의 결혼 전 성을 따라 짓기는 했지만 주변에 친척이라고는 하나도 없었다. 어머니는 그 애가 잘생기고 조용하고 수줍음이 많은 아이라고 알려주었다. 어머니는 그 애에게 사탕과 오렌지 그리고 사과를 사다주고 다음에 다시 찾아오겠다고 약속하고 돌아섰다. 어머니는 병이 다시 도져 케인힐 정신병원으로 보내질 때까지 그 애를 정기적으로 찾아갔다. 정말 찾아갔는지 나는 모른다. 하지만 나는 어머니 성격상 그렇게 했을 거라고 믿고 있다.

어머니의 병이 다시 재발했다는 소식을 듣고 가슴이 철렁 내려앉았다. 마치 칼로 가슴을 도려내는 것처럼 마음이 아팠다. 물론 어떻게 병이 재발했는지 자세한 내용은 몰랐다. 다만 어머니가 정신을 잃고 거리를 배회하는 것을 지나가던 행인들이 발견해 정신병원에 수용되었다는 간략한 통지를 받았을 뿐이다. 그러나 가엾은 어머니의 운명을 받아들이는 것 외에 우리가 할 수 있는 일은 없었다. 그 뒤로 어머니는 두 번 다시 회복하지 못했다. 어머니는 몇 년 동안 케인힐 정신병원에 입원해 있다가 형과 내가 여유가 생겨서야 사설 병원으로 옮길 수 있었다.

인간의 운명은 정말 알다가도 모를 일이다. 어머니를 보면 운명의 장난이란 게 이런 게 아닐까 싶을 정도로 그 말이 실감난다. 어머니는 돌아가시기 전 7년 동안 꽃과 따스한 햇살에 둘러싸여 편안한 삶을 살았다. 특히 당신의 장성한 아들들이 꿈에도 생각지 못했던 엄청난 부와 명성을 쌓는 것을 지켜보는 가운데 돌아가셨다.

풋내기 배우의 연정

〈셜록 홈스〉의 순회공연 때문에 형과 내가 어머니를 다시 본 것은 한참 뒤였다. 그리고 이번 순회공연을 끝으로 극단과의 계약도 끝났다. 그런데 블랙번의 시어터로열의 소유주였던 해리 요크 씨가 프로만 극단으로부터 〈셜록 홈스〉의 공연권을 사들여 지방 소도시를 돌며 순회공연에 나설 계획을 세웠다. 형과 나는 이 새로운 극단에 들어갔다. 그러나 봉급은 주당 각각 35실링밖에 되지 않았다.

영국 북부의 작은 도시에서 그것도 수준 이하의 극단과 공연한다는 것에 다소 실망감이 들었다. 그럼에도 내 존재감은 이전 극단에 있을 때보다 더 두드러졌다. 장기간 순회공연을 다니면서 연기 노하우가 생겼기 때문이었다. 물론 아직 어렸기 때문에 다른 배우들 앞에 나서는 것은 자중했다. 그러나 대사 연습 중 새로 온 연출자가 스테이지디렉션[무대 지문(地文)이라고도 함—옮긴이], 큐 사인 그리고 무대 연기 등에 대해 물어오면 입이 근질거려 참을 수가 없었다. 결국 나는 프로만 극단에서 〈셜록 홈스〉를 무대에 올렸을 때 어떤 식으로 했는지 열심히 설명해주었다. 물론 그렇다고 해서 내가 특별히 배우들 사이에서 인기가 있거나 인정을 받은 것은 아니었다. 오히려 애늙은이 취급을 받았다. 뒤에 새로 온 무대 감독과는 사이가 좋지 않아 무대 의상 단추를 잃어버렸다고 벌금 10실링을 부과받기도 했다. 더구나 그는 이것을 두고두고 문제 삼았다.

〈셜록 홈스〉의 각색가이자 배우로 유명했던 윌리엄 질레트가 자신이 쓴 희곡 〈클라리사〉를 들고 마리 도로(1882~1956)라는 미국 여배우와 함께 런던에 왔다. 그러나 평단의 반응은 좋지 않았다. 특히 평단은 그의 억양과 말씨에 사사건건 시비를 걸었다. 그는 이런 평단의 반응에 조롱이라도 하듯 자기가 맡을 역에 대사한 줄 없는 〈곤경에 처한 셜록 홈스〉(1905)라는 단막극을 쓰기도 했다. 등장인물은 미친 여자, 홈스 그리고 그의 사환 단 세 명뿐이었다.

나는 얼마 안 있어 질레트의 매니저인 포스탄 씨로부터 전보 한 통을 받았다. 이 단막극에 윌리엄 질레트의 사환 빌리 역으로 출연해달라는 것이었다. 그리고 가능하면 서둘러 런던으로 와달라고 했다. 나는 그 전보를 받고 날아갈 듯이 기뻤다. 그러나 한편으론 걱정이었다. 왜냐하면 극단이 순회공연 중이었기 때문에 내가 갑작스럽게 런던으로 갈 경우 그 공백을 대신할 배역을 찾는 것이 쉽지 않았기 때문이다. 나는 며칠 동안 미안한 마음으로 전전긍긍하다 어쩔 수 없이 런던으로 떠났다. 다행히 그들은 대역을 구했다.

런던에 돌아와 웨스트엔드 극장에서 공연을 하게 되었을 때 나는 다시 태어난 기분이었다. 모든 일이 갑작스럽게 돌아가는 바람에 어안이 벙벙할 정도였다. 저녁에 듀크 오브 요크 극장에 가서 질레트 씨의 매니저이자 무대 감독이었던 포스탄 씨를 만났다. 포스탄 씨는 나를 질레트 씨의 분장실로 데리고 가서 소개시켰다. 내 소개가 끝나자 질레트 씨는 "〈곤경에 처한 셜록 홈스〉에서 나와 함께 연기할 수 있겠니?"라고 물어왔다. 나는 너무 감격스러워 얼른 대답했다. "그럼요, 질레트 씨!" 그리고 다음 날 아침, 무대에서 대사 연습을 기다리던 중에 마리 도로를 보았다. 마리 도로는 흰색의 우아해 보이는 드레스를 입고 있었다. 그렇게 아름다운 여성을 본 것은 난생처음이었다. 한 마디로 충격이었다. 마리 도로는 이륜마차를 타고 오는 중에 옷에 검은 얼룩이 묻은 것을 발견하고 소품 담당에게 얼룩을 지울 방법이 없는지 물어보고 있었다. 소품 담당이 모르겠다고 말하자 마리 도로는 화를 내며 언짢아했다.

"조금 도와주면 어때요!"

그러나 그렇게 화를 내면서도 그녀는 예쁜 척 아양을 떨었다.

그 순간 나는 마리 도로의 치명적인 미모에 오히려 화가 났다. 앙증맞은 입술, 하얗고 가지런한 이, 사랑스러운 턱, 검고 윤기 나는 머릿결과 암갈색의 눈이 거북스러웠다. 화를 내면서도 예쁜 척하는 것과 그녀가 발산하는 매력 모두에 화가 났다. 마리 도로와 소품 담당이 말을 주고받는 동안 나는 가까이에서 그녀를 홀린 듯 바라보고 있었지만, 그녀는 내게 눈길 한 번 주지 않았다. 나는 이제 열여섯 살이었다. 이성에 관심이 있는 나이였지만 마리 도로 같은 미모의 여성을 보는 순간 오히려 눈에 보이는 미모에만 홀려서는 안 된다는 생각에 정신이 번쩍 들었다. 여하튼 마리 도로는 정말 미인이었다. 마음으로는 안 된다 안 된다 하면서도 나는 그녀에게 홀딱 반하고 말았다.

〈곤경에 처한 셜록 홈스〉에서 미친 여자 역은 아이린 밴브르그가 맡았다. 연기력이 뛰어나다는 평을 받던 여배우였다. 이 연극의 특징은 주인공 셜록 홈스가 대사를 한 줄도 하지 않는다는 것이었다. 홈스는 미친 여자가 하는 이야기를 가만히 앉아서 듣기만 했다. 이런 인물 설정은 질레트가 〈클라리사〉에 대해 혹평을 한 평단을 조롱하기 위한 방편이었다. 첫 대사는 내 몫이었다. 한 미친 여자가 셜록 홈스의 아파트에 찾아와 문을 박차고 들어오려고 한다. 나는 그녀를 막고 서서 홈스에게 무슨 일이 일어났는지 설명한다. 기어코 미친 여자가 문을 밀치고 들어온다. 미친 여자는 자신이 당한 사건을 이야기하면서 홈스에게 해결을 부탁한다. 그렇게 그 여자는 20분 동안 혼자서 종잡을 수 없는 말로 자신이 당한 이야기를 떠들어댄다. 그사이에 홈스는 미친 여자가 눈치 채지 못하도록 메모를 작성한 다음 벨을 눌러 그것을 나에게 건넨다. 잠시 뒤에 건장한 남자 두 명이 들어와 미친 여자를 끌어낸다. 방 안에 홈스와 나만 남는다. 나는 이렇게 말한다.

"주인님 말씀이 맞습니다. 정신병원에나 보내야 해요."

평단은 이런 조롱 섞인 〈곤경에 처한 셜록 홈스〉에 대해 찬사를 보냈지만, 질레트가 마리 도로를 위해 쓴 희곡 〈클라리사〉는 흥행에 참패하고 말았다. 비록 평단이 마리 도로의 미모를 극찬했지만, 미모만으로 감성적인 연기를 소화하기에는 한계가 있다는 것이 대체적인 평가였다. 결국 질레트는 〈클라리사〉의 공연을 무대에서 내리고 듀크 오브 요크 극장에 다시 〈셜록 홈스〉를 올렸다. 물론 나는 빌리 역으로 질레트와 함께 무대에 섰다.

나는 윌리엄 질레트 같은 유명 배우와 함께 연기를 한다는 사실에 너무 들뜬 나머지 계약 조건을 협의하는 것도 깜박했다. 그러나 〈셜록 홈스〉를 무대에 올리고 일주일이 지나서 포스탄 씨가 내 봉급이 들어 있는 봉투를 직접 들고 찾아와 먼저 미안하다는 말을 건넸다. 포스탄 씨는 봉투를 건네며 "이것밖에 줄 수 없어 정말 미안하네. 프로만 극단 사무실에 물어봤는데 이 정도면 될 거라고 해서. 2파운드 10실링이네"라고 말했다. 나는 뜻밖의 높은 봉급을 받고 적잖이 놀랐다.

〈셜록 홈스〉의 대사 연습을 하면서 나는 마리 도로를 다시 만났다. 이전보다 더 예뻐진 것 같았다. 겉으로 드러나는 미모에 홀려서는 절대 안 된다고 다짐을 하고 있었음에도 나는 점점 더 가망 없는 짝사랑의 나락으로 빠져들고 있었다. 이런 내 자신의 나약함이 싫었고, 내 불쌍한 처지에 화가 났다. 나는 마음속으로 갈팡질팡하고 있었다. 나는 마리 도로를 싫어하면서도 한편으로는 사랑했던 것이다.

마리 도로는 〈셜록 홈스〉에서 앨리스 폴크너 역을 맡았다. 그러나 같은 무대에 서면서도 우리는 한 번도 제대로 마주친 적이 없었다. 그래서 나는 계단에 서서 그녀가 지나가는 순간을 기다렸다가 "안녕하세요"라고 인사를 건네보기도 했다. 그러면 마리 도로도 가볍게 "안녕하세요"라고 화답했다. 그러나 그것뿐이었다. 나는 마리 도로에게 말 한 마디 제대로 건네지 못했다.

〈셜록 홈스〉는 바로 큰 흥행을 거뒀다. 한 번은 로열 공연도 있었다. 여왕 알렉산드라가 국왕 그리스와 왕자 크리스천과 함께 로열박스에서 연극을 관람했다. 아마 왕자 크리스천이 국왕 그리스에게 연극에 대해 설명하고 있었던 것 같다. 장면은 홈스와 내가 단둘이 무대에 오르고 침묵과 긴장감이 최고조에 이른 순간이었다. 갑자기 침묵을 깨는 큰 목소리가 극장 안에 울려 퍼졌다.

"그만해! 그만!"

듀크 오브 요크 극장에서 일하는 디온 부시코(1859~1929, 아일랜드 출신의 연극배우이자 무대감독—옮긴이)는 내가 옆을 지나갈 때마다 머리를 쓰다듬으면서 호감을 보여줬다. 홀 케인(1853~1931, 영국의 소설가이자 극작가—옮긴이)처럼 그도 자주 질레트를 보기 위해 무대에 올라왔다. 한 번은 호라티오 허버트 키치너(1850~1916, 아일랜드 출신의 영국 군인으로 보어 전쟁당시 총사령관을 역임했다—옮긴이) 경이 내게 미소를 보낸 적도 있었다.

〈셜록 홈스〉의 공연 기간 중에 헨리 어빙 경(1838~1905, 영국의 연극배우—옮긴이)이 사망했다. 나는 웨스트민스터 사원에서 거행된 그의 장례식에 참석했다. 나는 웨스트엔드 무대에 서는 배우로서 그의 장례식에 초대받은 것에 상당한 자부심을 느꼈다. 장례식장에서 나는 당대 런던의 마티네(프랑스어로 '오전'이란 뜻으로 오전 혹은 낮에 이루어지는 공연을 말함. 보통 흥행 공연을 낮에 올리기 때문에 마티네라 부른다—옮긴이) 배우로서 로맨틱한 연기로 인기를 끌었던 루이스 월러와 맡은 역할 때문에 '냉혈한 외과의사'라는 별명을 가진 월포드 보디 '박사' 옆에 앉았다.

월러는 근엄한 표정으로 앉아 있었고, 보디 박사는 소문대로 매우 차갑고 무뚝뚝했다. 뒤에 나는 이런 보디 박사를 풍자하는 연기를 무대에 선보인 적이 있었다. 월러는 처음부터 끝까지 자리를 지키며 한눈 한 번 팔지 않고 장례식을 지켜봤다. 그런데 보디 박사는 어빙 경의 장례식이 어떻게 치러지는지 궁금했는지 남의 무덤을 밟고 올라가는 등 정숙치 못한 행동을 했다. 월러는 보디 박사의 이런 경솔한 행동을 경멸하는 것 같았다. 결국 나는 장례식 보는 것을 포기하고 그냥 자리에 앉아 앞사람의 등만 쳐다봤다.

〈셜록 홈스〉가 무대에서 막을 내리기 2주 전에 부시코 주니어

(1859~1929, 극작가 디온 부시코의 맏아들로 연극배우이자 무대감독-옮긴이) 씨가 켄달 부부에게 나에 대한 소개장을 써줬다. W. H. 켄달 부부가 새로 무대에 올릴 연극에 나를 배역으로 써줄 것을 부탁하는 소개장이었다. 두 부부는 세인트 제임스 극장에서 올린 연극을 성공리에 마치고 다른 연극을 준비하고 있었다. 나는 다음 날 오전 10시에 세인트 제임스 극장 로비에서 켄달 부인을 만나기로 약속을 잡았다. 켄달 부인은 약속 시간보다 20분 늦게 나타났다. 로비 너머로 희미한 그림자가 비치는 게 보였다. 안면은 없었지만 켄달 부인이라는 확신이 들었다. 그녀는 풍만한 몸매에 약간 거만해 보였다.

"오. 네가 그 애로구나! 새로 올릴 연극으로 지방 순회공연에 나설 예정이야. 그리고 네가 맡을 배역의 대사를 한번 들어보고 싶구나. 그런데 오늘은 조금 바빠서 내일 듣고 싶은데. 내일 이 시간에 여기로 다시 올 수 있겠니?"

나는 냉정하게 대답했다.

"부인, 죄송합니다. 지방 순회공연은 갈 수 없습니다."

나는 벗어놨던 모자를 들고 로비를 걸어 나왔다. 그 뒤로 나는 열 달 동안 배역을 얻지 못해 실업자 신세로 지냈다.

그날 밤, 〈셜록 홈스〉는 듀크 오브 요크 극장에서의 공연을 끝으로 막을 내렸다. 마리 도로도 미국으로 돌아갔다. 그날 나는 조용히 혼자 빠져나와 밤새 취하도록 술을 마셨다. 그로부터 2년인가 3년 뒤에 필라델피아에 갔을 때, 나는 다시 그녀를 볼 수 있었다. 그때 나는 카노 코미디 극단과 함께 순회공연을 하고 있었는데 그녀는 새로 개관하는 극장의 기념식 행사에 축사를 하기 위해 참석했다. 마리 도로는 여전히 예뻤다. 나는 마리 도로가 축사를 하는 동안 코미디 분장을 한 채 무대 옆에 서서 그녀를 지켜봤다. 사실 너무 부끄러워 그녀 앞에 나설 수가 없었다.

〈셜록 홈스〉의 런던 공연이 끝나는 것과 동시에 같은 타이틀로 지방 소도시를 돌며 순회공연을 나섰던 요크 씨의 극단도 막을 내렸다. 시드니와 나는 동시에 실업자가 된 것이었다. 그러나 형은 바로 다른 일자리를 찾아다녔다. 형은 극단 신문이었던 〈시대〉지에 실린 배우 모집 광고를 보고 찰리 마논 극단에 입단했다. 찰리 마논 극단은 전용 극장을 갖고 있지 않은 떠돌이 유랑 극단이었다. 당시에는 이처럼 여기저기 뮤직홀을 떠돌던 극단들이 많았다. 예를 들어, 찰리 볼드윈의 뱅크 클럭스 극단, 조 보게니의 루너틱 베이커스 극단 그리고 보이세트 극단 등. 이들 극단 멤버들은 모두 팬터마임 배우들로 이뤄져 있었다. 그들은 주로 익살극을 연기하기는 했지만 아름다운 발레풍 음악에 맞춰 연기를 했기 때문에 관객들로부터 대단한 인기를 끌고 있었다.

그중 가장 유명했던 극단이 카노 극단으로 그들은 정말 무궁무진한 코미디 레퍼토리를 갖고 있었다. 각각의 레퍼토리는 '버즈(Birds)'라 불렸다. 제일 버즈(Jail Birds, 전과자들), 얼리 버즈(Early Birds, 일찍 일어나는 사람들), 머밍 버즈(Mumming Birds, 중얼거리는 새들) 등등. 이 세 가지 촌극을 토대로 카노 극단은 30개가 넘는 극단을 소유한 기업 극단으로 발전했다. 그리고 크리스마스 팬터마임과 정교한 뮤지컬 코미디를 무대에 올렸다. 특히 카노 극단은 프레트 키친, 조지 그레이브스, 해리 웰던, 빌리 리브스, 찰리 벨 등 당대 유명 배우들을 많이 키워낸 곳이었다.

형 시드니가 찰리 마논 극단에서 연기하는 것을 본 적이 있는 프레드 카노는 형을 주당 4파운드에 데려갔다. 형보다 네 살이나 어렸던 나는 어떤 극단에서도 관심을 보이지 않았다. 사실 내 나이에 적합한 배역을 찾는 것도 쉽지 않았다. 그러나 〈셜록 홈스〉에 출연하면서 저금해놓은 돈이 약간 있었다. 그래서 형이 지방 순회공연에 나가 있는 동안 나는 런던에 머물면서 당구장 같은 곳을 어슬렁거렸다.

6
나의 사춘기 시절

나는 무대에서 춤을 추고 있는 한 아가씨와 눈이 마주쳤다. 그녀는 내가 관객들과 마찬가지로 웃고 있는지 보기 위해 고개를 돌려 나를 쳐다보는 참이었다. 그런데 그 찰나와도 같은 순간에 나는 그녀의 반짝이는 커다란 갈색 눈에 빠져들고 말았다. 그녀는 달걀 모양의 갸름한 얼굴에 감미롭고 매혹적인 입술을 하고 있었다. 그리고 무엇보다 이가 가지런하니 예뻤다. 나는 전기에 감전된 것처럼 온몸에 전율을 느꼈다.

방황하는 청춘

 나도 이제 질풍노도의 시기라고 불리는 사춘기에 접어들었다. 주체할 수 없는 십대의 감정이 물밀듯이 밀려왔다. 다소 무모해 보이는 행동을 하거나 감상적이 되기 일쑤였고, 망상에 사로잡혔다가 갑자기 침울해지기도 했다. 삶에 분노를 느끼다가도 그것이 사랑스러웠고, 정신연령은 낮은데 갑자기 어른이 된 것처럼 행동하고 싶은 충동도 들었다. 이런 왜곡된 거울의 미로를 헤매면서 나는 내 야망을 불태웠다. '예술'이라는 거창한 단어는 안중에 없었다. 시쳇말로 '내 사전에는' 없었다. 극장 무대는 단지 내 생활과 생계의 터전일 뿐 아무것도 아니었다.

 이런 안개 낀 듯 한 치 앞을 알 수 없는 혼란스런 시기를 나는 혼자 지냈다. 매춘부와 이따금씩 퍼마시는 술이 이 시기 내 인생의 전부였다. 그러나 술도 여자도 노래도 내 관심을 오래 잡아두지는 못했다. 내가 진정으로 원하는 것은 사랑과 모험이었다.

 나는 에드워드 시대 풍으로 차려입은 테디보이들(1850~1860년대에 에드워드 7세 시대의 화려한 복장을 즐겨 입었던 영국의 불량소년들—옮긴이)을 바라보는 사회적 시선에 대해 잘 알고 있다. 보통 사람들과 마찬가지로 그들도 다른 사람의 이목을 끌고 싶어 했고 로맨스와 드라마를 꿈꿨다. 그들은 왜 자기과시 욕구에 탐닉하면 안 되는가? 왜 시끌벅적하게 야단법석을 떨면 안 되는가? 명문가 자제들이 다니는 사립학교 학생들이 거드름 피우면서 짓궂은 장난을 하는 것과 뭐가 다르단 말인가? 그들이 부유한 계급을 허풍쟁이라고 비난하면서도 자신들도 실은 그렇게 되고 싶은 것은 자연스러운 욕망이 아닌가?

그들은 기계가 어떤 계급의 의지에나 순순히 복종하는 것처럼 그것이 자신들의 의지에도 복종한다는 것을 안다. 그들은 기계의 기어를 바꾸거나 버튼을 누르는 데 특별한 지식이 필요치 않다는 것도 안다. 이런 잔인한 시대에 그들은 어떤 란셀럿(아서 왕 전설의 원탁의 기사 중 가장 용맹한 기사—옮긴이), 귀족 또는 학자만큼 무시무시한 존재가 될 수도 있지 않을까? 그들의 손가락 하나가 유럽 대도시를 파괴한 나폴레옹의 군대만큼 강력할 수도 있지 않을까? 테디보이들은 부패한 지배 계급의 잿더미 속에서 되살아난 불사조는 아닐까? 그들의 태도는 어떤 잠재의식의 발로가 아닐까? 즉 인간은 반쯤 길들여진 동물로 여러 세대에 걸쳐 기만, 잔혹 그리고 폭력을 동원해 다른 동물들을 지배해왔다. 그들이 기만, 잔혹, 폭력을 행사하는 것은 그런 인간 잠재의식의 발로일 수 있다. 버나드 쇼도 이렇게 쓴 적이 있다.

'불만으로 가득한 인간이 그러듯이 나도 매번 옆길로 샜다.'

나는 마침내 보드빌 촌극(풍자극)을 주로 무대에 올렸던 케이시 코트 서커스단에 일자리를 얻었다. 무대에서 나는 유명한 노상강

냉혈한 외과의사라는 별명으로 유명한
월포드 보디 박사로 분장했을 때의 모습

도 딕 터핀 그리고 냉혈한 외과의사 월포드 보디 박사를 익살스럽게 흉내 내는 연기를 했다. 보디 박사를 희화한 연기는 그런대로 좋은 반응을 얻었다. 그렇게 저속한 코미디는 아니었기 때문이다. 보디 박사는 전문 직종에 종사하는 학자를 성격화한 것이었는데, 나는 진짜 월포드 보디 박사처럼 보이도록 분장하고 무대에 올랐다. 나는 케이시코트 서커스단의 인기 배우가 되었고 주당 3파운드를 받았다.

이 극단의 특징은 여느 극단과 달리 막간을 이용해 아이들이 무대에 올라 어른 흉내를 낸다는 데 있었다. 나는 그들의 어른 흉내가 보기 좋은 것은 아니라고 생각했지만, 그들의 연기에서 내가 희극배우로 발전할 수 있는 기회를 포착했다.

케이시코트 서커스단이 런던에서 공연할 때 나를 포함해 단원 가운데 여섯 명이 캐닝턴 가에 있는 필스 여사의 집에 묵은 적이 있었다. 필스 여사는 예순다섯 먹은 늙은 과부였는데 프레드리카, 텔마 그리고 피비라는 이름의 세 딸이 있었다. 큰딸 프레드리카는 러시아 출신의 가구상과 결혼했다. 프레드리카의 남편은 성품은 온순했지만 잘생긴 얼굴은 아니었다. 얼굴이 넓적한 것이 타타르인처럼 생겼고, 금발머리에 금발 수염을 하고 있었으며, 눈은 사팔이었다. 우리 여섯 명은 부엌에서 식사를 하면서 필스 여사 가족과 친하게 지냈다. 형 시드니도 런던에 머물면서 공연을 할 때는 우리와 함께 지냈다.

케이시코트 서커스단을 그만두었을 때 나는 마땅히 갈 곳이 없었기 때문에 계속 필스 여사네 집에서 묵었다. 필스 여사는 친절하고 인내심이 강했으며 무엇보다 부지런했다. 물론 수입은 방을 세주고 받는 방세가 전부였다. 결혼한 큰딸 프레드리카는 남편이 먹여 살렸다. 둘째 텔마와 막내딸 피비는 집안일을 도왔다. 막내딸 피비는 열다섯 살에 미인이었다. 몸은 가냘팠고 코는 뭉툭하니 매부리코였다. 나는 육체적으로나 감정적으로 그녀에게 끌렸다. 그러나 나는 아직 열여섯 살이었다. 사춘기 시절이라 소녀들에게 엉큼한 생각을 자주 품기는 했지만, 그래서 오히려 그녀에게 감정적으로 끌리지 않도록 조심했다. 여하튼 피비는 정말 순수하고 착했다. 그리고 필스 여사네 집에 묵는 동안 우리 사이에는 아무 일도 일어나지 않았다.

필스 가족은 이성보다 감정이 앞서는 집안이었기 때문에 가끔 격한 싸움을 벌였다. 싸움을 벌이는 이유는 주로 가사 분담 때문이었다. 스무 살 먹은 둘째 텔마는 항상 집안 어른 행세를 했다. 천성이 게을렀던 그녀는 자신이 해야 할 일을 언니 프레드리카나 동생 피비에게 자주 떠넘겼다. 그래서 사소한 감정이 말다툼으로 발전해 평소의 불만이나 입 밖에 내기 힘든 가족 내력까지 들춰가면서 고래고래 싸우기 일쑤였다.

필스 여사는 종종 텔마가 철부지 시절에 집을 나가 철없는 리버풀 변호사와 동거했던 일을 까발리면서 마치 자신이 요조숙녀라도 되는 것처럼 고상한 척은 다하면서 집안일은 하나도 하지 않는다고 쏘아붙였다. 그러면 싸움은 절정에 이른다.

"그래. 네가 그렇게 요조숙녀라면 당장 나가서 그 애송이 리버풀 변호사 녀석이랑 같이 살아. 하기는 그 녀석이 너 같은 애를 다시 받아주기야 하겠냐."

그리고 마지막으로 필스 여사는 찻잔을 들어 바닥에 내동댕이친다. 그러면 이제 요조숙녀처럼 침착하게 테이블에 앉아 있던 텔마가 반격에 나선다. 이번에는 텔마가 찻잔을 들어 똑같이 바닥에 떨어뜨린다. 그러나 필스 여사가 했던 것과 달리 그녀는 어머니를 놀리기라도 하듯이 점잖게 떨어뜨린다. 그리고 "저도 화낼 줄 알아요"라고 말하면서 컵을 하나씩 들어 차례대로 바닥에 떨어뜨린다. 바닥은 이내 깨진 컵의 파편들로 발 디딜 틈이 없어진다. "어때요? 저도 할 수 있죠." 텔마가 던지는 마지막 말이다.

그러면 가엾은 필스 부인과 나머지 두 딸은 어이없는 표정으로 서로를 쳐다봤다. 필스 부인은 "이년을 봐! 이년이 하는 짓 좀 봐!"라며 부글부글 끓어오르는 화를 어찌할 줄 몰랐다. "응, 그래. 그럼 이것도 깨보시지"라며 필스 부인은 텔마에게 설탕 그릇을 건넸다. 그러면 텔마는 그것을 받아들어 별것 아니라는 듯이 침착하게 떨어뜨렸다.

이런 경우에 셋째인 피비가 항상 중재자로 나섰다. 나이는 어렸지만 피비는 공명정대했고 가족의 신임을 받았다. 결국 피비는 집안일을 자신이 하겠다고 나서면서 가족 간의 싸움을 무마시켰다. 그러나 둘째 텔마는 이것조차 곱지 않은 시선으로 바라봤다.

나는 케이시코트 서커스단을 그만둔 뒤로 석 달가량 일자리를 얻지 못했다. 그사이에 형 시드니가 나를 먹여살렸다. 필스 부인에게 줘야 하는 주당 14실링의 숙식비도 형이 대신 지불했다. 형은 카노 극단에서 주연급 대우를 받았다. 그래서 시간이 날 때마다 형은 동생인 나의 재능에 대해 이야기했다. 그러나 카노 씨는 귀담아듣지 않았다. 그는 내가 너무 어리다고 생각했기 때문이다.

당시 런던에서는 유대인 희극배우들이 선풍적인 인기를 끌었다. 그래서 나는 수염을 기르면 어린 티를 조금이라도 감출 수 있지 않을까 생각했다. 나는 형에게 2파운드를 빌려 미국에서 출간된 유머책 《매디슨 버짓 Madison's Budget》을 구입했다. 그리고는 그 속에 나오는 우화나 재미있는 이야기를 발췌해 익살스럽게 꾸며보기도 하고, 당시 유행하던 유행가를 유머러스하게 바꿔 불러보는 등 나름대로 노력했다. 나는 몇 주 동안 혼자 연기 연습을 하면서 필스 가족 앞에서 직접 선을 보이기도 했다. 필스 가족은 내 연기에 관심을 갖고 격려를 해주었지만 그뿐이었다. 그다지 재미있어 하는 것 같지는 않았다.

최악의 무대

얼마 지나지 않아 나는 포레스터스 뮤직홀에서 무급으로 무대에 설 수 있는 기회를 얻었다. 내 무대 연기와 관객 반응을 보고 정식 계약을 맺겠다는 조건이었다. 포레스터스 뮤직홀은 유대인 밀집 지역인 마일엔드 가에서 약간 외곽으로 벗어난 곳에 위치한 작은 극장이었다. 내가 케이시코트 서커스단에 있을 때 이곳에서 공연을 한 적도 있었다.

포레스터스 뮤직홀의 관리자는 내게 배우로서 가능성이 있다고 생각하고 기꺼이 무대에 설 수 있는 기회를 줬다. 유명 배우로서 내 미래의 꿈과 희망이 이번 시범 무대에 달려 있었다. 포레스터스 뮤직홀에서 성공적으로 데뷔한다면 영국의 주요 뮤직홀에 서는 것은 시간 문제였다. 누가 알겠는가? 일 년 안에 내가 영국 최고의 춤과 노래를 겸비한 보드빌 희극배우 중 한 사람이 될지. 시범 무대에 오르기 전에 나는 필스 가족에게 내가 극단 사람들과 친해지면 주말에 공연을 보러 올 수 있게 입장권을 주겠다고 약속했다.

피비가 물었다.

"이번 무대에서 성공하면 저희랑 같이 살지 않으시겠죠?"

"무슨 말을. 앞으로도 계속 같이 살 거야."

나는 부드러운 미소를 띠며 대답했다.

월요일 12시에 포레스터스 뮤직홀 악단의 연주와 큐 사인 등을 맞춰보는 리허설이 있었다. 나는 한 치의 실수 없이 리허설을 끝냈다. 그러나 분장이 문제였다. 연기에만 신경을 쓰다 보니 분장을 어떻게 할지 미처 정하지 못했다. 문제는 내 어린 티를 감추는 것이었다. 저녁에 본 무대에 오르기 전에 분장실에 가서 고민을 거듭했지만 가발을 쓰고 가짜 수염을 붙여도 어린 티가 그대로 드러났다. 그리고 의도한 것은 아니었지만, 희극적이라고 생각한 요소가 너무 반(反) 셈족적이었고, 농담이나 유머도 새로운 맛이 없이 모두 진부했다. 게다가 나는 웃기게 생긴 얼굴도 아니었다. 더구나 내 유대인 억양도 전혀 희극적이지 않았다.

저녁이 되어 떨리는 마음으로 무대에 올랐다. 관객들을 웃기기 위해 한두 마디 농담을 건넸다. 그러나 관객의 반응은 냉담했다. 어찌할 도리가 없었다. 순식간에 관객들이 동전과 오렌지 껍질을 던지고 발을 구르며 야유를 보내기 시작했다. 처음에 나는 무슨 일이 벌어지고 있는지 어안이 벙벙했지만 이내 두려움이 엄습했다. 갑자기 마음이 급해지자 말이 빨라지기 시작했다. 연기고 농담이고 아무 생각도 없었다. 야유와 조롱은 더욱 거세졌고, 동전과 오렌지 껍질도 계속 날아왔다. 처음에는 눈앞이 캄캄하더니 이내 하얗게 변했다.

나는 무대에서 내려오자마자 극단 관리자의 의견을 들을 새도 없이 분장실로 가서 분장을 지우고 그대로 극장을 빠져나왔다. 물론 그 뒤로 두 번 다시 포레스터스 뮤직홀에는 가지 않았다. 뮤직홀에 두고 온 악보집도 있었지만, 창피하고 면목이 없어 찾으러 갈 용기가 나지 않았다.

나는 밤늦게 캐닝턴 가에 있는 필스 부인의 집에 돌아왔다. 필스 가족은 잠자리에 들었는지 조용했다. 다행이었다. 다음 날 아침식사를 하는 중에 필스 부인이 어제 무대 반응이 어땠는지 물어봤다. 나는 마치 아무 일도 없었던 것처럼 허풍 섞인 목소리로 이렇게 말했다.

"그런대로 괜찮았어요. 뭐 좀 고칠 데가 몇 군데 있기는 해요."

그런데 필스 부인은 어제저녁에 피비가 내 공연을 보러 극장에 갔었는데 다녀와서는 피곤하다며 바로 방에 들어가는 바람에 아무 얘기도 못 들었다고 말했다. 잠시 뒤에 피비와 마주쳤지만, 피비는 공연에 대해 아무 말도 하지 않았다. 나도 그것에 대해 말을 꺼내지 않았다. 필스 부인도 다른 가족도 공연에 대해서는 일체 언급하지 않았다. 그리고 내가 계속 극장에 나가지 않는 것에 대해서도 전혀 놀라지 않았다.

다행히 시드니가 지방 순회공연을 나가 있었기 때문에 그날 있었던 일을 형에게 말해야 하는 난처한 상황은 피할 수 있었다. 그리고 다행히 순회공연을 마치고 런던으로 돌아온 형은 그것에 대해 묻지 않았다. 내가 극장에 나가지 않았기 때문에 이미 짐작했을 수도 있지만 필스 부인이 따로 얘기해주었을 수도 있다. 나는 그날 저녁 있었던 일을 최대한 빨리 잊어버리려고 노력했지만 자신감에 큰 상처를 입었다.

그래도 그날 실패로 배운 것이 있다면 내 자신을 좀 더 냉정하게 평가할 수 있어야 한다는 것이었다. 나는 춤과 노래를 겸한 보드빌 희극배우로서는 재능이 없었다. 특히 관객의 이목을 끌 수 있는 친숙함이나 희극적 매력이 없었다. 대신 나는 성격배우가 내게 적임이라고 생각하며 위안을 삼았다. 그렇지만 내가 전문 희극배우로 자리매김하기까지 그 뒤로 한두 번의 시련이 더 남아 있었다.

열일곱 살 때 나는 〈즐거운 소령〉이라는 토막극에 소령 역으로 출연한 적이 있었다. 주연배우였다. 그러나 이것도 일주일을 가지 못했다. 소령 역을 맡기에는 아직 어리다는 이유였다. 소령의 아내 역할을 맡은 주연 여배우가 오십대였는데 술을 얼마나 좋아했는지 무대에 오르기 전에 이미 술에 취해 있었다. 그래서 항상 술 냄새를 풍기면서 비틀거리며 무대에 올랐다. 내가 맡은 소령 역은 애처가였는데, 극중에 부인을 끌어안고 키스하는 장면이 있었다. 그러나 그녀가 풍기는 술 냄새가 참기 힘들었던 나는 도저히 그 연기를 할 수 없었다.

그 뒤에 나는 직접 작품을 써보기도 했다. 나는 약속 불이행 사건을 심리하는 배심원을 익살스럽게 다룬 〈열두 명의 배심원 *Twelve Just Men*〉이라는 촌극을 썼다. 배심원 가운데 한 사람은 벙어리에 귀머거리고, 다른 한 사람은 주정뱅이 그리고 또 다른 한 사람은 돌팔이 의사였다. 나는 이 촌극을 차코트라 불리는 최면술사 보드빌 배우에게 팔았다. 차코트는 자신의 무대 상대역에게 최면을 걸어 눈가리개를 한 다음 시내에서 사륜마차를 몰게 하고 자신은 마차 뒤에 앉아 전파 같은 것을 내보내 그를 조종했다. 조금 괴짜 같은 인물이었다. 여하튼 그는 내가 쓴 촌극 대본을 3파운드에 샀다. 대신 연출은 내가 맡는다는 조건이었다. 먼저 출연 배우를 섭외하고 나서 캐닝턴 가에 있는 선술집 호른스의 회원 전용 룸에서 연습했다. 그런데 한 나이 지긋한 배우가 무엇에 불만을 품었는지 대사가 재미없다느니 시시하다느니 계속 푸념을 늘어놓았다.

 본격적인 연습에 들어간 지 사흘째 되는 날 나는 연습 중간에 차코트가 보낸 쪽지를 받았다. 내 촌극을 무대에 올리지 않겠다는 내용이었다. 적절한 판단은 아니었지만, 나는 그것을 호주머니에 넣고 한 마디 언급 없이 계속 연습했다. 사실 섭외한 배우들에게 그것을 말할 용기가 없었다. 대신 나는 점심시간을 이용해 그들을 내가 묵고 있는 필스 부인 집으로 데려갔다. 그들은 내 행동을 의아하게 생각했지만, 나는 형 시드니가 그들에게 하고 싶은 말이 있다며 핑계를 댔다. 그런 다음 형을 침실로 데리고 가서 쪽지를 보여줬다. 그것을 읽고 나서 형이 내게 물었다.

"저들에게 아직 말하지 않았니?"

"응, 아직."

나는 나직하게 대답했다.

"그럼 어서 말해."

"어떻게. 나는 못하겠어. 아무 보수 없이 사흘이나 연습을 시켰는데."

"하지만 네 탓이 아니잖니."

형이 말했다. 그러나 내가 머뭇거리는 것을 보자 화가 났는지 크게 소리쳤다.

"얼른 가서 말해."

나는 낙담해서 울기 시작했다.

"뭐라고 말해?"

"바보 같아 가지고."

형은 바로 일어나 배우들이 있는 옆방으로 가서 차코트의 쪽지를 보여주고 전후 사정을 설명했다. 그런 다음 모두를 데리고 근처 선술집에 데려가 술과 샌드위치를 사주며 위로했다.

배우처럼 그 속을 알 수 없는 종족이 또 있을까. 연습 내내 대사가 시시하다며 푸념을 늘어놓았던 나이 많은 배우가 나를 두둔하고 나섰다. 내가 그 쪽지를 받고 크게 낙담했다고 형이 말하자 그는 막 웃기 시작했다. 그리고 내 등을 다독이며 이렇게 말했다.

"그건 네 잘못이 아니야. 나쁜 것은 불한당 같은 차코트 그 자식이지. 걱정할 것 없어."

카노 극단에서 맛본 짜릿한 성공

포레스터스 뮤직홀에서 실패를 경험한 뒤로 하는 일마다 제대로 되는 것이 없었다. 그렇지만 역시 믿을 것은 젊음이었다. 나는 젊다는 생각으로 이 어려운 시기를 견뎌냈다. 젊음이란 어떤 역경도 감내할 수 있는 원동력이다. 좋은 일이 있으면 나쁜 일이 있고, 나쁜 일이 있으면 좋은 일이 있는 것이 인생 아닌가.

내 운도 서서히 바뀌기 시작했다. 어느 날 형 시드니가 카노 극단의 카노 씨가 나를 보고 싶어 한다고 말했다. 당시 카노 씨는 〈축구시합〉에서 해리 웰던 씨의 상대역으로 출연한 배우에게 크게 실망해 다른 배우를 찾고 있는 중이었다. 〈축구시합〉은 카노 극단이 무대에 올린 토막극 가운데 큰 흥행을 거둔 작품 가운데 하나였다. 웰던 씨는 1930년대에 사망할 때까지 대중적으로 인기를 누린 카노 극단 소속의 희극배우였다.

카노 씨는 땅딸막한 키에 피부가 가무잡잡했다. 특히 눈매가 매섭고 날카로웠는데 상대를 꿰뚫어보는 것 같았다. 카노 씨는 봉곡예를 하는 곡예사로 배우 인생을 시작했다. 그러다가 떠돌이 희극배우 세 명과 합심해 같이 무대에 서기 시작했고, 이 네 사람이 그의 희극적인 팬터마임 토막극의 핵심 멤버를 이뤘다. 카노 씨는 뛰어난 희극배우이기도 했지만, 자신이 직접 희극적인 배역의 연출을 맡기도 했다. 그리고 그는 자기 이름을 내건 극단을 다섯 개나 소유하고 있었음에도 은퇴할 때까지 계속 배우로서 무대에 올랐다.

카노 극단의 창단 멤버 중 한 사람이 카노 씨가 은퇴하게 된 배경에 대해 흥미로운 이야기를 들려주었다. 맨체스터에서 공연이 있었던 어느 날 밤, 공연이 끝나고 무대를 내려온 배우들이 카노 씨에게 불평을 늘어놓기 시작했다. 카노 씨가 타이밍을 맞추지 못해 관객들이 웃어야 할 순간에 전혀 웃지 않았다는 것이다. 자신의 다섯 개 극단에서 무대에 올리는 연극으로 5만 파운드의 수익을 올리던 카노 씨가 이렇게 말했다.

"그래, 당신들이 나에 대해 그렇게 생각한다면, 내가 그만두지." 그러고는 가발을 벗어 화장대에 내던지며 씩 웃었다.

"이게 내 사표니까 받아줘."

카노 씨의 집은 캠버웰 콜드하버 레인에 있었다. 집 바로 옆에는 자신이 소유한 다섯 극단에서 무대에 올리는 총 스무 작품에 사용할 무대장치와 소품을 보관하는 창고가 있었다. 자신의 집무실도 그 창고 안에 있었다. 내가 도착하자 카노 씨는 친절하게 맞

런던 인근의 뮤직홀로 공연을 떠나는 카노 씨의 다섯 극단

아주었다. 카노 씨가 말했다.

"자네에 대해서는 시드니에게 귀가 닳도록 들었네. 〈축구시합〉에서 해리 웰던의 상대역을 해볼 생각이 있나?"

당시 해리 웰던 씨는 주당 34파운드라는 고액의 특별대우를 받으며 〈축구시합〉에 출연하고 있었다.

"기회만 주십시오. 열심히 해보겠습니다."

나는 자신 있게 말했다. 그는 미소를 지었다.

"열일곱 살이라고 들었는데. 음, 생각보다 더 어려 보이네."

나는 그냥 어깨를 으쓱하며 이렇게 말했다.

"그런 건 분장을 하면 되죠."

카노 씨가 재미있다는 듯 크게 웃었다. 나중에 형한테 들은 이야기지만, 내가 카노 씨의 환심을 살 수 있었던 것은 어깨를 으쓱하며 했던 대답이 재미있어서였다는 것이다.

카노 씨가 말했다.

"좋아. 자네를 한번 지켜보도록 하겠네."

나는 주당 3파운드에 2주 동안 시범적으로 무대에 오르기로 했다. 그래서 관객들의 반응이 좋으면 1년간 정식 계약을 체결하기로 했다.

나는 런던의 콜리시엄 극장에 올릴 〈축구시합〉에 출연할 예정이었다. 그래서 내가 맡을 배역을 연습할 시간은 일주일밖에 되지 않았다. 카노 씨는 당시 〈축구시합〉을 공연하고 있던 셰퍼드의 부시 엠파이어 극장에 가보라고 지시했다. 그곳에 가서 내가 맡을 배역을 다른 연기자가 어떻게 연기하고 있는지 보고 오라는 것이었다. 나는 보고 와서 카노 씨에게 솔직한 내 느낌을 말했다. 사실 그 배우는 조금 따분했고 수줍음이 있는지 적극적이지 못했다. 그를 무시한 것은 아니었지만, 나는 그보다 그 배역을 더 잘 연기할 수 있을 것 같았다. 익살과 해학이 필요한 배역이었다. 그래서 나는 익살을 섞어서 그 배역을 연기할 작정이었다.

나는 두 번밖에 연습하지 못한 상태에서 무대에 올랐다. 웰던 씨가 연습에 나올 시간적 여유가 없었기 때문이다. 사실 웰던 씨는 두 번 연습하는 것도 많다며 화를 냈다. 골프 시합에 참가하기로 되어 있었는데 무대 연습 때문에 참석하지 못하게 되자 화를 낸 것이었다.

두 번의 무대 연습에서 나는 별다른 인상을 심어주지 못했다. 눈치가 빠르지는 못했지만 웰던 씨가 내 연기에 별로 만족스러워하지 않는다는 것을 알 수 있었다. 전에 같은 배역을 연기한 적이 있는 형 시드니가 런던에 있었다면 나를 도와줄 수 있었겠지만, 그는 다른 토막극에 출연하느라 지방에 내려가 있었다.

〈축구시합〉이 익살스런 희극이었음에도 불구하고, 웰던 씨가 무대에 등장하기 전까지는 웃기는 장면이 없었다. 모든 게 웰던 씨의 등장에 달려 있었다. 물론 웰던 씨는 훌륭한 희극배우였다. 그리고 그가 무대에 올라온 순간부터 관객들의 웃음소리는 끊이지 않았다.

콜리시엄 극장에서 〈축구시합〉을 무대에 올리는 날 저녁, 나는 얼마나 긴장되었던지 마치 팽팽하게 감은 시계태엽처럼 온몸에 힘이 들어가고 목이 바싹 타들어갔다. 그날 저녁은 내 인생 일대에 중요한 전환기였다. 포레스터스 뮤직홀에서 경험한 공포를 단숨에 날려버리고 잃어버린 자신감을 되찾을 수 있는 절호의 기회였다. 거대한 무대 뒤편에서 나는 안절부절못하고 왔다 갔다 했다. 두려움이 엄습했다. 그러나 나는 심호흡을 하고 내게 행운이 있기를 바라는 마음에서 조용히 기도를 올렸다.

드디어 음악이 연주되었다. 막이 오른 것이다. 먼저 무대에서 남성 합창단이 노래 공연을 했다. 그들이 무대를 내려가고 잠시 적막이 흘렀다. 내가 올라갈 차례였다. 나는 복잡한 심정으로 무대 쪽으로 걸어갔다. 물론 결과는 둘 중 하나였다. 관객의 웃음을 사느냐 마느냐. 나는 숨을 크게 쉬고 마침내 무대에 올랐다. 사실 이것저것 생각할 필요도 없었다. 내가 관객을 웃기지 못한다면 그것으로 나도 끝장이었다.

나는 관객을 등지고 무대에 올랐다. 순간 떠오른 생각이었다. 뒤에서 보면 프록코트를 입고, 실크해트를 쓰고, 지팡이에 각반을 한 모습이 전형적인 에드워드 시대의 순진한 시골뜨기 같았다. 이렇게 뒤로 들어가다가 갑자기 돌아서서 붉은 코를 보여주었다. 웃음이 일었다. 일단 관객들의 환심을 사는 데 성공했다. 나는 멜로물에 나올 법한 자태로 어깨를 으쓱이다가 손가락을 튕겨 딱 소리를 내면서 무대를 돌다 아령에 걸려 넘어졌다. 그 바람에 들고 있던 지팡이가 공중에 매달려 있던 권투 연습용 샌드백과 얽혔다가 튕겨 나오면서 내 얼굴을 철썩 때렸다. 나는 해롱거리며 왔다 갔다 하다가 정신을 차리려는 듯 내 지팡이로 머리를 때렸다. 관객들이 와 하고 크게 소리 내어 웃었다.

그제야 긴장이 풀리고 새로운 아이디어가 떠올랐다. 나는 5분간 무대를 종횡무진하면서 한 마디 말도 하지 않은 채 관객들을 웃길 수 있었다. 엄청 점잔 빼는 자세로 무대를 돌아다니는데 갑자기 바지가 내려가지 시작했다. 단추가 떨어져 나간 것이었다. 나는 떨어진 단추를 찾기 시작했다. 나는 뭔가를 찾은 것처럼 가장하고 그것을 집어 들어 성난 것처럼 "에잇, 빌어먹을!" 하고 말하며 옆으로 힘껏 집어 던졌다. 웃음이 터져 나왔다.

웰던 씨가 무대 옆에서 보름달처럼 머리를 빠끔 내밀고 나를 바라보고 있었다. 지금까지 그가 무대에 오르기 전에 관객들이 웃은 적은 한 번도 없었다. 그런데 내가 관객들을 웃기고 있었던 것이다.

그리고 웰던 씨가 무대로 올라오자 나는 그의 손목을 잡고 이렇게 속삭이듯 말했다. "어서! 바지가 풀렸어! 핀, 핀을 갖다 줘!" 이것은 연습 때는 없었던 내 즉흥 대사였다. 나는 웰던 씨가 무대에 오르기 전에 관객들이 마음껏 웃을 수 있는 분위기를 만들었다. 결국 그날 저녁 그는 엄청난 성공을 거뒀고 우리 두 사람은 평소보다 더 많은 웃음을 관객들에게 선사할 수 있었다. 막이 내렸을 때, 나는 내 연기가 얼마나 성공적이었는지 실감할 수 있었다. 극단 단원 여럿이 내게 다가와 악수를 청하며 칭찬했다. 분장실로 돌아가는 길에 웰던 씨는 어깨너머로 나를 돌아보며 무뚝뚝하게 이렇게 말했다.

"잘했어. 오늘은 훌륭했네!"

그날 밤 나는 흥분을 가라앉히기 위해 걸어서 집으로 향했다. 나는 웨스트민스터브리지를 지나다가 잠시 멈춰 서서 다리 난간에 기댄 채 조용히 흘러가는 물을 바라보았다. 울고 싶도록 기뻤지만 눈물은 나지 않았다. 그래도 억지로라도 눈물을 흘려보려 했으나 소용이 없었다. 그만큼 마음이 황폐해져 있었다. 웨스트민스터브리지에서 엘리펀트 앤드 캐슬로 갔다. 그리고 커피 파는 노점에서 차를 한 잔 사서 마셨다. 누군가와 이야기를 나누고 싶었지만, 시드니는 지방 순회공연 중이었다. 만약 형이 그날 밤 나와 함께 있었다면, 나는 그날 저녁이 내 인생에서 어떤 의미를 갖는지, 특히 포레스터스 뮤직홀에서 실패한 이후 내게 어떤 의미를 갖는지 자랑스럽게 말해주었을 것이다.

그날 밤 나는 잠을 잘 수 없었다. 엘리펀트 앤드 캐슬에서 캐닝턴 게이트로 발길을 옮겼다. 그리고 또 차 한 잔을 마셨다. 도중에 나는 혼자 떠들고 웃고 했다. 집에 돌아오니 새벽 5시였다. 나는 피곤에 절어 그대로 침대에 쓰러졌다.

카노 씨는 내 첫날 공연에 극장에 나오지 않았다. 셋째 날 모습을 드러냈는데, 내가 무대에 등장하면서 우레와 같은 박수를 받는 모습을 옆에서 지켜보고 있었다. 막이 내려오자 카노 씨는 내게 다가와 함박웃음을 지으며 내일 아침에 자기 사무실에 들르라고 말했다. 나는 카노 극단과 정식 계약을 맺었다. 형 시드니에게는 첫 공연에 대한 편지를 쓰는 대신 짤막한 전보로 계약 소식을 알렸다. '주당 4파운드에 1년간 계약했어. 찰리가!' 〈축구시합〉은 런던에서 14주 동안 무대에 올랐고 이후 지방 순회공연에 나섰다.

웰던 씨가 분장한 인물은 다소 바보스럽고 말이 느릿느릿한 랭커셔 출신의 얼간이였다. 그래서 영국 북부에서는 그런대로 호응을 받았지만, 남부에서는 이렇다 할 흥행을 거두지 못했다. 즉 브리스톨, 카드리프, 플리머스, 사우샘프턴 등에서 웰던 씨는 별다른 인기를 끌지 못했다. 그래서 남부 순회공연 기간에 웰던 씨는 신경과민을 보였고 무대에서도 제대로 연기하지 못했다. 그것 때문에 그는 연기하는 도중 간혹 내게 화풀이를 하는 것 같았다. 극 중에 웰던 씨가 나를 여러 번 때리고 발로 차는 장면이 있었다. 우리는 그것을 '낮잠 잔다'라고 부르는데, 정말 때리는 것이 아니라 무대 밖에서 다른 사람이 손뼉을 쳐서 때리는 효과음을 내는 것을 말한다. 그런데 웰던 씨는 가끔 나를 진짜로 때렸다. 그것도 조금 세게 때렸는데, 나는 그가 나를 질투해서 그런다고 생각했다.

벨파스트에서 상황은 최악으로 치달았다. 평론가들이 웰던 씨의 연기에 혹평을 가하고, 대신 내 연기를 칭찬하고 나선 것이었다. 이런 혹평에 화가 머리끝까지 치민 웰던 씨는 그날 저녁 공연에서 나를 코에서 피가 날 정도로 세게 때렸다. 사실 두들겨 맞았다는 표현이 맞을 것이다. 익살스런 연기는 둘째치고 연기를 제대로 할 수가 없었다. 막이 내린 뒤에 나는 웰던 씨에게 다시 한 번 그런 짓을 했다가는 무대에서 아령으로 머리를 깨부수겠다고 쏘아붙였다. 그리고 질투를 하는 것이라면, 그런 식으로 분풀이는 하지 말라고 덧붙였다.

"내가 너를 질투한다고!"

웰던 씨가 분장실로 걸어가면서 경멸적인 어조로 말했다.

"그리고 말인데, 나 같으면 네 온몸 연기는 엉덩이만으로도 할 수 있어!"

"아, 당신은 엉덩이에 재능이 붙어 있나 보죠."

나는 비꼬듯 되받아치면서 분장실 문을 쾅 닫아버렸다.

시드니가 순회공연을 마치고 런던으로 돌아오자마자 우리는 브릭스턴 가에 아파트를 하나 얻기로 했다. 그리고 저축해놓은 돈 가운데 40파운드를 인출해 가구를 장만하기로 했다. 우리는 뉴잉턴 버츠에 있는 중고 가구점에 가서 우리 예산을 얘기하고 주인장에게 방 네 개에 들여놓을 가구를 골라달라고 부탁했다. 주인은 우리 사정을 이해했는지 마치 자기 일인 양 정성스레 가구를 골라주었다.

카펫과 리놀륨을 사서 안방과 작은방에 각각 깔았다. 그리고 천을 씌운 소파와 안락의자를 사서 각 방에 배치했다. 거실 구석에는 무어 양식의 번개무늬 세공이 들어간 병풍을 놓고 그 뒤에 노란색 전구를 켜서 은은한 불빛이 새어나오도록 했다. 맞은편 구석에는 이젤을 하나 사서 금박 액자에 든 파스텔화 한 점을 올려놓았다. 그림은 조금 익살스러웠다. 받침대 위에 선 누드모델이 어깨 너머로 자신의 엉덩이에 붙은 파리를 쫓고 있는 턱수염을 기른 화가를 바라보고 있는 그림이었다. 나는 이런 미술품과 병풍이 우리가 살 집에 잘 어울린다고 생각했다. 그리고 무어 양식의 담뱃가게와 프랑스 사창가가 어우러진 그림 한 점도 같이 구해 거실에 걸었다. 게다가 피아노도 한 대 사는 바람에 예산을 15파운드나 초과해 지출했다. 그렇지만 그만한 값어치가 있었다. 여하튼 브릭스턴 가 글렌쇼 맨션 15번지 아파트는 우리의 소중한 안식처였다.

지방 순회공연을 마치고 런던에 돌아올 때마다 얼마나 이런 집을 갖고 싶어 했던가. 금전적으로 여유가 생기자 우리는 할아버지에게 매주 10실링을 보내주었다. 그리고 청소부도 따로 두었다. 일주일에 두 번 와서 잠깐 청소를 하는 것이었지만, 사실 거의 청소할 것도 없었다. 둘 다 밖에 나가 있는 시간이 많았기 때문에 방을 어지럽히고 말고 할 시간이 없었다. 마치 신성한 신전에서 사는 것 같았다. 형과 나는 널찍한 안락의자에 푹 파묻혀 휴식을 취하기도 했다. 우리는 붉은색 가죽을 씌운 높은 놋쇠 난로울도 하나 샀는데, 나는 안락의자에도 앉아보고 난로울에도 앉아보면서 어느 쪽이 더 편안한지 비교해보기도 했다.

첫사랑 헤티 켈리

열여섯 살 사춘기 시절, 나는 절벽 위에 서서 불어오는 바람에 머리카락이 흩날리는 여자가 그려진 포스터만 보고도 로맨틱한 상상에 빠져들곤 했다. 나는 그녀와 골프(내가 가장 싫어하는 스포츠 종목이기는 하지만)를 치는 상상도 하고, 이슬에 젖은 오솔길을 함께 걷는 모습도 그려보았다. 그리고 로맨틱한 감정과 말로는 형용할 수 없는 성적 충동으로 가슴이 고동치는 것을 느낄 수 있었다. 그것은 사랑이 아닌 말 그대로 로맨스였다. 내가 보기에 사랑은 이런 것과 조금 다르다. 사춘기 소년에게 사랑은 정해진 수순이 있다. 먼저 상대를 흘깃 쳐다보고 몇 마디 말을 걸어본다. 물론 건네는 말에 별스런 내용이 있는 것은 아니다. 그러나 이렇게 몇 분 안 되는 짧은 시간 동안 주고받는 대화가 한 사람의 인생을 바꿀 수도 있다. 그동안 상대에게 가졌던 어떤 충동이 호의로 바뀐다. 그리고 마지막으로 꼭꼭 숨어 있던 즐거움, 사랑이 모습을 드러낸다. 그런데 이런 사랑이 내게도 다가왔다.

나는 이제 열아홉 살이었고 카노 극단에서 이미 성공한 희극배우로 자리를 잡았다. 그러나 뭔가 부족한 것이 있었다. 봄이 왔다 어느새 가고 여름이 왔지만 내 마음은 공허하기만 했다. 생활은 판에 박힌 날들의 연속이었고, 주위 환경은 황량하기 그지없었다. 장래는 불투명했고 모든 것이 그저 그랬다. 평범한 사람들과 평범한 일상에 묻혀 평범하게 살았다. 먹고살기 위해 땅을 파는 심정으로 일에 몰두했지만 그게 전부였다. 한 마디로 재미가 없었다. 인생이란 이런 것인가. 특히 일요일에 마음이 울적하고 답답하면 나는 근처 공원에 산책을 나가 야외 연주회를 듣곤 했다. 사정이 이렇다 보니 나는 극단이나 다른 어떤 사람에게도 힘이 되지 못했다. 그러나 한 가지 분명한 것이 있었다. 즉 내가 사랑에 빠진 것이었다.

스트레덤 엠파이어 극장에서 공연을 하고 있을 때였다. 당시 우리는 하룻밤에 두세 개의 뮤직홀 무대에 오르고 있었다. 그래서 전용 버스를 타고 뮤직홀을 옮겨 다녔다. 먼저 스트레덤 엠파이어 극장에서 일찌감치 무대에 선 다음 캔터베리 뮤직홀과 티볼리 뮤직홀에서 차례로 무대에 올라야했다. 그래서 대낮부터 바삐 움직였다. 날씨는 몹시 더웠고 스트레덤 엠파이어 극장은 객석의 반도 차지 않았다. 덩달아 기분도 좋지 않았다.

우리가 무대에 오르기 전에 '버트 쿠츠', '양키 두들 걸스'라 불리는 가무단이 무대에 섰다. 그때까지 들어보지 못한 가무단이었다. 그래서 나는 별로 신경을 쓰지 않았다. 그런데 이틀째 되는 날 저녁, 무대 뒤에 서서 가무단 공연을 무심히 지켜보고 있을 때였다. 한 소녀가 춤을 추는 도중에 미끄러져 넘어졌고 관객들이 그것을 보고 킥킥 웃어댔다. 그때 나는 무대에서 춤을 추고 있는 한 아가씨와 눈이 마주쳤다. 그녀는 내가 그 소녀를 보고 관객들과 마찬가지로 웃고 있는지 보기 위해 고개를 돌려 나를 쳐다보는 참이었다. 그런데 그 찰나와도 같은 순간에 나는 그녀의 반짝이는 커다란 갈색 눈에 빠져들고 말았다. 그녀는 달걀 모양의 갸름한 얼굴에 감미롭고 매혹적인 입술을 하고 있었다. 그리고 무엇보다 이가 가지런하니 예뻤다. 나는 전기에 감전된 것처럼 온몸에 전율을 느꼈다.

그녀는 공연이 끝나자 무대에서 내려와 내가 있는 쪽으로 다가오더니, 머리 모양을 다시 매만져야 하는데 손거울을 들어달라고 부탁했다. 나는 손거울을 들어주고 그녀가 머리 모양을 매만지는 동안 그녀를 유심히 살펴봤다. 이것이 발단이었다. 아마 수요일이었던 것 같은데, 나는 무대에 오르기 전에 그녀에게 다가가 용기를 내어 일요일에 나와 데이트를 할 수 있는지 물어봤다. 내 나름대로 데이트 신청이었다. 그녀는 웃으며 이렇게 말했다.

"당신이 어떤 사람인 줄 알고요. 저는 그 빨간 코를 뗀 당신 모습을 본 적도 없는걸요!"

그때 나는 〈머밍 버즈〉에 출연 중이었다. 긴 연미복에 흰색 넥타이로 분장하고 술주정뱅이 역을 연기했다. 내가 대답했다.

"아, 제 코요. 분장을 해서 그렇지 원래 이렇게 빨갛지 않아요.

그리고 나이도 많지 않아요. 정 믿기 어려우시다면 내일 밤에 제 사진 한 장 가져올게요."

나는 약속대로 실물보다 조금 잘 나왔다고 생각되는 사진 한 장을 가져와 그녀에게 보여줬다. 폭 넓은 검정색 스톡 타이를 매고 약간 슬퍼 보이면서도 앳된 얼굴을 하고 있는 사진이었다.

그녀가 말했다.

"어머, 상당히 젊네요. 꽤 나이가 많을 거라고 생각했는데."

"몇 살일 거라고 생각했어요?"

"한 서른 살 정도요."

나는 웃으면서 말했다.

"얼마 안 있으면 열아홉 살입니다."

매일 무대 연습이 있었기 때문에 주중에 만나는 것은 쉽지 않았다. 그렇지만 그녀는 일요일 오후 4시에 캐닝턴 게이트에서 나와 만나기로 약속했다.

내가 그녀와 처음 데이트를 한 일요일은 전형적인 여름 날씨였다. 약간 덥기는 했지만 하루 종일 화창해 데이트하기에는 좋은 날씨였다. 나는 허리께가 쏙 들어간 검은 양복에 검은 스톡 넥타이를 했다. 물론 검은 흑단으로 만든 지팡이도 잊지 않았다. 시각은 4시 10분 전. 나는 캐닝턴 게이트에 서서 시가전차에서 내리는 사람들을 바라보며 그녀가 오기를 기다렸다. 약속 시간이 다가올수록 심장은 빠르게 뛰기 시작했다.

그런데 문득 아차 싶은 생각이 들었다. 생각해보니 나도 무대 밖에서 그녀를 본 적이 없었다. 즉 화장을 하지 않은 그녀를 한 번도 본 적이 없었던 것이다. 갑자기 극장 무대에서만 보았던 그

나의 사춘기 시절 207

녀의 얼굴이 아련하게 다가왔다. 그녀의 모습을 떠올려보려고 무진 애를 썼지만 전혀 떠오르지 않았다. 불안이 엄습했다. 그녀의 미모는 진짜가 아닐지 모른다! 화장한 얼굴만 보고 착각한 것일 수도 있다! 평범하게 보이는 젊은 아가씨가 시가전차에서 내릴 때마다 혹시 그녀가 아닌가 하는 생각이 들어 가슴이 철렁했다. 미인이 아니면 어떻게 하지? 극장에서 화장한 모습만 보고 혼자 내 멋대로 상상한 것은 아닐까?

이제 시각은 4시 3분 전이었다. 시가전차가 도착하고 한 아가씨가 전차에서 내려 나에게 다가왔다. 가슴이 철렁 내려앉았다. 전혀 미인이 아니었다. 이렇게 평범하게 생긴 여자와 일요일 오후 시간을 억지로 즐거운 척하면서 보내야 한다고 생각하니 한숨만 나왔다. 그래도 나는 모자를 벗고 밝게 웃어 보였다. 그러나 그녀는 나를 이상한 눈으로 째려보더니 그냥 지나쳤다. 다행히 그녀가 아니었다.

4시를 조금 지났을 때, 한 어리게 보이는 여자애가 시가전차에서 내려 내가 서 있는 쪽으로 다가와 앞에 멈춰 섰다. 바로 그녀였다. 화장하지 않은 얼굴이었지만 화장했을 때보다 더 아름다워 보였다. 그녀는 푸른색 리퍼 코트(해군이 입는 짧은 코트－옮긴이)에 세일러해트(운두가 낮은 여자용 밀짚모자－옮긴이)를 쓰고, 손은 코트 주머니에 넣고 있었다. "저예요"라고 그녀가 말했다. 그녀의 미모에 압도당해 나는 입이 제대로 떨어지지 않았다. 가슴이 쿵쾅쿵쾅 뛰기 시작했다. 도저히 마음이 진정되지 않았다. 무슨 말을 해야 할지, 무엇을 해야 할지 아무것도 생각나지 않았다. 나는 간신히 입을 열었다.

"우선 택시를 타죠."

나는 지나가는 택시가 없는지 도로 아래위를 살펴보다가 그녀를 돌아보며 이렇게 물었다.

"어디 가보고 싶은 데 있으세요?"

그녀는 어깨를 으쓱했다.

"아무 데나 괜찮아요."

"웨스트엔드에 가서 식사하는 건 어때요."

"밥은 이미 먹고 나왔어요."

그녀가 침착하게 대답했다.

"그럼 택시부터 타고 이야기해요."

내가 말했다.

나는 그녀의 미모에 반한 나머지 감정을 주체할 수 없었다. 아마 이것이 그녀를 당혹스럽게 했을지도 모른다. 택시를 타고 가면서 나는 계속 쓸데없는 말을 지껄였다. 사실 제정신이 아니었다.

"이 말을 하고 후회할지도 모르겠어요. 하지만…… 당신은 정말 아름다워요."

나는 가능한 흥분된 감정을 억누르고 그녀에게 감동을 주려고 노력했다. 그녀를 트로카데로 레스토랑에 데려갈 작정으로 나는 은행에서 3파운드를 인출했다. 트로카데로 레스토랑에서 음악을 들으며 고급스런 분위기에 심취하다 보면 그녀에게 돈도 많고 로맨틱한 사람으로 보이지 않을까 나름대로 계획을 짰다. 그녀가 나에게 한눈에 반하게 만들고 싶었다. 그러나 그녀는 아무런 동요도 없었다. 오히려 내가 하는 말마다 당황하는 기색이 역력했다. 특히, 나는 그녀에게 "당신은 나의 네메시스(그리스 신화에 나오는 복수의 여신—옮긴이)예요"라는 말도 했는데, 사실 안 하느니만 못했다. 나는 그녀를 만나면 멋진 말로 감동을 줄 생각으로 몇 가지 문장을 외워두고 있었다.

그녀는 내 마음을 조금도 이해하지 못하는 눈치였다. 성적인 관심을 떠나 나는 그녀와 친구처럼, 연인처럼 계속 교제를 하고 싶었다. 왜냐하면 당시 내 신분으로 그녀처럼 우아하고 아름다운 여성을 만나는 것은 거의 불가능했기 때문이었다.

저녁에 우리는 트로카데로 레스토랑에 갔다. 나는 그녀에게 같이 저녁을 먹자고 졸랐지만 그녀는 결코 응하지 않았다. 그래도 마지못했는지 내가 식사하는 동안 자기는 샌드위치를 먹겠다며 승낙했다. 우리는 레스토랑에 들어가 테이블 하나를 차지하고 앉았다. 내키지는 않았지만 분위기상 어쩔 수 없이 비싸고 그럴싸한 음식을 시켜야 할 것 같았다. 그러나 식사하는 내내 가시방석에 앉아 있는 것 같았다. 막상 요리를 시켰지만, 무엇을 가지고 어떻게 먹어야 할지 도무지 알 수가 없었다. 트로카데로 같은 고급 레스토랑에서 식사한 것은 그때가 태어나서 처음이었다. 여하튼 그녀 앞에서 무식을 티낼 수는 없는 노릇이었기에 식사 내내 여유 있는 태도를 보이려고 애썼다. 그리고 식사 후 손 씻는 것까지 그런대로 허세 좋게 끝낼 수 있었다. 하지만 솔직히 말해 식사를 마치고 레스토랑을 나온 우리는 속이 다 후련했다.

트로카데로 레스토랑에서 나오자마자 그녀는 집에 가겠다고 말했다. 나는 택시를 타자고 했지만 그녀는 걸어가는 편이 낫다고 했다. 그녀는 캠버웰에 살았는데, 나는 마음속으로 쾌재를 불렀다. 왜냐하면 그녀와 좀 더 많은 시간을 같이 보낼 수 있다는 계산 때문이었다.

시간이 지나면서 내 흥분된 마음이 어느 정도 가라앉자 그녀도 마음을 놓는 것 같았다. 그날 저녁 우리는 템스 강변을 따라 그녀의 집까지 걸었다. 아직 말을 못했는데 그녀의 이름은 헤티 켈리였다. 이렇게 함께 걷는 내내 헤티는 자기 친구들 이야기며 별로 대수롭지 않은 이야기들을 농담을 섞어 가며 재미있게 이야기해 주었다. 그러나 나는 그녀가 하는 이야기가 전혀 귀에 들어오지 않았다. 그날 밤은 나에게 황홀 그 자체였다. 마치 천국을 걷는 것 같았다. 행복이란 이런 것이 아닐까.

나는 헤티와 헤어진 뒤에 무언가에 홀린 사람처럼 다시 템스 강변으로 갔다. 세상이 다르게 보였다. 그리고 나도 모르게 호기를 부려 강변에서 노숙하는 부랑자들에게 그날 쓰고 남은 돈을 전부 나눠줬다.

우리는 다음 날 아침 7시에 만나기로 약속하고 헤어졌다. 헤티는 샤프츠베리 애비뉴 근처에서 아침 8시에 리허설이 있었다. 우리는 헤티의 집에서 웨스트민스터브리지 가에 있는 지하철역까지 1마일 반 정도 거리를 함께 걸어가기로 했다. 나는 늦게까지 일하고 2시경에 잠자리에 들었지만 새벽같이 일어나 그녀를 만나러 갔다.

그날따라 캠버웰 가는 헤티가 살고 있는 곳이라는 이유만으로 마치 마법에 걸린 거리처럼 느껴졌다. 누군가와 손을 잡고 산책하기, 그것은 내가 오랫동안 꿈꿔왔던 것이었다. 그래서 헤티와 손을 잡고 지하철까지 걸어갔던 그날 아침은 내게 하나의 축복이었다. 지저분하기로 유명한 캠버웰 가, 그래서 항상 다른 길로 돌아다녔던 그 거리가 오늘은 유난히 매력적으로 보였다. 희미한 안개 속을 걸어 헤티가 내게로 다가왔다. 그녀의 윤곽이 선명해질수록 내 가슴은 주체할 수 없이 뛰기 시작했다. 비록 그날 지하철역까지 걸으면서 그녀와 나눈 이야기는 기억나지 않지만, 내가 그녀에게 사로잡혔던 것은 분명하다. 나는 뭔가 알 수 없는 힘이 우리를 만나게 했고, 그것이 이미 예정된 운명이라고 생각했다.

나는 사흘 동안 아침마다 헤티를 만나러 갔다. 아침에 짧은 시간 동안 만나는 것이었기 때문에 다음 날 아침을 생각하면 하루가 정말 더디게 갔다. 그런데 나흘째 되는 날 아침 갑자기 헤티의 태도가 돌변했다. 헤티는 내게 냉담했고 전날과 같은 열의도 보이지 않았다. 그녀는 내 손조차 잡아주지 않았다. 나는 헤티의 태도를 나무라면서 농담으로 나를 사랑하지 않는다고 투덜거렸다.

헤티는 이렇게 말했다.

"너는 내게 너무 많은 것을 기대해. 나는 이제 겨우 열네 살이야. 너도 나보다 네 살밖에 많지 않고."

나는 헤티의 말이 무엇을 의미하는지 이해할 수 없었다. 그러나 헤티가 갑작스럽게 우리 사이에 거리를 둔 것은 분명했다. 헤티는 앞만 보고 걸었다. 손은 외투 주머니에 넣고 여학생 걸음걸이로 고상하게 걸었다.

"그러니까 나를 사랑하지 않는다는 말 아냐?"

나는 따지듯 물었다.

"모르겠어."

헤티가 대답했다. 나는 순간 앞이 아찔했다.

"모른단 얘기는 사랑하지 않는다는 거잖아."

그러나 헤티는 아무런 대꾸 없이 그냥 조용히 걷기만 했다.

나는 경솔하게 이렇게 말했다.

"내 예언이 맞았어. 너를 만난 것을 후회하게 될 거라는 말."

나는 헤티가 나를 어떻게 생각하는지 떠보려고 했지만 똑같은 말만 되돌아왔다.

"모르겠어."

"나와 결혼해주겠니?"

내가 다그치듯 물었다.

"난 너무 어려."

"그럼, 네가 결혼을 해야 한다면 나와 해주겠니? 아니면 다른 사람이랑 하겠니?"

그러나 헤티는 여전히 같은 말만 반복했다.

"모르겠어…… 널 좋아해…… 그렇지만."

"그럼 좋아하지 않는다는 말이구나."

몸에서 기운이 한꺼번에 쫙 빠져나가는 느낌이었다. 헤티는 여전히 아무런 대꾸도 하지 않았다. 흐릿한 아침이라 거리는 더 우중충해 보였다.

"하긴 결혼하자는 말은 조금 심하지."

나는 착잡한 심정으로 이렇게 말했다. 어느새 우리는 지하철역 입구에 도착했다. 나는 마지막으로 헤티가 어떻게 나오는지 떠볼 요량으로 이렇게 말했다.

"그럼 헤어지는 게 좋겠지. 다시는 만나지 말자."

내가 이렇게 말하자 헤티는 숙연해하는 것 같았다. 나는 헤티의 손을 잡고 보듬어주었다. 그리고 이렇게 말했다.

"잘 가. 헤어지는 편이 낫겠어. 그래도 넌 내 마음에 꼭 들었는데."

헤티는 내게 "잘 가. 그리고 미안해"라는 말을 했다.

헤티의 이 마지막 말이 내게 비수로 다가왔다. 헤티가 지하철역 안으로 모습을 감추자 나는 견딜 수 없을 정도로 마음이 허탈했다.

도대체 내가 무슨 짓을 한 거지? 내가 너무 성급했나? 헤티를 그렇게 다그치지 말았어야 했다. 내 자신이 바보 같았다. 그녀를 다시 볼 수 있을까? 그런 생각을 하니 내 꼴이 우습게 보이기도 했다. 어떻게 하면 좋지? 마음만 괴로웠다. 헤티를 다시 볼 수 있을 때까지 이런 고통스런 마음을 억누를 수만 있다면. 그러나 어떤 일이 있더라도 헤티가 나를 만나고 싶어 할 때까지 그녀 근처에 얼씬거릴 수는 없었다. 내가 너무 진지하게 그리고 너무 적극적으로 헤티를 대했을 수도 있다. 다음에 만나면 약간 거리를 두고 다가설 필요가 있다. 그런데 헤티가 나를 다시 만나주기는 할까? 틀림없이 그럴 것이다. 헤티가 나를 그렇게 쉽게 버릴 리가 없었다.

다음 날 아침, 나는 새벽같이 일어나 헤티의 집이 있는 캠버웰 가로 갔다. 그녀의 집으로 찾아가 문을 두드렸다. 그러나 헤티는 나오지 않았다. 대신 그녀의 어머니가 문을 열고 나왔다. 헤티의 어머니가 내게 물었다.

"헤티에게 무슨 짓을 한 거예요? 어제 울면서 집에 들어와서는 당신이 다시는 자기를 만나지 않겠다고 말했다던데."

나는 어깨를 으쓱하며 의아스러운 미소를 지었다.

"헤티가 저에게 무슨 짓을 했는데요?"

그러고는 잠깐 머뭇거리다가 헤티를 만나볼 수 있는지 물었다. 그녀의 어머니는 고개를 절레절레 저었다.

"아니. 만날 수 없을 거예요."

나는 헤티의 어머니에게 차 한 잔 같이 하자고 말하고 근처 찻집으로 갔다. 차를 시켜놓고 나서 나는 그녀에게 헤티를 만날 수 있게 해달라고 애원했다. 그녀는 마지못해 승낙했다. 찻집을 나와 우리는 헤티의 집으로 향했다. 헤티가 문을 열어줬다. 얼굴을 씻고 있는 중이었는지 풋풋한 비누 향이 풍겼다. 헤티는 현관 입구에 선 채 별다른 미동 없이 나를 쳐다봤다. 문득 괜히 왔다는 생각이 들었다. 나는 별것 아니라는 듯이 이렇게 말했다.

"음, 한 번 더 작별인사를 하려고 왔어."

헤티는 말이 없었다. 그러나 내가 얼른 돌아갔으면 하는 눈치였다. 나는 손을 내밀며 웃었다.

"그럼 안녕."

"잘 가."

헤티가 차갑게 대답했다. 내가 돌아서자 뒤에서 문이 천천히 닫히는 소리가 들렸다.

내가 그녀를 만난 것은 다 합쳐서 5번이었다. 그리고 만나서 20분 이상 같이 있어본 적이 없었다. 그렇지만 그녀와의 짧은 만남은 내게 내내 가슴 아픈 추억으로 남았다.

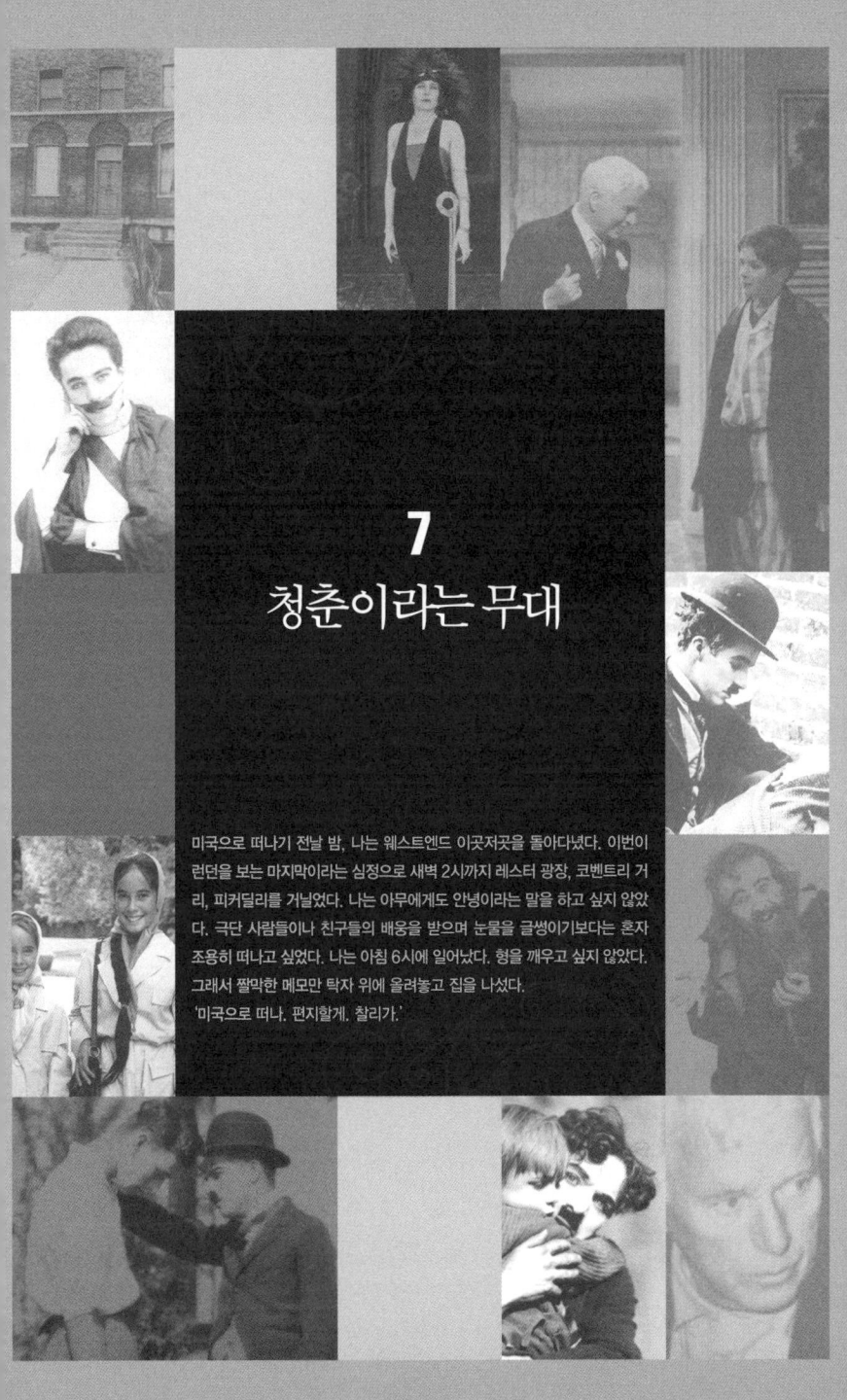

7
청춘이라는 무대

미국으로 떠나기 전날 밤, 나는 웨스트엔드 이곳저곳을 돌아다녔다. 이번이 런던을 보는 마지막이라는 심정으로 새벽 2시까지 레스터 광장, 코벤트리 거리, 피커딜리를 거닐었다. 나는 아무에게도 안녕이라는 말을 하고 싶지 않았다. 극단 사람들이나 친구들의 배웅을 받으며 눈물을 글썽이기보다는 혼자 조용히 떠나고 싶었다. 나는 아침 6시에 일어났다. 형을 깨우고 싶지 않았다. 그래서 짤막한 메모만 탁자 위에 올려놓고 집을 나섰다.
'미국으로 떠나. 편지할게. 찰리가.'

파리에서 겪은 낭만적인 모험들

1909년에 나는 파리로 갔다. 폴리베르제르 뮤직홀(1869년에 설립된 뮤직홀로, 관광명소로 유명하다-옮긴이)의 버넬 씨가 카노 극단과 1개월간 한시적 공연 계약을 맺었다. 외국에 나간다는 생각에 나는 무척 흥분됐다. 배를 타기 전에 우리 극단은 울위치에서 일주일간 공연을 했는데, 별 볼일 없는 도시라 공연도 재미없었다. 그래서 기분전환도 할 겸 서둘러 파리에 가고 싶었다. 우리는 일요일 아침 일찍 떠날 예정이었다. 나는 아침에 늦게 일어나는 바람에 열차를 놓칠 뻔했다. 나는 플랫폼을 달려 막 출발하기 시작한 열차의 수화물 칸에 가까스로 올라탔다. 그리고 도버 항에 도착할 때까지 그렇게 화물칸에 매달려서 갔다.

영불해협을 건너는 동안 억수 같은 비가 쏟아져 내렸지만 안개 속에서 처음 본 프랑스는 지금도 잊지 못할 정도로 가슴이 설렜다. '영국이 아니다. 대륙이다! 프랑스다!' 나는 속으로 계속 되뇌었다. 내 상상력을 자극했던 바로 그곳이었다. 내 아버지는 프랑스인의 피가 흐르고 있었다. 사실 채플린 가(家)는 원래 프랑스에서 왔다. 위그노(16세기에서 17세기 프랑스의 칼뱅파 신교도-옮긴이) 신자였던 조상들이 프랑스 정부의 탄압을 피해 영국으로 망명해 정착한 것이다. 아버지의 숙부 되는 분은 우리 집안이 프랑스 장군 출신 집안이라고 자랑스럽게 얘기하곤 했다.

늦은 가을이었기 때문에 칼레에서 프랑스로 가는 길은 음산했다. 그럼에도 파리가 가까워질수록 내 흥분은 점점 고조되어갔다. 우리는 쓸쓸하고 호젓한 지방 도시들을 지나갔다. 이윽고 멀리 어두운 하늘과 맞닿은 곳에서 불빛이 반짝이는 것이 눈에 들어왔다. 우리와 같은 열차에 탄 한 프랑스인이 "저기가 바로 파리입니다"라고 알려주었다.

파리는 내가 기대했던 그대로였다. 파리 북역에서 조프로이-마리로 가는 동안 나는 흥분되어 더 이상 참을 수 없었다. 지나가는 골목마다 내려 한 번쯤 걷고 싶을 만큼 황홀했다. 도착한 시각은 아침 7시였다. 거리의 카페에서 새어나오는 황금색 불빛이 유혹의 손길을 내미는 것 같았다. 그리고 카페 밖에 내놓은 테이블들은 생의 찬란함을 속삭이는 것 같았다. 시끄러운 소음을 내며 굴러다니는 자동차만 아니었다면, 파리는 모네, 피사로 그리고 르누아르가 그렸던 모습 그대로였다. 일요일이라 그런지 지나는 사람들의 표정도 여유 있고 즐거워 보였다. 한 마디로 명랑하고 생명력 넘치는 도시였다. 우리는 조프로이-마리 가에 숙소를 정했다. 영국과 달리 방바닥에 돌이 깔려 있었다. 그래서 나는 내 방을 '나의 바스티유 감옥'이라 불렀다. 그렇다고 내 흥분이 가라앉은 것은 아니었다. 마치 술집이나 카페 밖에 내놓은 테이블에 앉아 있는 기분이 들었다.

일요일 밤에는 다른 일정이 없었다. 그래서 저녁에 우리는 다음 날 공연하기로 되어 있는 폴리베르제르 뮤직홀에 가서 쇼를 관람하기로 했다. 폴리베르제르 뮤직홀은 정말 웅대한 극장이었다. 세계에 이런 극장이 또 있을까 하는 생각이 들었다. 실내는 금박과 고급스런 벨벳으로 화려하게 치장되었고 거울과 거대한 크리스털 샹들리에로 고급스러움을 더했다. 두꺼운 카펫을 깐 귀빈 전용 로비와 2층 특등석은 하나의 사교장이었다. 뮤직홀 안에 있는 바에서는 분홍색 터번을 두르고 보석으로 치장한 인도 왕들과 깃털 달린 군모를 쓴 프랑스 및 터키 장교들이 술잔을 기울이고 있었다. 1층 중앙 로비에서는 음악이 흘러나왔고, 하얀 어깨선을 드러낸 아가씨들이 외투와 모피코트를 벗어 물품 보관소에 맡기고 있었다. 이들은 귀빈 전용 로비와 2층 특등석을 돌아다니며 손님들을 유혹하는 뮤직홀의 단골손님이었다. 당시만 해도 이들은 아름답고 품격이 있었다.

폴리베르제르 뮤직홀은 통역 전문가들을 두고 있었다. 그들은 모자에 '통역'이라는 글씨를 써 붙이고 극장 이곳저곳을 돌아다녔다. 나는 이곳 통역들을 대표하는 사람과 친구가 되었다. 그는 몇 개 국어를 유창하게 할 줄 알았다.

공연이 끝나면 나는 무대 야회복으로 갈아입고 사교장에 끼어들었다. 한 번은 백조같이 긴 목에 흰 피부를 가진 날씬한 아가씨가 내 마음에 잔잔한 물결을 일으켰다. 깁슨 풍(미국 태생의 화가 깁슨이 그린 1890년대의 미국 소녀로, 당시의 전형적인 미인을 일컫는다—옮긴이)의 아가씨로 늘씬한 키에 미모가 빼어났다. 오똑한 코와 긴 속눈썹도 매력적이었다. 검은색 벨벳 드레스를 입고 긴 흰색 장갑을 손에 들고 있던 그녀는 2층 특등석으로 올라가다가 장갑을 떨어뜨렸다. 나는 얼른 주워서 그녀에게 건넸다.

그녀가 말했다.

"메르시."

나는 장난기 섞인 어투로 말했다.

"한 번 더 주워드릴 수 있을까요?"

"파르동?"

순간 나는 그녀가 영어를 모른다는 사실을 깨달았다. 물론 나는 프랑스어를 할 줄 몰랐다. 그래서 통역 친구를 찾아갔다.

"마음에 쏙 드는 아가씨 한 명을 봐뒀는데. 조금 비쌀 것 같아."

그는 어깨를 으쓱하며 이렇게 말했다.

"비싸 봐야 1루이밖에 안 해요."

"괜찮은데."

당시에 1루이면 상당한 액수였지만 그렇게 비싸다는 생각은 들지 않았다. 나는 통역 친구에게 부탁해 엽서 뒷면에 프랑스어로 로맨틱하고 야릇한 말을 몇 마디 써달라고 부탁했다. '즈 부 아도르(나는 당신을 사랑합니다)', '즈 부 에 에메 라 프리미에르 포아 끄 즈 부 메 뷔(저는 첫눈에 당신에게 반했습니다)' 등. 나는 우선 '작업'을 걸어보고 일이 순조롭게 진행될 때 이것을 써먹을 작정이었다. 나는 통역에게 그녀와의 주선을 부탁했다. 그는 내 심부름꾼처럼 여기저기 돌아다니다가 돌아왔다.

"주선을 해놨습니다. 1루이인데 그녀의 아파트까지 왕복 택시비용은 지불해야 해요."

나는 순간 멈칫했다.

"혹시 그 여자가 어디에 사는지 알아요?"

"왕복 차비라고 해봐야 10프랑밖에 안 돼요."

1루이만 생각하고 있던 터라 10프랑은 부담스러웠다.

"걸어가면 안 돼요?"

나는 약간 농담조로 물었다.

"봐요. 그 여자는 일류예요. 당연히 택시 비용은 내줘야지."

그가 시큰둥하게 말했다.

어쩔 수 없이 그렇게 하기로 했다. 이렇게 약속을 잡아놓고 2층 특등석 앞을 지나다가 그녀와 다시 마주쳤다. 그녀가 나를 보며 미소를 지었다. 나는 돌아서서 그녀를 흘긋 쳐다본 다음 이렇게 말했다.

"세 수아(오늘 밤에 뵈어요)!"

"앙샹테, 무슈(만나서 반가워요)!"

나는 공연 뒤에 그녀를 다시 만나기로 했다.

공연이 끝나고 나는 통역 친구에게 갔다. 그가 내게 말했다.

"내가 그녀를 데려올 테니 택시를 잡아요. 그래야 시간을 절약할 수 있어요."

시간을 절약하다니? 나는 그가 도대체 무슨 말을 하는지 이해할 수 없었다. 불바르 데지탈리앵(파리 중심가에 있는 '이탈리아 사람들'이라는 뜻의 대로—옮긴이)을 지날 때 차창으로 들어오는 불빛과 그림자들이 그녀의 얼굴과 길고 흰 목에 흘러내렸다. 순간 그녀를 꼭 안아주고 싶은 충동이 들었다. 나는 프랑스 말을 몇 마디 적어놓은 엽서를 꺼내 흘긋흘긋 보면서 그녀에게 말을 걸었다.

"즈 부 아도르."

그녀가 하얀 치아를 드러내며 함박웃음을 지었다.

"프랑스어를 잘하시네요."

"즈 부 에 에메 라 프리미에르 포아 크 즈 부 메 뷔."

나는 감정을 실어 계속 말했다. 그녀는 다시 웃으면서 내 프랑스어를 고쳐주었다. '부(당신)' 대신 친근한 '튀(너)'를 쓰라고 했다. 그리고 잠깐 뭔가 생각하더니 또 웃었다. 그녀는 시계를 쳐다봤다. 그러나 시계는 가지 않았다. 그녀는 시간을 알고 싶다는 듯 내 시계를 가리키더니 12시에 중요한 약속이 있다고 설명해주었다.

"오늘 밤에 약속이 있다는 말은 아니죠?"

나는 수줍은 듯이 물어봤다.

"아뇨. 오늘 밤에요."

"하지만 오늘 밤은 나와 같이 지내기로. 투트 라 뉘(밤새)!"

순간 그녀는 깜짝 놀란 표정으로 이렇게 말했다.

"오, 농, 농, 농! 파 투트 라 뉘(어머, 아니에요. 밤새는 아니에요)!"

갑자기 이야기가 이상하게 돌아갔다.

"잠깐 같이 있는데 20프랑이라고?"

"세 사(그럼요)!"

그녀는 힘줘 대답했다. 나는 운전사에게 "미안하지만 택시 좀 세워주세요"라고 말했다. 그러고는 운전사에게 돈을 주며 그녀를 폴리베르제르 뮤직홀까지 데려다주라고 말하고 차에서 내렸다. 갑자기 인생에 환멸이 느껴졌다.

우리는 10주 동안 폴리베르제르 뮤직홀 무대에 올랐다. 공연은 대성공이었다. 한편 카노 씨는 다른 공연 계획을 잡아놓고 있었다. 나는 주당 6파운드를 받았는데 받는 족족 다 써버렸다.

형 시드니의 사촌, 그러니까 형을 낳아준 아버지 쪽과 인척관계에 있는 사람이 나를 찾아왔다. 그는 부자였고 속칭 상류층에 속하는 사람이었다. 파리에 머무는 동안 그는 나에게 최대한 호의를 베풀었다. 이유야 어쨌든 그는 배우가 되고 싶어 했다. 한 번은 우리 극단 멤버인 것처럼 속이고 무대 뒤편까지 들어온 적도 있었다. 얼마나 배우가 되고 싶어 했는지 멋지게 가꾸던 수염까지 밀어버릴 정도였다. 그러나 불행하게도 그는 영국으로 돌아가야 했다. 내가 생각하기에 아마 그는 영국으로 돌아가서 부모님에게 몹시 꾸지람을 들었을 것이다. 여하튼 그는 영국을 거쳐 남아메리카로 가야 했다.

파리에 오기 전에 나는 헤티가 속해 있는 극단이 폴리베르제르 뮤직홀에서 공연하고 있다는 소식을 들었다. 나는 파리에 가는 대로 그녀를 다시 만나볼 생각을 하고 있었다. 그래서 파리에 도착하자마자 그날 밤에 폴리베르제르 뮤직홀 무대 뒤편으로 가서 한 무용수에게 헤티가 속해 있는 극단에 대해 물어봤다. 그러나 극단은 우리가 도착하기 일주일 전에 모스크바로 떠나고 없었다. 내가 그 무용수에게 말을 걸고 있는 사이 무대 저쪽에서 거친 목소리가 들려왔다.

"얼른 이리 안 와! 생판 모르는 사람하고 말을 하고 자빠졌어!"

그녀의 어머니였다. 나는 혹시 그녀가 오해를 사지 않았나 싶어 친구 소식을 묻고 있었다고 해명했다. 그러나 그녀의 어머니는 내 말을 들으려 하지 않았다.

"저런 남자한테 다시는 말을 걸지 마. 이리 와, 얼른!"

나는 그녀의 무례한 행동에 화가 났다. 그러나 얼마 지나지 않아 그녀와 잘 알고 지내는 사이가 됐다. 그녀는 나와 같은 호텔에 두 딸과 함께 묵고 있었다. 두 딸은 폴리베르제르 뮤직홀 발레단 소속 무용수들이었다. 둘째는 열세 살로 폴리베르제르 뮤직홀의 주연 발레리나였다. 귀엽고 재능이 있었다. 그러나 열다섯 살인 첫째는 재능도 없었고 예쁘지도 않았다. 어머니는 프랑스인으로 풍만한 여성이었다. 나이는 마흔 정도 되어 보였고, 남편은 스코틀랜드 사람이었다. 남편은 영국에 살고 있다고 했다. 내가 폴리베르제르 뮤직홀 무대에 선 첫날, 그녀는 내게 와서 어제 있었던 일을 사과했다. 이게 그녀와 친해지게 된 연유였다. 나는 그녀가 묵고 있는 방에 자주 초대를 받았다. 그래서 그곳에 가서 종종 차를 마셨는데, 그녀는 꼭 침실에서 차를 대접했다.

지금 생각해보면 그때 나는 정말 순진했던 것 같다. 어느 날 오후, 두 딸은 밖에 나가서 없고 부인과 나만 단둘이 방 안에 있을 때였다. 차를 따라 마시고 있는데 그녀는 방금 전까지와는 달리 자세를 바꾸면서 차 따르는 손을 부들부들 떨기 시작했다. 그때 나는 그녀에게 내 꿈과 야망, 사랑과 실연에 대해 이야기하고 있었다. 그녀는 내 말에 크게 감명 받은 눈치였다. 내가 일어나서 찻잔을 테이블 위에 내려놓으려 하자 그녀가 내게로 바짝 다가왔다. 그러고는 두 손으로 내 얼굴을 감싸더니 내 눈을 뚫어지게 바라보며 말했다.

"정말 귀여워. 이렇게 멋진 젊은이가 마음의 상처를 입다니."

나를 바라보던 시선도 바뀌어 마치 최면에라도 걸린 것처럼 이상야릇하게 변했다. 그녀는 여전히 내 얼굴을 감싼 채 "내 아들 같은 네가 사랑스러워. 무슨 말인지 알겠니?"라고 했다. 그런 다음 천천히 얼굴을 내 쪽으로 가까이 하더니 내게 키스를 했다.

"감사합니다."

나는 진심으로 그렇게 말했다. 나도 무의식중에 그녀에게 키스로 답례했다. 그녀는 계속해서 나를 뚫어져라 쳐다봤다. 입술이 조금씩 떨렸고 눈은 초점을 잃은 것처럼 흐리멍덩했다. 그런데 갑자기 무슨 생각이 들었는지 그녀가 돌아서서 차를 따랐다. 그리고 나를 대하는 태도도 방금 전과는 완전 딴판으로 바뀌어 농담처럼 이렇게 말했다.

"당신은 정말 귀엽게 생겼어요. 전 그런 당신이 무척 마음에 들어요."

그녀는 나에게 두 딸에 대한 일을 서슴없이 털어놓았다.

"작은애는 참 착해요. 그런데 큰애가 골칫거리에요. 요즘 무슨 일을 벌이고 다니는지 알 수가 없어요."

공연이 끝나면 그녀는 나를 저녁식사에 자주 초대했다. 나는 그녀와 작은딸이 함께 잠을 자는 침실에서 식사를 했다. 식사가 끝나면 나는 그녀에게 키스를 하고 작은딸에게는 잘 자라는 인사를 한 후 내 방으로 돌아왔다. 문을 열고 나오려면 큰딸이 자는 작은 방을 지나쳐야 했다. 한 번은 그녀의 방문 앞을 지나는데 그녀가 나를 불러 세우더니 귓속말로 속삭였다.

"오늘 밤 방문을 열어놓으세요. 모두 잠들면 제가 그리로 갈게요."

믿거나 말거나지만 나는 큰딸을 침대로 확 밀쳐버리고 성큼성큼 걸어 나왔다. 두 딸이 폴리베르제르 뮤직홀과 맺은 출연 계약 기간이 끝났을 때쯤, 나는 아직 열다섯 살밖에 되지 않은 큰딸이 예순 먹은 거구의 독일인 개 조련사와 함께 사랑의 도피를 했다는 소문을 들었다.

그렇다고 내가 겉보기만큼 순수하거나 순진했던 것은 아니다. 간혹 나는 극단 단원들과 사창가에 가서 아가씨를 옆에 끼고 밤새 술을 마시기도 했고, 젊은 시절에 으레 있게 마련인 정도를 벗어난 일도 많이 했다. 파리에 가 있었을 때 일이다. 하루는 저녁에 독한 압생트를 여러 잔 걸치고 술에 취해 어니 스톤이라는 전직 라이트급 프로 권투선수와 시비가 붙어 싸운 적이 있었다. 레스토랑에서 사소하게 시작된 언쟁이 주먹다짐으로 발전했고, 결국 식당 종업원들과 경찰이 끼어들어 우리를 떼어놓고서야 끝이 났다.

그가 씩씩거리며 이렇게 말했다.

"호텔에서 보자."

우리는 같은 호텔에 묵고 있었고 그의 방은 내가 묵고 있는 방 바로 위였다. 새벽 4시, 몸을 가누기 힘들 정도로 술을 마신 나는 호텔로 돌아와 내 방으로 가지 않고 바로 그의 방으로 가서 문을 두드렸다.

"들어와."

그가 기세 좋게 말했다.

"소리 나지 않게 신발은 벗어."

우리는 말없이 웃통을 벗어던지고 서로 얼굴을 쳐다보며 싸울 자세를 취했다. 그렇게 우리는 언제 끝날지 모르는 주먹다짐을 시작했다. 그가 먼저 여러 번 내 턱을 정통으로 가격했지만 술에 취해서 그런지 별 느낌이 없었다.

"권투선수 출신이었다고 해서 주먹이 셀 줄 알았더니 별거 없네!"

내가 비꼬듯이 말했다. 그가 온 힘을 다해 스트레이트를 날렸지만 내가 얼른 몸을 피하는 바람에 그는 벽에 머리를 부딪히고 말았다. 충격이 심했는지 쓰러질 것처럼 비틀거렸다. 나는 이때가 기회다 싶어 그에게 연신 주먹을 날렸다.

그러나 내 주먹도 별수는 없었다. 그는 꿈쩍도 하지 않았고, 오히려 내 힘만 뺀 격이었다. 갑자기 그의 주먹이 내 안면을 가격했다. 앞니가 와들 흔들리는 듯했다. 그리고 술이 다 깨는 것 같았다.

"그만. 그만." 나는 말했다. "그만 하자. 이가 나가면 안 돼."

그는 내게 다가와서 나를 끌어안고 거울을 보여주었다. 그의 얼굴은 성한 데가 없었다. 여기저기 찢긴 데서 피가 흘러내리고 있었다. 내 손은 권투 글러브처럼 퉁퉁 부어 있었다. 천장이며 커튼이며 벽이며 할 것 없이 사방에 피가 튀어 있었다. 어떻게 그렇게 피가 튈 수 있었는지 아직도 이해가 되지 않는다.

나도 입에서 흘러나온 피가 목을 타고 계속 흘러내렸다. 멈출 기미가 보이지 않았다. 같은 층에 묵고 있던 그 부인의 작은딸이 아침마다 내게 차를 가져다주곤 했는데, 그날 아침에는 나를 보고 비명을 질렀다. 그도 그럴 것이 온몸에 피범벅을 하고 있었으니 놀라는 것은 당연했다. 그녀는 내가 자살한 것으로 생각했다고 한다. 그 뒤로 나는 두 번 다시 누군가와 싸운 일이 없다.

어느 날 저녁 공연을 마치고 분장실에 들어서자 그 통역 친구가 찾아와 어떤 유명한 음악가가 나를 만나고 싶어 한다며 대기실에서 기다리고 있다고 말했다. 누가 나를 보고 싶어 한다니 나도 호기심이 생겼다. 대기실에 들어가자 무척 아름답고 이국적인 여인이 음악가와 함께 있었다. 러시아 발레단 소속의 무용수였다. 통역 친구가 나를 소개했다. 그 신사는 내 연기를 재미있게 봤고, 또 무대에서와는 달리 어린 친구라는 사실에 놀랐다고 말했다. 칭찬인 듯싶어 나는 정중히 머리 숙여 감사를 표시했다. 하지만 그 순간에도 나는 신사 옆에 앉아 있던 여인을 힐끔거렸다.

"자네는 정말 타고난 음악가이자 춤꾼일세."

그가 덧붙였다. 이번에는 칭찬이 조금 과한 듯싶어 어찌할 바를 모르다가 그냥 웃어넘기고 말았다. 대신 통역을 쳐다보며 공손히 머리를 숙였다. 음악가가 일어나서 내게 손을 내밀었다. 나도 일어섰다. 그는 다시 한 번 "정말, 정말 자넨 진정한 예술가네"라고 말하며 악수를 청했다. 대기실에서 나온 나는 통역 친구에게 이렇게 물었다.

"그와 같이 있던 여인은 누구요?"

"러시아 발레단 무용수인데, 마드무아젤……"

통역이 뭐라고 이름을 알려주기는 했지만 지금은 기억나질 않는다. 사실 이름이 너무 길고 어려워 외울 수 없었다.

"그럼 저 신사의 이름은?"

내가 그제야 그 사람의 이름을 물었다.

"드뷔시라고, 유명한 작곡가지."

"못 들어본 이름인데."

내가 대답했다.

화젯거리가 많았던 한 해였다. 잘 알려진 스타인하일 부인의 스캔들로 재판이 있던 해였다. 그녀는 남편을 살해한 혐의로 기소

되었지만 무죄를 선고받았다. 팜팜 춤이 선풍적인 인기를 끈 것도 그해였다. 이 춤은 남녀가 뒤엉켜 원을 그리며 추는 춤이었는데 선정적이고 외설적이었다. 터무니없는 세법이 의회에서 통과된 것도 바로 그해였다. 개인 소득세가 1파운드 당 6펜스로 인상되었다. 살인적인 세법이었다. 그리고 드뷔시가 작곡한 〈목신의 오후 전주곡〉이 영국에서 발표되었다. 평단의 야유가 빗발쳤지만 대중 속으로 파고들었다.

물거품이 되어버린 꿈

나는 슬픔을 안고 영국으로 돌아와 다시 지방 순회공연에 나섰다. 파리와는 전혀 분위기가 달랐다. 영국 북부 도시에서 맞이하는 일요일 저녁 풍경은 너무나 애처로웠다. 모든 집들이 문을 굳게 걸어 잠근 채 침묵만 흘렀다. 간혹 어두컴컴한 중심가 뒷골목에서 술에 취한 젊은이들이 고함을 지르는 소리 그리고 매춘부들이 깔깔거리며 웃는 소리가 들려왔다. 그것을 질책이라도 하듯 멀리서 들려오는 교회 종소리는 처량했다. 이게 전형적인 북부 도시들의 일요일 저녁 풍경이었다.

이렇게 6개월간 지방 순회공연을 다니면서 나는 어느새 평범한 일상에 젖어 있었다. 그때 런던의 극단 사무실에서 흥미로운 전보 한 통이 날아왔다. 〈축구시합〉을 다시 무대에 올릴 계획인데 해리 웰던 씨가 맡았던 주연 자리를 내게 주겠다는 카노 씨의 연락이었다. 나도 이제 유명 배우의 반열에 오른 것 같은 생각이 들었다. 비록 그동안 〈머밍 버즈〉와 다른 몇몇 토막극에서 훌륭한 연기를 선보이기는 했지만, 〈축구시합〉에서 주연배우로 연기하는 것과는 비교도 되지 않았다. 게다가 이번 무대는 런던에서 가장 주목받는 뮤직홀인 옥스퍼드 뮤직홀에서 올릴 예정이었다.

당연히 우리 극단은 평단뿐 아니라 세간의 이목을 끌 것이고, 내가 〈축구시합〉의 주연배우로 무대에 설 경우 내 이름이 포스터 맨 위에 올 것이 분명했다. 만약 옥스퍼드 뮤직홀 무대에서 성공을 거둔다면, 나는 일약 유명 배우의 반열에 오르는 것은 물론이거니와 높은 봉급도 보장될 터였다. 뿐만 아니라 당시 관례대로 내가 직접 토막극을 연출할 수 있는 기회가 올지도 몰랐다. 정말 내 인생 최고의 기회였다. 이미 예전에 함께 연기했던 출연진이 그대로 무대에 서는 거라 리허설에 많은 시간이 필요하지도 않았다. 나는 일주일간 리허설을 하면서 내가 맡을 역을 어떻게 소화할지 곰곰이 생각했다. 해리 웰던 씨는 랭커셔 지방 사투리를 썼지만, 이번에 나는 진정한 런던내기의 모습을 보여주고 싶었다.

그러나 리허설 첫날에 그만 후두염에 걸리고 말았다. 그래서 목을 아끼려고 최선을 다했다. 목소리는 최대한 낮추고 염증을 가라앉히기 위해 분무 흡입기를 대보기도 했지만 좀처럼 좋아지지 않았다. 따라서 연기에 대한 불안을 떨쳐버릴 수가 없었다.

결국 사건이 터지고 말았다. 첫날 무대에 서서 목이 터져라 소리를 질렀지만 전혀 들리지 않았다. 막이 내리자 카노 씨가 다가와 실망과 멸시가 뒤섞인 표정으로 나를 쳐다보며 화를 냈다. "지금 그걸 목소리라고 낸 거냐"며 꾸짖었다. 나는 내일 저녁에는 좋아질 거라는 말로 그를 안심시켰다. 그러나 다음 날도 마찬가지였다. 아니 더 심했다. 나는 혹시 목소리를 완전히 잃지 않을까 걱정이 되기 시작했다. 결국 그다음 날에 나 대신 대역이 무대에 올랐다. 그리고 당연한 일이었지만 나는 일주일 만에 무대에서 내려오고 말았다. 옥스퍼드 뮤직홀 무대에서 꿈꿨던 모든 것이 물거품이 되는 순간이었다. 그리고 설상가상으로 독감까지 걸렸다.

나는 1년이 넘도록 헤티를 보지 못했다. 어떻게 지내는지 궁금했다. 독감을 앓고 난 뒤, 기운도 없고 마음도 울적해지자 헤티가 보고 싶었다. 그래서 하루는 밤늦게 헤티의 집이 있는 캠버웰에 가보았다. 그러나 집은 비어 있었고 '세놓음'이란 딱지가 문에 붙어 있었다.

나는 정처 없이 여기저기 거리를 배회했다. 그런데 느닷없이 어둠 속에서 누군가 불쑥 튀어나오더니 길을 가로질러 내게로 다가왔다.

"찰리! 이런 데서 뭐 하고 있어?"

헤티였다. 그녀는 검은색 물개가죽 코트를 입고, 역시 둥근 물개가죽 모자를 쓰고 있었다.

"네가 보고 싶어 왔지."

내가 농담 섞인 말투로 대답했다. 헤티는 미소를 지었다.

"조금 마른 것 같아."

나는 독감에 걸렸다가 얼마 전에 나았다고 말해주었다. 헤티도 이제 열일곱 살이었다. 더 예뻐지고 옷도 세련되게 입는 것 같았다.

"그러는 넌 이런 데서 뭐 하고 있니?"

내가 물었다.

"친구랑 같이 있다가 오빠네 집에 가려고 하는 중이었어. 나랑 같이 갈래?"

헤티가 말했다. 나는 그녀와 같이 걸었다. 헤티는 언니가 프랭크 J. 굴드라는 미국인 백만장자와 결혼한 이야기를 내게 해주었다. 두 사람은 지금 프랑스의 니스에 살고 있는데, 헤티도 그들과 같이 살기 위해 이튿날 아침에 런던을 떠날 예정이라는 것이었다.

그날 밤 나는 헤티가 요염한 자태로 오빠와 춤추는 것을 지켜봤다. 헤티는 마치 오빠의 요부라도 되는 것처럼 행동했는데 두 사람이 진짜 오누이가 맞나 의심이 들 정도였다. 순간 그녀에 대해 가졌던 순진한 환상이 싹 가시는 것 같았다. 헤티도 다른 여자애들처럼 그렇고 그런 여자가 된 것인가? 이렇게 생각하니 서글픈 기분이 들었다. 하지만 나는 헤티를 있는 그대로 보기로 했다. 더이상 내가 예전에 마음에 두었던 그 여자가 아닌 것은 분명했다.

몸매는 더 성숙해 있었다. 자연스럽게 그녀의 가슴에 눈이 갔지만 별로 크지 않았다. 그리고 매력적이지도 않았다. 내가 그때 결혼할 수 있었다면 과연 헤티와 결혼했을까? 아니다. 나는 결혼 같은 것은 하고 싶지 않았다.

날씨는 서늘했지만 청명한 밤이었다. 헤티와 함께 집으로 걸어오면서 나는 진심에서 우러나온 말은 아니었지만 그녀가 멋지고 행복한 삶을 살 거라고 말해주었다.

"말만으로도 고마워. 눈물이 날 것 같아."

그녀는 말했다.

그날 밤 나는 승리감에 도취해서 집으로 돌아왔다. 내 슬픔이 그리고 내 기분이 그녀에게 전달된 것 같은 생각이 들었기 때문이다.

카노 씨는 나를 다시 〈머밍 버즈〉에 서게 했다. 아이러니한 것은 〈머밍 버즈〉에 다시 출연하면서 목소리도 정상으로 돌아왔다는 사실이다. 〈축구시합〉의 실패로 크게 낙담하기는 했지만 이내 떨쳐버리고자 애썼다. 그러나 내가 해리 웰던 씨를 대신할 만한 재능을 갖고 있지 못한 것은 아닌가 하는 자괴감이 떠나질 않았다. 게다가 잊을 만했던 포레스터스 뮤직홀의 악몽이 다시 되살아났다. 아직까지 자신감을 되찾지 못하고 있었기 때문에 내가 주연을 맡은 새로운 토막극에서도 실패에 대한 두려움을 떨쳐버릴 수 없었다. 무엇보다 계약 기간 만료일이 다가오고 있었다. 나는 급료 인상을 바라고 있었지만 〈축구시합〉의 실패 때문에 결과를 장담할 수 없었다.

카노 씨는 마음에 들지 않는 사람에게는 냉소적이고 잔인하게 대했다. 물론 지금까지 카노 씨는 나를 마음에 들어 했기 때문에 나에게 그런 식으로 대한 적은 없었다. 그러나 언제 어디서 그런 태도를 보일지 알 수 없는 노릇이었다. 한 번은 우리 극단의 배우 한 명이 무대에 올라 연기를 하는 중이었다. 별로 마음에 들지 않는 배우였는지 카노 씨는 공연 내내 무대 옆에 서서 자기 코를 부여잡고 들으라는 듯 대놓고 조소를 보냈다. 그것도 한 번으로 그치지 않았다. 카노 씨는 그가 무대에 오를 때마다 매번 이렇게 조소를 보냈다. 그 배우도 더 이상 참을 수 없었는지 무대에서 내려와 그에게 냅다 주먹을 날렸다. 그 뒤로 카노 씨는 더 이상 그런 행동은 하지 않았지만 언제 또 그렇게 변할지 알 수 없는 노릇이었다. 여하튼 나는 카노 씨와 계약 문제를 상의하기 위해 그의 사무실로 찾아갔다.

"급료를 올려달라? 하지만 극단은 자네 급료를 깎을 생각이네."

카노 씨가 냉소적으로 웃으며 말했다.

"옥스퍼드 뮤직홀 실패 이후 우리 극단은 평단으로부터 따가운 눈총을 받고 있어."

그는 어깨를 으쓱해 보이고는 말을 이었다.

"모두들 우리 극단의 연기가 수준 미달이라고 떠들고 다닌다네. 자네도 알지 않나. 뭐, 스크래치 크라우드(scratch crowd, 본 무대에 오르기 전에 함께 동작과 호흡을 맞추는 기간을 가리키는 말로 짜임새 없고 엉성한 연기를 비유적으로 표현한 것이다—옮긴이)를 보는 것 같다나!"

"그렇다고 그 일 하나만으로 저를 그렇게 깎아내릴 수 있습니까?"

"사실이 그렇지 않나?"

카노 씨는 일말의 동요도 없이 나를 뚫어져라 쳐다보며 이렇게 대답했다.

내가 물었다.

"단도직입적으로 말해서 뭐가 문제입니까?"

카노 씨는 목을 가다듬더니 나를 똑바로 보고 말하기는 뭐했는지 아래를 내려다보며 이렇게 말했다.

"한 마디로 자네가 재능이 없다는 거지."

이 말을 듣고 속이 확 뒤집어지는 것처럼 화가 치밀었지만, 나는 크게 숨을 고르고 침착하게 말했다.

"그런가요. 하지만 다른 사람들은 그렇게 생각하지 않아요. 그리고 여기보다 좋은 조건으로 나를 데려가겠다는 데도 많아요."

그러나 이것은 사실이 아니었다. 나는 다른 극단에서 제안을 받아본 적이 한 번도 없었다.

"아니, 모두가 연극도 형편없었고, 배우도 형편없었다고 말한다니까. 자, 들어봐."

그는 이렇게 말하며 전화기를 들었다.

"자네도 알지. 그 유명한 버몬제이. 내가 그 사람한테 전화할 테니까 자네에 대해 어떻게 생각하는지 들어보라고……."

카노 씨가 수화기에 대고 물었다.

"지난주에 우리가 무대에 올린 연극이 신통치 않았는데, 자넨 어떻게 생각하나?"

"정말 형편없었지!"

저쪽에서 상대의 목소리가 들려왔다. 카노 씨가 나를 보며 씩 웃었다.

"그래 어땠는지 말 좀 해주게!"

"한 마디로 말아먹었지!"

"그럼, 주연배우인 채플린은 어땠나? 괜찮지 않았어?"

"뭐, 그 친구는 말도 마. 그걸 연기라고 해!"

저쪽에서 이렇게 말했다. 카노 씨는 수화기를 내게 건네면서 또 한 번 씩 웃었다.

청춘이라는 무대 237

"자네 얘기니 한번 들어봐."

나는 수화기를 받자마자 쏘아붙였다.

"내가 형편없기로서니 당신의 그 구역질나는 연기만큼은 아니죠!"

카노 씨는 내 급료를 깎으려 했지만 마음대로 되지 않았다. 나는 카노 씨에게 나와 내 연기에 대해 버몬제이와 같은 생각을 갖고 있다면 재계약하지 않겠다고 엄포를 놨다. 카노 씨는 여러 면에서 빈틈없는 사람이었지만 남의 심리를 읽는 능력은 부족했다. 내 연기가 형편없었다고 해도 전화로 다른 사람에게 시켜 그렇게 말하도록 한 것은 카노 씨의 오판이었다. 나는 주당 5파운드를 받고 있었고 그리고 가능성은 희박했지만, 6파운드로 올려달라고 요구했다. 그런데 놀랍게도 카노 씨는 내 요구를 순순히 들어줬다. 그렇게 해서 나는 다시 카노 씨와 일할 수 있었다.

아메리칸드림을 가슴에 품다

카노 극단의 미국 현지 매니저인 앨프 리브스 씨가 영국으로 돌아왔다. 리브스 씨가 미국에 데려갈 주연급 배우를 섭외하러 왔다는 소문이 나돌았다.

옥스퍼드 뮤직홀에서 실패를 경험한 뒤로 나는 계속 미국행을 생각하고 있었다. 스릴과 모험심이 작용한 것도 있지만 새로운 세계에서 새롭게 시작하고 싶은 마음이 컸다. 다행히 내가 주연을 맡고 있던 새로운 토막극 중 하나인 〈스케이팅〉이 버밍엄에서 큰 성공을 거두고 있었다. 특히 리브스 씨가 돌아와 있다는 것을 알았기 때문에 그의 눈에 들려고 정말 혼신의 힘을 다해 연기했다. 그 결과였을까, 리브스 씨는 내 연기를 보자마자 카노 씨에게 전보를 보내 미국에 데려갈 배우를 찾았다고 알렸다. 그러나 카노 씨는 나를 위해 이미 다른 계획을 세워놓았다고 했다. 그래서 나는 혹시 미국에 못 가는 것은 아닌지 몇 주 동안 마음을 졸이며 보냈다.

그때 카노 씨는 〈와와〉라는 단막극에 심취해 있었다. 비밀결사 단체에 이제 막 가입한 한 인물이 겪는 일들을 익살스럽게 그린 촌극이었다. 리브스 씨와 나는 이 촌극이 이렇다 할 특징 없이 밋밋하다고 생각했지만 카노 씨는 우리와 생각이 달랐다. 미국에는 비밀결사 단체가 많기 때문에 그들을 풍자한 촌극이 엄청난 성공을 가져올 수 있을 거라는 논지를 폈다. 뭔가에 단단히 홀려 있는 사람처럼 보였다. 그런데 나는 그가 자신의 입으로 미국이란 말을 꺼내자 귀가 솔깃했다. 그럼 미국에서 이 촌극을 올릴 계획이었단 말인가. 카노 씨는 〈와와〉의 주연배우로 나를 미국에 보낼 계획이었던 것이다.

나는 속으로 뛸 듯이 기뻤다. 내가 바라던 미국행이 바로 코앞에 다가온 것이다. 나는 영국에서는 이미 내 장래에 대한 비전이 없다고 생각했다. 게다가 기회도 한정되어 있었다. 정규교육을 받지 않은 나로서는 연극 무대에서 실패하면 막노동판 외에 기댈 곳이 없었다. 미국은 이런 나에게 새로운 기회의 땅이었다.

미국으로 떠나기 전날 밤, 나는 웨스트엔드 이곳저곳을 돌아다니며 둘러봤다. 나는 이번이 런던을 보는 마지막이라는 심정으로 레스터 광장, 코벤트리 가, 몰(세인트 제임스 공원 근처 산책로—옮긴이)과 피커딜리도 둘러봤다. 사실 나는 미국에 가면 그곳에 영주할 생각이었다.

그렇게 새벽 2시까지 런던 곳곳을 돌아다녔다. 막상 런던을 떠날 생각을 하니 마음 한구석이 허전했다. 인적 끊긴 거리의 공허함과 내 울적한 마음이 뒤섞여 시적인 감상에 젖어보기도 했다.

나는 아무에게도 안녕이라는 말을 하고 싶지 않았다. 그래서 극단 사람들이나 친구들의 배웅을 받으며 눈물을 글썽이기보다는 혼자 조용히 떠나고 싶었다. 나는 아침 6시에 일어났다. 형을 깨우고 싶지 않았다. 그래서 짤막한 메모만 탁자 위에 올려놓고 집을 나섰다.

'미국으로 떠나. 편지할게. 찰리가.'

8
미국으로 가는 길

시카고를 지나 서쪽으로 갈수록 나는 그곳이 마음에 들었다. 기차 창밖으로 내다보이는 광활한 대지는 황량하고 칙칙해 보이기는 했지만 미래에 대한 기대감을 불러일으켰다. 클리블랜드, 세인트루이스, 미니애폴리스, 세인트폴, 캔자스시티, 덴버, 뷰트…… 마침내 캘리포니아에 도착했다. 화창한 날씨, 오렌지 농장들, 포도밭 그리고 태평양 연안을 따라 천 마일이나 길게 늘어선 야자수의 천국! 샌프란시스코 관객들은 호탕했다. 극장은 매회 초만원이었고 웃음이 끊이질 않았다.

냉담한 브로드웨이

우선 우리의 목적지는 퀘벡이었다. 퀘벡에서 뉴욕으로 갈 예정이었다. 무려 12일이나 걸리는 장거리 여행이었다. 날씨도 좋지 않아 거센 바람과 높은 파도를 견뎌야 했다. 그러나 내 마음은 가벼웠다. 한 번도 가본 적이 없는 이국땅에 발을 디딘다는 생각에 즐거웠다. 우리는 캐나다를 경유하는 뉴욕행 가축 수송선에 올랐다. 그런데 소는 한 마리도 없고 쥐만 득실거렸다. 쥐들은 겁도 없이 가끔 내 침상 아래까지 기어올라왔는데 신발을 던져 쫓아버리곤 했다.

때는 9월 첫날. 우리는 안개를 뚫고 뉴펀들랜드 인근 해역을 지났다. 마침내 대륙이 보이기 시작했다. 가랑비가 내렸기 때문에 세인트로렌스 강 제방이 흐릿하게 보였다. 배에서 바라본 퀘벡은 햄릿의 유령이 배회할 것처럼 높은 성벽에 둘러싸여 있는 것 같았다. 그래서 나는 미국도 이런 모습일까 은근히 걱정되기 시작했다.

그러나 퀘벡을 떠나 토론토로 향하면서 우리는 비로소 아름다

카노 극단 시절 미국 공연 길에 앨프 리브스(카노 극단 미국 현지 매니저)와 그의 부인 그리고 무리엘 파머와 함께

운 가을 풍경과 맞닥뜨렸다. 다시 미국에 대한 희망이 솟았다. 토론토에서 우리는 열차로 갈아타고 미국 이민국에서 입국 심사를 받았다.

어느 일요일 아침 10시, 드디어 우리는 뉴욕에 도착했다. 우리는 시가전차를 타고 가다가 타임스 스퀘어에서 내렸다. 그런데 나는 실망했다. 아니 절망에 가까웠다. 도로와 보도 여기저기에서 신문지 조각이 바람에 날리고 있었다. 영국에서도 유명했던 브로드웨이는 그렇게 초라할 수가 없었다. 마치 방금 침대에서 일어난 아가씨의 부스스하고 꾀죄죄한 모습을 닮았다고나 할까. 모든 길모퉁이마다 구두 굽을 걸쳐놓고 쉽게 구두를 닦을 수 있게 고안된 의자가 즐비하게 늘어서 있었고, 거기에 남자들이 와이셔츠 바람으로 죽 앉아 세월아 네월아 하며 구두를 닦고 있었다. 그 모습이 마치 집에서 해결해야 할 볼일을 노상에서 버젓이 하고 있는 것 같았다. 사람들이 모두 이곳이 초행길인 것처럼 보였다. 마치 방금 역에서 나와 다음 열차가 올 때까지 시간이나 때울 요량으로 길가에서 시간을 죽이며 정처 없이 서 있는 것 같기도 했다.

그러나 뉴욕은 뉴욕이었다. 그곳은 다소 모험적이면서도 사람을 어리둥절하게 만들고 두려움도 갖게 하는 곳이었다. 반대로 파리는 친근한 데가 있었다. 비록 프랑스어는 할 줄 몰랐지만 파리는 술집과 카페 등 어디나 나를 반기지 않는 곳이 없었다. 그러나 뉴욕은 본질적으로 비즈니스의 도시였다. 고층빌딩만 거만하게 우뚝 서 있을 뿐 일반인들의 편의는 전혀 고려하지 않는 것 같았다. 술집도 손님이 앉을 만한 의자나 테이블은 하나도 없고 고작 발을 걸칠 수 있는 긴 놋쇠 난간만 덩그러니 설치되어 있을 뿐이었다. 사람들에게 인기 있는 식당도 하얀 대리석을 깔아 깨끗하기는 했지만 병원 같은 느낌만 줄 뿐이었다.

나는 43번가 뒤편에 적갈색 사암으로 지은 집에 안쪽 방을 하나 얻었다. 지금은 그 자리에 타임스 빌딩이 들어서 있다. 방은 작고 음침하고 지저분했다. 런던에 있는 내 아파트가 그리웠다. 지하에는 세탁소가 들어서 있었는데, 주말에는 영업을 하지 않아 상관없었지만 주중 내내 세탁소 특유의 옷 다리는 냄새 때문에 속이 뒤틀리곤 했다.

뉴욕에 도착한 첫날부터 적응하는 것이 쉽지 않았다. 레스토랑에 가서 식사를 하는데 내 영국식 발음 때문에 주문하는 데 애를 먹었다. 나는 말을 느리게 하는 편이었다. 그런데 뉴욕 사람들은 말을 빠르게 했을 뿐만 아니라 필요한 말만 딱 잘라 했다. 그래서 갑자기 내가 말더듬이가 된 것 같은 착각이 들었고, 그들의 시간을 빼앗는 것 같아 미안한 기분이었다.

뉴욕에서는 모든 일이 신속하고 민첩하게 이뤄졌다. 런던에서는 한 번도 겪어보지 못한 풍경이었다. 작은 구멍가게를 운영하는 사람조차 그렇게 민첩할 수가 없었다. 구두닦이도 구두 닦는 천을 쉴 새 없이 민첩하게 놀렸고, 바텐더는 맥주를 신속하게 날랐다. 특히 반들반들한 카운터 위로 맥주잔을 미끄러지게 해 손님 앞에 정확이 배달했는데, 놀라운 솜씨였다. 일반 음료수를 판매하는 상점 점원은, 특히 계란맥아 우유를 만들 때 보면, 마치 마술사가 요술을 부리는 것 같이 손의 움직임이 보이지 않았다. 먼저 컵을 얼른 낚아채 바닐라 향, 아이스크림 조금, 맥아 두 스푼을 넣고, 계란을 한 손으로 쥐고 컵 언저리에 탁 쳐서 깨 넣은 다음 마지막으로 우유를 붓고 그릇에 옮겨 담아 흔들어서 내놓는데 채 1분이 걸리지 않았다. 정말 신속 정확했다.

첫날 뉴욕에 도착해 대로에서 바라본 사람들은 나처럼 외롭고 쓸쓸해 보였다. 물론 마치 세상을 다 얻은 것처럼 으스대며 걷는 사람들도 있었다. 사람들의 태도는 무뚝뚝하고 뻣뻣했다. 특히 다른 사람에 대한 호의나 예의는 찾아보기 힘들었다. 그렇게 하는 것이 마치 자신의 약점을 드러내는 일이라고 생각하는 것 같았다. 그러나 저녁에 브로드웨이에 나가 여름옷을 입은 사람들 무리에 섞이자 안심이 되었다. 동질감이었다고나 할까. 우리가 영국을 떠날 때는 추운 9월이었다. 그러나 뉴욕은 같은 9월인데도 봄날 같이 화창했다.

브로드웨이를 얼마나 걸었을까. 주변이 어둑어둑해지면서 화려한 조명이 불을 밝히기 시작했다. 마치 보석이 빛을 발하는 것처럼 아름다웠다. 그리고 이런 아늑한 분위기 때문이었는지 조금 전까지 느꼈던 어색한 분위기가 사라지면서 미국의 본모습이 눈에 들어왔다. 높은 고층빌딩들, 밝고 화려한 불빛, 도시의 활력을 나타내는 광고판들이 내 희망과 모험심을 자극했다. '이거야! 이게 바로 뉴욕이야!'라고 나는 속으로 외쳤다.

브로드웨이에서 마주친 사람들은 모두 연예계에 종사하는 사람들 같았다. 가는 곳마다 배우들, 보드빌 희극배우들, 서커스 곡예사들 그리고 연예인들이 즐비했다. 거리에, 레스토랑에, 호텔과 백화점에 그리고 잡담을 나눌 수 있는 장소들이면 어김없이 그런 사람들로 가득했다. 간혹 그들의 대화에서 극장 소유주들의 이름이 들려왔다. 리 슈버트, 마틴 벡, 윌리엄 모리스, 퍼시 윌리엄스, 클로 앤드 얼랭거, 프로만, 술리번 앤드 콘시딘, 판타지스 등등. 빌딩 청소부, 엘리베이터 보이, 웨이터, 시가전차 운전사, 바텐더, 우유 배달원, 빵 굽는 사람, 할 것 없이 모두 연예계 흥행사처럼 이야기했다.

생김새가 시골 출신 아낙네들 같아 보이는 나이든 두 여자가 거리 한복판에 서서 이런 대화를 나누고 있었다.

"그 애가 서부 판타지스 극장(하루에 3번씩 공연했다)에서 하루에 세 번 모두 무대에 올랐어. 좋은 작품만 만나면 일류 보드빌 희극배우가 될 재목이야."

한 건물 관리인은 이런 말을 했다.

"윈터가든(뉴욕 브로드웨이에 있는 극장—옮긴이)에서 알 존슨이 펼친 연기 봤어? 그가 나오니까 무대가 다 달라 보이더라고."

 신문은 연일 한 면 전체를 할애해 공연계 소식을 다루면서 인기 순위를 매겼다. 먼저 보드빌 공연물을 일일이 거론한 다음 대중성과 박수갈채에 따라 순위를 매겼다. 마치 경주마의 순위를 매기는 것 같았다. 우리는 아직 이 경주에 뛰어들지는 않았지만 어떤 결과가 나올지 자못 궁금했다. 우리는 6주 동안만 퍼시 윌리엄스 극장에서 무대에 오를 예정이었다. 그 뒤로는 아직 예정된 일정이 없었다. 미국에 얼마나 오래 머무를지는 전적으로 첫 무대 결과에 달려 있었다. 만약 좋은 반응을 얻지 못한다면, 바로 짐을 싸서 영국으로 돌아가야 할 것이다.

 우리는 연습실을 얻어 일주일 동안 〈와와〉를 연습했다. 출연자 중에는 드루어리 레인 극장에서 한때 이름을 날렸던 어릿광대 윔지컬 워커(1851~1934, 영국 태생의 연극배우이자 어릿광대—옮긴이)도 있었다. 예순이 넘은 나이였지만 아직까지 깊고 은은한 목소리를 갖고 있었다. 그러나 연습 중에 안 사실이지만 그는 발음이 정확치 않았다. 그는 우리 연극의 기본 줄거리를 관객들에게 설명하는 중요한 역할을 맡고 있었다. 예를 들면 이랬다. '더 펀 윌비 퓨리어스(기상천외한 즐거움을 선사할 것입니다), 애드리비툼(ad libitum, '자유롭게'라는 뜻의 라틴어로 재즈나 연극 등의 즉흥연주나 즉흥연기를 말한다—옮긴이)'이라는 대사가 있었는데, 그는 이것을 제대로 말하지 못했다. 아니 할 수 없었다. 연습 첫날 그는 '애드리비툼'을 '애블립블룸'이라 발음하더니 나중에는 아예 '애드리붐'으로 발음했다. 결국 그는 발음을 고치지 못했다.

 미국에서 카노 극단은 꽤 유명했다. 그래서 우리도 유명 배우들이 출연하는 공연 명단 앞쪽에 당당히 이름을 올릴 수 있었다. 그래서 나는 우리 극단이 무대에 올릴 〈와와〉가 성에 차지는 않았지만 최선을 다하기로 마음을 먹었다. 카노 씨가 '미국적 상황에 딱 맞는다'고 한 말에 일말의 희망을 걸기로 했다.

첫 공연을 앞두고 내가 느꼈던 긴장감과 불안감이 어땠는지에 대해서는 따로 설명하지 않겠다. 사실 그 심정을 어떻게 다 말로 표현하겠는가. 우리가 무대에 오르기 전 미국 배우들이 무대 뒤편에서 우리를 바라보고 있다는 생각에 정말 다리가 후들거렸다. 영국에서는 내가 무대에 올라 던진 첫 농담에 엄청난 웃음이 터지곤 했다. 그리고 그것이 나머지 극 전체에 대한 반응을 좌우했다. 먼저 막이 오르면 캠핑 장면. 나는 찻잔을 들고 텐트에서 나온다.

아치(나) 좋은 아침이야, 허드슨. 물 좀 갖다 주겠어?
허드슨 알았어. 뭐하려고?
아치 목욕이나 하게.

객석에서 약간 낄낄거리는 소리가 들렸다. 그러나 곧바로 얼음장 같은 침묵이 이어졌다.

허드슨 간밤에 잘 잤어, 아치?
아치 제대로 못 잤어. 밤새 송충이에게 쫓기는 꿈만 꿨어.

객석의 반응은 썰렁 그 자체였다. 그 뒤로는 보나마나였다. 무

미국으로 가는 길 249

대 뒤에서 우리를 지켜보던 미국 배우들의 표정이 어두워졌다. 결국 막이 내렸을 때 그들은 이미 자리를 뜬 지 오래였다.

내 판단이 맞았다. 카노 씨에게 충고했듯이 연극은 지루하고 재미없었다. 우리 극단은 이것보다 더 재미있는 공연 목록이 많이 있었다. 〈스케이팅〉〈멋쟁이 도둑들〉〈우체국과 미스터 퍼킨스〉〈국회의원 양반〉 등등. 미국 관객들을 충분히 웃길 수 있는 재미있는 토막극들이었다. 그러나 카노 씨는 완강했다.

간단히 말해서 해외 공연의 실패는 죽을 맛이었다. 매일 밤 우리 공연을 보면서 침묵으로 일관하는 관객들 앞에 서는 것만큼 고역은 없었다. 재밌고 재치 넘치는 영국식 희극이 객석을 썰렁하게 만드는 희극이 된 것이다. 우리는 마치 도망자라도 된 것처럼 무대를 오르고 내리기를 반복했다. 6주 동안 우리는 치욕의 나날을 보냈다. 희극배우에게 치욕도 이런 치욕은 없었을 것이다. 다른 배우들은 우리를 마치 역병에 걸린 사람 취급하며 피해 다녔다. 막이 오르기 전 무대 뒤에 면목을 잃고 서 있는 우리 모습은 마치 사형대에 앞에서 줄지어 차례를 기다리는 죄수 같았다.

나는 외롭고 버려진 것 같은 기분이 들었다. 그런데 오히려 혼자 있는 것에 감사한 생각도 들었다. 적어도 이런 굴욕에 같이 낯뜨거워 할 사람이 없으니 다행이었다. 낮에는 그 끝을 알 수 없는 긴 도로를 따라 정처 없이 걷거나 동물원, 공원, 수족관, 박물관 등에 가서 시간을 보냈다.

공연 실패 이후 뉴욕은 두려운 곳으로 변해 있었다. 빌딩들은 더 높게 보였고 모든 것을 경쟁과 대결로 이끌어가는 분위기도 참기 힘들었다. 5번가에 즐비한 고급 주택들은 집이 아니라 부와 성공을 상징하는 기념비 같았다. 빼곡하게 들어선 고층빌딩들과 번득이는 상점들은 내가 뉴욕에 전혀 어울리지 않는 사람이라는 것을 상기시킬 뿐이었다.

나는 도심을 지나 멀리 슬럼가까지 한참을 걸었다. 매디슨 스퀘어에 있는 공원을 지나다 보니 나이든 부랑자들이 누추하고 절망적인 얼굴로 고개를 숙인 채 벤치에 앉아 있었다. 나는 3번가와 2번가를 지났다. 슬럼가였다. 빈곤이 고통으로 몸서리치고 신음하는 소리가 들려왔다. 문간, 비상구, 길거리 여기저기에서 가난과 빈곤을 목격할 수 있었다. 마음이 너무 울적했다. 보고 있기 힘들어 서둘러 브로드웨이로 돌아가고 싶었다.

미국인들은 적극적으로 자신의 꿈을 좇는 낙천가들이자 지칠 줄 모르는 노력가들이었다. 그들은 언제나 '한탕'을 바랐다. 잭팟을 터트려라! 출세하라! 남의 말은 귀담아듣지 마라! 한탕치고 빠져라! 다른 일에 뛰어들어라! 그런데 도덕적으로 수용하기 어려운 이런 태도가 나에게 어떤 영감을 주었다. 역설적으로 들리겠지만, 공연이 실패하자 내 마음은 오히려 무거운 짐을 던 것처럼 가벼워졌다. 미국에는 다른 많은 기회가 기다리고 있었다. 굳이 연극 무대만 고집할 필요가 없었다. 내가 무대에만 내 인생의 전부를 건 것도 아니었다. 말 그대로 다른 일에 뛰어들어보자! 나는 다시 자신감이 생기기 시작했다. 무슨 일이 있든 나는 영국으로 돌아가지 않고 미국에 체류할 계획이었다.

기분전환 차원에서 나는 정서도 함양하고 공부도 하고 싶었다. 그래서 주변 헌책방을 돌아다니기 시작했다. 나는 공부에 도움이 될까 싶어 켈로그의 《수사학》과 영문법 책 한 권 그리고 라틴어-

영어 사전을 하나 샀다. 그러나 나는 그것을 몇 장 보지도 않고 그대로 트렁크에 집어넣고 까마득히 잊고 지냈다. 그리고 내가 이것들을 다시 펼쳐본 것은 두 번째로 미국을 방문했을 때였다.

우리가 뉴욕에 도착한 첫 주에 가장 상위에 오른 공연은 아이들만 출연하는 〈구스 에드워드의 학창 시절〉이라는 연극이었다. 그 가운데 체구는 작은데 행실이 어른 뺨치는 무뢰한이 한 놈 있었다. 그는 담배 쿠폰으로 도박을 즐겼다. 당시 담배 쿠폰은 유나이티드 시가 스토어에 가지고 가면 니켈이 도금된 고급스런 커피포트에서 그랜드피아노에 이르기까지 다양한 경품과 교환할 수 있었다. 그는 이런 것들에 눈이 팔려 자주 무대 담당이나 다른 사람들과 내기 주사위 놀이를 했다. 월터 빈셀이라는 아이였는데 말하는 속도가 보통 빠른 것이 아니었다. 정말 총알같이 빠르게 말했는데, 몇 년 뒤에 들리는 얘기로는 여전히 말이 빠르기는 하지만 많이 무뎌졌다고 했다.

비록 우리 공연이 실패로 끝나기는 했지만, 나에 대한 평가는 매우 호의적이었다. 〈버라이어티〉지의 사임 실버맨(1873~1933, 미국의 출판업자—옮긴이)은 나에 대해 이렇게 평가했다. '그래도 이 극단에 유일하게 재미있는 영국인 배우가 한 명 있다. 그는 미국에서도 통할 것이다.'

당시 우리는 별다른 추가 일정이 없었다. 그래서 짐은 바로 꾸리지 않더라도 6주 뒤에 무조건 영국으로 돌아갈 계획이었다. 그렇게 시간을 보내다가 셋째 주 월요일에 5번가 극장에서 주로 영국인 집사들과 시종들로 이뤄진 관객들 앞에서 공연을 했다. 뜻밖에도 이날 공연이 대성공을 거뒀다. 관객들은 시종일관 우리가

내가 희극배우로서 성공하기 전의 모습

성공한 뒤의 모습

던지는 농담에 배꼽을 잡고 웃었다. 나를 포함해 극단 사람들 모두 놀라지 않을 수 없었다. 왜냐하면 영국인 관객들이 많이 들어오기는 했지만 별다른 호응이 없을 것으로 예상하고 있었기 때문이었다. 이렇게 되자 나도 마지못해 하던 연기에 힘이 솟기 시작했다. 결과적으로 거칠 것 없이 연기가 매끄럽게 이어졌다.

그 주에 한 극장 에이전트가 우리 공연을 관람하고 나서 20주 동안 미국 서부에 있는 술리번 앤드 콘시딘 극장 체인에서 순회공연을 하자는 제의를 해왔다. 출연료는 높지 않았다. 게다가 하루에 세 번 무대에 서야 했다.

서부 순회공연 길에 오르다

술리번 앤드 콘시딘 극장의 첫 순회공연은 큰 성공을 거두지는 못했지만 다른 공연들과 비교해서 실망할 수준은 아니었다. 당시만 해도 미국 중서부는 매력이 넘치는 곳이었다. 전반적으로 생활 속도가 뉴욕보다 여유가 있었고 분위기도 낭만적인 데가 있었다. 약국과 술집 앞에는 어김없이 주사위 내기를 할 수 있는 책상이 마련되어 있었다. 물론 내기 물품은 약국과 술집에서 판매하는 상품들이었다. 일요일 아침이면 번화가를 중심으로 딸그락딸그락 주사위 굴리는 소리가 끊이지 않았다. 나에게는 그런 풍경이 친근하고 여유롭게 보였다. 나도 가끔 내기에 끼어들어 10센트를 걸고 1달러짜리 물건을 받아온 적이 여러 번 있었다.

전반적으로 물가도 저렴했다. 7달러면 혼자 세끼 식사를 포함해 작은 호텔에서 일주일을 묵을 수 있었다. 음식 값은 더더욱 저렴했다. 우리는 술집의 프리런치 카운터(대금을 받지 않는 식사. 무료인 것처럼 보이나 실은 그렇지 않다—옮긴이)를 자주 애용했다. 5센트짜리 동전 하나면 맥주 한 잔에 차려놓은 음식을 마음대로 집어먹을 수 있었다. 돼지고기 요리, 슬라이스 햄, 토마토 샐러드, 정어리, 마카로니 치즈, 다양한 종류의 슬라이스 소시지, 간 소시지, 살라미 소시지, 핫도그 등등. 극단 멤버 몇 명은 얼마 안 되는 본전을 뽑을 요량으로 접시 가득 음식을 담아 먹었다. 그러면 술집 주인이 꼭 한 마디 했다.

"아, 이봐! 술집 와서 배 채울 일 있어. 누구는 땅 파서 장사하나?"

우리 극단 멤버는 15명 내외였는데 모두 교통비와 숙박비를 제외하고 적어도 급료의 반은 저축했다. 나는 주당 75달러를 받았는데, 그 가운데 50달러는 꼬박꼬박 저축했다. 그래서 나는 급료를 받자마자 맨해튼 은행으로 직행했다.

우리는 순회공연을 하면서 계속 서부로 향했다. 우리와 함께 서부 지역 순회공연에 나섰던 술리번 앤드 콘시던 극장 단원 중에 텍사스 출신의 젊고 잘생긴 친구가 한 명 있었다. 극단 그네타기 곡예사였던 그는 계속 무대에 남을지 프로 권투선수로 전향할지를 두고 고민하고 있었다. 나는 매일 아침 그와 글러브를 끼고 권투 연습을 했다. 그는 나보다 키도 크고 몸무게도 많이 나갔지만 나에겐 상대가 되지 않았다. 우리는 친한 친구가 되었고, 권투 연습이 끝나면 같이 점심을 먹으러 갔다. 그의 가족들은 텍사스에서 농사를 짓고 있다고 했다. 그는 나중에 은퇴하면 고향에 내려가 농사를 지으며 살 생각이라고 말했다. 나는 그의 장단에 맞춰 이참에 배우를 그만두고 함께 시골로 내려가 양돈 사업을 해보는 것은 어떠냐고 제안했다.

서로 모아놓은 돈을 합쳐보니 2,000달러가 넘었다. 그리고 그도 나와 마찬가지로 한밑천 잡아보고 싶은 꿈을 꾸고 있었다. 그래서 우리는 아칸소에 1에이커당 50센트씩, 총 2000에이커의 땅을 사고, 남는 돈으로 시설을 갖추고 돼지를 사서 키워보자는 계획을 세웠다. 사업이 잘돼서 돼지 한 마리가 1년에 평균 5마리의 새끼를 낳는다고 가정하고 계산해보니 5년 뒤에 우리는 각자 10만 달러의 재산을 모을 수 있다는 계산이 나왔다.

기차를 타고 가면서 차창 밖으로 돼지 사육 농가가 눈에 띄기라도 하면 우리는 흥분을 감추지 못했다. 우리는 기차 안에서 자고 먹고 돼지를 꿈꿨다. 그러나 그 꿈은 물거품이 되고 말았다. 아니 포기했다는 말이 더 맞을 것이다. 나는 양돈에 대해 자세히 알아볼 요량으로 책을 한 권 사서 읽었다. 책은 돼지 불까기를 그림까지 곁들여 친절하게 설명하고 있었다. 그런데 그것을 보는 순간 정나미가 뚝 떨어져서 양돈 사업을 하겠다는 생각은 말끔히 사라지고 말았다. 만일 내가 그 책을 보지 않았다면, 배우 일을 그만두고 양돈업자가 되었을지도 모를 일이다.

이번 순회공연에 나는 내 바이올린과 첼로를 갖고 다녔다. 열여섯 살 때부터 나는 매일 6시간씩 침실에서 바이올린과 첼로를 연습했다. 뿐만 아니라 극장 지휘자나 그가 추천하는 사람에게 찾아가 매주 레슨도 받았다. 나는 왼손잡이기 때문에 버팀 막대를 외손잡이에 맞게 조율하고 오른손잡이와 반대로 켜는 연습을 했다. 나는 연주자가 되고 싶은 꿈이 있었지만 안 되면 보드빌 무대에서 그것을 써먹고 싶었다. 그러나 시간이 지나면서 실력이 늘지 않는 것을 깨닫고 둘 다 포기했다.

그렇게 우리는 시카고에 도착했다. 1910년대 시카고는 도시의 추악함과 냉혹함 그리고 지저분함으로 인해 오히려 그 매력을 발산하는 도시였다. 칼 샌버그(1878~1967, 미국의 저술가-옮긴이)가 말한 것처럼 시카고는 개척시대의 정신이 살아 있는, 나날이 번창하는 '연기와 철강'의 도시였다. 나는 시카고의 광대한 초지가 러시아의 초원 지대와 비슷하다는 생각을 했다. 따라서 겉으로 보면 활력이 넘쳐나는 도시로 보였지만, 그 이면에는 남자들만 느낄 수 있는 고독과 우수가 요동치고 있었다.

이런 대도시 특유의 고독을 날려버릴 수 있는 국민적 오락이 있었다. 국민적 오락이라고는 했지만, 그냥 통속적인 소극이었다. 난폭해 보이는 희극배우들이 20명 정도 되는 코러스걸에 둘러싸여 펼치는 말 그대로 질펀한 무대였다. 코러스걸 가운데 몇 명은 미인이었지만, 나머지는 대체로 수준 이하였다. 배우들 중에도 간혹 재미있는 사람이 있기는 했지만, 내용은 매우 통속적이어서 저속한 외설과 음탕한 냉소가 난무했다. 따라서 관객도 대부분 남성이었다. 나는 이런 통속극이 오히려 남성의 정상적인 성적 욕구나 성관계에 방해가 되지는 않을까 걱정이 됐다.

시카고는 이런 무대로 넘쳐났다. 그 가운데 〈왓슨의 뚱보 합창단〉이라는 공연이 있었는데, 엄청 뚱뚱한 중년 여성 20명이 몸에 착 달라붙는 타이츠를 입고 무대에 올랐다. 광고 문구에도 나와 있기는 했지만, 이들 배우들의 몸무게만 합쳐도 수 톤은 좋이 나갈 것 같았다. 극장 밖에 걸어놓은 수줍은 자태를 하고 찍은 배우들의 사진을 보고 있자니 알 수 없는 슬픔과 울적함이 밀려왔다.

시카고에서 우리는 와바시 애비뉴의 높은 주택 지구에 위치한 작은 호텔에서 묵었다. 방이 지저분하고 불쾌하기는 했지만 시카고의 통속적인 소극 무대에 오르는 아가씨들 대다수가 같은 호텔에 묵었기 때문에 로맨틱한 면도 없지 않았다. 어느 도시를 가든 우리는 항상 이런 아가씨들이 묵는 호텔을 수소문해서 숙소를 정했다. 음탕한 생각으로 그렇게 하기는 했지만 한 번도 바라던 대로 된 적은 없었다. 고가철도가 호텔 옆을 지났기 때문에 밤이면 열차가 지날 때마다 오래된 영사기가 돌아가는 것처럼 침실 벽에 열차 그림자가 비쳤다. 특별히 흥미롭거나 스릴 넘치는 일이 있었던 것은 아니지만 나는 이 호텔이 마음에 들었다.

어떤 연유에서였는지는 몰라도 한 조용하고 예쁜 아가씨가 항상 생각에 골몰한 채 혼자 지냈다. 가끔 호텔 로비를 지나면서 그녀와 마주치기도 했지만 수줍음 때문에 알은체는 하지 못했다. 그녀도 나에 대해 별로 관심이 없는 것 같았다.

우리는 시카고를 떠나 서부로 향했다. 그녀도 같은 기차에 올랐다. 그녀가 속한 극단도 우리와 같은 여정을 따라 움직였다. 그래서 같은 도시에서 같은 무대에 올랐다. 한 번은 기차 통로를 지나는데 그녀가 우리 극단 단원과 이야기를 나누는 것이 눈에 띄었다. 뒤에 그가 돌아와 내 옆자리에 앉기에 그녀에 대해 물어봤다.

"어떤 아가씨예요?"

"귀여운 아가씨야. 그런데 가여워. 안됐더라고."

"왜요?"

무슨 말을 하는지 자세히 듣기 위해 나는 그에게 몸을 기울였다.

"소문 들어서 알고 있지? 저 극단 단원 중에 매독에 걸린 여자가 있다는 소문 말이야. 저 여자가 바로 그 여자야."

시애틀에 도착했을 때 그녀는 극단을 그만두고 치료를 받기 위해 병원에 입원했다. 우리도 조금씩 돈을 모아 그녀의 병원비에 보태라고 주었다. 모든 사람이 그녀가 어떤 병에 걸렸는지 알게 되었다. 측은한 생각도 들었다. 그럼에도 그녀는 우리에게 도와줘서 감사하다고 말했다. 뒤에 그녀는 당시 매독 치료제로는 신약에 속했던 살바르산을 투여받고 완쾌되어 극단에 다시 합류했다.

당시 미국 전역에 홍등가가 성업했다. 시카고는 특히 '만국관'이라는 곳이 유명했는데, 애벌리라 불리는 독신 중년 여성 두 자매가 운영했다. 만국관도 여러 나라에서 온 아가씨들을 고용해 영업을 했기 때문에 뭇 남성들로 문전성시를 이뤘다. 각 방도 터키 풍, 일본 풍, 루이 16세 시대의 프랑스 풍으로 꾸며 손님들의 기호를 맞췄고, 심지어 아랍식 천막까지 갖췄다는 말도 떠돌았다. 세계 어디에 내놓아도 손색이 없을 만큼 공들여 만든 건물이었기 때문에 이용료도 만만치 않았다. 정계와 관계, 실업계의 거물들이 주요 고객이었다. 그리고 보통은 어떤 단체나 집단이 회원들의 동의를 얻어 만국관 전체를 전세 내기 일쑤였다. 한 백만장자가 3주 동안 두문불출한 채 아가씨들 치마폭에 싸여 지냈다는 소문도 있었다.

시카고를 지나 서쪽으로 가면 갈수록 나는 그곳이 마음에 들었다. 기차 창밖으로 내다보이는 광활한 대지는 황량하고 칙칙해 보이기는 했지만 미래에 대한 기대감을 불러일으켰다. 꽉 막힌

대도시보다는 광활한 대지가 내 마음을 더욱 편안하게 했다. 따라서 마음에도 여유가 생기는 것 같았다. 그리고 사물을 바라보는 시야도 넓어졌다. 클리블랜드, 세인트루이스, 미니애폴리스, 세인트폴, 캔자스시티, 덴버, 뷰트, 빌링스 같은 도시들은 미래에 대한 기대감으로 활력이 넘치는 곳이었다. 나도 이곳에서 공연을 하면서 덩달아 흥이 났다.

우리는 다른 보드빌 극단 단원들과 친구가 되었다. 그래서 도시를 옮겨다닐 때마다 예닐곱 명이 떼로 몰려다니며 홍등가를 전전하기도 했다. 때로는 유곽 마담의 호감을 얻어 아예 가게 문을 걸어 잠그고 우리가 밤새 전세 내어 놀기도 했다. 어떤 때는 홍등가에서 일하는 아가씨 몇 명이 극단 배우들과 눈이 맞아 다음 공연 도시까지 따라오는 경우도 있었다.

몬태나 주 뷰트에 있는 홍등가는 중앙에 큰 길을 끼고 작은 뒷골목에 수백 개의 유곽들이 죽 늘어서 있었는데, 1달러면 마음에 드는 아가씨를 옆에 두고 밤새 놀 수 있었다. 특히 뷰트의 홍등가는 중서부에서 젊고 예쁜 아가씨들이 가장 많이 모여 있는 곳으로 유명했다. 허튼소리가 아니었다. 길을 가다가 혹시 산뜻하게 차려입은 예쁜 아가씨가 눈에 띄면, 십중팔구 홍등가에서 쇼핑을 나온 아가씨라는 것을 알 수 있었다. 그녀들도 홍등가가 아닌 곳에서는 일반 사람들과 다를 바가 없었다.

나중에 나는 서머싯 몸과 그의 희곡 〈비 *Rain*〉에 등장하는 매춘부 새디 톰슨(서머싯 몸의 단편 희곡 〈미스 톰슨〉의 등장인물로, 이 작품은 뒤에 브로드웨이에서 〈비〉(1932)라는 제목으로 무대에 올려졌다—옮긴이)에 대해 이야기를 나눈 적이 있었다. 잔 이글스가 〈비〉의 공연 무대에서 새디 톰슨 역을 맡았다. 내 기억으로 그녀는 옆이 터진 부츠를 신고 남자처럼 그로테스크하게 무대에 올랐다. 나는 서머싯 몸에게, 만약 몬태나 주 뷰트에서 그런 식으로 옷을 입는 매춘부가 있었다면, 돈을 한 푼도 벌지 못했을 것이라고 말해주었다.

물론 1910년만 하더라도 몬태나 주 뷰트는 아직도 목이 긴 부츠를 신고 카우보이모자를 쓰고 목에는 빨간 네커치프를 하고 있는 광부들을 목격할 수 있는 곳이었다. 그리고 보안관이 아직도 치안을 담당했다. 나는 그곳에서 실제 총격이 벌어지는 것도 목격했다. 늙고 뚱뚱한 보안관이 도망가는 죄수를 잡기 위해 등 뒤에서 총을 쐈다. 죄수는 계속 도망치다 막다른 골목에 몰려 붙잡혔는데 다행히 총을 맞진 않은 것 같았다.

서쪽으로 갈수록 내 마음은 더 밝고 가벼워졌다. 지나는 도시들도 깨끗해 보였다. 우리는 위니펙, 타코마, 시애틀, 밴쿠버, 포틀랜드를 거쳐가면서 무대에 올랐다. 위니펙과 밴쿠버에서는 영국 관객들이 많았다. 시일이 지나면서 미국과 미국인들에게 많은 호감을 갖기는 했지만 동향 사람들 앞에서 연기하니 더 기뻤다.

미국을 떠나다

마침내 캘리포니아에 도착했다. 화창한 날씨, 오렌지 농장들, 포도밭 그리고 태평양 연안을 따라 천 마일이나 길게 늘어선 야자수의 천국! 동양으로 가는 관문인 샌프란시스코는 음식도 맛있고 물가도 저렴했다. 도착하자마자 나는 프로방스식 개구리 뒷다리 요리, 딸기 쇼트케이크 그리고 아보카도를 사서 먹어 보았다. 샌프란시스코는 1906년에 큰 지진이 있었다. 우리가 도착했을 때는 지진에서 완전히 복구된 상태였다. 샌프란시스코 주민들은 1906년 지진을 '화재'라고 불렀다. 아직 산비탈 같은 곳은 지진 흔적이 남아 있었지만 피해 흔적은 거의 찾아볼 수 없었다. 내가 묵은 작은 호텔을 비롯해 도시의 모든 것이 새롭게 반짝였다.

우리는 시드 그로먼(미국 태생의 사업가로 영화 상영관을 많이 소유해 극장왕이라 불렀다—옮긴이) 부자가 운영하는 임프레스 극장에서 공연을 했다. 그로먼 부자는 친절하고 사교성 있는 사람들이었다. 그리고 이때 처음으로 나는 카노 극단 소속이 아닌 단독으로 전단지에 이름을 올리기도 했다. 그리고 샌프란시스코 관객들은 상당히 호탕했다. 〈와와〉가 따분하고 재미없는 연극이었음에도 극장은 매회 초만원이었고 웃음이 끊이질 않았다. 그로먼은 흥분해 이렇게 말했다.

"카노 극단과 계약이 끝나거든 언제든지 우리한테 오게. 같이 일해보자고."

솔직히 이런 대우는 처음이었다. 샌프란시스코는 매사에 낙천적이고 진취적인 정신을 느낄 수 있는 도시였다.

한편, 로스앤젤레스는 샌프란시스코와는 정반대로 덥고 숨이 막힐 것 같은 험상궂은 도시였다. 사람들도 빈혈에 걸린 것처럼 창백하니 무기력해 보였다. 날씨는 샌프란시스코보다 포근했지만 공기는 상쾌하지 않았다. 북부 캘리포니아는 천연자원이 풍부한 곳이다. 특히 지금의 할리우드가 있기 전에 이곳엔 노천 타르

채굴장이 있었다.

우리의 첫 번째 순회공연의 마지막 도시는 모르몬교의 본고장인 솔트레이크시티였다. 그래서 솔트레이크시티로 가면서 이스라엘 백성들을 애굽의 노예 생활에서 구출해 약속의 땅 가나안으로 인도한 모세가 생각났다. 솔트레이크시티는 매우 광활한 도시로 마치 태양의 열기를 받아 너울거리는 사막의 신기루 같았다. 그리고 거리도 널찍해서 그것을 건너는 사람이 마치 대평원을 지나는 나그네처럼 보였다. 모르몬교의 본고장답게 도시는 초연하고 준엄했다. 물론 관객들도 그랬다.

술리번 앤드 콘시딘 극장 체인과 맺은 〈와와〉 순회공연이 끝나자 우리는 곧바로 영국으로 되돌아갈 생각으로 뉴욕에 돌아왔다. 뉴욕에 돌아오자마자 다른 보드빌 극단과 대결을 하고 있던 윌리엄 모리스 씨가 뉴욕시 42번가에 있는 자신의 극장에서 6주 동안 우리가 갖고 있는 모든 레퍼토리를 무대에 올려보자는 제안을 해왔다. 그래서 우리는 첫 무대로 〈영국 뮤직홀에서의 하룻밤〉이라는 작품을 무대에 올렸는데 관객들 반응이 뜨거웠다.

〈영국 뮤직홀에서의 하룻밤〉을 무대에 올린 그 주에 한 젊은 청년이 친구와 함께 여자친구들을 데리고 한밤중 데이트를 즐기기 위해 모리스 씨의 아메리칸 뮤직홀을 찾았다. 공연이 시작되고 얼마 지나지 않아 한 친구가 이렇게 말했다.

"만일 내가 나중에 크게 되면, 꼭 영입하고 싶은 친구가 저기 있는걸."

그는 〈영국 뮤직홀에서의 하룻밤〉에서 술주정뱅이로 분장한 내 연기를 보고 이런 말을 한 것이었다. 그때 그는 바이오그래피 영화사에서 일당 5달러를 받으며 D. W. 그리피스(1875~1948, 미국 영화의 아버지라 불리는 무성영화 시대의 감독―옮긴이) 밑에서 엑스트라로 일하고 있었다. 그는 바로 나중에 키스톤 영화사를 세운 맥 세네트였다.

뉴욕에서 윌리엄 모리스 씨와 계약을 맺고 6주 동안 오른 공연 무대가 대성황을 거두면서 우리는 다시 한 번 술리번 앤드 콘시딘 극장 체인과 계약을 맺고 20주간 순회공연에 나섰다.

그러나 두 번째 순회공연이 막바지에 다다르자 나는 마음이 울적해지기 시작했다. 남은 3주 동안 샌프란시스코, 샌디에이고 그리고 솔트레이크시티를 돌고 나면 이제 영국으로 돌아가야 했다.

샌프란시스코를 떠나기 전날 나는 혼자 마켓 스트리트를 걷다가 커튼이 쳐진 작은 가게 앞에서 걸음을 멈췄다. 가게 간판에 이런 글이 쓰여 있었다. '손금과 트럼프 점―1달러' 나는 조금 우물쭈물 하다가 문을 열고 가게 안으로 들어갔다. 오십대로 보이는 살이 포동포동한 여자가 식사 중이었는지 입을 우물거리며 가게 안쪽에 있는 방에서 나왔다. 그녀는 나를 쳐다보지도 않고 문 맞은편 벽에 붙여 놓은 작은 탁자를 가리키며 무성의하게 말했다.

"저기에 앉으세요."

내가 자리에 앉자 그녀가 내 앞에 와서 마주앉았다. 한 마디로 무뚝뚝한 여자였다.

"카드를 섞은 다음 세 번 떼서 제 쪽에 놓으세요. 그리고 두 손을 손바닥이 위로 가게 펴보세요."

그녀는 카드를 한 장씩 펴서 늘어놓은 다음 뭔가를 곰곰이 생각하더니 내 손바닥을 살펴봤다.

"먼 여행을 떠날 생각을 하고 있지요. 미국을 떠날 생각인 것 같은데. 하지만 곧 돌아올 거예요. 그리고 다른 일을 시작할 겁니다. 지금 하는 일과는 다른 어떤 일을."

그런데 잠시 머뭇거리더니 알 수 없다는 듯 고개를 갸웃거렸다.

"음, 같은 일이기는 한데 달라요. 당신은 새로운 일에서 엄청난 성공을 거두게 될 거예요. 당신 앞에는 엄청난 인생이 기다리고 있어요. 그렇지만 그게 뭔지는 저도 모르겠어요."

그리고 모처럼 고개를 들어 나를 쳐다보더니 내 손을 잡았다.

"어머, 결혼을 세 번이나 해요. 처음 두 번은 실패지만 마지막 결혼은 행복할 거예요. 아이는 셋."

놀랍게도 앞의 예언은 대부분 맞았지만 이 부분만은 맞지 않았다. 그런 다음 그녀는 다시 내 손금을 보기 시작했다.

"맞아요. 당신은 엄청난 돈을 벌 거예요. 이게 돈을 버는 손이에요."

그리고 다시 내 얼굴을 살펴봤다.

"당신은 여든두 살에 기관지 폐렴으로 죽을 거예요. 1달러입니다. 더 알고 싶은 게 있으세요?"

"아닙니다. 충분합니다. 그만 가보겠습니다."

나는 그렇게 말하며 웃고는 밖으로 나왔다.

우리가 솔트레이크시티에 갔을 때는 노상강도와 은행강도 사건이 터져 신문 지상이 떠들썩했다. 스타킹으로 복면을 한 강도들이 나이트클럽과 카페에 들어와 손님들을 벽을 향해 죽 세워놓고 강도짓을 했다. 하룻밤 사이에 세 건의 강도 사건이 일어나 도시 전체가 발칵 뒤집혔다.

공연이 끝나면 우리는 목을 축이러 근처 술집에 갔는데 가끔 손님들과 어울려 한잔하기도 했다. 하루는 술집에서 술을 마시고 있는데 뚱뚱하고 얼굴이 둥근 남자가 다른 두 명과 함께 기분 좋게 들어왔다. 셋 중에 가장 나이가 많아 보이는 뚱뚱한 남자가 우리에게 다가왔다.

"임프레스 극장에서 일하는 사람들 아니오?"

우리는 입가에 미소를 띠며 고개를 끄덕였다.

"어디서 봤다 했소! 어이, 여보게들! 이리 와보게."

그는 같이 온 다른 두 사람을 큰 소리로 불렀다. 그는 두 사람을 우리에게 소개시키며 함께 한잔할 수 있는지 물었다.

뚱뚱한 남자는 영국인이었다. 그러나 영국식 어투가 거의 남아 있지 않아서 단박에 알아보지는 못했다. 나이는 오십대 전후로 불그레한 얼굴에 작고 반짝이는 눈을 가진 매우 친절한 사람이었다.

밤이 깊어지자 뚱뚱한 남자와 함께 온 두 친구와 극단의 다른 일행들은 바 쪽으로 자리를 옮기고 나와 '뚱뚱이' 둘만 남아 술을 마셨다. 다른 두 친구가 그를 '뚱뚱이'라 불렀다. 우리는 한두 잔 술을 기울이며 금세 친해졌다.

"삼 년 전에 영국에 돌아가 본 적이 있소. 그런데 옛날 같지 않더군. 난 이곳이 마음에 들어. 삼십 년 전에 건너왔는데 당최 아는 게 없었지. 몬태나 구리 광산에 들어가 뼈 빠지게 일만 했는데, 그러다가 문득 이런 생각이 들더라고. 왜 이런 고생을 사서 하지? 이런 일이나 하려고 바다를 건너왔나? 이런 일은 바보들이나 하는 짓이다. 그래서 지금은 아래에 두 사람이나 두고 부리며 살고 있소."

그러더니 주머니에서 커다란 돈뭉치를 꺼내며 이렇게 말했다.

"한 잔 더 합시다."

나는 농담 섞인 어투로 말했다.

"어이구, 조심하세요. 강도를 당할지 모릅니다."

그는 알 수 없는 야릇한 미소를 짓더니 내게 윙크를 했다.

"아직 뭘 모르는 친구군!"

그의 윙크에 갑자기 무서운 생각이 들었다. 많은 의미를 함축한 윙크였다. 그는 내게서 눈을 떼지 않은 채 계속 미소를 짓고 있었다.

"이제야 알아챘나?"

그가 말했다. 나는 얼른 고개를 끄덕였다. 그러자 그는 내 귀에 얼굴을 가까이 대더니 함께 온 두 친구를 가리키며 귓속말로 속삭였다.

"저기 저 두 친구 보이지? 내 얼간이들이지. 머리에 든 건 없어도 배짱 하나는 두둑해."

나는 그의 목소리가 커서 다른 사람에게 들릴지 모르니 조심하라는 뜻으로 입술에 손가락을 갖다 댔다. 그는 아랑곳하지 않고 계속 크게 떠들어댔다.

"괜찮네, 형제. 우리는 오늘 밤 떠날 거니까. 우리는 같은 영국인이지 않은가? 런던에서 온. 난 자네가 임프레스 극장을 들락날락하는 걸 여러 번 봤네. 그것도 쉬운 돈벌이는 아니지. 안 그런가, 형제."

그가 얼굴을 찌푸렸다. 나는 그냥 웃고 말았다. 그는 내가 도둑질이라도 하러 임프레스 극장에 들락날락하는 것으로 알았던 것이다. 하기는 분장을 하고 무대에 오르니 내가 누군지 그가 알 턱이 없었다. 그는 내가 믿을 만한 사람이라고 생각했는지 평생지기가 되자며 뉴욕의 주소를 가르쳐달라고 했다.
"가끔 생각나면 편지를 쓰도록 하겠네."
그가 말했다.
다행히도 그에게선 아무런 소식도 없었다.

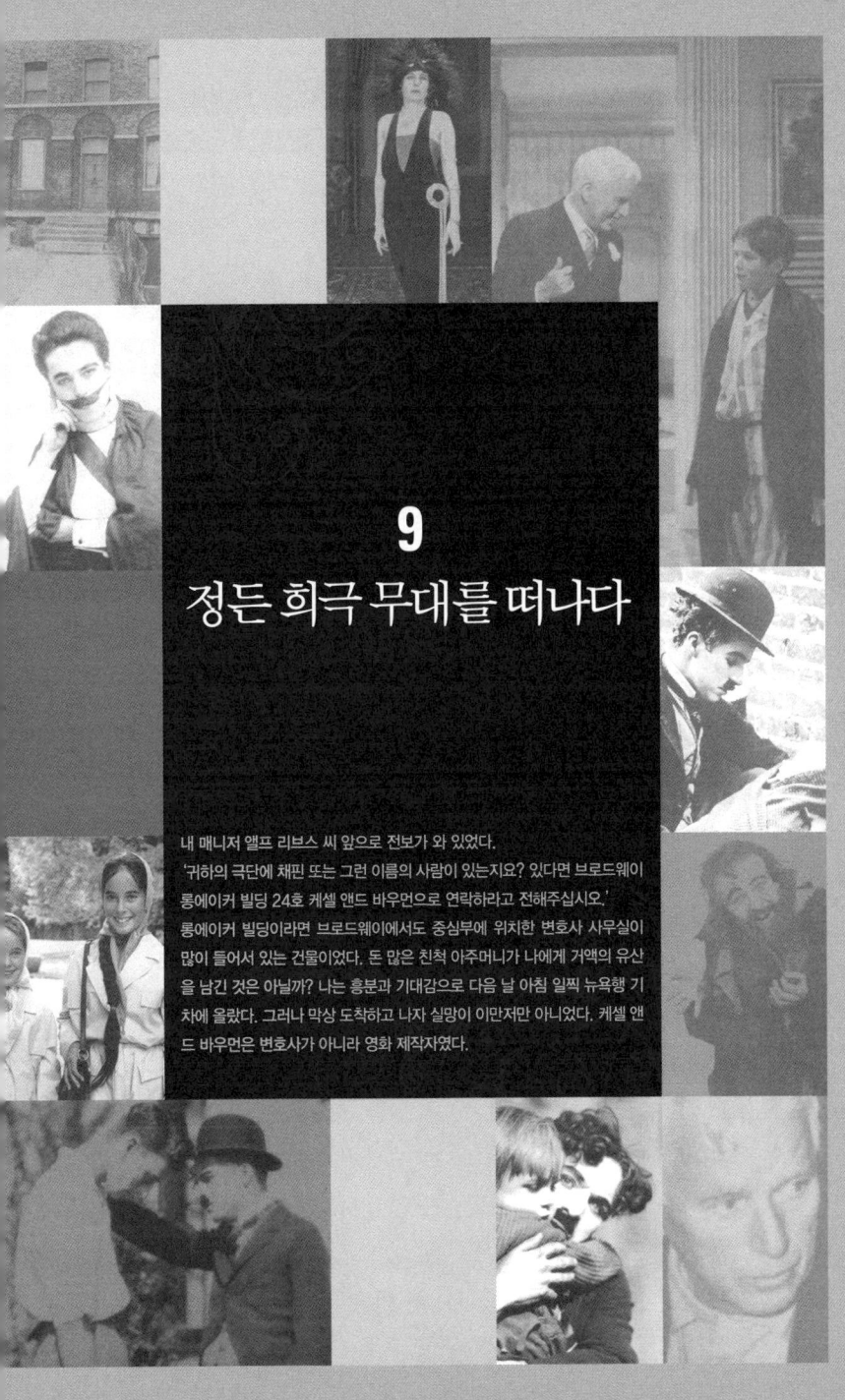

9
정든 희극 무대를 떠나다

내 매니저 앨프 리브스 씨 앞으로 전보가 와 있었다.
'귀하의 극단에 채핀 또는 그런 이름의 사람이 있는지요? 있다면 브로드웨이 롱에이커 빌딩 24호 케셀 앤드 바우먼으로 연락하라고 전해주십시오.'
롱에이커 빌딩이라면 브로드웨이에서도 중심부에 위치한 변호사 사무실이 많이 들어서 있는 건물이었다. 돈 많은 친척 아주머니가 나에게 거액의 유산을 남긴 것은 아닐까? 나는 흥분과 기대감으로 다음 날 아침 일찍 뉴욕행 기차에 올랐다. 그러나 막상 도착하고 나자 실망이 이만저만 아니었다. 케셀 앤드 바우먼은 변호사가 아니라 영화 제작자였다.

다시 아메리카로

예정된 순회공연 일정이 끝나고 미국을 떠나게 되었지만 마음에 별다른 동요는 없었다. 나는 다시 미국으로 돌아올 생각이었다. 물론 언제 어떻게 돌아올지 구체적인 계획은 없었다. 마음은 이랬지만 한편으로 런던으로 돌아가고 싶은 생각도 들었다. 너무 오랫동안 집을 떠나 있었기 때문에 런던의 내 작은 아파트가 그리웠다. 순회공연차 미국 전역을 돌아다니면서 나는 한시도 내 아파트를 잊은 적이 없었다. 그곳은 내가 돌아갈 성지와도 같았다.

형 시드니로부터 오랫동안 소식을 듣지 못했다. 외할아버지와 아파트에서 같이 산다고 전해온 것이 마지막이었다. 그러나 내가 런던에 도착했을 때 역으로 마중 나온 형은 아파트에서 나와 브릭스톤 가에 가구가 딸린 방을 얻어 신접살림을 차렸다고 했다. 한마디로 충격이 아닐 수 없었다. 미국에서 순회공연을 다니면서 내 생활의 버팀목이 되어준 작은 보금자리가 더 이상 존재하지 않는다니……. 나는 집 없는 신세가 되었다. 나는 브릭스톤 가 뒷골목에 작은 방 하나를 얻었다. 그렇지만 너무 썰렁하고 황량했다. 나는 가능한 빨리 미국으로 돌아갈 결심을 했다. 런던에 도착한 첫날 밤, 런던은 동전통이 비어 있는 슬롯머신에 동전을 넣을 때 나는 공허한 소리가 들리는 듯했다. 런던은 내게 냉담했다.

형은 결혼도 했고 저녁에 일을 나갔기 때문에 얼굴을 볼 수 있는 시간이 많지 않았다. 그러나 일요일에는 함께 어머니를 만나러 갔다. 어머니는 여전히 건강 상태가 좋지 않았다. 정말 울적한 하루였다. 어머니가 시끄럽게 찬송가를 불러대는 바람에 어쩔 수 없이 다른 방에 감금되어 있었다. 간호사가 이런 사실을 우리에게 미리 알려줬다. 형이 혼자 어머니를 만나러 들어갔다. 그러나 나는 어머니를 볼 용기가 나지 않았다. 형이 당황한 얼굴로 나왔다. 어머니가 냉수 충격 요법을 받고 있는 중이라 얼굴이 말할 수 없을 정도로 창백해져 있다고 했다. 이 일로 우리는 어머니를 사설 병원으로 모시기로 결심했다. 둘 다 여유가 없는 것도 아니었다. 그래서 우리는 유명 코미디언 댄 레노가 입원한 적이 있는 병원으로 어머니를 옮겼다.

날이 갈수록 내가 정체 모를 사람, 뿌리가 뽑혀 정처 없이 떠돌아다니는 사람처럼 느껴졌다. 만일 내가 꿈에도 그리던 그 조그만 아파트로 돌아갈 수 있었다면 사정은 달랐을지 모른다. 그랬다면 이런 우울한 감정은 자연스럽게 해소되었을 텐데. 그래도 미국에서 돌아온 뒤로 예전의 감정이 많이 되살아나 고향에 돌아온 느낌은 들었다. 때는 한여름이었다. 그리고 다른 곳에서는 느낄 수 없는 로맨틱한 분위기가 감돌았다.

극단 대표인 카노 씨가 일주일간 자신의 하우스보트에서 같이 지내자며 태그아일랜드로 나를 초대했다. 그의 하우스보트는 갑판에 고급 마호가니를 깔고 손님을 접대할 수 있는 접견실을 따로 갖춘 근사한 요트였다. 밤에는 요트 둘레에 장식한 형형색색의 조명에 불이 들어와 화려하고 근사했다. 정말 포근하고 아름다운 저녁이었다. 우리는 저녁을 먹고 나서 갑판 위로 올라가 멋진 조명을 바라보며 커피를 마시고 담배를 피웠다. 이것이 내가 다른 나라에 가 있어도 영국을 잊을 수 없었던 특유의 매력이었다.

그때 갑자기 어디선가 가성이 섞인 귀에 거슬리는 목소리가 들려왔다.

"오, 여러분, 제 사랑스러운 배를 봐주세요! 제 사랑스러운 배를! 그리고 이 아름다운 조명도! 하하하!"

분명히 우리를 조롱하는 조소 섞인 목소리였다. 우리는 소리가 어디에서 나는지 확인하기 위해 요트 밖을 내다봤다. 흰색 플란넬 운동복을 입은 한 남자가 보트를 타고 노를 저으며 지나가고 있었다. 선미 쪽에는 한 여자가 난간에 비스듬히 기대어 앉아 있었다. 마치 풍자만화 잡지 〈펀치〉에 나오는 한 장면 같았다. 카노 씨가 배 난간에 기대어 큰 소리로 똑같이 조소를 퍼부었다. 그러나 그 남자는 꿈쩍도 하지 않고 계속 비웃었다. 그래서 내가 말했다.

"한 가지 좋은 방법이 있습니다. 우리를 천한 계급으로 여기는 것 같은데, 정말 천하게 구는 게 뭔지 보여주는 겁니다."

나는 그 남자를 향해 라블레 풍의 욕설과 독설(16세기 프랑스 작가인 프랑수아 라블레의 저속하고 야비한 문체를 빗댄 말—옮긴이)을 있는 대로 퍼부었다. 같이 타고 있던 여자가 기겁을 했는지 남자는 서둘러 노를 저어 멀리 도망쳤다.

이런 어이없는 조소는 우리의 호사스런 취미에 대한 비난이라기보다는 계급적 편견의 소산이었다. 그는 우리 같은 하층계급이 호화로운 하우스보트에서 유유자적하는 것을 아니꼽게 생각한 것이다. 그러나 그는 버킹엄 궁전 앞에 가서 그런 식으로 히스테릭하게 웃지는 않을 것이다. 뿐만 아니라 "오, 보라고. 내가 사는 이 큰 저택을!" 하고 외치지도 않을 것이다. 또 국왕의 대관식 행렬을 보면서 절대 웃지 않을 것이다. 나는 영국에 있는 동안 예나 지금이나 변함없는 이런 계급적 편견을 뼈저리게 경험했다. 이런 부류의 영국인은 다른 사람의 계급적 열등감을 얼마나 빨리 알아채는지 귀신같다.

미국 순회공연을 마치고 돌아오자마자 바로 또 무대에 올랐다. 우리는 14주 동안 런던 전역을 돌며 공연했는데 평단과 관객의 반응 모두 좋았다. 그러나 내 생각은 다른 곳에 가 있었다. 나는 언제 다시 미국에 돌아갈 수 있을지 그것만 생각했다. 나는 영국을 사랑했다. 그렇지만 도저히 영국에서는 살 수 없었다. 타고난 사회적, 계급적 배경 때문에 나는 영국에서 사는 한 그저 그런 사람으로 살다가 죽을지 모른다는 불안한 생각이 들었다. 그래서 새로운 미국 순회공연이 예정되어 있다는 소식을 들었을 때 나는 뛸 듯이 기뻤다.

일요일에 시드니와 나는 어머니를 보러 갔다. 건강이 다소 좋아 보여 다행이었다. 형도 지방 순회공연을 나설 예정이었기 때문에 우리는 그 전에 같이 저녁을 먹었다. 런던을 떠나기 전날 밤, 나는 전과 마찬가지로 마음을 다잡을 수 없었다. 그래서 이번에도 역시 웨스트엔드 이곳저곳을 혼자 걸어다녔다. 그리고 이렇게 마음먹었다.

'이번은 정말 마지막이다. 나는 이곳으로 다시 돌아오지 않을 것이다.'

이번에는 올림픽 호의 2등 선실에 타고 뉴욕에 도착했다. 엔진 소리가 서서히 잦아들자 운명에 다가서고 있다는 것을 실감할 수 있었다. 두 번째라 그런지 전혀 낯설게 느껴지지 않았다. 여전히 이방인이기는 했지만 미국에 동화된 이방인이란 생각이 들었다.

뉴욕을 좋아하기는 했지만, 나는 그만큼 서부로 가고 싶기도 했다. 지난번에 순회공연을 다니면서 알고 지낸 친구들을 다시 만나고 싶었다. 몬태나 주 뷰트의 아일랜드 출신 바텐더, 미니애폴리스에서 알게 된 정말 마음씨 따스한 부동산 재벌, 세인트폴에서 로맨틱한 일주일을 같이 보낸 아름다운 아가씨, 솔트레이크시티에서 만난 스코틀랜드 출신의 광산 소유주 매커비, 타코마의 친절한 치과의사 그리고 샌프란시스코 임프레스 극장의 그로먼 부자 등등.

태평양 연안으로 가기 전에 우리는 시카고, 필라델피아, 폴리버와 덜루스 같은 공업도시의 근교에 자리 잡은 작은 극장들을 돌며 공연을 했다.

나는 평상시처럼 혼자 방을 썼다. 물론 혼자 지내는 것은 여러 가지 이점이 있었다. 특히 몇 달 전부터 계속 결심만 하고 실행에 옮기지 못한 일을 할 수 있었다. 나는 공부를 하고 싶었다. 우리 같은 배우들 중에는 정규교육을 못 받은 사람들이 많았기 때문에 뭔가에 대해 알거나 배우고자 하는 욕구가 많았다. 나도 그 가운데 한 명이었다. 그러나 내 동기는 별로 순수하지 않았다. 나는 지식을 사랑해서가 아니라 무식한 사람에 대한 세상의 멸시로부터 나를 방어할 목적으로 공부를 하고자 했다. 그래서 나는 시간이 날 때마다 근처 헌책방을 돌아다녔다.

필라델피아에 갔을 때 나는 그곳에서 우연치 않게 로버트 G. 잉거솔(1833~1899, 미국의 정치가이자 사상가로 그의 무신론 강의가 유명하다—옮긴이)의 《에세이 및 강연 자료집》을 발견할 수 있었다. 순간 숨이 멎을 것 같았다. 그의 무신론은 구약에 나오는 인간의 잔혹성이 인간 정신의 타락을 의미한다는 내 믿음을 확고하게 해주었다. 그리고 랠프 월도 에머슨의 책도 찾았다. 나는 그의 '자립'에 관한 에세이를 읽고 내가 마치 고귀한 생득권을 부여받은 것 같은 느낌이 들었다. 또 쇼펜하우어를 만났다. 나는 전 3권으로 된 그의 《의지와 표상으로서의 세계》를 샀다. 책을 산 지 40년이 넘었지만 지금까지도 제대로 통독 한 번 하지 못했다. 가끔 꺼내 책을 펼쳐보기는 했지만 이내 덮어버렸다. 월트 휘트먼의 《풀잎》은 나를 조바심 나게 만들었다. 그는 사랑이라는 감정과 민족적 신비주의에 너무 경도되어 있었다. 나는 막간을 이용해 분장실에서 마크 트웨인, 에드거 앨런 포, 너대니얼 호손, 워싱턴 어빙 그리고 윌리엄 해즐릿의 책들도 읽었다. 두 번째 순회공연 동안 나는 내가 기대했던 것만큼 고전 지식을 습득하지는 못했다. 그러나 저속한 연예계의 지루함을 달래기에는 부족함이 없었다.

두 번째 순회공연에서 느낀 것이지만 이런 싸구려 보드빌 순회공연은 별다른 새로운 것이 없었다. 미국에 기댔던 미래에 대한 희망도 일주일 내내 쉬지도 않고 하루에 세 번 내지 네 번 무대에 오르는 생활을 반복하면서 사그라졌다. 이와 반대로 영국에서 보드빌 공연은 천국이 따로 없었다. 일주일에 6일만 공연하고 일요일은 쉴 수 있었다. 그리고 하루에 두 번 이상 무대에 오르는 경우는 거의 없었다. 다만 한 가지 위안거리가 있다면 미국에서는 버는 돈을 조금 더 저축할 수 있다는 것뿐이었다.

호사스러운 휴가

우리는 5개월 동안 하루도 쉬지 않고 계속 무대에 올랐다. 몸은 지칠 대로 지쳤고 무대에 서는 것에 대해 회의감마저 들었다. 그래서 필라델피아에서 일주일 동안 휴식을 얻었을 때 나는 몹시 기뻤다. 기분전환이 필요했다. 나라는 존재를 잊어버리고 전혀 다른 사람이 될 필요가 있었다. 나는 재미없고 판에 박힌 보드빌 무대에 오르는 것에 넌더리가 나 있었다. 그래서 일주일 동안 정말 멋지고 아름다운 로맨스에 빠져들고 싶었다. 저축해놓은 돈도 꽤 됐고, 자포자기하는 심정이었기 때문에 될 대로 되라는 식으로 흥청망청 써보고 싶기도 했다. 뭐 어떤가? 나는 그 돈을 저축하느라 먹을 것도 못 먹고 입고 싶은 것도 입지 않고 검소하게 살았다. 실직한다 해도 저축해놓은 돈으로 아껴가며 살아갈 수 있을 것이다. 조금 쓴다고 한들 무슨 일이 있겠는가?

나는 값비싼 실내복과 여행용 수트케이스를 75달러나 주고 샀다. 가게 주인은 매우 친절했다. "댁으로 배달해드릴까요?" 이런 말을 들으니 갑자기 내가 크게 출세라도 한 것 같은 기분이 들었다. 나는 뉴욕으로 가서 단조롭고 구질구질한 보드빌 무대를 잠시 잊은 채 기분전환을 하고 돌아올 계획이었다.

나는 당시로서는 그 규모나 시설이 최고였던 애스터 호텔에 방을 하나 잡았다. 나는 맵시 있는 모닝코트를 입고 중산모를 쓰고 지팡이를 들었다. 물론 수트케이스도 잊지 않았다. 그러나 애스터 호텔의 번쩍이는 로비와 그곳을 지나는 사람들의 자신에 찬 모습을 보자 나도 모르게 주눅이 들었다. 숙박료는 1박에 4달러 50센트였다. 나는 약간 머뭇거리며 숙박료가 선불인지 물어보았다.

"아닙니다. 그러실 필요 없습니다."

호텔 직원이 친절하게 대답해주었다.

금박과 고급스런 비단으로 치장된 호화로운 로비를 지날 때 알 수 없는 감정이 북받쳐 오르는 것을 느꼈다. 그래서 방에 도착했을 때 와락 눈물을 흘리고 말았다. 나는 먼저 욕실에 들어가 어떤 물품들이 비치되어 있는지 요리조리 살펴보고 더운물과 찬물이 제대로 나오는지 시험해보면서 한 시간가량을 보냈다. 호사스러운 것이 이런 거구나 싶었다.

목욕을 하고 머리를 빗고 새로 산 실내복을 걸쳤다. 여하튼 숙박료 4달러 50센트로 가능한 한 호사스러움을 만끽하고 싶었다. 뭔가 읽을 것이라도 있으면 좋을 텐데. 그렇지 신문! 그러나 신문을 가져다달라고 전화를 하기가 쑥스러웠다. 그래서 방 한가운데에 의자를 갖다 놓고 앉아 방을 이리저리 둘러보면서 고급 호텔의 분위기에 젖어보았다.

잠시 뒤에 옷을 갈아입고 아래층으로 내려갔다. 나는 식당 위치를 물어봤다. 아직 이른 시간이라 한두 사람이 식사를 하고 있을 뿐 식당은 거의 텅 비어 있었다. 지배인이 나를 창가 테이블로 안내했다.

"여기 괜찮으시겠습니까?"

"어디든 상관없소."

나는 한껏 영국식 어투로 대답했다.

갑자기 웨이터들이 내 주위를 부지런히 왔다 갔다 하면서 생수, 메뉴판, 버터와 빵을 날랐다. 이런 분위기에 익숙하지 않았던 나는 가슴이 벅차 허기마저 가시는 것 같았다. 그러나 나는 근엄한 표정으로 콩소메, 로스트 치킨 그리고 디저트로 바닐라 아이스크림을 주문했다. 웨이터가 와인 리스트를 내밀기에 잠시 살펴본 뒤 나는 샴페인 작은 병을 주문했다. 그러나 나는 호사스러운 기분에 취해 샴페인이나 식사를 제대로 음미하지는 못했다. 식사가 끝나고 나는 웨이터에게 팁으로 1달러를 주었다. 당시로서는 꿈에도 생각 못할 엄청난 액수의 팁이었다. 그러나 내가 그들에게 받은 환대와 존경을 생각하면 돈은 아깝지 않았다. 이유는 생각나지 않지만 나는 내 방으로 돌아와 10분 정도 앉아 있다가 손을 씻고 다시 밖으로 나왔다.

여름이기는 했지만 날씨는 상쾌했다. 기분 좋은 저녁이었다. 나는 메트로폴리탄 오페라하우스 쪽으로 천천히 걸음을 옮겼다. 그곳에서 오페라 〈탄호이저〉가 무대에 올려지고 있었다. 나는 그랜드오페라를 보드빌 무대에서 살짝 구경한 적은 있었지만 정식으로 본 적은 없었다. 사실 나는 오페라를 별로 좋아하지 않았다.

그런데 갑자기 보고 싶은 생각이 들었다. 변덕이 생긴 것이다.

나는 표를 사서 2등석에 앉았다. 독일어 오페라였기 때문에 뭐라고 말하는지 하나도 알아들을 수 없었다. 물론 이야기 줄거리도 몰랐다. 그러나 참배객들의 합창이 울려 퍼지는 가운데 여왕의 유해가 옮겨지는 장면에서 왈칵 눈물이 솟았다. 지금까지 내가 겪은 가난과 고난에 찬 삶을 그대로 옮겨놓은 것 같았다. 나는 북받쳐 오르는 감정을 억누를 수 없었다. 옆에 앉아 있던 사람들이 어떻게 생각했을지 모르지만 너무 감정에 북받쳐 극장을 나왔을 때는 몸에 힘이 하나도 없었다.

나는 어두운 거리만을 골라 도심의 밤거리를 배회했다. 그러나 화려함이 지나쳐 속물처럼 보이는 브로드웨이는 지나치고 싶지 않았다. 그리고 이런 울적한 기분으로 호텔방으로 돌아가고 싶지도 않았다. 나는 울적함이 가시면 호텔로 돌아가 바로 잠자리에 들 생각이었다. 몸도 마음도 무거운 하루였다.

호텔에 들어서려던 순간 나는 헤티의 오빠와 마주쳤다. 이름은 아서 켈리로 헤티가 속해 있던 극단의 지배인이었다. 헤티의 오빠이기도 했기 때문에 나는 영국에 있을 때 그와 친구처럼 지냈다. 몇 년 만에 처음이었다.

"찰리! 어디 가는 거야?"

그가 물었다. 나는 태연한 척 애스터 호텔을 가리켰다.

"자러 들어가는 중이야."

내가 그렇게 말하고 호텔로 들어가려 하자 그가 나를 붙들었다. 그는 친구 두 명과 함께 있었는데 그들에게 나를 소개하고 매디슨 가에 있는 자기 아파트에 가서 커피라도 한잔하면서 이야기를 나누자고 했다.

분위기 좋은 아파트였다. 우리는 빙 둘러앉아 가벼운 대화를 나눴다. 그러나 아서는 우리의 과거와 관련한 이야기는 애써 피하려고 하는 것 같았다. 그럼에도 내가 애스터 호텔에 묵고 있는 이유에 대해서는 구체적으로 알고 싶어 했다. 그러나 나는 굳이 이야기하지 않았다. 다만 2, 3일 휴가를 내어 뉴욕에 오게 되었다고만 말했다.

아서 켈리는 캠버웰 가에서 살 때와는 완전히 다른 사람이 되어 있었다. 아서는 매형 프랭크 J. 굴드 밑에서 일하면서 그런대로 성공한 사업가가 되어 있었다. 사업, 친구 관계, 근래에 있었던 일 등 시시콜콜한 이야기를 듣고 있으려니 괜히 기분만 울적해졌다. 특히 친구들 이야기만 꺼내면 "그 애는 좋은 놈이야. 출신 집안도 좋고"라는 식의 말만 했다. 나는 억지로 웃어 보이기는 했지만 더 이상 아서와 나 사이에는 어떤 공통점도 찾아볼 수 없었.

나는 뉴욕에서 하루만 묵었다. 다음 날 아침 필라델피아로 돌아가기로 작정했다. 뉴욕에 머문 하루 동안 그런대로 기분전환을 하기는 했지만 쓸쓸함은 떨쳐버릴 수 없었다. 나는 같이 지낼 친구들을 원했다. 그래서 빨리 일주일 휴가가 끝나 극단 단원들을 다시 보고 싶었다. 월요일 아침에 오를 무대 공연도 기대가 됐다. 판에 박힌 일상으로 돌아간다는 것에 넌더리가 나기는 했지만 호사스러운 생활도 오래 할 것은 못 됐다.

영화배우로 스카우트되다

필라델피아에 돌아오자마자 나는 극장에 들렀다. 앨프 리브스 씨 앞으로 전보가 하나 와 있었다. 리브스 씨는 내가 보는 앞에서 전보를 열어보더니 "내가 아니라 자네 앞으로 온 것 같은데"라고 말했다. '귀하의 극단에 채핀 또는 그런 이름의 사람이 있는지요? 있다면 브로드웨이 롱에이커 빌딩 24호 케셀 앤드 바우먼으로 연락하라고 전해주십시오.'

우리 극단에 채핀이란 이름을 가진 사람은 없었다. 리브스 씨는 아마 내 이름 채플린을 잘못 알고 그렇게 쓴 것 같다고 말했다. 나는 갑자기 마음이 들뜨기 시작했다. 롱에이커 빌딩이라면 브로드웨이에서도 중심부에 위치한 변호사 사무실이 많이 들어서 있는 건물이었다.

나는 미국 어딘가에 돈 많은 친척 아주머니가 살고 있다는 얘기를 들은 바가 있어 그것을 떠올리고 온갖 상상의 나래를 펴기 시작했다. 혹시 아주머니가 돌아가시면서 나에게 거액의 유산을 남긴 것은 아닐까? 먼저 나는 케셀 앤드 바우먼에 전보를 쳐서 우리 극단에 채플린이라는 사람이 있는데 찾는 사람이 맞는지 물어보았다. 그리고 회신이 오기를 기다렸다. 회신은 그날 바로 도착했다. 나는 전보를 열어보았다. 회신은 간단했다.

'채플린 씨가 가능한 빨리 우리 사무실로 내방할 수 있도록 조치를 취해주실 수 있습니까?'

나는 흥분과 기대감으로 다음 날 아침 일찍 뉴욕행 기차에 올랐다. 필라델피아에서 기차를 타고 2시간 30분이면 갈 수 있었다.

무슨 일로 나를 보자고 하는지 전혀 예상할 수 없었다. 여하튼 나는 변호사 사무실에 앉아 변호사가 읽어주는 유언장을 듣고 있는 모습을 상상했다.

그러나 막상 도착하고 나서 실망이 이만저만이 아니었다. 케셀 앤드 바우먼은 내가 생각한 변호사가 아니라 영화 제작자였다. 즉 애덤 케셀과 찰리 O. 바우먼 두 사람이 공동으로 설립한 무성 영화 제작사였다. 그러나 영화사에서 나를 보자고 했다는 것 자체에 흥미가 생겼다. 그래서 무슨 이야기를 하는지 자세히 들어보기로 했다.

키스톤 영화사의 공동 소유주 가운데 한 사람이었던 케셀 씨는 맥 세네트 씨가 42번가 아메리칸 뮤직홀에서 내가 주정뱅이 역을 연기하는 것을 본 적이 있는데, 만약 내가 그 사람이 맞는다면, 포드 스털링 씨의 후임으로 계약을 하고 싶다고 말했다. 나는 영화에 출연하는 것을 자주 상상하기도 했고, 카노 극단의 미국 현지 매니저인 리브스 씨에게 카노 극단의 모든 단막극의 권리를 인수해 영화로 만들어보자는 제안도 한 적이 있었다. 물론 리브스 씨는 내 제안에 회의적이었다. 당연한 반응이었다. 사실 우리는 영화에 대해 아는 것이 없었다.

케셀 씨는 나에게 키스톤 영화사의 희극영화를 본 적이 있는지 물었다. 물론 나는 몇 편 본 적이 있었다. 그러나 대다수 영화가 전반적으로 짜임새가 떨어지는 조야한 것들이었다. 다행히 메이벨 노먼드라는 검은 눈의 아름다운 여배우가 영화에 자주 출연했는데, 그녀는 매력적인 여성으로 키스톤 영화사에서 제작한 영화의 전부라고 해도 과언이 아니었다. 나는 키스톤 영화사의 희극영화를 좋아하지는 않았지만 명성은 익히 들어 잘 알고 있었다. 혹시 키스톤 영화사에서 1년 일하고 보드빌 극장으로 돌아오면 세계적인 스타가 되어 있을지도 모를 일이었다. 게다가 판에 박힌 지루한 보드빌 무대에서 벗어나 인생을 새롭게 시작할 수 있었다. 환경도 보드빌 무대와는 달리 더 좋을 것이다.

케셀 씨는 주당 영화 3편에 출연하는 대가로 150달러를 주겠다고 제안했다. 이런 제안은 현재 카노 극단에서 받는 봉급의 두 배에 달했다. 그러나 나는 마치 조건이 마음에 들지 않는 듯이 우물쭈물하다가 주당 200달러 이하로는 계약을 할 수 없다고 말했다. 케셀 씨는 계약 조건은 세네트 씨 소관이기 때문에 캘리포니아에 있는 그에게 물어보고 결과를 알려주겠다고 말했다.

케셀 씨로부터 확답이 올 때까지 마음이 초초해서 견딜 수 없었다. 너무 높게 부른 것은 아닐까? 드디어 케셀 씨로부터 확답이 도착했다. 1년 계약을 맺되 첫 석 달은 주당 150달러에 그리고 나머지 아홉 달은 주당 175달러에 하자는 조건이었다. 지금까지 받은 급료보다 훨씬 많은 액수였다. 일은 술리번 앤드 콘시던 극단과의 순회공연 계약이 끝나는 대로 바로 시작하기로 했다.

다행히 우리가 로스앤젤레스 임프레스 극장에서 올린 〈클럽에서의 하룻밤〉이 엄청난 대성공을 거두었다. 나는 이 공연에서 오십대로 보이는 나이 들고 노쇠한 주정뱅이 역을 연기했다. 세네트 씨가 공연 뒤에 찾아와 나에게 축하 인사를 건넸다. 그리고 잠깐 시간을 내어 단둘이 면담을 가졌다. 세네트 씨는 툭 튀어나온 이마에 뚱뚱한 편은 아니었지만 체격이 좋았다. 그리고 말이 거칠고 입심이 세어 보였다. 무엇보다 나는 세네트 씨가 나와 같이 일하는 것에 대해 어떤 생각을 갖고 있는지 궁금했다. 그러나 너무 긴장한 나머지 세네트 씨가 나를 마음에 들어 하는지 아닌지조차 제대로 확신할 수 없었다.

세네트 씨는 대뜸 언제부터 키스톤 영화사에 합류할 수 있는지부터 물었다. 나는 카노 극단과 계약이 끝나는 9월 첫째 주에 가능하다고 말했다. 나는 캔자스시티에서의 공연을 마지막으로 카노 극단을 떠날 예정이었다. 그러나 막상 떠나려니 양심의 가책이 들었다. 아무래도 극단 단원들을 버리고 가는 것만 같았다. 극단은 영국으로 돌아갈 예정이었고, 나는 로스앤젤레스로 가서 영화 일을 할 계획이었다. 그러나 그때까지도 확신이 서지 않았다. 마지막 무대에 오르기 전, 나는 단원들에게 술을 한턱내기로 했다. 마지막이라 생각하니 마음이 무거웠다.

극단 단원 중에 무슨 이유에서인지 몰라도 나와 사이가 좋지 않았던 아서 댄도라는 사람이 있었다. 마지막 날 그는 내게 다가와 빈정거리는 투로 극단에서 내게 작은 선물을 준비했다고 속삭였다. 나를 놀릴 작정이었던 것 같다. 여하튼 나는 극단에서 선물을 준비했다는 사실에 큰 감동을 받았다. 그러나 선물은 받지 못했다. 모든 사람이 분장실을 떠나자 프레드 카노 2세가 내게 사실을 귀띔해주었다. 댄도 씨가 환송사를 하고 선물을 전달할 계획이었는데 내가 단원들에게 술을 한턱내고 나자 줄 용기가 사라져 분장실 거울 뒤에 슬며시 놓고 나갔다는 것이었다. 거울 뒤를 살펴보니 은종이로 싼 빈 담뱃갑이 하나 있었다. 열어 보니 쓰다 남은 도란(배우가 화장할 때 사용하는 기름기 있는 분—옮긴이)이 몇 개 들어 있었다.

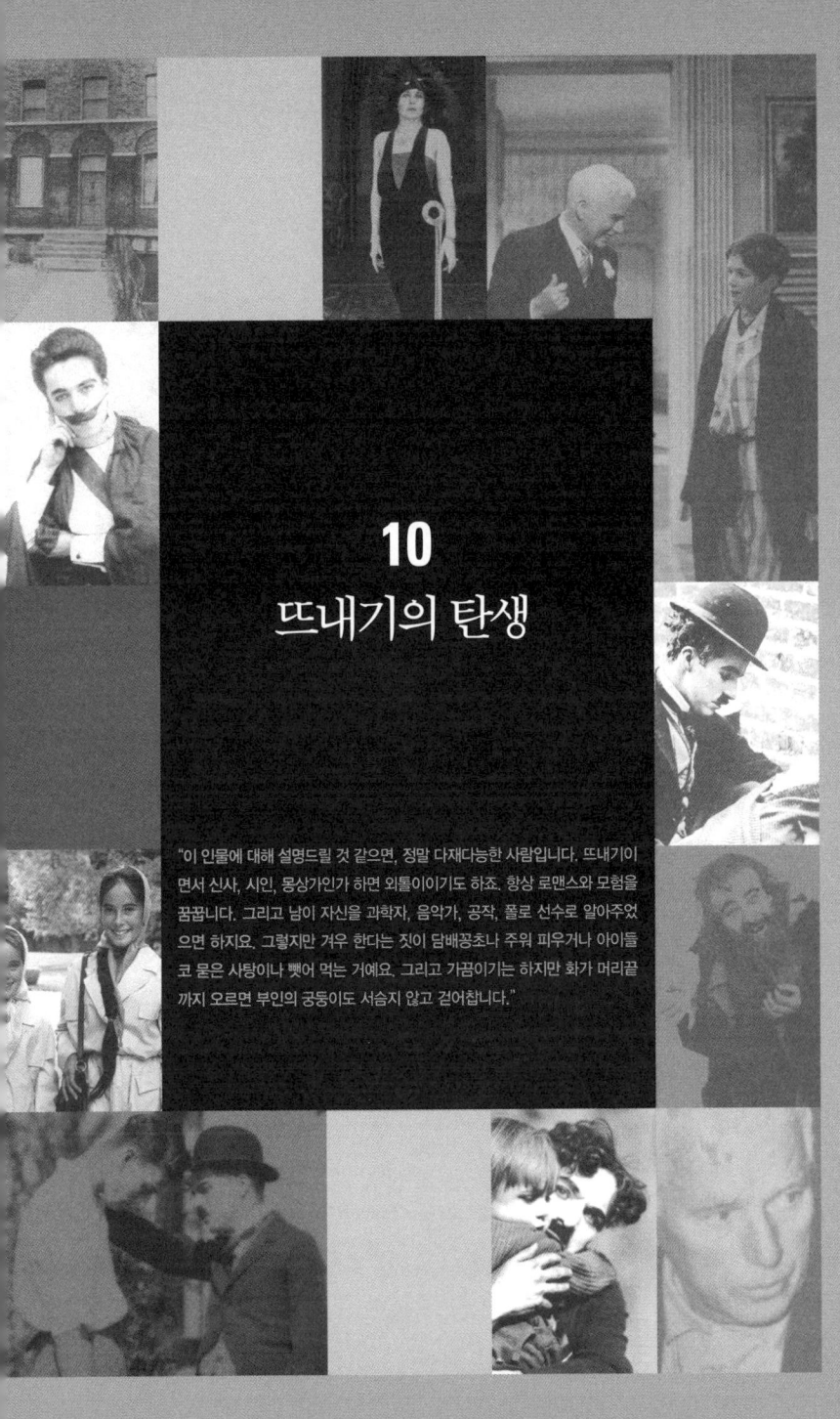

10
뜨내기의 탄생

"이 인물에 대해 설명드릴 것 같으면, 정말 다재다능한 사람입니다. 뜨내기이면서 신사, 시인, 몽상가인가 하면 외톨이이기도 하죠. 항상 로맨스와 모험을 꿈꿉니다. 그리고 남이 자신을 과학자, 음악가, 공작, 폴로 선수로 알아주었으면 하지요. 그렇지만 겨우 한다는 짓이 담배꽁초나 주워 피우거나 아이들 코 묻은 사탕이나 뺏어 먹는 거예요. 그리고 가끔이기는 하지만 화가 머리끝까지 오르면 부인의 궁둥이도 서슴지 않고 걷어찹니다."

영화계의 텃세

 기대 반 우려 반으로 나는 로스앤젤레스에 도착해 그레이트 노던이라는 작은 호텔에 방을 잡았다. 도착한 날 저녁은 그냥 평상시 무대에 서는 것처럼 똑같이 보낼 작정으로 카노 극단이 공연 중인 임프레스 극장에 가서 두 번째 공연을 보았다. 극장 관계자가 나를 알아보고 잠시 후 내게 와서 세네트 씨와 배우 메이벨 노먼드 양이 뒷줄 두 번째에서 공연을 관람하고 있으니 같이 보는 것이 어떠냐고 물었다. 가슴이 두근거렸다. 나는 얼른 자리에서 일어나 뒤로 가서 조용히 내 소개를 한 다음 같이 앉아 공연을 관람했다.

 공연이 끝나고 우리는 메인스트리트까지 조금 걸어 내려와 독일식 식당에 들어가 간단히 저녁을 하고 술을 마셨다. 세네트 씨는 내가 예상한 것보다 젊다는 것을 알고 놀라는 눈치였다. 세네트 씨는 "당신이 좀 나이가 들었을 거라고 생각했는데"라고 다소 걱정스런 눈초리로 말했다. 나도 덩달아 걱정스러워졌다. 세네트 씨가 거느리고 있는 배우들은 모두 나이가 들어 보이는 사람들이었다. 프레드 메이스는 쉰 살이 넘었고, 포드 스털링은 사십대였다. 나는 "분장을 잘하면 큰 문제는 없을 겁니다"라고 대답했다. 한편, 메이벨 노먼드는 나이에 별로 신경 쓰지 않았다. 다만, 나에 대해 뭔가 물어보고 싶은 것이 있는데 꾹 참고 있는 것 같았다. 세네트 씨는 일을 바로 시작할 것은 아니지만, 그래도 이든데일에 있는 스튜디오에 가서 다른 사람들과 인사라도 나누라고 일렀다. 카페에서 나온 우리는 세네트 씨의 매력적인 경주용 차에 올라탔다. 그리고 나를 호텔까지 바래다주었다.

다음 날 아침 나는 시가전차를 타고 로스앤젤레스 교외에 위치한 이든데일로 향했다. 이든데일은 도시 변두리답게 낙후된 곳으로, 주거지역인지 준 공업지역인지 정확히 분간이 안 될 정도로 어수선했다. 작은 목재 창고와 고물 수집장이 여기저기 눈에 들어왔고, 사람이 살지 않는 버려진 농가도 군데군데 눈에 띄었다. 특히 도로변에 나무로 지은 허름한 창고들이 주인을 잃은 채 흉측한 모습을 하고 있었다.

나는 지나는 사람에게 길을 물어 간신히 키스톤 영화사 건너편에 도착했다. 대지는 15평방피트 정도 되어 보였고 둘레에 녹색 담이 쳐 있었다. 스튜디오 건물은 상당히 허름했다. 낡은 방갈로를 지나 뜰이 있고 그 위쪽으로 출입구가 보였다. 전체적으로 묘한 분위기가 감도는 곳이었다. 길 건너편에 서서 들어갈까 말까 한참을 망설였다.

점심시간이라 키스톤 캅스(키스톤 희극영화에 자주 등장하는 제복을 입은 경찰들―옮긴이)를 포함해 분장을 한 남녀가 방갈로에서 쏟아져 나오는 것이 보였다. 그들은 도로를 가로질러 작은 가게로 들어가더니 손에 샌드위치와 핫도그를 하나씩 들고 나왔다. 누군가 큰 소리로 외쳤다. 약간 쉰 목소리였다.

"어이, 행크, 얼른 와! 슬림에게도 어서 오라고 해!"

나는 갑자기 얼굴이 후끈거리고 쑥스러워져 얼른 길모퉁이 쪽으로 몸을 숨겼다. 혹시 세네트 씨나 메이벨 양이 방갈로에서 나오지 않을까 유심히 보았지만 보이지 않았다. 30분 정도 그곳에 그대로 서 있다가 호텔로 돌아왔다. 감히 스튜디오에 들어갈 용기가 나지 않았다. 다음 날도 스튜디오 앞까지는 갔지만 차마 들어갈 용기가 나지 않아 도로 호텔로 돌아왔다.

사흘째 되는 날 세네트 씨에게 전화가 왔다. 왜 스튜디오에 나오지 않느냐는 것이었다. 나는 다른 핑계를 댔다. "기다리고 있을 테니 얼른 이쪽으로 오게"라고 그가 말했다. 나는 곧장 이든데일로 가서 태연하게 방갈로를 지나 스튜디오 앞에서 세네트 씨를 찾았다.

세네트 씨는 나를 반갑게 맞아주면서 스튜디오를 안내했다. 스튜디오는 내 마음에 꼭 들었다. 은은한 빛이 무대 전체에 드리워져 있었다. 햇빛을 분산시키기 위해 드리워놓은 흰색 리넨에서 반사된 빛이 무대 전체에 묘한 느낌을 주었다. 이것은 낮에 촬영하기 위해 설치한 일종의 조명장치였다.

나는 배우 한두 명과 인사를 나눴다. 그리고 바로 눈앞에서 벌어지는 광경을 넋을 잃고 바라봤다. 나란히 설치된 세트장 세 개에서 희극영화를 동시에 촬영하고 있었다. 만국박람회에 전시되어 있는 진기명기를 관람하는 것 같았다. 한 세트장에서는 메이벨 노먼드가 문을 두드리며 소리치고 있었다. "들여보내줘!" 그러면 카메라는 멈추고 다른 장면으로 넘어갔다. 그때까지만 해도 나는 영화가 이런 식으로 한 장면씩 촬영되는지 모르고 있었다. 그냥 처음부터 끝까지 한 번에 촬영하는 줄로만 알았다.

다른 세트장에서는 내가 대신하게 될 명배우 포드 스털링이 영화를 찍고 있었다. 세네트 씨는 스털링에게 나를 소개했다. 스털링은 키스톤을 떠나 유니버설 사와 손잡고 따로 영화사를 차릴 계획이었다. 당시 스털링은 대중적으로 엄청난 인기를 얻고 있는 유명 배우였는데, 스튜디오 내에서도 그의 인기는 따라올 사람이 없었다. 많은 사람들이 그의 세트장으로 몰려와 연기를 보며 연신 웃어댔다.

세네트 씨는 나를 옆으로 부르더니 키스톤의 영화 제작 방식에 대해 설명해줬다.

"우리는 시나리오가 따로 없네. 아이디어가 하나 떠오르면 그것에서 영화를 시작해 그냥 사건의 흐름 대로 따라가는 거라네. 이게 우리 키스톤 희극의 본질이라고 할 수 있지."

좋은 방식이기는 했지만 나는 사건을 그대로 따라간다는 것이 별로 마음이 들지 않았다. 그렇게 되면 배우의 개성을 살릴 수 없을 것이다. 영화에 대해 아는 것은 별로 없었지만, 배우의 개성만큼 중요한 것은 없다고 생각했다.

그날 나는 세트장을 돌아다니며 영화 촬영을 계속 지켜봤다. 그런데 그들은 모두 스털링을 그대로 따라하는 것 같았다. 나는 이 점이 다소 걱정스러웠다. 왜냐하면 스털링의 연기 스타일은 나와 맞지 않았기 때문이었다. 예를 들어, 스털링은 불안에 떨고 있는 네덜란드인을 연기하면서 네덜란드어 억양 그대로 각 장면마다 즉흥적으로 연기했다. 물론 재미는 있었지만 무성영화에서 그것이 관객들에게 제대로 전달될 리 만무했다. 나는 세네트 씨가 내게 무엇을 기대하는지 궁금해졌다. 내 연기를 직접 본 적이 있기 때문에 세네트 씨는 내 연기가 스털링의 희극 연기와 맞지 않는다는 것도 분명히 알고 있었을 것이다. 내 연기 방식은 스털링의 것과 정반대였다. 그러나 스튜디오 안에서 고안되는 모든 이야기와 상황 설정은 의식적이든 무의식적이든 모두 스털링의 연기에 맞춰져 있는 것 같았다. 로스코 아버클(1887~1933, 미국 영화배우-옮긴이)조차도 스털링을 따라하느라 정신이 없었다.

스튜디오는 한때 농장으로 사용하던 건물을 개조한 것 같았다. 메이벨 노먼드의 분장실은 낡은 방갈로에 따로 마련되어 있었고, 그 옆으로 다른 전속 여배우들의 분장실이 있었다. 방갈로 맞은 편에는 예전에 헛간으로 사용했던 게 분명한 허름한 건물이 하나 있었다. 그곳에 조연배우들과 키스톤 캅스가 이용하는 전용 분장실이 있었다. 그들은 대부분 곡마단 광대 출신 아니면 프로 권투선수 출신이었다. 나는 맥 세네트, 포드 스털링 그리고 로스코 아버클이 사용하는 주연배우 전용 분장실을 할당받았다. 예전에 마구간으로 사용한 건물이었는지 그 흔적이 여기저기 남아 있었다. 메이벨 노먼드 외에 눈에 띄는 여배우들이 몇 명 더 있었지만 대체로 미인은 없었다. 한 마디로 극과 극이었다.

며칠 동안 나는 하는 일 없이 스튜디오를 여기저기 돌아다녔다. 언제 일을 시작할지 종잡을 수도 없었다. 가끔 무대에서 세네트 씨와 마주치기는 했지만 흘긋 쳐다볼 뿐 별다른 말이 없었다. 나는 세네트 씨가 혹시 나를 끌어들인 걸 후회하고 있는 것은 아닌지 속이 탈 지경이었다.

 매일매일 내 기분은 세네트 씨의 반응에 따라 일희일비했다. 어쩌다가 세네트 씨와 눈이 마주치고 그가 미소라도 보내면 그나마 희망이 솟았다. 스튜디오 사람들도 나에 대해 별반 신경 쓰지 않았다. 물론 개중에는 내가 포드 스털링의 후임으로는 적임자가 아니라고 생각하는 사람도 있었다. 아니 그런 느낌을 받았다.

 토요일이 되면 세네트 씨는 다정한 목소리로 이렇게 말했다.

 "사무실에 가서 급료를 받아가게."

 일은 하지 않고 급료를 받아가라니? 나는 세네트 씨에게 일을 달라고 말했다. 그리고 모든 배우들이 포드 스털링의 연기를 따라하는 것에 대해 이야기하고 싶었다. 그러나 세네트 씨는 "걱정하지 말게. 조만간 일을 시작할 수 있을 걸세"라고 말하며 나를 피했다.

 아무 하는 일 없이 아흐레가 지났다. 신경은 곤두설 대로 곤두서 있었다. 포드 스털링이 나를 위로해줬다. 그리고 가끔 일이 끝나면 자기 차로 시내까지 태워다주기도 했다. 어떤 때는 알렉산드리아 바에 들러 같이 한잔하기도 했고 자기 친구들도 소개시켜주었다. 포드 스털링의 친구 중에 엘머 엘스워스 씨라는 사람이 있었는데 아둔하게 생겨 첫인상부터 마음에 들지 않았다. 그리고 걸핏하면 나를 비웃거나 말을 걸고 넘어졌다.

 "자네가 포드의 자리를 대신한다고 들었는데. 그렇게 사람을 잘 웃기나?"

 "글쎄요. 제 입으로 어떻게."

 나는 어색해하며 이렇게 말했다. 이런 조롱을 스털링 앞에서 당하는 게 정말 난감했다. 그래도 스털링은 친절하게 나를 두둔해 주었다.

"자넨 채플린 군이 임프레스 극장에서 주정뱅이를 연기하는 걸 보지 못했나? 정말 웃기다네."

"글쎄, 난 채플린 군의 연기를 보고 웃은 적이 없어서."

엘스워스 씨는 말을 걸고 넘어졌다. 그는 대머리에 덩치는 산만 하고 비굴한 면상을 하고 있었다. 그리고 웃을 때 보면 앞니가 두 개 없어 멍청해 보이기까지 했다. 여하튼 옆에 있으면 상당히 거슬리는 사람이었다. 스털링은 나에게 엘스워스 씨가 문학, 경제 그리고 정치에 대해 상당한 권위자이고 미국 전역에도 꽤 알려져 있는 사람이며, 유머 감각이 뛰어나다고 칭찬을 아끼지 않았다. 그러나 나는 그것을 인정할 수 없었다. 그 뒤로 나는 엘스워스 씨를 만나기라도 하면 우선 피하고 싶었다. 그런데 또 한 번 알렉산드리아 바에서 엘스워스 씨와 맞닥뜨렸다.

"이 영국인 친구, 아직도 일을 시작하지 못했나?"

"예. 아직 못했습니다."

나는 마지못해 웃으며 대답했다.

"그렇담, 웃기게라도 생겼어야지."

나는 더 이상 가만히 듣고만 있을 수 없었다. 그래서 이번에는 내가 받은 대로 돌려주자는 속셈으로 이렇게 되받아쳤다.

"그러게요. 내가 당신 반만 닮았어도 웃겼을 텐데요."

"이런! 되받아치는 솜씨가 보통이 아닌데? 좋아, 오늘은 내가 한 잔 사지."

마침내 기다리고 기다리던 순간이 왔다. 세네트 씨는 메이벨 노먼드, 포드 스털링 영화사와 같이 로케이션을 나가고 없었다. 그래서 스튜디오에 남아 있는 사람도 거의 없었다. 서열상으로 볼 때 키스톤 영화사에서 세네트 씨 다음인 헨리 레어만 감독이 새로운 영화를 촬영하기 시작했는데 나보고 신문기자 역을 한번 해 보라고 시켰다.

레어만 감독은 허영심이 강한 사람이었다. 특히 자신이 만든 희극영화 몇 편이 성공을 거둔 것에 자부심이 대단했다. 레어만 감독은 영화에서 중요한 것은 배우의 개성이 아니라 편집과 기술 효과라고 생각하는 사람이었다. 즉 단순한 편집 과정의 트릭으로 관객을 웃길 수 있다고 생각했다.

역시나 영화는 별다른 줄거리가 없었다. 인쇄소에서 벌어지는 일을 몇 가지 희극적인 장면을 가미해 다큐멘터리 식으로 찍는 것이었다. 나는 밝은 프록코트와 실크해트로 분장을 하고 카이저 수염을 붙였다. 막상 촬영에 들어가자 레어만은 아이디어가 떠오르지 않는지 고개를 갸우뚱하며 심각한 표정을 지었다.

비록 내가 키스톤 영화사에 들어온 지 얼마 되지 않는 신출내기였지만 뭔가 아이디어를 내고 싶었다. 결국 나의 이런 태도 때문에 레어만 감독의 반감을 샀다. 나는 신문사 편집장과 면담을 하는 장면을 연기하면서 내가 생각해낼 수 있는 모든 개그를 쏟아 부었다. 뿐만 아니라 다른 배우가 해야 할 개그까지 옆에서 조언

해주었다. 영화는 사흘 만에 완성되었지만, 나는 몇 가지 매우 웃기는 장면을 연기했다고 생각하고 있었다.

그러나 최종 편집 필름을 보았을 때 나는 낙담하고 말았다. 필름 편집자가 영화가 무엇을 이야기하고 있는지조차 분간이 안 될 정도로 난도질을 해놓았던 것이다. 내가 공들여 연기한 웃기는 장면은 중간 중간 뭉텅이로 잘려나가고 없었다. 나는 그들이 왜 이런 짓을 했는지 도저히 이해할 수 없었다. 레어만 감독이 나중에 이 일에 대해 솔직하게 말해주었다. 그가 내게 한 말을 그대로 옮기면, 내가 영화에 대해 너무 많은 것을 알고 있는 것 같아 일부러 그렇게 편집하라고 지시했다는 것이었다.

뜨내기의 탄생

레어만과 이런 일이 있고 나서 바로 세네트 씨가 로케이션을 마치고 스튜디오로 돌아왔다. 포드 스털링이 한쪽 세트장에서 촬영하고 있었고, 로스코 아버클이 다른 세트장에서 촬영하고 있었다. 세트장 세 곳에서 모두 촬영이 있었기 때문에 스튜디오 내부가 어수선했다. 나는 외출복 차림으로 하릴없이 세네트 씨의 눈에 띌 만한 곳에 서 있었다. 세네트 씨는 메이벨 노먼드와 함께 서 있었다. 입에는 시가를 물고 호텔 로비로 꾸며놓은 세트장을 바라보고 있었다. 그러더니 "뭔가 웃기는 장면이 필요한데"라고 말하면서 나를 바라봤다.

"아무 거나 좋으니 우스운 분장을 하고 나와보게."

어떤 분장을 해야 할지 좋은 생각이 떠오르지 않았다. 이미 한 번 해봤던 신문기자로 다시 분장하고 싶지는 않았다. 의상실로 향하면서 나는 헐렁한 바지, 커다란 구두, 지팡이 그리고 중산모자를 써볼 참이었다. 나는 전체적으로 부조화스러운 것을 생각했다. 헐렁한 바지에 꽉 끼는 상의, 작은 모자에 큼지막한 구두가 좋을 것 같았다. 젊게 보일지 나이가 들어 보이게 할지 결정하지는 못했지만 세네트 씨를 처음 만났을 때 그가 했던 말이 생각나 조금 나이가 들어 보이도록 짧은 콧수염을 붙였다. 세네트 씨는 나를 처음 만났을 때 생각보다 젊다는 것을 알고 놀랐다. 여하튼 이렇게 하면 내 표정을 분장으로 가리지 않고 나이 들어 보이게 할 수 있을 것 같았다.

분장은 이렇게 한다고 해도 인물의 성격을 어떻게 할지 감이 오지 않았다. 그러나 막상 분장을 하고 나자 굳이 인물에 대해 고민할 필요가 없었다. 딱히 설명하기는 힘들지만 분장 그 자체만으로도 어떤 인물이 될지 알아차릴 수 있었다. 그리고 분장을 마치고 무대에 서자 하나의 완전한 새로운 인물이 태어났다. 나는 세네트 씨 앞에서 마치 내가 새로운 인물로 탈바꿈이라도 한 것처럼 어깨를 으쓱거려 보고 지팡이도 돌리면서 그의 앞을 왔다 갔다 했다. 머릿속에서는 온갖 우스운 몸짓과 희극적인 장면들이 솟구쳐올랐다.

영화인으로서 맥 세네트 씨의 성공 비결은 그의 열정에 있었다. 세네트 씨는 영화 제작자이기 전에 본인 스스로 진정한 관객의 입장을 취했다. 자신이 생각하기에 우습다고 생각되는 장면은 포복절도도 마다하지 않았다. 세네트 씨는 서서 온몸이 다 흔들릴

신사, 시인, 몽상가. 항상 로맨스를 꿈꾸다.

때까지 웃어젖혔다. 이것에 용기를 얻은 나는 인물에 대해 설명하기 시작했다.

"이 인물에 대해 설명드릴 것 같으면, 정말 다재다능한 사람입니다. 뜨내기이면서 신사, 시인, 몽상가인가 하면 외톨이이기도 하죠. 항상 로맨스와 모험을 꿈꿉니다. 그리고 남이 자신을 과학자, 음악가, 공작, 폴로 선수로 알아주었으면 하지요. 그렇지만 겨우 한다는 짓이 담배꽁초나 주워 피우거나 아이들 코 묻은 사탕이나 뺏어 먹는 거예요. 그리고 가끔이기는 하지만 화가 머리 끝까지 오르면 부인의 궁둥이도 서슴지 않고 걷어찹니다."

이렇게 나는 10분 넘게 세네트 씨 앞을 왔다 갔다 하면서 내가 분장한 인물에 대해 연기를 곁들여 설명했다. 그사이 세네트 씨는 계속 낄낄대며 웃더니 이렇게 말했다.

"좋아. 그럼 무대로 올라가서 어떤 인물을 연기할지 한번 보자고."

그러나 막상 무대에 올라가자 무엇을 해야 할지 난감했다. 헨리 레어만 감독과 촬영할 때도 그랬지만 이번에도 특별히 정해진 이야기가 없었다. 단지 메이벨 노먼드가 남편과 애인 사이에서 삼각관계에 있다는 설정만 주어졌다. 물론 이야기를 어떻게 이끌어 갈지는 거의 전적으로 배우의 몫이었다.

모든 희극에서 가장 중요한 것은 자세다. 그러나 그것을 찾아내는 것은 쉬운 일이 아니다. 여하튼 나는 호텔 로비에서 손님을 가장한 사기꾼처럼 행동하지만 실제로는 잠잘 곳을 찾아 이리저리 헤매는 뜨내기를 연기하기로 마음먹었다. 호텔에 들어서자마자 나는 한 부인의 발에 걸려 넘어진다. 나는 일어나 돌아서서 모자를 들어 보이며 정중히 사과한다. 그런 다음 다시 타구(唾具)에 걸려 넘어진다. 다시 일어나 타구에 대고 모자를 들어 보이며 정중히 사과한다. 카메라 뒤에서 연신 웃음소리가 나기 시작했다.

스튜디오에 있던 많은 사람들이 무대로 몰려들기 시작했다. 다른 세트장에서 촬영 중이던 배우들도 촬영을 중단하고 우리가 있는 세트장으로 몰려들었다. 뿐만 아니라 무대 담당, 의상 담당 등 모든 스태프들도 우르르 몰려왔다. 나에게는 영광스러운 순간이었다. 연습이 끝나갈 즈음, 무대 앞에 몰려든 모든 구경꾼들이 연신 배꼽을 잡고 웃고 있었다. 그리고 나는 다른 사람들의 어깨 너머로 구경하고 있는 포드 스털링을 보았다. 연습이 끝났을 때 나는 내가 멋진 연기를 해냈음을 알았다.

그날 일이 끝나고 분장실에 가니 포드 스털링과 로스코 아버클이 분장을 지우고 있었다. 거의 말이 없었지만 묘한 분위기가 감돌았다. 스털링과 아버클 두 사람 모두 나를 마음에 들어 했지만, 나는 두 사람 사이에 눈에 보이지 않는 암투가 진행되고 있음을 눈치 챘다.

내가 찍은 영화는 75피트나 되는 긴 것이었다. 뒤에 세네트 씨와 레어만 감독이 그것을 편집하지 않고 그대로 상영할지 말지를 두고 언쟁을 벌였다. 당시 영화관에서 상영되는 희극영화 대부분은 평균 10분 내외였다. 나는 "웃기기만 하면 길이가 무슨 상관이죠?"라고 물었다. 그들은 그것을 편집하지 않고 그대로 상영하기로 결정했다. 그리고 그때 무대에 입고 오른 의상이 내가 연기하는 인물과 잘 어울리는 것 같아 어떤 일이 있어도 이 복장을 계속 입기로 마음먹었다.

그날 저녁 나는 스튜디오의 조연배우 한 사람과 같이 전차를 타고 집으로 갔다. 그는 내게 이렇게 말했다.

"이보게. 자네 오늘 정말 대단했어. 지금까지 세트장에서 그렇게 웃긴 사람이 없었거든. 스털링도 그 정도는 아니었지. 그리고 자네를 바라보는 그의 표정을 봤어야 했는데. 똥 씹은 표정이 정말 볼 만했지."

"극장에서도 사람들이 그렇게 웃어주면 좋겠는데요."

나는 기쁜 마음을 감추며 말했다.

며칠 뒤에 나는 알렉산드리아 바에 들렀다가 포드 스털링이 그의 친구인 엘머 엘스워스 씨에게 내가 연기한 인물에 대해 이야기하는 것을 들었다.

"그 녀석, 헐렁한 바지에 넓적하니 커다란 구두를 신고 나왔는데 꼬락서니가 정말 가관이더라고. 그리고 양쪽 겨드랑이에 게라도 집어넣은 것처럼 가려워서 안달하는 연기가 정말 웃겼다니까."

내가 만들어낸 인물은 미국인들이 평소에 볼 수 없는 색다르고 생소한 인물이었다. 내게도 생소했다. 가공의 인물이기는 했지만 실제로 존재할 것 같지 않은 인물이었기 때문이다. 그러나 막상 의상을 걸치고 나면 가공의 인물이 아니라 그 자체로 실제 살아 있는 사람 같았다. 그리고 이렇게 뜨내기로 분장하면서 이전에는 전혀 생각지도 못했던 온갖 아이디어들이 샘솟기 시작했다.

나는 스튜디오의 한 조연배우와 단짝처럼 가깝게 지내면서 매일 밤 함께 시가전차를 타고 집에 갔다. 그는 그날 그날 내 연기에 대해 스튜디오에서 어떤 반응이 있었는지 전해주고 내 아이디어에 대해서도 의견을 말해주었다.

"세숫대야에 손을 담갔다가 할아버지 수염에 물기를 닦는 연기는 정말 웃겼어. 여기서 일하면서 여태 그렇게 웃긴 장면은 처음이야."

이 외에도 그는 여러 가지 재미있는 이야기를 해주었다. 나는 이런 칭찬을 들을 때마다 어깨가 으쓱했다.

세네트 씨가 감독을 맡으면 나는 연기하기가 훨씬 수월했다. 모든 일이 세트장에서 자연스럽게 진행됐다. 누구 하나, 감독조차도 어떤 확신을 갖고 일하는 것 같지는 않았다. 그래서 나도 굳이 주눅들 필요가 없었다. 이렇게 생각하니 자신감이 생겼다. 나는 세네트 씨가 별다른 이의 없이 받아들일 수 있는 의견을 내놓기 시작했다. 그러면서 나도 차츰 내가 창작에 재능이 있고 직접 시나리오도 만들 수 있겠다는 믿음이 생겼다. 이런 믿음에 확신을 갖게 한 것은 세네트 씨였다. 그러나 고민이 없었던 것은 아니었다. 세네트 씨를 즐겁게 한다고 해도 관객이 즐거워 하지 않으면 별 소용이 없었다.

감독들과의 끊임없는 충돌

다음 영화에서 나는 헨리 레어만 감독과 다시 작업을 했다. 레어만 감독은 세네트 씨를 떠나 포드 스털링이 새로 설립한 영화사에 합류할 예정이었다. 그러나 세네트 씨의 부탁으로 계약이 끝나고도 2주간 더 함께 일하기로 했다. 나는 레어만 감독과 일하면서 이런저런 많은 의견을 내놓았다. 하지만 레어만은 듣는 척만 할 뿐 내 의견은 거들떠보지도 않았다. 그는 "극장 무대에서 재미있다고 영화에서도 재미있다는 보장은 없네. 영화는 조금 다르거든. 영화에서는 끊임없이 움직여야 하잖나. 희극적인 장면은 장면과 장면의 연속, 다시 말해 쫓고 쫓기는 데 있지"라고 말했다.

나는 이런 일반적 원칙에 동의할 수 없었다. 나는 "영화든 무대든 유머는 똑같은 유머라고 생각합니다"라고 내 생각을 말했다. 그러나 레어만 감독은 앞서 했던 말만 반복할 뿐 내 말은 전혀 들으려 하지 않았다. 그는 키스톤 영화사가 예전부터 해왔던 방식을 그대로 답습했다. 모든 액션 연기는 무조건 빨라야 한다는 것이다. 다시 말해, 쫓고 쫓기는 장면에서 웃음을 찾으려 했다. 도망치면서 집이나 시가전차의 지붕에 기어 올라가고 강물에 뛰어들고 부두에서 떨어져야 한다는 것이다. 레어만 감독의 고집에도 불구하고 나는 한두 장면에서 내 나름대로 웃기는 장면을 연기했다. 그러나 결과는 지난번과 똑같았다. 그런 장면들은 편집실에서 뭉텅이로 잘려나가고 남아 있는 부분이 없었다.

아마 이런 일 때문에 헨리 레어만 감독은 맥 세네트 씨에게 나에 대한 평가를 좋지 않게 했을 것이다. 레어만 감독이 떠난 뒤에 나는 조지 니콜스라는 감독과 손발을 맞췄다. 그는 오십대 후반으로 나이는 조금 많았지만 영화가 시작되면서부터 이 분야에서 일해 잔뼈가 굵은 베테랑이었다.

그러나 결과는 마찬가지였다. 니콜스 감독도 내 의견은 안중에 두지 않고 옛날 방식만 고집했다. 그에게 웃기는 장면이라고 해 봐야 배우 목덜미를 낚아채 다음 장면으로 넘어가는 정도였다. 나는 좀 더 세심하고 재미있는 아이디어를 제안했지만 그는 들으려 하지 않았다. 그는 "시간이 없다고 시간이!"라고 버럭 소리를 질렀다. 니콜스 감독이 원하는 것은 오직 포드 스털링 흉내를 내는 것이었다. 나도 더 이상 참을 수가 없어서 그에게 대들고 말았다. 물론 심하게 대든 것은 아니었지만, 니콜스 감독은 세네트 씨에게 나처럼 버르장머리 없는 놈하고는 작업할 수 없다며 역정을 냈다.

이 무렵 맥 세네트 씨가 감독한 영화 〈메이벨의 알 수 없는 곤경〉(1914)이 시내 중심가에서 상영됐다. 나는 불안 반 두려움 반으로 극장에 가서 영화를 보았다. 포드 스털링이 등장하는 장면마다 관객들은 열성적인 환호성을 터뜨렸다. 그러나 내가 등장하는 장면은 썰렁하기 그지없었다. 내가 호텔 로비에서 공들여 했던 연기도 썰렁하기는 마찬가지였다. 그러나 영화가 진행되면서 관객들은 조금씩 킥킥대더니 마침내 웃음을 터뜨리기 시작했다. 그리고 거의 마지막에 가서 한두 번 큰 웃음이 터져 나왔다. 영화를 관람하고 나서 깨달은 사실이지만 관객들은 새로운 얼굴에 별로 관심을 두지 않았다.

나는 내가 연기한 첫 번째 영화가 세네트 씨의 기대에 부응했는지 아닌지 의심이 들었다. 분명 만족하지는 않았을 것이다. 며칠 뒤에 세네트 씨는 내게 와서 이렇게 말했다.

"듣자하니 다른 사람들과 일하는 게 힘든 것 같은데."

나는 솔직한 내 생각을 털어놓고 제대로 된 영화를 만들기 위해 노력하고 있다고 말했다. 그러나 세네트 씨는 냉담했다.

"무슨 말인지는 알겠네. 하지만 다른 사람이 시키는 대로 따라주게. 그걸로 충분하니까."

그러나 다음 날 나는 조지 니콜스 감독과 또다시 의견 충돌을 빚었다. 이번에는 나도 화가 치밀었다. 나는 소리쳤다.

"솔직히 당신이 원하는 연기는 하루 3달러 받는 엑스트라도 할 수 있어요. 저는 도망치고 쫓기고 강물에 뛰어들고 전차에서 떨어지는 연기가 아니라 좀 더 제대로 된 연기를 하고 싶다고요. 고작 이런 연기나 하자고 일주일에 150달러를 받는 게 아닙니다."

내가 이렇게 나오자 '아버지'(스튜디오 사람들은 그를 이렇게 불렀다) 니콜스 감독도 잔뜩 화를 냈다.

"내가 이래봬도 이 업계에서 십 년 넘게 일했어. 너 같은 애송이가 뭘 안다고 그래?"

나는 니콜스 감독을 설득하려고 했지만 소용이 없었다. 다른 배우들도 설득해보려 했지만 내 말은 들은 척도 하지 않았다. 한 나이 지긋한 배우가 말했다.

"그 사람 말이 맞아, 그 사람 말이. 이 업계에선 그래도 그가 당신보다 더 오래 일했으니까."

나는 니콜스 감독과 다섯 편의 영화를 찍었다. 그리고 그 가운데 몇 편에서는 편집 과정에 잘리는 한이 있더라도 내 나름대로 웃기는 장면을 사이사이 끼워 넣었다. 편집실에서 어떤 식으로 영화를 편집하는지 알아낸 나는 장면의 처음 부분과 마지막 부분에서 교묘하게 웃기는 장면을 연기했다. 편집자들은 영화를 편집할 때 장면의 시작 부분과 끝 부분을 어떻게 처리할지 많이 고심했다. 나는 영화에 대해 제대로 공부하기로 마음먹었다. 그래서 기회가 생길 때마다 현상실과 편집실을 들락거렸다. 그리고 편집된 필름을 어떻게 이어 맞추는지 주의 깊게 관찰했다.

나는 내 손으로 직접 시나리오를 써서 감독까지 해보고 싶었다. 그래서 세네트 씨에게 이런 내 생각을 이야기했다. 그러나 그는 들은 체도 하지 않았다. 오히려 그는 나를 얼마 전부터 자신의 영화를 직접 감독하기 시작한 메이벨 노먼드의 영화에 출연시켰다. 그러면서 다른 생각은 하지 말고 그녀가 시키는 대로 연기나 하라고 덧붙였다. 나는 화가 났다. 메이벨이 매력적인 여성이고 배우로서 자질이 있기는 했지만, 그녀가 감독으로서 재능이 있는지는 의심스러웠다. 결국 첫날부터 우리 둘은 삐걱대기 시작했다.

우리는 로스앤젤레스 근교로 로케이션을 나갔다. 메이벨은 악당이 탄 마차가 물에 미끄러지는 장면을 찍기 위해 나에게 호스를 들고 길에 물 뿌리는 연기를 시켰다. 그러나 나는 그것보다는 물을 뿌리는데 자신이 호스를 밟은 것도 모르고 물이 나오지 않자 무슨 일인가 하고 호스 끝을 들여다보다 걸음을 떼는 순간 얼굴로 물이 뿜어져 나오는 게 더 재미있지 않겠느냐고 제안했다. 그러나 그녀는 내 말을 가로막으며 이렇게 말했다.

"우린 시간이 없어요. 무슨 말인지 알겠어요? 시키는 대로나 하세요."

아리따운 아가씨의 입에서 이런 말이 나오다니. 나는 어이가 없어 입을 다물 수 없었다.

"메이벨 양, 죄송한 말이지만, 전 당신이 시키는 대로 못 하겠어요. 나에게 이래라저래라 지시할 만한 재능이 있는지도 모르겠고."

 이 장면은 대로 한가운데서 촬영하고 있었다. 나는 촬영장을 빠져나와 보도 연석 위에 걸터앉았다. 당시 메이벨 노먼드는 갓 스무 살을 넘긴 예쁘고 매력적인 여성이었다. 모든 사람들이 그녀에게 호감을 가졌고 또 좋아했다. 그녀는 내 말에 당황했는지 카메라 옆에 주저앉았다. 그녀에게 이렇게 대놓고 맞선 것은 내가 처음이었다. 나도 그녀의 매력과 아름다움에 끌렸고 남몰래 연정을 품기도 했지만 이것은 어디까지나 일이었다. 바로 스태프들과 배우들이 그녀에게로 몰려가 뭔가 의논하는 것 같았다. 나중에 메이벨에게 들은 이야기지만, 엑스트라 한두 명이 나를 가만두지 않겠다고 날뛰는 것을 겨우 말렸다고 한다.

 잠시 뒤에 그녀는 조수 한 사람을 내게 보내 일을 계속할 건지 물어봤다. 나는 길을 가로질러 그녀가 앉아 있는 곳으로 다가갔다. 나는 정중히 사과했다.

 "미안해요. 그런데 그런 장면으로는 웃기지도 재미있지도 않아요. 당신이 제 의견을 조금 들어주기만 한다면······."

 하지만 그녀는 내 의견을 들어줄 생각이 없었다. 그녀가 말했다.

 "그래요. 당신이 내가 하라는 대로 하지 않겠다면, 그냥 스튜디오로 돌아가겠어요."

 달리 가망이 없었다. 나도 어쩔 수 없다는 생각으로 어깨를 으쓱하고 말았다. 그렇다고 하루를 공친 것도 아니었다. 아침 9시에 촬영을 시작해서 이미 오후 5시가 넘은 시각이었다. 해도 저물기 시작해 주위가 어둑어둑해졌다.

 스튜디오에 돌아와 분장실에서 분장을 지우고 있는데 세네트 씨가 들어와 다짜고짜 화를 냈다.

"도대체 무슨 생각으로 그런 건가?"

나는 차근히 설명했다.

"그 장면에서는 좀 더 우스운 연기가 필요했어요. 나름대로 생각이 있어 의견을 냈죠. 그런데 메이벨 양은 아예 들으려고도 하지 않았어요."

그러자 세네트 씨가 말했다.

"앞으로 시키는 대로 하든지 아니면 나가게. 계약 같은 것은 문제 삼지 않겠네."

나는 순간 멈칫했다. 그리고 이렇게 대답했다.

"세네트 씨, 전 이곳에 오기 전에 벌어놓은 돈이 있습니다. 그리고 해고를 하겠다면, 아니 이미 해고된 거겠지요, 별수 없지요. 그러나 저는 성실히 일했고 당신처럼 좋은 영화를 만들려고 열심히 노력했습니다."

세네트 씨는 더 이상 듣기 싫다는 듯 아무 말도 없이 문을 박차고 나가버렸다.

그날 밤 항상 시가전차를 타고 같이 집에 돌아가는 친구에게 그날 있었던 일을 자세하게 이야기 해주었다.

그가 말했다.

"안됐네. 얼마 동안 정말 잘하고 있었는데."

"내가 해고될 거라고 생각하나?"

나는 해고될지 모른다는 불안감을 감추기 위해 애써 웃으며 이렇게 물었다.

"글쎄, 나도 모르겠네. 갑작스러운 일이라. 여하튼 세네트 씨가 분장실에서 나오는 걸 봤는데 단단히 화가 나 있더라고."

"뭐, 괜찮아. 여기 지갑 안에 1500달러가 들어 있는데 그거면 영국에 돌아갈 뱃삯을 내고도 남아. 그래도 내일 아침에 얼굴을 내밀어보고 더 이상 날 원하지 않는다면…… 그것도 팔자겠지."

다음 날 아침 8시에 소집이 있었다. 나는 어찌해야 할지 몰라 분장도 하지 않은 채 그냥 분장실에 앉아 있었다. 8시 10분이 지났을까. 세네트 씨가 분장실 문을 열고 얼굴을 빼꼼 들이밀더니 이렇게 말했다.

"찰리, 하고 싶은 말이 있는데, 메이벨의 분장실로 와주겠나."

그의 목소리는 예상 외로 상냥했다. 나는 "예, 세네트 씨"라고 말하며 그를 따라갔다. 메이벨은 그곳에 없었다. 그녀는 영사실에서 편집용 프린트를 보고 있었다. 내가 문을 닫고 들어가자 세네트 씨가 이렇게 말했다.

"이보게, 찰리. 메이벨은 자네를 좋아하네. 우리 모두도 자네를 좋아하고. 그리고 훌륭한 예술가라고 생각하고 있어."

나는 세네트 씨의 이런 갑작스런 태도 변화에 놀랐다. 그래서 나도 긴장을 풀고 편하게 이야기했다.

"저도 메이벨 양을 존경합니다. 배우로서 그녀의 능력도 높이 사고 있고요. 그러나 그녀가 감독으로서 재능이 있는지는 모르겠습니다. 아직 어리지 않나요?"

"자네가 어떻게 생각하든 상관없지만, 너무 자네 자존심만 내세우지 말고 좀 도와주게."

세네트 씨는 이렇게 말하며 내 어깨를 두드렸다.

"저도 그럴 참이었습니다."

"다행이네. 그녀와 사이좋게 지내보게."

"혹시 제게 감독을 시켜주실 수는 없나요. 그러면 이런 문제는 더 이상 없을 겁니다."

나는 딱 잘라 말했다. 맥 세네트 씨는 잠깐 머뭇거렸다.

"문제될 건 없지만, 혹시 찍어놓은 필름이 판매가 안 되면 누가 책임을 지겠나?"

"제가 책임지겠습니다."

나는 자신 있게 말했다.

"은행에 1500달러를 담보로 맡겨놓겠습니다. 그래서 만약 제가 감독한 영화가 팔리지 않으면 그 돈을 가져가도 좋습니다."

세네트 씨는 뭔가 잠깐 생각하는 것 같더니 이내 이렇게 물었다.

"그래, 찍고 싶은 이야기가 있나?"

"물론이죠. 맡겨만주세요. 무궁무진하니까요."

세네트 씨는 알겠다는 듯이 고개를 끄덕이며 말했다.

"좋아. 우선 메이벨과 시작한 영화를 끝내도록 하게. 그런 다음에 다시 이야기해보세."

우리는 어제 있었던 일을 잊어버리자는 뜻으로 다정하게 악수를 하고 메이벨의 분장실을 나왔다. 그리고 메이벨에게 가서 사과의 뜻을 전했다. 그날 저녁 세네트 씨는 우리 두 사람을 데리고 저녁을 먹으러 갔다. 다음 날 메이벨은 나에게 더없이 상냥했다. 오히려 이런 우리 두 사람을 보고 카메라 기사와 다른 배우들이 어리둥절해했다. 그리고 우리는 즐겁게 영화 촬영을 마쳤다.

나만의 영화를 만들다

 나는 왜 세네트 씨가 갑작스럽게 태도를 바꿨는지 알 수 없었다. 그러나 몇 달 뒤에 그 이유를 알아냈다. 내 생각대로 세네트 씨는 주말에 나를 해고할 작정이었다. 그러나 내가 메이벨과 언쟁을 벌인 다음 날 아침 세네트 씨는 뉴욕 사무실에서 전보 한 통을 받았다. 채플린이 출연한 영화가 상당한 반향을 불러일으키고 있으니 급히 그의 영화를 추가로 보내달라는 요청이었다.

 키스톤 영화사가 시중 극장에 배포하는 프린트는 평균 20개 정도였다. 따라서 30개면 엄청난 성공이었다. 내가 최근에 출연한 네 번째 영화는 45개에 달했다. 그럼에도 계속 추가 주문이 들어오고 있었다. 성공도 이만저만한 성공이 아니었다. 세네트 씨가 태도를 바꿀 만도 했을 것이다.

 당시 감독 기술이란 것은 단순하기 그지없었다. 배우가 등장했다가 퇴장할 때 오른쪽이었는지 왼쪽이었는지 기억하고 있으면 그만이었다. 예를 들어, 배우가 카메라를 마주보며 퇴장했다면, 다음 장면에서는 카메라를 등지고 들어오는 식이었다. 물론 이런 것들은 아주 기본적인 규칙이었다.

 그러나 경험이 쌓이면서 나는 카메라의 위치라는 것이 단순히 심리적인 것이 아니라 각 장면 장면을 명확하게 구분하고 표현하는 것임을 알게 되었다. 사실 카메라의 위치는 영화의 스타일을 규정하는 기초였다. 카메라를 가까이에 두고 찍는 것과 멀리 두고 찍는 것은 전혀 다른 효과를 가져왔다. 가까이 두고 찍으면 화면은 그만큼 효과가 배가됐지만, 반대로 멀리 두고 찍으면 효과는 반감됐다. 장면의 빠른 전환을 위해 움직임을 길게 가져가지 않는 것이 중요하기 때문에 특별한 경우가 아니라면 배우에게 불필요하게 멀리 걸어가도록 할 필요가 없었다. 오히려 오래 걷는 것이 극적 효과를 떨어뜨렸다. 따라서 카메라의 위치는 장면 구성에 효과를 줄 수 있고 배우가 등장할 때 가장 적절한 위치와 순간을 제공한다. 카메라의 위치는 바로 장면의 변화를 의미한다. 클로즈업이 롱샷보다 장면이나 화면을 더 강조할 수 있다는 어떤 정해진 규칙은 없다. 클로즈업은 감정의 문제다. 예를 들어, 롱샷은 우리 감정에 더 큰 반향을 불러일으킬 수 있다.

한 예로, 내가 초기에 출연한 희극영화 〈스케이팅 *Skating*〉을 들 수 있다. 한 뜨내기가 스케이트장에 들어와 한쪽 발을 들고 스케이트를 탄다. 그는 미끄러져 넘어질 듯 말 듯 비틀거리다가 결국 넘어지면서 사람들과 부딪히고 소동이 벌어진다. 그와 부딪힌 사람들은 카메라를 등지고 쓰러지고 그는 스케이트 링크 저편으로 죽 미끄러져 간다. 그는 카메라에서 멀리 떨어져 있기 때문에 작게 보인다. 그는 얼른 일어나 링크에서 자신이 저지른 행패를 물끄러미 바라보고 있던 구경꾼들 사이로 가서 아무 일 없었다는 듯이 털썩 앉는다. 그는 카메라에서 멀리 떨어져 있기 때문에 클로즈업했을 때보다 더 웃기게 보였다.

처음 영화를 감독했을 때, 나는 애초에 생각했던 것만큼 자신감이 생기지 않았다. 사실 약간 두렵기도 했다. 그러나 세네트 씨가 첫날 내가 촬영한 영화를 보고난 뒤에 내게 확신을 주었다. 영화 제목은 〈비를 만나다 *Caught in the Rain*〉였다. 대성공은 아니었지만 웃긴 작품으로 상당한 성공을 거뒀다. 촬영을 끝냈을 때, 나는 세네트 씨의 반응이 어떨지 궁금했다. 나는 그가 영사실에서 나올 때까지 안절부절못하며 기다렸다. 그는 대뜸 이렇게 말했다.

"그래, 다음 작품은 뭘 찍을 건가?"

그때부터 나는 내가 출연하는 모든 작품을 감독했다.

세네트 씨는 나를 격려하는 차원에서 매 작품마다 보너스로 25달러를 주었다. 그리고 나를 대하는 태도도 달라져 내 의견을 허투루 듣지 않았다. 그는 매일 저녁 나를 데리고 나가 저녁을 사주었는데 같이 식사하면서 다른 세트장 촬영까지 나와 상의했고, 그러면 나는 아주 스스럼없이 일반 대중이 이해할 수 없을 것 같은 괴상한 아이디어를 쏟아냈다. 그러나 세네트 씨는 웃으며 내가 하는 제안을 적극 받아들였다.

나는 직접 영화관에 가서 관객들과 섞여 내가 찍은 영화를 관람하기도 했다. 예전에 비해 관객들의 반응은 천양지차였다. 영화가 시작되기 전에 키스톤 영화라는 문구만 나와도 관객들은 흥분하기 시작했다. 내가 화면에 등장하고 아무것도 하지 않는데도 관객들은 즐거운 듯 어쩔 줄 몰라 했다. 나는 이미 관객들에게 큰 호감을 사고 있었다. 인생이 이렇게 순조롭게 나간다면 더 이상 바랄 것이 없었다. 무엇보다도 보너스를 포함해 나는 주당 200달러를 벌었다.

내가 출연하는 영화의 감독을 맡기 시작하면서 자연히 일이 많아졌다. 그래서 자주 들르던 알렉산드리아 바에도 가지 못했다. 당연히 포드 스털링의 친구인 엘머 엘스워스 씨와도 만나지 못했다. 그러나 한참 뒤에 나는 길거리에서 우연히 그와 마주쳤다. 그가 먼저 나를 보고 말했다.

"여보게! 요즘 자네 영화를 즐겨 보는데, 맹세컨대, 정말 좋더군. 정말 자네는 남다른 재주가 있는 것 같아. 농담하는 게 아니네. 자네는 정말 웃겨! 왜 처음부터 그렇게 말하지 않았나?"

물론 그 뒤로 우리는 정말 사이좋은 친구처럼 지냈다.

나는 키스톤 영화사에서 정말 많은 것을 배웠고, 키스톤 영화사도 내게 많은 것을 배웠다. 당시 그들은 영화를 만들기는 했지만 그것에 대해 제대로 알지 못했다. 연기, 연출 또는 동작 같은 것에 대해 전혀 지식이 없었다. 나는 이것들을 희극배우로 무대에 서면서 알고 있었고, 그들에게 그대로 전수했다. 또한 그들은 동작이 끊어지지 않고 자연스럽게 연결되는 팬터마임에 대해서도 알지 못했다.

한 번은 팬터마임 한 장면을 연출하면서 감독이 서너 명의 배우를 카메라 앞에 일렬로 세워놓고 거친 몸짓으로 '저와 결혼해 주세요'를 연기하는 것을 목격했다. 이런 식이었다. '저와'는 자기 자신을 가리키고, '결혼해'는 왼손의 약손가락을 그리고 '주세요'는 아가씨를 지시하는 식이었다. 이런 식으로는 팬터마임의 효과를 제대로 살릴 수 없었다. 결국 나는 스튜디오 내에서 팬터마임에 관한 한 독보적인 존재가 될 수밖에 없었다. 초기 영화에서 나는 상당히 유리한 고지를 점하고 있었다. 다시 말해, 전인미답의 새로운 세계에 들어간 지질학자나 마찬가지였다. 이때가 내 인생에서 가장 흥미로운 시기였다. 나는 바로 그 문턱을 넘고 있었다.

성공은 사람을 너그럽고 여유 있게 만든다. 나는 스튜디오에서 모든 사람들과 친하게 지냈다. 나는 엑스트라에게, 무대 담당에게, 의상 담당에게 그리고 카메라 기사에게 모두 똑같은 '찰리'였다. 비록 내가 사람들을 사귀는 데 서툴기는 했지만, 이런 것도 나쁘지는 않았다. 왜냐하면 그런데도 사람들이 나에게 친근하게 대한다는 것은 내가 그만큼 성공했음을 반증하는 것이었기 때문이다.

이제 나는 내 아이디어에 자신감이 생겼다. 모두 맥 세네트 씨 덕분이었다. 그도 나처럼 배운 게 없기는 마찬가지였지만 자신의 경험에 강한 신뢰를 갖고 있었고 그런 신뢰감을 내게도 심어주었다. 특히 그의 작업 방식이 내게 큰 신뢰감을 주었다. 분명 올바른 방식이었다. 내가 스튜디오에서 그를 처음으로 만났을 때 그가 했던 말이 아직도 기억에 남아 있다.

"우리는 시나리오가 따로 없네. 아이디어가 하나 떠오르면 그 다음은 사건의 흐름을 물 흐르듯이 그대로 따라갈 뿐이라네."

이런 식으로 영화를 만들면 영화에 활기가 돌았다. 연극 무대에 섰을 때, 나는 하루도 빠짐없이 매일 밤 똑같은 연기를 그대로 답습해야 했다. 한 번 무대에 올려보고 관객들의 반응이 좋다 싶으면 그대로 가는 것이었다. 새로운 것을 시도하기는 거의 불가능했다. 연극 무대에서 연기란 둘 중 하나였다. 즉 좋은 연기와 나쁜 연기. 그러나 영화는 그것에서 자유로웠다. 영화는 나에게 모험심을 불어넣었다.

세네트 씨는 가끔 이렇게 말했다.

"이 아이디어에 대해 어떻게 생각하나? 한번 가보자고." 또는 "메인스트리트에 홍수가 났어. 여기에서 시작하지."

이런 간단한 아이디어 하나가 키스톤 희극영화의 출발점이었다. 이처럼 자연스럽게 오가는 아이디어가 그렇게 즐거울 수 없었다. 어쩌면 인간의 창의성이 어디까지인지 시험하는 것 같았다. 너무 자연스럽고 편안했다. 시나리오도 작가도 없었다. 생각나는 대로 웃기는 장면을 연기하고 그것에 따라 스토리를 만들어 나갔다.

예를 들어, 〈그의 선사시대 *His Prehistoric Past*〉에서 나는 무대에 등장하면서 우스꽝스러운 몸짓 하나로 촬영을 시작했다. 나는 곰 가죽을 쓴 선사시대 인물로 분장하고 나타나 멀리 풍경이 펼쳐진 주변을 두리번거리다가 곰 가죽에서 털을 뽑아 담배파이프에 채워 넣는 연기를 했다. 이것만으로도 선사시대 이야기를 끌어가기에 충분한 아이디어였다. 그다음에 사랑, 경쟁, 싸움 그리고 추적을 덧붙이면 됐다. 이것이 키스톤 영화사에서 했던 작업 방식이었다.

나는 내 영화에 희극적 요소뿐 아니라 다른 차원의 뭔가를 추가하고 싶은 바람이 들기 시작했다. 당시 나는 〈새로운 관리인 *The New Janitor*〉이라는 영화에 출연하고 있었다. 관리 책임자가 나를 문책하는 장면이었다. 나는 관리 책임자에게 내 딱한 사정을 봐서 눈감아달라고 간청하며 집에 부양해야 할 아이들이 많다는 것을 팬터마임으로 애처롭게 연기했다.

비록 거짓으로 관리 책임자의 감성을 자극하기 위해 연기한 것뿐인데, 옆에서 이것을 지켜보던 도로시 테이븐포트라는 한 나이든 여배우가 눈물을 흘렸다. 순간 나로서는 놀라지 않을 수 없었다. "알아요. 웃기려고 한 것인데. 그런데 보고 있자니 자꾸 눈물이 나와요"라고 그녀는 말했다. 즉 내가 영화에 새롭게 가미하고 싶었던 것이 바로 이것이었다. 나에게는 다른 사람의 웃음뿐 아니라 눈물까지 끌어낼 수 있는 재능이 있었다.

전반적으로 남자들이 많았기 때문에 스튜디오 분위기는 '딱딱한' 편이었다. 그래도 미모의 여자들이 여럿 있어 그런대로 견딜 만했다. 특히 스튜디오 분위기에 활력을 불어넣는 이는 메이벨 노먼드였다. 메이벨은 정말 미모의 아가씨였다. 눈은 커다랗고 쌍꺼풀이 진했으며, 도톰한 입술은 양쪽 끝이 살짝 물결처럼 곡선을 그려 한껏 매력을 발산했다. 다소 변덕스럽기도 했고, 응석받이 같은 느낌도 풍겼다. 그녀는 낙천적이고 쾌활했으며 친절하고 관대했다. 모든 사람들이 그녀를 좋아했다. 그리고 좋은 동료였다.

그녀는 가끔 직원이 스튜디오에 데려오는 아이들도 곧잘 다뤘고, 카메라 기사에게도 거리낌 없이 농담을 할 정도로 붙임성이 있었다. 메이벨은 나를 좋아했는데, 물론 사랑하는 남녀 사이의 그것은 아니었다. 굳이 말하자면 사이좋은 오누이 관계라고 할 수 있었을 것이다. 당시 그녀는 맥 세네트 씨를 좋아했다. 그래도 세네트 씨 덕분에 나는 메이벨을 자주 볼 수 있었다. 우리 세 사람은 함께 식사를 했고, 식사 후에 세네트 씨가 호텔 로비에서 잠이라도 들면 우리 둘은 한 시간가량 극장에 가거나 카페에 가서 시간을 보냈다. 그런 뒤에 돌아와서 그를 깨웠다. 이렇게 가깝게 지냈다면 우리 둘 사이에 로맨스 같은 게 있지 않았을까 생각하는 사람도 있겠지만 전혀 그렇지는 않았다. 불행하게도 우리는 좋은 친구 사이로 남았다.

물론 서로 사랑의 감정이 오간 적이 한 번 있었다. 메이벨 노먼드, 로스코 아버클 그리고 나 셋이서 샌프란시스코의 한 극장에서 개최된 자선 무대에 참석한 적이 있었다. 그때 메이벨과 나는 거의 그 선까지 갔었다. 그날 저녁은 매혹적이었다. 우리 세 사람이 출연한 자선 무대도 성공적이었다. 그런데 행사를 마치고 돌아오는데 메이벨이 분장실에 코트를 두고 온 것을 알아차리고 내게 같이 가지러 가달라고 부탁했다. 아버클과 다른 일행은 마차에서 내려 우리를 기다리기로 했다. 짧은 시간이기는 했지만 우리 둘만 있게 된 것이다. 그녀는 아름답게 빛이 났다. 나는 내 코트를 벗어 그녀의 어깨에 걸쳐주며 가볍게 키스했다. 그러자 그녀도 키스로 답했다. 우리는 좀 더 나아갈 수 있었지만 사람들이 기다리고 있었다. 나중에 나는 그때 느낌을 살려 그녀에게 접근해보려 했지만 그것으로 끝이었다. 그녀가 다정다감한 목소리로 이렇게 말했다.

"아뇨, 찰리, 저와 당신은 잘 맞지 않아요."

그즈음 다이아몬드 짐 브래디(1856~1917, 미국의 사업가로 보석을 좋아하는 걸로 유명했다—옮긴이)가 로스앤젤레스에 왔다. 아직 할리우드가 생기기 전이었다. 그는 돌리 자매와 두 자매의 남편들을 데리고 와서 정말 질펀하게 놀다 갔다. 알렉산드리아 호텔에서 저녁식사가 있었는데 돌리 자매와 두 자매의 남편, 칼로타 몬트레이, 사라 베르나르와 자주 호흡을 맞췄던 배우 루 텔레겐, 맥 세네트, 메이벨 노먼드, 블랑쉬 스위트, 냇 굿윈 그리고 다른 많은 인사들이 초대되었다. 돌리 자매는 쌍둥이였는데 정말 눈에 띌 정도로 아름다웠다. 돌리 자매와 두 자매의 남편들 그리고 다이아몬드 짐은 떼려야 뗄 수 없는 관계였다. 물론 어떻게 해서 그들이 그런 관계가 됐는지는 모르겠다.

다이아몬드 짐은 자비로운 존 불(영국의 풍자만화가 존 리치가 만들어낸 만화 속 인물로 쾌활하고 정직하고 믿음직스런 인물. 풍자만화 잡지 〈펀치〉에 자주 등장했다—옮긴이)과 닮은 데가 있었다. 그날 밤 나는 내 눈을 의심했는데, 다이아몬드 짐이 와이셔츠 앞가슴에 1실링 동전보다도 더 큰 다이아몬드 커프스버튼과 장식 단추를 달고 나왔던 것이다.

며칠 뒤에 우리는 샌타모니카 해안 절벽 위에 위치한 냇 굿윈의 카페에서 함께 식사를 했다. 이번에도 다이아몬드 짐은 옷 여기저기에 에메랄드 장식을 하고 등장했다. 모두 작은 성냥갑만 한 크기였다. 처음에 나는 그냥 장난으로 보석을 치장하고 다니는 것으로 생각했다. 그래서 순진하게 진짠지 가짠지 물어봤다. 그는 모두 진짜라고 대답했다. 나는 너무 놀란 나머지 "그렇지만 아무래도 믿을 수가 없습니다"라고 말했다. 그러자 그는 "정말 아름다운 에메랄드를 보고 싶소? 자 여기를 봐요"라고 말하며 드레스 조끼를 들어 올려 허리에 찬 벨트를 보여줬다. 퀸스베리 후작의 챔피언 벨트처럼 커다란 벨트에 여태까지 본 것 중에서 가장 커다란 에메랄드가 빈틈없이 박혀 있었다. 그는 이런 보석으로 치장된 장신구가 10개나 있는데 매일 밤마다 다른 것을 하고 다닌다며 자랑스러워했다.

영화계의 인기 배우

1914년, 나는 스물다섯 살이었다. 이렇게 젊은 나이에 나는 일에 파묻혀 살았다. 단지 성공을 위해서가 아니라 영화 자체의 매력에 푹 빠져 있었다. 특히 영화계 스타들을 만날 수 있는 게 무엇보다 즐거웠다. 나는 한때 팬이기도 했던 메리 픽퍼드, 블랑쉬 스위트, 미리엄 쿠퍼, 클라라 킴볼 영, 기쉬 자매 등을 만났다. 모두 미인들이었고 실제로 얼굴을 맞대고 볼 수 있다는 것이 꿈만 같았다.

배우 토머스 인스는 태평양 연안을 마주한 샌타모니카 북부 야생 생태 지역에 있는 자신의 스튜디오에서 자주 바비큐 파티와 댄스파티를 열었다. 정말 놀라운 밤이었다. 야외무대에서 애절한

키스톤 영화사 시절 D. W. 그리피스, 나, 토머스 인스와 함께(왼쪽부터)

음악에 맞춰 젊은이들과 미인들이 뒤섞여 춤을 추었다. 그리고 가까운 바닷가에서 들려오는 파도 소리가 어우러져 멋진 분위기를 연출했다.

페기 피어스는 내 첫 번째 연인이었다. 조각같이 아름다운 이목구비에 새하얀 목덜미 그리고 황홀한 몸매를 가진 보기 드문 미인이었다. 내가 그녀를 본 것은 키스톤 영화사에 온 지 3주 만이었다. 그녀는 내가 왔을 때 독감에 걸려 잠시 일을 쉬고 있었다. 처음 대면하는 순간 우리 둘 사이에는 불꽃이 일었다. 우리는 서로 첫눈에 반했다. 내 마음이 그것을 말해주고 있었다. 나는 매일 아침 그녀를 볼 수 있다는 기대감에 스튜디오로 향하는 발걸음이 가벼웠다.

일요일마다 나는 그녀의 부모가 사는 아파트로 전화했다. 또 그녀를 만나는 밤마다 사랑을 고백했다. 그러나 한편으로 가슴 아픈 밤이기도 했다. 물론 페기도 나를 사랑했다. 그러나 그것은 원래 이루어질 수 있는 사랑이 아니었다. 그녀는 내 사랑을 받아들이지 않았다. 어쨌든 나는 절망에 빠져 단념하고 말았다. 당시 나는 결혼하고 싶은 생각이 추호도 없었다. 아무에게도 얽매이지 않는 자유로운 삶이 마냥 좋았다. 결혼이 좋다고 해도 그것이 이런 자유로운 삶에 방해가 될지도 모를 일이었다.

키스톤 영화사뿐 아니라 당시 모든 스튜디오가 서로 가족처럼 지냈다. 영화 한 편을 찍는 데 일주일이면 충분했다. 장편이라고 해도 2주나 3주밖에 걸리지 않았다. 조명은 따로 없이 태양광을 이용했다. 우리가 캘리포니아에서 일한 이유가 여기에 있다. 캘리포니아는 일조 일수가 연평균 270일 이상으로 상당히 길었다.

클리그 조명(독일인 클리그 형제가 고안한 아크 조명―옮긴이)은 1915년경에 개발되었다. 그러나 키스톤 영화사는 그것을 한 번도 사용하지 않았다. 불빛의 흔들림이 심했고 태양광만큼 밝지도 않았다. 또 조명을 설치하는 데 시간도 많이 걸렸다. 우리는 보통 한 편 제작하는 데 대개 일주일 이상 걸리지 않았다. 실제로 나는 〈사랑의 20분 *Twenty Minutes of Love*〉이란 영화를 오후 반나절 만에 만든 적도 있었다. 그래도 그 영화는 처음부터 끝까지 웃음이 끊이질 않았다. 가장 큰 성공을 거둔 〈가루 반죽과 다이너마이트 *Dough and Dynamite*〉는 제작에 9일이 걸렸다. 제작 비용은 1,800달러였다. 당시 키스톤 영화사의 편당 제작 비용 상한액은 1,000달러였다. 결과적으로 800달러를 초과했는데 이것을 빌미로 세네트 씨는 편당 주던 보너스 25달러도 주지 않았다. 그는 이렇게 제작 비용을 초과한 경우 그것을 만회하기 위해 한 편짜리 영화를 두 권으로 나눠 배포했다. 이런 식으로 우리는 연간 13만 달러 이상을 절약할 수 있었다.

키스톤 영화사에서 일하면서 내가 출연하고 감독한 영화가 여러 편 성공을 거두었다. 그중에 가장 큰 성공을 거둔 작품은 〈사랑의 20분〉 〈가루 반죽과 다이너마이트〉 〈웃음 가스 *Laughing Gas*〉 그리고 〈소품 담당 *The Property Man*〉 등이 있다. 이 시기에 나와 메이벨은 캐나다 출신 여배우 마리 드레슬러와 함께 화보를 촬영했다. 드레슬러와 화보를 촬영하는 일은 재미있기는 했지만, 나는 사진 작업에는 별다른 매력을 못 느꼈다. 그래서 오히려 빨리 작업을 끝내고 내 영화나 감독하는 편이 낫겠다는 생각이 들었다.

나는 형 시드니를 세네트 씨에게 소개했다. 나로 인해 채플린이란 이름이 이미 널리 알려져 있었기 때문에 세네트 씨는 또 다른 채플린을 기꺼이 받아들였다. 세네트 씨는 형과 주당 200달러에 1년간 계약했다. 나보다 25달러가 많은 액수였다. 형 내외는 미국에 도착하자마자 스튜디오로 왔다. 그러나 내가 로케이션을 나가고 없었기 때문에 스튜디오에서는 만나지 못했다. 우리는 저녁에 만나 같이 식사를 했다. 식사를 하면서 나는 영국에서 내 영화에 대한 반응이 어떤지 물어보았다.

형의 말에 따르면 영국의 많은 뮤직홀 배우들이 너 나 할 것 없이 나에 대해 열광하고 있다고 했다. 특히 내 이름이 제대로 알려지기 전인데도 그들은 영화만 보고 나를 미국의 뛰어난 신예 영화배우라고 치켜세우고 있다는 것이었다. 그리고 형은 자신이 직접 경험한 흥미로운 일화도 말해주었다. 내가 출연한 영화를 아직 한 편도 보지 못했을 때였는데, 한번 보고 싶어 영화가 언제 개봉되는지 배급사에 전화를 했다고 한다. 전화를 하면서 자신이 찰리 채플린의 형이라고 밝히자 그들이 형을 바로 초대해 내 영화 세 편을 무료로 보여주더라는 것이었다. 형은 영사실에서 혼자 영화를 봤는데, 내 영화가 얼마나 웃기던지 영사실이 떠나가도록 웃었다고 한다.

"형은 내가 영화를 하는 것에 대해 어떻게 생각했어?"

나는 형에게 물어보았다. 형은 두말할 것도 없다는 듯이 이렇게 대답했다.

"응, 찰리, 네가 잘할 거라 생각했지."

확신에 찬 답변이었다.

맥 세네트 씨는 로스앤젤레스 체육클럽의 회원이었다. 이 클럽의 회원은 친구 한 사람에게 임시 회원권을 발부할 수 있는 권한이 있었다. 그는 그것을 나에게 주었다. 로스앤젤레스 체육클럽은 독신 남성들과 상공인들이 즐겨 찾는 집합소와 같은 곳으로 1층에 넓은 식당과 휴게실을 두고 있었다. 단, 1층은 저녁에 한해 여성들에게도 개방했으며, 칵테일 바도 따로 갖추고 있어 고급스러움을 더했다.

나는 이 클럽의 맨 꼭대기 층에 방을 하나 얻었다. 구석에 있는 커다란 방이었는데, 작은 서재를 따로 만들고 피아노 한 대를 들여놓았다. 옆방은 메이 백화점(로스앤젤레스에서 가장 큰 백화점이었다)의 소유주인 모즈 햄버거 사장의 방이었다. 당시만 해도 캘리포니아의 생활비는 저렴했다. 클럽 회원인 나는 방세로 일주일에 12달러만 지불하고 체육관과 수영장 그리고 최고급 서비스를 포함한 클럽의 모든 시설을 자유롭게 이용할 수 있었다. 사람들은 내가 주당 75달러짜리 호화로운 생활을 한다고 부러워했다. 물론 클럽에서 식사도 하고 바에 가서 술을 마셨지만 클럽 회원이라 저렴하게 이용할 수 있었다.

유럽에서 1차 세계대전이 발발했지만 클럽 회원들은 별다른 동요가 없었다. 거의 평상시와 다름없었고, 오히려 전쟁을 즐기는 분위기였다. 모든 사람이 6개월 안에 전쟁이 끝날 것으로 예상했다. 허버트 키치너 경(1850~1916, 아일랜드 출신의 영국인 장교-옮긴이)이 예언한 것처럼 그것이 4년이나 지속될 거라고 생각한 사람은 아무도 없었다. 많은 사람이 전쟁이 선포되었을 때 우려보다는 환호성을 질렀다. 독일에 본때를 보여줄 수 있는 절호의 기회라고 여겼다. 따라서 전쟁 결과를 의심하는 사람도 없었다. 당연히 영국과 프랑스가 6개월 안에 독일을 쳐부술 거라고 내다봤다. 다행히 전쟁은 유럽을 벗어나지 않았다. 더구나 캘리포니아는 전장에서 멀리 떨어져 있었다.

그리고 이때 세네트 씨가 내 계약 갱신에 대해 말을 꺼내기 시작했다. 그는 내가 원하는 새로운 계약 조건을 듣고 싶어 했다. 나는 내 인기가 어느 정도인지 알고 있었지만 그것이 덧없는 것이라는 것도 잘 알고 있었다. 여하튼 이런 식으로 가다가는 1년 안에 바닥을 드러낼 것이 뻔했다. 그래서 나는 해가 떴을 때 건초를 말리자고 생각했다.

"주당 천 달러는 받고 싶어요."

나는 생각 끝에 이렇게 말했다. 세네트 씨가 놀라는 눈치였다.

"하지만 나도 그렇게는 못 받고 있네."

"저도 알아요. 그렇지만 당신 이름을 보고 극장에 몰려드는 사람은 별로 없잖아요."

나는 대놓고 이렇게 말했다. 그러자 세네트 씨가 말했다.

"그렇기는 하지. 그래도 우리 키스톤이 없다면 자네도 설 기반을 잃을 수 있어. 포드 스털링이 어떻게 되어가고 있는지 한번 보게."

세네트 씨의 경고성 멘트였다.

틀린 말이 아니었다. 포드 스털링은 키스톤 영화사를 떠난 이후 줄곧 고전을 면치 못하고 있었다. 그러나 나는 세네트 씨에게 이렇게 말했다.

"잘 아시잖아요. 저는 공원, 경찰 그리고 예쁘고 귀엽게 생긴 아가씨 한 명만 있으면 영화 한 편을 만들어요."

실제로 내가 만들어 큰 성공을 거둔 영화는 이런 식으로 만든 것들이었다. 그 사이 세네트 씨는 동업자인 케셀과 바우먼에게 연락해 내 계약과 계약 조건에 대해 상의했다. 얼마 뒤에 세네트 씨가 내게 직접 찾아와 새로운 계약 조건을 말했다.

"자네도 알고 있겠지만, 아직 계약 기간이 4개월이나 남아 있네. 우리는 기존 계약을 파기하고 당장 500달러를 주겠네. 그리고 내년에는 700달러, 그다음 해에 1500달러로 올려주겠네. 어떤가? 이런 식으로 하면 자네는 주당 천 달러를 받는 것과 마찬가지네."

"세네트 씨. 그것을 거꾸로 하면 어떨까요. 첫해에 1500달러, 두 번째 해에 700달러, 세 번째 해에 500달러. 그러면 군말 없이 조건을 받아들이겠습니다."

"그건 말도 안 되네."

세네트 씨가 말했다.

그래서 새로운 계약 문제는 흐지부지되고 말았다.

키스톤 영화사와 맺은 계약 기간이 한 달밖에 남지 않았지만 다른 영화사에서는 어떤 제안도 들어오지 않았다. 나는 점차 조바심이 나기 시작했다. 분명 세네트 씨도 이것을 알고 시간을 벌려고 하는 것 같았다. 평소 같으면 영화 한 편이 끝나면 내게 와서 농담으로라도 다음 작품은 언제 시작할 건지 물어보던 사람이었다. 그런데 내가 2주일째 아무 작업도 하지 않고 빈둥대고 있는데도 세네트 씨는 나를 거들떠보지도 않았다. 물론 그는 여전히 내게 공손하고 친절하게 대했다. 그러나 나를 멀리하는 눈치가 역력했다.

이처럼 상황이 불리하게 돌아가고 있었지만 나는 자신감을 잃지 않았다. 남은 한 달 동안 아무도 나에게 제안을 해오지 않는다면 나는 독립할 생각이었다. 안 될 것도 없었다. 나는 자신이 있었다. 물론 확신도 갖고 있었다. 나는 독립에 대해 진지하게 생각하던 순간을 지금도 생생하게 기억한다. 그때 나는 스튜디오 벽에 계약서를 대고 서명하면서 마음속으로 반드시 독립하겠다고 생각했다.

형 시드니도 키스톤 영화사에 합류하고 나서 성공작 몇 편을 만들었다. 그 가운데 〈잠수함 해적〉은 엄청난 성공을 거둬 새로운 흥행 기록을 세우기도 했다. 특히 형은 이 영화를 촬영하면서 전에 없던 새로운 카메라 트릭을 많이 고안했다. 형도 큰 성공을 거둔 참이었기 때문에 나는 형에게 같이 독립해 영화사를 차리는 것은 어떤지 물어봤다. 나는 형을 설득했다.

"카메라 한 대와 작은 공간만 있으면 돼."

그러나 형은 조심스러웠다. 형은 새로 독립하는 것은 위험 부담이 크다고 말했다.

"게다가 여태까지 한 번도 받아본 적이 없는 엄청난 급료를 받고 있어. 이걸 어떻게 포기하겠니."

형은 그 뒤로 1년 더 키스톤 영화사에서 일했다.

하루는 유니버설 영화사의 설립자인 칼 렘믈에게서 전화가 왔다. 나를 스카우트하고 싶다는 전화였다. 그는 내게 영화 피트로 계산해 피트당 12센트를 주고 제작비까지 지원하겠다는 조건을 내세웠다. 그러나 그도 주당 천 달러는 어렵다고 말했다. 결국 이건도 무산되고 말았다.

그런데 어느 날 제스 로빈스라는 젊은이가 에사네이 영화사를 대표해 나를 찾아왔다. 나는 그로부터 내 계약에 대해 세간에 떠도는 뜬금없는 소문을 들었다. 내가 새로운 계약 조건으로 보너스 1만 달러와 주당 1,200달러를 요구한다는 것이었다. 당사자인 나조차도 금시초문이었다. 나는 로빈스가 보너스 이야기를 꺼내기 전까지 1만 달러 보너스는 원하지 않았다. 아니 보너스에 대해서는 전혀 생각지도 못하고 있었다. 그러나 그에게 보너스 이야기를 듣는 순간, 그것은 내 귓전에서 떠나지 않았다.

그날 밤 나는 로빈스를 저녁에 초대해 내 계약에 대해 항간에 떠도는 소문의 전말을 물어보았다. 로빈스는 자세한 소문은 모르고 자신은 카우보이 브롱코 빌리로 더 유명한 G. M. 앤더슨(1880~1971, 미국의 영화배우이자 제작자—옮긴이)의 지시를 받고 나를 찾아왔다고 했다. 앤더슨 씨는 조지 K. 스푸어(1872~1953, 미국의 영화 제작자—옮긴이) 씨와 함께 에사네이 영화사를 설립하고 공동 대표를 맡고 있었다. 앤더슨 씨는 나와 계약 조건을 협의하기 위해 로빈스를 대신 보냈던 것이다. 앤더슨 씨가 제시한 조건은 주당 1,200달러였다. 내가 키스톤 영화사와 재계약 조건으로 내건 주당 천 달러보다 높게 책정한 것 같았다. 그러나 항간에 떠도는 보너스 1만 달러는 아직 장담할 수 없다고 했다. 나는 그냥 어깨를 으쓱해 보였다. 그러고는 아무것도 모르는 척 이렇게 말했다.

"다들 보너스가 걸림돌이 되는 모양입니다. 모두 제안은 그럴듯하게 해놓고, 막상 현금을 들고 오는 사람은 없어요."

조금 있다가 그는 샌프란시스코에 있는 앤더슨 씨에게 전화를 했다. 계약은 거의 성사 직전인데 1만 달러 보너스가 마지막 걸림돌이라고 말하는 것 같았다. 그는 얼굴에 미소를 띠고 자리로 돌아왔다.

"됐어요. 계약만 확실하다면, 내일 바로 보너스 1만 달러를 주겠답니다."

나는 정말 날아갈 듯이 기뻤다. 마치 꿈을 꾸는 것 같았다. 하지만 일은 생각대로 수월하게 진행되지 않았다. 그들은 바로 다음 날 주기로 한 1만 달러를 주지 않았다. 로빈스는 수표로 600달러만 건네면서 보너스 1만 달러는 앤더슨 씨가 직접 로스앤젤레스로 와서 내게 전달할 것이라고 덧붙였다. 앤더슨 씨는 나와의 계약에 열의와 확신을 갖고 있었다. 그러나 기대했던 보너스는 받지 못했다. 그는 "보너스 문제는 내 동업자인 스푸어 씨가 우리가 시카고에 도착하는 즉시 해결해줄 거네"라는 말만 했다.

앤더슨 씨의 행동에 약간 수상쩍은 느낌이 들었지만, 나는 낙관적으로 생각하기로 했다. 키스톤 영화사와 계약 만료일이 2주일 앞으로 다가왔다. 나는 마지막 작품으로 〈그의 선사시대〉를 촬영하고 있었다. 그러나 새로운 계약 문제 때문에 마음이 심란해 제대로 촬영을 할 수 없었다. 여하튼 나는 우여곡절 끝에 영화 촬영을 마쳤다.

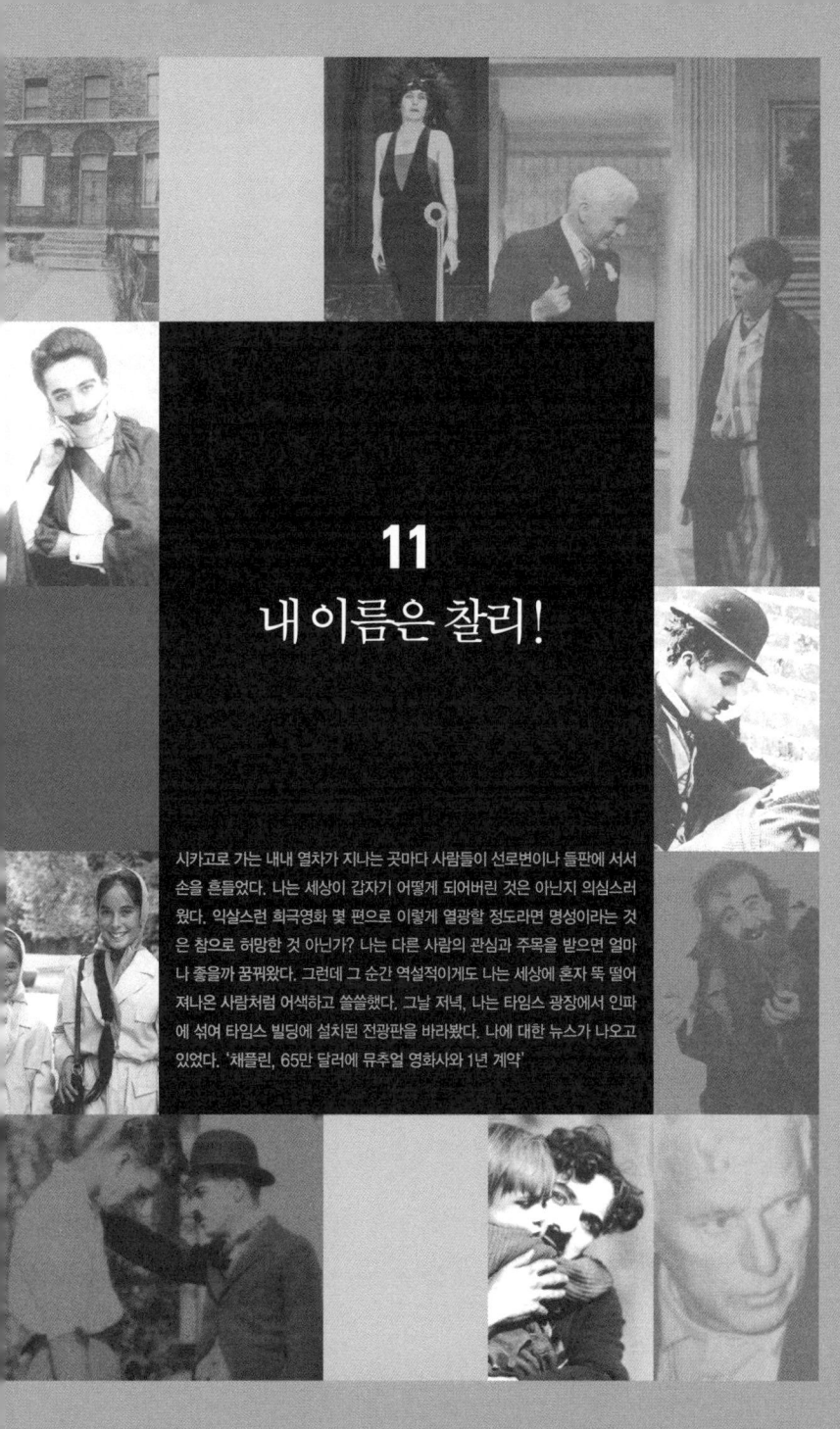

11
내 이름은 찰리!

시카고로 가는 내내 열차가 지나는 곳마다 사람들이 선로변이나 들판에 서서 손을 흔들었다. 나는 세상이 갑자기 어떻게 되어버린 것은 아닌지 의심스러웠다. 익살스런 희극영화 몇 편으로 이렇게 열광할 정도라면 명성이라는 것은 참으로 허망한 것 아닌가? 나는 다른 사람의 관심과 주목을 받으면 얼마나 좋을까 꿈꿔왔다. 그런데 그 순간 역설적이게도 나는 세상에 혼자 뚝 떨어져나온 사람처럼 어색하고 쓸쓸했다. 그날 저녁, 나는 타임스 광장에서 인파에 섞여 타임스 빌딩에 설치된 전광판을 바라봤다. 나에 대한 뉴스가 나오고 있었다. '채플린, 65만 달러에 뮤추얼 영화사와 1년 계약'

스푸어 씨와의 숨바꼭질

키스톤 영화사를 떠날 생각을 하니 가슴이 아팠다. 짧은 시간이었지만 나는 세네트 씨를 포함해 스튜디오 식구들과 깊은 정이 들어 있었다. 나는 키스톤 영화사를 떠나면서 아무에게도 작별인사를 하지 않았다. 아니 작별인사를 할 수 없었다. 작별인사를 하고 말고 할 시간조차 없었기 때문이다. 내가 키스톤 영화사에서 마지막으로 촬영한 〈그의 선사시대〉의 최종 편집을 마친 게 토요일 밤이었다. 그리고 월요일에 바로 에사네이 영화사의 앤더슨 씨와 함께 샌프란시스코로 향했다.

그곳에 도착하니 그의 초록색 벤츠가 우리를 기다리고 있었다. 우리는 점심을 먹기 위해 성 프랜시스 호텔에 잠깐 들렀다가 바로 앤더슨 씨의 스튜디오가 있는 나일스로 향했다. 당시 앤더슨 씨는 에사네이 영화사에서 브롱코 빌리라는 이름으로 서부극을 찍고 있었다. 영화사 이름 에사네이(Essanay)는 공동 설립자인 스푸어(Spoor)와 앤더슨(Anderson)의 머리글자 S와 A를 따서 발음나는 대로 표기한 것이었다.

나일스는 샌프란시스코 시내에서 1시간 거리에 있었다. 철길을 따라 길게 들어선 작은 시골 마을로 주민은 모두 합쳐봐야 400명 정도였고 주로 목축업에 종사했다. 스튜디오는 마을에서 4마일 정도 더 떨어진 들판 한가운데 자리 잡고 있었다. 스튜디오를 처음 본 순간 마음이 무거웠다. 아무리 시골 마을이라고 하지만 건물이 너무 초라했다. 스튜디오 지붕에는 유리가 덮여 있었는데 여름에는 한 마디로 찜통이나 마찬가지였다. 앤더슨 씨는 이곳 스튜디오만 낡았지 시카고에 있는 스튜디오들은 내 마음에 들 것이라고 말했다. 장비들도 좋아 영화 촬영에 별다른 지장이 없을 거라고 안심시켰다. 다행히 이곳은 내 최종 목적지가 아니었다. 나는 나일스에서 한 시간가량을 머물렀다. 앤더슨 씨가 도중에 스태프들과 상의할 일이 있어 들른 것이었다. 우리는 다시 샌프란시스코로 돌아와 시카고행 기차에 올랐다.

나는 앤더슨 씨가 마음에 들었다. 그는 독특한 매력을 발산했다. 시카고로 가는 기차에서 나를 마치 친동생처럼 대해주었다. 그리고 기차가 역에 정차할 때마다 잡지와 사탕을 사주기도 했다. 사십대였던 앤더슨 씨는 내성적이고 말수가 적었지만, 일에 대한 이야기만 나오면 상냥하게 이렇게 말했다.

"걱정하지 말게. 잘될 걸세."

앤더슨 씨는 기차를 타고 가는 내내 거의 말을 하지 않았다. 그리고 계속 뭔가 골똘히 생각에 잠겼다. 매사에 치밀하고 빈틈없는 사람 같았다.

시카고로 가는 기차 여행은 흥미로웠다. 기차에는 일행으로 보이는 남자 승객 세 명이 함께 타고 있었다. 우리는 그들을 식당차에서 먼저 마주쳤다. 두 사람은 신수가 훤하니 있는 사람들처럼 보였고, 나머지 한 사람은 하고 있는 차림새로 보아 평범하니 없는 사람 같았다. 따라서 세 사람이 함께 식당차에 앉아 있는 모습이 어색해 보였다. 앤더슨 씨와 나는 두 사람은 엔지니어고 부랑자 같이 생긴 나머지 한 사람은 그들의 조수이거나 막일을 하는 노동자일 거라고 생각했다. 우리가 식당차에서 나와 자리에 돌아와 앉자 그중 한 사람이 뒤따라와 우리에게 인사를 하며 자신을 소개했다. 그는 세인트루이스의 보안관인데 식당에서 앤더슨 씨를 보고 브롱코 빌리인 듯해서 인사를 하러 왔다고 말했다. 그들은 캘리포니아에 있는 샌 쿠엔틴 교도소에서 세인트루이스까지 사형수를 호송하고 있는 중이었다. 여하튼 그는 죄수를 혼자 놔둘 수 없으니 자신들이 타고 있는 열차 칸으로 가서 동행 중인 지방검사와 만나줄 수 있는지 물었다.

"어떤 사형수를 호송 중인지 알고 싶으실 것 같아서 말씀드립니다만" 하고 보안관이 먼저 말문을 열었다.

"그 죄수는 악질 흉악범입니다. 우리 경찰관이 세인트루이스로 그를 체포하러 갔을 때, 그는 옷가지를 좀 챙겨가지고 나오겠다며 방에 들어가 트렁크를 정리하는 척하다가 느닷없이 권총을 꺼내 그 경찰관을 쏴 죽였습니다. 그리고 캘리포니아로 도망쳤는데 그곳에서 강도짓을 하다가 붙잡혀 3년 형을 선고받고 만기 출소했습니다. 우리는 그가 만기 출소하는 날만 기다리고 있다가 오늘 이렇게 붙잡아 오는 길입니다. 선고는 이미 난 거나 다름없습니다. 사람을 죽였으니 응당 그 대가를 치러야겠지요."

그는 의기양양하게 말했다.

앤더슨 씨와 나는 그들이 타고 있는 열차 칸으로 갔다. 보안관은 키는 땅딸막했지만 성격이 밝고 쾌활했으며 항상 웃음을 잃지 않았다. 그러나 눈빛만은 날카롭게 반짝였다. 한편, 지방검사는 좀 더 과묵한 사람이었다. 보안관은 우리를 지방검사에게 소개한 다음 자리를 안내했다.

"여기 앉으시지요."

그런 다음 죄수를 돌아보며 우리에게 소개했다.

"이쪽은 행크라고 합니다. 세인트루이스까지 호송 중인데, 도착하면 죗값을 호되게 치를 겁니다."

행크는 코웃음만 칠뿐 아무 말이 없었다. 키는 6피트, 나이는 사십대 후반 정도로 보였다. 그는 앤더슨 씨와 악수를 나누며 이렇게 말했다.

"당신이 나오는 영화를 여러 번 본 적이 있습니다. 앤더슨 씨. 권총을 다루는 솜씨가 정말 뛰어나더군요. 지금껏 제가 본 중에 가장 멋있었습니다."

그러나 행크는 나를 알지 못했다. 그는 샌 쿠엔틴 교도소에 3년 동안 수감되어 있었다고 말했다. 나는 "그러면 바깥에서 일어난 일에 대해서는 잘 모르겠군요"라고 장단을 맞췄다. 우리는 모두 즐거운 척했지만 속으로는 알 수 없는 긴장감이 흘렀다. 아무래도 죄수와 같이 있으니 마음이 편치 않았다. 나도 무슨 말을 해야 할지 알 수 없어 보안관이 말하는 대로 그냥 씩 웃기만 했다.

앤더슨 씨가 말했다.

"험한 세상입니다."

"그렇죠."

보안관이 맞장구를 쳤다.

"그리고 세상을 좀 더 살기 좋은 곳으로 만드는 게 저희 일입니다. 행크도 그건 잘 알 겁니다."

"그럼요. 알다마다요."

행크가 비웃기라도 하듯 시큰둥하게 말했다.

보안관이 설교하듯 이렇게 말했다.

"이 친구가 샌 쿠엔틴 교도소를 나왔을 때 제가 말했습니다. 자네가 허튼수작만 부리지 않는다면, 우리도 그에 응당한 대우를 해주겠네. 우리는 이 친구에게 수갑을 채워 다른 사람들에게 위화감을 주고 싶지 않았습니다. 다른 소동이 일어나는 것도 원치 않았고요. 그래서 발에 족쇄만 채웠습니다."

"족쇄요! 그게 뭐죠?"

내가 물었다.

"족쇄가 뭔지 모르세요?"

보안관이 내 말에 놀란 것처럼 되물었다.

"행크, 자네 바지를 끌어올려보게."

행크는 보안관이 시키는 대로 바지를 끌어올렸다. 그의 발목에는 두께 5인치, 폭 3인치 그리고 무게가 40파운드 정도 되어 보이는 니켈로 도금된 족쇄가 채워져 있었다. 보안관은 최근에 새로 고안된 족쇄라며 사족을 덧붙였다. 족쇄 안쪽에 고무를 덧대 죄수가 족쇄를 했을 때 느끼는 발목 통증을 줄일 수 있다는 것이었다.

"그럼 족쇄를 한 채로 잠을 자나요?"

내가 묻자 보안관이 슬쩍 행크를 보며 대답했다.

"그렇긴 하지만, 본인 하기 나름이죠."

행크가 얼굴을 찡그리며 알 수 없는 미소를 지었다.

우리는 저녁시간 전까지 앉아서 이런저런 이야기를 나눴다. 시간이 지나면서 화제는 행크를 다시 체포하게 된 경위로 옮겨갔다. 보안관은 교도소 간 수감자 정보를 교환하는 과정에서 샌 쿠엔틴 교도소에 수감 중인 행크의 사진과 지문을 받고 그가 바로 자신들이 찾고 있는 범인이라는 것을 알아냈다고 한다. 그래서 그들은 행크가 출소하는 날 샌 쿠엔틴 교도소 앞에서 기다리고 있다가 교도소 문을 나오는 그를 체포해오는 길이었다.

보안관은 날카로운 눈으로 행크를 한 번 쳐다보더니 다시 말을 이었다.

"우리는 교도소 앞으로 나 있는 도로 맞은편에서 그를 기다렸습니다. 교도소 문이 열리고 행크가 걸어 나오는 게 보였습니다."

보안관은 집게손가락으로 자신의 코를 문지르고는 슬쩍 행크를 가리키며 악마 같은 미소를 지은 채 말했다.

"이놈이 바로 우리가 찾는 놈이다 하고 외쳤지요."

보안관은 계속 말을 이어갔다. 앤더슨 씨와 나는 완전히 넋을 잃고 보안관의 이야기를 듣고 있었다.

"행크를 체포하자마자 이렇게 말했습니다. 자네가 허튼수작만 부리지 않는다면, 우리도 그에 응당한 대우를 해주겠네. 우리는 행크에게 아침을 사줬습니다. 핫케이크와 베이컨에그를 먹었지요. 그리고 아시겠지만 이렇게 열차 1등석으로 모시고 있습니다. 수갑과 사슬을 차고 고생하는 것보다 이게 더 낫지 않겠습니까."

행크는 입가에 옅은 미소를 짓더니 이렇게 중얼거렸다.

"이봐요. 내 생각 같아서는 범인 인도 규칙을 내세워 당신네들과 한바탕 난리를 칠 수도 있었어요."

순간 보안관이 행크를 노려보며 천천히 말했다.

"그렇게 해봐야 자네에게 무슨 소용이 있겠나. 시간만 지체할 뿐이지 결과는 똑같은데. 그리고 자네가 이렇게 협조적으로 나오니 편하게 1등석으로 가고 있지 않나?"

"그렇긴 하죠."

행크는 불쑥 이렇게 대답했다. 보안관의 말에 수긍한다는 눈치였다.

그들의 도착지인 세인트루이스가 가까워지자 행크가 입을 열기 시작했다. 그는 세인트루이스에서 자신이 수감될 감옥이 어떤 곳인지 관심이 많은 것 같았다. 특히 그는 자신이 수감될 감옥의 다른 죄수들이 자신을 어떻게 대할지 기대하는 눈치였다. 그는 이렇게 말했다.

"전 그곳에 수감되어 있는 고릴라(교도소의 죄수들 중에 특히 악질 죄수를 가리키는 속어—옮긴이)들이 저를 캥거루 법정(교도소에 있는 죄수들이 자신들만의 행동 규칙을 어긴 사람을 벌주기 위해 여는 엉터리 재판—옮긴이)에 세워 어떻게 판결할지 상상하고 있는 중입니다. 뭐 뻔한 결론이기는 하지만. 제 담배와 궐련을 빼앗아가겠죠. 때리지나 않으면 다행인데……"

행크를 대하는 보안관과 지방검사의 태도에서는 이제 막 숨통이 끊어질 소를 바라보는 투우사의 다정함과 연민이 배어 있었다. 기차가 세인트루이스에 도착하고 그들과 작별인사를 했다. 마침 그날이 섣달그믐이라 서로 새해 인사를 나누며 헤어졌다. 행크도 우리와 악수를 나누며 모든 좋은 일도 그 끝이 있게 마련이라는 자조 섞인 말로 인사를 대신했다. 자신의 운명을 예견하는 말 같았다. 나는 그에게 무슨 말을 해야 할지 알 수 없었다. 그는 사람을 죽이고 비겁하게 도망친 흉악범이었다. 하지만 나는 발목에 찬 족쇄 때문에 열차에서 절뚝거리며 내리는 그의 모습을 보며 그래도 행운을 빌어주고 싶었다. 결국 그는 세인트루이스에서 교수형에 처해졌다.

시카고에 도착하니 스튜디오 책임자가 마중 나와 우리를 반갑게 맞이했다. 그러나 스푸어 씨는 보이지 않았다. 스푸어 씨는 일 때문에 출장 중인데, 신년 연휴가 지나야 돌아올 것 같다고 그가 말했다. 그래서 나도 별다른 의심 없이 그런가 보다 생각했다. 그리고 스튜디오도 신년 연휴라 달리 일이 없었다. 나는 섣달그믐을 앤더슨 씨 가족과 함께 보냈다. 그리고 다음 날 앤더슨 씨는 캘리포니아로 돌아갔다. 그는 출발 전에 스푸어 씨가 돌아오는 대로 보너스 1만 달러를 포함해 내 계약과 관련한 모든 일을 처리해줄 거라고 말했다.

스튜디오 건물은 공업지대 안에 있었는데 창고로 쓰던 건물을 개조해서 쓰는 것 같았다. 신년 연휴가 끝나고 나는 스튜디오에 얼굴을 내밀었다. 그러나 스푸어 씨는 출근하지 않았다. 뿐만 아니라 내 보너스나 계약과 관련해 아무런 지시도 없었다. 문득 이상한 낌새가 느껴졌다. 뭔가 일이 제대로 돌아가고 있는 것 같지 않았다. 스튜디오 사람들도 나에게 켕기는 것이 있는지 슬금슬금 피했다. 그러나 나는 걱정하지 않았다. 좋은 영화를 만들면 모든 문제가 한꺼번에 해결될 거라는 자신감이 있었다. 그래서 나는 스튜디오 책임자에게 내가 영화를 찍으면서 스태프들의 협조를 제대로 받을 수 있는지 그리고 스튜디오에 있는 모든 촬영 관련 장비들을 자유롭게 사용할 수 있는지 물어보았다. 그는 "물론입니다. 앤더슨 씨가 최대한 협조하라는 지시를 하고 떠났습니다"라고 말했다.

"그렇습니까. 그럼, 지금 바로 일을 시작하고 싶습니다."

"그렇게 하십시오. 1층에 가서 시나리오 부장 라엘라 파슨스 양을 찾으십시오. 그녀가 촬영에 필요한 시나리오와 각본을 줄 겁니다."

"전 다른 사람이 쓴 각본은 사용하지 않습니다. 각본은 제가 직접 쓸 생각입니다."

내가 딱 잘라 말했다.

나는 스푸어 씨가 신년 연휴가 끝났는데도 스튜디오에 나오지 않는 것에 신경이 곤두서 있었다. 그러던 차에 스튜디오 직원들까지 내 말귀를 제대로 알아듣지 못하는 것 같아 화가 머리끝까지 치솟았다. 그들은 딱딱하고 사무적이었으며 은행 직원들 모양 전표 같은 것만 들고 이리저리 왔다 갔다 했다. 그래서 스튜디오에 있으면 영화사에 있는 것이 아니라 어느 은행에 온 느낌이었다. 사무 처리는 잘하는 것 같았지만 영화는 그렇지 못했다. 각 부서별 사무실이 모여 있는 2층은 영락없는 은행 창구였다. 전혀 창조적인 일을 하는 곳 같지 않았다. 더구나 놀라운 것은 오후 6시가 되면 영화가 촬영 중이든 아니든 불을 끄고 모두 퇴근했다.

다음 날 아침 나는 배역 부서로 가서 무뚝뚝하게 말했다.

"영화를 촬영하려고 하는데 배우가 몇 명 필요합니다. 아직 배역을 맡지 않은 배우가 있으면 보내주세요."

배역 부서에서 내 영화에 적임자라고 생각되는 배우들을 몇 명 선별해 보여주었다. 그중에 벤 터핀이란 사팔뜨기 배우가 있었다. 연기를 꽤 하는 배우였는데 당시 에사네이 영화사에서는 별다른 주목을 받지 못하고 있었다. 나는 한눈에 그가 마음에 들었다. 그래서 그를 지목했다. 그러나 만족할 만한 주연급 여배우가 없었다. 여러 번 면접을 거친 뒤에 그나마 괜찮은 여배우가 눈에 들어왔다. 에나세이 영화사에 들어온 지 얼마 안 되는 예쁘장한 신입 배우였다. 이름은 글로리아 스완슨이었다. 그런데 아뿔싸! 스완슨은 내가 원하는 연기를 전혀 이해하지 못했다. 결국 나는 실망하고 그녀를 돌려보냈다. 그녀는 몇 년 뒤에 내게 그때의 일에 대해 이렇게 말했다. 당시 자신은 정숙한 드라마에 출연하고 싶었고 희극은 별로 좋아하지 않았기 때문에 내게 비협조적이었다는 것이다.

그즈음 에사네이 영화사를 대표하는 대스타였던 프랜시스 X. 부시맨은 내가 영화사에 불만을 품고 있다고 생각했는지 내게 이렇게 말했다.

"자네가 우리 영화사에 대해 어떻게 생각하든 그와 정반대라는 것만 알아두게."

그러나 사실은 그렇지 않았다. 나는 에사네이 영화사를 싫어하지 않았다. 오히려 내가 싫어한 것은 '정반대'라는 말이었다. 상황은 갈수록 나빠졌다. 내가 촬영하고 있는 영화의 편집용 프린트를 보고 싶다고 말하면 포지티브 프린트는 비용이 많이 들기 때문에 경비를 절감해야 한다며 네거티브 프린트를 그대로 보여줬다. 그런데 이게 나를 미치게 만들었다. 그리고 내가 포지티브 프린트를 고집하면 그들은 내가 영화사를 말아먹기라도 하는 것처럼 펄쩍 뛰었다. 그들은 독선적이고 자기만족적이었다. 에사네이 영화사는 영화산업 초창기에 이 분야에 뛰어든 기업 중 하나였기 때문에 그것의 독점적 지위를 인정하는 특허권의 보호를 받고 있었다. 그래서인지는 모르겠지만, 그들은 좋은 영화를 만드는 일에는 별로 관심이 없었다. 그리고 다른 영화사들이 그들의 특허권을 마음대로 침해하고 더 좋은 영화를 만들고 있는데도 경쟁의식을 느끼지 못했다. 한 마디로 에사네이 영화사는 독선적이었고 기계적으로 움직였다. 월요일 아침에 스튜디오에 나오면 그들은 마치 카드놀이 하듯 시나리오를 돌렸다. 그것으로 끝이었다.

내가 에사네이 영화사에서 촬영에 들어간 첫 번째 영화는 〈그의 새로운 직장 *His New Job*〉이었다. 그런데 첫 영화의 촬영과 편집이 거의 끝나가는 데다, 내가 에사네이 영화사로 옮긴 지 2주가 지났건만, 내 보너스와 계약 문제를 처리해야 할 스푸어 씨는 나타나지 않았다. 따라서 그사이 나는 보너스는 둘째치고 주당 받기로 한 봉급도 받지 못하고 있었다. 나도 더 이상 참을 수 없었다.

"도대체 스푸어 씨는 어디에 가 있는 거요?"

나는 사무실에 찾아가 다짜고짜 따지고 들었다. 그들은 당황하는 눈치가 역력했지만 속 시원한 답은 주지 않았다. 나는 스푸어 씨는 항상 이런 식으로 일처리를 하는지 핏대를 세우고 따졌다.

몇 년 뒤에 나는 스푸어 씨로부터 내 계약과 관련해 어떤 일이 있었는지 직접 들을 수 있었다. 그때까지만 해도 나에 대해 전혀 들어본 적이 없었던 스푸어 씨는 동업자인 앤더슨 씨로부터 보너스 1만 달러에 주당 1200달러를 주는 조건으로 나와 1년간 계약했다는 뜬금없는 연락을 받았다. 이에 놀란 스푸어 씨는 앤더슨 씨에게 미친 것 아니냐는 답신을 보냈다. 그런데 설상가상으로 스푸어 씨는 앤더슨 씨가 제스 로빈스라는 젊은이의 추천만 믿고 도박하는 셈치고 나와 계약을 했다는 말을 듣고 가슴이 철렁 내려앉았다.

당시 에세네이 영화사의 희극배우들은 기껏해야 주당 75달러를 받았다. 그러나 그마저 제대로 받기 힘든 상황이었다. 이런 영화사 사정으로 볼 때 스푸어 씨는 앤더슨 씨가 일개 무명 희극배우와 고액의 계약을 맺은 것을 납득할 수 없었다. 결국 그가 선택한 방법은 내가 제풀에 꺾여 영화사를 그만둘 때까지 피해 다니는 것이었다. 그렇게 해서 그의 도피 행각이 시작됐다.

그렇다고 무작정 나를 피해 다닐 수만은 없었다. 스푸어 씨는 몰래 시카고로 돌아와 어느 호텔에서 친구들과 점심을 먹었다. 그런데 놀랍게도 친구들이 에사네이 영화사가 채플린을 고용한 것을 두고 칭찬하는 것 아닌가. 뿐만 아니라 스튜디오에서는 찰리 채플린을 대적으로 알리는 홍보 계획도 준비 중이라는 보고를 받았다. 그래서 그는 한 가지 실험을 해보고 싶었다. 스푸어 씨는 호텔 급사에게 25센트를 주고 호텔을 구석구석 돌아다니며 내 이름을 부르도록 시켰다. 급사는 로비를 돌아다니며 이렇게 외쳤다.

"찰리 채플린 씨 전화요."

그러자 사람들이 내 이름을 듣고 하나 둘씩 모여들기 시작하더니 이내 이름만 듣고도 환호하기 시작했다. 스푸어 씨가 내 인기를 직접 눈으로 확인하는 순간이었다.

또 한편으로 그는 자신이 나를 피해 다니는 동안 영화 배급사에서 일어난 일을 확인하고 나서 내 인기를 재차 확인했다. 내가 에사네이 영화사로 옮기고 나서 영화를 찍기도 전인데 벌써 내 영화에 대한 선주문이 65벌이나 됐다. 이런 일은 당시 영화사에 전례 없는 대사건이었다. 그리고 내가 영화를 끝냈을 때 선주문은 130벌로 뛰었고 계속 추가되고 있었다. 사태가 이렇게 돌아가자 영화사는 내 영화의 공급가를 피트당 13센트에서 25센트로 대폭 올렸다.

스푸어 씨가 스튜디오에 모습을 드러냈을 때, 나는 그에게 찾아가 봉급과 보너스 얘기부터 꺼냈다. 그는 내게 거듭 사과하면서 계약 관련 일은 사무실에 일임해놓고 있었다고 변명했다. 그리고 자신도 아직 계약서를 보지 못했기 때문에 계약 조건이 뭔지 모르겠지만 사무실에서 모두 알고 있으니 알아서 처리할 것이라고 말했다. 나는 이런 황당한 대답을 듣고 더 화가 났다. 나는 단도직입적으로 물었다.

"뭐, 제 계약 때문에 걱정스러운 거라도 있었나요? 저와 계약을 파기하고 싶으시다면 그렇게 하세요. 이미 계약을 위반한 건 그쪽이지만."

스푸어 씨는 큰 키에 풍채가 좋았다. 얼굴도 잘생겼고 말도 상냥하게 했다. 그러나 얼굴에 생기가 없었고, 윗입술이 아랫입술을 덮고 있는 게 탐욕스러운 사람처럼 보였다.

그는 이렇게 대답했다.

"그렇게 생각하다니 유감이네. 그렇지만 찰리, 이것만은 알아주게. 우리도 명색이 이름난 영화사지 않은가. 한 번 맺은 계약은 반드시 지킨다네."

나는 그의 말을 자르며 끼어들었다.

"그런가요. 이번만은 예외인가 보죠."

"이 문제는 바로 처리해주겠네."

"급할 거 없습니다."

나는 빈정거리듯 대답했다.

에드나 퍼비언스를 캐스팅하다

짧은 기간이기는 했지만, 내가 시카고에 머무는 동안 스푸어 씨는 나를 달래기 위해 안간힘을 다했다. 그러나 내 마음은 좀처럼 누그러지지 않았다. 나는 스푸어 씨에게 시카고에서 일하는 것이 내키지 않으니 나와 계속 일하고 싶으면 캘리포니아에서 일할 수 있도록 배려해달라고 부탁했다. 그러자 그는 "우리는 자네가 하고 싶은 대로 다 할 수 있도록 지원할 방침이네. 그렇다면, 나일스로 가서 일하는 것은 어떤가?"라고 했다.

나는 나일스로 가는 것이 별로 내키지 않았지만, 스푸어 씨보다는 앤더슨 씨가 더 마음에 들었다. 그래서 〈그의 새로운 직장〉을 끝낸 뒤에 곧장 나일스로 갔다. 그곳에서 앤더슨 씨는 브롱코 빌리라는 이름으로 자신의 서부극을 만들고 있었다. 항상 한 권짜리만 촬영했는데, 아무리 길어도 하루가 채 걸리지 않았다. 그는 일곱 개의 정해진 플롯이 있어서 그것을 자신의 영화에 계속 반복해서 사용했다. 그것으로 그는 수백만 달러를 벌었다. 그러나 그가 일하는 방식은 특이했다. 그는 일주일 내내 하루도 쉬지 않고 서부극 일곱 편을 찍은 다음 바로 6주간 휴가를 떠났다. 하루에 한 편씩 찍었기 때문에 가능한 계산이었다.

나일스에 있는 스튜디오 주변에는 캘리포니아 풍의 조그만 방갈로들이 몇 채 지어져 있었다. 앤더슨 씨가 자신의 영화에 출연하는 배우들에게 지어준 것으로 그중 가장 큰 방갈로는 자신이 사용했다. 그는 내가 원한다면 자신과 같이 살아도 좋다고 말했다. 나는 백만장자 카우보이 브롱코 빌리와 같이 살 수 있다는 생각만으로도 기뻤다. 앤더슨 씨는 우리가 시카고에 도착했던 섣달 그믐에 자신의 아파트로 나를 초대해 환대해주었다. 그때를 생각하니 나일스에서 그런대로 지낼 수 있을 것 같았다.

우리가 그의 방갈로에 들어갔을 때 주변은 이미 어두컴컴했다. 그래서 들어올 때는 몰랐는데 전깃불을 켜는 순간 나는 깜짝 놀라고 말았다. 방갈로 안은 휑하니 비어 있었고, 있는 물건도 여기저기 어질러져 있었다. 앤더슨 씨의 방에는 머리맡에 백열등이 달린 낡은 철제 침대 하나만 놓여 있을 뿐이었다. 그 밖에는 가구라고 해봐야 낡아빠진 탁자와 의자 하나가 전부였다. 침대 옆에는 무슨 용도인지 모를 나무 상자가 있었고, 그 위에 놋쇠 재떨이가 있었는데 며칠 동안 치우지 않았는지 담뱃재와 꽁초가 수북했다. 내가 사용할 방도 앤더슨 씨 방에 있는 나무 상자만 없을 뿐 사정은 똑같았다. 성한 물건은 하나도 없었다. 화장실은 두말할 것도 없었다. 볼일을 본 다음에 욕조에 물을 따로 받아 변기에 부어야 물을 내릴 수 있었다. 이게 백만장자 카우보이 브롱코 빌리의 방갈로였다.

나는 앤더슨 씨가 보통 사람과는 다른 괴짜라는 생각이 들었다. 백만장자이기는 했지만, 그는 대개의 부자들과는 달리 호사스런 생활에 관심이 없었다. 그가 유일하게 관심을 갖는 것은 화려한 고급 차들이었다. 그리고 그는 프로권투 사업에 투자하고 극장을 운영하면서 뮤지컬을 무대에 올리는 일에 온통 정력을 쏟았다. 나일스에서 촬영이 없을 때면 그는 대부분의 시간을 샌프란시스코에서 보냈다. 샌프란시스코에서도 앤더슨 씨는 백만장자답지 않게 작고 저렴한 호텔에 묵었다. 여하튼 그는 한시도 가만있지 못하고 뭔가에 열중했으며 속내를 잘 드러내지 않는 베일에 싸인 사람이었다. 시카고에 아름다운 부인과 딸이 있었지만 거의 만나러 가지 않았다. 그들은 제각기 떨어져 각자의 삶을 살았다. 앤더슨 씨는 고독한 삶을 즐기는 것 같았다.

스튜디오를 옮겨다니는 일도 이만저만 고역이 아니었다. 무엇보다 스튜디오를 옮기면 팀부터 다시 짜야 했다. 촬영기사, 조감독 그리고 출연진을 전부 새로 뽑아야 했다. 그러나 나일스에는 배속된 배우가 많지 않았기 때문에 마음에 드는 배우를 찾기 쉽지 않았다. 나일스에서는 앤더슨 씨가 주로 작업을 했기 때문에 그의 서부극에 출연하는 전속 배우들이 따로 한 조를 이루고 있었고, 그 외에 한 조가 더 있어 가끔 희극 촬영에 투입되었다. 물론 그들은 전속은 아니었고, 앤더슨 씨가 촬영이 없을 때 수당을 받고 희극영화에 출연하는 직업 배우들이었다. 사정이 이렇다 보니 각본이 있을 리도 없었다.

여하튼 나일스에는 전속 배우라고 해봐야 고작 12명이 전부였고, 그들은 모두 앤더슨 씨의 서부극에 출연하는 카우보이들이었다. 그러니 내부에서 주연급 여배우를 찾는 것은 애초부터 불가능했다. 그래도 나는 당장 촬영에 들어가고 싶었다. 무엇을 찍을지 아직 정하지는 않았지만 스태프에게 시켜 카페 세트장을 짓도록 했다. 세트장만 완성되면 그에 맞춰 아이디어가 떠오를 것 같았다. 세트장을 만드는 동안 나는 주연급 여배우를 물색하기 위해 앤더슨 씨와 함께 샌프란시스코로 갔다. 앤더슨 씨가 운영하는 극장의 뮤지컬 코미디에 등장하는 코러스걸 중에서 찾아볼 심산이었지만 성에 차는 인물이 없었다. 무대 연기는 그런대로 봐줄 만한 배우들이 있었지만 영화 촬영에 적합한 배우는 없었다. 그런데 때마침 독일계 미국인으로, 앤더슨 씨의 서부극에 출연하고 있던 칼 스트라우스라는 잘생긴 청년이 자신이 알고 있는 아가씨를 한 명 추천했다. 힐스트리트에서 테이트 씨라는 사람이 운영하는 카페에 가끔 모습을 드러내는 아가씨였는데, 그와 개인적으로 아는 사이는 아니지만 미모의 여성으로 테이트 씨에게 물어보면 그녀의 주소를 알려줄지 모른다고 말했다. 그래서 우리는 서둘러 테이트 씨의 카페로 갔다.

테이트 씨는 그녀에 대해 잘 알고 있었다. 그녀는 네바다 주 러브록 출신으로, 결혼한 언니와 함께 살고 있었다. 이름은 에드나 퍼비언스였다. 우리는 바로 그녀와 연락을 취해 성 프랜시스 호텔에서 만나기로 약속을 잡았다. 에드나는 예쁜 정도가 아니라 상당한 미인이었다. 그러나 어딘지 모르게 슬프고 심각해 보였다. 뒤에 안 사실이지만 당시 그녀는 실연의 아픔을 겪고 있었다. 대학에서 경영학을 전공한 에드나는 내성적인 성격으로 차분하고 말수가 적었다. 커다랗고 아름다운 눈망울, 가지런한 치아 그리고 매력적인 입술 등 어디 하나 미운 곳이 없었다. 내 마음에 꼭 들었다. 그런데 너무 진지한 얼굴을 하고 있었기 때문에 그녀가 사람들을 웃길 수 있을지 확신이 들지 않았다. 그럼에도 우리는 몇 가지 단서 조항을 달아 그녀를 배우로 고용했다. 여하튼 내가 촬영하는 영화에 주연 여배우로는 제격이라는 생각이 들었다.

다음 날 우리는 나일스로 돌아왔다. 그러나 세트장은 아직 완성 전이었다. 그때까지 만들어놓은 것도 조야하기 그지없었다. 확실히 이전에 있던 스튜디오보다 기술력이 떨어지는 것 같았다. 몇 군데 손볼 곳을 지시하고 무엇을 어떻게 촬영할지 아이디어를 생각하기 시작했다. 나는 영화 제목부터 생각했다. 제목은 〈야간 외출 A Night Out〉로 정했다. 다소 방종한 주정뱅이를 소재로 한 영화였다. 이 정도면 촬영은 시작할 수 있을 것 같았다. 나는 나이트클럽에 분수대를 설치했다. 그것에서 뭔가 우스운 장면이 연출될 수 있을 것 같았다. 그리고 시카고 스튜디오에서 데려온 벤 터핀에게 꼭두각시 연기를 시켰다.

내가 영화 촬영에 들어가기 전날 앤더슨 씨의 서부극에 출연하는 한 배우가 나를 저녁 파티에 초대했다. 파티라고 해봐야 맥주와 샌드위치가 전부였다. 20명 정도 참석했는데 에드나도 끼어 있었다. 식사 뒤에 몇 사람은 카드놀이를 하고 나머지는 둘러앉아 이런저런 이야기를 나눴다. 어찌어찌하다가 화제가 최면술로

나와 함께 평생을 영화에 바친 에드나 퍼비언스

옮겨가면서 나는 최면술에 일가견이 있다고 거짓말을 했다. 나는 방 안에 있는 어느 누구라도 1분 안에 최면을 걸 수 있다며 한껏 허풍을 떨었다. 너무 자신에 차서 이야기했더니 방 안에 있던 대다수 사람들이 그대로 믿는 눈치였다. 그러나 에드나만은 예외였다. 그녀는 비웃듯이 말했다.

"말도 안 돼요! 저는 절대 최면 같은 것에 걸리지 않아요!"

"당신 같은 사람이 최면에 더 잘 걸려요. 내기할까요. 내가 60초 안에 당신을 최면에 들게 할 수 있다는 데 10달러 걸겠소."

나는 말했다.

"좋아요. 내기하죠."

"나중에 최면에서 깨어나서 기분이 찝찝해도 나를 원망하지 말아요. 물론 아무 일도 없겠지만."

나는 겁을 주어 그녀가 한발 물러서도록 하려고 했지만 그녀는 단호했다. 한 여성이 그녀에게 하지 말라고 말렸다.

"어리석은 짓 하지 마요. 어떻게 될지도 모르는데."

"아뇨. 할 거예요."

에드나가 침착하게 말했다.

"좋아요. 사람들에게 떨어져서 저쪽 벽에 등을 대고 똑바로 서세요. 서로 정신을 집중해야 하니까."

그녀는 대수롭지 않게 웃으며 내가 시키는 대로 순순히 따랐다. 방 안에 있던 사람들도 모두 호기심을 갖고 쳐다봤다.

내가 말했다.

"누가 시간을 재세요."

그러자 에드나가 말했다.

"다시 한 번 말하지만 60초예요. 60초가 지나면 당신이 지는 거예요."

"걱정 말아요. 60초 안에 의식을 잃고 최면에 걸릴 테니까."

나는 대답했다.

"시작!" 하고 누군가 시간을 재기 시작했다.

나는 그녀의 눈을 똑바로 쳐다보면서 최면사가 으레 하는 동작을 흉내 내면서 눈속임으로 두세 번 손을 움직였다. 그런 다음 그녀에게 가까이 다가가 다른 사람들이 듣지 못하게 나지막한 소리로 이렇게 말했다.

"속임수니까 그냥 속아줘요!"

그리고 계속 손을 움직이면서 외쳤다.

"곧 당신은 의식을 잃게 됩니다. 그리고 깊은 잠에 빠져듭니다."

이렇게 말하고 내가 뒤로 한 발짝 물러서자 그녀가 최면에 걸린 것처럼 비틀거리기 시작했다. 나는 서둘러 그녀를 팔에 안았다. 우리를 지켜보고 있던 두 사람이 놀라 소리쳤다.

"자, 어서. 소파로 옮기게 좀 도와줘요."

잠시 뒤에 정신을 차린 에드나는 마치 정말 최면에 걸렸던 것처럼 당황하는 눈치로 피곤하다고 말했다. 물론 그 상황에서 그녀는 자신이 최면에 걸리지 않았다고 사실대로 말할 수도 있었을 것이다. 그러나 그녀는 그렇게 하지 않았다. 그냥 저녁 파티 자리에서 서로 웃자고 한 일이었기 때문에 그녀도 이해하고 넘어갔던 것 같다. 여하튼 이 일로 나는 에드나를 다시 보게 됐고, 그녀가 보기와 달리 유머 감각도 갖고 있다는 것을 확인할 수 있었다.

치솟는 인기, 깊어지는 갈등

나는 나일스에서 영화 네 편을 촬영했다. 그러나 스튜디오 설비가 만족스럽지 않았기 때문에 계속 일하는 것은 무리가 있었다. 그래서 앤더슨 씨에게 로스앤젤레스로 가서 일할 수 있는지 물어봤다. 로스앤젤레스는 당시 희극영화를 촬영하기에 좋은 설비를 갖추고 있었다. 앤더슨 씨는 흔쾌히 허락했다. 물론 앤더슨 씨가 흔쾌히 허락한 데에는 다른 이유가 있었다. 내가 나일스에서 영화를 촬영하는 동안 가뜩이나 좁은 스튜디오를 거의 독차지하다시피 했기 때문에 다른 영화를 찍을 여력이 없었다. 그리고 스태프도 터무니없이 부족했다. 그래서 앤더슨 씨는 로스앤젤레스 중심부에 있는 보일 하이츠에 작은 스튜디오 하나를 임대해주었다.

우리가 그곳에서 작업하는 동안 이제 막 영화 사업에 뛰어든 제작자 할 로치와 배우 해럴드 로이드라는 두 젊은이가 우리 스튜디오 공간 일부를 임대해 들어왔다.

내가 촬영한 영화의 배급 가격은 영화를 찍을 때마다 계속해서 올랐다. 따라서 에사네이 영화사는 내 영화를 배포하면서 배급사에 전례 없는 조건을 내걸었다. 즉 두 권짜리 영화를 하루 상영하는데 최소 50달러를 내라는 것이었다. 만약 이런 식으로 내가 촬영한 영화를 배급할 경우, 영화마다 선금으로 5만 달러 이상을 벌어들일 수 있다는 계산이 나왔다.

어느 날 저녁, 일을 끝내고 묵고 있던 스톨 호텔(중급 수준이었지만 건립한 지 얼마 되지 않아 깨끗하고 편안했다)에 돌아와 보니 로스앤젤레스의 〈헤럴드 이그재미너〉지로부터 급한 전화가 걸려와 있었다. 뉴욕에서 그곳으로 전보가 도착했다며 내게 읽어주었다.
'뉴욕 히포드롬 극장에 매일 저녁 15분씩 2주간 출연하는 조건으로 채플린 씨에게 25,000달러를 지불할 용의가 있음. 이상의 조건이라면 지금 하고 있는 일에도 지장은 없을 것임.'

나는 서둘러 샌프란시스코에 있는 앤더슨 씨에게 전화를 걸었다. 아무런 응답이 없었다. 늦은 시각이었지만 나는 계속 연락을 취했다. 그래도 아무런 응답이 없었다. 새벽 3시가 되어서야 겨우 통화할 수 있었다. 전화로 나는 전보에 대해 이야기하고 25,000달러를 놓치고 싶지 않은데 2주간 휴가를 얻을 수 있는지 물어보았다. 정 힘들다면 뉴욕으로 가는 열차 안에서 영화를 구상하고 뉴욕에 머무는 2주 동안 촬영을 끝내겠다고 설득했다. 그러나 앤더슨 씨는 내 제안에 달가워하지 않았다.

내가 묵고 있던 호텔방은 창문이 중앙 계단으로 연결된 통로 쪽으로 나 있었다. 그래서 방에서 큰 소리로 떠들면 목소리가 건물 전체에 울려 퍼졌다. 전화 연결 상태도 좋지 않았다. 나는 전화에 대고 큰 소리로 이렇게 소리쳤다.

"2주일에 25,000달러인데, 전 놓치고 싶지 않습니다."

위층에서 창문 열리는 소리가 나더니 누군가 이렇게 소리쳤다.

"이봐. 시끄러! 입 닥치고 잠이나 자!"

앤더슨 씨는 안 되겠다 싶었는지 전화에 대고 내가 두 권짜리 영화를 한 편 더 만들어주면 당장 25,000달러를 주겠다고 말했다. 그럼 내일 로스앤젤레스로 와서 25,000달러를 주고 계약서까지 쓰자고 했더니 흔쾌히 그러겠다고 했다. 나는 전화를 끊고 불을 끈 다음 잠자리에 들려고 하다가 조금 전에 내게 소리쳤던 목소리가 생각났다. 나는 침대에서 일어나 창문을 열고 소리쳤다.

"뒈져버려라!"

다음 날 앤더슨 씨는 정말 25,000달러를 들고 로스앤젤레스로 왔다. 그런데 재미있는 것은 나에게 25,000달러를 제시하며 출연을 요구했던 뉴욕의 히포드롬 극장은 2주 뒤에 파산하고 말았다. 어쨌든 나로서는 이만저만 행운이 아닐 수 없었다.

로스앤젤레스로 돌아온 나는 어느 때보다도 행복했다. 보일 하이츠에 빌린 스튜디오가 빈민가와 인접해 있어 작업 환경이 썩 좋지는 않았지만, 형 시드니와 가까이 지낼 수 있다는 것이 무엇보다 좋았다. 나는 저녁에 가끔 형을 만났다. 형은 여전히 키스톤 영화사에서 일했다. 그러나 남은 계약 기간이 얼마 남지 않았다. 내가 에사네이 영화사와 맺은 계약 기간보다 1개월 먼저 만료될 예정이었다. 희극영화 배우로서 내 성공이 예상을 뛰어넘는 것이었기 때문에 형은 키스톤 영화사와 계약이 끝나는 대로 내 매니저 일을 맡을 예정이었다.

신문기사를 통해 나는 영화가 나오는 족족 큰 성공을 거두면서 내 인기가 동반 상승하고 있다는 것을 알 수 있었다. 로스앤젤레스에서는 내 영화를 보기 위해 영화관 매표소 앞에 줄지어 서 있는 사람들을 보는 것만으로도 성공과 인기를 실감할 수 있었다. 그러나 다른 곳에서는 사정이 어떤지 알 수 없었다. 뉴욕에서는 극중 내 인물을 본떠 만든 장난감과 작은 조각상이 백화점과 슈퍼마켓에서 판매되고 있었다. 지그펠드 폴리스걸(브로드웨이의 유명 뮤지컬 제작자 플로렌스 지그펠드가 설립한 뮤지컬 극장 지그펠드 폴리스의 무대에 서는 코러스걸과 쇼걸들—옮긴이)까지도 거리낌없이 나를 본떠 콧수염을 붙이고, 중산모를 쓰고, 커다란 구두를 신고, 헐렁한 바지를 입은 채 무대에 올라 '찰리 채플린의 다리'라는 노래를 열창했다.

뿐만 아니라 서적을 포함해 의류, 양초, 장난감, 담배, 치약에 이르기까지 여기저기에서 사업 제의가 빗발쳤다. 산더미처럼 쌓여가는 팬레터도 흐뭇한 골칫거리였다. 형은 비용이 들더라도 비서를 고용해 팬들에게 일일이 답장을 해야 한다고 주장했다.

시드니는 앤더슨 씨에게 내 초상권을 영화와 따로 분리해서 판매하자고 제안했다. 영화 배급업자들이 내 초상권까지 판매해 수익을 얻는 것이 부당하다는 것이었다. 비록 에사네이 영화사가 내가 만든 영화를 몇 백 벌씩 복사해서 판매하고 있기는 했지만 판매 방식은 옛날 방식을 그대로 고수하고 있었다. 형은 극장 좌석 수에 따라 등급을 매겨 큰 극장일수록 더 많은 돈을 받아야 한다고 주장했다. 형이 제안한 식으로 영화를 판매할 경우 우리는 영화 한 편당 10만 달러 이상의 수익을 더 올릴 수 있다는 계산이 나왔다. 그러나 앤더슨 씨는 이런 방식은 불가능할 거라고 말했다. 무엇보다도 산하에 16,000개의 극장을 거느리고 영화 배급과 흥행에 절대적인 영향력을 행사하고 있던 모션 픽처 트러스트가 이런 배급 방식을 수용할 리 없었다. 뿐만 아니라 다른 배급사도 이런 조건으로 영화를 구매할 거라는 보장이 없었다.

나중에 〈모션 픽처 헤럴드〉지가 에사네이 영화사가 기존의 영화 배급 방식을 바꿔 형이 제안한 대로 극장 좌석 수에 따라 차등 배급할 계획이라는 기사를 내보냈다. 결국 영화 배급 방식에 일대 전환이 왔고, 우리는 형이 말한 대로 편당 10만 달러 이상의 수익을 더 올릴 수 있었다. 그리고 이것이 내 귀를 솔깃하게 만들었다. 당시만 해도 나는 에사네이 영화사에서 각본, 배우, 감독의 1인 3역을 하면서 주당 250달러를 받고 있었다. 나는 영화 한 편을 찍기 위해 혼자 너무 과중한 노동을 하고 있었던 것이다. 그런데 영화사는 가만히 앉아서 내 영화로 엄청난 수익을 올리고 있었다. 나는 영화 한 편 찍는 데 너무 많은 시간과 노력이 든다고 불평을 하기 시작했다. 실제로도 나는 에사네이 영화사와 1년 계약을 맺고 2주에서 3주마다 한 편씩 영화를 찍었다. 이윽고 시카고 본사에서 반응이 왔다. 스푸어 씨가 직접 로스앤젤레스로 나를 찾아와 격려 차원에서 편당 1만 달러의 보너스를 주겠다고 약속했다. 이 말을 듣자 그동안 쌓였던 근심이 한꺼번에 가시는 듯했다.

이즈음 D. W. 그리피스가 그의 대작이자 영화사상 기념비적인 작품인 〈국가의 탄생〉(1915)을 발표했다. 이 영화로 그리피스는 영화사상 가장 위대한 명감독의 반열에 올랐다. 그리피스는 두말할 것도 없이 무성영화의 천재였다. 비록 그의 작품이 매우 감상적이고 경우에 따라서는 기괴하고 엉터리 같아 보이기는 했지만, 그리피스의 영화들은 나름대로 독특한 개성과 매력을 발산했다.

세실 B. 데밀 감독은 〈카르멘〉과 〈속삭이는 합창〉을 들고 나와 장래가 촉망되는 감독이라는 평가를 받았지만 〈남성과 여성〉 이후 그의 작품은 여성 취향을 넘어서지 못했다. 그럼에도 나는 그의 〈카르멘〉을 보고 깊은 인상을 받았다. 그래서 이것을 소재로 〈찰리 채플린의 카르멘 Carmen〉을 찍었는데, 이것이 내가 에사네이 영화사에서 촬영한 마지막 작품이다. 내가 에사네이 영화사를 떠났을 때, 그들은 이 영화를 내가 편집 과정에서 잘라낸 부분까지 다시 이어 붙여 네 권짜리로 만들어 배포했다. 나는 이 일로 신경쇠약에 걸려 이틀이나 침대에 누워 있었다. 이런 일은 신의를 저버린 행동이었지만, 내게도 반성의 기회를 주었다. 그 뒤로 나는 내가 촬영한 영화는 나 이외에 어느 누구도 편집, 개작할 수 없다는 단서 조항을 계약 조건으로 달았다.

내 계약기간 만료일이 다가오자 스푸어 씨가 새로운 계약 조건을 들고 직접 로스앤젤레스로 달려왔다. 스푸어 씨는 당시 어느 영화사도 제시할 수 없는 파격적인 조건이라며 새로운 계약 조건을 제시했다. 그는 나에게 두 권짜리 영화 12편을 제작해주는 대가로 35만 달러를 주겠다는 조건을 제시했다. 물론 제작비는 에사네이 영화사에서 대는 조건이었다. 나는 계약서에 서명하는 대신 미리 15만 달러의 보너스를 받고 싶다고 말했다. 그러나 스푸어 씨는 그런 조건은 들어주기 힘들다고 했다. 결국 이것으로 에사네이 영화사와의 재계약 문제는 무위로 끝나고 말았다.

미래, 미래, 멋진 미래! 그것은 어디로 가고 있는 것일까? 정말 눈부신 미래가 나를 기다리고 있었다. 한순간에 부와 명성이 쉬지 않고 쏟아져 들어왔다. 그것은 나를 어리둥절하고 놀라게 만들었다. 그러나 얼마나 멋진 일인가.

황홀하고도 쓸쓸한 인기

형 시드니가 뉴욕에 머물면서 새로 들어오는 계약서를 검토하는 동안 나는 에사네이 영화사에서 마지막 작품이 될 〈찰리 채플린의 카르멘〉의 막바지 편집 작업을 하고 있었다. 그때 나는 샌타모니카 해변이 내려다보이는 집에서 살고 있었다. 그리고 가끔 샌타모니카 해안 절벽 위에 위치한 냇 굿윈의 카페에 가서 저녁을 먹었다. 그 당시 냇 굿윈은 미국에서 가장 위대한 배우로 명성이 자자했다. 그는 셰익스피어 희극 전문배우로서뿐 아니라 근대풍의 경쾌한 희극배우로서 화려한 경력을 갖고 있었다. 또한 헨리 어빙 경과 가까운 친구 사이였다. 그리고 여덟 번이나 결혼한 별다른 이력의 소유자였다. 여덟 번 모두 미모로는 둘째가라면 서러워할 아름다운 여성들과 했다. 냇 굿윈은 다섯 번째 부인이었던 배우 맥신 엘리엇을 짓궂게도 '로마 원로원 의원'이라 불렀다. "그렇지만 그녀는 아름답고 정말 지적이었지"라고 그는 회상했다. 냇 굿윈은 나이도 들고 무대에서 은퇴한 상태였지만 여전히 유머가 넘쳤으며 온후한 성품에 교양 있는 신사였다. 비록 그가 무대에서 연기하는 것을 직접 본 적은 없지만, 나는 그와 그의 명성에 절로 고개가 숙여졌다.

우리는 가깝게 지내면서 정말 좋은 친구가 되었고, 가을 저녁 차가운 바람을 맞으며 함께 바닷가를 산책하기도 했다. 냇 굿윈은 내가 이번 작품을 마치면 뉴욕으로 갈 거라는 얘길 듣고 몇 가지 충고를 해주었다.

"자넨 정말 큰 성공을 거두었네. 앞으로 처신만 잘한다면 멋진 인생이 자네를 기다리고 있을 거네⋯⋯ 뉴욕에 도착하거든 브로드웨이 쪽은 가까이 하지 말고 대중의 눈도 되도록이면 피하도록 하게. 성공한 배우들이 실수하는 것 중 하나가 너무 대중 앞에 서고 싶고 칭찬을 받고 싶어 한다는 거네. 그건 자신에 대한 대중의 환상을 파괴하는 행동일 뿐이라네."

그의 진정 어린 충고가 내 심금을 울렸다. 그는 계속했다.

"뉴욕에 가면 이곳저곳에서 초청을 받을걸세. 절대 응하지 말게나. 친구도 아무나 사귀지 말고 정말 가까이 둘 수 있는 한두 명만 사귀게. 나머지는 그냥 친구거니 상상하면서 만족하면 돼. 많은 훌륭한 배우들이 시도 때도 없이 사교 모임에 나가는 실수를 저지르네. 존 드루를 예로 들 수 있지. 그는 사교계에서 정말 인기가 많았어. 그래서 모든 사교 모임에 일일이 다 찾아다녔지. 그런데 그 결과가 어땠는지 아나. 사람들이 그를 보기 위해 극장에 가지 않았다네. 응접실에 앉아서 편하게 그를 볼 수 있었으니까. 자네는 이제 막 세상을 사로잡았네. 하지만 언제까지나 그렇게 하고 싶거든 자네가 사로잡은 세상 밖에 위치해야만 하네. 내 말뜻을 이해하겠나."

그는 정말 나에게 진심 어린 충고를 해주었다. 내 인생에서 절대로 잊을 수 없는 충고였다. 우리는 저물어가는 가을 석양을 바라보며 인적조차 끊겨 적막이 감도는 바닷가를 거닐었다. 냇 굿윈은 배우로서 인생의 황혼에 접어든 사람이었다. 그러나 나는 이제 시작이었다.

〈찰리 채플린의 카르멘〉의 편집이 끝나자마자 나는 서둘러서 짐을 챙겼다. 그리고 분장실에서 바로 나와 뉴욕행 6시 기차에 몸을 실었다. 기차에 오르기 전에 형 시드니에게 출발과 도착 시각을 적어 전보를 보냈다.

완행열차라 뉴욕까지 가는 데 6일이나 걸렸다. 나는 일반 객실에 혼자 앉았다. 당시만 해도 분장을 하지 않으면 나를 알아보는 사람은 거의 없었다. 열차는 텍사스 주 아마릴로를 경유해 남부 쪽으로 돌아가는 노선이었다. 아마릴로 역에는 저녁 7시에 도착할 예정이었다. 나는 급히 출발하느라 면도도 제대로 못하고 나왔기 때문에 화장실에 가서 면도나 할 참이었다. 그런데 먼저 온 승객들이 화장실 앞에 줄지어 서 있었기 때문에 한참을 기다려야 했다. 내 차례가 되어 화장실에 들어가 옷을 벗고 막 씻으려는 순간 열차가 잠시 뒤에 아마릴로 역에 도착할 예정이라는 안내 방송이 나왔다.

열차가 역에 들어서자 갑자기 주위에서 왁자지껄하는 소리가 들려왔다. 누구를 환호하는 것 같았다. 나는 무슨 일인지 궁금해 화장실 창문을 열고 밖을 내다봤다. 아마릴로 역사는 발 디딜 틈도 없이 사람들로 꽉 차 있었다. 기둥이란 기둥은 온통 장식용 천으로 화려하게 치장돼 있고, 여기저기에 깃발이 휘날렸다. 플랫폼에는 긴 탁자가 몇 개 놓여 있고, 그 위에 다과상이 차려져 있는 게 눈에 들어왔다. 나는 지역 유지의 환영 또는 환송 행사가 있겠거니 생각하고 무시했다. 그러고는 얼굴이나 씻을 요량으로 비누 거품을 칠했다. 그러나 왁자지껄하는 소리는 좀체 줄어들 기미가 보이지 않았다. 더 커져만 가는 것 같았다. 그때 밖에서 누군가 "그 사람 어디 있어?" 하는 목소리가 들려왔다. 그리고 여러 사람들이 열차에 오르는 소리가 들리더니 열차 통로를 왔다 갔다 하면서 이렇게 외쳤다.

"그 사람 어디 있어? 어디 간 거야? 찰리 채플린이 어디에 있는 거야?"

"여기요?"

나는 내 이름을 듣고 얼떨결에 이렇게 대답했다. 그러자 밖에서 이런 소리가 들렸다.

"텍사스 주 아마릴로 시장이 당신의 모든 팬들을 대신해 간소하게 다과회를 준비했습니다. 괜찮으시겠습니까?"

낭패가 아닐 수 없었다. 나는 얼굴에 비누 거품을 묻힌 채 말했다.

"곤란합니다. 어떻게 이런 꼴을 해가지고!"

"그런 건 신경 쓰지 마세요, 찰리. 실내복만 걸치고 나오세요. 팬들이 기다리고 있습니다."

나는 서둘러 얼굴을 씻고 면도는 하는 둥 마는 둥 대충 끝내고 셔츠를 입고 넥타이를 맸다. 그리고 코트를 입고 단추를 채우면서 열차에서 내렸다.

사람들이 연호하는 소리가 물밀 듯이 밀려왔다. 시장이 직접 나와 환영 인사를 했다.

"채플린 씨, 아마릴로의 당신 팬들을 대표해……."

그러나 그의 목소리는 열광적인 팬들의 환호성에 묻혀 들리지 않았다. 시장은 다시 말을 이었다.

"채플린 씨, 아마릴로의 당신 팬들을 대표해……."

갑자기 승강장에 모여 있던 사람들이 앞으로 밀려들기 시작했다. 환영 인사고 뭐고 우선 살고 봐야 할 지경이었다. 시장과 나는 앞으로 밀치는 사람들과 열차 사이에 끼어 옴짝달싹할 수 없었다.

"뒤로 물러서세요!"

경찰이 우리가 빠져나올 수 있도록 몰려든 사람들 사이로 길을 터주며 이렇게 소리쳤다. 시장은 나름 정성 들여 준비한 환영 행사를 제대로 진행하지 못해 흥이 깨졌는지 나와 경찰에게 퉁명스럽게 말했다.

"찰리, 괜찮소? 서둘러 끝낼 테니 바로 열차에 오르도록 하세요."

몰려든 사람들 틈을 뚫고 다과가 준비된 테이블에 도달해서야 주위가 조금 잠잠해졌다. 그리고 그제야 시장도 환영 인사를 할 수 있었다. 시장은 주위를 환기시키려는 듯 스푼으로 테이블을 두드리고는 이렇게 말했다.

"채플린 씨, 텍사스 주 아마릴로의 팬들은 당신이 우리에게 선사한 웃음과 즐거움에 조금이나마 보답하는 뜻에서 조촐하지만 샌드위치와 코카콜라를 준비했습니다."

이렇게 운을 뗀 시장은 나에 대한 찬사를 늘어놓았다. 그리고 나에게 몇 마디 할 말이 없는지 물어보며 테이블 위로 올라가서 말하라고 떠밀었다. 나는 무슨 말을 해야 할지 몰라 머뭇거리다가 아마릴로에 오게 되어 기쁘고, 이런 환영 행사는 생각지도 못했으며, 두고두고 잊지 못할 인상 깊은 환대였다는 등의 말을 두서없이 했다. 그리고 다시 테이블에서 내려와 시장과 이야기를 나눴다.

나는 시장에게 내가 오는 것을 어떻게 알았는지 물어보았다. 시장은 "전신 기사를 통해서 전해 들었소"라고 설명했다. 내가 시드니에게 보낸 전보가 먼저 텍사스 주 아마릴로를 경유해 캔자스시티, 시카고를 지나 뉴욕으로 차례대로 전송되는데, 중간에 전신 기사들이 내가 뉴욕으로 가고 있다는 소식을 신문사에 알려왔다는 것이었다.

열차로 돌아온 나는 맥없이 자리에 앉았다. 한동안 머리가 멍했다. 그런데 이제는 열차 안이 난리였다. 나를 보려는 승객들이 객실 통로를 왔다 갔다 하면서 낄낄대고 웃었다. 나는 아마릴로에서 일어난 일을 어떻게 받아들여야 할지 종잡을 수 없었다. 굉장히 흥분되었고 긴장도 됐다. 그래서 한편으로 우쭐한 기분도 들었지만 예상치 못했던 일이라 당황스러웠다.

열차가 출발하기 전에 내 앞으로 전보 몇 통이 날아왔다. 하나에는 이렇게 쓰여 있었다. '찰리, 환영합니다. 캔자스시티가 당신을 기다립니다.' 다른 하나에는 '리무진을 대기시켜놓겠으니 시카고에 도착해서 역을 오갈 때 자유롭게 이용하십시오.' 세 번째 전보에는 '시카고에서 하룻밤 묵을 계획이라면 블랙스톤 호텔을 이용해주십시오.' 이렇게 쓰여 있었다. 열차가 캔자스시티에 가까워지자 사람들이 선로를 따라 열을 지어 서서 모자를 벗어 흔들며 환호하는 것이 보였다.

커다란 캔자스시티 역사가 발 디딜 틈도 없이 사람들로 꽉 차 있었다. 사람들이 계속해서 역사 안으로 밀치고 들어오는 바람에 경찰도 손을 쓸 수 없는 상황이었다. 열차에 사다리가 놓였다. 사다리를 타고 열차 지붕으로 올라가라는 신호였다. 나는 열차 지붕으로 올라갔다. 그리고 아마릴로에서 했던 말을 똑같이 반복했다. 역시나 이곳에서도 많은 전보를 받았다. 언뜻 봐도 아마릴로에서 받은 것보다 훨씬 더 많았다. 대부분 학교나 단체를 방문해달라는 내용이었다. 나는 뉴욕에 도착하는 대로 답신을 보낼 생각으로 버리지 않고 여행 가방에 챙겨 넣었다. 캔자스시티에서 시카고로 가는 내내 열차가 지나는 곳마다 사람들이 선로변이나 들판에 서서 손을 흔들었다. 나는 이런 대대적인 환영을 거리낌 없이 즐기고 싶었지만 세상이 갑자기 어떻게 되어버린 것은 아닌지 의심스러웠다. 익살스런 희극영화 몇 편으로 사람들이 이렇게 열광할 정도라면 명성이라는 것은 참으로 허망한 것 아닌가? 나는 항상 다른 사람들의 관심과 주목을 받을 수 있다면 얼마나 좋을까라는 꿈을 꾸며 살았다. 그리고 이렇게 뉴욕으로 가는 길에 꿈에 그리던 대로 많은 사람들의 열광적인 환호를 받았다. 그런데 역설적이게도 그 순간 나는 세상에서 혼자 뚝 떨어져나온 사람처럼 어색하고 쓸쓸했다.

뉴욕에 가기 위해서는 시카고에서 열차를 갈아타야 했다. 역시나 역사는 인파로 만원이었다. 나는 사람들에 떠밀려 얼떨결에 리무진에 올라탔다. 리무진은 나를 블랙스톤 호텔에 데려다주었다. 호텔 측은 뉴욕으로 떠나기 전까지 편히 쉬었다 가라며 막무가내로 특실을 제공했다. 블랙스톤 호텔로 뉴욕 시경 국장이 보낸 전보가 날아왔다. 열차의 도착 예정 역인 그랜드센트럴 역에 나를 보려는 뉴욕 시민들이 이미 몰려들고 있어 혼잡이 예상되니 125번가에서 내려달라는 요청이었다. 125번가에서는 형 시드니가 리무진을 대기시켜놓고 한껏 고무된 얼굴로 나를 기다리고 있었다. 형은 내게 귓속말로 이렇게 말했다.

"사람들이 너를 본다고 이른 아침부터 역에 모여들어 난리도 아니야. 이곳 신문들도 네가 로스앤젤레스를 떠난 날부터 연일 네 도착 상황을 실황으로 내보냈어. 대단하지 않아? 넌 어떻게 생각해?"

형은 검은 글씨체로 '마침내 도착!'이라고 커다랗게 쓰인 신문을 내게 보여줬다. 다른 신문에는 '찰리, 몸을 숨기다!'라는 표제로 내가 예정된 역에 내리지 않고 다른 곳으로 빠져나갈 것을 점치고 있었다. 호텔로 가는 도중에 형이 뮤추얼 영화사에서 제의가 들어와 거래 성사 직전이라고 말해주었다. 뮤추얼 영화사는 내게 계약 기간 동안 주당 1만 달러씩 총 67만 달러를 지급하고, 보험 심사를 통과하고 계약서에 서명하는 대로 보너스로 15만 달러를 지급하겠다는 조건을 제시했다. 형은 변호사와 점심 약속이 있어 가봐야 한다고 했다. 그래서 다음 날 아침에 다시 보기로 하고 이미 예약해놓은 플라자 호텔에 나를 내려주고 돌아갔다.

'이제 나는 혼자다'라고 햄릿이 말한 것처럼 나도 혼자였다. 그날 오후 나는 호텔을 빠져나와 거리를 걸으며 쇼윈도 안을 기웃거리기도 하고 길모퉁이에 서서 지나는 사람들을 하염없이 바라보기도 했다. 도대체 지금 내게 무슨 일이 일어나고 있는 걸까? 지금까지 살아오면서 내 인생 최고의 순간에 도달했건만 온갖 구색을 갖추고도 갈 곳 하나 없었다. 사람들은 어떻게 재미있는 사람들을 알아보는 것일까? 모든 사람이 나를 알아보는 것 같은데 나만 아는 사람이 없는 것 같았다. 나는 나를 되돌아봤다. 자기 연민이 들었다. 한동안 울적한 감정이 떠나지 않았다. 내가 키스톤 영화사에 있을 때 한 동료 배우가 내게 이렇게 물어봤던 게 잊히지 않는다.

"찰리, 지금 우리가 도달한 곳이 어떻다고 생각하나?"

물론 나는 이렇게 반문했다.

"우리가 어디에 도달했는데요?"

뮤추얼 영화사에 들어간 지 1년 뒤에
내게 15만 달러의 보너스를 건네주는 존 프롤러 회장

나는 냇 굿윈의 충고를 떠올렸다.

"브로드웨이는 가까이하지 말게."

내게 있어 브로드웨이는 불모지나 다름없었다. 이런 성공에 우쭐한 기분도 들어 만나보고 싶은 옛 친구들의 얼굴을 떠올려보았다. 뉴욕이나 런던 또는 그 밖의 다른 도시에 옛 친구라고 할 만한 사람들이 있던가? 딱히 떠오르는 얼굴이 없었다. 그래도 딱 한 사람, 헤티 켈리가 보고 싶었다. 나는 영화계에 뛰어든 뒤로 그녀에 대한 소식을 도통 듣지 못했다. 내가 지금 그녀를 찾아간다면 그녀가 어떤 반응을 보일지 자못 궁금했다.

그때 헤티는 결혼한 언니와 프랭크 굴드와 함께 뉴욕에 살고 있었다. 나는 5번가까지 걸어갔다. 주소는 5번가 834번지였다. 나는 집 근처에서 걸음을 멈추고 그녀가 안에 있는지 없는지 기웃거렸다. 그러나 차마 이름을 부를 용기가 나지 않았다. 하지만 혹시나 그녀가 집 밖으로 나오면 짠 하고 그녀 앞에 나설 수는 있을 것 같았다. 나는 행여나 하는 마음에 그녀의 집 근처에서 30분 정도를 서성였다. 그러나 나오는 사람도 들어가는 사람도 없었다.

나는 콜럼버스 광장에 있는 차일스 레스토랑에 가서 밀가루로 만든 핫케이크와 커피 한 잔을 주문했다. 웨이트리스가 마지못한 표정으로 주문한 음식을 내왔다. 나는 버터를 조금 더 가져다달라고 부탁했다. 그리고 그때 그녀가 나를 알아챘다. 그때부터 레스토랑에 있던 손님들과 주방에 있던 직원들이 꼬리에 꼬리를 물고 나를 보기 위해 몰려들었다. 레스토랑 밖에서도 나를 보기 위해 사람들이 몰려들기 시작했다. 나는 몰려든 사람들을 뚫고 도망치듯 레스토랑을 빠져나와 지나가는 택시를 잡아탔다.

이틀 동안 나는 아무도 만나지 않은 채 흥분과 의기소침을 되풀이하면서 뉴욕 시내를 걸어다녔다. 한편, 보험의가 나를 찾아와 건강검진을 했다. 며칠 뒤에 형이 내가 묵고 있는 호텔로 찾아왔다. 기분이 좋은지 우쭐해 있었다.

"보험 심사를 포함해 모든 게 순조롭게 끝났어. 계약서에 서명만 하면 돼."

나는 계약서에 서명하는 정식 절차를 밟았다. 그리고 15만 달러 수표를 받는 장면을 기념사진으로 남겼다. 그날 저녁 나는 타임스 스퀘어에서 인파에 섞여 타임스 빌딩에 설치된 전광판을 바라봤다. 나에 대한 뉴스가 나오고 있었다.

'채플린, 67만 달러에 뮤추얼 영화사와 1년 계약.'

나는 마치 남의 일이라도 되는 것처럼 멍하니 서서 뉴스 기사를 읽었다. 사실 실감이 나지 않았다. 한꺼번에 너무 많은 일들이 내게 닥쳤다. 그래서 별다른 감흥도 느낄 수 없었던 것이다.

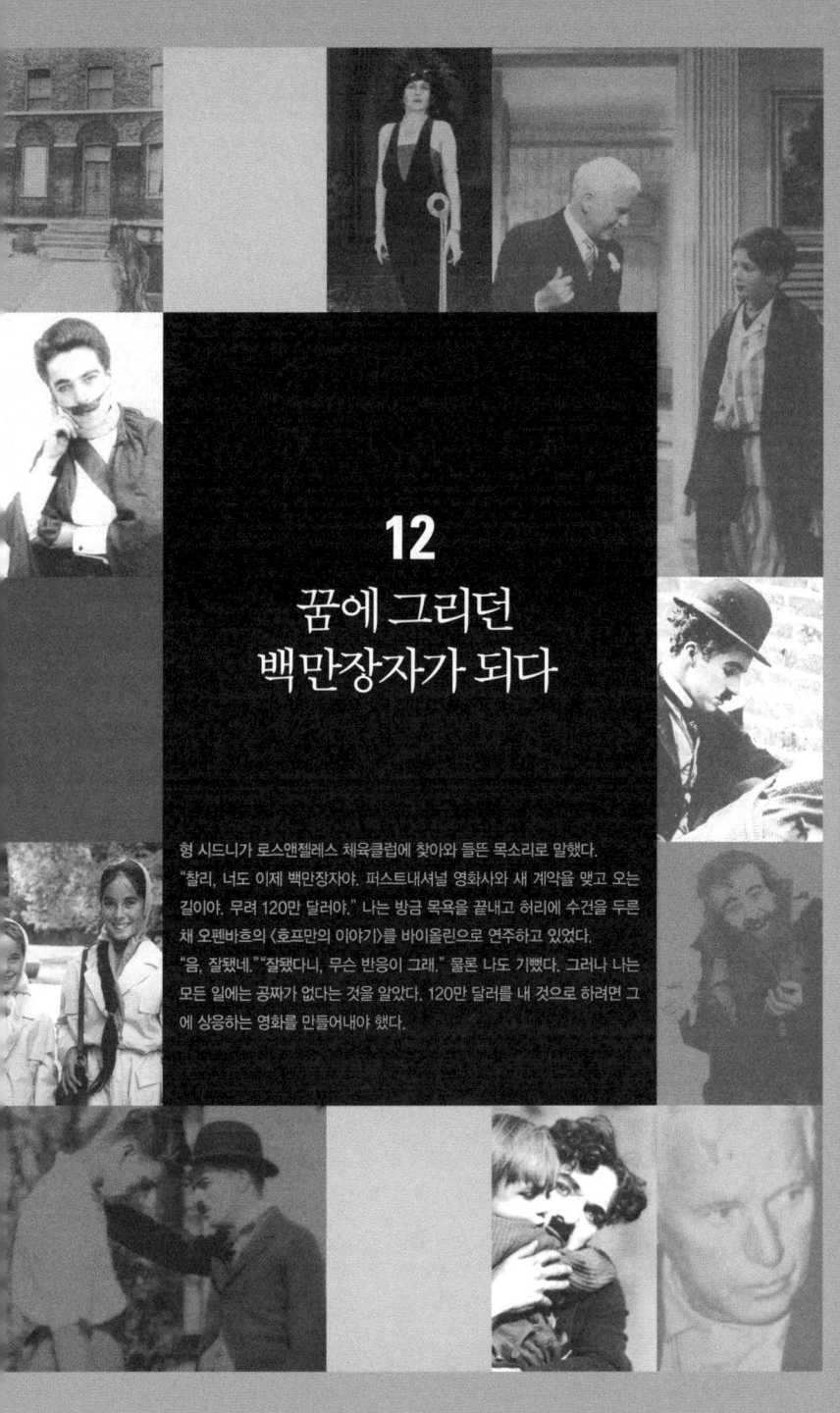

12
꿈에 그리던
백만장자가 되다

형 시드니가 로스앤젤레스 체육클럽에 찾아와 들뜬 목소리로 말했다.
"찰리, 너도 이제 백만장자야. 퍼스트내셔널 영화사와 새 계약을 맺고 오는 길이야. 무려 120만 달러야." 나는 방금 목욕을 끝내고 허리에 수건을 두른 채 오펜바흐의 〈호프만의 이야기〉를 바이올린으로 연주하고 있었다.
"음, 잘됐네." "잘됐다니, 무슨 반응이 그래." 물론 나도 기뻤다. 그러나 나는 모든 일에는 공짜가 없다는 것을 알았다. 120만 달러를 내 것으로 하려면 그에 상응하는 영화를 만들어내야 했다.

카루소와의 어색한 만남

고독은 거북살스럽다. 고독은 슬픔의 전조나 마찬가지다. 그래서 가까이 두기엔 좋은 감정이 아니다. 사람은 고독을 다소 부끄럽게 생각한다. 정도의 차이가 있을 뿐이지 고독하지 않은 사람이 있을까. 그러나 내 경우에는 유달리 심했다. 친구를 사귀고 싶었지만 그리고 그럴 만한 충분한 여유가 있었지만, 나는 친구를 사귀지 못하고 있었다. 나는 젊었고, 부자였으며 유명했다. 그런데 이렇게 혼자 정처 없이 뉴욕 시내를 방황하고 있었다. 생각하면 미칠 노릇이었다.

한 번은 5번가를 혼자 걷고 있는데 영국 출신의 미녀 뮤지컬 희극배우 조시 콜린스가 나를 발견하고 다가와 동정 어린 시선으로 이렇게 물었다.

"어머, 혼자 여기서 뭐하고 계세요?"

범죄 현장을 들킨 것처럼 가슴이 뜨끔했다. 나는 억지로 미소를 지으며 친구들과 점심 약속이 있어 가는 길이라고 둘러댔다. 물론 사실대로 말하고 싶기도 했다. 혼자 외로운데 같이 가서 점심을 듣겠느냐고. 그러나 부끄러워 차마 입이 떨어지지 않았다.

그날 오후 나는 메트로폴리탄 오페라하우스 근처를 어슬렁거리다가 극작가 데이비드 벨라스코의 사위되는 모리스 게스트와 마주쳤다. 나는 로스앤젤레스에서 한 번 모리스를 만난 적이 있었다. 내가 처음 뉴욕에 도착했을 때 모리스는 암표상을 하고 있었는데, 어느 날 갑자기 극장업자로 큰 성공을 거뒀다. 모리스가 기회를 잡은 것은 막스 라인하르트(1873~1943, 오스트리아 출신의 무대 연출가—옮긴이)가 연출한 〈미러클〉을 무대에 올려 큰 성공을 거두면서부터였다. 〈미러클〉은 익히 알려진 대로 무대 규모도 규모지만 내용 자체가 웅장했다.

모리스는 슬라브계 미국인으로 창백한 얼굴에 커다란 콩팥 모양의 눈을 하고 있었다. 그리고 큰 입에 입술이 도톰했다. 얼핏 보면 오스카 와일드를 닮은 것 같기도 했다. 모리스는 호탕하고 감정에 충실한 사람이었다. 그래서 옆에서 이야기하는 것을 보고 있으면 마치 상대를 협박하는 것 같았다.

"어디서 뭐 하면서 지냈어? 그동안 연락도 한 번 없고 말이야!"

모리스는 내게 대답할 시간도 주지 않고 질문 공세를 퍼부었다. 나는 모리스에게 산책하고 있는 중이라고 말했다.

"뭐라고! 이렇게 혼자서! 그래 어딜 가는 길인데?"

나는 달리 할 말이 없어 미적거렸다.

"별로…… 그냥 신선한 바람이나 쐬려고."

"그럼, 같이 가지!"

모리스가 자신이 가던 방향으로 나를 돌려세우더니 팔짱을 끼고 끌어당겼다. 빼도 박도 못할 상황이었다.

"소개시켜주고 싶은 사람이 있어. 자네도 그런 사람들과 어울려봐야 해."

"어디 가는 건데?"

내가 걱정스럽게 물어봤다.

"카루소라는 친구를 만나러 가는 거야."

그가 말했다. 같이 가지 않으려고 발버둥 쳐봤지만 그는 막무가내였다.

"오늘 카루소와 제럴딘 파라(1882~1967, 미국의 오페라 가수이자 배우-옮긴이)가 〈카르멘〉 낮 공연을 하거든."

"그렇지만 난……."

"제발 같이 가자. 걱정할 것 없어! 카루소가 얼마나 멋진 친군데. 자네처럼 순진하고 인간적이야. 아마 자네를 만나면 기뻐 날뛸걸."

나는 그냥 산책을 하면서 바람이나 쐬고 싶다고 말했다.

"이게 바람 쐬는 것보다 훨씬 좋아! 내 말 믿어."

나는 모리스에 떠밀려 메트로폴리탄 오페라하우스 로비를 지나 공연장으로 들어갔다. 우리는 조심스럽게 통로를 지나 빈자리를 찾아 앉았다.

"여기 앉아 있어. 막간에 돌아올 테니까."

모리스가 귓속말로 말했다. 나도 〈카르멘〉은 여러 번 들어본 적이 있어 귀에 익숙했는데 그날은 조금 달랐다. 그래서 프로그램을 들여다보았다. 틀림없었다. 그날이 수요일이었는데, 그 시각에 〈카르멘〉이 상연될 예정이라고 적혀 있었다. 그러나 분명히 친숙하기는 했지만 〈카르멘〉은 아니었다. 아마 〈리골레토〉 같았다.

나는 확신할 수 없었기 때문에 혼란스러웠다. 막이 내리기 2분 전쯤에 모리스가 살금살금 들어와 자리에 앉았다.

"이게 카르멘이야?"

내가 귓속말로 물었다.

"응, 맞아. 프로그램 갖고 있지 않아?"

그가 대답하며 프로그램을 낚아챘다.

"맞을 텐데. 카루소와 제럴딘 파라. 수요일 낮 공연, 카르멘…… 여기 있군."

막이 내리자 모리스는 나를 데리고 객석을 지나 무대 뒤로 통하는 옆문으로 들어갔다. 공연장이라 소음이 나지 않는 신발을 신은 남자들이 다음 공연을 위해 무대장치를 정리하고 있었다. 내가 그들에게 방해가 되는 것 같았다. 나쁜 꿈속에라도 들어와 있는 것처럼 거북살스러웠다. 그때 어렴풋이 키가 크고 팔다리가 껑충한 남자가 눈에 띄었다. 얼굴은 근엄하고 엄숙해 보였는데, 뾰족한 턱수염과 날카로운 눈으로 나를 째려봤다. 그는 무대 한복판에 서서 무대장치를 정리하는 것을 걱정스런 눈으로 지켜보고 있었다.

"잘 지냈나? 시뇨르 게티 카사자."

모리스가 손을 내밀며 그에게 말을 걸었다. 게티 카사자는 모리스가 내민 손을 잡아주기는 했지만 시큰둥했다. 모리스를 업신여기는 것 같았다. 모리스가 나를 돌아보며 이렇게 말했다.

"자네 추측이 맞았어. 카르멘이 아니었대. 리골레토였어. 제럴딘 파라가 감기에 걸려 오늘 무대에 오르지 못했다네. 참, 이쪽은 찰리 채플린."

모리스가 그에게 나를 소개하며 말했다.

"카루소와 만나게 해주려고 데리고 가는 길이야. 이 친구 기운도 돋울 겸해서. 자네도 같이 가지."

게티 카사자는 가지 않겠다는 뜻으로 머리를 가로저었다.

"카루소의 분장실이 어디 있지?"

모리스가 이렇게 묻자 게티 카사자가 무대 감독을 불렀다.

"이 사람이 안내해줄 걸세."

느낌이 좋지 않았다. 그 시간에 카루소를 찾아가는 것은 폐가 될 것 같았다. 그래서 나는 모리스에게 어째 느낌이 좋지 않다고 말했다.

"쓸데없는 소리 하지 마."

그가 대답했다.

통로는 어두웠다. 우리는 손으로 벽을 더듬거리며 카루소의 분장실로 향했다.

"누가 불을 꺼놨나 봅니다. 잠시만 기다리세요. 스위치를 찾아볼게요."

무대 감독이 말했다.

"저기, 찰리, 나는 먼저 가봐야겠어. 기다리고 있는 사람들이 있어서."

모리스가 갑자기 이렇게 말했다.

"나만 두고 가겠다는 것은 아니지?"

내가 얼른 물었다.

"걱정할 것 없어."

내가 뭐라 대답하기도 전에 모리스는 나를 어둠 속에 내팽개친

채 사라졌다. 무대 감독이 성냥불을 켰다. 나는 그를 뒤따라갔다.

"다 왔습니다. 여기입니다."

무대 감독이 문을 두드렸다. 방 안에서 이탈리어로 뭐라고 하는 소리가 크게 들려왔다. 화를 내는 것 같았다. 무대 감독도 이탈리아어로 뭐라고 대답하는 것 같았지만 끝에 내 이름만 들릴 뿐 무슨 말을 하는지 알아들을 수가 없었다. 다시 한 번 버럭 화를 내는 소리가 들려왔다.

"저기, 다음에 다시 오겠습니다."

내가 속삭이듯 말했다.

"아닙니다. 괜찮습니다. 기다려보세요."

무대 감독은 자신의 소임을 다하려고 하는 것 같았다. 분장실 문이 조금 열리더니 의상 담당자가 어둠 속에서 얼굴을 내밀고 나를 쳐다봤다. 무대 감독이 목소리를 죽이며 나를 그에게 소개했다.

"아!"

의상 담당자가 이렇게 짧게 말하더니 문을 닫고 도로 들어갔다. 그리고 잠시 뒤에 문이 다시 열렸다.

"들어오세요!"

이 말에 무대 감독은 안도의 한숨을 쉬는 것 같았다. 그도 카루소가 우리를 들여보내줄지 확신하지 못했던 것이다. 분장실에 들어가니 카루소는 거울이 달린 화장대 앞에 앉아 수염을 다듬고 있었다.

무대 감독이 들뜬 목소리로 말했다.

"저, 선생님. 선생님께 찰리 채플린 씨를 소개할 수 있어 큰 영광입니다."

카루소는 거울을 보며 고개를 끄덕였다. 그러나 별다른 말없이 계속 수염을 손질했다. 수염 손질이 끝나자 그는 의자에서 일어나 벨트를 조이며 나를 이리저리 훑어봤다.

"크게 성공했다고? 돈 좀 많이 벌었겠네."

"예."

나는 웃으며 대답했다.

"기쁘겠구먼."

"예. 그렇습니다."

나는 이렇게 대답하며 무대 감독을 쳐다봤다.

"그럼."

카루소가 짤막하게 말했다. 그만 돌아가라는 신호였다. 나는 자리에서 일어나 만나서 반가웠다는 표시로 카루소에게 웃어 보이며 말했다.

"투우사 장면은 꼭 한 번 보고 싶습니다."

그는 나에게 악수를 청하며 이렇게 말했다.

"그건 카르멘일세. 이건 리골레토고."

"예, 물론이죠. 하하!"

할리우드의 부자들

이제 뉴욕 생활도 많이 익숙해졌다. 그리고 일도 재미있고 행복했다. 그래서 나는 생각했다. 너무 허영심에 빠져 방탕해지기 전에 이곳을 떠나자. 게다가 새로운 계약도 체결했으니 빨리 일을 시작하고 싶었다.

나는 로스앤젤레스로 돌아와 5번가와 메인스트리트 사이에 있는 알렉산드리아 호텔에 묵었다. 로스앤젤레스의 최고급 호텔로 웅장한 로코코 양식의 건물이었다. 대리석 기둥과 크리스털 샹들리에로 장식된 로비 중앙에는 전설적인 밀리언달러 카펫이 깔려 있었다. '밀리언달러 카펫'이란 이름은 영화업계의 호사가들과 얼치기 흥행사들이 모여 천문학적인 숫자 놀음을 한 데서 붙여진 것이었다.

그래도 에이브러햄슨은 이 카펫 위에서 스튜디오의 남는 공간을 임대하거나 실직한 배우들을 고용해 만든 값싼 저예산 영화들을 팔아 많은 돈을 벌었다. 이런 영화들은 보통 '달동네' 영화라고 불렸다. 컬럼비아 픽처스 사의 제작자 고(故) 해리 콘도 이런 저예산 영화에서 시작해 성공한 경우였다.

에이브러햄슨은 철저한 현실주의자였다. 특히 에이브러햄슨은 예술이 아니라 돈을 벌기 위해 영화를 찍는다고 공공연히 말하고 다녔다. 그는 러시아어 악센트가 많이 섞인 영어를 구사했는데 영화 촬영 중에 간혹 배우들에게 연기 지도를 하면서 불쑥 러시아어 악센트가 들어간 영어를 구사하기도 했다. 예를 들면 이런 식이다. "좋아, 엉덩이부터 들이대(뒤에서 돌아 들어오란 뜻이다)." 또는 "거울 앞으로 다가가서 자기 모습을 비춰보면서 자아도취에 빠지는 거야. 자, 여기서부터 20피트는 원숭이처럼 가자고(필름 20피트를 배우의 애드리브로 가자는 뜻이다)."

에이브러햄슨의 영화에 출연하는 주연배우는 대부분 풍만한 가슴에 어깨와 목이 많이 파인 옷을 입고 출연했다. 자연히 노출이

심할 수밖에 없었다. 특히 에이브러햄슨은 노골적으로 주연 여배우를 카메라 정면에 세운 다음 허리를 굽혀 구두끈을 묶게 하거나 아기용 침대를 흔들거나 강아지를 쓰다듬게 했다. 그는 이런 식으로 200만 달러를 벌었고, 그다음에 바로 영화계에서 은퇴했다. 현명한 판단이었다.

로스앤젤레스에 밀리언달러 극장을 세우기 위해 샌프란시스코에서 온 시드 그로먼도 이 밀리언달러 카펫에서 협상을 벌였다. 로스앤젤레스가 계속 발전하면서 시드 그로먼은 앉아서 돈을 벌어들였다. 그는 영화 홍보의 귀재였다. 한 번은 두 대의 택시가 서로 공포탄을 쏘면서 시내를 질주해 로스앤젤레스를 발칵 뒤집어놓은 적이 있었다. 물론 시드 그로먼이 영화 홍보를 위해 꾸민 일이었다. 택시 뒤꽁무니에는 이런 문구가 적힌 플래카드가 걸려 있었다. '그로먼의 밀리언달러 극장에서 〈언더월드〉 상영중.'

뿐만 아니라 그로먼은 영화 흥행을 위해 기발한 아이디어를 많이 내놓았다. 그중 가장 기발한 아이디어는 자신이 소유한 로스앤젤레스 차이니스 극장 앞에 덜 굳은 시멘트를 발라놓고 할리우드 스타들을 데려와 핸드프린팅과 풋프린팅을 시킨 것이었다. 어떤 이유에서인지는 몰라도 거절하는 스타들이 없었다. 최근에는 이것이 오스카 상만큼이나 영화배우들 사이에서 영광스러운 일이 되었다.

알렉산드리아 호텔에 도착한 첫날 프런트 직원이 모드 피얼리 양이 내게 보낸 편지라며 건네주었다. 피얼리 양은 한때 윌리엄 질레트의 희곡에서 헨리 어빙 경과 함께 주연 여배우로 활약한 할리우드의 유명 배우였다. 그녀가 수요일에 러시아 출신 발레리나 안나 파블로바를 위해 할리우드 호텔에서 저녁 만찬을 열 예정인데 그곳에 나를 초대한 것이었다. 물론 나는 뛸 듯이 기뻤다. 비록 피얼리 양을 직접 본 적은 없었지만, 런던 시내 여기저기에 그녀의 사진으로 만든 엽서들이 나붙은 것을 본 기억이 있었다. 그때 나는 그녀의 아름다운 미모에 탄복했었다. 식사가 있기 전날 나는 비서를 통해 그 자리가 비공식인지 공식인지 전화로 물어보도록 시켰다.

"누구세요?"

피얼리 양이 물었다.

"채플린 씨의 비서입니다. 내일 저녁에 있을 저녁 만찬 때문에 전화드렸습니다."

피얼리 양은 매우 놀라는 눈치였다.

"아, 예. 물론 비공식입니다."

피얼리 양이 할리우드 호텔 현관에서 나를 맞이하기 위해 기다리고 있었다. 그녀는 여전히 아름답고 사랑스러웠다. 우리는 30분 정도 앉아 두서없는 대화를 나눴다. 그런데 시간이 다 되어가는 데도 다른 초대 손님들이 보이지 않았다. 걱정되기 시작했다. 약속 시간이 되자 그녀가 말했다.

"식사하러 가실까요?"

놀라운 것은 그녀가 파블로바를 위해 마련한 저녁 만찬에 참석한 사람이 나 하나뿐이라는 것이었다.

모드 피얼리 양은 정말 아름다웠을 뿐만 아니라 겸손했다. 식탁에 마주앉은 그녀를 바라보면서 나는 다른 초대 손님들 없이 단둘이서 식사를 하게 된 연유가 궁금해졌다. 순간 엉뚱한 생각이

스치기도 했지만 다른 이유가 있을 것 같았다. 그러나 불순한 생각을 품기에는 나를 대하는 그녀의 태도가 너무 진지하고 조심스러웠다. 여하튼 나는 그 이유를 알아낼 요량으로 촉각을 곤두세웠다.

"이렇게 단둘이 식사를 하다니 흥미로운데요."

내가 먼저 운을 뗐다. 그러자 그녀는 살포시 웃어 보였다. 나는 한 마디 더 했다.

"식사가 끝나면 어디 나가서 재미있게 놀아보죠. 나이트클럽에 가도 좋고, 뭐 다른 곳도 상관없습니다."

그러자 그녀의 얼굴에 당황하는 빛이 역력했다. 그녀는 조금 주저하더니 말했다.

"죄송합니다만, 오늘 저녁에는 일찍 돌아가봐야 해서요. 내일 아침에 맥베스 무대 연습이 있습니다. 그래도 첫날이라……."

곤두세웠던 촉각이 방향을 잃고 이리저리 요동쳤다. 말을 잘못 꺼낸 것 같아 당황스러웠다. 때마침 첫 번째 요리가 나왔다. 잠시 동안 우리는 아무 말 없이 식사에 열중했다. 분위기가 서먹서먹했다. 피얼리 양이 약간 머뭇거리며 이렇게 말했다.

"저기, 자리가 불편하시죠. 죄송합니다."

"아닙니다. 정말 즐겁습니다."

"석 달 전에 파블로바 씨를 위해 마련한 저녁 만찬이 있어서 같이 초대를 했었는데 오시지 않아 섭섭했었습니다. 파블로바 씨하고 친구 사이라고 들었는데, 그때 뉴욕에 가 계셨지요?"

"잠깐만요."

나는 이렇게 말하고 피얼리 양이 보낸 초대장을 펼쳐 보았다.

꿈에 그리던 백만장자가 되다

먼저 날짜부터 확인했다. 그러고 나서 그것을 그녀에게 내보이며 말했다.

"이제야 알겠습니다. 그러니까 제가 석 달이나 지각을 한 거네요."

나는 너털웃음을 웃었다.

1910년, 로스앤젤레스는 서부개척 시대가 저물어가고 있었다. 따라서 서부개척 시대에 돈을 번 실업계의 거물들도 인생의 말년에 도달해 있었다. 나는 그런 사람들로부터 인기가 많았다. 그리고 자주 그들의 초대를 받았다.

그중 한 사람이 윌리엄 A. 클라크(1839~1928)였다. 클라크는 생전에 구리왕이란 별명을 얻었을 만큼 구리 광산으로 큰 부를 축적한 사람이었다. 그는 잘은 모르지만 천문학적인 재산을 갖고 있었다. 뿐만 아니라 아마추어 음악가로도 활동했다. 매년 자신이 제2바이올린 주자로 활동하는 필하모닉심포니 오케스트라에 15만 달러를 기부했다.

'데스밸리 스코티(Death Valley Scottie)'라고 불리던 정체를 알 수 없는 사람도 있었다. 항상 카우보이모자에 붉은색 셔츠와 작업복 같이 생긴 바지를 입고 다녔는데 성격 하나는 호탕했다. 스프링 가를 따라 늘어선 독일식 주점과 나이트클럽에서 밤마다 파티를 열고 진탕 마시며 돈을 물 쓰듯 쓰고 다녔다. 웨이터에게 주는 팁만 몇 백 달러였다. 그렇게 진탕 놀고 마시다 어느 날 자취를 감췄다. 그러고는 한 달 뒤쯤 다시 나타나 이전과 마찬가지로 밤마다 파티를 열고 진탕 마셔댔다. 하지만 그가 어디에서 무엇으로 돈을 버는지 아는 사람은 없었다. 그가 데스밸리(미국 캘리포니아 주와 네바다 주에 걸쳐 있는 해면보다 낮은 메마른 혹서 저지대 사막—옮긴이)에 비밀 광산을 갖고 있다고 추측하는 사람도 있었다. 그래서 직접 미행에 나선 사람도 있었지만 그의 뒤를 캔 사람은 없었다. 결국 지금까지도 그의 비밀을 아는 사람은 아무도 없다. 스코티는 1940년 죽기 전에 데스밸리 한복판에 거대한 성을 지었다. 비용만 50만 달러가 넘게 들어간 초호화 건축물이었지만 지금은 사막의 뜨거운 햇살을 받으며 주인을 잃은 채 쓰러져가고 있다.

패서디나의 크레니게츠 부인은 4천만 달러를 모은 재력가였다. 그녀는 열성적인 사회주의자로 무정부주의자, 사회주의자 그리고 세계 산업노동자연맹의 법적 변호인이었다.

당시 키스톤 영화사에서 곡예비행사로 활약하던 글렌 H. 커티스(1878~1930)는 자신의 이름을 딴 항공기 회사를 설립하기 위해 후원자를 물색하느라 혈안이었다.

A. P. 지안니니(1870~1949)는 규모가 그리 크지 않은 은행 두 개를 소유했는데, 뒤에 그의 은행은 미국 최대 금융 기관의 하나인 뱅크 오브 아메리카로 성장했다.

현대식 유전 굴착기를 발명해 많은 부를 축적한 아버지의 유산을 물려받은 하워드 휴스(1905~1976)는 항공 산업에 투자해 그보다 몇 배나 많은 부를 축적했다. 무엇보다 휴스는 삼류 호텔에 묵으면서 거의 두문불출한 채 전화로 자기 소유의 거대 기업을 운영한 괴짜이기도 했다. 또한 그는 영화에도 잠깐 손을 댔는데 이미 고인이 된 진 할로가 주연을 맡은 〈지옥의 천사들〉에 투자해 상당한 성공을 거두기도 했다.

당시 나는 금요일 밤에는 버논에서 열리는 잭 도일의 권투 시합을 보러 가고, 월요일 밤에는 오르페움 시어터의 보드빌 무대에 서고, 목요일에는 모로스코 시어터 레퍼토리에 오르고 그리고 가끔 클룬의 필하모닉 오디토리엄에 가서 심포니를 감상하는 것이 소일거리였다.

세상에 공짜는 없다

로스앤젤레스 체육클럽은 지역 유력 인사들이 칵테일 아워(저녁식사 전, 4시에서 6시 사이—옮긴이)에 자주 모이던 장소였다. 여러 나라에서 온 여러 부류의 사람들이 모여들었기 때문에 이국적인 느낌이 들었고, 때론 외국인 정착촌 같기도 했다.

단역으로 할리우드 영화에 출연하는 한 젊은 배우가 라운지에 앉아 있는 것이 자주 눈에 띄었다. 발렌티노라고 불리던 청년이었는데, 다른 많은 배우들처럼 풍운의 꿈을 품고 할리우드에 왔지만 마음대로 풀리지 않는 것 같았다. 나는 발렌티노를 같은 단역배우인 잭 길버트에게 소개받았다. 그러다가 한 1년 정도 발렌티노를 보지 못했다. 그사이에 발렌티노는 할리우드의 대스타로 발돋움해 있었다. 발렌티노를 다시 만났을 때, 그는 이미 예전의 발렌티노가 아니었다.

"지난번에 한 번 본 적이 있지. 이번에 스타 배우로서 입지를 굳혔던데."

내가 이렇게 칭찬하자 그는 별것 아니라는 듯이 웃어 보이며 겸손해했다.

루돌프 발렌티노(1895~1926)는 슬프고 고독한 분위기를 풍겼다. 할리우드에서 이름난 스타였지만, 오히려 명성 때문에 억눌려 지내는 것 같았다. 그는 지적이었고 침착했으며 허영심이 없었다. 그리고 많은 여성들의 인기를 독차지했다. 그러나 애정 관계만은 순탄치 않았다. 발렌티노는 여배우 진 애커와 결혼했지만 불운하게도 그녀는 동성애자였다. 첫 번째 부인과 이혼 후 그는 나타샤 람보바(1897~1966, 미국의 의상 디자이너이자 영화배우—옮긴이)와 재혼했지만 역시 오래가지 못했다. 그리고 잠깐이기는 했지만 여배우 폴라 네그리와 스캔들이 나기도 했다.

발렌티노만큼 뭇 여성들의 사랑을 받은 남자는 없었다. 그리고 역설적으로 그처럼 여성들에게 기만당만 남자도 없었다. 할리우드 최고의 비운의 스타였다. 발렌티노는 31살의 젊은 나이에 궤양 수술 합병증으로 사망했다. 그의 장례식을 보기 위해 3만 명이 운집했는데 대다수가 여성과 소녀 팬들이었다고 한다. 그리고 그의 장례식에서는 극성 팬들의 자살 소동도 있었다. 생전에 여성 팬들에게 얼마나 많은 인기를 받고 있었는지 보여주는 일화다.

나는 67만 달러 계약을 이행할 준비에 들어갔다. 뮤추얼 영화사의 대표를 맡고 있는 콜필드 씨가 나를 위해 할리우드 중심부에 스튜디오를 따로 임대했다. 그는 영화사의 모든 실무를 직접 꼼꼼히 챙겼다. 에드나 퍼비언스, 에릭 캠벨, 헨리 버그만, 앨버트 오스틴, 로이드 베이컨, 존 랜드, 프랭크 조 콜먼 그리고 레오 화이트 등 숫자는 적었지만 재능 있는 배우들이 있어 해볼 만하다는 자신감이 생겼다.

내가 뮤추얼 영화에서 만든 첫 번째 영화 〈매장 감독 The Floor Walker〉은 다행히 큰 성공을 거뒀다. 〈매장 감독〉은 백화점의 에스컬레이터를 주요 무대로 촬영했다. 매장 감독으로 분한 나는 백화점에서 도둑으로 오해받아 에스컬레이터를 오르내리며 쫓고 쫓기는 연기를 했다. 키스톤 영화사의 세네트 씨는 이 영화를 보고 이렇게 익살을 떨었다.

"난 왜 여태까지 에스컬레이터를 영화에 써먹을 생각을 못 했을까?"

〈매장 감독〉의 성공에 힘입어 나는 영화 제작에 박차를 가했다. 나는 매달 두 권짜리 영화 한 편을 제작해 내놓았다. 두 번째 영화는 〈소방수 Fireman〉였다. 그리고 〈떠돌이 The Vagabond〉〈새벽 1시 One a.m.〉〈백작 The Count〉〈전당포 The Pawnshop〉〈스크린 뒤에서 The Behind the Screen〉 그리고 〈스케이트장 The Rink〉을 뮤추얼 영화사와 계약을 맺은 첫해에 제작했다. 이듬해에 〈이지 스트리트 Easy Street〉〈요양 The Cure〉〈이민 The Immigrant〉 그리고 〈모험가 The Adventure〉 등을 제작했다. 나는 에사네이 영화사를 그만둔 1916년에 뮤추얼 영화사와 계약했는데, 그 뒤 16개월 동안 12편의 영화를 제작했다. 물론 그사이에 말도 못할 우여곡절이 많았다.

무엇보다 촬영 도중에 줄거리가 막혀 애를 먹은 적이 한두 번이 아니었다. 이런 경우 나는 촬영을 전면 중단한 채 혼자 골똘히 생각에 잠겼다. 나는 분장실로 돌아가 왔다 갔다 하면서, 또는 무대장치 뒤편에 몇 시간이고 앉아 아이디어를 짜내려고 고심했다. 막상 이야기가 막히면 영화사 관계자들과 배우들이 실망한 눈초리로 쳐다보는 것 같아 낯이 뜨거웠다. 특히 뮤추얼 영화사는 내 영화의 제작비를 대고 있었기 때문에 부담이 더 컸다. 그리고 콜필드 씨도 영화 진행 상황을 지켜보기 위해 스튜디오에 나와 있는 때가 많았다.

나는 콜필드 씨가 촬영장 안을 서성이는 것을 자주 목격했다. 나는 그가 무슨 생각을 하고 있을지 충분히 짐작하고도 남았다. 제작 비용은 자꾸 늘어나는데 결과물이 없다고 생각하고 있었을 것이다. 나는 뭔가 생각할 때 누가 주위에서 서성이거나 걱정해 주면 오히려 부담이 돼 좋은 아이디어가 떠오르지 않는다고 적당히 일침을 놓고 분장실이나 무대 뒤편으로 내려가곤 했다.

아무리 생각해도 좋은 아이디어가 떠오르지 않아 별다른 소득 없이 하루 촬영을 공치고 나면 어김없이 콜필드 씨가 내 앞에 나타났다. 그는 기다리고 있다가 내가 스튜디오를 나서는 순간 마치 우연히 마주친 것처럼 가장하고 억지로 미소를 지으면서 이렇게 물었다.

"좋은 아이디어라도 생각났나?"
"말도 마십시오. 틀렸습니다. 더 이상 좋은 생각이 떠오르지 않아요!"

그러면 그는 이렇게 마음에도 없는 말을 했다.

"너무 걱정하지 말게. 좋은 아이디어가 떠오르겠지."

어떤 때는 하루 종일 아이디어를 짜내도 마땅한 것이 떠오르지 않아 거의 자포자기 상태에서 포기하려는 찰나에 좋은 아이디어가 떠오르는 경우도 있었다. 그때는 마치 대리석 바닥에 겹겹이 쌓인 먼지를 털어내고 내가 찾던 바로 그 아름다운 모자이크 조각을 찾아낸 것처럼 기분이 좋았다. 하루 종일 억누르고 있던 긴장이 일순간 해소되고 스튜디오는 다시 활기를 띠었다. 그러면 콜필드 씨도 기분이 좋은지 허허거리며 웃었다.

내 영화에 출연한 배우 중 촬영 중에 부상당한 사람은 여태껏 한 명도 없었다. 나는 폭력이 들어가거나 난폭한 장면은 사전에 충분히 연습을 했고 발레 안무하듯 동작 하나하나를 자세하게 지도했다. 얼굴을 때리는 장면도 사고를 막기 위해 실제로 때리지 않았다. 아무리 사소한 충돌 또는 다툼이라도 배우를 포함한 모든 스태프가 사고를 방지하기 위해 사전에 어떤 장면을 촬영하는지 정확히 숙지하고 계산된 행동에 따라 움직였다. 나는 어떤 경우에도 배우나 스태프가 다치는 것은 용납하지 않았다. 사실 영화에서 모든 효과, 즉 폭력, 지진, 배의 난파 그리고 천재지변 등은 전부 조작이 가능했다. 그런 상황에서 누군가 다친다는 것은 변명의 여지가 없었다.

물론 사고가 없었던 것은 아니다. 〈이지 스트리트〉를 촬영하던 중에 딱 한 번 사고가 있었다. 다른 배우나 스태프에게 일어난 건 아니고 내게 일어난 사고였다. 내가 가로등을 쓰러뜨리면서 덩치 큰 악당과 맞서는 장면이었는데 갑자기 가로등 윗부분이 떨어지면서 날카로운 금속 면이 내 콧등을 스쳤다. 나는 두 바늘을 꿰매는 중상을 입었다.

뮤추얼 영화사에서 영화를 제작했던 때가 내 인생에서 가장 행복했던 시절이었던 것 같다. 그때 나는 스물일곱 살이었다. 마음은 가벼웠고, 걱정거리도 없었다. 무엇보다 내 앞날에 거칠 것이 없었다. 풍요롭고 미래가 보장된 세상이 내 앞에 기다리고 있었다. 얼마 안 있어 백만장자가 될 것 같았다. 전혀 엉뚱한 기대도 아니었다. 돈이 내 금고로 쏟아져 들어왔다. 매주 받는 1만 달러가 차곡차곡 모여 수십만 달러가 됐다. 나는 40만 달러 그리고 얼마 지나지 않아 50만 달러의 재력가가 되었다. 그러나 나는 그것을 당연한 것으로 여기지 않았다. 돈을 모으는 데는 각고의 노력이 필요하다.

J. P. 모건의 친구인 맥신 엘리엇이 내게 이런 말을 한 적이 있다. "돈은 잊고 지내는 게 정신건강에 좋아!"

그렇기는 하지만 돈은 항상 염두에 두고 살아야 한다는 것이 내 원칙이었다. 나는 내 돈에 상당한 관심과 신경을 쏟았다.

성공한 사람들이 일반 사람들과 사는 세계가 다른 것은 분명하다. 나를 만나는 사람들은 항상 나를 호기심 어린 눈으로 쳐다봤다. 비록 내가 벼락부자이고 배경이 좋은 사람은 아니었지만 그들은 내 의견을 존중해주었다. 주위에서 나와 알고 지내는 사람들은 항상 나를 친구처럼 따뜻하게 대해주었고, 내가 힘들 때 가족처럼 함께 고민하고 위로도 해주었다. 사실 모두 입에 발린 말이었다. 그러나 나는 천성적으로 그런 친절에 다소 거부 반응을 갖고 있었다. 나는 음악을 좋아하듯이 친구를 좋아했다. 즉 기분에 따라 친구를 만났다. 그래서 가끔은 누군가 만나고 싶어도 딱히 만날 친구가 없어 고독했다.

뮤추얼 영화사와 맺은 계약 기간이 끝나갈 즈음 형 시드니가 로스앤젤레스 체육클럽에 찾아와 들뜬 목소리로 이렇게 말했다. 당시 형은 몹시 흥분한 상태였다.

"찰리, 너도 이제 백만장자야. 퍼스트내셔널 영화사와 새로운 계약을 맺고 오는 길이야. 무려 120만 달러야. 실감이 나니? 조건은 2권짜리 영화 8편을 제작하는 거야."

나는 방금 목욕을 끝내고 허리에 수건을 두른 채 오펜바흐의 〈호프만의 이야기〉를 바이올린으로 연주하고 있었다.

"음, 잘됐네."

"잘됐다니? 무슨 반응이 그래."

그러더니 형이 갑자기 웃음을 터뜨렸다.

"허리에는 수건을 감고 바이올린을 켜면서 내가 백만 하고도 20만 달러에 서명하고 왔다는 말에 그런 식으로 반응하다니, 평생 잊으려 해도 잊히지 않겠다."

물론 나도 기뻤다. 그러나 그렇게 반응할 수밖에 없었던 것은 모든 일에는 공짜가 없다는 것을 알았기 때문이다. 120만 달러를 내 것으로 하려면 그에 상응하는 영화를 만들어내야 했다.

나는 상당한 돈을 벌었음에도 생활 방식에 특별한 변화는 없었다. 돈을 벌 줄만 알았지 쓸 줄을 몰랐던 것이다. 돈이라는 것은 허상 또는 숫자 놀음에 불과하다. 나는 많은 돈을 벌었지만 그것을 한 번도 본 적이 없었다. 따라서 내가 정말 그렇게 많은 돈을 벌었는지 확인해보고 싶었다. 나는 비서를 고용했다. 심부름꾼도 두었다. 그리고 무엇보다 차를 한 대 사서 운전기사를 두었다.

하루는 자동차 판매점 옆을 지나다가 매장 안에 전시된 7인승 로코모빌이 눈에 들어왔다. 당시 미국에서는 최고급 승용차에 속했다. 상당히 기품 있는 차로 판매를 위해 내놓은 것 같지는 않았다. 그러나 나는 매장으로 들어가 점원에게 가격을 물어봤다.

"얼마인가요?"

"4,900달러입니다."

"사겠습니다."

나는 단도직입적으로 말했다. 점원은 놀라는 눈치였다. 최고급 승용차를 이것저것 따져보지도 않고 막무가내로 산다고 하니 놀랄 만도 했을 것이다.

"엔진이라도 보지 않으시겠습니까?"

점원이 물었다.

"본다고 달라질 게 있습니까. 저는 차에 대해서는 아무것도 모릅니다."

그러나 말은 그렇게 했지만 차에 대해 마치 잘 아는 사람처럼 보이기 위해 엄지손가락으로 타이어를 눌러봤다.

거래 절차는 간단했다. 매매 계약서에 서명만 하면 끝이었다. 차는 내 것이 되었다.

돈을 투자하는 것은 또 다른 문제였다. 그것은 돈을 쓰는 것과는 달랐다. 나는 투자에 대해서 문외한이었다. 그러나 형 시드니는 투자 전문가였다. 어디에서 배웠는지는 모르겠지만 장부 가격, 자본 이득, 선호주와 보통주, 전화주식과 전환사채, 보증보험 등 전문용어에 통달했다. 당시에 투자 기회는 도처에 널려 있었다. 로스앤젤레스의 한 부동산 중개업자가 내게 찾아와 각각 25만 달러씩 투자해 로스앤젤레스 밸리 부근의 넓은 땅을 공동명의로 사자고 제안한 적이 있었다. 만일 그때 그의 말을 듣고 투자했더라면 지금쯤 내 몫은 5천만 달러는 되고도 남았을 것이다. 왜냐하면 그 뒤에 그곳에서 유전이 발견되면서 캘리포니아에서 가장 부유한 지역 중 한 곳이 되었기 때문이다.

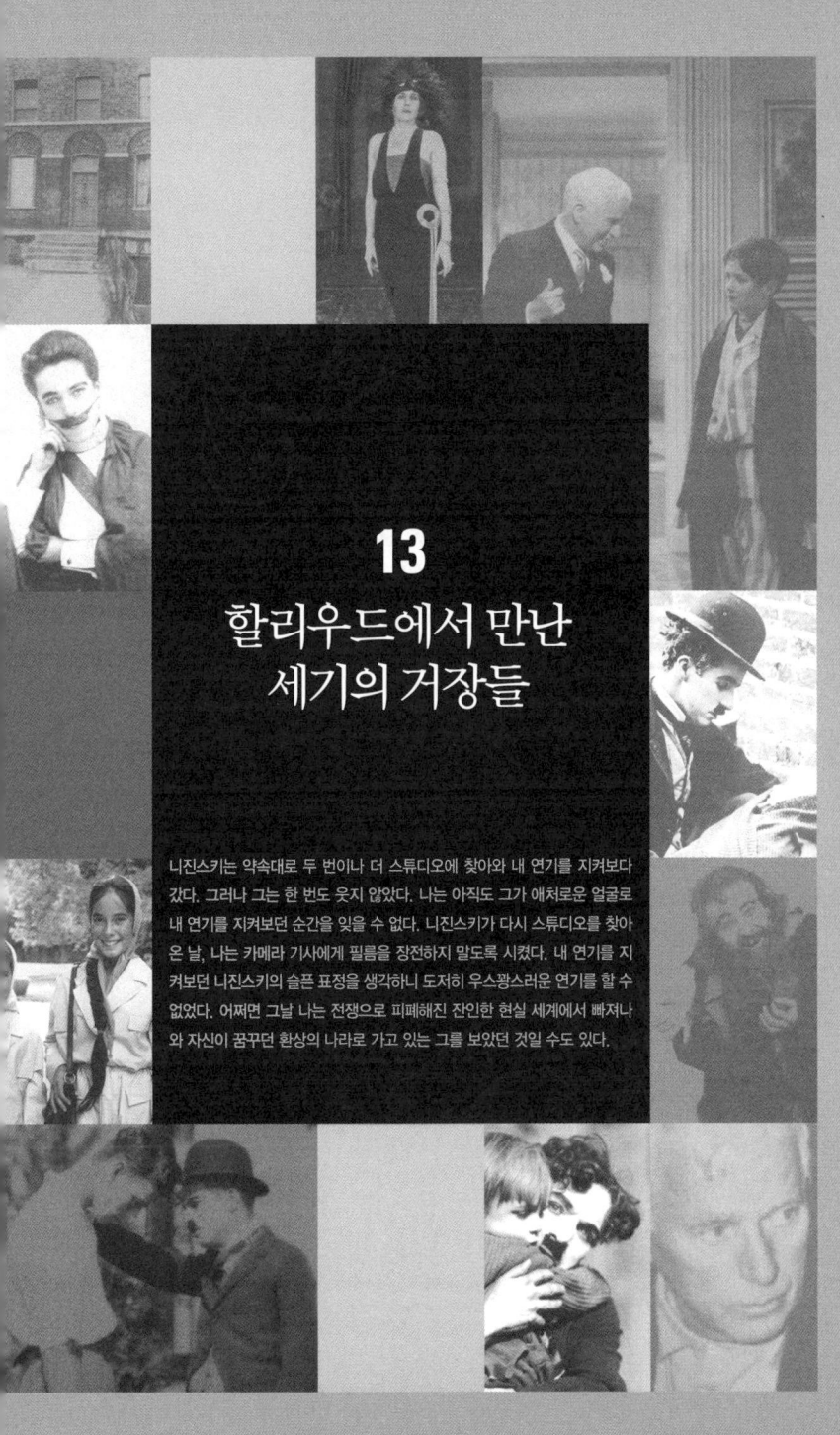

13
할리우드에서 만난 세기의 거장들

니진스키는 약속대로 두 번이나 더 스튜디오에 찾아와 내 연기를 지켜보다 갔다. 그러나 그는 한 번도 웃지 않았다. 나는 아직도 그가 애처로운 얼굴로 내 연기를 지켜보던 순간을 잊을 수 없다. 니진스키가 다시 스튜디오를 찾아온 날, 나는 카메라 기사에게 필름을 장전하지 말도록 시켰다. 내 연기를 지켜보던 니진스키의 슬픈 표정을 생각하니 도저히 우스꽝스러운 연기를 할 수 없었다. 어쩌면 그날 나는 전쟁으로 피폐해진 잔인한 현실 세계에서 빠져나와 자신이 꿈꾸던 환상의 나라로 가고 있는 그를 보았던 것일 수도 있다.

바츨라프 니진스키와 엘레오노라 두제

많은 저명한 인사들이 내가 영화를 촬영하는 스튜디오를 방문했다. 넬리 멜바(1861~1931, 오스트레일리아 출신 오페라 가수-옮긴이), 레오폴드 고돕스키, 이그나시 얀 파데레프스키, 바츨라프 니진스키 그리고 안나 파블로바 등이었다.

폴란드 출신 피아니스트인 이그나시 얀 파데레프스키는 상당히 매력적인 인물이었다. 그러나 부르주아적인 느낌이 들었는데 품위를 굉장히 중시했다. 파데레프스키는 길고 덥수룩한 머리, 정갈하고 약간 경사진 턱수염 그리고 아랫입술 바로 아래 드문드문 나 있던 수염이 인상적이었다. 나는 파데레프스키의 이런 스타일이 허영심의 발로라고 생각했다. 나는 그의 연주회에 자주 초대되어 갔는데, 그때마다 장난기가 발동해 짓궂은 생각을 했다. 그가 연주하러 무대에 올라와 피아노 의자에 앉으려는 찰나 조명이 어두워지면서 실내가 갑자기 쥐 죽은 듯이 조용해진다. 그때 누군가 그의 의자를 뒤에서 살짝 잡아당기면 어떤 일이 벌어질지 속으로 생각하며 웃고는 했다.

제1차 세계대전이 한창일 때 나는 파데레프스키를 뉴욕 리츠 호텔에서 만난 적이 있었다. 나는 그에게 정중히 인사하고 연주회가 있어서 왔는지 물어보았다. 그는 굉장히 엄숙한 표정으로 이렇게 대답했다.

"나는 조국을 위해 봉사하는 동안 연주를 하지 않네."

뒤에 파데레프스키는 폴란드 수상이 되었다. 그러나 나는 예술가가 정치를 하는 것이 탐탁지 않았다. 프랑스 정치가 클레망소는 제1차 세계대전 전후 처리 문제를 다룬 베르사유 회담(파리강화회담이라고도 불린다. 여기서 패전국 독일의 전쟁 책임 배상을 담은 베르사유 조약을 체결했다-옮긴이)에 참석해 그에게 이런 말을 했다.

"당신 같이 유능한 예술가가 어찌 하찮은 정치에 뛰어들어 아까운 재능을 낭비하고 있소?"

다른 한편 러시아 출신의 세계적인 피아니스트였던 레오폴드 고돕스키는 검소하고 유머러스한 인물이었다. 키는 작았지만 둥근 얼굴에 항상 미소를 머금고 있었다. 고돕스키는 로스앤젤레스에서 연주회를 가진 뒤에 돌아가지 않고 그곳에 집 한 채를 빌려 묵고 있었다. 나는 자주 그를 찾아갔다. 일요일마다 내가 찾아가면 고돕스키는 기꺼이 나를 위해 연주를 해주었다. 그는 피아니스트로는 드물게 손이 매우 작았다. 그럼에도 피아노를 다루는 솜씨는 타의 추종을 불허할 정도로 신기에 가까웠다.

바슬라프 니진스키도 러시아 발레단원들과 함께 스튜디오에 왔었다. 니진스키는 진지한 사람으로 남자로서는 드물게 여자 같은 예쁜 얼굴을 하고 있었다. 톡 튀어나온 광대뼈에 슬픈 눈을 하고 있던 니진스키는 평상복을 입은 수도승 같은 느낌을 풍겼다. 그

피아니스트 고돕스키와 그의 가족. 큰 아들(오른쪽)은 커서 컬러사진 발명가가 되었다.

가 스튜디오를 방문했을 때 나는 〈요양〉을 촬영하고 있었다. 그는 카메라 뒤편에 앉아 내 연기를 지켜보았다. 그때 내가 찍고 있던 장면은 그런대로 우스운 장면이었는데 그는 전혀 웃지 않았다. 물론 다른 구경꾼들은 모두 배꼽이 빠지도록 웃었다. 그런데 니진스키는 갈수록 슬픔에 잠기는 것 같았다. 스튜디오를 떠나면서 그는 내게 다가와 악수를 청하며 특유의 힘없는 목소리로 내 연기를 재미있게 봤으며 다음에 다시 와도 되는지 물었다.

"물론입니다."

나는 달리 할 말이 없어 이렇게 대답했다.

니진스키는 약속대로 두 번이나 더 스튜디오에 찾아와 내 연기를 지켜보다 갔다. 그러나 그는 한 번도 웃지 않았다. 나는 아직도

할리우드에서 만난 세기의 거장들 399

그가 애처로운 얼굴로 내 연기를 지켜보던 순간을 잊을 수 없다.

니진스키가 다시 스튜디오를 찾아온 날, 나는 카메라 기사에게 필름을 장전하지 말도록 시켰다. 내 연기를 지켜보던 니진스키의 슬픈 표정을 생각하니 도저히 우스꽝스런 연기를 할 수 없었다. 그럼에도 니진스키는 스튜디오를 떠나기에 앞서 매번 나를 찾아와 연기를 칭찬했다.

"당신의 희극 연기는 흡사 발레와도 같습니다. 당신은 배우이기에 앞서 무용가입니다."

나는 러시아 발레를 본 적이 없었다. 아니 발레라는 것 자체를 한 번도 본 적이 없었다. 그러나 그가 스튜디오에 찾아왔던 주말에 니진스키는 나를 자신의 낮 공연에 초대했다.

그의 공연이 있을 예정인 극장에 도착하니 세르게이 댜길레프(1872~1929, 러시아의 발레 제작자—옮긴이)가 나를 맞아주었다. 댜길레프는 활기차고 정열적인 인물이었다. 그는 내가 즐길 수 있을 만한 작품을 무대에 올리지 못해 죄송하다고 사과했다.

"당신이 좋아할 것 같은데, 아쉽게도 오늘은 〈목신의 오후〉를 무대에 올리지 않습니다."

그러더니 자신의 매니저에게는 반대로 이렇게 말했다.

"니진스키에게 막간을 이용해 샤를로(채플린의 프랑스식 애칭—옮긴이)를 위해 〈목신의 오후〉를 올릴 거라고 말해두게."

처음 무대에 오른 발레는 〈세헤라자드〉였다. 발레보다는 연기의 비중이 컸고, 림스키코르사코프의 교향곡도 반복되는 부분이 많았다. 그러나 다음 발레는 니진스키가 함께하는 대무(對舞)였다. 그가 무대에 오르는 순간 나는 전율을 느꼈다. 지금까지 누구에게서도 느껴보지 못한 신기가 느껴졌다. 순간 나는 넋을 잃고 그를 바라봤다. 모든 동작 하나하나가 시와 같았고, 모든 도약이 환상의 나래로 날아오르는 것 같았다. 마치 다른 세상에 와 있는 것 같은 착각이 들 정도였다.

니진스키가 부탁했는지 댜길레프는 막간에 나를 그의 분장실로 안내했다. 나는 무슨 말을 해야 할지 알 수 없었다. 니진스키가 가진 연기와 재능에 대해 뭐라 말로 형용하기 어려웠기 때문이었다. 사실 위대한 예술은 말로 형용할 수 있는 것이 아니다. 나는 아무 말 없이 그의 분장실에 앉아 〈목신의 오후〉를 위해 분장을 하고 있는 그를 지켜보았다. 두 볼에 녹색 테두리를 그려 넣고 있었는데 거울에 비친 그의 모습이 낯설게 느껴졌다.

니진스키가 먼저 말문을 열었다. 그런데 말이 조리가 없고 서툴렀다. 내 영화에 대해 질문할 때도 두서없이 말했는데 그날따라 이상하게 느껴졌다. 물론 나도 그런 그에게 짧은 말로 퉁명스럽게 대답했다. 막간이 끝나고 개막을 알리는 종이 울렸다. 나는 내 자리로 돌아가겠다고 말했다.

"아니요. 아직 가지 마세요."

그가 말했다. 밖에서 분장실 문을 두드리는 소리가 들렸다.

"니진스키 씨, 전주곡이 끝났습니다."

나는 걱정되기 시작했다. 그러자 그가 대답했다.

"괜찮습니다. 아직 시간이 많습니다."

나는 깜짝 놀랐다. 그리고 그가 왜 이런 식으로 행동하는지 알고 싶었다. 결국 댜길레프가 분장실로 달려왔다.

"자, 어서! 관객들이 박수를 치고 있어."

"기다리게 놔두세요. 여기가 더 재밌어요."

니진스키는 이렇게 말하고는 내게 몇 가지 사소한 질문을 던졌다. 그는 무대에 오를 생각이 없는지 일어나려고도 하지 않았다. 나는 당황스러웠다. 내가 말했다.

"이제 정말 자리로 돌아가야 합니다."

니진스키만큼 〈목신의 오후〉를 멋들어지게 연기한 사람은 아무도 없었다. 그가 창조한 신비로운 세계는 목가적 아름다움과 분위기에 감춰진 비극적인 세계였다. 니진스키는 강렬한 슬픔을 머금은 신이 되어 그런 비극의 세계로 떨어졌다. 그는 이것을 절제된 몸짓과 동작만으로 표현해냈다.

그로부터 6개월 뒤에 니진스키는 정신병자가 됐다. 내가 그의 분장실에 앉아 있던 오후, 그가 관객들을 기다리게 할 때부터 이미 그런 전조가 비쳤다. 어쩌면 그날 나는 전쟁으로 피폐해진 잔인한 현실 세계에서 빠져나와 자신이 꿈꾸던 환상의 나라로 가고 있는 그를 보고 있었던 것일 수도 있다.

예술 분야를 포함해 어떤 분야에서도 숭고미를 찾는 것은 쉬운 일이 아니다. 그러나 안나 파블로바는 그런 숭고함을 지닌 드문 예술가 중 한 사람이었다. 나는 파블로바의 연기에 한 번도 실망을 한 적이 없었다. 그 정도로 그녀는 내게 진한 감동을 전해주었다. 그녀의 연기는 화려하기도 했지만, 창백하면서도 밝게 빛나는 한 떨기 흰 장미꽃 같은 우아함과 섬세함이 특징이었다. 그녀가 무대에 올라오는 순간 그녀가 아무리 밝고 환한 표정을 지어도 나는 왠지 눈물이 흘렀다. 왜냐하면 파블로바는 비극 그 자체가 인격화된 존재였기 때문이었다.

나는 '파브'(파블로바의 친구들은 그녀를 이렇게 불렀다)를 할리우드에서 만났다. 그때 그녀는 유니버설 스튜디오에서 영상을 촬영하고 있었는데 우리는 곧바로 좋은 친구가 되었다. 그러나 당시 사용한 카메라가 구식이라 속도가 느렸다. 당시의 카메라 기술로는 그녀의 춤동작이 담고 있는 서정성을 제대로 담아내지 못했다. 결국 그녀의 아름다운 연기는 세상으로부터 잊히고 말았다. 지금 생각하면 그저 가슴 깊이 아쉬울 따름이다.

한 번은 러시아 영사관에서 그녀에게 러시아를 빛낸 공로를 인정해 기념 만찬을 연 적이 있었다. 나도 초청받아 참석했는데 국제적인 행사로 상당히 격식 있는 자리였다. 만찬이 진행되면서 중간 중간에 축사와 축배가 이어졌다. 프랑스어도 들렸고 러시아어도 들렸다. 영국인으로 축사를 하게 된 사람은 내가 유일한 것 같았다. 그러나 내가 축사를 할 차례 바로 전에 한 교수가 러시아어로 유창하게 파블로바의 연기를 칭송했다. 그런데 갑자기 눈물을 흘리기 시작하더니 파블로바에게 다가가 뜨거운 키스를 퍼붓는 것이 아닌가. 분위기가 이상하게 돌아갔다. 상황이 이렇게 되고 나니 내 축사는 아무리 잘해야 본전도 못 건질 것 같았다.

나는 일어나 이렇게 말했다. 내 미흡한 영어 실력으로는 파블로바의 연기를 이루 다 형용할 수 없으니 중국어로 하겠다고 했다. 사실 나는 중국어를 할 줄 몰랐다. 여하튼 나는 말도 되지 않는 엉터리 중국어로 축사를 하기 시작했다. 그리고 그 교수가 했던 것처럼 축사를 서서히 클라이맥스로 몰아간 다음 파블로바에게 다가가 교수가 했던 것보다 더 열정적인 키스를 퍼부었다. 그리고 바로 냅킨을 꺼내 들어 그녀와 푹 뒤집어 쓴 다음 계속 키스했

채플린 스튜디오에서 안나 파블로바와 함께

다. 만찬장은 순식간에 웃음바다가 되었고, 딱딱했던 파티 분위기도 활기를 띠었다.

프랑스의 여배우 사라 베르나르가 오르페움 보드빌 극장 무대에 선 적이 있었다. 한 시절을 풍미한 명배우였지만 이미 나이도 많고 전성기도 지난 배우였다. 그래서인지는 모르겠지만, 그녀의 연기는 최고의 찬사를 받기에는 다소 부족했다.

그러나 엘레오노라 두제(1859~1924, 이탈리아의 연극배우−옮긴이)는 달랐다. 나는 두제가 로스앤젤레스에 왔을 때 한 번 본 적이 있었는데 나이도 많았고 은퇴할 시기도 됐음에도 전성기 시절의 천부적 재능은 녹슬지 않고 여전했다. 무대에서 다른 배우가 그녀를 보조했다. 젊고 잘생긴 이탈리아 남자 배우였는데 그녀가 무대에 오르기 전에 먼저 멋진 연기를 선보였다. 무대 중앙에서 일순간 관객을 압도할 정도로 상당한 연기 실력이었다. 나는 두제가 이런 훌륭한 연기를 펼치는 젊은이를 어떻게 당해낼지 궁금했다.

그때 두제가 좌측 무대 안쪽에서 아치 형태로 되어 있는 통로를 지나 조용히 무대에 등장했다. 그녀는 그랜드피아노 위에 놓아둔 흰 국화꽃 바구니 뒤에 멈춰 서더니 그것을 다시 가지런히 손보기 시작했다. 두제가 무대에 오르자 관객들 사이에서 숙덕거리는 소리가 들렸다. 나는 얼른 시선을 돌려 두제를 바라봤다. 그녀는 무대에 있는 그 젊은 배우나 다른 배우를 아랑곳하지 않은 채 꽃바구니 손질만 계속하면서 자기가 들고 들어온 꽃도 바구니에 꽂았다.

꽃 손질을 끝낸 두제는 무대 앞쪽으로 비스듬하게 천천히 걸어

나왔다. 그리고 벽난로 가에 놓여 있는 안락의자에 앉아 물끄러미 피어오르는 불길을 바라봤다. 오직 단 한 번, 두제는 그 젊은 남자 배우에게 눈길을 줬다. 그러나 그 순간 그녀의 눈빛은 예사의 눈빛이 아니었다. 지난 세월의 슬기로움과 고통이 한데 배어 있는 눈빛. 그녀는 그 눈빛 하나로 자신의 감정과 느낌을 온전하게 담아냈다. 그런 다음 그녀는 조용히 귀를 기울이며 두 손을 불에 쬐었다. 정말 아름답고 고운 손이었다.

젊은 남자 배우의 감동적인 대사가 있은 다음, 그녀는 여전히 불길에서 눈을 떼지 않은 채 조용히 대사를 이어받았다. 그녀의 대사는 극적인 꾸밈없이 너무 자연스러웠다. 그녀의 목소리는 아직도 잊어버릴 수 없는 비극적 사랑의 그리움이 그대로 전해질 정도로 듣는 이의 심금을 울렸다. 비록 나는 한 마디도 알아들을 수 없었지만, 그녀가 진정 위대한 배우라는 것은 알 수 있었다.

나는 숫기 없는 할리우드 스타

허버트 비어봄 트리 경의 상대 여배우로 활약한 콘스탄스 콜리어는 허버트 경이 트라이앵글 영화사에서 촬영 중인 〈맥베스〉에서 맥베스 부인 역을 연기했다. 어렸을 적 나는 히스 마제스티 극장 갤러리에 가서 그녀의 사진과 포스터를 여러 번 본 적이 있었다. 그리고 〈영원한 도시〉에서 그녀가 선보인 잊을 수 없는 연기와 〈올리버 트위스트〉에서 낸시 역을 맡아 열연한 그녀의 연기에 깊은 감동을 받았다. 그래서 하루는 레비스 카페에 앉아 커피를

디킨스의 소설 〈올리버 트위스트〉에 나오는 페이긴으로 분장한 허버트 비어봄 트리를 흉내 낸 모습

마시고 있는데 콘스탄스가 한 번 만나보고 싶으니 자기가 앉아 있는 테이블로 와줄 수 있느냐는 쪽지를 받고 그렇게 기쁠 수가 없었다. 그때 만남 이후로 우리는 평생지기가 되었다.

콘스탄스는 착하고 삶에 대한 열정을 지닌 따뜻한 영혼의 소유자였다. 그녀는 사람들과 어울려 지내는 것을 좋아했고, 다른 사람에게 주변 사람들을 소개해주는 것도 즐겨했다. 콘스탄스는 나에게 허버트 경과 더글러스 페어뱅크스라는 젊은 친구를 소개시켜주었다. 특히 그녀는 더글러스 베어뱅크스가 나와 닮은 점이 있다며 극구 만나보라고 부추겼다.

허버트 비어봄 트리 경은 내가 아는 한 영국 연극계를 대표하는 배우로서 그의 연기는 보는 이의 심금을 울릴 정도로 섬세했다. 〈올리버 트위스트〉에서 그가 맡은 페이긴 역은 유머러스했을 뿐만 아니라 섬뜩하기까지 했다. 별달리 심혈을 기울이는 것 같지도 않은데 무대에서 긴장감을 불러일으키는 데 탁월한 재주를 갖고 있었다. 허버트 경이 빵 굽는 기다란 포크를 들고 아무렇지 않게 아트풀 도저(찰스 디킨스의 《올리버 트위스트》에 나오는 작중인물—옮긴이)를 천천히 찌르는 장면은 섬뜩한 기분이 들 정도로 공포감이 일었다. 허버트 경이 극중에서 맡는 인물은 항상 눈에 띄었다. 그가 연기한 우스꽝스러운 스벤갈리(영국의 풍자작가 조르주 뒤 모리에가 쓴 소설 《트릴비》의 작중인물—옮긴이)가 대표적인 예이다. 허버트 경은 관객들에게 이런 불합리한 인물이 실제로 존재할 것 같은 착각을 심어주었을 뿐 아니라 그에게 유머와 시적 재능도 부여했다.

평단은 허버트 경이 매너리즘에 빠져 있다고 비판했다. 내가 보기에도 맞는 말이다. 그러나 그는 매너리즘 자체도 효과적으로 살려 자신의 연기에 접목했다. 그의 연기는 상당히 세련됐다. 예를 들어 〈줄리어스 시저〉에서 그는 마크 안토니 역을 맡았는데 극중인물에 대한 그의 분석은 상당히 탁월하고 지적이었다. 시저의 장례식 장면에서 허버트 경은 그곳에 모인 군중들을 향해 통상적인 애도와 울분이 아니라 냉소와 경멸을 토로했다. 이것은 전례가 없는 것으로 〈줄리어스 시저〉에 대한 허버트 경만의 새롭고 독특한 해석이었다.

나는 열네 살 때 허버트 경이 출연한 연극을 많이 봤다. 그래서 콘스탄스가 허버트 경과 그의 딸 아이리스 그리고 나를 위해 조촐한 저녁식사 자리를 마련해주었을 때는 날아갈 듯이 기뻤다. 우리는 허버트 경이 묵고 있는 알렉산드리아 호텔 객실에서 만나기로 했다. 나는 일부러 약간 늦게 도착했다. 허버트 경을 만나뵌다는 사실에 다소 긴장이 되었다. 그래서 콘스탄스라도 먼저 와 있으면 긴장이 덜할 것 같았다. 그러나 내가 도착했을 때 콘스탄스는 방 안에 없었다. 〈맥베스〉의 감독을 맡고 있는 존 에머슨이 허버트 경과 같이 있었다. 여하튼 허버트 경은 나를 반갑게 맞아주었다.

"어서 들어오게. 채플린."

허버트 경이 말했다.

"콘스탄스로부터 자네 얘기를 많이 들었네."

에머슨에게 나를 소개한 뒤 허버트 경은 〈맥베스〉의 몇 가지 장면에 대해 의견을 나누고 있는 중이라고 설명했다. 그리고 조금 뒤에 에머슨은 돌아갔다. 순간 혼자 남게 된 나는 부끄러워 몸이 돌처럼 딱딱하게 굳는 것 같았다.

"기다리게 해서 미안하네."

허버트 경이 맞은편 안락의자에 앉으며 말했다.

"마녀가 등장하는 장면의 효과를 어떻게 가져갈 건지 상의했네."

"아아, 예."

나는 말을 더듬었다. 허버트 경이 물었다.

"나는 풍선에 얇은 천을 덮어씌워 공중에 매달아 떠다니게 하는 것이 더 효과적이라고 생각하는데, 자네 의견은 어떤가?"

"아…… 근사할 것 같습니다."

허버트 경은 잠시 말을 멈추더니 나를 쳐다봤다.

"자네 굉장한 성공을 거두었다고 들었네만."

"전혀 아닙니다."

나는 뭐라 대답하기 쑥스러워 그냥 얼버무렸다.

"그래도 세상 사람들이 자네를 다 알지 않나! 영국이나 프랑스에서는 군인들까지도 자네에 대한 이야기만 한다고 들었네."

"그런가요?"

나는 금시초문이라 이런 식으로 대답했다. 허버트 경이 나를 다시 쳐다봤다. 그는 오히려 이런 내 반응이 의외였는지 이상하게 쳐다봤다. 그가 자리에서 일어섰다.

"콘스탄스가 늦는군. 전화해서 무슨 일이 있는지 알아보고 오겠네. 참, 그동안 내 딸 아이리스하고 인사라도 나누게."

그는 이렇게 말하고 방을 나갔다.

허버트 경이 방을 나가자 긴장이 풀렸다. 그리고 그의 딸과 이야기하는 것이 부담이 덜할 것으로 생각했다. 나는 허버트 경의 딸 아이리스가 어린아이일 거라고 생각하고 간단하게 학교나 영화 이야기를 하면 되겠지 하고 마음먹고 있었다. 그런데 갑자기 늘씬한 젊은 아가씨가 기다란 파이프 물부리를 가지고 들어오는 것이 아닌가. 아이리스가 먼저 낭랑한 목소리로 내게 이렇게 인사했다.

"안녕하세요, 채플린 씨. 아마 전 세상에서 당신이 출연한 영화를 보지 않은 유일한 인간일 거예요."

나는 씩 웃으며 고개를 끄덕였다.

아이리스는 단발의 금발머리를 하고 있었다. 그리고 약간 들창

코에 연푸른 눈이 꼭 스칸디나비아인의 피가 흐르는 것 같았다. 아이리스는 열여덟 살이었는데 메이페어(런던 하이드파크 동쪽의 고급 주택단지로 보통 런던 사교계를 지칭함-옮긴이) 풍의 지적이고 세련된 이미지를 풍기는 매력적인 여성이었다. 그녀는 열다섯 살에 이미 첫 시집을 낸 이력도 있었다.

"콘스탄스는 만나면 당신 이야기만 해요."

그녀가 말했다. 나는 또 씩 웃으면 연신 고개를 끄덕였다.

조금 뒤에 허버트 경이 돌아왔다. 그는 콘스탄스가 의상 맞추는 일이 늦어져 저녁식사에 올 수 없으니 우리끼리 식사하라고 했다고 말했다. 어째 이런 일이! 처음 보는 사람들과 어떻게 저녁시간을 함께 보낸단 말인가? 난감했다. 머릿속이 이런저런 생각으로 복잡했다. 우리는 방을 나와 엘리베이터를 탔다. 그리고 식당에 들어가 테이블에 앉았다. 그 사이에 우리는 한 마디도 하지 않았다. 무거운 침묵이 흘렀다. 사실 나는 무슨 말을 어떻게 해야 할지 알 수 없었다. 우리 모습은 흡사 장례식에서 돌아오는 사람들 같았다.

허버트 경과 아이리스는 어떤 대화라도 시작하려고 안간힘을 썼다. 그러나 아이리스는 이내 포기하고 뒤로 돌아앉아 식당 내부를 둘러볼 뿐이었다. 음식이라도 빨리 나오면 먹으면서 이런 긴장된 분위기를 달랠 수 있을 텐데. 아버지와 딸은 서로 뭔가 이야기를 나누더니 남프랑스, 로마 그리고 잘츠부르크 등을 화제에 올렸다. 그리고 나보고 그곳에 가본 적이 있냐고 물었다. 또한 막스 라인하르트가 제작한 영화를 본 적이 있는지도 물어봤다. 나는 그때마다 죄지은 사람처럼 머리만 가로저었다.

허버트 경은 나를 빤히 쳐다보더니 이렇게 말했다.

"자네 여행 좀 다녀야겠어."

나는 여행을 다닐 시간적 여유가 없었다고 대답하면서 이렇게 말을 이었다.

"저기, 허버트 경. 제가 크게 성공을 한 것은 맞습니다. 그런데 너무 갑작스럽게 다가온 일이라 여행은 생각지도 못했습니다. 하지만 저는 열네 살 때 선생님께서 스벤갈리, 페이긴, 안토니, 폴스타프를 연기하는 것을 본 적이 있습니다. 그 가운데 여러 번 본 것도 있습니다. 그때 이후로 선생님은 제 우상이셨습니다. 사실 이렇게 무대 밖에서 뵐 수 있으리라고는 꿈에도 생각지 못했습니다. 특히 로스앤젤레스에서 오늘 저녁 선생님과 같이 저녁식사를 하다니 꿈만 같습니다."

허버트 경은 내 이런 말에 크게 감동한 것 같았다.

"정말인가! 음, 그렇군! 정말!"

그는 이렇게 여러 번 되풀이했다.

그날 저녁 이후 우리는 정말 좋은 친구 사이가 되었다. 허버트 경은 종종 내게 전화해 식사에 초대했다. 그러면 나는 허버트 경과 아이리스 이렇게 셋이서 함께 식사를 했다. 가끔 콘스탄스도 참석했는데, 그러면 우리는 빅토르 위고 레스토랑에 가서 차분한 실내악 연주를 들으며 식사와 커피를 즐겼다.

내 친구 더글러스

나는 더글러스 페어뱅크스의 매력과 재능에 대해 콘스탄스에게 귀에 못이 박이도록 들은 터였다. 특히 콘스탄스는 페어뱅크스가 인간성도 좋고 말재간이 뛰어나다고 했다. 그러나 당시 나는 재간 있다고 알려진 젊은 사람들을 별로 좋아하지 않았다. 더구나 말재간이 좋은 사람은 더더욱 싫었다. 그런데 하루는 페어뱅크스의 집에 저녁식사 모임이 있다고 해서 초대되어 갔다.

그러나 그날 저녁 더글러스와 나는 평생 잊지 못할 추억거리를 만들었다. 사건은 이렇게 시작됐다. 사실 나는 모임에 참석하기 싫었다. 그래서 콘스탄스에게 몸이 좋지 않다는 핑계를 댔지만 그녀는 막무가내로 오라고 했다. 그래서 어쩔 수 없이 모임에 참석하기는 하지만 머리가 아프다는 핑계를 대고 일찍 빠져나올 참이었다. 페어뱅크스도 그날따라 긴장했는지 우리가 도착하자마자 지하실로 안내했다. 그곳에는 당구대가 놓여 있었고, 우리는 당구를 치기 시작했다. 그리고 그날 밤 바로 우리는 평생지기 친구가 되었다.

더글러스가 대중의 상상력을 사로잡고 사랑을 받을 수 있었던 데에는 나름대로 이유가 있었다. 더글러스가 출연한 영화들, 그의 영화들에 비친 낙관주의 그리고 그의 진실함이 미국인들의 입맛에 딱 맞아떨어졌다. 그만이 갖고 있는 독특한 개성과 아이 같은 천진난만함이 영화를 통해 그대로 관객들에게 전달됐다. 더글러스는 굉장히 정직한 사람이었다. 그는 자신도 되도록 자제하려고 하지만 성공한 사람들이 빠져들기 쉬운 자기과시 등의 속물근성이 있다는 것을 솔직히 인정하고 고치려 했다.

더그는 대중적으로 인기가 많았음에도 다른 사람의 재능을 칭찬하는 데 인색하지 않았다. 반면 자신의 재능에 대해서는 몸을 낮추고 겸손했다. 더글러스는 자주 메리 픽퍼드(1893~1979, 캐나다 출신의 미국인 영화배우이자 제작자—옮긴이)나 내가 천부적인 재능을 갖고 있다며 치켜세웠지만 자신의 재능은 보잘것없다고 깎아내렸다. 물론 이것은 사실과 다르다. 더글러스는 누구보다 창조적이었다. 그리고 그것을 여러 분야에서 십분 발휘했다.

더글러스는 〈로빈 후드〉를 촬영하면서 10에이커에 달하는 거대한 세트장을 세웠다. 거대한 성벽과 도개교를 설치한 성으로 기존에 세운 어떤 세트장보다도 규모가 컸다. 이런 세트장을 세운 자신이 뿌듯했는지 더글러스는 나에게 직접 세트장의 거대한 도개교를 보여주었다.

내가 말했다.

"엄청난데. 내 희극의 오프닝 장면으로 써먹어도 손색이 없겠어. 도개교가 내려오고, 나는 고양이를 쫓으면서 배달된 우유를 집어드는 거야."

더글러스는 시골의 카우보이에서 여러 나라의 국왕들에 이르기까지 교제의 폭이 매우 넓었다. 그중 찰리 맥이라는 친구가 있었다. 카우보이로 입심 좋고 수다스러운 친구로 더글러스는 그를 매우 좋아했다. 우리가 저녁을 먹고 있는데 언제 왔는지 찰리가 문간에 서서 말했다.

"아따, 분위기 좋네, 더그."

찰리는 식당을 둘러보더니 말했다.

"근데 테이블하고 벽난로하고 너무 멀지 않아? 여기 앉아서 침을 뱉으면 벽난로까지 날아가겠어?"

그러더니 바닥에 쭈그리고 앉아서는 그가 '돼먹지 못한 놈'이라며 '갈라서자'고 주장하는 부인에 대한 이야기를 꺼냈다.

"내 판사에게 이렇게 말하려고. 말이야 바로 해야지. 돼먹지 못한 걸로 치면 여자가 남자보다 더하지. 그리고 우리 마누라 손이 얼마나 매운지, 자네 알지. 여편네가 허구한 날 총부리를 들이대며 죽인다지 않나. 말도 마, 오늘도 총 들고 쫓아오는데 거의 죽을 뻔했다니까. 간신히 나무 뒤에 숨었는데 어찌나 총을 쏘아대는지 나중에 나와 보니까 나무가 벌집을 쑤셔놓은 것처럼 남은 게 없더라고."

남부 특유의 사투리가 섞여 있었지만 말 하나는 청산유수였다. 나는 찰리가 더그에게 오기 전에 미리 이런 헛소리를 연습하고 왔을 거라고 생각했다. 그러지 않고서야 그렇게 멋들어지게 말할 수는 없을 것 같았다.

더글러스의 집은 당시 잡풀만 무성하니 불모지나 다름없었던 비벌리힐스 한복판, 언덕 위에 지은 사냥 오두막이었는데 얼핏 보면 막 쓰러질 것 같은 2층짜리 방갈로처럼 보이기도 했다. 알칼리성 토양인 데다가 여기저기 무성하게 자란 쑥 때문에 목과 콧구멍에서 싸한 냄새가 났다.

당시 비벌리힐스는 토지 구획이나 정비가 제대로 이뤄지지 않은 상태였다. 보도를 따라가다 보면 끝에는 인적 없는 들판이 불쑥 튀어나왔고, 가로등이 서 있기는 했지만 전구가 제대로 박혀 있는 게 없어 밤에는 어두컴컴했다. 주정뱅이들이 하나 둘씩 깨먹는 통에 남아난 것이 없었다.

다시 말해, 더글러스 페어뱅크스는 비벌리힐스에서 산 최초의 할리우드 스타였다. 그래서 나는 종종 그의 집에 초대받아 주말을 함께 보내곤 했다. 밤늦은 시각에 침대에 누워 있으면 가까이에서 쓰레기통을 뒤지는 코요테의 울부짖음 소리도 들을 수 있었다. 그 울음소리는 듣기만 해도 섬뜩했는데 작은 방울이 울리는 것 같은 소리였다.

더글러스에게는 두세 명의 친구들이 항상 그림자처럼 따라다녔다. 그의 대본을 써주는 톰 게러티가 그중 한 명이었고, 전 올림픽 출전 선수였던 칼이 다른 한 명이었다. 그리고 카우보이 두 명도 더글러스와 거의 붙어다니다시피 했다. 톰, 더그 그리고 나는 정말 절친한 삼총사였다.

어느 일요일 아침, 더그가 우리를 새벽같이 깨웠다. 같이 말을 타고 언덕 너머로 해맞이를 가자고 성화를 부렸다. 우리는 하는 수 없이 자다 말고 일어나 말을 타고 해맞이를 나갔다. 중간에 카우보이 두 친구가 말고삐를 붙들어 매고 모닥불을 피웠다. 그리고 커피, 핫케이크, 절인 베이컨으로 아침을 먹었다. 해가 뜨는 것을 지켜보던 더그는 멋진 장관이라며 해돋이에 도취했다. 나는 옆에서 이런 멋진 해돋이는 여자친구랑 같이 와서 봐야 더 가치가 있다고 말하며 농담을 했다. 그럼에도 그날 아침은 상당히 운치가 있었다.

원래 나는 말을 타지 않는다. 나는 그날 아침 태어나서 처음 말을 타봤다. 당시로서는 조금 얼뜨기 같은 생각으로 들릴 수 있었지만, 나는 인간들이 동물을 너무 학대하는 것에 반감을 갖고 있었다. 여하튼 그날 더그는 나를 설득해 말을 타게 만든 유일한 인물이었다.

그 무렵 더글러스는 첫 번째 부인과 별거 중이었다. 그래서 그는 친구들과 종종 밖에서 저녁을 먹었는데, 특히 메리 픽퍼드와 자주 어울렸다. 더글러스는 메리에게 푹 빠져 있었다. 두 사람은 마치 놀란 토끼처럼 사람들의 눈을 속이며 밀애를 나눴다. 나는 더글러스와 메리에게 두 사람이 결혼을 하기보다는 동거를 하는 것이 낫다고 충고했다. 그러나 두 사람은 동거는 많은 사람들이 부도덕한 것으로 여기기 때문에 차라리 결혼하는 게 낫다고 말했다. 나는 두 사람의 결혼을 극구 반대했다. 결국 두 사람은 결혼할 때 다른 친구들은 모두 초대하면서 나는 초대하지 않았다.

당시 더글러스와 나는 상투적인 철학 논쟁을 자주했다. 나는 인생이 허무하다는 주장을 주로 폈다. 반면 더글러스는 삶은 신에 의해 미리 정해진 것이기 때문에 그 자체로 중요하다고 말했다. 더글러스가 이처럼 삶에 대해 신비주의나 종교적으로 흐를수록 나는 더욱 냉소적으로 되어갔다. 한 번은 어느 무더운 여름날 밤에 커다란 물탱크 위에 기어올라가 황량한 비벌리힐스를 내려다보면서 더글러스와 철학 논쟁을 한 적도 있었다. 머리 위로 별들이 반짝거리고 달빛도 환하게 비추는 청명한 밤이었다. 나는 그날도 인생무상에 대해 이야기했다. 그러자 더글러스는 마치 온 밤하늘을 품에 안기라도 하려는 듯 두 팔로 둥근 아치를 그려가며 열을 올려 자신의 철학을 이야기했다.

"이보게! 저 달! 저 무수한 별들! 모두 아름답다고 생각하지 않아? 그리고 그런 아름다움에는 다 그럴 만한 이유가 있다고 생각하지 않아? 나는 저 달과 저 무수한 별들이 나름대로 정해진 운명을 살고 있다고 생각해. 모든 존재하는 것은 나름대로 존재하는 이유가 있어. 자네나 나도 마찬가지고."

그러더니 갑자기 무슨 생각이 들었는지 나를 보며 이렇게 물었다.

"자네는 자네가 가진 재능이 뭐라고 생각해? 왜 그런 재능을 갖고 태어났을까 생각해본 적 없어? 자네는 희극영화를 만들어 전 세계 수백만 사람들을 열광의 도가니에 몰아넣고 있어."

"그럼 그 재능이 루이스 B. 메이어(1882~1957, 벨로루시 태생의 영화 제작자—옮긴이)와 워너브라더스 영화사에게도 똑같이 주어진 이유일까?"

내가 이렇게 반문하자 더글러스는 크게 웃었다.

더글러스는 상당한 로맨티스트였다. 나는 주말을 자주 그의 집에 가서 함께 보냈는데, 어떤 때는 새벽 3시에 자는 나를 깨워 집 근처 잔디밭에서 열린 하와이안 오케스트라 연주회를 보러간 적도 있었다. 한 마디로 메리 픽퍼드를 위한 더글러스의 세레나데였다. 연주회는 매혹적이었다. 그러나 잠도 덜 깬 상태에서 나와는 상관 없고, 또 관심도 없는 연주가 귀에 제대로 들어올 리 없었다. 그러나 두 사람은 뭐가 재미있는지 마냥 즐거워했다.

또한 더글러스는 애견을 좋아했는데, 울프하운드와 경찰견을 특히 좋아했다. 그래서 자신의 오픈 캐딜락 뒷자리에는 항상 애견을 태우고 다녔다.

서머싯 몸과 엘리너 글린

할리우드는 하루가 다르게 작가들, 배우들 그리고 지식인들의 메카가 되어갔다. 유명한 작가들이 전 세계에서 몰려들었다. 길버트 파커 경, 윌리엄 J. 로크, 렉스 비치, 조지프 허거스마이어,

▲ 바이올리니스트 야샤 하이페츠와 함께
▼ 내 정신적 스승이었던 업튼 싱클레어(왼쪽)와 로브 와그너와 함께

서머싯 몸, 구베르너 모리스, 비센테 블라스코 이바녜스, 엘리너 글린, 이디스 워튼, 캐슬린 노리스 등.

서머싯 몸은 자신이 쓴 작품을 영화화해보자는 제안을 많이 받았지만 한 번도 할리우드에서 일한 적이 없었다. 그래도 한 번 할리우드에 잠시 들러 몇 주간 머문 적이 있다. 그때 그는 주요 작품들의 집필 장소였던 남태평양 군도로 가는 길이었다. 나는 서머싯 몸과 같이 저녁식사를 했다. 그 자리에서 그는 더글러스와 나에게 새디 톰슨이라는 인물에 대해 이야기를 해주었다. 서머싯 몸은 그것이 실화에 바탕을 두고 있다고 말했는데, 뒤에 〈비〉란 제목으로 무대에 올려졌다.

나는 〈비〉를 희극의 교과서라고 생각한다. 무엇보다 〈비〉에서 흥미로운 것은 등장인물 데이비슨 목사와 그의 부인에 대한 탁월한 인물 묘사다. 개인적으로는 이 두 사람이 주인공 새디 톰슨보다도 더 흥미로운 인물들이라고 생각한다. 허버트 경이 데이비슨 목사 역을 맡았다면, 아마 정말 멋지게 해냈을 것이다. 그러면 허버트 경은 데이비슨 목사를 온화하고 무정하며 때로는 아첨하는 인물로 완벽하게 재현했을 것이다.

할리우드에는 할리우드 호텔이 있었다. 주변의 화려한 환경에 비해 할리우드 호텔은 모양새가 초라하기 그지없었다. 마치 허름한 옷을 입은 시골 처녀가 어느 날 하늘에서 뚝 떨어진 금은보화를 줍고 어리둥절해하는 모습이라고나 할까. 여하튼 할리우드 호텔은 할리우드 한복판에 우뚝 서 있었다. 그래도 숙박비에 프리미엄이 붙어 있을 정도로 인기가 많았다. 로스앤젤레스에서 할리우드까지 통근하기 어려운 유명 인사들이 자신이 일하는 스튜디오 근처에서 기거하고자 했기 때문에 수요가 넘쳐났다. 그러나 호텔에 투숙하는 사람들의 표정은 엉뚱한 번지수에 찾아간 사람처럼 시무룩했다.

엘리너 글린은 할리우드 호텔에 방 두 개를 빌려 하나는 거실로 다른 하나는 침실로 사용하고 있었다. 거실로 쓴 방은 주로 손님 접대용이었는데 베개에 파스텔 톤의 천을 씌워 소파처럼 보이도록 만든 것이 돋보였다. 나는 엘리너가 주최한 저녁식사에 초대되어 간 자리에서 그녀를 처음 만났다. 나를 포함해 열 명 정도 참석했다. 우선 식사 전에 그녀가 묵고 있는 할리우드 호텔 객실에서 간단히 칵테일을 마시기로 되어 있었다. 나는 그녀의 방으로 올라갔다. 그러나 아직 아무도 도착해 있지 않았다. 엘리너가 나를 보고 두 손으로 얼굴을 감싸더니 뚫어져라 쳐다봤다.

"아이! 잠깐 얼굴 좀 들여다봐도 될까요. 어, 의외네. 전 당신의 눈이 갈색일 거라고 생각했는데 파란색이군요."

이런 갑작스런 행동에 처음에는 조금 당황했다. 그러나 나는 이내 그녀가 마음에 들었다.

엘리너 글린은 영국인으로 상당한 평판을 얻고 있었지만 소설 〈3주간〉을 발표하면서 에드워드 시대에 커다란 충격을 안겼다. 소설의 주인공 폴은 교양 있고 기품 있는 남자로 여왕과 몰래 정분을 나눈다. 여왕은 얼마 안 있으면 늙은 왕의 왕비가 될 몸이었다. 그녀에게도 폴과의 사랑은 마지막 불장난 같은 것이었다. 이후 여왕은 늙은 왕과 결혼해 왕자를 낳는데 그 아이가 실은 폴의 아이라는 것이 소설의 기본 줄거리이다.

우리는 다른 손님들이 오기를 기다렸다. 그 사이에 엘리너는 자신이 침실로 사용하는 옆방으로 나를 안내했다. 뭔가 보여주고 싶어 하는 것 같았다. 방에 들어서자 벽면에 제1차 세계대전에 참가한 젊은 영국군 장교들의 사진을 담은 액자가 걸려 있는 게 눈에 들어왔다. 그녀는 그것을 가리키며 이렇게 말했다.

"이들이 모두 나의 폴이에요."

당시 엘리너 글린은 점성술 같은 비술에 심취해 있었다. 어느 날 오후였던 것으로 기억된다. 엘리너와 나 그리고 더글러스와 메리가 메리의 침실에 함께 있었다. 메리가 피곤하기는 한데 잠이 잘 오지 않는다며 불면증을 호소했다.

그러자 불쑥 엘리너가 물었다.

"북쪽이 어느 쪽이죠?"

그런 다음 그녀는 자신의 손가락을 메리의 이마에 살짝 갖다 대고 이렇게 말했다.

"이제 곧 잠이 옵니다. 이제 곧 잠이 옵니다."

더글러스와 나는 엘리너가 무엇을 하고 있는지 살펴보기 위해 살금살금 다가갔다. 메리는 누워 눈꺼풀을 껌벅거리고 있었다. 뒤에 메리는 엘리너가 방에서 나가지 않고 계속 자신을 지켜보는 통에 한 시간 넘게 눈을 감고 자는 척하느라 힘들었다고 토로했다.

엘리너는 그녀가 발표한 소설 때문에 감각적이고 감성적인 인물로 소문이 났지만 정작 본인은 고지식한 사람이었다. 그녀는 여자가 사랑하는 남자의 품에 얼굴을 묻거나 이미 떠난 연인을 생각하며 눈물을 글썽이는 장면이 나오는 영화를 보면 선정적이라고 비판할 정도로 소녀 같은 감수성을 가진 순진한 여자였다.

엘리너 글린이 할리우드에서 영화화하기 위해 쓴 3부작, 즉 〈3주간〉 〈그의 시간〉 그리고 〈위대한 순간〉이 흥미로운 것은 뒤로 갈수록 시간 폭이 짧아진다는 것이다. 특히 〈위대한 순간〉은 섬뜩한 장면들을 담고 있다. 기본 줄거리는 자신이 사랑하지 않는 남자(알렉 B. 프랜시스 분)와 결혼하는 한 귀부인에 대한 이야기다. 귀부인 역은 글로리아 스완슨이 맡았다. 그녀는 약혼자와 열대 정글 주둔지에 머물고 있었다. 하루는 혼자 말을 타고 밖에 나갔다가 희귀한 꽃을 발견하고 말에서 내린다. 그녀는 식물학에 관심이 많다. 그녀가 꽃을 자세히 들여다보기 위해 몸을 구부리는 순간 독사에게 오른쪽 가슴을 물린다. 글로리아는 가슴을 부여잡고 비명을 지른다. 그런데 그녀의 비명을 듣고 달려온 남자는 그녀가 마음으로 사랑하는 잘생긴 토미 메이건이었다. 우연히 근처를 지나치다가 그녀의 비명 소리를 듣고 달려온 것이었다. 수풀을 헤치고 나타난 토미가 글로리아에게 이렇게 묻는다.

"무슨 일이요?"

그녀는 자신을 문 독사를 가리키며 이렇게 말한다.

"독사에게 물렸어요!"

"어디를?"

그녀는 자신의 가슴을 가리킨다. 그는 물론 눈을 그녀의 가슴에 두고 있으면서도 독사를 가리키며 말한다.

"독성이 강한 놈이죠. 서둘러야 합니다. 빨리 조처를 취하지 않으면…… 지체할 시간이 없어요."

의사에게 데려갈 시간적 여유가 없었기 때문에 달리 치료할 수 있는 방법이 없다. 무엇보다 가슴을 물렸기 때문에 혈액 순환을 차단할 방법도 마땅치 않다. 순간 토미가 그녀의 몸을 일으켜 세우고 블라우스를 잡아당겨 찢는다. 그녀의 하얀 어깨선이 그대로 드러난다. 그리고 카메라의 눈을 의식해 등이 비치도록 그녀를 돌려세운 다음 입으로 독을 뽑아 뱉어낸다. 이것이 계기가 되어 두 사람은 결혼한다.

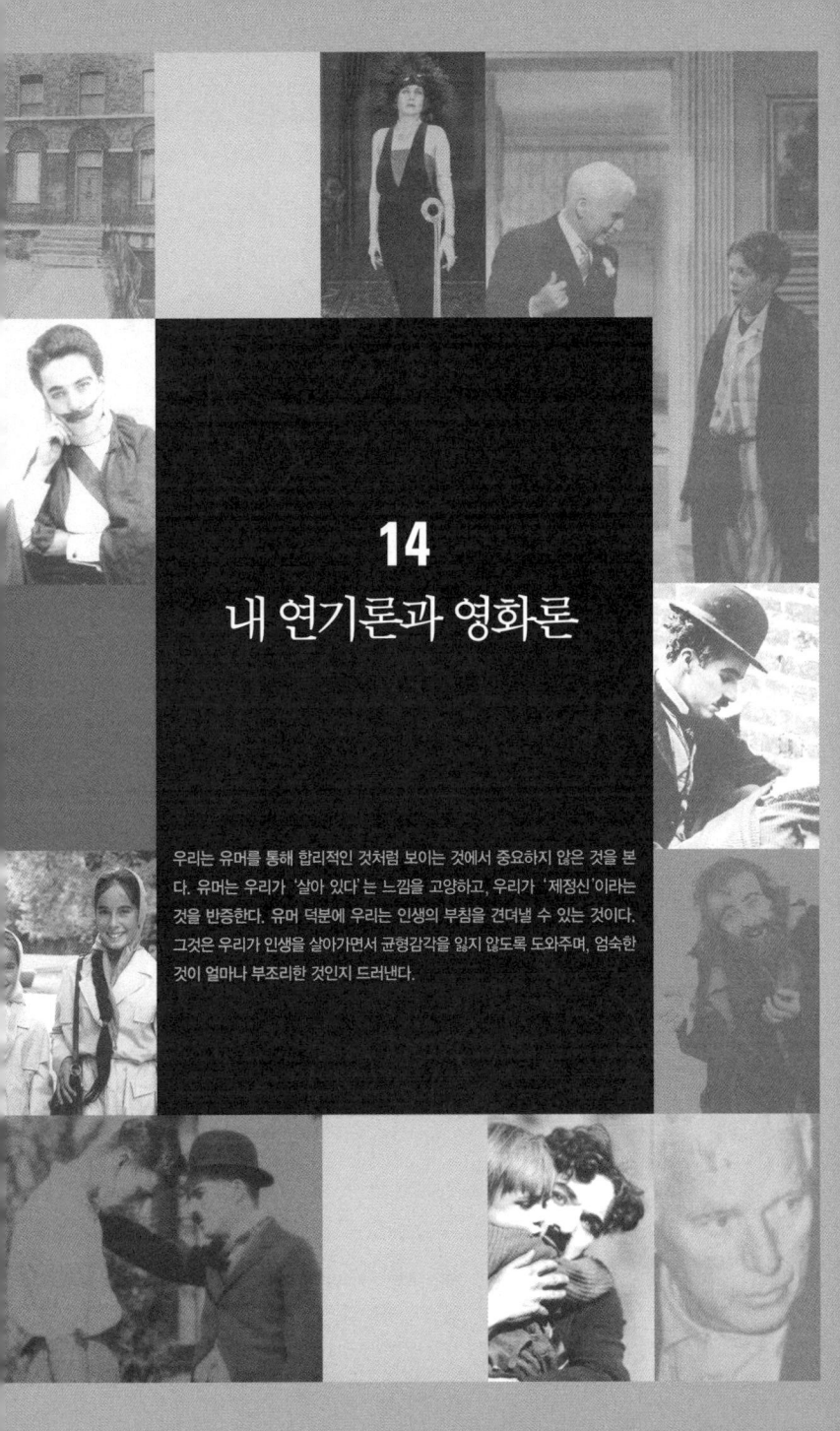

14
내 연기론과 영화론

우리는 유머를 통해 합리적인 것처럼 보이는 것에서 중요하지 않은 것을 본다. 유머는 우리가 '살아 있다'는 느낌을 고양하고, 우리가 '제정신'이라는 것을 반증한다. 유머 덕분에 우리는 인생의 부침을 견뎌낼 수 있는 것이다. 그것은 우리가 인생을 살아가면서 균형감각을 잃지 않도록 도와주며, 엄숙한 것이 얼마나 부조리한 것인지 드러낸다.

영화에 미치다

뮤추얼 영화사와 계약이 끝나는 대로 나는 퍼스트내셔널 영화사 일을 바로 시작할 생각이었다. 그러나 영화를 촬영할 스튜디오가 없었다. 나는 할리우드에 땅을 사서 스튜디오를 새로 세우기로 작정했다. 새 스튜디오는 선셋 가와 라브리아 가 사이에 있는 방 10개짜리 깨끗한 건물로 5에이커 정도 되는 과수원이 딸려 있었다. 과수원에는 레몬, 오렌지, 복숭아 등이 심어져 있었다. 그곳에 우리는 현상실, 편집실 그리고 사무실을 갖춘 완벽한 스튜디오를 세웠다.

새로 스튜디오를 짓는 동안 나는 에드나 퍼비언스와 한 달간 휴가를 얻어 호놀룰루로 여행을 갔다. 그 시절 하와이는 아름다운 섬이었다. 그러나 본토에서 2,000마일이나 떨어져 있었기 때문에 그곳에서 생활하는 것이 꼭 좋은 것만은 아니었다. 섬은 예뻤고, 파인애플, 사탕수수, 이국적인 과일 그리고 아름다운 꽃이 내 이목을 끌었다. 그러나 나는 곧 그곳을 떠나고 싶어졌다. 밀실공포증 때문이었다. 섬에 갇혀 있다는 생각에 숨이 막힐 것 같았고,

마치 백합의 성에 수감되어 있는 것 같았다.

무엇보다 에드나 퍼비언스 같은 미모의 여성과 휴가를 함께 보내다 보니 자연스럽게 그녀에 대한 사랑이 싹텄다. 에사네이 영화사 시절 스튜디오를 나일스에서 로스앤젤레스로 옮겼을 때, 에드나는 내가 묵고 있던 로스앤젤레스 체육클럽 근처에 아파트를 얻어 생활했다. 나는 그녀를 자주 체육클럽에 데리고 와서 같이 저녁을 먹었다. 나는 그녀에 대해 진지하게 생각하고 있었다. 그녀도 마찬가지였다. 우리 관계는 같은 영화 일을 하는 동료 수준의 것이 아니었다. 나는 언제일지는 모르지만 그녀와 결혼하는 것에 대해 진지하게 생각하고 있었다. 그러나 아직 말을 꺼낼 단계는 아니었다. 그녀에 대한 확신이 없었다. 물론 나는 나 자신에 대해서도 확신이 없었다.

1916년에 우리는 이미 떼려야 뗄 수 없는 관계로 발전해 있었다. 그리고 그해 우리는 적십자사가 주관한 자선 모임에 자주 참석했다. 그런데 우리가 적십자사 모임에 참석할 때마다 에드나는 신경이 날카로워졌고 마음을 종잡을 수 없었다. 간혹 어떤 여자가 내게 친절하게 대하거나 관심을 보이면 에드나는 바로 자리를 떴고, 곧이어 실신했으니 와달라는 전갈을 보내왔다. 그러면 나는 일찌감치 자리에서 일어나 그녀에게 가서 저녁 내내 곁에 있어주곤 했다.

한 번은 한 아름다운 부인이 나를 위해 가든파티를 열어준 적이 있었다. 그날 나는 사교계의 미인들에게 이리저리 불려다니다가 결국은 집 안의 어느 밀실까지 불려간 적이 있었다. 바로 그때 에드나가 실신했다는 연락이 왔다. 처음에는 에드나 같은 미모의 여성이 위급할 때마다 나를 찾는 것에 기분이 우쭐하기도 했지만, 여러 번 반복되다 보니 도리어 화가 나기 시작했다.

결국 우려하던 일이 터지고 말았다. 나는 에드나와 함께 페니 워드(1872~1952, 미국의 보드빌 배우이자 영화배우—옮긴이)가 주최한 한 파티에 참석했다. 파티는 선남선녀들로 가득했다. 이번에도 역시 에드나가 실신했다. 그러나 이번에는 나를 부르지 않았다. 대신 그녀는 파라마운트 영화사의 주연배우로 큰 키에 미남이었던 토머스 메이건에게 와달라고 부탁했다. 물론 나는 그 시각에 그런 일이 있었는지도 모르고 있었다. 다음 날 페니가 그 사실을 내게 일러줬다. 별다른 의도가 있었던 것은 아니고 에드나에 대한 내 감정을 잘 알고 있었던 그녀가 여러 사람이 있는 데서 괜한 일로 웃음거리가 되지 않도록 배려하는 차원에서 귀띔을 해준 것이었다.

도저히 믿을 수 없었다. 나는 자존심이 상했고 화도 났다. 이게 사실이라면 우리 관계도 끝장이었다. 그러나 나는 쉽게 그녀를 포기할 수 없었다. 이제 잊으려 해도 잊을 수 없었다. 그녀의 빈자리가 새삼 크게 느껴졌다. 어떻게든 소원해진 관계를 원래대로 되돌려놓아야 했다.

이런 일이 있은 다음 날 일이 손에 잡히지 않았다. 점심이 지나 나는 에드나에게 어제 일에 대해 이유라도 들어볼 참으로 전화를 걸었다. 에드나의 행동에 화가 나 있던 것은 분명하지만 사실 그녀의 목소리도 듣고 싶었다. 그러나 막상 전화가 연결되자 나는 이성을 잃고 빈정대기 시작했다. 나는 최대한 감정을 억제한 채 농담처럼 이렇게 물었다.

"어제 페니 워드의 파티에서 엉뚱한 사람을 잘못 부른 것 같은데. 혹시 건망증에 걸린 거 아냐!"

그녀는 그냥 웃었지만, 나는 그녀가 당황하는 것을 눈치 챌 수 있었다.

"무슨 말을 하는 거예요?"

나는 그녀가 내 말을 완전히 부인할 것으로 예상했다. 그러나 정반대였다. 오히려 그녀는 시치미를 뚝 떼며 누가 자신에 대해 그런 모함을 하는지 알려달라고 했다.

"누가 말했든 그게 무슨 상관이야? 나는 나 때문에 당신이 혹여 여러 사람들 앞에서 망신을 사는 것은 아닌지 염려스러워서 알려주는 것뿐이야."

그녀는 매우 침착했다. 그리고 내가 자기 말은 안 믿고 남의 거짓말만 믿고 있다고 나무랐다. 나는 그녀에게 무관심한 태도를 보임으로써 그녀에게 상처를 주고 싶었다.

내가 말했다.

"나에게 변명할 것까지는 없어. 우리가 결혼한 사이도 아닌데, 무엇을 하든지 자유지. 그렇지 않아? 우리 일에만 지장이 없도록 처신해줬으면 해."

에드나도 이 말에 기꺼이 동의했다. 그녀도 어떤 일이 있어도 우리 일에 지장을 초래하는 행동은 원치 않는다고 말했다. 또한 우리는 항상 좋은 친구처럼 지낼 수 있다고 말했다. 그러나 이 말이 내게 비수로 다가오는 것 같았다.

나는 혹시 이것이 그녀와 마지막이 될지 모른다는 두려운 마음에 그녀와 한 시간 가까이 통화했다. 말은 그렇게 했지만, 어떻게든 화해하고 다시 가까워지고 싶었다. 상황이 이렇게 되자 내 마음은 주체할 수 없이 그녀에게 끌렸다. 전화가 아니라 만나서 이야기하고 화해를 하는 것이 최선일 것 같았다. 나는 에드나에게 저녁에 만나 식사하면서 이야기하자고 했다.

에드나는 주저했다. 쉽게 응할 것 같지 않았다. 나는 정말 간곡히 부탁했다. 체면이나 자존심을 차릴 상황이 아니었다. 결국 그녀도 마지못했는지 내 부탁에 응했다. 그날 저녁, 나는 그녀의 아파트에 가서 함께 저녁을 먹었다.

어떻게든 그녀와 화해를 한 것 같아 마음이 놓였다. 그리고 다음 날 일도 손에 잡혔다. 그럼에도 그녀에게 버림받았다는 자괴감 같은 것이 남아 있었다. 나는 그동안 그녀에게 무관심하고 소홀히 대했다는 생각에 스스로를 자책했다. 당시 나는 딜레마에 빠져 있었다. 에드나와 완전히 갈라설 것인가 말 것인가? 그날 토머스와 있었던 일은 전혀 사실이 아닐 수도 있지 않은가? 이렇게 생각할수록 머릿속은 더 복잡했다.

이런 일이 있은 뒤 약 3주 뒤에 에드나가 봉급을 받기 위해 스튜디오에 들렀다. 에드나가 스튜디오를 나가려는 순간 나와 딱 마주쳤다. 친구와 같이 있었다.

"알죠? 토미 메이건이에요."

에드나가 아무렇지 않게 말했다. 순간 나는 충격을 받았다. 짧은 순간이었지만, 에드나가 전혀 딴 사람처럼 느껴졌다. 순간 우리는 난생처음 만나는 사람처럼 어색했다.

내가 대답했다.

"알고말고. 안녕하세요, 토미?"

토미도 약간 당황스러워 하는 눈치였다. 우리는 악수를 하고 한두 마디 의례적인 말만 나눈 뒤에 헤어졌다. 두 사람은 함께 스튜디오를 떠났다.

인생은 투쟁의 연속. 투쟁은 한 순간도 쉴 틈을 주지 않는다. 그리고 인생은 고뇌의 연속. 일이 잘 풀린다 싶으면 사랑이 변죽을 부리고, 사랑이 순탄하게 된다 싶으면 일이 속을 썩인다. 인생의 성공이 멋진 일이기는 하지만, 항상 종잡을 수 없는 인기를 유지하기 위해서는 밤낮을 가리지 않고 노력해야 한다. 한 마디로 투쟁이다. 그럼에도 나는 어쩔 수 없이 일에서 위안을 찾았다.

그러나 1년에 52주 가까이 쉬지 않고 각본을 쓰고 연기하고 그리고 감독까지 한다는 것은 굉장한 인내심을 요구할 뿐만 아니라 엄청난 체력 소모를 가져왔다. 영화 한 편이 끝날 때마다 나는 지칠 대로 지쳐 다음 날은 하루 종일 침대에서 일어나지 못했다.

저녁때가 되어 간신히 정신이 들면 조용히 산책을 나갔다. 나는 울적한 기분에 넋 나간 사람처럼 정처 없이 도심을 헤매고 다녔다. 멍하니 하늘을 바라보기도 하고, 상점 쇼윈도 안을 들여다보기도 했다. 나는 아무 생각도 하지 않으려고 노력했다. 머리는 마비 상태였다. 그러나 나는 회복 속도도 빨랐다. 이렇게 하루 종일 쉬고 나면 다음 날은 몸이 다시 가뿐했다. 스튜디오로 가는 발걸음도 가벼웠고 새로운 활력이 솟는 것 같았다.

나는 생각이 스치는 대로 세트장을 만들도록 지시하는 스타일이었다. 이것저것 치밀하게 계산하는 대신, 우선 시작부터 하고 보는 것이다. 그러면 그것에 맞춰 자연스럽게 다른 아이디어들이 떠올랐다. 그리고 중간 중간 미술 감독과 진행 상황을 상의하면서 문이나 아치 모양 등의 통로를 어디에 낼 건지 지시하는 식으로 세트장을 완성했다. 보기에 따라서는 무모하다고 생각할 수도 있지만, 나는 이런 식으로 많은 희극영화를 만들었다.

가끔 일 때문에 머릿속이 꼬인 실타래처럼 복잡하거나 마음이 갑갑하고 진정되지 않으면 얼마간 긴장의 끈을 늦출 필요가 있었다. 그러면 나는 시간을 가리지 않고 한밤중에라도 산책을 나갔다. 그러면 머리가 한결 맑아지고 마음도 가벼워졌다. 그렇지만 기분을 달래기 위해 술에 의존하지는 않았다. 나는 일의 능률을 생각해 일하는 동안에는 절대 술을 마시지 않았다. 그리고 쉽게 흥분하는 일도 없었다. 희극을 구상하고 감독하는 일만큼 정신집중을 요하는 분야도 없다.

섹스에 대한 유혹은 일로 해소하는 편이었다. 섹스가 즐거움을 주는 것은 인정하지만 인생에는 때가 있는 법이다. 한번 때를 놓치면 되돌릴 수 없는 것이 인생이다. 나는 내 자신에게 엄격했다. 그리고 일에 관한 한 항상 최선을 다했다. 발자크가 어딘가에서, 하룻밤 쾌락을 위해 허비하는 것은 피와도 같은 소설의 한 페이지를 잃는 것과 같다고 말했듯이, 내게는 스튜디오에서 그날 작업할 일을 허비하는 것과 같았다.

어느 로맨틱한 스토커

내가 자서전을 집필하고 있다는 이야기를 듣고 한 저명한 여류 소설가가 이렇게 말했다.

"당신이 솔직하게 털어놓을 용기를 가졌기를 바랍니다."

처음에 내 정치적 의견을 언급하는 거라고 생각했지만 알고 보니 내 섹스라이프를 염두에 두고 한 말이었다. 정확히 이유는 알 수 없지만 누군가 자서전을 쓴다고 하면 으레 그 사람의 성 편력이 공포될 것으로 기대하는 것 같다. 내가 보기에 성 편력은 한 인물을 이해하고 드러내는 데 별다른 도움이 되는 것 같지 않다. 나는 프로이트의 주장과 달리 섹스가 인간의 복잡한 심리에서 가장 중요한 요소라고 생각하지 않는다. 추위, 배고픔 그리고 가난에 대한 부끄러움 등이 한 사람의 심리에 미치는 영향이 더 크다고 생각한다.

다른 사람들도 그렇겠지만 내 성생활은 일정한 주기가 있었다. 어떤 때는 강한 욕구를 느끼다가도 어떤 때는 별다른 욕구를 느끼지 못할 때가 있었다. 그러나 어떤 경우든 내 인생에서 섹스가 차지하는 비중은 크지 않았다. 내 관심은 거의 전적으로 영화에 있었다. 창조적인 일에 종사하고 있었기 때문에 대부분의 시간과 정신을 일에 집중했다. 물론 나는 이 책에서 내 섹스라이프에 대해 시시콜콜 말할 생각은 없다. 단, 나는 섹스 그 자체보다는 섹스에 이르는 길에서 흥분과 즐거움을 찾는 타입이었다.

말이 나온 김에 한 가지 일화를 이야기하고 싶다. 뮤추얼 영화사와 새로 계약을 맺고 잠시 뉴욕에 갔다가 로스앤젤레스로 돌아온 첫날 밤 나는 알렉산드리아 호텔에서 묵었다. 그날 내게 뜻하지 않게 마음을 설레게 하는 로맨틱한 상황이 벌어졌다. 나는 일찍 방에 돌아와 뉴욕에 갔을 때 귀에 익힌 최신 유행곡을 흥얼거리며 옷을 갈아입었다. 가사가 제대로 생각나지 않는 부분에서 잠시 멈칫했는데 순간 옆방에서 그 부분을 이어 부르는 여자 목소리가 들려왔다. 나는 귀 기울여 듣고 있다가 그 여자가 멈칫하는 부분에서 이어 불렀다. 마치 서로 농담을 주고받는 것 같았다. 우리는 이렇게 서로 모르는 부분을 이어 부르며 노래를 끝까지 불렀다. 찾아가서 인사라도 건넬까? 위험한 짓 같았다. 어떻게 생겼는지도 모르는데 괜히 알은체했다가 낭패를 볼 수도 있었다. 나는 다시 노래를 흥얼거렸고, 똑같은 일이 한 번 더 반복됐다.

"하하하! 재밌네!"

나는 혼잣말인지 상대가 들으라고 하는 말인지 분간할 수 없는 목소리로 웃으며 이렇게 말했다. 그런데 옆방에서 목소리가 들려왔다.

"뭐라고요? 다시 한 번 말씀해주세요?"

나는 옆방으로 가서 열쇠구멍에 대고 이렇게 속삭였다.

"뉴욕에서 오신 것 같은데 맞죠?"

"뭐라고 하는지 하나도 안 들려요."

"그럼 문 좀 열어주세요."

"조금만 열게요. 들어오지 마세요."

"그럼요. 걱정하지 마세요."

그녀는 문을 살짝 열고 얼굴을 내밀었다. 금발의 매혹적인 여성이었다. 어떤 옷을 입고 있었는지 기억이 나지 않지만 비단으로 만든 실내복을 입고 있었던 것 같다. 지금 생각해보면 황홀한 순간이었다.

"들어오지 마세요. 소리칠 거예요."

그녀는 하얗고 가지런한 이를 드러내며 매혹적인 목소리로 이

내 연기론과 영화론

렇게 말했다.

"안녕하세요?"

나는 작은 목소리로 인사하고 내가 누군지 소개했다. 그녀는 이미 내가 누군지 알았고, 내가 자기 옆방에 묵고 있다는 것도 알고 있었다. 그녀는 내게 어떤 경우에도 사람들이 많은 곳에서 자기를 알은체하지 말고, 호텔 로비를 지나다 마주쳐도 고개조차 끄덕이지 말아달라고 부탁했다. 나는 그러겠다고 대답했다. 그녀는 내가 물어봐도 자신이 누군지 절대 말하지 않았다.

이틀째 밤, 내가 방에 들어가자마자 그녀가 내 방문을 두드렸다. 우리는 한 번 더 밤의 항해를 떠났다. 그런데 사흘째 밤이 되자 그녀와 마냥 노닥거리는 것도 귀찮다는 생각이 들었다. 게다가 새로운 영화사와 계약을 맺은 이상 슬슬 무슨 영화를 찍을지 고민도 해야 했다. 그래서 나흘째가 되는 날 밤에는 그녀가 눈치채지 못하도록 살금살금 내 방으로 들어갔다. 나는 조용히 잠이나 잘 생각이었다. 그런데 그녀는 내가 방에 들어온 것을 알아챘는지 문을 두드리기 시작했다. 나는 들은 체도 하지 않고 침대로 갔다. 다음 날 나는 로비에서 그녀와 마주쳤다. 그러나 나를 바라보는 그녀의 시선은 서늘했다.

그날 밤에도 나는 역시 그녀가 눈치 채지 않게 몰래 방으로 들어왔다. 그런데 침대에 가만히 누워 있으려니 그녀가 자신의 방문을 열고 내 방문 앞으로 오는 소리가 들렸다. 그런데 그녀는 문을 두드리지 않았다. 대신 손잡이에서 소리가 나더니 서서히 돌아가는 것이 아닌가. 다행히 안에서 문고리를 걸어둔 상태였다. 이때부터 그녀는 난폭하게 손잡이를 돌리기 시작했다. 그래도 아무런 반응이 없자 문을 세게 두드렸다. 다음 날 아침, 나는 호텔을 떠나는 것이 신상에 좋을 것 같다는 생각이 들어 바로 호텔을 나와 로스앤젤레스 체육클럽에 방을 얻었다.

웃음을 만들어내는 기술

나의 첫 번째 새 스튜디오가 완성됐다. 내가 그곳에서 맨 처음 찍은 영화는 〈개의 인생 *A Dog's Life*〉이었다. 개의 인생과 뜨내기의 인생을 비교해 사회 현실을 풍자적으로 그린 작품이었다. 그리고 여기에 갖가지 개그와 익살스런 장면을 덧붙였다. 나는 희극을 구조적 차원, 즉 건축학적 형식으로 이해하기 시작했다. 각각의 장면이 다음 장면과 유기적으로 긴밀한 관계를 형성하면서 영화 한 편이 만들어지는 것이다.

처음 장면은 개들끼리 싸우고 있다. 뜨내기가 그 틈에서 다른 개들에게 일방적으로 몰리고 있는 한 개를 구출한다. 다음 장면은 댄스홀에서 역시 '개 같은 인생'을 살아가는 한 아가씨를 구해낸다. 다른 장면에서 모든 사건이 논리적 연쇄에 따라 하나로 연결된다. 익살극이 보기에는 단순하고 이해하기 쉬운 것 같지만 상당히 치밀한 계산에 따라 만들어진다. 어떤 우스운 장면이 이런 사건의 논리적 연쇄를 방해하면, 그것이 아무리 재미있고 기발하더라도 나는 절대 영화에 사용하지 않았다.

키스톤 영화사 시절에 찍은 영화들에서 뜨내기는 이런 사건의 논리적 연쇄에서 다소 자유로웠다. 그래서 사건의 흐름과 상관없

내가 할리우드에 세운 퍼스트내셔널 영화사 스튜디오

이 중간에 재미있고 익살스런 장면을 집어넣을 수 있었다. 즉 머리로 생각하는 존재가 아니라 먹는 것, 입는 것, 자는 것 등 기본적인 본능에 충실한 존재로 그려졌다. 그러나 희극영화가 계속 나오면서 뜨내기도 좀 더 복잡한 심리상태를 가진 인물로 진화했다. 단순한 몸짓과 표정만이 아니라 뜨내기의 감정이나 철학도 영화에 묻어나기 시작했다. 그러나 익살극이라는 장르의 성격 때문에 그것을 살리는 데는 한계가 있었다. 내가 희극을 하기 때문에 우쭐하는 것이 아니라 정말로 익살극은 다른 어떤 장르보다 더 정확한 심리 묘사를 필요로 한다.

나는 뜨내기가 일종의 피에로와 같다고 생각함으로써 이런 제약을 자연스럽게 넘어갔다. 이렇게 생각하니 희극영화에서 뜨내기의 감정을 살리는 것이 훨씬 더 용이했다. 그러나 이성적으로 생각해서 아름다운 여성에게 뜨내기를 사랑하도록 설정하는 것은 쉽지 않았다. 내가 영화에서 가장 고심한 것도 바로 이것이었다. 〈황금광 시대 The Gold Rush〉에서 나는 한 여성이 뜨내기에게 관심을 갖는 것을 경멸에서 시작해 연민으로 발전하는 과정으로 그렸다. 물론 뜨내기는 연민을 사랑으로 착각한다. 〈시티 라이트 City Lights〉에 나오는 여주인공은 앞을 보지 못한다. 그래서 그녀는 뜨내기가 어떤 사람인지 알지 못하는 상황에서 그저 로맨틱하고 멋진 남자라고 생각한다. 그녀가 시력을 회복할 때까지.

나는 내 영화의 각본, 연기 그리고 감독을 모두 도맡아 했다. 그러다 보니 자연히 이야기를 만들어내는 능력도 길러졌다. 그런데 이것이 오히려 내 희극영화의 자율성을 제약했다. 내가 키스톤 영화사 시절에 만든 영화를 좋아하는 한 팬이 근래에 내게 이런 편지를 보내왔다. '그 시절 관객은 당신의 노예였어요. 그런데 요즘에는 당신이 관객의 노예가 된 것 같아 마음이 아픕니다.'

초기에 찍은 작품들에서도 마찬가지였지만, 나는 처음부터 끝까지 영화의 분위기를 상당히 중시했다. 대개 음악이 그런 역할을 톡톡히 해주었다. 〈이민 The Immigrant〉에서는 〈미세스 그룬디 Mrs Grundy〉라는 오래된 노래를 삽입해 분위기를 살렸다. 정처 없이 떠도는 외로운 두 남녀가 비오는 날 처량하게 결혼하는 장면과 노래의 분위기가 너무나 잘 어울렸다.

샬럿은 미국으로 가는 이민선에 오른다. 그는 객실에서 한 아가씨와 그녀의 어머니를 만난다. 샬럿과 마찬가지로 정처 없는 떠돌이다. 그들은 뉴욕에 도착해 헤어진다. 그리고 어느 날 그는 그녀를 다시 만난다. 그러나 이번에 그녀는 혼자였다. 그녀도 샬럿과 마찬가지로 뉴욕에 발을 붙이지 못했다. 두 사람은 앉아 이야기를 나눈다. 그녀는 무심히 자신의 어머니가 남긴 유산이라며 검은 테두리를 한 손수건을 꺼내 눈물을 닦는다. 그리고 두 사람은 비오는 날 쓸쓸히 결혼식을 올린다.

이처럼 나는 단순한 음악을 사용해 내 희극영화의 분위기를 살렸다. 〈사랑의 20분〉에서 나는 공원에서 경찰들과 아이들을 돌보고 있는 보모들의 눈을 피해 숨바꼭질하는 장면을 연기했는데, 그때 삽입된 노래가 당시 유행한 〈투 머치 머스터드 Too Much Mustard〉였다. 〈시티 라이트〉에서는 〈비올레테라 Violetera〉라는 노래를, 〈황금광 시대〉에서는 〈올드 랭 사인 Auld Lang Syne〉을 삽입했다.

1916년경만 하더라도 나는 찍고 싶은 영화가 많았다. 그만큼 흥미로운 아이디어가 넘쳐났는데 그중 하나가 달로 여행을 가서 거기에서 올림픽 경기를 치른다는 내용의 아이디어였다. 중간 중간 중력 법칙을 이용한 다양한 효과들을 삽입하면 재미있을 것 같았다. 인간과 과학의 진보에 대한 풍자를 담을 생각이었다. 나는 자동 급식 기계 같은 것도 구상했고, 사람의 생각을 기록할 수 있는 라디오-전기 모자도 생각했다. 예를 들어, 내가 그것을 머리에 쓰고 달에 살고 있는 남자의 섹시한 부인과 연결되면서 곤경에 빠지는 내용이었다. 자동 급식 기계는 뒤에 〈모던 타임스 Modern

Times〉에서 소재로 사용했다.

기자들에게 영화의 아이디어를 어디에서 얻는지 질문을 많이 받았다. 그러나 그 당시에 나는 만족스런 답을 줄 수 없었다. 세월이 많이 흐른 지금 생각해보면 그냥 좋은 영화, 재미있는 영화를 만들겠다는 열망에서 그런 아이디어가 떠올랐던 것 같다. 사실 계속 궁리하고 바라면 어느 순간 좋은 아이디어가 번쩍하고 떠오르는 법이다. 음악 감상이나 일몰 같은 상황은 아이디어 구상에 좋은 조건이다.

무엇보다 내가 하고 싶은 말은 자신의 이목과 관심을 끄는 주제를 선택한 다음에 그것을 가다듬고 몰두하는 것이다. 그러다가 그것이 더 발전할 가망이 보이지 않으면 과감히 포기하고 다른 주제를 고르면 된다. 가능한 풍부한 아이디어를 생각하고 불필요한 것을 버리는 과정이 내가 원하는 것을 발견하는 중요한 과정이다.

어떻게 아이디어를 얻을 수 있을까? 그것은 인내력, 시간과의 싸움이다. 거의 미칠 지경까지 깊이 파고들어야 한다. 좋은 아이디어를 얻기 위해서는 장고의 시간과 인내력 그리고 육체적 정신적 고통을 감내할 수 있는 힘이 필요하다. 물론 사람에 따라 정도의 차이가 있을 거라고 말하는 사람도 있지만 나는 그 말에 동의하지 않는다.

그리고 희극에도 일반화된 정식 또는 형식이라는 것이 있다. 거창하게 철학이라고 해도 틀린 말은 아니지만 하나의 희극이 탄생하기 위해서는 필수적인 것이 있다. '놀라움과 서스펜스'는 키스톤 영화사 시절부터 내 영화에서 빠지지 않은 필수요소였다.

나는 인간 행동을 설명하기 위해 거창하게 정신분석학을 운운하고 싶지는 않다. 사실 인간 행동이란 우리네 인생만큼이나 설명하기 어려운 것이다. 나는 섹스나 '유아 탈선' 이상으로 인간의 관념적 욕구가 대부분 격세유전에서 비롯한다고 믿는다. 그러나 인생이 반목과 고통으로 점철되어 있다는 것을 알아내기 위해 책을 펼치진 않았다. 내가 무대나 영화에서 선보인 익살은 본능적으로 이런 인식에 기초했다. 사실 내가 희극의 기본 줄거리를 짜내는 방법은 아주 간단했다. 내가 만든 영화를 유심히 지켜본 사람이면 눈치 챘겠지만, 그것은 등장인물을 먼저 곤경에 빠뜨린 다음에 그를 곤경에서 구해내는 식이다. 이것이 내 영화의 기본 뼈대라면, 곤경에 빠진 사람을 구해내는 과정이 뼈대에 살을 붙여 나가는 과정이다.

그러나 유머는 조금 다르다. 그것은 훨씬 더 민감하고 정교하다. 맥스 이스트먼(1883~1969, 미국의 작가, 사회주의자—옮긴이)은 《유머의 의미 A sense of Humour》에서 이것을 다뤘다. 그는 유머를 우스꽝스러운 고통에서 기인하는 것으로 정의했다. 막스는 '호모사피엔스는 자학적이며, 여러 형식으로 고통을 즐긴다. 그리고 관객도 마찬가지다'라고 썼다. 이것은 아이들이 인디언 놀이를 하면서 하는 행동과 같다. 아이들은 인디언 놀이를 하면서 인디언이 총에 맞아 쓰러지듯이 비명을 지르면서 죽는 시늉을 한다.

나는 막스의 이런 말에 전적으로 동의한다. 그러나 비록 거의 같은 것이지만, 막스의 정의는 유머보다는 드라마에 대한 정의에 가깝다. 그래서 내가 생각하는 유머는 막스의 그것과 약간 다르다. 즉 유머란 인간의 정상적인 행동에서 분간해낼 수 있는 행동의 미묘한 불일치 또는 어긋남이다. 다른 말로, 우리는 유머를 통해 합리적인 것처럼 보이는 행동에서 불합리한 것을 본다. 또 중요한 것처럼 보이는 것에서 중요하지 않은 것을 본다. 한편, 유머는 우리가 '살아 있다'는 느낌을 고양하고, 우리가 '제정신'이라는 것을 반증한다. 유머 덕분에 우리는 인생의 부침을 견뎌낼 수 있는 것이다. 그것은 우리가 인생을 살아가면서 균형감각을 잃지 않도록 도와주며, 엄숙함이라는 것이 얼마나 부조리한 것인지 우리에게 드러낸다.

한 가지 예를 들어보자. 장소는 장례식장. 친구와 친척들이 고인이 안치된 관 주위에 조용히 고개를 숙이고 앉아 있다. 이제 장례식이 거행될 차례다. 그때 한 사람이 늦게 도착했는지 서둘러 장례식장 안으로 들어온다. 그런데 발소리를 죽여가며 살금살금 들어와 자리에 앉는다는 것이 그만 다른 사람이 벗어 놓은 실크해트 위에 앉고 만다. 순간 당황한 그는 납작해진 모자를 들어 주인에게 건네면서 미안한 표정을 짓는다. 모자 주인은 화가 났을 게 분명하지만 아무 말도 못하고 장례식 애도사를 듣고 있다. 이런 장면이 장례식 같은 엄숙한 분위기에서 웃음을 도출해내는 방법이다.

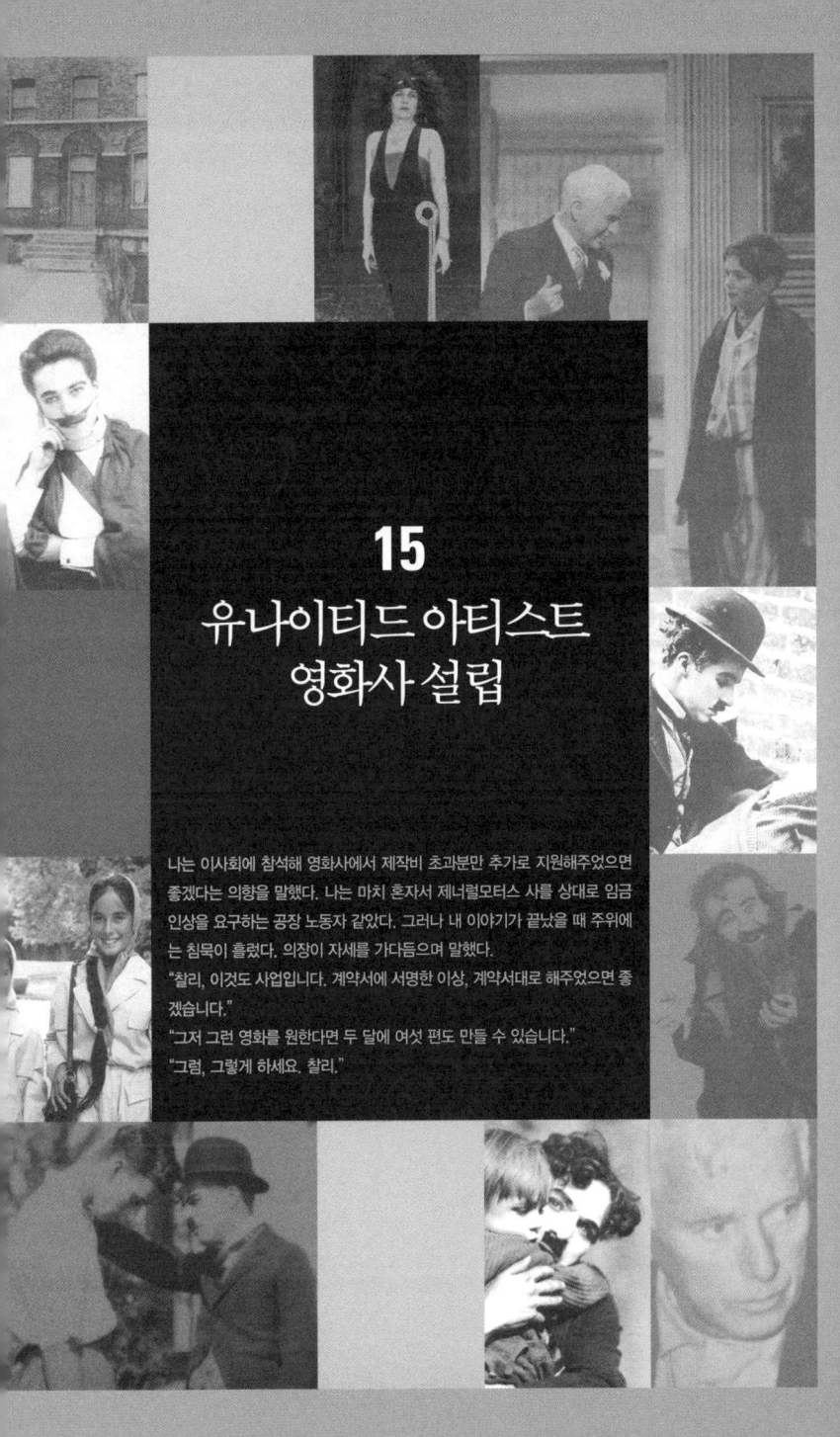

15
유나이티드 아티스트 영화사 설립

나는 이사회에 참석해 영화사에서 제작비 초과분만 추가로 지원해주었으면 좋겠다는 의향을 말했다. 나는 마치 혼자서 제너럴모터스 사를 상대로 임금 인상을 요구하는 공장 노동자 같았다. 그러나 내 이야기가 끝났을 때 주위에는 침묵이 흘렀다. 의장이 자세를 가다듬으며 말했다.

"찰리, 이것도 사업입니다. 계약서에 서명한 이상, 계약서대로 해주었으면 좋겠습니다."

"그저 그런 영화를 원한다면 두 달에 여섯 편도 만들 수 있습니다."

"그럼, 그렇게 하세요. 찰리."

1차대전, 리버티 공채 홍보대사로 활약하다

제1차 세계대전이 발발했을 때 사람들은 전쟁이 넉 달 안에 끝날 것으로 예상했다. 근대 과학과 전쟁 기술의 발전이 엄청난 인명 살상을 초래할 것이고, 따라서 인류는 그런 야만적인 전쟁의 중단을 촉구할 것이라 내다봤다. 그러나 예상은 빗나가고 말았다. 광기와 야만에 사로잡힌 살육은 4년간 계속되면서 세상을 황폐하게 만들었다. 전 세계가 전쟁이라는 출혈로 몸살을 앓았지만 우리는 그것을 막을 수 없었다. 수십만 군대가 전쟁터에 끌려나가 개처럼 죽어갔다. 사람들은 왜, 어떻게 전쟁이 시작됐는지 이유를 알고 싶어 했다. 그러나 어느 누구도 명쾌한 답을 주지 않았다. 누구는 황태자 암살이 전쟁 원인이라고 말했지만, 그것 때문에 그런 대규모 참극이 벌어졌을 것 같지는 않았다. 사람들은 좀 더 현실적이고 납득할 만한 설명을 원했다. 어떤 사람은 전쟁이 세계 민주주의의 안전을 지키기 위한 것이라고 말했다.

전쟁의 원인과 이유가 뭐가 됐든 사상자들은 철저히 민주적이었다. 수백만 명이 전쟁으로 쓰러져가면서 '민주주의'란 말이 부각됐다. 제1차 세계대전 결과 몇몇 왕국들이 와해되고 공화국이 수립되었으며 유럽의 기본 지형도가 바뀌었다.

그러나 1915년에 미국은 '영예롭지 못한 전쟁'에 참여할 수 없다며 공식적으로 참전불가 의사를 밝혔다. 이때 미국 전역에서는 〈군대에 보내려고 내 아들을 키우지 않았다〉는 노래가 유행했다. 이 노래는 대중 속으로 파고들었다. 그러나 루시타니아 호 사건(1915년 5월 7일, 영국 여객선 루시타니아 호가 독일 잠수함에 격침당한 사건으로, 이를 계기로 미국이 제1차 세계대전에 참전했다—옮긴이)이 터지면서 상황이 돌변했다. 미국 전역에서 〈전쟁터로!〉 같은 참전을 종용하는 노래가 유행하기 시작했다. 루시타니아 호 사건이 터지기 전까지 캘리포니아에서는 전운의 그림자를 찾아볼 수 없었다. 물자는 풍부했고 배급 제도 같은 것도 없었다. 적십자사 자선모금을 위한 가든파티와 연회가 연일 끊이지 않았고, 이런 것을 구실로 사교 모임이 성행했다. 어느 축제에서 한 부인은 저녁 만찬 석상에서 내 옆자리에 앉기 위해 적십자사에 2만 달러를 기부하기도 했다. 그러나 시간이 지나면서 전쟁의 냉혹한 현실이 하나 둘씩 미국에 전해졌다.

미국은 전쟁 비용을 충당하기 위해 1918년까지 이미 두 번이나 '리버티 공채(公債)'를 발행했고 세 번째 공채 발행을 준비하고 있었다. 나는 메리 픽퍼드, 더글러스 페어뱅크스와 함께 워싱턴에서 개최되는 세 번째 리버티 공채 발행 캠페인에 참석해달라는 요청을 받았다.

이때 나는 퍼스트내셔널 영화사에서 첫 작품인 〈개의 인생〉의 막바지 편집 작업을 하고 있었다. 나는 리버티 공채가 발행되는

'리버티 공채' 홍보를 위해 워싱턴으로 출발하기에 앞서 더글러스 페어뱅크스 그리고 메리 픽퍼드와 함께

남부에서 '리버티 공채' 홍보 연설 중에

날에 맞춰 영화를 개봉할 생각이었기 때문에 사흘 밤낮을 자지 않고 꼬박 편집에 매달렸다. 편집이 끝나자 바로 기차에 올라 이틀 동안 잠만 잤다. 잠에서 깨어난 나는 메리, 더글러스와 함께 공채 발행 캠페인에서 할 연설문 초안을 작성했다. 그러나 쉽지 않았다. 사실 지금까지 한 번도 격식을 갖춘 글을 써본 적도 없고 연설을 해본 적도 없었기 때문에 무엇을 어떻게 써야 할지 알 수 없었다.

더그가 정차하는 역마다 우리를 기다리고 있는 군중 앞에서 연설하는 것을 한번 연습해보는 것이 어떠냐는 제안을 했다. 나는 좋은 생각이라며 동의했다. 그래서 기차가 어떤 역에 정차하자 우리는 전망차로 가서 우리를 보기 위해 몰려든 군중 앞에서 연설을 하기 시작했다. 메리가 더그의 소개를 받고 먼저 연설을 했다. 다음이 내 차례였다. 그런데 연설을 시작한 지 얼마 지나지 않았는데 기차가 움직이기 시작했다. 군중의 모습이 조금씩 멀어져갔다. 그럴수록 내 연설은 탄력을 받아 더 호소력 있고 극적으로 변해갔다. 군중의 모습이 멀어지면 멀어질수록 나는 연설에 자신감이 붙었다.

워싱턴에 도착한 우리는 마치 유력 정치인이라도 된 것처럼 대규모 환영 인파에 묻혀 거리 퍼레이드를 벌였다. 그리고 기조연설을 하기로 되어 있던 한 축구장에 도착했다. 연단은 판자로 급하게 만들었는지 엉성하기 짝이 없었다. 연단 둘레에 장막이 쳐 있었고 성조기가 바람에 나부꼈다. 그리고 주위에 육군과 해군에서 나온 대표들이 서 있었다. 그중에 키가 크고 잘생긴 젊은 친구 한 명이 내 옆에 서 있었는데 나는 그에게 말을 걸었다. 나는 누구 앞에서 연설을 해본 경험이 없기 때문에 많이 걱정된다고 말했다.

"걱정할 것 없습니다."

그가 자신 있게 말했다. 이런 연설을 많이 해본 것 같았다.

"정면을 똑바로 응시하고, 리버티 공채를 사도록 설득하고 독려하세요. 물론 사람들을 웃기려고 하지는 마십시오."

"그건 걱정하지 마세요!"

나는 다소 빈정거리며 대꾸했다. 그러던 차에 내 소개가 나왔다. 나는 성큼성큼 연단으로 걸어 올라가 연설을 시작했다. 나는 마치 기관총이라도 쏴대는 것처럼 거침없이 연설을 했다. 거의 숨도 쉬지 않았다.

"독일군이 우리 턱밑까지 다가왔습니다. 우리는 그들을 저지해야 합니다. 그러기 위해서는 여러분의 도움이 필요합니다. 리버티 공채를 사십시오. 그것이 저들의 진군을 막을 수 있는 방법입니다. 여러분이 사는 공채가 우리 병사의 생명, 우리 어머니의 아들을 구하고 전쟁을 하루 속히 승리로 끝날 수 있게 한다는 것을 명심하십시오!"

그런데 이렇게 말하고 연설을 마치려는 순간, 나는 그만 연단에서 미끄러져 넘어졌다. 말을 너무 빨리하는 바람에 나도 모르게 흥분했던 것 같다. 나는 넘어지면서 마리 드레슬러를 손으로 부여잡은 채 내 옆에 서 있던 그 젊은 친구에게로 넘어졌다. 그가 바로 당시 해군차관보로 있던 프랭클린 D. 루스벨트였다.

공식 행사가 끝나고 우리는 백악관에서 우드로 윌슨 대통령을 알현했다. 우리는 백악관 그린룸으로 안내됐다. 긴장과 흥분이 교차했다. 갑자기 문이 열리더니 비서 한 명이 들어와 말했다.

"일렬로 서주세요. 그리고 한 걸음 앞으로 나와주세요."

대통령이 들어왔다.

메리 픽퍼드가 먼저 인사했다.

"각하, 대중의 반응이 상당히 좋았습니다. 리버티 공채가 인기를 끌 것 같습니다."

"맞습니다. 그도 그럴 것이……."

나도 모르게 얼떨결에 옆에서 말참견을 했다. 순간 당황했다. 대통령은 마뜩찮은 눈초리로 나를 쳐다봤다. 그렇게 서로 인사가 끝나고 자리에 앉자 대통령은 위스키를 좋아하는 한 각료를 빗대 정치적인 농담을 했고, 우리는 결례가 되지 않도록 공손히 웃어 보였다. 그리고 백악관을 나왔다.

우리 일행은 두 팀으로 나뉘어 각기 다른 지역으로 리버티 공채 홍보에 나섰다. 더글러스와 메리는 북부를 선택했고, 나는 남부를 선택했다. 아직 한 번도 가보지 못한 곳이라 가보고 싶기도 했다. 나는 혼자 여행하는 것이 부담스러워 로스앤젤레스에서 초상화가이자 작가로 활동하는 친구 로브 와그너를 불러 함께 갔다. 리버티 공채 홍보 캠페인이 워낙 대규모였고 정부의 지원을 받아 조직적으로 이뤄졌기 때문에 나는 쉽게 수백만 달러어치를 판매할 수 있었다.

당시 노스캐롤라이나의 한 도시에서 있었던 일화다. 그 도시에서 가장 돈 많은 재력가가 우리 일행을 환영하기 위해 조직된 위원회의 대표를 맡고 있었다. 그는 내가 역에 도착하면 환영 행사의 하나로 파이 세례를 하려고 아이들 열 명을 대기시켜놓고 있었는데, 기차에서 내리는 순간 내 옆에 있던 수행원들의 눈빛을 보고 포기했다는 우스갯소리를 했다.

그는 우리를 저녁 만찬에 초대했다. 스콧 장군을 비롯해 여러 장성들이 참석했다. 그러나 스콧 장군은 그를 별로 탐탁지 않아 하는 것 같았다. 스콧 장군은 만찬 중에 이런 말을 했다.

"오늘 이 자리를 마련한 주최자와 바나나의 차이가 뭔지 아십니까?"

갑자기 분위기가 냉랭해졌다.

"바나나는 껍질을 벗길 수 있다는 겁니다."

우리가 조지아 주 오거스타에 들렀을 때, 나는 그곳에서 전형적인 남부 신사를 만났다. 헨쇼 판사였는데, 그곳 리버티 공채 위원회 대표를 맡고 있는 분이었다. 우리는 헨쇼 판사로부터 편지 한 통을 받았다. 나는 일정대로라면 오거스타에서 생일을 맞을 예정이었는데, 그가 어떻게 알았는지 나를 위해 컨트리클럽에서 생일 파티를 열어주겠다는 내용의 편지였다. 그런데 이상하게 마음이 내키지 않았다. 파티에 참석해봐야 여러 사람들에게 둘러싸여 쓸데없는 농담이나 주고받을 게 뻔했다. 무엇보다 나는 피곤했다. 그래서 파티는 정중히 거절하고 호텔에 가서 쉴 참이었다.

보통 우리가 역에 도착하면 지역 취주악단의 연주와 함께 많은 군중이 몰려나와 떠들썩하게 우리를 맞아주었다. 그런데 오거스타는 분위기가 사뭇 달랐다. 헨쇼 판사 외에 우리를 마중 나온 사람이 한 명도 없었던 것이다. 그는 실크 코트에 낡고 빛바랜 파나마모자를 쓰고 있었으며, 조용하고 예의발랐다. 그는 먼저 자신을 소개하더니 낡은 사륜마차에 나와 로브를 태우고 우리가 묵을 호텔로 향했다.

마차에 오르고 잠시 침묵이 흘렀다. 판사가 갑자기 침묵을 깼다.

"내가 당신의 희극영화를 좋아하는 이유는 당신이 희극이라는 것이 뭔지를 진정으로 알기 때문입니다. 당신은 사람의 신체 부위에서 가장 위엄이 없는 부위가 엉덩이라는 것을 잘 알고 있어요. 당신의 희극영화를 보면 바로 알 수 있습니다. 아무리 풍채 좋은 신사도 엉덩이를 걷어차이면 일순간에 위엄을 잃지요. 만약 대통령 취임식 때 뒤에서 몰래 그를 걷어찼다고 칩시다. 위엄이고 뭐고 망신살이 뻗쳐 고개도 못 들 거예요."

마차 밖은 햇살이 쨍쨍했다. 판사는 머리를 한쪽으로 기울인 묘한 자세로 혼자 계속 중얼거렸다.

"의심의 여지가 없죠. 여하튼 엉덩이는 우리 신체에서 자의식이 가장 강한 부위입니다."

나는 팔꿈치로 로브를 찌르면서 이렇게 속삭였다.

"생일파티에 가자."

생일파티는 리버티 공채 홍보 행사와 같은 날에 잡혀 있었다. 헨쇼 판사는 우리 외에 자신의 친구 세 사람만 파티에 초대했다. 먼저 판사는 생일파티가 성대하지 못해 죄송하다고 말했다. 자신도 이기적인 사람이라 우리 두 사람과 단출히 오붓한 자리를 갖고 싶었다고 솔직하게 말했다.

내 생일파티가 열린 골프클럽은 멋지게 치장되어 있었다. 우리 여섯은 테라스로 나갔다. 푸른 잔디 위에 키 큰 나무들이 길게 그림자를 드리우고 있는 모습이 그렇게 멋질 수 없었다. 우리는 생일 케이크가 놓인 둥근 테이블에 앉았다. 판사가 샐러리를 씹으면서 반짝이는 눈망울로 나와 로브를 쳐다봤다.

"오거스타에서 공채가 얼마나 팔릴지…… 제가 이런 일에 많이 서툽니다. 그러나 이곳 시민들은 당신들이 여기에 온 걸 알고 있을 겁니다."

나는 주변 경관이 아름답다고 격찬했고 판사가 맞장구를 쳤다.

"맞습니다. 이런 멋진 경관에 딱 한 가지 아쉬운 게 있네요. 민트 줄렙(위스키에 민트 향을 첨가한 칵테일―옮긴이)이 빠졌군요."

술 이야기가 나오자 우리는 자연스럽게 금주법 통과 가능성을 입에 올렸다. 금주법이 가져올 장단점에 대해 이야기를 나누던 중 로브가 이렇게 말했다.

"의학 보고서에 따르면 금주법이 공중보건에 이로운 결과를 가져올 거라고 합니다. 위스키를 마시지 않으면 위궤양 발병률이 줄어들 것이란 보고입니다."

헨쇼 판사는 로브의 이런 말에 불만스런 표정을 지었다.

"위(胃)의 입장에서 위스키의 옳고 그름을 따져서야 되겠습니까. 위스키는 영혼의 양식입니다!"

그러더니 나를 바라보며 물었다.

"찰리는 이번이 스물아홉 번째 생일이라고 들었는데 결혼은 아직 안 했습니까?"

나는 웃으며 대답했다.

"예, 아직 안 했습니다. 판사님은?"

판사는 쓸쓸한 표정을 지으며 한숨을 쉬었다.

"저도 아직입니다. 직업상 이혼 사건을 많이 다룹니다. 그렇지만 다시 젊어질 수만 있다면 결혼하고 싶어요. 독신으로 사는 건 외롭거든요. 그렇다고 이혼에 반대하는 것은 아닙니다. 조지아

주에 있었을 때 전 이혼에 관대한 판사였습니다. 부부가 더 이상 같이 못살겠다고 찾아오면 십중팔구 이혼 판결을 내려줬지요."

잠시 뒤에 로브가 시계를 쳐다봤다.

"행사가 여덟 시 반이니 이제 슬슬 일어날 때가 됐습니다."

판사는 느긋하게 샐러리를 씹으며 이렇게 말했다.

"시간은 충분합니다. 좀 더 이야기를 나눕시다. 저는 서두르는 것을 좋아하지 않습니다. 서두른다고 매사가 잘되는 것은 아니죠."

행사 장소로 가면서 우리는 작은 공원을 지나쳤다. 그곳에 스무 개 정도 되는 지역 출신 상원의원들의 동상이 우뚝 서 있었다. 모두 거만한 자태를 뽐내고 있었다. 개중에는 한 손으로 뒷짐을 진 동상도 있었고, 한 손에 두루마리를 쥔 채 앉아 있는 동상도 있었다. 나는 그 앞을 지나가며 판사가 우리에게 말한 대로 이들 동상만큼 엉덩이 걷어차기에 완벽하게 어울리는 대상도 없을 거라고 농담을 했다. 판사는 내 말이 재미있다는 듯이 맞장구를 쳤다.

"맞아요. 봐요, 모두 거만한 게 꼴사나워 보이지 않습니까."

행사가 끝나고 판사는 우리를 자기 집으로 초대했다. 그의 집은 조지 워싱턴이 '묵은 적이' 있다고 하는 아름답고 고풍스런 조지 왕조 풍의 건물이었는데, 실내는 18세기 미국 골동품들이 가득 진열되어 있었다.

내가 말했다.

"정말 멋집니다."

"그렇죠. 그런데 부인이 없으니 비어 있는 보석상자나 마찬가지죠. 찰리, 그러니 늦게까지 있어도 괜찮아요."

남부에서 우리는 군사 훈련소 몇 군데를 방문했다. 모두 음울하고 비참한 모습이었다. 우리 여행의 절정은 뉴욕 월스트리트에 있는 재무성 분국 앞에서 가진 마지막 캠페인이었다. 나는 메리, 더글러스와 함께 이곳에서 200만 달러 이상의 리버티 공채를 팔았다.

뉴욕의 분위기는 침울했다. 군국주의의 귀신이 도처에서 기승을 부렸다. 어디에도 탈출구는 없었다. 첫째도 복종, 둘째도 복종이었다. 모든 사유가 전쟁이라는 종교에 복종해야 했다. 매디슨 애비뉴를 지나는 군악대의 음악도 겉보기만 화려하고 경쾌할 뿐 침울하기는 마찬가지였다. 내가 묵었던 호텔 12층 창문을 통해 군악대 소리가 들려왔다. 유럽으로 출항하는 군함에 승선하기 위해 맨해튼 남쪽에 위치한 배터리 공원으로 향하는 행렬이었다.

분위기는 이랬지만 그래도 유머는 여전히 살아 있었다. 일곱 개의 취주악단이 야구장에서 뉴욕 주지사가 지켜보는 가운데 행진을 할 예정이었다. 극작가 윌슨 미즈너는 가짜 계급장을 달고 야구장 밖에서 취주악단을 멈춰 세운 다음 주지사가 앉아 있는 정면 관람석 앞을 지날 때 국가를 연주하도록 명령했다. 주지사와 관객들이 어떤 반응을 보일지 장난을 쳐보고 싶었던 것이다. 취주악단이 행진을 시작하자 주지사와 모든 관객이 자리에서 일어났다. 순간 미즈너는 아차 싶은 생각에 취주악단에게 가서 국가 연주는 그만두라고 부탁했다.

세 번째 리버티 공채 홍보 캠페인을 위해 뉴욕으로 떠나기 직전에 나는 마리 도로를 만났다. 그때 그녀는 파라마운트 영화사에서 제작하는 영화에 출연하기 위해 할리우드에 와 있었다. 내 팬이었던 그녀는 콘스탄스 콜리어를 통해 간접적으로 나를 만나고 싶다는 의사를 전해왔다. 그녀는 할리우드에서 꼭 만나고 싶은 단 한 사람을 꼽으라면 찰리 채플린이라고 공공연히 이야기하고 다녔다. 그런데 그녀는 내가 런던에 있을 때 듀크 오브 요크 극장에서 올린 〈셜록 홈스〉에 같이 출연했던 것을 까마득하게 잊고 있었다.

그렇게 나는 마리 도로를 다시 만났다. 마치 로맨틱한 연극의 제2막 같았다. 콘스탄스가 나를 소개했다. 나는 이렇게 말했다.

"그런데 우리는 전에 만난 적이 있어요. 당신은 어린 제 마음을 아프게 했지요. 사실 저는 몰래 당신을 짝사랑하고 있었습니다."

내 말이 뜻밖이었는지 마리는 오페라글라스 너머로 나를 뚫어지게 쳐다봤다. 그녀는 여전히 미인이었다.

"저를 그렇게까지 생각하고 있었다니 정말 영광입니다."

마리가 말했다. 나는 그녀에게 내가 〈셜록 홈스〉에서 빌리 역을 맡아 함께 출연했던 옛일을 상기시켰다. 그 뒤에 우리는 정원에서 함께 식사를 했다. 포근한 여름날 저녁이었다. 분위기가 무르익자 나는 사춘기 때 남몰래 그녀를 사랑하며 가슴앓이를 했던 것과 듀크 오브 요크 극장에서 그녀와 한 번이라도 더 마주치기 위해 그리고 한 번이라도 말을 걸어보기 위해 계단이나 분장실 앞에서 일부러 기다리고 있었다는 등의 이야기를 했다. 우리는 런던과 파리에 대한 이야기도 나눴다. 마리도 나처럼 파리를 사랑했다. 그래서 우리는 파리의 작은 술집들과 카페들, 레스토랑

맥심과 샹젤리제 등에 대한 이야기꽃을 피웠다.

마리는 그때 마침 뉴욕에 있었다. 내가 리츠 호텔에 머물고 있다는 소식을 전해 들은 그녀는 나에게 편지를 보내왔다. 그녀의 아파트에서 함께 저녁식사를 하고 싶다는 내용이었다. 구체적인 편지 내용은 이랬다.

친애하는 찰리,
저는 샹젤리제(매디슨 애비뉴) 근처에 아파트를 얻어 지내고 있어요. 제 아파트가 싫으시다면, 레스토랑 맥심(더 콜로니)에 가서 같이 식사라도 해요. 식사 후에 시간이 괜찮으시다면, 불로뉴 숲(센트럴 파크)으로 드라이브를 가도 좋고요…….

편지는 이랬지만 우리는 마리의 아파트에서 조촐하게 저녁식사만 하고 헤어졌다.

영화업자들의 음모

나는 로스앤젤레스로 돌아와 다시 체육클럽에 숙소를 잡고 새로운 영화 구상에 들어갔다. 〈개의 인생〉은 내가 계획했던 것보다 상영 시간도 길고 제작 비용도 초과하기는 했지만 크게 걱정하지 않았다. 이것저것 따져보니 손해는 볼 것 같지 않았다. 그러나 문제는 두 번째 영화였다. 재미있는 아이디어가 떠오르지 않았다. 그런데 문득 이런 생각이 스쳤다. 전쟁을 소재로 희극영화를 만

들어보면 어떨까? 나는 몇몇 친구들에게 내 생각을 말했다. 그러나 그들의 반응은 신통치 않았다. 세실 B. 데밀은 이렇게 말했다.

"이런 어수선한 시기에 전쟁을 웃음거리로 다룬다는 것은 위험해."

위험하든 아니든 나는 이 아이디어를 밀어붙이기로 했다.

원래 〈어깨 총 Shoulder Arms〉은 전 5권으로 계획되었다. 우선 주인공의 '가정생활'에서 시작해 중반에 '전쟁' 장면을 그리고 마지막에 연회 장면을 다룰 생각이었다. 특히 마지막 연회 장면은 유럽 각국의 국왕들이 모여 독일 황제를 생포한 주인공의 영웅적 행동을 경축하는 것으로, 그 순간 주인공은 꿈에서 깨어난다는 설정이었다.

중반 전쟁 장면은 원래 구상에서 앞뒤가 잘려나간 채 촬영했다. 연회 장면은 시작하는 장면만 촬영하고 나머지 장면은 아예 촬영조차 하지 못했다. 영화는 아이들 네 명과 함께 집으로 돌아오는 주인공 샬럿을 비추는 것에서 시작한다. 그는 잠깐 동안 아이들을 집에 놔두고 나갔다가 무엇을 먹었는지 입을 닦고 트림을 하며 돌아온다. 그리고 집에 돌아와 부엌에서 프라이팬에 얼굴을 비춰 보다가 어찌어찌해서 그것으로 머리를 얻어맞고 정신을 잃는다. 영화에 한 번도 나오지 않는 그의 부인은 부엌에 걸려 있는 속옷 크기로 덩치가 큰 여자임을 간접적으로 보여준다.

그리고 그의 꿈이 이어진다. 다음 장면에서 샬럿은 입대를 위해 옷을 다 벗고 알몸으로 신체검사를 받는다. 비스듬하게 기운 사무실 유리문에 '프랜시스 박사'라는 이름이 쓰여 있다. 유리문 너머로 누군가 문을 열고 들어오려는 순간 샬럿은 그것이 여자라고 생각하고 알몸인 채로 다른 문으로 도망친다. 그러나 샬럿이 도망친 방은 유리로 칸막이가 되어 있는 사무실로 여직원들이 일하고 있다. 순간 당황한 샬럿은 어찌할 바를 모른다. 한 여자가 고개를 들어 자신을 쳐다보자 책상 뒤로 몸을 숨기지만 여자들만 일하는 곳이라 마땅히 숨을 곳이 없다. 어쩔 수 없이 샬럿은 또 다른 문을 열고 도망친다. 그러나 이번에도 역시 유리로 칸막이가 되어 있는 사무실이다. 아까보다 더 복잡하고 더 많은 여직원들이 일하고 있다. 그렇게 샬럿이 계속 문을 열고 도망치다가 마지막에 도달한 곳이 발코니다. 이제 지나가는 행인들이 알몸인 샬럿을 올려다본다. 이 장면은 촬영은 했지만 편집 과정에서 모두 삭제됐다. 나는

카이저로 분장한 형 시드니와 함께

샬럿을 별다른 배경이나 특징이 없는 인물로 그리는 것이 낫다고 판단했다. 그래서 샬럿이 부엌에서 정신을 잃고 쓰러진 뒤에 바로 군에 입대한 것으로 편집 과정에서 구상을 바꿨다.

〈어깨 총〉은 한여름 찜통더위에 촬영했다. 특히 참호나 막사 안에서 촬영하는 것은 고역이었다. 사실 나는 야외촬영은 정신이 산만해져 별로 선호하지 않았다. 야외촬영을 하다 보면 집중력과 영감이 사라지는 것 같았다.

영화 제작에 예상보다 많은 시간이 걸렸고 결과도 만족스럽지 못했다. 스튜디오 직원들도 모두 같은 생각이었다. 하루는 더글러스 페어뱅크스가 영화를 보고 싶다며 친구 한 명을 데리고 스튜디오에 왔다. 나는 영화가 생각보다 만족스럽지 못해 쓰레기통에 던져버릴까 생각 중이니 큰 기대는 하지 말라고 미리 양해를 구했다. 우리 세 사람은 영사실에 들어가 앉았다. 그런데 더글러스는 영화가 시작하자마자 웃기 시작했다. 간혹 기침을 할 때를 제외하고는 연신 웃어댔다. 나는 그가 나를 위해 일부러 웃어준다고 생각했다. 영화가 끝나고 밖으로 나왔을 때 그는 얼마나 웃었는지 눈가에 눈물 자국이 남아 있었다.

"이게 정말 재미있다고 생각해?"

나는 반신반의하며 그에게 물어봤다. 그는 같이 온 친구를 바라보며 이렇게 말했다.

"이런 재미있는 영화를 쓰레기통에 던져버리겠다고 하는데, 자네 생각은 어때?"

이것이 더글러스의 감상평이었다.

〈어깨 총〉은 엄청난 성공을 거뒀다. 특히 전쟁 기간 동안 군인들 사이에서 폭발적인 인기를 끌었다. 그러나 영화는 예상보다 제작 기간이 오래 걸렸고 비용도 〈개의 인생〉보다 더 많이 들었다. 개인적으로 상당한 부담이 아닐 수 없었다. 그래서 나는 퍼스트내셔널 영화사에서 제작 비용을 보조해줄 수 있지 않을까 생각했다. 퍼스트내셔널 영화사도 내가 들어온 뒤에 눈에 띄게 성장했다. 영화사는 편당 25만 달러를 지급하고 수익금의 50퍼센트를 나눠 갖는 조건으로 새로운 제작자들과 유명 배우들을 끌어들였다. 물론 그들이 제작하는 영화는 내 희극영화보다 제작 비용도 적게 들었고 제작 방식도 쉬웠다. 그러나 흥행 수입은 내 영화에 미치지 못했다.

나는 퍼스트내셔널 영화사의 대표인 J. D. 윌리엄스 씨에게 제작비를 추가로 지원해줄 수 있는지 물었다. 그는 이사회에 한번 얘기해보겠다고 말했다. 물론 많은 액수는 아니었다. 편당 1만에서 1만 5000달러 정도 초과되는 제작 비용을 지원해주기를 바랐다. 윌리엄스 씨는 조만간 로스앤젤레스에서 이사회가 열릴 예정인데 내가 직접 참석해 이 문제를 이야기해보는 것이 어떠냐고 말했다.

당시 영화업자들은 순전히 장사치들이었다. 그들에게는 영화도 돈벌이 상품에 지나지 않았다. 나는 이사회에 참석해 원하는 바를 이야기했다. 나는 나름대로 설득력 있게 이야기했다고 생각했다. 영화를 제작하면서 예상보다 지출이 많았는데 영화사에서 제작비 초과분만 추가로 지원해줬으면 좋겠다는 의향을 말했다. 나는 마치 혼자서 제너럴모터스 사를 상대로 임금인상을 요구하는 공장 노동자 같았다. 그러나 내 이야기가 끝났을 때 주위에는 침묵이 흘렀다. 우선 의장이 자세를 가다듬으며 이렇게 말했다.

"글쎄요. 찰리, 이것도 사업입니다. 계약서에 서명한 이상, 계약서대로 해주었으면 좋겠습니다."

나는 간단히 이렇게 대답했다.

"그저 그런 영화를 원한다면, 두 달에 여섯 편도 만들 수 있습니다."

"그럼, 그렇게 하세요. 찰리."

누군가 이렇게 대답했다. 정말 뻔뻔스러운 반응이 아닐 수 없었다. 나는 계속했다.

"저는 작품의 질을 유지하기 위해 제작비를 추가로 지원해달라고 부탁을 드리는 겁니다. 너무 냉담하신 것 같은데 인간의 감정에 대한 이해와 앞을 내다보는 선견지명이 필요합니다. 우리가 상대하는 대상은 무감각한 소시지가 아닙니다. 감정과 열정을 가진 사람들입니다."

그러나 아무도 동요하지 않았다. 나는 그들의 태도를 이해할 수 없었다. 그래도 나는 이 나라에서 둘째가라면 서러워 할 가장 인기 있는 배우였다. 그런 나를 이렇게 홀대하다니.

형 시드니가 내게 말했다.

"이런 반응은 분명히 영화사 대표자회의와 관련이 있는 것 같아. 모든 영화사들이 하나로 합병된다는 루머가 나돌고 있거든."

다음 날 형은 더글러스 페어뱅크스와 메리 픽퍼드를 만났다. 그들도 곧 계약이 만료되는데 파라마운트 영화사에서 아무런 연락이 없어 불안해하고 있었다. 형과 마찬가지로 더글러스는 그것이 영화사 합병과 관련이 있을 것으로 생각했다.

"탐정을 고용해서 저들이 무슨 일을 꾸미고 있는지 캐보는 것은 어때."

더글러스가 이런 제안을 했다. 우리는 탐정을 고용하는 것에 동의했다. 그리고 머리가 명석하고 매력적인 여성을 한 명 고용했다. 얼마 지나지 않아 그녀는 한 유력 영화사의 간부와 데이트 약속을 잡았다. 그녀는 알렉산드리아 호텔 로비에서 그 간부 옆을 지나치면서 윙크를 하며 생긋 미소를 보냈다. 그러고는 다가가 옛날에 알고 지내던 친구인 줄 착각하고 결례를 범했다며 죄송하다고 말했다. 그날 저녁 그 남자는 그녀에게 저녁식사라도 같이 하자며 접근해왔다. 미끼를 문 것이다. 그녀가 우리에게 보내준 보고서로 보아 그 남자는 성에 굶주린 입이 싼 허풍선이임에 틀림없었다. 그녀는 사흘 밤을 연달아서 그와 만났다. 물론 다른 약속이나 핑계를 대면서 도를 넘어서는 행동은 하지 않았다. 한편 그녀는 그와 만나면서 영화업계에서 비밀리에 진행되고 있는 일을 빠짐없이 캐냈다.

그와 그의 동료들은 자본금 4,000만 달러 규모로 영화사를 모두 통합해 미국 내 모든 영화업자들과 5년간 독점 공급 계약을 맺는 일을 추진하고 있었다. 그는 우리가 고용한 탐정에게 자신들의 목적은 천문학적인 봉급을 받고 있는 몇몇 배우들의 손에 영화판이 좌지우지되는 것을 막고, 영화산업을 순수한 산업으로 정상궤도에 올려놓는 것이라고 말했다. 이만하면 탐정을 고용한 효과가 있었다. 우리 네 사람은 그녀의 보고서를 D. W. 그리피스와 윌리엄 하트(초기 서부영화에서 카우보이 등으로 활약한 배우—옮긴이)에게 보여주었다. 그들도 우리와 같은 반응이었다.

시드니는 우리가 먼저 선수를 치면 합병을 막을 수 있을 거라고 내다봤다. 형의 생각은 이랬다. 즉 우리가 독립된 영화사 설립을 추진하고 있는데, 제작한 영화는 공개 시장을 통해 판매하되 영화사는 일체 배급에 관여하지 않는다는 내용의 사업 계획을 공표하자는 것이었다. 당시 우리는 영화업계에서 최절정의 인기를 누리는 배우들이었다. 물론 이 사업 계획을 실제로 옮길 의도는 없었다. 우리의 목적은 영화 배급업자들이 곧 탄생할 초대형 영화사와 5년간 독점 공급 계약을 맺는 것을 막는 것이었다. 사실 인기 절정의 배우들이 이런 식으로 빠져나가면 초대형 영화사라도 별수가 없었기 때문이다. 우리는 영화사 대표자회의가 있기 전날 밤 알렉산드리아 호텔 만찬 식당에 모여 언론에 우리 계획을 대대적으로 공표하기로 계획을 짰다.

그날 밤 메리 픽퍼드, D. W. 그리피스, W. S. 하트, 더글러스 페어뱅크스 그리고 내가 호텔 만찬 식당 테이블에 앉았다. 효과는 즉시 나타났다. 퍼스트내셔널 영화사의 J. D. 윌리엄스가 아무것도 모르고 제일 먼저 식당으로 들어오다가 우리를 발견하고 서둘러 나갔다. 다른 제작자들도 하나 둘씩 들어오다가 우리를 발견하고 서둘러 발길을 돌렸다. 그사이에 우리는 테이블보에 천문학적인 숫자를 표시하며 계속 사업 이야기를 했다. 제작자들이 만찬 식당에 들어설 때마다 더글러스는 갑자기 말도 되지 않는 엉뚱한 소리를 지껄였다.

"저기 땅콩 위에 얹은 양배추하고, 돼지고기 위에 바른 식료품 말인데, 요즘에 무게가 꽤 나가지."

제작자들에게 우리가 그냥 식사하러 온 것처럼 보이기 위해 그가 꾸며낸 행동이었지만 무슨 말인지 도통 알아먹을 수가 없었다. 그리피스와 하트는 더글러스의 머리가 어떻게 된 것은 아닌지 의심했다.

그리고 곧 신문기자 여섯 명이 도착했다. 그들은 같은 테이블에 앉아 우리가 발표하는 성명을 받아 적었다. 성명은 배우로서 우리의 독립성을 지키고, 앞으로 예상되는 영화사 초대형 합병에 맞서 싸우기 위해 유나이티드 아티스트라는 영화사를 설립할 것이라는 내용이었다. 다음 날 이 소식은 각 신문의 1면을 장식했다.

이튿날 몇몇 영화사 대표들이 봉급은 작더라도 수익 배분만 확실히 보장한다면 새로 설립하는 영화사의 대표를 맡을 의향이 있다고 표시해왔다. 상황이 이렇게 되자 우리는 영화사 설립 계획을 엄포가 아닌 실제로 실행에 옮기기로 작정했다. 이렇게 해서 설립된 것이 유나이티드 아티스트였다.

자유로운 예술가들의 영화사

우리는 메리 픽퍼드를 대표로 정하고 그녀의 집에서 모임 약속을 잡았다. 우리는 각자 변호사와 매니저를 대동하고 약속 장소에 나타났다. 그런데 모인 사람들이 워낙 많다 보니 한 마디를 하더라도 웅변하듯이 큰 소리로 떠들어야 했다. 그러나 나는 한 마디도 제대로 꺼낼 수 없었다. 왜냐하면 영화사 설립과 관련해 무엇을 어떻게 해야 하는지 아무것도 몰랐기 때문이다.

그날 나는 메리를 다시 보게 됐다. 그녀는 법률이나 사업에 상당한 식견을 갖고 있었다. 특히 분할상환이니 후배주니 하는 어려운 전문용어들을 막힘없이 사용했다. 뿐만 아니라 영화사 설립에 관한 모든 조항도 속속들이 알고 있었다. 그래서 우리가 만든 영화사 설립 약관에 대해 7쪽 A항 27조는 회사법에 어긋나고, D항 24조는 중복이자 모순이라고 거침없이 지적했다. 이런 그녀의 모습을 보면서 나는 내 자신이 초라하게 느껴졌다. '아메리카의 연인'이라 불리던 그녀에게 이런 모습이 있는 줄은 꿈에도 생각지 못했었다. 그리고 나는 그녀가 한 다음 말을 결코 잊지 못한다. 진지하게 열변을 토하던 그녀는 불쑥 이렇게 말했다.

"여러분, 우리는 그렇게 할 필요가 있어요."

나는 웃음을 터뜨리며 그녀의 말을 계속 마음속에 되새겼다. '우리는 그렇게 할 필요가 있다! 우리는 그렇게 할 필요가 있다!'

당시 메리 픽퍼드는 미모뿐 아니라 타고난 사업가로 명성이 자자했다. 지금도 기억이 선명하지만 메이벨 노먼드가 내게 그녀를 소개하면서 했던 말이 있다.

"이쪽은 헤티 그린이에요. 메리 픽퍼드로 더 잘 알려져 있지요."

나는 그녀를 메리 픽퍼드로만 기억하고 있었는데, 당시 헤티 그린은 세계에서 가장 돈 많은 여성 중 한 사람으로 사업 수완이 좋아 모아놓은 재산만 1억 달러가 넘는다는 소문이 있었다.

솔직히 나는 이런 모임에 별로 쓸모가 없었다. 다행히 형 시드니가 사업에 있어서는 메리에 뒤지지 않을 만큼 해박했다. 그리고 겉으로는 무관심한 것처럼 보였지만 더글러스는 우리 가운데 누구보다도 민첩하게 대응했다. 그는 우리가 대동한 변호사들이

자기들끼리만 통하는 전문적인 법률용어를 늘어놓으면 어린 학생처럼 딴전을 피우다가도 회사 설립과 관련한 조항이 나오면 누구보다도 열심히 귀를 기울였다.

현재 영화사 대표를 그만두고 우리 영화사에 들어오겠다는 제작자들 중에 파라마운트 영화사의 설립자이자 대표인 아돌프 주커가 있었다. 아돌프는 성격이 활달하고 매사에 열정적인 사람이었다. 그리고 작은 체구에 나폴레옹을 닮은 구석이 있었다. 사업 이야기를 할 때 그의 말을 가만히 듣고 있으면 굉장히 설득력이 있어서 듣는 이의 귀를 솔깃하게 만드는 재주가 있었다. 그는 헝가리 어투가 섞인 영어로 이렇게 말문을 열었다.

"여러분! 여러분은 예술가입니다. 따라서 여러분의 노력으로 발생한 이익을 가져가는 것은 당연한 권리입니다. 여러분은 창조적입니다. 사람들이 극장에 보러 오는 것도 바로 여러분입니다."

우리는 미온적인 태도로 그의 말에 동의했다. 그는 계속했다.

"그런 여러분이 지금 새로운 영화사를 설립했습니다. 그리고 만약," 그는 이 부분에서 한 번 더 강조했다. "그리고 만약 새로 설립하는 영화사가 제대로 운영만 된다면, 제가 생각하기에 그것은 가장 강력한 영화사가 될 것입니다. 여러분은 영화에서 창조적인 일을 합니다. 저 또한 다른 측면에서 창조적인 일을 합니다. 이보다 더 좋은 궁합이 또 어디에 있겠습니까?"

주커는 이렇게 말하면서 우리를 완전히 매료시켰다. 그리고 그의 비전과 신념으로 우리에게 확신을 심어주었다. 주커는 자신이 극장과 스튜디오를 하나로 통합하려는 계획을 가지고 있었다고 솔직히 고백했다. 그러나 이제 그것을 완전히 포기하고 우리와 운명을 같이하겠다고 말했다. 그는 다음과 같이 열변을 토했다.

"여러분은 저를 여러분의 적으로 생각합니다! 그러나 저는 여러분, 즉 예술가들의 친구입니다. 영화계에 최초로 변화를 시도한 사람이 바로 저였다는 것을 기억하십니까? 저 지저분한 5센트짜리 극장을 몰아낸 게 누구입니까? 극장 좌석에 고급 벨벳 천을 씌운 게 누구였습니까? 대규모 극장을 세워 관람료를 올리고, 여러분이 영화에서 막대한 수익을 올릴 수 있도록 한 게 누구입니까? 바로 접니다. 그러나 여러분은 그런 저를 십자가에 못 박으려 하고 있습니다."

그의 말에 감탄이 절로 흘러나왔다. 주커는 유명한 배우이기도 했지만 사업가이기도 했다. 그는 세계에서 가장 큰 극장 체인을 설립했다. 그러나 그가 원하는 것은 우리 영화사의 주식을 갖는 것이었다. 결국 그를 회사 대표로 앉히는 일은 유야무야됐다.

새로운 영화사를 설립한 지 6개월 만에 더글러스 페어뱅크스와 메리 픽퍼드는 벌써 영화 몇 편을 기획해 촬영에 들어갔다. 그러나 나는 퍼스트내셔널 영화사와 아직 계약 기간이 남아 있었다. 계약대로라면 6편을 더 제작해야 했다. 그들의 인정머리 없는 태도 때문에 기분도 나빴고 일은 손에 잡히지도 않았다. 나는 퍼스트내셔널 영화사 측에 위약금 10만 달러를 지불하는 조건으로 계약을 철회하고 싶다는 의사를 전달했다. 그러나 그들은 거절했다.

메리와 더그만이 새로운 영화사를 통해 영화를 배급하고 있었다. 그들은 내가 새로운 영화사에서 영화를 찍고 있지 않기 때문에 자신들의 부담만 가중되고 있다고 불만을 토로했다. 그들은 제작비의 20퍼센트밖에 되지 않는 낮은 가격으로 영화를 배급하고 있었다. 따라서 회사는 백만 달러라는 어마어마한 적자를 보고 있었다. 그러나 나중에 유나이티드 아티스트에서 내가 처음 제작한 〈황금광 시대〉가 큰 성공을 거두면서 적자는 단번에 해소되었다. 더불어 메리와 더그의 불만도 해소됐다. 이후 그들은 두 번 다시 나에게 불평하지 않았다.

전쟁은 갈수록 참혹해졌다. 무자비한 살육과 파괴가 유럽 전역을 뒤덮었다. 훈련소에서는 훈련병에게 백병전에서 총검으로 상대를 제압하는 방법을 가르쳤다. 즉 함성을 지르며 적진으로 돌진해 적의 창자를 찌르는 것이었다. 그리고 찌른 총검이 빠지지 않으면 총을 발사해 살점을 벌집으로 만들어 빼는 방법을 가르쳤다. 말 그대로 광란의 도가니였다. 징병 기피자는 5년 형을 선고받았고, 모든 남자는 병역 등록카드를 지니고 다녀야 했다. 평상복을 입고 다니는 것 자체가 수치였다. 왜냐하면 거의 모든 젊은 이들이 군복을 입고 돌아다녔기 때문이었다. 평상복을 입고 돌아다니면 병역 등록카드 제시 요구를 받기 일쑤였다. 여자들은 그런 남자를 겁쟁이 취급했다.

몇몇 신문이 내가 군에 입대하지 않는 것을 비난했다. 물론 나를 옹호하는 신문도 있었다. 지금 시점에서 군인이 되는 것보다 전장에 나가 있는 우리 아군을 위해 희극영화를 한 편 더 만드는 게 낫다는 주장이었다.

프랑스에 상륙한 미군은 발발 직후부터 3년간이나 피나는 전쟁을 해온 영국과 프랑스의 충고를 무시하고 곧바로 작전에 돌입했다. 물론 용감무쌍한 전투를 벌였다. 그러나 결과는 처참했다. 사상자만 무려 수십 만에 달했다. 몇 주 동안 계속해서 암담한 뉴스가 들려왔다. 미국 전사자와 부상병 명단이 연일 신문에 게재됐다. 그리고 곧바로 전쟁은 소강상태로 들어갔고, 미군은 참호를 파고 몇 개월 동안 진흙 범벅과 피로 물든 지루한 나날을 견뎌야 했다.

마침내 연합군이 움직이기 시작했다. 지도 위에 그려진 성조기도 차츰 점령 지역을 넓혀가기 시작했다. 매일같이 사람들은 성조기의 움직임을 예의 주시했다. 드디어 적진을 돌파했지만 엄청난 희생이 뒤따랐다. 신문에 검은 글씨로 대문짝만하게 이런 제목의 기사가 실렸다. '황제, 네덜란드로 도망!' 그리고 1면에는 다음 세 글자가 선명하게 찍혀 있었다. '휴전 협정 조인!' 그때 나는 로스앤젤레스 체육클럽 숙소에 있었다. 거리는 온통 아수라장이었다. 하루 종일 자동차 경적 소리, 공장 사이렌 소리가 요란하게 들려왔다. 그리고 트럼펫 연주도 끊이지 않았다. 온 세상이 기뻐 미친 듯이 날뛰었다. 노래 부르고, 춤추고, 서로 부둥켜안고, 키스하고, 사랑했다. 마침내 평화가 온 것이다.

전쟁이 없는 삶은 갑자기 감옥에서 풀려난 것 같은 기분이 들게 했다. 전쟁으로 오랫동안 온갖 규제에 길들여졌던 우리는 전쟁이 끝난 뒤에도 한참 동안 병역 등록카드를 몸에 지니고 다녔다. 그것을 지니고 다니지 않으면 이상하게 마음이 허전하고 불안했다. 여하튼 연합군이 승리했다. 그러나 전쟁은 승리했지만 평화를 가져왔는지는 확실하지 않았다. 한 가지 분명한 것은 제1차 세계대전 이후 등장한 세계가 우리가 알고 있던 전쟁 이전의 세계와는 다르다는 것이었다. 전쟁 이전의 세계는 사라졌다. 뿐만 아니라 그 시대가 갖고 있던 고유한 특징들도 함께 자취를 감췄다.

16
〈키드〉의 시절

나는 스태프 두 명과 40만 피트가 넘는 〈키드〉의 필름을 들고 솔트레이크시티로 향했다. 롤로 따지면 500롤이나 되는 엄청난 분량이었다. 우리는 솔트레이크 호텔에 방을 잡고 침실 하나에 필름을 늘어놓았다. 선반, 찬장, 서랍 속까지 호텔방 전체가 필름으로 뒤덮였다. 2000컷 이상 되는 장면을 편집해야 했기 때문에 번호를 매겨놨어도 툭하면 순서가 뒤섞이기 십상이었다. 그러면 우리는 필름을 찾느라 온 방구석을 몇 시간이고 뒤지고 다녔다. 이렇게 제대로 된 편집 시설 하나 갖추지 못한 호텔방에서 우여곡절 끝에 편집을 마칠 수 있었다.

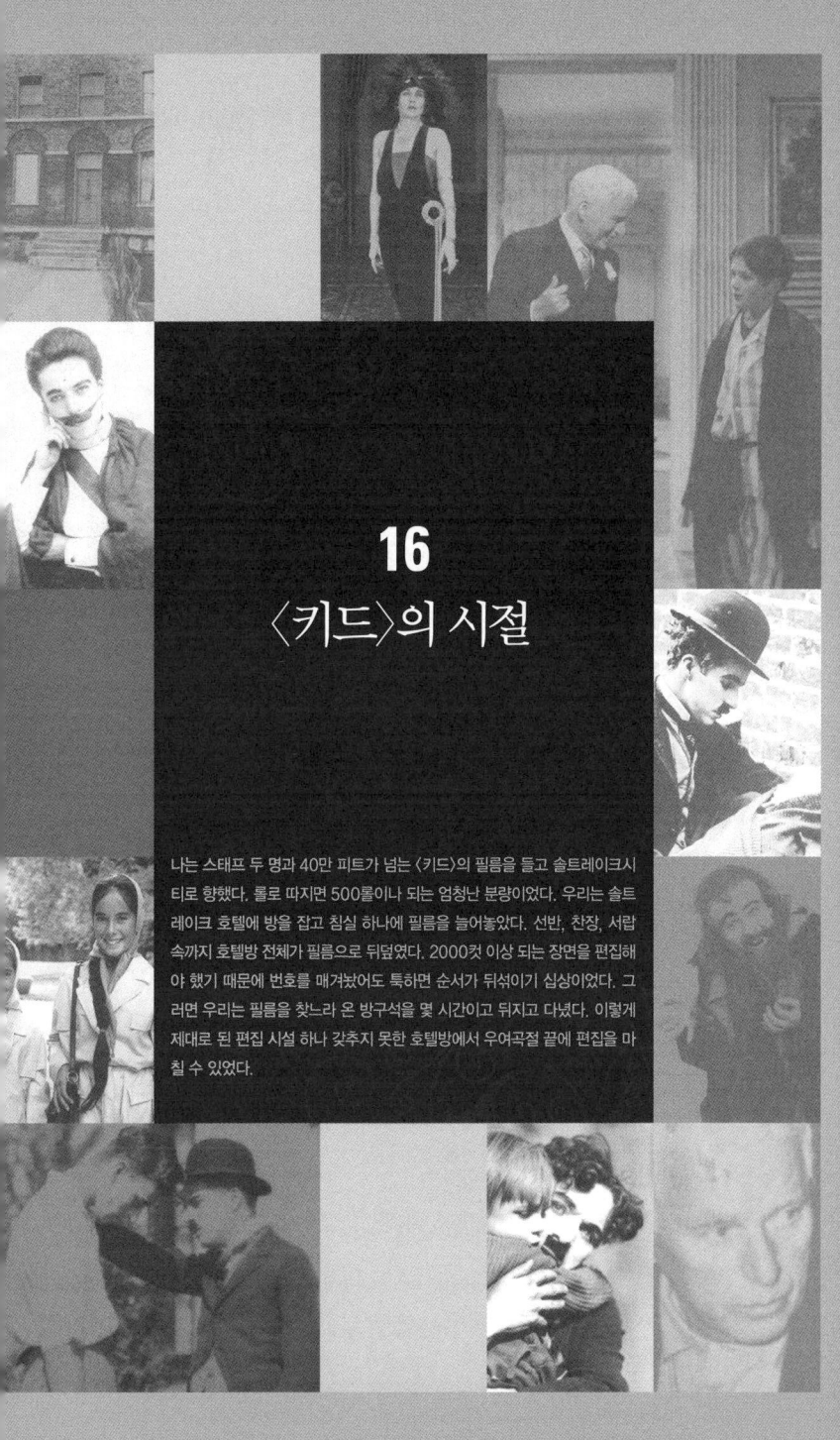

밀드레드와의 즉흥적인 결혼

　내게는 톰 해링턴이란 비서가 있었다. 참으로 우연한 기회에 내 비서가 됐는데, 내 인생을 극적으로 바꿀 만큼 중요한 역할을 담당했다. 원래 톰은 키스톤 영화사 시절에 같이 일한 영국 출신의 보드빌 배우 버트 클라크의 의상 담당이자 잡역부로 일했다. 버트는 행동이나 태도가 불분명하기는 했지만 정말 뛰어난 피아노 연주자였다. 그가 어느 날 내게 와서 악보 출판업을 같이 해보자고 제안했다. 우리는 도심 한복판에 위치한 한 건물 3층에 사무실을 내고 내가 작사작곡한 형편없는 노래 두 곡을 2,000부가량 찍었다. 그리고 손님들을 기다렸다. 사실 정신 나간 짓이었다. 내 기억으로는 전부 해서 세 부를 팔았던 것 같다. 한 부는 미국 작곡가인 찰스 캐드먼이 사갔고, 두 부는 계단을 내려가다가 우연히 우리 사무실 앞을 지나가던 행인 두 사람이 사갔다.

　버트 클라크는 사무실 운영을 해링턴에게 일임했다. 그러나 버트가 한 달 뒤에 뉴욕으로 돌아가면서 사무실은 문을 닫았다. 그러나 톰은 뉴욕으로 돌아가지 않았다. 그는 내게 와서 버트를 위해 일했던 것과 같은 조건으로 나를 위해 일하고 싶다고 말했다. 그런데 놀라운 것은 그는 버트를 위해 일하는 동안 생활비만 조금씩 받았지 봉급은 받은 적이 없었다. 생활비도 기껏해야 주당 7에서 8달러밖에 되지 않았다. 그는 채식주의자였기 때문에 차, 빵, 버터, 감자 정도만 먹고 살았다. 나는 이 말에 소스라치게 놀랐다. 우선 나는 그에게 악보 출판사에서 일한 기간에 대해 정당한 봉급을 지불했다. 그때부터 톰은 내 잡역부이자 시종이자 비서로 일했다.

톰은 성격이 유순했다. 그리고 성 프랜시스처럼 자비롭고 금욕주의자 같은 얼굴을 하고 있었다. 뿐만 아니라 얇은 입술, 넓은 이마 그리고 세상을 달관한 것 같은 슬픈 눈망울을 하고 있었다. 한 마디로 수수께끼 같은 인물이었다. 톰은 아일랜드계 미국인이었다. 다소 보헤미안적이고 신비스런 인물이라 뉴욕 이스트사이드에서 로스앤젤레스로 왔음에도 연예계보다는 수도원 같은 데가 더 어울릴 것 같은 친구였다.

톰은 매일 아침 체육클럽에 들러 내게 우편물과 신문을 가져다주었다. 물론 아침식사도 주문해주었다. 가끔 아무런 말없이 내 침대 맡에 책을 갖다놓기도 했다. 라프카디오 헌(1850~1904, 그리스 출신 소설가로 뒤에 일본인으로 귀화해 고이즈미 야쿠모로 더 잘 알려졌다-옮긴이)과 프랭크 해리스(1856~1931, 아일랜드계 미국 소설가-옮긴이) 등 내가 들어보지 못한 작가들의 책이었다. 톰 덕분에 나는 제임스 보즈웰(1740~1795, 스코틀랜드 출신의 전기 작가-옮긴이)의 《새뮤얼 존슨의 생애》를 읽었다.

"이 책을 들여다보고 있으면 졸음이 쏟아질 거예요."

그가 이렇게 말하며 하하 웃었다. 톰은 내가 먼저 말을 걸지 않

에드워드 스타이켄이 찍어준 내 초상 사진

으면 절대 말을 하지 않았다. 그리고 내가 아침을 먹는 동안 항상 어디론가 사라졌다. 나를 위한 배려였다. 톰은 내게 없어서는 안 될 존재가 되었다. 내가 무슨 일을 부탁하면 그는 고개만 끄덕였다. 그리고 군말 없이 일을 완수했다.

하루는 내가 스튜디오에 가려고 체육클럽을 나오는 순간이었다. 전화가 울렸다. 그런데 그때 그 전화만 울리지 않았어도 내 인생은 크게 달라졌을지 모른다. 새뮤얼 골드윈(1882~1974, 미국의 영화 제작자—옮긴이)의 전화였다. 그는 내게 자신의 바닷가 별장으로 수영하러 올 수 있는지 물었다. 나는 그러겠다고 대답했다. 때는 1917년 후반이었다.

상쾌하고 기분 좋은 오후였다. 상당한 미인이었던 여배우 올리브 토머스를 포함해 아리따운 아가씨들이 여럿 같이했다. 저녁 무렵 밀드레드 해리스라는 여배우가 도착했다. 그녀는 미스터 햄이라는 남자를 대동하고 왔다. 그녀는 아름다웠다. 나는 그렇게 생각했다. 누군가 내게 그녀가 엘리엇 덱스터(1870~1941, 미국의 연극배우이자 영화배우—옮긴이)에게 반해 있다고 얘기해주었다. 엘리엇도 그날 그 자리에 있었다. 확실히 밀드레드는 그날 저녁 내내 엘리엇에게 추파를 보내고 있었다. 그러나 그는 그녀에게 별로 관심이 없는 것 같았다.

솔직히 말해 그날 저녁 나는 그녀에게 별로 관심이 없었다. 그런데 샘 골드윈의 별장을 나서려고 하는데 그녀가 내게 다가오더니 시내까지 태워다줄 수 있는지 물었다. 친구와 사소한 말다툼이 있었는데 자기만 내버려두고 혼자 가버렸다는 것이었다. 나는 그녀를 시내까지 태워다줬다.

시내로 오는 길에 나는 차 안에서 혹시 친구가 엘리엇 덱스터를 질투하고 있는 것은 아니냐고 다소 무례한 질문을 했다. 그러나 밀드레드 해리스는 전혀 개의치 않았다. 오히려 그녀는 엘리엇이 상당히 멋진 남자라고 칭찬을 아끼지 않았다. 나는 밀드레드가 내 앞에서 그렇게 지분거리는 게 다른 사람의 이목을 끌기 위한 여자의 타고난 계략이라고 생각했다.

"그는 정말 행운아군요."

나는 시치미를 떼고 이렇게 말했다. 이외에도 우리는 도중에 이런저런 잡담을 나눴다. 밀드레드는 로이 웨버(1881~1939, 미국의 영화배우이자 감독—옮긴이)를 위해 일했고, 지금은 파라마운트 영화사에서 주연배우로 영화를 찍고 있다고 했다. 나는 아파트까지 그녀를 바래다주었다. 여하튼 눈치 없고 철딱서니 없는 어린 아가씨였다. 그녀와 차를 타고 오는 내내 가시방석에 앉아 있는 것 같았다. 그녀를 내려주고 체육클럽에 돌아오고 나서야 시름이 달아났다. 혼자 있는 것이 그렇게 기쁠 수 없었다. 그런데 방에 들어온 지 채 5분이나 지났을까, 전화가 울렸다. 밀드레드였다. 나는 전화를 받자마자 무슨 일이냐고 물었다.

"지금 뭐 하고 있는지 알고 싶어서요."

그녀는 천진난만하게 이렇게 말했다.

나는 밀드레드의 이런 태도에 놀랐다. 마치 오랫동안 사귄 연인처럼 말하는 것이 아닌가. 나는 그녀에게 방에서 저녁을 먹은 다음에 침대에 가서 책을 읽다가 잠을 잘 생각이라고 말했다.

"저런!"

해리스 양이 애처롭다는 듯이 말했다. 그리고 어떤 책을 읽는지 그리고 내가 지내는 방은 어떤지 물어봤다. 아마 그녀는 혼자 침대에 누워 이불을 덮은 채 책 읽는 내 모습을 상상했을 것이다. 그런데 그런 바보 같은 대화도 그리 나쁘지는 않았다. 나는 그녀의 천진난만한 구애에 걸려들고 말았다.

"언제 다시 뵐 수 있을까요?"

그녀가 물었다. 나는 그러면 엘리엇을 배신하는 것 아니냐고 농담조로 그녀를 나무랐다. 그러나 그녀는 그런 사람에게 관심 없다고 단호히 말했다. 그날 저녁에 보였던 태도와 완전 딴판이었다. 나는 그녀를 저녁식사에 초대했다.

저녁식사 자리에 나온 그녀는 상당히 예뻤다. 그러나 그녀에게서는 예쁜 여성을 마주했을 때 생기는 열의나 열정 같은 것을 전혀 느낄 수 없었다. 그녀가 내게 관심을 가졌던 것은 오직 섹스였던 것 같다. 그녀가 내게 그런 것을 기대한다는 생각이 들자 그녀와 함께 있는 것이 전혀 로맨틱하지 않았다.

사실 나는 그녀가 별로 마음에 들지 않았기 때문에 그날 이후로 특별히 안중에 두지 않았다. 그런데 주중에 톰 해링턴이 그녀에게서 전화가 왔었다고 내게 알려주었다. 그리고 그는 지나가는 말로 내가 상당한 미인과 함께 샘 골드윈의 집에서 나왔다는 이야기를 운전수에게 들었다고 이야기했다. 톰이 그 말만 하지 않았어도 나는 그녀를 다시 만날 생각은 하지 않았을 것이다. 이런 엉뚱한 말한 마디 때문에 내 허영심이 발동하고 말았다. 이것이 사건의 발단이었다. 우리는 거의 매일 함께 저녁을 먹고, 춤을 추러 가고, 달맞이를 가고, 바닷가로 드라이브를 가고 그리고 남녀 사이에 필시 일어날 수 있는 사랑도 나눴다. 어느 날, 밀드레드는 임신한 것 같다고 걱정하기 시작했다.

톰 해링턴은 자신의 생각이나 의견을 결코 다른 사람에게 말하는 사람이 아니었다. 어느 날 아침, 여느 때처럼 톰이 준비해준 아침을 먹은 나는 그에게 불쑥 결혼하고 싶다고 말했다. 그런데 그는 눈 하나 깜박하지 않고 조용히 이렇게 물었다.

"날짜는 언제로 하실 거죠?"

"오늘이 무슨 요일이지?"

"화요일입니다."

"금요일로 하지."

나는 보고 있던 신문에서 눈을 떼지도 않고 이렇게 말했다.

"당연히 밀드레드 양이겠죠."

"응."

그는 이미 그렇게 될 줄 알았다는 듯이 대수롭지 않게 고개를 끄덕였다.

"결혼반지는 준비하셨나요?"

"아니, 자네가 하나 준비해줘. 그리고 다른 것도 준비할 것이 많을 텐데 알아서 해주고. 참, 결혼 얘기는 당분간 다른 사람들에게는 비밀로 해주게."

톰은 다시 고개를 끄덕였다. 그리고 결혼식 당일까지 우리 두 사람은 일체 결혼 얘기를 입 밖에 꺼내지 않았다. 그는 우리가 금

〈키드〉의 시절

밀드레드 해리스와 결혼했을 무렵

요일 저녁 8시에 결혼할 수 있도록 모든 것을 준비했다.

   결혼 당일, 나는 스튜디오에서 늦게까지 일했다. 7시 반이 되자 톰이 조용히 와서 이렇게 속삭였다.

   "8시에 약속 있는 거 아시죠."

   나는 착잡한 심정으로 분장을 지우고 옷을 갈아입었다. 톰이 옆에서 옷 입는 것을 도와주었다. 우리는 차에 탈 때까지 한 마디도 하지 않았다. 톰이 먼저 말을 꺼냈다. 그는 내가 지방 호적계원인 스파크스 씨 댁에서 해리스 양을 만나기로 되어 있다고 설명했다.

우리가 도착했을 때 밀드레드는 먼저 와서 현관에 앉아 있었다. 우리가 안으로 들어서자 밀드레드는 쓸쓸한 미소를 지었다. 나는 그녀에게 약간 미안한 생각이 들었다. 밀드레드는 진한 회색 계통의 수수한 옷을 입고 있었고 매우 예뻐 보였다. 키가 크고 깡마른 남자가 나오더니 우리를 별실로 안내했다. 스파크스 씨였다. 다정하고 인정이 많은 사람 같았다. 내가 별실로 발걸음을 옮기려 하자 톰이 서둘러 반지를 건넸다. 그때 스파크스 씨가 이렇게 말했다.

"찰리, 당신은 정말 훌륭한 비서를 두셨더군요. 삼십 분 전까지도 신랑이 당신인 줄 몰랐다니까요."

예식은 의외로 간단하고 결연했다. 나는 톰에게 받은 반지를 밀드레드의 손가락에 끼워주었다. 이렇게 우리는 부부가 됐다. 예식이 끝나고 돌아가려 하자 스파크스 씨가 이렇게 말했다.

"찰리, 신부에게 키스하는 것은 잊지 않으셨죠?"

"아, 예. 물론이죠."

나는 미소를 지으며 대답했다.

머릿속이 복잡했다. 쓸데없이 바보 같은 짓을 했다는 생각이 떠나질 않았다. 실제로 별다른 생각 없이 저지른 무모한 결혼이었다. 그러나 나는 항상 아내를 원했다. 밀드레드는 젊고 예뻤다. 비록 그녀가 열아홉 살도 채 되지 않았고, 그러니까 나와는 열 살 넘게 차이가 났지만, 그런대로 잘 살 수 있을 것 같았다.

다음 날 아침 나는 무거운 마음으로 스튜디오에 나갔다. 에드나 퍼비언스가 스튜디오에 나와 있었다. 조간신문을 읽었는지 내 결혼 소식을 이미 알고 있는 것 같았다. 내가 그녀의 분장실 앞을 지날 때 문 앞까지 나와 나직이 이렇게 말했다.

"결혼 축하해요."

"고마워."

나는 대답했다. 그리고 내 분장실로 향했다. 나는 에드나의 갑작스런 축하 인사에 당황했다.

나는 더그에게 밀드레드가 머리가 좋은 것 같지 않다고 털어놓았다. 물론 나는 머리가 좋거나 백과사전 같은 해박한 지식을 가진 여자와 결혼하고 싶은 생각은 없었다. 지적 욕구는 도서관에 가면 언제든지 해소할 수 있다. 그러나 생각은 이랬지만 알 수 없는 불안감이 머릿속에서 떠나질 않았다. 즉 결혼이 내 일을 방해하지 않을까? 밀드레드가 젊고 예쁘다고 해도 그녀와 언제까지나 변치 않는 깊은 사랑을 할 수 있을까? 이것이 진정 내가 원하던 것이었을까? 딜레마였다. 비록 사랑을 하지는 않았지만, 나는 내가 원하던 결혼을 했고 성공적인 결혼생활을 하고 싶었다.

그러나 밀드레드에게 결혼은 내가 느끼는 것과 정반대였다. 그녀에게 결혼은 미인 선발대회에서 우승하는 것만큼 가슴 벅찬 모험이었다. 그것은 동화책에서 읽은 꿈 같고 환상적인 어떤 것이었다. 밀드레드에게는 현실에 대한 인식이 없었다. 내가 우리의 장래에 대해 진지하게 이야기를 나누려 해도 그녀는 전혀 귀 기울이지 않았다. 사실 솔직하게 말하면 전혀 대화가 통하지 않았다. 밀드레드는 뭔가에 홀린 사람처럼 제정신이 아니었다.

결혼하고 이튿날 메트로골드윈메이어(M.G.M) 영화사의 루이스 B. 메이어가 밀드레드에게 1년간 영화 6편에 출연하는 조건으로 5만 달러를 제시하며 계약 협상에 들어갔다. 나는 그녀에게 계약하지 말 것을 신신당부했다.

"당신이 영화에 계속 출연하고 싶다면, 내가 편당 5만 달러를 받을 수 있는 영화를 알아봐줄 수 있소."

밀드레드는 모나리자 같은 미소를 지으며 내가 하라는 대로 하겠다는 뜻을 비쳤다. 그런데 그녀는 계약서에 서명했다.

나는 그녀에게 화도 나고 실망스럽기도 했다. 내가 말할 때는 마치 귀담아듣는 것처럼 고개를 끄덕이더니 돌아서서는 완전히 내 뒤통수를 친 것이었다. 메이어에게도 화가 났다. 결혼한 지 얼마 되지 않은 신부에게 영화 출연을 제의한 것 자체가 마음에 들지 않았다.

그로부터 한 달 정도 지났을까. 밀드레드와 M.G.M 영화사 사이에 문제가 발생했다. 밀드레드는 내게 메이어를 만나 문제를 해결해달라고 부탁했다. 나는 어떤 상황에서도 그 사람을 만나고 싶지 않다고 말했다. 그러나 그녀는 이미 메이어를 저녁식사에 초대해놓은 뒤였다. 그래 놓고 그가 도착하기 몇 분 전에 그 사실을 내게 말했다. 나는 벌컥 화를 냈다.

"당신이 그를 데려오면, 내가 가만두지 않겠소."

말이 떨어지기 무섭게 초인종이 울렸다. 나는 놀란 토끼처럼 거실에 붙어 있는 유리로 만든 작은 온실로 뛰어들어갔다. 순간 당황해서 어디에 숨을지 마땅히 생각나는 곳이 없었다.

밀드레드와 메이어가 온실에서 몇 발짝 떨어진 거실에 앉아 사업 이야기를 하는 동안 나는 온실에 숨어 있었다. 메이어는 내가 온실에 숨어 있는 것을 눈치 챈 것 같았다. 그는 밀드레드와 대화하면서 마치 아버지가 딸을 대하는 것처럼 자상했다. 잠시 침묵이 흐르더니 메이어가 내 얘기를 꺼냈다. 밀드레드는 집에 아직 돌아오지 않았다고 둘러댔다. 그때 두 사람이 움직이는 소리가 들렸다. 나는 행여 두 사람이 온실로 들어오는 것은 아닌지 덜컥 겁을 집어먹었다. 나는 잠자고 있는 척할 생각이었다. 그러나 메이어는 밀드레드에게 뭔가 핑계를 대는 것 같더니 저녁도 먹지 않고 돌아갔다.

〈키드〉의 아역 스타 재키를 발굴하다

결혼하고 나서 밀드레드의 임신이 거짓이라는 것이 드러났다. 그렇게 여러 달이 지났다. 그러나 내 일에는 진척이 없었다. 그사이에 나는 3권짜리 〈서니사이드 Sunnyside〉를 완성했지만 영화를 만드는 내내 이를 뽑는 것 같은 고통이 이어졌다. 의심할 나위 없이 결혼이 내 창작 능력에 영향을 미치고 있었다. 〈서니사이드〉 이후 새로운 아이디어가 잘 떠오르지 않았다. 그 넘쳐흐르던 재치와 기지가 일순간에 사라져버린 것 같았다.

이런 절망감을 달래고 기분전환도 할 겸 나는 오르페움 극장에 갔다. 그날 나는 그곳에서 독특한 댄서를 발견하고 흥미를 가졌다. 그의 춤은 별로 특이한 게 없었지만 공연이 끝나면 네 살 정도 되어 보이는 어린 아들을 꼭 데리고 나와 같이 인사했다. 인사가 끝나면 그 아이는 갑자기 몇 가지 춤동작을 선보였다. 그런 다음 능청스럽게 관객들을 바라보며 손을 흔들어 보이고 무대에서 퇴장했다. 그러면 관객들은 배꼽을 잡고 웃으며 앙코르를 외쳐댔

영화 〈서니사이드〉 중에서

다. 앙코르가 나오자 아이는 다시 무대로 나오더니 이전과는 전혀 다른 춤을 선보였다. 여느 아이가 그렇게 했다면 밉살스럽게 보였을 텐데 그 아이는 달랐다. 이름은 재키 쿠건이라고 했다. 상당한 매력 덩어리로 관객들을 단번에 사로잡았다. 무대에서 무엇을 보여주든 하는 행동마다 개성과 끼가 넘치는 아이였다.

그렇게 일주일 정도가 지났다. 그리고 그 아이도 까마득하게 잊어버리고 있었다. 나는 배우들과 함께 열린 무대에 앉아 다음 작품을 무엇으로 할지 머리를 싸매고 고심하고 있었다. 그때 문득 그 아이가 생각났다. 당시에 나는 자주 배우들을 불러 마주앉아 이야기를 나눴다. 내가 그들 앞에 있을 때 그들이 보이는 반응이 내게 자극제가 됐기 때문이다.

그날 나는 막다른 골목에 처해 거의 자포자기하는 심정으로 그들 앞에 앉았다. 배우들이 예의상 웃어 보였지만 나는 내 노력이 별 소득이 없다는 것을 알았다. 무엇을 어떻게 해야 할지 갈피를 못 잡고 있었다. 그래서 나는 근래에 오르페움 극장에서 본 연극과 무대에 나와 아버지와 같이 인사를 하던 그 어린아이, 재키 쿠건에 대해 이야기했다. 그러자 누군가 재키 쿠건이라는 아이가 로스코 아버클 영화사와 영화 출연 계약을 했다는 소식을 조간신문에서 읽은 것 같다고 말했다.

순간 아차 싶은 생각이 들었다. '이런! 내가 왜 그 생각을 못했을까?' 그가 영화에 출연한다면 상당한 인기를 끌 것이 분명했다. 나는 그가 영화에서 어떤 연기를 할 수 있을지 머릿속에 떠올려 보았다. 그리고 나와 같이 할 수 있을 만한 개그와 줄거리도 생각했다. 이런저런 아이디어가 떠올랐다.

"자, 이런 건 어때요. 뜨내기는 유리창 수리공이고, 어린아이가 거리를 돌아다니면서 유리창을 깨는 거예요. 그러면 뜨내기는 얼른 달려와서 유리창을 수리해주고. 아이와 부랑자가 같이 살면서 겪는 온갖 모험!"

나는 하루 종일 앉아서 스토리를 짜내고 그것을 배우들과 스태프들에게 한 장면 한 장면 자세히 설명했다. 그러나 배우들이나 스태프들은 나를 이상한 눈초리로 쳐다봤다. 가망성도 없는 일에 왜 혼자 열중하고 있는지 모르겠다는 표정이었다. 그래도 나는 몇 시간 동안 앉아 구상을 계속했다. 그러다가 문득 정신이 들었다. '그런데 이게 무슨 소용이 있지? 그 아이는 이미 로스코 아버클 영화사와 계약을 했고, 아마 그들도 나와 비슷한 생각을 하고 있을 텐데. 바보 같이 왜 이런 생각을 먼저 하지 못했지!' 그날 오후부터 시작해서 밤늦게까지 나는 그 아이에 대한 미련을 떨쳐버릴 수 없었다. 소용없는 줄 알면서도 다른 일은 전폐하고 계속 그 아이와 함께 찍을 만한 이야기를 떠올렸다.

다음 날 아침 나는 풀이 죽은 상태에서 스튜디오에 나갔다. 리허설이 있다고 배우들과 스태프들을 불러 모았다. 말은 그렇게 했지만 무엇을 찍을지 정하지도 않았기에 리허설이고 뭐고 할 것이 없었다. 그래서 의기소침한 나는 배우들과 함께 무대에 주저앉았다. 누군가 흑인 아이나 다른 아이를 찾아보는 것은 어떠냐고 제안했다. 그러나 나는 확신이 들지 않아 고개를 가로저었다. 재키 같이 개성이 강한 아이를 찾는 것은 쉬운 일이 아니었다. 11시 반쯤 되었을까. 스튜디오의 홍보 담당자였던 칼라일 로빈슨이 서둘러 무대로 달려왔다. 그는 거친 숨을 몰아쉬며 이렇게 말했다.

"로스코 아버클 영화사와 계약한 건 재키 쿠건이 아니라 그 애의 아버지 잭 쿠건이랍니다!"

나는 의자를 박차고 일어났다.

"서두릅시다! 우선 그 애 아버지에게 전화해서 즉시 이리로 오라고 하세요. 중요하게 할 이야기가 있다고!"

이 소식에 우리 모두는 흥분했다. 몇몇 배우들이 내게 다가와 축하한다며 등을 두드렸다. 그들도 매우 기뻤던 것이다. 사무실 스태프들도 그 소식을 듣고 무대로 와서 나를 축하해줬다. 그러나 축하는 아직 일렀다. 아직 재키와 계약을 한 상태가 아니었다. 혹시 로스코 아버클 영화사도 나와 같은 생각을 하고 있을지 모르는

〈키드〉의 시절 491

상황이었다. 나는 칼라일을 불러 우리 계획이 새어나가지 않도록 신중하게 일처리를 해달라고 부탁했다. 무엇보다 아버지에게 전화하면서 아이에 대해 절대 입 밖에 내지 말라고 신신당부했다.

"아버지가 우리 스튜디오에 당도할 때까지 아무 언급도 하지 말게. 아주 긴급한 일이 있으니 삼십 분 내에 이리로 와달라고만 하게. 이유를 묻거든 오면 알 수 있으니 무조건 오라고 말하고. 혹시 지금 당장 올 수 없는 상황이라면 우리가 직접 찾아가겠다고 말하고. 여하튼 그가 여기 도착할 때까지 어떤 것도 말하지 말게."

그러나 잭 쿠건과의 전화 통화는 쉽지 않았다. 그는 그의 극단에 없었다. 그리고 마침내 그와 연락이 닿았다. 그가 있는 곳을 수소문해서 연락을 취하는 데 무려 2시간이나 걸렸다. 그 2시간 동안 나는 초초해 숨이 멎는 것 같았다.

재키의 아버지는 놀라고 당황스런 얼굴로 스튜디오에 도착했다. 자신에게 무슨 큰일이라도 난 것으로 생각했던 것 같다. 전화에다 대고 막무가내로 급한 용무가 있다며 스튜디오로 오라고 했으니 놀라는 것도 당연했다. 나는 그를 보자마자 와락 끌어안았다.

"그는 엄청난 센세이션을 불러일으키면서 전무후무한 대성공을 거둘 겁니다. 이 영화 한 편으로 말이죠!"

나는 잭은 안중에도 두지 않고 계속 내 이야기만 떠들어댔다. 아마 그는 내가 반쯤 미쳤거나 제정신이 아닌 사람이라고 생각했을 것이다.

"이 영화로 당신 아들은 인생이 바뀌게 될 겁니다!"

"내 아들이요?"

"예, 당신 아들이요. 이 영화에 출연할 수 있도록 해준다면요."

"안 될 것도 없지요."

그는 생각지도 않게 순순히 동의했다.

사람들은 영화에서 갓난아기와 개만큼 훌륭한 배우가 없다고 말한다. 태어난 지 12개월 된 아이를 욕조에 담고 비누를 한 개 줘보면 금방 알 수 있다. 대부분의 사람들은 그 아이가 비누를 집으려고 애쓰는 모습을 보고 웃음을 참지 못한다. 모든 아이들은 어떤 형태로든 천재성을 갖고 있다. 관건은 그것을 아이들에게서 끌어내는 것이다. 재키는 그것이 어렵지 않았다. 나는 재키에게 팬터마임의 몇 가지 기본 규칙을 가르쳤는데 그는 어렵지 않게 그것을 터득했다. 재키는 연기에 몰입하고 감정을 실을 줄도 알았다. 그리고 그것이 자연스럽게 배어나올 수 있도록 반복해서 연습했다.

〈키드 *The Kid*〉의 한 장면 중에 어린아이가 창문을 향해 돌을 던지려는 순간이 있다. 그때 경찰관이 몰래 그 애 뒤로 다가간다. 그 애가 돌을 던지려고 손을 뒤로 젖히는 순간 손이 경찰관 옷에 닿는다. 그 애는 경찰관을 돌아보고 장난치듯이 돌을 위로 톡 던졌다가 받는다. 그리고 천연덕스럽게 그것을 다른 곳에 던져버리고 몇 걸음 천천히 걷는 척하다가 얼른 내뺀다.

이 장면을 어떻게 연출할지 궁리하던 나는 재키 앞에서 직접 연기를 펼쳐 보이며 몇 가지 핵심 사항을 지적했다.

"먼저 돌을 주운 다음에 창문을 바라보는 거야. 그리고 돌을 던질 준비를 해. 이렇게 손을 뒤로 젖히는 거지. 그런데 손을 뒤로 젖힐 때 네 손이 경찰관 옷에 닿아. 단추 같은 것에 닿는 게 느껴져 뭔가 하고 위를 올려다보니까 경찰인 거야. 그러면 아무렇지도 않게 장난치듯이 돌을 공중에 던졌다 받는 거야. 그러다가 돌을 다른 곳에 던져버리고 몇 걸음 걸어가는 척하다가 냅다 달아나는 거지. 무슨 말인지 알겠어?"

재키는 이 장면을 세 번인가 네 번 반복해서 연습했다. 그는 이 장면을 어떤 순서로 연기해야 할지 정확히 이해했다. 그래서 이 장면에서 묻어나야 하는 어린아이의 짓궂은 표정도 제대로 연기할 수 있었다. 이 장면에서 재키의 연기는 단연 압권이었다. 그리고 영화 전체에서도 가장 볼 만한 장면 중 하나였다.

물론 모든 장면이 순조롭게 진행된 것은 아니다. 재키는 오히려 손쉬운 장면을 어려워했다. 물론 성인 배우들도 쉬운 장면을 더 어렵게 느끼는 경우가 종종 있다. 한 번은 그냥 문을 열고 들어오는 장면이 있어 재키에게 쉬운 연기니 자연스럽게 하라고 주문했다. 그런데 재키는 무슨 생각이 들었는지 이 장면을 자연스럽게 연기하지 못했다. 결국 우리는 포기하고 말았다.

어떤 연기도 머릿속에서 그려지지 않으면 자연스럽게 연기할 수 없다. 무대에서 감독의 말에 귀 기울이는 것은 쉽지 않다. 그러나 보통 아마추어 배우들은 자신의 연기보다는 감독의 말에 귀 기울이는 편이다. 가끔 재키는 연기에 앞서 깊은 생각에 잠겼다. 자신이 어떻게 연기할지 머릿속에 그려보는 것 같았다. 물론 그때마다 그는 정말 멋진 연기를 펼쳤다.

재키의 아버지는 로스코 아버클 영화사와 계약이 끝나자마자 우리 스튜디오에 나와 항상 아들과 같이 있어주었다. 그리고 나중에는 싸구려 여인숙이 나오는 장면에서 소매치기로 출연하기도 했다. 재키의 아버지는 〈키드〉를 촬영하는 내내 옆에서 많은 도움을 주었다. 〈키드〉를 보면 소년원 직원 두 명이 내게서 재키를 강제로 데려가려는 장면이 있다. 문제는 이 장면에서 재키가 울어야 했다. 나는 재키를 울리려고 여러 가지 무서운 이야기를 들려주었지만 아이는 울기는커녕 재미있는지 마냥 장난만 쳤다. 한 시간 가까이 지나도록 뾰족한 수가 생각나지 않았다. 재키의 아버지가 나섰다.

"제가 울게 해보겠습니다."

"으르거나 때리지는 마세요."

내가 죄스러운 마음에 이렇게 말했다.

"아닙니다. 어떻게 그렇게 하겠어요."

아버지가 말했다.

재키는 여전히 즐거워하고 있었다. 나는 그 애 아버지가 어떻게 울릴지 지켜보고 서 있을 자신이 없었다. 그래서 분장실로 갔다. 잠시 뒤에 재키가 소리치며 우는 소리가 들렸다.

"됐어요."

아버지가 말했다.

장면은 내가 소년원 직원들의 수중에서 재키를 구해낸 다음 울고 있는 재키를 끌어안고 키스를 하는 장면이었다. 촬영이 끝났을 때 나는 그 애 아버지에게 물어봤다.

"어떻게 울렸어요?"

"울지 않으면 스튜디오에서 끌어내 진짜 소년원에 보내겠다고 말했죠."

나는 재키를 보고 미안한 마음이 들어 팔에 안아 올려 위로해주었다. 뺨은 아직도 눈물에 젖어 있었다. 내가 말했다.

영화 〈키드〉 중에서

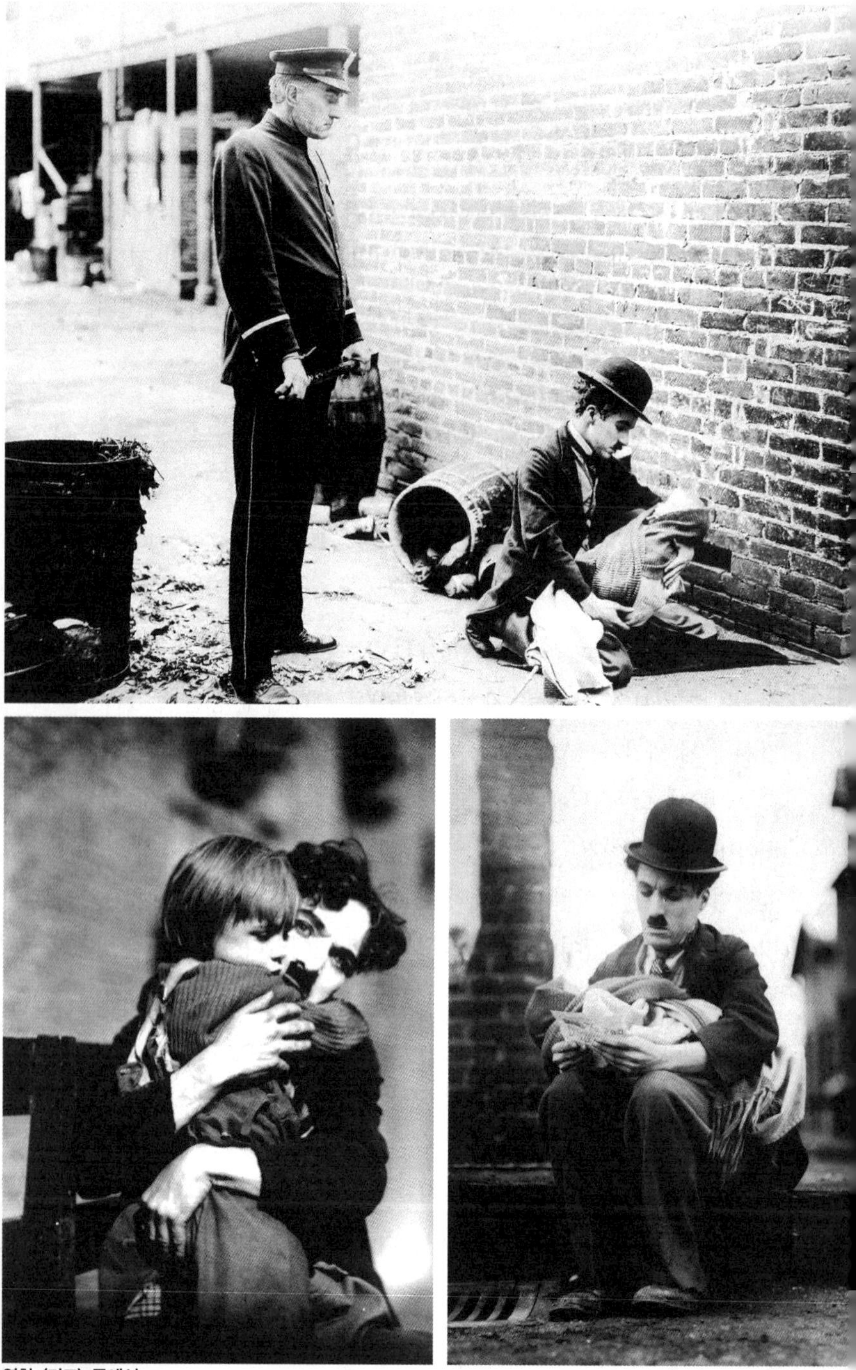

"걱정하지 마라. 아무도 널 데려가지 않을 테니까."

"저도 알아요."

그가 울먹이는 목소리로 작게 속삭였다.

"아빠가 절 놀린 거라는 거 다 알아요."

단편작가로 영화 각본도 많이 쓴 구베르너 모리스는 나를 그의 집에 자주 초대했다. 사람들은 그를 '구비'라 불렀다. 구비는 매력적이고 호의적인 사람이었다. 한 번은 그의 집에 초대되어 갔을 때 〈키드〉를 화제에 올린 적이 있다. 나는 〈키드〉를 눈물샘을 자극하는 감성, 즉 드라마가 결합된 슬랩스틱 코미디로 만들 생각이라고 말했다. 그는 이렇게 말했다.

"그런 건 가당치 않네. 형식이란 순수해야 하네. 희극이면 희극, 드라마면 드라마. 두 개를 섞는다는 것은 가당치도 않아. 그렇다면 한쪽은 실패하고 말 거야."

우리는 영화의 형식 문제에 대해 불꽃 튀는 논쟁을 했다. 나는 슬랩스틱 코미디에서 감성을 자극하는 드라마로 옮겨가는 것은 형식의 문제가 아니라 감정과 장면 배열에 대한 판단의 문제라고 말했다. 특히 형식에 있어서 나는 이런 의견을 개진했다. 형식은 저절로 생겨나는 것이 아니라 누군가 만들어내는 것이다. 즉 예술가가 어떤 세계를 생각하고 그것을 진정으로 믿는다면, 아무리 그것이 혼합물이라 하더라도 남에게 납득시킬 수 있을 것이라고 주장했다. 물론 이런 주장을 뒷받침할 이론적 바탕이 있었던 것은 아니다. 그것은 순전히 내 직감이었다. 영화 형식에는 풍자, 즉흥극, 현실주의, 자연주의, 멜로드라마 그리고 판타지 등 다양한 형식이 있다. 그러나 〈키드〉는 기본적으로 슬랩스틱과 감성 드라마를 결합한 새로운 형식이었다.

〈키드〉를 편집하는 동안 일곱 살 난 세계 체스선수권대회 우승자 새뮤얼 레셰프스키가 스튜디오를 방문했다. 그 아이는 로스앤젤레스 체육클럽에서 한 번에 20명과 동시에 체스를 두는 시범을 보일 예정이었다. 그중에는 캘리포니아 주 체스 챔피언인 그리피스 박사도 끼어 있었다. 새뮤얼은 창백하고 깡마른 얼굴에 커다란 눈망울을 하고 있었다. 어린아이답지 않게 진지한 구석도 있었지만, 사람들을 대할 때는 어딘지 모르게 호전적이었다. 나는 그가 신경질적이며 남과 좀처럼 악수를 하지 않는다는 것을 익히 들어 알고 있었다.

그의 매니저가 우리를 소개하고 몇 마디 말을 건네고 나자 새뮤얼은 멀뚱히 서서 내가 하는 일을 지켜봤다. 나는 원본에서 잘라낸 필름을 일일이 살펴보면서 편집을 하고 있었다.

잠시 뒤에 나는 그 애를 돌아보며 이렇게 물었다.

"복숭아 좋아하니?"

"예."

그가 대답했다.

"그렇다면 정원에 나가보렴. 복숭아나무가 한 그루 있는데 심심할 테니 가서 따먹으렴. 그리고 나한테도 한 개 따다 주고. 알았지?"

그의 얼굴에 생기가 돌았다.

"오, 좋아요! 그런데 정원이 어디에 있어요?"

"저기 칼 아저씨가 알려줄 거야."

홍보 담당 칼라일 로빈슨을 가리키며 말했다.

15분쯤 뒤에 소년은 복숭아 몇 개를 손에 들고 으스대며 돌아왔다. 이 일로 우리 두 사람은 급속도로 가까워졌다.

"체스 할 줄 아세요?"

그가 물었다. 나는 체스를 둘 줄 몰랐다. 그래서 모른다고 대답했다.

"제가 가르쳐드릴게요. 오늘 밤에 제 경기가 있는데 보러 오세요. 한 번에 스무 명과 두는 거예요."

그 아이는 자랑스럽다는 듯이 말했다. 나는 경기를 보러 가겠다고 약속하고 경기가 끝나면 저녁을 사주겠다고 말했다.

"좋아요, 빨리 끝내도록 할게요."

그날 저녁 벌어진 체스 시범 경기는 한 편의 드라마를 보는 것 같았다. 달리 체스에 관한 지식이 필요 없었다. 중년 남성 20명이 일곱 살짜리, 그것도 나이에 비해 턱없이 어려 보이는 아이에게 곤욕을 치르면서 체스판을 뚫어져라 쳐다보고 있었다. U자형 테이블 안에서 20명을 한꺼번에 상대하는 그 아이를 지켜보고 있는 것 자체가 한 편의 드라마였다.

그날 시범 경기를 본 관객은 어림잡아 300명이 넘었다. 그들은 홀 양쪽에 마련된 단에 열을 지어 앉아 숨을 죽인 채 자기보다 나이 많은 어른들을 상대로 두뇌 싸움을 벌이고 있는 아이를 지켜보고 있었다. 나로서는 처음 보는 낯선 광경이었다. 마치 자신이 체스를 두는 것처럼 훈수를 두면서 열을 올리는 사람들도 있었고, 모나리자의 미소를 띤 채 조용히 앉아 나름대로 궁리를 해가며 경기를 즐기는 사람들도 있었다.

그 아이는 정말 놀라웠다. 그러나 그 아이를 보고 있자니 마음이 심란했다. 그는 어린 나이에 자신의 몸을 혹사하고 있었다. 조금이라도 수세에 몰리면 아이의 얼굴은 금세 붉어졌다가 또 이내 새하얗게 변하기를 반복했다.

"여기!" 하고 도전자가 외치면 그 아이는 그 사람 앞으로 다가가 다음 수를 생각하고 자신의 말을 옮기거나 바로 "장군!"이라고 외쳤다. 한 수를 두는 데 몇 초밖에 걸리지 않았다. 구경꾼들 사이에서 나지막한 탄성이 흘러나왔다. 나는 그가 연달아 8명을 외통수로 몰아넣는 것을 지켜보았다. 순식간에 일어난 일로 구경꾼들이 탄성을 지르며 박수갈채를 보냈다.

그 아이가 그리피스 박사 앞으로 다가가 체스판을 보며 다음 수를 궁리했다. 구경꾼들이 숨을 죽였다. 순간 그가 자신의 말을 움직이더니 돌아서서 나를 쳐다봤다. 얼굴에 미소를 띠며 내게 손을 흔들었다. 이제 곧 끝날 것 같다는 신호였다.

몇몇 도전자를 외통수로 몰아넣은 그는 다시 그리피스 박사 앞으로 돌아왔다. 박사는 여전히 자신의 수를 어떻게 두어야 할지 궁리 중이었다.

"아직 두지 않으셨어요?"

그 아이가 기다리기 지루하다는 듯이 말했다. 그리피스 박사는 그래도 소용없다는 듯 머리를 흔들었다.

"자, 어서요. 빨리 두세요."

아이가 말했다. 그리피스 박사가 미소를 지었다. 그러자 아이는 매서운 눈빛으로 그를 노려봤다.

"그렇게 해서는 저를 이길 수 없어요. 말을 여기에 두시면, 저는 여기에 둘 거예요. 이렇게 두시면, 전 요렇게 둘 거고요."

그 아이는 일고여덟 수까지 앞을 내다보고 말을 옮겼다. 그리피스 박사가 할 말을 잃은 것 같았다.

"이러다 날 새겠어요. 그냥 무승부로 할게요."

그리피스 박사가 마지못해 그 애의 제안을 받아들였다.

〈키드〉의 필름을 사수하라

나는 밀드레드를 좋아했지만 우리 결혼은 처음부터 잘못된 것이었다. 밀드레드가 비열하다거나 보잘것없는 사람이라고 깎아내리는 것은 아니다. 그러나 그녀는 고양이처럼 교활한 구석이 있었다. 나는 밀드레드가 무슨 생각으로 사는지 도대체 알 수 없었다. 항상 핑크빛 허황된 꿈을 좇았고, 한 순간도 주어진 상황에 만족하는 법이 없었다. 결혼하고 1년 만에 아이를 가졌지만 태어난 지 사흘 만에 죽고 말았다. 이 일로 우리 부부는 더욱 파국으로 치달았다. 한 집에 살면서도 좀처럼 얼굴 보기가 힘들었다. 나도 일 때문에 바빴지만, 그녀도 촬영이 있어 스튜디오에 나가 있는 날이 많았다.

집은 갈수록 삭막해져갔다. 집에 들어가도 혼자 식사하기 일쑤였다. 그리고 밀드레드는 이따금 한 마디 말도 없이 일주일 이상 집을 비우기도 했다. 나는 집에 들어와 침실 문이 열려 있는 것을 보고서야 그녀가 집을 비우고 나갔다는 것을 알 수 있을 정도였다.

가끔 일요일 아침에 집을 나서려는 그녀와 마주쳤다. 그러면 그녀는 마지못해 친구들과 주말을 보낼 생각이라며 말을 건넸다. 그러면 나도 주말에 혼자 집에 있는 것이 궁상스러워 자주 페어뱅크스 부부네 집에 가서 함께 보냈다. 그리고 얼마 지나지 않아 우리는 파경을 맞았다. 한창 〈키드〉를 편집하고 있을 때였다. 그날도 나는 페어뱅크스 부부네 집에 가서 주말을 보내고 있었다. 더글러스가 밀드레드에 관해 떠돌고 있는 소문을 귀띔해줬다.

"자네가 알고 있어야 할 것 같아서."

그가 먼저 말을 꺼냈다. 나는 밀드레드에 대해 떠도는 소문이 사실인지 아닌지 알고 싶지 않았다. 그러나 그런 소문이 떠돈다는 사실에 마음이 착잡했다. 밀드레드를 만나 소문의 진위를 물었다. 그녀는 극구 부인했다. 오히려 누가 그런 근거 없는 소문을 퍼뜨리고 다니는지 물으며 역정을 냈다.

"그렇지만, 이런 식으로는 계속 살 수 없어."

내가 말했다. 잠시 정적이 흘렀다. 밀드레드가 나를 차갑게 쳐다봤다.

"그럼 어쩌자는 거죠?"

그녀가 태연하게 물었다. 나는 밀드레드의 냉정하고 침착한 대응에 짐짓 놀랐다.

"이혼하는 수밖에 없겠지."

나는 밀드레드가 어떤 반응을 보일지 지켜보며 침착하게 말했다. 그러나 밀드레드는 아무 대답도 하지 않았다. 잠시 침묵이 흐른 뒤에 나는 계속 말을 이었다.

"그렇게 하는 게 우리 두 사람의 행복을 위해 더 좋은 것 같아. 당신은 아직 젊고 앞날도 창창해. 이혼 절차는 서로 변호사를 통해 원만하게 처리했으면 해. 나머지는 당신이 하자는 대로 할게."

"저는 어머니만 보살펴드릴 수 있는 돈이면 충분해요."

밀드레드가 말했다.

"위자료 문제는 우리 선에서 합의를 했으면 좋겠는데."

나는 그녀가 어떻게 나올지 떠볼 요량으로 이렇게 말했다. 밀드레드는 잠시 생각하더니 이렇게 말했다.

"그건 제 변호사와 상의해보고 말씀드릴게요."

"그렇게 해. 그리고 그동안 집은 당신이 사용해. 나는 체육클럽으로 옮길 테니까."

우리는 원만하게 이혼에 합의했다. 이혼 사유는 정신적 학대로 하기로 했다. 물론 이혼 사유에 대해서는 일절 언론에 공개하지 않기로 약속까지 했다.

다음 날 아침 톰 해링턴이 내 짐을 로스앤젤레스 체육클럽으로 옮겨다줬다. 그러나 체육클럽으로 옮긴 것은 판단 착오였다. 우리가 별거에 들어갔다는 소문이 삽시간에 퍼지면서 신문사에서 사실 확인을 위한 전화가 빗발쳤다. 나뿐만 아니라 밀드레드에게도 전화가 걸려왔다. 나는 약속대로 그들의 질문에 일절 응하지 않았다. 그러나 밀드레드가 어이없게도 문제를 일으켰다. 그녀는 신문사의 질문에 일일이 대답했던 것이다.

이튿날 우리 이혼 기사가 모든 신문에 대문짝만하게 실렸다. 내가 남편으로서 도리를 다하지 못했고, 그것 때문에 그녀가 정신적 스트레스를 받았다. 그래서 정신적 학대를 이유로 이혼을 제기할 것이라는 내용이었다. 지금의 잣대로 보면 당시의 신문기사가 그렇게 심한 것은 아니었다. 그러나 나는 밀드레드에게 전화를 걸어 신문사에 이혼 사실을 밝힌 이유가 뭔지 물었다. 그녀는 자신도 처음에는 신문사 접촉을 피했지만, 내가 이미 이혼 사실을 확인해주었다는 그들의 말을 듣고 인터뷰에 응하게 됐다고 해명했다. 물론 그것은 거짓이었다. 나는 밀드레드에게 그들이 우리 두 사람을 떠보기 위해 짜낸 거짓말이라고 했다. 그녀는 앞으로 절대 인터뷰에 응하지 않겠다고 다짐했다. 그러나 그녀는 약속을 지키지 않았다.

캘리포니아 주 공유재산법에 따라 나는 밀드레드에게 25,000달러를 위자료로 주면 되었다. 그러나 나는 10만 달러를 주겠다고 약속했다. 그리고 그녀도 그 액수에 순순히 동의했다. 그러나 이혼 서류에 서명을 앞두고 밀드레드는 아무런 이유 없이 서명을 거부했다. 내 변호사도 예상 외라며 "무슨 꿍꿍이속이 있는 것 같습니다"라고 말했다.

정말 그랬다. 당시 나는 〈키드〉의 배급을 놓고 퍼스트내셔널 영화사와 실랑이를 벌이고 있었다. 원래 나는 〈키드〉를 전 7권으로 만들어 배급할 생각으로 편집을 진행하고 있었다. 그런데 퍼스트내셔널 영화사는 그것을 2권짜리 세 편으로 배급하길 원했다. 이런 식으로 영화를 배급할 경우 그들이 내게 지급하는 수익금은 40만 5,000달러밖에 되지 않았다. 그러나 나는 이미 1년 반 동안 작업하면서 제작비로 50만 달러 가까이 지출한 상태였다. 나는 어떤 일이 있어도 그렇게 할 수 없다고 말했다. 그들은 소송을 제기하겠다고 으름장을 놓았다. 그러나 법적으로 그들이 승소할 가능성은 없었다. 물론 그들도 그것을 잘 알고 있었다. 따라서 그들은 밀드레드를 이용해 〈키드〉를 이혼 위자료조로 압류할 생각이었던 것이다.

〈키드〉의 편집이 아직 끝나지 않은 상태였기 때문에 나는 다른 주에 들고 가서 작업을 마무리 지을 생각을 했다. 그래서 스태프 2명과 40만 피트가 넘는 필름을 들고 솔트레이크시티로 향했다. 필름은 500롤이나 되는 엄청난 분량이었다. 우리는 솔트레이크 호텔에 방을 잡고 침실 하나에 필름을 늘어놓았다. 선반, 찬장, 서랍 속까지 호텔방 전체가 필름으로 뒤덮였다. 호텔에 가연성 물질을 반입하는 것은 위법이었기 때문에 우리는 비밀리에 일을 진행해야 했다. 이런 악조건에서 우리는 편집을 계속했다. 2000컷 이상 되는 장면을 편집해야 했기 때문에 번호를 매겨놨어도 툭하면 순서가 뒤섞이기 십상이었다. 그러면 우리는 필름을 찾느라 침대 위아래 할 것 없이 온 방구석을 몇 시간이고 뒤지고 다녔다. 여하튼 제대로 된 편집 시설 하나 갖추지 못한 호텔방에서 우여곡절 끝에 편집을 마칠 수 있었다.

이제 남은 일은 시사회를 통해 관객들의 반응을 살펴보는 것이었다. 물론 나는 편집용 영사기로 미리 편집한 영화를 봤다. 호텔이라 스크린을 준비할 수 없었기 때문에 엽서만 한 크기로 수건에 투사해서 봤다. 내 스튜디오에서 일반 스크린으로 편집용 프린트를 보던 때가 그리웠다. 그리고 15개월 동안 눈물겹도록 어렵게 일했다는 생각이 들자 기분이 착 가라앉았다.

나와 함께 영화 편집을 위해 솔트레이크시티로 온 스태프 2명

외에 영화를 본 사람은 아직 없었다. 편집용 영사기로 몇 차례 돌려봤지만 생각했던 것만큼 흥미롭거나 재미있다는 생각은 들지 않았다. 어렵게 편집하면서 처음에 가졌던 흥분이나 감격이 무뎌져서 그럴 것이라고 서로 위로했다.

우리는 관객들이 어떤 반응을 보일지 시험해보기로 했다. 정식 시사회를 할 수 있는 상황이 아니었기 때문에 사전 예고 없이 근처 극장에서 상영할 생각이었다. 굉장히 큰 극장이었는데도 관람석이 4분의 3정도 찼다. 나는 초조한 심정으로 영화가 시작되기를 기다렸다. 그날 그 자리에 온 관객들은 내가 어떤 영화를 선보일지 별반 기대하는 눈치가 아니었다. 갑자기 나는 관객들이 희극영화에서 무엇을 기대하고 어떤 식으로 반응하는지에 대한 내 판단에 의구심이 들기 시작했다. 나는 이번 〈키드〉에서 새로운 희극 형식을 실험했다. 나는 희극이라는 장르와 드라마란 장르를 적절히 혼합하고자 했다. 그래서 관객들이 〈키드〉를 보고 어떤 반응을 보일지 자못 궁금했다. 어쩌면 내 판단이 잘못된 것일 수도 있었다. 내가 의도했던 것에서 완전히 벗어나 관객들이 〈키드〉를 보고 황당해할 수도 있는 일이었다. 그때 문득 이런 생각이 스쳐 지나갔다. '희극배우인 내가 희극에 대해 완전히 잘못된 판단을 하고 있을 수도 있다.'

스크린에 화면이 나오기 시작했다. 너무 긴장했는지 속이 울렁거리고 토할 것 같았다.

'찰리 채플린의 최신작, 키드.'

객석에서 가벼운 탄성과 박수갈채가 흘러나왔다. 그런데 나는 오히려 더 걱정됐다. 관객들이 찰리 채플린의 최신작이라고 해서 큰 기대를 하고 있다가 막상 영화를 보고 재미가 없어 실망을 할지도 모를 일이었다.

영화의 앞부분은 느린 템포로 영화 전반에 대한 배경 설명이 이어진다. 분위기는 희극영화답지 않게 진지하고 엄숙하다. 상황이 이렇다 보니 내 속은 더 타들어갔다. 한 어머니가 아기를 리무진에 버리고 사라진다. 그 리무진을 훔친 도둑들은 아기를 발견하고 쓰레기통 옆에 버리고 도망친다. 그때 나, 즉 뜨내기가 등장한다. 내가 모습을 드러내자 관객들이 웃기 시작하더니 웃음소리가 점점 커져갔다. 관객들이 내 연출 의도를 알아차린 것이다! 이때부터 나도 확신이 들기 시작했다. 나는 버려진 아기를 발견하고 데려다 키운다. 관객들은 내가 낡은 부대로 아기용 해먹을 만든 것을 보고 크게 웃었다. 그리고 찻주전자 주둥이에 고무젖꼭지를 달아 아기에게 물리는 장면에서는 탄성을 자아냈다. 뿐만 아니라 낡은 등나무 의자에 구멍을 내 아기용 변기를 만드는 것을 보고 깔깔대며 웃었다. 그렇게 관객들은 영화가 끝날 때까지 미친 사람들처럼 줄곧 웃어댔다.

시사회는 성공이었다. 그리고 편집도 마음에 들었다. 그래서 우리는 짐을 싸서 솔트레이크시티를 떠나 동부로 향했다. 우리는 뉴욕 리츠 호텔에 방을 잡았다. 그러나 나는 호텔방에서 한 발짝도 나갈 수 없었다. 밀드레드와의 이혼 소송을 이용해 위자료조로 〈키드〉를 압류하려는 퍼스트내셔널 영화사가 고용한 집달관들이 나를 졸졸 따라다니며 귀찮게 했다. 그들은 사흘 동안 호텔 로비에서 내 동태를 감시하며 불침번을 섰다. 나는 짜증이 나기 시작했다. 그때 프랭크 해리스가 자신의 자택에서 있을 저녁 만찬에 나를 초대했다. 나는 어떻게든 가보고 싶었다. 그날 저녁, 얼굴에 베일을 뒤집어쓴 한 여인이 리츠 호텔 로비를 유유히 빠져나와 택시를 잡아탔다. 바로 나였다. 나는 형수의 옷가지를 빌려 정장 위에 걸쳐 입고 프랭크의 집에 도착하기 전에 택시 안에서 벗어버렸다.

프랭크 해리스는 내 우상이었다. 나는 그가 출간한 책들을 읽고 크게 감명받은 적이 있었다. 프랭크는 오랫동안 재정적으로 어려움에 처해 있었다. 그리고 그가 격주로 펴내고 있던 〈피어슨 매거진〉도 폐간 직전이었다. 한 번은 그가 지면을 통해 잡지의 후원을 요청하는 글을 보고 기부금을 보내준 적이 있었다. 프랭크는 그 보답으로 그가 오스카 와일드에 대해 쓴 책 《오스카 와일드, 그의 생애와 고백》 두 권을 내게 보내줬다. 책 면지에 이런 글이 쓰여 있었다.

찰리 채플린 씨에게

생면부지인 저에게 후원금을 보내주신 몇 안 되는 분 중에 유머와 익살을 예술의 경지로 승화시킨 당신에게 진심으로 경의를 표합니다. 저는 사람들에게 웃음을 선사할 수 있는 사람이 눈물을 흘리도록 만드는 사람보다 더 가치가 있다고 생각합니다.

프랭크 해리스로부터

이 책을 당신에게 드립니다. 1919년 8월.

'나는 인간에 대해 눈물을 머금으며 이야기하는 작가만을 존경하고 높이 평가한다.' —파스칼

그날 밤 나는 생전 처음으로 프랭크를 만났다. 키는 작았으나 체격이 좋고 강단이 있어 보였다. 그리고 철지난 카이저 수염을 하고 있었는데 썩 어울리지는 않았다. 목소리는 굵고 쩌렁쩌렁했는데 일부러 그렇게 소리를 내는 것 같았다. 나이는 예순일곱 살이었는데 빨강머리의 젊고 아름다운 부인을 두고 있었다. 그녀는 프랭크에게 매우 헌신적이었다.

프랭크 해리스는 사회주의자이기는 했지만 독일의 비스마르크를 상당히 존경했다. 그러나 사회주의자였던 카를 리프크네히트(1871~1919, 독일의 사회주의자로 독일공산당 설립자이다—옮긴이)는 경멸했다. 프랭크는 비스마르크가 독일제국의회에 출석해 리프크네히트의 질문에 대답하면서 취한 독일인 특유의 억양과 몸짓을 그대로 흉내 냈는데, 연기이기는 했지만 그럴듯했다. 아마 프랭크가 작가가 아니라 배우로 나섰다면 크게 성공했을지도 모른다. 우리는 새벽 4시까지 이야기를 나눴는데 프랭크가 어찌나 달변이던지 내가 끼어들 틈이 없었다.

그날 새벽 나는 리츠 호텔로 돌아가지 않고 다른 호텔에 가서 쉴 생각이었다. 그 시간까지도 집달관들이 로비에서 버티고 있을 게 뻔했다. 그런데 가는 곳마다 호텔은 만원이었다. 1시간 넘게 택시를 타고 뉴욕 시내 호텔이란 호텔은 다 돌아다녔지만 헛수고였다. 마흔 살쯤 되어 보이는 택시 운전기사가 안 되겠다 싶었는

지 나를 돌아보며 이렇게 말했다.

"저기, 이 시간에 호텔방을 잡는 것은 쉽지 않습니다. 괜찮으시다면 저희 집에 가셔서 아침까지 눈 좀 붙이고 나오시죠."

처음에는 불안하기도 해서 주저했으나 그가 부인과 가족에 대해 하는 말을 듣고 나니 신세를 져도 괜찮을 것 같았다. 게다가 어딘들 호텔로 돌아가 집달관들에게 시달리는 것보다는 낫지 싶었다.

"정말 친절하십니다."

나는 이렇게 말하고 내가 누군지 소개했다. 그는 순간 놀라더니 크게 웃었다.

"우리 집사람이 좋아할 겁니다."

우리는 브롱크스 주택가 밀집지역 어느 곳에 도착했다. 갈색 벽돌로 지은 집들이 길게 줄지어 늘어서 있었다. 우리는 그중 한 집으로 들어갔다. 세간은 많지 않았지만 티끌 하나 없이 깨끗한 집이었다. 그는 나를 안쪽 방으로 안내했다. 커다란 침대가 하나 놓여 있었고 열두 살 된 아들이 누워 잠을 자고 있었다.

"잠깐만요."

그가 이렇게 말하더니 자고 있는 아들을 들어 침대 구석으로 옮겨 뉘었다. 그런데도 아이는 잠에 취했는지 꿈쩍도 하지 않았다. 그가 나를 보며 말했다.

"여기 누우세요."

나는 그냥 호텔로 돌아갈까 했지만 그의 호의를 생각해 차마 거절할 수 없었다. 그는 내게 깨끗한 잠옷도 한 벌 가져다주었다. 나는 잠옷으로 갈아입고 옆에 누워 있는 아이가 깨지 않도록 살며시 누웠다.

그러나 나는 한숨도 자지 못했다. 얼마 안 있어 옆에 누워 자고 있던 아이가 일어나더니 옷을 챙겨 입었다. 나는 반쯤 뜬 눈으로 아이가 어떻게 반응하는지 지켜보았다. 아이는 나를 한번 휙 훑어보더니 그냥 방을 나갔다. 몇 분 뒤에 그 아이와 동생으로 보이는 여덟 살 먹은 여자애가 함께 조심조심 방으로 들어왔다. 나는 여전히 자는 척했다. 그들은 눈을 크게 뜨고 신기한 듯 나를 쳐다봤다. 여자애가 웃음이 나오는지 입을 막은 채 낄낄거렸다. 그리고 다시 방을 나갔다.

조금 뒤에 복도에서 중얼거리는 소리가 들려왔다. 택시기사의 목소리였다. 그가 나지막하게 뭐라고 속삭이는 것 같더니 내가 일어났는지 확인하기 위해 조심스럽게 방문을 열었다. 나는 일어났다고 그에게 말했다.

그가 말했다.

"목욕물을 받아놨습니다. 층계참 끝에 화장실이 있습니다."

그러고는 실내복과 슬리퍼 그리고 수건을 가져다주며 물었다.

"아침식사 하셔야죠? 뭘 좋아하시는지?"

"아무 거나 괜찮습니다."

나는 미안한 생각이 들어 이렇게 대답했다.

"드시고 싶은 걸 말씀하세요. 베이컨과 계란, 토스트와 커피 어떠세요?"

"좋습니다."

내가 목욕을 마치고 옷을 갈아입고 나오니 부인이 아침을 준비해놓고 기다리고 있었다.

나는 거실을 대충 훑어봤다. 가구는 탁자, 안락의자 그리고 소파가 전부였다. 그리고 가족사진이 담긴 액자 몇 개가 벽난로 위와 소파 위쪽에 걸려 있었다. 혼자 아침을 먹고 있는데 집 밖에 아이들과 어른들이 몰려들어 웅성거리는 소리가 들려왔다.

"선생님이 여기에 계신 걸 이웃사람들이 어떻게 알아챈 것 같습니다."

커피를 따르던 부인이 웃으며 이렇게 말했다. 그때 택시기사가 흥분해서 들어왔다.

"보세요. 밖에 사람들이 구름처럼 몰려들고 있어요. 계속 불어나요. 아이들만이라도 뵐 수 있게 하면 돌아갈 것 같은데요. 그러지 않으면 언론사에서 알고 당장 쫓아올지 모릅니다."

"괜찮으니 들여보내세요."

내가 대답했다.

커피를 마시고 있자니 아이들이 낄낄거리며 들어와 탁자 주위를 둘러쌌다. 한편 밖에서 택시기사는 이렇게 외쳐대고 있었다.

"자, 흥분하지 말고 줄을 서세요. 한 번에 두 명씩 들어갈 겁니다."

한 젊은 여성이 심각한 표정으로 방에 들어왔다. 그녀는 내 얼굴을 찬찬히 뜯어보더니 이내 울음을 터뜨렸다.

"아냐. 그가 아냐. 그일 거라고 생각했는데."

그녀는 흐느껴 울었다. 한 친구가 그녀에게 귓속말로 이렇게 말하는 게 들렸다.

"이 사람이 누군지 알기나 해? 믿지 못하겠지."

사실 그녀는 내가 전쟁터에 나가 행방불명된 동생이 아닐까 하는 생각에 확인하기 위해 온 것이었다.

나는 〈키드〉에 대한 압류장이 발부되든 안 되든 리츠 호텔로 돌아가기로 마음먹었다. 그러나 호텔 로비에는 아무도 없었다. 집달관들이 돌아간 것이다. 대신 캘리포니아에 있는 내 변호사로부터 전보가 와 있었다. 전보에는 퍼스트내셔널 영화사와 관련한 문제가 해결됐고, 밀드레드도 이혼 서류에 서명했다고 적혀 있었다.

다음 날 택시기사와 그의 부인이 정장 차림으로 호텔에 있는 나를 찾아왔다. 그는 일요신문사들이 내가 그의 집에서 머문 날 있었던 일화를 기사화하고 싶다며 계속 귀찮게 따라다닌다고 즐거운 하소연을 했다.

"하지만 저는 선생님께서 허락하지 않으시면 아무것도 말하지 않을 참입니다."

그는 단호하게 말했다.

"괜찮습니다."

내가 말했다.

비싼 대가를 치르고 얻은 자유

퍼스트내셔널 영화사의 '존엄한' 중역들이 무슨 의도인지는 몰라도 손에 모자를 벗어 들고 나를 찾아왔다. 부사장 가운데 한 사람이자 미국 동부 여러 주에 극장 체인을 갖고 있는 고든 씨가 먼저 운을 뗐다.

"당신은 우리에게 이번 영화로 150만 달러를 요구하지만 우린 아직 영화도 보지 못했네."

나는 그들의 말에도 일리가 있다는 생각에 그들이 보는 앞에서 시사회를 갖기로 했다.

괴로운 저녁이었다. 퍼스트내셔널 영화사의 배급업자 25명이 떼로 몰려와 영사실로 들어갔다. 그들은 마치 무슨 검시관이라도 되는 것처럼 거만하게 굴었다. 사실 영화 배급업자들은 돈밖에 모르는 사악하고 매정한 사람들이었다.

영화가 시작됐다. 메인 타이틀인 '웃음과 눈물이 있는 영화'라는 자막이 스크린에 나왔다.

"나쁘진 않군."

고든 씨가 무슨 아량이라도 베푸는 것처럼 말했다.

솔트레이크시티에서 가진 시사회에서 관객들이 보인 반응이 있었기 때문에 나는 그런대로 자신이 있었다. 그러나 영화가 중반쯤 지나가자 그런 자신감도 사라졌다. 한두 사람만 숨죽여 낄낄거릴 뿐 아무도 탄성이나 웃음을 자아내지 않았다. 영화가 끝나고 조명이 들어오자 잠시 침묵이 흘렀다. 그들은 기지개를 펴고 눈을 깜박거리더니 영화와는 상관없는 대화를 나누기 시작했다.

"해리, 오늘 저녁에 뭐 할 거야?"

"마누라랑 플라자 호텔에 가서 지그펠드 쇼를 보기로 했어."

"멋진데."

"같이 갈래?"

"아냐. 뉴욕에 가봐야 해. 아들 졸업식이 있어서."

그들은 영화를 보고 나서 가타부타 말도 없이 이런 잡담이나 나누고 있었다. 나만 혼자 신경을 곤두세우고 있는 것 같았다. 어쩔 수 없이 내가 먼저 말을 꺼냈다.

"그럼, 보신 소감이 어떠신지……."

몇몇 사람은 말하기 껄끄러운지 눈길을 피했다. 아예 고개를 숙인 채 바닥만 쳐다보는 사람들도 있었다. 이번에도 고든 씨가 먼저 말문을 열었다. 그는 자리에서 일어나더니 천천히 왔다 갔다 하기 시작했다. 그가 그들의 대변자인 것은 분명했다. 고든 씨는 키가 땅딸막하고 올빼미 같이 둥근 얼굴에 뿔테 안경을 쓰고 있었다.

"글쎄. 우선 여기 참석한 분들의 의견을 종합해보아야겠네."

"그야 당연하죠. 그래도 영화를 어떻게 보셨는지 소감이 있을 것 같은데요?"

내가 말하자 그는 잠깐 머뭇거리다가 씩 웃으며 이렇게 말했다.

"이보게 찰리, 우리는 영화를 사러 여기에 온 거지 감상평을 말하러 온 게 아니네."

고든 씨가 이렇게 말하자 주위에 있던 한두 사람이 크게 너털웃음을 웃었다.

"영화가 마음에 들었다고 해서 돈을 더 받지는 않을 겁니다."

내가 말했다. 그는 조금 머뭇거렸다.

"사실 나는 조금 다른 것을 기대했는데."

"뭘 기대하셨는데요?"

그가 천천히 말했다.

"글쎄, 찰리. 그래도 150만 달러짜린데 조금 약하다는 생각이 들지 않아?"

"원하는 게 뭐예요. 런던 브리지가 무너지기라도 해야 하는 건가요?"

"아니. 150만 달러짜리 치고는······."

그의 목소리가 갑자기 사그라졌다.

"예, 가격은 150만 달러입니다. 사가든지 말든지 마음대로 하세요."

나는 더 이상 참을 수가 없어 이렇게 말했다. 퍼스트내셔널 영화사의 회장인 J. D. 윌리엄스가 직접 우리가 있는 영사실로 내려왔다. 그리고 무슨 낌새를 챘는지 나를 살살 구슬렸다.

"찰리, 나는 〈키드〉가 굉장한 영화라고 생각하네. 인간적이고 색다른…… 흥분하지 말고 침착하게 문제를 풀어가세."

그러나 나는 그가 〈키드〉를 '색다른'이라고 표현한 것에 기분이 나빠졌다. 나는 딱 잘라 말했다.

"더 이상 논의할 것도 없습니다. 이미 말한 대로입니다. 일주일의 여유를 주겠습니다. 그 안에 결정하세요."

나는 그날 이후 나를 대하는 태도를 보고 그들에게 정나미가 뚝 떨어졌다. 그러나 그들이 마음을 정하는 데는 일주일도 채 걸리지 않았다. 그들은 〈키드〉를 내가 제시한 가격에 사겠다는 의사를 전달해왔다. 뿐만 아니라 출자금 150만 달러가 회수되고 나서 그 이후에 발생하는 수익금에 대해서는 50퍼센트를 지급하겠다는 계약서에도 서명했다. 물론 당연히 영화는 내 모든 작품에 동일하게 적용되는 방식, 즉 5년간 대여하고, 그 이후에는 필름을 원래 상태 그대로 반환하는 조건이었다.

가정 문제와 사업 문제가 동시에 해결되자 나는 하늘을 날아갈 것 같았다. 나는 몇 주 동안 속세를 떠난 사람처럼 호텔에서 은둔 생활을 했다. 일체 바깥출입을 하지 않고 호텔방 네 벽만 바라보며 유유자적 지냈다. 지난번에 택시기사와 있었던 일이 신문에 났는지 기사를 본 친구들이 내게 전화했다. 여하튼 나는 일과 가정에서 모두 자유로운 몸이 되었다. 그리고 이전처럼 멋지고 흥미로운 생활이 다시 시작됐다.

뉴욕은 항상 나를 극진히 맞아주었다. 〈보그〉와 〈베니티페어〉지의 편집장이었던 프랭크 크라우닌쉴드는 뉴욕에서 진정 화려한 생활이 뭔지 내게 보여줬고, 이 두 잡지의 소유자이자 발행인인 콘데 나스트는 정말 호화로운 파티를 열어주었다. 콘데는 매디슨 애비뉴에 커다란 펜트하우스를 얻어 살고 있었다. 당시 매디슨 애비뉴는 저명한 예술가들과 대부호들 그리고 '사랑스런' 올리브 토머스와 '아름다운' 돌로레스를 포함해 지그펠드 폴리스 걸들 같은 미인들이 모여 사는 곳으로 유명했다.

내가 머물고 있던 리츠 호텔에서도 흥미로운 일들이 많았다. 하루 종일 나를 초대하고 싶다는 전화가 여기저기에서 빗발쳤다. 이번 주말은 여기에 한번 가볼까? 아니면 저기에 가볼까? 마술(馬術) 쇼가 있다는데 거기에나 한번 가볼까? 누구의 초대에 응해야 할지 행복한 고민의 연속이었다. 물론 이런 초대가 모두 거창하거나 화려한 것은 아니었지만 나는 소시민적인 취향을 좋아했다. 뉴욕에서는 은밀한 로맨스, 오찬, 저녁 만찬, 심야 만찬 그리고 시간이 없을 때는 조찬 약속까지 하루 24시간이 모자랐다. 이렇게 뉴욕의 화려한 겉모습만 스쳐 지나가듯 바라보던 나는 이제 그리니치빌리지의 지적인 풍토에 빠져들고 싶었다. 그것은 분명 뉴욕의 또 다른 모습이기도 했다.

당시 나 같은 희극배우들이나 어릿광대들은 공부할 수 있는 여건 또는 기회가 없었기 때문에 어느 정도 인기를 얻고 성공을 거두고 나면 지식욕에 많이 사로잡혔다. 솔직히 그들은 항상 지식에 굶주렸다. 재단사, 궐련 제조업자, 프로 권투선수, 웨이터, 트럭 운전기사 등 전혀 예상치 못한 사람들이 어느 날 갑자기 지식에 흥미를 갖거나 지식욕을 불태운다.

그리니치빌리지에 사는 한 친구의 집에 초대되어 갔을 때, 나는 머리로 생각하는 것을 적당한 말로 표현하는 데 어려움을 느끼고 있다고 토로한 적이 있었다. 그렇다고 사전을 찾는다고 이런 어려움이 해소되는 것은 아니었다.

내가 말했다.

"그래서 사전 편집 방법과 비슷한 체계가 고안된 것 같아. 즉 추상적인 단어에서 구체적인 단어로 그리고 연역적인 과정과 귀납적인 과정을 통해 우리가 생각하는 것을 말할 수 있는 적절한 단어를 찾아내는 방법이지."

그러자 흑인 트럭 운전기사가 말했다.

"그런 책이 한 권 있습니다. 《로제의 어휘 사전》[피터 마크 로제(1779~1869)가 편찬한 영어 관련 어휘 사전—옮긴이]이라는 책입니다."

알렉산드리아 호텔에서 일하는 한 웨이터는 내게 식사 시중을 들면서 칼 마르크스와 윌리엄 브레이크 등을 인용하고는 했다.

'this' 'them' 'those'를 브루클린 악센트로 'dis' 'dem' 'dose'로 발음하던 한 희극 곡예사는 로버트 버튼의 《우울증의 해부》를 추천하면서 셰익스피어뿐 아니라 새뮤얼 존슨도 그의 영향을 받았다고 말했다. 그러면서 "라틴어는 건너뛰고 읽어도 상관없어요"라고 했다.

지적인 측면에서 나는 이들과 거의 처지가 비슷했다. 보드빌 배우로 무대에 오른 뒤부터 상당히 많은 책을 읽었지만 끝까지 읽은 책은 많지 않았다. 천천히 읽는 버릇이 있어서 책 한 권 읽는 데 시간이 많이 걸렸다. 그렇다고 집중해서 읽는 것은 아니었다. 대부분 한번 대충 훑어보고 내려놓는 책들이 많았다. 특히 책의 전반적인 내용이나 저자의 기본 스타일이 눈에 익으면 바로 흥미를 잃었다. 그래도 전 5권으로 된 《플루타르크 영웅전》은 한 글자도 빼먹지 않고 꼼꼼히 읽었다. 그러나 그런 수고에 비해 별 소득은 없었다. 책은 꼭 필요한 것만 선별해서 읽었다. 그리고 어떤 책은 몇 번이고 반복해서 읽었다. 플라톤, 로크, 칸트 그리고 버튼의 《우울증의 해부》는 몇 해에 걸쳐 읽기도 했다. 나는 이런 식으로 내가 원하는 많은 지식을 얻을 수 있었다.

그리니치빌리지에서 나는 에세이스트이자 역사가이며 소설가인 월도 프랭크, 시인인 하트 크레인, 당시 〈대중 The Masses〉지의 편집장이었던 맥스 이스트먼, 저명한 변호사이자 뉴욕항 세관원이었던 더들리 필드 말론 그리고 여성 참정권론자인 그의 부인 마거릿 포스터를 만났다. 나는 또한 크리스틴 레스토랑에서 점심을 먹으며 여러 사람들을 만날 수 있었다. 그곳에서 나는 연극 〈존 왕〉의 리허설 기간 동안 매일같이 와서 점심을 먹었던 프로빈스타운 극단(새로운 실험극 상연을 목표로 작가와 예술가들 그리고 아마추어 배우들이 1915년 미국 매사추세츠 주 프로빈스타운에 설립한 극단-옮긴이)의 여러 배우들을 만났다. 당시 〈존 왕〉은 젊은 극작가로 뒤에 나의 장인어른이 된 유진 오닐이 쓴 드라마였다. 나는 그들의 초대를 받아 극단에 찾아간 적이 있었는데, 극단은 마구간을 개조했는지 작고 허름했다.

내가 월도 프랭크를 알게 된 것은 그가 1919년에 출간한 에세이집 《우리 아메리카》를 통해서였다. 그중 마크 트웨인에 대한 에세이는 그에 대한 심오한 통찰을 보여준 글이다. 그리고 한 가지 덧붙이자면 나에 대해 최초로 심오한 분석을 한 인물도 그였다. 그래서 우리는 자연스럽게 좋은 친구가 되었다. 월도는 신비주의자와 역사가의 면모를 동시에 갖춘 인물로 미국인의 내면을 깊이 꿰뚫어보는 통찰력을 갖고 있었다.

우리는 그리니치빌리지에서 자주 즐거운 저녁 시간을 보냈다. 나는 월도의 소개로 하트 크레인을 알게 되었고, 우리는 월도가 살고 있는 그리니치빌리지의 작은 아파트에서 저녁을 먹으며 밤새도록 이야기를 나눴다. 한 마디로 우리 세 사람은 저녁부터 아침까지 각자의 생각과 판단이 갖는 미묘한 차이를 확인해가며 열띤 토론과 좌담을 벌였다.

하트 크레인은 사정이 딱한 사람이었다. 그의 아버지는 사탕 제조업으로 엄청난 부를 축적한 백만장자였다. 그리고 여느 아버지처럼 자신이 이룩한 사업을 아들이 이어받기를 바랐다. 그러나 하트 크레인은 사업보다는 시를 쓰고 싶어 했다. 사정이 이렇다 보니 아버지는 아들의 기를 꺾어놓기 위해 재정지원을 일절 해주지 않았다. 사실 나는 시를 잘 모르지만, 이 책을 쓰면서 하트 크레인이 출간한 시집 《다리 The Bridge》를 읽어봤다. 북받치는 감정, 야릇하고 극적인 내용, 뼈에 사무치는 번민과 다이아몬드로

도려낸 것 같은 날카로운 심상이 곳곳에 배어 있는 시집이었다. 물론 나로서는 감당하기 벅찬 통렬함이 느껴졌지만, 아마 당시 하트의 심리상태가 그랬을 것이다. 그러나 실제로 하트는 착하고 온순한 사람이었다.

우리는 시의 목적에 대해 서로의 생각을 교환했다. 나는 시가 세상에 보내는 러브레터라고 말했다. "이 좁은 세상에." 하트가 우수 어린 표정으로 이렇게 말했다. 그는 내 희극영화가 그리스 희극 전통을 이어받고 있다고 말했다. 나는 이 말을 듣고 영역된 아리스토파네스의 글을 읽어보려 했지만 끝까지 읽지 못했다고 말했다.

뒤에 하트는 구겐하임 장학기금을 받게 됐지만 이미 때는 늦었다. 오랜 세월 동안 빈곤과 가족의 무관심 속에 술에 절어 방탕한 생활을 하던 그는 멕시코에 갔다가 미국으로 돌아오는 여객선에서 바다에 뛰어내려 자살했다.

그는 자살하기 몇 해 전에 보니 앤드 리버라이트 출판사에서 출간한 단편 모음집 《하얀 건물들 White Buildings》을 내게 보내줬다. 면지에 이런 글이 쓰여 있었다. '〈키드〉의 개봉을 기념하며 찰리 채플린에게. 1928년 1월 20일, 하트 크레인.' 그 시집에 〈채플린양식 Chaplinesque〉이란 제목의 시가 있다.

> 헐렁하던 주머니가 어느 날 갑자기 두둑해지면
> 어쩌다 찾아오는 요행임에도 그것에 만족한 채
> 우리는 별다른 저항 없이
> 주어진 현실에 안주한다.

계단에 웅크리고 앉아 있는 굶주린 고양이를 발견하고도
이 험난한 세상에 고양이가 숨어 지낼 만한 은신처가 있다는 것,
따스하게 쉴 만한 곳이 있다는 것을 아는 것은
우리가 여전히 세상을 사랑하기 때문이다.

한쪽 눈을 감고 천진난만하게 혹은 놀란 표정을 지으며
천천히 집게손가락을 들어 우리를 겨누도록 하는 것,
그것이 엄지손가락의 숙명.
그러나 우리는 그걸 쉽게 회피하거나
능글맞은 웃음으로 무시한다!

그렇지만 우리가 타락했다는 것은 거짓말이 아니다.
호리호리한 지팡이가 혼자 발레를 한다면 과연 믿겠는가.
우리의 장례식을 치르는 것은, 보기에 따라서는, 큰일도 아니다.
우리는 당신과 그 밖의 모든 사람을 피해갈 수 있지만, 마음만은 숨길 수 없다.
마음이 아직 따뜻한데 어떻게 우리를 비난하겠는가?

이런 엉뚱한 말장난이 부자연스러운 웃음을 낳는다.
그러나 우리는 쓸쓸한 골목길을 비추는 희미한 달빛이라도 있어야
빈 깡통이라도 날릴 수 있는 법.
그리고 빈 깡통 소리에 뒤섞여 나는
새끼고양이 울음소리를 듣는다.

〈키드〉의 시절

더들리 필드 말론이 자신이 살고 있는 그리니치빌리지에서 독일인 사업가인 얀 보이세베인과 맥스 이스트먼 등 여러 사람을 초대해 재미있는 파티를 연 적이 있었다. 그중에 이름이 정확히 기억나지 않지만 '조지'라고 자신의 이름을 밝힌 흥미로운 청년이 있었다. 그날 그는 상당히 흥분해 있었다. 나중에 알게 된 사실이지만, 조지는 불가리아 국왕의 호의와 후원으로 소피아 대학교에 들어갔지만, 얼마 지나지 않아 좌익 조직에 몸담고 반정부 활동을 벌이다가 미국으로 와서 세계 산업노동자연맹에 가담했다. 그러나 결국 붙잡혀 20년 형을 선고받고 2년 동안 복역하던 중에 재심청구가 받아들여져 보석금을 내고 풀려난 상태였다.

그날 조지는 제스처 게임(몸짓을 보고 단어를 알아맞히는 놀이—옮긴이)을 하고 있었다. 내가 그를 바라보자 더들리 필드 말론이 이렇게 속삭였다.

"재심청구에서 이길 것 같지 않아."

조지는 식탁보를 몸에 칭칭 감고 사라 베르나르를 흉내 내고 있었다. 우리는 그런 그를 보고 재미있어 하며 웃었지만 속으로는 다시 감옥으로 돌아가 남은 형기를 채워야 하는 그의 운명을 불쌍하게 여기고 있었다.

파티는 재미있었지만, 평소와 달리 바쁜 날이었다. 그래서 일찍 자리에서 일어나려고 하는데 조지가 나를 불러 세웠다.

"벌써 가시게요? 조금만 더 있다 가시죠?"

나는 그를 옆으로 불러냈다. 어떻게 말해야 할지 알 수 없었다.

"재심청구에서 내가 도울 일은 없나?"

내가 귓속말로 물었다. 그는 괜찮다며 손사래를 치더니 내 손을 꼭 잡고 이렇게 말했다. 그래도 내 호의에는 감사하는 것 같았다.

"찰리, 저에 대해서는 걱정하지 않으셔도 돼요. 괜찮을 겁니다."

어머니를 미국으로 모셔오다

나는 뉴욕에 좀 더 머물고 싶었지만 처리해야 할 일이 있어 캘리포니아로 향했다. 우선 퍼스트내셔널 영화사와 계약한 작품들을 서둘러 마무리 지을 작정이었다. 그리고 하루 속히 유나이티드 아티스트에서 작업하고 싶었다.

캘리포니아로 돌아왔지만 일이 쉽게 손에 잡히지 않았다. 뉴욕에 머무는 동안 일손을 놓고 있었기 때문이다. 그리고 막상 캘리포니아에 돌아오니 뉴욕에서 보낸 시간이 그리웠다. 퍼스트내셔널 영화사와 2권짜리 희극영화 4편을 더 만들어야 한다고 생각하니 앞이 캄캄했다. 나는 며칠 동안 스튜디오에 나가 생각하는 연습을 했다. 생각하는 것도 바이올린이나 피아노를 치는 것처럼 매일 연습하지 않으면 감이 떨어진다.

뉴욕의 화려하고 변화무쌍한 생활이 몸에 뱄는지 좀처럼 이전 생활로 돌아갈 수 없었다. 그래서 나는 기분전환도 할 겸 영국인 친구 세실 레이놀즈 박사와 함께 카탈리나(캘리포니아 롱비치 앞바다에서 남서쪽으로 약 50킬로미터 지점에 있는 섬으로, 일명 사랑의 섬으로 불린다—옮긴이)로 낚시질을 하러 갔다.

낚시꾼들에게 카탈리나 섬은 천국이나 다름없었다. 섬에는 아바론이라는 한적하고 오래된 마을이 있었는데, 그곳에 외지인들이 묵을 수 있는 작은 호텔 두 채가 있었다. 사계절 내내 낚시하기에 좋은 곳이었다. 다랑어 떼가 몰려오는 계절에는 배 한 척 빌리기도 어려울 정도였다. 이른 아침에 누군가 이렇게 외치는 소리가 들렸다. "저기다!" 30에서 300파운드까지 다양한 크기의 다랑어가 육안으로 확인할 수 있을 정도로 가까이에서 물살을 헤치며 떼로 몰려다니고 있었다. 조용하던 호텔이 갑자기 시끌벅적해지더니 흥분의 도가니로 바뀌었다. 옷을 제대로 갖춰 입을 겨를도 없었다. 미리 배를 빌려놓은 사람들은 옷가지를 챙겨 배에서 갈아입었다.

그날 레이놀즈 박사와 나도 다랑어 8마리를 낚았다. 모두 30파운드가 넘는 놈들이었다. 그러나 다랑어 떼는 순식간에 나타났다가 순식간에 사라지기 때문에 다랑어 떼가 사라지면 다시 보통 낚시로 돌아갔다. 우리는 간혹 연을 날려 다랑어를 낚았다. 낚싯줄을 매단 연에 날치 미끼를 매단 다음 수면에 살짝 드리우는 것이다. 상당히 재미있는 낚시였는데 다랑어가 미끼를 어떻게 무는지 눈으로 직접 확인할 수 있었다. 다랑어는 물거품을 만들며 미끼 주위를 돌다가 순간 미끼를 낚아채 200피트 이상 달아났다.

카탈리나 섬 주변에서 잡히는 황새치는 무게만 100파운드에서 600파운드까지 나갔다. 황새치 낚시는 다랑어와 달리 상당히 신중을 기해야 한다. 낚시를 드리우면 황새치는 점잖게 미끼를 문다. 미끼로는 날개다랑어나 날치를 쓴다. 미끼를 문 황새치는 100야드 정도 헤엄쳐 간다. 그리고 멈춰 선다. 물론 바로 낚싯줄을 당기면 안 된다. 황새치가 미끼를 삼킬 때까지 1분 정도 시간적 여유를 두고 기다려야 한다. 이제 천천히 낚싯줄을 당겨 팽팽

카탈리나 섬에서 에드워드 크노블록과 함께 잡은 103킬로그램짜리 다랑어

하게 한 다음 낚싯줄을 두세 번 정도 잡아당긴다. 황새치 낚시의 묘미는 이때부터다. 다시 황새치는 100야드 이상 헤엄친다. 낚싯줄이 빠르게 풀린다. 서둘러 느슨해진 낚싯줄을 팽팽하게 감는다. 그러지 않으면 낚싯줄이 끊어질 수 있다. 황새치가 달아나다가 갑자기 방향을 바꿀 때 물의 마찰 때문에 낚싯줄이 끊어지는 경우가 있다. 황새치가 불도그처럼 거칠게 머리를 흔들면서 20번에서 40번 정도 물 밖으로 뛰어오른다. 결국 힘이 다한 황새치는 죽은 듯 가만히 있다. 그러나 이것으로 끝난 게 아니다. 사실 황새치는 들어 올리는 것도 일이다. 그날 내가 잡은 황새치는 무게가 176파운드나 나갔는데 끌어올리는 데 22분이나 걸렸다.

평화로운 나날의 연속이었다. 레이놀즈 박사와 나는 아침마다 배를 타고 낚시를 하러 나갔다. 고요한 아침 안개와 저 멀리 아련하게 보이는 수평선이 아름다웠다. 몸이 나른하면 낚싯대를 손에 쥔 채 앉은 자리에서 꾸벅꾸벅 졸았다. 가끔 갈매기 울음소리와 지나가는 모터보트 엔진 소리만이 정적을 흔들었다.

레이놀즈 박사는 뇌신경외과 분야에서 당대 최고 권위자였다. 나는 그가 직접 집도한 수술을 많이 알고 있었다. 그중에 뇌종양을 앓던 아이가 있었다. 여자아이였는데, 하루에도 20번 이상 발작을 일으키고 치매 현상까지 보였다. 레이놀즈 박사가 그 아이의 수술을 맡았다. 소녀는 수술 후 건강을 회복해 뒤에 훌륭한 학자가 되었다.

그러나 무엇보다 세실 레이놀즈는 '괴짜'였다. 당시 그는 연기에 빠져 있었다. 내가 그와 친구가 될 수 있었던 것도 그가 연기에 푹 빠져 있었기 때문이다. 세실은 "연극은 영혼의 양식"이라고 말하고는 했다. 나는 그가 이렇게 말할 때마다 그의 의술이 오히려 영혼의 양식이 될 수 있다고 치켜세웠다. 뇌종양으로 치매기를 보이던 말기 암환자를 살려내 뛰어난 학자로 길러냈으니 이보다 더 극적인 일이 어디 있겠는가?

"수술은 신경조직이 어디에 있는지만 알고 있으면 쉽게 할 수 있는 거야. 그런데 연기는 무엇보다 영혼을 키우는 정신적 경험이지 않은가?"

그가 이렇게 말했다. 나는 세실에게 왜 뇌신경학을 공부했는지 물어봤다. 그의 대답은 의외로 간결했다.

"그것도 일종의 드라마니까."

세실 레이놀즈는 캘리포니아 주 패서디나 시에 있는 아마추어 극단에 자주 단역배우로 출연했다. 그는 내 영화 〈모던 타임스〉에 교구 목사로 출연한 적도 있었다.

낚시를 하고 돌아오니 내 앞으로 전보가 와 있었다. 어머니의 건강이 호전되었다는 소식이었다. 전쟁도 끝난 뒤라 어머니를 캘리포니아로 모셔오는 것도 큰 무리가 없을 것 같았다. 나는 톰 해링턴을 영국으로 보내 어머니를 미국으로 모셔오게 했다. 혹시 모를 소란을 피하기 위해 여객선 탑승자 명부에 어머니 이름은 다른 이름으로 해두었다.

미국으로 오는 동안 어머니는 정상인과 다를 바 없었다. 매일 밤마다 식당에 내려가 식사를 했고, 낮에는 다른 사람들과 어울리며 선상에서 벌어지는 게임에도 참여했다. 뉴욕에 도착해서도 어머니는 활기차고 침착했다. 물론 어머니는 정상이 아니었다. 이민국 담당자가 어머니를 반갑게 맞이했다.

"채플린 부인! 정말 반갑습니다! 당신은 우리의 우상 채플린의 어머니이십니다."

어머니가 상냥하게 말했다.

"예, 맞습니다. 그리고 당신은 예수 그리스도입니다."

순간 이민국 담당자의 얼굴이 굳어졌다. 그는 멈칫하더니 톰을 쳐다봤다. 그리고 어머니에게 정중히 이렇게 말했다.

"채플린 부인, 잠시 이쪽으로 와주시겠습니까?"

순간 톰은 어머니가 난처한 상황에 처한 것을 알아챘다. 그러나 이민국은 여러 가지 형식적인 절차를 거쳐 어머니에게 입국 및 체류 허가를 내줬다. 물론 1년마다 체류 비자를 갱신해야 하는 조건이었다.

내가 이렇게 어머니를 다시 뵌 것은 영국을 떠난 뒤 10년 만이었다. 나는 패서디나 역으로 어머니를 마중 나갔다. 그런데 나는 다소 충격을 받았다. 아무리 10년 세월이라고 하지만 어머니는 몸이 야윌 대로 야위고 많이 늙어 있었다. 어머니는 형과 나를 대번에 알아봤다. 아주 정상이었다.

형과 나는 어머니를 위해 바닷가가 내려다보이는 곳에 방갈로를 하나 얻었다. 그리고 집을 관리할 관리인 부부와 어머니의 병세를 돌봐줄 경험 많은 간호사를 한 명 고용했다. 형과 나는 가끔 어머니를 찾아가 함께 식사도 하고 게임도 하면서 즐거운 시간을 보냈다. 그 당시 어머니는 차를 몰고 야외로 나들이나 소풍 가는 것을 좋아했다. 가끔 내가 일하는 스튜디오에 들르기도 했는데, 그때마다 나는 어머니에게 내가 만든 희극영화를 보여주곤 했다.

드디어 영화 〈키드〉가 뉴욕에서 개봉돼 엄청난 성공을 거뒀다. 그리고 내가 재키 쿠건의 아버지를 처음 만난 날 예언했던 것처럼 그는 선풍적인 인기를 끌었다. 재키는 영화 〈키드〉의 성공에 힘입어 뒤에 400만 달러 이상을 벌어들였다. 영화는 상영 내내 많은 비평가들과 평론가들로부터 호평을 받았다. 어떤 평론은 〈키드〉를 희극영화의 고전이라고 칭하기도 했다. 나는 뉴욕에 직접 가서 현지 분위기를 눈으로 확인하고 싶었지만 막상 용기가 나지 않았다. 대신 캘리포니아에 머물며 들려오는 기분 좋은 이야기에 만족하기로 했다.

나의 영화 철학

이 책이 나의 자서전이기는 하지만 이 자리를 빌려 영화 제작에 대해 몇 마디 언급하고 넘어가고자 한다. 물론 영화 제작과 관련해 좋은 저술들이 이미 많이 나와 있다. 그러나 대다수 저술이 영화 제작에 대해 객관적인 접근을 하기보다는 저자 자신의 주관적인 생각을 옮겨 적은 것들이다. 그런 저술들은 독자들에게 영화 제작 방식을 가르치는 기술 입문서에 지나지 않는다. 영화 제작에서 무엇보다 중요한 것은 단순히 제작 방식을 넘어 극적 효과를 얼마나 살릴 수 있느냐에 있다. 따라서 영화 제작에 관심 있는 사람이라면 그런 극적 효과를 살리기 위해 자신의 예술적 재능을 충분히 발휘해야 한다. 그래서 기존의 방식을 벗어나 새로운 방식을 시도해보는 것만큼 예술가에게 흥미로운 것도 없다. 사실 이것이 많은 감독들이 영화판에 뛰어들어 처음 만든 작품이 신선함과 독창성을 갖는 이유다.

선과 공간, 구성, 템포 등을 아무리 치밀하게 파고든다 해도 그것은 연기와는 직접적인 관련이 없다. 물론 연출을 무시하는 것은 아니지만, 그런 것은 무미건조한 독단에 빠지기 쉽다. 좋은 영화를 찍기 위해서는 접근 방식을 단순화하는 것이 무엇보다 필요하다.

개인적으로 나는 카메라 트릭을 좋아하지 않는다. 훨훨 타오르는 목탄의 시점에서 벽난로 밖을 내다보도록 찍는다거나 카메라를 자전거에 올려놓고 마치 호텔 로비를 지나는 배우를 호위하는 것처럼 이동하면서 찍는 것은 내가 보기에 속이 훤히 들여다보이는 빤한 트릭이다. 관객이 세트라는 것을 눈치 채고 그것에 익숙해지는 순간, 배우의 움직임은 흥미나 기대를 유발하기보다는 스크린에 찍힌 얼룩처럼 눈에 거슬리는 것이 된다. 연기의 속도감을 떨어뜨리는 이런 효과들은 짐짓 세련된 것 같지만 실제로는 진부하고 불쾌하다. 그리고 이런 효과들이 듣기만 해도 지루한 '예술'이라는 단어로 잘못 인식되어왔다.

그러나 내 경우는 달랐다. 나는 트릭을 연출하기 위해서가 아니라 배우의 연기를 용이하게 하기 위해 카메라의 위치를 잡았다. 일종의 안무라고 생각하면 된다. 촬영 중에 카메라를 움직이거나 배우를 따라 카메라가 움직이는 것은 카메라가 연기하는 것이지 배우가 연기하는 게 아니다. 내 경우 카메라는 절대 연기를 강요하거나 주제넘게 나서지 않는다.

영화에서 시간 절약은 여전히 중요한 항목이다. 세르게이 M. 에이젠슈테인〔1898~1948, 소련(현 라트비아공화국) 태생의 영화감독으로 영화에 몽타주 기법을 도입한 20세기 예술 영화의 거장이다—옮긴이〕이나 D. W. 그리피스는 그것을 잘 알았다. 한 장면에서 다른 장면으로 빠르게 전환하기 위해 사용되는 빠른 커팅과 디졸브(오버랩)는 이미 중요한 영화 기법으로 자리 잡았다.

나는 비평가들이 내 카메라 기법이 시대에 뒤떨어진 구식이라고 비판할 때마다 깜짝 놀란다. 시대란 무엇인가. 내 카메라 기법이란 내가 생각하는 것, 내 자신의 논리와 접근 방식의 산물이지 다른 사람의 생각, 논리, 접근 방식을 차용한 것이 아니다. 만약 이런 논리를 미술 분야에 들이댄다면, 렘브란트는 반 고흐에 비해 시대에 뒤떨어진 사람 취급을 받을 것이다.

영화 제작에 대해 말이 나온 김에 스펙터클 영화를 제작하고자 하는 제작자들이나 감독들에게 도움이 될 만한 충고를 하나 하고 싶다. 사실 특별하고 기상천외한 영화는 제작이 가장 손쉬운 영화에 속한다. 그런 영화는 연기나 연출에서 별다른 상상력과 끼를 필요로 하지 않는다. 필요한 것은 1천만 달러의 제작비, 수많은 엑스트라, 의상, 정교한 세트장 그리고 적절한 배경뿐이다. 아교와 캔버스로 그럴듯하게 만든 세트만 있으면 권태에 빠진 클레오파트라가 나일 강에서 뱃놀이를 즐긴다거나 2만 명이나 되는 엑스트라가 홍해로 진군하는 것, 또는 여리고 성벽을 붕괴시키는 것도 별로 어렵지 않다.

사실 이런 영화의 성패는 연기나 연출 능력보다는 세트장을 얼마나 그럴듯하게 잘 꾸몄느냐에 달려 있다. 물론 연출도 마찬가지다. 이런 영화에서 감독은 군대 지휘관과 비슷하다. 군대 지휘관이 각본과 촬영 일정표를 손에 들고 지휘관 의자에 앉아 연병장에 모여 있는 훈련병들에게 명령을 내리듯이 배우들에게 연기 동작을 지시한다. 호각을 한 번 불면 좌측에 있는 1천 명이 약속한 대로 연기하고, 두 번 불면 우측의 1천 명이 약속한 대로 연기하고, 세 번 불면 좌우측 모두 약속한 대로 연기하는 식이다.

이런 스펙터클 영화의 대표적인 예가 〈슈퍼맨〉이다. 영화에서 주인공은 보다 멋지게 날고, 오르고, 무기를 사용하고, 사랑을 한다. 사실 인간이 처한 모든 곤경이 주인공의 초능력으로 해결된다. 그러나 이런 주인공도 생각하는 능력은 인간과 비슷하다.

연출에 대해서도 간략하게 한 마디 짚고 넘어가자. 한 장면에서 배우를 다루는 데 있어 가장 중요한 것이 있다면 그것은 배우의 심리상태다. 예를 들어, 영화 촬영 중간에 배우 한 명을 더 섭외해야 하는 경우가 있다. 그런데 아무리 훌륭한 배우라 하더라도 중간에 들어오면 새로운 환경에 적응하느라 예민해질 수 있다.

나도 이런 상황에 많이 처해봐서 잘 알지만, 이런 때 감독은 소탈하고 겸손한 태도를 취할 필요가 있다. 비록 어떻게 연출을 해야 하는지 알고 있는 상황이더라도 새로 투입된 배우를 따로 불러 솔직하게 자신의 생각과 고충을 털어놓는 자세가 필요하다. 그러면 배우는 마치 처음부터 영화에 참여했던 것처럼 연기에 몰입하면서 자신의 잠재된 능력을 십분 발휘할 수 있다.

극작가인 마크 코넬리가 한 번은 이런 질문을 한 적이 있었다. 연극 대본을 쓸 때 작가의 접근 방식은 어때야 하는가? 지적이어야 하는가, 감성적이어야 하는가? 나는 기본적으로 감성적이어야 한다고 생각한다. 왜냐하면 연극에서 더 흥미로운 것은 지적인 것이 아니라 감성적인 것이기 때문이다. 극장 자체가 감성을 자아내기 위해 고안된 것이다. 연단, 앞무대, 붉은 막 그리고 건물의 주름 장식 모두 감성을 자극한다. 물론 지적인 것도 연극의 일부다. 그러나 내가 생각하기에 그것은 이차적인 것이다. 안톤 체호프는 이것을 잘 알았다. 페렌츠 몰나르(1878~1952, 헝가리 출신의 소설가이자 극작가-옮긴이)와 다른 많은 극작가들도 마찬가지다. 또한 그들은 연출법의 중요성을 잘 알았는데, 그것은 극작에서 가장 기본이 되는 기술이다.

나에게 연출법은 극적인 장식을 의미한다. 돈절법(놀라서 또는 기뻐서 중도에 갑자기 대사나 동작을 멈추는 것-옮긴이)의 기술, 책을 갑작스럽게 닫는 것, 담배에 불붙이기 그리고 권총 소리, 비명, 추락, 충돌 등 무대 뒤 효과, 마지막으로 효과적인 등장과 퇴장 등. 사실 이런 것들은 싸구려 티가 나고 속이 빤히 들여다보이는 것일 수 있지만, 세심하고 신중하게 다룬다면 상당한 연출 효과를 낼 수 있다. 이런 것들은 극장 무대에서 감성을 자극하는 시적 요소들이라고 할 수 있다.

이런 연극적 감각이 배어 있지 않은 아이디어는 거의 쓸모가 없다. 이런 감각이 연기의 효과를 더하는 데 중요하고, 이런 연극적 감각만 있으면 별다른 효과가 없는 텅 빈 무대에서도 멋진 연기가 나올 수 있다.

한 가지 예를 들어보자. 내가 영화 〈파리의 연인 A Woman of Paris〉을 뉴욕에서 상영하기 전에 무대에 올린 서막이 좋은 예가 될 것 같다. 당시만 하더라도 영화를 상영하기 전에 서막을 무대에 올리는 것이 하나의 관행이었다. 시간은 30분 정도로 길지 않았다. 나는 무엇을 무대에 올려야 할지 대본도 스토리도 생각해두지 않았다. 그런데 예전에 '베토벤 소나타'라는 제목의 인쇄물을 본 것이 떠올랐다. 상당히 화려한 색채에 감상적인 인쇄물이었는데, 내게 강렬한 인상을 심어줬다. 인쇄물에는 예술적 감각이 묻어나는 스튜디오 내부와 어스름한 조명 아래에서 한 바이올린 연주자의 연주를 들으며 울적한 표정을 짓고 있는 보헤미안들이 그려져 있었다. 그래서 나는 무대에서 이 장면을 그대로 연출해보고 싶었다. 준비 기간은 이틀이었다.

나는 피아노 연주자 한 명, 바이올린 연주자 한 명, 아파치족 출신 댄서들과 가수 한 명을 섭외했다. 그리고 내가 알고 있는 연기 트릭을 모두 쏟아 부을 작정이었다. 손님으로 분장한 배우들이 관객들을 등지고 긴 의자나 바닥에 앉아 관객들을 무시한 채 술을 마신다. 바이올린 연주자는 소나타를 연주한다. 순간 연주가 멈춘다. 일종의 돈절법이다. 장내가 조용한 가운데 한 취객이 코를 곤다.

바이올린 연주자의 연주가 끝나자 아파치족 댄서들이 춤을 춘다. 가수가 〈내 금발의 연인 곁에서*Auprés de ma Blonde*〉라는 노래를 부른다. 그리고 대사가 이어진다. 대사는 두 줄밖에 되지 않는다. 그것도 즉흥적인 것이다. 한 손님이 이렇게 말한다.

"벌써 세 시군. 그만 가봐야겠어."

다른 손님이 이렇게 말한다.

"그래, 이제 다들 일어나야지."

손님으로 분한 배우들이 퇴장한다. 마지막 한 사람까지 모두 퇴장하자 혼자 남은 연주회 진행자가 담배에 불을 붙인다. 스튜디오 조명이 하나 둘씩 꺼지는 가운데 밖에서는 〈내 금발의 연인 곁에서〉가 들려온다. 무대 중앙에 설치한 창문으로 들어오는 달빛을 제외하고 무대는 컴컴하다. 이제 술집 주인도 퇴장하고, 노랫소리도 점점 잦아든다. 그리고 막이 서서히 내려온다.

이런 난센스 같은 연극이 상연되는 동안 객석에서는 바늘 떨어지는 소리가 들릴 정도로 조용했다. 30분 동안 무대에서는 보드빌 배우들의 몇 가지 평범한 움직임을 제외하면 대사 한 마디 없었다. 그러나 출연자들은 공연이 끝나고 무려 9번이나 커튼콜을 받았다.

솔직히 말해 나는 극장 무대에 셰익스피어 희곡을 올리는 것을 선호하지 않는다. 내 취향이 너무 현대적이기 때문일 것이다. 셰익스피어 희곡은 다소 지나칠 정도로 과장된 연기를 요구한다. 그러나 나는 이것을 좋아하지 않는다. 사실 그런 연기에는 관심이 없다. 그런 셰익스피어 희곡을 보고 있으면 학자의 강연을 듣는 기분이 든다. 셰익스피어의 〈한여름 밤의 꿈〉에 나오는 한 대목을 인용해본다.

> 나의 온순한 퍽, 이리로 와보게. 그대 기억하는가.
> 언제가 한 번은 바닷가 갑문 위에 앉아
> 돌고래 등에 탄 인어가 감미롭고 정겨운 목소리로 노래하는 것을 들었지.
> 그토록 거칠고 성난 바다도 그녀의 아름다운 목소리에 이내 잔잔해졌어.
> 하늘의 별들은 인어가 들려주는 노래를 듣고
> 미친 듯이 반짝였지.

물론 상당히 아름답게 들리는 시구다. 그러나 나는 연극 무대에서 이런 시를 낭송하는 것을 좋아하지 않는다. 더구나 나는 왕과 왕비, 귀족들이나 귀공자들이 나오는 셰익스피어 풍의 주제들도 싫어한다. 이런 취향은 아마 내 내면에 자리 잡고 있는 심리적인 측면, 특히 내 성장 배경과 관련이 있는 것 같다. 어린 시절 먹고 사는 문제를 해결하는 것조차 벅찬 상황에서 체면 같은 것은 따질 겨를도 없었다. 이러니 왕, 귀족 또는 귀공자가 나와 무슨 상관이란 말인가? 햄릿의 어머니가 궁전 안에서 누구와 잠자리를 하든 나는 관심이 없다. 물론 햄릿에게는 커다란 마음의 상처가 되었겠지만 나하고는 상관없는 일이다.

나는 현대식 극장보다는 전통 양식의 극장을 좋아한다. 개인적인 취향이지만, 객석과 허구의 세계인 무대 사이에 앞무대가 설치되어 있는 극장을 더 선호한다. 또한 막이 열리면서 바로 연극이 시작되는 것을 좋아한다. 나는 배우가 풋라이트(무대의 전면 아래쪽에서 배우를 비추는 광선. 각광이라고 번역되기도 하며 무대를 통칭하기도 한다—옮긴이)를 넘어서거나 관객들이 무대에 간섭하는 연극은 싫어한다. 이런 무대를 선호하는 배우들은 앞무대가 거치적거린다고 생각할 것이다. 그런데 이런 무대는 배우가 연기를 하는 곳이 아니라 관객들에게 연극의 줄거리를 설명하는 곳이 되기 십상이다. 그러면 연극은 바로 설교조로 바뀌게 되고 극장의 묘미는 파괴된다.

무대 장식은 장면에 사실성을 더하는 것이면 된다. 그 이상도 이하도 아니다. 만약 연극이 현대인의 일상생활을 배경으로 한 것이라면 나는 기하학적인 장식은 하지 않는다. 기하학적인 장식은 너무 웅장해서 오히려 무대 장식이 갖는 허구성을 파괴한다.

간혹 장식 효과가 배우와 연극을 압도하는 경우도 있다. 물론 개중에는 의도적으로 그런 효과를 노리는 예술가들도 있다. 다른 한편으로 무대 장식이 막과 계단까지 침범해 그것들을 가리는 경우도 있는데, 이런 장식은 연극을 방해하는 가장 나쁜 장식이다. 이런 무대 장식은 화려하고 연기에 활력을 불어넣을 것 같지만 실은 관객들에게 '모든 준비는 완벽하니 알아서 느끼고 생각하세요!'라고 외치는 것과 똑같다. 한 번은 어떤 자선 공연에서 로렌스 올리비에가 야회복을 입고 〈리처드 3세〉에 나오는 한 대목을 읊조리는 것을 본 적이 있다. 비록 그의 연기가 중세적인 분위기를 풍기기에 충분했지만 그가 매고 있던 흰색 넥타이와 연미복은 전혀 어울리지 않았다.

어떤 사람들은 연기의 본질은 긴장을 푸는 것에 있다고 말한다.

물론 이런 기본 원칙은 모든 예술 분야에 적용할 수 있다. 그러나 배우는 항상 긴장의 끈을 늦춰서는 안 된다. 예를 들어, 아무리 격앙된 장면을 연기하고 있더라도 배우는 침착하고 느긋한 자세로 자신의 내면에서 뿜어져 나오는 감정의 기복을 적절히 다스릴 수 있어야 한다. 다시 말해, 이런 상황에서 배우는 겉으로는 흥분된 상태라 하더라도 속으로는 냉정하고 침착해야 한다. 물론 긴장 완화를 통해서만 배우는 이런 상태를 달성할 수 있다.

그렇다면 어떻게 긴장을 풀 수 있을까? 어려운 질문이다. 긴장을 푸는 방법은 배우마다 다르다. 비결이라고 할 것까지는 없지만 내가 긴장을 푸는 방법은 이렇다. 무대에 오르기 전에 나는 항상 긴장하고 들뜬 상태다. 그리고 이런 상태에서 나는 녹초가 되는데 무대에 오를 때가 되면 어느 순간 흥분이 가라앉고 긴장도 풀린다. 즉 긴장과 들뜬 상태를 더 극한까지 몰아가는 것이다.

나는 연기를 배워서 잘할 수 있다는 말을 믿지 않는다. 나는 오히려 똑똑한 사람이 연기를 못하고 아둔한 사람이 연기를 잘하는 것을 많이 봤다. 연기는 본질적으로 머리로 하는 것이 아니라 가슴으로 하는 것이다. 찰스 램(1775~1834, 영국의 비평가이자 수필가—옮긴이)의 친구로 미학의 권위자이자 문학에 남다른 소질이 있었던 웨인라이트는 돈 때문에 사촌을 독살한 냉혈한 살인자였다. 그는 머리는 좋았지만 감정이 결핍되어 있었기 때문에 좋은 배우가 될 수 없었다. 내가 여기에서 웨인라이트를 거론하는 이유도 연기에서 중요한 것은 머리가 아니라 가슴이라는 것을 강조하기 위해서이다.

물론 똑똑하기는 하지만 감정이 부족한 배우는 악인 역할에 안

성맞춤일 것이다. 그리고 감정은 풍부하지만 머리가 없는 배우는 순진무구한 바보의 전형이다. 물론 내가 말하고자 하는 것은 지성과 감성이 제대로 균형을 이룰 때 훌륭한 배우가 될 수 있다는 것이다.

위대한 배우의 가장 중요한 자질 또는 덕목은 무대에 서는 자기 자신을 사랑하는 것이다. 나쁜 의도에서 이런 말을 하는 것은 아니다. 나는 배우가 이런 말을 하는 것을 종종 듣는다.

"그 배역을 정말 해보고 싶습니다."

이것은 배우가 그 배역을 연기하는 자기 자신을 사랑한다는 것을 의미한다. 이것은 배우의 자기중심적인 생각일 수도 있지만 위대한 배우는 항상 자신의 연기 능력부터 생각한다. 〈종*The Bells*〉의 헨리 어빙 경, 스벤갈리로 분한 허버트 비어봄 트리, 〈궐련 제조업자의 사랑*Cigarette Maker's Romance*〉의 존 마틴 허비 경이 좋은 예다. 세 사람 모두 평범한 연극에 출연했지만 연기만큼은 정말 훌륭했다. 연극에 대한 뜨거운 사랑만으로는 충분치 않다. 배우는 자기 자신에 대한 뜨거운 사랑과 믿음 역시 필요하다.

연기 방식 또는 연기론에 대해 많이들 이야기하는데 나는 그것에 대해 잘 모른다. 아마 배우의 개성을 개발하고 살리는 데 주안점을 두는 것 같은데, 그렇다면 개성이 부족한 배우들에게 연기 방식에 대한 공부는 많은 도움이 될 것이다. 궁극적으로 연기란 나 아닌 다른 사람이 되는 것이다. 연극에서 개성이란 여하튼 연기를 통해 빛을 발하는, 뭐라고 정확히 꼬집어 정의할 수 없는 것이다. 사실 연기 방식은 다양하다. 그리고 배우 각자마다 나름대로 자기 방식이 있다. 예를 들어, 스타니슬랍스키는 '내면의 진실'을 끌어내기 위해 애썼는데, 내가 보기에 그것은 '연기하는 것'이 아니라 '있는 그대로 보여주는 것'을 의미한다. 이것은 감정을 자신이 연기하는 대상에 불어넣는 혹은 동일시하는 감정이입을 필요로 한다. 사자를 연기하기 위해서는 사자의 입장이 되어야 하고, 독수리를 연기하기 위해서는 독수리의 입장이 되어야 한다. 그것들에 내 감정을 이입해야 하는 것이다. 뿐만 아니라 연기하는 배역의 영혼을 본능적으로 느낄 수 있어야 하고, 온갖 예측 불가능한 상황에서 어떻게 대처하거나 반응할지도 알아야 한다. 연기의 이런 측면들은 가르쳐서 될 수 있는 성질의 것이 아니다.

유능한 배우에게 배역 설명은 많은 말을 필요로 하지 않는다. 그런 배우는 한두 마디면 충분하다. "이 배역은 폴스타프(셰익스피어의 희곡에 등장하는 인물로 술을 좋아하고 기지가 있고 몸집이 큰 쾌남—옮긴이) 같은 사람이야." 또는 "이 배역은 세련된 보바리 부인 같은 인물이야." 제드 해리스(1900~1975, 오스트리아계 미국인으로 연극 연출가 및 제작자—옮긴이)는 한 배우에게 배역을 설명하면서 이렇게 말했다고 한다.

"이 인물은 바람에 이리저리 흔들리는 검은 튤립 같이 변덕스러운 여자야."

그런데 이런 식의 설명은 아무래도 조금 지나친 감이 있다.

배우가 자신이 맡은 배역을 제대로 연기하기 위해서는 그 배역의 일생을 알아야 한다고 주장하는 이들이 있다. 그러나 그것은 말도 되지 않는다. 아무리 각본이 있고 배역의 일생을 알고 있더라도 엘레오노라 두제가 무대에 올라 연기하며 관객들에게 선보인 것과 같은 미세한 감정 연기는 전적으로 배우의 몫이다. 그것은 극작가가 미처 생각할 수 없는 차원의 것이다. 그것은 배역의 일생을 안다고 해서 되는 것도 아니고 가르친다고 해서 되는 것도 아니다. 내가 알기로 두제는 지성적인 배우가 아니라 감성적인 배우이다.

나는 연기에서 적절한 감정을 불러내기 위해 반성과 자기성찰만을 강조하는 연기 학교를 몹시 싫어한다. 사실 연기 학교에 가서 이런 훈련을 받아야 하는 연기 지망생이라면 일찌감치 연기를 포기하는 게 낫다.

'진실'이란 단어는 상당히 형이상학적이다. 그리고 진실에는 다양한 형식이 있으며 어느 것이 좋고 나쁘다고 할 수도 없다. 코미디프랑세즈 무대에 올리는 고전극이나 입센 식의 사실주의 연극은 둘 다 그럴싸하다. 어느 것이 낫다고 우열을 가리는 일이 가당찮다. 둘 다 연극이란 측면에서 인위적인 영역에 속하는 것이고 진실에 환상을 부여하기 위해 고안된 것이다. 결국 모든 진실은 허위의 씨앗이다.

나는 연기를 공부한 적은 없지만 다행히 훌륭한 배우들이 풍미한 시절에 태어나 자란 덕분에 그들의 지식과 경험에서 많은 것을 배울 수 있었다. 비록 부모님에게 물려받은 재능이 있기는 했지만 무대에 서면서 연습할 때마다 배우고 익혀야 할 연기 기법이 얼마나 많은지 상당히 어려웠다. 타고난 재능이 있더라도 연기 지망생은 연기 기법을 배워야 한다. 왜냐하면 아무리 재능이 뛰어나다고 하더라도 배우고 익히지 않으면 그것을 충분히 살려낼 기술을 습득할 수 없기 때문이다.

나는 이것을 달성하는 데 가장 중요한 수단이 오리엔테이션이라고 생각한다. 오리엔테이션이란 방향, 방위를 뜻하는 말로 연기에서는 배우가 무대에 올라와 있는 내내 자기가 어디에 있고 무엇을 하고 있는지 인식하는 것이다. 한 장면을 연기할 때 배우는 어디에서 멈춰야 할지, 어디에서 돌아야 할지, 어디에 서야 할지, 언제 그리고 어디에 앉아야 할지, 다른 배우에게 바로 말을 걸지 아니면 에둘러서 말을 걸지 의식하고 연기를 주도해야 한다. 오리엔테이션은 배우에게 무대에서 이런 주도권을 행사할 수 있는 기회를 부여한다. 따라서 오리엔테이션이 되어 있느냐 아니냐가 프로와 아마추어를 나누는 기준이다. 나 또한 영화를 연출하면서 배우에게 우선적으로 주문하는 것이 오리엔테이션이다. 이런 오리엔테이션이 없는 배우는 자신의 주도권을 빼앗긴 채 감독에게 끌려다니게 된다.

나는 섬세하고 절제된 연기를 좋아한다. 이런 의미에서 존 드루는 매우 훌륭한 배우다. 존은 성격이 활달하고 섬세했으며, 또한 매력이 철철 넘치는 배우였다. 잘 알겠지만 관객들의 감정에 호소하는 능력은 훌륭한 배우가 갖추어야 할 필수조건이다. 물론 화법과 발성도 필수요소다. 데이비드 워필드는 상당한 발성 능력과 감정을 표출하는 재능을 갖고 있었지만, 화법이 이것을 받쳐주지 못했다. 그가 무대에서 하는 대사를 듣고 있으면 마치 십계명을 읊조리는 것 같은 느낌이 들었다.

사람들은 내게 미국 무대에서 가장 좋아하는 남자배우와 여자배우가 각각 누구냐고 묻곤 한다. 대답하기 곤란한 질문이다. 왜냐하면 내가 누구를 좋아한다고 꼭 집어서 이야기하면 그러지 않은 다른 배우들은 열등하다는 얘기가 되는데 전혀 그렇지 않기 때문이다. 그리고 내가 좋아하는 배우들은 그렇게 유명한 배우들이 아니다. 그중에는 희극배우들도 있고, 그냥 일반 연예인도 있다.

예를 들어, 알 존슨은 매력적이고 활기 넘치는 타고난 예술가로 미국 무대에서 가장 인상적인 연예인이었다. 노래면 노래, 연기면 연기 그리고 입심까지 말 그대로 다재다능한 인물이었다. 무엇보다 그는 까무잡잡한 얼굴에 굵은 바리톤 목소리를 가진 가수였다. 그의 노래는 듣는 사람의 감성을 자극했다. 뿐만 아니라 누구나 다 아는 철지난 농담도 그가 하면 그렇게 재미있을 수 없었다. 어떤 노래를 부르든 관객들은 알 존슨의 노래에 울고 웃었다. 한번은 다소 엉뚱하고 우습기까지 한 〈마미Mammy〉[최초의 뮤지컬 영화로 일컬어지는 〈재즈 싱어〉(1927)의 주제곡—옮긴이]라는 노래를 불러 한동안 사람들을 매료시켰다.

영화에 출연한 것이 그의 인기를 증폭시킨 계기가 되기는 했지만, 1918년에 알 존슨은 최고의 영예와 인기를 누리면서 모든 사람들을 열광의 도가니에 몰아넣었다. 그는 유연한 몸, 커다란 머리 그리고 움푹 들어간 날카로운 눈매를 가진 알 수 없는 매력의 소유자였다. 알 존슨이 〈내 어깨 위에 무지개가 있네〉와 〈내가 세상을 떠날 때〉를 부르면 관객들은 모두 자리에서 일어나 같이 노래를 불렀다. 알 존슨은 말 그대로 브로드웨이의 화신이었다. 브로드웨이의 서정성, 그것의 활력과 통속성, 그것의 꿈과 목적을 그대로 체현하고 있는 인물이었다.

네덜란드 태생의 샘 버나드도 훌륭한 예술가였다. 샘 버나드의 연기가 갖는 특징은 모든 일에 화를 내고 언성을 높인다는 것이었다.

"계란이 한 판에 60센트라고! 아니 멀쩡한 것도 아니고 상한 계란이 그렇게 비싸! 그리고 콘비프 가격은 얼마? 2달러나 줬다고! 아니 이렇게 조그만 콘비프를 2달러나 주고 샀어!"

이 장면에서 샘 버나드는 콘비프가 얼마나 작은지 비유적으로 보여주기 위해 바늘구멍에 꿰는 시늉을 하면서 화를 낸다. 그래도 분이 풀리지 않는지 무대를 여기저기 헤집고 다니면서 이렇게 훈계한다.

"옛날에 콘비프 2달러어치였으면 들고 오지도 못했을 거라고!"

무대 밖에서 그를 만나면 영락없는 철학자였다. 한번은 포드 스털링이 아내에게 배신당해 속상해 있는 그를 위로해주기 위해 찾아간 적이 있었다. 샘 버나드는 포드 스털링에게 이렇게 말했다.

"그래서 뭐 어쩌라고? 그들은 나폴레옹도 배반했어!"

프랭크 티니는 내가 뉴욕에 처음 갔을 때 만난 사람이다. 그는 윈터가든에서 가장 잘나가는 배우였는데, 관객들과 교감을 형성하는 데 탁월한 능력이 있었다. 프랭크 티니는 풋라이트 앞까지 몸을 내밀고 관객들에게 이렇게 속삭였다.

"저 주연 여배우는 제게 홀딱 반했어요."

그리고 혹시 자신이 한 말을 누군가 무대 뒤에 숨어서 들은 것은 아닌지 확인하기 위해 슬쩍 무대 뒤로 가본다. 그리고 다시 관객들에게 돌아와 이렇게 털어놓는다.

"마음이 아픕니다. 오늘 밤 그녀가 무대 출입구에서 나오는 걸 보고 '안녕'이라고 말했는데, 나에게 너무 반해서 그랬는지는 몰라도 아무 대답도 않더군요."

이때 주연 여배우가 무대를 지나간다. 순간 프랭크 티니는 손가락을 입술에 갖다 대면서 관객들에게 조금 전에 자신이 한 얘기는 비밀이니 아무에게도 말하지 말라고 부탁한다. 그가 밝은 목소리로 그녀를 불러 세운다. "안녕, 키도!" 그러나 그녀는 화가 났는지 휙 돌아서서 성큼성큼 나가버린다. 휙 돌아서는 순간 그녀의 몸에서 빗이 떨어진다. 그러면 다시 프랭크 티니는 관객들에게 이렇게 속삭인다.

"제가 뭐라고 했었죠? 사실 저희 사이가 원래 이래요."

그는 그녀의 빗을 주운 다음 무대 감독을 부른다.

"해리, 이거 우리 분장실에 갖다 놔줘요."

나는 몇 년 뒤에 그를 무대에서 다시 봤는데 상당히 충격이었다. 예전의 익살스런 모습은 어디서도 찾아볼 수 없었다. 내가 알기로 그는 자의식이 강한 사람이었는데 이렇게까지 사람이 달라지리라고는 생각지도 못했다. 뒤에 나는 그의 이런 변화에서 아이디어를 얻어 〈라임라이트*LimeLight*〉를 촬영했다. 나는 그가 초기의 넘치던 활력과 박력을 잃은 이유가 궁금했다. 〈라임라이트〉에서는 나이를 그 원인으로 그렸다. 주인공 칼베로는 나이가 들면서 과거에 연연하고 너무 점잖 뺀 나머지 관객들과 가졌던 교감을 잃고 만다.

미국 여자배우 가운데 내가 가장 존경하는 배우는 미니 M. 피스크 부인이다. 굉장히 열정적이고 유머러스하며 지적인 여배우였다. 그녀의 조카딸인 에밀리 스티븐스 역시 밝고 세련된 느낌의 재능 있는 여배우였다. 제인 카울은 적극적이고 강렬한 개성을 지닌 배우였으며, 레슬리 카터 부인도 똑같이 사람의 이목을 끄는 배우였다. 희극배우들 가운데 나는 트릭시 프리간자와 페니 브라이스의 연기를 좋아했다. 특히 페니 브라이스는 익살 연기에 타고난 재능을 보여주었다. 영국 출신 가운데도 훌륭한 여자배우들이 많았다. 엘렌 테리, 아다 리브, 이레네 밴브러, 시빌 손다이크 그리고 팻 캠벨 부인 등등. 나는 팻 캠벨 부인을 제외하고는 모두 생전에 만나봤다.

존 배리모어는 전통 연극 무대에서는 가장 뛰어난 배우였다. 그러나 그의 재능은 가터 없는 실크 양말처럼 통속적이었다. 즉 그는 너무나 태연하게 모든 것을 업신여기는 것 같은 태도를 보였다. 〈햄릿〉을 연기하든 공작부인과 잠자리를 같이하든 그가 하면 진지하기보다는 장난 같았다.

진 파울러가 쓴 존 배리모어 전기에 보면 이런 일화가 나온다. 전날 마신 샴페인 때문에 간신히 잠자리에서 일어난 존 배리모어는 등을 떠밀리다시피 햄릿을 연기하기 위해 무대에 올랐다. 그러나 술이 덜 깬 상태였던 그는 막간에 무대 뒤에서 연신 토하고 해독제를 먹고 나서야 간신히 햄릿을 연기했다. 그런데 아이러니하게도 그날 그가 연기한 햄릿은 영국 평론가들 사이에서 역대 햄릿 연기로는 최고였다는 찬사를 받았다. 물론 뒤에 이런 사실을 안 관객들은 그에게 실망을 금치 못했다.

내가 존 배리모어를 처음 만난 것은 그가 배우로서 최고 전성기를 누리던 시절이었다. 우리는 유나이티드 아티스트의 사무실에서 만났다. 그는 뭐가 언짢은지 시무룩하게 앉아 있었다. 서로 인사를 나누고 나니 둘만 사무실에 남았다. 내가 먼저 말을 걸었다. 〈햄릿〉의 성공을 축하하면서 셰익스피어의 인물 가운데 햄릿만큼 존 배리모어 자신을 잘 반영하는 인물도 없는 것 같다고 말했다.

그는 잠시 뭔가 생각하는 것 같더니 이렇게 대답했다.

"왕도 그렇게 나쁜 배역은 아니죠. 사실 나는 햄릿보다 왕이 더 좋아요."

나는 이것이 그냥 농담으로 한 말이라고 생각했다. 그래서 지금도 그가 진담으로 이런 말을 했는지 궁금하다. 만약 그가 사람이나 연극을 대하는 데 좀 더 진지하고 솔직했다면, 아마 그는 존 윌키스 부스(1838~1865, 미국의 연극배우로 링컨을 암살한 것으로 유명하다—옮긴이), 헨리 어빙 경, 리처드 맨스필드(1857~1907, 독일계 미국인 연극배우이자 제작자—옮긴이) 그리고 허버트 비어봄 트리 같은 대가의 반열에 올라섰을 것이다. 존 배리모어는 너무 순진하고 로맨틱한 사람이었다. 오히려 이것이 문제가 되어 그는 스스로를 자멸할 운명을 타고난 불운한 천재라고 생각했다. 결국 그는 자신의 운명을 시험이라도 하듯 매일같이 술에 절어 살다가 명을 달리하고 말았다.

〈키드〉가 큰 성공을 거두기는 했지만 아직 내 문제가 모두 해결된 것은 아니었다. 퍼스트내셔널 영화사를 위해 찍어야 할 영화가 아직 네 편이나 더 남아 있었다. 생각만 해도 끔찍했다. 무엇을 찍어야 할지 아이디어가 떠오르지 않아 고민의 나날이 계속됐다. 거의 자포자기 상태였다. 그래도 하루는 혹시나 하는 심정으로 낡은 소품실을 이곳저곳 뒤지며 돌아다녔다. 낡아빠진 세트 잔해들, 교도소 문, 피아노와 압착롤러 등이 보였다. 그중에 낡은 골프채 한 세트가 눈에 들어왔다. 순간 아이디어가 떠올랐다. 저 거다! 뜨내기가 골프를 친다. 이렇게 해서 나온 것이 〈유한계급 *The Idle Class*〉이다.

줄거리는 간단했다. 뜨내기가 부자들이 즐기는 온갖 오락과 유흥에 빠진다. 그는 날씨가 따뜻한 남쪽으로 떠난다. 기차를 타고 가지만 객차를 이용하지 않고 열차 밑에 매달려 간다. 그는 골프 코스에서 주운 공으로 골프를 친다. 그는 부자들만 참석하는 가장무도회에 참석한다. 물론 복장은 뜨내기 복장 그대로다. 가장무도회에서 아름다운 아가씨와 사랑을 속삭인다. 그러나 이런 로맨틱한 모험도 실패로 끝나고 그는 화난 손님들 틈에서 도망쳐

영화 〈유한계급〉에서 에릭 캠벨과 함께

나와 다시 뜨내기로 돌아간다는 내용이었다.

〈유한계급〉을 촬영하던 중에 토치램프에 가벼운 화상을 입는 사고가 있었다. 열기를 막기 위해 석면 바지를 입고 있었는데도 뜨끈뜨끈했다. 그래서 석면을 하나 더 대기로 했다. 칼 로빈슨이 이것을 좋은 영화 홍보거리로 생각했는지 언론에 귀띔했다. 그날 저녁 나는 신문을 보고 깜짝 놀랐다. 내가 얼굴, 손 그리고 몸에 심각한 화상을 입었다는 기사가 대문짝만하게 실려 있었다. 수백 통의 편지와 전보와 전화가 스튜디오에 빗발쳤다. 나는 즉각 정정기사를 각 신문사에 보냈다. 그러나 어느 신문사도 이 기사를 실어주지 않았다.

이때 받은 위로와 격려 편지 가운데 영국의 소설가 H. G. 웰스가 보낸 편지가 있었다. 내 사고를 접하고 큰 충격을 받았다는 말로 시작해서 내 영화에 깊은 감명을 받았으며, 내가 재기할 수 없다면 그것은 정말 유감스러운 일이라고 쓰여 있었다. 나는 즉각 전보를 보내 신문에 난 기사는 사실이 아니라고 해명했다.

〈유한계급〉이 끝나자마자 나는 바로 2권짜리 영화에 착수할 계획을 세웠다. 배관공들을 소재로 한 영화로 그들의 행동을 익살스럽게 꾸며볼 생각이었다. 첫 장면은 운전사가 딸린 리무진이 도착하고 맥 스웨인과 내가 차에서 내린다. 우리는 아름다운 여주인의 안내를 받아 집 안으로 들어간다. 여주인 역은 에드나 퍼비언스가 맡았다. 그녀는 우리에게 와인과 식사를 대접한 다음에 욕실을 보여준다. 나는 청진기를 꺼내 들고 바로 작업에 들어간다. 나는 의사가 환자를 진찰하듯 청진기를 바닥에도 대보고, 파이프에도 대본다. 그리고 파이프를 가볍게 두드려보기도 한다.

그런데 이후 장면을 어떻게 이어갈지 아이디어가 떠오르지 않았다. 나는 더 이상 집중할 수 없었다. 사실 나는 매우 지쳐 있는 상태였다. 게다가 지난 두 달 동안 런던을 방문하고 싶은 유혹이 머릿속에서 떠나지 않았다. 나는 오랜만에 런던에 가보고 싶었다. H. G. 웰스의 편지가 그것을 부추겼다. 그리고 10년 만에 헤티 켈리로부터 편지도 받았다. 편지는 이렇게 시작했다.

'혹시 어리석었던 한 어린 여자아이를 기억하실는지······.'

헤티 켈리는 결혼해서 포트만 스퀘어에서 살고 있었다. 그리고 런던에 올 일이 있으면 한 번 볼 수 있으면 좋겠다고 적혀 있었다. 막상 편지를 받기는 했지만 별다른 감흥은 없었다. 세월의 탓이었을까? 10년이란 세월이 지나는 동안 나도 여러 번 이성을 만나고 헤어졌다. 그러나 그녀는 다시 한 번 만나보고 싶었다.

나는 톰 해링턴에게 런던에 갈 예정이니 짐을 꾸려놓으라고 말했다. 내 매니저인 앨프 리브스 씨에게는 잠시 스튜디오 문을 닫도록 지시하고 배우들에게는 휴가를 줬다. 나는 영국에 갔다 올 작정이었다.

17
십 년 만의 영국 방문

파우널 테라스 3번지!
집은 해지고 낡은 해골처럼 섬뜩한 모습을 하고 있었다. 나는 집 맨 위층에 있는 창문을 올려다봤다. 어머니가 영양실조에 걸려 넋을 잃은 채 앉아 있던 다락방이었다. 창문은 굳게 닫혀 있었다. 내 어린 시절 추억을 고스란히 담고 있는 창문이었다.

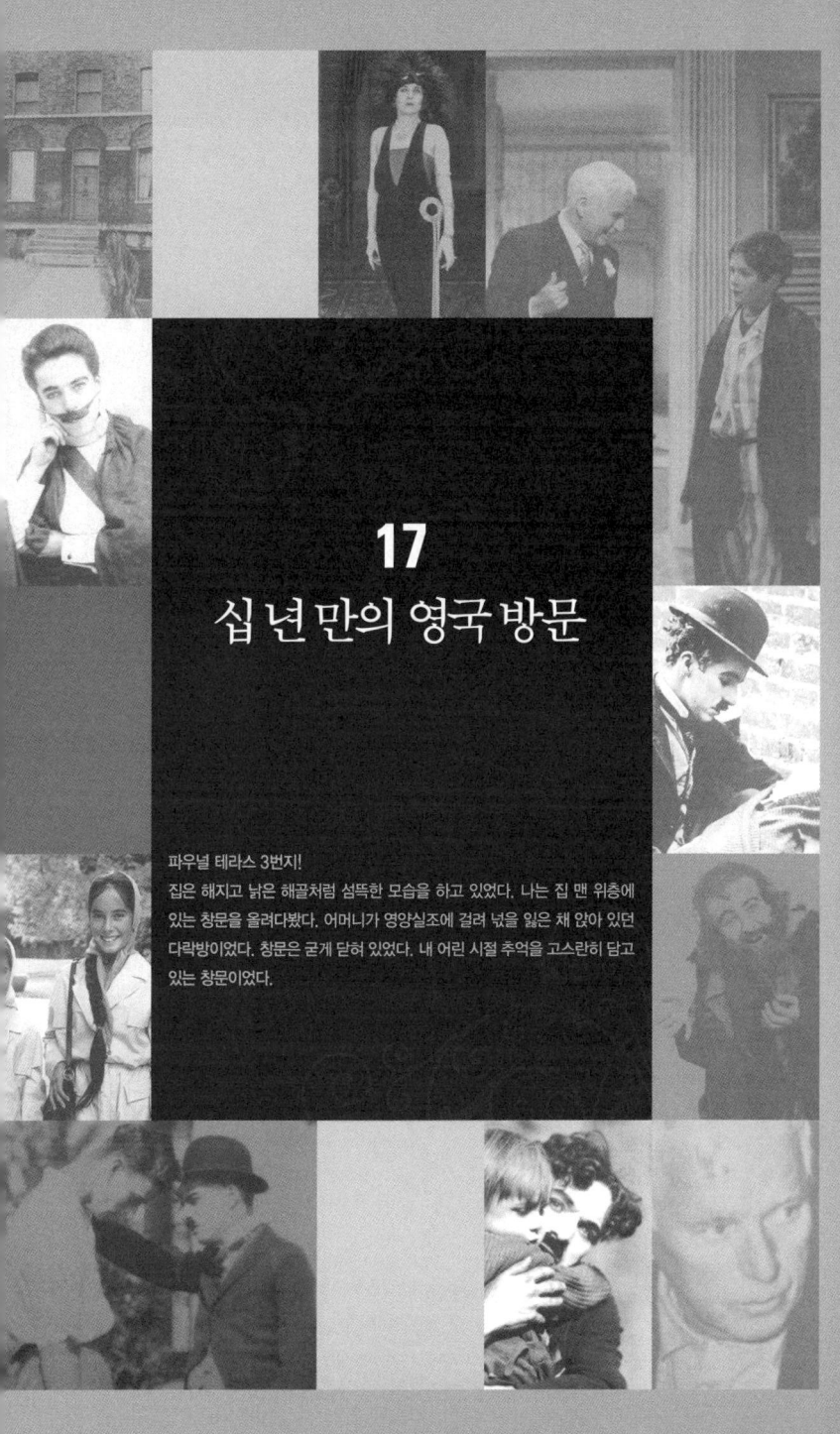

금의환향

뉴욕을 떠나기 전날 밤, 나는 엘리제 카페에서 파티를 열었다. 초대 손님은 40명 정도였는데 메리 픽퍼드, 더글러스 페어뱅크스 그리고 마테를링크 부인 등이 참석했다. 우리는 식사 뒤에 제스처 게임을 했다. 더글러스와 메리가 먼저 시작했다. 첫 번째 힌트는 더글러스가 시가전차 차장으로 분장해 승객으로 분장한 메리의 차표를 확인하고 돌려주는 것이었다. 그리고 팬터마임으로 누군가를 구조하는 것을 두 번째 힌트로 냈다. 메리가 물에 빠져 비명을 지르며 구조요청을 하자 더글러스가 물에 뛰어들어 그녀를 안전하게 강둑으로 끌어올렸다. 정답은 별로 어렵지 않았다. 우리는 일제히 답을 외쳤다.

"페어뱅크스!"〔페어뱅크스의 철자를 나누면 'fair(공정한)'와 'banks(강둑)'가 된다—옮긴이〕

밤이 깊어가고 분위기가 무르익자 마테를링크 부인과 나는 〈춘희〉의 한 장면, 즉 춘희가 죽는 장면을 연기했다. 마테를링크 부인이 춘희 역을 연기했고, 내가 아르망 뒤발을 연기했다. 춘희가 내 품에 안겨 죽어가고 있다. 그리고 그때 그녀가 기침을 시작한다. 처음에는 가볍게 시작했으나 갈수록 심해진다. 그녀의 기침은 전염성이 있어서 내게 옮겨온다. 내가 기침하기 시작하고, 이제 경쟁이라도 하듯 서로 번갈아가며 기침한다. 그러더니 결국 내가 먼저 춘희의 팔 안에서 죽는다.

출항하는 날 아침, 나는 8시 반에 간신히 눈을 떴다. 간밤의 피로가 떨쳐지지 않았다. 그러나 목욕을 하고 나자 피로도 싹 가시고, 고향인 영국에 간다는 생각에 기운이 솟았다. 내 친구이자 《운명》등 여러 저술을 펴낸 에드워드 크노블록(1874~1945, 독일계 미국인으로 소설가이자 극작가-옮긴이)이 나와 함께 올림픽 호를 타고 영국으로 가는 길에 동행하기로 했다.

항구에 가보니 기자들이 몰려와 있었다. 그들은 선상까지 따라 올라와 나를 취재했다. 나는 혹시 이들이 영국에 도착할 때까지 배 위에서 나를 졸졸 쫓아다니지나 않을까 걱정스러웠다. 그러나 다행히 그중 둘만 남고 나머지는 수로 안내인과 함께 내렸다.

기자들과 한바탕 소동을 치르고 선실에 들어가니 친구들이 보낸 꽃다발과 과일 바구니가 가득했다. 카노 극단과 함께 같은 배를 타고 영국을 떠난 지 10년 만이었다. 그때는 2등 선실을 타고 여행했다. 그래서 1등 선실이 어떻게 생겼는지 궁금해 여객선 사환을 졸라 몰래 엿봤던 기억이 떠올랐다. 사환은 1등 선실에 딸린 방들이 얼마나 호화롭고 비싼지 자세하게 이야기해주었다. 그랬던 내가 1등 선실을 예약해 영국으로 가고 있었다. 나는 램버스 빈민구호소에서 보낸 형언키 어렵고 고단했던 어린 시절의 런던을 떠올렸다. 그런데 지금은 돈 많은 유명 인사가 되어 마치 초행인 것처럼 들뜬 마음으로 런던으로 향하고 있다는 것이 믿기지 않았다.

배가 출항한 지 몇 시간 지나지 않았는데도 이미 영국에 도착한 것 같은 기분이 들었다. 매일 저녁 나는 에드워드 크노블록과 함께 일반 식당 대신 고급 식당인 리츠 레스토랑에서 식사를 했다. 리츠 레스토랑은 일품요리 전문 식당으로 나는 샴페인, 캐비아, 오리 구이, 뇌조와 꿩고기, 포도주, 다양한 소스들 그리고 디저트로 크레이프 수젯을 즐겨 먹었다. 선상에서는 특별히 할 일도 없었기 때문에 매일 저녁 식당에 가면서 야회복을 입는 것도 마다하지 않았다. 돈이 있으니 런던으로 가는 길에 이런 호사스런 생활도 하는구나 싶었다.

나는 선상에서만큼은 조용히 쉴 수 있으리라고 생각했다. 그러나 그곳도 시끄럽기는 마찬가지였다. 올림픽 호 게시판에는 나의 런던 도착을 알리는 게시물이 여기저기 붙어 있었다. 그리고 대서양을 반쯤 건넜을 때는 나를 초대하거나 내 의향을 물어보는 전보들이 봇물처럼 쏟아져 들어왔다. 엄청난 흥분이 나를 엄습했다. 올림픽 호 게시판에는 〈유나이티드 뉴스〉와 〈모닝 텔레그래프〉에 나온 나에 대한 기사들도 붙어 있었다. 그중 이런 기사가 눈에 들어왔다.

'채플린, 금의환향! 사우샘프턴에서 런던까지 그의 행진은 고대 로마의 개선행진에 필적할 것이다.'

또 이런 기사도 붙어 있었다.

'여객선 운항 상황과 찰리의 선상 생활에 대한 기사가 매시간 여객선에서 보내오는 속보로 대체되었다. 그리고 작은 키에 다소

우스꽝스런 걸음걸이를 한 위인을 다룬 신문사별 호외가 거리에 넘쳐나고 있다.'

다른 기사는 이랬다.

'오래된 자코바이트(1688년 명예혁명으로 왕위에서 쫓겨난 스튜어트 가문의 제임스 2세와 그의 자손을 지지하고 복권을 도모한 영국의 정치 세력—옮긴이)의 노래, 〈찰리는 나의 애인〉이 지난주부터 영국 전역에서 유행하기 시작했는데, 이것은 영국에서 채플린의 인기가 어느 정도인지 보여주는 증거다. 그리고 이런 열기는 찰리를 태운 올림픽 호가 가까워질수록 매시간 더해가고 있다.'

그리고 이런 기사도 있었다.

'올림픽 호는 오늘 밤 짙은 안개 때문에 사우샘프턴 항구에 들어오지 못하고 근처에 정박해 있다. 항구는 작은 희극배우를 환영 나온 인파로 인산인해를 이루었다. 경찰 당국은 만일의 사태를 대비해 여객선이 정박하는 부두와 시장 주최 환영식장 주변에 군중의 접근을 막는 특별 조치를 고려 중이다. (…) 각 신문사는 과거에 전승기념 행진을 앞두고 했던 것처럼 채플린을 가장 잘 볼 수 있는 장소까지 선정해 독자들에게 알려주고 있다.'

나는 이런 대대적인 환영이 있을 줄은 꿈에도 생각지 못했다. 물론 이런 환영을 받는 것은 멋지고 특별한 경험이다. 그러나 이럴 줄 알았다면 나는 마음의 준비가 될 때까지 방문을 미뤘을 것이다. 내가 이번 방문에서 하고 싶었던 것은 어릴 적 내 삶의 자취가 묻어 있는 곳을 찾아가보는 것이었다. 나는 런던 시내를 조용히 돌아다니며 둘러보고 싶었다. 어린 시절 뛰어놀던 캐닝턴 가와 브릭스턴 가에 가보고, 어머니와 함께 살았던 파우널 테라스 3번지도 둘러보고, 내가 장작 패는 사람들을 도왔던 그 어두컴컴한 나무 헛간도 찾아가보고 싶었다. 그리고 내가 한때 아버지와 함께 살았던 캐닝턴 가 287번지의 2층 창문도 다시 한 번 보고 싶었다. 그런데 이런 사소한 바람이 갑자기 강박관념처럼 나를 사로잡았다.

드디어 우리는 프랑스 셸부르 항에 도착했다. 많은 사람들이 하선하고, 또 많은 사람들이 승선했다. 어떤 사람들이 내리고 타는지 살폈더니 다름 아닌 사진기자와 신문기자들이었다. 영국 팬들을 위해 하실 말씀이라도 있으십니까? 프랑스 팬들을 위해 하실 말씀은 없으십니까? 아일랜드를 방문하신 적이 있으십니까? 아일랜드 문제에 대해서는 어떻게 생각하십니까? 그들은 나에게 다가오더니 삽시간에 이런 질문들을 쏟아냈다. 비유적으로 말해, 나는 순식간에 그들의 밥이 되고 말았다.

셸부르 항을 출발해 다시 영국으로 향했다. 그러나 배는 엉금엉금 기어가듯 속도를 내지 않았다. 잠은 오지 않았다. 1시, 2시, 3시까지 나는 깨어 있었다. 엔진이 멎더니 갑자기 뒤로 움직이기 시작했다. 그리고 바로 완전히 멈췄다. 바깥 통로에서 사람들이 쿵쾅쿵쾅 뛰어다니는 소리가 요란하게 들렸다. 무슨 일인지 걱정이 돼 현창으로 밖을 내다봤다. 아직 깜깜해서 아무것도 보이지 않았다. 간간히 영국인 억양을 들을 수 있었다.

새벽이 되어서야 피곤이 몰려와 잠이 들었지만 2시간밖에 자지 못했다. 잠시 뒤에 사환이 내게 따뜻한 커피와 아침신문을 가져다 주었다. 신문을 펴든 순간 잠이 확 달아났다. 먼저, 한 신문의 1면 머리기사가 눈에 들어왔다.

제목은 이랬다.

'채플린 휴전 기념일에 맞춰 고국 방문.'

이런 제목을 붙인 신문도 있었다.

'채플린 방문 소식에 흥분의 도가니에 빠져 있는 런던.'

그리고 이런 제목도 있었다.

'대대적인 환영 행사가 준비된 채플린의 런던 방문.'

커다란 글씨로 표제를 단 신문도 있었다.

'우리의 자랑스러운 아들을 보라.'

물론 몇 가지 비판적인 기사도 있었다.

런던 시민 여러분의 현명한 판단을 촉구하며

제발 부탁드립니다. 우리 모두 이성을 찾읍시다. 저도 채플린 씨가 정말 존경할 만한 인물이라고 생각합니다. 그리고 저는 이 시점에 그를 애처롭게 감싸고 있는 향수병이 왜 우리 대영제국이 독일군의 총칼 앞에 꼼짝없이 당하고 있던 암흑의 시절에는 나타나지 않았는지 문제 삼아 꼬투리 잡을 생각은 추호도 없습니다. 이미 언급했듯이 찰리 채플린은 총알과 포탄이 난무하는 전장에서 총을 들고 싸우기보다는 카메라 앞에서 우스꽝스럽고 재미있는 연기나 하는 편이 나았다는 것이 사실일지도 모릅니다.

부둣가 근처에서 나는 사우샘프턴 시장의 환영을 받았다. 그런 다음 서둘러 기차에 올랐다. 드디어 런던으로 향하는 것이었다. 헤티 켈리의 오빠인 아서 켈리가 나와 같은 칸에 타고 있었다. 나는 차창 밖으로 빠르게 지나가는 초록 들판을 바라보며 아서 켈리와 마주앉아 이런저런 이야기를 나눴다. 나는 아서에게 얼마 전에 동생 헤티에게 내가 런던에 오면 포트만 스퀘어에 있는 자신의 집으로 초대해 저녁식사를 하고 싶다는 편지를 받았다고 이야기했다. 그는 이상한 눈으로 나를 쳐다봤다. 당황하는 기색이 역력했다.

"헤티는 죽었다네. 모르고 있었나?"

충격이었다. 전혀 예상치 못했던 대답일 뿐 아니라 헤티가 죽었다니 도저히 믿기지가 않았다. 헤티와 있었던 젊은 날의 추억들이 한꺼번에 몰려왔다. 그리고 그녀와 함께한 추억들도 도둑맞은 느낌이었다. 헤티는 어떻게든 다시 만나보고 싶은 어린 시절의 소중한 친구였다. 특히 10년 만에 찾은 런던에서 누구보다도 만나고 싶었던 사람이었다.

기차는 런던 교외로 접어들었다. 나는 차창 밖을 내다보았다. 혹시 예전의 추억이 서려 있는 거리를 지나가지는 않을까 눈여겨봤지만 헛수고였다. 마음은 들떠 있었지만 런던도 전쟁 통에 파괴되어 많이 변한 것 같아 걱정이 되었다.

런던 시내에 가까워질수록 흥분은 더해갔다. 아무것도 눈에 들어오지 않았다. 런던에 왔다는 것도 실감이 나지 않았다. 단지 마음속에 기대감만 충만했다. 그런데 뭐에 대한 기대감이었을까? 전혀 갈피를 잡을 수 없었다. 가까이 런던을 떠받치는 지붕들이 눈에 들어왔다. 그래도 아직 실감이 나지 않았다. 기대감, 기대감뿐이었다.

마침내 열차가 역에 들어서는 소리가 들렸다. 워털루 역에 도착한 것이다. 열차에서 내리자 승강장 끝에 수많은 군중이 몰려와 있었다. 다행히 밧줄로 경계선을 두르고 군중의 접근을 차단하고 있었고, 그 앞으로 경찰이 겹겹으로 정렬해 있었다. 긴장감이 감돌았다. 그러나 마음은 설레었다. 분위기에 적응은 되지 않았지만 흥분은 여전했다. 나는 마치 범죄 현장에서 체포된 범인처럼 누군가의 손에 이끌려 기차에서 내렸다. 우리가 플랫폼에 내려 군중이 몰려 있는 경계선 근처에 다다르자 사람들이 웅성거리기 시작했다. 억눌렸던 긴장이 다소 풀리는 것 같았다.

"그다! 그다!" "찰리다!" 그리고 바로 환호성이 터졌다. 나는 몰려든 군중의 환호를 들으며 15년 만에 만난 사촌 오브리와 함께 리무진에 올라탔다. 나는 나를 한 번 보기 위해 오랫동안 서서 기다렸을 사람들을 무심히 지나쳤다. 미안한 생각이 들었지만, 나도 당황한 상태였기 때문에 어떻게 해야 할지 아무 생각도 나지 않았다.

나는 오브리에게 부탁해 웨스트민스터브리지를 건너자고 했다. 워털루 역에서 빠져나와 요크 로드에 접어들자 런던이 많이 바뀌었다는 것을 알 수 있었다. 오랜 건물들은 모두 자취를 감추고 그 자리에 런던 지방의회 건물이 들어서 있었다. 그런데 요크 로드

런던 환영인파

 모퉁이를 돌아서자 웨스트민스터브리지가 마치 구름 사이로 비치는 강렬한 햇살처럼 눈에 들어오는 것이 아닌가! 다행히 웨스트민스터브리지는 옛날 그대로였다. 국회의사당인 웨스트민스터 사원도 예전의 웅장한 모습으로 우뚝 서 있었다. 두 곳은 내가 영국을 떠나기 전 그대로였다. 눈물이 나올 것 같았다.

 나는 리츠 호텔에 숙소를 정했다. 리츠 호텔은 내가 어렸을 때 지어진 건물로 항상 그 앞을 지나면서 화려하게 빛나는 내부를 힐끔거리고는 했다. 그리고 그 내부가 어떻게 생겼는지 호기심을

십 년 만의 영국 방문 563

안고 살았었다.

어마어마한 군중이 호텔 밖에서 나를 기다리고 있었다. 나는 그들에게 짧게 인사말을 했다. 그리고 방에 들어와 잠시 흥분을 가라앉혔다. 밖에 나가 얼른 런던 시내를 둘러보고 싶은 생각이 간절했다. 그러나 몰려든 군중 때문에 옴짝달싹할 수 없었다. 군중의 환호가 끊이지 않고 들려왔다. 나는 방 안에서 안절부절못하고 서성이다가 몇 번인가 발코니에 나가 그들의 환호에 응답했다. 마치 왕이 된 것 같은 기분이 들었다. 이런 예상치 못한 상황에서는 무슨 일이 있었는지 일일이 거론하는 것도 힘들다.

내 방은 몰려든 친구들로 만원이었다. 그러나 그 순간 내 머릿속은 그들에게서 벗어나고 싶다는 생각뿐이었다. 시간은 오후 4시였다. 그래서 나는 잠깐 눈을 붙이고 싶으니 저녁에 만나 같이 식사를 하자고 둘러대며 그들을 내보냈다.

어린 시절의 추억

사람들이 방을 나서자 나는 서둘러 옷을 갈아입었다. 그리고 화물 전용 엘리베이터를 타고 남의 눈에 띄지 않게 뒷문으로 조용히 빠져나왔다. 나는 저민 스트리트로 방향을 잡았다. 그리고 지나가던 택시를 잡아타고 중간에 내려 헤이마켓 쪽으로 향했다. 그리고 트래펄가 광장을 지나 의사당 거리로 내려가서 웨스트민스터브리지를 건넜다.

다시 택시를 잡아탔다. 한 모퉁이를 돌자 캐닝턴 가가 나타났다. 맞다! 여기다! 믿을 수 없군! 옛날 그대로라니. 웨스트민스터 브리지 거리 모퉁이에 있던 크라이스트 교회도 그대로 있었고, 브룩 가 모퉁이에 있던 선술집 탱커드도 그대로였다.

그리고 나는 다시 택시를 잡아타고 파우널 테라스 3번지로 향했다. 나는 먼발치에서 택시를 멈췄다. 천천히 걸어서 가보고 싶었다. 집에 점점 가까워지자 알 수 없는 평온함이 전해져왔다. 파우널 테라스 3번지! 집은 해지고 낡은 해골처럼 섬뜩한 모습을 하고 있었다. 나는 집 맨 위층에 있는 창문을 올려다봤다. 어머니가 영양실조에 걸려 넋을 잃은 채 앉아 있던 다락방이었다. 창문은 굳게 닫혀 있었다. 내 어린 시절 추억을 고스란히 담고 있는 창문이었다. 그러나 창문은 내게 무심한 것 같았다. 아마 지나간 세월 때문일 것이다. 창문과 대화를 나눌 수는 없었지만 더 많은 것을 느낄 수 있었다. 어디선가 어린아이들이 몰려나오더니 나를 에워쌌다. 나는 사람들의 시선을 피하기 위해 어쩔 수 없이 발걸음을 옮겼다.

나는 캐닝턴 가 뒷골목에 있던 마구간으로 향했다. 내가 장작 패는 사람들을 도와줬던 곳이었다. 그러나 마구간은 흔적조차 찾아볼 수 없었다. 당연히 장작 패던 사람들도 만나보지 못했다. 그리고 캐닝턴 가 287번지 앞에 도달했다. 잠시였지만 시드니와 내가 아버지와 루이스 그리고 그들의 어린 아들과 함께 살았던 곳이었다. 어린 시절의 절망이 서려 있는 2층 창문을 올려다보았다. 정겹고 신비로운 느낌이 들었다.

캐닝턴파크에도 가보았다. 가는 길에 주급으로 받은 봉급을 아껴 저축했던 우체국을 지나쳤다. 1908년부터 약간씩 저축해 60파운드 정도를 모았었다. 들어가 확인해보니 아직 그대로 있었다.

캐닝턴파크! 세월이 많이 흘렀음에도 예전 그대로 슬픔을 머금은 것 같은 초록이 화사하게 빛나고 있었다. 그리고 캐닝턴게이트! 헤티와 내가 첫 데이트를 한 곳이었다. 나는 잠시 서서 시가 전차가 멈춰 서는 것을 지켜봤다. 몇 사람이 올라탔다. 그러나 내리는 사람은 아무도 없었다.

브릭스턴 가에 있는 글렌쇼 맨션 15번지 아파트에도 가보았다. 형과 내가 함께 살았던 곳으로 집을 얻자마자 중고 가구점에 가서 집에 들여놓을 가구를 샀던 일이 떠올랐다. 처음 아파트를 얻으면서 얼마나 기뻤던지. 그러나 옛날에 가졌던 감흥은 되살아나지 않았다. 사실 이곳에 찾아온 것은 단지 호기심 때문이었다.

호텔로 돌아오는 길에 나는 맥주나 한잔할 생각으로 선술집 호른스에 들렀다. 내가 어렸을 때만 해도 호른스는 고급스런 마호가니 바, 멋진 거울들 그리고 당구장을 갖춘 상당히 근사한 술집이었다. 뿐만 아니라 안쪽에는 아버지를 위해 마지막 자선공연을 했던 넓은 홀도 갖추고 있었다. 그러나 지금은 예전만 못했다. 바뀐 것은 없었지만 상당히 초라한 모습이었다. 근처에는 내가 2년간 다녔던 캐닝턴로드 초등학교가 있었다. 나는 운동장을 들여다보았다. 운동장엔 아스팔트가 깔려 있었고, 그사이에 건물이 더 들어서서 그랬는지 모르지만 상당히 작아 보였다.

캐닝턴 가를 이리저리 돌아다니다 보니 예전에 이곳에서 있었던 일들이 마치 꿈만 같고, 미국에서 있었던 일들이 오히려 현실처럼 느껴졌다. 그러나 뭔가 알 수 없는 불편한 감정이 나를 떠나지 않았다. 가난했던 그 시절의 아픈 기억들이 끊임없이 나를 심연으로 끌어내리는 것 같았다.

　내 내면 깊숙이 남아 있는 울적한 심정과 고독을 여기에서 늘어놓는 것은 별로 좋은 생각이 아닐 것이다. 나는 친구가 많았다. 그러나 생각해보면 그렇게 많은 친구들을 필요로 하지는 않았다. 내 명성을 듣고 친구가 된 사람들이 많았다. 나는 음악을 좋아하듯이 친구를 좋아한다. 친구를 돕는 것은 쉬운 일이지만, 시간을 내주는 것은 쉬운 일이 아니다. 내가 인기 절정에 있었을 때, 친구들과 주위에서 알고 지내던 사람들이 끊이지 않고 몰려들었다. 그러나 어떤 사람이고 다른 사람들과 어울리고 싶을 때가 있고 혼자 있고 싶을 때가 있게 마련이다. 내 경우 혼자 있고 싶을 때면 나는 항상 의도적으로 그들을 멀리해야 했다. 그러지 않으면 내 시간을 가질 수 없었다.

　이런 내 태도 때문에 내가 성격을 파악하기 어려운 사람이라는 둥, 고독하고 주변에 진정한 친구가 없는 사람이라는 둥 하는 기사가 실렸던 것 같다. 그러나 이것은 얼토당토않다. 내게도 죽마고우 같은 친구 한두 명은 있었다. 그들은 내 삶의 지평을 넓혀주었고, 그들과 함께 있으면 항상 시간 가는 줄 모를 정도로 즐거웠다.

　물론 나도 인간이기 때문에 세간의 평가에 따라 기분이 좋아지기도 하고 나빠지기도 하는 등 민감하지 않을 수 없었다. 예를 들어, 서머싯 몸이 나에 대해 이렇게 쓴 적이 있었다.

찰리 채플린. 그의 농담은 단순하고 감미롭고 자연스럽다. 그러나 우리는 그의 웃음 이면에 깊은 슬픔이 내재해 있다는 것을 느낀다. 그는 항상 울적해 보인다. 그렇기 때문에 굳이 우스갯소리로 이런 말을 할 필요가 없다. '어젯밤에 정말 울적해서 혼났어. 혼자 뭘 해야 할지 모르겠더라고.' 이처럼 그의 유머가 슬픔과 고독에 바탕을 두고 있다는 것은 굳이 말하지 않아도 알 것이다. 그는 절대 행복한 사람의 얼굴이 아니다. 내가 생각하기에 그는 빈민가에 대한 향수 때문에 고통스러워하는 것 같다. 그는 자신의 명성과 부를 즐기고 있지만, 한편으로 그것이 자신을 구속하고 있다는 것을 알고 있다. 내가 보기에 그는 어린 시절을 가난과 궁핍으로 어렵게 보냈지만, 그래도 그때가 자유로웠다고 생각하는 것 같다. 물론 그는 더 이상 그런 자유를 만끽할 수 없다는 걸 알고 있다. 그에게 남부 런던의 거리들은 유쾌하고 즐겁고 그리고 신나는 모험의 무대였다. (…) 나는 그를 보면서 이런 상상을 한다. 즉 그는 자기 집에 들어가면서도 스스로 자신과 상관없는 사람의 집에서 도대체 무엇을 하고 있는지 의아해한다. 그래서 나는 이런 의심도 해본다. 그가 유일하게 올려다볼 수 있는 집은 캐닝턴 가 뒷골목에 있는 3층 방이라고. 어느 날 밤, 나는 그와 함께 로스앤젤레스 시내를 걷다가 우연치 않게 도시의 빈민구역에 들어선 적이 있었다. 지저분한 공동주택 그리고 가난뱅이들에게 매일 연명할 물건들을 파는 겉만 번지르르한 상점들이 즐비했다. 그의 얼굴에 갑자기 생기가 돌더니 들뜬 목소리로 이렇게 외쳤다.

"봐요. 이게 진짜 생활 아닙니까? 다른 모든 것은 가짜입니다."*

다른 사람들에게 가난을 매력적인 것으로 보이도록 만드는 이런 식의 태도는 마음에 들지 않는다. 나는 가난에 향수를 갖고 있거나 그것에서 자유를 찾는 가난한 사람을 아직 만나지 못했다. 뿐만 아니라 서머싯 몸도 가난한 사람에게 부와 명성은 구속일 뿐이라는 것을 납득시킬 수 없을 것이다. 나는 부가 구속이라고 생각하지 않는다. 오히려 나는 그것에서 자유를 만끽한다. 나는 서머싯 몸이 자신의 소설에 등장하는 어떤 인물을 묘사하면서 이런 잘못된 생각을 쓰리라고 믿지는 않는다. 비록 그 인물이 자신의 소설에서 아무리 비중이 없는 인물이라고 해도 말이다. '남부 런던의 거리들은 유쾌하고 즐겁고 그리고 신나는 모험의 무대였다' 같은 그럴싸한 묘사는 마치 마리 앙투아네트같이 젠체하며 야유를 보내는 뉘앙스를 풍긴다.

나는 가난은 어느 누구에게도 매력적이지도 교훈적이지도 않다고 생각한다. 가난이 나에게 가르쳐준 것이 있다면 세상을 비뚤게 보는 시각이었다. 그리고 그것은 내게 부자들과 소위 상류계급들의 덕목과 호의를 과대평가하도록 만들었다.

반대로 부와 명성은 나에게 세상을 올바른 시각으로 바라볼 수 있도록 가르쳤다. 뿐만 아니라 저명한 사람들도 가까이에서 보면 우리와 마찬가지로 나름의 고민과 번민을 갖고 산다는 것을 알려줬다. 또한 부와 명성은 사벨(군인이나 경관이 허리에 차던 서양식 칼─옮긴이), 단장 그리고 승마 채찍이 갖는 상징성이 소위 가진 자

---

*마지막 인용은 사실과 다르다. 그때 우리는 멕시코인 거주지역을 지나가고 있었다. 그래서 내가 이렇게 말했다. "여기가 비벌리힐스보다 생기 넘치는 것 같습니다."(원주)

들의 속물근성을 보여준다는 것도 가르쳐주었다. 또한 한 사람의 장점과 지능의 척도가 되는 학벌이 얼마나 잘못된 판단 기준인지 알려주었다. 그런데 이런 신화가 아직도 영국 중간 계급들의 마음을 사로잡고 있다. 나는 교육을 받고 고전에 대한 소양을 키운다고 해서 지능이 반드시 높아지는 것은 아니라는 것을 알게 되었다.

나에 대한 서머싯 몸의 여러 가설에도 불구하고 다른 모든 사람들과 마찬가지로 나는 나일 뿐이다. 나는 집안 대대로 이어져 내려오는 자극과 강한 충동을 한 몸에 지닌 개인이자, 유일무이한 존재이자, 다른 어느 누구와도 다른 나일 뿐이다. 나는 꿈, 욕망 그리고 독특한 경험의 역사를 한 몸에 지닌 나일 뿐이다.

영국에서 만난 저명인사들

런던에 도착한 뒤로 나는 내내 할리우드 친구들에 둘러싸여 있었다. 나는 변화, 즉 새로운 경험과 새로운 얼굴들을 만나고 싶었다. 그리고 이것을 위해 내 명성을 적극 활용하고 싶었다. 물론 사전에 H. G. 웰스와 면회 약속이 잡혀 있었다. 그러나 그 외에 다른 약속이 없었기 때문에, 잘 될지는 몰랐지만 다른 사람들을 만나보고 싶었다.

"자넬 위해 개릭 클럽(1831년에 킹 스트리트에 건립된 배우, 문인, 저명인사들이 자주 모여들던 클럽—옮긴이)에서 저녁 약속을 잡아놓았네."

에드워드 크노블록이 이렇게 말했다.

"뭐 배우들, 예술가들 그리고 작가들이겠지. 그런데 어디 영국 특색이 묻어나는 파티 없을까? 나를 초대할 리는 없겠지만 영국 사람들은 일반 가정이나 저택에서 파티를 많이 열거든."

나는 농담으로 이렇게 말했다.

사실 나는 보기 힘든 영국 공작의 실생활을 눈으로 확인하고 싶었다. 내게 속물근성이 있어서가 아니라 관광객의 신분으로 한번 둘러보고 싶었던 것이다.

개릭 클럽은 짙은 떡갈나무 원목으로 벽을 마감하고 그 위에 유화 그림을 걸어놓아 독특한 분위기를 자아냈다. 그러나 전체적인 느낌은 칙칙하고 음산했다. 나는 그곳에서 제임스 M. 배리 경(1860~1937, 스코틀랜드 태생의 소설가이자 극작가로 《피터팬》의 저자로 유명하다—옮긴이), 저술가 E. V. 루카스, 극작가 월터 해켓, 조각가 조지 프램튼, 건축가 에드윈 루티엔스, 연극배우 스콰이어 뱅크로프트와 다른 저명한 신사들을 만났다. 저녁 만찬은 지루했지만, 나를 위해 이런 저명한 신사들이 자리했다는 사실에 매우 감동받았다.

그러나 그날 저녁 만찬은 성공적이지 못했다. 저명한 사람들이 한자리에 모였을 때 무엇보다 필요한 것은 편안하고 화기애애한 분위기다. 그런데 만찬에 초대된 주빈이 연설에 소질이 없는 벼락부자일 경우 그런 분위기를 이끌어내는 것은 더더욱 힘들다. 사실 나는 연설에 소질이 없었다. 저녁식사를 하면서 프램튼이 재미있는 농담을 건네며 나름대로 분위기를 띄우려고 노력했지만 개릭 클럽 분위기가 너무 음산했고, 우리도 삶은 햄에 당밀 푸딩을 먹고 있던 터라 별다른 감흥이 일어나지 않았다.

나는 영국 신문과 가진 첫 번째 인터뷰에서 무심결에 내가 귀국한 목적은 어린 시절 추억이 서려 있는 곳을 둘러보고, 뱀장어 스튜와 당밀 푸딩을 다시 맛보고 싶었기 때문이라고 말했다. 그런데 이것이 빌미가 되었는지 개릭 클럽에서도, 리츠 호텔에서도, H. G. 웰스의 집에서도 모두 뱀장어 스튜와 당밀 푸딩만 내놓았다. 심지어 필립 사순 경(1888~1939, 영국의 정치가이자 예술품 수집가로 영국 사교계의 거물이었다—옮긴이)이 나를 위해 주최한 호화 만찬에서도 디저트로 당밀 푸딩이 나왔을 정도였다.

결국 개릭 클럽의 모임은 일찍 끝나고 말았다. 모임이 끝나갈 무렵 에드워드 크노블록이 내 귀에 대고 속삭였다. 제임스 배리 경이 모임이 끝나면 아델피 테라스에 있는 자신의 아파트에 가서 커피나 한잔하자며 우리를 초대했다는 것이었다.

배리 경의 아파트는 아틀리에 같았다. 방은 넓었고 템스 강이 한눈에 내려다보일 정도로 전망이 좋았다. 그리고 방 한가운데에 굴뚝이 천장으로 나 있는 둥근 스토브가 놓여 있었다. 배리 경은 창문 가까이 우리를 데려가더니 좁은 골목 맞은편에 나 있는 창문을 가리켰다.

"저기가 조지 버나드 쇼의 침실입니다."

그는 스코틀랜드 억양으로 장난스럽게 말했다.

"저 방에 불이 켜 있으면 가끔 장난 삼아 버찌나 자두 씨를 던집니다. 어떤 때는 문을 열고 내다보는데, 또 어떤 때는 들은 척도 안 하지요. 아마 이야기가 하고 싶을 때만 문을 여는 것 같은데, 그러면 저는 그와 이런저런 세상 돌아가는 이야기를 나눕니다. 그렇지 않을 때는 아예 불을 꺼버려요. 보통 세 번 정도 던져

보는데 그래도 대답이 없으면 포기하죠."

그때 파라마운트 영화사가 《피터팬》을 영화화할 생각을 갖고 있었다. 나는 배리 경에게 이렇게 말했다.

"피터팬은 연극보다 영화로 흥행할 가능성이 더 크다고 봅니다."

그는 내 말에 동의하면서 웬디가 요정들을 나무껍질 속으로 몰아넣는 장면이 꼭 들어갔으면 좋겠다고 자신의 바람을 말했다. 배리 경은 그날 밤 이런 말도 했다.

"〈키드〉 뒷부분에서 왜 꿈꾸는 장면을 삽입했는지요? 제가 보기에는 이야기의 흐름을 방해하는 것 같았습니다."

"실은 당신의 희곡 〈신데렐라의 키스〉의 영향을 받았습니다."

나는 솔직하게 대답했다.

다음 날 나는 에드워드 크노블록과 쇼핑을 나갔다. 쇼핑을 마친 뒤에 그는 버나드 쇼를 만나보러 가자고 제안했다. 물론 사전에 약속 같은 것은 없었다.

"그냥 한번 들러보자고."

에디(우리는 에드워드 크노블록을 '에디'라고 불렀다)가 이렇게 말했다. 시계를 쳐다보니 4시였다. 에디가 아델피 테라스에 있는 버나드 쇼의 집 초인종을 눌렀다. 안에서 누군가 응답하기를 기다리는데 약간 두려운 생각이 들었다. 나는 에디에게 "다음에 다시 오자"고 말하고 줄행랑을 치기 시작했다. 에디는 별일 아닌 걸 어렵게 생각한다고 투덜대며 마지못해 나를 뒤따라왔다. 나는 한참 뒤인 1931년에 버나드 쇼를 만나 뵙는 영광을 누렸다.

다음 날 아침 나는 거실에서 울리는 전화벨 소리에 깼다. 내 미국인 비서의 딱딱한 목소리가 들려왔다.

"누구시죠? …… 웨일스 공이라고요!"

마침 에디가 거실에 있었는지 자신이 왕실 의전에 대해 잘 안다며 전화를 건네받았다. 에디의 목소리가 들렸다.

"여보세요? 예, 그렇습니다. 오늘 밤이요? 감사합니다!"

에디는 내 비서에게 에드워드 왕세자가 오늘 밤 나와 저녁식사를 함께하고 싶어 한다며 흥분된 목소리로 떠들어댔다. 그리고 내 침실로 들어오려고 했는지 비서가 말리는 소리가 들렸다.

"아직 깨우지 마세요."

"아니, 이봐. 웨일스 공이래도!"

에디는 화가 났는지 이렇게 소리쳤다. 그리고 영국식 예법에 대해 비서에게 일장 연설을 늘어놓기 시작했다.

잠시 뒤에 내 방문 손잡이가 돌아가는 소리가 들렸다. 나는 방금 깬 것처럼 눈을 비비며 일어났다. 에디가 들어오더니 억지로 흥분을 누르고 태연하게 이렇게 말했다.

"오늘 밤 다른 약속은 잡지 말게. 웨일스 공이 자네를 저녁 만찬에 초대했어."

나도 똑같이 태연한 척하면서 이렇게 말했다.

"그거 곤란하게 됐는데. 오늘 저녁 H. G. 웰스와 선약이 있어. 같이 저녁을 먹기로 했거든."

에디는 내 말은 듣지도 않고 자기 말만 되풀이했다. 물론 나도 기뻤다. 버킹엄 궁전에서 왕세자와 저녁을 먹는다니!

내가 말했다.

"그런데 누가 장난치는 것 같지 않아. 분명히 어제 신문에 왕세자가 사냥을 즐기러 스코틀랜드에 갔다는 기사를 읽었거든."

에디가 갑자기 얼빠진 얼굴을 했다.

"아무래도 궁에 전화해서 확인을 해봐야겠어."

그는 수수께끼 같은 표정으로 돌아와서는 아무렇지 않게 이렇게 말했다.

"자네 말이 맞아어. 아직 스코틀랜드에 있대."

나는 그날 아침 신문에서 키스톤 영화사 시절 동료였던 로스코 아버클이 살인 혐의로 기소되었다는 소식을 접했다. 정말 생각지도 못한 사건이었다. 몇몇 신문사에서 로스코 아버클과 관련한 인터뷰를 요청했다. 나는 이렇게 말했다.

"제가 아는 로스코는 매우 다정하고 파리 한 마리 죽이지 못하는 마음 여린 사람이었습니다."

결국 아버클은 무혐의로 풀려나기는 했지만 이 사건은 그의 경력에 큰 오점이 되고 말았다. 무혐의로 풀려난 그는 대중의 신뢰를 회복하기 위해 갖은 노력을 다했다. 그러나 허사였다. 대중은 이미 그에게 등을 돌린 지 오래였다. 이런 사건이 있고 나서 1년쯤 뒤에 그는 사망했다.

나는 그날 오후 오즈월드 스톨 극장 사무실에서 H. G. 웰스를 만나기로 약속이 잡혀 있었다. 그곳에서 그의 작품을 각색해 만든 영화 한 편을 감상하기로 했다. 오즈월드 스톨 극장에 거의 도착했을 무렵 사람들이 모여 있는 것이 눈에 들어왔다. 아마 나를 보기 위해 몰려든 사람들 같았다. 나는 차에서 내리자마자 허둥지둥 엘리베이터를 타고 올라가 한 작은 사무실로 안내됐다. 그런데 그곳에는 조금 전보다 더 많은 사람들이 몰려와 있었다.

나는 당황했다. H. G. 웰스와 처음 만나는 자리인데 이렇게까지 어수선할 줄은 생각도 못했다. 웰스는 조용히 책상에 앉아 있었다. 나는 그를 쳐다봤다. 그는 반짝이는 보랏빛 푸른 눈을 하고 있었다. 그러나 그도 역시 당황한 눈치기는 마찬가지였다. 우리 두 사람이 악수를 나누기 전인데 여기저기에서 카메라 플래시가 터졌다. 웰스가 내 쪽으로 기대더니 이렇게 속삭였다.

"우리가 기자들 밥이 되고 말았소."

그런 다음 우리는 영사실로 향했다. 영화가 끝나갈 때쯤 웰스가 다시 속삭였다.

"그래 소감이 어떻소?"

나는 솔직하게 별로라고 대답했다. 영화가 끝나고 불이 들어오자 웰스는 다시 내게 기대더니 이렇게 말했다.

"저 소년에 대해서는 잘했다고 칭찬해주시게."

사실 영화에서 소년 역을 맡은 조지 K. 아서(1899~1985, 미국 영화배우이자 제작자—옮긴이)는 나름대로 제몫을 다한 축에 속했다. 웰스의 영화관은 그렇게 엄격하지 않았다. 그는 말했다.

"나쁜 영화란 없다고 생각하네. 움직인다는 것만으로도 멋지다고 생각하지."

우리는 그렇게 별반 대화도 나누지 못한 채 헤어졌다. 그러나 그날 늦게 그에게서 짧은 서신이 도착했다. '저녁식사 잊게 말게. 좋은 생각인지는 모르겠지만, 7시 반까지 남의 눈에 띄지 않게 외투로 얼굴을 가리고 빠져나오게. 느긋하게 함께 저녁을 할 수 있으면 좋겠네.'

그날 저녁식사에 레베카 웨스트(1892~1983, 영국의 여성 참정권 론자—옮긴이)가 동석했다. 처음에는 분위기가 어색했다. 그러나 조금 지나자 다소 누그러졌다. 웰스는 자신이 근래에 다녀온 러시아를 화제에 올렸다.

그가 말했다.

"진보는 느린 법일세. 이상을 이야기하는 거야 쉽지만 그걸 실행에 옮긴다는 게 말처럼 쉬운가."

내가 물었다.

"이상을 실현하는 다른 해결 방법이 있을까요?"

"교육이오."

나는 사회주의에 대해서는 잘 모른다고 그에게 말했다. 그리고 사람이 살기 위해 일하는 체제는 별로 매력이 없는 것 같다고 농담처럼 말했다.

"솔직히 저는 일하지 않고 먹고살 수 있는 체제가 더 좋습니다."

웰스는 내 말을 듣더니 크게 웃었다.

"영화는 뭐라고 생각하나?"

"일이라고 생각하지는 않고, 아이들 놀이쯤으로 생각합니다."

나는 익살스럽게 이렇게 대답했다. 웰스는 유럽에 머무는 동안 무엇을 할 생각인지 물었다. 나는 파리에 가볼 생각이라고 말했다. 그리고 시간이 나면 스페인에 가서 투우도 관람할 생각이라고 덧붙였다.

"투우 기술이 상당히 극적이고 아름답다고 들은 적이 있습니다."

"그렇기는 하지. 그런데 소에게 너무 잔인한 짓 아닌가."

"왜 소를 동정하시죠?"

별 생각 없이 조금 어리석은 질문을 던졌다. 순간 아차 싶었지만 이미 엎질러진 물이었다. 다행히 웰스가 크게 신경 쓰지 않는 눈치였다. 그러나 집으로 오면서 말실수한 게 머리에서 떠나지 않고 계속 맴돌았다.

다음 날 에디의 친구이자 저명한 건축가인 에드윈 루티엔스가 호텔로 나를 찾아왔다. 당시 그는 인도 뉴델리에 새로운 정부청사를 설계 중이었는데, 버킹엄 궁에 들러 조지 5세 국왕을 알현하고 막 돌아오는 길이었다. 그는 국왕을 알현하러 가는 길에 실물과 똑같은 작은 모형 화장실을 만들어 가져갔다. 대략 6인치 크기에 작은 포도주잔 정도의 물탱크가 달려 있어 줄을 잡아당기면 실제와 똑같이 물이 내려가고 다시 물이 차도록 고안된 모형 화장실이었다. 왕과 여왕이 그것을 보고 얼마나 신기해하는지 몇 번이고 줄을 잡아당겨보며 재미있어 했다고 했다. 그래서 루티엔스는 왕과 여왕에게 모형 화장실 주변에 인형의 집을 만들어드리겠노라고 약속을 하고 오는 길이었다. 그는 뒤에 인형의 집을 만든 다음 영국의 유명 화가들을 여러 명 고용해 방마다 채색을 시켰다. 그리고 내부에 들어가는 모든 장식품도 모형으로 만들었다. 인형의 집을 선물받은 여왕은 그것을 자선기금 모금 행사 때 일반에게 공개해 상당한 기금을 모았다.

레지옹 도뇌르 훈장

영국에 도착하고 얼마쯤 지나자 내 사교 활동도 뜸해지기 시작했다. 나는 문인들과 저명한 인사들을 만났으며, 어린 시절의 기억이 서려 있는 곳도 찾아가 보았다. 그러나 가는 곳마다 나를 알아보는 사람들이 많아 오래 있을 수 없었다. 그러면 나는 얼른 택시를 잡아타고 내리길 반복하면서 나를 보고 몰려드는 사람들을 요리조리 피해 다녔다. 게다가 에디 크노블록이 브라이튼으로 떠났다. 그래서 나도 갑자기 짐을 챙겨 파리로 갈 결심을 했다. 무엇보다 영국에서 빨리 벗어나고 싶었다.

우리 일행은 아무에게도 알리지 않고 몰래 파리로 향했다. 그런데 칼레에 도착하니 우리를 환영 나온 인파가 항구를 가득 메우고 있었다. 그들은 내가 발판에 발을 딛기가 무섭게 "샤를로, 만세!"를 외치며 환호하기 시작했다. 바람이 불고 파도가 너무 높아 어려운 항해였다. 뱃멀미를 해서 그런지 정신이 몽롱한 것이 마치 몸의 절반은 영불해협에 빠뜨리고 온 것 같은 기분이었다. 그래도 나는 환호하는 사람들에게 손을 흔들며 얼굴에 미소를 머금었다. 나는 이리저리 떠밀리며 간신히 기차에 몸을 실었다. 파리에 도착하니 마찬가지로 엄청난 환영 인파와 경찰의 경계선이 나를 기다리고 있었다. 역시나 이리저리 떠밀리다가 경찰의 도움으로 간신히 택시에 올라탈 수 있었다. 물론 힘들거나 불쾌하지는 않았다. 오히려 나는 이것을 재미있게 즐기고 있었다. 물론 이런 대대적인 환영은 상상을 초월한 것이었기 때문에 즐겁기는 했지만, 사람을 지치게 만드는 것도 사실이었다. 나는 클라리지 호텔에 숙소를 정했다.

하루는 호텔방에 있는데 10분이 멀다 하고 전화가 울렸다. 앤 모건 양의 비서였다. 앤 모건 양은 J. P. 모건의 딸로 분명히 뭔가 부탁할 것이 있어 전화한 게 틀림없었다. 그렇지 않고서야 그녀가 나를 만나자고 할 이유가 전혀 없었던 것이다. 나는 비서에게 적당히 핑계를 댔다. 그러나 그 비서는 전혀 포기할 기색이 아니었다.

"앤 모건 양을 만나주실 수 없으십니까? 많은 시간을 빼앗지는 않을 겁니다."

결국 나는 굴복하고 말았다. 내가 묵고 있는 호텔에서 3시 45분에 만나기로 약속을 잡았다. 그러나 모건 양은 제시간에 나타나지 않았다. 그래도 혹시나 싶어 10분 정도 더 기다렸다가 자리에서 일어났다. 그런데 내가 막 로비를 지나 밖으로 나가려는데 모건 양의 매니저가 급히 뛰어와 나를 불러 세웠다. 그리고 걱정스러운 눈초리로 이렇게 말했다.

"선생님, 앤 모건 양이 지금 도착했습니다."

나는 아침에 있었던 모건 양의 무례함에 화가 나 있었다. 게다가 늦기까지 하다니! 그래도 나는 얼굴에 미소를 띠며 반갑게 그녀를 맞이했다.

"안녕하세요. 죄송합니다만, 네 시에 약속이 있어서."

"어머, 그러세요? 짧게 말씀드리겠습니다. 오 분 이상 걸리지 않을 겁니다."

나는 시계를 쳐다봤다. 4시 5분 전이었다.

"잠깐 앉아서 말씀드려도 될까요."

그녀가 말했다. 우리는 로비로 가서 빈자리를 찾아 앉았다. 그녀가 말을 이었다.

"저는 전쟁으로 황폐해진 프랑스 재건을 위해 기금 모금을 돕고 있습니다. 그래서 이번에 트로카데로 광장에서 영화제를 개최할 예정인데 선생님의 영화 〈키드〉를 상영할 수 있을지 부탁드리려고 이렇게 찾아왔습니다. 그리고 바쁘시더라도 무대 인사에 참석해주신다면 수천 달러는 더 모금할 수 있을 것 같아 부탁드립니다."

나는 그런 경우라면 영화는 상영해도 좋지만 무대 인사에 참석할 수는 없을 것 같다고 말했다.

"그렇지만 선생님께서 참석해주시면 수천 달러는 더 모금이 가능합니다."

그녀는 고집을 꺾지 않았다.

"그리고 이 일로 프랑스로부터 훈장을 받을 수도 있을 겁니다."

나는 귀가 의심스러워 그녀를 빤히 쳐다봤다.

"확실한가요?"

모건 양이 웃었다.

"프랑스 정부에 훈장 추서를 할 수 있다는 말씀입니다. 물론 저도 최선을 다할 거고요."

나는 시계를 보고는 손을 내밀었다.

"정말 죄송합니다. 그만 가봐야 합니다. 제가 사흘 정도 베를린에 가 있을 예정입니다. 혹시 모르니 연락할 일이 있으면 그쪽으로 연락주세요."

나는 이런 알 수 없는 말을 남기고 그녀와 헤어졌다. 다소 무례한 말이었다. 그래서 나는 호텔을 나서는 순간 너무 경솔했나 싶어 후회가 들었다.

우연한 계기로 사교계에 발을 들여놓는 사람들이 많다. 그것은 마치 부싯돌의 불꽃이 사교 활동이라는 큰불에 불을 붙이는 것과 같다. 사람들은 그렇게 사교계에 '등장'하는 것이다.

나는 우연한 기회에 베네수엘라 출신 아가씨 두 명을 만난 적이 있다. 지극히 평범한 여성들이었는데 그들은 내게 자신들이 어떻게 뉴욕 사교계에 발을 들여놓게 되었는지 뒷얘기를 들려주었다. 두 아가씨는 한 원양 여객선에서 우연치 않게 록펠러 가의 사람을 한 명 만났다. 그가 두 사람에게 아는 친구 앞으로 소개장을 써줬는데, 그것이 계기가 되어 사교계에 몸을 담았다.

그중 한 아가씨가 몇 년 뒤에 그들의 성공 비결을 이야기해준 적이 있다. 그들은 어떤 일이 있어도 유부남은 상대하지 않았다. 이것이 알려지면서 뉴욕의 모든 호스티스들이 두 사람을 우러러 보기 시작했고, 불려가는 곳마다 인기였다고 한다. 그리고 두 사람은 남자를 만나 결혼까지 했다.

내 경우도 마찬가지였다. 나도 우연한 계기로 영국인 사교계에 발을 들여놓았다. 말을 꺼내기가 쑥스러운데 이 우연한 일은 목욕탕에서 벌어졌다. 내가 클라리지 호텔에 묵고 있을 때 조르주 카르팡티에(1894~1975, 프랑스의 헤비급 권투선수—옮긴이)가 나를 찾아왔다. 그때 나는 목욕탕에 내려가 있었기 때문에 그는 나를 만나겠다며 목욕탕까지 들어왔다. 조르주는 그가 잭 뎀프시(1895~1983, 미국의 권투선수로 전 세계 헤비급 챔피언—옮긴이)와 타이틀전을 치르기 위해 뉴욕에 왔을 때 한 번 만난 적이 있었다. 우리는 반갑게 인사를 나눴다. 그는 나를 만나고 싶어 하는 친구가 있어 데려왔는데 지금 욕실 밖에서 기다리고 있다고 말했다.

그리고 그가 영국인으로 '매우 귀한 몸'이라고 귀띔했다. 나는 목욕 가운을 두르고 욕실 밖으로 나왔다. 그렇게 해서 알게 된 것이 필립 사순 경이었다. 그 후 우리는 30년 이상 가까운 친구로 지내며 깊은 우정을 나눴다. 그날 저녁 나는 사순 경과 당시 록새비지 부인으로 불리던 그의 누이동생과 함께 저녁을 먹었다. 그리고 다음 날 베를린으로 향했다.

베를린 시민들의 반응은 예상 외로 재미있었다. 베를린에서는 나를 알아보는 사람이 거의 없었다. 내 영화가 한 번도 상영된 적이 없었기 때문에 나를 모르는 것은 당연했다. 한 번은 나이트클럽에 갔는데 영국인이라는 이유만으로 버젓한 자리 하나 내주지 않았다. 마침 그곳에 있던 미국인 장교가 나를 알아보고 화를 내면서 당황한 주인에게 내가 누군지 설명했다. 그제야 우리는 외풍이 닿지 않는 안쪽에 자리를 잡고 앉을 수 있었다. 뿐만 아니라 내가 누군지 알아채고 우리 주위에 몰려든 사람들을 대하는 나이트클럽 매니저의 태도도 재미있었다. 그리고 영국에 포로로 잡혀 수용소 생활을 할 때 내 영화를 한두 편 본 적이 있는 한 독일인이 나를 발견하고 갑자기 소리쳤다. "샤를리!" 그러고는 당황하는 손님들을 돌아봤다. "이 사람이 누군지 아세요? 샤를리예요." 그러더니 정신 나간 사람처럼 내게 달려와 껴안고 키스를 퍼부었다. 그러나 다른 사람들의 반응은 여전히 썰렁했다. 마침 독일에서 최고 인기를 누리고 있던 영화배우 폴라 네그리가 그곳에 있었다. 그녀는 나에게 자신의 테이블에 같이 앉겠느냐고 물어왔다. 그제야 다른 사람들도 나에 대해 흥미를 갖는 것 같았다.

베를린에 도착한 다음 날 나는 알 수 없는 서신을 한 통 받았다.

내용은 이랬다.

 친애하는 찰리에게
 우리가 뉴욕에서 열린 더들리 필드 말론의 파티에서 만난 뒤로 정말 많은 일이 제게 일어났습니다. 지금은 병이 나서 병원에 누워 있습니다. 부탁이니 병문안을 와주실 수 있는지요. 그렇게만 해주신다면 기운이 날 것 같습니다.

 맨 끝에는 병원 주소와 '조지'라는 서명이 있었다.
 처음에는 누가 내게 이런 서신을 보냈을지 감이 오지 않았다. 그런데 조지라는 서명을 보자 바로 떠올랐다. 그것은 바로 불가리아인 조지였다. 그는 재심청구에 패소해 다시 감옥에 보내져 남은 형기를 살고 있었다. 편지의 어조로 봐서는 분명 '병원비' 때문에 나에게 연락을 취한 것 같았다. 그래서 나는 500달러를 갖고 그를 찾아가보기로 마음먹었다. 그가 입원해 있다고 한 병원으로 향했다. 그러나 놀랍게도 병원에 도착해 병실에 들어가 보니 책상 하나와 전화기 두 대가 놓여 있는 넓은 방이었다. 잘 차려입은 두 남자가 나를 맞이했다. 뒤에 안 사실이지만 두 사람은 조지의 비서였다. 한 사람이 나를 옆에 있는 방으로 안내했다. 조지가 침대에 누워 있었다.
 "어, 찰리!"
 그는 나를 몹시 반갑게 맞아주었다.
 "이렇게 와주다니 정말 고맙습니다. 저는 더들리 필드 말론의 파티에서 당신이 내게 보여준 호의를 잊지 않고 있습니다."

그는 비서에게 형식적인 용무를 지시하고는 자리를 비켜달라고 부탁했다. 우리 둘만 남자 그는 본격적으로 입을 열기 시작했다. 그러나 그는 미국을 떠난 뒤에 무슨 일이 있었는지 한 마디도 하지 않았다. 내 쪽에서 물어보는 것도 결례일 것 같아 나는 아무 말도 하지 않았다. 여하튼 그가 감옥을 탈옥해 이곳으로 온 것만은 분명했다. 게다가 그는 무엇보다 뉴욕에 남아 있는 친구들의 근황에 대해 관심이 많았다. 나는 당황했다. 사실 나도 그들의 근황을 모르고 있었다. 마치 책 한 권을 중간에 몇 장 건너뛰고 읽는 것 같이 찝찝한 기분이 들었다. 여하튼 결말은 이랬다. 그는 볼셰비키 정부의 구매 요원으로 기관차 엔진과 철교 교량을 구입하기 위해 베를린에 와 있었다. 나는 가지고 간 500달러를 그냥 들고 돌아왔다.

베를린은 여전히 패전의 기운이 가시지 않은 상태였다. 여기저기에 전쟁의 상흔이 그대로 남아 있었다. 전쟁 통에 팔다리를 잃은 군인들이 길모퉁이에서 지나가는 행인들에게 구걸하는 모습이 자주 눈에 띄었다.

그리고 앤 모건 양의 비서가 내게 계속 전보를 보내왔다. 앤 모건 양이 영화제와 관련해 마음을 졸이고 있다는 전보였다. 그녀는 이미 신문에 내가 트로카데로 광장에서 있을 기금모금 영화제에 출연할 예정이라는 기사를 내보낸 상태였다. 속이 탈 만도 했다.

나는 답신을 통해 출연하기로 약속한 적이 없다는 사실을 분명히 했다. 그리고 내가 프랑스 국민과 맺고 있는 신의가 있기 때문에 사실의 진위를 프랑스 국민에게 분명히 밝히고 싶다고 말했다.

결국 이런 전보가 도착했다.

'참석만 해주신다면 훈장 서훈은 확실히 보장하겠습니다. 프랑스 정부로부터 어렵게 확답을 받아놓은 상태이니 안심하십시오. 앤 모건.'

그래서 나는 사흘간 베를린에 체류한 뒤에 파리로 돌아왔다.

트로카데로 광장에서 영화제가 있던 날 밤, 나는 여배우 세실 소렐, 앤 모건 그리고 기타 여러 사람들과 함께 칸막이가 쳐진 귀빈석에 앉아 있었다. 세실이 무슨 엄청난 비밀이라도 이야기하려는 듯 내게 바짝 몸을 붙이더니 이렇게 속삭였다.

"오늘 밤 당신에게 훈장이 서훈될 거래요."

"그런가요."

나는 별것 아니라는 듯 조용히 대답했다.

지루한 다큐멘터리 영화 한 편이 중간 휴식시간까지 계속 이어졌다. 나는 따분하게 앉아 영화가 언제 끝날지 기다리고 있었다. 그리고 갑자기 불이 켜지더니 관리 두 명이 나를 장관이 앉아 있는 귀빈석 쪽으로 안내했다. 기자 몇 명이 따라왔다. 그중에 약삭빠른 미국 특파원이 한 명 끼어 있었는데 내 어깨 너머로 속삭였다.

"아마 레지옹 도뇌르 훈장을 받을 겁니다."

간단한 훈장 수여식이 있었다. 장관이 축사를 하는 동안에도 그 특파원은 여전히 속삭였다.

"어, 이건 아닌데. 리본 색깔이 틀립니다. 이건 학교 선생들에게나 주는 거예요. 누가 이런 훈장에 입맞춤이나 하겠습니까. 붉은 리본으로 되어 있는 걸 받아야 하는데."

사실 나는 학교 선생에게 수여하는 훈장을 받는 것만으로도 영광이라고 생각했다. 훈장 증서에는 이렇게 써 있었다.

'찰리 채플린, 극작가, 예술가, 교육자……'

나는 앤 모건 양으로부터 따뜻한 감사의 편지를 받았다. 그녀는 내일 베르사유의 빌라 트리아농에서 같이 점심식사를 하자며 나를 초대했다. 점심식사 자리는 정말 화려했다. 그리스 왕자, 사라 윌슨 부인, 탈레랑-페리고르 후작, 폴 루이 웨일러 사령관, 칼럼니스트 엘사 맥스웰 등의 저명 인사들이 참석했다. 이날 자리에서 무슨 일이 있었고 무슨 대화가 오갔는지는 전혀 기억나지 않는다. 사실 나는 이날 매우 들뜨고 흥분된 상태였다.

다음 날 친구 왈도 프랭크가 자크 코포(1879~1949, 프랑스의 연출가이자 배우-옮긴이)와 함께 호텔로 찾아왔다. 당시 자크 코포는 기존 프랑스 연극계의 사실주의를 멀리하고 새로운 바람을 불러일으키고 있었다. 그날 저녁 우리는 서커스 구경을 갔다. 그리고 뒤에 자크가 운영 중인 극단 배우들과 함께 파리 제5구역에 가서 저녁식사를 했다.

그다음 날 나는 런던에서 필립 사순 경과 그의 누이동생 록새비지 부인과 점심 약속이 되어 있었고, 로이드 조지(1863~1945, 영국의 정치가-옮긴이)도 만나기로 되어 있었다. 그러나 영불해협에 드리운 짙은 안개 때문에 내가 탄 비행기가 프랑스 해안가에 불시착했다. 결국 약속 장소에 도착했을 때는 3시간이나 늦은 뒤였다.

따뜻한 환대와 우정 어린 교류들

여기서 필립 사순 경에 대해 한 마디 언급하고 넘어가야 할 것 같다. 그는 전쟁 기간 동안 로이드 조지의 공식 비서였다. 나와 같은 연배로 잘생긴 얼굴에 이국적인 느낌을 풍기는 인물이었다. 그는 브라이튼과 호브의 국회의원을 지냈으며, 영국에서도 손꼽히는 부자에 속했지만 한시도 게을리 사는 법이 없었다. 항상 열심히 일하면서 나름대로 인생을 즐기는 사람이었다.

파리에서 사순 경을 처음 만났을 때 나는 이렇게 말한 적이 있었다. 장기간 여행으로 지칠 대로 지쳐 있어 사람들도 만나고 싶지 않고, 무엇보다 신경이 극도로 예민해져 있는 상태라 휴식을 취하고 싶다고 했다. 또한 호텔 벽지 색상도 마음에 들지 않는다고 불평을 늘어놓았다.

그는 웃으며 이렇게 말했다.

"벽지는 어떤 색을 좋아하세요?"

"노란색과 황금색입니다."

나는 농담으로 이렇게 말했다. 그러자 그는 림프니(영국 켄트 주에 있는 해안을 면한 지역—옮긴이)에 있는 자신의 별장 이야기를 꺼내더니 그곳에 가면 사람들과 떨어져 한동안 조용히 지낼 수 있을 테니 가보지 않겠느냐고 말했다. 나는 흔쾌히 승낙했다. 그런데 그곳에 도착하고 나서 나는 깜짝 놀랐다. 사순 경은 이미 누군가를 시켜 내가 묵을 방에 파스텔 톤의 노란색과 황금색 커튼을 쳐놓았던 것이다.

그의 별장은 그렇게 아름다울 수 없었다. 플랑부아 양식(15~16세기의 프랑스 고딕양식—옮긴이)으로 지은 상당히 화려한 별장이었다. 사순 경의 독특한 취향이 그대로 묻어났다. 나는 그곳에서 정말 편안하고 호사스러운 생활을 즐겼다. 밤중에 시장기를 느낄 때 따뜻하게 먹을 수 있도록 풍로가 달린 냄비에 항상 수프가 준비되어 있었고, 아침에는 건장한 집사 두 명이 카페테리아식 식사를 운반용 카트에 실어 내 방까지 직접 날라다 주었다. 미국식 시리얼, 생선 커틀릿 그리고 베이컨과 계란이 놓여 있었다. 무엇보다 놀라웠던 것은 유럽 방문길에 오른 이후 미국식 핫케이크가 그렇게 먹고 싶었는데 내 마음을 어떻게 알았는지 아침식사에 같이 나왔던 것이다. 방금 만들어 따끈따끈하기도 했지만, 무엇보다 버터와 메이플 시럽을 얹어 그 맛이 일품이었다. 이런 게 진정한 카페테리아식 식사가 아닐까 싶은 생각이 들었고, 마치 아라비안나이트의 세계에 와 있는 것 같은 착각도 들었다.

필립 사순 경은 집안일을 할 때 보면 한쪽 손을 꼭 코트 호주머니에 넣고 있었다. 그는 어머니가 물려준 진주 구슬을 손으로 만지작거리는 습관이 있었다. 그 진주 구슬을 한 번 본 적이 있는데 엄지손톱만 한 진주들이 약 1미터 정도 되는 실에 꿰어 있었다. 그는 "진주 구슬이 깨지지 않도록 항상 조심스럽게 가지고 다니지요" 하고 말했다.

이렇게 편안히 휴식을 취하니 피로도 가셨다. 사순 경은 전쟁통에 입은 부상으로 경련성 마비증세를 보이는 환자들을 치료 중인 브라이튼의 한 병원으로 병문안을 갈 예정인데 같이 가보지 않겠느냐고 물었다. 나는 그와 동행했다. 나는 병원에서 절망에 빠져 투병생활을 하고 있는 젊은이들의 얼굴을 보고 몹시 슬펐다. 한 젊은이는 온몸에 마비증세가 와 거의 움직이지 못했다. 그런 그가 입에 붓을 물고 간신히 그림을 그리고 있었다. 뿐만 아니라 주먹을 쥔 채 마비증세가 온 한 환자는 손톱이 자라 손바닥을 파고드는 것을 막기 위해 손톱을 자를 때마다 마취를 했다. 마비증세가 너무 심한 몇몇 환자들의 면회는 내게 허락되지 않았다. 사순 경만 그들을 만나고 나왔다.

림프니를 떠난 우리는 런던으로 돌아와 파크 레인에 있는 그의 저택으로 갔다. 그때 필립 사순 경은 자신의 저택에서 조지 왕조 시대의 그림 전시회를 열고 있었다. 이 전시회는 그가 자선모금을 위해 개최하는 연례행사였다. 런던에 있는 그의 저택 역시 파란색 히아신스가 덮여 있는 넓은 정원이 딸린 대저택이었다. 이튿날 나는 이곳에서 점심을 먹었는데 히아신스는 어느새 다른 색상으로 바뀌어 있었다.

우리는 초상화가 윌리엄 오르펜 경의 아틀리에를 방문해서 록새비지 부인의 초상화를 감상했다. 초상화에서는 아름다운 광채가 났다. 그런데 윌리엄 오르펜 경에게는 그다지 호감이 가질 않았다. 나는 그가 거만하다는 생각이 들었는데, 얼빠진 사람 모양 남을 의심하는 눈초리로 쳐다보는 습관이 있었다.

한편 우리는 H. G. 웰스가 사는 시골 저택에도 가보았다. 그의 저택은 워릭의 백작부인이 소유한 사유지에 있었는데, 그는 그곳에서 부인과 함께 살았다. 아들 둘은 케임브리지에 살고 있었다. 두 아들도 그날 내가 그곳을 방문한다는 소식을 듣고 저택에 내려와 있었다. 나는 그곳에서 그들과 하룻밤을 같이 지냈다.

오후가 되자 30명이 넘는 케임브리지 대학교 학생들이 어디에서 나타났는지 저택 정원에 들어와 사진 찍는 자세로 물러나 앉아 아무 말 없이 나만 쳐다봤다. 나를 쳐다보는 그들의 모습이 흡사 외계에서 온 생명체 같았다.

저녁에 우리는 웰스 가족과 '스무 고개 게임'을 했는데 무슨 아이큐 테스트를 받는 것 같은 기분이 들었다. 그날 무엇보다 기억에 남는 것은 촛불을 들고 잠자러 갔던 일과 얼음장같이 차가웠던 침대 시트였다. 내 기억으로는 그날이 내가 영국에서 보낸 가장 추운 밤이었다. 다음 날 아침이 되어서야 그런대로 날이 풀리는 것 같았다. 아침에 일어나자 웰스가 간밤에 잘 잤는지 물었다.

"잘 잤습니다."

나는 그의 호의를 생각해 공손히 대답했다.

"그래요? 다른 손님들은 그 방이 너무 춥다고 불평을 많이 늘어놓는데."

"추운 정도가 아닙니다. 얼어 죽는 줄 알았습니다."

그는 웃었다.

이 외에도 그의 저택에서 기억에 남는 몇 가지 추억이 더 있다. 창가에 드리운 나무 그림자 때문에 다소 어두컴컴했던 작고 소박한 서재, 창문 바로 앞에 놓여 있던 낡고 경사진 집필용 책상, 그의 아름다운 부인이 안내해준 11세기 교회, 근처 공동묘지에서 황동 묘비에 묘비명을 파고 있던 늙은 조각사와 나눴던 대화, 집 근처에서 풀을 뜯어먹으며 어슬렁거리던 사슴, 함께 점심식사를 하던 중에 컬러사진이 몸을 오싹하게 만든다고 엄살을 부리던 성존 어빈(1883~1971, 아일랜드 작가—옮긴이), 그런 그에게 내가 컬러사진은 딱 질색이라고 대답했던 일, 웰스가 어떤 케임브리지 교수의 강의노트라며 읽어준 글을 듣고 15세기 수도승이 쓴 것처럼 지루하고 장황하다고 푸념했던 일 그리고 웰스가 이야기해준 프랭크 해리스와 있었던 일화도 기억에 남는다.

웰스는 작가 지망생이던 시절에 4차원 문제를 다룬 과학 관련 기사를 작성해 여러 잡지사 편집장 앞으로 보냈는데 어느 한 군데서도 실어주지 않았다. 그러다가 프랭크 해리스로부터 자신의 사무실로 와달라는 전갈을 받았다. 웰스는 이렇게 말했다.

"그때는 나도 참 어렵게 살았지. 그래도 사람을 만나러 가는 건데 구색은 갖추어야 할 것 같아서 중고 실크해트를 하나 사서 쓰고 갔지. 여하튼 해리스 씨는 나를 반갑게 맞아주더라고. '어디서 그런 다 해진 모자는 얻어 쓰고 왔나? 그리고 이런 기사가 잡지에 실릴 수 있을 거라고 생각하나?' 그러더니 내 원고를 책상 위에 털썩 집어던지는 게 아니겠어. '이런 글은 너무 어려워. 너무 지적이라고. 요즘 누가 이런 글을 읽겠나!' 나는 조심스럽게 모자를 벗어 그의 책상 모퉁이에 올려놓았지. 그리고 그와 면담을 시작했네. 그런데 해리스 씨는 뭔가 힘줘 말할 때마다 책상을 두들기는 거야. 그때마다 벗어놓은 모자가 덩달아 통통 튀지 뭔가. 여하튼 그는 내 원고를 사주었고 다른 일감도 주었지."

런던에서 나는 《라임하우스의 밤》의 저자인 소설가 토머스 버크를 만났다. 토머스는 조용하고 작은 체구의 수수께끼 같은 인물로 키츠의 초상화를 연상시키는 얼굴을 하고 있었다. 그는 부동자세로 앉아 말하는 사람을 거의 쳐다보지 않았다. 그러나 그에게는 상대의 진심을 끌어내는 묘한 능력이 있었다. 그와 대화를 하다 보면 속마음까지 솔직히 털어놓고 싶은 편안한 기분이 들었다. 물론 나는 그렇게 했다. 솔직히 말해 토머스와 있는 것이 웰스와 있는 것보다 더 편안했다. 토머스와 나는 그의 소설의 무대가 된 라임하우스와 차이나타운 거리를 함께 걸어보았다. 그러나 그사이 토머스는 한 마디도 하지 않았다. 그는 어떤 말보다도 그곳을 직접 나에게 보여주고 싶었던 것이다.

토머스는 내성적인 인물이라 자신의 생각을 남에게 잘 이야기하지 않았다. 그래서 나는 그가 나에 대해 어떻게 생각하는지 전혀 알 수 없었다. 그로부터 3년인가 4년 뒤에 그는 자신의 자전적 소설인 《바람과 비》를 내게 보내주었는데, 그때서야 나는 그가 나를 어떻게 생각하고 있었는지 알 수 있었다. 그의 젊은 시절은 나와 비슷했다. 그리고 그는 나를 좋아하고 있었다.

영국 방문의 흥미도 차츰 가실 무렵 나는 사촌 오브리의 가족과 함께 저녁식사를 했다. 그리고 그다음 날 카노 극단 시절 가까이 지냈던 지미 러셀을 찾아갔다. 그는 선술집을 운영하고 있었다.

나는 이제 미국으로 돌아갈 생각을 하기 시작했다. 문득 영국에 더 이상 머물면 게을러질 것 같다는 생각이 들었다. 한데 막상 영국을 떠날 생각을 하니 머뭇거려졌다. 그러나 영국에 머물면서 더 이상 할 것도 없었다. 정말 만족스러운 여행이었다. 물론 슬프기도 했다. 영국 방문 기간 내내 나를 즐겁게 대해주었던 부호들과 명사들의 떠들썩한 환호나 응대뿐만 아니라, 워털루와 파리 북역에서 나를 환영하기 위해 몰려나온 영국과 프랑스 군중들의 진심에서 우러나온 사랑과 열정을 뒤로하고 떠날 생각을 하니 슬프지 않을 수 없었다. 더구나 이렇게 환영 나온 군중에게 변변히 응답하지도 못한 채 떠밀려 다녀야 했던 것이 후회스럽기도 했다. 또한 내 과거를 뒤로한 채 떠나야 했다. 캐닝턴 가 파우널 테라스 3번지를 찾아간 것은 내 마음속에 지고 있던 부채를 청산하는 일이었다.

그리고 나서 캘리포니아로 돌아와 다시 일을 시작하자 만족스러웠다. 일에 새로운 활력이 생겼고, 어느새 영국에서 있었던 일들은 까마득한 기억이 되어버렸다.

18
어머니의 죽음

나는 병실로 들어가 침상과 창문 사이에 놓인 의자에 앉았다. 커튼이 반쯤 드리워져 있었다. 병실 안으로 햇볕이 강하게 내리쬐고 있었다. 병실에는 침묵만 흘렀다. 나는 가만히 침대에 누워 있는 어머니를 응시했다. 얼굴은 뒤로 약간 젖혀져 있었고 눈은 감겨 있었다. 얼굴에는 수심이 가득해 보였다. 일생의 한이 서린 램버스 빈민구호소에서 7,000마일이나 떨어진 할리우드 근교의 이런 외진 곳에서 생을 마치다니, 얼마나 기구한 인생인가. 어머니의 한 많은 일생이 주마등처럼 지나갔다. 그리고 나는 눈물을 흘렸다.

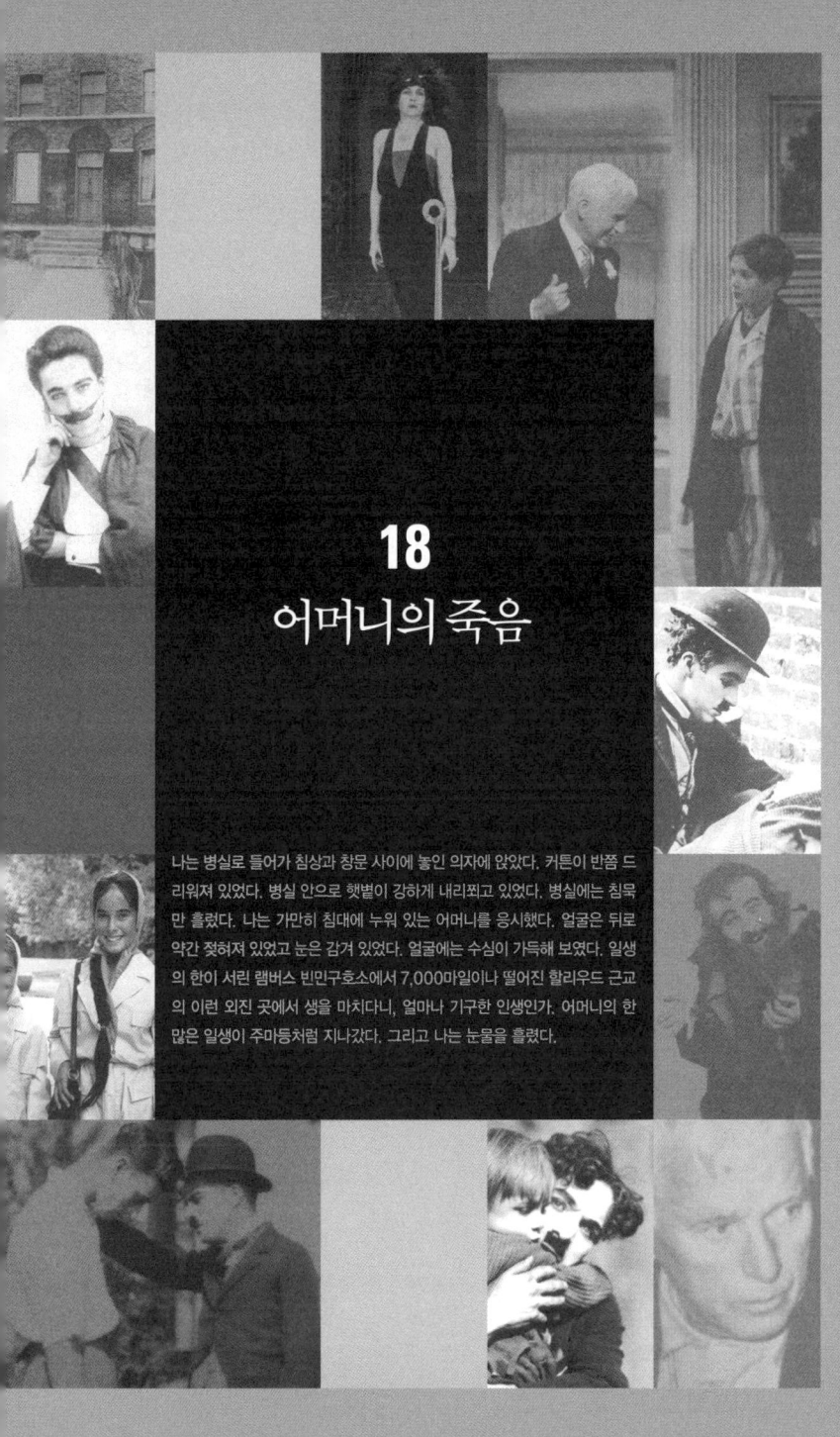

할리우드에 어머니를 묻다

뉴욕에 도착하자마자 마리 도로에게 전화를 받았다. 마리 도로가 나에게 전화를 다 하다니. 아마 몇 년 전이었다면 상당히 놀랄 만한 일이었을 텐데! 나는 그녀와 함께 점심을 먹으러 갔다. 그리고 그녀가 〈들판에 핀 백합〉이라는 연극에 출연 중이라는 말을 듣고 시간을 내어 그녀의 마티네 공연을 보러 갔다.

저녁에는 맥스 이스트먼, 그의 누이동생 크리스털 이스트먼 그리고 자메이카 태생의 시인이자 부두 인부로 일하던 클로드 매케이와 함께 식사를 했다.

샌프란시스코로 떠나기 전날 밤, 나는 프랭크 해리스와 싱싱교도소를 방문했다. 가는 길에 프랭크는 자서전을 집필 중이라고 말했다. 그런데 집필 속도가 더디다고 푸념했다.

"나도 이제 늙었소."

그의 말에 나는 단호하게 대답했다.

"나이 든 게 꼭 나쁜 것은 아닙니다. 나이가 들면 사리판단이 분명해지지 않습니까."

아일랜드 반군 출신이자 노동조합 조직가인 짐 라킨이 싱싱교도소에서 5년째 복역 중이었는데 프랭크 해리스가 그를 만나보고 싶어 했다. 그는 짐이 뛰어난 웅변가인데 편견을 가진 판사와 배심원이 그에게 정부 전복의 혐의를 씌워 유죄를 선고했다고 생각했다. 물론 뒤에 주지사 알 스미스가 그의 혐의에 대해 재조사를 지시하면서 무죄가 입증되었다. 그러나 안타깝게도 형기를 마친 뒤의 일이었다.

감방은 이상한 분위기를 풍겼다. 마치 인간의 영혼이 교수를 당한 것 같은 기분이 들었다. 벽돌로 지은 싱싱교도소는 엄격한 중세적 분위기를 풍겼다. 감방은 네 명에서 여섯 명이 겨우 누워 잠을 잘 수 있을 정도로 작았다. 도대체 어떤 악마 같은 존재가 이런 무시무시한 건물을 세울 생각을 했을까! 우리가 도착했을 때 감방은 모두 비어 있었고 죄수들은 운동장에 나가 운동을 하고 있었다. 오직 젊은 죄수 한 명이 열려 있는 자신의 감방 문에 기댄 채 넋을 잃고 뭔가를 응시하고 있었다. 교도관이 장기수로 새로 이송된 죄인은 처음에는 낡은 감방에 배치됐다가 나중에 좀 더 깨끗한 감방으로 옮긴다고 설명해줬다. 나는 그 젊은 죄수 옆을 지나 그의 감방으로 들어가 보았다. 순간 폐쇄공포증이 나를 사로잡았다.

"세상에! 사람이 있을 곳이 아냐!"

나는 다급히 뛰쳐나오면서 이렇게 말했다. 그러자 젊은 죄수가 빈정거리며 말했다.

"그렇죠."

교도관은 그래도 인정 많은 사람이었다. 그는 싱싱교도소가 수용 인력을 초과한 상태라 조만간 증축이 불가피하다고 설명했다. 그리고 이렇게 덧붙였다.

"그러나 이런 상태를 염려해주는 사람은 한 명도 없습니다. 어느 정치가도 이런 수용 시설의 환경에 대해서는 생각하지 않으니까요."

낡은 사형 집행실은 학교 교실 같았다. 방은 좁고 기다랬으며 천장은 낮았다. 신문기자용 긴 의자와 책상이 있었고, 그 맞은편에 싸구려 나무로 만든 전기의자가 놓여 있었다. 천장에서 빳빳한 전선이 내려와 의자에 연결되어 있는 것이 눈에 띄었다. 방은 말 그대로 공포 분위기를 자아냈다. 그러나 공포는 다른 데서 오는 것이 아니라 사형 집행실의 단순함에서 왔다. 처형대인 전기의자에서는 오히려 공포감이 느껴지지 않았다. 다시 말해, 극적 효과의 부재가 자아내는 불길한 징조가 다른 무엇보다 더 무서웠다. 전기의자 바로 뒤에 나무로 칸막이가 되어 있는 곳이 있었다. 사형이 집행되면 사체를 그곳으로 옮겨 검시를 한다고 했다.

"죄수가 전기 충격으로도 숨이 완전히 끊어지지 않았을 때는 외과적으로 목숨을 끊습니다."

한 의사가 우리에게 설명했다. 그리고 사형된 직후 뇌의 혈액 온도가 섭씨 99도라는 말도 덧붙였다. 우리는 아찔한 기분으로 사형 집행실을 서둘러 빠져나왔다.

프랭크 해리스는 교도관에게 짐 라킨을 면회할 수 있는지 물었다. 교도관은 규칙에 위반되는 일이기는 하지만 특별히 허락한다며 면회를 허용했다. 짐은 구두 공장에서 작업 중이었다. 그는 우리를 반갑게 맞이했다. 키는 대략 6피트 4인치 정도로 훤칠했고,

얼굴도 잘생긴 편이었다. 특히 파란 눈동자에 매서운 눈매가 인상적이었다. 그러나 성품은 온화한 사람이었다.

그는 우리를 반갑게 맞아주기는 했지만, 뭔가 당황하는 눈치가 역력했다. 자꾸 자기 위치로 돌아가려고만 했다. 교도관이 안심을 시켰는데도 짐은 불안한 기색을 감추지 못했다.

"작업 시간에 나만 특별히 면회를 하는 것 같아 다른 동료들에게 미안해서 그럽니다."

짐이 말했다. 프랭크는 짐에게 교도소에서 처우는 어떤지 그리고 달리 도와줄 일은 없는지 물어보았다. 그는 교도소 처우에 대해서는 별다른 불만이 없으며, 다만 아일랜드에 남아 있는 부인과 가족이 걱정이라고 말했다. 그는 싱싱교도소에 수감된 뒤로 가족들과 연락이 닿지 않아 걱정을 많이 하고 있었다. 프랭크는 짐에게 그의 가족을 도와주겠다고 약속했다.

싱싱교도소를 나와 돌아오는 길에 프랭크는 짐 같은 용기 있고 화려한 이력을 소유한 투사가 교도소의 규율에 군말 없이 순응하는 모습을 보고 가슴이 아팠다고 말했다.

나는 할리우드로 돌아와서 바로 어머니를 만나러 갔다. 어머니는 상당히 즐겁고 행복해 보였다. 그리고 내 영국 방문이 어떠했는지도 소상히 알고 있었다. 나는 조금 짓궂게 물었다.

"아들이 자랑스럽지 않으세요?"

"자랑스럽지, 자랑스럽고말고. 그래도 현실과 동떨어진 무대라는 세계에 살기보다는 너 자신을 찾아가는 일을 하는 게 좋지 않겠니?"

나는 웃으며 대답했다.

"그런 말 마세요. 제가 현실과 동떨어진 세계에 사는 건 어머니 책임이 커요."

어머니는 잠시 뭔가 생각하더니 이렇게 말을 이었다.

"네가 그 재능을 하느님을 위해 바쳤더라면……. 생각해봐라. 아마 수천만 명의 영혼을 구할 수 있었을 텐데."

나는 미소를 지으며 이렇게 말했다.

"사람들 영혼은 구했겠지만 돈은 못 벌었을 거예요."

집으로 오는 길에 내 비서인 앨프 리브스 씨의 부인이 내가 유럽에 가 있는 동안 어머니는 건강 상태도 양호했고, 정신이상 증세도 거의 보이지 않았다고 말해주었다. 리브스 부인은 어머니를 존경했다. 그리고 어머니를 찾아뵙는 것을 즐거워했다. 이유야 알 수 없지만, 어머니는 찾아오는 손님들을 항상 극진히 대접했고, 무엇보다 지난 시절 이야기로 다른 사람을 웃게 만드는 남다른 소질이 있었다. 리브스 부인도 어머니의 그런 성품을 좋아했을 것이다.

물론 어머니가 쓸데없는 고집을 부린 적도 있었던 모양이다. 한번은 리브스 부인과 간호사가 어머니에게 새 옷을 몇 벌 맞춰드리려고 시내에 모시고 나간 적이 있었다. 그런데 무슨 변덕이 생겼는지 어머니는 차에서 내리려 하지 않았다.

"점원들보고 오라고 하세요."

어머니의 죽음

어머니는 고집을 부렸다.

"영국에서는 점원들이 우리가 타고 있는 차까지 마중 나옵니다."

결국 어머니는 차에서 내렸다. 한 친절하고 젊은 여자 점원이 그들을 안내했다. 그리고 옷감 몇 필을 가져다 보여줬다. 리브스 부인과 간호사는 그중에 짙은 갈색이 어머니에게 잘 어울릴 것 같아 어떤지 여쭤봤다. 그런데 어머니는 마음에 들지 않는다고 한사코 거부했다. 그러고는 영국인 특유의 악센트로 이렇게 말했다.

"아냐, 아냐! 이런 촌티 나는 색상 말고 좀 더 화려한 걸로 보여줘요."

점원은 어머니의 말에 깜짝 놀랐다. 비록 어머니의 요구에 순순히 따르기는 했지만, 계속 자신의 귀를 의심하는 눈치였다.

리브스 부인은 어머니를 타조 사육장에 모시고 갔던 일도 이야기했다. 한 친절하고 예의바른 사육사가 그들을 안내했다. 사육사는 타조 알을 하나 집어 들고 이렇게 말했다.

"이건 아마 다음 주중으로 부화할 겁니다."

그때 사육사에게 전화가 걸려왔고 사육사는 타조 알을 간호사에게 건네고 전화를 받으러 갔다. 사육사가 사라지기가 무섭게 어머니는 간호사가 들고 있던 타조 알을 낚아채더니 "저 가엾은 타조에게 돌려줘야 해!" 하고 소리치며 우리 안으로 집어 던졌다. 물론 타조 알은 큰 소리를 내며 깨져버렸다. 결국 그들은 관리사가 돌아오기 전에 서둘러 타조 사육장을 빠져나왔다.

리브스 부인은 계속 말을 이었다.

"하루는 몹시 더운 날이었는데, 어머니께서 운전사와 우리 모두에게 아이스크림을 사주겠다며 극구 시내에 가자고 졸랐어요."

그래서 그들은 하는 수 없이 아이스크림을 사먹으러 차를 타고 시내로 나왔다. 그리고 아이스크림을 사서 다시 차를 타고 집으로 돌아가는 길에 공사 중인 맨홀 옆을 지나쳤다. 그때 맨홀에서 한 노동자가 머리를 내밀었다. 어머니는 차창 밖으로 몸을 내밀고 그에게 아이스크림을 주려 했지만 그의 얼굴에 묻히고 말았다.

"이봐요. 그렇게 하면 시원할 거예요."

어머니는 차 안에서 그 노동자에게 손을 흔들며 이렇게 말했다.

나는 어머니에게 개인적인 문제들에 대해서는 거의 말하지 않았다. 그렇지만 어머니는 내 일을 소상히 알고 계셨다. 한번은 두 번째 부인(리타 그레이, 1924년 11월 26일에 결혼했다—옮긴이)과 부부싸움 중이었을 때의 일이다. 나는 어머니와 체커 게임을 하고 있었는데 어머니가 불쑥 이런 말을 꺼냈다.

"그런 곤혹을 치르면서까지 살 필요가 있겠니? 기분전환도 할 겸 동양으로 여행이라도 다녀오려무나."

나는 놀라서 무슨 말을 하는 건지 물어봤다.

"신문에서 네 사생활에 대해 이러쿵저러쿵 떠들지 않니."

어머니가 대답했다. 나는 웃으며 물었다.

"제 사생활이 어때서요?"

어머니는 어깨를 으쓱해 보이며 이렇게 말했다.

"숨길 거 없잖니. 고민이 있거든 말하려무나. 내가 옆에서 조언해줄 수도 있고."

그러나 그뿐, 어머니는 더 이상 아무 말도 하지 않았다.

여담이지만, 나는 어머니와 장기를 두어 한 번도 이겨본 적이 없었다.

어머니의 죽음

어머니는 비벌리힐스에 있는 우리 집에 자주 찾아왔다. 나보다는 손자인 찰리와 시드니를 보기 위해서였는데, 처음 우리 집에 왔을 때 있었던 일이 아직도 잊히지 않는다. 집을 새로 짓고, 멋진 가구를 장만하고, 집사와 가정부 등 관리인을 막 고용했을 무렵이었다. 어머니는 방을 둘러본 다음 창 너머로 4마일 정도 떨어진 태평양을 바라보셨다. 우리는 어머니가 무슨 말을 할지 숨 죽이고 기다렸다.

"침묵을 깨뜨리다니 애석하구나."

어머니가 멀리 태평양을 바라보며 한 말이었다.

어머니는 내가 쌓은 부와 성공을 당연하게 여기는 것 같았다. 사실 어머니는 그것에 대해 한 번도 화제에 올리신 적이 없고, 누구에게 자랑한 적도 없었다. 하루는 어머니와 단둘이서 정원 잔디밭에 앉아 이야기를 나눴다. 어머니는 정원이 아름답고 관리가 참 잘된 것 같다며 칭찬을 아끼지 않았다.

"정원사만 두 명이나 되는걸요."

내가 어머니에게 말했다. 어머니는 잠시 나를 가만히 쳐다보더니 이렇게 말했다.

"너 정말 부자구나!"

"어머니, 제 재산이 500만 달러가 넘어요."

어머니는 내 말에 수긍이 간다는 듯 고개를 끄덕였다.

"돈이 많으면 뭐하겠니. 무엇보다 건강해야지. 건강할 때 인생을 즐기려무나."

그리고 또 그뿐이었다.

어머니는 그 뒤로 2년 동안은 건강이 양호했다. 그런데 내가

〈서커스〉의 메르나 케네디

〈서커스*The Circus*〉를 촬영하고 있을 때 어머니가 위독하다는 전갈을 받았다. 어머니는 이전에 이미 담낭염으로 고생했는데 한동안 나았다가 재발했다. 의사들은 이번 재발이 전보다 더 심각하다고 나에게 알려주었다. 우선 어머니를 글레데일 병원에 입원시켰다. 그러나 의사들은 어머니의 심장이 약해 수술은 하지 않는 것이 좋다는 의견을 내놓았다. 나는 그들의 의견을 따랐다.

내가 병원에 도착했을 때 어머니는 진정제를 맞은 뒤라 반쯤 혼

수 상태였다.

"어머니, 찰리예요."

나는 어머니의 귀에 대고 속삭였다. 그리고 살짝 어머니의 손을 잡았다. 어머니도 내 손을 꽉 쥐더니 힘겹게 눈을 떴다. 어머니는 일어나 앉으려고 했지만 그럴 기력조차 없었다. 어머니는 한시도 몸을 가만두지 못한 채 고통을 호소했다. 나는 곧 좋아질 거라며 어머니를 안심시켰다.

"그렇겠지."

어머니는 맥없이 대답했다. 그리고 다시 한 번 내 손을 꼭 잡더니 이내 의식을 잃었다.

다음 날 스튜디오에서 일하고 있는데 어머니가 돌아가셨다는 연락이 왔다. 나는 놀라지 않았다. 이미 담당 의사가 나에게 일러준 말이 있어 마음의 준비를 하고 있었다. 나는 일을 멈추고 분장을 지운 다음 조감독 해리 크로커와 함께 병원으로 갔다.

해리는 밖에서 기다렸다. 나는 병실로 들어가 침상과 창문 사이에 놓인 의자에 앉았다. 커튼이 반쯤 드리워져 있었다. 병실 안으로 햇볕이 강하게 내리쬐고 있었다. 병실에는 침묵만이 흘렀다. 나는 가만히 침대에 누워 있는 어머니를 응시했다. 얼굴은 뒤로 약간 젖혀져 있었고 눈은 감겨 있었다. 돌아가셨음에도 마치 앞으로 다가올 고통을 예감이라도 하신 것처럼 얼굴에는 수심이 가득해 보였다. 할리우드 근교, 그것도 일생의 한이 서린 램버스 빈민구호소에서 7,000마일이나 떨어진 이런 외진 곳에서 생을 마치다니, 인생이 얼마나 기구한가. 어머니의 한 많은 일생이 주마등처럼 지나갔다. 그리고 나는 눈물을 흘렸다.

그렇게 한 시간을 있다가 병실에서 나왔다. 해리가 계속 밖에서 기다리고 있었다. 나는 그에게 오래 기다리게 해서 미안하다고 말했다. 물론 그는 이해해줬다. 우리는 말없이 집으로 돌아왔다. 형 시드니는 유럽에 가 있었다. 그리고 당시 형도 병을 앓고 있었기 때문에 장례식에는 참석하지 못했다. 조카인 찰리와 시드니가 형수와 같이 참석했지만, 나는 두 아이를 볼 수 없었다. 어머니의 유해를 화장하자는 말도 나왔지만 있을 수 없는 일이었다. 나는 어머니를 푸른 대지에 묻고 싶었다. 어머니는 지금도 할리우드 공동묘지에 누워 계신다.

이 자서전을 쓰면서 어머니에 대해 이런저런 말을 많이 한 것 같다. 그러나 어머니에 대해 있는 그대로 거짓 없이 그렸는지는 자신이 서지 않는다. 물론 어머니가 당신에게 주어진 인생의 무거운 짐을 기꺼이 감수하셨다는 것은 자신 있게 말할 수 있다. 어머니는 항상 친절했고 동정심이 많았다. 타고난 성품이셨겠지만 이것만은 꼭 자랑하고 싶다. 어머니는 신앙심이 투철하셨지만, 죄인들을 사랑했고, 당신 스스로를 죄인으로 여겼다. 그리고 라블레 풍의 야비하고 익살맞은 말을 많이 하셨지만, 이치에서 벗어나는 말은 한 번도 하지 않으셨다. 우리가 지독한 가난으로 비참한 생활을 할 때도 어머니는 우리를 길거리로 내몬 적이 없었다. 어머니는 어떻게든 우리가 가난에 주눅 들지 않고 남다른 인물로 자랄 수 있도록 항상 애쓰셨다.

삶을 지탱해주는 신념

《메이페어에서 모스크바까지》라는 책을 집필해 선풍적인 인기를 끌고 있던 여류 조각가 클레어 셰리단이 할리우드에 왔을 때, 샘 골드윈이 그녀를 위해 특별히 저녁 만찬을 열었다. 그때 나도 만찬에 초대되어 참석했다.

윈스턴 처칠 경의 조카딸인 클레어는 키가 크고 아름다운 여성으로 리처드 브린슬리 셰리단(1751~1816, 아일랜의 극작가이자 휘그당파 정치인-옮긴이) 가의 직계 자손과 결혼했다. 클레어는 러시아 혁명 이후 러시아에 입국한 최초의 영국 여성이었다. 그리고 여류 조각가로 명성이 있었기 때문에 레닌과 트로츠키를 포함한 주요 볼셰비키 당원들로부터 흉상 제작을 의뢰받았다.

클레어의 책이 러시아 혁명에 동정적인 입장을 취하고 있었음에도 별다른 반향은 일지 않았다. 그리고 미국인들은 그녀가 영국 귀족 출신이라는 사실에 적잖이 놀라고 당황했다. 그녀는 뉴욕 사교계에서 인기가 많았고, 저널리스트 허버트 베이야드 스워프와 금융인 버나드 바룩 등 여러 유명 인사들의 흉상을 제작해주었다.

내가 그녀를 처음 만났을 때, 그녀는 여섯 살 난 아들을 데리고 미국 전역을 돌며 강연을 하고 있었다. 클레어는 미국에서 조각만으로는 먹고살기 힘들다고 불평을 늘어놓았다.

"미국 남자들은 부인들이 흉상을 제작하는 것에는 태연한 척하면서 정작 본인들은 왜 그렇게 주저하는지 모르겠어요. 너무 점잔 뺀다고 생각지 않으세요?"

"저는 점잔 빼지 않습니다."

나는 말했다.

그렇게 해서 나도 그녀에게 내 흉상을 제작해달라고 의뢰했다. 나는 집에 찰흙과 조각 도구를 준비해놓고 점심식사 후에 꼬박 한나절을 흉상 제작을 위해 앉아 있었다. 클레어는 화제를 끌어내는 데 상당한 재능이 있었다. 그래서 그녀의 장단에 맞추다 보니 어느 순간 나도 모르게 허풍을 떨고 있었다. 흉상 제작이 거의 끝났을 때, 나는 그것을 찬찬히 들여다봤다.

"흡사 범죄자 같습니다."

내가 말했다.

"아니에요. 정반대예요. 천재의 모습이에요."

그녀는 짐짓 젠체하며 이렇게 말했다. 나는 그냥 웃으며 천재와 범죄자는 극단적인 개인주의자들로 동전의 양면과 같은 존재라고 말하며 또 허풍을 떨었다. 여하튼 천재의 모습이라니 기분은 좋았다.

클레어는 자신이 집필한 책을 토대로 러시아에 대한 강연을 하러 다닌 뒤부터 사람들에게 배척당하고 있다는 느낌을 받는다고 하소연했다. 나는 클레어가 선동가도 아니고 그렇다고 정치적 광신자는 더욱 아니라는 것을 알고 있었다.

"당신은 러시아에 대해 흥미로운 책을 썼어요. 거기까지는 좋았는데, 왜 정치판에 뛰어들었지요? 정치에 발을 들여놓은 이상 상처받을 각오는 해야 할 겁니다."

내 말에 그녀가 대답했다.

"저는 생계를 위해 강의하는 거예요. 그런데 그들은 진실은 들으려 하지 않아요. 강연을 하다 보면 자연스럽게 진실을 말하게 되거든요. 게다가……."

그녀는 뭔가 잠시 생각하더니 들뜬 표정으로 이렇게 덧붙였다.

"저는 볼셰비키들을 연인같이 사랑해요."

'나의 연인 볼셰비키라…….' 나는 재미있는 표현인 것 같아 따라 중얼거리다가 웃고 말았다. 클레어가 말은 이렇게 했지만, 나는 그녀가 자신이 처한 상황에 대해 매우 현실주의적인 태도를 갖고 있다는 것을 분명히 느낄 수 있었다. 1931년 내가 클레어를 다시 만났을 때, 그녀는 튀니지의 수도 튀니스 근교에 살고 있다고 말했다.

"그런데 왜 그곳에서 살아요?"

내가 묻자 그녀는 바로 대답했다.

"생활비가 싸요. 런던에서는 제한된 수입으로 블룸스버리의 작은 방 두 칸짜리에서 살았는데, 튀니스에서는 집 한 채에 하인들까지 두고 살 수 있으니 얼마나 좋아요. 게다가 아름다운 정원까지 딸려 있는데, 디키가 매우 좋아해요."

안타깝게도 디키는 열아홉이라는 꽃다운 나이에 죽었다. 이 일로 큰 충격을 받은 클레어는 결국 슬픔에서 헤어나지 못하고 가톨릭 신자가 되어 잠시 수녀원에 들어가 살다가 아예 종교에 귀의했다. 내가 생각하기에 그녀는 마음의 안식을 얻기 위해 그 길을 선택한 것 같다.

남프랑스에 갔을 때 한 묘비를 본 것이 기억난다. 묘비에는 열네 살 정도 되어 보이는 웃는 여자애의 사진이 걸려 있었고, 그 밑에는 단 한 글자가 새겨져 있었다.

'왜?'

슬픔과 비탄에 젖어 있는 상황에서 이에 대한 답을 찾으려고 하는 것은 쓸데없는 짓이다. 오히려 잘못된 자책감과 번민에 빠질 수 있다. 그렇다고 답이 없다는 말은 아니다. 나는 몇몇 과학자들이 말하는 것처럼 우리의 실존이 무의미하거나 우연이라고 생각하지 않는다. 삶과 죽음은 우연이라고 말하기에는 너무 이질적이고 타협할 수 없는 무엇이다.

삶과 죽음의 방식(한창 꽃다운 나이에 요절한 천재, 세계적인 대재앙, 학살 그리고 대이변 등의 경우를 볼 때)은 쓸모없고 무의미한 것처럼 보일 수 있다. 그러나 이런 일들이 일어난다는 것 자체가 우리 인간의 삼차원적 정신으로는 이해할 수 없는 어떤 정해진 운명 같은 것이 존재한다는 것을 보여준다.

모든 것을 몇 가지 행동양식의 문제로 환원하고, 모든 존재는 어떤 것도 가감할 수 없다고 주장하는 철학자들이 있다. 문제가 행동이라면, 그것은 인과법칙에 지배를 받을 것이다. 만약 내가 이것을 받아들인다면, 내가 하는 행동은 미리 운명 지어진 것이나 다름없다. 사실이 이렇다면, 내가 코를 후비는 행동이나 별똥별이 떨어지는 것이나 모두 예정되어 있는 것이 아닌가? 고양이가 집 주변을 어슬렁거리고, 나무에서 나뭇잎이 떨어지고, 아이가 넘어지는 행동들도 무한히 거슬러 올라가 그 원인을 찾을 수 있는 것 아닌가? 그것들이 이미 운명 지어지고 무한히 지속되는 것은 아닌가? 우리는 나뭇잎이 떨어지는 즉각적인 원인을 알 수 있다. 하지만 우리는 저 뒤로 거슬러 올라가서 또는 저 앞으로 미리 가서 그것의 시작이나 끝을 밝힐 수는 없다.

나는 엄격한 의미에서 종교를 믿지 않는다. 종교에 대한 내 견해는 토머스 배빙톤 매콜리(1800~1859, 영국 태생의 시인이자 정치가—옮긴이)의 그것과 유사하다. 그는 16세기에 이미 오늘날과 같은 종교적 논의가 똑같은 철학적 기반에서 논의된 적이 있었다고 쓰고 있다. 그리고 지식의 축적과 과학의 발전에도 불구하고 과거에나 현재나 어떤 철학자도 이 문제에 대한 명쾌한 사실이나 해답을 제시하지 못하고 있다고 비판했다.

나는 어떤 것도 믿지 않지만 그렇다고 안 믿는 것도 아니다. 아무리 상상력의 소산이라고 할지라도 나는 그것이 수학을 통해 증명할 수 있는 것만큼 진리에 가깝다고 생각한다. 우리가 이성을 통해 항상 진리에 도달할 수 있는 것은 아니다. 그런 생각은 우리를 논리와 사실만을 추구하는 기하학적 사고방식에 가둔다. 우리는 가끔 꿈속에서 죽은 사람을 만난다. 그리고 그가 죽은 사람이라는 것을 알면서도 마치 살아 있는 사람처럼 대한다. 비록 이런 꿈이 이성이 없는 상태라 하더라도, 꿈은 꿈 나름의 진실성을 갖고 있는 것이 아닐까? 이 세상에는 이성으로 파악할 수 없는 것들이 수도 없이 많다. 우리가 과연 1초의 1천조 분의 1이 존재한다는 것을 납득할 수 있을까? 그러나 수학적으로 따져보면 그것은 엄연히 존재한다.

나도 나이가 들면서 신념이라는 것에 대해 자주 생각한다. 우리는 우리가 생각하는 것보다 신념에 의지해 살고, 우리가 알고 있는 것보다 신념에 의해 더 많은 것을 성취한다. 나는 신념이 우리가 갖고 있는 모든 관념의 전제(前提)라고 생각한다. 신념 없이는 가설, 이론, 과학 또는 수학은 발전할 수 없다. 나는 신념이 정신의 연장이라고 믿는다. 그리고 그것은 불가능을 가능하게 만드는 열쇠다. 신념을 부정하는 것은 자신을 거부하는 것이자 우리의 창조력을 낳는 영혼을 거부하는 것과 같다.

내 신념은 미지의 것, 즉 우리 이성으로는 파악할 수 없는 모든 것에 있다. 나는 지금 우리가 이해할 수 없는 것이 다른 차원에서는 아주 기본적인 사실이고, 미지의 영역에는 무한한 선의지가 존재한다고 믿는다.

귀부인의 카운슬러가 되어주다

할리우드에서 나는 여전히 외로운 늑대였다. 스튜디오에 틀어박혀 일만 하느라 다른 스튜디오 사람들을 만날 기회가 없었다. 따라서 새로운 친구를 사귀는 것도 여의치 않았다. 더글러스 페어뱅크스와 메리 픽퍼드가 나의 유일한 구원자였다.

그들은 결혼하고 나서 더없이 행복해했다. 더글러스는 자신의 오래된 집을 개축해 집 안을 산뜻하게 바꾸고 객실도 몇 개 더 만들었다. 그들은 호화로운 생활을 했다. 훌륭한 접대, 맛있는 음식 그리고 무엇보다 더글러스가 주인 노릇을 잘했다.

더글러스는 스튜디오에 전용 숙소를 따로 만들었는데 터키탕이 딸린 분장실과 수영장까지 갖추고 있었다. 그곳에서 그는 저명 인사들을 초청해 점심을 대접하고, 직접 데리고 다니며 스튜디오를 안내했다. 특히 그는 영화가 어떻게 만들어지는지 보여준 다음 자신의 전용 숙소에 데려가 사우나나 수영을 했다. 목욕이나 수영이 끝나면 그들은 로마시대 원로들처럼 목욕용 수건을 두른 채 분장실에 둘러앉아 이런저런 이야기를 나눴다.

그 가운데 행여 누가 터키탕에서 나와 풀에 뛰어드는 모습을 보고 있으면 마치 샴의 왕이 되살아난 것 같은 착각이 들 정도였다. 사실 나는 더글러스의 터키탕에서 많은 저명 인사들을 만났다. 알바 공작, 서덜랜드 공작, 오스틴 체임벌린, 빈 후작, 파나란다 공작 등 많은 사람들을 만났다. 어떤 사람의 진가를 논할 때 가장 중요한 것은 그가 갖고 있는 모든 직함을 버리고 사람 그 자체만으로 판단하는 것이라고 생각한다. 그런 면에서 나는 개인적으로 알바 공작을 가장 높게 평가한다.

더글러스는 이런 명사들이 방문할 때마다 나를 꼭 초대했다. 스튜디오 전체로 보면 나는 그런대로 자랑거리 중 하나였다. 보통 손님들이 방문하면 터키탕에 들어가 목욕을 한 다음에 8시경에 픽페어(더글러스 페어뱅크스와 메리 픽퍼드의 집을 이렇게 불렀다)에 도착해 8시 반경에 저녁을 먹고, 그다음에 영화를 한 편 보는 것이 관례였다. 그래서 나는 손님들과 가까이에서 친밀하게 알고 지내는 정도까지 나아가지는 못했다. 그러나 가끔 더글러스와 메리가 손님 시중에 힘들어하는 것 같으면 그들을 우리 집으로 모시는 경우도 있었다. 그러나 솔직히 말하건대 나는 두 사람만큼 충실한 주인 노릇을 하지 못했다.

저명한 인사들을 접대하는 일에 있어서는 더글러스와 메리를 따라올 사람이 없었다. 두 사람은 손님들을 그렇게 편하고 친근하게 대할 수 없었다. 그러나 나는 그런 소질이 없었다. 물론 그들도 공작 같이 지위 있는 인사들을 대접할 때는 깍듯하게 격식을 갖춰 '각하'라는 칭호를 붙였지만 얼마 지나지 않아 '조지' 또는 '지미'처럼 다정하게 이름을 불렀다.

저녁 만찬 때 더글러스는 집에서 기르는 작은 잡종 강아지를 자주 데리고 나와 분위기를 띄우기 위해 몇 가지 잔재주를 선보였다. 그러면 경직되고 격식을 차리던 자리는 어느새 화기애애해졌고, 손님들은 그런 더글러스에 대해 이런저런 칭찬을 늘어놓았다. 물론 옆에서 그것을 받아주어야 하는 것은 언제나 나였다.

"정말 재미있는 분이세요!"

특히 부인들은 그가 믿음직스럽다는 듯이 이런 말을 자주 했다. 사실 더글러스는 재미있었다. 그리고 내가 아는 한 더글러스만큼 즐겁고 재미있게 손님을 대접하는 사람은 없었다.

그러나 더글러스도 딱 한 번 손님을 접대하며 난관에 봉착한 적이 있었다. 그 사람이 누구였는지, 왜 난관에 봉착했는지 이유는 밝힐 수 없다. 당시 더글러스가 접대하고 있던 사람들은 정말 지체 높으신 고위 인사들이었다. 더글러스는 꼬박 일주일을 그들과 함께 보냈다. 주빈은 신혼여행 중인 부부였다. 그는 그들을 즐겁게 해주기 위해 할 수 있는 모든 수단을 동원했다. 한 번은 요트를 전세 내 카탈리나 섬에 낚시 여행을 갔다. 더글러스는 고기를 끌어 모으기 위해 송아지 한 마리를 잡아 바다에 가라앉혀 밑밥으로 썼지만 무용지물이었다. 그들은 한 마리도 잡지 못했다. 스튜디오 앞마당에서 특별히 로데오 쇼도 보여주었지만 그것도 소용없었다. 더글러스의 말에 따르면, 젊고 늘씬하고 아름다운 신부가 호의적이기는 한데 과묵하여 전혀 재미있어 하지 않는다는 것이었다.

저녁 만찬 때마다 더글러스는 그녀를 즐겁게 해주려고 온갖 노력을 다했다. 하지만 아무리 기지를 발휘해도 신부의 냉담한 태도는 바뀌지 않았다. 나흘째 되던 날 밤, 더글러스는 나를 옆으로 불러 세웠다.

"난 두 손 두 발 다 들었어. 더 이상 어떻게 해야 할지 모르겠어. 그러니 오늘 저녁 만찬은 자네가 그녀 옆에 앉아주게."

그러더니 혼자 낄낄거리며 웃고는 덧붙였다.

"자네가 얼마나 재미있고 유쾌한 친구인지 그녀에게 말해두었거든."

더글러스가 이미 멍석을 깔아놓은 상태라 사양할 수도 없었다. 물론 긴장되지 않은 것은 아니었다. 하지만 막상 그날 저녁 만찬 자리에 앉자 나는 마치 모든 걸 운명에 걸고 낙하를 시작한 낙하산병처럼 마음이 편안했다. 나는 신비감이 도는 방식으로 그녀에게 접근을 시도할 작정이었다. 그래서 옆에 있는 냅킨을 잡으면서 부인에게 살짝 몸을 기울인 채 이렇게 속삭였다.

"기운 내세요."

그녀는 내 말을 못 알아들었는지 고개를 돌리며 이렇게 물었다.

"뭐라고 하셨어요?"

"기운 내시라고요!"

나는 은밀하게 다시 속삭였다. 그녀는 놀라는 눈치였다.

"기운 내라니요?"

"예, 기운 내시라고요."

나는 냅킨을 무릎 위에 올려놓으면서 이렇게 대답했다. 그리고 똑바로 앞을 쳐다봤다. 그녀는 잠시 말없이 나를 쳐다보다가 이렇게 물었다.

"왜 그런 말씀을 하세요?"

드디어 그녀가 미끼를 물었다.

"너무 슬퍼 보여서 그랬습니다."

나는 그녀가 생각할 틈을 주지 않고 계속 몰아붙였다.

"사실 저에게는 집시의 피가 흐르고 있습니다. 그래서 점성술 같은 것을 조금 볼 줄 압니다만, 혹시 몇 월에 태어나셨습니까?"

"4월입니다."

"역시, 양자리군요! 그럴 거라고 생각하고 있었습니다."

그녀의 얼굴에 생기가 돌았다. 그리고 그것이 평상시의 그녀 모습이라고 생각되었다.

"그럴 거라고 생각하셨다니요?"

그녀가 웃으며 물었다.

"이 달은 부인의 원기가 가장 약한 달입니다."

그녀는 잠시 뭔가 생각하더니 말했다.

"그렇게 말씀하시다니 정말 의외예요."

"직관만 있다면 어렵지 않습니다. 지금 부인에겐 불운한 기운이 감돌고 있습니다."

"그런 게 눈에 보이세요?"

"그럼요. 다른 사람들에게는 보이지 않겠지만."

그녀는 미소를 지었다. 그리고 뭔가 곰곰이 생각하는 것 같더니 이렇게 말했다.

"그렇게 말씀하시다니 정말 묘하군요. 선생님 말씀대로 저는 매우 울적합니다."

나는 이미 알고 있었다는 듯이 머리를 끄덕였다.

"이 달은 부인에게 가장 안 좋은 달입니다."

"저는 너무 의기소침해서 거의 자포자기 상태예요."

"예, 이해합니다."

나는 이렇게 말했다. 그러나 그 뒤에 그녀가 내게 한 말은 상당히 놀라웠다. 전혀 예상치 못한 대답이었다. 그녀는 자기 신세를 한탄하며 이렇게 말했다.

"차라리 도망이라도 칠 수 있으면…… 부도 명예도 필요 없어요. 저는 어떤 거라도 할 수 있어요. 일자리를 얻을 거예요. 영화에서 엑스트라도 할 수 있어요. 하지만 모든 사람에게 근심걱정을 끼치겠죠. 좋은 사람들인데."

그녀는 모든 사람이라고 힘주어 말했다. 그러나 나는 그녀가 남편을 이야기하고 있다는 것을 눈치 챘다. 갑자기 불길한 생각이 들었다. 그래서 생각을 바꿔 그녀에게 진지한 충고를 해주기로 마음먹었다. 물론 충고라고 해봐야 특별한 것은 아니었다. 나는 말했다.

"도망치는 것은 별로 좋은 생각이 아닙니다. 항상 책임이 뒤따르니까요. 인생은 부족한 것 투성이입니다. 만족하는 사람이 없지요. 그렇다고 경솔한 행동을 하면 안 됩니다. 평생 후회할지도 모를 일이니까요."

그녀는 침울한 표정으로 대답했다.

"선생님 말씀이 맞는 것 같습니다. 그렇지만 이렇게 저를 이해해주시는 분과 이야기를 나눌 수 있어 마음이 놓입니다."

더글러스는 다른 손님들과 이야기를 나누는 중에도 우리 쪽을 계속 힐끔힐끔 쳐다봤다. 그리고 이제 그녀도 더글러스 쪽을 보더니 미소를 지었다.

저녁 만찬이 끝나자 더글러스는 나를 옆으로 불러냈다.

"도대체 두 사람 무슨 이야기를 나눈 거야? 그렇게 비밀스럽게 할 이야기가 많았어? 난 두 사람이 서로 귀를 뜯어먹는 줄 알았다니까!"

"별거 아냐. 그냥 세상 살아가는 이야기 좀 했어."

나는 점잔 빼며 이렇게 말했다.

19
유나이티드 아티스트 시절

어느 일요일 아침, 나는 아침을 먹고 더글러스와 앉아 환등기로 입체 사진을 보고 있었다. 그중에서 금광을 찾아 나선 사람들의 긴 행렬이 얼어붙은 칠쿠트 고개를 넘어가는 사진이 유독 눈에 띄었다. 그리고 사진 뒤편에는 당시 고개를 넘는 일이 얼마나 고되고 험난했는지 적혀 있었다. 순간, 바로 이거다 하는 생각이 머리를 스쳤다. 내 상상력을 자극하는 훌륭한 사진이었다. 온갖 아이디어가 머릿속에서 떠오르기 시작했다.

새 둥지에서 새로운 출발

 퍼스트내셔널 영화사와 맺은 계약 기간도 이제 막바지에 접어들고 있었다. 퍼스트내셔널 영화사는 매정하고 동정심이라고는 눈곱만큼도 없었으며 눈앞의 이익에만 급급했다. 나는 가능한 빨리 퍼스트내셔널 영화사에서 손을 떼고 싶었다. 무엇보다 앞으로 남은 영화의 아이디어 구상으로 심적 부담이 컸다.

 나는 퍼스트내셔널 영화사와 3편의 영화를 더 찍어야 했다. 아무리 생각해도 도저히 해낼 수 없을 것 같았다. 여하튼 나는 먼저 2권짜리 〈봉급날*Pay Day*〉을 촬영했다. 그래도 여전히 2편이 더 남았다. 그다음 촬영한 것이 〈순례자*The Pilgrim*〉였다. 〈순례자〉는 장편과 맞먹는 분량이었는데, 이 영화를 촬영하면서 퍼스트내셔널 영화사와 또다시 진력나는 협상을 해야 했다. 그러나 샘 골드윈이 나에 대해 말한 것처럼 나는 사업에는 소질이 없었다.

 "채플린은 사업엔 재능이 없어. 그의 관심은 어떻게든 손해만 보지 않는 것에 있거든."

 협상은 그런대로 만족스럽게 해결됐다. 〈키드〉가 놀라운 성공을 거둔 뒤였기 때문에 그들은 〈순례자〉에 대한 내 요구 조건을 들어주지 않을 수 없었다. 조건은 이랬다. 〈순례자〉의 분량을 고려해 영화 두 편으로 인정해주고, 40만 달러의 출연료와 수익금의 일부를 분배받는 조건이었다. 이것으로 퍼스트내셔널 영화사와 맺은 계약은 종결됐다. 그리고 유나이티드 아티스트의 동료들과 함께 일하게 됐다.

더글러스 페어뱅크스와 메리 픽퍼드의 제안으로 제작자 어니스트 조 셴크가 배우인 아내 노마 탈마지와 함께 유나이티드 아티스트에 합류했다. 두 사람은 우리 영화사를 통해 영화를 배급하고 있었다. 우리는 조를 사장 자리에 앉힐 예정이었다. 나는 조를 좋아하기는 했지만, 조가 사장을 할 만큼 유나이티드 아티스트에 대한 기여도가 크다고 생각하지 않았다. 그의 부인 노마 탈마지도 상당한 인기 배우이기는 했지만, 흥행 수익 면에서는 메리나 더글러스에 미치지 못했다. 이미 아돌프 주커에게 우리 영화사의 지분을 나눠주는 것도 거부한 상황에서 주커보다 비중이 떨어지는 조에게 사장 자리를 줄 이유가 없었다. 그럼에도 더글러스와 메리는 조를 강력하게 지지했다. 나는 어쩔 수 없이 두 사람의 의견을 따를 수밖에 없었고, 우리는 똑같이 유나이티드 아티스트의 지분을 나눠 가졌다.

얼마 뒤에 나는 유나이티드 아티스트의 장래를 논하는 긴급한 회의가 있을 예정이니 꼭 참석해달라는 연락을 받았다. 회장 조의 형식적인 인사가 끝나자 메리가 엄숙한 자세로 이렇게 이야기했다. 그녀는 현재 영화업계에서 진행되고 있는 극장 체인 합병 작업이 상당히 우려스러운 수준이며, 만약 우리가 이런 움직임에 대응하지 않으면 유나이티드 아티스트의 장래도 보장할 수 없다고 말했다.

그러나 나는 메리의 이런 말을 듣고도 별로 걱정이 되지 않았다. 왜냐하면 좋은 영화만 만들 수 있다면, 그런 경쟁은 전혀 문제될 것이 없다는 것이 나의 평소 지론이었기 때문이다. 조가 메리를 적극 옹호하고 나섰다. 그는 우리 회사의 재정 상태가 양호하기는 하지만 모든 위험을 우리가 떠안기보다는 외부의 지분 참여를 허용함으로써 회사의 미래를 보장할 수 있을 것이라고 강력하게 주장했다. 조는 이미 월스트리트의 투자회사인 딜론 리드 앤드 컴퍼니와 접촉해 우리 회사의 지분에 참여하는 조건으로 4000만 달러를 투자하겠다는 약속을 받아놓은 상태였다. 나는 월스트리트가 우리 일에 관여하는 것에 반대한다고 단호히 말했다. 그리고 좋은 영화를 만들기만 하면 합병 같은 것은 전혀 두려워할 필요가 없다고 거듭 강조했다. 조는 이런 내 발언에 화가 난 것 같았다. 그러나 그는 자신의 화를 억누르면서 침착하고 고압적인 자세로 이렇게 말했다. 즉 회사의 장래를 생각해 건설적인 차원에서 월스트리트의 투자를 이끌어낸 것이니 수용해달라는 것이었다.

메리가 다시 말을 이었다. 그녀는 사업 문제로 나와 의견 충돌을 빚을 때면, 나를 직접 걸고넘어지기보다는 다른 사람을 빗대어 나를 비난하거나 구석으로 모는 방식을 취했다. 즉 다른 사람들은 모두 동의하는데 나만 혼자 반대하는 것 같은 모양새를 갖춰 주눅 들도록 만드는 식이었다. 그녀는 조를 두둔하고 나섰다. 조는 회사 설립 과정에서 누구보다 열심히 일했고, 많은 어려운 일들을 해결해왔다고 추켜세웠다. 그녀는 말했다.

"우리는 건설적인 방향으로 협력해야 해요."

그러나 나는 꿈쩍도 하지 않았다. 나는 개인적인 일에 외부 인사가 관여하는 것을 원치 않는다고 버텼다. 나는 누구보다 내 일에 자신 있고, 내 돈도 회사를 위해 기꺼이 투자하겠다고 했다. 우리는 이 문제를 놓고 열띤 토론을 벌였다. 사실 토론이라기보다는 격론이었다. 그러나 나는 내 입장을 고수했다. 나는 모두가 내 의견을 무시한 채 이 일을 밀어붙이고 싶다면 그렇게 하라고 말했다. 다만 나는 당장 유나이티드 아티스트를 떠나겠다고 엄포를 놨다. 상황이 이렇게까지 치닫자 우리는 다시 이성을 되찾았다. 우리는 서로에 대한 신의와 충성을 다짐하고, 조는 우리 우정에 금이 가거나 회사에 불화가 생기는 일은 하지 않겠다고 거듭 맹세했다. 그렇게 해서 월스트리트 문제는 없었던 일로 하기로 했다.

유나이티드 아티스트에서 본격적인 영화 촬영에 들어가기에 앞서 나는 오랫동안 함께 일해온 에드나 퍼비언스를 인기 배우로 키워볼 작정이었다. 내가 에드나와 감정적으로 서먹한 관계이기는 했지만, 배우로서 그녀의 경력은 무시할 수 없었다. 그러나 객관적으로 생각했을 때, 내 기존 영화들에서 에드나는 상당히 점잖고 풍채 있는 역을 맡아왔기 때문에 내가 새롭게 구상 중인 영화의 주인공으로는 적합지 않았다. 나는 유나이티드 아티스트에서 촬영할 영화나 그것에 등장할 배역을 희극배우로 한정하고 싶지 않았다. 아직 막연하기는 했지만 장편 희극을 만들 야심찬 계획을 세우고 있었기 때문에 좀 더 연기 폭이 넓은 배우가 필요했다.

당시 나는 내가 직접 각색한 〈트로이의 여인들 The Trojan Women〉을 영화화할 생각으로 여러 달 동안 고심을 거듭했다. 물론 여자 주인공은 에드나 퍼비언스였다. 그러나 고심을 거듭할수록 늘어나는 것은 예상 제작비였다. 결국 포기하고 말았다.

그 후 나는 에드나가 좀 더 재미있게 연기할 수 있는 역사적 인물이 있을지 찾아봤다. 그렇게 해서 생각해낸 것이 조세핀이었다. 전통 의상을 포함해 예상 제작비가 〈트로이의 여인들〉보다 배는 더 나왔지만 상관없었다. 그만큼 나는 영화의 완성도나 흥행에 확신이 있었다.

우리는 영화 구상을 위해 사전 작업에 들어갔다. 루이 앙투안 포벨레 드 부리엔의 《나폴레옹 회고록》과 나폴레옹의 시종이었던 콩스탕의 회고록을 검토했다. 그러나 조세핀의 삶을 파고들면 파고들수록 나폴레옹이란 존재가 그녀의 삶을 이해하는 데 방해가 됐다. 사실 조세핀의 삶을 알아갈수록 그의 존재감이 더욱 부각됐다. 결국 나는 이 눈부신 천재의 삶에 완전히 홀리고 말았다. 조세핀을 영화화하겠다는 구상은 어느새 사그라지고 나폴레옹이 그 자리를 대신했다. 나는 내가 직접 나폴레옹을 연기할 생각이었다. 영화의 배경은 나폴레옹의 이탈리아 원정이었다. 영화는 이탈리아 원정에 대한 엄청난 반대와 나이 많고 노련한 장군들의 질시에도 불구하고 자신의 의지와 용기를 굽히지 않은 스물여섯 살의 청년을 다룬 대서사시로 만들 계획이었다. 그러나 유감스럽게도 영화를 구상하는 중에 내 열의가 식고 말았다. 뿐만 아니라 상황이 이렇다 보니 나폴레옹도 조세핀도 영화화하겠다는 초기 계획이 모두 유야무야되고 말았다.

이즈음 페기 홉킨스 조이스가 할리우드에 모습을 드러냈다. 온갖 보석으로 치장한 페기는 다섯 번이나 결혼하고 이혼하는 과정에서 세간의 입방아에 오른 절세미인이었다. 이 과정에서 그녀는 위자료만 300만 달러를 챙겼다. 그녀가 내게 직접 한 말이었다. 페기는 이발사의 딸로 태어나 지그펠드 뮤지컬의 코러스걸이 되었다가 뒤에 다섯 명의 백만장자와 잇따라 결혼하고 이혼했다. 페기는 여전히 아름다웠지만 다소 피곤해 보였다. 나는 파리에서 바로 오는 길이라는 그녀를 만났다. 매력적인 검은색 가운을 입고 있었는데, 최근에 자신을 연민하다 자살한 한 청년을 기리는 뜻에서 입었다고 했다. 페기는 이런 장례식 복장으로 할리우드에 모습을 드러냈다.

둘이서 조용히 저녁을 먹는데 그녀가 내게 이렇게 털어놓았다. 세간에서 자신에게 쏟아지는 나쁜 평판이 듣기 싫다는 것이었다.

"제가 원하는 것은 결혼이었고, 아이를 갖는 것이었어요. 저는 본래 소박한 여자예요."

그녀는 20캐럿짜리 다이아몬드와 에메랄드 팔찌들을 매만지며 이렇게 말했다. 그리고 얼마 안 있어 기분이 조금 나아졌는지 페기는 자신이 하고 있는 팔찌들이 자신의 '결혼 이력서' 같은 것이라고 농담을 했다.

그리고 전남편과 있었던 일화도 내게 이야기해주었다. 결혼 첫날밤 그녀는 침실 문을 걸어 잠그고 남편에게 당장 50만 달러짜리 수표를 문틈으로 넣어주지 않으면 방에 들어오지 못하게 하겠다고 말했다.

"그가 그렇게 하던가요?"

내가 물었다.

"그럼요."

그녀는 당연하다는 듯이 이렇게 말했다.

"다음 날 아침 저는 그가 깨어나기 전에 은행에 가서 바로 현금으로 바꿨어요. 그는 어리석은 사람이었어요. 술도 많이 마셨고. 한 번은 제가 샴페인 병으로 그의 뒤통수를 때려서 병원에 실려간 적도 있어요."

"그래서 이혼하게 된 건가요?"

"아뇨."

그녀가 웃으며 대답했다.

"오히려 그걸 좋아하는 눈치였어요. 그 일이 있고 난 뒤에 나에게 더 빠져들었지요."

토머스 H. 인스(1882~1924. 서부영화를 많이 만든 미국의 영화배우이자 제작자—옮긴이)가 자신의 요트로 우리를 초대했다. 페기, 톰 그리고 나 이렇게 세 사람이 선장실에 앉아 샴페인을 마셨다. 시간은 저녁 무렵이었고 우리가 마시던 샴페인 병이 페기 바로 옆에 놓여 있었다. 밤이 깊어가자 페기는 나보다 톰에게 더 관심을 보이는 눈치였다. 그리고 샴페인을 많이 마셔 얼굴에 취기가 돌았다. 문득 나는 페기가 샴페인 병으로 전남편의 뒤통수를 때린 일이 생각나 혹시 내게도 그렇게 하지는 않을지 걱정이 되기 시작했다.

나도 약간 샴페인을 마시기는 했지만 취한 상태는 아니었다. 그래서 나는 페기에게 상냥하게 이렇게 말했다. 만약 그런 예쁜 얼굴

〈파리의 연인〉의 에드나 퍼비언스

을 하고 샴페인 병으로 나를 때리려고 하는 기미가 조금이라도 보이면 바로 바다에 밀어버리겠다고 했다. 그런데 이 일이 있고 나서 그녀와 나의 관계가 멀어졌다. 솔직히 말해 그녀의 눈 밖에 난 것이었다. 그 틈을 타서 M.G.M 영화사의 제작자 어빙 탈버그가 내 자리를 대신했다. 당시 어빙은 상당히 어린 친구였다. 잠시 동안이었지만 두 사람의 관계가 세간의 입방아에 올랐다. M.G.M 영화사에서는 두 사람의 결혼설까지 나돌았지만 어빙이 페기에게 싫증을 느끼기 시작하면서 별다른 일 없이 둘은 헤어졌다.

비록 짧은 기간이기는 했지만, 페기와 약간 별스런 관계를 맺으면서 그녀에게 한 유명한 프랑스 출판업자와 얽힌 일화를 전해들을 수 있었다. 이 일화를 바탕으로 나는 〈파리의 연인 *A Woman of Paris*〉이라는 작품을 구상하고 시나리오를 썼다. 주연배우는 에드나 퍼비언스였다. 나는 영화에 직접 출연하지 않고 감독만 맡을 계획이었다.

몇몇 비평가들 사이에서 무성영화가 인간의 심리를 표현할 수 없다는 비판이 일었다. 그들은 무성영화에서 애정 표현이라고 해봐야 남자 주인공이 여자를 나무 기둥에다 밀친 다음 열심히 입김을 불어넣거나, 또는 화가 난 것을 표현하기 위해 의자를 휘두르거나 딱딱한 물체를 집어던지는 것 같은 행동밖에 없다고 비꼬았다. 〈파리의 연인〉은 이런 비판에 대한 하나의 도전이었다. 나는 〈파리의 연인〉에서 미묘하고 섬세한 연기를 통해 무성영화가 인간의 심리를 전달할 수 있다는 것을 보여줄 작정이었다. 예를 들면, 이 영화에서 에드나는 화류계 여성으로 분장해 연기하는데, 중간에 에드나의 친구가 그녀의 연인의 결혼 소식을 다룬 사교계 잡지를 가지고 와서 그녀에게 보여주는 장면이 있다. 에드나는 잡지를 받아들고 태연히 훑어본 다음 무심한 듯 그것을 옆으로 밀쳐놓고 담배에 불을 붙인다. 그러나 그 순간 관객들은 그녀가 연인의 결혼 소식에 충격을 받았다는 것을 알아챌 수 있다. 웃는 얼굴로 문 앞까지 친구를 배웅한 그녀는 허겁지겁 달려와 잡지를 들고 다시 뚫어져라 쳐다본다. 영화에는 주인공의 이런 미묘한 감정 표현을 담고 있는 장면들이 곳곳에 배치되어 있다. 한 가지 예를 더 들면, 에드나의 침실을 배경으로 한 장면에서 그녀의 하인이 들어와 장롱 서랍을 열자 남자 와이셔츠에 다는 칼라가 바닥에 떨어진다. 관객들은 이것만으로도 에드나와 남자 주인공(아돌프 멘주 분)과의 관계를 알아차릴 수 있을 것이다.

이 영화는 식견 있는 관객들 사이에서 커다란 성공을 거두었다. 무엇보다 무성영화로는 처음으로 풍자와 인간의 심리를 접목한 영화였다. 이후 비슷한 시도를 한 영화들이 뒤를 이었다. 대표적인 예가 에른스트 루비치 감독의 〈결혼 모임〉이었다. 아돌프 멘주는 이 영화에서도 주연배우로 열연했다.

아돌프 멘주는 〈파리의 연인〉으로 일약 인기 배우의 반열에 올랐지만 에드나는 큰 인기를 누리지 못했다. 그래도 에드나는 이탈리아에서 5주 동안 영화 한 편에 출연하는 조건으로 1만 달러를 제안받았다. 에드나는 그것을 수용해야 할지 말아야 할지 내게 의견을 물었다. 물론 나는 상당히 고무적인 일이라며 그녀를 적극 지지했다. 그러나 에드나는 다소 머뭇거렸다. 그녀는 이 제안을 받아들일 경우 나와의 관계가 완전히 단절될지도 모른다고 걱정하고 있었다. 나는 에드나가 그쪽의 제안을 받아들이되, 만약 계약이 제대로 성사되지 않으면 다시 돌아와 나와 계속 일할 수 있다고 안심시켰다. 뿐만 아니라 그쪽에서 제안한 1만 달러도 내가 대신 지불해주겠다고 말했다. 결국 에드나는 그쪽의 제안을 받아들여 영화를 촬영했다. 그러나 영화는 성공하지 못했고, 결국 그녀는 우리 영화사로 다시 돌아왔다.

할리우드식 스캔들의 표적

〈파리의 연인〉의 촬영이 거의 끝났을 때, 폴라 네그리가 소위 할리우드식으로 미국 무대에 화려하게 데뷔했다. 파라마운트 영화사는 폴라 네그리를 띄우기 위해 저속한 방식으로 홍보에 열을 올렸다. 파라마운트 영화사는 글로리아 스완슨을 폴라 네그리 띄우기에 적극 이용했다. 마치 두 사람 사이에 질시와 반목이 있는 것처럼 아무 근거 없는 허위 기사가 난무했다. 신문 1면에 이런 제목의 기사가 났다. '네그리, 스완슨의 분장실을 요구', '글로리아 스완슨, 폴라 네그리와 회동 거부', '네그리, 스완슨의 사교 모임 초대에 응하다' 등등. 이 외에도 각종 언론은 지겹도록 폴라 네그리 띄우기에 열을 올렸다.

글로리아나 폴라 두 사람 모두 이런 거짓 기사에 대해 아무런 대응도 하지 않았다. 사실 두 사람은 오래전부터 친구 사이였다. 다만, 문제가 있다면 두 사람을 마치 고양이처럼 교활하고 음험한 인물로 빗대 홍보 전략에 이용한 파라마운트 영화사였다. 폴라의 할리우드 데뷔를 축하하는 파티와 환영회가 끊이지 않았다.

나도 이때 폴라를 만났다. 우연이기는 했지만, 폴라는 할리우드 볼에서 열린 한 교향곡 콘서트에서 내가 앉은 관람석 옆자리에 앉아 파라마운트 영화사 관계자들과 콘서트를 관람했다.

"찰리! 그동안 왜 아무런 연락도 없었어요? 전화도 하지 않고. 당신을 보러 이렇게 멀리 독일에서 온 제 마음을 모르시겠어요?"

폴라가 나를 알아보다니 기분이 좋았다. 물론 그녀의 마지막 말은 거의 믿어지지 않았다. 내가 그녀를 만난 것은 베를린에 갔을 때 딱 한 번뿐이었다. 그 만남도 채 20분이 안 되는 짧은 시간이었다. 그런데 그녀는 이렇게 말을 이었다.

"전화 한 번 하지 않다니. 잔인하다고 생각지 않으세요, 찰리? 연락이 오기를 얼마나 기다렸다고요. 스튜디오가 어디에 있어요? 전화번호라도 가르쳐주세요. 제가 전화드릴게요."

그녀가 내게 이렇게까지 열의를 보이는 것이 다소 의아했지만 폴라 같은 아름다운 여성이 나에게 호감을 갖고 있다고 생각하니 기분이 나쁘지는 않았다. 며칠 뒤에 폴라는 비벌리힐스에 새로 얻은 집에서 파티를 열고 나를 초대했다. 할리우드에서도 보기 드문 거창하고 호화로운 파티였다. 나 이외에도 할리우드의 인기 남자배우들이 대거 참석했지만, 그녀의 시선은 온통 내게 쏠려 있었다. 진심인지 아닌지 알 수는 없었지만 그것을 마다할 이유는 없었다. 이것이 우리 두 사람이 색다른 관계를 맺게 된 계기였다. 우리는 몇 주 동안 가깝게 지내면서 공공장소에도 함께 모습을 드러냈다. 그리고 당연한 순서겠지만, 우리 두 사람은 각종 언론의 표적이 되고 말았다. 그리고 바로 신문 1면에 이런 제목의 기사가 났다.

폴라 네그리와 함께

'폴라, 찰리와 약혼.'

이런 기사가 나오자 폴라가 발끈하고 나섰다. 그리고 내가 이 기사에 대해 해명하는 성명을 내야 한다고 주장했다.

"그런 건 여자 쪽에서 해야 하는 거야."

내가 대답했다.

"그럼 뭐라고 해명하죠?"

나는 달리 떠오르는 말이 없어 어깨만 움츠려 보이고 말았다.

유나이티드 아티스트 시절 635

다음 날 나는 폴라에게서 만날 수 없다는 전갈을 받았다. 별다른 이유는 없었다. 그러나 그날 저녁 그녀의 가정부가 내게 전화했다. 그녀가 병이 나 몸져누워 있으니 급히 와줄 수 있냐는 것이었다. 나는 서둘러 그녀의 집으로 향했다. 내가 도착하니 눈물이 글썽한 가정부가 나를 응접실로 안내했다. 폴라는 눈을 꼭 감은 채 응접실에 놓인 긴 의자에 반듯하게 누워 있었다. 내가 들어가자 그녀는 눈을 뜨더니 이렇게 신음하듯 불평했다.

"당신은 정말 잔인해요!"

그 순간 나는 마치 카사노바가 된 것 같은 기분이 들었다.

이 일이 있고 나서 하룬가 이틀 뒤쯤에 파라마운트 영화사의 매니저인 찰리 하이튼에게서 전화를 받았다.

"찰리, 자네 때문에 우리가 많은 곤란을 겪고 있네. 이 일에 대해 만나서 이야기하고 싶네만."

"그러시죠. 저희 집에서 뵙지요."

그는 흔쾌히 우리 집으로 오겠다고 말했다. 그는 거의 한밤중에 도착했다. 찰리는 체격만 다소 컸지 별다른 특징이 없는 인물로 도매상의 창고지기나 하면 딱 어울릴 사람이었다. 그는 자리에 앉자마자 대뜸 이렇게 말을 꺼냈다.

"찰리, 자네도 알겠지만 요즘 항간에 떠도는 소문 때문에 폴라가 몸져누웠네. 그런데 자네는 왜 아무런 해명 성명조자 내지 않는가? 여하튼 소문을 진정시키고 봐야 할 것 아닌가?"

나는 그의 이런 태도가 주제 넘는 행동이란 생각이 들었다. 사실 그는 내게 이런 말을 할 자격이 없었다. 나는 그를 뚫어져라 쳐다보면서 이렇게 말했다.

"내가 무슨 말을 하기를 원하시죠?"

내가 이렇게 말하자 그는 당황하는 기색이 역력했다. 그는 은근 슬쩍 말을 바꾸더니 뻔뻔스럽게 이렇게 물었다.

"자네 폴라를 좋아하지 않나?"

"그것은 당신이 상관할 문제가 아니라고 생각하는데요."

내가 퉁명스럽게 대답했다.

"그렇지만 우리는 폴라에게 수백만 달러를 투자했네! 그리고 이런 소문은 그녀에게 전혀 도움이 되지 않아."

그는 잠깐 숨을 돌리더니 이렇게 덧붙였다.

"찰리, 만약 자네가 그녀를 좋아한다면, 왜 결혼을 하지 않나?"

이런 참견은 한 마디로 모욕이었다. 나도 더 이상 참고 들어줄 수 없었다.

"당신은 내가 파라마운트 영화사의 투자나 담보해주려고 아무하고나 결혼할 거라고 생각하는 것 같은데 그런 기대는 큰 오산입니다."

"그렇다면 그녀를 다시는 만나지 말도록 하게."

그가 딱 잘라 말했다.

"우리가 만나고 안 만나고는 전적으로 폴라에게 달린 문제요."

내가 대답했다.

이렇게 열을 올리며 서로 핏대를 세웠지만 대화는 의외로 싱겁게 끝났다. 나는 내가 파라마운트 영화사의 주식을 갖고 있는 것도 아닌데 왜 그녀와 결혼해야 하는지 알 수 없다고 말했다. 이것으로 폴라와의 관계도 끝이었다. 폴라와의 만남이 갑작스러웠던 만큼, 헤어지는 것도 순식간이었다. 그 뒤에 그녀는 내게 두 번 다시 전화하지 않았다.

내가 폴라와 아이들 불장난 같은 교제를 하고 있을 때, 한 젊은 멕시코 여자가 스튜디오에 찾아왔다. 그녀는 찰리 채플린을 만나 겠다는 일념으로 멕시코시티에서 내가 있는 스튜디오까지 걸어 왔던 것이다. 이런 미치광이나 괴짜에게 속은 것이 한두 번이 아 니기 때문에 나는 매니저에게 잘 구슬려 돌려보내라고 시키고 별 다른 의심 없이 일을 하고 있었다.

그때 집에서 전화가 걸려왔다. 그 여자가 집 현관 앞에 버티고 앉아 내가 오기만을 기다리고 있다는 것이었다. 이런 말을 듣자 화가 머리끝까지 났다. 나는 집사에게 그녀를 당장 내쫓으라고 이른 다음, 그녀가 돌아갈 때까지 스튜디오에서 기다리고 있겠다 고 말했다. 다행히 10분 뒤에 그녀가 돌아갔다는 연락이 왔다.

그날 저녁 나는 폴라, 레이놀즈 박사 부부와 함께 우리 집에서 저녁식사를 했다. 나는 식사 중에 오늘 낮에 있었던 일을 화제에 올렸다. 우리는 현관문을 열어보고 그녀가 혹시 돌아오지는 않았 는지 확인해보기까지 했다. 그런데 식사 도중 집사가 하얗게 질 린 얼굴로 식당으로 달려 들어왔다.

"그 여자가 2층 어르신 침대에 누워 있습니다."

그는 그날 밤 내 잠자리를 준비하러 올라갔다가 그 여자가 내 잠옷을 입고 침대에 누워 있는 것을 발견했던 것이다. 순간 나는 어쩔 줄 몰랐다.

"내가 가서 만나보고 오겠네."

레이놀즈 박사가 이렇게 말하고 자리에서 일어나 황급히 2층으 로 올라갔다. 우리는 그냥 식당에 앉아 그가 돌아오기를 기다렸다. 잠시 뒤에 그가 내려왔다.

"그녀와 진지하게 이야기를 나눴네."

그가 말했다.

"젊고 상당한 미인이던데. 그리고 말도 제법 또박또박 하고. 내가 자네 침대에서 뭐 하고 있냐고 물었지. 그랬더니 '저는 채플린 씨를 만나보고 싶어요.'라고 말하더군. 그래서 내가 이런 행동은 정신이상자로 오해받을 소지가 있고, 따라서 정신병원에 보내질 수도 있다는 걸 아느냐고 엄포를 놨지. 그런데 전혀 개의치 않더라고. '저는 정신이상자가 아니에요. 저는 단지 채플린 씨의 연기를 존경하고, 그래서 이렇게 멀리 멕시코에서 채플린 씨를 만나기 위해 온 거예요.'라고 또박또박 말하더라고. 그래서 내가 또 말했지. 자네 잠옷을 벗고 옷을 입은 다음에 얼른 나가라고. 그러지 않으면 경찰을 부르겠다고 말이야."

"제가 그 여자를 한 번 만나보겠어요."

폴라가 무슨 생각이 들었는지 이렇게 말했다.

"그녀보고 이리로 내려오라고 해주세요."

그러나 나는 반대했다. 다른 사람들에게 폐를 끼칠 게 분명했다. 여하튼 이렇게 대화를 나누고 있는 사이에 그 여자가 상당히 엄숙한 자세로 우리가 앉아 있는 식당에 들어왔다. 레이놀즈 박사의 말이 옳았다. 그녀는 젊고 매력적이었다. 그녀는 나를 만나기 위해 하루 종일 스튜디오 밖에서 서성거렸다고 말했다. 우리는 그녀에게 저녁을 같이하자고 말했다. 그러나 그녀는 우유 한 잔만 들이켰을 뿐 아무것도 먹지 않았다. 그 여자가 식탁에 앉아 우유를 마시고 나자 폴라가 그녀에게 몇 가지 질문을 했다.

"채플린 씨를 사랑하세요?"

나는 그녀의 이런 도발적인 질문에 몸을 움찔했다. 그 여자는 그냥 웃었다.

"사랑하다뇨! 아닙니다. 저는 채플린 씨가 위대한 예술가라고 생각해서 존경할 따름입니다."

그러자 폴라가 이렇게 물었다.

"혹시 제가 나온 영화를 본 적 있으세요?"

그 여자를 떠보기 위한 수작이었다.

"그럼요."

그 여자가 별 생각 없이 이렇게 대답했다.

"어떻게 생각하세요?"

"좋았어요. 하지만 당신은 채플린 씨 같은 예술가가 되기에는 아직 멀었어요."

이 말은 들은 폴라의 얼굴이 일그러졌다.

나는 그 여자에게 그녀의 행동이 오해받을 소지가 있다고 주의를 줬다. 그리고 멕시코로 돌아갈 여비는 갖고 있는지 물어보았다. 그녀는 여비는 갖고 있다고 대답했다. 레이놀즈 박사가 나서서 한 번 더 그녀의 행동을 타일렀다. 여하튼 그녀는 얌전히 우리 집을 나섰다.

그러나 다음 날 정오에 집사가 다시 허겁지겁 내 방으로 뛰어 올라왔다. 그 여자가 독약을 마시고 길 한가운데에 누워 있다는 것이었다. 나는 서둘러 경찰에 신고했다. 그리고 바로 구급차가 도착해 그녀를 병원으로 실어갔다.

그리고 정해진 수순대로 다음 날 신문에는 이 사건이 1면에 크게 실렸다. 더구나 병원 침대에 앉아 있는 그 여자의 사진까지 떡하니 실려 있었다. 그녀는 위세척을 마치고 언론사와 인터뷰를 할 정도로 회복된 상태였다. 그 여자는 죽기 위해 독을 마신 것이 아니라 사람들의 이목을 끌기 위해 마셨으며, 할리우드에 온 것은 찰리 채플린을 사랑해서가 아니라 영화에 출연하고 싶었기 때문이라고 솔직히 말했다.

병원에서 퇴원한 그녀는 복지연맹에 보내져 보호관리를 받았다. 얼마 뒤에 복지연맹 측은 내게 편지를 보내 그녀를 멕시코로 돌려보낼 예정인데 여비를 보태줄 수 있는지 물어왔다. 그들은 '그녀는 순진하고 악의 없는 사람'이라고 친절하게 설명도 덧붙였다. 나는 그녀에게 여비를 보내주었다.

'굶주림'에서 얻은 600만 달러짜리 영감

유나이티드 아티스트에서 첫 번째 희극영화를 만들고 나서 그런대로 마음의 여유가 생겼다. 그러나 한 가지 머릿속에서 떠나지 않았던 것은 〈키드〉를 능가하는 영화를 만들어보고 싶다는 생각이었다. 몇 주 동안 좋은 아이디어가 없을까 머리를 쥐어짜며 구상에 매달렸다. 나는 마음속으로 이렇게 계속 되뇌었다.

'다음 영화는 서사여야 해! 위대한 서사시!'

그러나 좋은 생각이 떠오르지 않았다.

그러던 어느 일요일 아침, 페어뱅크스 부부의 집에서 주말을 보내고 있을 때였다. 나는 아침을 먹고 더글러스와 앉아 환등기로 입체 사진을 보고 있었다. 그중에 알래스카와 클론다이크(캐나다 유콘 강 유역의 금 산지로, 1897년부터 1898년까지의 골드러시로 유명하다-옮긴이)가 담겨 있는 사진이 있었는데, 칠쿠트 고개를 담은 사진이 유독 눈에 띄었다. 금광을 찾아 나선 사람들의 긴 행렬이 얼어붙은 칠쿠트 고개를 넘어가는 사진이었다. 그리고 사진 뒤편에는 당시 고개를 넘는 일이 얼마나 고되고 험난했는지 적혀 있었다. 순간, 바로 이거다 하는 생각이 머리를 스쳤다. 내 상상력을 자극하는 훌륭한 사진이었다. 온갖 아이디어가 머릿속에서 떠오르기 시작했다. 물론 이야기가 어떻게 될지 구체적으로 떠오르지는 않았지만 어렴풋이 스쳐가는 것이 있었다.

희극영화를 만들 때 역설적인 것은 비극이 비웃음을 자아내는 경우가 많다는 것이다. 그 이유는 나도 자세히 알 수 없지만, 비웃음이 반항적인 태도를 의미하기 때문이라고 생각한다. 예를 들어, 우리는 불가항력적인 자연의 힘 앞에서 무기력한 우리 자신을 보고 허망하게 웃는다. 그러지 않으면 우리는 미쳐버릴 것이다.

나는 캘리포니아로 향하는 길에 길을 잃고 눈 덮인 시에라네바다 산맥을 헤맨 도너(1846년 미국 이민자인 조지 도너는 캘리포니아에 정착하기 위해 사람들을 거느리고 길을 나섰다-옮긴이)의 일화를 책으로 읽은 적이 있다. 도너 일행 160명 가운데 살아남은 사람은 겨우 18명이었다(이 부분에 약간 착오가 있다. 도너 일행은 모두 89명이었으며 시에라네바다 산맥에서 조난당하기 전에 7명이 죽거나 일행에서 이탈했다. 따라서 시에라네바다 산맥에서 조난당한 인원은 81명으로 그 가운데 36명이 죽고 45명이 살아남았다-옮긴이). 살아남은 사람들도 굶주림과 추위 때문에 거의 빈사상태였다. 일부 생존자들은

<황금광 시대>의 조지아 헤일

굶주림을 견디지 못하고 동료의 사체를 먹었으며, 다른 생존자들은 자신들의 신발을 구워먹으며 살아남았다. 즉 그들은 굶주림과 추위에서 살아남기 위해 야만적인 식인 행위도 서슴지 않았던 것이다. 이런 비참한 광경에서 나는 가장 웃기는 장면 하나를 떠올렸다. 너무 배가 고픈 나머지 신고 있던 구두를 벗어 구워먹는다. 나는 먼저 마치 먹음직스런 닭의 뼈라도 발라내는 것처럼 구두창의 못을 빼낸다. 그리고 스파게티를 먹듯이 구두끈을 돌돌 말아 먹는다. 그리고 이 장면에서 배고픔으로 인해 정신착란이 일어난

유나이티드 아티스트 시절 643

내 동료는 나를 닭으로 착각하고 잡아먹으려고 달려든다.

여섯 달 동안 나는 여러 가지 희극적인 장면들을 구상하고 각본도 없이 촬영에 들어갔다. 이야기나 줄거리는 크게 신경 쓰지 않았다. 희극영화가 대개 그렇듯 영화를 촬영하다 보면 자연스럽게 이야기의 앞뒤가 맞아 들어갈 것으로 생각했다. 물론 촬영 중간에 여러 번 막다른 골목에 다다르기도 했다. 그럴 때마다 나는 어렵게 생각해낸 재미있는 장면을 포기해야 했다. 한 예로 뜨내기가 에스키모 처녀와 사랑에 빠지는 러브신이 있었다. 에스키모 처녀는 뜨내기에게 코를 비비며 하는 에스키모식 키스를 가르쳐 주며 사랑에 빠진다. 뜨내기는 금광을 찾아 출발하기에 앞서 에스키모 처녀와 코를 비비며 뜨거운 키스를 나눈다. 그리고 가운뎃손가락으로 코를 후비던 뜨내기는 몇 걸음 가다가 뒤를 돌아보고 애정이 담긴 마지막 키스를 보낸다. 그런 다음 슬쩍 손을 내려 바지에 쓱 문지른다. 감기에 걸려 콧물이 흐르는 것을 손으로 닦은 뒤에 코 묻은 손을 바지에 문지른 것이다. 그러나 이 장면은 편집 과정에서 삭제됐다. 이야기의 전반적인 흐름에서 댄스홀 아가씨와 이뤄지는 로맨스가 더 중요했기 때문에 장면이 중복되는 것 같아 삭제했다.

〈황금광 시대 *The Gold Rush*〉를 촬영하는 동안 나는 두 번째 결혼을 했다. 두 번째 결혼에 대해서는 자세하게 쓰고 싶지 않다. 짧은 결혼 생활이었지만, 이때 얻은 두 아들이 이미 장성해 잘 살고 있고, 무엇보다 지금도 그들을 사랑하기 때문에 그때 일을 꺼내는 것이 좋은 생각은 아닌 것 같다. 2년이라는 짧은 결혼 생활이었지만 원만한 관계를 유지하기 위해 최선을 다했다. 그러나

〈황금광 시대〉 중에서

그런 노력도 소용없이 우리 두 사람은 슬픈 결말을 맞았다.

〈황금광 시대〉는 뉴욕의 스트랜드 극장에서 개봉했다. 나는 개봉 첫날 극장에 직접 가서 관객들의 반응을 살펴봤다. 내가 곰이 따라오는 것도 모르고 혼자 신나서 벼랑을 돌아 나오는 첫 장면부터 관객들은 소리를 지르고 박수갈채를 보냈다. 웃음 중간 중간 터져나오던 박수갈채도 영화가 끝날 때까지 계속되었다. 유나이티드 아티스트 영화사의 배급 담당자인 하이람 에이브럼스가 영화 시사회가 끝나자 내게 다가와 와락 끌어안으며 이렇게 말했다.

"찰리, 내가 보장하는데, 이 영화 600만 달러는 족히 벌어들일 걸세."

그의 예상은 적중했다.

시사회가 끝나고 나는 호텔에서 그만 쓰러지고 말았다. 당시 리츠 호텔에 머물고 있었는데 갑자기 숨을 쉴 수 없을 만큼 가슴이 답답했다. 나는 죽을지도 모른다는 생각에 미친 듯이 전화기를 부여잡고 친구에게 연락했다.

"이보게, 죽을 것 같아."

나는 숨을 헐떡거리며 이렇게 말했다.

"변호사를 불러주게!"

"변호사라니! 의사가 아니고?"

친구가 놀라 말했다.

"아니, 변호사를 불러주게. 유언장을 남겨야 하네."

당황하고 놀란 친구는 두 사람 모두에게 전화를 했다. 그러나 변호사는 유럽에 가 있었기 때문에 오지 못했고, 의사만 서둘러 달려왔다. 그는 간단한 진찰을 한 후에 몸에는 별다른 이상이 없고 신경과민으로 발작이 일어났을 뿐이라고 안심을 시켰다.

"더위 때문입니다. 뉴욕을 벗어나 한적한 바닷가에 가서 시원한 바람이라도 쐬고 오세요."

나는 짐을 꾸려 뉴욕에서 30분 거리에 있는 브라이튼 비치로 향했다. 가는 길에 알 수 없는 눈물이 흘렀다. 호텔에 도착해 바다가 내려다보이는 방을 잡고 창가에 앉아 시원한 바닷바람을 깊게 들이마셨다. 그런데 내가 이곳에 왔다는 소식을 어떻게 알았는지 호텔 밖에 사람들이 몰려들기 시작했다. 모여든 사람들이 "안녕하세요, 찰리!" "멋져요, 찰리!" 하고 소리치기 시작했다. 나는 어쩔 수 없이 창문을 닫고 그들의 시선을 피했다. 어디를 가도 편안하게 쉴 만한 곳이 없다는 생각이 들었다.

나의 두 아들 찰리, 시드니

 그리고 얼마 지나지 않아 밖에서 개 짖는 소리와 사람들의 떠들 썩한 소리가 들려왔다. 한 남자가 물에 빠져 익사 직전인 것 같았 다. 구조대원이 그를 구조해 내 방 창문 아래 뉘고 응급조치를 취 했다. 그러나 소용없었다. 그는 이미 죽어 있었다. 구급차가 그를 싣고 떠난 지 얼마 되지 않아 밖에서 또다시 떠들썩한 소리가 들 려왔다. 먼젓번 사람을 포함해 모두 세 사람이 물에 빠졌던 것이 다. 다행히 두 사람은 구조대에 의해 구조되어 생명을 건졌다. 그 런데 상황이 이렇다 보니 내 상태는 올 때보다 더욱 나빠졌다. 결 국 나는 뉴욕으로 돌아가는 편이 낫겠다고 생각했다. 이틀이 지 나자 그런대로 건강이 호전됐다. 나는 서둘러 캘리포니아로 돌아 왔다.

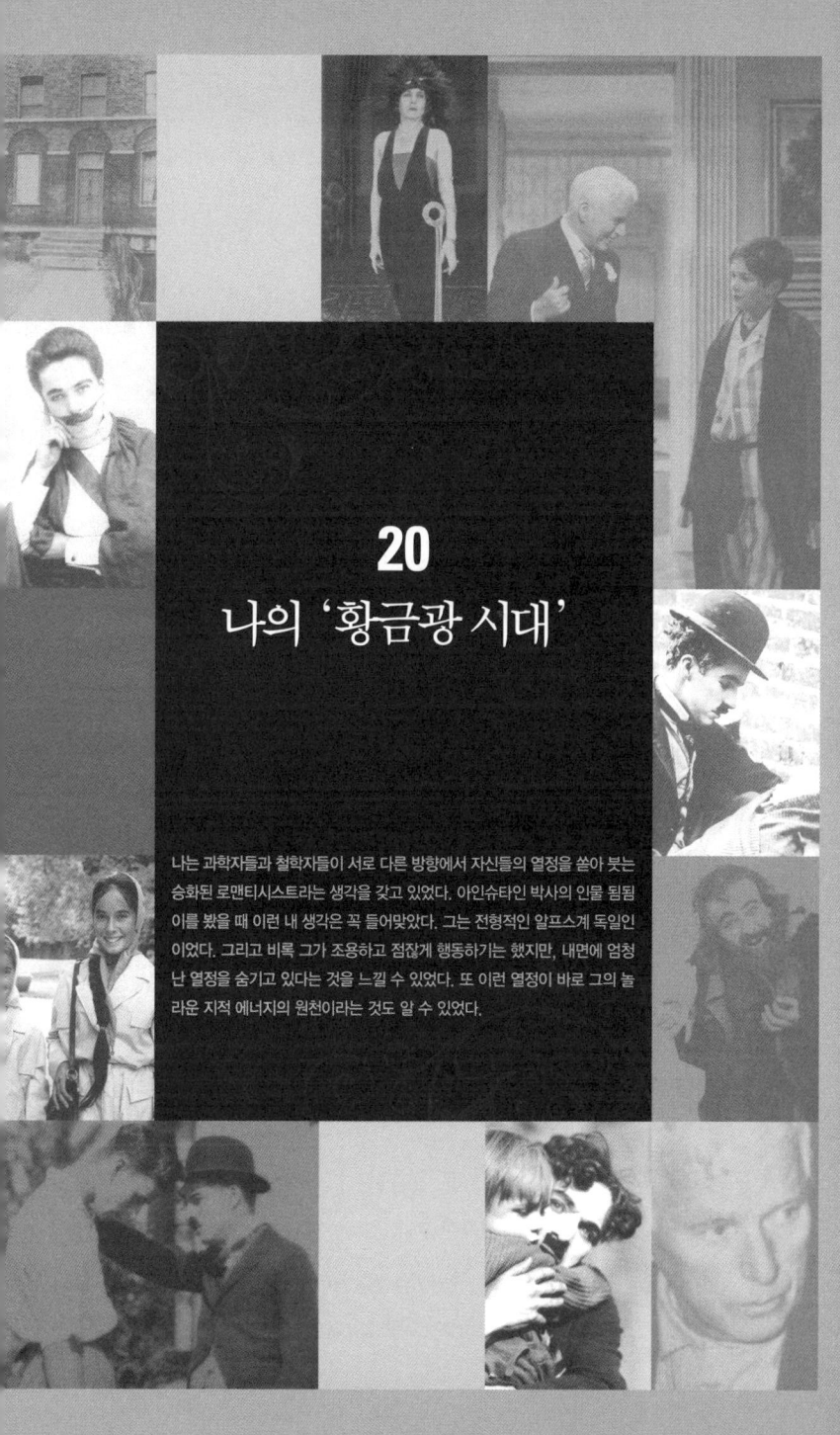

20
나의 '황금광 시대'

나는 과학자들과 철학자들이 서로 다른 방향에서 자신들의 열정을 쏟아 붓는 승화된 로맨티시스트라는 생각을 갖고 있었다. 아인슈타인 박사의 인물 됨됨이를 봤을 때 이런 내 생각은 꼭 들어맞았다. 그는 전형적인 알프스계 독일인이었다. 그리고 비록 그가 조용하고 점잖게 행동하기는 했지만, 내면에 엄청난 열정을 숨기고 있다는 것을 느낄 수 있었다. 또 이런 열정이 바로 그의 놀라운 지적 에너지의 원천이라는 것도 알 수 있었다.

거만한 거트루드 스타인

비벌리힐스로 돌아오자마자 한 친구로부터 거트루드 스타인(미국의 시인이자 소설가로 모더니즘 예술가로 활동했으며 전후 미국 문학에 큰 영향을 미쳤다―옮긴이)을 소개해줄 테니 자기 집으로 올 수 있느냐는 연락을 받았다. 그래서 그의 집에 가보니 거트루드 스타인이 레이스 칼라가 달린 갈색 드레스를 입고, 손은 무릎에 가지런히 올려놓은 채 응접실 한가운데 놓인 의자에 앉아 있었다. 그녀의 앉은 모습은 흡사 반 고흐가 그린 〈룰랭 부인의 초상화〉를 보는 것 같았다. 다만 초상화 속 여인이 불그스레한 머리를 뒤로 올려 묶은 것과 달리 거트루드 스타인은 짧은 갈색 머리를 하고 있었다. 손님들은 그녀를 경원시하며 주변에 둥글게 원을 그리고 서 있었다. 하녀가 거트루드에게 뭐라고 속삭이더니 내가 있는 쪽으로 다가왔다.

"거트루드 스타인 여사께서 당신을 만나보고 싶어 하십니다."

나는 그녀에게 다가가 정중히 인사를 하고 내 소개를 했다. 그러나 다른 손님들이 계속 도착해 그녀와의 대면을 기다리고 있었기 때문에 그때는 별다른 이야기를 나누지 못했다.

다행히 점심 만찬에 친구 부인이 그녀의 옆자리에 내가 앉도록 배려해줘 이런저런 대화와 함께 예술에 대해 이야기를 나눌 수 있었다. 내가 우연히 식당 창밖을 바라보며 경관이 멋지다고 감탄했다. 그러나 거트루드는 별로 멋지다고 생각하지 않는 것 같았다. 그녀는 이렇게 말했다.

"자연은 너무 진부합니다. 오히려 저는 모방에 더 흥미를 느끼지요."

그러더니 거트루드는 모방에 대해 자신이 평소 갖고 있던 생각을 늘어놓기 시작했다. 즉 인조 대리석이 진짜보다 더 아름답게 보이고, 윌리엄 터너가 그린 석양이 진짜 석양보다 더 사랑스럽다는 등등. 그녀의 이런 이야기가 다소 엉뚱하게 들리기는 했지만 반박하기도 뭐해 정중히 동의를 표시했다.

그녀는 영화의 플롯에도 나름대로 일가견이 있었다.

"영화의 플롯은 너무 진부하고, 복잡하고, 의도적이란 생각이 듭니다."

그녀는 길을 가다가 모퉁이를 돌고, 다른 모퉁이를 돌고 그리고 또 다른 모퉁이를 돌고 도는 장면이 나오는 영화에 출연하는 나를 보고 싶다고 말했다. 나는 그녀의 이런 말이 그녀가 평소에 자주 인용하는 '장미는 장미이고 장미이다'라는 다소 신비감이 도는 문장에서 단어만 바꾼 것은 아니냐고 말하고 싶었지만 무례일 것 같아 마음을 고쳐먹고 꾹 참았다.

점심은 고급스런 벨기에산 레이스가 달린 식탁보 위에 차려졌는데 손님들도 식탁보가 예쁘고 고급스러워 보인다며 칭찬을 아끼지 않았다. 식사가 끝나고 우리는 간단히 커피를 마시며 이야기를 나눴다. 커피는 가벼운 칠기 컵에 담겨 나왔는데, 나는 내 커피 잔이 옷소매 바로 옆에 있는 줄도 모르고 손을 움직여 그만 커피를 엎지르고 말았다. 친구 부인이 아끼는 고급스런 식탁보에 커피를 엎질렀으니 부인을 볼 낯이 없었다. 내가 친구 부인에게 몇 번이고 죄송하다고 사과하고 있는데 거트루드가 똑같이 커피를 엎질렀다. 나는 혼자만 미안해할 필요가 없다는 생각이 들어 내심 안도했다. 그런데 거트루드는 미안한 생각이 들지 않는지 여주인에게 죄송하다는 말 한 마디 하지 않고 오히려 이렇게 말했다.

"괜찮아요. 내 드레스에는 묻지 않았어요."

존 메이스필드(1878~1967, 영국의 시인이자 작가―옮긴이)가 스튜디오를 방문했다. 그는 큰 키에 단정한 옷차림을 하고 있었다. 성격은 온화하고 상냥했으며 사리 분별이 뛰어났다. 사실 나는 존 메이스필드의 이런 성품이 상당히 부러웠고 주눅이 들기까지 했다. 다행히 나는 그가 쓴 〈막다른 골목의 미망인〉이란 시를 읽고 감동을 받은 바가 있었다. 그래서 나는 그에게 이 시에 대해 이야기하고 내가 좋아하는 구절을 직접 낭송까지 했다.

사람들이 옥문 밖을 서성이며
조종이 울리기만 기다리고 있네
하염없이 기다리는 마음
그러나 끝내 허탈한 마음 달랠 길 없구나!
이것이 산사람의 지옥이라네.

대부호의 삶, 윌리엄 허스트

〈황금광 시대〉를 촬영하고 있을 때, 나는 엘리너 글린에게서 전화 한 통을 받았다.

"찰리, 메리언 데이비스를 만나줘야겠어요. 정말 사랑스러운 여잔데, 당신을 그렇게 만나보고 싶어 해요. 시간 괜찮으면, 앰배서더 호텔에서 저녁 먹고 패서디나 극장에 가서 당신 영화 〈유한계급〉을 함께 보는 건 어때요?"

나는 메리언을 직접 만나본 적은 없지만, 그녀의 명성은 익히 들어 알고 있었다. 거의 모든 허스트매거진 계열 신문과 잡지에는 그녀에 대한 기사가 하루도 빠지지 않고 실렸는데 어떤 때는 지겨울 정도였다. 덕분에 메리언 데이비스라는 이름이 세간의 입방아에 자주 올랐다. 한번은 베아트리체 릴리가 로스앤젤레스에 왔을 때 도심의 무수한 가로등을 보고 이렇게 말했다고 한다.

"정말 환상적이네요. 이 불빛들을 한데 모으면 '메리언 데이비스'의 이름을 쓰고도 남겠어요."

허스트 계열의 신문과 잡지에는 항상 메리언의 사진이 대문짝만하게 실렸다. 사정은 이랬지만, 그녀의 영화는 관객들로부터 외면당하고 있었다.

어느 날 저녁, 나는 페어뱅크스 부부의 집에서 메리언 데이비스가 출연한 영화 〈기사도의 전성시대〉를 본 적이 있다. 그런데 그때 내가 놀랐던 것은 그녀가 매력적이고 아름다운 것은 둘째치고 희극배우였다는 사실 때문이었다. 나는 그녀가 희극배우일 거라고는 전혀 생각지도 못하고 있었다. 그날 나는 그녀가 허스트의 눈살 찌푸리게 하는 홍보 전략 없이 연기 재능 하나만으로 훌륭한 배우가 될 수 있는 재목이라는 것을 눈치 챘다. 엘리너 글린의 저녁 만찬에서 만난 그녀는 순수하고 소박한 여성이었다. 그 뒤로 우리 두 사람은 절친한 친구가 됐다.

허스트와 메리언의 관계는 미국에서뿐 아니라 전 세계적으로 익히 알려진 하나의 전설이 됐다. 그들의 관계는 30년 이상 변함없이 지속되어 허스트가 죽을 때까지 이어졌다.

만약 내게 인생을 살면서 만난 사람 중에 가장 인상 깊은 사람이 누구였는지 묻는다면, 나는 서슴없이 고인이 된 윌리엄 랜돌프 허스트(1863~1951, 미국의 언론인이자 사업가. 세계적인 잡지출판 그룹 허스트매거진의 창립자로 신문왕이라 불린다—옮긴이)라고 말할 것이다. 그러나 여기에서 인상 깊다고 한 것은 꼭 좋은 의미만을 염두에 둔 것은 아니다. 물론 허스트는 훌륭한 인품의 소유자였다. 그러나 무엇보다 그는 수수께끼 같은 인물이었다. 그는 어린아이 같이 치기 어린 구석도 있고, 빈틈없이 모진 구석도 있었으며, 친절하고 상냥하다가도 인정사정없이 무정할 때가 있었다. 더구나 그는 막대한 부와 권력을 소유한 사람이었다. 무엇보다 그는 꾸밈없이 천연덕스러운 사람이었다. 나는 그의 이런 복잡한 성격에 강한 인상을 받았다. 세속적인 잣대로 평가할 때 그는 내가 아는 한 가장 자유분방한 사람이었다. 그는 언론사, 광산, 뉴욕의 막대한 부동산, 멕시코의 광활한 토지로 구성된 기업 제국을 일궈냈다. 그의 비서에게 들은 이야기로는 허스트가 소유한 기업의 총 자산이 4억 달러는 된다고 했다. 당시로서는 상상도 할 수 없는 엄청난 액수였다.

허스트에 대한 평가는 사람마다 분분했다. 어떤 사람들은 그가 성실한 애국자라고 치켜세웠고, 어떤 사람들은 그가 단지 신문 발행과 자신의 재산 증식에만 관심이 있었던 기회주의자라고 비판했다. 그러나 젊은 시절 그는 누구보다 모험심이 강했고 대범했다. 더구나 그의 부모 역시 상당한 재력가로 항상 그의 후원자가 되어주었다. 한번은 이런 일화가 있었다. 금융업자인 러셀 세이지가 당시 뉴욕 5번가에 살고 있던 허스트의 어머니 피비 허스트 여사를 만나러 간 적이 있었다.

"만일 당신 아들이 월스트리트에 대한 비난과 공격을 중단하지 않으면, 신문사는 연간 백만 달러 이상의 손실을 입게 될 겁니다."

"그런가요. 하지만 세이지 씨, 그 정도 손실이라면 그 애는 앞으로 팔십 년은 너끈히 사업을 계속할 수 있을 거예요."

피비 허스트 여사의 대답이었다.

나는 허스트를 처음 만나는 자리에서 사소한 실수를 저질렀다. 〈버라이어티〉지의 편집장이자 발행인인 사임 실버맨이 리버사이드 드라이브에 있는 허스트의 아파트에 나를 데리고 간 적이 있었다. 우리는 그의 집에서 점심식사를 같이하기로 약속이 되어 있었다. 그의 집은 복층 아파트로 보통 부잣집과 다를 바 없었다. 진귀한 그림들, 높은 천장, 고급스런 마호가니 벽널 그리고 도자기를 전시해놓은 붙박이 장식장 등이 눈에 띄었다. 허스트 가족과 인사를 나눈 뒤에 우리는 식탁에 둘러앉아 점심을 먹었다.

허스트 부인은 상냥하고 애교 넘치는 분으로 손님들을 편하게 대해주었다. 반면, 허스트는 깜짝 놀란 사람 모양 눈을 크게 뜨고 앉아 아무 말도 하지 않았다. 보통 그는 먼저 말하는 법이 없었다.

"제가 처음 허스트 씨를 본 게 보 아트 레스토랑에서였습니다. 여성 두 명과 함께 앉아 계셨지요. 같이 있던 친구가 당신이 허스트 씨라고 알려줘서 그때 알았습니다."

누군가 식탁 밑으로 내 발을 툭툭 건드렸다. 사임 실버맨이었다. 내가 말실수를 했는지 눈치를 줬다.

"어험!"

허스트가 익살스런 표정을 지으며 받아넘겼다. 나는 사태를 수습하기 위해 우물쭈물 말하기 시작했다.

"그런데, 당신이 아니었을 수도 있죠. 당신을 닮은 사람이었거나. 여하튼 친구도 확신하지 못했거든요."

나는 상황을 얼버무릴 작정으로 이렇게 순진하게 말했다.

"그래도 나와 닮은 사람이 있다니 솔깃하네요."

허스트가 눈을 깜박거리며 이렇게 말했다.

"그렇긴 그렇죠."

나는 억지로 웃어 보이며 이렇게 말했다. 다행히 허스트 부인이 이것을 농담처럼 아무렇지 않게 받아주었다. 그녀는 익살스럽게 이렇게 말했다.

"그렇겠네요. 자기하고 닮은 사람이 있다면 때론 편리하겠죠."

여하튼 내 실수는 그렇게 유야무야 넘어갔고 점심식사도 잘 끝났다.

메리언 데이비스는 허스트가 소유한 코즈모폴리턴 프로덕션의 주연 여배우로 할리우드에 모습을 드러냈다. 메리언은 비벌리힐스에 집을 얻었고 허스트는 자기 소유의 280피트나 되는 대형 요트를 파나마 운하를 거쳐 캘리포니아 연안까지 가져왔다. 그때부터 영화계는 아라비안나이트에나 나올 법한 환락의 세계에 빠져들었다. 메리언은 일주일에 두 번 내지 세 번 정도 저녁마다 호화로운 선상파티를 열었다. 초대 손님들만 수백 명이 넘었다. 배우들, 정치가들, 폴로 선수들, 코러스보이들, 외국의 유력 인사들 그리고 허스트 소유의 기업 간부들과 편집자들이 참석했다. 파티 분위기는 상당히 묘해 종잡을 수 없었다. 재미를 떠나서 긴장감이 감돌았고 어떤 때는 경박스럽기까지 했다. 사실 더 종잡을 수 없었던 것은 허스트의 기분이었다. 즉 허스트의 기분에 따라 파티의 전체 분위기가 좌우됐다.

나는 메리언이 비벌리힐스에 얻은 자신의 집에서 열었던 한 저녁 만찬에서 있었던 일을 아직도 기억하고 있다. 거의 50명 정도 되는 손님들이 거실 곳곳에 서 있었고, 허스트만 무뚝뚝한 표정으로 등받이의자에 앉아 있었다. 주위에는 그의 편집자들이 몰려 있었다. 사업 이야기를 하고 있는 것 같았다. 메리언은 마담 레카미에(프랑스 왕정복고 시절 파리 사교계에서 이름을 날린 여성—옮긴이) 풍의 가운을 입고 등널이 있는 긴 의자에 앉아 아름다움을 물씬 풍기고 있었다. 그러나 허스트가 그의 편집자들과 사업 얘기만 하고 있자 점차 말수가 줄더니 갑자기 이렇게 소리쳤다.

"이봐요! 당신!"

허스트가 놀라 뒤를 돌아봤다.

"나 말이요?"

"그래요, 당신! 이쪽으로 와요!"

메리언은 크고 파란 눈으로 그를 노려보면서 이렇게 대답했다. 그의 편집자들이 뒤로 물러서고 실내는 일순간 침묵에 휩싸였다.

스핑크스처럼 앉아 있던 허스트는 미간을 찡그리고 입술을 앙다물더니 손가락으로 등받이의자의 팔걸이를 똑똑 두드리기 시작했다. 이 상황에서 화를 내야 할지 말아야 할지 고민하는 것 같았다. 그런데 그는 갑자기 일어서더니 이렇게 말했다.

"음, 아무래도 가봐야 할 것 같군."

허스트는 바보처럼 절뚝거리며 그녀에게 다가갔다.

"그래요. 무슨 일로 날 다 찾으시나?"

"사업 이야기는 우리 집에서 말고 사무실에 가서 하시죠? 손님들이 마실 걸 기다리고 있어요. 가서 준비해오도록 하세요."

메리언이 거들먹거리며 이렇게 말했다.

"알겠소. 분부대로 하겠습니다."

허스트는 이렇게 말하고 어릿광대처럼 익살스럽게 다리를 절뚝거리며 부엌으로 향했다. 무슨 일이라도 일어나는 것은 아닌지 조바심하고 있던 우리는 안도의 숨을 내쉬었다.

또 한번은 다소 급한 용무가 있어 기차를 타고 로스앤젤레스에서 뉴욕으로 가던 길에 허스트에게서 전신을 받았다. 멕시코에 갈 예정인데 나보고 같이 가자는 것이었다. 나는 안타깝지만 뉴욕에 용무가 있어 가는 길이라고 답신을 보냈다. 그러나 기차가 캔자스시티를 지날 때 허스트가 보낸 대리인이라며 두 사람이 나를 찾아왔다.

"허스트 씨가 보내서 왔습니다. 선생님을 모셔오라고 하셨습니다."

두 사람은 웃으며 이렇게 말했다. 그리고 뉴욕에서의 내 용무는 허스트 씨의 뉴욕 변호사를 통해 처리할 수 있다고 친절하게 덧붙였다. 그러나 나는 갈 수 없었다.

나는 허스트만큼 돈 알기를 우습게 아는 사람도 보지 못했다. 그는 정말 돈을 물 쓰듯이 썼고 전혀 아까워하지 않았다. 허스트보다 더 많은 재산을 축적한 록펠러도 돈에 관한 한 도덕적 책무 같은 것을 강조했다. J. P. 모건도 돈의 위용을 강조하며 허투루 쓰지 않았다. 그런데 허스트는 수백만 달러의 돈을 마치 일주일 용돈이라도 되는 것처럼 눈 한 번 깜짝하지 않고 썼다.

허스트가 메리언에게 지어준 샌타모니카 해변의 저택은 말 그대로 모래 위에 세운 성이나 다름없었다. 이탈리아 장인들을 직접 데려와 지은 이 집은 조지 왕조 풍으로 좌우 폭이 300피트나 되는 3층 건물에 방만 무려 일흔 개였다. 뿐만 아니라 방 전체를 금박으로 꾸민 무도장과 식당이 따로 있었다. 조슈아 레이놀즈, 토머스 로렌스 그리고 다른 많은 화가들의 작품이 집 안 곳곳에 걸려 있었다. 물론 개중에는 모조품도 있었지만. 상당히 널찍한 방에 오크 나무로 꾸민 서재는 버튼만 누르면 바로 마루 한쪽 구석이 위로 올라와 영화를 볼 수 있는 스크린 장치가 설치되어 있었다.

식당은 한 번에 50명까지 손님을 접대하고도 남을 정도로 널찍했다. 그리고 최소 20명까지 묵을 수 있는 호화 객실을 갖추고 있었다. 해안이 바라다보이는 정원에는 이탈리아 대리석을 깐 수영장이 있었고, 그 한가운데로 베네치아 대리석으로 치장한 길이가 100피트나 되는 다리가 놓여 있었다. 수영장 옆에는 바를 갖추고 카바레 댄스를 출 수 있는 마루를 깐 건물이 따로 세워져 있었다.

샌타모니카 시당국은 소형 군함과 레저용 보트가 정박할 수 있는 항구를 건설하고 싶어 했다. 이런 소문이 떠돌자 〈로스앤젤레스 타임스〉가 가장 먼저 지지하고 나섰다. 나도 소형 레저용 보트를 소유하고 있었기 때문에 좋은 아이디어라는 생각이 들어 하루는 허스트와 아침을 먹으며 이것을 화제에 올린 적이 있었다. 그러자 그는 정색을 하고 반대했다.

"나는 반대하네. 항구가 생기면 이곳 일대의 풍기가 문란해지고 사람들도 타락할 걸세. 선원들이 지나가면서 창문 너머로 마치 매음굴 기웃거리듯 기웃거리는 것을 생각해보게."

괜히 항구 이야기를 꺼냈다가 본전도 못 찾은 꼴이 되고 말았다.

허스트는 상당히 자유분방한 사람이었다. 기분이 좋으면 다른 사람들의 이목은 전혀 개의치 않고 서투르지만 자신이 좋아하는 찰스턴 춤을 멋들어지게 추고는 했다. 그는 스스로 돈이 많다고 해서 젠체하거나 점잔 빼는 사람은 절대 아니었다. 그는 기분 내키는 대로 행동했고, 그래서 언제나 종잡을 수 없는 사람이었다. 사실 내가 보기에 그는 그렇게 머리가 좋은 사람은 아니었다. 물론 실제로도 그랬다. 그리고 그 자신도 그것을 숨기려 들지 않았다. 많은 사람들은 허스트의 이름이 들어간 칼럼을 저널리스트인 아서 브리스베인이 대신 쓴 것으로 여겼지만, 정작 브리스베인 본인은 자기 입으로 허스트가 로스앤젤레스에서 가장 뛰어난 논설위원이라고 내게 말했다.

허스트는 어린아이처럼 유치한 구석이 있었고, 마음이 여려 쉽게 감정이 상하는 경우가 많았다. 하루는 저녁식사를 마치고 제스처 게임을 하기 위해 편을 가르고 있었는데 허스트가 자기만 쏙 빼놓았다며 골난 표정으로 불평을 늘어놓았다. 그러자 잭 길버트가 농담 삼아 이렇게 말했다.

"그럼, 우리 둘이서 제스처 게임을 하세. 단어는 '약상자' 어때? 내가 상자를 연기할 테니 자네는 약을 연기하게."

그런데 허스트가 이것을 자기를 놀리는 것으로 오해했는지 목소리까지 떨며 버럭 화를 냈다.

"됐어. 나보고 이런 구식 제스처 게임이나 하라고? 안 해."

그는 이렇게 말하더니 문을 꽝 닫고 나가버렸다.

산시메온에 있는 40만 에이커에 달하는 허스트의 목장은 태평양 연안을 따라 30마일 정도 길게 늘어서 있었다. 목장의 주거 지역은 바다에서 4마일 떨어진 해발 500피트 고원 지대에 마치 성채처럼 자리 잡고 있었다. 그중 중앙에 있는 성처럼 생긴 대저택은 유럽에서 여러 성곽 잔해를 배로 실어와 새로 짜 맞춰 지은 건물이었다. 건물 정면은 프랑스에 있는 랭스 성당과 스위스의 전통 산장을 옮겨놓은 것처럼 이색적이었다. 그리고 대저택을 둘러싸고 마치 그것을 호위라도 하듯 다섯 개의 이탈리아식 별장이 서 있었다. 각 별장마다 여섯 사람 정도 묵을 수 있는 방이 있었다.

대저택 안은 이탈리아식 가구들로 채워져 있었고, 바로크식 천장에는 치품천사 상들이 새겨져 있어 마치 사람들을 내려다보며 웃는 것 같았다. 대저택에는 30명이 넘는 사람들이 묵을 수 있는 방이 갖추어져 있었다. 응접실은 가로 90피트, 세로 60피트 정도 되는 크기였고, 가운데 벽에는 고블랭 태피스트리들이 걸려 있었다. 몇 개는 진품이었지만, 나머지는 모조품이었다. 한편, 이런 고풍스런 분위기에 어울리지 않게 각 방 끝에 주사위놀이판과 핀볼 게임기가 놓여 있었다. 식당은 웨스트민스터 성당의 회중석을 축소해 그대로 옮겨놓은 것 같았고, 가운데 놓여 있는 식탁은 80명은 족히 앉을 수 있을 만큼 커다랬다. 무엇보다 놀라웠던 것은 이 대저택을 관리하는 인원만 60명이라는 것이었다.

이 성채 같은 저택 내에는 동물원이 하나 있었다. 사자, 호랑이, 곰, 원숭이, 오랑우탄, 갖가지 조류와 파충류를 사육했다. 정문에서 대저택까지 5마일은 되는데, 중간에 '동물 우선'이란 팻말이 많이 눈에 띄었다. 예를 들어, 대저택까지 오는 길에 타조가 길을 막고 서 있으면 알아서 비켜갈 때까지 차를 세우고 마냥 기다려야 했다. 타조뿐만 아니라 양, 사슴, 고라니, 버펄로 등이 떼 지어 다니며 길목을 가로막기 일쑤였다.

기차를 이용하는 손님들을 위해 기차역까지 손님을 모시고 다니는 차만 여러 대가 있었고, 개인 비행기로 찾는 손님들을 위해 따로 경비행기용 착륙장도 갖추고 있었다. 식사 시간을 지나 찾아온 손님은 우선 객실을 안내받고 저녁은 8시에, 그 전에 칵테일을 마시고 싶으면 7시 반에 중앙 홀에서 음용할 수 있다고 안내를 받았다. 그리고 재미나 오락거리로 수영, 승마, 테니스를 포함해 온갖 종류의 게임을 즐길 수 있도록 시설이 완벽하게 갖춰져 있었다. 물론 근처 동물원에도 가볼 수 있었다.

그런데 이곳에도 한 가지 엄격한 규율이 있었다. 허스트가 정해놓은 규율로 손님들은 절대 어떠한 경우에도 저녁 6시까지는 칵테일을 마실 수 없었다. 즉 음주를 금지한 것이다. 그러나 메리언은 그녀의 친구들을 자신이 묵는 방에 따로 불러 은근슬쩍 칵테일을 마시기도 했다.

저녁 만찬은 말할 것도 없이 근사했다. 메뉴만 보더라도 샤를마

뉴 대제의 연회가 부럽지 않을 정도였다. 특히 꿩, 야생 오리, 자고새, 사슴 고기 등 제철에 잡아 올리는 계절 메뉴가 풍성했다. 이런 진수성찬 중에 한 가지 이해할 수 없었던 것은 냅킨이 항상 종이 냅킨이었다는 것이다. 허스트 부인이 그곳에 와 있을 때만 리넨 냅킨이 준비되었다.

허스트 부인은 매년 적어도 한 번은 꼭 산시메온을 찾았는데, 이 일 때문에 메리언과 허스트 부인 사이에 어떤 문제가 생기거나 하지는 않았다. 두 사람 사이에는 모종의 공존 관계가 성립되어 있었다. 그리고 서로 상대의 존재에 대해 개의치 않았다. 그래도 일 년에 한 번 허스트 부인이 산시메온 대저택에 올 때쯤이면 메리언과 나머지 사람들은 알아서 대저택을 비워주거나 메리언의 샌타모니카 해변 저택으로 자리를 옮겼다. 나는 1916년부터 줄곧 허스트 부인과 좋은 친구처럼 알고 지낸 사이라서 산시메온과 샌타모니카 두 곳을 동시에 드나드는 데 별다른 어려움이 없었다.

허스트 부인이 가끔 샌프란시스코의 사교계 친구들을 데리고 와서 목장에서 쉬고 있을 때면 내게 주말에 놀러오라고 초대하곤 했다. 그러면 나는 마치 오래간만에 산시메온에 오는 것처럼 시치미를 떼고 목장에 모습을 드러냈다. 물론 그녀는 자신이 목장에 오기 전에 이미 남편 일행이 이곳에 머물다 내려간 것을 알고 있었다. 그럼에도 그녀는 모르는 척하고 그냥 넘어가줬다. "뭐, 메리언이 아니었다면 다른 좋은 사람하고 있다가 갔겠죠"라는 식이었다. 허스트 부인은 남편 허스트와 메리언의 관계에 대해 자주 속내를 비치고는 했다. 그렇지만 두 사람에 대해 어떤 악감정은 갖고 있지 않았다.

"그이는 우리 사이에 아무 일도 없는 것처럼, 마치 메리언이 세상에 존재하지 않는 사람처럼 태연하게 군다니까요. 내가 집에 들어가면 그이는 항상 나를 반갑게 맞아줘요. 그런데 집에 두세 시간 이상 붙어 있은 적이 없어요. 오랜만에 같이 오붓하게 앉아 저녁이라도 먹으려고 하면 집사가 와서 그에게 쪽지를 건네요. 그러면 그는 실례한다며 식탁에서 일어나죠. 그리고 돌아와서는 긴급하게 처리해야 할 일이 있어 로스앤젤레스에 다녀와야 한다고 말해요. 그러면 우리는 그런가 보다 하고 믿어주죠. 물론 그가 메리언을 보러가는 걸 빤히 알고 있어요. 그런데 그이는 항상 그런 식이에요. 빤한 거짓말을 하면서 아무렇지도 않게 얼버무리려고 한다니까요."

하루는 산시메온에 초대되어 갔을 때, 저녁식사를 마치고 허스트 부인과 함께 근처 목장으로 산책을 나간 적이 있었다. 얼마쯤 걸었을까, 뒤를 돌아다보니 멀리 대저택이 별빛에 물들어 환하게 빛나고 있었다. 대저택을 감싸고 있는 일곱 개의 봉우리를 배경으로 무어라 표현할 길 없는 신비로운 기운이 뿜어져 나왔다. 무수히 반짝이는 별들이 구름 한 점 없이 맑게 갠 밤하늘을 아름답게 수놓았다. 우리 두 사람은 잠시 우두커니 서서 밤하늘을 배경으로 파노라마처럼 펼쳐진 별의 향연을 감상했다. 근처 동물원에서 사자가 울부짖는 소리가 간혹 들려왔다. 그리고 거대한 오랑우탄이 쉴 새 없이 내지르는 비명 소리가 산꼭대기를 돌아 메아리쳐 되돌아왔다. 오랑우탄은 매일 해질 무렵만 되면 울기 시작했는데, 처음에는 그런대로 조용히 울다가 나중에는 절규로 바뀌어 밤새 쉬지 않고 울어댔다. 밤중에 가만히 듣고 있으면 섬뜩하니 소름이 돋을 정도였다.

"혹시 저 동물이 미친 게 아닐까요."

내가 말했다.

"이곳에 있는 모든 게 미친 것 투성이에요. 저것 보세요!"

그녀는 대저택을 가리키며 이렇게 말했다.

"미친 오토(바바리아 국왕 오토 1세를 말한다. 여기에서는 남편을 빗대어 한 말이다-옮긴이)가 만든 성이에요…… 그리고 아마 죽을 때까지 계속 부수고 짓고 증축하고 할 거예요. 그런데 죽고 나면 무슨 소용이 있겠어요. 누가 이걸 돌보기나 하겠어요? 아마 아무도 없을걸요. 호텔로도 소용없고, 국가에 헌납한다고 해도 국가가 이것을 제대로 가꾸고 써먹을 수 있을 것 같지도 않아요. 대학 건물로 쓰기에도 부적절하고."

허스트 부인은 언제나 어머니 같은 심정으로 남편 허스트에 대해 말했다. 그녀는 항상 메리언과 남편의 관계에 대해 무덤덤하게 말했지만, 나는 그녀가 남편을 진정으로 사랑하고 있다는 생각이 들었다. 여하튼 그녀는 상냥하고 이해심 많은 여자였다. 그러나 한참 뒤에 내가 정치적으로 공산주의자라는 낙인이 찍히자 그녀 역시 나를 냉대했다.

비버리힐스, 파티의 나날들

어느 날 저녁, 주말을 보내려고 산시메온에 갔을 때의 일이다. 메리언이 안절부절못하며 나를 맞이했다. 손님 중 한 명이 목장을 걷다가 면도칼로 습격을 당했다는 것이었다.

메리언은 흥분하면 말을 더듬는 버릇이 있었다. 그것이 그녀의 또 다른 매력이기도 했는데, 정말 곤경에 처한 여인 같은 분위기를 풍겼다.

"누가 그랬는지 아, 아, 아직 몰라요."

그녀가 내게 속삭이듯 말했다.

"허스트가 탐정을 불러 목장 여기저기를 조사하고 있어요. 우선 다른 손님들에게는 비밀로 하고 있고요. 필리핀 사람이 범인이라고 생각하는 사람이 있어서 허스트가 수사가 완전히 끝날 때까지 모든 필리핀인을 목장 밖으로 내보냈어요."

"습격당한 사람이 누군데요?"

내가 묻자 그녀가 대답했다.

"오늘 저녁 만찬 때 볼 수 있을 거예요."

저녁 만찬에서 나는 그날 습격을 당했다는 남자와 마주보고 앉았다. 젊은 남자였는데 얼마나 다쳤는지 얼굴에 붕대를 칭칭 감고 있었다. 반짝거리는 눈과 웃을 때마다 하얗게 드러나는 치아만 붕대 밖으로 보일 뿐이었다. 메리언이 탁자 밑으로 내 발을 쿡쿡 찌르며 속삭이듯 말했다.

"저 사람이에요."

그는 낮에 습격당한 일을 개의치 않는 듯 여유가 있어 보였고 저녁도 맛있게 먹었다. 사람마다 왜 얼굴에 붕대를 하고 있는지 물어봐도 어깨를 으쓱하고는 씩 웃을 뿐이었다.

저녁식사가 끝나고 메리언과 함께 그가 습격을 당했다고 하는 장소에 가보았다.

"저 석상 뒤예요. 여기 핏자국도 있어요."

메리언이 승리의 여신상을 가리키며 말했다. 내가 물었다.

"그런데 석상 뒤에서 뭘 하고 있었던 거죠?"

"습, 습격당해서 도, 도, 도망치려 했대요."

메리언이 겁이 났는지 말을 더듬거리며 대답했다. 그때 갑자기 어둠 속에서 낮에 습격당한 젊은 남자가 모습을 드러내더니 우리 옆을 비틀거리며 지나갔다. 그런데 얼굴에서 피가 뚝뚝 흘러내리고 있었다. 메리언이 피를 보자 비명을 질렀고 나는 3피트나 껑충 뛰어오르며 옆으로 비켜섰다. 순간 어디선가 20명 정도 되는 사내들이 몰려들더니 그를 둘러쌌다.

"또 습격당했습니다."

그가 신음하며 이렇게 말했다. 탐정 두 사람이 그를 부축해 그의 침실로 데려갔다. 그리고 그에게 무슨 일이 있었는지 자초지종을 물었다. 그런데 메리언이 어디에 갔는지 보이지 않았다. 그리고 한 시간 뒤에 중앙 홀에서 그녀를 만났다.

"어찌된 일입니까?"

내가 묻자 메리언은 어이없다는 표정을 지으며 이렇게 말했다.

"모두 자신이 꾸민 자작극이래요. 머리가 어떻게 된 사람인가 봐요. 다른 사람들의 관심을 끌고 싶어서 그랬대요."

그 이상한 젊은 남자는 큰 소란을 피우고도 전혀 거리낌이 없었고 미안해하지도 않았다. 그날 밤 그는 산에서 끌려 내려갔다. 그 남자 때문에 괜한 오해를 산 필리핀인들은 아침에 다시 제자리로 돌아왔다.

허스트의 산시메온과 메리언의 해변 저택에 자주 초대되는 손님 중에 토머스 립톤 경이 있었다. 그는 매우 재치 있고 달변으로 구수한 사투리가 일품인 스코틀랜드 출신의 노신사였다. 립톤 경은 한 번 말을 시작하면 거침이 없었다. 특히 나이 많은 노신사답게 옛 추억을 많이 들려주었다. 이런 식이었다.

"찰리. 자네도 미국에 와서 크게 성공했지. 나도 그렇다네. 처음에는 가축 운반선을 타고 왔어. 그래서 속으로 다짐했지. '내 다음에는 꼭 자가용 요트를 타고 올 거다.' 그리고 그렇게 되었다네. 허허허."

립톤 경은 자신이 소유한 립톤 티〔茶〕 사업으로 몇 백만 파운드는 손해를 봤다며 내게 투덜거렸다.

주미 스페인 대사인 알렉산더 무어, 토머스 립톤 경 그리고 나 이렇게 세 사람은 로스앤젤레스에서 종종 함께 저녁을 먹었다. 그러나 알렉산더 무어나 토머스 립톤 경 모두 나이가 지긋한 분들이다 보니 하는 이야기마다 모두 회고담이었다. 특히 왕실 사람들이 화제에 많이 올라왔는데 썩 좋은 이야기들은 아니었다. 가만히 듣고 있으면 왕실 사람들이란 모두 경구나 읊는 고리타분한 인물들이란 인상이 들었다.

그 당시 나는 허스트와 메리언의 호사스런 생활에 물들어 그들과 보내는 시간이 많았다. 그리고 마침 더글러스 페어뱅크스와 메리 픽퍼드가 유럽 여행을 가고 없었기 때문에 주말만 되면 정식 초대가 없어도 메리언의 해변 저택에 가는 것이 하나의 습관처럼 되었다. 어느 날 아침, 다른 손님들과 아침을 먹는데 메리언이 그녀가 출연할 새 영화의 대본에 대해 어떻게 생각하는지 의견을 구했다. 그래서 나는 내 의견을 말했을 뿐인데 허스트는 못마땅해하는 것 같았다. 줄거리는 페미니즘이었다. 나는 여자가 남자를 선택하지 남자가 여자를 선택하는 일은 없다고 말했다. 그러나 허스트의 생각은 달랐다.

"아니. 선택을 하는 것은 항상 남자야."

"그렇다고 착각하고 있을 뿐, 실제로 선택하는 것은 여자입니다. 어떤 아리따운 아가씨가 손가락으로 당신을 가리키며 '전 이 사람이 좋아요'라고 말했다면 그것으로 이미 게임은 끝난 거예요."

"나는 자네 말에 동의하지 않아."

허스트가 힘주어 말했다.

"제 요점은 남자들은 자신이 여자를 선택하는 것으로 착각하지만 실제로 그 이면에는 여자들의 교묘한 책략이 숨어 있다는 겁니다. 남자들로 하여금 스스로 선택한 것처럼 착각을 불러일으키는 수법이죠."

그런데 내 말이 끝나기가 무섭게 허스트는 주먹으로 식탁을 쾅 내리치며 버럭 화를 냈다. 얼마나 세게 내리쳤는지 식탁에 놓인 요리가 튀어오르고 뒹굴고 난리도 아니었다.

"감히 자네가 어떻게 그렇게 말할 수 있나. 내 말이 틀렸다고?"

순간 나는 꼼짝할 수 없었다. 아마 모르긴 해도 얼굴이 하얗게 질려 있었을 것이다. 마침 집사가 내게 커피를 따라주고 있던 터라 나는 집사를 보며 이렇게 말했다.

"사람을 시켜서 내 짐을 싸도록 해줘요. 그리고 택시도 불러주십시오."

그러고는 나는 한 마디 말도 없이 자리에서 일어나 댄스홀로 가서 안절부절못하고 왔다 갔다 했다. 화가 치밀어올라 말도 나오지 않았다. 조금 뒤에 메리언이 따라 들어왔다.

"찰리, 왜 그래요?"

내 목소리는 떨리고 있었다.

"내게 어떻게 버럭 화를 내며 언성을 높일 수 있지. 자신이 뭐라도 되나. 네로야? 나폴레옹이야?"

메리언은 아무런 대꾸 없이 돌아서더니 서둘러 방을 나갔다. 잠시 뒤에 허스트가 마치 아무 일도 없었다는 듯이 태연한 표정으로 나타났다.

"왜 이러나, 찰리?"

"저는 누가 언성을 높이거나 화를 내는 것에 익숙지 않습니다. 더구나 이렇게 손님으로 온 자리에서. 그러니 그만 가보겠습니다. 저는……"

나는 목소리가 잠기는 바람에 말을 끝낼 수 없었다. 허스트는 잠시 생각에 잠기더니 댄스홀을 이리저리 왔다 갔다 하기 시작했다.

"좀 더 이야기를 해보세."

허스트가 먼저 말을 꺼냈다. 이렇게 말하는 그의 목소리도 떨리고 있었다.

나는 허스트를 따라 건물의 후미진 한 홀로 들어갔다. 오래된 치펜데일(18세기 영국의 가구 디자이너-옮긴이) 풍의 더블 의자가 놓여 있었다. 허스트는 키가 6피트 4인치나 되는 거구였다. 의자는 허스트 혼자 앉기에도 비좁아 보였다. 그가 먼저 의자에 앉았다. 그러고는 옆의 빈자리를 가리키며 말했다.

"앉게, 찰리. 좀 더 이야기를 해보세."

나는 어쩔 수 없이 허스트 옆에 앉았다. 하지만 너무 꽉 끼어 답답했다. 허스트가 대뜸 손을 내밀었다. 나는 의자에 끼어 움직이기 힘들었지만 간신히 손을 내밀어 악수를 했다. 그가 화를 내게 된 전후 사정을 이야기하기 시작했다. 그의 목소리는 여전히 떨리고 있었다.

"실은, 찰리. 난 메리언이 그 배역을 맡는 걸 원치 않네…… 그런데 그녀는 자네 의견을 잘 따르는 편이고. 그런 상황에서 자네가 찬성하고 나오니…… 여하튼 그래서 내가 자네에게 몹쓸 짓을 했네."

허스트가 이렇게 나오자 바로 기분이 풀렸다. 오히려 내가 잘못했다고 말하며 허스트와 화해를 시도했다. 그리고 우리는 화해의 뜻에서 다시 한 번 악수를 하고 자리에서 일어나려고 하는데 의자에 쐐기라도 박아놓은 것처럼 꽉 끼어서 움직일 수가 없었다. 의자는 우리가 빠져나오려고 움직이는 대로 부서질 듯 삐걱거렸다. 여러 번 시도한 끝에 겨우 의자에서 몸을 뺄 수 있었다. 물론 의자도 멀쩡했다.

메리언이 댄스홀에서 내 말을 듣자마자 아무런 대꾸 없이 돌아나와 바로 허스트에게 가서 그의 무례한 행동을 질책하고 내게 가서 사과하도록 했던 모양이다. 메리언은 자신이 언제 나서야 할지, 언제 침묵을 지켜야 할지 분위기 파악을 잘하는 여자였다. 그녀는 가끔 이렇게 말했다.

"그이는 기분이 나쁘면 언제 날벼, 벼, 벼락이 떨어질지 몰라요."

메리언은 명랑하고 아름다운 여성이었다. 허스트가 일이 있어 뉴욕에 가고 없으면, 그녀는 자신의 모든 친구들을 비벌리힐스(메리언은 허스트가 샌타모니카에 해변 저택을 지어주기 전까지 여기서 살았다)에 있는 집에 초대해 성대한 파티를 열고, 짧은 시간이지만 제스처 게임 등을 하며 즐겁게 지냈다. 그러면 그다음 번엔 루돌프 발렌티노가 자신의 집에서 파티를 열었고 그리고 그다음엔 내 집에서 파티를 열었다. 우리는 이렇게 돌아가며 파티를 열고 즐거운 시간을 보냈다. 가끔 우리는 승합버스 한 대를 빌려 먹을 것을 가득 싣고 콘서티나(아코디언과 유사한 6각형 악기—옮긴이)를 빌려 10명 또는 12명씩 무리를 지어 말리부 해변으로 놀러가기도 했다. 그곳에서 우리는 모닥불을 피워놓고 한밤중까지 연회를 즐기며 그러니언(캘리포니아 연안 해변까지 올라오는 작은 물고기—옮긴이)을 잡았다.

허스트 계열 신문사의 칼럼니스트인 루엘라 파슨스가 이 모임에 항상 따라다녔다. 그녀는 항상 해리 크로커라는 남자를 대동했는데 이 친구는 뒤에 내가 〈서커스〉를 촬영할 때 조감독이 되었다. 그리고 어머니가 돌아가셨을 때 나와 함께 병원에 같이 가기도 했다. 이렇게 깜짝 여행을 마치고 집에 돌아오면 보통 새벽 4시나 5시였다. 그러면 메리언은 루엘라에게 이렇게 말했다.

"아마 허스트가 우리가 이러고 다니는 걸 알면 우리 중에 잘리는 사람이 있을지도 몰라요. 무, 무, 물론 저는 아니겠지만."

메리언의 집에서 즐거운 저녁 파티를 하고 있을 때였다. 허스트가 뉴욕에서 전화를 했다. 전화를 받고 돌아온 메리언은 무슨 언짢은 일이 있었는지 무척 화가 나 있었다.

"꿈에도 생각지 못했는데. 글쎄, 허스트가 저를 계속 감시하고 있었어요!"

메리언이 성난 목소리로 이렇게 말했다.

허스트는 전화에 대고 자기가 로스앤젤레스를 떠나 있는 동안 그녀가 무엇을 하고 있는지 소상히 기록한 탐정의 보고서를 그녀에게 읽어준 것이었다. 메리언은 자신이 새벽 4시에 누구의 집을 나왔고 5시에 또 누구의 집에 갔는지 등을 허스트가 소상히 알고 있더라고 말했다. 메리언은 잠시 뒤에 허스트가 자신과의 모든 관계를 청산하고 갈라서기 위해 지금 로스앤젤레스로 돌아오고 있는 중이라고 일러줬다. 물론 메리언은 화가 나 있었다. 사실 메리언은 친구들과 같이 즐겁게 시간을 보낸 것 외에 달리 오해를 살 만한 행동은 하지 않았다. 탐정 보고서가 사실이기는 했지만, 사실이 왜곡돼 허스트에게 오해를 불러일으켰던 것이다. 기차가 캔자스시티에 도착했을 때 허스트가 전신을 보냈다.

"생각을 바꿨소. 캘리포니아로 돌아가지 않을 생각이오. 지난날 행복했던 추억이 배어 있는 곳에서 어떻게 고개를 들고 다니겠소. 그래서 나는 다시 뉴욕으로 돌아갈 작정이오."

그런데 잠시 뒤에 허스트는 곧 로스앤젤레스에 도착할 예정이라는 전신을 보내왔다.

허스트가 돌아왔다는 소식에 일순간 긴장이 감돌았다. 그러나 막상 두 사람은 만나자마자 아무 일도 없었던 것처럼 화기애애했다. 그리고 메리언은 허스트가 비벌리힐스로 돌아온 것을 환영하는 뜻으로 연회를 준비했다. 그녀는 자신의 집에 임시로 160명의 손님을 수용할 수 있는 식당을 꾸몄다. 전체 장식을 새로 하고 바닥도 춤을 출 수 있도록 새로 깔았다. 놀라운 것은 이렇게 준비하는 데 이틀밖에 걸리지 않았다는 것이다. 메리언은 마치 요술램프라도 문지른 듯 눈 깜짝할 새에 이 모든 것을 뚝딱 해냈다. 그날 저녁 만찬에 메리언은 75,000달러짜리 에메랄드 귀고리를 하고 모습을 나타냈다. 허스트가 선물한 귀고리였다. 그리고 한 마디 덧붙이면, 이 일로 잘린 사람은 아무도 없었다.

산시메온이나 메리언의 해변 저택에서 노는 것이 식상해지면 우리는 가끔 허스트의 요트에서 주말을 보내거나 카탈리나 섬 또는 샌디에이고 남쪽까지 요트를 타고 돌아다녔다. 한번은 당시 허스트의 코즈모폴리턴 프로덕션의 인수를 추진하고 있던 토머스 H. 인스가 요트에 탔다가 샌디에이고에서 바로 병원으로 실려 간 적이 있었다. 그날 나는 일이 있어 같이 가지 못했지만 엘리너 글린을 통해 사고 소식을 전해 들었다. 톰은 요트에 타고 줄곧 기분이 좋아 보였다. 그런데 점심을 먹는 도중 몸에 마비증세가 와서 선실로 옮겨졌다. 같이 있던 사람들은 그냥 소화불량 정도로 생각했다. 그러나 시간이 지나도 나아질 기미가 보이지 않자 배에서 내려 병원으로 데려갔다. 진찰 결과, 심장발작이었다. 그는 비벌리힐스에 있는 자택으로 옮겨졌다. 그러나 몇 주 뒤에 다시 발작이 일어났고 그 뒤로 회복하지 못하고 사망했다.

톰이 이렇게 죽자 이상한 소문이 나돌기 시작했다. 톰이 총에 맞았다는 둥, 톰의 죽음에 허스트가 연루되어 있다는 둥, 모두 터무니없는 소문이었다. 물론 나는 소문의 진상을 잘 알고 있었다. 톰의 죽음에 허스트가 연루되었다는 것은 사실무근이다. 허스트, 메리언 그리고 나 셋이서 그가 죽기 2주 전에 병문안을 간 적이 있었다. 톰은 우리 세 사람을 보고 무척 반가워했다. 그리고 곧 건강을 회복할 수 있을 거라고 자신했다.

톰이 죽으면서 코즈모폴리턴 프로덕션의 인수 계획도 물거품으로 돌아갔다. 대신 워너브라더스 영화사가 그것을 인수했다. 그러나 2년 뒤에 코즈모폴리턴 프로덕션은 다시 M.G.M 영화사로 넘어갔고, 그곳에 메리언을 위해 방갈로풍의 호화로운 분장실을 지었다. 나는 그것을 장난삼아 트리아농(루이 14세가 정부였던 맹트농 부인과 밀회를 즐기기 위해 지은 별궁 그랑 트리아농을 빗대어 한 말—옮긴이)이라고 불렀다.

허스트는 신문사와 관련한 거의 모든 일을 이곳에서 처리했다. 나는 그가 메리언의 응접실 바닥 한가운데에 20여 종이나 되는 신문을 펼쳐놓고 앉아 있는 것을 여러 번 목격했다. 허스트는 그렇게 앉아 신문의 1면 머리기사를 훑어봤다.

"제목이 너무 약해. 그리고 기사 내용이 뭐 이래?"

그는 한 신문을 가리키며 큰 소리로 이렇게 말하고는 했다. 그런 다음 잡지를 집어 들고 마치 무게라도 재는 듯이 두 손으로 받쳐 든 다음 엄지손가락으로 페이지를 넘기며 훑어봤다.

"〈레드북〉의 광고가 왜 이 모양이야. 이번 달은 광고가 별로 없잖아. 레이 롱에게 연락해서 얼른 이리로 오라고 해."

허스트가 신문과 잡지를 사이에 두고 씨름하고 있는 동안 메리언이 영화 촬영을 마치고 나왔는지 분장한 채로 빈정거리듯 신문을 밟고 지나가며 이렇게 말했다.

"이런 쓰레기는 좀 치워줘요. 분장실이 난장판이잖아요."

허스트는 상당히 순진한 구석이 있었다. 한 번은 메리언이 출연한 영화의 시사회가 있어서 가는 길에 같이 가자며 나를 초대했다. 그런데 극장 앞에 거의 도착했을 때 그는 차에서 내리겠다고 했다. 메리언과 함께 온 것을 다른 사람들 눈에 띄고 싶지 않다는 이유에서였다. 한번은 〈허스트 이그재미너〉와 〈로스앤젤레스 타임스〉가 서로 정치적 공방을 했을 때다. 허스트가 의외로 강하게 비판하고 나오자 〈로스앤젤레스 타임스〉도 이에 질세라 강공으로 맞받아쳤다. 〈로스앤젤레스 타임스〉가 허스트에게 인신공격을 해 왔다. 즉 허스트가 이중생활을 하고 있다고 까발리면서 메리언과 샌타모니카에 있는 해안 별장이 두 사람의 사랑의 보금자리라고 비꼬았다. 그런데 허스트는 전혀 맞대응을 하지 않았다. 대신 다음 날 내게 와서 이렇게 말했다. 메리언의 어머니가 돌아가셨다는 부고가 있던 날이었다.

"찰리, 데이비스 여사의 장례식에 나랑 같이 운구자로 가주지 않겠나?"

물론 나는 그렇게 하겠다고 대답했다.

1933년경으로 기억하는데, 허스트가 유럽으로 여행을 가면서 나를 초대했다. 일행은 20명 정도였다. 허스트는 자신의 일행을 위해 쿠나르드 정기선의 한쪽 선실을 이미 예약해놓은 상태였다. 그러나 나는 거절했다. 무엇보다 다른 20명과 허스트가 움직이는 대로 졸졸 따라다녀야 할 생각에 진절머리부터 났다.

나는 그와 멕시코 여행을 같이 간 적이 있었는데, 그때 그와 여행하는 것이 어떤 것인지 혹독한 시험을 치른 상태였다. 그때는 내 두 번째 아내가 임신 중이었다. 차량 10대가 길게 열을 지어 허스트와 메리언이 탄 앞차를 따라 울퉁불퉁한 길을 달리고 있었다. 물론 나는 이런 사정도 모르고 점잖게 옷을 빼입고 길을 나선 것을 후회하고 있었다.

결국 도로 사정 때문에 우리는 그날 목적지에 도달하지 못하고 근처 멕시코인 농가에서 하룻밤을 지냈다. 동행한 인원이 20명이었는데 방은 2개밖에 없었다. 그래도 다행히 방 하나는 아내와 엘리너 글린 그리고 나에게 배정됐다. 일부는 식탁이나 의자에 올라가 눕거나 앉아서 잠을 청했다. 다른 사람들은 닭장, 부엌 할 것 없이 누울 만한 곳이 있으면 아무 데서나 잠을 잤다. 한 마디로 장관이었다. 우리가 배정받은 방은 작은 데다가 침대가 하나뿐이어서 임신한 아내가 썼고, 나는 의자 두 개를 나란히 붙여놓고 그 위에 올라가 누웠다. 엘리너 글린은 마치 리츠 호텔에라도 가는 것처럼 정장 차림에 모자, 베일, 장갑을 끼고 있었다. 그녀는 그 차림 그대로 쓰러져가는 소파에서 잠을 청했다. 그녀는 무덤에 반듯이 누운 시체처럼 두 손을 가슴에 올려놓고 깍지 낀 채로 꼼짝도 하지 않고 잠을 잤다.

내가 그날 밤 있었던 일을 이렇게 소상히 아는 이유는 밤새 한숨도 자지 못했기 때문이다. 다음 날 아침 나는 곁눈질로 엘리너 글린이 자리에서 일어나는 것을 지켜보았다. 그녀는 간밤에 누웠던 그 모양 그대로 고스란히 일어났다. 머리털 하나 헝클어진 곳이 없었다. 피부는 더 하얗고 반짝였으며 마치 플라자 호텔 티룸에라도 다녀온 것처럼 생기가 넘쳤다.

허스트는 유럽 여행을 가면서 이전에 내 조감독을 맡았던 해리 크로커를 데리고 갔다. 당시 해리는 허스트의 사교담당 비서로 일하고 있었다. 그는 유럽으로 떠나기 전에 허스트를 위해 필립 사순 경 앞으로 소개장을 써줄 수 있는지 물어왔다. 물론 나는 소개장을 써줬다.

사순 경은 허스트를 환대했다. 그는 허스트가 오래전부터 악명 높은 반(反)영국주의자라는 것을 알고 있으면서도 웨일스 공을 접견할 수 있도록 주선했다. 사순 경은 두 사람이 자신의 서재에서 밀담을 나눌 수 있도록 자리를 마련했는데, 사순 경의 말에 따르면 웨일스 공이 허스트에게 다짜고짜 왜 영국을 그렇게 싫어하는지 물어보았다고 한다. 두 사람은 그렇게 2시간 정도 밀담을 나눴고, 사순 경은 이 일로 허스트의 반영(反英) 감정이 상당히 누그러졌을 것이라고 믿었다.

사실 나는 허스트의 반영 감정을 전혀 이해할 수 없었다. 누구보다 허스트는 영국 기업들의 주식을 상당수 보유하고 있었고, 그것으로 막대한 수익을 거둬들이고 있었다. 물론 허스트가 1차 세계대전 무렵부터 친독(親獨) 성향을 갖고 있었다는 것은 잘 알려져 있었다. 특히 당시 독일 대사였던 베른슈토르프 백작과의 친분은 정치 스캔들로 비화되어 세간의 입방아에 오르내리기도 했다. 비록 허스트가 막대한 권력을 갖고 있기는 했지만, 이 스캔들만은 잠재울 수 없었다. 뿐만 아니라 그의 미국인 해외 특파원 카를 폰 비간트는 제2차 세계대전이 끝날 때까지 독일에 대해 항상 우호적인 글을 썼다.

유럽을 여행하는 기간에 허스트는 독일을 방문해 히틀러와 면담을 갖기도 했다. 당시만 해도 히틀러의 강제수용소에 대해 아는 사람은 아무도 없었다. 나치의 강제수용소의 존재를 최초로 확인한 사람은 내 친구인 코르넬리우스 반더빌트 3세(1873~1942, 미국의 군인, 발명가, 엔지니어-옮긴이)였다. 반더빌트는 몇 가지 구실을 만들어 나치의 강제수용소에 들어갔고 그곳에서 벌어지는 잔인한 고문 실상 등을 보고 나와 기사로 썼다. 그러나 그가 기사화한 강제수용소의 실상은 상상을 초월할 정도로 잔악한 것이었기 때문에 그것을 믿는 사람이 거의 없었다.

반더빌트는 히틀러의 연설 장면이 담긴 사진엽서 여러 장을 내게 보내주었다. 히틀러의 얼굴은 추잡스러울 정도로 우스꽝스러웠다. 엉터리 콧수염, 정리정돈 안 된 머리카락, 억지로 작고 가늘게 오므린 입술이 분장한 내 모습을 아무렇게나 따라한 것 같았다. 그냥 봐도 나는 히틀러가 도저히 제정신인 인간이란 생각이 들지 않았다. 히틀러는 사진엽서마다 각기 다른 포즈를 취하고 있었다. 하나는 두 손을 고양이 발톱 모양 무섭게 세우고 대중을 향해 열변을 토하는 엽서였고, 다른 하나는 크리켓 선수가 공을 투구하려는 것처럼 한 팔은 올리고 한 팔은 내리고 있는 엽서였다. 그리고 마치 아령을 들어 올리는 것처럼 주먹을 꽉 쥐고 있는 것도 있었다. 손을 어깨 위로 쭉 올린 다음에 손바닥을 펴서 하는 경례 장면이 담긴 엽서를 보고 있으면 아직 닦지 않은 접시를 쌓아놓은 쟁반을 올려놔주고 싶은 충동이 일었다. 그러나 아인슈타인 박사와 토마스 만이 독일에서 강제로 출국당했다는 이야기를 들었을 때, 히틀러의 얼굴은 더 이상 우스꽝스러운 게 아니라 사악하게 보이기 시작했다.

아인슈타인 박사와의 교우

내가 아인슈타인 박사를 처음 만난 것은 1926년이다. 그때 그는 강의를 하기 위해 캘리포니아에 와 있었다. 나는 과학자들과 철학자들이 서로 다른 방향에서 자신들의 열정을 쏟아붓는 승화된 로맨티시스트라는 생각을 갖고 있었다. 아인슈타인 박사의 인물 됨됨이를 봤을 때 이런 내 생각은 꼭 들어맞았다. 그는 좋게 말해 전형적인 알프스계 독일인이었다. 그리고 비록 그가 조용하고 점잖게 행동하기는 했지만, 내면에 엄청난 열정을 숨기고 있다는 것을 느낄 수 있었다. 또 그의 이런 열정이 바로 놀라운 지적 에너지의 원천이라는 것도 알 수 있었다.

유니버설 영화사의 제작자 칼 렘믈이 내게 전화해 아인슈타인 박사가 나를 만나고 싶어 한다고 일러주었다. 나는 흥분되었다. 나는 유니버설 영화사에서 그와 만나 점심을 같이 먹기로 했다. 점심식사에는 그와 함께 미국에 온 아인슈타인 부인, 비서 헬레네 두카스 그리고 그의 조교수 월터 메이어가 함께했다. 아인슈타인 부인은 영어가 상당히 유창했다. 사실 남편인 아인슈타인 박사보다 더 잘했던 것으로 기억한다. 그녀는 평범하지만 활달하고 생기 넘치는 여성이었다. 그리고 무엇보다 솔직담백했다. 그녀는 자신이 위대한 과학자의 부인이라는 것을 당당하게 여겼고, 그것을 굳이 숨기려 하지도 않았다. 그러나 그런 모습이 오히려 보기 좋고 사랑스러웠다.

점심식사 뒤에 우리는 렘믈 씨의 안내를 받아 유니버설 영화사의 스튜디오를 둘러보고 있었다. 그때 아인슈타인 부인이 내게 다가오더니 이렇게 속삭였다.

"남편을 댁으로 초대해주실 수 있으신가요? 우리끼리 오붓하게 앉아 이야기라도 나눌 수 있으면 남편도 좋아할 겁니다."

나는 아인슈타인 부인의 부탁도 있고 손님을 접대하는 것이 어려운 일도 아니었기 때문에 기꺼이 아인슈타인 박사 부부를 우리 집에 초대했다. 그리고 다른 친구 두 명도 같이 초대했다. 저녁식사를 하면서 아인슈타인 부인은 박사가 상대성 이론을 착안하던 날 아침에 있었던 일화를 들려주었다.

"남편은 평상시처럼 실내복 차림으로 아침을 먹으러 내려왔어요. 그런데 그날따라 아무것도 손을 대지 않는 거예요. 그래서 뭔가 일이 잘 안 풀리는구나 생각했죠. 그래서 무슨 고민이 있느냐고 물어봤어요. 그랬더니 '여보, 나 굉장한 생각이 떠올랐어'라고 대답하는 거예요. 그리고 커피를 마신 뒤에 피아노 쪽으로 가더니 피아노를 치기 시작했죠. 그러다가 피아노 치는 것을 멈추고 노트에 뭔가를 적는가 싶더니 '정말 굉장한 생각이야. 정말 놀라워'라고 계속 중얼거리는 거예요. 그래서 제가 말했죠. '뭐가 그렇게 굉장하고 놀라운지 말씀 좀 해주세요. 궁금해서 미치겠어요.' 그러자 이렇게 대답하는 거예요. '뭐라고 아직 말하기는 일러. 좀 더 연구를 해야 해.'"

아인슈타인 부인은 박사가 그렇게 30분 동안 피아노를 치며 메모하는 일을 반복하더니 방해하지 말라는 말만 남기고 연구실로 올라가더라고 했다. 그리고 2주일 동안 박사는 두문불출하고 연구에 매달렸다. 그녀는 이렇게 말을 이었다.

"매일 식사도 날라다 줬어요. 저녁에 잠깐 바람 쐬러 나오는 것 외엔 바깥출입은 일절 하지 않았지요. 바람 쐬고 돌아와도 바로 연구실로 올라가 연구에 몰두했어요. 그리고 결국 창백한 몰골을 하고 연구실에서 내려왔죠. 그리고 기력이 다했는지 탁자에 종이 쪽지 두 장을 힘없이 내려놓으면서 '이거야'라고 말하더군요. 그게 바로 상대성 이론이었습니다."

그날 저녁 내가 초대한 레이놀즈 박사가 저녁식사를 하면서 아인슈타인 박사에게 J. W. 듄(1875~1949, 영국의 항공기 엔지니어-옮긴이)의 《시간 실험》을 읽어보았는지 물었다. 레이놀즈 박사는 그런대로 물리학에 일가견이 있었다. 아인슈타인 박사가 들어본 적이 없다며 머리를 가로저었다. 레이놀즈 박사는 혼자 신나서 이렇게 말했다.

"그는 차원에 대해 흥미로운 이론을 전개합니다. 일종의……."

그는 이 대목에서 잠깐 주저했다.

"일종의 차원 연장에 대한 이론이죠."

아인슈타인 박사는 흘끗 나를 쳐다보더니 장난스러운 표정을 지으며 이렇게 속삭였다.

"차원 연장이라, 그게 뭐죠?"

결국 레이놀즈 박사는 차원에 대한 이야기는 하는 둥 마는 둥 얼버무리고 아인슈타인 박사에게 유령의 존재에 대해 믿는지 물어보았다. 아인슈타인 박사는 유령을 한 번도 본 적이 없다고 말하면서 웃으며 이렇게 덧붙였다.

"만일 열두 명의 사람이 같은 시간에 같은 장소에서 같은 현상을 목격했다고 증명하면, 그땐 믿을지 모르겠소."

당시에 심령현상이 크게 유행을 했는데, 특히 심령술이 스모그처럼 할리우드 전체를 감쌌다. 그래서 어떤 영화배우의 집에서는 영적 회합, 공중부양 시연 그리고 심령 실험 등이 실제로 행해지기도 했다. 나는 이런 자리에 한 번도 참석해본 적이 없지만, 저명한 희극배우인 패니 브라이스는 한 영적 회합에서 탁자가 공중으로 떠올라 방 안을 이리저리 돌아다니는 것을 자기 눈으로 직접 목격했다고 맹세하기도 했다. 나는 아인슈타인 박사에게 그런 현상을 목격한 적이 있는지 물어봤다. 그는 싱긋 웃으며 머리를 흔들었다. 나는 또 상대성 이론이 뉴턴의 가설과 모순되는 것은 아닌지 물어봤다. 아인슈타인 박사는 말했다.

"오히려 반대입니다. 상대성 이론은 그것의 연장입니다."

저녁을 먹으면서 나는 아인슈타인 부인에게 다음 영화가 개봉하는 대로 유럽에 갈 계획이라고 말했다.

"그럼 베를린에 있는 저희 집에도 들러주세요. 집이 조금 누추하기는 하지만. 남편이 부자가 아니라서요. 록펠러 재단에서 남편의 연구 보조비로 백만 달러를 지원해주겠다고 하는데, 남편은 극구 받으려 하지 않습니다."

아인슈타인 부인이 말했다.

뒤에 유럽을 방문하면서 베를린에 갔을 때, 나는 두 부부가 사는 집에 찾아갔다. 상당히 작고 아담한 아파트였다. 뉴욕 시 북부에 있는 브롱크스에서 흔히 볼 수 있는 그런 아파트였다. 거실과 식당을 겸한 방 하나에 낡고 해진 카펫이 가운데 깔려 있었다. 방 안에서 가장 비싸 보이는 가구는 검은색 피아노였다. 아인슈타인 박사가 앉아 4차원에 대해 역사적인 메모를 했다는 바로 그 피아노였다. 나는 아직도 그 피아노가 어떻게 되었는지 궁금하다. 아마 스미스소니언 박물관이나 메트로폴리탄 박물관에 가 있는지도 모른다. 물론 나치에 의해 불쏘시개로 사용되었을지도 모를 일이지만.

나치의 공포 정치와 유대인 박해가 독일 전역을 휩쓸자 아인슈

〈시티 라이트〉를 개봉하던 날 밤 아인슈타인 박사와 함께

타인 부부는 미국으로 망명했다. 아인슈타인 부인은 남편이 돈 문제에 대해 얼마나 무지한지 재미있는 일화를 들려주었다. 프린스턴 대학교가 아인슈타인 박사를 교수로 초빙하면서 계약 조건에 대해 문의했다. 돈 문제에 밝지 않았던 박사는 굉장히 적은 액수를 요구했다. 그러자 오히려 프린스턴 대학교 학장이 박사가 요구한 액수로는 미국에서 생활비조차 충당할 수 없고, 적어도 요구한 액수의 세 배는 돼야 생활할 수 있을 거라고 정중히 일러주었다고 한다.

아인슈타인 부부가 1937년에 다시 캘리포니아에 왔을 때, 그들은 다시 한 번 나를 찾아왔다. 아인슈타인 박사는 나를 보자마자 얼싸안았다. 그리고 저녁에 음악가 세 명을 데리고 올 거라며 내게 통고하듯 이렇게 말했다.

"저녁식사 후에 당신을 위해 뭔가 연주할 생각이오."

그날 저녁 아인슈타인 박사는 데리고 온 음악가 세 명과 함께 모차르트 사중주를 연주했다. 비록 그의 연주가 미덥지 않고 기교도 뛰어나지 않았지만, 그럼에도 그는 지그시 눈을 감고 몸을 흔들면서 열정적으로 연주했다. 그러나 다른 세 음악가는 아인슈타인 박사가 연주에 낀 것이 영 못마땅한 눈치였다. 그들은 박사에게 잠시 쉬라고 정중히 말하고 자기들끼리 연주하기 시작했다. 아인슈타인 박사는 마지못해 자리로 돌아와 우리와 함께 연주를 감상했다. 그런데 그들이 몇 곡 연주를 끝냈을 때였다. 박사가 나를 돌아보며 속삭이듯 물었다.

"난 언제 연주하죠?"

음악가들이 돌아간 뒤에 아인슈타인 부인은 기분이 조금 언짢은지 남편에게 이렇게 말했다.

"당신 연주가 저들보다 훨씬 나았어요!"

며칠 뒤에 아인슈타인 부부를 저녁 만찬에서 다시 만났다. 나는 더글러스 페어뱅크스, 메리 픽퍼드, 메리언 데이비스, 윌리엄 랜돌프 허스트 그리고 한두 명을 저녁 만찬에 같이 초대했다. 메리언이 아인슈타인 박사 옆에 앉았다. 아인슈타인 부인은 허스트를 가운데 두고 내 오른쪽에 앉았다.

식사가 시작되기 전까지만 해도 분위기는 그런대로 좋았다. 허스트도 다정다감했고 아인슈타인 박사도 예의를 갖췄다. 그런데 막상 저녁식사가 시작되자 분위기가 냉랭해지더니 아무도 말을 하지 않았다. 나는 대화를 유도하고 분위기를 살리기 위해 최선을 다했지만 아무도 장단을 맞추는 이가 없었다. 식당은 이상할 정도로 무거운 침묵이 흘렀다. 나는 허스트를 쳐다봤다. 그는 애처롭게 디저트 접시를 내려다보고 있었다. 아인슈타인 박사는 입가에 미소를 띤 채 깊은 생각에 잠긴 듯했다.

다행히 나서고 까불기 좋아하는 메리언이 아인슈타인 박사를 제외하고 식탁에 앉아 있는 모두를 상대로 놀리듯 농담도 던지고 잡담도 늘어놓으면서 분위기가 조금 살아났다. 그런데 메리언이 갑자기 아인슈타인 박사에게 고개를 돌리더니 짓궂게 "할로!" 하고 독일어로 인사했다. 그러더니 이내 가운데 세 손가락으로 박사의 머리를 만지작거리며 이렇게 물었다.

"왜 머리를 자르지 않으세요?"

아인슈타인 박사가 방긋이 웃었다. 나는 이때다 싶어 자리에서 일어나 응접실로 옮기고 커피를 마시며 담소를 나눴다.

러시아 태생의 영화감독인 에이젠슈테인이 그레고리 알렉산드로프와 영국인 친구 이보르 몬터규를 포함해 스태프들을 데리고 할리우드에 왔다. 그들이 할리우드에 올 수 있었던 이유는 1926년 더글러스 페어뱅크스와 메리 픽퍼드가 모스크바를 방문했을 때

에이젠슈테인을 만나고 돌아온 것이 계기가 되어 파라마운트 영화사가 그를 공식 초청했기 때문이었다. 나는 그들을 수도 없이 만났다. 그들은 내 코트에서 테니스를 치고는 했다. 그러나 알렉산드로프를 제외하고는 다들 테니스 실력이 형편없었다.

에이젠슈테인은 파라마운트 영화사에서 영화를 한 편 제작할 계획이었다. 익히 알려져 있듯이 에이젠슈테인은 〈전함 포템킨〉과 〈세계를 뒤흔든 10일〉로 세계적 명성을 얻은 감독이다. 파라마운트 영화사는 이런 그를 끌어들여 직접 각본을 쓰고 감독을 맡기기로 했다. 이미 정평이 난 감독이었기 때문에 돈이 될 만한 사업 구상이라고 판단했던 것이다. 에이젠슈테인은 캘리포니아 개척 시대를 배경으로 한 〈수터의 황금 Sutter's Gold〉이라는 상당히 훌륭한 각본을 썼다. 그런데 파라마운트 측에서 갑자기 영화를 제작할 수 없다는 통보를 보냈다. 영화에 사회주의 이념이나 선전이 들어간 것도 아니었다. 단지 에이젠슈테인이 러시아에서 왔다는 이유만으로 뒤늦게 겁을 먹고 계약 자체를 취소하는 소동을 벌인 것이다.

하루는 에이젠슈테인과 공산주의에 대해 이야기를 나누던 중 이런 질문을 던진 적이 있다. 나는 에이젠슈테인에게 교육받은 프롤레타리아 계급이 그와 같은 문화적 배경을 가진 귀족들과 정신적으로 동등할 수 있다고 생각하는지 물었다. 그는 아마 나의 이런 아둔한 질문에 상당히 놀랐을 것이다. 에이젠슈테인은 부모가 엔지니어였던 러시아 중산층 출신이었다. 그는 이렇게 대답했다.

"교육만 받는다면, 대중의 정신능력은 새로운 비옥한 토양과 다를 바 없겠지요."

그의 영화 〈이반 대제 *Ivan the Terrible*〉(제1부는 1945년, 제2부는 1946년에 제작되었다. 원래 3부작으로 계획되었지만 제3부는 완성하지 못했다.)는 모든 역사영화 중에서 가장 위대한 작품이다. 나는 이 영화를 2차대전이 끝나고 보았다. 에이젠슈테인은 역사를 시적으로 다루는 데 탁월한 재능을 발휘했다. 아마 역사를 다루는 데 이보다 더 좋은 방법은 없을 것이다. 나는 최근에 일어난 사건들마저 왜곡되는 현실을 목격할 때마다 역사에 대해 많은 회의감이 든다. 그에 반해 역사에 대한 시적 해석은 한 시대를 전체적으로 바라볼 수 있는 시각을 제공한다. 다시 말해, 예술 작품은 어떤 역사책보다도 역사를 사실적으로, 더 진실되게 바라본다.

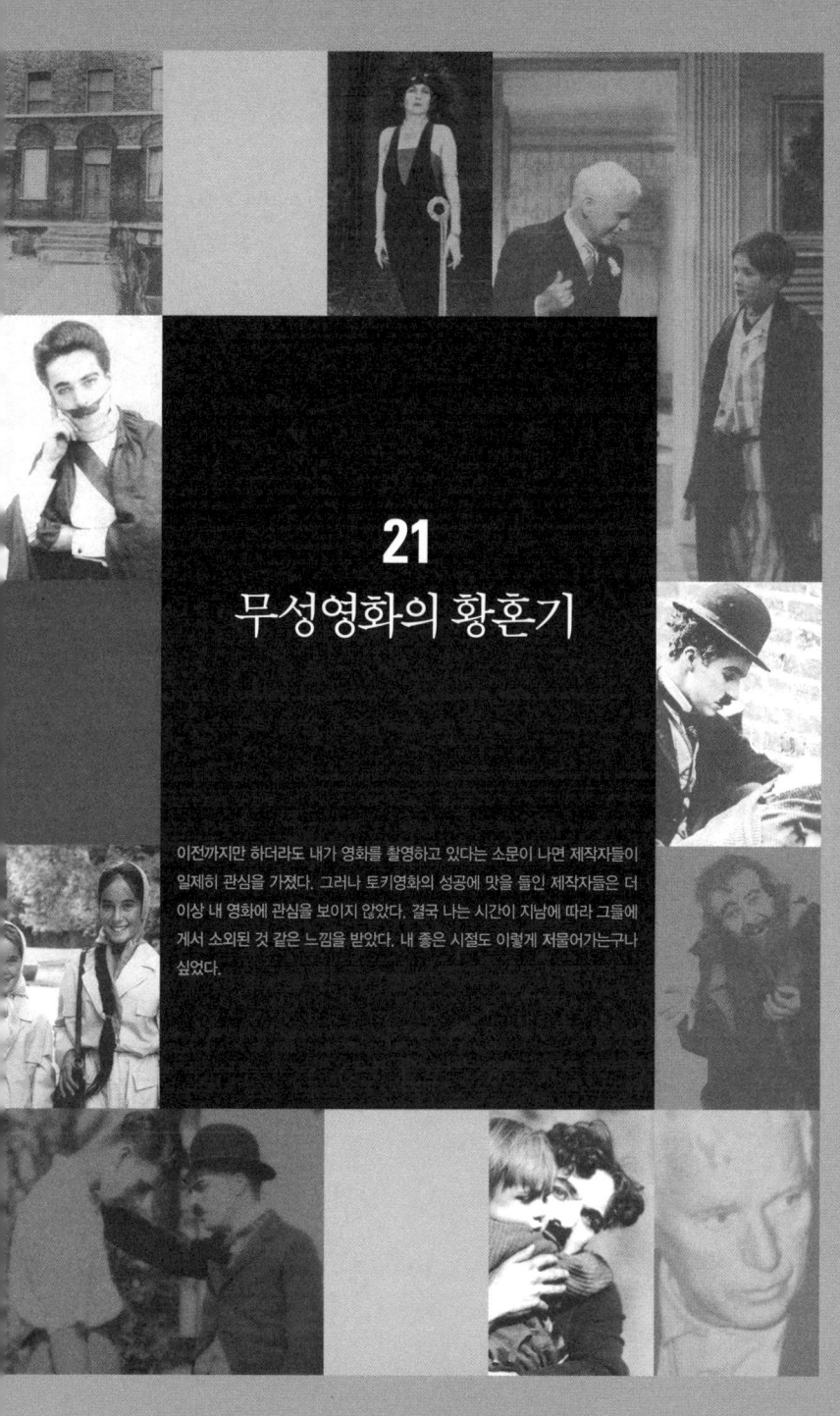

21
무성영화의 황혼기

이전까지만 하더라도 내가 영화를 촬영하고 있다는 소문이 나면 제작자들이 일제히 관심을 가졌다. 그러나 토키영화의 성공에 맛을 들인 제작자들은 더 이상 내 영화에 관심을 보이지 않았다. 결국 나는 시간이 지남에 따라 그들에게서 소외된 것 같은 느낌을 받았다. 내 좋은 시절도 이렇게 저물어가는구나 싶었다.

무성영화를 고집하다

내가 뉴욕에 머무르고 있을 때였다. 한 친구가 영화 동시녹음 현장을 직접 보고 와서는 가까운 시일 내에 영화산업 전반에 일대 혁명이 일어날 것이라고 예견했다.

그러나 나는 별로 심각하게 받아들이지 않았다. 그런데 몇 달 뒤에 워너브라더스 영화사가 처음으로 몇 장면에 불과하기는 했지만 토키영화(발성영화 또는 유성영화. 워너브라더스는 1926년에 부분 토키영화인 〈돈 주앙〉을 발표했고, 이듬해에 완전 발성영화인 〈재즈 싱어〉를 내놓았다-옮긴이)를 제작했다.

영화는 통속영화였다. 말로 형언할 수 없이 사랑스러운 여배우가 나와 무성으로 엄청난 비탄에 잠긴 슬픈 표정을 연기한다. 그녀의 커다랗고 슬픔 가득한 눈빛은 셰익스피어의 수사로도 형언키 어려울 정도로 고통에 차 있다. 그렇게 몇 장면이 지나갔을까. 갑자기 소라 껍데기를 귀에 갖다 댔을 때 소리가 나기 시작했다. 영화에 새로운 기법이 도입된 부분이었다. 영화 속 사랑스러운 공주가 모래에 대고 이야기하는 것 같은 음성이 들렸다.

"설사 왕위를 포기하더라도 그레고리와 결혼할 거예요."

순간 엄청난 충격을 받았다. 그때까지 우리는 여배우의 미모에 사로잡혀 이런 장면이 나오리라고는 전혀 예상하지 못하고 있었다. 대사는 영화가 진행될수록 더 유치해져갔다. 물론 음향효과는 한층 더 유치했다. 문손잡이를 돌리는 소리는 마치 농장의 트랙터 엔진을 켜는 소리처럼 들렸고, 문이 닫힐 때는 목재를 실은 트럭 두 대가 쾅하고 충돌하는 것 같은 거북한 소리가 들렸다.

당시만 하더라도 음향을 녹음할 줄만 알았지 음향조절에 대해서는 아무것도 몰랐다. 갑옷을 입은 기사는 움직일 때마다 제철소에서 나는 것 같은 땡그렁 소리를 냈고, 단란한 가정의 오붓한 저녁식사는 마치 러시아워 시간에 사람들로 북적거리는 싸구려 레스토랑처럼 와글거렸다. 그리고 컵에 물을 따르는 소리는 테너 가수가 고음부를 처리할 때처럼 독특한 음색을 냈다. 나는 이런 토키영화가 절대 오래갈 수 없을 거라는 확신을 갖고 영화관을 나와 버렸다.

그러나 한 달 뒤에 M.G.M 영화사에서 〈브로드웨이 멜로디〉라는 뮤지컬 영화를 완전 토키영화로 제작해 개봉했다. 영화는 따분하고 재미없었지만 굉장한 흥행을 거뒀다. 이것이 시작이었다. 순식간에 모든 극장이 토키용 음향설비를 갖추기 시작했다. 즉 무성영화가 황혼기에 접어든 것이다.

안타까운 일이었다. 왜냐하면 당시만 하더라도 무성영화는 발전에 발전을 거듭하고 있었기 때문이다. 독일 영화감독 프리드리히 빌헬름 무르나우가 연극기법의 하나인 필터를 이용한 효과를 연출했고, 일부 미국인 감독들도 같은 방식을 영화에 도입하기 시작하고 있었다. 잘 만든 무성영화는 지식인뿐 아니라 일반인에게도 널리 사랑을 받고 있었다. 그런데 이 모든 것이 한순간에 사라질 운명에 처한 것이다.

그러나 나는 무성영화를 계속 고집하기로 마음먹었다. 왜냐하면 나는 모든 예술 형식이 나름대로 대중에게 호소력을 갖고 있고 꾸준히 사랑받을 수 있다는 생각을 갖고 있었기 때문이다. 게다가 나는 팬터마임 배우였고, 중거리 촬영이라는 나만의 독특한 촬영 방식도 갖고 있었다. 이미 알려진 사실을 굳이 숨기며 겸손해할 필요는 없겠지만, 나는 이 분야의 대가였다. 그래서 그때 내가 제작해 발표한 무성영화가 〈시티 라이트 *City Light*〉였다.

영화의 기본 줄거리는 서커스를 하던 중 우연한 사고로 시력을 잃은 어릿광대 이야기에서 착안한 것이었다. 그에게는 어린 딸이 하나 있었는데 병약하고 신경질적인 아이였다. 그래서 딸을 병원에 데려가 진찰을 받고 나오는데 의사는 아이가 건강을 회복하고 충분히 납득할 수 있을 때까지 시력을 잃은 것을 비밀로 하라고 주의를 주었다. 딸이 사실을 알고 충격을 받아 병이 더 악화될 수도 있다는 것이었다. 아무것도 모르는 딸은 아버지가 여기저기에 발이 걸려 부딪히고 비틀거리는 것을 보며 즐거워했다. 그러나 이런 이야기를 그대로 영화화하기에는 '시대에 뒤떨어진' 측면이 있었다. 여하튼 〈시티 라이트〉에서는 장님이 된 어릿광대를 꽃 파는 소녀로 설정을 바꿨다.

〈시티 라이트〉의 부차적인 줄거리는 이미 여러 해 동안 생각해 둔 것이었다. 부유한 두 남자가 인간의 의식은 불안정하다는 사실을 두고 논쟁을 벌이다가 강둑에서 노숙하는 뜨내기를 발견하고 그를 대상으로 실험해보기로 결심한다. 그들은 뜨내기를 자신들의 궁전 같은 아파트에 데려가 술, 여자, 음악 등으로 성대한 파티를 열어준다. 그리고 그가 술에 취해 곯아떨어지자 그가 원래 있던 강둑에 데려다놓는다. 그리고 뜨내기는 깨어나 그 모든 것이 꿈이었다고 생각한다. 〈시티 라이트〉에서 술에 취하면 뜨내기를 친구처럼 친하게 대하다가도 술이 깨면 무시하는 백만장자 이야기는 바로 이런 아이디어에서 나온 것이었다. 이것이 영화의 기본 줄거리가 되었고, 뜨내기가 앞을 보지 못하는 꽃 파는 소녀 앞에서 부자처럼 행세하는 이야기로 발전했다.

〈시티 라이트〉를 촬영하는 동안 나는 더글러스의 스튜디오에 가서 자주 사우나를 하고는 했다. 물론 나 이외에 배우, 제작자, 감독 등 더글러스의 많은 친구들이 자주 그곳에 와서 사우나를 즐겼다. 그러면 우리는 목욕을 하고 빙 둘러앉아 진토닉을 마시거나 잡담을 나눴으며 토키영화에 대해 의견을 나누기도 했다. 그들은 내가 여전히 무성영화를 만들고 있다는 사실에 놀랐다.

"대단한 용기입니다."

그들 대다수가 내게 던진 말이었다.

이전까지만 하더라도 내가 영화를 촬영하고 있다는 소문이 나면 제작자들이 일제히 관심을 가졌다. 그러나 토키영화의 성공에 맛을 들인 제작자들은 더 이상 내 영화에 관심을 보이지 않았다. 결국 나는 시간이 지남에 따라 그들에게서 소외된 것 같은 느낌을 받았다. 내 좋은 시절도 이렇게 저물어가는구나 싶었다.

토키영화를 좋아하지 않는다고 공공연히 말하고 다니던 어니스트 조 센크도 토키영화 쪽으로 발길을 돌린 상태였다. 그는 내게

⟨시티 라이트⟩ 중에서

이렇게 말했다.

"찰리, 토키영화가 대세인 것 같네."

그리고 그는 찰리 채플린만이 무성영화를 성공적으로 끌고 나갈 수 있을 거라고 말하고 다녔다. 물론 나를 칭찬하면서 듣기 좋으라고 한 소리였지만 거북스러운 것도 사실이었다. 나는 혼자서 무성영화를 짊어지고 나갈 생각은 없었다. 뿐만 아니라 무성영화 배우로서 그리고 감독으로서 찰리 채플린의 미래가 걱정되고 의심스럽다는 잡지 기사를 읽고 있으면 심기가 불편했다.

그럼에도 ⟨시티 라이트⟩는 가장 전형적인 무성영화였다. 그리고 그것을 제작하는 데 방해가 되는 요소는 아무것도 없었다. 그렇다고 전혀 문제가 없었던 것은 아니다. 토키영화가 등장해 영

〈시티 라이트〉의 버지니아 셰릴

화계의 대세로 자리 잡기까지 3년이 채 걸리지 않았다. 그사이에 배우들은 팬터마임 연기를 거의 잊어버렸다. 이제 배우들은 연기 자체보다 대사에 더 집중했다. 결국 그들은 연기의 타이밍을 잃어버렸다. 그리고 무엇보다 아름다움을 그대로 유지하면서 장님 연기를 제대로 소화해낼 수 있는 여배우를 찾는 것이 쉽지 않았다. 많은 지원자들이 눈을 치켜뜨고 흰자위를 드러내며 장님 연기를 했지만 사실 보기만 해도 민망했다.

그러나 운명은 내 편이었다. 어느 날 나는 샌타모니카에 갔다가 해변에서 영화를 촬영하고 있는 한 팀을 만났다. 배우들 가운데 수영복 차림의 아리따운 아가씨들이 많이 눈에 띄었다. 그중에 한 아가씨가 나를 보며 손을 흔들었다. 처음에는 누군가 했는데, 알고 보니 전에 한 번 만난 적이 있는 버지니아 셰릴이었다. 그녀가 대뜸 물었다.

"언제 영화에 출연시켜주실 거예요?"

버지니아 셰릴은 푸른색 수영복을 입고 있었다. 상당히 아름답고 균형 잡힌 몸매였다. 그러나 그녀를 딱 본 순간 그녀가 눈먼 소녀를 연기한다는 것이 도저히 머릿속에 그려지지 않았다. 그래서 그녀를 〈시티 라이트〉에 출연시킬 생각은 전혀 하지 못했다. 그러나 그 뒤로 한두 명의 배우를 더 테스트해보았지만 신통치 않았다. 결국 자포자기의 심정으로 그녀에게 연락했고, 놀랍게도 그녀는 장님 연기를 제대로 해냈다. 나는 그녀에게 나를 바라보되 눈이 아니라 마음으로 바라보는 방법을 가르쳤고, 그녀는 그것을 멋들어지게 소화해냈다.

셰릴 양은 미녀에다 사진을 잘 받았지만, 연기 경험이 많지는 않았다. 그런데 이런 점이 오히려 무성영화에서는 이로운 경우가 있다. 왜냐하면 무성영화에서는 다른 무엇보다 연기의 테크닉이 가장 중요하기 때문이다. 연기 경험이 풍부한 여배우들은 이미 자신의 연기 틀이 박혀 있기 때문에 팬터마임을 시키면 움직임이 너무 기계적이라 연기를 제대로 하지 못하는 경우가 많다. 오히려 연기 경험이 적은 배우들이 팬터마임을 제대로 소화하는 경우가 많다.

〈시티 라이트〉를 보면 내가 연기한 뜨내기가 교통체증을 피해 길에 세워진 차량의 한쪽 문을 열고 들어가 다른 쪽 문으로 나오는 장면이 있다. 이때 그는 문을 꽝하고 닫는데, 앞이 보이지 않는 꽃 파는 아가씨가 그 소리를 듣고 들고 있던 꽃을 내민다. 그녀는 차 문이 열리고 닫는 소리만으로 그가 차의 주인이라고 생각한 것이다. 떠돌이는 주머니에 남아 있는 반 크라운짜리 은화로 단춧구멍에 꽂는 장식 꽃을 하나 산다. 아가씨가 꽃을 건네려는 순간 우연찮게 손이 뜨내기의 팔에 부딪히면서 꽃을 길바닥에 떨어뜨린다. 그러자 그녀는 꽃을 주우려고 한쪽 무릎을 꿇고 길바닥을 더듬는다. 뜨내기가 꽃이 있는 곳을 가르쳐주지만 그녀는 앞이 보이지 않기 때문에 계속 엉뚱한 곳만 더듬을 뿐이다. 참다 못한 뜨내기가 꽃을 주워 들고 믿을 수 없다는 듯이 그녀를 쳐다본다. 그래서 혹시 그녀가 앞을 못 보는 것은 아닌가라는 생각이 들어 그녀의 눈앞에 꽃을 갖다 대본다. 예상했던 대로 그녀가 장님이라는 것을 확인한 뜨내기는 그녀를 일으켜 세우며 정중히 사과한다.

이 장면은 70초밖에 되지 않지만 촬영하는 데에만 5일이 걸렸다. 앞을 못 보는 꽃 파는 소녀를 연기한 셰릴 양의 실수 때문이 아니라 내 실수가 컸다. 너무 신경질적으로 완벽한 장면을 추구하다보니 만족스런 장면을 얻는 데 오래 걸렸다. 결국 〈시티 라이트〉는 제작하는 데 1년 이상이 걸렸다.

영화를 촬영하는 동안 주식시장이 붕괴됐다.(1929년 발생한 세계 대공황을 가리킨다—옮긴이) 다행히 나는 C. H. 더글러스의 《사회신용론》을 읽고 준비하고 있던 터라 큰 피해를 입지는 않았다. 《사회신용론》은 자본주의 경제체제를 분석하고 도표화해 모든 이윤이 기본적으로 임금에서 나온다는 것을 역설했다. 따라서 실업은 이윤 손실과 자본 감소를 의미했다. 1928년에 이 책을 읽은 나는 그의 이론에 크게 공감했다. 특히 그해는 미국의 실업 인구가 1,400만 명에 달한다는 보고가 나온 해였다. 나는 갖고 있던 채권과 주식을 모두 팔아 현금화했다.

대공황이 일어나기 바로 전날, 나는 작곡가 어빙 벌린과 저녁식사를 했다. 그는 주식시장에 대해 상당히 낙관적인 전망을 하고 있었다. 그는 자신이 자주 들러 식사하는 레스토랑의 한 웨이트리스는 주식투자만으로 채 1년도 안 돼 4만 달러나 벌었다고 말했다. 어빙 벌린 자신도 주식을 수백만 달러어치 갖고 있으며 예상 수익만 백만 달러가 넘는다고 자랑했다. 그는 내게 주식투자를 하고 있는지 물었다. 나는 실업 인구가 1,400만 명을 헤아리는데 어떻게 주식시장을 믿을 수 있느냐고 말했다. 그리고 그에게 이쯤에서 주식을 팔고 빠지는 게 좋다고 충고했지만 그는 내 말을 듣지 않았다. 오히려 내게 세상 물정을 모른다며 역정을 냈고, 그 때문에 우리는 한참을 갑론을박하며 언성을 높이기까지 했다.

"자넨 왜 미국을 그렇게 단기간에 팔려고 하나!"

그는 이렇게 말하며 나를 비애국자라고 비난했다. 그러나 바로 다음 날 주식시장은 50포인트나 급락했고, 어빙 벌린은 일순간에 투자금을 모두 날려버렸다. 며칠 뒤에 그는 의기소침해 내 스튜디오에 찾아와 며칠 전에 있었던 무례함을 사과했다. 그리고 어디에서 내가 그런 정보를 얻었는지 알고 싶어 했다.

마침내 〈시티 라이트〉의 편집 작업이 끝났다. 이제 음악 녹음만 마치면 됐다. 그래도 다행인 것은 내가 직접 작곡을 할 수 있었기 때문에 녹음 과정 전체를 통제할 수 있었다는 것이다.

나는 내 희극영화들에서 주인공 뜨내기가 풍기는 느낌과는 정반대로 우아하고 로맨틱한 분위기가 나는 음악을 주로 작곡했다. 그러나 편곡자들은 이런 내 의도를 잘 이해하지 못했다. 그들은 내 영화가 희극영화라는 생각에 무조건 웃기게만 하려고 했다. 그래서 나는 음악과 화면이 서로 더 우습기 위해 경쟁하는 그런 음악이 아니라 품위와 매혹이 대조를 이루는, 즉 감정이나 정서를 표현하는 음악을 원한다고 설명했다. 사실 감정이나 정서를 표현하지 못하는 예술 작품은 영국의 작가 윌리엄 헤즐릿이 말한 것처럼 불완전한 것이다. 어떤 음악가는 반음계와 온음계의 엄격한 음정 차이 등을 들먹거리며 내 앞에서 젠체하기도 했다. 그러면 나는 그의 말을 가로막고 "멜로디가 어떻든 중요한 것은 반주입니다"라고 아마추어 같은 소리를 지껄였다.

영화 한두 편에 직접 음악 작업을 하면서 나는 지휘자의 악보도 읽을 수 있는 전문가적인 식견이 생겼다. 그래서 작곡이 관현악용으로 제대로 만들어졌는지 아닌지 알 수 있었다. 금관악기와 목관악기 파트의 악보만 보고도 "금관악기가 너무 음울한 느낌이 드는군요"라거나 "목관악기가 차분한 느낌이 들지 않습니다"라고 말할 수 있을 정도의 안목이 생겼다. 자신이 작곡한 곡이 50명으로 구성된 오케스트라 연주로 초연되는 것을 듣는 것보다 가슴 두근거리고 흥분되는 순간은 없다.

〈시티 라이트〉의 음악 녹음을 마치고 나자 관객들의 반응이 어떨지 궁금했다. 그래서 우리는 예고 없이 시내 번화가에 있는 한 극장에서 시사회를 열었다. 극장은 반밖에 차지 않았다. 예상보다 관객이 적어 시사회가 제대로 될지 착잡한 기분이었다. 특별한 예고가 없었기 때문에 드라마를 보러온 관객들은 희극영화가 나오자 어리둥절해하는 눈치가 역력했다. 웃는 관객들이 많기는 했지만 기대했던 만큼은 아니었다. 영화가 끝나기도 전에 자리에서 뜨는 사람들도 여럿 눈에 들어왔다. 나는 옆에 앉은 조감독을 쿡 찌르며 말했다.

"영화가 끝나지도 않았는데 나가는 사람들이 있어."

"화장실에 가는 것일 수도 있죠."

그가 속삭였다.

그러나 그 뒤로 영화에 집중할 수 없었다. 나는 관객들이 돌아오기를 이제나저제나 기다렸다. 몇 분 뒤에 다시 조감독에게 속삭였다.

"돌아오지 않는데."

"모르죠. 기차 시간 때문에 나간 사람들일지도."

그가 태연히 말했다.

나는 2년 동안 작업하고 200만 달러나 낭비했다는 생각을 하며 극장을 나왔다. 극장을 나오니 극장 매니저가 로비에서 나를 반갑게 맞이했다.

"좋은 영화입니다."

그는 웃으며 이렇게 말했다. 그러더니 뜻밖의 말을 건넸다.

"다음 번에는 토키영화를 만드시죠. 전 세계가 기다리고 있습니다."

나는 억지로 미소를 지었다. 스튜디오의 스태프들도 이미 극장 밖에 나와 기다리고 있었다. 나는 그들이 있는 곳으로 다가갔다. 항상 진지한 내 매니저 앨프 리브스 씨가 들뜬 목소리로 말했다.

"시사회 괜찮았죠. 그런대로……."

그의 마지막 말이 불길하게 들려왔다. 그래도 나는 자신 있게 머리를 끄덕였다.

"극장만 만원이면 성공이겠지. 물론 한두 장면 편집이 필요해."

그런데 갑자기 불안한 생각이 엄습했다. 영화를 만들고 시사회까지는 했는데 정작 영화 판매에 대해서는 생각지도 않고 있었다. 그러나 영화 판매에 대해서는 크게 걱정하지 않았다. 아직까지 내 이름은 그런대로 극장가 흥행 보증수표였다. 물론 내 희망사항이었다.

〈시티 라이트〉, 흥행 홈런을 치다

유나이티드 아티스트 영화사의 회장인 조 셴크가 영화 배급업자들이 〈시티 라이트〉를 〈황금광 시대〉와 같은 조건으로 구매할 생각을 하지 않고 있으며, 큰 극장 체인들도 뒤로 한 발짝 물러서서 관망세를 취하고 있다고 알려줬다. 종래만 하더라도 배급업자들은 내가 새 영화를 만들었다고 하면 혈안이 되다시피 높은 관심을 보였지만 이제는 미온적이었다. 게다가 뉴욕에서 영화를 개봉하는 것조차 불투명했다. 즉 뉴욕에 있는 모든 극장에 빈 상영관이 없다는 것이었다. 그래서 나는 빈 상영관이 나올 때까지 기다려야 했다.

그렇게 기다려 잡은 상영관이 조지 M. 코헨 극장 하나뿐이었다. 그러나 좌석은 다 합쳐 1150석밖에 되지 않았다. 그리고 번화가에서 한참 떨어진 곳에 위치하고 있었고 시설도 그다지 좋지 않았다. 사실 엄밀히 말해 극장도 아니었다. 상영관 하나에 주당 7,000달러, 8주간 임대하는 조건이었다. 그러나 다른 부대비용은 모두 내가 부담해야 했다. 상영관 매니저, 출납계, 안내인, 영사기사 그리고 전기 및 광고료 등이 모두 내 부담이었다. 이미 영화를 제작하는 데 내 돈 200만 달러를 투자한 상황이었기 때문에 도박하는 셈 치고 극장을 빌릴 수밖에 없었다.

한편, 내 매니저 앨프 리브스 씨는 로스앤젤레스에서 건립한 지 얼마 되지 않는 새 극장에서 〈시티 라이트〉를 개봉하기로 계약을 맺었다. 아인슈타인 부부가 그때까지 로스앤젤레스에 머무르고 있었기 때문에 그들 부부는 영화 개봉일에 꼭 가서 보고 싶다는 바람을 나타냈다. 물론 아인슈타인 부부는 영화 개봉 당일에 어떤 일이 있을지 전혀 예상하지 못했을 것이다.

우리는 영화 개봉이 있는 날 저녁 우리 집에서 함께 식사를 한 다음 극장으로 향했다. 극장 앞 큰 도로가 영화를 보기 위해 몰려든 인파로 붐벼 꼼짝도 할 수 없었다. 경찰차와 구급차가 인파를 헤집고 나가려고 안간힘을 쓰고 있었다. 그리고 성난 사람들이 극장 옆 점포의 쇼윈도를 깨고 난리도 아니었다. 우리는 경찰의 도움을 받아 간신히 극장 휴게실까지 들어갈 수 있었다. 나는 극장 개봉 첫날을 가장 싫어했다. 개봉 첫날이다 보니 당연히 긴장되기도 하지만 향수, 사향 그리고 탄산 등이 뒤섞인 냄새가 싫었다. 오래 맡고 있으면 속이 메스껍고 신경이 곤두섰다.

극장은 아름다웠다. 그러나 당시 많은 배급업자들과 마찬가지로 극장 소유주는 영화 상영에 대해 아는 것이 거의 없었다. 영화 상영이 시작되고 크레디트 자막이 나오자 영화 개봉 첫날 으레 그러듯이 박수가 터져나왔다. 그리고 마침내 첫 번째 장면이 화면에 나왔다. 내 심장이 사정없이 쿵쾅거렸다. 동상 제막식을 배경으로 한 재미있는 장면이었다. 관객들은 웃기 시작했다. 웃음은 점점 커지더니 이내 장내가 떠나갈 듯 웃었다. 나도 따라 웃었다. 내 의구심과 두려움이 일시에 사라지고 울고 싶기까지 했다. 3권까지 상영되는 동안 관객들은 계속 웃었다. 나도 긴장과 흥분이 덩달아 교차하면서 관객들과 함께 웃었다.

그런데 믿지 못할 일이 벌어졌다. 한참 관객들이 웃고 있는데 갑자기 화면이 나갔다. 그리고 장내 조명이 들어오고 확성기에서 목소리가 흘러나왔다.

"이 멋진 영화를 계속 상영하기 전에 5분 정도만 시간을 내주십시오. 최근에 신축한 저희 극장에 대해 안내 말씀을 드리고자 합니다."

나는 내 귀를 믿을 수 없었다. 이런 일은 영화 상영 중간에 있을 수 없는 일이었다. 화가 머리끝까지 치밀어 올랐다. 나는 자리를 박차고 일어나 통로를 따라 뛰어나갔다.

"지배인 어디 있어? 이 망할 놈을 죽여버리고 말겠어!"

그렇게 장내 방송이 시작되자 관객들도 모두 내 편이 되어 발을 동동 구르고 소리를 지르며 항의했다. 결국 방송은 중단됐고 영화 상영이 재개됐다. 그러나 관객들이 웃음을 되찾기까지는 오래 걸렸다. 한 권 정도가 다 돌아갔을 때쯤 관객들이 다시 웃기 시작했다. 상황은 이랬지만 나는 영화가 꽤 성공적이라고 생각했다. 마지막 장면이 나올 때 아인슈타인 박사는 눈물을 훔치기까지 했다. 과학자들은 구제하기 어려운 낭만주의자라는 내 지론이 또 한 번 입증되는 순간이었다.

다음 날 나는 어제 개봉한 내 영화에 대한 비평이 어떻게 실렸는지 볼 새도 없이 뉴욕으로 향했다. 뉴욕 개봉을 앞두고 있었기 때문에 그 전에 도착해 처리해야 할 일이 많았다. 내가 도착한 것은 개봉 나흘 전, 그런데 도착하고 나서 나는 망연자실했다. 영화 개봉을 앞두고 있는데도 광고가 거의 되고 있지 않았다. 고작 '우리의 친한 친구 다시 돌아오다' 같은 밋밋한 글귀만이 형식적으로 나붙어 있을 뿐이었다. 그래서 나는 유나이티드 아티스트 홍보 담당 스태프에게 난리를 쳤다.

"감정에 호소하지 말고 정보를 주라고 정보를. 영화는 시내 외곽, 전용 영화관이 아닌 곳에서 상영될 예정이란 말이야."

나는 뉴욕의 유력 일간지들을 통해 매일 반면짜리 광고를 냈다. 글씨체나 크기 모두 똑같았다.

찰리 채플린

〈시티 라이트〉

코헨 극장

일등석 1달러, 보통석 50센트

전일 상영

  나는 일간지 광고로 3만 달러를 추가로 지출했고, 극장 정면 전광판을 임대하는 데 또 3만 달러를 썼다. 시간이 얼마 없었기 때문에 가능한 밀어붙이는 수밖에 없었다. 나는 밤을 새우면서까지 직접 영사를 시험해보고 화편 크기와 일그러지는 부분을 바로잡았다. 다음 날 나는 기자회견을 하고 내가 무성영화를 고집하는 이유를 설명했다.

  유나이티드 아티스트 영화사의 스태프는 내가 책정한 입장료에 납득하지 못하는 눈치였다. 나는 일등석에 1달러, 보통석에 50센트의 입장료를 책정했다. 그러나 당시 주요 개봉관도 입장료는 일등석이 85센트, 보통석은 35센트였다. 이런 입장료는 토키영화나 라이브쇼 모두 똑같았다. 그러나 내 생각은 달랐다. 오기를 부린 것은 아니지만 나는 내 영화가 무성영화라는 그 이유만으로 입장료를 올릴 수 있으며, 관객이 보기를 원한다면 입장료가 1달러든 85센트든 문제 삼지 않을 것이라고 판단했다. 그래서 나는 유나이티드 아티스트 영화사의 가격조정 요구를 거절했다.

  개봉 첫날은 매우 성공적이었다. 그러나 개봉 첫날 성적만으로는 안심할 수 없었다. 왜냐하면 첫날은 초대 손님들이 많기 때문에 문제는 그 뒤에 일반 관객들이 얼마나 영화를 보러 오는지가 승패의 관건이었다. 과연 그들이 무성영화에 흥미를 가질까? 나는 이런 생각을 하며 밤잠을 설쳤다. 그러나 다음 날 아침 11시에 내 홍보 담당이 방 안으로 헐레벌떡 뛰어 들어오는 소리에 잠에서 깼다. 그는 매우 흥분해 있었다.

"이보게. 자네가 해냈어! 성공했다고! 아침 열 시부터 사람들이 극장으로 몰려들기 시작하더니 일대 교통이 마비되었고 몰려든 사람들 때문에 발 디딜 틈도 없어. 경찰관이 열 명 정도 나와서 주변 교통정리를 하고 있지만 사람들이 워낙 많다 보니 속수무책이라네. 사람들이 극장으로 들어가려고 몸싸움을 하고 난리도 아냐. 저 고함 소리 좀 들어보라니까!"

무엇보다 관객들이 몰려든다는 소리에 마음이 놓였다. 그리고 행복했다. 나는 아침을 준비시키고 옷을 갈아입었다.

"어느 장면에서 사람들이 가장 크게 웃던가?"

내가 물었다. 그는 사람들이 어느 장면에서 웃었고, 어느 장면에서 배꼽을 잡고 웃었으며 그리고 어느 장면에서 탄성을 질렀는지 간략하게 설명해주었다.

"가서 직접 보라니까. 마음이 뿌듯해질 거야."

그러나 정작 발길은 떨어지지 않았다. 아무래도 그가 흥분해서 말하는 게 믿겨지지 않았다. 그래도 나는 극장으로 갔다. 극장 뒤편에 사람들과 무리지어 서서 30분 정도 관객들의 동향을 지켜봤다. 상영관은 만원이었다. 그리고 관객들은 영화가 진행될수록 연신 웃어댔다. 다행이라는 생각에 마음이 놓였다. 나는 기쁜 마음으로 극장을 빠져나와 흐뭇한 표정으로 4시간 동안 뉴욕 시내를 돌아다녔다. 이따금 코헨 극장 앞을 지나며 내 영화를 보기 위해 길게 줄지어 서 있는 행렬을 지켜보기도 했다. 영화에 대한 평단의 반응 역시 호평이었다.

1,150석밖에 되지 않는 극장에서 우리는 주당 8만 달러를 벌어들였다. 이런 흥행 성적은 3주간 지속됐다. 반면 맞은편 3,000석 규모의 극장에서 영화를 개봉한 파라마운트는 주당 38,000달러를 벌어들이는 데 그쳤다. 당시 파라마운트 영화사는 모리스 슈발리에가 출연한 토키영화를 상영하고 있었고, 그가 직접 무대 인사를 나왔음에도 흥행 성적이 좋지 않았다. 〈시티 라이트〉는 12주 동안 상영되면서 모든 경비를 제외하고 40만 달러의 순이익을 올렸다. 영화 상영을 중간에 내린 이유는 뉴욕의 극장 체인들이 내 영화를 높은 가격에 구매하면서 다른 극장에서는 상영을 중단해달라고 요구했기 때문이었다.

나는 〈시티 라이트〉를 런던에 가지고 가서 상영할 생각을 하고 있었다. 〈시티 라이트〉 때문에 뉴욕에 가 있는 동안, 내 친구이자 〈뉴요커〉의 편집자이며, 발자크의 《우스운 이야기들》에 삽화를 넣어 새롭게 편집 출간한 랠프 바턴을 자주 만났다. 당시 랠프는 서른일곱 살밖에 되지 않았지만 상당히 교양 있었고, 결혼을 다섯 번이나 한 괴짜이기도 했다. 그리고 근래에 우울증에 걸려 약물을 다량 섭취하고 자살을 기도한 적도 있었다. 나는 그에게 유럽에 가는 길에 기분전환도 할 겸 같이 가자고 부탁했다. 그렇게 해서 우리 두 사람은 내가 처음 영국 여행을 갈 때 승선했던 올림픽 호를 타고 다시 유럽으로 향했다.

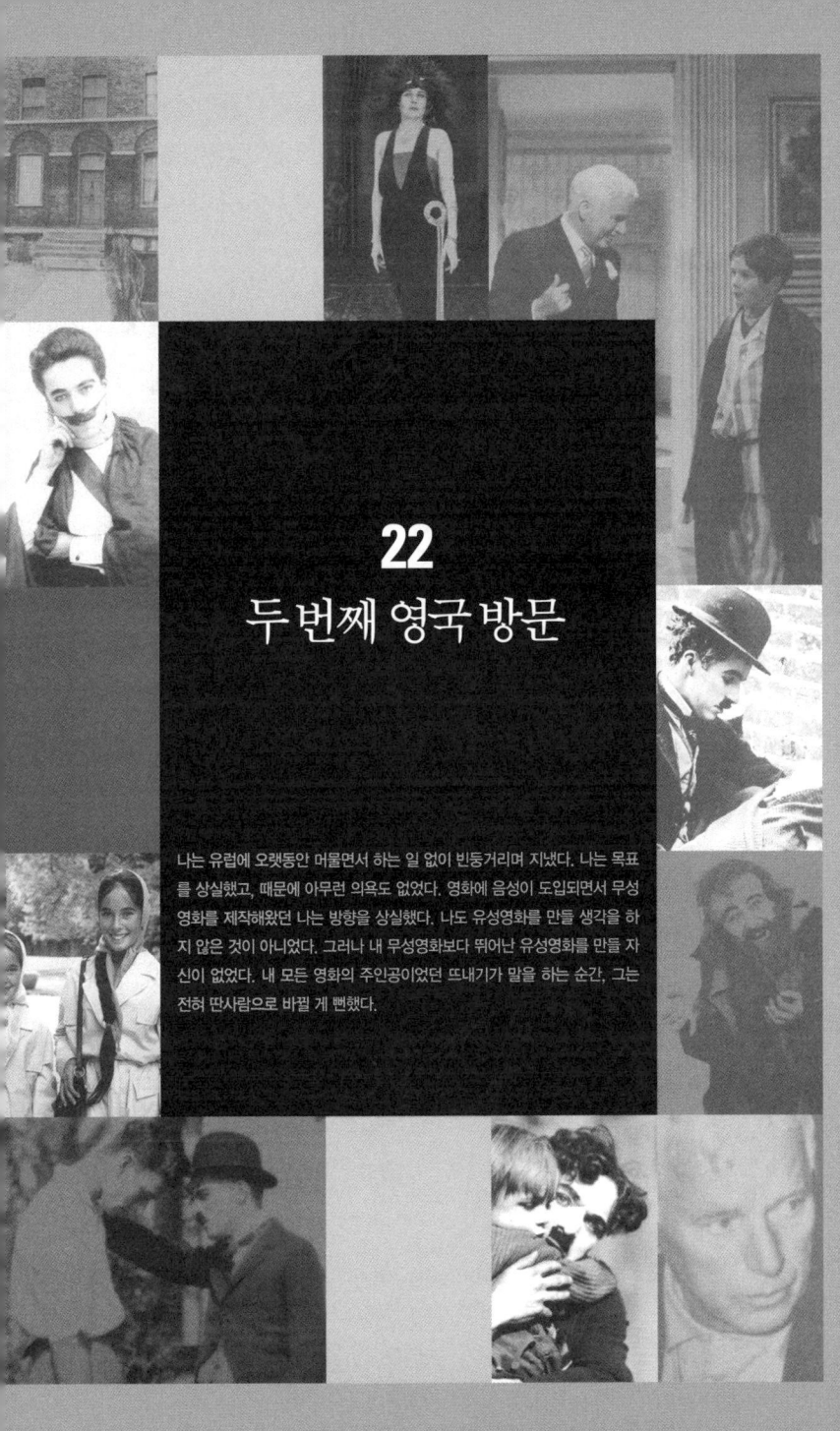

22
두 번째 영국 방문

나는 유럽에 오랫동안 머물면서 하는 일 없이 빈둥거리며 지냈다. 나는 목표를 상실했고, 때문에 아무런 의욕이 없었다. 영화에 음성이 도입되면서 무성영화를 제작해왔던 나는 방향을 상실했다. 나도 유성영화를 만들 생각을 하지 않은 것이 아니었다. 그러나 내 무성영화보다 뛰어난 유성영화를 만들 자신이 없었다. 내 모든 영화의 주인공이었던 뜨내기가 말을 하는 순간, 그는 전혀 딴사람으로 바뀔 게 뻔했다.

버나드 쇼의 서재

 10년 만에 다시 찾는 런던이었다. 나는 런던이 나를 어떻게 맞이할지 내심 걱정스러웠다. 솔직히 나는 별다른 소란 없이 조용히 런던에 들어가고 싶었다. 그러나 내심 다른 생각도 있었다. 내가 이번에 런던에 가는 이유는 〈시티 라이트〉의 홍보 의미가 담긴 개봉식에 참석하기 위해서였다. 따라서 환영 인파가 많으면 많을수록 홍보 효과도 높을 것이었다. 역시 예상대로였다. 많은 환영 인파가 나를 보기 위해 운집해 있었다.

 이번에 나는 칼튼 호텔에 방을 잡았다. 칼튼 호텔은 지난번에 방문했을 때 묵은 리츠 호텔보다 유서 깊은 곳으로 런던에 친숙감을 더해주었다. 내 방은 정말 화려했다. 창문으로 내다보이는 경관도 멋있었다. 사실 사치스러운 것에 익숙해지는 것만큼 슬픈 것도 없다. 나는 매일 칼튼 호텔에 들어서면서 마치 황금으로 이루어진 천국에라도 들어가는 것 같은 착각이 일었다. 런던은 돈만 있으면 매 순간이 흥분으로 가득한 모험의 연속이었다. 도처에 환락과 즐거움이 넘쳐났다. 아침에 눈을 뜨는 것 자체가 그런

홍분과 모험의 시작이었다.

호텔방 창문으로 밖을 내다보니 거리에 플래카드가 몇 개 나붙어 있었다. 그중에 '찰리는 영원한 우리의 친구'라고 쓰인 플래카드가 보였다. 나는 그 뜻을 생각해보며 미소를 지었다. 신문들도 나에게 매우 우호적이었다. 나는 한 인터뷰에서 아주 사소한 실수를 했다. 어떤 한 기자가 내게 이번 방문 기간에 엘스트리에도 가볼 예정인지 물었는데, 나는 무심결에 이렇게 반문했다.

"그게 어디죠?"

그들은 내 대답이 의아하다는 듯이 서로 쳐다보며 웃었다. 그러나 그들은 크게 개의치 않고 내게 그곳이 영국 영화산업의 중심지라고 일러주었다. 물론 나는 엘스트리가 어디에 있는지도 몰랐고, 그곳이 영국 영화산업의 중심지라는 것도 몰랐기 때문에 순간 당황했다.

두 번째 방문도 첫 번째만큼이나 감동적이고 흥분되었다. 그러나 흥미는 이전보다 훨씬 더했다. 이번 방문 기간 동안 나는 상당히 재미있는 사람들을 많이 만났다.

필립 사순 경이 내게 전화해 랠프와 나를 여러 번 저녁식사에 초대했다. 우리는 파크레인에 있는 그의 저택과 림프니에 있는 그의 별장에 가서 함께 지내기도 했다. 또한 사순 경을 따라 하원 건물을 둘러보기도 했다. 그곳 로비에서 우리는 낸시 애스터(1879~1964, 미국 출신 정치가로, 여성으로는 최초로 영국 하원의원에 당선되었다—옮긴이) 부인을 만났다. 그리고 하룬가 이틀 뒤쯤에 세인트 제임스 스퀘어 1번지에 있는 그녀의 집에 초대되어 함께 점심을 먹었다.

나는 응접실로 들어가면서 마치 마담 터소(밀랍 조각가 마리 터소가 세운 밀랍 박물관—옮긴이)의 명사의 방에 들어가는 것 같은 착각이 들었다. 그곳에서 우리는 버나드 쇼, 존 메이너드 케인스, 로이드 조지 등 유명인사들을 만날 수 있었다. 애스터 부인은 특유의 말재간으로 재미있게 대화를 이끌어나갔다. 그런데 갑자기 누군가에게 불려나가더니 당황한 표정으로 돌아와 자리에 앉았다. 주위에 침묵이 흘렀다. 그러자 버나드 쇼가 뒤를 이어 윌리엄 랠프 잉(1860~1954, 영국의 저술가이자 신학자—옮긴이)에 대한 재미있는 일화를 들려주었다. 한 번은 잉 사제가 성 바울의 가르침에 분노해 이렇게 말했다고 한다.

"그는 우리 예수 그리스도의 가르침을 너무 왜곡시켰소. 은유적으로 말해 그는 예수 그리스도를 십자가에 거꾸로 매단 격이오."

버나드 쇼를 보면서 가장 인상적이었던 것은 모임의 분위기를 살리기 위해 나름 노력하던 이런 모습이었다. 그는 매우 상냥하고 친절했다.

점심을 먹으면서 나는 경제학자인 메이너드 케인스와 이야기를 나눴다. 나는 그가 영란은행(the Bank of England)의 신용 기능에 대해 잡지에 쓴 논문을 읽은 적이 있다고 말했다. 영란은행은 당시까지만 해도 국책은행이 아니었다. 제1차 세계대전 중에 영란은행은 금 준비금을 모두 소진하고 외국 채권 4억 파운드만 금고에 남아 있었다. 그때 정부가 영란은행에 5억 파운드의 대부를 요구하자 은행은 이 외국 채권만 꺼내 보인 다음 다시 금고에 넣고 정부에 5억 파운드를 대부해줬다. 영란은행과 정부의 이런 뒷거래는 그 뒤에도 몇 번이나 계속됐다. 케인스는 고개를 끄덕이며 이렇게 말했다.

"예, 그런 일이 있었습니다."

"그렇지만 정부는 은행 대부를 어떻게 상환했나요?"

내가 공손히 물었다.

"똑같은 신용대부로요."

케인스가 대답했다.

점심식사가 끝나갈 즈음 애스터 부인이 입에 뻐드렁니가 달린 우스꽝스런 가발을 쓰고 나와 승마 클럽에서 담화를 나누는 빅토리아 왕조 시대의 한 부인을 흉내 내며 이렇게 말했다.

"당시 우리 영국 여성들은 사냥을 나가더라도 여성스러운 자태를 잃지 않았습니다. 미국 서부의 왈패 같이 다리를 쫙 벌리고 말을 타는 천한 짓은 하지 않았어요. 우리는 말을 타더라도 여성용 안장에 걸터앉아 여성으로서 우아함과 고귀함을 잃지 않았지요."

애스터 부인은 배우로 나섰다면 정말 훌륭한 배우가 되었을 것이다. 그리고 이런 주요 만찬에 여주인으로 손색이 없었다. 그녀는 내가 런던에 머무는 동안 여러 번 파티를 열어 영국의 저명한 인사들을 만날 수 있는 기회를 제공했다.

점심식사가 끝나고 사람들이 돌아가자 애스터 경은 우리에게 자신의 초상화를 보여주겠다며 데리고 나갔다. 앨프리드 J. 머닝스 경이 그린 초상화였다. 우리는 머닝스 경의 아틀리에로 향했다. 그러나 우리가 도착했을 때, 그는 우리를 들여보내려 하지 않았다. 애스터 경이 간신히 설득해 우리는 그의 아틀리에에 들어갈 수 있었다. 애스터 경은 초상화에서 사냥꾼 복장을 하고 있었고, 사냥개 여러 마리가 그를 둘러싸고 있었다. 나는 머닝스 경에게 상당한 호의를 받았다. 물론 내가 완성된 애스터 경의 초상화 뿐 아니라 개의 동작을 연구한 밑그림까지 잘 그렸다고 칭찬했던 덕분이었다.

"이 동작은 음악 같습니다."

내가 말했다. 머닝스 경은 얼굴이 밝아지더니 다른 몇 가지 밑그림도 보여주었다.

그리고 하룬가 이틀 뒤에 우리는 버나드 쇼의 초대로 그의 자택에서 점심을 먹었다. 점심을 먹고 나서 그가 나를 서재로 안내했다. 단둘이었다. 애스터 경을 포함해 다른 손님들은 거실에 앉아 담소를 나누던 참이었다. 그의 서재는 템스 강이 한눈에 내려다보이는 밝고 쾌적한 방이었다. 그렇게 그의 서재에 홀려 여기저기 둘러보던 참에 나는 벽난로 위 그의 책들이 꽂혀 있는 선반 앞에 도달했다. 나는 그의 저서가 거기에 꽂혀 있으리라고는 생각지도 못하고 가까이 가보았을 뿐이었다. 사실 그때까지 나는 그의 명성만 들어왔지 정작 그가 쓴 책은 읽어본 적이 없었다. 초대해준 주인에 대한 예의가 아니라는 생각에 속으로 미안한 마음이 들었다.

"모두 선생님 저술이네요!"

나는 이렇게 짧게 말하고 가까이 다가가 보았다. 그때 순간 이런 생각이 들었다. 혹시 그가 이 틈을 타서 나와 자신의 저술에 대해 이야기를 나누고 싶어 하는 것은 아닐까. 나는 우리 두 사람이 대화에 정신이 팔려 시간가는 줄도 모르고 있다가 다른 손님들이 들어와서 이야기가 중단되는 장면을 떠올렸다. 이런 일이 일어났더라면 얼마나 좋았을까. 그러나 아무 일도 일어나지 않았다. 내가 책 선반을 훑어보는 동안 잠시 침묵이 흘렀다. 나는 이

내 돌아서서 미소를 띠고 서재 이곳저곳을 둘러보며 의례적인 칭찬 몇 마디만 건넸다. 그러고는 그냥 거실로 돌아와 다른 손님들과 담소를 나눴다.

그 뒤로 나는 여러 번 쇼 부인을 만났다. 나는 그녀와 쇼의 희곡 《사과 수레》에 대해 이야기를 나눈 적이 있다. 작품이 발표되었을 때 평단의 반응이 별로 좋지 않았다. 그래서 쇼 부인도 화가 나 있었다.

"남편에게 말했어요. 이제 더 이상 희곡은 쓰지 말라고요. 독자들도 그렇고 평단도 그렇고 제대로 안목을 갖춘 사람이 없어요."

이후 나는 3주 동안 각종 초대에 응하느라 바쁜 나날을 보냈다. 하루는 제임스 램지 맥도널드 수상을 알현하고, 다른 하루는 윈스턴 처칠 경을 만났다. 그리고 애스터 경, 필립 사순 경 등 여러 인사들의 초대를 연이어 받았다.

삶을 향유할 줄 아는 정치가, 윈스턴 처칠

내가 처칠 경을 처음 만난 것은 메리언 데이비스의 해변 저택에서였다. 그날은 50명 정도 되는 손님들이 무도장과 응접실에 꽉 들어차 있었다. 춤을 추는 손님, 이리저리 정신없이 돌아다니는 손님 등으로 주위가 어수선했다. 그때 처칠 경이 허스트와 함께 도착했다. 그는 무도장 문간에 서서 나폴레옹처럼 한 손을 조끼에 끼워 넣은 채 손님들이 춤추고 있는 모습을 지켜봤다. 그러나 그는 시선을 어디에 두어야 할지 난감한 표정이 역력했다. 허스트가 나를 발견하고 다가와 처칠 경에게 나를 소개했다.

처칠 경의 태도는 친근감이 있어 보이기는 했지만 어딘지 모르게 퉁명스러웠다. 호스트가 우리끼리 대화를 나누라며 자리를 비켜주었다. 우리는 사람들로 북적거리는 틈에 서서 잠시 항간에 떠도는 풍문을 화제로 이야기를 나눴다. 그런데 내가 정치 이야기를 꺼내자 그의 표정이 다소 밝아졌다. 나는 영국 노동당 정부를 화제에 올렸다.

내가 말했다.

"영국은 사회주의 정부가 집권했는데도 왜 왕과 여왕의 지위가 바뀌지 않는지 이해가 가지 않습니다."

처칠 경은 나를 힐끔 쳐다보더니 짓궂게 이렇게 대답했다.

"당연하죠."

"사회주의자들은 군주제에 반대하는 것으로 알고 있습니다만."

내가 이렇게 말하자 그는 웃으며 대꾸했다.

"아마 영국에서 그런 말을 했다면 목이 달아났을 겁니다."

그날 저녁이었는지 다음 날 저녁이었는지 분명하지는 않지만 처칠 경이 자신이 묵고 있는 호텔로 나를 초대했다. 초대 손님은 나 이외에도 두 명이 더 있었고, 그의 아들 랜돌프 처칠이 자리에 함께했다. 처칠 경의 아들 랜돌프는 당시 열여섯 살로 아직 어리기는 했지만, 미남에 지적인 논의를 좋아했고, 행동거지나 말씨가 불손한 젊은이들에 대해 매우 비판적인 시각을 갖고 있었다. 처칠 경은 이런 아들을 매우 자랑스러워하는 것 같았다. 아버지와 아들이 대수롭지 않은 사안을 두고 티격태격하는 모습이 보기 좋았다. 그 뒤로도 우리는 처칠 경이 영국으로 돌아가기 전까지 메리언의 해변 저택에서 여러 번 만났다.

내가 런던에 왔다는 소식을 접한 처칠 경이 주말에 차트웰에 있는 그의 고향 저택으로 우리를 초대했다. 차트웰까지 가는 길은 험난했다. 날씨도 추웠고 도로 상태도 좋지 않았다. 차트웰은 정말 멋진 고택이었다. 가구들도 오래돼서 운치가 있었고 가족적인 느낌이 났다. 오래된 물건을 좋아하는 게 고상한 취미처럼 느껴졌다. 이렇게 런던에 두 번째 방문해서 그의 집에 초대받고 나서야 처칠 경에 대해 제대로 알 수 있을 것 같았다. 이 시기에 그는 아직 하원평의원에 지나지 않았다.

내가 생각하기에 윈스턴 처칠 경은 누구보다도 인생을 멋지게 살았다. 그는 인생이란 무대를 용기, 열의 그리고 열정을 갖고 연기하듯 살아갔다. 뿐만 아니라 그는 이 세상에 존재하는 모든 즐거움을 만끽하며 살았다. 인생은 온전히 그의 편이었다. 그는 부유했고 인생을 향유할 줄 알았다. 한 마디로 그는 인생이라는 최고의 도박에서 승리한 것이다. 처칠 경은 권력을 만끽했지만 그것의 노예가 되지는 않았다. 바쁜 일상에서도 그는 항상 여유를 찾았다. 손수 벽돌을 쌓거나 경마, 그림 그리기 등을 취미 삼아 즐겼다.

그의 저택 식당 난로 위에 정물화 한 점이 걸려 있는 것이 눈에 들어왔다. 내가 그 그림에 관심을 보이자 처칠 경이 내게 말했다.

"내가 그렸소."

"정말입니까. 대단하십니다!"

나는 흥분되어 감탄사가 절로 나왔다.

"별거 아니오. 남프랑스에 갔다가 풍경화를 그리는 화가를 보고 이렇게 말한 적이 있소. '그 정도라면 나도 할 수 있소.'"

다음 날 아침 그는 자신이 직접 쌓았다는 저택의 벽돌담을 내게 보여주었다. 나는 그의 손재간에 적잖이 놀랐다. 그리고 벽돌 쌓기가 보기와 달리 쉽지 않다는 말을 칭찬 대신 해줬다.

"벽돌을 어떻게 쌓는지 보여주겠소. 오 분이면 배울 수 있을 거요."

차트웰에 도착한 첫날 저녁 만찬에는 현재는 부스비 경이 된 젊은 시절의 로버트 부스비 의원, 훗날 브래컨 경이란 칭호를 얻은 브랜던 브래컨 의원 등을 포함해 젊은 하원의원 여러 명이 참석했다. 모두 처칠 경을 지지하는 보수당 하원의원들이었다. 특히 부스비 경과 브래컨 경은 매력적인 인물로 말도 재미있게 잘했다. 나는 그들에게 당시 런던에 머물고 있던 간디를 만날 예정이라고 말했다.

브래컨 경이 말했다.

"솔직히 우리는 그에게 해줄 만큼 다 해주었소. 단식투쟁을 하든 말든 감옥에 가두고 나오지 못하게 했어야 하는데. 이렇게 끌려가다가는 인도를 잃게 될지도 모를 일이오."

내가 끼어들었다.

"그를 감옥에 보내 모든 문제가 해결된다면, 그것만큼 좋은 해결책은 없겠지요. 그러나 간디 한 사람을 감옥에 가둔다고 해도 또 다른 간디가 그 자리를 대신할 겁니다. 그는 인도 국민들이 원하는 상징적 인물입니다. 그리고 그들은 자신들이 원하는 것을 쟁취할 때까지 간디 같은 인물을 계속 배출할 겁니다."

처칠 경은 나를 바라보며 미소를 지었다.

"당신은 훌륭한 노동당원 감이오."

정치가로서 처칠 경의 매력은 다른 사람의 의견을 존중하는 관용에 있었다. 그는 자신과 의견을 달리하는 사람들에 대해 적의를 품지 않는 것 같았다. 브래컨 경과 부스비 경은 그날 밤 저녁 식사 후에 바로 돌아갔다.

다음 날 나는 처칠 경의 가족과 함께 오붓한 시간을 보냈다. 정치적으로 떠들썩한 하루였다. 비버브룩 경이 하루 종일 처칠 경의 차트웰 저택으로 전화를 걸어왔다. 그때마다 처칠 경은 식사 도중이었음에도 여러 번 자리를 떴다. 한창 선거 기간인 데다가 대공황 한가운데 있었기 때문에 영국 전역이 정치적으로 혼란스러운 시기였다.

차트웰에 머물면서 무엇보다 즐거웠던 것은 식사 시간이었다. 왜냐하면 처칠 경은 식탁에서 자주 정치적 열변을 토했는데, 가족들은 그의 이런 열변을 별로 대수롭지 않게 넘겨버렸다. 워낙 자주 있는 일이다 보니 모두 익숙해져 있었던 것이다.

"내각이 균형 예산을 맞추기가 어렵다고 말하고 있어요."

처칠 경이 먼저 가족들을 은근슬쩍 바라보다가 나와 눈이 마주치자 이렇게 말을 꺼냈다.

"내각은 이미 의회가 승인한 예산의 한계치에 도달했고, 더 이상 세수를 확보할 데도 없어요. 그런데 영국이라는 나라는 차(茶)만 우려먹으려 하고 있습니다."

처칠 경은 누가 맞장구라도 쳐주길 바라듯이 잠시 말을 중단했다.

"차에 추가로 세금을 물리면 예산 균형을 맞출 수 있나요?"

내가 물었다. 처칠 경은 나를 보더니 약간 머뭇거렸다.

"그렇소."

그가 대답했다. 그러나 확신을 갖고 대답하는 것 같지는 않았다.

나는 차트웰 저택의 검소하고 엄격한 생활방식에 상당한 매력을 느꼈다. 처칠 경의 침실은 서재와 겸하고 있어서 사방 벽이 모두 책으로 들어차 있었다. 한쪽 벽면에는 영국 의회 의사록이 빼곡히 꽂혀 있었다. 나폴레옹에 관한 책도 여러 권 있었다. 내가 나폴레옹 책에 관심을 보이자 그는 "그래요. 난 나폴레옹 숭배자예요" 하고 말했다.

그가 말했다.

"나폴레옹을 영화화하는 데 관심이 있다고 들은 적이 있소만. 한번 만들어봐요. 나폴레옹에 관해서는 재미있는 일화들이 많습니다. 나폴레옹이 하루는 목욕을 하고 있는데 동생 제롬이 금몰이 달린 제복을 갖춰 입고 갑자기 들이닥친 거예요. 나폴레옹을 당황하게 만들어 자신이 요구하는 것을 순순히 들어주도록 할 작정이었던 건데, 나폴레옹이 호락호락 넘어갈 위인이 아니죠. 순간 나폴레옹이 탕 속으로 쏙 들어갔다가 휙 튀어나오면서 동생 제복에 물을 튀깁니다. 동생은 물에 빠진 고양이 신세가 됐죠. 나폴레옹이 당장 나가라고 소리치자 그는 꼬리를 내리고 그냥 나올 수밖에 없었습니다. 재미있는 장면 아닌가요."

윈스턴 처칠 경 내외가 콰글리노 식당에서 점심을 먹고 있을 때였다. 처칠 경이 뭔가에 기분이 상했는지 어린애 같이 시무룩한 표정을 짓고 앉아 있었다. 나는 그들이 앉아 있는 테이블로 가서 반갑게 인사했다.

"얼굴 표정이 세상의 근심을 혼자 다 지고 있는 것 같습니다. 무슨 걱정이라도 있으십니까?"

내가 웃으며 물었다.

처칠 경은 하원에 출석해 독일 정세에 대해 토론하고 오는 길이었다. 그는 독일을 화제에 올리는 것을 좋아하지 않았다. 나는 짐짓 젠체하며 내 생각을 말했다. 그러나 그는 머리를 흔들며 이렇게 말했다.

"아니요. 그렇게 간단히 넘어갈 사안이 아닙니다. 굉장히 심각한 문제거든요."

인도의 영혼, 간디

차트웰 저택에서 처칠 경을 만나고 나서 얼마 뒤에 간디를 만났다. 나는 항상 간디를 마음 깊이 존경하고 있었다. 간디는 정치적으로 엄격했을 뿐 아니라 강철 같은 의지의 소유자였다. 그러나 나는 그가 런던을 방문한 것이 잘못이라고 생각했다. 인도에서와는 달리 런던에서 그의 존재감은 상대적으로 약했다. 그리고 그의 종교적 행동이나 신념 역시 강한 인상을 주지 못했다. 춥고 습한 영국 날씨에 그가 입고 있던 전통 복장은 잘 어울리지 않았다. 간디는 허리와 어깨에 두르는 인도 전통의상을 주로 걸치고 다녔지만, 검소한 그로서는 그것마저 제대로 갖춰 입지 않았다. 런던에서 그는 단지 사람들의 입방아에 오르거나 풍자만화의 소재가 되었을 뿐이다. 한 사람의 존재감은 멀리 있을 때 더 커진다. 나는 주변에서 그를 만나볼 생각이냐는 질문을 많이 받았다. 물론 나는 그를 만나고 싶었고, 또 만남에 많은 기대를 갖고 있었다.

나는 이스트 인디아 독 가에서 조금 떨어진 빈민가의 작고 초라한 주택에서 간디를 만났다. 내가 그를 만난다는 소식이 알려지자 사람들이 거리를 가득 메우고 있었다. 신문사 기자들과 사진 기자들은 내가 간디와 만나는 역사적 순간을 포착하기 위해 이미 계단에 꽉 들어차 있었다. 나는 2층, 가로와 세로가 각각 12피트 정도 되는 거실로 안내됐다. 간디는 아직 도착해 있지 않았다. 나는 그를 기다리면서 무슨 이야기를 할지 생각했다. 나는 그가 감옥에 투옥되어 단식투쟁을 벌였고, 인도의 자유와 독립을 위해 비폭력 저항운동을 하고 있다는 것을 익히 들어 알고 있었다. 그리고 그가 기계문명에 반대하고 있다는 것도 어렴풋이 들은 적이 있었다.

마침내 간디가 도착했다. 그가 택시에서 내리자 주위에 몰려 있던 사람들이 열렬한 환호를 보냈다. 그는 항상 그러듯이 허리와 어깨에 두르는 인도 전통 복장을 하고 있었다. 비좁은 슬럼가가 사람들로 북새통을 이루는 것도 낯설었지만, 한 이방인이 그를 지지하는 사람들의 환호를 받으며 초라한 주택으로 들어오는 광경도 상당히 낯설게 느껴졌다. 간디는 2층으로 올라오더니 먼저 창가로 다가가 자신을 연호하는 사람들을 향해 화답했다. 그리고 내게 오라고 손짓을 했다. 우리는 집 밖에 몰려 있는 사람들을 향해 함께 손을 흔들었다.

우리가 소파에 앉자마자 카메라 플래시가 쉴 새 없이 번쩍였다. 나는 간디의 오른쪽에 앉았다. 불편하고 어색한 순간이었다. 간디의 행적에 대해서는 익히 들었지만, 막상 내가 잘 알지 못하는 일에 대해 아는 척하면서 말을 꺼낸다는 것이 그렇게 어색할 수 없었다. 내 옆에는 통역을 맡은 한 젊은 여성이 앉았다. 그녀는 내게 장황하게 이런저런 이야기를 쉴 새 없이 늘어놨다. 그러나 나는 간디에게 무슨 말을 해야 할지 생각하느라 고심하고 있었기 때문에 그녀의 말이 하나도 귀에 들어오지 않았다. 나는 그저 알았다는 뜻으로 고개만 연신 끄덕였다. 우선 이렇게 앉은 이상 뭔가 말을 꺼내야 했다. 그런데 간디에게 내 최근 영화를 봤는지, 내 영화에 대해 어떻게 생각하는지 등을 물어보는 것은 예의가 아닌 것 같았다. 사실 그가 영화를 보는지조차 확실치 않았다. 그때 한 인도 여성이 내 옆에서 장황하게 이야기하고 있던 통역을 제지하고 나섰다.

"이보세요. 그만 좀 하세요. 당신이 옆에서 계속 이야기하니까 채플린 씨가 간디에게 말을 못하잖아요."

사람들이 빼곡히 들어찬 방에 일순간 침묵이 흘렀다. 별다른 표정 변화를 보이지 않던 간디의 얼굴에서도 뭔가 대화가 오가기를 기다리는 것 같은 낌새를 느낄 수 있었다. 그 순간 간디뿐만 아니라 인도 전역이 내가 무슨 말을 할지 숨죽이고 기다리고 있었을 것이다. 나는 먼저 목을 가다듬었다. 그리고 말문을 열었다.

"저는 자유를 갈망하고 자유를 위해 투쟁하는 인도에 대해 진심으로 공감하고 있습니다. 그렇지만 제가 다소 혼란스러운 것은 당신이 기계를 몹시 싫어한다는 것입니다."

간디가 고개를 끄덕이며 미소를 지었다. 나는 계속했다.

"여하튼 기계를 이타적 의미에서 세상을 이롭게 하기 위해 사용한다면, 인간이 노예 상태에서 해방되고 노동시간을 단축하고 그리고 그 시간에 정신을 함양하거나 삶을 향유하는 데 사용할 수 있다고 보는데요."

"저도 이해합니다."

그가 차분히 이야기했다.

"그러나 그런 목표를 달성하기 전에 우선 인도는 영국의 지배에서 벗어나야 합니다. 과거에 인도는 기계 때문에 영국에 종속되었습니다. 인도가 이런 종속관계에서 벗어나기 위해서는 기계가 만든 모든 제품을 불매하는 것입니다. 바로 이런 이유 때문에 모든 인도인이 자신이 직접 실을 잣고 옷을 손수 만들어 입는 것을 애국적 의무로 삼은 것입니다. 이것이 영국과 같은 강대국에 맞서 우리가 선택한 공격 방식입니다. 물론 다른 이유도 있습니다. 인도는 영국과 다른 기후 풍토를 갖고 있습니다. 따라서 습관이나 필요로 하는 것도 다릅니다. 영국은 날씨가 춥기 때문에 지금과 같은 복잡한 산업과 경제가 필요했습니다. 당신 같은 영국인은 부엌세간을 만드는 산업이 필요하지만, 우리는 언제나 손을 사용합니다. 그리고 이것이 다른 모든 차이의 골간입니다."

나는 간디와 이야기를 나누며 인도가 자유와 독립을 위해 어떤 전술로 싸우고 있는지 분명히 알 수 있었다. 나는 다소 역설적이지만 인도의 자유와 독립을 꼭 달성하겠다는 강인한 의지를 담고 있는 현실적이면서도 좀 비현실적으로 생각되는 이런 구상과 방식에 깊은 인상을 받았다. 간디는 내게 또 이렇게 말했다. 최고의 독립이란 모든 불필요한 것을 벗어버리는 것이며, 폭력은 또 다른 폭력을 부를 뿐이라고.

간디와 면담이 끝나고 사람들이 모두 나가자 간디는 내게 남아서 자신들이 기도하는 것을 보고 가지 않겠느냐고 물었다. 간디가 책상다리를 하고 방 한가운데 앉자 나머지 다섯 사람이 둥글게 원을 그리며 그를 에워싸고 앉았다. 매우 진기한 장면이었다. 런던 슬럼가 한복판, 그것도 작고 허름한 방에 이방인 여섯이 바닥에 앉아 기도하고 있었다. 석양이 멀리 지붕 위로 빠르게 넘어갔다. 나는 소파에 앉아 그들이 기도하는 모습을 지켜봤다. 그들은 조용히 기도문을 읊었다. 그런데 이 얼마나 역설적인가! 간디만큼 예리한 법적 정치적 식견과 통찰력을 가진 사람이 이렇게 앉아 기도를 읊고 있는 모습이라니. 마치 간디의 이런 모습이 그가 읊조리는 노래에 실려 저만치 사라져가는 것 같았다.

당혹스러운 순간들

〈시티 라이트〉 런던 개봉 첫날에 억수같은 비가 쏟아졌다. 그래도 다행히 많은 사람들이 극장을 찾았고 영화는 대성공이었다. 나는 원형 관람석에서 버나드 쇼와 나란히 앉아 영화를 봤다. 사람들이 우리를 보고 웃으며 박수를 보냈다. 어쩔 수 없이 우리는 일어나 환호하는 관객들을 향해 인사를 했다. 이렇게 하자 사람들이 한 번 더 크게 박수를 치며 환호했다.

윈스턴 처칠 경은 영화 상영에 이어 가진 만찬에 참석했다. 그는 강 건너 가난한 소년으로 태어나 세계가 사랑하는 입지전적인 인물이 된 찰리 채플린을 위해 건배하자는 취지의 연설을 했다.

〈시티 라이트〉의 런던 개봉 파티에서 건배를 제안하는 윈스턴 처칠 경

윈스턴 처칠 경과 카바레 쇼를 관람하며.
내 오른쪽에 전 러틀랜드 공작부인, 그리고 그녀 오른쪽에 필립 사순 경이 앉아 있다.

나는 그가 이런 연설을 하리라고 전혀 예상하지 못했기 때문에 그가 "대신들 그리고 신사 숙녀 여러분"이라고 말을 꺼내자 다소 당황했다. 그러나 이런 형식적인 인사말에 이미 익숙해져 있어서 크게 놀라지는 않았다. 나도 똑같이 응수하기로 했다.

"대신들 그리고 신사 숙녀 여러분. 그리고 저와 친구가 되어주신 고(故, the late) 재무장관……"

이렇게 말하다 나는 더 이상 말을 잇지 못했다. 순간 큰 실수를 했다는 생각에 정신이 번쩍 들었다. 그때 누군가 큰 소리로 이렇게 말했다.

"고인, 고인이라! 마음에 들어요. 그래, 고인!"

바로 처칠 경 자신이었다. 나는 정신을 차리고 이렇게 말했다.

"전(前) 재무장관이라고 하면 이상하게 들릴 것 같아서 그랬습니다."

노동당 내각의 수상인 램지 맥도널드의 아들 맬컴 맥도널드가 랠프와 나를 초대해 그의 아버지와 만날 수 있도록 자리를 주선했다. 우리는 그날 밤 그들과 함께 체커스 코트(버킹엄셔에 위치한 영국 수상의 별장—옮긴이)에 가서 하룻밤을 보냈다. 우리가 체커스 코트에 도착했을 때 맥도널드 수상은 운동 삼아 산책을 하고 있었다. 짧은 바지를 입고 스카프에 모자를 하고 있었으며, 입에 파이프를 물고 지팡이를 들고 있는 모습이 노동당 당수라기보다는 흡사 시골 신사 같았다. 그러나 굉장히 위엄이 있어 보이는 신사였다. 수상으로서 직무에 부담이 많은지 굳은 얼굴에는 수심이 가득했다. 물론 유머가 전혀 없어 보이지는 않았다.

첫 만남이라 그런지 저녁식사 자리는 상당히 어색했다. 그러나 식사를 마치고 매우 유서 깊은 롱룸(18세기에 이 저택의 소유자였던 러셀 집안이 올리버 크롬웰의 초상화와 유품을 모아놓은 방—옮긴이)으로 가서 커피를 마셨다. 우리는 그곳에서 크롬웰의 진짜 데스마스크와 다른 유품들을 구경한 다음 기분 좋게 담소를 나눴다. 나는 맥도널드 수상에게 내가 처음 영국을 방문하고 10년 만에 다시 방문했는데 그사이 영국에 상당한 변화와 발전이 있는 것 같다고 내 소감을 말했다. 1921년에 처음으로 영국을 방문했을 때, 나는 런던 곳곳에서 빈곤을 목격했다. 무엇보다 눈에 띄었던 것은 백발이 성성한 노인들이 템스 강변에서 노숙하고 있는 것이었다. 그러나 지금은 그런 노인들이 보이지 않았다. 뿐만 아니라 거리에서 노숙하는 부랑자들도 눈에 많이 띄지 않았다. 상점마다 물건이 풍성하게 진열되어 있었고, 신발이 없어 맨발로 다니는 아이들도 없었다. 나는 이 모든 것이 노동당 내각의 공로라고 힘주어 말했다.

맥도널드 수상은 알 수 없는 표정만 지을 뿐 아무런 대꾸도 하지 않았다. 나는 계속 말을 이어나갔다. 나는 그에게 노동당 내각이 영국 헌법을 개정할 수 있는 힘을 갖고 있는지 물었다. 사실 노동당 내각이라면 사회주의 정부라는 생각이 들었기 때문이었다. 그의 눈이 반짝이더니 재치 있게 이렇게 대답했다.

"그렇게 해야 하지만 그렇게 하지 못하는 것이 영국 정치가 갖고 있는 역설입니다. 어느 누가 정권을 잡든, 잡는 순간 무력해지거든요."

그는 잠깐 뭔가 생각하더니 수상으로 선출되고 처음 버킹엄 궁에 불려갔을 때 이야기를 들려주었다. 그를 반갑게 맞이한 폐하가 이렇게 물었다고 한다.

"그래, 당신네 사회주의자들은 나를 어떻게 할 참이오?"

그리고 맥도널드 수상은 혼자 웃더니 이렇게 대답했다고 말했다.

"아무 일도 없을 겁니다. 다만 폐하와 나라를 위해 최선을 다하겠습니다."

선거 기간이었음에도 애스터 부인이 랠프와 나를 플리머스에 있는 그녀의 저택으로 초대했다. 우리는 그곳에서 주말을 보내면서 T. E. 로렌스를 만날 예정이었다. 그러나 무슨 이유에서인지 로렌스는 나타나지 않았다. 여하튼 애스터 부인은 그녀의 선거구에서 유세가 있다며 우리를 그곳으로 초대했다. 우리는 부둣가 근처에서 유세를 하는 그녀를 만났다. 그녀는 내게 연단에 올라가 유세장에 모인 사람들에게 하고 싶은 말이 있는지 물어봤다. 나는 그녀에게 내가 노동당을 지지하는 사람으로 널리 알려졌고, 따라서 내가 그들 앞에 서는 것이 그녀에게 별로 도움이 되지 않을 수도 있는데 괜찮겠느냐고 물어봤다. 그러자 그녀가 말했다.

"상관없습니다. 그냥 저들이 당신을 보고 싶어 하는 것 같아서 물어보는 거예요. 그뿐입니다."

선거 유세가 야외에서 있었기 때문에 우리는 큰 트럭에 올라가 연설을 했다. 그곳 주교도 자리에 함께했다. 다소 성미가 급한 사람이었는데, 우리를 반갑게 맞아주기는 했지만 애스터 부인을 생각해 마지못해 그렇게 하는 것 같았다. 애스터 부인의 짤막한 소개를 뒤로하고 나는 트럭 위에 올라갔다.

내가 말했다.

"여러분, 안녕하세요. 우리 같은 부자들은 여러분에게 투표하는 방식만 알려주면 그만이라고 생각하지만, 우리 사정과 여러분이 처한 사정은 아주 다릅니다."

이렇게 말을 시작했을 때 갑자기 주교가 "브라보!" 하고 외치는 소리가 들려왔다. 나는 무시하고 계속 말을 이어갔다.

"애스터 부인과 여러분은 뭔가 공통점이 있을지 모릅니다. 저는 그것이 무엇인지 모릅니다. 그것에 대해서는 저보다 여러분이 더 잘 알고 계시겠지요."

"옳소! 옳습니다!"

주교가 다시 이렇게 소리쳤다.

"애스터 부인의 정치적 입장과 과거 의정 활동을 살펴보면, 음…… 그러니까…… 그게……."

갑자기 적절한 단어가 생각이 나지 않아 말문이 막혔다.

"선거구요."

주교가 또 끼어들며 말했다. 그는 내가 말문이 조금 막힌다 싶으면 여지없이 끼어들었다. 나는 계속 연설을 했다.

"애스터 부인의 의정 활동은 상당히 만족스럽습니다."

그리고 나는 그녀가 다정다감한 여성이자 의지와 추진력을 갖춘 여성이라는 말로 연설을 끝맺었다. 내가 트럭에서 내려오자 주교는 상당히 만족스런 표정으로 내게 미소를 보내더니 손까지 내밀며 악수를 청했다. 앞서와는 완전히 다른 모습이었다.

영국 성직자는 영국을 대표한다는 생각에 항상 솔직하고 성실한 자세를 잃지 않는다. 휴렛 존슨 박사와 캐논 존 콜린스 같은 성직자들과 지금의 다른 많은 고위 성직자들은 영국 국교회에 활력을 주고 있다.

이번 여행에 같이 동행한 랠프 바턴이 이상한 행동을 보이기 시작했다. 내가 묵고 있던 호텔방에 전기시계가 하나 걸려 있었는데, 하루는 시간을 보려고 올려다보니 시계가 가지 않았다. 이상하게 생각한 내가 시계를 살펴보니 전선이 끊어져 있었다. 내가 랠프에게 시계 전선이 끊어져 있었다고 말하자 그가 이렇게 대답했다.

"응, 내가 그랬어. 시계 똑딱거리는 소리가 귀에 거슬려서 견딜 수가 있어야지."

나는 어이가 없기도 하도 화가 나기도 했지만 그냥 넘어갔다. 시계 똑딱거리는 소리가 귀에 거슬린다고 하니 그러려니 생각하고 크게 문제 삼지 않았다. 뉴욕을 떠나온 뒤로 그는 우울증 증세도 가시고 기분도 상당히 좋아 보였다. 그런데 그는 서둘러 미국으로 돌아가고 싶어 했다.

미국으로 돌아가기 전에 그는 내게 자기 딸을 만나보러 갈 참인데 같이 가지 않겠느냐고 물어봤다. 첫 번째 부인과의 사이에서 얻은 큰딸로 1년 전에 수녀가 되어 해크니에 있는 한 가톨릭 수녀원에 머물고 있었다. 랠프는 그녀에 대해 자주 이야기를 했는데, 열네 살 되던 해부터 수녀가 되겠다고 노래를 부르고 다니더니 결국 수녀가 되었다고 했다. 물론 그와 그의 부인은 큰딸의 마음을 돌려놓으려고 온갖 수단과 방법을 다 동원했다고 한다. 랠프는 열여섯 살 때 찍었다고 하는 큰딸의 사진을 보여주었는데, 내가 보기에도 감탄사가 절로 나올 정도로 상당한 미인이었다. 커다랗고 검은 눈동자, 야무진 입술 그리고 매력적이고 애교 있는 미소가 인상적이었다.

랠프는 부인과 함께 큰딸의 마음을 돌려놓으려고 파리에 있는 댄스장이나 나이트클럽에도 데려가고, 남자친구들도 소개시켜주면서 데이트도 하게 했지만 전혀 소용이 없었다. 물론 그녀도 그런 것들을 좋아하고 재미있어 했다. 그렇지만 수녀가 되겠다는 결심은 버리지 않았다. 결국 큰딸은 수녀가 되어 파리의 한 수녀원에 머물렀고, 랠프는 18개월째 그녀를 보지 못했다고 말했다. 그녀는 이제 막 수련 기간을 끝내고 정식 수녀가 되어 있었다.

수녀원은 해크니의 슬럼가 중심에 자리 잡고 있었다. 건물은 오래돼서 그런지 어둡고 스산했다. 우리는 그곳에 도착해 수녀원장의 마중을 받고 작고 우중충한 방으로 안내됐다. 우리는 그 방에 앉아 한참을 기다렸다. 잠시 뒤에 랠프의 딸이 방으로 들어왔다. 나는 그녀를 보는 순간 비애감이 들었다. 무엇보다 그녀가 사진에서 본 대로 아름다웠기 때문이다. 다만 웃을 때 어금니 두 개가 없는 것이 인상에 강하게 남았다.

어색한 순간이 이어졌다. 세 사람이 작고 어둑한 방에 앉아 있는 모습이 낯설었다. 옷을 단정히 입은 도회풍의 서른일곱 살 먹은 아버지는 다리를 꼬고 앉아 담배를 피우고 있었고, 수녀가 된 열아홉 살의 젊고 아리따운 딸은 우리와 마주보고 앉아 있었다. 나는 내가 그들 사이에 끼어 있는 것이 더 어색하다는 생각이 들어 차에 가서 기다리겠다고 말했다. 그러나 그들은 괜찮다며 가지 말라고 한사코 말렸다.

비록 그녀는 밝고 명랑했지만, 수녀원 생활에 많이 지쳐 있는 것 같았다. 뭔가 불안한 듯 안절부절못했고, 하는 일도 힘들어 하는 것 같았다. 그녀는 수녀원에서 선생님으로 아이들을 가르치고 있었다.

"어린아이들을 가르치는 게 쉽지 않아요. 그렇지만 곧 익숙해지겠죠."

랠프는 이런 딸이 대견스러운지 연신 담배를 피우면서도 눈만은 반짝거렸다. 랠프는 이교도였다. 어쩌면 그렇기 때문에 오히려 딸이 수녀가 된 것에 만족하고 있었을지도 모른다.

두 부녀는 오래간만에 만나는 자리임에도 서로 초연했다. 분명히 그녀는 정신적 시련을 겪었을 것이다. 그녀는 젊고 아름다웠지만 얼굴에는 수심이 가득했다. 그녀는 우리 두 사람의 런던 방문이 어땠는지 그리고 랠프의 다섯 번째 부인이었던 저메인 테일퍼는 어떤 사람인지 궁금해했다. 랠프는 이혼했다고 사실대로 이야기했다. 그녀는 아버지에게 괜한 질문을 했다는 듯이 나를 쳐다보며 짓궂게 이렇게 말했다.

"실은 저는 아버지의 부인들이 누구누구였는지 잘 몰라요."

랠프와 나는 겸연쩍어하며 그냥 웃고 넘겼다.

랠프는 딸에게 계속 해크니에 머무는지 물어보았다. 그녀는 천천히 머리를 가로젓더니 중앙아메리카로 보내질 것 같다고 말했다.

"그렇지만 언제 어디로 갈지 사실 몰라요. 미리 귀띔해주는 법이 없거든요."

"그럼, 언제 어디로 가든 도착하거든 아버지에게 편지라도 하렴."
내가 중간에 끼어들어 이렇게 말했다. 그녀는 잠시 머뭇거렸다.
"우리 수녀들은 아무하고나 편지를 주고받을 수 없어요."
"부모님하고도?"
내가 물었다.
"예."
그녀는 별로 대수롭지 않게 이렇게 대답하고 아버지를 바라보며 미소를 지었다. 잠시 침묵이 흘렀다.

헤어질 시간이 되자 그녀는 한동안 랠프의 손을 다정하게 잡아주었다. 다가오는 운명의 그림자를 직감이라도 하고 있었던 것일까. 랠프는 돌아오는 길에 겉으로는 태연한 척했지만, 속으로는 울적해하는 것 같았다. 그리고 2주일 뒤에 그는 뉴욕에 있는 자신의 아파트에서 권총으로 자살했다. 발견됐을 때, 그는 시트를 뒤집어쓴 채 침대에 가지런히 누워 있었다고 한다.

사회주의자 찰리

나는 런던에 머무는 동안 H. G. 웰스도 자주 만났다. 그는 베이커 가에 아파트 한 채를 얻어 작업실로 사용하고 있었다. 내가 찾아갈 때마다 그는 여비서 네 명을 거느리고 산더미 같이 쌓아놓은 책들을 뒤지느라 여념이 없었다. 그는 비서들을 시켜 백과사전, 기술서적, 각종 기록문서와 논문들을 뒤지며 정리하고 있었다.
그가 말했다.

"이번에 새로 집필 중인 《돈의 해부학》을 위해 자료를 찾고 있는 중이네. 아주 방대한 저술이 될 걸세."

"일은 비서들이 다 하는 것 같은데요."

내가 농담으로 이렇게 말했다. 그의 서재 한구석에는 높다란 선반이 있고 그곳에 커다란 비스킷 통이 놓여 있었는데, 각 통마다 '인명 자료', '개인 서한', '철학', '과학 수치' 등의 라벨이 붙어 있었다.

저녁을 먹고 나자 그의 친구들 몇 명이 도착했다. 그중에 해럴드 라스키 교수도 끼어 있었다. 그는 나이에 비해 상당히 젊어 보였다. 해럴드는 대단한 웅변가였다. 나는 그가 캘리포니아에 있는 미국 법률가협회에서 강연하는 것을 한 번 들어본 적이 있었다. 그는 강의노트 없이 한 시간 동안 거침없이 열변을 토했다. 웰스의 아파트에서 만난 날 밤, 해럴드는 사회주의 철학의 놀라운 발견에 대해 이야기해주었다. 그는 사회 변화의 속도에 조금만 가속도가 붙어도 격차는 무시무시할 정도로 커진다고 말했다. 그의 이야기는 정말 흥미진진했고, 우리는 시간 가는 줄도 모르고 그의 이야기에 빠져들었다. 다만 웰스가 잠자리에 들 시간이 되었는지 시계 한 번 쳐다보고 우리를 한 번 쳐다보고 하는 통에 아쉽지만 모두 집으로 돌아왔다.

H. G. 웰스가 1935년에 캘리포니아로 나를 찾아왔을 때, 나는 그가 러시아를 비판한 것에 대해 나무란 적이 있다. 나는 그가 러시아를 헐뜯고 비방한 글을 이미 읽은 뒤였기 때문에 왜 그런 글을 썼는지 그의 해명을 직접 듣고 싶었다. 그러나 러시아에 대한 그의 비판은 훨씬 더 신랄했다. 내가 그의 주장에 이의를 제기하

며 이렇게 물었다.

"그렇지만 판단하기에는 너무 이른 것 아닌가요? 그들은 상당히 어려운 일을 해냈습니다. 안에서든 밖에서는 질시와 반목, 반대와 음모가 끊이지 않았습니다. 그럼에도 여기까지 왔다는 것은 다른 평가가 필요한 부분이 아닐까요. 조만간 좋은 결과가 나올 수도 있지 않습니까?"

그 당시 웰스는 루스벨트의 뉴딜 정책의 성과에 대해 상당한 지지와 열의를 갖고 있었다. 뿐만 아니라 미국과 같이 썩어가는 자본주의의 토양에서 유사사회주의가 태동할 수도 있을 것이라는 전망을 내놓았다. 웰스는 자신이 직접 만나 회견을 나눈 적이 있는 스탈린에 대해 매우 비판적이었다. 무엇보다 그는 스탈린의 지배 아래에서 러시아는 전제적인 독재체제로 전락했다고 신랄하게 비판했다.

나는 그에게 이렇게 물었다.

"당신 같은 사회주의자는 자본주의가 사형선고를 받은 것이나 마찬가지라고 생각할 텐데, 러시아에서 사회주의가 실패하면 이 세상에는 어떤 희망이 남는 거죠?"

그가 말했다.

"러시아에서 사회주의는 실패하지 않을 거요. 물론 그건 다른 사회주의 국가들에서도 마찬가지고. 그러나 지금 러시아의 사회주의는 진정한 사회주의가 아니요. 독재체제란 말이요."

내가 말했다.

"물론 러시아도 실수를 저질렀을 수 있습니다. 그리고 다른 나라들과 마찬가지로 계속 실수를 저지르겠지요. 내 생각에 러시아가 저지른 가장 큰 실수는 혁명 이후에 해외 차관, 러시아 공채 등을 혁명 이전의 차르 체제가 남긴 부채라고 주장하면서 상환을 거부한 거예요. 비록 러시아가 이런 대외 부채를 상환하지 않은 것이 정당화될 수도 있었을지 모르지만, 저는 그것이 큰 실수였다고 생각합니다. 이 일로 러시아는 다른 나라들로부터 반감과 불신을 사고 제품 불매운동에 휩싸이고 군사적 침략을 당했으니까요. 결국 부채보다 갑절이나 많은 비용과 희생이 따랐습니다."

웰스는 내 의견에 부분적으로 동의했다. 그러나 그는 내 주장이 이론적으로는 맞지만 사실과는 다른 부분이 있다고 지적했다. 즉 차르 체제가 혁명 정부에 떠안긴 대외 부채의 상환을 거부한 것은 혁명 정신을 부추기기 위한 하나의 포고였으며, 만약 혁명 정부가 구체제의 빚까지 갚아야 했다면 민중들은 다시 들고일어났을 것이라고 말했다. 그래도 나는 내 주장을 굽히지 않았다.

"그렇지만 러시아가 대외 부채에 대해 공명정대하게 처리하고 너무 이상에 치우치지 않았다면, 자본주의 국가들에게 상당히 많은 돈을 빌릴 수 있었고, 그것을 밑거름으로 좀 더 빨리 경제 성장을 이룩했을 수도 있었습니다. 제1차 세계대전 이후 발생한 자본주의의 인플레이션을 틈타 러시아는 손쉽게 대외 부채를 청산할 수도 있었고요. 그랬다면 지금과 달리 다른 나라들로부터 커다란 호의를 얻었을 겁니다."

웰스는 크게 웃었다.

"더 말하면 뭐 하겠나. 그러나 이미 지난 일이라네."

H. G. 웰스는 종잡을 수 있는 인물이 아니었다. 그는 남프랑스에다 자신의 러시아 연인을 위해 집을 지어주기도 했다. 그녀는

매우 신경질적이고 변덕이 심했다. 그 집 벽난로 위에는 고딕체로 이런 글씨가 새겨져 있었다.

'두 연인이 이 집을 짓다.'

내가 이 글씨에 대해 화제에 올린 적이 있었다.

"그래요. 우리 두 사람이 집을 짓고 나서 새긴 글씨입니다. 그런데 뗐다 붙였다 하기를 수십 번도 더 했어요. 서로 한바탕 싸우고 나면, 난 석공을 불러 그것을 떼어내도록 시켜요. 그리고 화해하면 그녀가 석공을 불러 다시 붙여놓고. 이렇게 수도 없이 뗐다 붙였다 하니까 석공이 우리 말은 아예 무시하고 거기에다 올려놓고 간 거예요."

1931년에 웰스는 《돈의 해부학》의 집필을 끝냈다. 초고 집필에 들어간 지 2년 만이었다. 그는 매우 지쳐 보였다.

내가 물었다.

"이제 무엇을 할 생각이세요?"

"다른 책을 써야지요."

그가 웃으며 대답했다.

"저런! 조금 쉬거나 다른 것을 하고 싶지 않으세요?"

"뭐 달리 할 게 있소?"

H. G. 웰스도 나와 마찬가지로 가난한 집안 출신이었다. 물론 그가 가난한 집안 출신이었다는 흔적은 그의 작품이나 외모에서 엿볼 수 있는 것은 아니었다. 그러나 내 경우처럼 그도 사소한 실수에 너무 민감하게 반응하는 성격이었다. 한 번은 웰스가 묵음 'h'를 잘못 발음한 적이 있었다. 그때 그는 자신이 실수했다는 것을 알고 얼굴이 머리끝까지 새빨갛게 변했다. 또 한 번은 웰스가

그의 백부에 대해 이야기해준 적이 있었다. 그의 백부는 한 영국인 귀족의 저택에서 수석 정원사로 일했다. 그런데 백부의 꿈은 조카인 그를 그 집 하인으로 들여오는 것이었다. 웰스는 아이러니하게 이렇게 말했다.

"신의 가호가 있었길 망정이지 하마터면 평생 집사 노릇이나 하고 살았을지 모르겠소!"

웰스는 내가 어떻게 사회주의에 관심을 갖게 되었는지 알고 싶어 했다. 나는 미국에 와서 업턴 싱클레어(1878~1968, 미국의 저술가이자 사회주의자-옮긴이)를 만나고 사회주의에 관심을 가졌다고 말해주었다. 싱클레어와 나는 점심을 먹으러 패서디나에 있는 그의 집으로 가고 있었다. 그때 그는 부드러운 목소리로 내게 이윤체계라는 것을 믿는지 물어보았다. 나는 그것에 대답하려면 회계사가 필요하다고 우스갯소리로 대답했다. 별다른 의도가 담긴 질문은 아니었지만, 순간 나는 그것이 자본주의를 이해하는 데 정말 근본적인 문제란 생각이 들었다. 그때부터 나는 사회주의에 관심을 갖게 되었고 정치를 역사가 아닌 경제 문제로 보기 시작했다.

한 번은 웰스에게 내가 초능력을 갖고 있는 것 같다는 말을 꺼낸 적이 있다. 당연히 그는 믿으려 하지 않았다. 그래서 나는 내게 일어난 일 중에 우연의 일치로 보기에는 너무 신기한 한 사건을 이야기했다. 테니스 선수인 앙리 코셰, 또 한 친구 그리고 나 이렇게 셋이서 비어리츠에 있는 칵테일 바에 간 적이 있었다. 바 벽에 1에서 10까지 숫자가 적힌 도박용 숫자판이 세 개 붙어 있었다. 나는 숫자판을 보자 반쯤 농담으로 내가 초능력을 갖고 있는데 숫자판 세 개를 차례로 돌려 첫 번째는 9에, 두 번째는 4에 그리고 세 번째는 7에 멈출 수 있다고 호언장담했다. 그렇게 말하고 나는 숫자판을 차례로 돌렸다. 그런데 첫 번째 숫자판이 9에, 두 번째 숫자판이 4에 그리고 세 번째 숫자판이 7에 차례로 멈추는 게 아닌가. 이렇게 들어맞을 확률은 무려 1백만 분의 1의 확률이었다.

웰스는 그것이 순전히 우연의 일치라고 말했다.

"그런데 우연도 반복해서 일어나면 한번 연구해볼 가치가 있습니다."

나는 이렇게 말하며 어렸을 때 내게 있었던 일을 한 가지 더 이야기했다. 나는 캠버웰 가에 있는 한 식품점 앞을 지나고 있었다. 그런데 평상시와 달리 가게 문이 닫혀 있었다. 나는 무슨 생각이 들었는지 창턱에 기어 올라가 창문에 나 있는 작은 마름모꼴 구멍으로 안을 들여다봤다. 안은 캄캄했고 인기척도 없었다. 식료품은 진열장에 그대로 진열되어 있었다. 그런데 바닥 한가운데에 커다란 짐 꾸러미가 하나 덩그러니 놓여 있었다. 순간 왠지 모르게 온몸에 소름이 돋았다. 나는 창턱에서 뛰어내린 뒤 그대로 내달렸다. 얼마 뒤 그곳에서 살인 사건이 터졌다. 에드거 에드워즈라는 예순다섯 살 먹은 멀쩡한 노인이 다섯 군데 식품점 주인을 창틀 추로 내리쳐 죽이고 식품점을 가로챈 사건이었다. 그날 캠버웰 가 식품점에서 본 짐 꾸러미에는 그의 마지막 희생자인 가게 주인 더비 부부와 그들의 아기 사체가 담겨 있었다.

그러나 웰스는 이것도 우연의 일치일 뿐이라며 믿으려 들지 않았다. 그는 인생을 살다 보면 우연의 일치는 수도 없이 일어나기 때문에 그것으로 초능력을 입증할 수는 없다고 말했다. 나는 별다른 이의를 달지 않았다. 대신 그에게 또 다른 한 가지 경험을 이야기해주었다. 어렸을 적 나는 목이 말라 물을 좀 얻어 마시기 위해 런던브리지 가에 있는 선술집 크라운에 들어간 적이 있었다. 주인으로 보이는 검은 콧수염을 한 남자가 내게 물을 가져다 줬다. 무뚝뚝하게 생겼지만 매우 친절한 사람이었다. 그런데 무슨 연유에서인지 나는 갑자기 물을 마시고 싶지 않았다. 물론 나는 그 남자의 성의를 생각해서 마시는 척했지만, 그가 손님에게 말하려고 돌아보는 순간 잔을 내려놓고 밖으로 뛰쳐나왔다. 2주 뒤에 내가 물을 마시러 들어갔던 그 선술집 주인 조지 채프먼이란 남자가 신경흥분제로 아내 다섯 명을 독살한 혐의로 체포됐다. 마지막 희생자는 내가 물을 마시러 들어간 바로 그날 선술집 2층 방에 죽어 있었다고 한다. 에드워즈와 채프먼 두 사람 모두 교수형을 당했다.

말이 나온 김에 신기한 경험 한 가지를 더 이야기 하고 싶다. 비벌리힐스에 새로 집을 짓기 1년 전에 자신이 투시능력이 있다고 말하는 어떤 사람으로부터 익명의 편지를 받았다. 그는 자신이 꿈에서 언덕 위에 지은 집 한 채를 보았는데, 집 앞에는 뱃머리처럼 뾰족하게 내려오는 잔디밭이 있고, 창문은 40개나 되며, 천장이 높은 널따란 음악당을 갖추고 있는 집이라고 했다. 집터는 2000년 전에 고대 인디언 부족들이 인간을 제물로 바치던 신성한 장소였고, 집에 유령이 돌아다니기 때문에 밤에 절대 불을 꺼서는 안 된다고 주의를 줬다. 물론 편지는 내가 혼자 있지 않고 불이 꺼져 있지 않은 한 유령이 나올 염려는 없을 거라고 쓰고 있었다.

당시 나는 어떤 정신 나간 녀석이 나를 놀리기 위해 보낸 편지라 여기고 별 생각 없이 까마득히 잊고 지냈다. 그런데 비벌리힐스에 새로 집을 짓고 2년 정도가 지난 어느 날이었다. 무심히 책상을 뒤지다가 이 편지를 발견하고 다시 읽어보았다. 순간 나는 깜짝 놀랐다. 편지에 쓰인 집 생김새나 잔디 모양이 내가 살고 있는 집과 똑같았다. 창문 개수도 편지에 쓰인 대로였다. 나는 2년 넘게 이 집에 살면서 창문 수를 세어본 적이 없었다. 혹시나 하는 생각에 창문 수를 세어보니 놀랍게도 40개였다.

편지 내용이 허투루 들리지 않았다. 편지 내용이 사실이라면 유령이 돌아다닐지도 모를 일이었다. 비록 내가 유령의 존재를 믿는 사람은 아니었지만, 혹시나 하는 마음에 실험을 해보기로 했다. 수요일은 가정부나 집사도 쉬는 날이었기 때문에 집은 텅 비어 있었다. 그래서 나는 밖에 나가 저녁을 먹었다. 저녁을 먹은 뒤에 곧장 집으로 돌아와 오르간이 있는 방으로 갔다. 그곳은 교회의 회중석처럼 길쭉한 방으로 천장은 고딕 양식이었다. 나는 커튼을 친 다음에 모든 불을 껐다. 그리고 어둠 속을 더듬거려 안락의자를 찾아 10분 정도 조용히 앉아 있었다. 어둠이 내 감각을 자극했다. 형체를 알 수 없는 물체가 내 눈앞에서 아른거리는 것 같았다. 그러나 눈을 비비고 다시 보니 커튼 사이로 희미하게 들어오는 달빛이 크리스털 유리병에 반사되어 나오는 빛이었다.

나는 의자에서 일어나 달빛이 들어오지 않도록 커튼을 쳤다. 그러자 좀 전에 아른거리던 형체도 사라졌다. 나는 다시 의자에 앉아 어둠 속에서 기다렸다. 한 5분 정도 기다렸을 것이다. 그러나 아무것도 나타나지 않았다. 나는 소리 내어 이렇게 말하기 시작했다.

"유령이 있다면, 내 앞에 나타나보시오."

그리고 또 몇 분을 기다렸다. 그러나 아무것도 나타나지 않았다. 나는 계속 소리 내어 말했다.

"어떻게 대화라도 나눌 방법이 없겠소? 신호도 괜찮소. 똑똑 두드리거나, 그런 방법을 사용할 수 없다면, 내 마음에 뭔가 암시라도 줄 수 있지 않겠소. 내가 받아 적을 수 있게. 그것도 아니면 찬바람이라도 일으켜 여기 있다는 것을 알려줄 수도 있잖소."

그렇게 또 5분 정도를 더 앉아 있었다. 그러나 바람도 없었고 어떤 징후 같은 것도 보이지 않았다. 정적만이 방 안에 감돌았고, 머리도 멍해지는 것 같았다. 결국 나는 쓸데없는 짓이라고 생각하고 포기했다. 불을 켜고 거실로 갔다. 거실은 커튼이 쳐 있지 않았다. 거실에 놓여 있는 피아노에 달빛이 비치고 있었다. 나는 피아노로 다가가 앉아 건반을 두드리기 시작했다. 그렇게 피아노를 치는데 문득 어떤 한 화음에 내 마음에 와 닿았다. 나는 그것을 여러 번 반복해서 쳤다. 방 안에 그 화음이 울려 퍼졌다. 그런데 내가 왜 이러고 있지? 유령이 나타난 것인지도 모른다! 나는 같은 화음을 계속 반복해서 쳤다. 갑자기 허리춤에 하얀 빛이 비치더니 나를 감싸며 올라왔다. 순간 너무 놀라 의자를 박차고 쏜살같이 일어섰다. 심장이 북처럼 쿵쾅거렸다.

나는 정신을 차리고 그게 무슨 빛이었는지 생각해보았다. 피아노는 창 가까이에 놓여 있었다. 나는 좀 전에 내 허리춤에 비친 불빛이 유령이 아니라 언덕을 내려오는 자동차에서 나온 빛이라는 것을 알아냈다. 안도의 숨을 쉬었다. 나는 다시 피아노 앞에 앉아 같은 화음을 여러 번 반복해서 쳤다. 거실 끝까지 어두운 복도가 이어지고 그 구석에 식당이 있었다. 그때 식당 문이 열리더니 안에서 뭔가 나오는 것이 눈에 들어왔다. 눈 주위에 광대처럼 하얀 원이 그려진 난쟁이 모양 작고 이상하게 생긴 괴물이었다. 그것은 어두운 복도를 지나 쏜살같이 오르간이 있는 방으로 들어갔다. 순간적으로 일어난 일이라 자세히 볼 겨를도 없었다. 소름이 끼치고 무서웠지만 나는 일어나 그것을 뒤따라갔다. 그러나 어디로 사라졌는지 보이지 않았다. 신경이 곤두선 상태에서 눈을 깜박거리다가 헛것을 본 것은 아닌지 생각했다. 나는 다시 돌아와 피아노를 쳤다. 그러나 더 이상 아무 일도 일어나지 않았다. 그래서 아주 포기하고 잠이나 자기로 마음을 먹었다.

나는 파자마로 갈아입고 욕실로 들어갔다. 불을 켰다. 그런데 유령이 욕조에 들어 앉아 나를 빤히 쳐다보고 있는 것이 아닌가! 나는 너무 놀라 그대로 욕실에서 뛰쳐나왔다. 물론 그것은 유령이 아니라 스컹크였다. 조금 전에 거실에서 얼핏 본 것과 생김새가 같은 놈이었다. 그러나 어두운 복도에서 봤던 것과는 달리 상당히 작았다.

아침에 나는 집사에게 시켜 욕조에서 허둥대고 있는 스컹크를 잡아 우리에 가두도록 하고 애완동물로 키웠다. 그런데 어느 날 우리를 빠져나와 도망가더니 그 뒤로 영영 보이지 않았다.

나는 애국주의에 반대한다

내가 런던을 떠나기 직전에 요크 공작〔뒤에 조지 6세(재위 1936~1952)가 되었다—옮긴이〕 내외로부터 점심식사에 초대받았다. 공작 내외와 공작부인의 양친 그리고 열세 살 된 공작부인의 남동생만 참석한 조촐한 자리였다. 뒤에 필립 사순 경이 자리에 함께했다. 식사가 끝나고 사순 경과 나는 공작부인의 어린 남동생을 이튼스쿨까지 바래다주라는 분부를 받았다. 공작부인의 남동생은 상당히 조용하고 침착했다. 우리는 학교 반장인 두 학생의 안내를 받으며 교내를 둘러봤다. 뒤에 두 학생은 다른 학생들을 불러 모아 우리에게 인사시키고 차를 대접했다. 그때까지 공작부인의 남동생은 우리를 따라다녔다.

우리는 차를 마시러 학교 근처 과자 가게에 들어갔다. 캔디와 6펜스짜리 차를 판매하는 평범한 가게였다. 공작부인의 남동생은 약 100명 정도 되는 다른 학생들과 함께 밖에서 기다렸다. 우리 네 사람은 작고 비좁은 2층으로 올라가 테이블에 앉았다. 우리는 그렇게 앉아 느긋하게 차를 마셨다. 내가 차를 다 마시자 한 학생이 내게 한 잔 더 하겠냐고 물었다. 나는 별 생각 없이 그러겠다고 대답했다. 그런데 이게 약간 말썽을 일으켰다. 차 값이 모자랐던 것이다. 내가 한 잔을 더 하지 않았다면 문제되지 않았을 텐데. 여하튼 두 학생은 밖으로 나가 다른 학생들과 뭔가 소곤소곤 이야기를 나누는 것 같았다.

사순 경이 내게 이렇게 속삭였다.

"아마 2펜스 정도 모자라는 것 같네. 그렇다고 초대받은 우리가 낼 수 있는 것도 아니고. 허!"

여하튼 그들이 추가 비용을 어떻게 부담했는지 알 수는 없었지만 차가 한 잔씩 더 나왔다. 그러나 차가 나오자마자 수업 시작을 알리는 종이 울리는 바람에 우리는 서둘러 마셔야 했다. 학교 정문까지 가야 하는데 1분밖에 남지 않았다며 그들은 재빨리 뛰기 시작했다. 우리도 같이 따라 들어갔다. 교장이 우리를 맞이했다. 그리고 셸리와 다른 많은 저명한 인사들의 이름이 새겨진 방으로 우리를 안내했다. 교장은 다시 반장 두 명에게 우리의 안내를 맡겼다. 우리는 이튼스쿨에서 가장 성스럽게 관리하는 방으로 들어갔다. 바로 셸리가 생전에 사용했다고 하는 방이었다. 그런데 공작부인의 남동생은 들어오지 않고 밖에서 서성였다.

반장 한 명이 오만한 말투로 그에게 이렇게 물었다.

"무슨 볼일이라도 있니?"

"우리랑 같이 온 아이네."

사순 경이 중간에 끼어들며 이렇게 말했다. 그리고 우리가 런던에서 데리고 왔다고 덧붙였다.

"좋아. 들어와."

그는 별로 내키지 않는지 퉁명스럽게 말했다.

사순 경이 내게 속삭였다.

"그를 들여보내는 것은 정말 큰 호의라네. 이런 성스러운 장소에 아무나 들어오게 하면 그의 경력에 해가 될 수도 있어요."

내가 이튼스쿨의 스파르타식 규율에 대해 알게 된 것은 뒤에 애스터 부인과 함께 이곳을 다시 방문했을 때였다. 상당히 춥고 어두운 밤이었다. 우리는 희미하게 불이 켜져 있는 갈색 복도를 손으로 더듬으며 걸어갔다. 각 방문마다 발 씻는 대야가 걸려 있었다. 마침내 우리가 찾고 있던 방문 앞에 도착해 조용히 문을 두드렸다.

그녀의 어린 아들이 문을 열었다. 얼굴이 창백해 보였다. 방 안에는 그와 방을 같이 쓰는 두 친구가 작은 석탄 화로에 둘러앉아 불을 쪼이고 있었다. 그런 아이들을 보고 있자니 안쓰러웠다.

애스터 부인이 말했다.

"주말에 가능하면 같이 보낼 수 있을까 해서 왔단다."

그렇게 이야기를 나누고 있는데 밖에서 누군가 문을 두드리는 소리가 들렸다. 그리고 우리가 "들어오세요"라고 말하기도 전에 손잡이가 돌아가더니 사감이 들어왔다. 마흔 살 정도 되어 보이는 건장한 체구의 금발머리 남자였다.

"안녕하세요."

사감이 애스터 부인을 보고 퉁명스럽게 인사했다. 그리고 나에게는 고개만 끄덕였다. 그러고는 작은 벽난로에 팔꿈치를 얹더니 파이프 담배를 피우기 시작했다. 애스터 부인은 예고 없이 찾아온 것이기 때문에 자초지종을 설명했다.

"주말에 애를 데리고 나갈 수 있는지 알아보러 왔습니다."

"죄송합니다. 그렇게 할 수는 없습니다."

사감이 다짜고짜 이렇게 대답했다.

"왜 이러세요. 그렇게 까다롭게 구실 필요는 없잖아요."

"까다로운 게 아닙니다. 저는 단지 안 된다는 사실을 말씀드리는 겁니다. 이곳 규율입니다."

"그렇지만 애 얼굴이 너무 안 좋아 보여요."

"그만 하십시오. 애가 뭐 어떻다고 그러시죠."

아들 침대에 앉아 있던 애스터 부인은 일어나서 사감 쪽으로 다가갔다.

"왜 그러세요."

그녀는 사감을 툭 밀치며 애교 섞인 목소리로 이렇게 말했다. 그녀가 다른 사람을 설득하려 들 때 자주 하는 행동으로 나는 그녀가 로이드 조지나 다른 사람들에게 이런 행동을 하는 것을 종종 봤다.

사감이 입을 열었다.

"애스터 부인. 부인은 말할 때 사람을 밀치는 나쁜 버릇이 있는 것 같습니다. 위험한 행동이니 하지 않는 것이 좋습니다."

사감의 이 말 한 마디에 애스터 부인은 할 말을 잃고 말았다.

어찌어찌하다가 대화가 정치 이야기로 넘어갔다. 사감이 중간에 말을 자르더니 이렇게 말했다.

"영국 정치에서 가장 큰 골칫거리는 여성들이 너무 정치에 간섭한다는 겁니다. 그럼 저는 이만 실례하겠습니다. 애스터 부인."

이렇게 말하더니 사감은 우리 두 사람에게 퉁명스럽게 인사하고 그대로 방을 나가버렸다.

"뭐 저렇게 무뚝뚝한 남자가 다 있어."

애스터 부인이 말했다. 그러나 아들은 그의 편을 들었다.

"아니에요, 어머니. 사감 선생님은 다정한 분이세요."

여성을 비하하는 발언을 하기는 했지만 자기 소신이 있는 존경스러운 인물이었다. 무엇보다 정직하고 솔직한 사람이었다. 물론 유머 감각은 없었지만 진지했다.

형 시드니를 본 지도 오래되어서 형과 같이 지낼 생각으로 영국을 떠나 니스로 향했다. 형은 평소에 25만 달러를 저축하면 은퇴하겠다는 말을 입에 달고 다녔다. 내가 생각하기에 형은 그것보다 더 많은 돈을 모았을 것이다. 그는 훌륭한 희극배우이기도 했지만 수완 좋은 사업가이기도 했다. 그리고 여러 편의 영화를 만들어 큰 성공을 거두기도 했다. 무엇보다 〈잠수함 파일럿〉 〈베터올〉 〈맨 인 더 박스〉 그리고 〈찰리의 아줌마〉 등이 큰 성공을 거둬 상당한 돈을 벌었을 것이다. 어쨌든 형은 항상 말했듯이 일찍 은퇴해서 형수와 니스에서 살고 있었다.

한편, 니스에서 살고 있는 프랭크 J. 굴드가 내가 형을 만나러 간다는 소식을 듣고 일찌감치 주앙레팽으로 나를 초대했다. 나는 그의 초대에 기꺼이 응했다.

니스로 가기 전에 나는 잠시 파리에 들러 폴리베르제르에 가 보았다. '여덟 명의 랭커셔 소년들'의 단원 중 한 명이었던 앨프리드 잭슨이 그곳에 출연하고 있다는 소문을 들어 만나보고 싶었다. '여덟 명의 랭커셔 소년들'은 내가 어렸을 때 잠시 몸담았던 클로그댄스단이고, 앨프리드는 이 극단의 단장이었던 잭슨 씨의 아들이었다. 그는 잭슨 가문도 크게 번성해 지금은 여성 무용단만 8개를 거느리고 있다고 말했다. 물론 그의 아버지도 아직 살아 계셨다. 나는 폴리베르제르 무대로 내려가 보았다. 단원들이 모여 연습 중이었다. 앨프리드의 아버지 잭슨 씨도 그곳에 나와 있었다. 이미 여든이 넘은 나이였지만 여전히 몸놀림도 유연하고 건강해 보였다. 그는 "누가 이렇게 될 줄 꿈이나 꿨겠나!"라고 말하며 서로의 인생 성공담을 이야기했다.

"찰리, 이거 아나. 어렸을 적 자네에 대해 기억나는 것 중에 가장 인상 깊었던 건 자네가 매우 착한 아이였다는 거네."

대중의 관심이 오랫동안 지속될 것으로 생각하는 것은 큰 착각이다. 대중의 관심은 수플레 같아서 금방 부풀어 올랐다가 가라앉기 마련이다. 내 경우도 마찬가지였다. 나에 대한 환영 열기도 금방 달아올랐다가 금세 식어버렸다. 무엇보다 이것을 부채질한 것은 언론이었다. 나에 대해 있는 말 없는 말 다 동원해가며 칭찬을 아끼지 않던 그들이 이제 정반대로 빈정대기 시작했다. 솔직히 그들의 기사를 읽다 보면 실소를 금할 수 없다.

　런던이나 파리나 나에 대한 열기가 한풀 꺾였을 때였다. 나도 이제 피곤했고, 휴식이 필요했다. 주앙레팽에서 휴식을 취하고 있을 때 런던의 팰라디움 극장에서 상연할 커맨드 포퍼먼스(왕족이나 귀족들을 위한 특별 무대-옮긴이)에 출연해달라는 부탁을 받았다. 나는 출연하기 힘들다는 통보를 보내고, 대신 공연에 쓰라며 수표로 200파운드를 보냈다. 이것이 문제를 일으켰다. 내가 왕을 모욕하고 왕명을 가볍게 여겼다는 것이다. 그러나 나는 팰라디움 극장 매니저가 보낸 출연 요청이 왕명이라고는 전혀 생각지 못했다. 게다가 출연 제의를 받았을 당시 나는 연기를 할 준비도 되어 있지 않았다.

　몇 주 뒤에 두 번째 공격이 있었다. 나는 테니스를 칠 생각으로 코트에서 친구를 기다리고 있었다. 그때 어떤 젊은 남자가 내게 다가와 자신을 내 친구의 친구라고 소개하며 인사했다. 서로 의례적인 인사를 나누고 농담을 섞어가며 이런저런 이야기를 나누다가 예술, 사회 문제, 정치 등에 대해 평소 갖고 있는 의견을 주고받는 데까지 나갔다. 그는 매우 붙임성 있는 젊은이였고, 나와도 마음이 잘 통했다. 무엇보다 내 말을 잘 들어주는 사람에게 별다른 의심 없이 잘 넘어가는 약점이 있던 나로서는 그에게 할 말과 하지 말아야 할 말을 가리지 않고 많은 말을 했다. 국제 정세가 화제에 올랐다. 나는 현재의 유럽 정세로는 전쟁이 한 번 더 일어날 수 있다고 말하면서 비관적으로 말했다.

"여하튼 저는 전쟁이 일어나도 참전하지 않을 겁니다."

그 친구가 이렇게 말했다. 나는 그의 말에 수긍하며 이렇게 대답했다.

"그렇게 나올 만도 해요. 이해합니다. 저도 우리를 전쟁 같은 곤경에 빠뜨리는 사람들을 경멸합니다. 그리고 누구를 죽이라거나 무엇을 위해 나가 싸우라는 소리를 제일 듣기 싫어합니다. 이 모든 게 애국심이라는 이름으로 공공연하게 자행되고 있어요."

이렇게 우리는 서로 장단을 맞추며 재미있게 이야기를 나누고 헤어졌다. 그리고 내 기억으로는 다음 날 저녁에 다시 만나 이야기를 더 나누자고 했던 것 같은데 그는 나타나지 않았다. 알고 보니 그는 신문기자였다. 나는 친구의 친구와 이야기를 나눈 것이 아니라 신문기자와 인터뷰를 한 것이었다. 다음 날 여러 신문에 대문짝만하게 이런 제목의 기사가 실렸다.

"비애국자 찰리 채플린!"

물론 그와 나눈 대화로 비춰볼 때 이것은 사실이었다. 그러나 나는 개인적 의견을 신문에 발표할 생각은 추호도 없었다. 실제로도 나는 애국자가 아니었다. 도덕적인 또는 이성적인 이유에서

뿐만 아니라 나는 애국심이라는 것 자체가 없었다. 600만 명이나 되는 유대인이 애국주의라는 이름으로 살해되었는데 어떻게 애국주의를 용인할 수 있겠는가? 물론 이것을 독일에 국한된 것이라고 말하는 사람도 있을 것이다. 그렇지만 모든 나라가 애국주의라는 이름으로 이런 살인을 저지를 개연성은 얼마든지 있다.

그리고 나는 영국인으로서 긍지 같은 것도 갖고 있지 않다. 내가 유서 깊은 가문에서 태어나서 유복한 어린 시절을 보냈거나, 또는 그럴듯한 집안에서 부모와 친구들과 어울려 행복하게 자랐다면 그런 감정을 이해할 수 있을 것이다. 그러나 나는 그런 배경을 갖고 태어나지 않았다. 내게 있어 애국주의란 기껏해야 영국을 대표하는 승마, 사냥, 요크셔푸딩 또는 미국의 햄버거와 코카콜라 같은 지엽적인 습관에서 길들여지고 학습된 것에 지나지 않았다. 그러나 오늘날 이런 것들은 이미 세계 어디를 가나 즐길 수 있는 것이 되었다.

물론 내가 살고 있는 나라가 다른 나라의 침략을 받는다면, 대다수 사람들이 나와 똑같은 생각을 하겠지만, 내 목숨을 다 바치는 것은 당연하다. 그러나 맹목적으로 고국을 사랑하고 충성하라고 한다면, 나는 그렇게 할 수 없다. 왜냐하면 그런 요구는 나치와 다를 바가 없기 때문이다. 애국주의가 이런 것이라면 나는 아무 거리낌 없이 비애국자의 길을 선택할 것이다. 그리고 내가 지금까지 살면서 경험한 바로는 모든 나라가 나치주의로 흐를 가능성을 배태하고 있다. 비록 지금 이 순간 그것이 겉으로 드러나 있지는 않지만, 그것은 언제든 기회가 되면 빠르게 고개를 쳐들고 그 추악한 모습을 드러낼 것이다. 따라서 나는 어떤 정치적 이유에서 희생을 강요하거나 누가 희생되는 것은 바라지 않는다. 물론 자신이 그것에 특별한 신념을 갖고 있다면 문제될 것은 없을 것이다. 나는 국가를 위해 목숨을 바칠 생각이 없다. 나는 대통령, 수상 또는 독재자를 위해 내 목숨을 버릴 생각이 없다.

이런 일이 있고 하루나 이틀 뒤에 필립 사순 경이 나를 데리고 콘수엘로 밴더빌트 발산(1877~1964, 미국의 유명한 금융업자 윌리엄 헨리 밴더빌트의 딸―옮긴이)의 집으로 점심을 먹으러 갔다. 남프랑스에서 이름난 아름다운 장소였다. 손님 가운데 키가 크고 깡마른 한 남자가 유독 눈에 들어왔다. 그는 검은 머리카락에 짧은 콧수염을 하고 있었다. 그리고 상냥하고 붙임성 있는 남자였다. 나는 그와 점심을 먹으며 많은 대화를 나눴다. 나는 C. H. 더글러스가 쓴 《경제민주주의》를 화제에 올렸다. 나는 더글러스가 주장하는 신용이론을 그대로 적용할 수 있다면 당면한 대공황을 해소할 수 있을 것이라고 말했다. 이런 이야기를 옆에서 듣고 있던 콘수엘로 발산이 그날 오후 나를 이렇게 평했다.

"채플린 씨는 매우 흥미로운 사람입니다. 무엇보다 사회주의에 상당히 조예가 깊은 것 같습니다."

특히 내 이야기는 그 키 큰 신사에게 상당히 호소력이 있었던 것 같다. 그는 내 이야기가 놀랍다는 듯이 눈을 동그랗게 뜨고 열심히 경청했다. 눈을 얼마나 동그랗게 뜨던지 흰자위가 다 보일 정도였다. 그렇게 내가 하는 이야기에 모두 동의하는 태도를 취했다. 그런데 내가 이야기의 핵심 논지에 도달하자 갑자기 그의 표정이 굳어지더니 이내 실망스러운 태도를 취했다. 그때 내가 이야기를 나눈 그 키 큰 신사는 다름 아닌 오스왈드 모슬리 경이었다. 그는 후일 영국 블랙셔츠당원, 즉 영국 파시스트 연합의 창립자이자 당수가 되었다. 당시 어느 누구도 그가 이렇게 되리라고는 생각지 못했다. 그러나 그의 눈동자 위로 보이던 흰자위와 커다랗게 씩 웃어 보이던 입은 아직도 내 기억에 생생하게 남아 있다. 물론 무섭거나 섬뜩하거나 했다는 말은 아니다.

유유자적하는 여행객

나는 남프랑스에 머물면서 나폴레옹, 비스마르크, 발자크 등 여러 저명 인사들의 전기를 집필한 에밀 루트비히를 만났다. 그는 나폴레옹에 대한 흥미로운 전기를 썼지만 너무 정신분석학적인 접근을 하다 보니 이야기의 재미는 다소 떨어졌다.

에밀 루트비히는 내 영화 〈시티 라이트〉를 보고 감복했다며 나를 꼭 한 번 만나보고 싶다는 전보를 보내왔다. 그는 내가 상상했던 것과는 완전히 다른 인물이었다. 그는 누구보다 오스카 와일드를 빼닮았다. 머리는 생각보다 길었으며, 두툼한 입술과 윤곽이 상당히 여성스러운 느낌을 주었다. 나는 그를 내가 묵고 있는 호텔에서 만났다. 그는 현란하고 극적인 방식으로 자신을 소개하더니 내게 월계수 잎을 건네며 이렇게 말했다.

"로마인들은 위대한 업적을 성취한 사람에게 월계관을 수여했습니다. 따라서 저는 희극영화에서 위대한 업적을 이룬 당신에게 월계관은 아니지만 그 잎 한 장을 드립니다."

나는 그의 이런 행동을 전혀 예측하지 못하고 있었기 때문에 잠시 멍하니 앉아 쳐다봤다. 물론 나중에 안 일이지만, 그는 부끄러움을 많이 타는 사람이었다. 그래서 부끄러움을 감추려고 일부러 이런 행동을 했던 것이다. 그러나 이렇게 인사가 끝나자 그는 완전히 딴사람으로 바뀌었다. 그는 내가 만나본 사람 중에 누구보다 똑똑하고 재미있는 사람이었다. 나는 루트비히에게 전기를 쓰는 데 있어 가장 중요하게 생각하는 것이 무엇인지 물어봤다. 그는 '태도'라고 말했다.

"그럼 전기란 저자의 편견이 개입된 설명, 즉 한 번 자체검열을 거친 작품이란 말씀이시군요."

내가 말했다.

"맞습니다. 전기가 한 인물의 이야기를 모두 다루는 것은 아닙니다. 사실 이야기의 65퍼센트는 다른 사람들이 들려주는 이야기죠. 그게 반드시 한 인물을 온전히 보여주는 것은 아닙니다."

그는 이렇게 대답했다.

저녁을 먹으면서 그는 나에게 지금까지 본 광경 중에 가장 아름다운 것이 무엇이냐고 물어보았다. 나는 생각해볼 것도 없이 테니스 선수 헬렌 윌스가 테니스를 칠 때 보이는 동작이라고 대답했다. 그녀의 동작은 간결하고 우아할 뿐 아니라 건강미가 넘쳤고 성적 매력도 발산했다. 가장 기억에 남는 또 한 가지 아름다운 장면은 뉴스에서 본 것이었다. 제1차 세계대전 정전 협정이 맺어진 직후 전쟁 기간 동안 아군과 적군을 포함해 수천 명의 군인이 전사했다고 전해지는 플랑드르 들판에서 한 농부가 밭을 갈고 있는 모습이었다. 루트비히는 플로리다 해변에서 본 일몰 장면이 가장 기억에 남는 아름다운 광경이라고 말했다. 오픈 스포츠카

한 대가 수영복 차림의 미녀들을 가득 태우고 해변을 천천히 달리고 있었는데, 그중 뒷범퍼에 걸터앉은 아가씨가 발을 내밀고 차가 가는대로 발가락으로 아로새긴 선이 가장 기억에 남는다고 했다.

이야기가 이렇게 되자 나는 다른 아름다운 장면이 없는지 생각해보았다. 나는 피렌체 시뇨레 광장에 서 있는 벤베누토 첼리니가 만든 페르세우스 상이 떠올랐다. 내가 시뇨레 광장에 갔을 때는 이미 밤이라 곳곳에 조명이 켜져 있었다. 원래는 미켈란젤로의 다비드 상을 보러 갔지만, 페르세우스 상을 보자마자 다른 것들은 눈에 차지 않았다. 나는 페르세우스 상의 뭐라 형용하기 어려운 자태와 우아함에 넋을 잃고 말았다. 메두사의 머리를 잘라 높이 치켜든 페르세우스와 그의 발아래 뒤틀린 형상으로 처참하게 놓인 메두사의 잘려나간 몸통은 슬픔 그 자체였다. 그리고 순간 오스카 와일드가 쓴 한 신비로운 문장이 떠올랐다. '모든 인간은 자신이 사랑한 것을 죽인다.' 페르세우스는 인간의 영원한 미스터리, 즉 선과 악의 싸움에서 자신의 소명을 다한 것이다.

나는 스페인의 알바 공작으로부터 나를 스페인에 초대하고 싶다는 전보를 받았다. 그러나 전보를 받은 바로 다음 날 스페인 내전(1936~1939)이 터져 갈 수 없었다. 모든 신문이 일제히 '스페인 혁명'이라는 제목의 기사를 내보냈다. 그래서 나는 스페인에 가는 대신 슬프고 관능적인 오스트리아 빈으로 갔다. 빈에서 가장 기억에 남는 것은 한 아름다운 아가씨와 함께한 로맨스다. 그것은 빅토리아 왕조 시대에 쓰인 어떤 소설의 마지막 장을 읽는 것과 같은 황홀한 경험이었다. 우리는 서로 다시 만날 수 없다는 것을 알면서도 뜨거운 사랑을 맹세했고, 이별의 키스도 나눴다.

나는 빈을 거쳐 베니스로 향했다. 내가 베니스에 도착했을 때는 가을이었다. 베니스는 예상과 달리 황량하고 쓸쓸했다. 베니스는 관광객으로 북적일 때가 더 아름답다. 관광객이 없는 베니스는 주인을 잃은 묘지 같은 느낌을 준다. 관광객은 이런 베니스에 온기와 활력을 불어넣어준다. 사실 나는 관광객을 좋아한다. 그들의 표정에는 도시 생활에 찌든 사람들의 얼굴에서는 볼 수 없는 유쾌함과 기대감이 배어 있다. 도시 일상에서 벗어나 이렇게 여유롭게 휴일을 즐길 수 있다는 것이 얼마나 좋은가!

베니스는 아름다웠지만 울적했다. 나는 이틀 만에 베니스를 떠났다. 이틀 동안 머물면서 별로 할 일도 없었다. 하루 종일 축음기를 틀어놓고 음악을 들었다. 그런데 그것도 마음껏 듣지 못했다. 무솔리니가 일요일에는 춤을 추거나 축음기를 트는 것을 금지했기 때문이었다.

나는 베니스를 떠나며 빈으로 돌아가 못다한 로맨스를 계속할까도 생각했다. 그러나 파리에서 중요한 약속이 있었다. 유럽합중국 안(案)의 창안자이자 추진자이기도 한 아리스티드 브리앙 씨와 점심 약속이 되어 있었다. 내가 브리앙 씨를 만났을 때 그는 건강이 상당히 안 좋아 보였다. 그리고 자신이 내놓은 유럽합중국 안이 지지부진하자 환멸과 실의에 빠져 있는 것 같았다. 우리는 파리에서 발행되는 〈랭트랑시지앙 *l'Intransigeant*〉지의 발행자 발비 씨의 집에서 함께 점심식사를 했다. 내가 프랑스어를 하지 못해 서로 불편하기는 했지만 상당히 즐거운 시간이었다. 그날 점심식사에 동석한 노아유 공작부인(1902~1970, 많은 예술가들을 후원해 예술 발전에 공헌했다—옮긴이)은 새처럼 작은 몸집을 하고 있었지만 재기발랄한 여성이었다. 그리고 영어도 유창하게 잘했다. 브리앙 씨는 노아유 공작부인을 반갑게 맞이하며 이렇게 말했다.

"근래에 자주 뵙지 못했습니다. 이렇게 자리에 나와주시다니 마치 헤어졌던 연인을 다시 만나는 것처럼 기쁩니다."

점심식사 뒤에 나는 엘리제 궁에 가서 레지옹 도뇌르 훈장 기사장을 받았다.

내가 두 번째로 베를린을 방문했을 때, 베를린 대중들로부터 받은 대대적인 환영 행사는 따로 쓰지 않겠다. 물론 쓰고 싶은 마음이 굴뚝같기는 하지만.

이렇게 말하고 나니 예전에 더글러스 페어뱅크스와 메리 픽퍼드가 해외여행을 다니며 찍은 필름을 내게 보여줬던 것이 기억난다. 나는 그들이 영화계에 몸담고 있는 사람들이니 흥미진진한 관광 영화를 한 편 보겠구나 싶어 잔뜩 기대하고 있었다. 그런데 영화는 처음부터 끝까지 그들이 방문한 도시들과 그들을 환영 나온 대규모 인파 일색이었다. 첫 장면은 런던이었다. 더글러스와 메리를 보기 위해 환영 나온 인파들이 역과 호텔 주변을 꽉 메우고 있었다. 두 번째 장면은 파리였다. 파리는 런던보다 더 심했다. 엄청난 인파가 몰려들어 역과 호텔 주변은 말 그대로 인산인해였다. 영화에는 런던, 파리, 모스크바, 빈 그리고 부다페스트

할 것 없이 역과 호텔 주변으로 그들을 환영 나온 인파의 모습만 담겨 있었다. 그래서 나는 순진하게 이렇게 물었다.

"다른 작은 도시나 시골은 안 가봤어?"

더글러스와 메리 두 사람이 크게 웃었다. 사실 이런 면에 있어서는 나도 할 말이 없다. 왜냐하면 나도 이 책에서 나를 환영 나온 인파에 대해 늘어놓으며 겸손을 떨지 못한 구석이 있기 때문이다.

베를린에서 나는 사회민주당의 초청을 받았다. 그때 나를 수행한 사람이 요크 백작부인이었다. 그녀는 상당히 매력적인 여성이었다. 그때가 1931년이었으니 나치가 독일의회에서 막강한 권력으로 부상한 지 얼마 되지 않은 때였을 것이다. 당시 나는 독일 언론의 상당수가 내 방문에 대해 호의적이지 않다는 것을 모르고 있었다. 뒤에 안 사실이지만 그들은 내가 외국인이라는 것 그리고 독일인들이 나와 같은 일개 외국인에게 열광하면서 스스로를 조롱거리로 만들고 있다는 것에 크게 반발했다고 한다. 물론 그런 언론들은 친(親)나치 성향의 언론들이었다. 어쨌든 나는 그런 일이 있는 줄도 모르고 순진하게 베를린 여행을 즐기고 있었다.

카이저의 한 사촌이 포츠담 궁전과 상수시 궁전을 돌아볼 수 있도록 친절하게 안내해주었다. 그러나 사실 나는 궁전을 별로 좋아하지 않는다. 내게 궁전이란 터무니없이 웅장할 뿐이고, 별다른 매력도 없으며, 단지 부와 권력을 과시하기 위한 하나의 상징 같은 것에 지나지 않는다. 물론 따지고 든다면 모든 궁전이 역사적 의미를 가질 것이다. 그러나 나는 베르사유, 크렘린, 포츠담, 버킹엄 그리고 다른 많은 궁전을 떠올릴 때마다 그것들이 인간의 오만과 이기심이 빚어낸 산물이라는 생각밖에 들지 않는다. 카이

저의 사촌은 상수시 궁전이 포츠담 궁전보다 작고 운치가 있으며, 더 인간미가 넘친다고 말했다. 그러나 내게는 인간의 허영만 느껴질 뿐 별다른 감흥은 없었다.

나는 베를린 경찰박물관도 방문했다. 살인 희생자, 자살자 그리고 인간의 온갖 기행을 담은 사진들이 전시되어 있었다. 차마 눈 뜨고 볼 수 없었다. 나는 박물관을 둘러보는 내내 너무 놀라 숨을 제대로 쉴 수 없었다. 박물관 밖으로 나와 신선한 공기를 마음껏 들이마셨다. 그때 나는 처음으로 신선한 공기를 마실 수 있다는 것이 축복이라는 사실을 깨달았다.

그리고 《기적》의 작가 폰 풀뮬러 박사의 초대를 받아 그의 집에서 즐거운 시간을 보냈다. 그의 집에서 나는 독일 문화계 대표들을 만났다. 그리고 하루 저녁은 아인슈타인 내외가 사는 작은 아파트에 찾아갔다. 파울 폰 힌덴부르크 장군과 저녁식사가 예정되어 있었지만, 그의 몸 상태가 좋지 않아 직전에 취소됐다. 그래서 나는 다시 남프랑스로 향했다.

앞에서 이미 언급했듯이, 나는 내 성생활에 대해 이야기를 하더라도 크게 떠벌리거나 비중 있게 다룰 생각은 없다. 사실 이것에 관해 새롭게 덧붙여서 할 이야기도 없다. 그러나 생식이라는 것은 자연이 잉태하고 있는 가장 기본적인 기능이고, 모든 남성은 젊었든 늙었든 이성을 만날 때마다 둘 사이에서 일어날 수 있는 일로 항상 섹스를 염두에 둔다. 그리고 나도 한 남성으로서 이것에서 예외일 수 없다.

일을 하는 동안 나는 여자에 전혀 관심이 없었다. 내가 여자에 관심을 보이는 때는 영화 한 편을 끝내고 다음 영화를 준비할 때까지, 즉 내가 별로 할 일이 없을 때뿐이었다. H. G. 웰스는 이렇게 말했다.

"하루 중 아침에 잠깐 글을 쓰고, 오후에 짬을 내어 친구에게 편지라도 쓰고 나면 달리 아무것도 할 것이 없는 순간이 온다. 그리고 조금 있으면 그 시간도 지루하다. 그때가 섹스를 할 때다."

나는 베를린에서 다시 남프랑스로 가서 코트다쥐르에 머물고 있었다. 그러나 달리 할 것이 아무것도 없었다. 바로 그때 웰스가 말한 그런 시간이 내게 찾아왔다. 나는 운이 좋게도 그런 따분함을 달래기에 모든 조건을 갖춘 정말 매력적인 아가씨를 만났다. 그녀도 나처럼 달리 얽매인 연인이 없었다. 우리는 만나자마자 연인 관계로 발전했다. 그녀는 한 젊은 이집트 청년과 사랑을 하다가 실연했는데, 이제야 겨우 실연의 아픔을 이기고 일어선 참이라고 내게 말했다. 물론 우리가 코트다쥐르에서 연인처럼 지내기는 했지만 그리고 비록 서로 진지하게 이야기를 나눈 적은 없지만, 우리 관계는 이미 그 결말이 정해진 것이나 다름없었다. 그녀는 내가 곧 미국으로 돌아가리란 것을 알고 있었다. 나는 그녀에게 일주일치 수당을 주고 매일 카지노, 레스토랑 그리고 축제 등에 함께 다녔다. 우리는 식사를 하고, 탱고를 추고, 같이 밤을 보냈다. 그러나 그녀와 이렇게 가깝게 지내는 동안 나는 그녀의 매력에 푹 빠져들었다. 그리고 당연한 순서겠지만 그녀를 사랑하게 되었다. 미국으로 돌아갈 생각을 하자 도저히 그녀를 두고 떠날 자신이 없었다. 그녀를 두고 떠나야 한다는 생각에 나는 미칠 것만 같았다. 그녀는 쾌활하고 매력적이었으며 무엇보다 나와 마음이 잘 통했다. 하지만 그녀는 내게 의심 가는 행동을 하기도 했다. 이것이 내가 그녀를 떠나는 데 결정적인 이유를 제공했다.

하루는 오후에 카지노에 가서 티파티 댄스를 즐기고 있을 때였다. 그녀가 갑자기 내 손을 꽉 부여잡았다. 그곳에 그녀의 옛 이집트인 애인이 와 있었던 것이다. 이름이 '스' 뭐였는데, 여하튼 나는 질투심에 화가 치밀었다. 그러나 별다른 문제없이 얼마 뒤에 카지노를 나왔다. 우리가 호텔에 거의 다 도착했을 때 그녀는 카지노에 장갑을 두고 왔다며 가지러 다녀올 테니 나보고 먼저 호텔에 가 있으라고 말했다. 속이 빤히 들여다보이는 핑계였다. 나는 모른 척하면서 한 마디 말도 없이 그냥 호텔로 돌아왔다. 그녀는 두 시간이 넘도록 돌아오지 않았다. 나는 그녀가 장갑 말고도 다른 꿍꿍이가 있어 카지노에 돌아갔다는 확신이 들었다. 그날 저녁 나는 몇몇 친구들과 저녁 약속이 있었다. 그러나 약속 시간이 다 되었는데도 그녀는 돌아오지 않았다. 어쩔 수 없이 혼자 방을 나서려는 순간 그녀가 부스스한 얼굴로 나타났다.

"저녁식사에는 이미 늦었소. 나 혼자 나갈 테니 침대에 돌아가 잠이나 더 자요. 그런 부스스한 얼굴로 어딜 가겠소."

그녀는 괜찮다며 한사코 따라가겠다고 애원했다. 그러나 내가 늦은 이유를 묻자 그녀는 납득할 만한 이유를 대지 못했다. 나는 그녀가 이집트인 애인과 함께 있었다는 확신이 들었다. 그래서 그녀의 행동을 경멸하며 온갖 욕설을 퍼붓고는 그대로 나와버렸다.

그러고 나자 갑작스럽게 외로움이 찾아왔고 그래서 울적했다. 친구들과 함께 나이트클럽에 갔지만 흐느적거리는 색소폰 소리를 들으며 그저 그런 이야기나 나누고 있는 내 모습이 처량하게 느껴졌다. 물론 친구들을 초대한 것은 나였기 때문에 내색할 수는 없었다. 그러나 마음은 내내 괴로웠다. 내가 호텔로 돌아왔을 때 그녀는 그곳에 없었다. 순간 나는 그녀가 가버린 것은 아닌지 덜컥 겁이 났다. 정말 가버린 걸까? 그렇게 빨리! 나는 그녀의 침실에 가 보았다. 다행히 그녀의 옷가지와 짐은 그대로 있었다. 그렇게 10분이 지났을까. 그녀가 아주 밝은 표정으로 돌아왔다. 영화를 보고 오는 길이라는 것이었다. 나는 그녀에게 내일 파리로 떠날 예정이며, 그만 관계를 정리하고 이것으로 헤어지는 것이 좋겠다고 냉정히 말했다. 그녀는 내 제안을 묵묵히 받아들였다. 그러나 이집트인 애인과 같이 있었던 일은 끝끝내 부인했다.

"그래도 좋은 친구로 남고 싶었는데 이런 식으로 거짓말을 하다니 당신에게 남아 있던 일말의 우정조차 싹 달아나는구려."

그런 다음 나도 거짓말을 했다. 나는 그녀의 뒤를 밟아 그녀가 카지노를 나와 이집트인 애인과 함께 그의 호텔로 들어가는 것을 목격했다고 말했다. 그런데 내가 이렇게 말하자 지금까지 완강히 부인하던 그녀가 눈물을 뚝뚝 흘리며 이집트인 애인과 있었던 일을 사실대로 자백했다. 그리고 두 번 다시 그 남자를 만나지 않겠다고 맹세하고 또 맹세했다.

다음 날 아침 내가 짐을 싸고 떠날 채비를 하자 그녀는 조용히 눈물을 흘렸다. 나를 파리까지 태워다줄 친구가 모든 채비를 끝내고 먼저 밖에서 기다리고 있었다. 그런데 내가 호텔을 나와 친구의 차에 타려는 순간 조용히 눈물을 흘리던 그녀가 집게손가락을 깨물며 엉엉 소리 내어 울기 시작했다.

"제발 절 떠나지 마세요. 제발, 제발이요."

내가 냉정하게 물었다.

"나보고 어쩌란 말이요?"

"파리까지만 같이 가게 해줘요. 그 뒤로는 다시 붙잡지 않을게요."

그녀가 애처롭게 부탁하자 마음이 약해졌다. 나는 그녀에게 함께 파리로 가 봐야 서로 마음만 아플 뿐이고, 게다가 파리에 도착하면 바로 헤어지게 될 텐데 같이 가는 것이 무슨 의미가 있겠냐며 거절했다. 그러나 그녀는 상관없다며 같이 데려가달라고 애원했다. 그날 우리 셋은 함께 차를 타고 파리로 향했다.

서로 불편한 여행이었다. 그녀는 아무 말 없이 시무룩하게 앉아 있었다. 나는 억지로 태연한 척 앉아 있었지만 겉으로는 여전히 냉담했다. 그러나 이런 분위기는 오래가지 않았다. 도중에 아름다운 경관이나 흥미로운 장면을 지나치기라도 하면 우리는 서로 앞서거니 뒤서거니 말을 이어갔다. 물론 이전처럼 대화에 다정함이 묻어나지는 않았다.

우리는 파리에 도착하자마자 그녀가 묵을 호텔로 향했다. 그리고 그곳에서 바로 헤어졌다. 그녀는 애써 태연한 척했지만 마지막 순간에 눈물을 글썽였다. 그녀는 그동안 자신에게 잘해줘 감사한다고 말하며 내 손을 잡아주었다. 그리고 내게 기억에 남을 인상적인 작별인사를 하고 호텔 안으로 사라졌다.

다음 날 그녀는 내게 전화해 점심을 사줄 수 있는지 물어왔다.

나는 단호히 거절했다. 그러나 친구와 내가 호텔을 나서는 순간 그녀는 이미 호텔 앞에서 우리를 기다리고 있었다. 그녀는 모피 코트를 입고 온갖 액세서리로 치장하고 있었다. 결국 우리 세 사람은 함께 점심을 먹고 조세핀이 나폴레옹과 이혼한 뒤에 죽을 때까지 살았다고 하는 말메종을 둘러보았다. 아름다운 저택이었다. 조세핀은 이곳에서 많은 눈물을 흘렸다고 한다. 프랑스의 을씨년스런 가을 날씨가 울적한 우리 기분과 잘 어울렸다. 순간 그녀의 모습이 보이지 않았다. 그녀는 정원 돌 의자에 앉아 몰래 눈물을 흘리고 있었다. 나도 그곳 분위기에 취했던 것일까. 그녀를 감싸주고 싶은 마음이 들었지만 그녀와 이집트인 애인 사이에 있었던 일이 잊히지 않았다. 결국 우리는 파리에서 다시 헤어졌고, 나는 런던으로 향했다.

잉글랜드를 떠도는 여행객

다시 런던으로 돌아와 머물면서 여러 번 웨일스 공을 만났다. 나는 비아리츠에서 만난 텔마 퍼니스(1904~1970, 스위스 태생으로 미국 외교관인 해리 헤이스 모건의 딸—옮긴이) 부인의 소개로 그를 처음 알게 되었다. 테니스 선수인 코세와 나 그리고 다른 두 명이 한 유명 레스토랑에서 식사를 하고 있을 때 웨일스 공과 퍼니스 부인이 들어왔다. 텔마가 우리가 앉은 테이블에 전갈을 보내 식사 후에 러시아 클럽에서 함께 합석할 수 있는지 물어왔다.

물론 형식적인 자리였다. 서로 간단히 인사를 마치고 웨일스 공이 마실 것을 주문했다. 그리고 일어나 퍼니스 부인과 춤을 추러 나갔다. 춤을 추고 테이블로 돌아온 그는 내 옆에 앉더니 심문하듯 이런 질문을 던졌다.

"당신은 당연히 미국인이겠죠?"

"아닙니다. 저는 영국인입니다."

웨일스 공은 놀라는 눈치였다.

"미국에서는 얼마 동안 살았습니까?"

"1910년부터입니다."

"그렇군요."

웨일스 공은 무슨 생각이 들었는지 고개를 끄떡이고는 이렇게 물었다.

"전쟁 전이죠?"

"아마 그럴 겁니다."

그러자 무슨 이유에서인지 그는 크게 웃었다.

나는 웨일스 공과 대화를 나누다가 그날 저녁 표도르 샬랴핀(1873~1938, 러시아의 베이스 가수-옮긴이)이 나를 위해 파티를 열어주기로 했다는 말을 했다. 그러자 그는 아주 천진난만하게 자신도 그 파티에 같이 가고 싶다고 말했다.

"틀림없이 샬랴핀도 영광으로 생각하고 기뻐할 겁니다."

나는 이렇게 말하고 샬랴핀에게 웨일스 공이 참석해도 괜찮은지 물어보고 자리를 마련해달라고 부탁했다.

그날 저녁 파티에서 웨일스 공은 샬랴핀의 아흔 살 먹은 노모 옆에 앉아 그녀가 자리를 뜰 때까지 말동무를 해주었다. 그런 그의 모습은 전혀 예상하지 못한 것으로 그를 다시 보게 만들었다.

그 뒤에 그는 우리와 함께 어울리면서 즐거운 시간을 보냈다.

내가 파리에서 런던으로 돌아왔을 때 마침 웨일스 공도 런던에 머무르고 있었다. 그는 나를 자신의 시골 별장인 포트 벨비디어로 초대했다. 포트 벨비디어는 아주 오래된 성을 새롭게 개조한 건물로 가구나 집기 등은 평범했지만 이곳에서 먹는 요리 만큼은 정말 일품이었다. 뿐만 아니라 이 건물의 주인인 웨일스 공 역시 매력적인 인물이었다. 웨일스 공은 내게 직접 집 안 구석구석을 안내했다. 침실은 소박하고 검소했으며, 침대 머리맡에는 왕가의 문장이 새겨진 붉은색 실크 태피스트리가 걸려 있었다. 그러나 다른 침실을 보고 나는 깜짝 놀랐다. 방은 분홍색과 흰색으로 화려하게 치장되어 있고, 고급 사주식(四柱式) 침대가 하나 놓여 있었다. 그리고 각 지주 끝에 분홍색 깃털이 세 개씩 달려 있었다. 다름 아닌 웨일스 공의 영국 왕실 문장이었다.

그날 저녁 누군가가 미국에서 유행하는 게임이라며 '솔직 평가'라는 게임을 소개했다. 초대 손님들은 각각 매력, 지성, 개성, 성적 매력, 외모, 진실성, 유머 감각, 융통성 등등 10가지 항목이 적힌 카드를 받았다. 손님 한 사람이 방에서 나가 자신의 카드에 적힌 각 항목에 대해 10점 만점으로 1부터 10점까지 솔직하게 점수를 매긴다. 예를 들어, 나는 나에 대해 유머 감각 7점, 성적 매력 6점, 외모 6점, 융통성 8점, 진실성 4점을 매겼다. 한편, 방에 남아 있는 손님들은 밖으로 나간 손님에 대해 저마다 나름의 점수를 매긴다. 점수를 다 매겼으면 밖으로 나간 손님이 들어와 자신에게 매긴 점수를 다른 손님들에게 읽어준다. 그리고 방에 남아 있던 손님들을 대표해 누군가 한 사람이 일어나 다른 손님들이 그 또는 그녀에게 매긴 평균 점수를 크게 읽는다.

웨일스 공의 차례였다. 그는 자신의 성적 매력에 3점을 주었다. 다른 손님들의 평점은 4점이었다. 나는 그에게 5점을 주었고, 2점을 매긴 카드도 있었다. 외모에 대해 웨일스 공은 자신에게 6점을 주었다. 다른 손님들의 평점은 8점이었고, 나는 7점을 주었다. 매력에 대해 그는 자신에게 5점을 주었고, 다른 손님들은 그에게 평점 8점을 주었다. 나도 평균 점수인 8점을 주었다. 진실성에 대해 웨일스 공은 자신에게 만점인 10점을 주었고, 다른 손님들의 평점은 3.5점이었다. 나는 그에게 4점을 주었다. 웨일스 공은 손님들이 자신의 진실성에 3.5점을 주었다는 것에 놀라는 눈치였다. 그는 "진실성은 내가 가진 가장 중요한 자질이라고 생각했는데"라고 말했다.

어렸을 적에 나는 몇 달밖에 되지 않지만 맨체스터에서 산 적이 있었다. 런던에서 별로 할 일이 없던 나는 내 어릴 적 정취가 남아 있는 그곳을 한번 가보고 싶다는 생각이 들었다. 맨체스터는 외관상 매력적인 도시는 아니었지만 안개와 비를 뚫고 아련하게 피어나는 낭만적인 분위기를 풍기는 곳이었다. 물론 내가 맨체스터에 대해 이런 느낌을 갖고 있는 것은 랭커셔 지방 특유의 부엌 불빛이 내 기억 속에 또렷이 남아 있기 때문일 수도 있다. 아니면 그곳 사람들의 사람 사는 냄새가 그리웠는지도 모른다. 나는 리무진 한 대를 빌려 북쪽으로 향했다.

맨체스터로 가는 도중에 나는 스트랫퍼드 온 에이번에 들렀다. 셰익스피어의 고향으로, 나도 그곳을 방문하기는 처음이었다. 내가 도착했을 때는 토요일 늦은 저녁 시간이었다. 저녁을 먹고 셰익스피어 생가를 돌아볼 참으로 산책을 나갔다. 칠흑같이 어두운 밤이었지만, 나는 본능에라도 이끌린 듯 어느 거리로 들어서서 어떤 집 앞에 멈춰 섰다. 아무것도 보이지 않았다. 성냥을 꺼내 불을 켰다. 앞에 '셰익스피어 생가'라는 간판이 붙어 있었다. 분명 나와 마음이 맞는 영혼이 나를 이곳으로 인도했을 것이다. 어쩌면 '에이번의 시인(셰익스피어의 별칭-옮긴이)'이었는지도 모를 일이다.

다음 날 아침 스트랫퍼드 시장 아치볼드 플라워 경이 내가 묵고 있는 호텔로 찾아와 셰익스피어 생가가 있는 곳으로 나를 안내했다. 간밤엔 어두워서 잘 분간이 가지 않았지만, 나는 셰익스피어 같은 대문호가 허름한 오두막에 살면서 시와 희곡을 썼다는 것이 믿기지 않았다. 그가 농부의 자식으로 태어나 런던으로 가서 성공한 배우가 되고 극장 소유주가 된 것은 쉽게 상상이 갔다. 그러나 그가 위대한 시인이자 희곡 작가가 되었다는 것, 특히 그가 외국의 궁정들, 추기경들 그리고 왕들에 대해 엄청난 지식을 갖고 있었다는 것은 도저히 믿기지 않았다. 나는 셰익스피어의 작품을 누가 집필했는지, 그것이 프랜시스 베이컨(영국의 수필가, 정치가이자 철학자. 셰익스피어의 희곡을 실제로 쓴 인물로 거론된다-옮긴이)인지 사우샘프턴(사우샘프턴 헨리 리슬리 백작 3세. 셰익스피어의 후견인-옮긴이)인지 리치몬드(셰익스피어의 희곡을 대신 쓴 인물로 리치몬드라는 사람은 거론되지 않는다. 따라서 채플린의 오기로 보인다-옮긴이)인지는 관심이 없다. 그러나 스트랫퍼드 태생의 농부의 아들이 썼다는 것은 거의 믿기 힘들었다. 셰익스피어의 작품들을 실제로 누가 썼든지 간에 그는 분명히 귀족적인 정신 구조를 갖고 있었음에 분명하다. 철저하게 문법을 등한시했다는 것 자체가 그가 평범한 가정 출신이 아니었음을 보여준다. 그는 분명히 뛰어난 재능을 타고난 귀족 가문 출신이었을 것이다.

나는 셰익스피어가 태어났다고 하는 오두막을 둘러보고 이곳 스트랫퍼드에 전해 내려오는 단편적인 그의 어린 시절 일화들, 대수롭지 않은 학교 성적 그리고 그의 촌스런 사고방식 등을 듣고 나서 더욱 의구심이 들기 시작했다. 나는 그가 어떤 정신적 변모를 거쳐 그런 대문호로 성장할 수 있었는지 전혀 이해가 되지 않았다. 아무리 위대한 천재라 하더라도 자신의 초라한 유년 시절 이야기가 작품 어딘가에 들어가 있기 마련이다. 그러나 셰익스피어의 작품 어디에서도 우리는 그의 유년 시절 이야기를 찾아볼 수 없다.

스트랫퍼드에서 나는 곧장 맨체스터로 갔다. 그곳에 도착하니 오후 3시였다. 일요일이라 그런지 맨체스터 시내는 쥐 죽은 듯이 조용했다. 거리에는 사람 그림자 하나 보이지 않았다. 나는 다시 차를 타고 블랙번으로 향했다.

블랙번은 어렸을 적 〈셜록 홈스〉에 출연하면서 전국 순회공연을 다닐 때 가장 마음에 들어 했던 도시 중 하나였다. 나는 우리 극단이 블랙번에 올 때마다 주당 14실링에 식사까지 제공하는 작은 술집에서 묵으며 공연이 없는 날에는 당구를 치고는 했다. 내가 묵고 있던 술집에 잉글랜드 출신의 교수형 집행인 빌링턴이 자주 들렀는데, 그와 당구를 쳤던 것이 내 자랑거리 중 하나였다.

우리가 블랙번에 도착했을 때 시각은 오후 5시였지만 주위는 이미 상당히 어두워져 있었다. 나는 예전에 내가 블랙번에 올 때마다 묵었던 그 술집에 들어가 몰래 맥주를 한 잔 시켜 마셨다. 주인은 이미 바뀌었지만, 내 추억이 서려 있는 낡은 당구대는 그대로 있었다.

조금 뒤에 술집에서 나온 나는 블랙번 시장 근처 광장으로 향했다. 3에이커나 되는 광장에 가로등이 서너 개밖에 들어와 있지 않아 상당히 어두웠다. 그러나 사람들이 여기저기 무리를 지어 정치 연설을 듣고 있었다. 대공황의 여파가 영국 전역을 휩쓸던 시기였다. 블랙번도 마찬가지였다. 나는 이곳저곳 돌아다니며 다양한 연설을 들어보았다. 몇몇 연설은 그 논지가 날카롭고 신랄했다. 사회주의를 역설하는 연설도 있었고, 공산주의를 역설하는 연설도 있었다. 더글러스의 신용사회론을 이야기하는 연설도 있었지만 불행하게도 일반 노동자들이 이해하기에는 다소 어렵게 느껴졌다. 연설이 끝나고 삼삼오오 모여 논쟁의 불꽃을 피우는 무리도 있었다. 그중에 한 노인이 빅토리아 왕조 시대의 구닥다리 같은 논조로 자신의 생각을 말하는 것을 듣고 나는 자못 놀랐다.

"영국의 문제가 뭔지 아십니까. 그것은 영국이 너무 오랫동안 우리의 고혈을 짜먹으면서 버텨왔다는 겁니다. 실업수당이 영국을 망치고 있습니다!"

어둠 속이라 나도 끼어들고 싶은 생각이 들었다. 그래서 나는 이렇게 외쳤다.

"실업수당이 없으면 영국도 없소!"

몇몇 사람들이 "옳소, 옳소!"라며 내 주장을 거들었다. 정치적으로 영국의 앞날은 암담했다. 실업자만 거의 400만이었고, 계속 증가세에 있었다. 그러나 집권 내각인 노동당은 아무런 대안도 없었고 보수당과 차별성도 없었다.

내가 런던에 머물며 울위치에 갔을 때 그곳 유권자들에게 자유당의 지지를 호소하는 커닝햄 라이드 씨의 지원 유세를 들은 적이 있었다. 그는 많은 정치적 궤변을 쏟아냈지만 아무런 정책도 공약도 제시하지 않았을 뿐 아니라 그곳 유권자들에게 아무런 인상도 심어주지 못했다. 내 옆에 앉아 있던 한 아가씨가 참다못했는지 런던 사투리로 이렇게 외쳤다.

"그런 고상한 말은 집어치우고 400만 실업자를 위해 어떤 정책을 시행할 건지 그걸 말하세요. 그에 따라 당신네 당을 찍을지 말지 결정할 테니까."

만약 그녀의 주장이 정치적으로 일반 시민들이 갖고 있던 의견을 대변한 것이었다면, 노동당은 재집권 가능성이 있었을 것이다. 물론 나는 그렇게 생각했지만 결과는 반대였다. 필립 스노든(1864~1937, 영국 정치가. 가난한 직공의 아들로 태어나 독립 노동당 당수가 되었다—옮긴이)의 라디오 연설을 계기로 선거는 보수당의 압도적 승리로 끝났다. 그리고 스노든은 자작 작위를 받고 귀족의 반열에 올랐다. 나는 보수당이 집권하던 시점에 영국을 떠나, 공화당이 민주당에 정권을 물려준 미국에 도착했다(채플린은 영국을 떠나 곧바로 미국으로 오지 않고 싱가포르와 일본 등지를 여행했다—옮긴이).

휴가라는 것은 아무리 생각해도 쓸모가 없다. 나는 유럽에 오랫동안 머물면서 하는 일 없이 빈둥거리며 지냈다. 물론 이유야 알고 있었다. 나는 목표를 상실했고, 때문에 아무런 의욕도 없었다. 영화에 음성이 도입되면서 무성영화를 제작해왔던 나는 방향을 상실했다. 앞으로 무엇을 어떻게 해야 할지 도무지 알 수 없었다. 비록 〈시티 라이트〉가 대성공을 거두고 다른 유성영화보다 더 많은 수익을 올렸지만, 다시 무성영화를 만드는 것은 내게 불이익이 될 거라는 생각이 들었다. 뿐만 아니라 유성영화가 대세인데 무성영화를 고집하는 것도 시대에 뒤떨어지는 것 같아 두려운 생각도 들었다. 비록 좋은 무성영화가 유성영화보다 예술성은 더 높았지만, 음성이 인물을 보다 현실감 있게 만드는 것은 분명했다.

가끔 나도 유성영화를 만들 생각을 하지 않은 것은 아니었다. 그러나 그런 생각만 하면 넌더리가 났다. 왜냐하면 내 무성영화보다 뛰어난 유성영화를 만들 자신이 없었다. 그리고 내가 유성영화를 만든다는 것은 내 모든 영화의 주인공이었던 뜨내기를 포기하는 것이나 다름없었다. 물론 뜨내기에게 말을 시킬 수도 있지 않느냐고 주장하는 사람들도 있었다. 그러나 이것은 도저히 생각할 수 없는 일이었다. 뜨내기가 말을 하는 순간 그는 전혀 딴사람으로 바뀔 게 뻔했다. 게다가 그가 태어난 모체도, 그가 입고 다니는 누더기 옷도 모두 무성영화 시대의 산물이었다.

이런 우울한 생각에 빠져 있다 보니 자연히 유럽 여행이 길어졌다. 그러나 나는 속으로 계속 이렇게 부르짖었다.

"할리우드로 돌아가자. 가서 일을 하자!"

북부 잉글랜드 여행을 마치고 런던 칼튼 호텔로 돌아왔다. 나는 이제 캘리포니아로 돌아갈 생각이었다. 그래서 호텔에 도착해 뉴욕을 거쳐 캘리포니아로 돌아가는 여객선 표를 예약할 참이었다. 그때 스위스 생모리츠에 와 있던 더글러스 페어뱅크스로부터 전보가 왔다. 내용은 이랬다.

'생모리츠로 와주게. 도착에 맞춰 신선한 눈도 주문해놓겠네. 그럼 오기만을 기다리고 있겠네. 더글러스로부터.'

내가 더글러스의 전보를 막 읽었을 때 누군가 밖에서 조심스럽게 문을 두드렸다. 나는 웨이터인 줄 알고 별다른 생각 없이 "들어오세요!" 하고 말했다. 그러나 웨이터가 아니었다. 다름 아닌 코트다쥐르에서 만나 파리에서 헤어졌던 그 여자가 문을 빼꼼 열고 쳐다보는 것이 아닌가. 나는 놀라고 화도 났지만 이내 포기하고 말았다. 나는 차갑게 "들어와요" 하고 말했다.

우리는 해러즈 백화점에 가서 스키 장비를 구입했다. 그리고 본드 스트리트에 있는 한 보석가게에 들러 그녀에게 팔찌를 하나 선물했다. 팔찌를 선물 받은 그녀는 매우 기뻐했다. 우리는 이틀 뒤에 생모리츠에 도착했다. 더글러스를 만나자 가라앉았던 기분이 되살아났다. 더글러스도 영화에 관한 한 나와 같은 딜레마에 빠져 있었지만, 우리 두 사람은 그것에 대해 일체 언급하지 않았다. 더글러스는 혼자였다. 그는 외국에 혼자 다니는 경우가 없었다. 그래서 나는 그가 메리와 헤어졌다고 생각했다. 여하튼 우리 두 사람은 스위스 산중에서 만나 서로의 울적한 감정을 모두 날려보냈다. 우리는 함께 스키를 탔다. 사실은 함께 스키 타는 법을 배웠다고 말하는 게 더 정직할 것 같다.

독일 황제의 아들인 전(前) 황태자가 우리와 같은 호텔에 묵고 있었지만, 그와 정식으로 인사를 나누지는 않았다. 한 번은 우연히 같은 엘리베이터에 탄 적도 있었다. 나는 일부러 모르는 척했다. 그를 보는 순간 내가 찍은 〈어깨 총〉(이 영화에서 채플린은 독일 황제와 황태자를 포로로 잡는 꿈을 꾼다—옮긴이)이 떠올랐다. 나는 그 영화에서 그를 매우 희극적인 인물로 그렸다.

생모리츠에 머물면서 형 시드니를 그곳으로 불렀다. 나는 비벌리힐스로 서둘러 돌아갈 필요가 없었기 때문에 동양을 경유해 캘리포니아로 돌아갈 생각이었다. 형이 일본까지 나와 같이 가주겠다고 말했다.

우리는 이탈리아의 나폴리로 향했다. 그리고 그곳에서 나는 그 여자에게 작별을 고했다. 이번에 그녀는 울지 않았다. 오히려 기분이 좋은 것 같았다. 이미 헤어질 것을 알고 있었기 때문일 수도 있지만, 다른 한편으로 홀가분해졌을 수도 있다. 스위스에 머무는 동안 우리 두 사람은 서로에 대해 처음 만났을 때 느꼈던 매력을 더 이상 느끼지 못했다. 그래서 우리는 좋은 친구로 헤어졌다. 배가 출항하자 그녀는 부두를 따라 내 뜨내기 걸음걸이를 흉내내 보였다. 그것이 그녀와의 마지막이었다. 그 뒤로 그녀를 다시 보지 못했다.

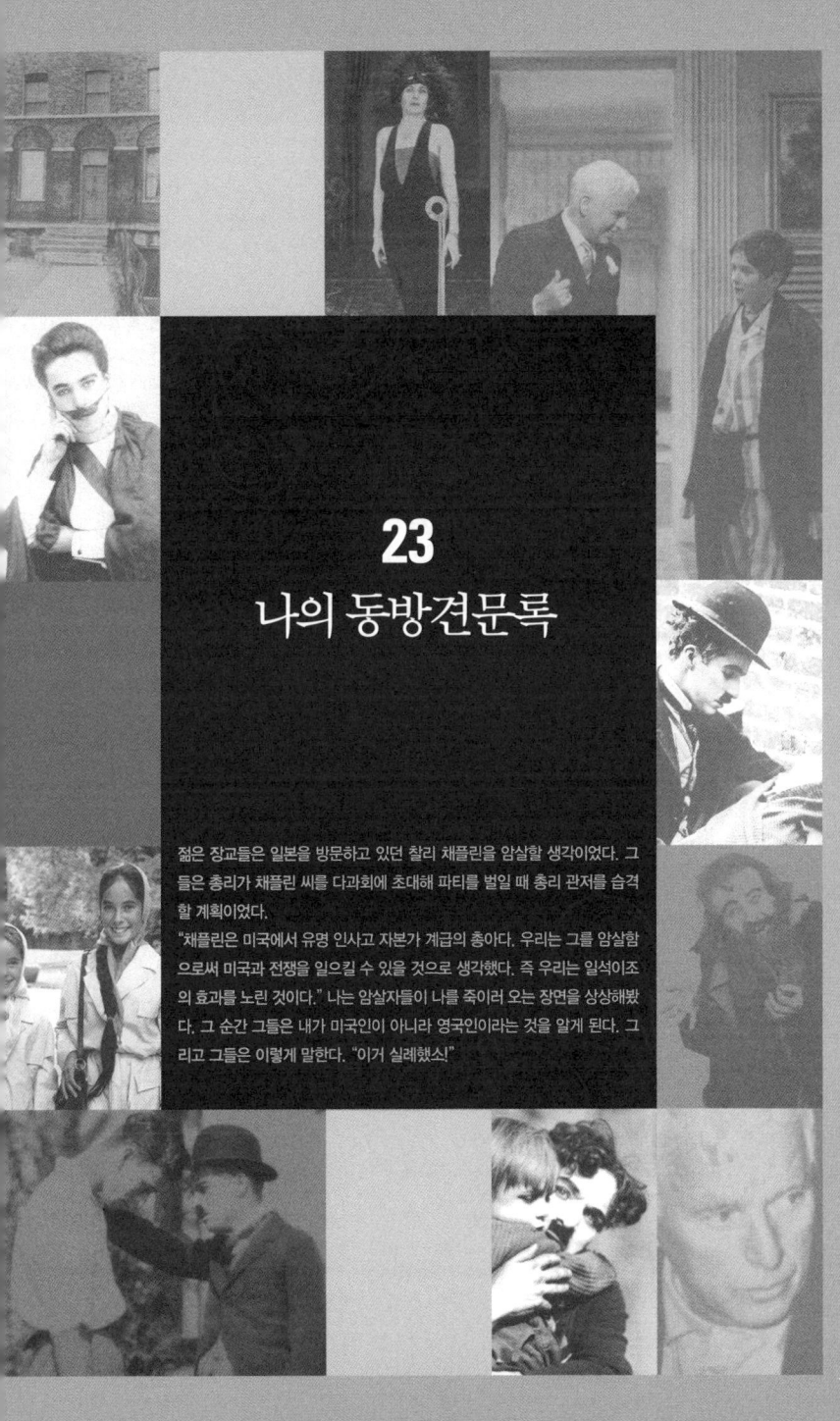

23
나의 동방견문록

젊은 장교들은 일본을 방문하고 있던 찰리 채플린을 암살할 생각이었다. 그들은 총리가 채플린 씨를 다과회에 초대해 파티를 벌일 때 총리 관저를 습격할 계획이었다.
"채플린은 미국에서 유명 인사고 자본가 계급의 총아다. 우리는 그를 암살함으로써 미국과 전쟁을 일으킬 수 있을 것으로 생각했다. 즉 우리는 일석이조의 효과를 노린 것이다." 나는 암살자들이 나를 죽이러 오는 장면을 상상해봤다. 그 순간 그들은 내가 미국인이 아니라 영국인이라는 것을 알게 된다. 그리고 그들은 이렇게 말한다. "이거 실례했소!"

발리의 여인들

 이미 많은 저명한 여행 관련 책들이 동양에 대해 쓰고 있기 때문에 나까지 나서서 독자의 인내심을 시험하고 싶은 생각은 없다. 그러나 일본에 대해서만큼은 독자의 양해를 구하고 싶다. 개인적으로 일본에서 겪은 해괴한 경험 때문이다. 나는 라프카디오 헌이 일본에 대해 쓴 책을 읽고 일본 문화와 연극에 흥미를 갖고 있던 터라 꼭 가보고 싶었다.

 우리는 일본 여객선을 타고 항해를 시작했다. 1월, 나폴리의 차가운 바람을 뒤로하고 햇볕이 따사롭게 내리쬐는 수에즈 운하에 들어섰다. 배는 잠시 알렉산드리아 항에 정박해 아랍인들과 인도인들을 태웠다. 해질녘이 되자 아랍인들이 모두 갑판에 올라와 매트를 깔고 앉더니 메카를 향해 기도문을 외우기 시작했다.

 다음 날 아침 배는 홍해에 접어들었다. 우리는 두꺼운 스키복을 벗어던지고 흰색 반바지와 가벼운 실크 셔츠로 갈아입었다. 배가 알렉산드리아 항에 정박했을 때 열대 과일과 코코넛을 실었는지 아침에는 망고가 나오고 저녁에는 아이스 코코넛 밀크가 나왔다.

한 번은 일본식으로 식사를 하고 싶어 갑판 바닥에 앉아 저녁을 먹기도 했다. 한 고참 선원이 내게 쌀밥에 차를 조금 부어 말아 먹으면 맛이 좋다고 가르쳐주었다. 남쪽에 있는 다음 기항지에 다가갈수록 나는 그곳이 어떤 모습일지 궁금해 참을 수 없었다. 일본인 선장이 아침이면 콜롬보에 도착하게 될 거라고 차분한 목소리로 안내 방송을 내보냈다. 실론이 이국적인 정취를 선사하기는 했지만, 우리는 무엇보다 발리와 일본을 빨리 보고 싶었다.

다음 기항지는 싱가포르였다. 이곳에서부터 우리는 버드나무 문양이 그려진 중국 도자기의 진풍경 속으로 들어갔다. 싱가포르에서 가장 기억에 남는 것은 신세계 놀이공원에서 본 중국 배우들의 연극 공연이었다. 출연진은 모두 어린아이들이었는데 재주도 재주지만 책을 많이 읽었는지 중국 성현들이 쓴 경전을 읊는 모습이 그렇게 자연스러울 수 없었다. 배우들은 전통 복장을 입고 탑 위에서 공연을 했다. 내가 본 연극은 사흘 밤이나 계속됐다. 주연 배우는 열다섯 살 먹은 소녀였는데 왕자로 분장하고 높고 가는 목소리로 노래를 불렀다. 사흘째 되는 날 밤이 이 연극의 최절정이었다. 때로는 그 언어를 모르는 것이 연극을 온전히 이해하는 데 도움이 될 때가 있다. 아이러니한 음조, 애처롭게 흐느껴 우는 현악기 소리, 우레와 같은 징 소리 그리고 유형에 처해진 왕자가 분노에 차 홀로 무대를 퇴장하며 넋을 잃은 채 뼈에 사무치도록 울부짖는 마지막 장면은 다른 무엇보다 애절한 감동을 선사했다.

발리를 꼭 방문해보라고 추천한 것은 시드니였다. 형은 발리가 아직 문명의 때를 타지 않은 섬으로 아름다운 여자들이 젖가슴을 다 드러내놓고 다닌다며 내 호기심을 부추겼다. 아침에 발리 섬이 어렴풋이 눈에 들어왔다. 하얀 뭉게구름이 산봉우리 아래만 감싸고 있어 마치 섬이 하늘에 떠 있는 것 같았다. 당시만 해도 발리에는 항구도 비행장도 없었다. 우리는 노 젓는 배를 타고 나무로 지은 낡아빠진 선창에 도달했다.

우리는 열에서 스무 가구 정도가 모여 사는 작은 마을을 지나갔다. 집집마다 담이 아름답게 둘러져 있었고, 특히 출입구가 인상적이었다. 섬 안으로 들어가면 들어갈수록 풍경은 더욱 장관이었다. 층층이 계단 모양으로 이루어진 푸른 논들이 맑은 은빛을 발하며 저 멀리 굽이쳐 흐르는 냇가까지 길게 이어져 있었다. 갑자기 형이 내 옆구리를 찔렀다. 홑천으로 허리만 감싼 젊은 여자들이 젖가슴을 그대로 드러낸 채 머리에 과일이 가득 담긴 바구니를 이고 길게 줄을 지어 걸어가고 있었다. 그때부터 우리는 먼발치에서 발리 여자들이 보이기라도 하면 서로 번갈아가며 옆구리를 찔렀다. 그중에 상당히 예쁜 여자들도 눈에 띄었다. 우리 가이드는 미국계 터키인이었는데 운전수 옆자리에 앉아 있었다. 그는 발리 여자들이 지나갈 때마다 음란한 눈초리로 우리를 돌아봤다. 그는 마치 자신이 우리를 위해 그런 쇼를 준비한 것처럼 행동했는데, 나는 그의 그런 태도가 못마땅했다.

발리의 수도 덴파사르에 있는 호텔은 지은 지 얼마 되지 않은 새 건물이었다. 방마다 거실이 베란다처럼 확 트여 있고 단지 칸막이만 되어 있어 다소 어색했는데, 다행히 안쪽 침실은 깨끗하고 아늑했다.

발리에 온 지 2개월밖에 되지 않았다고 하는 미국인 수채화가 앨 허시펠드 부부가 우리를 그들의 집으로 초대했다. 그들이 살고 있는 집은 전에 멕시코 화가 미구엘 코바루비아스가 살았던 집이었다. 그들은 그 집을 발리 귀족에게 주당 15달러에 전세 내어 귀족처럼 살고 있었다. 저녁을 먹고 형과 나는 허시펠드 부부와 함께 산책을 나갔다. 밤은 어둡고 찌는 듯이 더웠다. 바람 한 점 불지 않았다. 그렇게 얼마나 걸었을까. 어디선가 반딧불이 무리가 나타나더니 넓은 논 위로 날아다니며 푸른 불빛의 향연을 펼치는 게 아닌가. 그리고 반대편에서는 짤랑짤랑거리는 탬버린 소리와 웅장한 징 소리가 리듬에 맞춰 들려왔다. 허시펠드가 말했다.

"어디서 댄스파티가 시작되었나 봅니다. 가봅시다!"

200야드 정도 떨어진 곳에 일군의 원주민들이 서거나 웅크리고 앉아 춤을 구경하고 있었다. 어린 소녀들은 바구니와 횃불을 들고 앉아 뭔가 먹을 것을 팔고 있었다. 우리는 원주민들을 뚫고 안으로 들어갔다. 열 살 정도 되어 보이는 어린 두 소녀가 눈에 들어왔다. 두 소녀는 수놓은 사롱을 두르고 예쁜 금박 머리장식을 하고 있었다. 두 소녀가 깊고 낮은 징 소리와 장단을 이룬 아주 높은 음조의 가락에 맞춰 모자이크 모양으로 춤을 출 때마다 금박 머리장식이 등불에 반짝거렸다. 어린 두 소녀는 맹렬한 음악에 맞춰 머리를 흔들고, 눈을 깜박이고, 손가락을 흔들며 춤을 췄다. 그렇게 음악은 성난 급류처럼 점점 세어지더니 이내 잔잔한 호수처럼 조용히 잦아들었다. 그런데 마지막은 조금 어처구니가 없었다. 두 어린 무용수가 갑자기 춤을 멈추고 무리 속으로 사라져버리는 것이었다. 물론 박수도 없었다. 발리 섬 주민들은 박수를 치거나 환호성을 지르지 않았다. 뿐만 아니라 감격의 표시도 감사의 말도 일절 하지 않았다.

음악가이자 화가인 발터 슈피스가 우리가 묵고 있는 호텔로 찾아와 같이 점심을 먹었다. 그는 13년째 발리에 살고 있었다. 그래서 발리어도 곧잘 했다. 그는 발리 전통 음악을 피아노 곡으로 편곡하기도 했는데, 우리에게 자신이 편곡한 곡을 직접 들려주기도 했다. 마치 바흐의 콘체르토를 두 박자 빠르게 연주하는 느낌이었다. 그는 발리 주민들의 음악적 취향이 상당히 섬세하다며 이렇게 말했다. 발리 주민들이 재즈는 따분하고 느려서 좋아하지 않고, 모차르트의 음악은 감상적이라 싫어한다. 오직 바흐 음악에만 흥미를 갖는데, 그 이유는 바흐 음악이 형식이나 리듬에서 그들의 음악과 비슷하기 때문이라는 것이었다. 나는 발리 주민들의 음악이 차갑고 무정하며 그리고 다소 불안정하다는 생각이 들었다. 심지어 음울한 느낌이 드는 악절은 마치 굶주린 미노타우로스를 부르는 것 같은 불길한 느낌이 전해졌다.

점심식사 뒤에 슈피스가 채찍 의식이 행해질 예정이라는 밀림으로 우리를 안내했다. 우리는 밀림으로 난 작은 길을 따라 4마일 정도 걸어 들어갔다. 우리가 도착하니 많은 사람들이 12피트 정도 되는 제단을 둘러싸고 모여 있었다. 아름다운 사롱을 걸친 젊은 소녀들이 젖가슴을 드러낸 채 과일과 다른 제물이 담긴 바구니를 들고 줄지어 서 있었다. 그리고 흰색 가운을 입고 긴 머리를 허리까지 늘어뜨린 수도사처럼 생긴 한 성직자가 소녀들이 가지고 온 제물을 받아 정성스럽게 제단 위에 올려놓았다. 성직자들의 기도가 끝나자 킥킥 웃던 젊은이들이 일제히 제단 앞으로 돌진하더니 그곳에 쌓아놓은 제물을 약탈하기 시작했다. 물론 사제들은 가차 없이 채찍을 휘두르며 그들이 제물을 약탈하지 못하도록 방해했다. 몇몇 젊은이는 채찍에 맞아 약탈한 제물을 놓치기도 했다. 그러면 그것은 그들이 도둑질을 하도록 유혹하는 악령에서 벗어난 신호로 간주되었다.

우리는 원하는 대로 마음껏 사원과 마을 안에 들어가 보았다. 그리고 닭싸움도 구경하고, 축제들과 밤낮 없이 계속되는 종교의식에도 참가했다. 한번은 새벽 5시까지 종교 의식에 참석한 적도 있었다. 발리 섬의 신들은 쾌락을 좋아했기 때문에 발리 주민들도 신들을 경외심을 갖고 숭배하기보다는 애정을 갖고 숭배하는 것 같았다.

또 한번은 밤늦게 슈피스와 단둘이 밖에 나왔다가 강단 있게 생긴 한 여자가 횃불 앞에서 춤을 추고 있는 것을 본 적이 있다. 그녀의 어린 아들이 뒤에서 그녀를 흉내 내고 있었다. 가끔 젊게 보이는 한 남자가 그녀에게 다가와 춤동작을 가르쳤다. 나중에 안 사실이지만 그 남자는 그녀의 아버지였다. 슈피스가 그에게 나이를 물어봤다. 그러자 그가 오히려 되물었다.

"지진이 언제 있었더라?"
"십이 년 전입니다."
"그렇지. 그때만 해도 결혼한 자식들이 셋이나 있었는데."

이렇게 말하고도 뭔가 성이 차지 않았는지 그는 다음과 같이 덧붙였다.

"나는 2,000달러어치만큼 나이를 먹었지."

그가 태어나서 지금까지 벌어 쓴 돈의 액수를 말하는 것이었다.

나는 여러 마을에서 갓 출시된 리무진을 닭장으로 사용하고 있는 것을 목격했다. 이상한 생각이 들어 슈피스에게 그 이유를 물어보았다. 그의 대답은 이러했다.

"이곳은 모든 마을이 공산주의 방식으로 유지되기 때문에 가축을 수출해서 번 돈도 공동기금처럼 관리합니다. 그렇게 해서 몇 년을 모았으니 상당한 액수가 쌓였겠죠. 그런데 어느 날 그것을 어떻게 알았는지 자동차 판매원이 와서 마을마다 돌아다니며 캐딜락 리무진을 팔고 갔습니다. 처음 하루 이틀이야 좋아서 타고 다녔지만 휘발유가 떨어지니 낭패를 본 거죠. 휘발유 값이 마을 한 달 벌이와 맞먹었거든요. 그러니 누가 차를 타고 다니겠습니까. 그렇게 마을 안에 방치하다 보니 자연스럽게 닭장이 된 거지요."

발리 섬 주민들도 우리처럼 유머를 좋아했다. 특히 성적 농담을 많이 했고 판에 박은 문구라든가 말장난이 심했다. 나는 호텔의 젊은 웨이터를 통해 발리 주민들이 얼마나 농담을 잘하는지 시험해봤다. 내가 물었다.

"닭이 왜 길을 가로지른다고 생각해요?"

내 질문이 우습다고 생각했는지 그는 젠체하며 통역에게 이렇게 대답했다.

"너무 쉽네요. 그걸 모르는 사람이 어디에 있겠습니까!"

"그럼, 닭이 먼저일까요, 달걀이 먼저일까요?"

이 질문에 그는 멈칫했다.

"닭…… 아냐……."

그러더니 고개를 흔들며 중얼거렸다.

"음…… 달걀…… 이것도 아냐…… ."

그는 쓰고 있던 터번을 벗고는 잠시 생각에 잠겼다. 그리고 마침내 자신 있게 이렇게 말했다.

"달걀이요."

"그럼 달걀은 뭐가 낳아요?"

"거북이죠. 거북이는 다른 무엇보다 최고이고 모든 알을 낳기 때문입니다."

당시 발리는 천국이었다. 발리 원주민들은 4개월 동안만 논에 나가 일하고 나머지 8개월은 예술이나 문화 생활을 즐겼다. 섬 전체가 축제와 연회 그리고 오락으로 넘쳐났고, 한 마을이 다른 마을을 위해 축제와 연회를 열고 마을 고유의 춤과 전통을 보여주었다. 그러나 이제 천국도 사라져가고 있었다. 교육과 문명이라는 미명하에 발리 여자들은 가슴을 가려야 했고, 쾌락을 좋아하는 신들 대신 이제 서구의 신들을 숭배해야 했다.

찰리 채플린을 암살하라

일본으로 떠나기 전에 내 일본인 비서 고노가 먼저 일본으로 가서 우리를 맞이할 준비를 하고 싶다고 말했다. 우리는 일본 정부의 공식 초청을 받고 가는 손님들이었다. 우리가 도착한 고베 항에는 비행기가 우리가 탄 배 주위를 선회하며 환영 전단을 뿌렸고, 수천 명에 달하는 환영 인파가 부두에 모여 우리를 반갑게 맞아주었다. 근처 공장 굴뚝과 회색빛 우중충한 부두를 배경으로 밝고 화려한 기모노 차림의 여성 인파가 몰려 있는 광경이 묘한 아름다움을 자아냈다. 그러나 그런 일본인들의 모습에서는 익히 들은 적이 있는 신비감이나 절제 같은 것은 엿볼 수 없었다. 그들

역시 내가 어디를 가든 흔히 보았던 보통의 환영 인파와 다를 바 없었다.

일본 정부는 우리를 도쿄까지 태우고 갈 특별 열차까지 준비해 놓고 있었다. 도쿄로 가면서 역을 지날 때마다 환영 인파와 환영 열기는 더해갔다. 그리고 승강장은 우리에게 선물을 증정하려는 예쁜 아가씨들로 넘쳐났다. 그들은 모두 일본 전통 의상인 기모노를 입고 있었는데, 마치 플라워 쇼를 보는 것 같았다. 도쿄에서는 어림잡아 4만 명이 넘는 군중이 역으로 몰려 나와 우리를 맞이했다. 시드니는 군중 속에서 누군가의 발에 걸려 넘어져 큰 부상을 당할 뻔했다.

동양의 신비감은 하나의 전설이었다. 물론 나는 믿지 않았다. 나는 항상 그것이 우리 유럽인들이 만들어낸 환상이라고 생각했다. 우리가 고베 항에 발을 내딛는 순간, 그런 환상은 여지없이 깨졌다. 도쿄에서도 그것은 마찬가지였다. 호텔로 가는 길에 우리는 어느 한적한 골목에 들어섰다. 어딘지 알 수는 없었지만 차가 갑자기 속력을 줄이더니 가까이에 황궁이 보였다. 차가 근처에 멈춰 섰다. 고노가 난처한 표정으로 리무진 창문을 통해 뒤를 보며 내게 알 수 없는 요구를 했다. 나보고 차에서 내려 황궁을 향해 절을 하라는 것이 아닌가?

"이곳 관습인가?"

내가 묻자 그는 당연하다는 듯이 대답했다.

"그렇습니다. 하지만 절을 할 필요는 없습니다. 잠깐 차에서 내렸다가 타시면 됩니다."

나도 약간 당황스러웠다. 주위에는 우리를 뒤따라온 두세 대의 차량 외에 아무것도 없었다. 만약 이곳을 지날 때 차에서 내려 절하는 것이 관습이라면, 사람들은 미리 알고 내가 절하는 모습을 보기 위해 몰려와 있었을 게 틀림없었다. 그러나 아무리 눈을 씻고 봐도 주위에는 개미 그림자 하나 얼씬거리지 않았다. 여하튼 나는 차에서 내려 절을 했다. 내가 다시 차에 올라타자 고노는 안도의 한숨을 내쉬는 것 같았다. 그는 우리가 고베에 도착한 뒤로 계속 뭔가 걱정하는 눈치였다. 나는 과도한 업무 때문일 거라고 생각하고 대수롭지 않게 넘겼다.

그날 밤에는 아무 일도 없었다. 그러나 다음 날 아침 시드니가 매우 화난 얼굴로 내 방에 들어왔다.

"차마 생각하고 싶지는 않은데, 누가 내 가방을 뒤졌는지 서류가 뒤섞여 있어."

형이 이렇게 말했다. 나는 그게 사실이더라도 별로 대수로운 일은 아니지 않느냐고 말했다. 그러나 어떤 말을 해도 형은 들으려 하지 않았다.

"뭔가 수상한 일이 벌어지고 있는 게 분명해."

형이 말했다. 그러나 나는 그냥 웃어넘기며 아무 근거 없이 공연히 의심한다고 형을 나무랐다.

그날 아침 우리 일행에 정부 인사 한 명이 배정됐다. 그는 우리가 일본에 체류하는 동안 우리를 계속 따라다닐 거라고 말했다. 그리고 우리가 가고 싶은 곳이 있으면 고노를 통해 자신에게 미리 알려달라고 부탁했다. 형은 우리가 감시당하고 있고, 고노가 우리에게 뭔가를 숨기고 있는 게 분명하다고 주장했다. 확실히 고노는 전날보다 더 수심 가득한 얼굴을 하고 있었다.

형의 의심이 전혀 허무맹랑한 것은 아니었다. 그날 매우 이상한 일이 일어났다. 한 상인이 비단에 그린 춘화 몇 점을 갖고 있는데 나보고 자기 집에 와서 봐줄 수 있는지 부탁해왔다고 고노가 말했다. 나는 춘화에 관심이 없다고 전하라고 고노에게 일렀다. 그러나 고노는 걱정스런 얼굴로 이렇게 물었다.

"그럼 그에게 그것들을 호텔에 가져다놓으라고 할까요?"

"그렇게까지 할 것 없네. 그런 일로 시간 낭비하지 말라고 해주게."

고노가 머뭇거렸다.

"그들은 거절당하고 가만있을 사람들이 아닙니다."

"그게 무슨 말인가? 거절당했다고 가만있지 않으면?"

"그들이 며칠 전부터 저를 계속 협박했습니다. 도쿄는 위험한 곳입니다."

"말도 안 돼! 경찰에 신고해서 그들 뒤를 밟게 하세."

그러나 고노는 고개를 저었다.

다음 날 저녁, 형과 고노 그리고 나 이렇게 셋이서 룸이 딸린 한 레스토랑에서 저녁을 먹고 있는데 젊은 사내 6명이 들이닥쳤다. 한 사람이 고노 옆자리에 팔짱을 끼고 앉았고, 다른 사람들은 한 발짝 물러서서 그의 뒤에 서 있었다. 의자에 앉은 남자가 분을 삭이며 고노에게 일본어로 뭔가를 말하기 시작했다. 그러나 그가 몇 마디 했을 뿐인데 고노는 이내 얼굴이 새파랗게 질렸다. 나는 아무런 무기도 갖고 있지 않았다. 그렇지만 마치 권총이라도 갖고 있는 것처럼 코트 호주머니에 손을 넣고 이렇게 외쳤다.

"무슨 일이오?"

고노는 자기 앞에 놓인 접시에서 눈도 떼지 못한 채 이렇게 중얼거렸다.

"감독님께서 그의 그림들을 보지 않겠다고 거절한 일이 자기 조상에 대한 모욕이라고 말했습니다."

나는 호주머니에 손을 넣은 채 의자를 박차고 일어나 그 젊은 남자를 무섭게 쳐다보며 이렇게 말했다.

"도대체 이게 무슨 짓이오?"

그런 다음 형을 보고 이렇게 말했다.

"그만 나가죠. 고노 자네는 먼저 가서 택시를 부르게."

우리는 무사히 식당을 빠져나온 뒤에야 안도의 숨을 내쉬었다. 마침 택시가 기다리고 있어 우리는 서둘러 택시에 올랐다.

그러나 불가사의한 일은 이것이 끝이 아니었다. 다음 날 우리는 일본 총리의 아들 아누카이 겐 씨의 초대를 받아 일본 전통 씨름인 스모 경기를 관람하고 있었다. 그때 한 수행원이 그에게 다가와 어깨를 두드리며 귀에 대고 뭐라고 속삭였다. 그는 우리를 보더니 급한 용무가 생겨 가봐야 하는데, 뒤에 다시 오겠다며 양해를 구했다.

경기가 거의 끝나갈 때쯤 그가 되돌아왔다. 그는 허옇게 질린 얼굴을 하고 몸을 부들부들 떨었다. 나는 그에게 어디 편찮으냐고 물었다. 그는 그게 아니라며 고개를 저었다. 그러더니 갑자기 두 손으로 얼굴을 감싸고 이렇게 말했다.

"제 아버지가 방금 전에 암살당하셨습니다."

우리는 그를 호텔방으로 데리고 가서 브랜디 한 잔을 권했다. 슬픈 감정을 추스른 그는 무슨 일이 있었는지 전후 사정을 우리에게 이야기했다. 6명의 젊은 해군 사관후보생들이 총리 관저의 경호원들을 살해하고 수상 거처에 난입했다. 그때 총리(이누카이 쓰요시, 1932년 5월 15일 극우파 해군 사관후보생들이 일으킨 쿠데타에 의해 암살당했다—옮긴이)는 부인과 딸과 함께 그곳에 머무르고 있었다. 그리고 그다음 있었던 일은 그의 어머니에게 들은 이야기라며 말을 이었다. 암살자들은 그의 아버지에게 총부리를 겨눈 채 20분 동안 버티고 서 있었다. 그사이 총리는 어떻게든 그들을 설득해보려고 노력했지만 헛수고였다. 그들은 말 한 마디 없이 총리를 죽이려고 했다. 그러나 총리는 가족이 보는 앞에서는 죽이지 말아달라고 부탁했다. 암살자들은 총리가 부인과 딸에게 작별인사를 할 수 있도록 허락했다. 잠시 후 총리는 조용히 일어나 암살자들을 다른 방으로 데리고 갔다. 그곳에서 그는 다시 한 번 그들을 설득해보려고 노력했을 것이다. 가족들은 불안에 떨며 앉아 있었다. 그리고 암살자들이 총리를 살해하는 총성이 들렸다.

총리 암살은 그의 아들이 스모 경기를 관람하는 동안 일어났다. 우리와 같이 있지 않았다면 그도 아버지와 함께 살해됐을 것이라고 했다.

나는 그가 집으로 돌아가는 길에 동행해 2시간 전에 그의 아버지가 살해된 방을 둘러봤다. 방 안 다다미 위에 채 마르지 않은 피가 흥건히 묻어 있었다. 사진기자들과 신문기자들이 운집해 있었지만 예의상 사진은 찍지 않았다. 그렇지만 그들은 나를 보자마자 이 사건에 대해 어떻게 생각하는지 한 마디 해달라고 부탁했다. 나는 달리 할 말이 없어 이번 총리 암살 사건은 그의 가족뿐 아니라 일본에 크나큰 비극이라고 말했다.

이 비극적인 사건이 있은 다음 날 나는 고인이 된 총리가 주재하는 공식 환영 만찬에 참석할 예정이었다. 물론 취소되었다.

시드니는 이번 암살 사건이 우리에게 계속 일어나고 있는 불가사의한 일의 일부이고, 아마 우리도 이번 사건과 연루되어 있는 게 틀림없다고 말했다.

"총리를 암살한 것도 여섯 명이고, 우리가 저녁 먹던 날 밤 레스토랑에 들이닥친 것도 여섯 명이었어. 이게 단지 우연의 일치일까."

사실 나는 이 사건에 크게 연루되어 있었다. 물론 그 당시에는 잘 몰랐지만, 〈뉴욕타임스〉 동경 특파원이었던 휴 바이어스의 《암살에 의한 지배》라는 책을 읽고 그 내막을 자세히 알 수 있었다. 이 책은 당시 총리 암살 사건의 내막에 대해 매우 흥미로운 정보를 담고 있다. 당시 일본에는 '흑룡회'라는 극우파 단체가 활동하고 있었다. 내게 황궁을 향해 절을 하도록 시킨 것도 이 단체였다. 휴 바이어스의 책에서 총리 암살 사건에 연루된 범인들의 재판 기록 일부를 인용한다.

총리 암살 사건의 주동자인 고가 세이시 해군 중위는 후일 군법정에서 다음과 같이 진술했다. 공모자들은 국가 비상계엄령을 선동하기 위해 먼저 국회의사당을 폭파할 계획을 논의했다. 국회의사당에 쉽게 출입할 수 있는 민간인들을 통해 방청석에 폭탄을 투하하고, 젊은 장교들이 출입구를 지키고 있다가 뛰쳐나오는 의원들을 사살할 계획이었다. 이 외에도 다른 음모가 한 가지 더 있었다. 너무 터무니없는 음모라 법정 진술이 없었다면 그 신빙성에 의문을 가졌을 것이다. 즉 젊은 장교들은 일본을 방문하고 있던 찰리 채플린을 암살할 생각이었다. 그들은 총리가 채플린 씨를 다과회에 초대해 파티를 벌일 때 총리 관저를 습격할 계획이었던 것이다.

판사 무슨 의도로 채플린을 암살하려 했는가?
고가 채플린은 미국에서 유명 인사고 자본가 계급의 총아다. 우리는 그를 암살함으로써 미국과 전쟁을 일으킬 수 있을 것으로 생각했다. 즉 우리는 일석이조의 효과를 노린 것이다.
판사 그렇게 멋진 계획이라면 왜 포기했는가?
고가 예정된 환영 만찬이 언제 열릴지 아직 미정이라는 신문보도를 읽고 그 계획은 포기했다.
판사 총리 관저를 난입할 계획을 세운 동기가 뭔가?
고가 입헌국민당 당수이자 총리를 타도하는 것이었다. 다시 말해, 현 정부를 전복하기 위해서이다.
판사 처음부터 총리를 죽일 생각이었나?
고가 그렇다. 그렇지만 총리에게 개인적인 원한을 갖고 있지는 않았다.

고가는 채플린 암살 계획을 중간에 포기한 것에 대해 이렇게 진술했다. "그 희극배우를 죽일지 말지 우리 사이에서도 논란이 있었다. 왜냐하면 그를 죽인다고 미국과 전쟁이 일어나거나 군대의 힘이 커질 가능성은 희박하다고 판단했기 때문이다."

나는 암살자들이 나를 암살하러 오는 장면을 상상해봤다. 그 순간 그들은 내가 미국인이 아니라 영국인이라는 것을 알게 된다.

그리고 그들은 이렇게 말한다.

"이거 실례했소!"

여하튼 일본 방문 중에 이런 기분 나쁘고 불가사의한 일만 있었던 것은 아니다. 나는 대부분의 시간을 즐겁게 보냈다. 특히 가부키 공연은 내가 기대했던 것 이상으로 재미있었다. 가부키는 그저 형식적인 연극이 아니라 전통과 현대가 절묘하게 결합된 연극이었다. 그리고 배우의 연기에 전적으로 의지했다. 서구식 기준에서 본다면 가부키의 연기 기법은 상당히 제한적이다. 무엇보다 리얼리티를 고려하지 않는다. 오히려 그것에 별다른 의미를 두지 않는다. 칼싸움을 예로 들어보자. 서구에서는 칼싸움을 무대에 올릴 경우 터무니없다는 생각이 들 정도로 직접 칼을 맞부딪힌다. 물론 너무 과격하다고 느낄 수도 있지만 그만큼 조심하면서 연기한다. 그러나 일본은 달랐다. 그들은 칼싸움을 해도 전혀 실감이 나지 않았다. 그들은 서로 칼을 들고 멀찌감치 서서 머리를 베거나 다리를 베는 시늉만 했다. 그러면 그때마다 그들은 각자 선 자리에서 뛰고, 돌고, 발끝으로 맴돌았다. 마치 발레를 하는 것 같았다. 마지막 대결 장면은 인상적이었다. 대결은 승자가 승리를 의미하는 어떤 자세를 취하는 것으로 끝이 났다. 그리고 이때부터 죽는 연기를 하는 배우들은 리얼리즘의 진수를 보여주기 시작했다.

일본 연극은 대다수가 아이러니를 주제로 했다. 나는 사랑하는 두 남녀가 부모의 반대를 무릅쓰고 결혼하는 내용의 드라마 같은 연극을 관람했다. 말 그대로 일본판 로미오와 줄리엣이었다. 공연은 일본에서 300년 전통을 자랑한다는 회진무대에서 막을 올렸다. 첫 번째 장면은 갓 결혼한 젊은 부부의 신방이다. 연극 중간에 급사가 등장해 두 젊은 연인의 부모들을 만나 설득에 나선다. 따라서 두 연인은 그들의 부모들과 화해할 수 있을지도 모른다는 실낱같은 희망을 품는다. 그러나 전통은 호락호락하지 않다. 뿐만 아니라 그들의 부모들도 모두 완강했다. 결국 두 연인은 일본 전통 방식에 따라 자결하기로 마음을 먹는다. 그들은 누워 죽을 자리에 꽃잎을 흩뿌린다. 신랑이 신부를 먼저 죽이고, 자신은 뒤따라 자결할 작정이다.

두 연인이 죽음을 준비하기 위해 바닥에 꽃잎을 흩뿌리며 나누는 대화가 관객들의 웃음을 불러일으켰다. 나는 통역에게 관객들이 왜 웃는지 물어봤다. 그는 내게 관객들이 웃는 이유를 설명하며 그들이 나눈 대사 한 토막을 통역해줬다.

"그대와 하룻밤을 보냈으니 그것으로 여한이 없소. 더 산다고 한들 이보다 더 좋을 수는 없을 것이오."

아이러니가 섞여 있는 유머였다. 10분 동안 두 젊은 연인은 서로 이런 아이러니한 대사를 주고받았다. 그런 다음 신부가 흩뿌려놓은 꽃잎 위에 무릎을 꿇고 앉아 목을 드러낸다. 신부에게서 멀리 떨어져 있던 신랑이 칼을 빼들고 그녀에게 천천히 다가간다. 그리고 회전무대가 움직이기 시작하더니 그의 칼끝이 신부의 목에 닿는 순간 장면이 바뀌어 이제 두 젊은 연인의 집 밖을 보여준다.

달빛이 비추고 죽은 두 연인의 친구들이 기쁜 소식을 들고 찾아온다. 그들의 부모들이 이제야 용서를 한 것이다. 술에 취해 비틀거리는 친구들은 누가 연인들에게 이 소식을 알릴지를 놓고 티격태격 싸운다. 그리고 그들은 두 연인을 위해 세레나데를 부르지만 안에서는 아무런 대답이 없다. 그러자 그들은 대문을 두드린다. 여전히 대답이 없다.

"방해하지 말자고. 잠을 자든지 한창 바쁘든지 하겠지."

한 사람이 이렇게 말한다. 결국 그들은 세레나데를 부르며 발길을 돌린다. 그리고 뭔가 딱딱한 물체를 두드릴 때 나는 탁탁 소리로 연극이 끝난 것을 알리더니 천천히 막이 내려왔다.

일본이 서구 문명의 침투를 언제까지 견뎌낼 수 있을지는 알 수 없다. 달맞이, 벚꽃놀이, 다도 등 일본 국민들의 소박한 문화적 특징도 서구화가 내뿜는 연기에 휩쓸려 사라질 위기에 처한 것 같다.

내 휴가도 이제 끝이었다. 비록 긴 휴가 기간 동안 많은 것을 보고 즐겼지만, 마음을 울적하게 하는 것들도 있었다. 한쪽에서는 넘쳐나는 식량과 재화를 어쩌지 못해 썩어 내버리고, 다른 한쪽에서는 사람들이 주린 배를 채우기 위해 거리를 배회했다. 뿐만 아니라 수백만을 헤아리는 실업자가 일자리를 찾지 못한 채 자신들의 노동력을 낭비하고 있었다.

나는 한 만찬 석상에서 어떤 남자가 더 많은 금을 캐내지 못한다면 이런 상황에서 벗어나지 못하리라고 말하는 걸 들은 적이 있었다. 내가 자동화가 사람들의 일자리를 빼앗고 있다고 주장하자 누군가가 이렇게 맞받아쳤다. 노동력이 그만큼 저렴해지면 자동화와 경쟁할 수 있는 상황이 되기 때문에 그런 문제는 자연스럽게 해결될 것이라고. 대공황의 여파가 온 세상을 짓누르고 있었다.

24
나의 세기, 〈모던 타임스〉

뉴욕 〈월드〉지의 한 총명하고 젊은 기자가 디트로이트의 컨베이어벨트 시스템에 대해 이야기해주었다. 그는 도시 공장에서 일하기 위해 농촌을 등지고 대도시로 온 젊은 남자들이 컨베이어벨트 시스템에서 4, 5년만 일하면 신경쇠약에 걸릴 정도라고 했다. 그와 대화를 나누면서 〈모던 타임스〉의 아이디어를 얻었다. 나는 일하는 시간을 절약할 수 있는 자동 식사 기계를 생각해냈다. 노동자들은 점심시간에도 식사를 하면서 계속 일한다. 공장 장면은 뜨내기가 신경쇠약에 걸려 쓰러지는 것으로 끝난다. 이때부터 영화는 현대 사회에서 어떻게든 기를 쓰고 살아가려는 평범한 사람의 이야기를 다룬다.

격변의 시대, 방황하는 마음

나는 비벌리힐스에 있는 집에 도착해 거실 한가운데 우두커니 섰다. 늦은 오후였다. 잔디밭 위로 긴 그림자가 드리우고 창문으로 들어온 황금빛 물결이 방 안을 수놓았다. 그렇게 고요하고 평화로울 수 없었다. 나는 절로 눈물이 났다. 무려 8개월 만이었다. 그러나 마음에는 아무런 감흥이 없었다. 과연 이렇게 돌아온 것이 잘한 일일까. 막상 돌아오기는 했지만, 앞으로 무엇을 할지 아무런 계획도 없었다. 그저 외롭고 쓸쓸하다는 생각만 들었다.

나는 유럽을 여행하는 동안 내 인생에 반려자가 될 만한 사람을 만날 수 있지 않을까 내심 희망을 걸고 있었다. 그러나 그런 일은 일어나지 않았다. 내가 만난 여자들 가운데 그럴 만한 여자는 거의 없었다. 간혹 있기는 했지만, 그녀들은 내게 별 관심이 없었다. 다시 캘리포니아로 돌아왔지만 이곳은 내게 무덤이나 마찬가지였다. 내 유일한 친구들이었던 더글러스 페어뱅크스와 메리 픽퍼드는 이미 이혼한 상태였다.

그날 저녁 나는 혼자 저녁을 먹을 생각이었다. 그러나 그런 큰 집에서 혼자 앉아 무엇을 한다는 게 내키지 않았다. 그래서 나는 저녁 준비를 그만두게 하고, 혼자 차를 몰고 나와 할리우드로 향했다. 나는 차를 근처에 주차시키고 할리우드 대로변을 걸어다녔다. 8개월 만에 돌아왔지만 변한 것은 아무것도 없었다. 이전과 마찬가지로 단층짜리 상점들이 길게 늘어서 있었고, 육군과 해군 스타일의 옷을 파는 가게들, 싸구려 약국들 그리고 울워스 백화점과 크레스지 백화점이 그대로 있었다. 그러나 대공황의 여파 때문인지 예전만큼 화려하지는 않았다. 할리우드는 벼락경기 시절에 건설된 도시 이미지를 벗어나지 못하고 있었다.

나는 할리우드의 대로변을 걸으며 그만 영화계에서 은퇴하고 모든 것을 정리한 다음 중국으로 갈까 생각하기 시작했다. 할리우드에 더 이상 머무를 이유가 없었다. 무성영화의 시대가 저문 것은 확실했다. 그리고 나는 유성영화에 맞서 싸우고 싶은 생각도 없었다. 더구나 유성영화에 대해 잘 알지도 못했다.

나는 지금 이 시간에 뜬금없이 연락해서 저녁이나 같이 먹자고 청할 수 있을 만한 사람이 있는지 떠올려보았지만 헛수고였다. 그럴 만한 친구가 없었다. 그렇게 할리우드를 걸어다니다가 집에 돌아오니 매니저인 앨프 리브스에게 전화가 걸려왔다. 내가 유럽에 가 있는 동안 스튜디오에 별다른 일은 없었다는 사무적인 전화였다. 그 외엔 누구 하나 내게 전화하는 사람이 없었다.

다시 스튜디오에 나가 일할 생각을 하니 찬물에 뛰어드는 것처럼 진절머리가 났다. 그러나 〈시티 라이트〉가 엄청난 성공을 거두고 있다는 소식에 매우 기뻤다. 벌써 순이익만 300만 달러였고, 10만 달러가 넘는 수표가 매달 들어오고 있었다. 리브스는 나보고 할리우드 은행에 새로 행장이 부임했는데 만나보고 안면을 익혀두는 것은 어떠냐고 말했다. 나는 은행에 발길을 끊은 지 7년이 넘었는데 새삼스럽게 가볼 필요가 있겠느냐며 사양했다.

독일 황제의 손자인 루이스 페르디난트 공이 스튜디오를 방문했다. 그리고 뒤에 우리 집에 가서 함께 저녁식사를 했는데, 그는 독일 혁명과 관련해 상당히 흥미로운 이야기를 해주었다. 매력적이고 매우 총명해 보이는 페르디난트 공은 제1차 세계대전 이후 일어난 독일 혁명을 희극 오페라에 비유했다.

"할아버지는 네덜란드로 몸을 피했지만, 황족들 몇 명은 포츠담 궁전에 남아 있었지요. 사실 너무 무서워서 꼼짝도 할 수 없었습니다. 마침내 혁명분자들이 궁전으로 몰려와서 그곳에 남아 있는 황족들에게 최후통첩을 보냈습니다. 내용은 우리더러 자신들을 인정해줄 수 있느냐는 거였어요. 그곳에 남아 있던 황족들은 혁명분자들과 면담을 가졌습니다. 그들은 그곳에 남아 있던 황족들의 신변 안전을 보장했습니다. 그리고 만약 필요한 것이 있으면 언제든지 사회민주당 본부로 연락하라고 했습니다. 황족들은 자신들의 귀를 의심했습니다. 죽는 줄로만 알았는데 그게 아니었거든요. 그래서 뒤에 독일 혁명정부가 황족들의 재산 처리 문제로 교섭을 해오자 황족들은 은근슬쩍 말을 얼버무리면서 정부에 더 많은 재산을 요구했습니다."

그리고 그는 이렇게 말하며 말을 끝맺었다.

"러시아 혁명은 비극이었습니다. 그런데 우리 혁명은 희극이었어요."

내가 미국에 돌아온 뒤로 몇 가지 흥미로운 일이 벌어지고 있었다. 대공황의 여파가 기승을 부리고 있었지만, 그것이 오히려 미국인들의 위대성을 자극했다. 상황은 갈수록 더욱 악화되어갔다. 몇몇 주들은 판매되지 않고 쌓여만 가는 상품을 팔기 위해 나무로 신용화폐를 발행하기까지 했다. 한편 가엾은 후버 대통령은 가만히 손 놓고 앉아 사태를 지켜볼 뿐이었다. 그는 최상층 계급에게 돈이 풀리면 그것이 자연히 하층계급까지 침투해 소비를 진작시킬 수 있을 것이라는 안일한 대책만 세워놓고 있었다. 그러나 그의 이런 대책은 실패하고 말았다. 그리고 이런 비극적인 상황에서 민주당의 프랭클린 루스벨트가 대통령에 당선되면 미국의 사회경제 체제가 위태로워질 거라고 유세를 하고 다녔다. 그러나 역설적으로 보면 공화당의 후버 대통령이 집권하고 있던 당시가 미국 사회경제 체제가 가장 위기에 처한 시기였다. 당시 미국은 대공황의 한가운데 있었다.

결국 프랭클린 루스벨트가 대통령에 당선되었고, 미국의 사회경제 체제는 위험에 처하지도 않았다. '잊혀진 사람들'(경제 피라미드의 맨 밑바닥에 있는 사람들을 가리킨다—옮긴이)을 옹호하는 그의 취임연설은 미국인들의 정치적 무관심을 일깨우고 미국 역사상 가장 역동적인 시대를 창조했다. 나는 이 연설을 샘 골드윈의 해변 저택에서 라디오를 통해 들었다. 그날 그곳에는 컬럼비아 방송(CBS)의 설립자인 빌 팔리, 어니스트 죠 셴크, 프레드 아스테어와 그의 부인을 포함해 다른 손님들이 여럿 모여 있었다.

"우리가 두려워해야 하는 것은 두려움 그 자체입니다."

라디오 저 너머에서 한 가닥 햇살처럼 그의 목소리가 흘러나왔다. 그러나 나를 포함해 그곳에 모여 있던 대다수 사람들은 회의

적이었다. 내가 말했다.

"마음에 와 닿지 않아요."

루스벨트는 대통령에 취임하자마자 자신의 공약을 실행에 옮기기 시작했다. 우선 그는 은행 파산을 막기 위해 10일 동안 은행 업무를 중지시켰다. 그것은 미국이 대공황의 늪에서 빠져나와 다시 본궤도에 올라서는 신호탄이 되었다. 모든 가게들과 상점들이 외상 거래를 시작했고, 극장들도 외상으로 표를 팔았다. 그리고 모든 은행 업무를 중단하고 루스벨트와 그의 참모들이 뉴딜 정책을 입안하는 동안 미국인들은 의연하게 대처했다.

각종 비상대책 법안이 입법 조치됐다. 저당 잡힌 농지를 변제하지 못해 권리를 상실하고 대규모로 강탈되는 것을 막기 위한 농업신용재구축, 대규모 공공사업에 대한 재정지원, 전국 산업부흥법 제정, 최저임금 인상, 노동시간 단축을 통한 일자리 확대, 노동조합 장려 등이 입법 조치됐다. 사실 이런 조처들은 극단적이었다. 야당은 뉴딜 정책이 사회주의라고 비판했다. 그것이 사회주의든 아니든 몰락한 자본주의를 구한 것은 사실이었다. 뿐만 아니라 미국 역사상 가장 눈부신 몇 가지 개혁들을 일궈냈다. 정부의 이런 건설적인 정책에 발맞춰 미국 시민들이 보인 발 빠른 행보도 볼만했다.

할리우드도 변화의 한가운데 있었다. 무성영화로 인기를 얻은 유명 배우들은 사라지고 거의 없었다. 나를 포함해 몇 명만이 명맥을 유지하고 있었다. 유성영화가 세력을 잡은 뒤로 할리우드의 매력과 그것이 누렸던 태평성대는 가고 말았다. 하룻밤 사이에 영화산업이 냉혹하고 중대한 산업으로 변모했다. 음향 기술자들이 스튜디오를 개조하고 정교한 음향장비들을 설치하고 있었다. 방 하나 크기의 카메라들이 거대한 괴물처럼 무대를 꽉 메웠다. 수천 가닥의 전선이 복잡하게 얽혀 있는 라디오 장비가 설치됐다. 스태프들은 마치 화성에서 온 전사들처럼 머리에 헤드폰을 쓰고 앉아 촬영에 임했고, 배우들은 낚싯대처럼 그들 머리 위를 이리저리 떠다니는 마이크 밑에서 연기했다. 모든 것이 이전보다 더 복잡해서 도저히 종잡을 수 없었다. 이런 쓰레기 같은 잡동사니 틈에서 어떻게 독창적인 일을 할 수 있단 말인가? 나는 유성영화 자체가 싫었다. 그리고 얼마 지나지 않아 누군가가 이런 모든 정교한 잡동사니를 쉽게 운반할 수 있는 장치를 고안했다. 카메라도 쉽게 움직일 수 있었고, 또 이런 장비를 저렴한 비용으로 빌려 쓸 수도 있었다. 이런 기술 향상에도 불구하고 나는 다시 일하고 싶은 의욕이 생기지 않았다.

여전히 나는 모든 것을 정리하고 중국으로 가는 것을 심각하게 고민하고 있었다. 홍콩이라면 영화를 잊어버리고 편안하게 살 수 있을 것 같았다. 할리우드에 머물면서 쓸데없이 괴로워하고 번민하느니 차라리 그것이 정신건강에 나을 것이다.

여행에서 돌아와 3주 동안 하는 일 없이 빈둥빈둥 지내던 어느 날, 조 셴크가 내게 전화해 주말에 자신의 요트에서 함께 보내자고 초대했다. 그의 요트는 길이가 138피트로 14명이 승선해도 넉넉할 만큼 크고 멋졌다. 조는 보통 아바론 근처 카탈리나 섬 주변에 요트를 정박시키고 주말을 즐겼다. 그의 손님들은 주로 포커를 치는 사람들이라 좀처럼 재미가 없었다. 물론 나는 포커에 별로 흥미가 없었다. 그러나 조의 요트에는 항상 나른 즐거움이 있었다. 조는 아리따운 아가씨들을 한 무리씩 요트에 태우곤 했다. 따라서 지독한 고독에 사로잡혀 있던 나로서는 혹시 내게 서광을 비춰줄 예쁜 아가씨를 만날 수 있을지 모른다는 희망이 있었다.

그런데 내가 바라던 일이 정말 일어났다. 나는 조의 요트에서 폴레트 고다르를 만났다. 그녀는 재미있고 활달한 여성으로 저녁을 먹는 동안 내게 전남편에게 받은 위자료 5만 달러를 영화산업에 투자할 계획이라고 말했다. 그날 그녀는 최종 서명만을 남겨두고 있는 투자 관련 서류를 조의 요트에까지 가지고 와서 내게 보여줬다. 나는 그녀에게 투자하지 말라고 극구 말렸다. 그녀가 투자하고자 하는 회사는 존재 자체가 상당히 의심스러웠다. 나는 그녀가 사기를 당하고 있다는 확신이 들었다. 나는 영화산업 초창기에 영화에 뛰어들어 이 분야에 대해 속속들이 잘 알고 있고, 그래서 내 영화 이외에 다른 영화에는 일절 투자하지 않으며 그리고 내 돈을 내 영화에 투자하지만 그것조차 상당한 위험이 따른다고 그녀에게 말해줬다. 더구나 미국에서 각본 담당자를 따로 두고 있고, 인기 있는 소설을 누구보다 손쉽게 입수할 수 있는 위치에 있는 윌리엄 랜돌프 허스트조차 영화에 투자해 700만 달러를 손해 보는 실정인데 그녀가 성공할 가능성이 있는지 물어보았다. 결국 나는 투자 자체를 포기하라고 말했다. 이것이 계기가 되어 우리 두 사람은 급속도로 가까워졌다.

폴레트와 나를 연결해준 것은 외로움이었다. 그녀는 뉴욕에서 할리우드로 온 지 얼마 되지 않았기 때문에 아는 사람이 없었다. 우리 두 사람은 충직한 종 프라이데이와 로빈슨 크루소 같았다. 주중에는 서로 바빴다. 폴레트는 샘 골드윈 영화사에서 일하고 있었고, 나도 영화사 일 때문에 바빴다. 그러나 일요일은 두 사람 모두 무료할 정도로 한가했다. 우리는 거의 될 대로 되라는 심정으로 멀리 드라이브를 나가곤 했다. 사실 우리는 캘리포니아 해안을 샅샅이 뒤지고 다녔다. 달리 할 것이 아무것도 없었다. 그래도 가장 즐거웠던 것은 산 페드로 항에 가서 정박해 있는 각종 유람선들을 구경하는 것이었다. 그중에 매물로 나온 것이 하나 있었다. 길이 55피트에 선실 세 개를 갖춘 대형 요트였다. 게다가 취사실과 멋진 조종실도 있었다. 내 마음에 딱 들었다.

폴레트는 그 요트를 보자마자 이렇게 말했다.

"당신이 저런 요트를 하나 갖고 있으면 일요일이 정말 재미있을 텐데요. 카탈리나 섬에도 갈 수 있고요."

그래서 그것을 구매할 생각으로 이것저것 물어봤다. 소유자는 미첼 씨라는 사람으로 영화용 카메라를 생산하는 제조업자였다. 그는 우리에게 직접 배를 보여주었다. 그러나 나는 그 자리에서 선뜻 마음을 정하지 못했다. 우리는 일주일 사이에 세 번이나 그 요트를 보러 갔다. 물론 미첼 씨가 그런 우리를 보고 다소 황당하게 여기기도 했지만 그는 요트가 팔릴 때까지 언제든지 와서 봐도 좋다고 말했다.

나는 폴레트 몰래 그 요트를 구입하고 카탈리나 섬으로 떠날 채비를 했다. 나는 내 요리사와 예전에 키스톤 캅스 중 한 명으로 활약한 적이 있는 앤디 앤더슨을 데리고 갈 생각이었다. 무엇보다 앤디 앤더슨은 요트 자격증을 갖고 있었다. 다가오는 일요일까지 모든 채비를 끝냈다. 폴레트와 나는 아침 일찍 집을 나섰다. 그녀는 언제나처럼 멀리 드라이브를 나간다고 생각했는지 간단히 커피를 한잔하고, 가는 길에 아침을 먹자고 제안했다. 그런데 내가 산 페드로 항으로 향하는 것을 알아채고 이렇게 말했다.

"설마 또 그 요트를 보러 가는 것은 아니죠?"

"한 번만 더 보고 살지 안 살지 마음을 정할 생각이야."

"그럼 이번엔 혼자 가세요. 한두 번도 아니고. 그 사람에게 미안하지도 않으세요. 저는 차에서 기다릴게요."

그녀가 탐탁지 않은 얼굴로 이렇게 말했다.

차가 선착장에 도착했지만 그녀는 차에서 내리려 하지 않았다. 내가 어떤 말을 해도 그녀는 꿈쩍도 하지 않았다.

"아뇨. 혼자 가세요. 하지만 얼른 보고 오세요. 아침도 아직 못 먹었잖아요."

2분 뒤에 나는 차로 돌아와 그녀를 차에서 억지로 끌어내리다시피 해 요트로 데려갔다. 선장실은 분홍색과 파란색 식탁보 그리고 그것과 짝을 맞춘 분홍색과 파란색 도자기로 화려하게 장식되어 있었다. 베이컨 에그를 굽는 맛있는 냄새가 주방에서 흘러나왔다.

내가 말했다.

"선장님께서 특별히 아침식사에 우리를 초대했소. 핫케이크, 베이컨에그, 토스트와 커피를 대접한답니다."

폴레트는 주방을 내려다보더니 이내 내 요리사를 알아봤다.

"일요일에 어디라도 좋으니 놀러가고 싶어 하지 않았소. 그래서 아침을 먹고 카탈리나 섬으로 수영을 하러 가기로 했소."

이렇게 말하고 나는 내가 이 요트를 샀다고 그녀에게 사실대로 말했다. 그런데 이 말을 들은 폴레트의 반응이 재미있었다.

"잠깐만요."

그녀는 이렇게 말하고 자리에서 일어났다. 그리고 요트에서 내리더니 항구를 따라 50피트 정도 달려가 손으로 얼굴을 감쌌다.

"폴레트, 얼른 와서 아침 먹어요."

내가 소리쳤다. 요트로 돌아온 그녀가 말했다.

"너무 놀라서 이렇게라도 하지 않으면 진정이 되지 않을 것 같았어요."

일본인 요리사 프레디가 씽긋 웃으며 아침식사를 내왔다. 아침식사를 마친 우리는 요트의 시동을 걸고 항구를 빠져나와 22마일 떨어진 카탈리나 섬으로 향했다. 우리는 그곳에 9일 동안 머물며 즐거운 시간을 보냈다.

〈모던 타임스〉의 탄생

여전히 일과 관련해 별다른 계획은 없었다. 그저 폴레트와 함께 무감각한 나날을 보내고 있었다. 경마회, 나이트클럽 그리고 여러 공공연한 행사에 참석했다. 모두 시간 때우기였다. 나는 혼자 있기도 싫었고 생각하는 것도 싫었다. 그러나 하는 일 없이 이렇게 놀고먹고 지내자니 죄의식이 들었다. 내가 여기서 뭐 하는 거지? 왜 일은 안 하고 있는 거지?

더구나 한 젊은 비평가의 비평이 나를 울적하게 만들었다. 그는 〈시티 라이트〉가 좋은 영화이기는 하지만 너무 감상적이라고 비판했다. 그리고 그는 내가 다음 영화에서 리얼리즘에 신경을 써야 할 것이라고 충고했다. 나는 그의 비판과 충고에 공감하고 있었다. 내가 지금 하고 있는 작업을 그때 미리 알았더라면 나는 그에게 리얼리즘에 대해 이렇게 말했을 것이다. 소위 리얼리즘이란 것은 인위적이고, 엉터리이며, 단조로울 뿐 아니라 지루하다고. 그리고 영화에서 문제는 리얼리티가 아니라 상상력이 어떻게 그것을 만들어내는지에 달려 있다고.

정말 묘하게도 아주 우연한 기회에 그리고 전혀 기대하지 않던 순간에 나는 무성영화 한 편을 더 만들고 싶다는 생각이 들었다. 폴레트와 나는 멕시코에 있는 티후아나 경마장에 간 적이 있었다. 그곳에서 실버컵이 걸린 켄터키인가 뭔가 하는 경마 대회가 개최될 예정이었다. 주최 측이 폴레트에게 우승자에게 실버컵을 수여하고 미국 남부 억양으로 짤막하게 축사를 해줄 수 있는지 부탁했다. 그녀는 즉석에서 주최 측의 부탁을 수락했다. 그런데 나는 확성기를 통해 들려오는 그녀의 목소리를 듣고 깜짝 놀랐다. 롱아일랜드 브루클린 태생인 그녀가 켄터키 사교계 미녀가 구사하는 억양을 그대로 흉내 내고 있었다. 이때 나는 그녀가 연기도 할 수 있을 것이라는 확신이 들었다.

영화에 대한 아이디어가 떠오르기 시작했다. 내가 보기에 폴레트는 장난기 많은 말괄량이 같은 구석이 있었다. 이것을 영화에서 보여줄 수 있다면 재미있는 장면이 나올 것 같았다. 순간 나는 이런 장면이 떠올랐다. 뜨내기와 말괄량이가 경찰의 죄수 호송차량 안에서 만난다. 여성에게 친절한 뜨내기가 자신의 자리를 그녀에게 양보한다. 이런 아이디어를 토대로 영화의 줄거리와 갖가지 우스운 장면들을 덧붙여나가면 될 것 같았다.

그리고 뉴욕 〈월드〉지의 한 총명하고 젊은 기자와 했던 인터뷰가 생각났다. 내가 디트로이트를 방문할 예정이라고 하자 그는 내게 그곳의 컨베이어벨트 시스템에 대해 이야기해주었다. 그는 도시 공장에서 일하기 위해 농촌을 등지고 대도시로 온 젊은 남자들이 컨베이어벨트 시스템에서 4, 5년만 일하면 신경쇠약에 걸릴 정도라며 그 심각성에 대해 들려줬다.

나는 그와 이런 대화를 나누면서 〈모던 타임스Modern Times〉의 아이디어를 얻었다. 우선 나는 일하는 시간을 절약할 수 있는 자동 식사 기계를 생각해냈다. 그래서 노동자들은 점심시간에도 식사를 하면서 계속 일한다. 공장 장면은 뜨내기가 신경쇠약에 걸려 쓰러지는 것으로 끝냈다. 나머지 영화의 줄거리는 사건이 일어나는 순서에 따라 자연스럽게 발전되었다. 신경쇠약에서 회복한 뜨내기는 빵을 훔치다 체포되고, 똑같이 빵을 훔치다 덜미를 잡힌 말괄량이 아가씨를 죄인들을 가득 실은 경찰 호송차량 안에서 만난다. 이때부터 영화는 현대 사회에서 어떻게든 기를 쓰고 살아가려는 평범한 두 사람의 이야기를 다룬다. 두 사람은 대공황, 파업, 폭동에 휘말리고 실업의 아픔을 겪는다. 폴레트에게는 누더기를 입혔다. 그녀는 내가 지저분하게 보이려고 그녀의 얼굴에 얼룩 자국을 내자 눈물을 글썽였다.

"얼룩을 그냥 만들어 붙인 점이라고 생각해요."

나는 그녀에게 이 분장을 고집했다. 여배우에게 최신 유행하는 매력적인 의상을 입히는 것은 쉽다. 그러나 〈시티 라이트〉에서 꽃 파는 처녀처럼 평범한 의상을 입히고 매력적으로 보이게 하는 것은 쉽지 않다. 〈황금광 시대〉를 촬영하면서 여배우의 의상 문제로

나는 특별한 계획 없이 세트장을 먼저 세웠다. 그리고 그에 따라 이야기를 만들어나갔다.

골치를 앓은 적은 없었다. 그러나 〈모던 타임스〉에서 폴레트의 의상은 크리스티앙 디오르의 작품처럼 치밀함과 정교함이 필요했다. 말괄량이 아가씨가 입는 의상이라고 대수롭지 않게 여겼다간 부자연스러운 모습 때문에 오히려 인물의 사실감을 잃게 될 수 있었다. 말괄량이나 꽃 파는 처녀를 연기하는 여배우에게 의상을 입힐 때 나는 시적 효과를 살리되 여배우의 개성이 죽지 않도록 주안점을 두었다.

〈모던 타임스〉를 개봉하기 전에 몇몇 칼럼니스트들이 이 영화가 공산주의적이라는 소문이 돌고 있다는 기사를 내보냈다. 나는 그들이 신문에 보도된 영화 줄거리만 읽고 이런 기사를 내보냈다고 생각했다. 그러나 보수적인 성향의 평론가들은 〈모던 타임스〉가 공산주의를 옹호하는 것도 반대하는 것도 아니며, 은유적으로 말해 그 중간쯤에 서 있다고 썼다.

영화는 개봉 첫 주에 기록적인 관객을 동원하는 데 성공했다. 개봉 첫 주 최고 기록이었다. 그러나 둘째 주에 들어서면서 관객 수가 감소하기 시작했다. 사실 영화를 개봉하고 이런 보고를 받는 것만큼 신경 쓰이는 일도 없었다. 따라서 나는 뉴욕과 로스앤젤레스에서 영화가 개봉되고 나자 무작정 어디론가 떠나고 싶어졌다. 영화에 대한 이런저런 이야기를 더 이상 듣고 싶지 않았다. 그래서 나는 폴레트와 그녀의 어머니를 데리고 호놀룰루에 가기로 마음먹었다. 스튜디오에는 어떤 일이 있어도 나에게 연락을 하지 말라고 말해두었다.

장 콕토와의 선상 숨바꼭질

우리는 로스앤젤레스를 떠나 비가 억수같이 퍼붓는 샌프란시스코에 도착했다. 그러나 별다른 기분이 나지 않았다. 우리는 요트에서 내려 필요한 물건을 사서 다시 돌아왔다. 한 창고 앞을 지나는데 여러 화물에 '중국'이라는 글자가 선명하게 박혀 있었다.

"저기 가자!"

"어디요?"

폴레트가 물었다.

"중국."

"지금 농담해요?"

"이번에 가지 못하면 다음엔 기회가 없어."

"하지만 옷가지도 챙겨오지 않았는데."

"호놀룰루에 가서 살 수 있어."

모든 배는 만병통치약이라 불려야 한다. 왜냐하면 바다를 항해하는 것만큼 마음에 활력을 주는 것도 없기 때문이다. 따분한 일상을 벗어나 잠시 모든 걱정거리를 잊고 배와 한 몸이 되어 마음을 치유한다. 그리고 다시 항구에 들어서면 우리는 머뭇거리듯 따분한 일상 세계로 다시 돌아온다.

그러나 호놀룰루에 도착해서 나는 〈모던 타임스〉를 홍보하는 커다란 포스터들을 보고 정신이 아찔했다. 그리고 어떻게 알았는지 선착장에는 신문기자들이 일찌감치 진을 치고 내가 오기만을 기다리고 있었다. 도망칠 곳도 없었다.

그러나 다행히 도쿄에서는 다른 사람들 눈에 띄지 않았다. 선장의 권유로 입항 서류에 내 이름을 가명으로 기재했기 때문이었다. 그래서 일본 세관원이 내 여권을 보자마자 크게 놀란 것은 당연했다.

"일본에 올 예정이라고 왜 미리 알리지 않으셨습니까?"

세관원이 내게 말했다. 내가 일본에 도착했을 때는 군사 쿠데타가 일어나 수백 명이 살해된 직후였기 때문에 가명을 쓰기를 잘했다고 생각했다. 일본에 체류하는 동안 정부 관리 한 명이 계속 우리를 따라다녔다. 샌프란시스코에서 태평양을 건너 홍콩에 도착할 때까지 우리는 다른 승객들과 거의 말을 하지 않았다. 사실 폴레트와 그녀의 어머니를 제외하면 다른 말상대도 없었다. 그러나 다행히 홍콩에 도착해서 말상대를 찾을 수 있었다. 나는 홍콩에서 한 가톨릭 신부를 만났다. 키가 크고 다소 내성적으로 보이는 한 사업가가 내게 다와가 이런 부탁을 했다.

"찰리, 코네티컷 출신의 한 미국인 신부가 있는데 한 번 만나주지 않겠습니까? 오 년 전부터 이곳 나환자 촌에서 나환자를 돕고 있습니다. 그런데 신부님이 말상대가 없어 쓸쓸한지 매주 토요일만 되면 미국 선박을 보러 이곳 홍콩에 옵니다."

신부는 나이가 삼십대 후반에 불그레한 얼굴과 매력적인 미소를 가진 키도 크고 잘생긴 사람이었다. 내가 그에게 먼저 술을 샀다. 그다음에 내 친구가 술을 샀고 그리고 신부가 술을 샀다. 처음에는 적은 인원이 둘러앉아 술을 마시기 시작했는데 밤이 깊어지자 어느새 25명으로 불어나더니 저마다 돌아가며 술을 사기 시작했다. 결국 술자리는 35명까지 불어났고 계속 돌아가며 술을 마셨다. 많은 사람들이 술에 취해 의식을 잃고 배로 옮겨졌다. 그러나 신부는 끝까지 술을 사양하지 않았다. 그런데도 그는 전혀 취한 기색 없이 미소 띤 얼굴로 그 많은 사람들을 일일이 챙겼다. 결국 나도 술이 많이 취한 것 같아 자리에서 일어나면서 그에게 그만 가보겠다고 작별인사를 건넸다. 그는 일어나는 나를 옆에서 부축했다. 나는 얼떨결에 그의 손을 잡았다. 그런데 그의 손이 까칠했다. 나는 그의 손바닥을 뒤집어 자세히 살펴봤다. 손바닥은 갈라지고 터져 볼품이 없었고, 가운데 하얀 반점도 있었다.

"나병에 걸리신 건 아니죠?"

내가 농담으로 이렇게 말했다. 그는 씩 웃으며 머리를 가로저었다. 1년 뒤에 그가 나병으로 숨졌다는 소식을 들었다.

우리는 5개월 동안 할리우드를 떠나 이렇게 여행을 다녔다. 여행 기간 중에 나와 폴레트는 결혼식을 올렸다. 그리고 미국으로 돌아오는 길에 싱가포르에 들러 일본 선박에 올랐다.

일본 선박에 오른 그날 자신을 작가라고 소개한 어떤 사람으로부터 쪽지를 받았다. 그는 쪽지에서 내가 알고 지내는 많은 친구들과 자신도 친분이 있고 그리고 여러 해 동안 만나보고 싶었지만 기회가 없었는데 오늘 남중국해 한복판에선 우연치 않게 서로 만날 수 있는 기회를 얻은 것 같다고 쓰고 있었다. 서명을 보니 장 콕토라고 되어 있었다. 그리고 추신에 저녁식사 전에 내 선실에 들러 아페리티프라도 한 잔 같이 나누고 싶다고 적혀 있었다. 나는 그게 사기꾼 짓이라는 생각이 들었다. 이런 도회풍의 파리지앵이 남중국해 한복판에서 무슨 볼일이 있단 말인가? 그러나 그는 진짜였다. 장 콕토는 프랑스 일간지 〈르 피가로〉와 관련한 일 때문에 그곳에 와 있었다.

콕토는 영어를 한 마디도 할 줄 몰랐다. 물론 나도 프랑스어를 할 줄 몰랐다. 다행히 콕토의 비서가 잘은 아니었지만 영어를 조금 할 줄 알았기 때문에 우리 둘 사이에서 통역을 맡았다. 그날 밤 우리는 새벽까지 서로의 삶과 예술에 대해 의견을 나눴다. 그러나 서로 상대방의 언어를 몰랐기 때문에 대화가 제대로 이뤄질 리 만무했다. 콕토는 자신의 아름다운 손을 가슴에 대고 기관총이라도 쏘아대듯이 빠르게 말했다. 그러나 우리 두 사람의 통역을 맡은 그의 비서는 영어를 잘 못했기 때문에 언제나 느릿느릿 그리고 드문드문 통역했다. 콕토는 자기 말이 끝나면 끝났다는 표시로 나와 자신의 비서를 번갈아가며 쳐다봤다.

"콕토 씨는 그러니까…… 저…… 당신이 시인…… 태양의 시인이고 그리고 자신은 저…… 음…… 밤의 시인이라고 말하십니다."

그의 비서는 이런 식으로 띄엄띄엄 콕토의 말을 통역했다.

통역이 끝나면 콕토는 빠르게 나를 쳐다보고 다시 자신의 말을 이어갔다. 그러면 나는 그의 말을 이어받아 철학과 예술에 대한 내 의견을 늘어놓았다. 우리는 서로의 의견에 일치하는 것이라도 있으면 와락 끌어안고 기뻐했다. 당연히 옆에서 통역을 맡고 있던 그의 비서는 그런 우리를 이상한 눈으로 쳐다봤다. 이런 식으로 우리는 새벽 4시까지 이야기를 나누고, 다음 날 오후 1시에 다시 만나 같이 점심을 먹기로 약속했다.

그러나 우리는 똑같이 점심 약속에 나타나지 않았다. 어떤 이유에서인지 우리 사이에는 간밤에 서로에 대해 가졌던 열의가 싹 가시고 아무것도 남아 있지 않았다. 그날 오후 우리는 점심 약속을 지키지 못한 것에 대해 사과하는 내용이 담긴 편지를 주고받았다. 그럼에도 우리는 다른 약속을 잡지 않았다. 어쩌면 하룻밤 사이에 서로에 대해 너무 많은 것을 알게 되어 오히려 서먹서먹한 사이가 된 것일 수도 있지만, 사실은 말이 통하지 않았기 때문에 불편한 것이 한두 가지가 아니었다.

저녁식사 시간에 우리가 식당에 들어가니 콕토가 식당 입구를 등진 채 한구석에 앉아 식사를 하고 있었다. 그의 비서가 우리가 들어오는 것을 보고 콕토에게 눈치를 줬다. 잠시 머뭇거리던 콕토는 우리를 뒤돌아보고 놀란 체하더니 이내 반가운 표정을 지으며 내가 그에게 보낸 편지를 흔들어 보였다. 나도 반가운 표정으로 그가 내게 보낸 편지를 흔들었다. 그러나 그것도 잠깐, 우리는 각자 따로 앉아 서로 저녁을 먹는 데 몰두했다. 콕토가 먼저 저녁을 먹고 승무원이 우리 식사를 날라다주는 사이에 조심스럽게 우리 테이블 옆을 지나갔다. 그러나 콕토는 출입구에서 우리 쪽을 돌아보더니 손으로 밖을 가리키며 이렇게 말했다.

"이따가 저기에서 뵙겠습니다."

나는 그렇게 하겠다고 고개를 끄덕였다. 그러나 식사를 마치고 나와 보니 그는 그곳에 없었다. 나는 속으로 안도의 숨을 쉬었다.

다음 날 아침 나는 산책을 할 겸 혼자서 갑판 위를 거닐고 있었다. 순간 저쪽 모퉁이에서 콕토가 모습을 드러내더니 내게 다가오는 것이 아닌가. 이런! 나는 서둘러 숨을 곳을 찾았다. 그런데 다행히도 그는 갑판에 있는 나를 발견하고 발길을 돌려 객실로 들어갔다. 나도 서둘러 산책을 끝내고 선실로 돌아갔다. 그날 우리 두 사람은 하루 종일 서로 마주치지 않도록 숨바꼭질하듯 피해 다녔다. 그러나 배가 홍콩에 거의 도착했을 때쯤 다행히 이런 서먹서먹한 관계는 어느 정도 누그러졌다. 도쿄에 도착하려면 아직 나흘이나 더 남아 있었다.

싱가포르에서 일본으로 가는 배 안에서 콕토는 한 가지 놀라운 이야기를 해주었다. 즉 그가 중국 오지에서 살아 있는 부처를 보았다는 것이었다. 대략 쉰 살쯤 먹은 남자로 평생을 기름 항아리에 들어가 목만 내놓고 살아왔다는 것이다. 오랫동안 기름에 몸을 담근 채 살았기 때문에 몸은 태아 상태 그대로고, 살이 얼마나 연하던지 손가락으로 누르면 그대로 뚫고 들어갈 정도였다. 그러나 그는 그런 살아 있는 부처를 중국 어느 지역에서 보았는지 구체적으로 설명하지 못했다. 결국 그는 그 부처를 직접 목격한 것이 아니라 자신도 전해들은 것이라고 사실대로 털어놨다.

배가 중간 기항지에 들를 때마다 우리는 간혹 마주치기는 했지만, 서로에 대해 간단한 안부조차 묻지 않았다. 그러나 우리가 같이 프레지던트 쿨리지 호를 타고 미국으로 간다는 사실을 알고 나서야 서로 피해 다니는 일을 그만뒀다. 그렇다고 전처럼 서로에 대해 열의를 갖거나 하지도 않았다.

도쿄에서 콕토는 애완 귀뚜라미를 사서 조그만 상자에 넣어 들고 다녔다. 그리고 이따금 내 선실에 가지고 와서 그것을 꺼내 보이며 자랑했다.

"매우 영리한 놈입니다. 내가 말을 걸면 노래로 응답을 하거든요."

콕토는 귀뚜라미에 많은 관심을 쏟았기 때문에 자연스럽게 우리 대화도 귀뚜라미로 흘렀다.

"오늘 아침 피루는 어떻습니까?"

나는 콕토에게 이렇게 물었다. 그러면 그는 진지하게 이렇게 대답했다.

"썩 좋지 않습니다. 그래서 지금 식이요법을 하고 있습니다."

우리가 샌프란시스코에 도착했을 때, 나는 콕토에게 차가 대기하고 있으니 우리와 함께 로스앤젤레스로 가자고 권했다. 그는 피루와 함께 우리 차에 탔다. 로스앤젤레스로 가는 도중에 귀뚜라미가 울기 시작했다.

"보세요. 이 녀석도 미국이 좋은가 봅니다."

그렇게 말하더니 콕토는 차 문을 열고 귀뚜라미가 든 상자를 열어 피루를 놓아주었다. 나는 놀라 그에게 물었다.

"왜 피루를 놓아주세요?"

"피루에게 자유를 주는 겁니다."

그의 비서가 이렇게 말했다.

"그렇지만 먼 이국땅이 낯설 텐데요. 더구나 영어도 못하고."

콕토는 어깨를 으쓱해 보이며 이렇게 대답했다.

"영리하니까 영어는 금방 배울 겁니다."

되풀이되는 슬럼프

비벌리힐스에 도착하니 스튜디오에서 연락이 왔다. 〈모던 타임스〉가 엄청난 성공을 거뒀다는 반가운 소식이었다.

그러나 반가움도 잠시, 나는 또다시 울적한 문제에 직면했다. 〈모던 타임스〉의 성공이 내게 힘을 주기는 했지만 다시 한 번 무성영화를 만들어야 할지 말지 고민이었다. 나는 계속 무성영화를 고집하는 것이 큰 모험이라는 것을 알고 있었다. 할리우드에서 무성영화는 더 이상 설 자리가 없었다. 모든 제작자와 감독이 유성영화로 옮겨간 지 오래였고, 나 혼자 무성영화를 고집하고 있었다. 지금까지는 운이 좋았지만, 팬터마임이 점차 시대에 뒤떨어진 구닥다리가 되어가고 있다는 생각은 지울 수 없었다. 게다가 대사 없이 1시간 40분이나 되는 영화, 즉 위트를 연기로 옮기고 매 20피트마다 농담이나 익살을 담아 7,000피트에서 8,000피트 되는 영화를 만드는 것도 쉬운 일이 아니었다.

물론 나도 유성영화를 만들어볼 생각을 하지 않은 것은 아니다.

그러나 아무리 잘 만들어도 내 팬터마임의 예술성을 능가하는 영화는 만들 수 있을 것 같지 않았다. 나는 뜨내기가 말을 하면 어떤 목소리가 나올지 생각해보았다. 퉁명스럽게 말하는 게 나을까 아니면 중얼거리는 게 나을까. 아무리 생각해보았지만 소용이 없었다. 내가 뜨내기 복장을 하고 말을 하는 순간 나는 그저 그런 평범한 희극배우가 될 것이 뻔했다. 이런 우울한 문제들이 내 앞을 가로막고 있었다.

폴레트와 결혼한 지 1년밖에 되지 않았지만, 우리 두 사람 사이에는 불화가 끊이지 않았다. 일부 책임은 나에게 있었다. 나는 거의 매일 일에만 신경을 쓰느라 폴레트에게 관심을 쏟지 못했다. 다행히 폴레트는 〈모던 타임스〉의 성공으로 파라마운트 영화사와 몇 편의 영화 출연 계약을 맺었다. 그러나 나는 일에도 노는 데에도 정신을 집중할 수 없었다. 이런 울적한 상태에서 친구인 영화배우 팀 듀란트와 함께 페블 비치에 가기로 작정했다. 그곳에 가면 일에 좀 더 집중할 수 있을 것 같았다.

샌프란시스코 남쪽으로 100마일가량 떨어진 곳에 위치한 페블 비치는 황량하고 다소 불길하고 섬뜩한 느낌이 드는 곳이었다. 나는 그곳을 '이승을 떠도는 혼령들의 안식처'라고 불렀다. 페블 비치는 '17마일 드라이브'(캘리포니아 주 몬테레이 만에서 페블 비치가 있는 카멜까지 태평양 해안을 따라 이어진 풍경이 아름다운 드라이브 길—옮긴이)로 널리 알려졌는데, 숲을 가로질러 사슴이 거리낌 없이 배회하는가 하면, 팔려고 내놓아 사람이 살지 않는 호화 저택들이 그대로 방치되어 있었다. 나무 진드기, 덩굴옻나무, 협죽도 덤불과 벨라도나가 무성하게 자란 숲속에는 썩은 나무가 쓰러져

발 디딜 틈이 없었다. 숲속의 요정이 살기에 딱 안성맞춤이었다. 해안 절벽 위에는 백만장자들이 소유한 근사한 저택들이 여러 채 서 있었다. 이곳이 황금 해안으로 알려진 곳이었다.

내가 팀 듀란트를 만난 것은 친구들과 일요일마다 갖는 테니스 모임에서였다. 그날 그는 한 친구를 따라 우리 테니스 모임에 참석했다. 팀은 테니스를 아주 잘 쳤고, 그 뒤로 우리와 자주 테니스를 쳤다. 그는 금융가 E. F. 휴턴의 딸인 부인과 이혼하고 시름을 잊기 위해 캘리포니아에 와 있었다. 팀은 동정적이고 호의적인 사람으로 우리는 좋은 친구가 되었다.

우리는 페블 비치에서 반 마일가량 떨어진 후미진 곳에 집을 한 채 빌렸다. 물이 스며드는 초라하고 볼품없는 집으로 불을 피우면 방 안 가득 연기가 찼다. 팀은 페블 비치의 사교계에 아는 사람들이 많았다. 나는 그가 그들을 만나러 나간 사이 주로 일을 했다. 매일 서재에 앉아 궁리를 하거나 정원을 거닐며 아이디어를 짜내려고 노력했지만 별 소득이 없었다. 결국 나도 일은 뒷전으로 미루고 팀과 함께 이웃을 만나러 나갔다.

나는 페블 비치에 사는 사람들을 만날 때마다 그들이 단편소설, 그것도 기 드 모파상 분위기의 소설의 소재로 적당할 것 같다는 생각이 들었다. 하루는 어떤 큰 저택에 찾아간 적이 있다. 저택은 아늑하기는 했지만 어딘지 음침하고 으스스했다. 바깥주인은 상냥하기는 했지만 목소리가 크고 말이 많은 반면, 안주인은 한 마디도 하지 않았다. 5년 전에 아기를 잃은 뒤로 좀처럼 이야기를 하거나 웃지 않는다고 했다. 그녀가 입 밖에 내는 말은 "안녕하세요"와 "안녕히 주무세요"뿐이었다.

바다가 한눈에 내려다보이는 높은 절벽 위에 지은 한 저택에는 부인을 잃은 소설가가 살고 있었다. 부인이 정원에 나와 혼자 사진을 찍다가 뒤로 한 걸음 물러선다는 것이 그만 절벽 아래로 떨어진 모양이었다. 그가 밖으로 나왔을 때 부인은 온데간데없고 삼각대만 덩그러니 남아 있을 뿐이었다. 그 뒤로 그는 부인을 다시 보지 못했다.

극작가 윌슨 미즈너의 누이동생은 이웃 사람들을 매우 싫어했다. 이웃집 테니스 코트에서 자신의 집이 다 내려다보인다는 이유 때문이었다. 그래서 그녀는 이웃 사람들이 테니스를 칠 때마다 모닥불을 피워 연기를 코트 쪽으로 날려보내곤 했다.

엄청난 부자에 나이 지긋한 페이건 부부는 일요일마다 사람들을 초청해 자신들의 저택에서 근사한 연회를 열었다. 그중에 나치 당원인 독일 영사가 있었는데, 금발에 사근사근하고 붙임성 있는 청년으로 사람들 사이에서 인기가 많았다. 그러나 나는 항상 그를 멀리했다.

가끔 우리는 존 스타인벡 부부의 집에서 주말을 보냈다. 그들 부부는 몬테레이 만 근처에 작은 저택을 갖고 있었다. 당시 존 스타인벡은 《토르티야 대지》라는 작품과 일련의 단편들로 큰 인기를 끌고 있었다. 존은 주로 아침에 일했는데 하루 평균 2,000단어 정도를 쓴다고 했다. 나는 그의 원고를 보고 상당히 놀랐는데, 그의 원고에는 어디에도 수정한 곳이 보이지 않았다. 그는 한 번 쓴 원고를 거의 수정하지 않을 정도로 처음부터 완벽한 문체를 구사했다. 나는 그런 그가 부러웠다.

나는 작가들이 어떤 식으로 작품 활동을 하는지 그리고 하루 집필 분량이 얼마나 되는지 알고 싶었다. 토마스 만은 하루에 평균 400단어를 썼다. 독일 출신 작가인 리온 포이히트방어는 하루에 2,000단어를 구술했는데, 이것을 글로 쓰면 600단어 정도 되었다. 서머싯 몸은 글 감각을 잃지 않기 위해 연습 삼아 하루에 400단어를 썼다. H. G. 웰스는 하루에 1,000단어를 썼고, 영국 태생의 저널리스트인 한넨 스와퍼는 4,000에서 5,000단어를 썼다. 미국의 비평가 알렉산더 울코트는 15분 만에 700단어의 비평을 뚝딱 쓰고 포커 게임을 즐겼다. 그때 나도 그 자리에 함께하고 있었다. 허스트는 저녁나절에 2,000단어의 사설을 썼고, 조르주 심농은 단편소설 한 편을 한 달 만에 쓴 적도 있었다. 짧은 기간에 집필하기는 했지만 문학적으로 상당히 뛰어난 작품이라는 평가를 받았다. 조르주는 내게 그가 아침 5시에 일어나 손수 커피를 내리고 책상에 앉아 테니스공만 한 크기의 황금 볼을 굴리면서 구상에 잠긴다고 말해주었다. 그는 펜으로 글을 썼는데, 내가 왜 그렇게 깨알만 하게 글을 쓰냐고 묻자 이렇게 대답했다.

"그래야 손목에 부담이 가지 않습니다."

나는 하루에 1,000단어를 구술하고, 이것을 영화 최종 대본으로 할 경우 300단어 정도 되었다.

스타인벡 부부는 가정부를 따로 두지 않고 부인이 모든 가사일을 도맡아 하고 있었다. 그녀는 혼자서 살림을 잘 꾸려나갔는데, 나는 그런 그녀가 좋았다.

나는 존과 많은 대화를 나눴다. 하루는 러시아에 대해 이야기를 나누던 중에 존이 공산주의자들이 한 일 가운데 하나가 매춘을 금지한 것이라고 했다. 그래서 나는 말했다.

"그것은 마지막 남은 개인 기업입니다. 이런 말을 하기는 뭐하지만, 쓴 돈이 아깝다고 생각되지 않는 유일한 직업이죠. 그리고 세상에서 가장 정직한 직업이기도 하고요. 그런데 왜 그들은 노동조합을 결성하지 않았을까요?"

남편이 바람둥이로 소문이 자자했던 한 매력적인 부인이 함께 커플 춤을 추자며 그녀의 대저택으로 나를 초대한 적이 있었다. 나는 마음속으로 음흉한 생각을 품고 부인의 초대에 응했다. 그러나 부인이 남편과 8년 동안 잠자리를 하지 못했지만, 여전히 남편을 사랑하고 있다고 눈물을 흘리며 속내를 털어놓자 나도 모르게 그런 욕정이 싹 가셨다. 대신 나는 부인에게 고상한 조언을 해주었다. 뒤에 그녀가 동성애자가 되었다는 소문이 나돌았다.

시인 로빈슨 제퍼스 역시 페블 비치 가까운 곳에서 살고 있었다. 팀과 내가 그를 처음 만난 곳은 한 친구의 집에서였다. 그는 시종일관 무표정한 얼굴로 앉아 아무 말도 하지 않았다. 물론 나는 언제나 그렇듯이 모임의 분위기를 띄우기 위해 현대 사회의 패악에 대해 넋두리를 늘어놓기 시작했다. 그러나 제퍼스는 한마디도 하지 않았다. 나는 혼자서 쓸데없는 말을 지껄인 것 같아 속이 상했다. 나는 그가 나를 싫어한다고 생각했지만, 다행히 그것은 나만의 기우였다. 일주일 뒤쯤 그는 팀과 나에게 차를 대접하고 싶다며 자신의 집으로 초대했다.

로빈슨 제퍼스와 그의 부인은 '토르(Tor)'라고 불리는 중세풍의 작은 성에서 살았는데, 태평양 연안의 암반 위에 그가 손수 지은 성이었다. 성이라고 하지만 아이들 장난감 같은 느낌이 들 정도로 작고 귀여웠다. 가장 큰 방이라고 해봐야 12평방피트밖에 되지 않았다. 그리고 성에서 몇 피트 떨어진 곳에 높이 18피트에 폭이 4피트 정도 되는 돌로 만든 둥근 탑이 서 있었다. 좁은 돌계단을 따라 올라가자 돌 틈 사이로 창문이 나 있는 감옥 같이 생긴 작고 둥근 방이 나타났다. 이곳이 제퍼스의 서재였다. 그는 이곳에서 《청부루의 종마》를 썼다. 팀은 제퍼스가 이런 무덤 같은 폐쇄적인 공간을 좋아하는 것이 죽음에 대한 심리적 동경에서 비롯된 것이라고 주장했다. 그러나 나는 로빈슨 제퍼스가 해질 무렵에 개를 데리고 산책하는 모습을 본 적이 있다. 그런 그의 얼굴에는 아득한 공상에 잠긴 것 같은 이루 말할 수 없는 평화로움이 묻어났다. 나는 로빈슨 제퍼스 같은 사람이 죽음을 동경하고 있으리라고는 전혀 생각하지 않았다.

25
2차 세계대전 그리고
〈위대한 독재자〉의 탄생

<위대한 독재자>의 촬영이 반쯤 진행됐을 무렵, 유나이티드 아티스트 영화사로부터 좋지 않은 이야기가 들려오기 시작했다. 내 영화가 반(反)히틀러 영화라는 것에 우려를 표하면서, 영화를 상영할 수 있을지 장담할 수 없다는 반응이었다. 그러나 나는 이런 소문에 아랑곳하지 않고 영화 촬영을 계속 밀고나가기로 작정했다. 왜냐하면 나는 히틀러를 웃음거리로 만들고 싶었기 때문이다. 당시에 내가 나치의 강제수용소가 어떤 곳이었는지 그 실태를 알았더라면 <위대한 독재자>는 만들지 못했을 것이다. 광기에 사로잡힌 나치의 살인을 어떻게 순진하게 웃음거리로 삼을 수 있었겠는가.

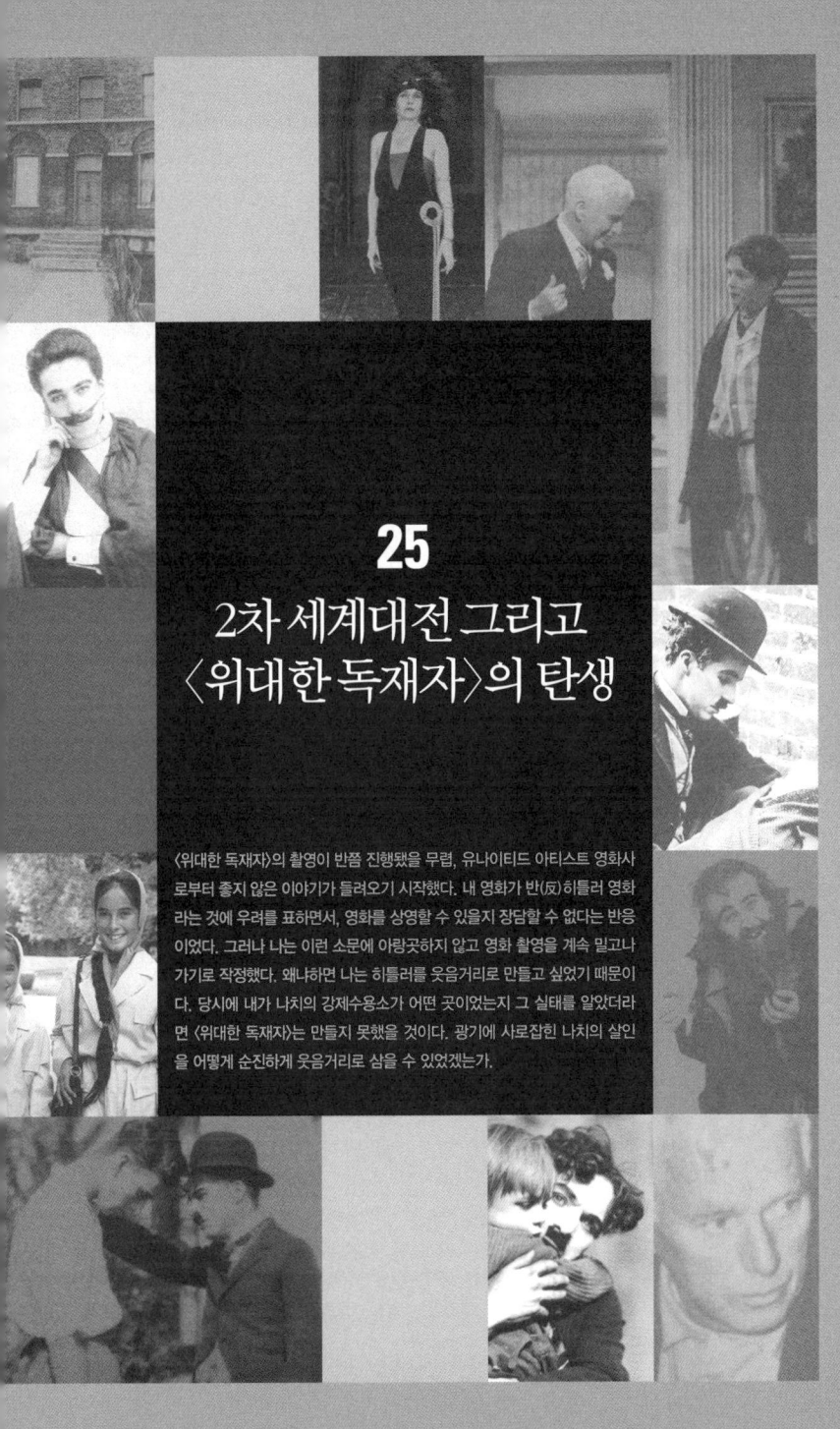

히틀러를 조롱하는 영화

 다시 전운이 감돌기 시작했다. 나치가 무섭게 세력을 확장해나가고 있었다. 우리는 4년 동안 지속된 지옥과도 같은 1차 세계대전의 상흔을 어떻게 그렇게도 빨리 잊을 수 있었을까. 어떻게 우리는 전쟁의 포화에 상처입고 사지를 절단당한 환자들, 팔다리가 잘려나가고 눈과 시력을 잃고 턱이 날아가고 온몸을 뒤틀며 발작을 일으키는 전쟁 불구자들을 그렇게도 빨리 잊을 수 있단 말인가. 전쟁에 나가 죽지도 않고 부상도 당하지 않은 자들 역시 똑같은 피해자들이었다. 그들은 죽을 때까지 헤어날 수 없는 정신적 고통을 안고 살아야 했다. 그리스 신화에 나오는 괴물 미노타우로스 같이 전쟁은 수많은 젊은이들을 무자비하게 잡아먹었다. 전쟁의 폐허 뒤에 남은 것은 늙은 노인네들뿐이었다. 그들은 자신들이 살아남은 것에 죄책감을 안고 세상과 전쟁을 증오하며 살아갔다. 그러나 우리는 쉽게 이런 전쟁의 상흔을 잊고 전쟁을 미화하는 틴 팬 앨리(Tin Pan Alley, 팝으로 알려진 미국 대중음악을 가리키는 말로, 마치 냄비Tin와 프라이팬Pan을 두들기는 소리처럼 들린다고 해서 붙여진 이름이다―옮긴이) 음악을 들으며 열광했다.

그들을 어떻게 한적한 시골에 잡아둘 건가요.
이미 화려한 파리를 보고 온 뒤인걸.

전쟁이 여러 가지 면에서 좋은 점도 있다고 주장하는 자들도 있다. 전쟁이 산업 생산을 확대하고 기술을 발전시키며 새로운 일자리를 창출한다는 것이다. 주식투자로 몇 백만 달러를 손쉽게 벌어들이는 사람들에게 몇 백만의 목숨 따위야 어떻게 되든 안중에나 있을까. 주식시장이 연일 최고치를 경신하던 때에 〈허스트 이그재미너〉의 아서 브리스베인은 '조만간 유에스 스틸은 주당 500달러까지 치솟을 것'이라고 내다봤다. 그런데 정작 창문으로 뛰어내린 것은 투기꾼들이었다. 주식시장은 다시 곤두박질치기 시작했다.

그리고 이제 또 다른 전쟁이 터지려 하고 있었다. 그런 때 나는 폴레트를 주인공으로 하는 영화 한 편을 구상하고 있었다. 그러나 일은 전혀 진척이 없었다. 가증스러운 아돌프 히틀러가 전쟁이라는 광기를 부추기고 있는 시대에 어떻게 여자의 변덕이나 궁리하고 앉아 로맨스며 사랑을 입에 올릴 수 있겠는가.

1937년에 알렉산더 코르다 감독이 내게 히틀러를 소재로 영화를 만들어보는 것이 어떨지 제안한 적이 있었다. 즉 히틀러와 똑같은 콧수염을 한 뜨내기가 히틀러로 오해를 산다는 것이 기본 줄거리였다. 그는 내가 두 배역을 동시에 연기할 수 있을 것이라고 말했다. 당시 나는 그의 제안을 별로 대수롭지 않게 생각했지만 다시 생각해보니 이보다 더 시의적절한 주제는 없을 것 같았다. 그리고 무엇보다 나는 다시 영화를 찍고 싶어 혈안이 되어 있는 상태였다. 순간 이거다 싶은 생각이 머리를 스쳤다. 먼저 히틀러로 분장하고 대중들을 향해 뜻을 알 수 없는 모호한 말로 열변을 토하고 내가 하고 싶은 말을 모두 한다. 반대로 뜨내기로 분장해서는 거의 아무 말도 하지 않고 침묵을 지킨다. 히틀러를 소재로 영화를 만드는 것은 익살과 팬터마임을 결합할 수 있는 좋은 기회이기도 했다. 나는 서둘러 할리우드로 돌아와 시나리오 작업에 착수했다. 물론 그로부터 시나리오가 완성되기까지는 2년이란 시간이 걸렸다.

나는 첫 장면을 1차 세계대전의 전투 장면에서 시작할 생각이었다. 독일군이 사정거리 75마일을 자랑하는 빅베르타(1차 세계대전 때 독일군이 개발한 고성능 대포—옮긴이)를 배치하고 연합군을 위협하고 있다. 이 대포가 겨냥하고 있는 목표물은 랭스 대성당. 그러나 대포는 목표물을 벗어나 근처 수세식 변소 앞에 떨어진다.

폴레트도 이 영화에 출연할 예정이었다. 지난 2년 동안 그녀는 파라마운트 영화사와 출연 계약을 맺고 큰 성공을 거둔 상태였다. 비록 우리는 다소 소원해지기는 했지만 여전히 부부이자 친구였다. 그러나 폴레트는 변덕이 심한 여자였다. 물론 변덕도 형편이 되고 심적 여유만 있다면 그런대로 받아줄 수 있었다. 하루는 폴레트가 얼굴이 반질반질하고 옷을 잘 빼입은 젊은이를 데리고 스튜디오에 있는 내 분장실에 들른 적이 있었다. 그날 나는 대본 작업을 하느라 하루 종일 정신이 없었기 때문에 그녀가 불쑥 분장실에 찾아온 것이 별로 마음에 들지 않았다. 여하튼 폴레트는 긴요하게 할 말이 있다면서 자리에 앉더니 젊은이에게도 의자를 가져다가 옆에 앉으라고 권했다.

"이쪽은 제 대리인이에요."

폴레트가 말했다. 그런 다음 이야기를 계속해달라는 듯이 그를 바라봤다. 그는 마치 논쟁을 즐기는 사람처럼 짧고 또박또박한 말투로 빠르게 이야기했다.

"채플린 씨, 아시겠지만 〈모던 타임스〉 이후에 당신은 폴레트에게 주당 2,500달러씩 지불하고 있습니다. 그런데 채플린 씨, 아직 서로 해결하지 않은 문제가 있습니다. 광고 출연 문제입니다. 모든 포스터의 75퍼센트에 폴레트가 출연할 수 있도록 해주어야……."

그는 여기까지만 말하고 입을 다물었다. 내가 소리쳤다.

"도대체 무슨 말을 하는 거야? 폴레트가 어떤 광고에 출연하든 당신이 참견할 바가 아냐! 그녀의 관심사에 대해서는 내가 당신보다 더 신경을 쓰고 있어. 그러니 쓸데없는 소리하지 말고 두 사람 모두 당장 나가!"

〈위대한 독재자 The Dictator〉의 촬영이 반쯤 진행됐을 무렵, 유나이티드 아티스트 영화사로부터 좋지 않은 이야기가 들려오기 시작했다. 내 영화가 검열 과정에서 애를 먹을 수 있다는 말이 헤이스 사무소(1930년 할리우드는 윌 H. 헤이스의 주도하에 영화의 외부 검열에 맞서 할리우드 자체 검열 체계인 헤이스 규약을 제정, 영화 제작 지침을 만들었으며 그 실무 부서로 헤이스 사무소를 두었다—옮긴이)에서 흘러나오고 있다는 것이었다. 뿐만 아니라 유나이티드 아티스트 영화사의 영국 사무소도 내 영화가 반(反) 히틀러 영화라는 것에 우려를 표하면서 영국에서 상영할 수 있을지 장담할 수 없다는 반응을 보내왔다. 그러나 나는 이런 소문에 아랑곳하지 않고 영화 촬영을 계속 밀고나가기로 작정했다. 왜냐하면 나는 히틀러를 웃음거리고 만들고 싶었기 때문이다. 물론 당시 내가 나치의 강제수용소가 어떤 곳이었는지 그 실태를 알았더라면 〈위대한 독재자〉는 만들지 못했을 것이다. 광기에 사로잡힌 나치의 살인을 어떻게 순진하게 웃음거리로 삼을 수 있었겠는가. 그러나 나는 나치의 순혈주의라는 말도 되지 않는 억지 주장을 웃음거리로 만들고 싶었다. 오스트레일리아 원주민이라면 몰라도 세상에 그런 순수 혈통이라는 것이 존재할 리 만무했다.

내가 〈위대한 독재자〉를 촬영하고 있을 때, 리처드 스태퍼드 크립스(1889~1952, 영국 정치가로 재무장관을 역임했다—옮긴이) 경이 러시아에 갔다가 귀국하는 길에 캘리포니아에 들렀다. 그는 옥스퍼드 대학교를 갓 졸업한 한 젊은이와 함께 저녁식사에 참석했다. 그 젊은이의 이름은 기억이 나지 않지만, 그날 저녁 그가 한 말은 아직도 기억에 또렷이 남아 있다. 그는 이렇게 말했다.

"독일이나 그 밖의 다른 나라들에서 최근에 일어나고 있는 일련의 상황으로 볼 때 저 같은 사람은 오 년을 넘겨 살기 어려울 것 같습니다."

스태퍼드 크립스 경은 진상조사 차원에서 러시아에 갔다가 그곳에서 보고 온 것에 상당히 깊은 인상을 받은 것 같았다. 그는 러시아가 추진 중인 거대한 계획에 대해 내게 구체적으로 설명해주었는데, 그중에는 무시무시한 계획도 담겨 있었다. 스태퍼드 크립스 경은 전쟁이 불가피할 것으로 내다보고 있었다.

유나이티드 아티스트 영화사의 뉴욕 사무소에서는 〈위대한 독

〈위대한 독재자〉 중에서

재자〉가 영국이나 미국에서도 상영될 가능성이 없으니 제작을 중지하는 게 어떻겠느냐는 편지가 잇따라 날아왔다. 그러나 나는 내가 직접 영화관을 빌려 상영하는 한이 있더라고 이 영화는 꼭 만들 작정이었다.

내가 〈위대한 독재자〉를 완성하기 전에 영국이 나치에 대해 선전포고를 했다. 나는 내 요트를 타고 카탈리나 섬에 가서 주말을 보내던 중에 라디오를 통해 이 우울한 뉴스를 전해 들었다. 개전 초기에는 모든 전선에서 별다른 움직임이 없었다. 우리는 서로 '독일군이 마지노선을 넘지 못할 것'이라고 말하며 웅성거렸다. 그런데 갑자기 대학살이 시작됐다. 벨기에 침공을 시작으로 마지노선이 붕괴되고 됭케르크(영불해협에 면한 프랑스 항구도시로 1940년 영국군이 독일군의 포위를 피해 이곳에서 필사의 철수를 감행했다―옮긴이)에서 처참한 전투가 벌어졌다. 결국 프랑스가 함락됐고, 그 뒤에 들려오는 소식은 날이 갈수록 더욱 비참했다. 영국은 배수의 진을 치고 나치와 대적하고 있었다. 이제 뉴욕 사무소는 미친 듯이 내게 전보를 보냈다.

'영화를 서둘러 만드십시오. 모두 고대하고 있습니다.'

〈위대한 독재자〉는 제작 과정이 쉽지 않았다. 촬영용 소형 세트를 준비하는 데만 1년여가 걸렸다. 이런 장치 없이 촬영을 할 경우 제작비만도 다섯 배가 더 든다는 계산이 나왔다. 그리고 나는 촬영을 시작하기도 전에 이미 50만 달러를 지출한 상태였다.

그때 히틀러가 러시아 침공을 단행했다. 이것은 그가 도저히 어찌할 수 없는 치매에 걸렸다는 것을 보여주는 명백한 증거였다. 미국은 아직 참전을 생각하고 있지 않았지만, 히틀러의 러시아

침공으로 잠시나마 안도의 한숨을 쉬었다.

진정한 우정, 진정한 예술

〈위대한 독재자〉의 촬영이 거의 끝나갈 때쯤 더글러스 페어뱅크스와 그의 부인 실비아가 야외촬영 중인 우리를 찾아왔다. 더글러스는 지난 5년 동안 일손을 놓고 쉬면서 미국과 영국을 오가며 여행을 즐기고 있었다. 그래서 나도 그를 보기가 좀처럼 쉽지 않았다. 그사이 더글러스는 나이도 들어 보였고 살도 조금 찐 것 같았다. 그리고 무슨 고민이 있는지 얼굴에는 그늘이 져 있었다. 그럼에도 그는 예전과 마찬가지로 여전히 열정적이었다. 그는 우리가 어떤 한 장면을 촬영하는 내내 옆에서 지켜보다가 크게 웃으면서 이렇게 말했다.

"영화가 나올 때까지 못 기다리겠는걸."

더글러스는 한 시간가량 있다가 돌아갔다. 나는 그렇게 돌아가는 그의 뒷모습을 바라보며 한참을 서 있었다. 잠시 비탈길 앞에서 그가 부인의 손을 잡아주었다. 두 사람의 모습이 작은 오솔길을 따라 점점 멀어지자 알 수 없는 슬픔이 몰려왔다. 더글러스가 고개를 돌려 뒤를 바라봤다. 나는 그에게 손을 흔들었고, 그도 내게 손을 흔들었다.

한 달 뒤에 더글러스의 아들이 전화해 그가 한밤중에 심장마비로 사망했다는 소식을 알려왔다. 모든 일에 항상 열정적이었던 사람이 한순간에 다시는 돌아올 수 없는 곳으로 가다니 엄청난

죽기 한 달 전 〈위대한 독재자〉의 촬영장을 찾아온 더글러스

충격이었다.

나는 지금도 더글러스가 그립다. 나는 그의 열정과 매력이 그립고, 전화기를 통해 흘러나오는 그의 정겨운 목소리가 그립다. 더글러스는 나 혼자 외롭게 맞는 일요일 아침이면 어김없이 전화를 하곤 했다.

"찰리, 우리 집에 와서 점심 먹어. 점심 먹고 수영이나 하자고. 저녁 먹고 영화도 한 편 보고."

나는 그와 함께 보내며 즐거워했던 지난날의 시간과 우정이 그립다.

내가 정말 친구처럼 허물없이 가깝게 지내고 싶은 사람들은 어떤 부류의 사람들일까? 당연히 내 직업과 관련이 있는 사람들일 것이다. 그러나 영화계에서 내가 친구로서 허물없이 지낸 사람은 더글러스가 유일했다. 할리우드의 다양한 모임에서 많은 유명 배우들을 만났지만 막상 알고 나면 회의적인 생각이 많이 들었다. 말 그대로 그들은 모두 다 유명 인사들이었다. 그들에게서는 서로에 대한 우정이라든가 호의보다는 경쟁의식만 느껴졌다. 그들은 조금이라도 남의 이목을 끌기 위해 경쟁하느라 서로 상처를 주고 상처를 입었다. 결국 할리우드 유명 배우들 중에 내가 정말 친구처럼 허물없이 가깝게 지내고 싶은 사람은 없었다.

작가들은 멋진 사람들이지만 마음을 잘 열지 않는다. 그들은 자신들이 알고 있는 것을 좀처럼 다른 사람들에게 들려주지 않는다. 대개 작가들은 자신들이 알고 있는 것을 책에 쓴다. 과학자들은 뛰어난 사람들이기는 하지만 그들이 응접실에 모습을 드러내기라도 하면 우리 같은 사람들은 머리에서 쥐가 나는 것 같다. 화가들은 따분한 사람들이다. 그들은 마치 우리가 자신들을 화가보다는 철학자로 인식하고 있는 것처럼 착각한다. 시인들은 두말할 것도 없이 훌륭한 사람들이다. 시인들 개개인은 저마다 유쾌하고 너그러우며 훌륭한 사람들이다. 그러나 내가 생각하기에 전체적으로 음악가들만큼 조화를 이루며 협조적인 사람들은 없다. 교향악단만큼 보고 있기만 해도 마음이 따뜻해지고 감동스러운 것은 없다. 악보대를 비추는 은은한 조명, 악기를 조율하는 소리 그리고 지휘자가 등장하면서 갑작스럽게 찾아오는 정적이 교향악단만이 갖는 조화로움을 보여준다.

한 번은 피아니스트 블라디미르 호로비츠가 다른 손님들과 함께 우리 집에서 저녁식사를 한 적이 있었다. 그때 우리는 세계정세를 운운하면서 대공황과 실업이 정신적 르네상스를 가져올 수 있을 것이라는 말을 하고 있었다. 그런데 갑자기 그가 자리를 박차고 일어나 이렇게 말했다.

"이런 대화를 듣고 있다 보니 갑자기 피아노가 치고 싶어집니다."

물론 아무도 그를 말리지 않았고, 그는 슈만의 소나타 2번을 쳤다. 지금까지 들어본 그 어떤 피아노 연주보다 멋졌다.

제2차 세계대전이 일어나기 바로 직전에 나는 호로비츠의 집에서 그의 부인과 함께 저녁식사를 한 적이 있었다. 그의 부인은 잘 알려진 대로 지휘자 아르투로 토스카니니의 딸이었다. 라흐마니노프와 지휘자 존 바비롤리 경도 그날 자리에 함께했다. 라흐마니노프는 독특한 외모에 심미적이고 삶을 달관한 것 같은 인상을 풍기는 인물이었다. 그날 우리 다섯 사람은 오붓이 앉아 즐거운 저녁 시간을 함께했다.

예술에 대해 이야기할 때마다 나는 일관되지 않고 매번 다른 정의를 내리는 것 같다. 하지만 그러면 또 어떤가? 그날 저녁 나는 예술이란 숙련된 기술에 감정을 이입하는 것이라고 말했다. 그리고 누군가가 종교를 화제에 올렸는데, 나는 종교가 없다고 고백했다. 라흐마니노프가 얼른 끼어들더니 "어떻게 종교 없이 예술을 할 수 있지요?"라고 물었다.

순간 나는 말문이 막혔다가 잠시 후에 대답했다.

"서로 이야기하고자 하는 바가 다른 것 같습니다. 내가 말하는 종교는 교리에 대한 믿음을 의미합니다. 반대로 예술은 믿음이 아니라 감정이지요."

"종교도 마찬가지입니다."

그가 이렇게 대답했다. 나는 더 이상 할 말이 없었다.

한번은 스트라빈스키와 집에서 저녁을 먹은 적이 있었다. 그가 내게 영화를 함께 만들어보면 어떻겠느냐고 제안했다. 그래서 나는 어떤 이야기가 좋을지 떠올려보았다. 나는 영화가 초현실주의적일 것이라고 그에게 말했다. 기본 줄거리는 이랬다.

장소는 퇴폐적인 나이트클럽. 댄스플로어를 중심으로 여러 개의 테이블이 놓여 있다. 각 테이블마다 세속적인 세계를 대표하는 사람들과 커플들이 앉아 있다. 그래서 어떤 테이블은 탐욕을, 어떤 테이블은 위선을 그리고 어떤 테이블은 잔인함을 각각 대표한다. 플로어 쇼로는 예수 수난극이 올라온다. 예수 그리스도가 십자가에 못 박히는 장면이 상연되고, 테이블에 앉아 있는 사람들은 무심히 그것을 바라본다. 개중에 식사를 주문하는 사람들도 있고, 사업 이야기에 열중하는 사람들도 있으며, 그냥 멍하니 앉아 있는 사람들도 있다. 댄스플로어에서는 예수 그리스도의 처형을 보기 위해 몰려든 군중, 제사장들 그리고 바리새인들이 십자가를 향해 주먹을 치켜들고 이렇게 외쳐댄다.

"네가 신의 아들이라면 십자가에서 내려와 너 자신을 구하라."

그리고 그 순간 댄스플로어 가까이에 놓여 있는 테이블에서는 사업가들이 둘러앉아 시끌벅적하게 흥정을 벌이고 있다. 한 사람이 신경질적으로 담배를 꺼내 물더니 예수 그리스도를 쳐다보면서 허공에 대고 담배 연기를 내뿜는다.

또 다른 테이블에서는 한 사업가 부부가 앉아 메뉴를 들춰보고 있다. 메뉴에서 눈을 뗀 부인이 짜증이 난 듯 의자를 뒤로 빼 앉으면서 이렇게 말한다.

"사람들이 왜 이런 데 오는지 알다가도 모르겠어요. 이렇게 음침한데."

그러자 사업가가 이렇게 대답한다.

"쇼가 재밌지 않소. 한때 파산 직전에 몰렸다가 이 쇼 때문에 되살아난 곳이요. 지금은 흑자를 내고 있고."

그의 부인이 말한다.

"그러나 이건 신성모독이에요."

사업가는 대답한다.

"꼭 그렇지만은 않아요. 교회에 가보지 않은 사람들도 이곳에 와서 자연스럽게 기독교에 대해 알고 가지."

그렇게 플로어 쇼는 계속 진행되고, 순간 한 취객이 자리에서 일어나 울먹이는 목소리로 이렇게 외쳐댄다.

"봐라. 저들이 예수 그리스도를 십자가에 못 박고 있어! 그런데 왜 아무도 관심을 두지 않는 거지!"

이렇게 말한 그는 댄스플로어로 비틀거리며 걸어가더니 십자가를 향해 팔을 쭉 내민다. 가까운 테이블에 앉아 있던 장관 부인이 급사장을 불러 사태를 나무란다. 결국 취객은 나이트클럽 직원들에 의해 강제로 끌려 나간다. 그러나 그 와중에도 그는 울고불고하며 이렇게 외쳐댄다.

"봐라. 아무도 관심을 두지 않아! 이 죄 많은 기독교인들이여!"

"제 의도를 아시겠습니까? 그들은 유일하게 예수의 수난과 그에 대한 우리의 무관심을 질타하는 취객이 쇼를 망친다는 이유로 강제로 끌어내어 밖으로 내팽개칩니다."

내가 스트라빈스키에게 말했다. 나는 예수 수난극을 나이트클럽의 댄스플로어에 올리는 이유를 설명했다. 나는 기독교화되어 가고 있는 현대 세계가 얼마나 냉소적이고 구태의연한지 보여주고 싶었다. 그러나 스트라빈스키는 얼굴을 찡그리더니 이렇게 말했다.

"하지만 그것은 신성모독이오!"

나는 그가 이렇게 말하는 것을 듣고 놀랍기도 하고 당황스럽기도 했다.

"그런가요? 그럴 의도는 전혀 없었습니다. 저는 단지 기독교에 대해 현대 사회가 갖고 있는 태도를 비판하고 싶었을 뿐입니다. 생각나는 대로 이야기를 만든 것이기 때문에 제 의도가 분명하게 드러나지 않은 것 같습니다."

결국 그것으로 같이 영화를 만들자는 이야기는 쏙 들어가고 말았다. 그러나 몇 주 뒤에 스트라빈스키가 내게 편지를 보내 아직도 함께 영화를 만들 생각이 있는지 물어왔다. 그러나 이미 열의도 식은 상태고 나도 내 영화를 찍느라 정신이 없었기 때문에 그와 함께 영화를 만들자는 이야기는 성사되지 못했다.

작곡가 한스 아이슬러가 아널드 쇤베르크를 모시고 내 스튜디오에 온 적이 있었다. 쇤베르크는 작은 키에 다소 퉁명스러웠지만 매우 솔직담백한 사람으로 나는 그의 음악을 매우 좋아했다. 나는 그가 로스앤젤레스에서 개최되는 테니스 대회에 흰 모자에 티셔츠를 입고 관중석에 혼자 앉아 있는 것을 자주 목격했다. 그는 내 영화 〈모던 타임스〉를 보고 나서 희극을 좋아하게 됐지만,

〈위대한 독재자〉의 음악 녹음 작업 중에

내 음악은 형편없었다고 솔직히 말해주었다. 물론 나도 그의 말에 얼마간은 동의한다. 음악에 대해 그와 이야기를 나누면서 그가 내게 한 말을 아직도 잊을 수 없다.

"나는 소리, 아름다운 소리를 좋아합니다."

나는 한스 아이슬러를 통해 쇤베르크에 대해 한 가지 재미있는 일화를 전해들었다. 한스가 쇤베르크 밑에서 화성을 배우고 있을 때였다. 때는 한겨울이었고, 아침 8시에 레슨을 받기 위해 눈 덮인 길을 5마일이나 걸어 다녔다고 한다. 당시 머리가 조금씩 벗겨지기 시작하던 쇤베르크가 피아노 앞에 앉고 한스는 그의 뒤에 서서 어깨 너머로 악보를 읽으면서 음을 따라 휘파람을 불었다고 한다. 그러자 쇤베르크가 말했다.

"자네, 휘파람은 불지 말게. 자네 그 입김 때문에 머리가 다 시리네."

나치의 위협을 물리치고

〈위대한 독재자〉를 제작하면서 내 앞으로 요상한 편지가 날아오기 시작했다. 그리고 영화가 완성되자 그런 편지는 계속 늘어났다. 그중에는 영화를 개봉하면 영화관에 최루탄을 던지고 스크린을 벌집으로 만들어버리겠다는 협박 편지도 있었고, 폭동을 일으키겠다는 편지도 있었다. 처음에는 경찰에 신고할까도 생각했지만, 이런 일이 밖에 알려질 경우 오히려 영화 흥행에 악영향을 줄 수 있다는 생각에서 그만뒀다. 한 친구가 항만노동자조합 위원장으로 있는 해리 브리지스와 이야기를 나눠보는 것이 어떠냐고 내게 제안했다. 그래서 나는 그를 집으로 초대해 저녁식사를 함께했다.

나는 그에게 내가 보자고 한 이유를 솔직하게 이야기했다. 나는 그가 반 나치주의자라는 것을 알고 있었다. 그래서 내가 반 나치 영화를 만들고 있는데 그것 때문에 계속 협박 편지를 받고 있다고 자초지종을 설명했다. 그리고 이렇게 덧붙였다.

"그래서 이야기하는 겁니다만, 영화 개봉일에 스무 명에서 서른 명 정도 항만 노동자들을 초청해서 관람석 여기저기에 앉히면, 친 나치주의자들이 소란을 일으켜 불상사가 일어나기 전에 조용히 진압할 수 있지 않을까 생각해봤습니다."

브리지스는 그냥 웃으며 이렇게 말했다.

"찰리, 그런 걱정은 하지 마세요. 그런 일은 일어나지 않을 겁니다. 만에 하나 그런 일이 일어나더라도 당신 관객 중에 그런 소동을 막아줄 사람들은 많이 있을 겁니다. 그리고 그런 협박 편지가 나치가 보낸 것이라면, 그들이 대낮에 공공연히 모습을 드러낼 리도 없고요."

그날 밤 브리지스는 샌프란시스코 파업에 대해 흥미로운 이야기를 해주었다. 당시 그는 샌프란시스코 전체를 수중에 넣고 모든 물자 보급을 통제하고 있었다. 그러나 병원이나 아이들에게 필요한 필수품 공급은 자유롭게 놔뒀다. 그는 파업에 대해 이야

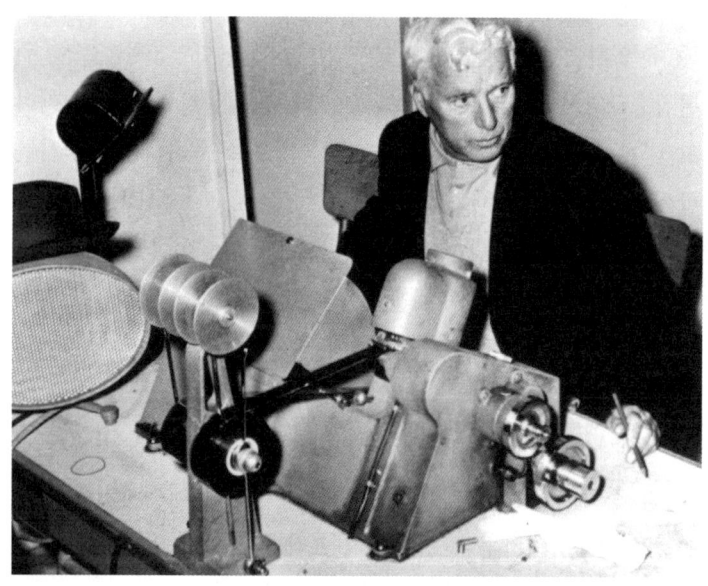

영화를 편집 중인 나

기하면서 이렇게 말했다.

"이유만 정당하면 사람들을 설득하려 들 필요가 없습니다. 단지 그들에게 사실만 이야기해주면 됩니다. 그러면 그들은 스스로 판단하고 결정합니다. 저는 제 조합원들에게 이렇게 말했습니다. 만일 파업을 하게 되면 곤란한 일들이 많이 발생할 거다. 그리고 어떤 결과가 나올지 예측할 수도 없다. 그러나 당신들이 어떤 결정을 하든지 나는 당신들의 결정을 따를 것이다. 만약 파업을 할 생각이라면 내가 선봉에 서겠다고 말했지요. 결국 오천 명의 조합원들이 만장일치로 파업에 찬성했습니다."

〈위대한 독재자〉는 뉴욕의 애스터 극장과 캐피털 극장 두 곳에서 상영하기로 되어 있었다. 우리는 애스터 극장에서 언론인 시사회를 가졌다. 그날 저녁 나는 프랭클린 루스벨트의 수석 보좌관인 해리 홉킨스와 함께 저녁식사를 했다. 저녁식사를 마치고 시사회장에 도착하니 영화는 이미 반쯤 진행된 뒤였다.

희극영화의 언론인 시사회는 한 가지 두드러진 특징이 있다. 즉 웃음소리가 와하고 한꺼번에 터지는 게 아니라 무심결에 조금씩 터져나온다는 것이다. 그날 시사회에도 마찬가지였다.

해리가 극장을 나오며 이렇게 말했다.

"대단한 영화입니다. 의미 있고 잘 만든 영화인데 상영할 곳이 없다니 안타깝습니다. 투자한 돈만 날리게 생겼습니다."

나는 〈위대한 독재자〉를 만들면서 내 돈 200만 달러와 2년여의 시간을 투자했다. 그의 말을 듣고 낙담하고 있을 상황이 아니었다. 나는 아무런 대꾸 없이 고개만 끄덕였다. 다행히 해리의 예언은 빗나갔다. 캐피털 극장에서 〈위대한 독재자〉를 개봉하는 날 엄청난 인파가 극장으로 몰려들었다. 그들은 하나같이 영화를 보고 흥분하고 열광했다. 그렇게 뉴욕의 두 극장에서 영화는 15주 동안 상영됐고, 그때까지 내 영화 중에 가장 큰 성공을 거뒀다.

그러나 평단의 반응은 엇갈렸다. 대다수 비평가들은 영화의 마지막에 나오는 연설에 대해 달갑지 않은 반응을 보였다. 뉴욕 〈데일리 뉴스〉는 내가 관객들에게 공산주의의 잣대를 들이댔다고 비판했다. 비록 대다수 비평가들이 그 연설에 반대하고 영화의 성격에 맞지 않는다고 주장했지만 관객들은 전반적으로 그것을 좋아했다. 그리고 내게 많은 격려 편지를 보내주기도 했다.

할리우드를 이끌고 있는 유명 감독 중 한 사람인 아치 L. 메이요는 그 연설을 자신의 크리스마스카드에 싣고 싶으니 허락해줄 수 있냐고 물어왔다. 다음은 그의 크리스마스카드 인사말의 일부와 연설문 전문이다.

만일 제가 링컨이 살던 시대에 태어나 살았더라면, 저는 그의 게티즈버그 연설을 인쇄해서 당신에게 보냈을 것입니다. 게티즈버그 연설은 그 당시에 가장 감명 깊은 연설이었기 때문입니다. 오늘날 우리는 새로운 위기에 직면해 있고, 또 다른 한 인물이 마음에서 진정으로 우러나오는 연설을 했습니다. 저는 그가 누군지 압니다만, 잘 알지는 못합니다. 하지만 그가 한 연설은 제게 깊은 감동을 주었습니다. 여기 제가 감명 받은 찰리 채플린의 연설 전문을 적어 보내오니 같이 그 희망의 메시지를 나누었으면 합니다.

〈위대한 독재자〉의 마지막 연설

　유감스럽게도 저는 황제가 되고 싶지 않습니다. 그것은 제 관심사가 아닙니다. 나는 누구를 지배하는 것도 누구한테 지배받는 것도 원치 않습니다. 저는 가능하다면 유대인, 기독교인, 흑인과 백인 모두를 돕고 싶습니다.

　우리는 서로 돕기를 원합니다. 인간이란 그런 것입니다. 우리는 다른 사람의 불행이 아니라 행복에 의해 살기를 원합니다. 우리는 서로 증오하고 멸시하고 싶어 하지 않습니다. 이 세상은 모든 사람이 함께 행복하게 살아갈 여지가 충분히 있습니다. 대지는 비옥합니다. 그것은 모든 사람을 먹여 살릴 수 있습니다.

　모든 사람이 자유롭고 아름답게 살아갈 수 있음에도 우리는 그 방법을 잊어버렸습니다. 탐욕이 인간의 영혼을 좀먹고 세상에 증오의 벽을 쌓아 우리를 불행의 나락으로 몰아넣었습니다. 우리는 빠르게 발전했지만, 서로 마음의 문을 닫았습니다. 풍요를 가져다 준다는 기계는 우리를 가난으로 내던졌습니다. 우리의 지식은 우리를 냉소적으로 만들었고, 우리의 지혜는 우리를 비정하고 냉혹하게 만들었습니다. 생각은 많이 하지만 감정이 부족합니다. 기계보다 우리가 진정으로 필요로 하는 것은 인류애입니다. 똑똑한 머리보다 친절하고 따뜻한 마음씨를 필요로 합니다. 우리에게 이런 것이 없다면 삶은 폭력으로 점철될 것이고, 우리는 모든 것을 잃게 될 것입니다.

　비행기와 라디오는 우리가 서로 좀 더 가까워질 수 있도록 만들었습니다. 이런 문명의 이기가 우리에게 전달하는 메시지는 인간의 선의, 우리 모두의 형제애를 회복하라는, 즉 서로 하나가 되라는 외침입니다. 지금 이 순간에 내 목소리는 전 세계 수백만 사람들, 절망에 빠진 수백만 남녀노소들과 죄 없이 고문당하고 투옥되는 체제의 희생자들의 귀에 닿을 것입니다. 내 말을 듣고 있을 사람들에게 나는 이렇게 말하고 싶습니다. '절망하지 맙시다.' 우리에게 닥친 불행은 인간의 탐욕이 빚어낸 결과이며, 인간의 진보를 두려워하는 사람들이 만들어낸 빈정거림에 지나지 않습니다. 인간의 증오는 사라질 것이고, 독재자는 죽을 것이며, 그들이 국민에게서 빼앗은 권력은 국민에게 돌아갈 것입니다. 인간이 필사의 존재인 한 자유는 결코 사라지지 않을 것입니다.

병사들이여! 당신을 기만하고 노예로 만든 그리고 당신의 삶을 통제하고 당신에게 이래라저래라 명령하고 생각과 감정까지 통제하는 이런 짐승들에게 당신의 몸을 내맡기지 마시오. 이런 기계와도 같은 정신과 마음을 가진 기계적 인간들, 몰인정한 사람들에게 자신을 내맡기면 안 됩니다. 여러분은 기계가 아닙니다. 여러분은 인간입니다. 여러분은 마음에 인간애를 간직한 사람들입니다. 미워하지 마십시오. 사랑받지 못한 사람만이 증오합니다. 사랑받지 못한 사람, 몰인정한 사람만이 사람을 증오합니다.

병사들이여! 굴종을 위해 싸우지 맙시다. 자유를 위해 싸웁시다. 누가복음 17장에 뭐라고 쓰여 있습니까. 하느님의 나라는 사람 속에 있다고 하지 않습니까. 어떤 인간도 어떤 집단도 아닌, 모든 인간 속에 하느님의 나라가 있습니다. 바로 당신 안에 하느님의 나라가 있는 것입니다. 여러분은 힘, 기계를 창조할 수 있는 힘을 갖고 있습니다. 그리고 행복을 창조할 수 있는 힘도 갖고 있습니다. 여러분은 인생을 자유롭고 아름답게 만들 수 있는 힘을 갖고 있고, 모험 가득한 멋진 인생을 살 수 있는 힘도 갖고 있습니다. 이제 민주주의의 이름으로 그 힘을 사용합시다. 우리 모두 하나로 단결합시다. 새로운 세계를 위해 싸웁시다. 모든 사람에게 일할 기회를 주는 버젓한 세계를 만듭시다. 젊은이에게는 미래를, 노인에게는 노후를 보장하는 세상을 만듭시다.

물론 짐승들도 우리에게 이런 공약을 내걸고 권력을 잡았습니다. 그러나 그들은 거짓말을 했습니다. 그들은 공약을 지키지 않았습니다. 물론 그들은 지킬 생각조차 없었습니다. 독재자들은 자신들만 자유를 만끽할 뿐 국민들은 노예로 만듭니다. 세계를 해방시키기 위해 싸웁시다. 국가 간의 장벽을 허물고 탐욕, 증오 그리고 불관용을 제거하기 위해 싸웁시다. 이성의 세계, 과학과 진보가 우리 모두를 행복하게 만들 수 있는 세계를 위해 싸웁시다. 병사들이여, 민주주의의 이름으로 단결합시다.

한나(구약에 등장하는 사무엘의 어머니. 그녀는 누구도 원망하지 않고 오직 하느님께 간절히 기도를 올렸다—옮긴이), 내 목소리가 들립니까? 당신이 어디에 있건 저 위를 올려다보세요. 저 하늘을 올려다보세요, 한나! 구름이 서서히 걷히고 희망의 해가 솟아오르고 있습니다. 우리는 어둠에서 걸어 나와 밝은 빛 속으로 걸어 들어가고 있습니다. 우리는 새로운 세계로 나아가고 있습니다. 탐욕과 증오 그리고 무자비함을 극복한 인정 많은 세상이 우리에게 다가오고 있습니다. 저 위를 올려다보세요, 한나! 인간의 영혼에 날개가 돋고 마침내 날기 시작했습니다. 인간은 무지개 속을, 희망의 빛 속을 날고 있습니다. 저 하늘을 올려다보세요, 한나! 저 드높은 하늘을!

전체주의의 그림자

 영화를 개봉하고 일주일 뒤에 나는 〈뉴욕 타임스〉의 소유주이자 발행인인 아서 헤이스 설즈버거 씨가 주최한 점심 만찬에 초대되어 간 적이 있었다. 타임스 빌딩에 도착하자 최상층으로 안내 되어 가정적인 분위기가 느껴지는 응접실로 들어갔다. 응접실은 각종 그림, 사진 그리고 가죽의자로 치장되어 있었고, 벽난로 옆에는 허버트 클라크 후버 전(前) 미국 대통령이 근엄한 자세로 서 있었다. 그는 몸집은 거구였으나 눈이 다소 작아 보였다.

 "각하, 이쪽은 찰리 채플린입니다."

 설즈버거 씨가 나를 데리고 가서 그에게 소개했다. 후버 씨는 주름진 얼굴에 미소를 띠며 반가운 표정으로 이렇게 말했다.

 "그렇군요. 오래전이기는 하지만 한 번 만난 적이 있지요."

 나는 그가 나를 기억하고 있다는 것에 적잖이 놀랐다. 내가 그를 처음 만났을 때 그는 대선을 치르느라 정신없이 바빴다. 그때 그는 애스터 호텔에서 언론인 만찬 모임을 갖고 대통령 후보 연설을 하고 있었다. 그날 나는 그의 연설에 앞서 간단한 지원 유세를 부탁받고 그 자리에 참석했다. 그러나 당시 나는 정치에 별다른 관심도 없었고, 마침 이혼 문제로 골치를 썩고 있던 터라 두서없이 지원 유세를 했던 것으로 기억한다. 사실 그때 나는 내 앞가림도 제대로 하지 못하고 있었다. 나는 2분가량 연설을 하고 자리에 앉았다. 그러고 나서 뒤에 후버 씨와 인사를 나눴는데, "안녕하십니까"라고 그에게 인사말을 건넸던 것으로 기억한다. 그리고 그게 다였다.

그날 그는 두께가 4인치나 되는 묶지 않은 원고를 들고 나와 한 장씩 넘겨가며 연설을 시작했다. 그렇게 한 시간 반가량 지나자 사람들이 서서히 지루해하기 시작했다. 사람들은 원고만 쳐다봤다. 그리고 또 시간이 흘러 두 시간이 지났지만 원고는 아직도 반 이상 남아 있었다. 가끔 그는 열 장 넘게 뭉텅이로 원고를 넘기기도 했다. 그때마다 사람들은 안도의 숨을 쉬는 것 같았다. 인생에 영원한 것이 없듯 연설도 끝이 났다. 그는 연설이 끝나자 매우 민첩하게 원고를 정리했다. 나는 그런 그의 모습을 보고 미소를 지었다. 그리고 그에게 수고했다고 한 마디 해주려고 기다리고 있었는데 그는 나 따위는 아랑곳하지 않고 그냥 지나쳤다.

결국 그는 대통령에 당선되어 백악관에 입성했고 그리고 이렇게 몇 년이 지난 뒤에 벽난로 앞에서 온화한 미소를 띠고 서 있었다. 점심 만찬에 초대된 사람은 모두 12명이었다. 우리는 커다란 원탁에 앉아 함께 점심을 들었다. 그들은 이런 점심식사가 아주 가까운 사람들끼리만 하는 식사라고 말해주었다.

미국 기업인들 가운데 만나보면 적응이 안 되는 부류의 사람들이 간혹 있다. 그들은 모두 키가 크고 잘생긴 외모에 단정한 옷차림을 하고 매사에 냉철한 판단과 명석한 두뇌를 자랑한다. 그들은 차가운 금속성 목소리로 지껄이기를 좋아하고, 인간사에 대해 어려운 기하학적 용어를 사용하길 선호한다. 예를 들면, '연간 실업 유형에서 두드러지게 나타나는 조직적 요인들' 같은 알 수 없는 말을 거침없이 입에 올린다. 그날 점심 만찬에 참석한 인사들도 대부분 이런 부류의 사람들이었다. 그들은 모두 자신만만하고 고압적인 태도를 하고 있었다. 무슨 고층빌딩을 바라보고 서 있는 것 같았다. 그중에 유일하게 인간다운 면모를 풍기는 사람은 〈뉴욕 타임스〉의 저명한 정치 칼럼니스트 앤 오헤어 매코믹뿐이었다. 그녀는 상당히 총명하고 매력적으로 보이는 여성이었다.

식사 분위기는 딱딱했고, 형식적이었으며, 나누는 대화도 별반 재미없었다. 그리고 그 자리에 참석한 사람들은 내가 보기에 불필요할 정도로 후버 씨를 꼬박꼬박 '각하'라 불렀다. 점심식사가 시작되자 나는 그들이 내게 아무런 볼일 없이 초대했을 리가 없다는 생각이 문득 들기 시작했다. 아니나 다를까. 잠시 뒤에 설즈버거 씨가 본색을 드러냈다. 그는 잠시 대화가 끊어진 틈을 타 이렇게 말했다.

"각하, 유럽에 보낼 사절단에 대해 어떤 구상을 하고 계신지 설명을 부탁드리겠습니다."

후버 씨는 들고 있던 나이프와 포크를 내려놓고 천천히 음식을 씹어 삼킨 다음 미리 준비해온 것 같은 말을 꺼냈다. 그는 자신의 접시를 내려다보며 이야기를 했지만, 간혹 설즈버거 씨와 나를 힐끔힐끔 쳐다봤다.

"지금 유럽이 어떤 절박한 상황에 처해 있는지 다들 잘 알고 계실 겁니다. 전쟁이 시작된 이후로 기아와 빈곤이 극에 달했습니다. 상황이 상황인지라 저는 워싱턴을 설득해 서둘러 구제수단을 강구하도록 촉구했습니다."

여기서 워싱턴이란 루스벨트 대통령을 말하는 것 같았다. 그런 다음 그는 1차 세계대전 당시 그가 이끌었던 사절단의 규모와 결과에 대해 일일이 열거하기 시작했다. 그리고 이렇게 말을 이었다.

"우리가 유럽 전체를 먹여 살릴 때, 그런 사절단은 당파를 초월해 순수한 인도적 목적에서 이뤄진 것이었습니다. 당신도 이런 일에 관심이 있겠지요?"

그는 나를 쳐다보며 이렇게 물었다. 나는 잠자코 앉아 고개를 끄덕였다.

"각하, 그러면 언제 이 계획을 실행에 옮길 예정이십니까?"

설즈버거 씨의 물음에 후버 씨가 대답했다.

"워싱턴의 승낙이 떨어지는 대로 바로 실행에 옮길 겁니다. 물론 워싱턴이 움직이려면 대중의 요구도 있어야 하지만 무엇보다 저명 인사들의 지지가 필요합니다."

그는 이렇게 말하고 다시 나를 힐끔 쳐다봤다. 나는 나도 모르게 고개를 끄덕였다. 그는 계속 말을 이어나갔다.

"독일에 점령당한 프랑스에서는 이미 수백만 명이 굶주리고 있고, 노르웨이, 덴마크, 네덜란드, 벨기에 등 유럽 전역으로 기아가 번지고 있는 실정입니다!"

그는 유럽의 기아 상태가 어느 정도인지 구체적인 실례를 들면서 신념, 희망, 자비 등 거창한 미사여구로 자신의 계획을 정당화했다.

그리고 잠시 침묵이 흘렀다. 나는 목을 가다듬고 이렇게 말했다.

"물론 지금 정세가 1차 세계대전 때와는 사뭇 다릅니다. 프랑스뿐만 아니라 많은 나라들이 독일에 점령되었습니다. 그리고 당연한 말이겠지만, 우리는 이런 구호식량이 나치의 수중에 넘어가는 것을 원치 않습니다."

후버 씨는 미간을 찌푸리더니 자신의 접시를 내려다보며 이렇게 말했다.

"우리는 미국 적십자사와 함께 초당파적인 위원회를 만들 생각입이다. 그리고 헤이그 협약 제27조 제43항에 따라 교전국이든 아니든 상관없이 모든 병자와 기아에 허덕이는 사람들을 위해 구제 활동을 벌일 계획입니다. 저는 당신 같은 인도주의자라면 이런 위원회의 활동을 지지할 거라고 생각합니다만 아닌가요."

그래도 나는 내 소신을 굽히지 않았다.

"물론 저도 그런 계획에 전적으로 동의합니다. 다만 식량이 나치의 수중으로 넘어갈 수 있는 가능성을 우려하는 것입니다."

내가 이렇게 말하자 그곳에 모인 사람들이 술렁이기 시작했다.

"우리는 이미 전에 같은 일을 한 적이 있습니다."

후버 씨는 내 말이 언짢았는지 이렇게 되받아쳤다. 그러자 나머지 사람들은 내가 그의 말에 어떻게 나올지 궁금한 눈초리로 일제히 나를 쳐다봤다. 그중에 한 사람이 미소를 띠며 이렇게 말했다.

"저는 각하께서 그런 상황을 잘 해결해나갈 수 있을 거라고 생각합니다."

"정말 훌륭하신 말씀입니다."

설즈버거 씨가 자신에 차서 이렇게 말했다. 결국 나는 힘없이 이렇게 말했다.

"저도 전적으로 동의합니다. 그리고 유대인이 위원회의 모든 사안을 책임지고 관리한다면 무조건 지지합니다."

"아니, 그건 불가능한 일이오."

후버 씨가 퉁명스럽게 대답했다.

브로드웨이 5번가에서 말씨 좋은 젊은 나치 당원들이 작은 마호가니 연단에 올라서서 주위에 몰려든 사람들에게 일장 연설을 늘어놓고 있는 광경을 보고 있자니 어딘지 모르게 어색한 느낌이 들었다. 한 젊은 나치 당원이 다음과 같은 연설을 하고 있었다.

　"히틀러의 철학은 중간계급이나 유대인이 소외 또는 희생당해야 하는 산업사회의 제문제들에 대해 심오하고 사려 깊은 성찰을 담고 있습니다."

　그러자 한 여성이 끼어들며 소리쳤다.

　"당장 집어치워! 여기는 미국이야. 여기가 어딘 줄 알고 그딴 소릴 지껄여."

　그 젊은 나치 당원은 어이없다는 듯 웃음을 지었다. 그는 거리낌 없이 이렇게 대답했다.

　"저는 미국에 있고, 미국 시민입니다."

　그러자 그녀가 응수했다.

　"응, 그래. 나는 미국 시민이자 유대인이야. 내가 남자였으면 네놈 목을 아주 비틀어버렸을 거야!"

　주위에 몰려 있던 한두 사람이 부인의 편을 들기도 했지만, 나머지 사람들은 그냥 잠자코 서서 구경만 할 뿐이었다. 옆에 서 있던 경찰이 그녀를 제지하고 나섰다. 나는 너무 놀라서 서둘러 발걸음을 옮겼다. 나는 내 귀를 믿을 수 없었다.

　그리고 하루 정도 뒤에 나는 어느 시골 별장에 초청을 받아 갔다. 그곳에서 피에르 라발(1883~1945, 프랑스의 정치가—옮긴이)의 사위인 르네 드 샹브륀(1906~2002, 프랑스의 법률가—옮긴이) 백작을 만났다. 그는 빈혈에 걸린 사람처럼 얼굴이 창백했는데, 점심식사 전까지 무슨 일인지 나만 졸졸 따라다녔다. 그는 뉴욕 개봉 첫날에 〈위대한 독재자〉를 관람했는지 젠체하며 이렇게 말했다.

"그렇기는 하지만 당신의 관점은 곧이곧대로 받아들일 수 없습니다."

"내 영화는 그냥 희극일 뿐입니다."

나는 이렇게 대답했다.

당시 내가 나치의 강제수용소에서 벌어진 잔인한 살인과 고문에 대해 알았더라면, 그렇게 점잔을 떨지는 않았을 것이다. 그날 그곳에 초대된 손님은 50명 정도였고 테이블마다 4명씩 앉았다. 샹브륀 백작은 나와 같은 테이블에 앉았는데, 집요하다 싶을 정도로 정치 문제를 화제에 올렸다. 물론 나는 정치보다 맛깔스런 요리를 음미하는 것을 더 좋아한다고 말하면서 그와 상대하지 않았다. 그러나 옆에서 그의 이야기를 듣고 있자니 더 이상 참을 수 없었다. 나는 내 물 잔을 옆으로 치워놓으며 한 마디 했다.

"오늘은 '비시'(프랑스의 비시 산 광천수로 프랑스인이 즐겨 마신다—옮긴이)를 너무 많이 마신 것 같습니다."

내 말이 끝나기 무섭게 옆 테이블에서 격론이 벌어졌다. 두 여성이 맹렬한 기세로 싸우기 시작했는데 서로 머리끄덩이를 잡아당기며 싸울 태세였다. 한 사람이 상대방에게 이렇게 소리쳤다.

"그딴 소리는 집어치워! 이 나치 년아!"

나는 뉴욕의 한 젊은 귀족으로부터 내가 왜 그렇게 나치에 반대하는지 질문을 받은 적이 있었다. 나는 그들이 반 인민적이기 때문이라고 대답했다.

"그럼, 당신은 유대인이군요?"

그는 마치 무슨 새로운 사실이라도 발견한 듯이 이렇게 말했다.

"나치에 반대한다고 해서 모두 유대인인 것은 아닙니다. 정상인이라면 모두 나치에 반대합니다."

내가 이렇게 나오자 그는 더 이상 말을 잇지 못했다.

그리고 하루 정도 뒤에 나는 워싱턴에 있는 '미국애국여성회관'에서 〈위대한 독재자〉의 마지막 연설을 라디오를 통해 낭독할 예정이었다. 그 전에 백악관으로부터 루스벨트 대통령이 나를 만나고 싶어 한다는 연락을 받았다. 우리는 백악관의 요청이 있어 영화를 보내준 적이 있었다. 그것을 본 대통령이 나를 직접 만나고 싶어 한다는 것이었다. 백악관에 도착하자 그의 개인 서재로 안내되었다. 그는 나를 반갑게 맞이하며 이렇게 말했다.

"찰리, 앉으십시오. 당신 영화 때문에 아르헨티나에서 상당히 난처한 상황에 처했습니다."

그러나 그는 이렇게 말한 뒤 영화에 대해서는 한 마디도 하지 않았다. 나중에 이 일을 전해들은 친구가 내게 이렇게 한 마디 했다.

"자네는 백악관의 초대는 받았지만 별로 환영 받지 못한 손님이었나 보네."

나는 루스벨트 대통령과 40분 동안 앉아 환담을 나눴다. 그는 틈틈이 내게 드라이마티니를 만들어 주었는데, 나는 너무 긴장한 나머지 그가 만들어주는 족족 단숨에 들이켰다. 결국 나는 술에 취해서 말 그대로 알딸딸한 기분으로 백악관을 나왔다. 그런데 별안간 10시에 라디오 연설이 잡혀 있다는 생각이 떠올랐다. 전국으로 중계되는 라디오 방송으로 청취자만 600만 명이 넘었다. 순간 술이 확 깨는 것 같았다. 나는 서둘러 호텔에 돌아와 여러 번 찬물에 샤워를 하고 블랙커피를 마셨다. 그제야 어느 정도 술이 깨는 것 같았다.

미국이 아직 참전 전이었기 때문에 그날 라디오 연설이 있던 미국애국여성회관에는 많은 나치 당원들이 몰려와 있었다. 내가 연설을 시작하자마자 그들은 일제히 기침을 하기 시작했다. 내 연설을 방해할 심산이었던 것이다. 그 바람에 나는 입이 바싹 타들어가고 혀가 입천장에 딱 달라붙어 제대로 말이 나오지 않았다. 연설은 6분짜리였다. 중간에 나는 연설을 멈추고 물을 갖다 달라고 부탁했다. 입이 타 도저히 연설을 할 수 없었다. 그러나 준비된 물이 없었다. 그렇다고 연설을 다시 시작할 수도 없었다. 그렇게 2분 정도 지났을까. 물이 담긴 작은 종이컵이 내게 전달됐다. 우여곡절 끝에 나는 연설을 마칠 수 있었다.

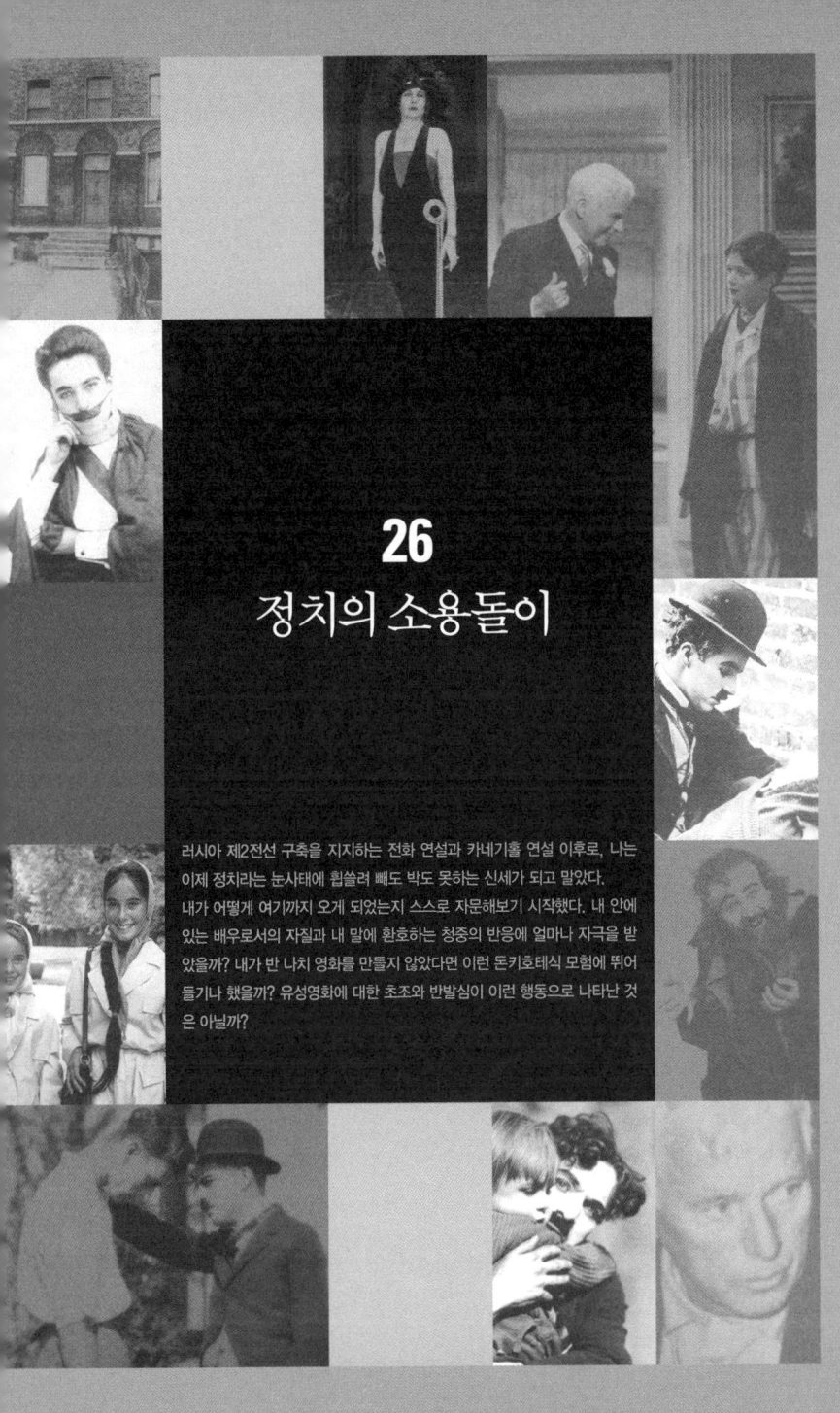

26
정치의 소용돌이

러시아 제2전선 구축을 지지하는 전화 연설과 카네기홀 연설 이후로, 나는 이제 정치라는 눈사태에 휩쓸려 빼도 박도 못하는 신세가 되고 말았다. 내가 어떻게 여기까지 오게 되었는지 스스로 자문해보기 시작했다. 내 안에 있는 배우로서의 자질과 내 말에 환호하는 청중의 반응에 얼마나 자극을 받았을까? 내가 반 나치 영화를 만들지 않았다면 이런 돈키호테식 모험에 뛰어들기나 했을까? 유성영화에 대한 초조와 반발심이 이런 행동으로 나타난 것은 아닐까?

정치에 발을 들이다

 폴레트와의 이혼은 불가피했다. 그리고 우리 두 사람은 이미 〈위대한 독재자〉의 촬영에 들어가기 전부터 그렇게 되리라는 것을 알고 있었다. 영화가 완성되고나자 우리에게는 최종 결정만 남은 것이나 다름없었다. 폴레트는 파라마운트 영화사의 새 작품에 출연하기 위해 먼저 캘리포니아로 돌아갔다. 그러나 나는 얼마 동안 더 뉴욕에 머물면서 시간을 보냈다. 그리고 얼마 뒤에 집사인 프랭크로부터 연락을 받았다. 폴레트가 비벌리힐스 집에 도착하자마자 짐을 싸서 그대로 나가버렸다는 것이었다. 나는 서둘러 집으로 돌아왔다. 그러나 그녀는 이미 멕시코에 가서 이혼 수속을 밟고 있었다. 집은 썰렁하니 처량한 느낌마저 들었다. 지난 8년 동안 동고동락을 함께한 폴레트와 헤어져야 한다고 생각하니 마음이 쓰리고 아팠다.
 비록 〈위대한 독재자〉가 관객들에게 큰 인기를 끌고 있기는 했지만, 그 이면에는 보이지 않는 반감이 도사리고 있었다. 무엇보다 캘리포니아 지역 언론의 반응이 시큰둥했다. 나는 비벌리힐스로 돌아오자마자 언론과 인터뷰를 가졌다. 20명 정도 되는 기자가 유리로 된 집 현관 앞에 묵묵히 앉아 있었다. 그러나 내게 무슨 불만이라도 있는지 그들은 오만상을 찌푸리고 있었다. 내가 술을 권했지만 그들은 마다했다. 이런 태도는 기자들에게서는 좀처럼 보기 힘든 것이었다.

"무슨 말을 하려고 저희를 부르셨습니까, 찰리?"

어떤 한 기자가 그날 그 자리에 참석한 기자들을 대표해 먼저 말을 꺼냈다.

"〈위대한 독재자〉를 광고나 할까 해서요."

내가 농담 삼아 이렇게 대답했다.

나는 그들에게 대통령과 백악관에서 가진 면담과 내 영화가 아르헨티나 주재 미국 대사관을 난처하게 만들었다는 이야기를 했다. 나는 그것이 좋은 기삿거리라고 생각했지만, 그들은 여전히 들은 체 만 체했다. 나는 잠시 숨을 돌린 후 농담으로 이렇게 말했다.

"뭔가 문제가 있는 것 같은데, 아닌가요?"

그러자 기자 대표가 이렇게 말했다.

"맞습니다. 마침 말이 나왔으니 말씀드리겠습니다. 찰리, 당신은 지역 팬들을 홀대하고 있습니다. 특히 이번에는 이곳 지역 언론을 무시하고 아무 말 없이 뉴욕으로 갔습니다. 우리는 당신의 그런 태도가 달갑지 않은 겁니다."

비록 내가 지역 언론에 인기가 없기는 했지만 나는 그의 말을 듣고 흠칫 놀랐다. 사실 나는 〈위대한 독재자〉의 뉴욕 개봉을 앞두고 지역 언론에 아무것도 알리지 않고 할리우드를 떠나 뉴욕으로 향했다. 나는 내 영화에 우호적이지 않은 지역 언론이 뉴욕 개봉 전에 온갖 혹평을 늘어놓을 것을 염려했다. 영화에 200만 달러나 쏟아부은 상황에서 지역 언론의 혹평이 자칫 영화 흥행에 찬물을 끼얹을 수도 있었다. 나는 그들에게 자초지종을 이야기했다. 무엇보다 〈위대한 독재자〉가 반 나치 영화이기 때문에 미국에서조차 그것에 반발하는 세력이 존재한다는 것 그리고 그렇기 때문에 영화 시사회 일정은 철저하게 비밀에 부치고 영화 개봉 바로 직전에 할 수밖에 없었다고 설명했다.

그러나 그들은 내 설명을 듣고도 좀처럼 기분을 누그러뜨리지 않았다. 오히려 나에 대한 적대감은 갈수록 더했다. 처음에는 그런대로 참을 만했다. 즉 내가 속 좁고 인색하다는 인신공격이 주를 이뤘다. 그러나 뒤로 갈수록 그들은 폴레트와 나에 대한 악성 루머를 퍼뜨리는 데 열을 올렸다. 그러나 이런 악재에도 불구하고 영화는 영국과 미국에서 흥행 신기록을 세우고 있었다.

비록 미국이 참전하고 있지는 않았지만 루스벨트와 히틀러 사이에는 전운이 감돌았다. 이것이 대통령의 입장을 난처하게 만들었다. 왜냐하면 나치는 미국의 각 기관과 조직에 침투해 있었고, 뒤에서 그것들을 교묘히 조종해 미국 정부에 상당한 압력을 가하고 있었기 때문이다.

이때 전혀 예상하지 못한 극적인 뉴스가 들려왔다. 일본이 진주

만을 공격한 것이다. 미국 전역이 일순간 충격에 휩싸였다. 미국은 즉각 전쟁 채비를 갖추고 곧바로 병사들을 해외에 파병하기 시작했다. 그 무렵 러시아는 모스크바 외곽에서 히틀러의 대군과 대치하면서 제2전선(1941년 독일과 개전한 러시아는 연합군이 북프랑스에 제2전선을 구축할 것을 요청한다. 이것을 계기로 미국은 1944년 6월 6일 북프랑스 노르망디에 상륙한다—옮긴이)의 구축을 촉구하고 나섰다. 루스벨트 대통령도 제2전선 구축에 지지를 보냈다. 비록 나치 동조자들이 지하로 잠적하기는 했지만 그들의 폐해는 여전했다. 그들은 미국과 러시아의 연합전선을 저지하기 위해 온갖 수단을 다 동원했다. 그리고 이런 악선전도 유행했다. '미국과 러시아로부터 짜낼 수 있는 데까지 다 짜내자. 결국 최후의 승자는 우리가 될 것이다.'

제2전선의 구축을 방해하기 위한 온갖 음해가 난무했다. 불안한 나날이 계속됐다. 매일 러시아 군이 막대한 사상자를 내고 있다는 소식이 들려왔다. 날이 주가 되고 주가 달이 되어도 나치는 여전히 모스크바 외곽에서 후퇴할 기미가 없었다.

그때 내게도 난처한 일이 일어나기 시작했다. 나는 샌프란시스코의 '러시아 전쟁구제 미국위원회' 위원장으로부터 전화 한 통을 받았다. 러시아 주재 미국 대사인 조지프 E. 데이비스 씨가 한 모임에서 러시아에 대한 지지 연설을 할 예정이었는데 바로 직전에 후두염에 걸려 연설을 할 수 없게 되자 그를 대신해 내게 연설을 부탁해온 것이었다. 비록 연설 시간까지 몇 시간 남지 않은 상황이었지만, 나는 그의 제안을 수락했다. 연설 모임은 다음 날 예정되어 있었다. 그래서 나는 저녁 기차를 타고 이튿날 아침 8시에 샌프란시스코에 도착했다.

위원회는 나를 위해 사교 모임까지 마련해놓는 등 행사 준비에 만전을 기하고 있었다. 나는 어쩔 수 없이 그들이 마련한 점심 만찬과 저녁 만찬에 불려 다녔다. 사정이 이렇다보니 연설을 준비할 시간이 없었다. 나는 그날 주요 연사였다. 다행히 저녁 만찬에서 마신 샴페인 두 잔이 긴장을 푸는 데 도움이 되었다.

1만 석이 넘는 행사장이 입추의 여지없이 꽉 들어찼다. 연단에는 미국 해군 제독들과 육군 장성들, 샌프란시스코 시장 안젤로 조지프 로시가 앉아 있었다. 그들의 연설은 밋밋하니 무엇을 전달하려고 하는지 의미가 모호했다. 샌프란시스코 시장은 이렇게 말했다.

"우리는 러시아가 우리와 동맹국이라는 사실을 잊어서는 안 됩니다."

그러나 그는 되도록이면 말을 아꼈다. 그는 러시아가 처한 비상사태에 대해 그리고 그들의 용기에 대해 말을 아꼈다. 뿐만 아니라 그들이 200사단이나 되는 나치 군과 대치 상태에서 죽어가고 있다는 사실에 대해 언급을 피했다. 그날 저녁 나는 다른 연사들의 연설을 들으며 우리 동맹국들이 그 속내를 알 수 없는 이상한 동료들이라는 느낌을 받았다.

나는 '러시아 전쟁구제 미국위원회' 위원장으로부터 가능하면 한 시간가량 연설을 해달라는 간곡한 부탁을 받았다. 순간 기겁했다. 기껏해야 4분 정도면 충분할 거라고 내심 생각하고 있었다. 그러나 다른 연사들의 밋밋한 연설을 듣고 있자니 속에서 부아가 치밀었다. 나는 저녁 만찬 좌석표 뒷면에 연설 주제를 네 가지로 요약해 서둘러 메모했다. 그때 내 이름이 소개되는 소리가 들렸다.

나는 검은 넥타이에 약식 야회복을 입고 있었다. 내가 연단에 올라서자 일제히 박수갈채가 터져나왔다. 나는 이 틈을 타 긴장된 마음을 추슬렀다. 박수 소리가 잦아드는 것을 기다렸다가 한마디 말을 내뱉었다.

"동지 여러분!"

순간 회장 안은 웃음소리로 들썩였다. 나는 웃음소리가 가라앉기를 기다렸다가 힘주어 이렇게 말했다.

"제가 여러분을 동지라고 부른 것은……."

내가 이렇게 말하자 다시 웃음소리가 터지고 박수갈채가 이어졌다. 나는 개의치 않고 계속했다.

"저는 오늘 이곳에 많은 러시아인들이 와 있으리라고 생각합니다. 그리고 지금 이 순간에 여러분의 동포는 전장에서 목숨을 걸고 적과 전투를 벌이고 있습니다. 이런 어려운 시국에 여러분을 동지라고 부를 수 있는 것은 저로서는 영예로운 일이자 특권입니다."

내 말이 끝나기가 무섭게 모든 사람들이 일제히 자리에서 일어나더니 박수갈채를 보냈다.

갑자기 머릿속에서 '미국과 러시아에서 짜낼 수 있는 데까지 다 짜내자'라는 말이 떠올랐고 흥분을 감출 수 없었다. 나는 나치 동조자들의 이런 음해성 선전에 대해 가차 없는 비난을 퍼부을 참이었다. 그러나 내 안에서 알 수 없는 어떤 암시가 나를 말렸다. 대신 나는 이렇게 말했다.

"저는 공산주의자가 아닙니다. 저는 일개 인간일 뿐입니다. 그리고 저는 우리 인간이 어떻게 반응하는지도 잘 알고 있습니다.

공산주의자들도 우리와 똑같은 인간입니다. 그들도 팔과 다리를 잃으면 우리가 고통스러워하듯이 고통스러워하고, 우리가 죽듯이 똑같이 죽습니다. 그리고 공산주의자의 어머니도 우리네 어머니와 다르지 않습니다. 자신의 자식이 영원히 돌아오지 못할 곳으로 갔다는 슬픈 소식을 듣고 목 놓아 울지 않을 어머니가 세상에 어디 있겠습니까. 저는 공산주의자는 아니지만 그 정도는 압니다. 저는 인간이기 때문에 그것을 압니다. 지금 이 순간에도 러시아의 어머니들은 목 놓아 울고 있으며, 그들의 많은 자식들이 전장에서 죽어가고 있습니다……."

그렇게 나는 40분 정도 이야기했다. 그러나 그다음에 무엇을 이야기해야 할지 순간 말문이 막혔다. 나는 루스벨트에 대한 일화와 1차 세계대전 당시 리버티 공채를 홍보하러 다니던 일 등을 이야기하며 그날 자리에 모인 사람들의 환호와 박수갈채를 받았다. 물론 절대 허튼소리는 하지 않았다.

나는 잠깐 숨을 고르고 나서 말을 이었다.

"그리고 저는 이번 전쟁으로 비상사태에 처한 러시아의 전쟁구제를 위해 오늘 이 자리에 섰습니다. 러시아 전쟁구제를 위해서 말입니다. 물론 돈이 필요합니다. 그러나 그들이 돈보다 더 시급히 필요로 하는 것이 있습니다. 저는 러시아가 200개가 넘는 나치 사단과 대치하고 있는 지금, 200만 명이 넘는 연합국 병사들은 북아일랜드에서 허송세월을 하고 있다고 들었습니다."

순간 장내에는 무거운 침묵이 흘렀다. 나는 다시 힘주어 이렇게 말했다.

"러시아는 우리의 동맹국입니다. 그들은 자신들을 위해서뿐 아니라 우리를 위해서 싸우고 있습니다. 그리고 제가 아는 한 미국인들은 자신을 위해 기꺼이 싸우고 싶어 합니다. 제2전선을 구축합시다. 스탈린이 연합국에 구축을 촉구했고, 루스벨트가 이미 지지를 표명했으며 그리고 우리 모두가 한마음으로 바라는 것입니다. 지금 바로 제2전선을 구축합시다!"

일순간 장내에 떠나갈 듯한 환호성이 일더니 7분 동안 계속됐다. 내가 그렇게 말하기는 했지만 그것은 이미 그날 그곳에 참석한 청중들의 공통된 마음이었을 것이다. 여하튼 장내 환호성 때문에 나는 잠시 동안 연설을 잇지 못했다. 그들은 계속 발을 구르며 박수갈채를 보냈고, 결국에는 모자까지 벗어 허공에 던지며 환호성을 질렀다. 나는 내가 너무 흥분해서 쓸데없는 말을 한 것은 아닌지 걱정되기 시작했다. 그러나 한편으로 지금 전쟁터에서는 수천 명의 병사들이 목숨을 걸고 싸우고 있는 판에 그런 나약한 생각을 하고 있는 내 자신에 화가 나기도 했다. 마침내 청중의 환호성이 잦아들자 나는 이렇게 말을 이었다.

"만일 여러분도 저와 같은 생각이라면, 한 사람 한 사람 모두 대통령 앞으로 전보를 보내실 수 있습니까? 내일까지 제2전선의 구축을 촉구하는 1만 통의 전보가 대통령 앞에 도착할 수 있도록 모두 힘을 합칩시다!"

이 연설 모임이 있은 뒤부터 나는 분위기가 심상치 않게 돌아가고 있다는 느낌을 받았다. 하루는 더들리 필드 말론, 영화배우 존 가필드와 함께 어느 레스토랑에서 저녁식사를 한 적이 있었다.

"용기가 대단하십니다."

가필드가 내 연설을 거론하며 이렇게 말했다. 나는 그의 말에 불길한 생각이 들었다. 나는 특별히 정치적 영웅이 되고 싶지도 않았고, 정치적 사건에 휘말리고 싶은 생각도 없었다. 단지 내가 진심으로 느끼는 것 그리고 옳다고 생각하는 것만을 말했을 뿐이었다. 그럼에도 가필드의 말을 듣고 나서 그날 저녁 내내 착잡한 기분을 누그러뜨릴 수 없었다. 그러나 내가 예상했던 불길한 일은 일어나지 않았다. 모든 것이 예전 그대로였다. 비벌리힐스의 생활에도 별다른 변화가 없었다.

일주일쯤 뒤에 나는 매디슨 스퀘어에서 열릴 대중 집회에서 장거리 전화상으로 지지 연설을 해달라는 부탁을 받았다. 같은 목적의 집회였기 때문에 나는 순순히 승낙했다. 사실 굳이 거절할 이유도 없었다. 당대의 저명한 인사들과 단체들이 주체가 된 집회였다. 나는 14분 동안 연설했다. 그리고 내 연설은 미국 산업별 노동조합회의(CIO)에 의해 인쇄되어 배포되었다. CIO가 발행한 아래 소책자가 보여주듯이 이런 일에 있어서 나는 결코 혼자가 아니었다.

〈찰리 채플린 연설집〉
러시아 전선에 민주주의의 존폐가 달려 있다

박수갈채로 연설을 방해하지 말 것을 사전에 주의 받은 군중은 전화기를 통해 들려오는 찰리 채플린의 말 한 마디 한 마디를 숨죽인 채 들었다.

그들은 미국의 위대한 대중예술가 찰리 채플린이 할리우드에서 직접 전화로 연설하는 내용을 14분 동안 귀 기울여 들었다.

1942년 7월 22일 이른 아침, 노동조합, 시민단체, 자선단체, 재향군인회, 교회단체 등 소속 회원 6만 명이 뉴욕 매디슨 스퀘어에 운집했다. 그들은 프랭클린 D. 루스벨트를 지지하며, 히틀러와 전쟁 추축국에 대항해 승리를 앞당기기 위해 즉각 제2전선을 구축할 것을 촉구했다.

이날 집회는 그레이터 뉴욕 산업별노동조합평의회 산하 250개 노동조합, 미국 산업별노동조합회의, 법률가 웬델 L. 윌키, 노동운동가 필립 머리, 노동운동가 시드니 힐먼 등이 주축이 되었고, 다른 많은 저명한 미국인들이 이날 집회에 지지를 보냈다.

그날 마침 날씨도 맑았다. 연단 위에는 성조기를 가운데 두고 연합국 국기가 게양되어 있었고, 대통령을 지지하고 제2전선의 구축을 요구하는 표어가 적힌 플래카드가 공원과 인근 도로를 꽉 메운 사람들 사이에서 펄럭였다.

집회는 루시 먼로의 국가 합창으로 개막해, 제인 프로먼, 아를렌 프랜시스 그리고 '미국극장기구' 소속의 여러 저명한 연예인들의 축하 공연이 이어졌다. 제임스 M. 미드와 클로드 페퍼 상원의원, F. H. 라가디아 뉴욕 시장, 찰스 폴레티 뉴욕 주 부지사, 비토 마칸토니오 하원의원, 뉴욕과 미국 산업별노동조합회의 위원장인 마이클 퀼과 조지프 큐런이 그날 주요 연사로 나섰다.

미드 상원의원은 이렇게 말했다.

"우리는 아시아, 나치 점령하의 유럽, 아프리카의 수많은 민중이 진심으로 자유를 위한 투쟁에 헌신할 때 비로소 이 전쟁에서 승리할 것입니다."

그리고 페퍼 상원의원은 "우리의 노력을 방해하고 자유를 속박하는 자가 바로 공화국의 적입니다"라고 말했다. 조지프 큐런은

"우리에게는 사람이 있습니다. 물자도 있습니다. 우리는 승리에 도달하는 유일한 길을 알고 있습니다. 그것은 바로 제2전선을 구축하는 일입니다"라고 힘주어 말했다.

그날 집회에 나온 군중은 대통령, 제2전선 그리고 우리 합중국 국가들이 거론될 때마다 한 목소리로 환호를 보냈으며, 소련, 영국, 중국의 전사들과 국민들에게 응원을 보냈다. 그리고 장거리 전화로 찰리 채플린의 연설이 들려왔다.

대통령의 제2전선 구축 운동을 지지하자!
-1942년 7월 22일 매디슨 스퀘어 파크-

러시아 전선에 민주주의의 운명이 달려 있습니다. 연합국들의 운명이 공산주의자들의 수중에 달려 있는 것입니다. 만약 러시아가 패배한다면, 지구상에서 가장 광활하고 풍요로운 아시아 대륙이 나치의 수중에 넘어갈 것입니다. 동양 전체가 일본의 수중에 들어간다면, 나치는 전 세계의 거의 모든 전쟁 물자를 손에 넣는 것이나 마찬가지입니다. 사정이 이렇게 된다면 우리는 히틀러를 쳐부술 기회를 잃어버릴지도 모릅니다.

지리적 이유로 인한 물자 수송의 어려움과 통신 곤란, 철강, 석유, 고무 등 원자재 조달 문제 그리고 만일 러시아가 패할 경우 무엇보다 히틀러의 분할 통치 전략으로 인해 우리는 절체절명의 위기에 놓일 것입니다.

전쟁이 10년 또는 20년 이상 장기간 지속될 것으로 내다보는 사람들도 있습니다. 그러나 내 판단으로는 이런 전망은 전쟁을 너무 낙관적으로 보는 것입니다. 이런 불리한 여건에서 나치와 같은 가

공할 적에 맞서 전쟁을 하고 있는 상황에서 미래는 매우 불확실합니다.

우리는 무엇을 기다리는가?

러시아는 필사적으로 외부의 도움을 바라고 있습니다. 무엇보다 그들은 제2전선의 구축을 간절히 열망하고 있습니다. 연합국들 사이에서도 제2전선이 지금 당장 가능한지에 대해 의견이 분분합니다. 한편으로는 연합국들이 제2전선을 지탱할 만한 충분한 물자를 비축하지 못했다는 소문도 있고, 다른 한편으로는 이미 만반의 준비를 끝내고 기회를 엿보고 있다는 소문도 들려옵니다. 또한 연합국들이 지금으로서는 나치에 패할 것이 뻔한 제2전선에서 위험을 무릅쓰려고 하지 않는다는 이야기도 들려옵니다. 즉 그들은 준비가 완료되고 승리가 확실해질 때까지 위험을 무릅쓰려 하지 않고 있습니다.

그러나 전쟁 준비가 완료되고 승리가 확실해질 때까지 기다릴 수 있을까요? 안전하게 전쟁을 치르는 것이 가능하기나 할까요? 전쟁에서 안전한 전략이란 없습니다. 현재 독일군은 캅카스 지방 35마일 앞까지 진군했습니다. 만일 캅카스 지역을 잃는다면 러시아 유전의 95퍼센트를 잃게 됩니다. 수만 명이 죽어가고 있고 수백만 명이 죽어나갈 참에 우리는 마음에 담아두고 있는 속내를 솔직하게 털어놓지 않으면 안 됩니다.

사람들은 스스로에게 묻고 있습니다. 원정군이 아일랜드에 상륙했다는 소문도 있고, 호위함의 95퍼센트가 유럽에 무사히 닿았다는 소문도 들립니다. 그리고 완전무장한 영국군 200만 명이 진군 명령을 기다리고 있다는 이야기도 들려옵니다. 러시아 전선에서 상황이 절박하게 돌아가고 있는 이때 우리는 무엇을 기다리고 있는 것일까요?

우리는 받아들일 수 있습니다

이상의 도발적 질문이 불화의 불씨를 지피기 위한 것이 아니라는 점을 워싱턴과 런던 당국은 이해해주십시오. 오히려 혼란을 막고 승리에 대한 믿음과 결속을 다지기 위해 던진 질문입니다. 물론 그에 대한 답이 어떤 것이든 우리는 다 받아들일 수 있습니다.

러시아는 벽을 등지고 나치와 맞서고 있습니다. 그 벽은 연합국들의 강력한 방어선입니다. 우리는 리비아를 방어하다가 패했습니다. 우리는 크레타를 방어하다가 역시 패했습니다. 또한 필리핀 군도와 태평양의 제도를 방어하다가 패했습니다. 그러나 우리는 러시아를 잃을 수 없습니다. 왜냐하면 러시아는 민주주의의 최후 보루이기 때문입니다. 우리의 세계, 우리의 삶, 우리의 문명이 붕괴하려는 지금이 우리에게는 기회입니다.

만약 러시아가 캅카스를 잃는다면 협상국들에게는 최고의 재앙이 될 것입니다. 유화주의자들을 감시합시다. 이제 그들이 베일을 벗고 사태의 전면에 나서는 순간이 다가오고 있습니다. 그들은 승리감에 도취되어 있는 히틀러와 강화조약을 맺으려고 합니다. 그들은 이렇게 말할 것입니다.

"더 이상 무고한 미국인들의 생명을 희생하는 것은 무의미하다. 전쟁을 끝내기 위해 히틀러와 '담판'을 지을 때다."

나치의 함정을 경계합시다

나치의 함정을 경계합시다. 나치는 양의 가죽을 쓴 늑대와도 같습니다. 그들은 그럴싸한 조건으로 강화조약을 맺으려 들 것입니다. 그러나 그것을 알아차렸을 때 우리는 이미 나치 이데올로기에 굴복해 있을 것입니다. 결국 우리는 나치 이데올로기의 노예가 되는 것입니다. 그들은 우리의 자유를 빼앗고 우리의 정신을 통제할 것입니다. 세계는 게슈타포의 지배를 받게 될 것입니다. 그들은 하늘에서 우리를 지배할 것입니다. 그렇습니다. 그것이 미래의 권력입니다.

하늘의 권력이 나치 수중에 들어가는 순간, 나치 체제에 반대하는 모든 세력은 종말을 고하게 될 것입니다. 인간의 진보는 실종될 것입니다. 소수자의 권리도, 노동자의 권리도, 시민의 권리도 보장되지 않을 것입니다. 이 모든 것이 하루아침에 지상에서 사라지게 될 것입니다. 우리가 유화주의자들의 목소리에 귀를 기울이고, 승리감에 도취된 히틀러와 강화조약을 맺는 그 순간, 그의 잔인무도한 명령이 세계를 지배할 것입니다.

우리는 위험을 무릅쓸 수 있습니다

항상 큰 재앙 뒤에 홀연히 등장하는 유화주의자들을 주의 깊게 감시합시다. 만일 우리가 감시를 게을리 하지 않고 사기를 잃지 않는다면 우리는 무서워할 것이 아무것도 없습니다. 기억하십시오. 사기가 영국을 구했습니다. 사기를 잃지 않는 한 승리는 우리 것입니다.

히틀러는 여러 번 모험을 걸었습니다. 그 가운데 가장 큰 모험은 러시아 진군입니다. 만일 이번 여름에 그가 캅카스를 돌파할 수 없다면 난처한 상황에 처하게 될 것입니다. 만일 그가 모스크바 외곽에서 한 번 더 한겨울을 보내게 된다면 상황은 더 걷잡을 수 없게 될 것입니다. 그의 모험은 위험천만한 것입니다. 그러나 그는 그 모험을 감행했습니다. 히틀러가 모험을 감행했다면, 우리가 못할 이유가 있을까요? 이제 행동으로 옮길 차례입니다. 베를린 상공에 더 많은 폭탄을 투하해야 합니다. 물자 수송 문제를 해결하기 위해 글렌 마틴 사(社)의 수상비행기가 필요합니다. 지금 우리에게 무엇보다 시급한 것은 제2전선입니다.

봄에 승리를 쟁취합시다

봄에 승리하는 것을 목표로 삼읍시다. 공장에서 일하는 여러분, 들판에서 일하는 여러분, 군대에서 복무하는 여러분 그리고 온 세계 시민 여러분! 이 목표를 달성하기 위해 함께 일하고 싸웁시다. 워싱턴과 런던 당국도 함께 이것을 우리의 공동 목표로 삼읍시다. 내년 봄에 반드시 승리를 쟁취합시다.

만일 이런 목표를 계속 마음속에 간직하고 일하고 살아간다면, 우리의 힘은 커지고, 우리의 목표를 앞당기고자 하는 정신력도 강해질 것입니다.

이런 불가능한 목표를 성취하기 위해 함께 노력합시다. 역사상 모든 위대한 성취는 불가능하게 보이는 것을 정복하는 것에서 비롯했다는 것을 기억합시다.

불길한 만남

 전화 연설이 있고난 뒤 잠시 동안이기는 했지만 내 생활은 평온 그 자체였다. 그러나 그것은 폭풍 전야에 불과했다. 지금부터 하는 불가사의한 이야기는 정말 우연한 계기에서 비롯됐다.

 때는 어느 일요일이었다. 여느 때처럼 나는 친구들과 어울려 테니스를 쳤다. 팀 듀런트가 내게 끝나고 나서 폴 게티의 친구인 조안 베리라는 젊은 아가씨와 데이트를 할 예정이라고 말했다. 조안 베리는 친구인 A. C. 블루멘털의 소개장을 들고 멕시코시티에서 막 돌아온 참이었다. 팀은 그녀와 함께 저녁을 먹기로 약속했는데 아가씨가 한 사람 더 오기로 했다며 내게 같이 갈 수 있는지 물어봤다. 무엇보다 그는 베리 양이 나를 무척 보고 싶어 한다며 같이 가자고 옆에서 부추겼다. 우리는 페리노 레스토랑에서 만나 함께 저녁을 먹었다. 의문의 그 여인은 밝고 쾌활했으며 상냥했다. 우리 네 사람은 그저 그런 저녁시간을 보냈다. 물론 나는 그녀를 다시 볼 거라고 전혀 생각하지 않았다.

 그러나 그다음 일요일에 테니스 경기가 있어 집을 공개했는데, 그때 팀이 예상치 못하게 베리 양을 데리고 우리 집에 왔다. 나는 일요일마다 가정부와 집사 등을 쉬게 하고 밖에 나가서 식사를 했기 때문에 두 사람을 로마노프 레스토랑에 데리고 가서 함께 식사를 하고 집에까지 바래다줬다. 그런데 다음 날 아침, 뜻밖에도 그녀에게서 전화가 왔다. 내게 점심을 사줄 수 있냐는 것이었다. 나는 비벌리힐스에서 90마일 떨어진 샌타바버라에서 있을 경매에 갈 예정이었기 때문에 그녀에게 특별히 할 일이 없으면 같이 가서 점심을 먹고 경매도 구경하자고 말을 꺼냈다. 나는 경매에서 한두 물품을 구매한 다음 로스앤젤레스까지 그녀를 바래다주었다.

당시 조안 베리는 스물두 살로 풍만한 가슴에 육감적이고 균형 잡힌 몸매를 소유한 여성이었다. 특히 그날 그녀는 어깨와 목이 움푹 파인 데콜테 여름 드레스를 입고 있었는데 어깨와 가슴선이 다 드러나 상당히 매혹적인 모습이었다. 집에 돌아오는 차 안에서 나도 모르게 그녀에게 성적 유혹을 느낄 정도였다. 그녀는 내게 폴 게티와 다퉜던 일을 이야기하며 내일 밤 뉴욕으로 돌아갈 예정인데 내가 남으라고 하면 모든 것을 포기하고 그렇게 할 생각이라고 말했다. 나는 그녀의 말이 너무 갑작스럽고 이상해 무슨 꿍꿍이가 있지는 않은지 의심이 들었다. 나는 그녀에게 나 때문에 이곳에 남을 생각이라면 그렇게 하지 말라고 솔직하게 말했다. 그리고 그녀를 아파트 앞에 내려주고 서둘러 작별인사를 건넸다.

그런데 예상치도 않게 이틀 뒤쯤 그녀에게서 다시 전화가 걸려왔다. 여하튼 뉴욕으로 돌아가지 않고 로스앤젤레스에 남기로 했는데 저녁에 만나줄 수 있느냐는 것이었다. 찰거머리 같이 물고 늘어지는 사람에게 당해낼 재간은 없는 법. 어쨌든 그녀는 목적을 달성했고, 나는 그녀와 자주 만나기 시작했다. 물론 그녀를 만나는 것은 즐거웠다. 그러나 어딘지 모르게 이상하고 부자연스럽다는 느낌이 들었다. 어떤 때는 전화도 없이 한밤중에 불쑥 집에 찾아오는가 하면, 어떤 때는 일주일 동안 연락이 두절되기도 했다. 이런 그녀의 행동을 대놓고 불평한 적은 없었지만 언제부턴

가 불안한 생각이 들기 시작했다. 그러나 그녀가 다시 내 앞에 나타나면 언제 그랬냐는 듯이 모든 의심과 우려가 일순간에 사라지곤 했다.

하루는 세드릭 W. 하드위크, 소설가 싱클레어 루이스 그리고 나 이렇게 셋이서 함께 점심을 먹었다. 식사 중에 루이스가 세드릭이 주연으로 출연한 연극 〈그림자와 실체〉에 대해 호평을 했다. 루이스는 연극에 나오는 브리지트를 현대판 잔다르크라 평가하며 영화로 만들어도 좋을 만큼 훌륭한 연극이라고 말했다. 루이스의 평을 듣고 나자 나도 그 연극에 흥미가 생겼다. 나는 세드릭에게 어떤 연극인지 한번 읽어보고 싶다고 했다. 뒤에 그가 내게 복사본을 한 부 보내주었다.

그리고 또 한 이틀 뒤에 나는 베리와 함께 저녁식사를 하면서 그 연극에 대해 이야기했다. 그녀는 그 연극을 본 적이 있고, 그 소녀 역을 직접 해보고 싶다고 말했다. 물론 나는 그녀의 말을 귀담아듣지 않았다. 하지만 그날 저녁 베리는 내 앞에서 대본의 일부를 낭독했는데, 나는 벌어진 입을 다물 수 없었다. 대사 하나하나가 모두 정확했고, 감정이 실렸으며, 아일랜드 어투도 일품이었다. 순간 흥분되기 시작했다. 나는 혹시나 하는 생각에서 그녀 몰래 그녀가 사진 촬영에 적합한 얼굴인지 테스트도 해보았다. 결과는 만족스러웠다.

사정이 이렇게 되자 베리의 이상한 행동에 대해 갖고 있던 모든 기우가 깨끗이 사라졌다. 사실 나는 보물이라도 발견한 것처럼 기분이 좋았다. 나는 베리를 막스 라인하르트 연기학교에 보내 필요한 연기 수업을 받도록 했다. 당연히 그녀가 연기 수업을 받는 동안 좀처럼 그녀와 만날 시간적 여유가 없었다. 우선 연극의 판권을 사는 것이 시급했다. 나는 세드릭과 접촉해 그의 도움으로 25,000달러에 영화 판권을 샀다. 그리고 베리와 주당 250달러에 출연 계약을 맺었다.

인간이라는 존재가 반쯤은 꿈에 불과하다고 믿는 신비주의자들이 있다. 물론 그들은 그 꿈이 어디에서 끝나고 현실이 어디에서 시작하는지 알기 어렵다고 말한다. 이것은 꼭 나를 두고 하는 말 같다. 나는 여러 달 동안 〈그림자와 실체〉의 대본을 쓰느라 정신을 팔고 있었다. 그때부터 이상하고 섬뜩한 일이 연달아 일어나기 시작했다.

베리가 한밤중에 술에 취해 자신의 캐딜락을 몰고 우리 집에 찾아오기 시작했다. 그러면 나는 내 운전사를 깨워 그녀를 집까지 데려다주곤 했다. 한 번은 술에 취해 차를 몰고 오다가 집 대문에 부딪히자 아예 차를 내팽개치고 걸어 들어온 적도 있었다. 나는 베리의 이상한 행동이 걱정되기 시작했다. 무엇보다 이제 그녀는 채플린 스튜디오에 정식으로 소속된 배우였기 때문에 음주운전으로 경찰에 체포되어 괜한 스캔들을 일으키지나 않을까 걱정이 됐다.

결국 베리의 괴벽은 시간이 갈수록 제어할 수 없는 수준으로 발전했다. 나는 그녀가 한밤중에 전화를 하면 아예 받지 않았고, 집 앞에 찾아와도 절대 문을 열어주지 않았다. 상황이 이렇게 되자 이제 그녀는 창문까지 깨부수고 집 안으로 들어오기 시작했다. 나는 밤마다 악몽을 꾸는 것 같았다.

그리고 얼마 지나지 않아 나는 그녀가 막스 라인하르트 연기학교를 몇 주째 빼먹었다는 사실을 알게 되었다. 나는 그녀를 직접 만나 무슨 연유에서 연기학교 수업을 빼먹었는지 물었다. 그러자 그녀는 자신은 배우가 되고 싶지 않으며, 만일 내가 그녀와 그녀의 어머니가 뉴욕에 돌아갈 수 있는 여비와 5,000달러만 준다면 계약을 파기하겠다고 말했다. 나는 그녀의 요구에 기꺼이 응했다. 그래서 그녀와 그녀의 어머니에게 뉴욕에 가는 여비와 5,000달러를 주었다. 이것으로 그녀와의 모든 관계를 깨끗이 정리했다.

비록 베리를 주연으로 출연시킬 계획이 물거품이 되기는 했지만, 나는 〈그림자와 실체〉의 영화 판권을 산 것을 후회하지 않았다. 왜냐하면 각본도 거의 완성 직전이었고, 그런대로 마음에 들었기 때문이다.

샌프란시스코 집회 이후 여러 달이 지났지만 러시아는 여전히 제2전선의 구축을 요구하고 있었다. 그리고 그때 뉴욕에서 연설을 해줄 수 있느냐는 또 다른 청탁을 받았다. 연설 장소는 카네기 홀이었다. 이번에는 가야 할지 말아야 할지 쉽게 마음을 정하지 못했다. 그러나 이미 발을 들여놓은 이상 거절할 이유가 없다는 생각이 들자 가는 쪽으로 마음을 잡았다.

그런데 다음 날 내가 잭 워너와 테니스를 치면서 연설 이야기를 꺼내자 그는 대뜸 고개를 가로저으며 나를 말렸다.

"가지 마세요."

"왜 반대하나?"

내가 물었다. 잭은 내 질문에 아무런 대꾸도 없이 조금 전에 한 말을 반복했다.

"특별한 이유는 없습니다만, 어쨌든 가지 마세요."

그런데 잭의 이 말이 오히려 내게 역효과를 불러일으켰다. 나는 그의 말이 나에 대한 도전이라고 생각했다. 마침 러시아가 스탈린그라드 전투에서 승리를 거둔 시점이었기 때문에 제2전선 구축을 위해 미국 국민을 설득하고 공감대를 형성하기 위해 뭔가 다른 조치가 필요한 때였다. 나는 내 연설이 그런 공감대를 형성하는 데 일조할 수 있을 것으로 판단했다. 나는 팀 듀런트를 데리고 함께 뉴욕으로 향했다.

그날 카네기홀 모임에는 펄 S. 벅, 록웰 켄트, 오선 웰스 그리고 다른 많은 저명한 인사들이 참석했다. 오선 웰스는 가끔씩 말문을 열었는데 자신의 주장에 반대하는 의견이 나오기라도 하면 얼른 꽁무니를 내리고 좀처럼 대화에 끼지 않았다. 그는 나보다 먼저 연단에 올랐다. 그는 이 모임이 러시아 전쟁구제를 위한 것이고, 러시아가 우리 동맹국인데 왜 이런 연설을 마음대로 할 수 없는지 이해할 수 없다는 식의 연설을 했다. 본래의 취지에서 벗어난 알맹이 없는 밋밋한 연설이었다. 나는 전보다 더 마음을 다잡고 내 마음에 있는 속내를 모두 털어놓을 작정이었다. 나는 내가 전쟁을 조종하고 싶어 한다고 비꼰 한 칼럼니스트의 말을 인용하는 것으로 운을 뗐다.

"그는 화가 나서 그렇게 말했겠지만, 나는 그가 나를 질투하고 있다고 말하고 싶습니다. 전쟁을 조종하고 싶어 하는 것은 오히려 그 사람입니다. 문제는 우리가 추구하는 전술이 다르다는 것입니다. 그는 지금 당장 제2전선이 필요하다는 것을 믿으려 하지 않습니다. 반대로 저는 믿고 있습니다."

그날 모임에 대해 〈데일리 워커〉는 이렇게 논평했다.

'그날 모임은 찰리 채플린과 청중과의 향연 같았다.'

그러나 내 감정은 복잡하고 착잡했다. 회합이 만족스럽기는 했지만 알 수 없는 불안감이 떠나지 않았다.

카네기홀에서 연설이 끝나고 팀과 나는 그날 회합에 참석한 콘스탄스 콜리어와 함께 저녁을 먹었다. 그녀는 깊은 인상을 받은 것 같았다. 물론 콘스탄스는 좌익과는 전혀 상관이 없었다. 그렇게 저녁을 먹고 월도프 아스토리아 호텔에 돌아와 보니 조안 베리로부터 여러 통의 전화 메시지가 도착해 있었다. 순간 섬뜩한 기분이 들었다. 나는 그녀의 전화 메시지를 읽어보지도 않고 그 자리에서 찢어버렸다. 바로 그때 다시 전화벨이 울렸다. 나는 교환원에게 더 이상 내 방으로 전화를 연결하지 말라고 부탁했다. 그러자 팀이 이렇게 말했다.

"그건 좋은 방법이 아닐세. 전화를 받는 게 더 나을 수도 있어. 안 그러면 직접 찾아와서 무슨 소란을 피울지도 모르잖나."

그래서 다시 전화벨이 울리자 이번에는 전화를 받았다. 베리는 평상시와 다름없이 쾌활한 목소리였다. 그녀는 호텔에 와서 인사라도 나누고 싶다고 말했다. 나는 별로 내키지 않았지만, 그녀가 원하는 대로 잠자코 받아주었다. 대신 팀에게 어디 가지 말고 나와 같이 있어달라고 부탁했다.

베리는 뉴욕에 도착한 이후 폴 게티 소유의 피에르 호텔에 머물고 있다고 말했다. 나는 그녀에게 하루나 이틀 정도 뉴욕에 더 머무를 예정이라 점심식사나 같이 할 수 있을 것 같다고 거짓말을 했다. 베리는 30분 정도 있다가 피에르 호텔까지 바래다줄 수 있는지 내게 물었다. 나는 어쩔 수 없이 그녀를 호텔까지 바래다주었다. 그런데 이번에는 엘리베이터 타는 데까지 바래다달라는 것이 아닌가. 순간 그녀가 무슨 꿍꿍이를 품고 있다는 의심이 들었다. 나는 호텔 현관까지만 바래다주고 바로 돌아섰다. 그것이 뉴욕에서 그녀를 본 처음이자 마지막이었다.

여러 집회와 모임에 나가 제2전선 구축에 대한 연설을 한 뒤부터 나는 뉴욕 사교계에서 점차 버림받는 신세가 됐다. 뉴욕에 체류하고 있었지만, 주말에 나를 시골 별장에 초대하는 사람은 아무도 없었다. 카네기홀 모임이 있은 뒤에 작가이자 에세이스트로 컬럼비아 방송사에서 일하는 클립톤 파디먼이 호텔로 찾아와 전 세계로 방송되는 프로그램에 출연해달라고 부탁했다.

방송 내용은 간단했다. 내가 하고 싶은 말을 7분 동안 하면 된다는 것이었다. 나는 그의 제안을 수락할까 생각도 했지만, 그것이 케이트 스미스가 진행하는 프로그램(1937년에서 1945년까지 8년 동안 방영된 컬럼비아 방송의 대표 쇼 프로그램인 '케이트 스미스 아워'를 말한다—옮긴이) 중간에 방영될 예정이라는 말을 듣고 거절했다. 즉 나는 전쟁에 대한 내 신념이 젤로(제너럴 푸드 사의 디저트 상표명—옮긴이) 같은 상품광고 대접을 받는 것 같아 기분이 상했다. 그렇다고 파디먼을 비난할 생각은 없었다. 그는 온화한 성품에 재능과 교양을 갖춘 사람으로 내가 젤로 이야기를 입에 올리자 얼굴을 붉히며 미안해했다. 나는 쓸데없는 말을 했구나 싶어 한 말을 주워담고 싶었다.

그 뒤로 나는 정말 각양각색의 편지를 받았다. 주로 내게 무언가 부탁하거나 청탁하는 편지였다. 그중에 '미국 제일주의자'인 제럴드 K. 스미스 목사가 내게 제2전선과 관련해 토론하고 싶다며 보낸 편지도 있었다. 강연을 청탁하는 편지도 있었고, 제2전선 구축에 대해 연설을 부탁하는 편지도 있었다.

여하튼 나는 이제 정치라는 눈사태에 휩쓸려 빼도 박도 못하는 신세가 되고 말았다. 내가 어떻게 여기까지 오게 되었는지 스스로 자문해보기 시작했다. 내 안에 있는 배우로서의 자질과 내 말에 환호하는 청중의 반응에 얼마나 자극을 받았을까? 내가 반 나치 영화를 만들지 않았다면 이런 돈키호테식 모험에 뛰어들기나 했을까? 유성영화에 대한 초조와 반발심이 이런 행동으로 나타난 것은 아닐까? 어느 한 가지 이유를 꼭 집어 말할 수는 없지만, 무엇보다 나치 체제에 대한 증오와 경멸이 가장 큰 동기였던 것 같다.

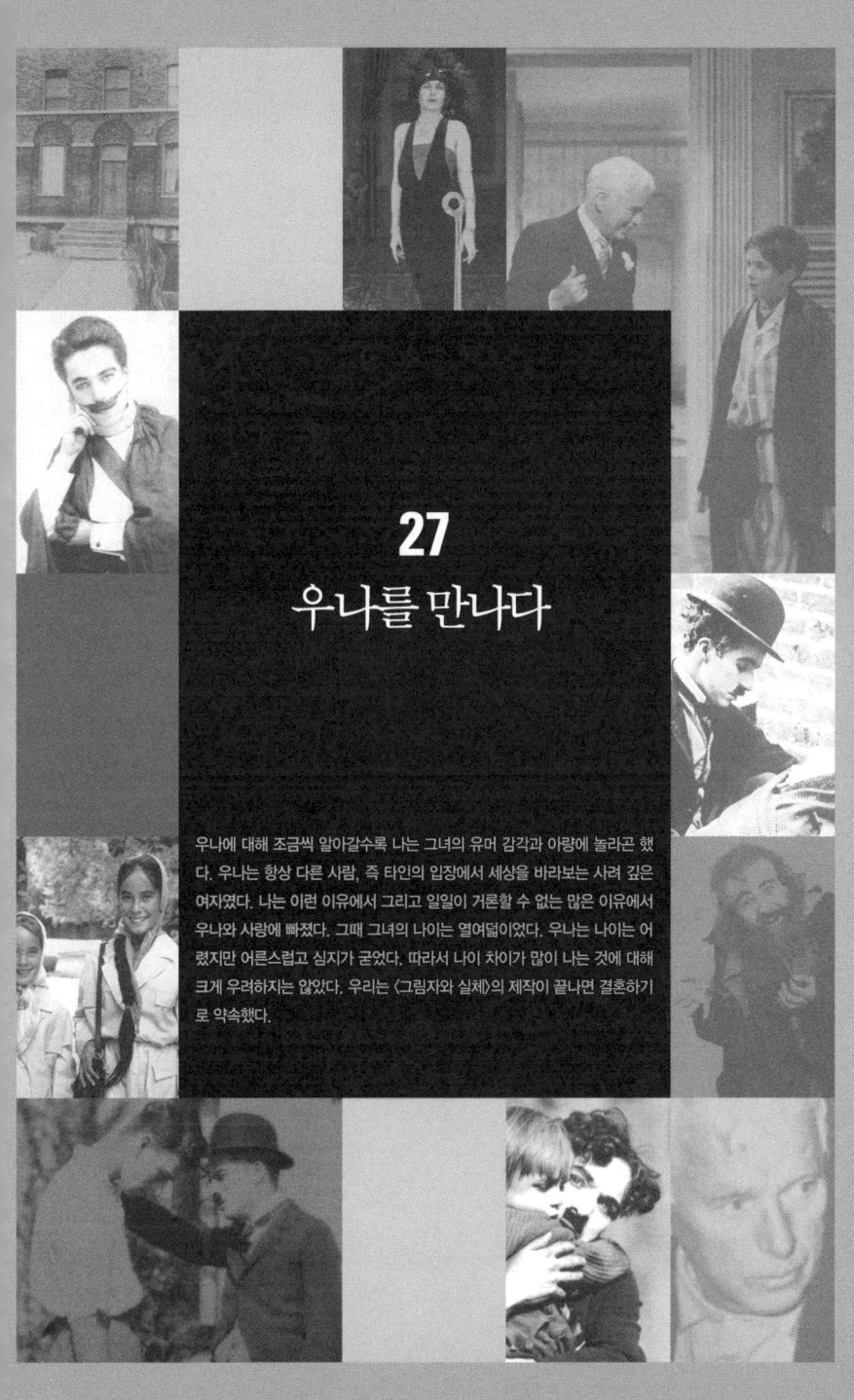

27
우나를 만나다

우나에 대해 조금씩 알아갈수록 나는 그녀의 유머 감각과 아량에 놀라곤 했다. 우나는 항상 다른 사람, 즉 타인의 입장에서 세상을 바라보는 사려 깊은 여자였다. 나는 이런 이유에서 그리고 일일이 거론할 수 없는 많은 이유에서 우나와 사랑에 빠졌다. 그때 그녀의 나이는 열여덟이었다. 우나는 나이는 어렸지만 어른스럽고 심지가 굳었다. 따라서 나이 차이가 많이 나는 것에 대해 크게 우려하지는 않았다. 우리는 〈그림자와 실체〉의 제작이 끝나면 결혼하기로 약속했다.

우나 오닐과의 극비 결혼식

비벌리힐스로 돌아와서 〈그림자와 실체〉의 각본을 다시 손보고 있는데 하루는 오선 웰스가 우리 집에 찾아와 한 가지 제안을 했다. 그는 실존 인물을 소재로 일련의 다큐멘터리를 제작할 예정인데 그중에 악명 높은 프랑스 태생의 살인범 블루버드 랑드뤼(6명의 아내를 차례로 죽인 것으로 악명 높은 연쇄살인범—옮긴이)도 목록에 들어가 있다고 말했다. 그러면서 내가 그의 역으로 적임이라고 생각돼 출연을 부탁하러 왔다는 것이었다.

나는 그의 제안에 귀가 솔깃했다. 사실 나에게는 약간의 기분전환과 변화가 필요했다. 나는 지금까지 몇 십 년 동안 희극영화만 고집해왔고, 혼자서 각본과 배우에 감독까지 도맡아 해오고 있었다. 그래서 얼른 각본을 보여달라고 부탁했다. 그러자 그가 이렇게 말했다.

"아직 각본은 쓰지 못했습니다. 대신 랑드뤼의 재판 기록을 읽어보십시오. 그거라면 쉽게 입수하실 수 있을 것입니다."

그러더니 이렇게 덧붙였다.

"가능하시다면 각본도 직접 써주실 수 있으리라 생각합니다만."
나는 실망했다.
"내가 각본까지 직접 써야 한다면, 나는 할 생각이 없네."
나는 딱 잘라 말했다. 결국 이야기는 그것으로 끝났다.

그러나 하루쯤 뒤에 갑자기 랑드뤼 이야기가 멋진 희극이 될 수 있다는 생각이 들었다. 나는 서둘러 웰스에게 전화를 걸었다.

"이보게. 자네가 제안한 랑드뤼 다큐멘터리 말인데, 내게 좋은 아이디어가 떠올랐네. 물론 랑드뤼와 직접적으로 관련이 있는 것은 아니지만 자네가 아이디어를 준 것이나 마찬가지니까 선후 관계를 분명히 해두는 차원에서 자네에게 5,000달러를 주겠네. 내게 아이디어를 팔게. 어떤가?"

그는 내 말이 무슨 뜻인지 이해가 되지 않는지 한참을 머뭇거렸다.

"자, 들어보게. 엄밀히 말하자면, 랑드뤼는 자네나 다른 누구의 창작도 아니잖은가. 일종의 공공재나 다름없지. 그래도 자네가 내게 아이디어를 줬으니까 그에 대한 대가로 5,000달러를 주겠다는 말일세. 다시 말해, 아이디어 판권을 사겠다는 말이지. 알겠는가?"

웰스는 잠시 생각에 잠기더니 자기 매니저와 상의해보겠다고 했다. 그가 매니저와 어떤 상의를 했는지는 모르지만 어쨌든 우리 둘 사이의 거래는 성사됐다. 나는 웰스에게 5,000달러를 지불했다. 이제 그에게 랑드뤼와 관련해 어떤 의무감도 느낄 필요가 없었다. 다만 그는 한 가지 조건을 내걸었다. 영화 마지막에 '아이디어 제공—오선 웰스'라는 문구를 꼭 넣어달라는 것이었다. 나는 그가 내 영화를 이용해 명성을 쌓으려는 수작을 부린다고 생각했다. 나는 단호히 거절했다.

그런 다음 나는 〈그림자와 실체〉는 뒷전으로 미뤄놓고 〈무슈 베르두*Monsieur Verdoux*〉의 각본을 쓰기 시작했다. 그렇게 각본 집필을 시작한 지 3개월쯤 지났을 때 집사에게 조안 베리로부터 전화가 왔었다는 말을 전해 들었다. 비벌리힐스에 와 있는 것 같았다. 나는 어떤 일이 있더라도 그녀를 만나지 않겠다고 다짐했다.

결국 예상하던 일이 터지고 말았다. 우리 두 사람은 서로 안면 몰수하고 차마 입에 담기 어려운 온갖 험담과 악담을 주고받았다. 그녀는 내가 만나주지 않자 우리 집 창문을 깨부수고 들어와 나를 협박하며 돈을 요구했다. 결국 나는 경찰을 불렀다. 언론의 가십거리가 되기는 하겠지만, 이미 오래전에 했어야 하는 조치였다. 그런데 예상 외로 경찰은 매우 협조적이었다. 그들은 내가 그녀에게 뉴욕으로 돌아갈 여비만 지불하면 부랑죄로 고발하지는 않겠다고 했다. 그래서 나는 다시 그녀에게 뉴욕으로 돌아가는 여비를 줬다. 경찰은 그녀에게 두 번 다시 비벌리힐스 부근에 모습을 드러내면 부랑죄로 처벌할 것이라고 단단히 경고했다.

고진감래라고 했던가. 쥐구멍에도 볕 들 날이 있다고 했던가. 이런 진절머리 나는 일이 있고 나서 이제 내 인생에 진정한 행복이 깃드는 것 같았다. 말하자면 불행 끝 행복 시작이었다.

조안 베리와 좋지 않은 일이 있고 나서 몇 달이 지난 어느 날, 할리우드의 영화 에이전트 미나 월리스 양으로부터 전화가 걸려왔다. 근래에 뉴욕에서 온 여배우가 있는데 내가 준비 중인 〈그림자와 실체〉의 여주인공 브리지트 역에 딱 어울릴 것 같아 연락했다는 것이었다. 그때 나는 〈무슈 베르두〉의 이야기 전개를 어떻게 가져갈지 좋은 아이디어가 떠오르지 않아 애를 먹고 있던 상황이었다. 따라서 월리스 양의 제안이 오랫동안 미뤄됐던 〈그림자와 실체〉를 영화화하는 데 좋은 계기라고 생각하고 다시 손을 대기 시작했다.

나는 월리스 양에게 전화를 걸어 그녀의 신상에 대해 좀 더 구체적으로 물었다. 월리스 양은 그녀의 이름은 우나 오닐로 유명한 극작가 유진 오닐의 딸이라고 말했다. 나는 그때까지 유진 오닐을 만나본 적이 없었다. 그러나 그의 연극은 대체로 장중한 인상이었기 때문에 그의 딸도 그런 느낌이 들지 않을까라는 생각을 했다.

나는 월리스 양에게 대뜸 이렇게 물었다.

"그녀가 연기를 할 수 있을까요?"

월리스 양이 말했다.

"동부에 있는 서머스톡 극장에서 얼마간 연기 수업을 받았습니다. 의심이 가신다면 직접 카메라 테스트를 해보고 판단하는 것이 어떠세요? 굳이 그렇게 하실 생각이 없으시다면 저희 집에 한번 식사라도 하러 오세요. 그때 그녀도 같이 부르도록 하겠습니다."

나는 그렇게 하겠다고 대답했다.

나는 예정보다 조금 일찍 도착해 거실로 들어갔다. 벽난로 옆에 한 젊은 아가씨가 앉아 있었다. 나는 월리스 양이 오기를 기다리는 동안 그녀에게 내 소개를 했다. 그리고 혹시나 하는 생각으로 그녀에게 오닐 양이 아닌지 물어봤다. 그녀는 그렇다고 대답했다. 그녀는 내가 생각했던 것과는 전혀 다른 모습이었다. 무엇보다 아름다운 미모, 친절함이 몸에 배어 있는 자태 그리고 상대방을 배려할 줄 아는 아리따운 아가씨였다. 우리 두 사람은 월리스 양이 올 때까지 앉아 이야기를 나눴다.

월리스 양이 들어오고 우리는 다시 정식으로 인사를 나눴다. 월리스 양, 오닐 양, 팀 듀런트 그리고 나 이렇게 네 사람이 함께 앉아 저녁을 먹었다. 비공식적인 자리였기 때문에 사업 이야기를 대놓고 꺼내지는 않았지만, 그 언저리에서 계속 이야기를 나눴다. 예를 들어, 내가 〈그림자와 실체〉의 여주인공이 상당히 어린 여자라고 말을 꺼내면 월리스 양이 오닐 양이 이제 갓 열일곱 살이 되었다고 대답하는 식이었다. 공공연한 비밀 면접이었다. 우선 나는 오닐 양이 열일곱 살이라는 말을 듣고 다소 실망했다. 〈그림자와 실체〉의 여주인공 브리지트가 실제로 어리기는 했지만 상당히 복잡한 성격을 갖고 있는 인물이었기 때문에 좀 더 나이가 많고 경험 많은 배우가 적임자라고 생각하고 있었다. 여하튼 마음이 내키지는 않았지만 오닐 양에 대해서는 더 이상 신경 쓰지 않기로 작정하고 자리에서 일어났다.

그러나 며칠 뒤에 월리스 양에게서 다시 전화가 왔다. 폭스 영화사에서 오닐 양에게 관심을 나타내고 있는데 나는 어떤지 알고 싶다는 것이었다. 나는 앞뒤 가리지 않고 서둘러 그녀와 계약했다. 그런데 그것이 내 인생의 새로운 전기가 될 줄을 어찌 알았겠

우나

는가? 그날 이후 나는 20년 넘는 여생 동안 인생에서 가장 행복한 나날을 보내게 되었다.

우나에 대해 조금씩 알아갈수록 나는 그녀의 유머 감각과 아량에 놀라곤 했다. 우나는 항상 다른 사람, 즉 타인의 입장에서 세상을 바라보는 사려 깊은 여자였다. 나는 이런 이유에서 그리고 일일이 거론할 수 없는 많은 이유에서 우나와 사랑에 빠졌다. 그때 그녀의 나이는 열여덟이었다. 우나는 나이는 어렸지만 어른스럽고 심지가 굳었다. 따라서 나이 차이가 많이 나는 것에 대해 크게 우려하지는 않았다. 그래서 우리는 〈그림자와 실체〉의 제작이 끝나면 결혼하기로 약속했다.

〈그림자와 실체〉의 각본 초안은 이미 완성된 상태였기 때문에 나는 서둘러 제작 준비에 들어갔다. 나는 우나의 독특한 매력을 영화에서 십분 살릴 수 있다면 좋은 작품이 나올 것으로 확신하고 있었다.

이때 조안 베리가 다시 비벌리힐스에 나타났다. 그녀는 전화를 받은 집사에게 자신이 무일푼에 임신 3개월째라는 말을 거리낌 없이 털어놓았다. 그러나 아이의 아버지가 누군지에 대해서는 일언반구 언급도 없었다. 내가 알 바가 아니었다. 그래서 나는 집사에게 만일 그녀가 집 근처에 모습을 드러내기라도 하면 스캔들이 나든 말든 상관하지 말고 경찰을 부르라고 일러두었다.

다음 날 베리는 즐거운 표정으로 우리 집에 나타나 집 주변과 정원을 유유히 걸어 다녔다. 뭔가 꿍꿍이가 있어 계획적으로 행동하는 것이 분명했다. 뒤에 안 사실이지만 그녀는 가십 기사를 즐겨 쓰는 언론사 여기자 한 명을 찾아가 이 문제를 상의했다. 그 여기자는 베리에게 우리 집에 무단으로 침입해 경찰에 체포되면 자연스럽게 스캔들로 비화될 것이라고 알려주었다. 나는 베리에게 직접 다가가 지금 당장 집 밖으로 나가지 않으면 경찰을 부르겠다고 엄포를 놓았다. 그러나 그녀는 들었는지 말았는지 그저 웃을 뿐 아무 대꾸도 없었다. 결국 나도 그녀의 무례한 행동을 더 이상 참을 수 없었다. 나는 집사를 시켜 경찰을 불렀다.

몇 시간 지나지 않아 이 사건은 모든 신문의 일면을 장식했다.

그들은 내게 오명을 씌워 무조건 비난하고 헐뜯었다. 즉 그들은 내가 마치 베리가 임신한 아이의 아버지인 양 매도하면서 그녀를 경찰에 고발했다느니 그녀를 무일푼으로 내쫓았다느니 하며 없는 말을 지어냈다. 사건이 일어나고 일주일 뒤에 베리 쪽에서 먼저 친부확인소송을 제기했다. 나는 내 고문변호사인 로이드 라이트를 불러 베리와 지난 2년 동안 아무런 관계도 갖지 않았다고 설명했다.

내가 〈그림자와 실체〉의 제작을 준비하고 있다는 것을 알고 있던 로이드 라이트는 잠시 일을 미루고 우나도 뉴욕으로 돌아가 있는 것이 좋겠다는 의견을 말했다. 그러나 우나와 나는 그의 충고를 따를 생각이 없었다. 우리 두 사람은 베리와 언론의 농간에 전혀 영향을 받지 않았다. 우나와 나는 이미 오래전부터 결혼에 대해 이야기를 나누고 있었기 때문에 아예 이참에 결혼하기로 마음을 정했다. 친구인 해리 크로커가 결혼과 관련된 모든 일을 도맡아서 준비해줬다. 그때 그는 허스트 밑에서 일하고 있었다. 결혼은 극비리에 진행하기로 했다. 그리고 결혼사진은 몇 장만 찍어 허스트 계열 신문을 통해 내보내기로 계획을 잡았다. 다른 신문사에 알릴 경우 괜한 소란만 일어날 가능성이 컸다. 그리고 기사는 그의 친구인 루엘라 파슨스가 쓰기로 했다.

우리는 샌타바버라에서 15마일 떨어진 카핀테리아라는 작고 조용한 시골 마을에서 결혼식을 올렸다. 그러나 결혼 허가를 받기 전에 우리는 먼저 샌타바버라 시청에 혼인신고를 해야 했다. 우리는 아침 8시에 샌타바버라 시청으로 향했다. 이른 아침이라 거리는 한산했다. 당시만 하더라도 부부 중 한쪽이 유명인이면 등록계원이 책상 밑에 설치된 비밀 단추를 눌러 신문사에 알리는 것이 관례였다. 우리는 어떻게든 카메라 세례를 피하기 위해 해리와 묘안을 짰다. 즉 우나가 먼저 들어가 혼인신고서 작성을 끝낼 때까지 나는 밖에서 기다리기로 했다. 우나가 혼인신고서에 이름과 나이 등 모든 항목을 다 적었을 때 등록계원이 물었다.

"신랑은 어디에 계신가요?"

그때 내가 청사 안으로 들어갔다. 그는 나를 보자 놀라는 기색이 역력했다.

"이게 누구십니까? 순간 깜짝 놀랐습니다."

그리고 그의 손이 책상 밑으로 내려가는 것을 눈치 챈 해리가 미적거리는 그를 재촉해 허가증을 받아냈다. 우리가 청사에서 나와 차에 타자 신문사 기자들이 막 도착하기 시작했다. 그때부터 생사를 건 쫓고 쫓기는 질주가 시작됐다. 우리는 이른 아침의 한산한 샌타바버라 거리를 미끄러지듯 전속력으로 달렸다. 그리고 갑자기 급커브를 꺾기를 여러 번, 겨우 신문사 차량들을 따돌리고 카핀테리아에 도착해 조용히 결혼식을 올렸다.

우리는 결혼식을 올리고 샌타바버라에 집을 한 채 빌려 2개월 동안 그곳에 머물렀다. 모든 언론이 우리 결혼에 대해 호들갑을 떨고, 우리를 찾아내기 위해 혈안이었지만, 우리는 그곳에서 느긋한 신혼을 즐겼다. 그들은 우리가 어디에 있는지 전혀 알지 못했다. 물론 가끔 현관 벨이 울릴 때마다 혹시나 하는 생각에 가슴이 철렁 내려앉기도 했다.

우리는 주로 밤에 사람들의 시선을 피해 한적한 시골로 산책을 나갔다. 가끔 나는 내가 온 국민들로부터 멸시와 조롱을 받고 있다는 생각, 무엇보다 내 영화 인생이 끝났다는 생각이 들어 울적한 기분에 잠기곤 했다. 그때마다 우나는 내 옆에서 조르주 뒤 모리에가 쓴 소설 《트릴비》를 읽어주며 울적한 나를 달래주었다. 《트릴비》는 빅토리아 왕조 시대를 배경으로 한 소설로 재미있는 대목이 많았다. 특히 저자가 여러 쪽에 걸쳐 트릴비가 남자들에게 길들여져가는 과정을 묘사한 부분은 매우 흥미로웠다. 우나는 장작난로 앞에 놓인 안락의자에 앉아 이 대목을 읽어주며 연신 웃어댔다. 가끔 울적한 기분이 들기도 했지만, 이렇게 샌타바버라에서 보낸 두 달은 행복, 근심 그리고 절망이 뒤섞인 잊지 못할 로맨틱한 나날이었다.

무죄, 무죄, 무죄!

그렇게 신혼여행을 마치고 로스앤젤레스에 돌아오니 좋지 않은 소식이 기다리고 있었다. 나는 친구인 연방대법원의 머피 판사로부터 유력 정치인들이 모인 한 만찬에서 어떤 정치인이 '채플린에게 본때를 보여줄 생각'이라는 말이 흘러나왔다고 전해 들었다. 머피 판사는 내게 이런 내용이 담긴 편지를 보내왔다.

'만일 자네가 곤경에 처했을 경우를 대비해 한 가지 말해두겠네. 그런 경우에는 수임료가 비싼 변호사 대신 잘 알려져 있지 않은 무명 변호사에게 일을 위임하는 것이 더 나을 걸세.'

그러나 연방정부가 본격적인 행동에 나서기까지는 다소 시간이 남아 있었다. 언론도 일제히 정부의 조치를 지지하고 나섰다. 그들의 눈에 나는 파렴치한 악당이나 다름없었다.

한편 나는 베리와 관련해 친부확인소송을 준비하고 있었다. 물론 이 소송은 민사사건으로 연방정부와 아무런 관련이 없었다. 친부확인소송과 관련해 로이드 라이트는 혈액 검사를 제안했다. 그는 만일 내게 유리한 결과가 나오면 내가 아이의 아버지가 아니라는 결정적 증거가 될 수 있다고 말했다. 그는 얼마 지나지 않아 베리의 변호사를 만나 혈액 검사를 하기로 합의했다며 찾아왔다. 합의 조건은 내가 베리에게 25,000달러를 지불하면 아이의 혈액 검사에 응할 수 있으며, 검사 결과 내가 아버지가 아니라고 판명되면 친부확인소송을 취하하겠다는 것이었다. 나는 그 제안에 솔깃했다. 그러나 대다수 사람들이 같은 혈액형을 갖고 있기 때문에 내게 유리한 결과가 나올 확률은 14분의 1에 불과했다. 로이드 라이트는 만일 아이의 혈액형이 어머니의 것도 아니고 피고인 아버지 것도 아니라면 제3자의 혈액에서 나온 것일 수밖에 없다는 설명을 곁들였다.

그사이 베리의 아이가 태어났고, 연방정부가 베리에게 왜 나를 고소했는지 심문하는 대배심 심리가 시작됐다. 그러나 나는 무슨 이유에서 연방정부가 직접 나섰는지 그 까닭을 알 수 없었다. 친구들은 내게 이 사건을 저명한 형사전문 변호사 제리 기슬러에게 맡기도록 부추겼다. 나는 머피 판사의 충고에도 불구하고 그렇게 했다. 결국 이것이 잘못이었다. 내가 마치 상당히 곤란한 상황에 처한 것 같은 인상을 줬던 것이다. 로이드 라이트는 어떤 이유에서 대배심이 나를 기소하려고 하는지 논의하기 위해 기슬러와 만날 수 있도록 주선했다. 두 변호사는 연방정부가 내게 맨 법(Mann

Act) 위반 혐의를 씌우려 하는 것 같다는 말을 했다.

간혹 연방정부는 정적을 제거하기 위한 하나의 합법적인 협박 수단으로 이 법을 적용했다. 맨 법의 원래 취지는 미국에서 매매춘이 성행할 때 여성을 매매춘을 목적으로 한 주에서 다른 주로 데려가는 것을 막기 위한 것이었다. 그러나 매매춘이 법적으로 금지된 뒤로 이 법은 실효성을 거의 상실한 상태였다. 그러나 정부는 이 법을 폐지하지 않고 존속시켜 무고한 시민을 옥죄는 수단으로 이용했다. 예를 들어, 어떤 한 남자가 이혼한 아내와 함께 다른 주에 가서 성관계를 맺었다고 하자. 그리고 맨 법 위반으로 기소되었다고 하자. 그는 영락없이 5년을 복역해야 했다. 연방정부가 나를 맨 법 위반으로 기소한 것은 바로 이런 법적 편의주의에 불과했다.

이런 말도 되지 않는 죄목 외에 연방정부는 내게 한 가지 죄목을 더 씌웠다. 비록 뒤에 연방정부가 자진해서 기소를 취하하기는 했지만 진부한 법률상의 절차를 문제 삼아 나를 기소했던 것이다. 라이트나 기슬러 모두 연방정부의 기소 이유가 터무니없다며 한 목소리로 비난했다. 그리고 내가 기소를 당하더라도 승소하는 데 별다른 어려움은 없을 것이라는 의견을 내비쳤다.

그리고 얼마 지나지 않아 정식 기소에 앞서 대배심 심리가 시작됐다. 나는 연방정부의 소송이 기각될 것으로 자신하고 있었다. 왜냐하면 베리는 어머니와 함께 로스앤젤레스와 뉴욕을 오갔을 뿐이었다. 그러나 며칠 뒤에 기슬러에게 전화가 왔다.

"찰리, 모든 소인에 대해 기소가 결정되었네. 얼마 안 있어 구체적인 기소 내용이 담긴 소장을 받게 될 거니 그렇게 알고 있게.

예심 날짜는 확정되는 대로 추후에 알려주겠네."

그 뒤로 몇 주 동안 나는 카프카의 소설에 나오는 장면과도 같은 나날을 보냈다. 나는 내 자유를 위해 전심전력을 다했다. 만일 모든 소인에 대해 유죄가 확정되면, 20년을 복역할지도 모를 일이었다.

법정에서 예심을 끝내고 나오자 신문기자들과 사진기자들이 벌떼같이 몰려들었다. 그들은 기소에 대한 내 이의 발언을 청취하기 위해 연방재판소 집행관 사무실까지 밀치고 들어와 지문 채취를 하고 있는 나를 촬영했다.

내가 물었다.

"저들이 이렇게 할 권리가 있소?"

"그럴 권리는 없습니다. 그렇다고 어떻게 하겠습니까!"

이것이 연방정부의 관리라는 사람의 입에서 나온 말이었다.

어느덧 베리의 아이도 혈액 검사를 받을 수 있을 만큼 자라 있었다. 양쪽 변호사가 합의해 병원을 지정했다. 그 병원에서 베리와 그녀의 아이 그리고 내가 혈액 검사를 받았다.

얼마 뒤에 로이드가 흥분된 목소리로 내게 전화했다.

"찰리, 자네의 결백이 증명됐어. 혈액 검사 결과 자네가 그 애의 아버지가 아니라는 것이 판명됐다네."

"이게 다 인과응보요."

나는 감격스러워 이렇게 말했다.

이 소식은 순식간에 모든 신문에서 일대 센세이션을 일으켰다. 어떤 신문은 '찰리 채플린 결백이 증명되다'라는 제목의 기사를 실었고, 또 다른 신문은 '혈액 검사 결과, 채플린이 아버지가 아니라는 것이 입증되다'라는 제목의 기사를 내보냈다.

비록 혈액 검사 결과가 연방정부를 난처하게 만들기는 했지만 재판에 별다른 영향을 미치지는 않았다. 공판 날짜가 가까워지자 나는 매일 저녁 기슬러의 집에 가서 내가 언제 어떻게 조안 베리를 만나게 됐는지 등에 관해 설명하며 변론 준비에 만전을 기했다. 정말 지루하면서도 서글픈 나날의 연속이었다. 그때 샌프란시스코에 산다는 한 가톨릭 성직자로부터 중요한 편지를 받았다. 그는 베리가 파시스트 단체의 조종을 받고 있다는 정보를 갖고 있다며 나를 위해 기꺼이 로스앤젤레스에 와서 변론을 해주겠다고 말했다. 그러나 기슬러는 그것이 내 사건과 하등 관련이 없다며 그냥 무시했다.

또한 우리는 베리의 성격과 과거 행적에 대해 그녀에게 불리한 많은 증거들을 확보하고 있었다. 우리는 이것에 초점을 두고 여러 주에 걸쳐 변론 준비를 해나갔다. 그러던 어느 날 밤, 여느 때처럼 변론을 준비하고 있는데 기슬러가 갑자기 베리의 성격이나 인간 됨됨이를 공격해 소극적으로 나를 변호하는 것은 낡은 수법으로 예전에 에롤 플린(오스트레일리아 태생의 미국인 영화배우인 그는 1942년에 강간죄로 기소됐지만 무죄를 선고 받았다-옮긴이) 재판에서는 먹혀들었을지 몰라도 내 재판에서는 오히려 불필요한 방법이라고 말하는 것이 아닌가. 그는 "이번 재판은 그런 저속한 방법을 동원하지 않고도 쉽게 이길 수 있습니다"라고 말했다. 그러나 기슬러에게는 하찮고 저속한 방법일지 몰라도 그녀의 배경에 대해 확보한 증거들은 그 당시 나에게는 매우 중요한 것이었다.

한편 나는 내게 성가시게 굴었던 일을 사과하고 친절하고 너그럽게 대해준 것에 감사를 표시하는 베리의 편지도 여러 통 갖고 있었다. 나는 이들 편지를 나를 철면피 같은 사악한 인간으로 매도하는 언론을 반박하기 위한 증거 자료로 내놓을 생각이었다. 그래서 이번 스캔들이 오히려 갈 데까지 간 것이 다행이라고 생각했다. 내가 이들 편지를 공개하는 순간, 언론들도 이 사실을 내보내지 않을 수 없을 것이고, 그러면 나는 재판정은 둘째치고 적어도 전 미국인들에게 무죄 판결을 받을 수 있을 것이라고 생각했다.

여기서 연방수사국(FBI)과 존 에드거 후버 국장에 대해 한 마디 하고 넘어가자. 내 재판이 연방정부를 원고로 하는 기소 사건이었기 때문에 연방검찰관 측의 증거 수집을 위해 FBI가 깊숙이 관여하고 있었다. 나는 여러 해 전에 한 만찬 석상에서 후버를 만난 적이 있었다. 처음에는 매서운 눈매에 상처 입은 코가 위압적으로 느껴졌지만 시간이 지날수록 상냥하고 호감이 가는 인물이었다. 그는 내게 법대생들을 포함한 미국 전역의 우수한 인재들이 FBI에 들어오고자 혈안이 되어 있다는 것을 자랑스럽게 이야기했다.

나는 법원의 정식 기소가 결정되고 나서 며칠 뒤에 체이슨 레스토랑에서 에드거 후버와 마주쳤다. 그는 자신의 FBI 부하직원들과 함께 식사를 하러 왔다. 나는 우나와 그곳에서 식사를 하고 있었다. 그중에 티피 그레이라는 인물이 눈에 들어왔다. 그는 내가 1918년부터 할리우드에서 가끔씩 목격했던 인물이었다. 그는 할리우드에서 열리는 파티에 자주 얼굴을 내밀었는데, 냉소적인 얼굴에 빈정대듯 웃는 모습이 많이 거슬렸다. 나는 그가 플레이보이이거나 아니면 단역배우쯤 되겠지 생각하고 있었다. 그래서 그가 후버와 앉아 무엇을 하고 있는지 궁금했다. 우나와 자리에서 일어나면서 나는 살짝 고개를 돌려 그를 쳐다봤다. 순간 그도 고개를 돌리더니 나를 쳐다봤다. 아주 잠깐이기는 했지만, 우리 두 사람의 눈이 마주쳤다. 그는 나를 보며 애매한 미소를 지었다. 그러나 순간 나는 그가 왜 그런 알 수 없는 미소를 지었는지 이해할 수 있었다.

마침내 재판일이 다가왔다. 나는 기슬러와 연방재판소 앞에서 정확히 9시 50분에 만나 법정에 들어갔다. 법정은 2층이었다. 우리가 법정에 들어섰지만 별다른 동요는 없었다. 사실 기자들도 우리를 무시하기는 마찬가지였다. 아마 우리보다 재판 자체에 더 많은 관심이 쏠려 있었을 것이다. 기슬러는 내게 먼저 의자에 앉도록 권한 다음, 법정을 한 바퀴 돌며 몇몇 사람들과 이야기를 나눴다. 나를 제외하고 그날 그곳에 참석한 방청객들은 무슨 파티에나 온 것처럼 즐거워했다.

나는 연방검사를 바라봤다. 그는 신문을 읽다가 뭔가를 적기도 하고, 다른 사람들과 이야기를 나누며 크게 웃기도 했다. 무슨 일인지 티피 그레이도 그날 방청석에 앉아 있었다. 그는 가끔씩 은근슬쩍 나를 쳐다보며 알 수 없는 미소를 지었다.

기슬러가 재판 동안 메모할 것이 있으면 적으라며 테이블 위에 종이와 연필을 두고 갔다. 나는 멀뚱히 앉아 있는 것이 멋쩍어 종이에 그림을 그리기 시작했다. 순간 기슬러가 급히 다가왔다.

"낙서 같은 것은 하지 마세요!"

그는 내 귀에 대고 이렇게 말하더니 종이를 빼앗아 그 자리에서 찢어버렸다.

"만일 이것이 기자들 수중에 들어가는 날에는 어떤 일이 일어날지 예측할 수 없습니다. 아마 이것저것 분석하고 짜깁기해서 당신에게 불리한 기삿거리를 끌어낼 게 뻔해요."

나는 어렸을 적 자주 그리곤 했던 강과 소박한 다리를 그렸을 뿐이었다.

드디어 법정 안에 긴장이 감돌면서 모든 사람이 지정된 좌석에 착석했다. 법원 서기가 의사봉을 세 번 두드려 개정을 알렸다. 내 소인은 모두 네 가지였다. 앞서 말한 대로 맨 법 위반과 관련한 기소가 두 건 그리고 남북전쟁 이후로 아무도 들어본 적이 없는 이미 죽은 것이나 다름없는 법률 위반으로 두 건이었다. 즉 내가 로스앤젤레스 경찰과 공모해 조안 베리에게 부랑죄를 적용함으로써 시민권을 침해했다는 것이 기소 이유였다. 먼저 기슬러가 일어나 기소 취하를 요구하고 나섰다. 물론 그것은 형식적인 절차였다. 말 그대로 기소가 취하된다면, 서커스를 보기 위해 돈을 내고 들어온 관객들에게 서커스는 시작도 안 하고 끝났다며 나가라고 하는 것이나 다름없는데 감히 누가 그렇게 하겠는가.

배심원을 선발하는 데 이틀이 걸렸다. 24명의 후보자 가운데 원고 측과 피고 측에서 각각 6명씩 기피 신청을 내 최종 12명의 배심원을 선발했다. 배심원 후보자들은 각각 원고와 피고 양측으로부터 질문을 받고 엄중한 조사를 받았다. 선발 절차는 판사와 변호사들이 배심원 후보에게 당해 소송 사건에 대해 편견 없이 판단을 내릴 수 있는 능력과 자격이 되는지 알아보기 위해 질문을 던지고 답하는 식이었다. 예를 들어, 본 기소 사건과 관련해 신문을 읽었는가, 읽었다면 그것이 어떤 영향을 미쳤는가, 또는 그것을 읽고 어떤 편견을 갖게 되었는가 그리고 이 기소 사건에 연루된 사람을 알고 있는가 등이었다. 나는 이런 선발 절차가 매우 불합리하다고 생각했다. 왜냐하면 지난 14개월 동안 내 기소 사건과 관련해 신문에 난 기사의 90퍼센트는 나에 대해 호의적이지 않았다. 아무리 객관적이라고 해도 그런 신문기사를 읽고 내게 편견을 갖지 않을 사람이 어디 있겠는가.

각 후보마다 30분씩 이런 식의 질의응답이 이어졌다. 그사이에 원고인 연방검사 측과 피고인 변호사 측은 각각 조사원을 보내 배심원 후보에 대한 간략한 정보를 수집했다. 기슬러는 후보가 호명될 때마다 쪽지에 뭔가를 메모해 조사원에게 건넸다. 그러면 조사원은 그것을 들고 나갔다가 10분쯤 뒤에 다시 돌아와 기슬러에게 다른 쪽지를 건넸다. 배심원 후보에 대한 간단한 정보가 적혀 있는 쪽지였다. 내용은 간략했다. 예를 들어, '존 독스, 잡화상 점원, 기혼, 자녀 2명, 영화는 보지 않음' 등이었다.

"이 사람은 좀 더 지켜보도록 합시다."

기슬러가 내게 귓속말로 이렇게 속삭였다.

그렇게 배심원단 선발 작업을 계속했다. 선발 작업이라야 서로에게 유리한 쪽으로 배심원 후보를 기피 또는 선발하는 것이었다. 연방검사 측도 그쪽 조사원들에게 귓속말로 속삭이며 뭔가를 연신 지시했다. 그사이 티피 그레이는 가끔씩 나를 쳐다보며 예의 알 수 없는 미소를 지었다.

배심원 8명을 선정했을 때 한 여성이 배심원석에 들어와 앉았다. 기슬러는 그녀를 보자마자 대뜸 이렇게 말했다.

"마음에 들지 않아요. 마음에 들지 않아. 뭔가 느낌이 좋지 않습니다."

그녀에 대한 질의응답이 이어지는 동안 기슬러의 조사관이 그에게 쪽지를 건넸다.

"예상했던 대롭니다."

그는 쪽지를 읽고 나서 내게 이렇게 속삭였다.

"〈로스앤젤레스 타임스〉 기자를 했던 여자예요. 저 여자는 기피하도록 합시다. 그리고 잘 보세요. 연방검사 측에서 서둘러 그녀를 선정했습니다."

나는 그녀의 얼굴을 자세히 보고 싶었지만 잘 보이지 않았다. 그래서 안경을 집으려고 손을 내밀었다. 순간 기슬러가 내 손을 잡으며 이렇게 속삭였다.

"안경은 쓰지 마세요."

나는 그녀가 남의 일에는 무심한 것 같은 인상을 받았는데, 안경이 없어 제대로 확인하지는 못했다. 옆에서 기슬러가 조용히 말을 꺼냈다.

"그러고 보니 우리에게 기피권이 두 번밖에 남지 않았네요. 혹시 모르니 잠시 결정을 미뤄둡시다."

그러나 기슬러는 뒤에 나온 후보 가운데 내게 편견을 갖고 있다고 생각되는 후보에 남아 있는 두 번의 기피권을 모두 사용했기 때문에 어쩔 수 없이 전직 여기자를 선정할 수밖에 없었다.

사실 법정은 내게 별천지였다. 검사든 변호사든 그들은 내가 전혀 알아들을 수 없는 법률용어를 대수롭지 않게 구사했다. 그들은 마치 나와 전혀 상관 없는 게임을 하고 있는 것 같았다. 나는 말도 되지 않는 터무니없는 이유로 기소를 당했지만 자칫 유죄 판결을 받아 투옥되는 것은 아닌지 불안한 마음을 진정시킬 수 없었다. 그러나 그런 일은 도저히 상상할 수 없었다. 나는 가끔씩 앞으로 내게 어떤 일이 일어날지 가늠해보았다. 그러나 마냥 아득하고 막막할 뿐이었다. 그래서 차라리 앞으로 일어날 일에 대해서는 일절 생각하지 않기로 마음을 먹었다. 눈앞에 닥친 일에 정신을 집중할 필요가 있었다. 지금 당장 곤란을 겪고 있으면서 먼 미래의 일을 걱정하고 있다는 것도 한심스러웠다.

법률상의 문제점을 논의하기 위해 잠시 휴정하기로 했다. 먼저 배심원단이 자리에서 일어나 퇴정했다. 그다음 검찰, 변호사 그리고 판사가 차례로 대기실로 물러났다. 법정에는 방청객들과 사진기자 한 명 그리고 내가 남아 있었다. 사진기자는 나의 평상시 모습과는 다른 면을 찍기 위해 기다리고 있는 것 같았다. 내가 뭔가를 읽으려고 안경을 쓰자 그는 그 모습을 찍으려는지 카메라를 들었다. 나는 얼른 안경을 벗었다. 법정에 남아 있던 방청객들이 그런 우리를 보고 웃었다. 나는 그가 카메라를 내려놓자 다시 안경을 썼다. 그런 모습이 마치 법정 안에서 천진난만하게 술래잡기 놀이를 하는 것 같았다. 방청객들도 그것이 즐거운지 연신 웃어댔다. 물론 재판이 다시 시작되자 나는 안경을 벗고 진지한 태도로 돌아갔다.

재판은 여러 날 계속됐다. 조안 베리의 친구인 폴 게티를 포함해 젊은 독일인 두 명과 그 밖에 여러 사람이 증인으로 법정에 출석했다. 연방재판이었기 때문에 그들의 증인 출석은 어느 정도 강제성이 있었다. 폴 게티는 과거 조안 베리와 가깝게 지냈던 일과 그녀에게 돈을 주었던 일을 인정했다. 그러나 증언도 증언이었지만 나는 그녀가 내게 보낸 편지가 내 결백을 알리는 결정적인 증거라고 생각했다. 베리는 로스앤젤레스에 머물다가 뉴욕으로 돌아간 뒤에 내게 여러 통의 편지를 보냈다. 내게 성가시게 굴었던 일을 사과하고, 또 내가 그녀에게 친절하고 너그럽게 대해준 것에 감사하는 내용의 편지였다. 기슬러가 편지를 증거로 제출했지만 법정은 본 재판과 관련이 없다며 기각했다. 기슬러는 법정의 판단을 순순히 따랐는데, 결정적 증거라고 생각하고 있던 나로서는 그의 행동을 납득할 수 없었다.

재판 과정에서 한 가지 사실이 추가로 밝혀졌다. 베리가 우리 집에 침범하기 전 어느 날 밤에 한 독일인 청년의 아파트에서 같이 잠을 잤다는 것이었다. 증언대에 선 그 독일인 청년이 계속 추궁을 받자 어쩔 수 없이 시인했다.

재판이 진행되는 동안 나는 이루 말할 수 없는 수치심을 느꼈다. 말이 법정이지 꼭 대중들 앞에 벌거벗고 서 있는 것 같은 느낌을 지울 수 없었다. 그래도 법정을 나서는 순간에는 모든 것을 잊고 집으로 돌아와 우나와 둘이서 조용히 저녁을 먹었다. 그리고 바로 잠에 곯아떨어졌다.

연일 계속되는 재판 때문에 긴장도 되고 불안하기도 했지만, 아침 7시에 일어나 서둘러 아침을 먹고 집을 나서는 것도 고역이었다. 로스앤젤레스의 교통체증을 뚫고 연방재판소까지는 가는 데 차로 1시간이 걸렸다. 그래서 아침부터 서둘러야 가까스로 개정 10분 전에 법원에 도착할 수 있었다.

재판도 이제 막바지로 치닫고 있었다. 양측 변호인들이 2시간 반 동안 서로의 입장에 대해 최종 변론을 하기로 의견 일치를 보았다. 나는 그렇게 긴 시간 동안 그들이 무슨 말을 하려는지 도무지 감이 잡히지 않았다. 내가 보기에 이미 판결은 난 것이나 다름없었다. 바로 연방정부의 패소였다. 물론 내가 유죄 선고를 받는다고 해도 20년 형을 언도받을 가능성은 거의 없어 보였다. 그리고 나는 최종 판결에 앞서 판사가 배심원단에 사건 요지를 설명하는 것이 판단을 분명히 하는 데 도움이 되지 않을까라는 생각을 했다. 나는 〈로스앤젤레스 타임스〉의 기자였던 그 여성이 어떤 표정을 짓고 있는지 보기 위해 고개를 돌렸다. 그러나 그녀 쪽에서 시선을 피했다. 배심원단이 최종 판결을 내리기 위해 퇴정할 때 그녀는 앞뒤도 보지 않고 바로 법정을 나갔다.

우리도 법정을 나왔다. 옆에서 함께 걷던 기슬러가 나직한 목소리로 "오늘은 최종 판결이 내려질 때까지 법정 밖을 벗어날 수 없습니다. 그렇기는 해도, 뭐, 저기 난간에 나가 앉아 햇볕을 쬐는 것은 괜찮습니다"라고 말했다. 이런 사소한 사실이 나를 옥죄는 어떤 불길한 징조 같아 마음이 두근거렸다. 잠시 동안이기는 했지만, 나는 내가 법의 소유물이 아닌가라는 생각을 했다.

그때가 오후 1시 30분이었는데, 나는 한 20분 정도면 최종 판결이 나겠거니 짐작하고 있었다. 그래서 조금 기다렸다가 판결이 나는 대로 우나에게 전화할 생각으로 앉아 있었다. 그러나 1시간이 훌쩍 지났는데도 아무런 연락이 없었다. 나는 우나에게 전화를 해서 배심원단의 판결이 늦어지고 있고, 결과가 나오는 대로 바로 연락을 주겠다고 안심을 시켰다.

또 1시간이 지났지만 아직도 판결을 내지 못했는지 아무런 연락이 없었다. 이렇게 늦어지는 이유가 뭘까? 무죄가 빤한데 굳이 10분 이상 걸릴 이유가 없어 보였다. 한편 기슬러와 나는 아무 말도 하지 않은 채 대리석 난간에 멍하니 앉아 연락이 오기만을 기다렸다.

기슬러가 시계를 보며 불쑥 말을 꺼냈다.

"네 시입니다. 뭐 때문에 늦어지는지 궁금하군요."

나도 궁금하던 차에 그에게 이유를 물어봤다. 물론 그라고 이유를 알 턱이 없었다. 우리 두 사람은 배심원단의 판결이 늦어지는 이유에 대해 조목조목 따져보기 시작했다.

오후 4시 45분에 배심원단이 판결에 도달했다는 신호를 알리는 종이 울렸다. 내 심장이 뛰기 시작했다. 자리에서 일어나 건물 안으로 들어가려는 순간 기슬러가 다급히 이렇게 일렀다.

"판결이 어떻게 나더라도 감정을 밖으로 표출해서는 안 됩니다."

법정에 들어가려고 계단을 오르고 있는데 원고 측 검사가 헐레벌떡 우리를 지나쳐 법정으로 향했다. 그 뒤로 그의 보좌관들이 뒤따랐다. 티피 그레이도 그들의 꽁무니를 따라가고 있었다. 그는 우리를 지나치면서 어깨 너머로 돌아보더니 씩 웃어 보였다. 방청객들도 서둘러 자리를 잡고 앉았다. 극도의 긴장감이 흘렀다. 그래도 나는 어떤 이유에선지 차분했다. 심장만 쿵쾅거리며 뛸 뿐이었다.

법원 서기가 의사봉을 세 번 두드렸다. 재판관이 입정한다는 신호였다. 우리는 일제히 자리에서 일어났다. 재판관이 입정하고 모든 사람이 다시 자리에 앉자 배심원단이 법정으로 들어왔다. 그리고 배심장이 법원 서기에게 어떤 서류를 건넸다. 기슬러는 고개를 숙이고 앉아 자기 발끝을 쳐다보며 흥분된 목소리로 이렇게 중얼거렸다.

"만일 유죄 판결이 나면, 그것은 내가 아는 한 최악의 오심이 될 거야."

그는 이 마지막 말을 계속 중얼거렸다.

"내가 아는 한 최악의 오심이 될 거야."

재판장이 법원 서기에게 전달받은 서류를 읽고 나서 의사봉을 세 번 두드렸다. 순간 법정 안은 쥐 죽은 듯이 조용했다. 모든 사람이 숨을 죽였다. 잠시 뒤에 그가 평결을 내리기 시작했다.

"찰리 채플린, 형사사건 337068호······ 첫 번째 소인에 대해(이 대목에서 판사는 길게 뜸을 들였다) ······ 무죄!"

방청석이 순간 들썩이더니 이내 가라앉았다. 바로 두 번째 소인에 대한 평결이 나왔다.

"두 번째 소인에 대해······ 무죄!"

방청석에서 떠나갈 듯 일제히 환호성이 일었다. 나를 지지하는 사람들이 그렇게 많으리라고는 생각지도 못하고 있었다. 개중에는 피고인석 칸막이 난간을 부수고 들어와 나를 껴안고 키스를 퍼붓는 사람들도 있었다. 나는 티피 그레이를 슬쩍 바라봤다. 그는 전혀 예상하지 못한 평결이라는 듯 굳은 표정으로 앉아 있었다.

그때 재판장이 내게 몇 마디 말을 했다.

"채플린 씨, 이 순간부터 더 이상 법정에 출석할 필요가 없습니다. 무죄 방면입니다."

그리고 그는 판사석에서 손을 뻗어 내게 악수를 청하며 축하인사를 건넸다. 검사도 마찬가지로 나와 악수를 하며 축하인사를 건넸다. 그러자 기슬러가 옆에서 이렇게 속삭였다.

"가서 배심원들과 일일이 악수를 나누세요."

나는 배심원단 앞으로 걸어갔다. 기슬러가 믿지 못하겠다며 의심했던 그 여성이 자리에서 일어나 내게 손을 내밀었다. 재판이 진행되는 동안 가까이에서 그녀의 얼굴을 보기는 그때가 처음이었다. 그녀는 아름다웠으며, 지적이고 사려 깊은 사람처럼 보였다. 그녀는 나와 악수를 나누면서 미소 띤 얼굴로 이렇게 말했다.

"잘됐습니다, 찰리. 미국은 여전히 자유로운 국가잖아요."

나는 무슨 말을 해야 할지 아무 생각도 나지 않았다. 여하튼 그녀의 이 말 한 마디로 그동안 그녀에 대해 품고 있던 의심이 순식간에 사라졌다. 다만 나는 웃는 얼굴로 그저 고개만 끄덕였다. 그녀는 이렇게 덧붙였다.

"아까 배심원실 창문을 통해 당신이 난간에 앉아 있는 것을 지켜봤습니다. 어떻게든 걱정하지 말라고 위로의 말이라도 전해주고 싶더군요. 당신의 무죄 판결에 대해 반대하는 사람이 한 명 있었는데, 그분만 아니었다면 십 분 만에 판결이 났을 거예요."

그녀의 사려 깊은 말에 울컥 눈물이 나올 것 같았다. 나는 나오려는 눈물을 억지로 참으며 웃는 얼굴로 그녀에게 감사하다고 말했다. 그리고 돌아서서 나머지 배심원들에게도 감사의 말을 전했다. 그들 모두 진정 어린 마음으로 나와 악수를 나눴다. 그러나 유독 증오에 찬 얼굴로 나를 쳐다보는 여자가 있었다. 그녀는 내가 청하는 악수를 거절했다. 내가 머쓱해하며 막 돌아서려 하자 배심원장이 나서며 이렇게 말했다.

"자, 부인. 이제 기분 푸시고 악수를 나누세요!"

그녀는 마지못해 나와 악수를 나눴다. 나는 그녀에게 냉랭하게 감사하다고 말했다.

홀가분한 마음으로 집에 돌아오니 임신 4개월째인 우나가 정원 잔디 위에 앉아 나를 기다리고 있었다. 그녀는 집에서 혼자 라디오로 내 판결 소식을 전해 듣고 실신까지 했던 모양이었다.

그날 저녁 나는 우나와 단둘이 집에서 조용히 저녁을 먹었다. 신문도 보지 않았고, 걸려오는 전화도 일절 받지 않았다. 만나고 싶은 사람도 없었고, 이야기를 나누고 싶은 사람도 없었다. 마음만 공허했다. 그리고 내 인격과 성품이 한순간에 온 천하에 발가벗겨진 것 같아 부끄럽고 가슴 아팠다. 가정부와 집사의 얼굴을 대하는 것조차 낯 뜨거웠다.

저녁식사 뒤에 우나가 만들어준 진토닉을 마시며 난로 옆에 앉아 판결이 늦어진 이유와 미국은 여전히 자유로운 나라라고 말한 그 여성에 대해 이야기해주었다. 재판이 진행되는 동안 계속 긴장해 있었기 때문에 막상 재판이 끝나고 나니 허탈했다. 그날 밤 나는 법정에 출석하기 위해 아침 일찍 일어나지 않아도 된다는 생각을 하며 편안한 마음으로 잠자리에 들었다.

하루 정도 뒤에 리온 포이히트방어가 나를 놀리기라도 하듯 이렇게 말했다.

"자네는 정치적으로 모든 국민에게 적대감을 산 유일한 배우로 역사에 길이 남을 걸세."

그런데 혈액 검사로 해결됐다고 생각했던 친부확인소송이 다시 문제를 일으켰다. 지역 정계에 영향력 있는 다른 변호사가 법의 허점을 이용해 소송을 재개한 것이었다. 즉 아이의 후견인을 베리에게서 법정으로 이관하는 교묘한 술수를 통해 베리가 나와 맺은 합의는 침해하지 않은 채 혈액 검사에 응하는 조건으로 주기로 했던 25,000달러에 대해 계속 권리를 주장해온 것이었다. 결국 아이의 법적 후견인으로서 아이에 대한 양육비를 지불하라며 법정이 내게 소송을 제기한 것이다.

1심에서는 배심원단이 어떤 평결을 내릴지 의견 일치를 보지 못했다. 당연히 승소할 것으로 생각하고 있던 내 변호사는 크게 실망했다. 그러나 2심에서는 혈액 검사 결과에도 불구하고 검사 결과에 신빙성이 없다는 이유에서 내게 불리한 평결이 내려졌다. 물론 나는 배심원단 평결에 이의를 제기했다. 결국 이 소송을 계기로 캘리포니아 주정부 법은 친부확인소송의 경우 혈액 검사 결과를 적확한 증거로 받아들이도록 명시했다.

마침내 찾아온 고요

당분간 나는 캘리포니아에서 벗어나고 싶었다. 그것은 우나도 마찬가지였다. 결혼한 지 1년밖에 되지 않았지만 우리 두 사람은 힘겨운 나날을 보내고 있었다. 우리에게는 무엇보다 휴식이 필요했다. 그래서 우리는 작은 검은 고양이 한 마리만 데리고 뉴욕행 열차에 올랐다. 그리고 그곳에서 다시 나약까지 들어가 저택을 한 채 빌렸다. 나약은 사방이 온통 돌로 둘러싸인 척박하고 아주 외진 곳이었지만, 그런대로 독특한 매력을 발산했다. 우리가 빌린 저택은 1780년에 지은 고풍스럽고 아담한 건물이었다. 나는 이 저택이 마음에 들었다. 저택은 관리인이 따로 있어 집세만 내면 요리에서부터 청소까지 모든 일을 알아서 처리해주었다.

저택을 빌리면서 우리는 이미 늙은 검정 리트리버 한 마리도 인계받았는데 귀여운 것이 말동무처럼 우리를 잘도 따랐다. 리트리버는 아침식사 시간이 되면 어김없이 현관 앞에 나타나 점잖게 꼬리를 흔들다가 우리가 식사하는 동안 가만히 누워 식사가 끝나기를 기다렸다. 우리가 나약에 오면서 데리고 온 고양이는 리트리버를 보자마자 꼬리를 꼿꼿이 세우고 쉿 소리를 내더니 발톱으로 할퀴려고 들었다. 그러나 리트리버는 별일 아니라는 듯이 태연하게 땅바닥에 턱을 대고 친근감을 보였다.

나약에서의 생활은 한가롭기 그지없었다. 너무 한가로워 외롭기도 했다. 우리는 아무도 만나지 않았다. 물론 찾아오는 이도 없었다. 내가 아직 재판의 충격에서 벗어나지 못하고 있었기 때문에 그러는 편이 더 좋았다.

비버리힐스에서 오붓한 한때. 우나, 마이클, 제럴딘 그리고 나

재판이라는 호된 시련이 내 창작 능력을 떨어뜨리기는 했지만 〈무슈 베르두〉를 거의 완성해가고 있었다. 그리고 시간이 갈수록 그것을 마저 끝내야겠다는 의욕도 되살아났다. 캘리포니아를 떠날 때 우리는 동부에서 6개월 정도 머무를 예정이었다. 물론 우나는 그곳에서 아이를 낳을 생각이었다. 그러나 나는 뉴욕에서 도저히 작업을 할 수 없었다. 결국 우리는 5주 만에 다시 캘리포니아로 돌아왔다.

우리가 결혼하고 나서 얼마 지나지 않아 우나는 영화든 무대든 배우가 되고 싶은 욕심은 갖고 있지 않다고 솔직히 고백했다. 사실 나는 이 말을 듣고 매우 기뻤다. 왜냐하면 마침내 배우가 아닌 평범한 여자를 아내로 맞았다는 것이 감격스러웠기 때문이다. 그래서 나는 〈그림자와 실체〉를 영화화하는 것은 포기하고 〈무슈 베르두〉에만 열중했다. 그러나 물론 이것도 연방정부의 소송에 휘말리면서 잠시 중단되고 말았다. 나는 지금까지도 우리 영화계가 훌륭한 희극배우 한 명을 잃었다고 생각하고 있다. 우나는 누구보다 재치 있고 유머 감각이 뛰어난 배우였다.

재판이 있기 전에 우나와 있었던 일화가 아직도 기억에 또렷이 남아 있다. 하루는 우나와 함께 그녀의 핸드백을 수선하기 위해 비벌리힐스에 있는 한 보석 상점에 들른 적이 있었다. 핸드백을 수선하는 동안 우리는 진열장에 전시되어 있는 팔찌를 둘러봤다. 그중에 다이아몬드와 루비가 박힌 매우 아름다운 팔찌가 눈에 들어왔다. 우나도 그것이 마음에 드는 눈치였다. 그러나 우나는 가격이 높다고 생각했는지 이내 관심을 끊었다. 그래서 나는 우나 몰래 그 팔찌를 사서 상점을 나왔다. 그리고 차에 타자마자 흥분된 목소리로 우나에게 이렇게 말했다.

"빨리 시동을 걸어. 빨리 가. 빨리!"

그런 다음 호주머니에 손을 넣어 조심스럽게 그녀가 눈여겨봤던 팔찌를 꺼냈다.

"보석상 주인이 당신에게 다른 팔찌를 보여줄 때 내가 슬쩍했어."

내가 말했다. 우나는 순간 얼굴이 허옇게 질렸다.

"어떻게 그런 행동을 할 수 있어요!"

그러고는 몰고 있던 차의 핸들을 꺾어 골목길로 들어가더니 차를 세웠다.

"한번 생각해보세요! 어떻게 그런 행동을 할 수 있어요!"

그녀는 이렇게 거듭 말하며 나를 나무랐다.

"그렇다고 이제 와서 돌려줄 수는 없잖아."

내가 대답했다. 그러나 더 이상 그녀에게 사실을 숨길 수 없었다. 나는 그만 웃음을 터뜨리며 그녀에게 농담이라고 말해주었다. 그녀가 다른 팔찌를 둘러보고 있을 때 보석상을 옆으로 불러내 그 팔찌를 구입했다고 사실대로 이야기했다.

"내가 진짜 훔쳤을 거라고 생각한 거야? 그러면 당신은 범죄 방조자가 되는 거야."

나는 크게 웃으며 이렇게 말했다.

"저는 당신이 더 이상 곤란한 일을 당하지 않았으면 했을 뿐이에요."

그녀가 이렇게 대답했다.

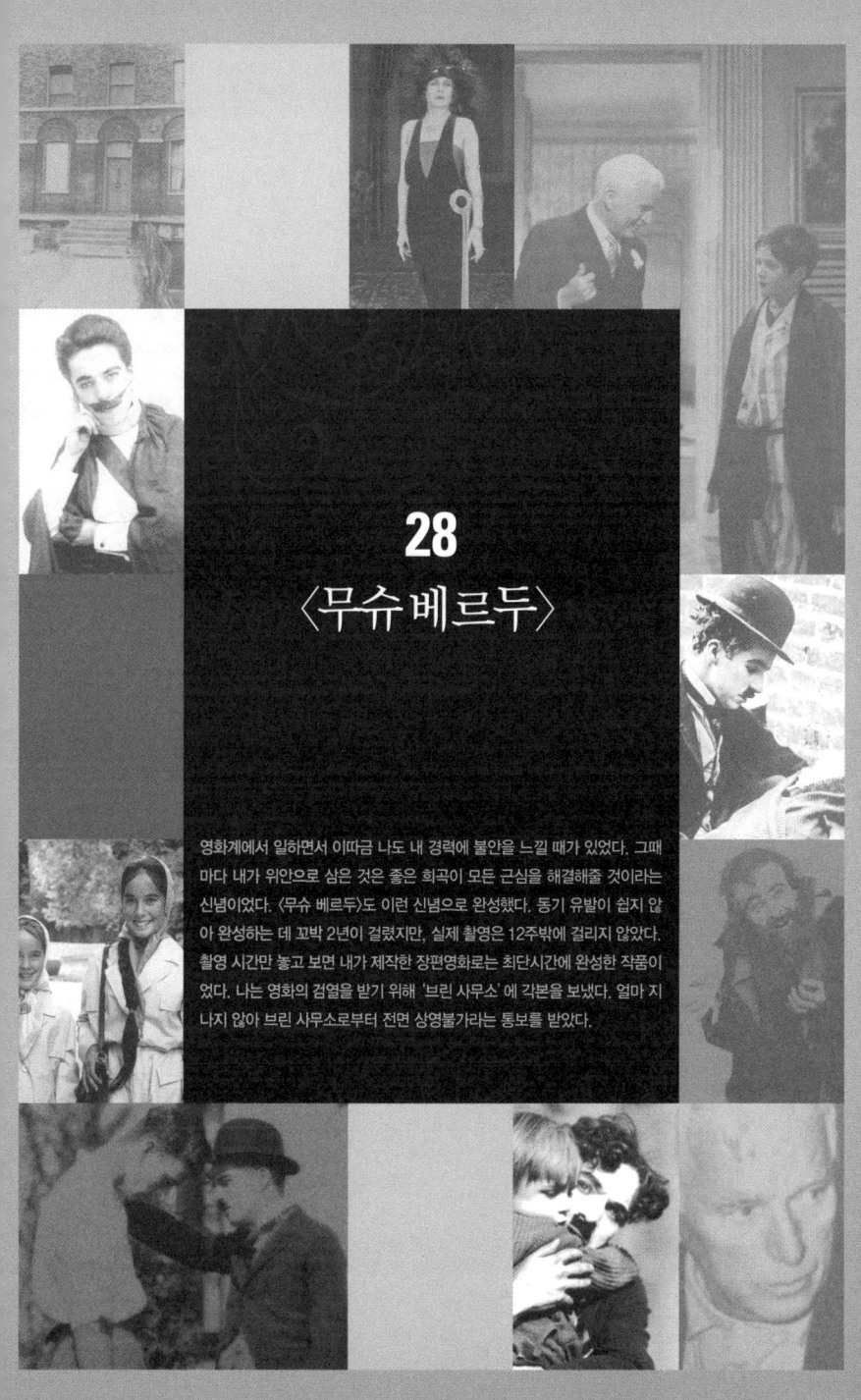

28
〈무슈 베르두〉

영화계에서 일하면서 이따금 나도 내 경력에 불안을 느낄 때가 있었다. 그때마다 내가 위안으로 삼은 것은 좋은 희곡이 모든 근심을 해결해줄 것이라는 신념이었다. 〈무슈 베르두〉도 이런 신념으로 완성했다. 동기 유발이 쉽지 않아 완성하는 데 꼬박 2년이 걸렸지만, 실제 촬영은 12주밖에 걸리지 않았다. 촬영 시간만 놓고 보면 내가 제작한 장편영화로는 최단시간에 완성한 작품이었다. 나는 영화의 검열을 받기 위해 '브린 사무소'에 각본을 보냈다. 얼마 지나지 않아 브린 사무소로부터 전면 상영불가라는 통보를 받았다.

영화 검열과 상영금지 처분

재판이 진행되는 동안 주변의 많은 친구들이 내게 힘을 주었다. 그들은 끝까지 나에 대한 믿음을 저버리지 않았고, 진정 어린 마음으로 나를 격려했다. 우크라이나 출신 여배우 살카 비어텔, 극작가 클리퍼드 오데츠 부부, 작곡가 한스 아이슬러 부부, 리온 포이히트방어 부부 등 많은 사람들이 내게 지지를 보냈다.

살카 비어텔은 샌타모니카에 있는 그녀의 집에서 재미있는 저녁 파티를 열어주었다. 살카는 발이 넓어 예술계 및 문화계에 아는 사람들이 많았다. 토마스 만, 베르톨트 브레히트, 아널드 쉰베르크, 한스 아이슬러, 리온 포이히트방어, 영국 출신의 시인이자 소설가인 스티븐 스펜더, 영국의 지식인 시릴 코널리 등 많은 사람들을 파티에 초대했다.

한스 아이슬러 부부의 집에서 우리는 베르톨트 브레히트를 자주 만났다. 브레히트는 짧게 깎은 머리에 굉장히 정열적인 사람으로, 내 기억으로는 항상 시가를 입에 물고 다녔다. 그를 알고 나서 몇 달이 지난 뒤 그에게 〈무슈 베르두〉의 각본을 보여줬다.

그는 잠시 각본을 훑어보더니 짧게 이렇게 한 마디 했다.

"중국적인 색채가 느껴지는 각본입니다."

나는 리온 포이히트방어에게 미국 정치 상황에 대해 어떻게 생각하는지 물어봤다. 그는 즉답을 피하고 대신 묘한 대답을 했다.

"사실 내가 보기에도 기묘한 우연인데, 내가 베를린에 새로 집을 짓자마자 히틀러가 권좌에 올랐네. 그래서 나는 파리로 도망쳤지. 파리에 가서 아파트를 얻고 가구를 새로 들여놓으니까 나치가 밀고 들어오는 게 아닌가. 결국 또 도망쳐서 미국으로 왔지. 그리고 지금은 샌타모니카에 새로 집을 장만했네."

그는 어깨를 움츠리며 의미심장한 미소를 지었다.

우리는 가끔 올더스 헉슬리 부부도 만났다. 당시에 그는 신비주의에 푹 빠져 있었다. 사실 나는 1920년대 냉소적이었던 젊은 시절의 그가 더 좋았다. 그에게 신비주의는 어딘지 모르게 어울리지 않았다.

하루는 친구인 프랭크 테일러가 내게 전화해 시인인 딜런 토머스가 우리 부부를 만나고 싶어 한다고 말했다. 우리도 그를 한 번 만나보고 싶다고 말했다. 그는 잠시 주저하더니 이렇게 말했다.

"그럼, 그가 정신이 드는 대로 바로 데려가겠네."

그날 밤 늦게 초인종이 울려 문을 열어보니 프랭크 테일러가 몸을 가눌 수 없을 정도로 술에 취한 딜런 토머스를 어깨에 걸쳐 멘 채 서 있었다. 정신이 든 게 이 정도라면 술에 완전히 취했을 때는 어떨지 상상이 가지 않았다. 며칠 뒤에 우리는 그와 함께 식사를 했다. 다행히 그때는 맨 정신이었다. 그는 우리에게 자신이 쓴 시 한 수를 낭독해주었다. 깊고 울림이 있는 목소리였다. 그가 낭독한 시의 심상이 아직까지 남아 있지는 않지만, '셀로판'이란 단어가 그의 매혹적인 시구에서 마치 반사되어 나온 태양빛처럼 뇌리에 번쩍였다.

우리 친구들 가운데 시인인 시어도어 드라이저도 있었다. 그는 내가 정말 존경해 마지않는 훌륭한 사람이었다. 그와 그의 아름다운 부인 헬렌은 가끔 우리 집에 와서 함께 식사를 하곤 했다. 비록 그는 사회에 대한 분노로 가득했지만, 심성은 착하고 온순한 사람이었다. 그가 사망했을 때, 장례식에서 조사를 읽은 극작가 존 하워드 로손이 내게 그의 관을 운구하는 걸 도와주고, 드라이저가 쓴 시 한 편을 낭독해달라고 부탁했다. 물론 나는 기꺼이 그렇게 했다.

영화계에서 일하면서 나도 내 경력에 불안을 느낄 때가 많았다. 그때마다 내가 위안으로 삼은 것은 결국 좋은 희곡이 모든 근심을 해결해줄 것이라는 신념이었다. 〈무슈 베르두〉도 이런 신념으로 완성했다. 동기 유발이 쉽지 않아 완성하는 데 꼬박 2년이 걸렸지만, 실제 촬영은 12주밖에 걸리지 않았다. 촬영 기간만 놓고 볼 때 내가 제작한 장편영화로는 최단시간에 완성한 작품이었다. 나는 영화의 검열을 받기 위해 '브린 사무소'에 각본을 보냈다. 얼마 지나지 않아 브린 사무소로부터 전면 상영불가라는 통보를 받았다.

브린 사무소는 가톨릭품위단(미국에서 제작 배포되는 영화의 비도덕성을 감시하고, 윤리적이고 도덕적인 가치를 지닌 영화 제작을 지원하기 위해 1933년 발족한 단체—옮긴이)의 한 부속기관으로 미국영화협회의 자체 검열기관이다. 나는 영화 검열이 필요하다는 것은 인정하지만, 그것의 적용 범위에 대해서는 생각이 달랐다. 나는 영화 검열이 독단주의로 흐르거나 영화의 주제만을 부각시켜 판단해선 안 되고, 영화의 양식과 내용 그리고 감수성 등 종합적인 판단에 기초해 융통성 있게 이뤄져야 한다고 생각한다.

이런 관점에서 나는 물리적 폭력이나 철학적 오도(誤導)가 노골적인 성 장면만큼이나 해롭다는 것을 인정한다. 버나드 쇼는 악당의 턱에 주먹을 날리는 것만큼 삶의 근심을 잊게 하는 쉽고 통쾌한 방법은 없다고 말한 적이 있다.

〈무슈 베르두〉의 검열 문제를 논하기 전에 이 영화가 다루는 내용이 뭔지 잠깐 설명하고 넘어갈 필요가 있을 것이다. 연쇄살인범 베르두는 원래 평범한 은행원이었다. 그러나 대공황으로 직장을 잃은 베르두는 돈을 목적으로 나이 많은 처녀들과 비밀리에 결혼한 다음 순차적으로 죽일 계획을 세운다. 그의 병약한 본처는 어린 아들과 함께 한적한 교외에서 살고 있지만, 남편이 이런 범죄를 벌이고 다니는 사실은 까맣게 모른다. 그는 한 사람을 죽일 때마다 마치 하루 일과를 마치고 가정으로 돌아오는 소시민 남편처럼 아무렇지 않게 집으로 돌아온다. 그는 선과 악을 한 몸에 갖고 있는 모순적인 인물이다. 예를 들어, 그는 장미의 가지치기를 하면서 혹시 벌레를 밟아 죽이지 않을까 조심하지만, 다른 한편으로는 정원 끝에 놓인 소각로에 자기가 죽인 여자들의 사체를 소각하는 악랄한 사람이다. 〈무슈 베르두〉는 악마적 유머와 통렬한 풍자 그리고 사회 비판을 고루 담고 있는 영화였다.

브린 사무소의 영화 검열관들은 상영금지 결정을 내린 이유에 대해 장황하게 쓴 편지를 내게 보내왔다. 다음은 그들이 보낸 편지의 일부분이다.

우리는 영화에서 반사회적이라고 생각되는 요소들에 대해서는 크게 문제 삼지 않습니다. 각본을 읽어보면 베르두가 '체제'를 고발하고 현대의 사회구조를 비난하는 대목이 여러 군데 나옵니다. 그러나 우리가 더 중대하고 그리고 영화 제작 규약에 어긋난다고 생각하는 부분은 이런 체제 비판이 아닙니다.

베르두는 자신의 잔혹한 행동에 충격을 받을 하등의 이유가 없으며, 오히려 '체제'의 전쟁이라는 합법화된 대량 살상에 비하면 자신의 것은 '희극적인 살인'에 지나지 않는다고 주장하고 있습니다. 모든 '체제'가 전쟁을 미화하는 것은 사실입니다. 그리고 물론 전쟁이 대량 학살이냐 정당화된 살인이냐를 놓고 논쟁을 벌일 생각은 없습니다. 다만 이 영화의 문제는 베르두가 이런 전쟁을 빗대어 자신의 범죄를 미화하고 정당화하고 있다는 것입니다.

그리고 이 영화에 대해 상영금지 결정을 내린 두 번째 이유는 좀 더 간단합니다. 즉 이 영화는 많은 여성들을 속여 위장결혼을 한 뒤에 그들의 재산을 갈취하기 위해 스스럼없이 살인을 저지르는 파렴치한 사기꾼에 대한 이야기입니다. 살인을 미화하고 정당화하는 것도 문제이지만, 이 영화는 불륜이라고 하는 실로 불쾌한 소재를 취하고 있습니다. 이런 이유에서 우리는 영화 상영금지 결정을 내리는 바입니다.

그리고 이어서 그들은 영화 상영금지 결정을 내린 구체적인 이유에 대해 내 각본을 일일이 인용해가며 장황하게 늘어놓는다.

여기서는 그들이 제시한 여러 가지 이유 가운데 한 가지만 소개하고자 한다. 〈무슈 베르두〉의 각본을 보면 2쪽에 걸쳐 리디아라는 노처녀가 나오는 대목이 있다. 베르두는 그녀와 결혼한 첫날밤 그녀를 살인할 계획을 세운다.

리디아가 흐릿하게 빛나는 홀의 불을 끄고 침실로 들어온다. 침실에 불이 켜지자 어두운 복도로 불빛이 새어 나온다. 그리고 베르두가 천천히 침실로 들어온다. 홀 끝에 나 있는 커다란 창문을 통해 보름달이 밝게 빛난다. 그는 달빛에라도 홀린 듯 천천히 창가로 걸어간다.

    베르두 (부드러운 목소리로) 정말 아름다워…… 마치 엔디미온을 보듬고 있는 것 같군.
  리디아의 목소리 (침실에서) 뭐라고 말하는 거예요?
    베르두 (황홀한 기분으로) 엔디미온…… 달의 여신 셀레네의 사랑을 받은 목동 말이오.
  리디아의 목소리 저기, 쓸데없는 생각은 그만두고 어서 침대로 들어오세요.
    베르두 그럽시다…… 마치 보드라운 꽃밭을 걷는 기분이오.

베르두가 리디아의 침실로 들어간다. 텅 빈 홀에 달빛만이 어렴풋하게 드리운다.

베르두의 목소리 (리디아의 침실에서) 저 달을 봐요. 저렇게 밝은 달은 처음이오…… 매혹적인 달.
리디아의 목소리 매혹적인 달이라! 그런 말이 어디 있어요. 호호호! 매혹적인 달!

서서히 음악이 흘러나오더니 점점 세어진다. 그리고 장면이 바뀌어 아침이다. 이제 복도에는 햇살이 비춘다. 베르두가 콧노래를 부르며 리디아의 침실에서 나온다.

검열관들이 위의 장면에서 문제 삼은 대목은 다음과 같다.
"'저기, 쓸데없는 생각은 그만두고 어서 침대로 들어오세요'라는 리디아의 대사를 '어서 주무세요'로 바꾸십시오. 우리는 이 장면이 베르두와 리디아가 부부로서 육체적인 관계를 갖는다는 느낌이 들지 않도록 연출되었으면 합니다. 그리고 여러 번 반복되는 '매혹적인 달'이라는 표현과, 다음 날 아침 베르두가 리디아의 침실에서 나오는 장면도 바꿔주십시오."

그들은 또 베르두가 밤늦은 시각에 만난 한 여자와 나눈 대화도 꼬투리를 잡았다. 그들은 이 여자가 정황상 매춘부가 분명하기 때문에 수용할 수 없다는 입장을 표명했다. 당연히 그 여자는 매춘부였다. 따라서 그녀가 베르두의 아파트까지 따라온 이유도 분명했다. 혹시 그녀가 베르두의 에칭 그림을 보기 위해 그의 아파트까지 따라왔다고 생각한다면 그것만큼 유치한 발상도 없다. 그러나 이 장면에서 베르두가 그녀를 자신의 아파트까지 유인한 것은 결코 흔적을 남기지 않는 독약을 실험하기 위해서였다. 이 독약을 마신 여자는 베르두의 아파트를 나간 뒤 한 시간 안에 죽을 것이다. 그러나 사실 이 장면은 음란하지도 외설적이지도 않다. 각본을 한번 읽어보자.

한 가구점 너머로 베르두가 사는 파리의 아파트가 보인다. 베르두가 한 여자와 함께 자신의 아파트로 들어간다. 베르두는 그 여자가 레인코트 안에 작은 고양이를 품고 있는 것을 발견한다.

베르두 고양이 좋아하오?
여자 별로 좋아하지는 않아요. 그런데 비에 젖어서 그런지 추워서 떨고 있어요. 혹시 고양이에게 줄 우유라도 남은 것 없어요?
베르두 물론 있소. 당신이 생각하는 것처럼 세상이 그렇게 어두운 것만은 아니오.
여자 제가 그렇게 비관적으로 보였나요?
베르두 그래요. 그러나 당신이 비관적이라고 생각하지는 않소.
여자 왜요?
베르두 이런 밤에 혼자 밖을 서성이는 사람은 낙천주의자거든.
여자 반대인걸요. 저는 낙천적이지 않아요.
베르두 무슨 어려운 문제라도 있소?
여자 (빈정거리며) 추측 능력이 꽤 뛰어나시군요.
베르두 얼마 동안 이 일을 했소?

▶ 〈무슈 베르두〉 장면 중 메릴린 내시와 나

◀ 〈무슈 베르두〉의 한 장면

여자 한 석 달 됐어요.

베르두 정말이요?

여자 무슨 뜻이죠?

베르두 당신 같이 매력적인 아가씨에게는 더 좋은 일이 있을 것 같은데.

여자 (젠체하며) 고맙군요.

베르두 무슨 일인지 사실대로 말해봐요. 병원이나 감옥에 있다가 나온 것 같은데. 어느 쪽이요?

여자 (온화하면서도 도발적으로) 왜 그런 것을 알고 싶어 하죠?

베르두 당신을 도와주고 싶기 때문이오.

여자 박애주의자라도 되세요?

베르두 (예의바르게) 그렇소…… 하지만 보상을 바라지는 않소.

여자 (그를 훑어보며) 그럼 여기는…… 구세군 본부?

베르두 글쎄요. 그렇게 생각한다면, 좋을 대로 생각해요. 그건 자유니까.

여자 (간명하게) 감옥에서 나왔어요.

베르두 거긴 왜 들어간 거요?

여자 (어깨를 으쓱이며) 무슨 상관이죠? 여하튼 절도죄라고 하더군요…… 빌린 타자기를 전당잡혔거든요.

베르두 쯧쯧. 다른 방도는 없었소? 그래서 몇 개월을 살았소?

여자 석 달요.

베르두 그럼 오늘 출소한 거요?
여자 그래요.
베르두 뭐라도 들겠소?

여자는 고개를 끄덕이며 서글픈 미소를 짓는다.

베르두 그럼 내가 요리를 할 동안 옆에서 좀 거들어주겠소? 이리 와요.

그들은 부엌으로 향한다. 베르두는 스크램블에그를 준비하면서 쟁반에 식기류를 올려놓고 그녀에게 거실로 갖다 놔달라고 부탁한다. 그녀가 부엌에서 나가는 모습을 조심스럽게 쳐다보던 베르두는 서둘러 찬장을 열고 독약을 꺼내 레드와인에 따른 뒤 마개를 막고 와인 잔 두 개와 같이 쟁반에 올려 거실로 가져간다.

베르두 어떻게, 마음에 들지 모르겠소…… 스크램블에그 토스트 그리고 작은 레드와인이요.
여자 멋져요!

그녀는 읽고 있던 책을 내려놓고 하품을 한다.
베르두가 와인의 코르크 마개를 딴다.

베르두 피곤해 보이는데, 식사가 끝나는 대로 호텔까지 바래다주리다.

여자 (그를 훑어보며) 정말 친절하시군요. 전 당신이 제게 왜 이렇게까지 하는지 모르겠어요.

베르두 뭐가요? (독이든 와인을 그녀의 잔에 따라주며) 친절한 게 그렇게 이상하오?

여자 갑자기 그런 생각이 들었어요.

베르두는 자신의 잔에도 와인을 따르려다가 멈추고 구실을 대며 일어난다.

베르두 아, 토스트!

그는 와인 병을 들고 부엌으로 사라진다. 그리고 얼른 다른 병으로 바꿔치기한 다음 토스트를 들고 거실로 다시 돌아온다. 거실로 돌아온 그는 토스트를 테이블 위에 내려놓고 바꿔치기한 와인을 자신의 잔에 따른다.

여자 (당황하며) 재미있으시네요.

베르두 내가요? 왜요?

여자 모르겠어요.

베르두 여하튼 배고플 텐데 어서 들어요.

그녀가 식사를 시작하자 베르두는 테이블 위에 놓인 책에 눈길을 준다.

베르두 무슨 책이요?

여자 쇼펜하우어예요.

베르두 그를 좋아해요?

여자 그런대로요.

베르두 그의 자살론을 읽어본 적 있소?

여자 그런 것에는 관심 없어요.

베르두 (그녀에게 최면이라도 걸려는 듯이) 쉽고 간단하게 인생을 끝낼 수 있다면 어떨까요? 예를 들어, 잠을 자다가 죽음에 대해서는 생각해본 적도 없는데 갑자기 숨이 멈춰 죽는다. 지긋지긋한 인생을 사느니 이렇게 죽는 게 더 낫지 않을까요?

여자 글쎄요.

베르두 죽음이 다가오는 것만큼 무서운 것은 없어요.

여자 (뭔가 생각에 잠기며) 아직 태어나지 않은 아기도 태어날 때가 오는 것을 알면 무서워할 거예요.

베르두는 그녀의 말에도 일리가 있다는 듯이 미소를 지으며 와인을 한 모금 마신다. 그녀도 독이든 와인을 들어 마시려다가 갑자기 멈칫한다.

여자 (뭔가 골똘히 생각하다가) 하지만 살아 있다는 것도 멋지잖아요.

베르두 뭐가 멋지다는 거죠?

여자 모든 게요…… 봄날 아침, 여름날 밤…… 음악,

예술, 사랑…….

베르두 (경멸적인 어투로) 사랑!

여자 사랑도 그런 거예요.

베르두 어떻게 알아요?

여자 저도 한때 사랑을 한 적이 있어요.

베르두 그러니까 누군가에게 육체적으로 끌렸다는 말이군요.

여자 (의아스러운 표정을 지으며) 당신은 여자를 좋아하지 않으세요?

베르두 아니요. 나도 여자를 사랑합니다…… 하지만 여자를 존경하지는 않아요.

여자 왜요?

베르두 여자들은 세속적이죠…… 현실적이기도 하고, 속물적이기도 합니다.

여자 (믿을 수 없다는 투로) 말도 안 돼요!

베르두 여자는 한번 남자를 배신하면 그 뒤로는 남자를 멸시하기 시작하죠. 남자가 아무리 착하고 지위가 높다고 해도 다른 남자에게 육체적으로 더 끌리면, 그 남자를 열등하다고 여기고 등집니다.

여자 여자에 대해서 몰라도 한참 모르시네요.

베르두 내 이야기를 들어보면 놀랄걸요.

여자 그건 사랑이 아니에요.

베르두 그럼 뭐가 사랑이죠?

여자 주는 것…… 희생하는 것…… 엄마가 자신의 아이에 대해 느끼는 것과 같은 것이요.

베르두 (웃으며) 당신도 그런 식으로 사랑했나요?

여자 그럼요.

베르두 누굴요?

여자 남편이지 누구겠어요.

베르두 (놀란 표정으로) 결혼했어요?

여자 한때 했었죠…… 제가 감옥에 있을 때 죽었어요.

베르두 그렇군요. 그 사람에 대해 이야기해주겠소?

여자 이야기하자면 길어요…… (잠시 주저하다가) 스페인 내전에 참전했다가 부상을 입었어요. 그런데 회복할 가망이 없었지요.

베르두 (몸을 앞으로 기대며) 불구자가 됐단 말이오!

여자 (고개를 끄덕이며) 그게 제가 그를 사랑한 이유예요. 그는 저를 필요로 했지요…… 저에게 의존했어요. 그는 아이와도 같았어요. 그렇지만 저에게 그는 아이 이상이었습니다. 그는 신앙이었어요…… 제 생명이었죠…… 저는 그 사람을 위해서라면 살인까지도 서슴없이 했을지 몰라요.

그녀는 흐르는 눈물을 삼키더니 독이든 와인을 마시려 한다.

베르두 잠깐만요…… 잔에 코르크 조각이 떠다니는 것 같은데. 새 잔을 갖다주겠소.

베르두는 그녀의 와인 잔을 가져다가 찬장에 넣고 새로운 잔을 꺼내 가져온다. 그리고 독이 들어 있지 않은 와인을 새로 따라준다. 두 사람은 잠시 동안 아무 말 없이 와인을 마신다. 그리고 베르두가 자리에서 일어난다.

    베르두 많이 늦었소…… 피곤하죠? 여기…… (그녀에게 돈을 주며) 이것으로 며칠은 지낼 수 있을 거요…… 행운을 빌겠소.

그녀는 베르두가 준 돈을 바라본다.

    여자 너무 많아요…… 이렇게 돈까지 주리라고는…… (얼굴을 양손에 묻고 눈물을 흘리며) 바보같이…… 저는 계속 어리석었어요. 모든 일에 신념을 잃어가고 있었지요. 그런데 오늘 이런 일이…… 당신은 저보고 다시 신념을 가지라고 말하고 싶겠지요.
    베르두 그렇다고 너무 많은 것을 믿지는 말아요. 험악한 세상이잖아요.
    여자 (고개를 저으며) 아니에요. 그렇지 않아요. 뭔가 잘못되고 슬픈 세상이기는 하지만…… 이런 작은 친절이 세상을 아름답게 만들 수 있어요.
    베르두 이제 그만 가봐요. 이러다가 나도 당신 생각에 물들겠소.

그녀는 일어나 문 쪽으로 걸어간다. 그리고 돌아서서 그에게 미소를 짓고 '안녕'이라고 말하며 문을 나선다.

이상의 장면에서 검열관들이 영화 제작 규약에 저촉된다며 문제 삼으며 고치라고 한 부분은 베르두와 여자가 나누는 대화 가운데 '이런 밤에 혼자 밖을 서성이는 사람은 낙천주의자거든요'와 '얼마 동안 이 일을 했소?' 그리고 '당신 같이 매력적인 아가씨에게는 더 좋은 일이 있을 것 같은데' 등이었다. 그리고 "구세군을 언급하는 부분도 우리 의견으로는 그 단체를 자극할 우려가 있으니 고치는 것이 좋을 것 같습니다"라고 썼다.

각본 마지막에 가면 베르두는 여러 차례 살인을 저지르고 나서 그 여자를 다시 만난다. 이제 두 사람의 운명은 뒤바뀌어 베르두는 영락해 무일푼이 되었고, 그 여자는 성공해 부자가 되었다. 검열관들은 그녀가 성공해 부자가 된 것을 문제 삼았다. 두 사람이 다시 만나는 장면은 아래와 같다.

장면은 카페 내부. 베르두가 테이블에 앉아 유럽에 전쟁이 임박했다는 신문기사를 읽고 있다. 그는 찻값을 지불하고 카페에서 나온다. 길을 가로질러 건너가다가 하마터면 고급 리무진에 치일 뻔한다. 리무진 운전사는 차를 멈추고 경적을 울린다. 창문이 열리더니 장갑을 낀 손이 그를 부른다. 그가 한때 돈을 주며 도와준 적이 있던 그 여자가 차에 타고 있는 것이 아닌가. 그녀는 그를 보며 미소를 짓는다. 그녀는 아름답고 고급스런 옷을 입고 있다.

여자 안녕하세요. 박애주의자님.

베르두는 당혹스러워한다.

여자 (계속해서) 저 기억 못하시겠어요? 당신 아파트에 데려갔었던…… 비 오던 날 밤에.
베르두 (놀라며) 정말요?
여자 그리고 제게 식사도 대접하고 돈도 주면서 마치 어린 여자애 대하듯 배웅해주셨잖아요.
베르두 (유머러스하게) 제가 그런 어리석은 짓도 했었군요.
여자 (진심으로) 아니에요. 정말 친절하셨어요. 어디 가세요?
베르두 아무데도요.
여자 타세요.

베르두는 차에 탄다.
이제 장면은 리무진 안.

여자 (운전사에게) 카페 라파르그로 가줘요…… 아직도 저를 기억 못 하시는 것 같은데…… 하긴 기억하고 있을 이유는 없지만.
베르두 (감격스러운 표정으로 그녀를 바라보며) 아니 분명하게 기억하고 있소.
여자 (미소 지으며) 기억하시죠? 우리가 만났던 그날 밤

…… 제가 감옥에서 갓 출소해서.

베르두는 그녀의 입술에 손가락을 갖다 댄다.

> **베르두** 쉿! (운전사를 가리키며 칸막이 유리에 손을 대본다) 됐어요…… 올라와 있군. (그는 당황하는 그녀를 바라본다) 그런데 당신…… 이건…… (차를 가리키며) 그동안 무슨 일이?
> **여자** 이런 옛날이야기도 있잖아요…… 거지가 부자가 되는. 당신을 만난 뒤로 좋은 일만 생기기 시작했어요. 우연히 군수품 제조업자인 부자를 만났지요. 그래서 이렇게.
> **베르두** 그건 나도 해보고 싶었던 사업이오. 그래 어떤 남자요?
> **여자** 친절하고 관대해요. 하지만 사업에 있어서는 정말 무자비해요.
> **베르두** 원래 사업이란 게 다 그래요…… 그를 사랑하고 있소?
> **여자** 아뇨. 하지만 그 때문인지 그는 제게 더 관심을 보여요.

검열관들이 위 장면에서 문제 삼은 부분은 이렇다.
"'마치 어린 여자애 대하듯 배웅해주셨잖아요'라는 대사와 그것에 바로 이어지는 '제가 그런 어리석은 짓도 했었군요'라는 대사는 바꿔주십시오. 이유는 두 사람이 불륜 관계였다는 것을 암시하기 때문입니다. 그리고 군수품 제조업자가 그녀의 약혼자라는 것을 언급하는 대사를 넣어주셨으면 합니다. 이유는 그녀가 그 남자의 첩처럼 보이기 때문입니다."

이 외에도 검열관들은 여러 장면들을 문제 삼으며 갖가지 수정을 요구했다. 예를 들면 이렇다.

"중년 여성의 '축 늘어진 배와 엉덩이'를 대사에서 강조하는 것은 저속한 표현입니다. 쇼걸의 복장이나 춤을 자세하게 묘사하는 것은 미풍양속에 저촉됩니다. 특히 양말대님 위로 발목을 훤히 드러내는 것은 있을 수 없는 일입니다. '그녀의 엉덩이를 쓰다듬다' 같은 저속한 농담은 수용할 수 없습니다. 욕실 변기를 보여주거나 암시하는 표현은 삭제해주십시오. 베르두의 말 중에 '요염한'이란 단어는 다른 말로 바꾸십시오." 등등.

편지는 이상의 문제에 대해 나와 직접 만나 기꺼이 대화를 나눌 용의가 있으며, 영화는 영화 제작 규약에 저촉되지 않는 범위에서 오락적 요소를 해치지 않고 제작될 수 있을 것이라는 위로의 말로 끝맺었다. 그래서 나는 그들의 말을 믿고 브린 사무소에 직접 찾아가 브린 씨와 면담을 요청했다. 잠시 후 브린 씨의 비서가 나타났다. 키가 크고 고집 있어 보이는 젊은이였다. 그의 말투는 상당히 불친절했다.

그가 물었다.

"가톨릭에 대해 무슨 반감이라도 갖고 계신가요?"

"그걸 왜 묻습니까?"

"여기 보세요."

그는 내 각본의 복사본을 테이블에 팽개치듯 내려놓고 페이지를 넘기며 이렇게 말했다.

"사형을 언도 받고 수감 중인 베르두가 사제에게 이렇게 말하는 대목이 있습니다. '지체 높으신 분께서 무슨 일이십니까?'"

"지체 높으신 분이 뭐 어떻습니까?"

내가 묻자 그는 나를 야단치듯 이렇게 말했다.

"이건 말장난 아닙니까."

내가 응수했다.

"지체 높으신 분을 그렇게 부르는 게 무슨 말장난입니까?"

나는 그와 대화를 나누면 나눌수록 마치 버나드 쇼 풍의 농담을 주고받는 것 같은 느낌을 받았다.

"지체 높으신 분이 아니라 신부님이라고 부르세요."

"알겠습니다. 신부님으로 고치도록 하지요."

"그리고 이 대사."

그는 다른 페이지를 가리키며 이렇게 말했다.

"신부가 '나는 당신을 신과 화해시키기 위해 왔소'라고 말하자 베르두가 '신과는 본래부터 사이가 좋았소. 항상 인간이 문제지'라고 대답하는 곳이 있습니다. 이건 분명한 야유와 조롱 아닙니까."

"당신이 어떻게 생각하든 자유지만 나도 내 나름대로 생각이 있소."

나는 이렇게 대꾸했다. 그는 내 말이 끝나기가 무섭게 각본을 읽어나갔다.

"그리고 여기, 신부가 이렇게 말하는 대목이 있죠. '당신은 당신의 죄를 후회하지 않습니까?' 그러자 베르두가 이렇게 대답합니다. '죄라는 것이 천국에서 타락한 천사가 지상에 가져온 것이라는 것을 누가 알겠소? 그리고 그것이 어떤 신비로운 숙명에 따라 작용한다는 것을 누가 알겠소?'"

"나는 죄가 덕만큼이나 신비로운 것이라고 생각합니다."

내가 대답했다.

"무슨 사이비 철학처럼 들리는군요."

그가 경멸적인 어조로 말했다.

"그리고 베르두가 사제를 바라보며 이렇게 말하는 대목이 있습니다. '세상에 죄가 없다면 당신들이 할 일이 뭐가 있겠소?'"

"대사에 다소 문제가 있다는 것을 인정합니다. 그러나 그것도 그냥 유머일 뿐 사제에게 무례를 범할 생각에서 한 말은 아니오."

"그래도 베르두가 계속 사제를 몰아붙이는 것 같은 인상을 주지 않습니까."

"그럼 사제를 희극적인 인물로 그리란 말씀이오?"

"물론 그런 뜻은 아닙니다. 그렇지만 성의 있게 대답할 수도 있지 않습니까?"

"이보세요." 내가 점잖게 말했다. "베르두는 사형수입니다. 그런 그가 사제에게 고분고분할 리 있겠습니까. 사제는 시종일관 위엄을 잃지 않습니다. 대사도 별반 문제없고요. 그렇지만 사제에 대한 베르두의 답변 태도는 조금 손보도록 하겠습니다."

그는 계속했다.

"그리고 이 대사요. 신부가 '신의 가호가 당신과 함께하기를'이라고 기도하자 베르두는 '당연한 거 아니요? 결국 우리는 주의 소유물이오'라고 대답합니다."

"뭐가 잘못됐소?"

내가 물었다. 그는 간결하게 이렇게 반복했다.

"당연한 거 아니요라니, 이게 신부 앞에서 할 소린가요."

"그 대사는 독백입니다. 영화가 만들어질 때까지 기다려주십시오."

"당신은 사회와 국가 전체를 비난하고 있습니다."

"사회와 국가가 항상 깨끗한 것은 아니지요. 그리고 그것을 비판하는 것은 용인될 수 있지 않습니까?"

이 외에도 한두 가지 사소한 표현을 고치는 선에서 대본은 통과됐다. 객관적으로 볼 때 비서가 전달한 브린 씨의 지적은 나름대로 일리가 있었다. 덧붙여 브린 씨는 내게 이런 부탁을 했다.

"그 여자를 매춘부로 만드는 일은 하지 마십시오. 근래 할리우드 영화 대본을 보면 매춘부가 빠지지 않고 등장합니다."

나는 그의 말을 듣고 당혹스러웠다. 하지만 그 점을 영화에서 크게 부각시키지는 않겠다고 약속하고 넘겨버렸다.

영화가 완성됐을 때 나는 이삽십 명 되는 가톨릭품위단 회원들, 영화 검열관들과 여러 종교 단체 대표들 앞에서 시사회를 가졌다. 살면서 그때처럼 마음이 조마조마한 적은 처음이었다. 그러나 영화 상영이 끝나고 조명이 들어오자 브린 씨는 고개를 돌려 나머지 사람들에게 대뜸 이렇게 말했다.

"저는 괜찮다고 생각하는데…… 이대로 통과시킵시다!"

잠시 침묵이 흘렀다. 그때 누군가 이렇게 소리쳤다.

"찬성합니다. 이의 없습니다."

그러나 다른 사람들은 뚱한 표정을 지었다. 뭔가 못마땅한 것이

〈무슈 베르두〉 947

있는 게 틀림없었다. 브린 씨는 얼굴을 찡그리더니 사람들을 독려하며 자신의 생각을 밀어붙였다.

"이대로 통과시키겠습니다. 찬성하는 거죠?"

그러나 대답이 없었다. 몇몇 사람만이 마지못해 고개를 끄덕일 뿐이었다. 브린 씨는 반대 의견은 들어보려고 하지도 않은 채 만장일치로 통과시켰다. 그리고 내게 다가와 등을 다독이며 이렇게 말했다.

"찰리, 이제 됐습니다. 가서 영화 상영 준비를 하세요."

처음에 검열관들이 각본만 보고 상영 자체를 금지하려고 했던 것과 비교해볼 때 영화에 대해 별다른 이의 없이 만장일치로 상영 결정이 내려진 것은 의외였다. 오히려 그들에게 다른 꿍꿍이가 있는 것은 아닌지 의심이 들 정도였다.

연방재판소의 소환

〈무슈 베르두〉의 재편집 작업을 하고 있을 때 나는 연방재판소 집행관으로부터 전화 메시지를 받았다. 워싱턴에 있는 '반미활동조사위원회'의 소환장을 갖고 있으니 출두하라는 명령이었다. 소환 대상자는 나를 포함해 모두 9명이었다. 소환 이유를 알 수 없었다.

그때 플로리다 주 페퍼 상원의원이 로스앤젤레스에 와 있었다. 그래서 이번 일과 관련해 그를 만나 상의해보라고 권하는 이들이 있었다. 물론 나는 가지 않았다. 왜냐하면 나는 다른 사람들과 처지가 달랐다. 즉 나는 미국 시민이 아니었다. 그날 만남에서 나머지 소환 대상자들은 워싱턴으로 소환될 경우 헌법이 보장한 권리에 따라 맞대응하기로 합의했다. 물론 그들은 법정 모독죄로 1년형을 선고받고 실형을 살았다.

소환장에는 열흘 안에 워싱턴에 있는 위원회에 출두하라고 되어 있었지만 얼마 지나지 않아 열흘 더 연장한다는 전보가 날아왔다. 그리고 뒤에 한 번 더 연장 통보를 받았다.

그렇게 세 번 연장 통보를 받은 뒤에 나는 위원회에 전보를 보냈다. 즉 최근에 위원회 위원들이 내 친구인 한스 아이슬러를 심문하기 위해 할리우드에 와 있는 것으로 알고 있는데, 공금도 절약할 겸 이번에 함께 심문을 받고 싶다는 의향을 전달했던 것이다. 그리고 이렇게 결론을 맺었다.

'하지만, 위원회의 편의를 위해 한 가지 일러두고 싶은 것이 있습니다. 저는 공산주의자도 아니고 평생 어떤 정당이나 조직에도 소속된 적이 없었습니다. 나는 당신들이 말하는 소위 '평화론자'입니다. 이 말에 오해의 소지가 없기를 바랍니다. 만일 제가 워싱턴으로 소환된다면 정확한 날짜와 시간을 알려주십시오. 찰리 채플린.'

그리고 얼마 뒤에 나는 위원회로부터 문제가 해결되었으니 출석할 필요가 없다는 정중한 답변을 받았다.

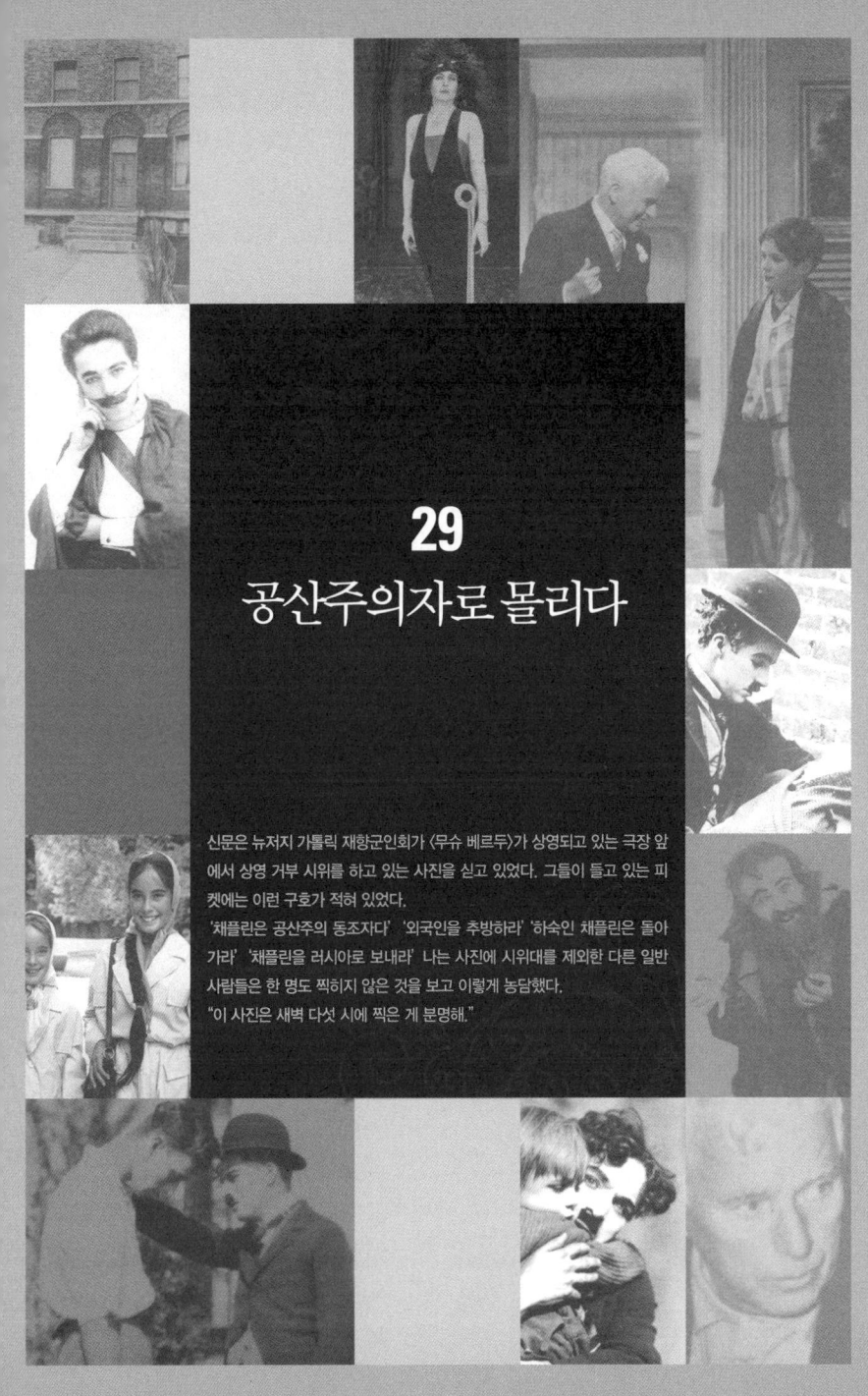

29
공산주의자로 몰리다

신문은 뉴저지 가톨릭 재향군인회가 〈무슈 베르두〉가 상영되고 있는 극장 앞에서 상영 거부 시위를 하고 있는 사진을 싣고 있었다. 그들이 들고 있는 피켓에는 이런 구호가 적혀 있었다.
'채플린은 공산주의 동조자다' '외국인을 추방하라' '하숙인 채플린은 돌아가라' '채플린을 러시아로 보내라' 나는 사진에 시위대를 제외한 다른 일반 사람들은 한 명도 찍히지 않은 것을 보고 이렇게 농담했다.
"이 사진은 새벽 다섯 시에 찍은 게 분명해."

당신은 공산주의자입니까?

 개인적인 문제로 바쁜 나날을 보내다 보니 유나이티드 아티스트 영화사에는 많은 관심을 쏟지 못했다. 내 변호사가 영화사의 누적 적자가 백만 달러에 달한다고 경고했다. 영화사가 한창 번창할 때는 연간 4,000만에서 5,000만 달러의 수익을 올리기도 했다. 그러나 나는 딱 두 번 이익 배당금을 받았을 뿐이었다. 또 영화사가 최고 전성기를 구가할 때는 단 1페니도 지불하지 않고 400개에 달하는 영국 극장의 지분을 25퍼센트나 확보한 적도 있었다. 나는 우리가 어떻게 그런 대규모 지분을 확보할 수 있었는지 잘 알지 못한다. 아마 우리 영화사가 제작하는 영화의 배급을 보장받는 조건으로 지분을 교환했을 것이다. 유나이티드 아티스트 영화사뿐 아니라 다른 미국 영화사들도 똑같은 방식으로 영국 극장들에 대한 대규모 지분을 확보했다. 한때 '랭크 그룹'(영국 출신의 영화 제작자 조지프 아서 랭크가 1937년에 세운 영화사—옮긴이)에 대한 우리 지분 총액이 천만 달러까지 이른 적도 있었다.
 그런데 유나이티드 아티스트의 주주들이 차례로 자신들의 지분을 회사에 팔기 시작하면서 영화사 재정이 거의 바닥을 드러냈다. 사정이 이렇게 되자 나는 내 의지와는 상관없이 백만 달러의 부채를 안고 있는 유나이티드 아티스트 영화사의 지분을 반이나 소유하게 됐다. 나머지 반은 메리 픽퍼드의 몫이었다. 그녀는 이제 은행에서조차 우리에게 신용대부를 해주지 않는다고 탄식하듯 내게 말했다. 그러나 나는 별로 걱정하지 않았다. 왜냐하면 예전에도 부채가 없었던 것도 아니고, 더구나 그때마다 영화 한 편을 성공시켜 부채를 청산한 경험이 있었기 때문이다. 게다가 나는 〈무슈 베르두〉를 완성한 상태였고 무엇보다 이 영화가 엄청난 성공을 거둘 수 있을 것이라 예상했다. 당시 내 대리인으로 일하던 아서 켈리는 적어도 수익이 1,200만 달러에 달할 것으로 내다봤다. 이런 예상대로라면 제작비와 부대비용 그리고 영화사의 부채를 청산하고도 백만 달러의 이익이 남는다는 계산이 나왔다.

나는 할리우드에서 친구들만 불러놓고 〈무슈 베르두〉의 시사회를 열었다. 영화가 끝나자 토마스 만과 리온 포이히트방어 등 여러 친구들이 자리에서 일어나 1분 넘게 박수갈채를 보냈다. 나는 자신감을 가지고 뉴욕으로 향했다. 그러나 뉴욕에 도착하자마자 〈뉴욕 데일리 뉴스〉가 나를 공격하고 나섰다.

'공산주의 동조자 찰리 채플린이 최근 완성한 영화를 들고 뉴욕에 왔다.'

나는 이런 기사를 쓴 기자가 누군지 궁금했다. 그래서 그 기자에게 기자회견장에서 떳떳하게 모습을 드러내라고 요구했다. 사실 나는 그에게 무슨 근거로 나를 '공산주의 동조자'로 매도하는지 따져물을 예정이었다.

유나이티드 아티스트 영화사의 홍보 담당자는 그 시점에서 미국 기자단을 만나는 것이 현명한 처사인지 아닌지를 놓고 고심했다. 나는 상당히 화가 나 있었다. 왜냐하면 〈뉴욕 데일리 뉴스〉의 기사가 나기 전날 아침, 나는 외신 기자단을 만나 그들로부터 열성적인 성원을 받은 터였다. 그리고 무엇보다 그런 협박을 당하고 물러설 내가 아니었다.

다음 날 아침 우리는 커다란 호텔방을 예약하고 미국 기자단을 맞았다. 먼저 기자들에게 칵테일을 한 잔씩 돌린 다음 내가 룸으로 들어갔다. 그러나 분위기가 심상치 않았다. 나는 작은 테이블 뒤에 놓인 연단에 서서 가능한 차분한 목소리로 회견을 시작했다.

"신사 숙녀 여러분, 안녕하십니까. 제가 오늘 이 자리에 여러분을 초대한 것은 제 영화와 앞으로의 계획에 대해 여러분께서 관심 있어 할 만한 내용을 전달하기 위해서입니다."

그러나 그들은 아무런 미동도 하지 않았다.

"한 번에 한 사람씩 말씀하지 마세요."

내가 웃으며 말했다. 마침내 앞에 앉아 있던 한 여기자가 말문을 열었다.

"당신은 공산주의자인가요?"

"아닙니다."

나는 분명하게 대답했다.

"다음 질문 해주세요."

그때 누군가 뒤에서 중얼거리며 뭔가를 읽는 소리가 들렸다. 나는 순간 〈뉴욕 데일리 뉴스〉를 떠올렸다. 그러나 그날 기자회견에 〈뉴욕 데일리 뉴스〉에서는 아무도 참석하지 않았다. 그 사람은 단

정치 않은 외모에 외투를 걸치고 앉아 있었는데 몸을 바짝 숙이고 준비해온 원고를 읽어내려가고 있었다.

내가 말했다.

"실례합니다. 다시 읽어주시겠습니까. 뭐라고 말씀하시는지 전혀 들리지 않습니다."

그는 다시 읽기 시작했다.

"우리 가톨릭 재향군인회는……."

내가 가로막았다.

"저는 가톨릭 재향군인회와 회견하려고 여기에 나온 것이 아닙니다. 오늘 이 자리는 기자회견입니다."

다른 사람이 물었다.

"당신은 왜 미국 시민이 되지 않습니까?"

내가 대답했다.

"저는 국적을 바꿀 이유를 모르겠습니다. 나는 내 자신이 세계시민이라고 생각합니다."

갑자기 기자들이 웅성거리기 시작했다. 두세 사람이 동시에 질문을 던지려다 혼선이 일었다. 결국 한 사람이 주도권을 쥐었다.

"그렇지만 당신은 미국에서 돈을 벌지 않습니까?"

"글쎄요."

나는 웃으며 대답했다.

"당신이 의도하는 질문이 돈에 국한된 것이라면, 이미 회계 자료에 잘 나와 있습니다. 제 사업은 국제적인 것입니다. 제 수입의 70퍼센트는 해외에서 벌어들입니다. 물론 그것에 대한 세금은 100퍼센트 미국에 내고 있고요. 아시겠지만 저는 정말 모범적인 납세자입니다."

가톨릭 재향군인회에서 나온 사람이 갑자기 큰 소리로 이렇게 외쳤다.

"당신이 돈을 여기에서 벌든 해외에서 벌든 상관할 바 아니지만, 프랑스 해안에 상륙했던 우리 군인들은 당신이 이 나라 국적의 시민이 아니라는 것에 분개하고 있소."

내가 말했다.

"당신만 프랑스 해안에 상륙했던 게 아니오. 내 두 아들도 패튼 장군 휘하 부대에서 프랑스 해안에 상륙해 최전선에서 싸웠소. 그러나 그들은 당신처럼 그것을 불평하거나 자랑 삼아 떠들고 다니지는 않소."

또 한 기자가 물었다.

"한스 아이슬러를 아십니까?"

"예, 압니다. 제 친한 친구 중 한 명입니다. 그리고 위대한 음악가이기도 하고요."

"그가 공산주의자라는 것도 아십니까?"

"알고 있습니다만, 그런 것은 개의치 않습니다. 그와의 우정은 정치와 상관이 없습니다."

또 다른 기자가 물었다.

"당신은 공산주의자를 좋아하는 것 같은데 아닌가요?"

"제가 누구를 좋아하든 싫어하든 그것은 제 개인의 문제입니다. 제삼자가 관여할 사안은 아니라고 생각합니다."

이렇게 기자들과 설전을 벌이고 있을 때 누군가 이렇게 말하는 소리가 들렸다.

"일반 서민에게 희극영화로 웃음과 깨달음을 전달한 예술가임에도 불구하고 소위 미국 언론을 대표한다는 기자들로부터 증오와 멸시를 당하는 기분이 어떻습니까?"

나는 너무 흥분한 상태였기 때문에 그가 나를 생각해서 그런 질문을 했다는 것을 눈치 채지 못했다. 그래서 나는 퉁명스럽게 이렇게 대답했다.

"죄송합니다. 뭐라고 하셨지요. 다시 질문을 해주십시오."

옆에 서 있던 우리 홍보 담당자가 옆구리를 찌르며 나지막하게 속삭였다.

"저 사람은 선생님 편을 들고 있습니다. 우리로서는 상당히 좋은 지적을 해줬습니다."

나중에 안 사실이지만 그는 짐 에이지였다. 그는 시인이자 소설가로 당시에 〈타임〉지의 특별기고가 겸 영화평론가로 활동하고 있었다. 순간 나는 당황스러웠다. 왜냐하면 나를 옹호하는 기자가 있으리라고는 미처 생각하지 못했기 때문이다.

"죄송합니다. 듣지 못했습니다. 다시 질문해주실 수 있겠습니까?"

그도 당황했는지 "잘 될지 모르겠지만"이라고 말하면서 앞서 했던 것과 거의 비슷하게 다시 질문을 던졌다. 나는 적절한 답이 떠오르지 않았다. 그래서 머리를 좌우로 흔들며 이렇게 말했다.

"그것에 대해서는 노코멘트입니다…… 여하튼 감사합니다."

그런데 그 뒤로 기자회견을 제대로 할 수 없었다. 개중에 내 편을 드는 기자들도 있다는 생각이 들자 갑자기 전의를 상실했다. 내가 말했다.

"신사 숙녀 여러분, 죄송합니다. 오늘 기자회견은 제 영화를 알리기 위한 자리입니다. 그런데 너무 정치적 격론으로 치달은 것 같습니다. 더 이상 할 말이 없습니다. 기자회견은 이것으로 마치겠습니다."

기자회견이 끝나고 나서 나는 마음이 아팠다. 왜냐하면 이번 기자회견을 통해 미국 언론이 내게 공공연하게 적대감을 갖고 있다는 것을 깨달았기 때문이다.

사상 검증이 되어버린 시사회

그래도 나는 〈무슈 베르두〉의 성공을 의심하지 않았다. 물론 유나이티드 아티스트 영화사의 홍보 담당자도 나와 같은 생각이었다. 〈위대한 독재자〉 때도 개봉 전부터 언론은 내게 좋지 않은 감정을 표출했다. 그러나 나는 많은 사람들로부터 격려와 축하 편지를 받았다. 더구나 〈위대한 독재자〉는 그때까지 내가 만든 영화 가운데 역대 최고 흥행 기록을 세웠다. 이것이 내가 〈무슈 베르두〉의 성공을 장담했던 이유였다.

메리 픽퍼드가 내게 전화해 우리 부부와 함께 뉴욕 개봉 행사에 참석하고 싶다고 말했다. 나는 그렇게 하라고 말하고 '21' 레스토랑에서 함께 저녁을 먹기로 약속했다. 그러나 메리는 약속 시간보다 훨씬 늦게 약속 장소에 모습을 드러냈다. 칵테일파티가 있어 갔다가 붙들리는 바람에 빠져나오는 것이 쉽지 않았다고 양해를 구했다.

극장 밖은 몰려든 인파로 발 디딜 틈이 없었다. 우리는 사람들 틈을 비집고 나가 간신히 극장 로비에 들어섰다. 한 라디오 방송에서 생중계를 하고 있었다.

"지금 찰리 채플린 부부가 도착했습니다. 아 그리고 한때 무성 영화 시대를 풍미했고 아직까지도 미국의 연인으로 남아 있는 메리 픽퍼드 양도 함께 도착했습니다. 아마 오늘 초대 손님으로 이 자리에 온 것 같습니다. 메리, 오늘 개봉하는 영화에 대해 혹시 하실 말씀 없으십니까?"

로비도 발 디딜 틈이 없기는 마찬가지였기 때문에 메리는 내 손을 꼭 쥔 채 사람들 틈을 뚫고 지나가 간신히 마이크가 있는 곳까지 갔다. 기자가 메리를 소개했다.

"신사 숙녀 여러분, 메리 픽퍼드 양입니다."

그녀를 가까이에서 보기 위해 몰려든 사람들에게 밀치고 떠밀리면서 메리는 이렇게 말문을 열었다.

"2천 년 전에 예수 그리스도가 태어났습니다. 그리고 오늘은……." 그런데 여기서 말소리가 뚝 끊겼다. 갑자기 인파에 떠밀리면서 마이크에서 멀어졌기 때문이었다. 그 상황에서도 그녀는 내 손을 놓치지 않기 위해 안간힘을 썼다. 그러나 지금도 그때를 생각하면 그녀가 무슨 이야기를 하려고 했었는지 궁금하다.

그날 밤 극장 분위기는 심상치 않았다. 관객들은 영화를 감상하러 온 것이 아니라 뭔가를 확인하러 온 것 같은 인상을 풍겼다. 이제 막 영화가 시작하려는 찰나, 이상하게 관객들이 예전 같지 않았다. 옛날 같으면 영화가 시작하는 순간 열띤 기대와 흥분으로 야단법석 난리를 쳤을 것이다. 물론 박수갈채가 없었던 것은 아니지만 쉬쉬하며 억지로 환호하는 것 같았다. 나는 언론의 적대감도 적대감이지만 이날 관객들이 보인 쉬쉬하는 태도에 더 큰 상처를 받았다.

영화가 진행될수록 나는 걱정하기 시작했다. 간혹 웃음소리가 터지기는 했지만 일사불란하지 않고 관객마다 제각각이었다. 웃음소리도 〈황금광 시대〉〈시티 라이트〉〈어깨총〉 때와 달랐다. 즉 다른 관객들의 쉬쉬하는 태도에 맞서기라도 하려는 듯이 억지로 웃는 웃음이었다. 내 마음은 축 가라앉았다. 더 이상 관람석에 앉아 있을 수 없었다. 나는 우나에게 이렇게 속삭였다.

"로비에 나가 있을게. 더 이상 못 보고 있겠어."

우나는 내 손을 꽉 쥐었다. 꽁꽁 구겨 손에 쥐고 있던 극장표가 내 손바닥을 쿡 찔렀다. 그래서 그것을 의자 밑에 내버리고 조용히 통로를 걸어 나와 로비로 향했다. 나는 로비에 서서 웃음소리를 계속 듣고 있을지 아예 밖으로 나갈지 한동안 망설였다. 문득 원형 관람석 쪽은 상황이 어떤지 궁금해 살짝 안을 들여다봤다. 한 사람만 유달리 크게 웃고 있었다. 원형 관람석 쪽이니 분명히 내 친구 중 한 명이었을 것이다. 그러나 그 웃음도 간헐적이었고 억지로 웃는 것 같았다. 그도 마치 뭔가를 확인하기 위해 온 것 같았다. 극장의 맨 위층 일반 관람석도 상황은 마찬가지였다.

나는 2시간 정도 로비, 극장 주변, 거리를 배회하다가 영화가 끝날 때쯤 다시 극장으로 돌아왔다. 그날따라 영화가 더 길게 느껴졌다. 마침내 영화가 끝났다. 나는 로비에서 신문 칼럼니스트인 얼 윌슨을 만났다. 상당히 예의 바르고 평판이 좋은 친구였다.

"나는 좋은데."

그는 '나'에 힘을 주며 이렇게 말했다. 그때 내 대변인인 아서 켈리가 다가왔다. 그가 말했다.

"1,200만 달러는 무리겠는데."

"그럼 반으로 하지."

내가 농담 삼아 이렇게 말했다.

우리는 영화가 끝나고 150명 정도 손님들을 초대해 만찬 파티를 열었다. 그중 몇 명은 내 오래된 친구들이었다. 그날 만찬 파티에 온 손님들은 대부분 내 영화에 호의적이지 않았다. 그래서였을까. 샴페인을 터뜨렸는데도 파티 분위기가 살아나지 않았다. 우나가 피곤하다며 먼저 자리에서 일어났다. 나는 30분 정도 더 있다가 그곳에서 나왔다.

그날 만찬 파티에서 칼럼니스트 허버트 베이어드 스워프가 내 친구인 극작가 돈 스튜어트와 영화에 대해 이야기를 나누고 있었다. 스워프는 내 영화를 마음에 들어 하지 않았다. 그날 밤 내 영화를 칭찬한 사람은 몇 명 되지 않았다. 돈 스튜어트가 약간 취기가 올라 이렇게 말했다.

"찰리, 저놈들 죄다 개자식들이야. 모두 자네 영화에서 정치적인 걸 끄집어내 꼬투리를 잡으려 하고 있어. 하지만 정말 대단한 영화네. 관객들도 좋아했고."

이제 나는 사람들이 내 영화에 대해 어떻게 생각하는지 관심이 없었다. 그래서 일체 변명도 하려 들지 않았다. 돈 스튜어트가 나를 호텔까지 바래다줬다. 호텔에 도착하니 우나는 벌써 잠들어 있었다.

돈이 물었다.

"몇 층이지?"

"17층."

우리는 엘리베이터에서 내려 방문 앞에 도착했다.

"이런! 여기가 어떤 방인지 자네 알고 있나? 한 소년이 난간으로 걸어 나와 열두 시간 동안 서 있다가 뛰어내려 자살한 방이라네."

그날 밤 내 기분에 딱 들어맞는 오싹한 뉴스였다. 감히 말하지만, 〈무슈 베르두〉는 지금까지 내가 만든 영화 가운데 가장 완성도가 높은 영화였다.

연이은 상영 중단 사태

놀랍게도 〈무슈 베르두〉는 뉴욕에서 6주 동안 흥행가도를 달리며 좋은 성적을 올렸다. 그런데 갑자기 관객 수가 급감하기 시작했다. 나는 유나이티드 아티스트 영화사의 그래드 시어스에게 이유를 물었다.

그는 이렇게 대답했다.

"자네 영화는 처음 3주 내지 4주 동안은 항상 흥행 성적이 좋아. 자네 영화를 좋아하는 옛 팬들이 있기 때문이지. 그런데 문제는 그 이후로 일반 관객들이 극장을 찾지 않는다는 거야. 언론이 자네에게 딴죽을 건 지 벌써 십 년이 넘었네. 관객들이 이미 세뇌가 되고도 남을 시간이야. 이게 갑자기 관객 수가 급감한 이유라네."

"하지만 일반 관객들도 유머 감각은 있을 것 아닌가?"

"이걸 보게!"

그가 〈뉴욕 데일리 뉴스〉와 허스트 계열 신문들을 보여줬다.

"이런 신문이 온 나라에 뿌려지고 있네."

한 신문은 뉴저지 가톨릭 재향군인회가 〈무슈 베르두〉가 상영되고 있는 극장 앞에서 상영 거부 시위를 하고 있는 사진을 싣고 있었다. 그들이 들고 있는 피켓에는 이런 구호가 적혀 있었다.

'채플린은 공산주의 동조자다.'

'외국인을 추방하라.'

'하숙인 채플린은 돌아가라.'

'채플린은 배은망덕한 공산주의 동조자다.'

'채플린을 러시아로 보내라.'

실망과 근심으로 가득한 세상에서 절망에 빠지지 않기 위해 선택할 수 있는 가능한 탈출구는 철학이나 유머에 의지하는 것이다. 물론 나도 마찬가지였다. 그래드가 내게 극장 밖에서 피켓 시위를 하는 가톨릭 재향군인회원들의 사진을 보여주었을 때, 다른 일반 사람들은 한 명도 찍히지 않은 것을 보고 나는 이런 농담을 건넸다.

"이 사진은 새벽 다섯 시에 찍은 게 분명해."

사실 〈무슈 베르두〉는 이런 시위로 인해 상영을 방해받지 않는 극장에서는 그런대로 좋은 흥행 성적을 거두고 있었다. 원래 영화는 개봉 당시 미국 전역의 주요 극장 체인에서 상영될 예정이었다. 그러나 재향군인회와 다른 압력단체들의 협박 편지를 받은 극장들이 상영을 취소했다. 재향군인회는 채플린 영화나 그들이 허용하지 않는 영화를 상영하는 극장에 대해 1년 동안 보이콧을 할 것이라고 영화관 지배인들을 협박했다. 덴버에서는 개봉 첫날 영화가 큰 성공을 거뒀음에도 이런 협박 때문에 다음 날 상영을 중단했다.

이번 뉴욕 체류는 여느 때와 달리 비참했다. 연일 뉴욕의 극장주들로부터 영화 상영을 취소하겠다는 연락이 들어왔다. 게다가 나는 〈위대한 독재자〉의 표절 소송에도 휘말렸다. 최악의 상황이었다. 언론과 대중의 반감은 이미 최고조에 이른 상태였고, 정치권에서도 상원의원 네 명이 상원회의에 출석해 나에 대해 공공연한 비판을 했다. 나는 재판을 연기하고 싶었지만, 바로 재판에 부쳐졌다.

이 문제에 대해 이야기하기 전에 한 가지 분명히 짚고 넘어갈 것이 있다. 즉 나는 지금까지 내가 만든 영화에 대해 혼자 아이디어를 구상하고 각본도 직접 썼다는 것이다. 내게 표절이란 말은 있을 수 없다. 재판은 시작부터 파행이었다. 재판장이 자신의 부친이 중태에 빠져 있어 오래 끌 수 없으니 서로 화해하고 서둘러 재판을 끝내자는 의향을 표시했다. 내게 소송을 제기한 원고 측도 그쪽이 유리하다고 생각했는지 재판장의 중재안을 받아들였다. 평상시 같았으면 나는 끝까지 재판을 고집했을 것이다. 그러나 당시 내 인기는 바닥까지 떨어진 상태였고 재판정의 압력도 있었기 때문에 어쩔 수 없이 화해 권고를 받아들였다. 재판정의 화해 권고를 받아들이지 않을 경우 소송이 어떻게 진행될지 장담할 수 없었기 때문에 겁이 난 것도 사실이다.

결국 〈무슈 베르두〉로 1,200만 달러를 벌어들일 수 있을 것이라는 기대는 무위로 돌아갔다. 수익을 남기는 것은 둘째치고 제작비를 회수할 수 있을지조차 장담할 수 없었다. 그렇게 유나이티드 아티스트 영화사는 벼랑 끝에 내몰리고 말았다. 메리는 경비 절감을 위해 내 대변인인 아서 켈리를 해고하겠다고 나섰다. 나는 받아들일 수 없었다. 나는 메리와 함께 영화사의 지분을 양분하고 있었다. 나는 그녀에게 이 사실을 상기시키며 이렇게 말했다.

"만일 내 대변인이 회사를 그만두어야 한다면, 메리, 당신 대변인도 그렇게 해야 해."

물론 메리가 수긍할 리 없었다. 우리는 서로 한 치도 물러서지 않았고, 대화는 막다른 상황까지 치달았다. 나는 마지막으로 이렇게 말했다.

"그렇다면 우리 둘 중 한 사람이 지분을 모두 사거나 팔아야겠군. 얼마를 원하는지 말해봐."

그러나 메리는 가격을 제시하지 않았다. 물론 나 역시 마찬가지였다.

때마침 동부의 한 극장 체인을 대표하는 법률사무소가 구원자로 나섰다. 그들은 현금 700만 달러와 주식 500만 달러, 총 1,200만 달러를 지불하는 조건으로 영화사의 경영권을 요구했다. 하늘이 주신 뜻하지 않은 행운이었다. 나는 메리에게 이렇게 말했다.

"내게 현금으로 500만 달러를 주면 내가 가지고 있는 모든 지분을 당신에게 넘길게."

그녀는 순순히 동의했고 영화사도 마찬가지였다.

몇 주 동안 협상을 진행한 끝에 최종 합의에 도달했고 서명만 남겨두고 있었다. 내 담당 변호사가 내게 전화해 이렇게 말했다.

"찰리, 십 분만 있으면 500만 달러는 자네 것이네."

그러나 십 분이 지나 그가 내게 전화했다.

"찰리, 거래가 불발됐네."

메리가 펜을 들고 서명하려는 순간 갑자기 마음을 바꿨다는 것이다.

"아냐! 그는 지금 500만 달러를 받는데, 왜 나만 2년을 기다려야 하지?"

우리는 메리에게 2년 뒤에 나보다 200만 달러나 더 많은 700만 달러를 받게 되지 않느냐고 설득했다. 그러나 그녀는 그것이 소득세 문제를 야기할 수 있다며 거절했다. 사실 그때가 우리가 영화사를 처분할 수 있는 가장 좋은 기회였다. 결국 나중에 우리는 영화사를 헐값에 매각하고 말았다.

식지 않는 창작열

우리는 캘리포니아로 돌아왔다. 그리고 〈무슈 베르두〉의 악몽에서 벗어나 정상적인 생활을 되찾았다. 나는 다시 새로운 영화를 구상하기 시작했다. 내 성격 자체가 워낙 낙천적인 데다가 미국인들이 나에 대한 애정을 완전히 저버리지는 않았다는 확신도 있었다. 나는 미국인들이 정치적으로 의식이 있으며, 특히 그들에게 즐거움을 선사하는 누군가를 보이콧할 만큼 유머 감각이 없다고 생각하지 않았다. 이미 아이디어는 있었다. 그리고 이제 영화의 결과에 대해 연연하지 않기로 마음을 먹었다. 중요한 것은 영화를 찍고 싶다는 내 욕구였다.

세상이 아무리 바뀌었다고 하지만 러브스토리는 시대와 세대를 초월해 사랑받는 영원한 주제였다. 해즐릿이 말했듯이 감성은 지성보다 더 자극적이고 호소력 있으며, 예술 작품에서 차지하는 비중도 더 크다. 내가 이번에 구상한 작품은 러브스토리였다. 즉 〈무슈 베르두〉의 냉소적인 비관론과는 정반대였다. 그러나 더 중요한 것은 이번 영화가 내 마음에 꼭 들었다는 것이다.

〈라임라이트 Limelight〉는 준비하는 데 꼬박 18개월이 소요됐다. 특히 영화에 12분짜리 발레 음악이 삽입됐는데 작곡에 상당한 애를 먹었다. 발레 동작을 일일이 머릿속에 떠올리면서 작곡하는 것이 만만치 않았다. 오래전부터 영화에 삽입되는 음악은 모두 내가 직접 작곡했지만 예전엔 영화가 완성되고 나서 장면과 동작을 직접 눈으로 확인하며 작곡했기 때문에 상대적으로 수월했다. 그러나 이번에는 반대로 춤동작을 머리로 생각하면서 모든 음악을 작곡했다. 물론 이렇게 작곡을 하기는 했지만 막상 그것이 발레 동작에 적합한지는 확신할 수 없었다. 왜냐하면 안무는 얼마간 직접 춤을 추는 무용수의 몫이기 때문에 내가 생각한 대로 안무가 이뤄진다는 보장은 없었다.

나는 앙드레 에글레프스키의 열렬한 팬이었기 때문에 처음부터 그를 염두에 두고 음악을 작곡했다. 당시 그는 뉴욕에 머물고 있었다. 그래서 나는 그에게 전화를 걸어 〈블루버드〉 발레를 다른 곡에 맞춰 춰줄 수 있는지 부탁했다. 그리고 같이 춤을 출 상대 발레리나도 직접 추천해달라고 부탁했다. 그는 결정에 앞서 먼저 음악을 들어보고 싶다고 말했다. 〈블루버드〉는 차이콥스키의 3대 발레 작품 가운데 하나인 〈잠자는 숲속의 미녀〉에 삽입된 곡으로 45초짜리였다. 따라서 나는 그 길이에 맞춰 새로 작곡을 했다.

▲ 미국에서 촬영한 마지막 영화 〈라임라이트〉에 출연한 클레어 블룸
▼ 런던에서 처음으로 촬영한 영화 〈뉴욕의 왕〉에 출연한 돈 애덤스

12분짜리 발레 음악을 녹음하는 데 준비 기간만 수개월이 소요됐다. 마침내 50명으로 이루어진 오케스트라를 구성해 녹음 작업에 들어갔다. 나는 내 곡에 대한 그들의 반응이 어떨지 궁금했다. 발레리나인 멜리사 헤이든과 앙드레 에글레프스키가 연주를 듣기 위해 할리우드로 날아왔다. 나는 두 사람이 연주를 듣고 있는 동안, 그들이 어떻게 생각할지 결과가 궁금해 안절부절못했다. 다행히 두 사람은 내 음악이 발레곡으로 손색이 없다고 말해주었다. 두 사람이 내가 작곡한 음악에 맞춰 발레를 추는 모습은 내 영화 인생에서 가장 흥분되는 순간 중 하나였다. 나는 두 사람이 내 곡에 맞춰 직접 안무와 연출을 담당하는 것을 보고 입을 다물지 못했다. 그들은 내 곡에 소위 말하는 고전적 의미를 부여했다.

나는 주연 여배우를 섭외하면서 상당히 까다로운 조건을 내걸었다. 미인에 재능 있고, 무엇보다 폭넓은 감성 연기가 가능해야 했다. 여러 달 동안 찾아다닌 끝에 운 좋게 클레어 블룸을 만날 수 있었다. 친구인 아서 로렌츠가 추천해준 여배우로 나는 그녀와 바로 출연 계약을 맺었다.

세월의 흐름 속에 지난날의 증오와 언짢았던 일들을 망각하는 것은 인지상정인 것 같다. 지난 시절에 겪은 모든 고난과 시련도 눈처럼 녹아버렸다. 그사이 우나는 네 아이 제럴딘, 마이클, 조세핀, 빅토리아를 낳았다. 비벌리힐스에서의 생활도 이제 즐거웠다. 가정생활도 만족스러웠고 모든 일이 순조롭게 진행됐다. 우리는 일요일이면 집을 개방하고 친구들을 초대했다. 그중에는 존 휴스턴의 각본을 써주기 위해 할리우드에 와 있던 짐 에이지도 있었다.

작가이자 철학자인 윌 J. 듀런트도 UCLA에서 강의하기 위해 할리우드에 머물고 있었다. 그는 내 오랜 친구로 가끔 우리 집에 들러 함께 저녁을 먹었다. 그와 함께하는 저녁은 즐거웠다. 항상 모든 일에 열정적이었던 윌은 살아 있다는 것 그 자체만으로도 감사하고 행복하다고 말하면서 내게 이렇게 물은 적이 있었다.

"자네는 아름다움이 뭐라고 생각하나?"

나는 그것이 죽음(추함)과 사랑스러움이 공존하는 것, 우리가 자연이나 모든 사물에서 발견할 수 있는 미소를 머금은 슬픔 그리고 시인이 느끼는 신비로운 교감, 예를 들어 한 줄기 햇살이 비치는 쓰레기통이라든지 시궁창에 핀 꽃 같은 어떤 것이라고 생각한다고 말했다. 그것은 엘 그레코가 십자가를 짊어진 예수에서 보았던 것과 같은 것이었다.

그 뒤에 우리는 더글러스 페어뱅크스 주니어가 자신의 집에서 주최한 저녁 만찬에서 다시 만났다. 클레멘스 데인(1888~1965, 영국의 여류소설가이자 극작가—옮긴이)과 클레어 부스 루스(1903~1987, 미국의 극작가이자 정치가—옮긴이)도 그날 함께했다. 내가 클레어를 처음 만난 것은 상당히 오래전에 W. R. 허스트가 뉴욕에서 주최한 가장무도회에서였다. 그날 밤 클레어는 18세기풍 의상과 흰색 머리장식을 하고 있었는데 황홀할 정도로 아름답고 매력적으로 보였다. 그러나 그것도 잠시, 그녀가 조지 무어와 말다툼하는 것을 보고 그녀에 대한 환상이 깨져버렸다. 내 친구였던 조지는 교양 있고 감수성이 예민한 사람이었다. 그런데 그녀는 주위 사람들은 아랑곳하지 않고 큰 목소리로 조지를 쏘아붙였다.

"상당히 이상한 분이시네요. 돈은 어떻게 버세요?"

매우 무례한 행동이었다. 특히 다른 사람들이 지켜보고 있는 데서는 아무리 화가 나더라도 삼가야 할 행동이었다. 그러나 조지는 아무렇지 않다는 듯이 웃으며 이렇게 대답했다.

"저는 석탄을 캐서 팔아 먹고삽니다. 가끔 친구인 히치콕과 폴로도 해요. 그리고 여기, 친구인 찰리 채플린이 저를 잘 알죠."

그때 나는 그의 옆을 지나치고 있었다. 그때부터 그녀에 대한 내 인상이 완전히 바뀌었다. 그리고 뒤에 그녀가 하원의원으로 선출되어 미국 정치에 대해 '세계적 잠꼬대'라고 심오한 철학적 수사를 사용했을 때도 별로 놀라지 않았다. 그녀다운 입심이었다.

그날 밤 나는 클레어 부스 루스의 수수께끼 같은 설교를 들어야 했다. 물론 주제는 종교에 대한 것이었다. 그때 그녀는 가톨릭 교회에 나간 지 얼마 되지 않았을 때였다. 나는 그녀와 이 문제로 설전을 벌이던 중에 이렇게 말했다.

"자신이 기독교 신자라고 이마에 쓰고 다닐 필요는 없습니다. 성인이든 죄인이든 똑같은 사람 아닌가요. 성령은 모든 것에 깃들어 있습니다."

그날 밤 우리는 서로 좋지 않은 감정을 갖고 헤어졌다.

연방이민국과 벌인 설전

〈라임라이트〉가 완성됐을 때 나는 이전에 내가 만든 작품에 비해 성공에 연연하지 않았다. 나는 주변의 친구들을 불러 시사회를 가졌는데 모두 아낌없는 박수를 보내주었다. 그리고 그때 이미 나는 유럽에 갈 생각을 하고 있었다. 왜냐하면 우나가 할리우드의 영향이 미치지 않는 유럽에서 아이들을 학교에 보내고 싶어 했기 때문이다.

나는 3개월 전에 이민국에 재입국 허가를 신청해놓고 기다리고 있었지만 아무런 답변이 없었다. 그래도 나는 미국에서 모든 일을 정리하고 영국으로 떠날 채비를 했다. 체납했던 세금도 깨끗이 정리했다. 그런데 내가 유럽으로 출국할 예정이라는 소식을 들은 국세청이 체납한 세금이 더 있다며 연락을 취해왔다. 내가 체납한 세금이 200만 달러나 된다는 것이었다. 물론 나는 한 푼도 낼 생각이 없었다. 나는 즉각 법원에 소송을 제기하겠다며 맞섰다. 내가 강경하게 나오자 그들은 내 체납 세금을 대폭 깎더니 서둘러 합의를 요청해왔다. 뒤에 안 사실이지만 내 실제 체납 세금은 그들이 주장한 200만 달러의 10분의 1밖에 되지 않았다. 그들은 내가 영국으로 출국한다는 사실을 알고 교묘히 속이려 들었던 것이다. 여하튼 이것으로 모든 세금 문제를 해결했다.

나는 다시 재입국 허가 신청서를 접수하고 몇 주를 기다렸다. 그러나 이번에도 답변이 없었다. 그래서 워싱턴에 있는 연방이민국으로 직접 편지를 보냈다. 나는 이민국이 설령 재입국 허가를 내주지 않는다 하더라도 출국을 강행할 생각이라는 입장을 전달했다.

일주일 뒤에 나는 이민국으로부터 몇 가지 추가 질문을 할 것이 있으니 집으로 방문해도 괜찮겠느냐는 전화 연락을 받았다.

"그러시죠."

내가 대답했다.

남자 세 명과 여자 한 명이 우리 집에 도착했다. 여자는 속기용 타자기를 지니고 있었고, 남자들은 작고 네모진 서류가방을 들고 있었다. 아마 그 안에 테이프레코더가 들어 있는 것 같았다. 그 가운데 수석 심사관으로 보이는 사십대 남자는 당당한 체격에 키가 크고 빈틈이 없어 보였다. 나는 혼자서 네 명을 상대할 자신이 없어 변호사를 동석시킬까도 생각했지만 별로 숨길 것이 없어 혼자 심사에 임했다.

나는 그들을 유리로 지은 일광욕실로 안내했다. 여자가 들고 온 속기용 타자기를 작은 테이블 위에 올려놨다. 남자들은 등널이 있는 긴 의자에 앉은 다음 테이프레코더가 들어 있는 서류가방을 앞에 내려놓았다. 심사관이 높이가 1피트는 되어 보이는 서류 뭉치를 꺼내 옆에 있던 테이블 위에 살짝 올려놨다. 나는 그 사람을 마주보고 앉았다. 그는 꺼내놓은 서류를 한 페이지씩 들춰 보며 내게 질문을 시작했다.

"찰스 채플린이 당신의 본명입니까?"

"그렇습니다."

"실제 당신 이름이 ○○라고 말하는 사람들이 있습니다."

그는 생전 들도 보도 못한 희한한 이름을 대며 사실이냐고 물었다.

"그리고 갈리치아(우크라이나 북서부에서 폴란드 남동부에 걸쳐 있는 지역—옮긴이) 출신이라는 말도 있는데요."

"아닙니다. 내 이름은 부친 이름과 같은 찰스 채플린입니다. 그리고 영국 런던에서 태어났습니다."

"전에 절대 공산주의자가 아니라고 말씀하신 적이 있지요?"

"있습니다. 저는 지금까지 살면서 어떤 정치 조직에도 몸담은 적이 없습니다."

"그래도 한 연설에서 '동지들'이란 표현을 쓰지 않으셨습니까. 그게 무슨 의미였습니까?"

"글자 그대롭니다. 사전을 찾아보세요. 그 단어가 공산주의자들에게만 쓰는 단어는 아닙니다."

그는 계속 이런 식의 질문을 이어갔다. 그러다가 뜻밖에 이런 질문을 던졌다.

"이전에 간통을 저지른 적이 있습니까?"

"여보세요. 재입국 허가를 내주지 않기 위해 구실을 찾는 모양인데, 그러면 그렇다고 솔직히 말씀하세요. 그러면 저도 그에 맞게 모든 일을 정리하도록 하겠습니다. 사실 저도 저를 달가워하지 않는 나라에서 살고 싶지는 않습니다."

"그런 것은 아닙니다. 재입국 허가를 신청하는 사람들에게 통상적으로 하는 심사의 일부입니다."

"'간통'의 정확한 뜻이 뭡니까?"

내가 물었다. 우리 두 사람은 함께 사전을 찾아보았다.

"'다른 남자의 아내와 육체적 관계를 갖는 것'이라고 할 수 있습니다."

나는 잠시 생각해본 뒤에 대답했다.

"내 기억으로는 그런 적이 없습니다."

"만일 미국이 침략을 당한다면, 이 나라를 위해 싸우시겠습니까?"

"물론입니다. 나는 이 나라를 사랑합니다. 이곳에서 사십 년 넘게 살았으니 제 고국이나 마찬가지입니다."

"그런데 왜 시민권자가 되지는 않으셨습니까?"

"그게 법에 저촉되나요? 여하튼 저는 세금을 꼬박꼬박 냈습니다."

"그렇지만 왜 공산당 노선에 동조하십니까?"

"공산당 노선이란 것이 도대체 뭔지 말씀해주신다면, 제가 그것에 동조하는지 안 하는지 말씀드리겠습니다. 저는 공산당 노선이란 것이 뭔지 모르겠습니다."

그들은 아무 대답도 하지 못했다. 내가 끼어들었다.

"제가 왜 공산주의 동조자로 몰리게 됐는지 아십니까?"

그는 고개를 흔들었다.

"당신 정부에 충성을 해서 그렇습니다."

그는 눈썹을 치켜 올리며 놀란 표정을 지었다.

"당신네 러시아 주재 대사였던 조지프 E. 데이비스 씨가 러시아 전쟁구제를 위해 샌프란시스코에서 연설을 하기로 되어 있었습니다. 그런데 연설 날짜가 다 됐는데 마침 후두염에 걸려 연설을 할 수 없게 되자 정부의 한 고위 관리가 내게 전화해 연설을 대신 해줄 수 없느냐고 부탁했습니다. 물론 저는 그 대신 연설을 했습니다. 그 뒤로 저는 공산주의 동조자로 매도되면서 시달림을 받고 있습니다."

나는 3시간 동안 심문을 받았다. 일주일 뒤에 그들은 내게 다시 전화해 이번에는 로스앤젤레스 이민국으로 직접 나와달라고 부탁했다. 이번에는 내 변호사와 함께 갔다. 그는 "통상 이런 경우 아주 까다로운 질문을 받게 된다"고 충고했다.

이민국에 도착하자 그들은 나를 상당히 정중하게 맞이했다. 상냥해 보이는 중년의 이민국장이 나를 위로하듯 이렇게 말했다.

"일 처리가 늦어져 정말 죄송합니다, 채플린 씨. 그러나 로스앤젤레스에 이민국 지소가 개설되었기 때문에 앞으로 서류 업무 때문에 워싱턴을 오가며 늦어지는 일은 없을 겁니다. 그런데 한 가지 질문이 있습니다. 채플린 씨, 얼마 동안 나가 계실 건가요?"

"길어야 6개월입니다. 휴가차 여행을 가는 거니까요."

"혹시 길어지게 되면, 연장 신청을 해주십시오."

그는 테이블에 서류 한 장을 내려놓더니 방을 나갔다. 내 변호사가 서둘러 그것을 확인했다.

"그거네! 허가서야!"

이민국장은 펜을 들고 다시 돌아왔다.

"여기에 서명을 해주십시오, 채플린 씨. 그리고 아시겠지만 출국 허가서도 수령해야 합니다."

내가 서명을 하자 그는 다정하게 내 등을 다독였다.

"자, 재입국 허가서입니다. 아무쪼록 즐거운 여행이 되시기를 바랍니다. 잘 다녀오십시오!"

그날은 토요일이었다. 우리는 다음 날인 일요일에 기차를 타고 뉴욕으로 갈 예정이었다. 나는 내가 출국했을 경우 무슨 일이 일어날지 알 수 없었기 때문에 만일의 사태에 대비해 우나에게 은행 금고에 있는 내 재산을 모두 찾아다 달라고 부탁했다. 그러나 우나는 무슨 이유에서인지 차일피일 미루고 있었다. 시간을 보니 은행 영업 종료 시간까지 십 분밖에 남아 있지 않았다.

"십 분밖에 남지 않았어. 서둘러야 해!"

그런데 우나는 사태가 시급할수록 꾸물거리는 버릇이 있었다.
"여행을 다녀와서 찾아도 되잖아요?"
그녀가 말했다. 그러나 나는 얼른 찾아와야 한다고 고집을 피웠다. 내 판단이 맞았다. 만일 그때 내가 전 재산을 찾아오지 않았다면, 나는 아마 미국에 남겨놓은 재산을 찾는 소송으로 남은 여생을 다 보냈을지도 모른다.

뉴욕으로 떠나는 날은 정말 마음이 아팠다. 우나가 마지막으로 집안일을 정리하는 동안 나는 잔디밭에 서서 착잡한 기분으로 집을 바라봤다. 내게는 사연이 많은 집이었다. 이 집에 사는 동안 기쁜 일도 슬픈 일도 참 많았다. 이렇게 막상 떠난다고 생각하니 정원도 집도 평화롭고 친근하게 나를 배웅하는 것 같았다.

가정부 헬렌과 집사 헨리에게 작별인사를 하고 부엌으로 가서 요리사인 애나에게도 마지막 인사를 건넸다. 나는 이런 일에 부끄럼을 많이 타는 성격이라 막상 작별인사를 해야 한다고 생각하니 쑥스러웠다. 약간 토실토실했던 애나는 귀가 잘 들리지 않았다. 나는 다시 한 번 크게 "잘 있어요"라고 말하고 그녀의 팔을 다독였다. 우나가 마지막으로 집을 나왔다. 뒤에 우나는 요리사와 가정부가 눈물을 글썽이더라고 내게 말해주었다. 내 조감독이었던 제리 엡스타인이 우리를 배웅하기 위해 역에 나와 있었다.

기차를 타고 뉴욕으로 가는 동안 우리는 충분히 휴식을 취했다. 그리고 출항 전까지 일주일 동안 뉴욕에 머물렀다. 뉴욕에 도착해 느긋하게 시간을 보낼 생각이었는데 내 변호사인 찰스 슈바르츠가 전화를 했다. 유나이티드 아티스트 영화사의 예전 직원이 영화사를 상대로 수백만 달러의 소송을 제기했다는 것이었다.

"결과야 뻔하겠지만 여하튼 성가신 일이 터졌네, 찰리. 자네가 소환되지 않기를 바라야지. 그래도 여행 중에 소환되어 불려올 수 있으니 알고 있게. 그래서 전화했네."

결국 나는 남은 나흘 동안 호텔방에 처박힌 채 우나와 아이들을 데리고 뉴욕을 구경하기로 한 일정을 포기했다. 그래도 나는 소환되든 소환되지 않든 상관없이 〈라임라이트〉의 언론 시사회에는 꼭 참석할 작정이었다.

홍보 담당자인 해리 크로커가 내 뜻과는 상관없이 〈타임〉지와 〈라이프〉지의 편집진과 점심 약속을 주선했다. 영화 홍보를 위해서라면 가끔 남이 시키는 일도 해야 할 필요가 있다. 점심식사는 그들의 사무실에서 하기로 되어 있었다. 휑하니 회반죽을 칠한 사무실 벽은 냉랭한 그날 점심 분위기와 딱 어울렸다. 나는 짧게 자른 머리에 진지한 얼굴을 하고 죽 열을 지어 앉은 〈타임〉지 편집진들에게 억지로 친한 척을 하며 분위기를 화기애애하게 이끌기 위해 애썼다. 음식도 그곳 분위기만큼이나 썰렁했다. 주 메뉴는 엷은 청황색이 감도는 녹말 소스를 얹은 치킨 요리였다. 아무 맛도 나지 않았다. 〈라임라이트〉의 홍보를 부탁하기 위해 마련한 자리였지만 결과는 신통치 않았다. 그들은 영화에 대해 가차 없이 비판을 해댔다.

비록 〈라임라이트〉가 언론 시사회에서 좋은 평가를 받지는 못했지만, 뒤에 나는 뜻하지 않게 몇몇 주요 신문사로부터 영화에 대해 좋은 평을 받았다.

30
할리우드여 안녕!

옆에서 런던 시내와 템스 강을 내려다보고 있는 우나를 힐끗 쳐다봤다. 그녀의 얼굴에는 호기심과 흥분이 가득했다. 그래서였을까. 그녀는 실제 나이인 스물일곱보다 더 어려 보였다. 우나는 나와 결혼하고 나서부터 고된 나날을 보냈다. 런던 시내를 내려다보는 그녀의 검은 머릿결 위로 햇살이 반짝였다. 그러자 흰머리가 눈에 띄었다. 나는 아무런 말도 할 수 없었다. 그 순간 나는 남은 생을 우나를 위해 헌신해야겠다고 생각했다. 우나가 말했다.
"런던이 마음에 들어요."

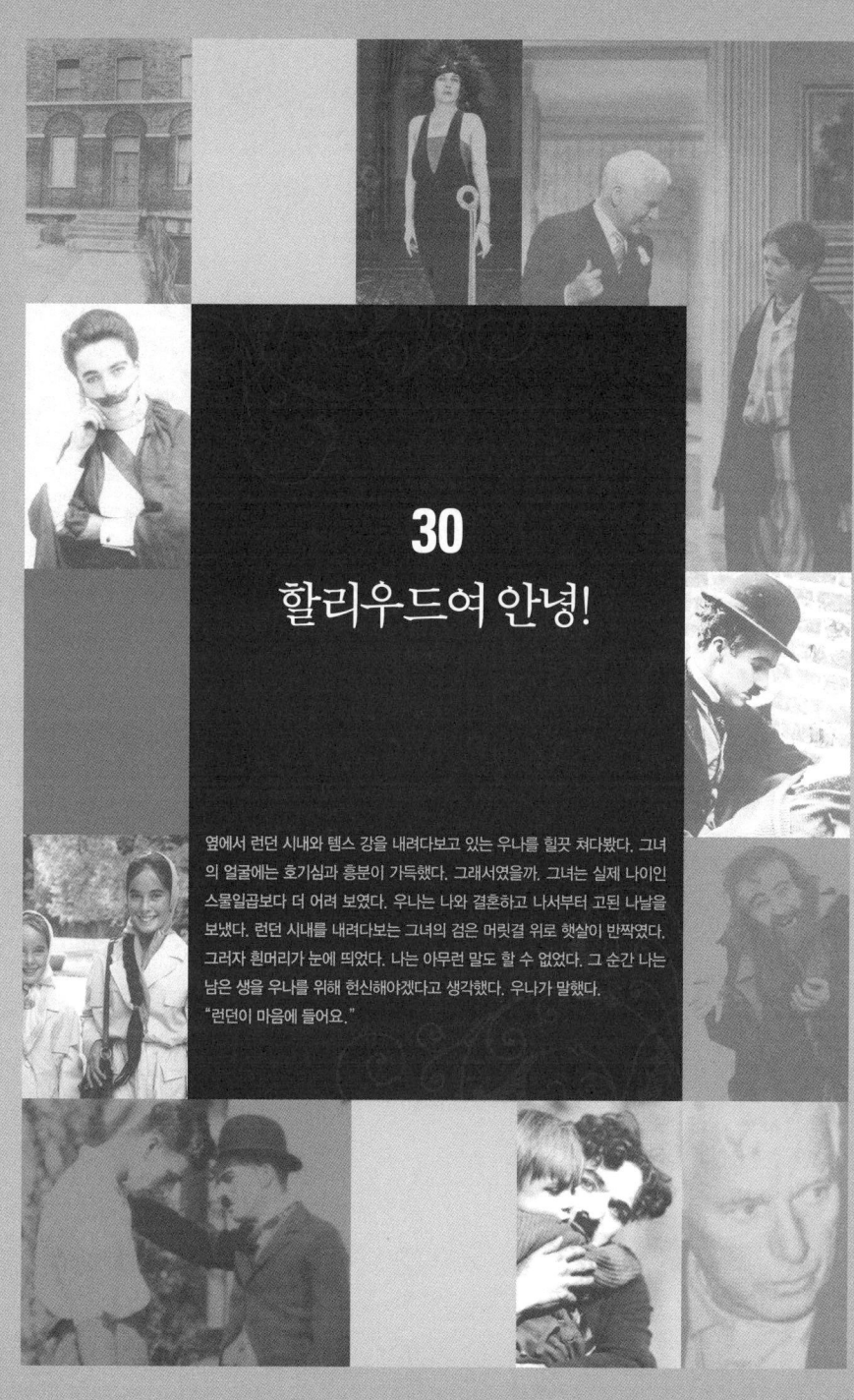

미국에서 추방되다

　일요일 아침 5시에 영국으로 출항하는 퀸엘리자베스 호에 승선했다. 평소 같았으면 낭만적이었을 시간이지만, 나는 영장 집달관을 피해 어쩔 수 없이 서둘러 배에 올랐다. 내 변호사는 배에 승선한 뒤 선실에 들어가 수로 안내인이 최종 출항을 알릴 때까지 절대 갑판 위에 모습을 드러내지 말라고 당부했다. 지난 10년 동안 최악의 사태를 예상하고 몸을 사려온 터라 나는 순순히 그의 말을 따랐다.
　원래 나는 가족과 함께 상부 갑판에 올라가 배가 선착장을 미끄러지듯 서서히 빠져나와 또 다른 세계로 향하는 흥분된 순간을 만끽하고 싶었다. 그런데 이렇게 선실에 갇힌 채로 현창을 통해 밖을 내다봐야 했다.
　"저예요."
　우나가 선실 문을 두드렸다. 나는 문을 열었다. 우나가 말했다.
　"짐 에이지가 배웅 나왔어요. 지금 선착장에 서 있어요. 제가 당신은 영장 집달관 때문에 갑판에 나올 수 없고, 대신 선실 현창을 통해 손을 흔들어 보일 거라고 말해뒀어요. 저기 선착장 끝에 서 있죠."

짐이 인파에서 혼자 떨어져서 나를 찾기 위해 배를 이리저리 살피고 있는 모습이 보였다. 나는 황급히 중절모를 벗어 들고 현창으로 팔을 내밀어 흔들어 보였다. 우나는 다른 현창으로 밖을 내다보고 있었다.

"아직 우리를 보지 못했나 봐요."

끝내 짐은 나를 보지 못했다. 그는 마치 세계에서 혼자 뚝 떨어져 나온 사람처럼 선착장에 서서 나를 찾기 위해 하염없이 두리번거렸다. 그리고 그것이 내가 본 짐의 마지막 모습이었다. 2년 뒤에 그는 심장마비로 사망했다.

마침내 배가 수로를 빠져나왔다. 나는 수로 안내인이 배에서 내리기도 전에 마치 자유인이라도 된 것처럼 선실에서 나와 갑판으로 향했다. 멀리 하늘 높이 치솟은 고층빌딩 숲이 한눈에 들어오더니 이내 빠르게 멀어져갔다. 그리고 매 순간마다 이루 형언할 수 없는 아름다움이 내 눈 앞에 펼쳐졌다. 어느 순간 거대한 아메리카 대륙이 안개 속으로 사라지자 알 수 없는 묘한 감정이 느껴졌다.

가족과 함께 영국을 방문한다는 생각에 가슴이 벅차기도 했지만, 한편으로는 마음이 그렇게 편할 수 없었다. 드넓은 대서양이 지난날의 모든 시름을 단번에 씻어주는 것 같았다. 마치 다른 사람이 된 것 같았다. 나는 더 이상 영화계의 신화적 인물도 아니었고 증오와 멸시의 대상도 아니었다. 나는 단지 부인과 아이들과 함께 휴가를 떠나는 평범한 한 가장에 불과했다. 우나와 나는 갑판 의자에 앉아 친구들 이야기를 나누면서 하염없이 즐거워하는 아이들의 모습을 바라봤다. 그리고 고생 끝에 낙이 온다더니 진정한 행복이란 이런 것이 아닌가라는 생각을 했다.

우나와 나는 뒤에 남기고 온 친구들에 대해 이야기꽃을 피웠다. 그리고 뜻밖의 호의를 베푼 이민국에 대해서도 잠시 이야기를 나눴다. 조그만 호의에 어떻게 그리 쉽게 마음이 누그러지는 것일까. 누구를 미워하고 증오하는 것도 쉬운 일은 아니다.

우나와 나는 장기간 여행을 하면서 마음껏 즐길 생각이었다. 물론 중간에 〈라임라이트〉를 개봉할 예정이었기 때문에 결코 목적 없는 여행은 아니었다. 일과 여행을 한꺼번에 할 수 있다는 생각에 나는 너무나 즐거웠다.

다음 날 점심은 그렇게 즐겁고 유쾌할 수 없었다. 우리는 아서 루빈스타인 내외와 아돌프 그린과 함께 점심을 먹었다. 그런데 식사 중간에 해리 크로커가 해외 전보를 받았다. 그가 전보를 받자마자 읽지도 않고 호주머니에 넣으려 하자 웨이터가 이렇게 말했다.

"무선으로 답변을 기다리고 있습니다."

그는 다시 전보를 꺼내 읽어 내려갔다. 그의 얼굴에 먹구름이 드리웠다. 그는 잠시 실례한다면 자리에서 일어났다.

잠시 뒤에 그는 나를 자신의 선실로 불러 전보를 읽어주었다. 전보에는 내가 미국에서 추방되었다는 것, 따라서 재입국하려면 이민국에 출두해 내 정치 노선과 부도덕한 행실에 대한 몇 가지 혐의에 대해 먼저 답변을 해야 한다고 적혀 있었다. 그리고 〈UP 통신사〉가 이에 대한 내 의견을 듣고 싶어 했다.

갑자기 신경이 곤두서기 시작했다. 내가 그 불행한 나라에 재입국할 수 있든 없든 그것은 별로 중요치 않았다. 나는 나에 대한 증오에 휩싸인 미국에서 가급적 빨리 벗어나는 것이 내 정신건강에 이로울 것 같고, 미국에서 받은 모욕과 도덕적 멸시에 이제 넌더리가 난다고 말해주고 싶었다. 그러나 내 전 재산이 미국에 있었다. 그리고 그들이 온갖 구실을 만들어 내 재산을 압수하려 들지 몰랐다. 내가 미국에 없으니 어떤 파렴치한 행동을 하고 나올지 알 수 없는 일이었다. 우선 나는 마음을 가라앉히고 적당한 답변을 생각했다. 그리고 돌아가서 혐의에 답변하겠지만 이미 발급받은 재입국 허가서가 '한낱 종이쪽지'가 아니라 미국 정부가 발급한 공신력 있는 문서가 아니냐는 취지의 말을 했다.

그때부터 여객선 위에서의 생활은 편하지 않았다. 세계 각 언론사에서 미국에서 추방당한 일에 대해 어떻게 생각하는지 해명을 듣고 싶다는 전보를 보내왔다. 사우샘프턴 도착 전 첫 번째 기항지였던 프랑스의 셸부르 항에는 백여 명이 넘는 기자들이 나를 인터뷰하기 위해 몰려 나와 있었다. 우리는 점심식사 뒤에 뷔페 식당에서 한 시간가량 기자회견을 열었다. 그들은 내게 동정적이었지만 내게는 참기 힘든 시련이었다.

사우샘프턴에서 런던으로 가는 내내 심기가 불편했다. 하지만 다른 한편으론 긴장감이 돌았다. 왜냐하면 처음으로 영국 교회를 바라보는 우나와 아이들의 반응이 어떨지 매우 궁금했기 때문이다. 이것은 나에게 미국에서 추방당한 일보다 더 중요했다. 나는 우리가 탄 열차가 사우샘프턴을 떠나자마자 우나와 아이들에게 도중에 지나치게 될 데본셔와 콘월의 아름다운 전경에 대해 떠벌리듯 자랑했다. 그런데 때마침 밖을 내다보니 온통 붉은색 벽돌로 지은 황량한 건물들과 한결같은 모양의 주택들이 언덕 위로 죽 늘어서 있는 게 눈에 들어왔다. 우나가 내 말이 의심쩍었는지 이렇게 말했다.

"하나같이 똑같아 보이는데요."

"조금만 기다려 봐요. 아직 사우샘프턴 교외를 벗어나지 못했소."

물론 사우샘프턴 교외를 벗어나 런던으로 향하는 주변 시골 풍경은 내가 말한 대로 정말 아름다웠다.

런던의 워털루 역에 도착하자 우리를 환영 나온 인파가 운집해 있었다. 그들은 여전히 내게 아낌없는 신뢰와 지지를 보냈다. 내가 역을 빠져나가려 하자 그들은 손을 흔들며 내게 환호했다.

"찰리, 힘내요. 우리가 있잖아요."

누군가 이렇게 말했다. 그 말을 듣는 순간 가슴이 뭉클했다.

우리는 사보이 호텔 6층에 방을 잡았다. 우나와 함께 단둘이서 창가에 기대어 밖을 내다봤다. 나는 새로 건설한 워털루 브리지를 가리켰다. 아름답기는 했지만 내겐 별다른 추억이 없었다. 그것은 단지 내 어린 시절 추억이 서린 곳을 이어주는 다리일 뿐이었다. 우리는 아무 말 없이 세계에서 가장 번잡한 도시를 내려다보며 칵테일을 마셨다. 나는 로맨틱한 분위기를 연출하는 파리의 콩코드 광장을 보며 감탄하고, 창문에 반사되어 일대 장관을 이루는 뉴욕의 석양을 바라보며 신비한 계시 같은 것을 느끼기도 했지만, 사보이 호텔 창문을 통해 보이는 런던 템스 강의 경관은 웅대함에 있어서 이 모든 것을 능가했다. 나는 그곳에서 인간적인 어떤 것을 느꼈다.

나는 옆에서 런던 시내와 템스 강을 내려다보고 있는 우나를 힐끗 쳐다봤다. 그녀의 얼굴에는 호기심과 흥분이 가득했다. 그래서였을까. 그녀는 실제 나이인 스물일곱보다 더 어려 보였다. 우나는 나와 결혼하고 나서부터 고된 나날을 보냈다. 런던 시내를 내려다보는 그녀의 검은 머릿결 위로 햇살이 반짝였다. 그러자 흰머리가 눈에 띄었다. 나는 아무런 말도 할 수 없었다. 그 순간 남은 생을 우나를 위해 헌신해야겠다고 생각했다. 우나가 이렇게 말했다.

"런던이 마음에 들어요."

이때는 내가 영국을 마지막으로 방문한 지 20년 만이었다. 그사이 구불구불 굽이쳐 흐르던 템스 강은 옛 정취를 잃고 밋밋한 근대풍의 모습으로 바뀌어 있었다. 내 어린 시절의 반쪽이 거무스름하게 타다 만 잿더미 속으로 사라지고 없었다.

우나와 나는 호텔을 나와 레스터 광장과 피커딜리를 둘러봤다. 그러나 이제 그곳도 미국식 싸구려 물건, 간이식당, 핫도그 매점, 밀크바 등이 꽉 들어차 있었다. 뿐만 아니라 거리에는 모자를 쓰지 않은 젊은이들과 청바지를 입은 아가씨들이 거리낌 없이 활보하고 다녔다. 한때 우리는 웨스트엔드 식으로 옷을 입고, 노란 장갑에 지팡이를 들고 거리를 어슬렁거리던 때가 있었다. 그러나 그 시절은 이미 온데간데없고 다른 시절이 그 자리를 대신하고 있었다. 세상과 사물을 보는 방식, 감정을 드러내는 방식도 예전과 달랐다. 사람들은 재즈를 들으며 눈물을 훔쳤다. 그리고 도처에 성적 폭력이 난무했다. 시간은 그렇게 흘러갔다.

우리는 택시를 타고 내 어린 시절 추억이 서려 있는 파우널 테라스 3번지에 갔다. 그러나 집은 이미 헐리고 빈터만 남아 있었다. 시드니 형과 내가 아버지와 함께 살았던 캐닝턴 가 287번지에도 가보았다. 그리고 돌아오는 길에 벨그레이비어(런던 하이드파크 남쪽에 위치한 상류 주택 구역—옮긴이)를 지나쳤다. 한때 대저택의 위용을 뽐냈던 집들은 이제 사무실로 사용되고 있었다. 방마다 네온 불빛이 환하게 흘러나왔고, 창문으로는 책상 앞에서 일하고 있는 사무원들의 모습이 보였다. 개중에는 장방형 모양에 유리 용해로 같은 그리고 높이 치솟은 성냥갑처럼 생긴 시멘트 건물로 탈바꿈한 저택들도 있었다. 모두 진보라는 이름으로 자행된 시대적 변화였다.

우리에게는 산적한 문제가 많았다. 무엇보다 미국에 있는 재산을 찾아와야 했다. 나는 우나를 캘리포니아로 보내 나와 관련된 모든 일을 정리하고, 은행과 은행 대여 금고에 남아 있는 전 재산을 인출해오도록 시켰다. 그녀는 열흘 동안 미국을 다녀왔다. 그리고 돌아와서 그사이 어떤 일이 있었는지 소상해 말해줬다. 은행에서는 점원이 그녀의 친필 서명과 얼굴을 확인한 뒤에도, 은행장과 한참 동안 이야기를 나눴다. 그사이 우나는 그들이 내 대여 금고를 열어줄 때까지 가슴을 졸이며 기다려야 했다.

우나는 은행에서 일을 마치고 나와 바로 비벌리힐스에 있는 집으로 갔다. 모든 게 떠날 때 그대로였다. 화단이며 정원도 사랑스럽게 보였다. 그녀는 잠시 거실에 혼자 서서 옛 추억을 떠올렸다. 그리고 뒤에 스위스 출신의 집사였던 버틀러를 만나 그간 있었던 일을 전해 들었다. 우리가 미국을 떠나고 나서 바로 FBI에서 두 번이나 찾아와 그에게 내가 어떤 사람이었는지, 집에서 추잡하고 외설스런 파티는 열지 않았는지 등 여러 가지 질문을 했다고 한다. 그가 내가 항상 부인과 가족과 함께 조용하고 단란하게 살았다고 대답하자 이번에는 그를 위협하면서 국적은 어딘지, 미국에 얼마나 오랫동안 체류했는지 물어보고, 여권을 보여달라고 협박까지 했다는 것이다.

우나는 이런 모든 이야기를 듣고 나자 자신이 애지중지 가꾸며 살았던 비벌리힐스 집에 대한 정나미가 뚝 떨어지더라고 내게 말했다. 가정부였던 헬렌이 우나가 마지막으로 떠나는 날 이별을 슬퍼하며 눈물을 흘렸지만, 우나의 마음은 이미 떠난 뒤였다.

친구들은 내가 어떻게 미국으로부터 반감을 사게 됐는지 묻곤 한다. 첫 번째, 내가 지은 죄라면 예나 지금이나 내가 일반적 사회규범을 따르지 않는 사람이라는 데 있다. 비록 내가 공산주의자는 아니었지만, 그렇다고 그들을 미워한 것도 아니었다. 나는 단 한 순간도 그들에게 적대감을 표시한 적이 없었다. 물론 이런 태도 때문에 재향군인회를 포함한 많은 미국인들에게 반감을 샀다. 나는 재향군인회의 설립 취지에 반대하거나 이의를 갖고 있지 않다. 제대군인지원법 같은 법안들과 전직 군인들에 대한 각종 복리후생 제도 그리고 퇴역 군인 자녀에 대한 지원 등은 훌륭한 제도이자 인도주의적 조처라고 생각한다. 그러나 재향군인회 회원들은 자신들에게 주어진 권한을 넘어 애국심이라는 미명 아래 다른 사람의 기본 인권을 침해하는 등 권력을 남용하고 있다. 재향군인회의 이런 권력 남용은 미국 정치의 근본을 뒤흔드는 사회악이다. 무엇보다 이런 맹목적 애국심은 미국을 파시스트 국가로 전락시키는 맹아가 될 수 있다.

두 번째, 나는 '반미활동 조사위원회'에 반대했다. 도대체 반미 활동이란 것이 무엇인가. 물론 미국에 반대하는 적대 세력이 있는 것은 알겠지만, 자칫하면 이것은 같은 미국 시민으로서 가질 수 있는 소수 의견을 묵살하거나 봉쇄할 수 있는 권력 남용의 수단으로 이용될 소지가 있다.

세 번째, 나는 결코 미국 시민이 되려고 생각해본 적이 없었다. 그런데 반대로 생각해보자. 미국 국적을 갖고 영국에 살면서 생계 활동을 하는 미국인들 가운데 상당수가 영국 국적을 취득하려고 하지 않는다. 예를 들어 M.G.M 영화사의 한 중역은 영국에서 35년 동안 살면서 주당 네 자리 숫자에 달하는 봉급을 달러로 받고 있지만 영국 국적을 취득하지 않았다. 그리고 어느 영국인도 이것에 대해 문제 삼지 않는다.

이상의 설명은 어떤 변명을 하기 위한 것은 아니다. 이 책을 쓰기 시작했을 때, 나는 내가 왜 이 책을 쓰는지 자문해본 적이 있다. 많은 이유가 있었지만 변명을 하기 위해 이 책을 쓸 생각은 추호도 없다. 내가 미국으로부터 반감을 사게 된 이유를 나름대로 정리하면, 배타적인 파벌주의와 보이지 않는 정부라는 분위기 속에서 내가 국민적 적대감을 일으킬 수 있는 행동을 했고, 그것 때문에 불행하게도 미국 국민들의 애정을 잃게 되었다고 말할 수 있을 것 같다.

〈라임라이트〉, 그 감동의 시사회

〈라임라이트〉는 레스터 스퀘어에 있는 오데온 극장에서 개봉될 예정이었다. 그러나 〈라임라이트〉가 종래 내가 만든 희극과는 달랐기 때문에 관객들의 반응이 어떨지 자못 궁금했다. 개봉 전날 우리는 언론 시사회를 가졌다. 영화를 완성해놓고 상당한 시간이 흘렀기 때문에 나도 그날 객관적인 입장에서 영화를 관람했다.

내가 만든 영화였지만, 솔직히 말해 감동적이었다. 물론 이것은 자기도취에서 하는 말이 아니다. 왜냐하면 나도 내 영화를 보면서 마음에 드는 장면과 마음에 들지 않는 장면이 분명히 있기 때문이다. 그러나 몇몇 기자들이 쓴 것처럼 내가 눈물을 훔쳤다는 것은 사실이 아니다. 하기는 눈물을 흘렸다고 해서 문제될 것은 없지만. 저자가 자신이 쓴 책에 대해 아무런 감동도 느끼지 못하는데, 독자에게 그런 감동을 기대할 수 있을까. 그것은 어불성설이다. 솔직히 말해 나는 내가 만든 희극들을 관객보다 더 즐기는 편이다.

〈라임라이트〉의 개봉 첫날은 자선 행사로 치러졌고, 마거릿 공주가 몸소 참석했다. 그래서 다음 날부터 일반 관객들에게 개봉했다. 비록 언론의 평가가 미온적이기는 했지만 역대 최고 흥행 기록을 달성했고, 미국에서 보이콧했음에도 이전에 내가 만든 어떤 영화보다도 더 많은 수입을 올렸다.

런던을 떠나 파리로 가기 전에 우나와 나는 베런 스트라보기 경의 초대를 받아 상원에서 저녁식사를 했다. 내 옆 자리에는 허버트 모리슨이 앉았었는데, 사회주의자인 그가 핵 억제력을 옹호하는 발언을 하는 것에 적잖이 놀랐다. 나는 그에게 영국이 아무리 핵무기를 보유한다고 하더라도 핵 선제공격에는 취약할 수밖에 없다고 말했다. 영국은 작은 섬나라다. 핵 선제공격을 받아 이미 잿더미가 된 상태에서 핵 보복 공격을 가하는 것이 무슨 의미가 있겠는가. 나는 영국의 방위 전략으로 가장 적합한 것은 절대중립이라고 생각한다. 왜냐하면 원자력 시대에 절대중립만큼 안전을 보장받을 수 있는 전략은 없다고 생각하기 때문이다. 물론 내 견해가 모리슨의 견해와 양립할 수 없다는 것은 분명하다.

나는 상당히 많은 지식인들이 핵 억제력을 지지한다는 사실을 알고 놀랐다. 하원에서 나는 마르퀘스 오브 솔즈베리 경을 만났다. 그도 모리슨과 같은 생각을 갖고 있었는데, 나는 핵 억제력을 지지하지 않았기 때문에 그 역시 지지할 수 없었다.

말이 나온 김에 세계정세에 대해 내 나름대로 생각하고 있는 것을 이야기하고 넘어가자. 현대 사회가 계속 복잡해지고, 동역학적인 20세기가 빠르게 침투해 들어옴에 따라 각 개인은 정치, 경제, 과학 등 모든 분야에서 거대한 조직들의 위협에 무방비로 노출되어 있다. 더구나 우리는 이런 거대 조직들이 만들어내는 각종 규제와 인허가의 희생양으로 전락하면서 영혼까지 통제당하고 있다.

그럼에도 우리가 이런 거대 조직들의 수중에서 벗어나지 못하는 것은 문화적 소양이 부족하기 때문이다. 우리는 이런 추잡하고 혼란스러운 현대 세계에서 맹목적으로 살아가면서 심미적인 안목을 잃어버렸다. 뿐만 아니라 생활감각도 이윤, 권력 그리고 독점으로 인해 둔감해졌다. 현대 세계가 초래할 불길한 결과에 대해 무관심함으로써 결과적으로 이들 세력에 포위되는 상황을 자초한 것이다.

과학은 깊은 성찰과 책임감 없이 지구상에 살아 있는 모든 생명체의 운명을 좌지우지할 수 있는 대량 살상무기를 정치가와 군인들의 손에 안겨줬다. 윤리적 책임감과 지적 능력에서 완전하다고 할 수 없는 그리고 많은 경우에 그 완전성에서 의심을 받고 있는 인간의 수중에 이런 과도한 힘이 주어졌다는 것은 지구상의 모든 생명체가 전쟁으로 인해 멸종될 수도 있다는 것을 의미한다. 이론물리학자 로버트 오펜하이머 박사가 내게 이런 말을 한 적이 있었다.

"인간은 항상 알고자 하는 충동에 따라 움직입니다."

물론 알려고 하는 것 자체가 나쁜 것은 아니다. 그러나 문제는 인간이 그 결과에 대해서는 무관심하다는 것이다. 내가 이런 말을 하자 오펜하이머 박사도 수긍했다.

과학자들 중에는 종교적 광신도처럼 행동하는 사람들이 있다. 그들은 자신들이 발견한 것은 항상 선한 것이며, 끊임없이 뭔가를 알려고 하는 노력이 바로 도덕적 신조라고 믿으면서 앞만 보고 나아간다. 인간은 기본적으로 생존본능에 충실한 동물이다. 따라서 여러 재능이 먼저 발달하고 영혼은 나중에 발달한다. 즉 과학의 진보는 인간의 윤리적 행동에 앞서는 것이다. 무엇보다 이타주의는 인류의 발전 경로에서 가장 뒤늦게 나타난다. 그것은 항상 과학의 꽁무니만 졸졸 따라다닌다. 그리고 주위 환경에 의해서 작동한다. 가난은 이타주의나 박애주의가 아닌 유물변증법에 의해서 비로소 해소될 수 있다.

 토머스 칼라일은 세계를 구제하는 일은 사려 깊은 인간에 의해 가능할 것이라고 말했다. 그러나 세계 구제가 가능하기 위해서는 인간이 좀 더 극한 상황으로 내몰려야 한다. 즉 원자를 쪼개기 시작하면서 인간은 막다른 골목에 도달하고 그제야 생각을 하기 시작한다. 이제 그는 스스로를 파괴할 것인지 스스로를 구할 것인지 선택의 기로에 놓여 있다. 과학은 우리에게 선택을 하라고 강제하고 있다. 나는 이런 절박한 상황에서 궁극적으로 인간의 이타주의가 나타나고, 마지막으로 인류의 선의지가 승리하게 될 것이라고 믿고 있다.

 미국을 떠난 뒤로 나는 전혀 다른 대우를 받으며 살았다. 파리와 로마에서 우리는 마치 개선장군 같은 융숭한 대접을 받았다. 뱅상 오리올 대통령이 엘리제궁에서 주최한 점심 만찬에 초대되었고, 영국 대사관 주최 점심 만찬에도 초대되었다. 프랑스 정부는 나의 레지옹 도뇌르 훈장 등급을 올려주었고, 같은 날 프랑스 '작가와 극작가 협회(SACD)'는 나에게 명예회원 자격을 주었다. 당시 협회장 로제 페르디낭 씨가 내게 명예회원 자격을 부여하며 함께 보낸 서한은 상당히 감동적이었다. 원래 프랑스어였던 것을 영역해 여기에 싣는다.

친애하는 채플린 씨

당신이 오늘 이 자리에 우리와 함께하고 있는 것을 보고 놀라는 사람이 있다면, 그는 어떤 이유에서 우리가 당신을 사랑하고 경애하는지 모르는 사람입니다. 그런 사람은 인간의 가치에 대해서도 잘못 판단할 것이고, 당신이 지난 40년 동안 우리에게 베푼 축복을 제대로 헤아리지도 못할 것이며, 당신의 가르침이나 당신이 우리에게 아낌없이 준 즐거움과 감동의 본질에 대해 진심으로 감사하지 않을 것입니다. 소위 그런 사람은 은혜도 모르고 감사할 줄도 모르는 인면수심(人面獸心)을 가진 사람입니다.

당신은 세계에서 가장 위대한 인물 가운데 한 사람이며, 따라서 당신의 명성은 가장 저명하다고 할 수 있는 사람들의 이름과 어깨를 나란히 해야 할 것입니다.

당신은 정말 타고난 천재입니다. 자주 남용되는 천재라는 말은 경탄할 만한 희극배우이자 극작가, 작곡가, 감독, 제작자 그리고 무엇보다 마음이 따뜻하고 관대한 사람에게 적용할 때 그 진정한 의미를 갖게 됩니다. 당신은 이런 모든 자질을 갖추고 있습니다. 더구나 당신은 소박하기까지 합니다. 사람이 소박하다는 것은 그 사람을 고매하게 만들 뿐 아니라 가식이나 거짓 없이 마음으로부터 호소하도록 만듭니다. 그러나 천재라고 해서 모두 존경을 받는 것은 아닙니다. 뿐만 아니라 천재라고 해서 사랑을 고취시키는 것도 아닙니다. 그러나 당신이 우리에게 고취시킨 그 감정은 사랑이라는 단어 외에 달리 표현할 길이 없습니다.

〈라임라이트〉를 관람하고 우리는 오랜만에 활짝 웃었고, 진심에서 우러나오는 눈물을 흘렸습니다. 그것은 바로 당신의 눈물입니다. 당신이 우리에게 선물한 귀중한 눈물이기 때문입니다.

참으로 진정한 명성은 퇴색하는 법이 없습니다. 명성은 그에 걸맞은 타당한 이유가 제시될 때 비로소 의미와 가치를 갖고 오래 지속될 수 있습니다. 진정한 명성이란 그런 것입니다. 당신이 이런 진정한 명성을 얻게 된 것은 당신이 지니고 있는 너그러움과 자발성이 각종 규율에 방해받지 않고 당신의 고난, 기쁨, 희망 그리고 실망 등에서 싹터 나왔다는 사실에 있습니다. 물론 이런 것은 자신이 감당하기 힘든 고통을 당하고 자비를 구하는 사람들 그리고 잠깐 동안이기는 하지만 웃는 순간만이라도 위로받고 고통을 잊고 싶어 하는 사람이라면 충분히 이해할 수 있습니다.

비록 우리가 그것을 정확히 알 수는 없지만, 당신이 우리를 웃다 울게 만드는 이 놀라운 재능을 얻기 위해 어떤 대가를 치렀을지 상상할 수 있습니다. 또한 당신이 우리에게 깊은 감동을 준 모든 것을 연기라는 것으로 세세히 묘사할 수 있기까지 어떤 고통을 겪었을지 추측, 아니 감지할 수 있습니다. 분명히 당신은 그것을 지금까지 살아오면서 내내 체득했을 것입니다.

당신은 정말 기억력이 좋습니다. 당신은 어린 시절에 겪었던 일들을 정확히 기억하고 있습니다. 당신은 어린 시절의 슬픔, 아버지와의 사별 등을 하나도 잊지 않았습니다. 당신은 당신이 겪었던 불행을 다른 사람들과 나누고 싶어 합니다. 아니면 적어도 당신은 모든 사람에게 희망의 이유를 제시하고 싶어 합니다. 당신은 결코 당신의 슬픈 젊은 날을 저버리지 않았고, 명성을 얻은 뒤에도 그런 과거를 숨기지 않았습니다. 아아, 어떻게 이런 일이 가능할 수 있을까요.

아마 당신이 이런 어린 시절의 기억에 충실했다는 것이 당신의 가장 큰 장점이자 가장 중요한 자산인 것 같습니다. 물론 이것이 사람들이 당신을 우러러보는 진짜 이유이기도 합니다. 사람들은 당신의 섬세한 연기에 즉각 반응을 보입니다. 그것은 마치 당신이 다른 사람들의 마음속에 직접 감동을 전달하는 것 같은 느낌을 불러일으킵니다. 극작가로서, 배우로서, 동시에 감독으로서 하나로 혼연일체가 되는 것보다 더 조화로운 것은 없을 것입니다. 그리고 당신은 하나로 혼연일체를 이룬 재능을 인간적이고 좋은 일을 위해 바쳤습니다.

이것이 당신의 작품이 항상 대중들의 사랑을 받는 이유입니다. 그렇다고 당신의 작품이 이론이 부족하거나 기교가 부족한 것도 아닙니다. 당신의 작품은 영원한 고백이고, 확신이고, 기도입니다. 우리는 모두 당신과 공범자입니다. 왜냐하면 우리도 당신처럼 생각하고 느끼기 때문입니다.

당신은 당신의 재능 하나만으로 평단을 복종시켰습니다. 그것은 당신이 그들의 마음을 사로잡는 데 성공했기 때문일 것입니다. 이것은 정말 어려운 일입니다. 그렇지만 그들은 당신이 철지난 멜로드라마의 매력과 조르주 페도(1862~1921, 프랑스의 극작가—옮긴이)의 악랄한 웃음까지 이해할 수 있는 사람이라는 것을 인정하지 않을 것입니다. 그렇지만 나는 당신이 그런 사람이라는 것을 압니다. 뿐만 아니라 당신은 알프레드 드 뮈세(1810~1857, 프랑스의 낭만파 시인이자 극작가—옮긴이)를 연상시키는 독특한 매력을 가지고 있습니다. 물론 당신이 뮈세를 닮았다고 말하는 것은 아닙니다. 당신은 누구와 비슷하지도 누구를 닮지도 않았습니다. 당신은 당신만의 독특한 개성을 가지고 있습니다. 이것이 당신이 지금의 명예를 얻게 된 비밀입니다.

오늘 우리 '작가와 극작가 협회'는 당신을 회원으로 맞이하게 된 것을 영광과 축복으로 생각하고 있습니다. 물론 우리가 당신에게 또 다른 부담을 지우는 것일 수도 있습니다. 그러나 우리는 당신을 우리 회원으로 받아들이기를 열망하고 있습니다. 이 자리를 빌려 우리가 당신을 얼마나 존경하고 사랑하는지 말씀드리고 싶습니다. 그리고 당신이 이제 우리의 진정한 일원이라는 것도 말씀드리는 바입니다. 당신은 당신의 영화에서 손수 각본을 썼고, 음악을 작곡했으며, 감독까지 맡았습니다. 뿐만 아니라 직접 연기까지 했지요. 그 어느 하나 어디에 내놓아도 손색이 없을 만큼 훌륭합니다. 당신은 우리 협회 회원이 될 충분한 자격이 있습니다.

프랑스의 작가, 극작가, 각본가, 작곡가, 제작자 등이 우리 협회 회원입니다. 그들 모두 당신과 마찬가지로 자기 분야에서 나름대로 긍지와 희생정신을 갖고 일하고 있습니다. 그리고 당신도 잘 아시다시피 그들은 모두 공통적인 야심이 있습니다. 그것은 대중들을 감동시키고 즐겁게 하며, 그들에게 삶의 기쁨과 슬픔을 보여주고, 실연의 아픔, 부당한 시련에 대한 연민, 훼손된 평화, 희망 그리고 동포애를 되살려내고 싶은 열망을 표현하는 것입니다.

감사합니다. 채플린 씨.

로제 페르디낭

〈라임라이트〉의 프랑스 개봉식에는 프랑스 내각 각료들과 프랑스 주재 외국 대사들을 포함해 저명한 인사들이 대거 참석했다.

그러나 미국 대사는 보이지 않았다.

우리는 코메디프랑세즈에서 프랑스의 저명한 예술가들에 의해 무대에 올려진 몰리에르의 〈돈 주앙〉 특별 공연에 주빈으로 초대되어 갔다. 그날 밤 코메디프랑세즈 앞에 위치한 팔레 르와얄의 분수가 켜졌고, 우나와 나는 코메디프랑세즈의 연기 견습생들을 만날 수 있는 기회도 가졌다. 그들은 18세기풍 의복을 갖춰 입고 손에 가지촛대를 들고 있었는데, 유럽 전역을 통틀어 가장 아름다운 여인들로 가득한 그랑 서클로 우리를 안내했다.

로마에서도 우리는 프랑스에서와 마찬가지로 융숭한 대접을 받았다. 나는 대통령과 각료들이 주최한 만찬에 초대되어 훈장까지 받았다. 마침 우연치 않게 〈라임라이트〉 개봉일에 재미있는 사건이 있었다. 미술장관이 내게 군중들을 피해 극장 뒤편에 있는 무대 출입구를 이용해 들어가달라고 부탁했다. 나는 장관의 이런 부탁이 오히려 이상하다고 생각했다. 그래서 장관에게 사람들이 나를 보기 위해 극장 밖에 서서 오랫동안 기다리고 있었는데 정문으로 들어가 그들을 만나보는 것이 최소한의 예의가 아니겠느냐고 말했다. 그래도 장관은 난처한 표정을 지으며 뒷문으로 들어가는 것이 좋을 것 같다고 한사코 만류했다. 그러나 나도 고집을 부렸다. 결국 장관도 어찌지 못하고 내가 극장 정문으로 들어가도록 했다.

극장은 대성황을 이뤘다. 리무진을 타고 극장에 도착해서 보니 길가에 밧줄을 쳐놓고 군중들의 접근을 막고 있었다. 그런데 밧줄이 너무 멀리 쳐져 있는 것 같았다. 나는 차에서 내려 한 바퀴 돌면서 몰려든 군중들의 환호에 일일이 답했다. 그리고 차량 앞에 서서 아크등 불빛을 받으며 드골 식으로 팔을 높이 치켜들고 흔들면서 미소를 지었다. 그런데 순간 나를 향해 양배추와 토마토가 날아왔다. 너무 순식간에 일어난 일이라 뭐가 날아오는지, 도대체 무슨 일이 일어나고 있는지 알 수 없었다. 나는 통역을 맡은 친구가 등 뒤에서 "우리나라에서는 종종 일어나는 일입니다"라고 말하는 소리를 듣고 그제야 상황이 이해되었다. 다행히 양배추와 토마토를 맞지는 않았다. 여하튼 우리는 서둘러 극장 안으로 들어갔다. 이 상황이 조금 재미있다는 생각이 들어 나는 계속 웃어댔다. 그러자 이탈리아 친구들도 나를 따라 함께 웃었다.

뒤에 내게 양배추와 토마토 세례를 퍼부은 것이 젊은 네오파시스트들이라는 것을 알았다. 나는 그들이 나를 해코지하기 위해 그런 짓을 했다고는 생각지 않았다. 그것은 일종의 시위였다. 그들 중 네 명이 현장에서 체포되었는데 경찰이 그들을 고소할지 내게 물어왔다.

내가 말했다.

"아닙니다. 그들은 아직 어린아이들입니다."

그들은 열네 살과 열여섯 살밖에 되지 않는 젊은이들이었다. 그래서 그 문제는 그것으로 일단락됐다.

파리에서 로마로 떠나기 전에 〈레 레트르 프랑세즈〉지의 편집자이자 시인인 루이 아라공이 전화를 걸어 사르트르와 피카소가 나를 만나보고 싶어 한다고 전해줬다. 그래서 나는 두 사람을 저녁식사에 초대했다. 그러나 두 사람은 다른 사람들 눈에 띄지 않는 조용한 곳에서 나를 만나고 싶어 했다. 어쩔 수 없이 두 사람을 내가 묵는 호텔방으로 초대해 그곳에서 저녁을 먹었다. 물론 루이 아라공도 같이 참석했다. 내 홍보 담당자인 해리 크로커가 이 사실을 알고 크게 화를 냈다.

"이런 행동 하나로 우리가 미국을 떠난 뒤에 들인 모든 노력이 허사가 될 수도 있습니다."

"그렇지만, 해리. 여기는 유럽이야. 미국이 아니라고. 그리고 그들은 세계에서 가장 위대한 인물들이네."

나는 이렇게 말했다.

그때까지 나는 미국으로 다시 돌아갈 의사가 없다는 것을 해리나 다른 사람들에게 말하지 않았다. 왜냐하면 미국에 아직 처분하지 못한 재산이 남아 있었기 때문이다. 해리는 내가 아라공, 사르트르 그리고 피카소를 만나 서구 민주주의를 전복하기 위한 음모라도 꾸미려 한다고 생각했던 것 같다. 그럼에도 그는 세 사람이 도착하자 자신의 자서전에 사인을 받느라 자리를 떠날 줄 몰랐다. 물론 해리는 그날 그 자리에 초대받지 않은 손님이었다. 나는 잠시 뒤에 스탈린도 도착할 예정이니 밖으로 새어나가지 않도록 주의해달라고 놀려줬다.

나는 그날 저녁 모임에 그다지 확신이 없었다. 아라공을 제외하면 영어를 할 줄 아는 사람이 없었다. 통역을 통해 대화를 나눌 수야 있지만 멀리 있는 표적을 쏘고 나서 그 결과를 기다리는 꼴이라 별로 달갑지 않았다.

아라공은 이목구비가 뚜렷한 얼굴이 기품 있어 보였다. 피카소는 장난기 가득한 얼굴이 화가라기보다는 곡예사나 광대가 더 잘 어울릴 것 같았다. 사르트르는 얼굴이 둥그스름했다. 그리고 그의 생김새를 뭐라고 한 마디로 정의하기는 어렵지만, 여하튼 포착하기 힘든 아름다움과 감수성이 느껴졌다. 사르트르는 자신이 속으로 생각하는 것을 거의 밖으로 드러내지 않았다.

그날 저녁, 모임이 끝나자 피카소는 우리를 데리고 그가 아직도 사용하고 있다는 레프트뱅크 스튜디오로 갔다. 계단을 따라 올라가는데 그의 스튜디오 아래층에 있는 아파트 문에 이런 메모가 붙어 있었다.

'피카소의 스튜디오가 아닙니다. 한 층 더 올라가세요.'

그의 스튜디오는 오랫동안 치우지 않고 살았는지 너저분하고 휑덩그렁하니 마치 헛간 같았다. 비유가 그렇기는 하지만, 토머스 채터턴(1752~1770, 영국의 시인—옮긴이)조차 그런 곳에서는 자살하고 싶어 하지 않았을 것이다. 전구 하나가 서까래에 박힌 못에 매달려 있었고, 그 사이로 낡은 철제 침대와 고장난 난로가 눈에 들어왔다. 벽 쪽으로 먼지가 수북한 캔버스가 쌓여 있었다. 그가 그중 한 점을 들어 올렸다. 세잔이 그린 그림이었다. 그것도 가장 아름다운 작품이었다. 그는 한 점씩 우리에게 보여줬다. 그렇게 한 50점을 구경했던 것 같다. 나는 그에게 쓰레기를 내다버리는 셈치고 가격을 후하게 쳐줄 테니 내게 팔라고 말하고 싶었다. 사실 '쓰레기를 내다버리는 셈치고'라는 문장은 막심 고리키의 희곡 〈밤주막〉에 나오는 구절이다.

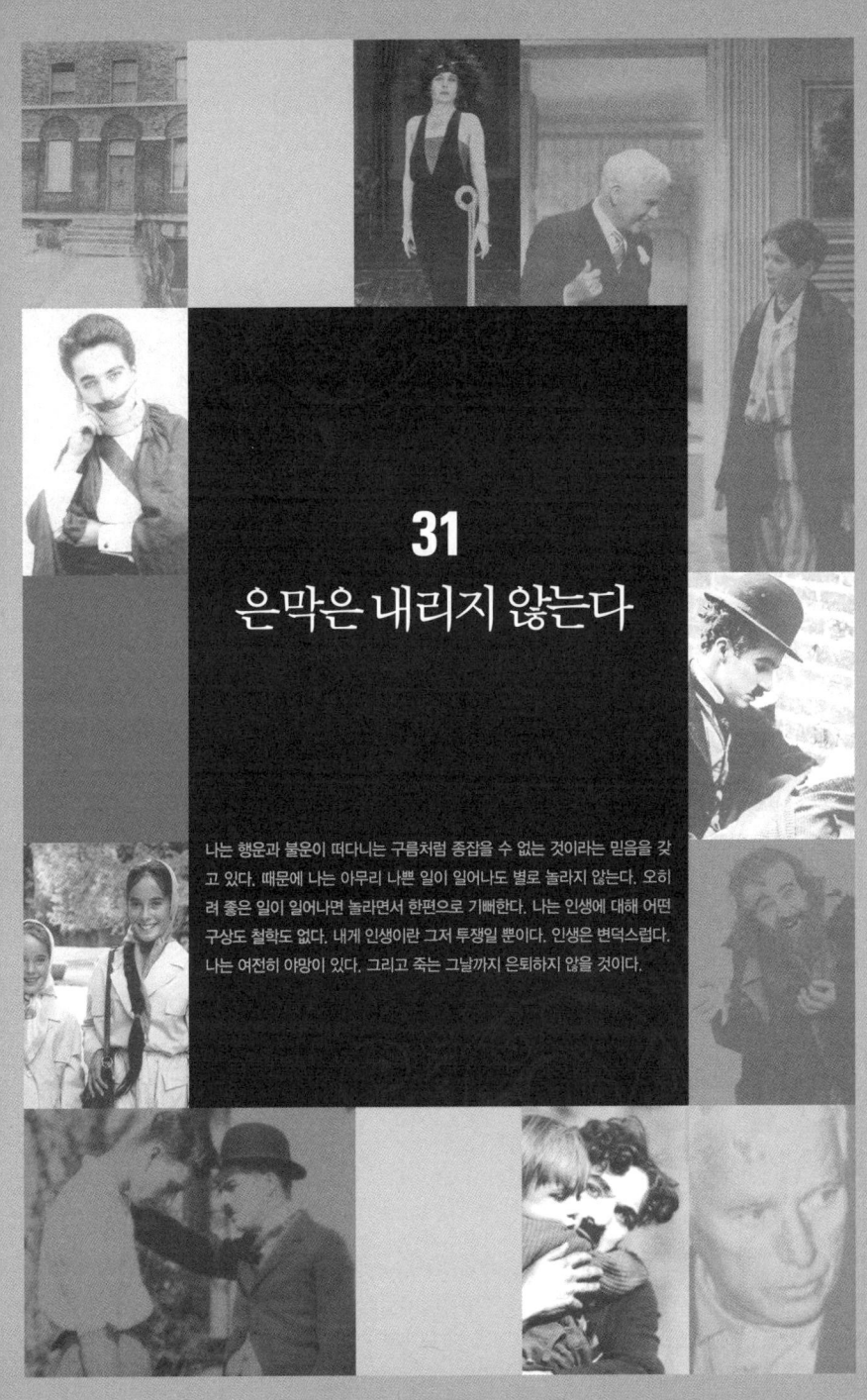

31
은막은 내리지 않는다

나는 행운과 불운이 떠다니는 구름처럼 종잡을 수 없는 것이라는 믿음을 갖고 있다. 때문에 나는 아무리 나쁜 일이 일어나도 별로 놀라지 않는다. 오히려 좋은 일이 일어나면 놀라면서 한편으로 기뻐한다. 나는 인생에 대해 어떤 구상도 철학도 없다. 내게 인생이란 그저 투쟁일 뿐이다. 인생은 변덕스럽다. 나는 여전히 야망이 있다. 그리고 죽는 그날까지 은퇴하지 않을 것이다.

스위스에 정착하다

우리는 파리와 런던에서 〈라임라이트〉의 개봉 행사를 마치고 런던으로 돌아와 몇 주를 보냈다. 이제 가족이 머물 집을 하나 장만해야 했다. 한 친구가 스위스를 추천했다. 물론 나는 런던에 정착하고 싶었지만 기후가 아이들이 살기에는 맞지 않을 것 같았다. 그리고 당시 돈이 은행에 묶여 있었기 때문에 집을 장만할 여유자금도 없었다.

결국 우리는 내키지는 않았지만 짐을 꾸려 아이들 넷을 데리고 스위스로 갔다. 우리는 로잔으로 가서 레어만 호수가 한눈에 내려다보이는 보 리바지 호텔에 임시로 묵었다. 가을이라 다소 음산했지만 산의 경치는 아름다웠다.

적당한 집을 찾기까지 넉 달이나 걸렸다. 다섯째 아이의 출산을 앞두고 있던 우나가 병원에서 퇴원한 뒤에 호텔로 돌아오고 싶지 않다고 말해 서둘러 집을 구하러 다녔지만 쉽지 않았다. 결국 브베에서 조금 위쪽에 위치한 코르시에 마을에 있는 마노아 드 반('영주의 저택'이란 뜻—옮긴이)이란 저택을 구할 수 있었다. 저택은

마노아 드 반 저택 전경

기타를 치고 있는 빅토리아

채플린

〈뉴욕의 왕〉에서 아들 마이클의 연기를 지도할 때

큰딸 제럴딘

조세핀

빅토리아와 조세핀

마노아 드 반에서 크리스마스에 가족과 함께. 왼쪽부터 아네트, 제인, 유진, 빅토리아, 조세핀, 크리스토퍼. 그때 제럴딘과 마이클은 런던에 가 있었다.

37에이커에 달하는 과수원과 채소밭이 딸려 있어서 철따라 커다란 블랙체리, 시고 달콤한 매실, 사과, 복숭아 등을 따먹을 수 있었고, 채소밭에서는 아스파라거스나 옥수수 같은 것을 재배해 먹을 수 있었다. 그래서 저택 주변을 이리저리 돌아다니다 보면 마치 순례 여행을 하는 듯한 느낌이 들었다. 테라스에 나가면 아름드리 나무들이 서 있는 5에이커의 잔디밭이 펼쳐졌고, 멀리 산과 호수가 한 폭의 그림처럼 둘러쳐져 있었다.

저택을 얻고 나서 나는 비서 두 명을 고용했다. 우리 집 정리와 집안 장식을 맡아서 도와주다가 내 매니저가 된 레이첼 포드 양과 내 통역 비서인 뷔르니에 부인이었다. 뷔르니에 부인은 이 책을 여러 번 타이프하는 일도 마다하지 않고 도와주었다.

처음에는 저택 자체가 상당히 고급스럽고 부지가 넓었기 때문에 우리 수입으로 유지와 관리를 할 수 있을지 걱정이 되었다. 그러나 소유주의 말을 듣고 예산 범위 내에서 충당할 수 있으리라는 판단이 들었다. 그렇게 해서 우리는 인구 1,350명의 코르시에 마을에서 살게 되었다.

이곳 생활에 익숙해지기까지 거의 1년이 걸렸다. 그사이 아이들은 코르시에 마을에 있는 학교에 다녔다. 그런데 한 가지 문제가 있었다. 이곳 학교에서는 프랑스어로 수업을 하기 때문에 아이들도 어쩔 수 없이 프랑스어를 배워야 했다. 우리는 아이들이 이것 때문에 심리적으로 위축되거나 정신적으로 혼란을 겪지나 않을까 걱정했다. 그러나 그것은 기우에 지나지 않았다. 아이들은 빠르게 프랑스어를 습득하더니 얼마 지나지 않아 유창하게 말하기 시작했다. 그리고 스위스 생활방식에도 문제없이 적응해나갔다. 오히려 아이들의 보육 교사인 케이 케이와 피니가 프랑스어를 배우느라 애를 많이 먹었다.

한편으로 우리는 미국과 관계된 모든 일을 차례로 정리하기 시작했다. 모두 정리하기까지 상당한 시간이 걸렸다. 나는 미국 영사를 만나 재입국 허가서를 반납했다. 그리고 미국에 있는 내 주택을 포기하겠다고 말했다.

"미국에 돌아가실 생각이 없으신 건가요, 찰리?"

"그렇습니다. 저도 이제 나이가 많아 더 이상 그런 터무니없는 논란에 휩싸이고 싶지 않습니다."

내가 변명하듯 대답했다. 그는 별다른 대꾸 없이 간략하게 이렇게 말했다.

"그래도 혹시 돌아가고 싶으시면 언제든지 비자는 발급해드리도록 하겠습니다."

나는 웃으며 고개를 저었다.

"저는 스위스에 정착하기로 마음을 굳혔습니다."

그것으로 끝이었다. 우리는 가볍게 악수를 하고 헤어졌다.

그런데 우나도 미국 시민권을 포기하겠다고 나섰다. 그래서 우나는 런던을 방문하는 중에 미국 대사관에 가서 시민권을 포기하겠다고 통지했다. 그러나 그들은 나름대로 포기 절차라는 것이 있기 때문에 처리하는 데 최소한 45분은 소요될 거라고 말했다.

"말도 안 돼! 그렇게 오래 걸린다니 납득이 가지 않소. 같이 가 봅시다."

내가 우나에게 말했다.

그런데 막상 미국 대사관 앞에 도착하니 지난 시절에 미국으로부터 받은 온갖 모욕과 중상이 떠올라 속이 부글거리기 시작했다. 그러고는 마치 터지기 직전의 풍선처럼 화가 머리끝까지 치솟았다. 나는 대사관에 들어가 큰 소리로 이민국이 어디에 있는지 물었다. 내가 그렇게 나오자 우나가 난처해했다. 문이 열리고 한 남자가 나타나더니 이렇게 말했다.

"안녕하세요, 찰리. 부인과 함께 이쪽으로 오시지요."

그는 내 속을 훤히 들여다보기라도 한 것처럼 처음부터 이렇게 말했다.

"미국 시민권을 포기하려는 미국인은 자신이 지금 어떤 행동을 하고 있는지 분별할 줄 알아야 하고, 정신상태가 온전해야 합니다. 그래서 이런 심의 절차를 밟는 것입니다. 굳이 말씀드리자면, 시민권을 보호하기 위한 절차이지요."

그의 말에도 일리가 있었다. 오십대 후반쯤으로 보이는 그는 나를 책망하듯 쳐다보며 이렇게 말했다.

"저는 1911년에 옛 임프레스 극장에서 한 번 선생을 뵌 적이 있습니다."

대화가 이렇게 되자 나는 마음을 진정시키고 잠시 동안 당시 이야기를 화제에 올렸다.

심의 절차가 끝나고 서류에 서명을 한 다음 우리는 서로 기분 좋게 인사를 나누고 헤어졌다. 그러나 나 때문에 우나까지 미국 시민권을 포기하게 되었는데도 아무런 감정이 일지 않았다. 나는 오히려 그런 내 자신이 더 서글펐다.

흐루쇼프와의 만남

 우리는 이따금 런던에 가서 친구들을 만난다. 그중에는 시드니 베른스타인(1899~1993, 영국의 방송 사업가-옮긴이), 이보르 몬터규(1904~1984, 영국의 영화감독-옮긴이), 에드워드 베딩턴 베렌스 경, 도널드 오덴 스튜어트, 엘라 윈터(1898~1980, 오스트레일리아 출신의 영국 경제학자이자 저널리스트-옮긴이), 그레이엄 그린(1904~1991, 영국의 극작가-옮긴이), J. B. 프리스틀리(1894~1984, 영국의 작가이자 방송인-옮긴이), 막스 라인하르트 그리고 더글러스 페어뱅크스 주니어 등이 있다. 물론 멀리 떨어져 있어 만나기 어려운 친구들도 있지만, 생각만 해도 마음의 위로가 된다. 오랜 친구들을 만나는 것은 이미 정박할 곳을 정해놓고 배를 타고 멀리 항해를 하는 느낌이다.

 런던에 갔을 때 일이다. 나는 흐루쇼프와 불가닌 두 사람이 소련 대사관이 클라리지 호텔에서 주최한 리셉션에서 나를 만나보고 싶어 한다는 쪽지를 받았다. 호텔에 도착하니 로비는 사람들로 발 디딜 틈 없이 북적거렸다. 우리는 소련 대사관 직원의 안내를 받아 사람들 틈을 헤집고 안으로 들어갔다. 맞은편에 흐루쇼프와 불가닌이 보였다. 그들도 간신히 사람들을 헤치고 우리 쪽으로 다가오고 있었다. 그런데 그들은 나를 보지 못했는지 아니면 내 얼굴을 모르는지 그냥 옆을 스쳐 지나 밖으로 나가려고 했다. 그들 표정으로 봐서는 뭔가 못마땅한 눈치였다.

 그가 그냥 내 옆을 지나 밖으로 나가려고 하자 대사관 직원이 그를 불러 세웠다.

"흐루쇼프 동지!"

그런데 그는 손사래를 치며 뒤도 돌아보지 않았다.

"흐루쇼프 동지, 찰리 채플린 씨입니다."

대사관 직원이 한 번 더 소리쳤다. 흐루쇼프와 불가닌이 걸음을 멈추고 뒤를 돌아봤다. 흐루쇼프는 어떤 곤란한 상황에서도 유머를 잃지 않았다. 두 사람 얼굴에 웃음이 가득했다. 그들이 웃는 걸 보고 있자니 조금 멋쩍었다. 우리는 사람들로 북적대는 로비에 서서 인사를 나눴다. 흐루쇼프는 통역을 통해 내 영화가 러시아 인민들 사이에서 얼마나 높은 평가를 받고 있는지 이야기해줬다. 그리고 우리는 보드카를 마셨다. 보드카에서는 후추 냄새가 났는데 아마 후추 통이 보드카에 빠지기라도 한 모양이었다. 그래도 우나는 보드카가 입에 맞는지 맛있게 홀짝였다. 그리고 우리는 함께 기념사진을 촬영했다. 주위에 몰려든 사람들 때문에 너무 시끄러워 나는 한 마디도 할 수 없었다.

"다른 방으로 옮기도록 합시다."

흐루쇼프가 말했다. 우리가 다른 곳으로 옮기려 한다는 것을 알아챈 사람들이 우리를 좀 더 가까이에서 보기 위해 몰려들었다. 이로 인해 일대 혼전이 벌어졌다. 우리는 대사관 직원 네 명의 도움을 받아 떠밀리듯 별실로 안내됐다. 별실에 들어서자마자 흐루쇼프와 우리는 동시에 안도의 한숨을 내쉬었다.

그때부터 나는 특유의 재담을 발휘해 흐루쇼프와 대화를 나눴다. 흐루쇼프는 런던에서 서방 세계를 향해 상당히 우호적인 연설을 한 참이었다. 당시는 동서냉전 시대로 미국을 위시한 서유럽과 소련이 정치군사적으로 첨예하게 대립하던 시기였다. 때문에 흐루쇼프의 연설은 동서냉전이 새로운 전기를 맞이하고 있음을 보여주는 하나의 서광이었다. 그래서 나는 흐루쇼프에게 그의 연설이 전 세계 수백만 사람들에게 평화에 대한 희망을 안겨주었다고 말했다. 우리가 이런 대화를 나누고 있을 때 한 미국인 기자가 끼어들었다.

"충분히 납득이 갑니다만, 흐루쇼프 씨, 당신 아들이 간밤에 시내에 나가 한바탕 난리를 치고 다녔다죠. 알고 계십니까?"

흐루쇼프는 얼굴에 쓴웃음을 지으며 이렇게 대답했다.

"제 아들은 성실하고 착한 아이입니다. 엔지니어가 되려고 공부도 열심히 하고 있고요. 그래도 가끔은 즐길 줄도 알아야 하지 않겠습니까!"

몇 분 뒤에 흐루쇼프 앞으로 메모가 전달됐다. 해럴드 스타센(1907~2001, 미국 정치가—옮긴이)이 흐루쇼프를 만나기 위해 밖에서 기다리고 있다는 전갈이었다. 그가 나를 돌아보며 농담 삼아 이렇게 물었다.

"미국인인데, 괜찮으시겠습니까?"

"괜찮습니다."

나는 웃으며 대답했다.

스타센 부부와 안드레이 그로미코(당시 소련 외상—옮긴이) 부부가 들어왔다. 흐루쇼프가 몇 분이면 될 거라며 내게 잠시 양해를 구하더니 방 한구석으로 가서 스타센, 그로미코와 이야기를 나눴다.

그사이 나는 부인들과 대화를 나눠볼 요량으로 말을 붙였다. 먼저 그로미코 부인에게 러시아로 돌아갈 생각인지 물어보았다. 그녀는 미국으로 갈 예정이라고 말했다. 나는 그녀와 남편이 미국에서 생활한 지 오래되지 않았느냐고 말했다. 그녀가 다소 당황한 표정으로 웃어 보이며 말했다.

"그렇기는 하죠. 저는 미국 생활에 만족합니다."

내가 말했다.

"저는 뉴욕이나 태평양 연안은 진정한 미국이 아니라고 봅니다. 개인적인 견해이지만, 저는 노스다코타나 사우스다코타, 미니애폴리스나 세인트폴 같은 중서부 지역을 더 좋아합니다. 그곳에 진정한 미국인들이 살고 있다고 생각하고 있고요."

옆에 앉아 있던 스타센 부인이 갑자기 큰 소리로 끼어들었다.

"어머, 그렇게 말씀하시다니 기분이 좋은데요. 저와 제 남편 고향이 모두 미네소타거든요."

그녀는 신경질적으로 웃더니 했던 말을 또 했다.

"그렇게 말씀하시다니 기분이 좋네요."

그녀는 내가 미국에서 받은 증오와 멸시 때문에 미국에 대해 나쁜 말을 할 것으로 짐작하고 있었을지도 모른다. 그러나 나는 그러지 않았다. 설사 그런 감정을 가지고 있다고 해도 나는 스타센 부인 같은 매력적인 여성에게 대신 분풀이할 만큼 돼먹지 못한 인간은 아니다.

흐루쇼프와 다른 사람의 대화가 간단히 끝날 것 같지 않아 보였다. 그래서 우나와 나는 그만 돌아갈 생각으로 자리에서 일어났다. 흐루쇼프가 우리가 일어나는 것을 보고 다가와 작별인사를 건넸다. 나는 흐루쇼프와 악수를 하면서 방 한구석에 서 있는 스타센을 힐끔 쳐다봤다. 그는 벽에 기대어 서서 멍하니 앞만 바라보고 있었다. 나는 스타센만 제외하고 방 안에 있는 사람들과 일일이 작별인사를 나눴다. 그때 그 상황에서 그가 그렇게 처신하는 것은 외교적 관행일 거라는 생각이 들었다. 그러나 벽에 기대서서 멍하니 앞만 바라보고 있는 스타센의 모습은 어딘지 모르게 친근하게 느껴졌다.

처칠 경, 네루 수상 그리고 저우언라이 수상과의 만남

다음 날 저녁 우나와 나는 단둘이 사보이 호텔 그릴에서 저녁을 먹었다. 식사를 끝내고 디저트를 먹고 있는데 윈스턴 처칠 내외가 들어오더니 우리 테이블 앞에 멈춰 섰다. 정말 오래간만이었다. 1931년 이후 처칠 경에 대해서는 까마득히 잊고 있었다. 그 사이 우연히 어디에서 마주친 적도 없었고, 근황에 대해 누구에게 들어보지도 못했다. 다만 런던에서 〈라임라이트〉를 개봉하고 나서 영화 배포를 맡고 있던 유나이티드 아티스트 영화사로부터 내 영화를 처칠 경의 자택에서 상영해도 되는지 물어보는 전갈을 받았을 뿐이었다. 물론 나는 기꺼이 승낙했다. 처칠 경이 내 영화를 특별히 따로 보고 싶어 한다는 소식에 오히려 기뻤다. 며칠 뒤에 처칠 경으로부터 내 영화를 재미있게 감상했다는 감사의 편지를 받았다. 그랬던 그가 바로 테이블 앞에 서서 우리를 내려다보고 있었다.

"음!"

그가 먼저 운을 뗐다. 뭔가 심상치 않은 여운이 느껴졌다.

나는 얼른 자리에서 일어나 우나를 소개했다. 우나는 막 자리에서 일어날 참이었다. 우나가 밖으로 나가는 걸 확인하고 나는 두 내외에게 같이 커피를 한잔해도 괜찮은지 물어보고 그들이 앉은 식탁으로 자리를 옮겼다. 처칠 부인이 내가 흐루쇼프와 만난 것을 신문에서 읽었다고 말했다.

"나는 항상 흐루쇼프와 사이좋게 지내왔소."

처칠 경이 퉁명스럽게 말했다. 그는 그사이 내게 무슨 불만이라도 갖고 있는 것 같았다. 하기는 1931년 이후 많은 일이 있었다. 처칠 경은 2차 세계대전 기간에 불굴의 용기와 듣는 이의 심금을 울리는 화려한 웅변술로 영국을 위기에서 구한 사람이었다. 그러나 나는 그가 미국 풀턴 시에서 행한 연설에서 꺼낸 '철의 장막'이 동서냉전을 격화시키면 격화시켰지 세계 평화에 크게 기여하지는 않았다고 생각하고 있었다.

대화는 내 영화 〈라임라이트〉로 흘렀다. 그가 마침내 속내를 내비쳤다.

"2년 전에 당신 영화를 보고 감동해 경의를 표하는 편지를 보냈는데, 받았소?"

"예, 받았습니다."

내가 자신 있게 대답했다.

"그런데 왜 회답을 주지 않았소."

"회답을 바라고 계신 줄은 몰랐습니다."

내가 변명하듯 말했다. 그러나 처칠 경은 믿으려 하지 않았다.

"으흠."

그는 심기가 불편한지 헛기침을 하고 이렇게 말을 이었다.

"나는 당신이 나를 멀리하고 있는 것은 아닌가 생각했소."
"아닙니다. 절대 그렇지 않습니다."
내가 대답했다.
"여하튼 당신 영화는 언제 봐도 재미있소."
처칠 경은 나에 대한 오해가 풀렸는지 이렇게 말했다.

나는 2년 전에 보낸 편지에 회신하지 않은 일을 기억하고 있는 이 위인의 수수함이 마음에 들었다. 그러나 나는 한 번도 처칠 경의 정치적 견해에 동의한 적은 없었다. 그는 한때 이렇게 말한 적이 있다.

"저는 대영제국의 붕괴를 수수방관하고자 수상의 자리에 오른 것이 아닙니다."

이것은 한낱 수사에 불과할 수도 있지만, 시대의 변화를 잘 모르고 하는 어리석은 주장이다. 대영제국의 붕괴는 정치, 혁명군, 공산주의적 선전, 민중 선동 또는 가두연설의 결과가 아니다. 오히려 이유는 더 큰 데 있다. 즉 라디오, 텔레비전 그리고 영화 같은 국제적인 광고 수단들, 자동차와 트랙터, 과학 혁신, 속도의 증가와 커뮤니케이션 등에 있다. 이런 것들이 대영제국의 붕괴를 초래한 혁명적 원인들이다.

스위스에 돌아오자마자 나는 네루 수상으로부터 편지 한 통을 받았다. 편지에는 루이스 마운트배튼 경(1900~1979, 영국의 정치가

이자 해군사령관으로 마지막 인도 총독을 역임했다—옮긴이)의 부인이 써준 소개장도 동봉되어 있었다. 마운트배튼 부인은 평소에 네루 수상과 내가 공통점이 많다고 생각했던 것 같다. 네루 수상은 스위스에 와 있었다. 나는 네루 수상이 코르시에를 지나갈 때 한 번 만나볼 수 있지 않을까 생각하고 있었다. 그런데 네루 수상이 자국 대사들과 연례 회의가 있어 루체른에 체류할 예정인데 내가 그곳에 와서 함께 시간을 보내면 좋겠다고 편지를 보내왔다. 다음 날 그가 코르시에를 지나면서 마노아 드 반 저택에 들렀다. 나는 그를 따라 루체른으로 갔다.

네루 수상은 나만큼이나 키가 작았다. 사실 의외였다. 나는 그가 그렇게 키가 작은 줄은 미처 생각지도 못했다. 그의 영애(令愛) 간디 여사도 자리에 함께했는데, 조용하고 사근사근한 부인이었다. 네루 수상은 변덕스러운 기질이 있기는 했지만 엄격하고 감수성이 예민한 사람 같았다. 그리고 매사에 빈틈없고 상황 판단도 빨랐다. 네루 수상은 처음에는 수줍은 듯 별로 말이 없었지만, 루체른을 떠날 때가 되자 마음을 열고 친근하게 대해주었다. 나는 루체른에서 나오는 길에 네루 수상을 마노아 드 반 저택으로 초대해 점심식사를 대접할 생각이었다. 간디 여사는 제네바로 갈 예정이었기 때문에 다른 차량에 올랐다. 우리는 마노아 드 반 저택으로 돌아오는 길에 흥미로운 대화를 나눴다. 그는 누구보다 인도가 영국으로부터 독립할 수 있도록 애써준 마운트배튼 경을 높이 평가했다.

나는 네루 수상에게 인도가 어떤 이데올로기 노선을 지향하는지 물었다. 그는 이렇게 대답했다.

"어떤 노선이든지 인도 국민의 삶과 복지를 증진시킬 수 있다면 상관없습니다."

그리고 이미 경제 개발을 위한 5개년 계획에 착수했다고 덧붙였다. 그렇게 네루 수상은 마노아 드 반 저택으로 돌아오는 내내 쉬지 않고 인도 발전을 위한 자신의 청사진을 이야기했다.

그런데 운전사가 가파르고 좁은 도로를 시속 70마일의 속도로 빠르게 운전하면서 간혹 갑작스럽게 급커브를 돌았다. 네루 수상은 인도의 정치 상황에 대해 설명하느라 정신이 팔려 있었지만, 솔직히 말하건대 나는 그가 하는 이야기의 반도 듣지 못했다. 운전에 너무 신경을 쓰느라 그의 말에 온전히 집중할 수 없었다. 가끔 운전사가 급브레이크를 밟아 몸이 앞으로 쏠리기도 했지만, 네루 수상은 아무렇지도 않게 이야기를 계속했다. 마침 차가 어떤 교차로 앞에서 멈춰 섰다. 잠시 동안이기는 했지만 나는 그제야 비로소 살 것 같았다.

네루 수상이 차에서 내려 제네바로 떠나는 딸을 배웅했다. 그 순간 그는 영락없는 한 딸의 아버지였다. 그는 두 팔로 딸을 감싸 안고 다정하게 말했다.

"몸조심하려무나."

옆에서 듣고 있던 내 마음이 더 뭉클했다.

한국전쟁 기간 동안, 전 세계가 숨을 죽이고 그 향방을 지켜보고 있을 때 중국 대사관에서 내게 전화해 제네바에 있는 저우언라이〔周恩來〕 수상을 위해 〈라임라이트〉를 상영할 수 있는지 물어왔다. 당시 저우언라이 수상은 한국전쟁 정전 협상과 한반도 평화 정착의 열쇠를 쥐고 있던 핵심 인물로 전 세계가 그의 일거수일투족을 주목하고 있었다.

다음 날 저우언라이 수상이 제네바에서 함께 저녁식사를 하자며 우리 두 내외를 초대했다. 제네바로 떠날 채비를 마치고 집을 나서려는데 저우언라이 수상 비서에게 연락이 왔다. 수상에게 갑자기 중요한 일이 생겨 저녁식사에 늦을지도 모르니 기다리지 말고 먼저 식사를 하고 있으라는 것이었다. 아마 정전 협상 때문에 늦어지는 것 같았다. 여하튼 수상은 뒤에 자리에 합류할 것이라고 했다.

그런데 제네바에 도착하니 놀랍게도 저우언라이 수상이 숙소 계단까지 몸소 나와 우리를 반갑게 맞아주는 것이 아닌가. 나도 전 세계 사람들과 마찬가지로 정전 협상이 어떻게 끝났는지 궁금했기 때문에 결과를 물어봤다. 그는 내 어깨를 다독이듯 두드리며 이렇게 말했다.

"오 분 전에 휴전이 성립됐습니다."

저녁식사를 하면서 저우언라이 수상은 1930년대 중국 공산당이 어떻게 중국 내륙에서 변방으로 내몰리게 되었는지 그리고 마오쩌둥〔毛澤東〕의 지휘 아래 어떻게 뿔뿔이 흩어졌던 공산당을 재조직하고 베이징으로 진군하면서 어마어마한 대군을 모을 수 있었는지 등, 중국 공산당에 대해 흥미로운 이야기를 많이 들려주었다. 중국 공산당은 베이징으로 재진군하면서 6억 중국 인민들의 전폭적인 지지를 얻었다.

특히 그날 밤 저우언라이 수상은 마오쩌둥의 베이징 입성에 대한 감동적인 일화를 이야기해줬다. 마오쩌둥을 환영하기 위해 백만 명이나 되는 인파가 거리로 몰려나왔다. 높이가 15피트나 되는 커다란 연단이 큰 광장 끝에 세워졌고, 연단 뒤에서 계단을 타고 올라오는 그의 머리끝이 보이기 시작하자 몰려든 백만 군중의 입에서 우레와 같은 함성이 터져나왔다. 그리고 이 함성은 그가 연단에 다 오를 때까지 하늘을 찌를 듯이 울려 퍼졌다. 마오쩌둥은 연단에 올라 운집한 군중을 보고 잠시 서 있다가 갑자기 두 손으로 얼굴을 감싸고 눈물을 흘렸다.

저우언라이 수상은 마오쩌둥과 함께 현대 중국의 역사적 토대가 된 장정〔중국 공산당이 장제스(蔣介石)의 국민당에 밀려 장시성 루이진(瑞金)에서 산시성 연안으로 12000킬로미터를 대치하며 이동한 행군. 이것을 계기로 많은 젊은이들이 중국 공산당의 혁명 행렬에 동참했다—옮긴이〕을 함께한 인물이었다. 그런데 놀라운 것은 그가 장정의 엄청난 고난과 역경을 헤쳐온 사람이라고는 믿기지 않을 정도로 성품이 온화하고 젊어 보였다는 것이다. 무엇보다 그는 귀공자 같은 용모에 활기차고 정열적인 사람이었다.

나는 저우언라이 수상에게 1936년에 상하이에 가본 적이 있다고 말했다.

"그렇습니까."

그는 잠시 뭔가 생각하더니 이렇게 이야기했다.

"그때라면 우리가 장정에 오르기 전이군요."(여기에 약간 오류가 있다. 장정은 1934년 10월 15일에 시작해 1935년 10월 20일에 끝났다.

따라서 채플린이 상하이에 간 것은 장정 뒤의 일이다—옮긴이)

"그럼, 이제 이것으로 장정은 끝입니다."

내가 농담으로 이렇게 말했다.

저녁식사를 하면서 우리는 중국산 샴페인을 마셨다. 그리고 러시아인들처럼 여러 번 건배를 했다. 나는 중국의 미래를 위해 건배하면서, 비록 내가 공산주의자는 아니지만, 중국 인민과 전 인류를 위해 보다 나은 세상을 건설하겠다는 그들의 희망과 바람에 기꺼이 동참하겠다고 말했다.

잠들지 않는 혁명가의 기질

브베에서 우리는 새로운 친구를 사귀었다. 그 가운데 에밀 로시에 가족과 마이클 로시에 가족이 있다. 두 집안 모두 음악을 사랑했다. 나는 에밀을 통해 피아니스트 클라라 하스킬을 소개받았다. 그녀는 브베에 살았는데, 별다른 일이 없을 때면 두 로시에 가(家) 사람들과 함께 우리 집에 들러 식사를 하곤 했다. 그리고 식사 뒤에는 직접 연주를 들려주기도 했다. 비록 예순이 넘은 나이였지만 클라라는 피아니스트로서 최고 전성기를 구가하고 있었고, 유럽과 미국 대륙에서 그 명성이 자자했다. 그러나 그녀는 1960년에 벨기에에 갔을 때 열차 계단에서 발을 헛디뎌 낙상을 했고 급히 병원으로 옮겨졌으나 사망하고 말았다.

나는 지금도 클라라가 죽기 전에 녹음한 음반을 자주 듣는다. 나는 이 자서전의 원고를 6번 고쳐 쓰는 동안 마르케비치의 지휘

클라라 하스킬과 함께

클라라 하스킬 그리고 파블로 카잘스와 함께

라베 피에르와 함께

와 클라라의 피아노로 연주된 베토벤 피아노협주곡 제3번을 들었다. 모든 위대한 예술 작품이 그렇듯이 클라라의 이 연주는 내게 진리 그 자체였다. 그리고 무엇보다 내가 이 책을 끝마칠 수 있도록 힘과 용기를 북돋워주었다.

아이들 양육 문제에 크게 신경만 쓰지 않았다면, 우리는 스위스에서 멋진 사교 생활을 했을 것이다. 왜냐하면 우리와 멀지 않은 곳에 스페인 여왕과 셰브루 당트레그 백작 내외가 살고 있는데, 그들은 우리를 친절하고 흉금 없이 대한다. 뿐만 아니라 근처에 많은 영화배우들과 작가들이 산다. 우리는 조지 샌더스 부부와 자주 만나고, 노엘 피어스 코워드 역시 가까운 이웃이다. 봄이면 많은 미국인 친구들과 영국인 친구들이 우리를 찾아온다. 가끔 스위스에 와서 집필을 하는 트루먼 카포티도 우리 집에 자주 들른다. 부활절 연휴 동안에는 아이들을 데리고 아일랜드 남부에 간다. 특히 부활절 연휴는 우리 가족 모두가 매년 손꼽아 기다리는 휴가 기간이다.

여름이면 우리는 짧은 바지를 입고 테라스에 나가 저녁을 먹고 10시까지 붉게 물드는 저녁놀을 감상한다. 그리고 아무 계획 없이 무작정 런던과 파리에 가기도 하고, 때로는 베니스나 로마에 가기도 한다. 모두 우리가 사는 곳에서 차로 2시간밖에 걸리지 않는 도시들이다.

파리에서 우리는 절친한 친구 폴 루이 베이유(1893~1993, 프랑스의 기업가─옮긴이)와 자주 즐거운 시간을 보낸다. 그는 8월이 되면 우리 가족을 한 달 동안이나 라 레인 잔에 초대한다. 라 레인 잔은 지중해 연안에 위치한 그의 아름다운 별장이 있는 곳으로 우리 아이들은 그곳에서 수영도 하고 수상스키도 타며 마음껏 즐긴다.

친구들은 나보고 미국, 특히 뉴욕이 그립지 않느냐고 묻는다. 솔직히 말해 나는 그립지 않다. 미국은 완전히 변했고, 사정은 뉴욕도 마찬가지다. 거대한 산업 및 신문 조직, 텔레비전 그리고 상업 광고 때문에 나는 미국적 생활방식에 식상했다. 나는 이제 동전의 이면, 즉 좀 더 단순한 삶의 방식을 살고 싶다. 더 이상 거대 산업의 성공 신화를 상기시키는 화려한 시가지와 높은 빌딩으로 둘러싸인 대도시에서 살고 싶지 않다.

미국에 남아 있던 내 재산을 모두 청산하는 데 1년이 넘게 걸렸다. 미국 국세청은 내가 유럽에서 〈라임라이트〉로 벌어들인 수입에 대해서도 1955년까지 소급해 세금을 부과했다. 즉 그들은 내가 1952년 미국을 떠난 이래 재입국을 금지했음에도 내가 여전히 미국 영주권자라는 이유로 부당하게 과세를 했다. 그러나 내 미국 변호사 말대로 내가 미국을 떠나 있었기 때문에 취할 수 있는 법적 구제 수단이 없었다. 직접 변론을 하고 싶었지만, 미국으로 돌아갈 방도도 없었다.

스튜디오를 포함해 미국에 있던 모든 재산을 처분한 상태였기 때문에 굳이 미국에 굴복할 이유는 없었다. 그러나 사사로운 이해관계 때문에 개인적인 문제를 사회적 문제로 부각시킬 생각도 없었다. 결국 나는 개인적으로는 막대한 손해를 입기는 했지만 미국과 적정한 수준에서 타협하는 것으로 문제를 마무리지었다.

그러나 미국에 남아 있는 마지막 연결 고리까지 끊기는 것 같아 마음이 아팠다. 비벌리힐스 저택에서 가정부로 일한 헬렌은 우리가 더 이상 미국으로 돌아가지 않을 것이란 소식을 듣고 다음과 같은 편지를 보내왔다.

친애하는 채플린 내외분께

지금까지 여러 통의 편지를 썼지만 차마 부치지 못했습니다. 그러나 오늘은 이렇게 용기를 내어 편지를 부칩니다. 두 분께서 집을 비우신 뒤로 모든 일이 순리대로 돌아가지 않고 있습니다. 저도 제 식구 이외에 다른 누구 때문에 이렇게 슬퍼해본 적도 없었고요. 모든 일이 그렇게 헛되고 부당할 수가 없다는 생각을 떨쳐버릴 수 없습니다. 그리고 행여나 싶던 일이 기어이 터지고 말았습니다. 대관절 모든 짐을 꾸려 보내라니요. 가당치도 않고 있을 수도 없는 일입니다. 막상 짐은 싸놓았지만 눈물이 앞을 가리고 가슴이 미어지는 것 같아 견딜 수가 없습니다. 두 내외분께서는 이 슬픔을 어떻게 견뎌내고 계신지요. 부인, 부디 어르신께서 가능한 한 집은 처분하지 못하도록 말려주세요. 모든 짐을 꾸리고 남아 있는 거라곤 융단과 커튼뿐이지만 집 안은 떠나시기 전 모습 그대로입니다. 오랫동안 살면서 정든 집인데, 저는 이 집이 남의 손에 들어가는 것을 차마 눈 뜨고 볼 수 없습니다. 행여 제가 돈이 있다면 모르겠지만…… 어리석은 생각이겠지요. 제가 무슨 돈이 있다고. 관리 비용을 줄이는 한이 있더라도 제발 집만은 팔지 말아주세요. 제가 이런 말을 할 자격이 없다는 것은 알지만 갑갑한 심정에 이렇게 사정합니다. 그리고 언젠가는 두 분께서 미국으로 돌아오실 날이 있을 거라고 생각합니다. 채플린 부인, 이것으로 그만 줄이겠습니다. 써놓은 편지가 세 통 더 있지만 보내려면 더 큰 봉투가 필요할 것 같습니다. 다른 분들께도 안부 전해주시고, 제 부족한 편지를 너그럽게 봐주세요.

헬렌 드림

우리는 집사인 헨리로부터도 편지를 받았다. 내용은 이랬다.

친애하는 채플린 내외분께

제 스위스식 영어가 서툴고 워낙 글재주가 없다 보니 오랫동안 소식을 전하지 못했습니다. 몇 주 전에 우연히 〈라임라이트〉를 관람할 수 있는 기회가 생겨 재미있게 봤습니다. 소규모 시사회였는데, 런저 양이 저를 초대했더군요. 20명 정도 참석했는데 제가 아는 사람이라고는 시드니 채플린 씨 내외와 런저 양 그리고 롤리 양뿐이었습니다. 저는 맨 뒷자리에 앉아 혼자 영화를 보면서 이런저런 생각에 잠겼습니다. 정말 행복한 시간이었습니다. 아마 가장 크게 웃은 것도 가장 많은 눈물을 흘린 것도 저일 것입니다. 제가 본 영화 가운데 가장 훌륭한 영화입니다. 로스앤젤레스에서는 상영되지 않았습니다. 그래도 라디오에서는 〈라임라이트〉에 수록된 곡들이 흘러나옵니다. 음악이 정말 아름답습니다. 그 곡들을 들을 때마다 저는 전율을 느낍니다. 그렇지만 작곡가인 채플린 나리의 이름은 언급되지 않습니다. 아이들이 스위스를 좋아한다는 소식을 들으니 기쁩니다. 물론 다 큰 어른들도 낯선 나라에 적응하려면 오랜 시간이 걸립니다. 그런 면에서 스위스는 적응이 쉽고 살기 편한 나라 가운데 하나입니다. 전 세계를 통틀어 가장 훌륭한 교육 제도를 갖추고 있고요. 또한 1191년에 선포된, 세계에서 가장 오래된 공화국이기도 합니다. 8월 1일은 미국의 7월 4일과 마찬가지로 독립기념일입니다. 공휴일은 아니지만 모든 산 정상에서 불꽃이 피어오르는 것을 감상하실 수 있을 겁니다. 전반적으로 스위스는 보수적이면서도 부유한 국가 가운데 하나입니다. 저는 1918년에 고향을 떠나 남아메리카로 갔습니다. 그 뒤로 고향에 가본 것은 두 번입니다. 저는 스위스 민병대에서 두 번 복무했습니다. 스위스 동부에 위치한 생 갈렌에서 태어났습니다. 남동생이 둘 있는데 한 명은 베른에 살고 다른 한 명은 생 갈렌에 살고 있습니다.

   부디 건강하십시오.

헨리 드림

   미국을 출국한 뒤에도 캘리포니아에서 나를 위해 일한 배우들과 스태프들에게 계속 봉급을 지급했지만 스위스에 정착하게 되면서 그들에게 그렇게 해줄 만한 여유가 없었다. 그래서 나는 그들에게 퇴직금에 위로금조로 보너스를 얹어 모든 관계를 정리했다. 이렇게 하는 데만도 8만 달러가 들었다. 에드나 퍼비언스는 퇴직금과 보너스를 받고 나서도 죽는 날까지 나를 떠나지 않았다.

   〈무슈 베르두〉의 배역을 정하면서 나는 에드나에게 그로스니부인 역을 맡길 생각을 했다. 그런데 따져보니 20년 동안 한 번도 그녀를 본 기억이 없었다. 물론 내가 소홀한 탓도 있지만 그녀도 자신에게 지급되는 주급을 사무실에서 수표로 송부받았기 때문에 스튜디오에 전혀 나오지 않았다. 당연히 나를 찾는 일도 없었다. 뒤에 그녀에게 들은 이야기로는 스튜디오에서 전화가 걸려왔을 때 기쁘기보다는 오히려 놀라웠다고 했다.

에드나가 스튜디오에 도착하자 촬영기사 롤리가 내 분장실로 들어왔다. 그도 마찬가지로 20년 만에 그녀를 처음 보는 것이었다. 그가 두 눈에 눈물을 글썽이며 이렇게 말했다.

"그녀가 왔어요. 물론, 예전 모습은 찾아볼 수 없지만. 여하튼 멋져요!"

그는 에드나가 그녀의 분장실 밖 잔디밭에서 기다리고 있다고 알려줬다. 정말 오래간만의 재회라 어떻게 대해야 할지 순간 난감했다. 그렇다고 정에 약한 사람처럼 감상적으로 대하는 것은 싫고 해서 몇 주 전에 마지막으로 보고 또 만나는 사람처럼 반갑게 대할 작정이었다.

"오래간만이야."

내가 반가운 기색을 하며 이렇게 말했다. 그녀는 웃고 있었지만 입술이 파르르 떨리는 것을 알아챌 수 있었다. 나는 단도직입적으로 그녀에게 전화를 건 이유부터 이야기했다. 그리고 영화에 대해 자세히 설명했다.

"훌륭한 것 같은데요."

그녀가 말했다. 에드나는 항상 모든 일에 열성적이었다.

에드나는 자신이 맡게 될 배역의 대본을 읽어 내려갔다. 나쁘지 않았다. 그 사이 나는 과거의 추억들이 새록새록 떠올랐다. 내 영화 인생에서 에드나는 떼려야 뗄 수 없는 존재였다. 그녀는 내 초기 작품에 항상 나와 함께 출연했다. 그녀는 내 영화 인생의 동반자였고 조력자였다. 당시만 하더라도 내가 하는 모든 일은 도전이자 미래였다.

에드나는 자기 배역에 몰두했지만 신통치 않았다. 그녀가 맡은 그로스니 부인은 유럽 여성답게 지적이고 세련된 여자였는데 에드나가 연기하기에는 역부족이었다. 결국 사나흘 같이 연습하다 포기하고 말았다. 그런데 에드나는 실망하기보다는 오히려 안도의 한숨을 쉬었다. 그리고 그 뒤로 다시 소식을 듣지 못했는데 퇴직금 문제로 신경써줘서 고맙다며 스위스에 있는 내게 편지를 보내왔다.

친애하는 찰리에게

난생처음으로 지난 세월 당신과 함께한 우정 그리고 당신이 내게 베풀어준 모든 호의에 감사하는 편지를 씁니다. 젊었을 때는 저나 당신이나 별다른 고생은 안 하고 살 것 같았는데, 당신도 지금까지 살면서 많은 우여곡절이 있었을 거라 생각합니다. 그래도 지금은 예쁘고 착한 아내와 가족이 곁에 있어 행복하겠지요…….

그다음에 에드나는 자신이 병을 앓고 있고, 그래서 의료비 부담이 만만치 않다고 털어놓았다. 그래도 장난치기 좋아하는 버릇은 여전했다. 그녀는 이런 이야기로 편지를 맺었다.

제가 한 가지 들은 이야기가 있는데, 한 남자가 로켓을 타고 얼마나 높이 날아갈 수 있는지 시험해보기로 했대요. 그 남자의 임무는 로켓이 날아가는 동안 계속 고도를 재는 거였어요. 그는 날아가는 로켓에 올라탄 채 2만 5천, 3만, 10만, 50만…… 이렇게 계속 고도를 쟀지요. 로켓이 거의 한계 고도에 도달하자 그가 "아이고 하느님!" 하고 중얼거렸대요. 그랬더니 나지막한 목소리가 이렇게 말하더래요. "오냐."

조만간 연락 한 번 주세요. 그리고 제발 돌아오세요. 당신은 이곳 사람이에요.

당신의 에드나로부터

그렇게 또 여러 해가 지났지만 나는 에드나에게 편지 한 통 쓰지 못했다. 나는 항상 스튜디오를 통해 그녀와 연락을 취했다. 그녀는 내가 그녀에게 퇴직금을 지불하고 나서도 고용 관계는 계속 유지하겠다는 소식을 듣고 감사의 편지를 보내왔는데, 그것이 그녀의 마지막 편지였다.

1956년 11월 13일

찰리에게

이렇게까지 저를 생각해주다니 다시 한 번 감사합니다. 저는 시다 오브 레바논 병원에 다시 입원해서 목에 방사선 치료를 받고 있어요. 정말 지옥이 따로 없어요! 어차피 새끼손가락 하나 까딱할 수 있는 한 모든 게 지옥이겠지요. 그래도 내가 앓고 있는 병에는 이게 가장 잘 알려진 치료법이랍니다. 주말에 퇴원할 수 있을 것 같아요. 퇴원해도 계속 통원치료를 해야 하지만. 별로 중요한 이야기는 아닌데, 다행히 장기에는 문제가 없다고 해요. 갑자기 이런 이야기가 떠오르네요. 한 사내가 7번가와 브로드웨이 모퉁이에 서서 종이를 갈기갈기 찢어 날리고 있었어요. 경찰이 다가와서 그에게 뭐 하고 있느냐고 물었어요. 그 사내는 "코끼리가 오지 못하도록 막고 있는 중입니다"라고 대답했죠. 경찰이 "이곳에는 코끼리가 없습니다"라고 말하자 사내는 이렇게 대답했대요.

"그럼, 제대로 먹혀들었군요."

요즘 제 처지가 꼭 이렇습니다. 용서해주세요.

당신과 가족 모두 건강하고 행복하길 바랄게요.

당신의 에드나로부터

내가 이 편지를 받고 나서 얼마 안 돼 에드나는 죽었다. 세상은 이렇게 변해가고 젊어지는 것이다. 젊은이들이 이제 우리 자리를 대신한다. 우리처럼 조금 오래 산 사람들은 시간이 갈수록 세상과 더 멀어진다.

나도 조금 있으면 내 인생의 여정을 마감할 날이 올 것이다. 나는 내가 살아온 시대와 환경이 내게 유리했다는 것을 잘 안다. 나는 세상 사람들의 관심을 한 몸에 받았다. 물론 어떤 사람은 그것을 사랑으로, 또 어떤 사람은 그것을 미움으로 나타냈지만. 세상은 내게 최상의 것과 최악의 것을 동시에 선사했다. 지금까지 살아오면서 좋지 않은 일을 많이 겪었지만 나는 행운과 불운이 떠다니는 구름처럼 종잡을 수 없는 것이라는 믿음을 갖고 있다. 이런 믿음 때문에 나는 아무리 나쁜 일이 일어나도 별로 놀라지 않았다. 오히려 좋은 일이 일어나면 놀라면서 한편으로는 기뻐했다. 나는 인생에 대해 어떤 구상도 철학도 없다. 내게 인생이란 그저 투쟁일 뿐이다. 그것은 똑똑한 사람이든 미련한 사람이든 상관없이 모든 사람에게 해당하는 이야기다. 인생은 변덕스럽다. 물론 변덕스러운 것은 인생만이 아니다. 내 마음도 변덕스럽다. 나는 내 마음도 종잡을 수 없을 때가 종종 있다. 어떤 때는 사소한 일로

우나와 나

우나

화를 내다가도 오히려 큰일이 닥치면 무덤덤해지곤 한다.

그럼에도 내 인생은 예전보다 지금이 더 만족스럽다. 건강도 좋고 아직도 열정이 남아 있다. 나는 앞으로 영화를 몇 편 더 만들 생각이다. 내가 직접 연기를 할 생각은 없지만 가족을 위해 각본을 쓰고 감독도 맡을 것이다. 사실 자식들 가운데 연기에 관심이 있고 재능도 있는 아이들이 있다. 나는 여전히 야망이 있다. 그리고 죽는 그날까지 은퇴할 생각이 없다. 나는 정말 하고 싶은 일이 많다. 지금 계속 쓰고 손질하고 있는 영화 각본도 여럿 되지만, 시간만 허락된다면 희곡과 오페라 각본도 써보고 싶다.

쇼펜하우어는 행복을 부정적으로 바라봤다. 그러나 나는 동의하지 않는다. 지난 20년 동안 살면서 나는 행복이 무엇인지 알게 되었다. 내 인생에 가장 큰 행운은 무엇보다 훌륭한 여자를 아내로 맞이했다는 것이다. 이것에 대해서는 다음에 따로 쓸 생각이지만, 그것은 다름 아닌 사랑이다. 완벽한 사랑은 우리가 겪는 모든 좌절 가운데 가장 아름답고 더할 나위 없는 어떤 것이다. 왜냐하면 그것은 말로는 표현할 수 없는 것이기 때문이다. 우나와 함께 살면서 나는 그녀의 깊고 우아한 성품에 깊은 감명을 받았다. 브베의 좁은 보도를 따라 앞서 걷고 있는 우나를 멀찌감치 보고 있으면 순간 그녀에 대한 사랑과 존경의 마음이 우러나온다. 그녀의 수수한 걸음걸이, 허리를 곧추세운 아담하고 야무진 자태, 반질반질하게 매만진 검은 머리 사이로 보이는 흰 머리칼을 보고 있자니 울컥 목이 메어온다.

나는 인생 후반에 찾아온 이런 행복에 젖어, 때로는 해질녘에 테라스에 앉아 멀리 호수까지 이어진 넓고 푸른 잔디밭 그리고 호수 너머 아련한 산들을 바라본다. 그리고 이런 분위기에서 아무런 생각 없이 신비로 가득한 자연의 고즈넉함을 온몸으로 느낀다.*

---

* 이 책은 1964년 9월에 초판이 출간되었다. 채플린은 1972년 4월 2일, 미국을 떠난 지 20년 만에 할리우드를 방문해 아카데미 특별상을 수상했다. 그리고 1977년 12월 25일 크리스마스에 스위스의 자택에서 잠을 자다가 세상을 떴다.

옮긴이의 말

익살 연기에 녹아든 시대의 양심

　내 기억 속의 채플린은 〈위대한 독재자〉의 모습으로 남아 있다. 초등학교 6학년, 인천에 있는 친척집에 갔다가 시민회관에서 상영하는 〈위대한 독재자〉를 관람했다. 내가 태어나 처음 스크린을 통해 본 영화였다. 자리가 없어 맨 뒤에 서서 키 큰 어른들 틈바구니를 기웃거리며 영화를 봤다. 사람들은 뭐가 재미있는지 연신 킥킥거리며 웃어댔지만, 나는 전혀 그 내용을 이해할 수 없었다. 그렇게 나는 〈위대한 독재자〉를 통해 채플린을 알게 되었다. 그날 채플린에 대해 기억에 남아 있는 거라곤 그의 독일군 복장과 콧수염뿐이다. 그때 나는 그가 히틀러와 모습이 너무도 닮았다고 생각했다. 사실 채플린은 이 영화에서 뜨내기 복장을 하지 않았다. 그래서 채플린이 뜨내기로 분장하고 자신의 영화에 출연했다는 사실은 나중에야 알았다. 그리고 모든 사람이 그를 뜨내기로 기억하듯이 내게도 채플린은 뜨내기로 남아 있다.

　채플린 하면 떠오르는 것은 무엇보다 그의 뜨내기 모습이다. 헐렁한 바지에 꽉 조이는 상의, 머리에 꼭 끼는 중산모, 짧은 콧수염, 코가 긴 구두와 지팡이 등 어느 것 하나 조화를 이루는 것이 없다. 그는 그런 부조화에서 자신의 태생적, 시대적 정체성을 찾았다. 그러나 그의 이런 뜨내기 모습 가운데서도 단연 인상 깊은 것은 우수에 찬 눈빛이다. 나는 그의 눈빛에서 그가 살아간 시대의 빛을 발견할 수 있었다.

채플린은 희극배우였다. 항상 다른 사람을 웃기기 위해 무대에 섰고 카메라 앞에 섰다. 그러나 과연 그를 웃음 짓게 한 것은 무엇이었을까? 과연 있기라도 한 걸까? 그의 유년 시절은 가난으로 점철되어 있었다. 런던 뒷골목의 단칸방과 빈민구호소를 전전했고, 돈을 벌기 위해 심부름꾼, 호텔 보이, 직공 등 허드렛일을 닥치는 대로 해야 했다. 한때 잘나가던 뮤직홀 배우였던 아버지는 술에 절어 살다가 서른일곱의 나이로 죽었고, 어머니도 보드빌 배우로 명성이 있었지만 배우로서는 치명적인 목소리 변성으로 무대를 내려와 정신병자로 살다가 죽었다. 무엇보다 그가 태어난 시대는 19세기 후반이었다. 대공황과 실업 그리고 전운이 감돌았다. 그의 시대는 회색이었다. 어쩌면 그는 희극 연기를 하면서도 이런 시대의 그늘을 눈빛에서 지울 수 없었던 모양이다. 그래서 그의 눈빛은 우울하다.

채플린은 자신의 희극영화에 웃음과 감동을 담고자 했다. 그는 감동을 다름 아닌 눈물이라고 표현했다. 그런데 그가 우리에게 선사하는 눈물은 그의 처연한 모습, 즉 고독에서 나온다. 그는 고독했다. 어렸을 때도 혼자였고, 할리우드에 와서 많은 저명 인사들을 만나고 친구들도 사귀었지만, 그는 언제나 혼자였다. 그의 몸에 밴 고독이 우리를 눈물짓게 한다. 이때 뜨내기는 그가 가진 모든 것의 화신이었다.

그러나 채플린은 이런 가난과 고독에도 불구하고 개인의 양심과 시대의 양심을 저버리지 않았다. 그는 은막 뒤에서는 개인의 양심에, 은막 앞에서는 시대의 양심에 호소했다. 그는 자신의 영화에서 웃음과 풍자를 통해 시대를 비판했고, 영화 밖에서 그것을 몸소 보여주었다. 그래서 그는 공산주의자로 몰려야 했고, 정든 할리우드를 떠나야 했다. 시대가 그와 그의 양심을 버리는 순간이었다.

물론 분명한 건 채플린은 어디까지나 배우였다는 사실이다. 무성영화 시대의 거장으로서 그는 자신이 만든 영화의 각본, 연기, 감독, 음악, 편집 그리고 제작을 거의 도맡아 했다. 가히 천재라는 수식어가 아깝지 않다. 그리고 할리우드가 모두 유성영화로 넘어갈 때 그는 홀로 무성영화를 고집했다. 그의 타고난 고집을 엿볼 수 있는 대목이다. 채플린은 말년에 이런 말을 했다고 한다. "일하는 것이 바로 사는 것이다. 나는 살고 싶다."

그는 배우로 태어나서 배우로 죽었다. 자신의 인생을 온전히 연기에 쏟아부은 것이다. 그리고 죽는 순간까지도, 마치 연기가 자신의 숙명이라도 되는 것처럼, 손에서 내려놓지 못했다. 아마 이것 하나만으로도 그는 지금 이 시대를 사는 우리 앞에서 떳떳할 것이다. 그리고 이것이 우리 시대가 찰리 채플린을 기억하는 이유이기도 하다.

작가연표

1889년 4월 16일   영국 런던 월워스 이스트레인에서 출생
1895년 6월 29일   어머니 해너 채플린 '릴리언 채플린'이라는 이름으로 램버스 치료소에 수용
       7월 1일   형 시드니 채플린 램버스 빈민구호소에 수용
1896년 2월 8일   해너, '릴리 채플린'이라는 이름으로 해첨 리버럴 클럽에서 공연
      5월 30일   시드니와 찰리, 뉴잉턴 빈민구호소에 수용
      6월 18일   시드니와 찰리, 한웰 학교로 이송
1898년 1월 18일   찰리 채플린 한웰 학교에서 나옴
      7월 22일   해너, 시드니, 찰리, 램버스 빈민구호소에 수용
      7월 30일   시드니와 찰리, 노드 학교로 이송
      9월 15일   해너, 케인힐 정신병원에 수용
      9월 27일   시드니와 찰리, 램버스 빈민구호소로 이송되었다가 아버지의 보호 아래 출소
     11월 12일   해너, 케인힐 정신병원에서 퇴원
     12월 26일   찰리 '여덟 명의 랭커셔 소년들' 극단에 들어감
1900년 4월 23일   찰리, 뉴잉턴의 소(小)마리아 학교에 등교
     11월 12일   찰리, 리버풀의 세인트 프랜시스 자비에 학교에 등교
1901년 4월 29일   아버지 세인트토머스 병원에 입원
      5월 9일   아버지 찰스 채플린, 세인트토머스 병원에서 37세로 사망
1903년 5월 11일   해너, 케인힐 정신병원에 수용

	7월 6일	킹스턴 로열카운티 극장에 올린 〈짐, 런던내기의 사랑〉에 샘 역으로 출연
	7월 27일	이스트 런던의 퍼빌리언 극장에 올린 〈셜록 홈스〉에 빌리 역으로 출연
	8월 10일	뉴캐슬의 로열 극장을 시작으로 첫 번째 〈셜록 홈스〉 순회공연에 나섬
1904년	1월 2일	해너, 케인힐 정신병원에서 퇴원해 순회공연 중인 찰리, 시드니와 합류
	10월 31일	두 번째 〈셜록 홈스〉 순회공연에 나섬
1905년	9월 30일	해리 요크 극단과 함께 세 번째 〈셜록 홈스〉 순회공연에 나섬
	10월 3일	듀크 오브 요크 극장에 올린 〈곤경에 처한 셜록 홈스〉에 사환 빌리 역을 맡음
1906년	3월 3일	해리 요크 극단과 함께 네 번째 〈셜록 홈스〉 순회공연에 나섬
	5월	케이시 코트 서커스단 입단
1907년	7월 20일	케이시 코트 서커스단 순회공연 끝남
	가을	포레스터스 뮤직홀에서 1인극 연기 도전
1908년	2월 21일	카노 극단에 입단
	가을	헤티 켈리를 만남
	12월 31일	옥스퍼드 뮤직홀에서 〈축구시합〉 공연
1910년	10월 3일	뉴욕 콜로니얼 극장에서 〈와와〉로 순회공연 시작
1912년	6월	미국 순회공연을 마치고 귀국
	7~8월	카노 극단과 프랑스 순회공연
	9월 9일	해너, 케인힐 정신병원에서 페컴 하우스로 이송
	10월 2일	카노 극단과 함께 두 번째 미국 순회공연을 떠남
1913년	9월 25일	키스톤 영화사와 계약
1914년	1월	키스톤 영화사 시절 개막, 〈메이벨의 알 수 없는 곤경〉 외 34편 촬영
1915년	1월	에사네이 영화사와 계약, 〈뜨내기〉 외 14편 촬영
	12월 18일	〈찰리 채플린의 카르멘〉 개봉
1916년	2월 26일	뮤추얼 영화사와 계약, 〈매장 감독〉 외 11편 촬영

	4월 22일	에사네이 영화사 〈찰리 채플린의 카르멘〉 확장판 개봉
	5월 12일	찰리, 에사네이 영화사를 상대로 〈찰리 채플린의 카르멘〉 상영금지 신청
1917년	여름	퍼스트내셔널 영화사와 연봉 100만 달러에 계약
	가을	선셋 가와 라브리아 가 사이에 새로운 스튜디오 건립 시작
1918년	1월	퍼스트내셔널 영화사 시절 개막, 〈개의 인생〉 외 8편 촬영
	4월 1일	리버티 공채 홍보를 위해 워싱턴으로 출발
	10월 23일	밀드레드 해리스와 결혼
1919년	1월 15일	유나이티드 아티스트 영화사 결성 의도 발표
	7월 30일	〈집 없는 아이〉 촬영에 들어감(〈키드〉 제1판)
	8월 18일	〈집 없는 아이〉 재촬영에 들어감(〈키드〉 제2판)
	11월 14일	〈집 없는 아이〉 작업 재개. 〈키드〉로 제목을 바꿈
1920년	4월 4일	밀드레드 해리스와 정신적 학대를 이유로 이혼 절차를 밟음
	11월 13일	밀드레드 해리스와 정식 이혼
1921년	2월 6일	〈키드〉 개봉
	2월 15일	〈유한계급〉 촬영에 들어감
	3월 29일	어머니 해너를 미국으로 모셔옴
	7월 25일	〈유한계급〉 촬영을 끝냄
	8월 27일	유럽 여행을 위해 뉴욕으로 떠남
	9월 3일	올림픽 호를 타고 런던으로 떠남
	9월 9일	런던 도착
	9월 19일	파리 도착
	9월 24일	베를린 도착
	9월 25일	〈유한계급〉 개봉
	9월 30일	H. G. 웰스 가족과 주말을 보냄
	10월 6일	파리로 돌아가 프랑스 정부의 레지옹 도뇌르 훈장을 받음
	10월 10일	올림픽 호를 타고 런던 출항
	10월 17일	뉴욕 도착
	11월 26일	〈봉급날〉 촬영에 들어감
1922년	4월 2일	〈봉급날〉 개봉

	4월 10일	〈순례자〉 촬영에 들어감
	7월 15일	〈순례자〉 촬영을 끝냄
	10월	배우 기금 마련을 위한 패전트에서 폴라 네그리를 만남
	11월	유나이티드 아티스트 영화사 시절 개막
	11월 27일	〈파리의 연인〉 촬영에 들어감
1923년	1월 28일	찰리, 폴라 네그리와 약혼 발표
	2월 26일	〈순례자〉 개봉
	3월 1일	찰리, 폴라 네그리와 파혼
	6월 28일	찰리, 폴라 네그리와 최종 파혼
	10월 1일	〈파리의 연인〉 개봉
1924년	2월 8일	〈황금광 시대〉 촬영에 들어감
	12월 26일	찰리, 리타 그레이와 결혼
1925년	5월 5일	아들 찰스 스펜서 채플린 출생
	8월 16일	뉴욕 스트랜드 극장에서 〈황금광 시대〉 개봉
1926년	1월 11일	〈서커스〉 촬영에 들어감
	3월 30일	아들 시드니 얼 채플린 출생
	11월 30일	리타 그레이, 아들을 데리고 집을 나감
1927년	1월 10일	리타 그레이, 이혼 소송 제기
	8월 22일	리타 그레이와 정식 이혼
	11월 19일	〈서커스〉 촬영을 끝냄
1928년	1월 6일	뉴욕 스트랜드 극장에서 〈서커스〉 개봉식을 가짐
	5월 5일	〈시티 라이트〉 촬영 준비에 들어감
	8월 28일	어머니 해너 채플린 사망
	12월 27일	〈시티 라이트〉 촬영에 들어감
1930년	2월 24일	메이벨 노먼드 사망
	10월 5일	〈시티 라이트〉 촬영을 끝냄
1931년	2월 26일	조지 M. 코헨 극장에서 〈시티 라이트〉 개봉
	2월 13일	랠프 바턴과 함께 유럽 여행길에 나섬
	2월 19일	사우샘프턴 도착
	3월	베를린, 빈, 베니스 등지 방문

	3월 27일	파리에서 레지옹 도뇌르 훈장 기사장을 받음
	5월 30일	메이 리브스라는 여성과 주앙레팽에 체류
	9월 22일	간디를 만남
	12월	영국 북부를 여행함
	12월 26일	스위스 생모리츠에 와 있던 더글러스 페어뱅크스를 만나러 감(이듬해 3월까지 체류)
1932년	3월 12일	시드니와 찰리, 극동으로 출발. 메이 리브스와 작별
	4월 23일	싱가포르에 도착
	5월 14일	도쿄 도착
	6월 2일	요코하마 항 출항
	6월 10일	할리우드 도착
	7월	폴레트 고다르를 만남
1934년	7월 17일	〈모던 타임스〉 촬영에 들어감
1936년	2월 5일	뉴욕 리볼리 극장에서 〈모던 타임스〉 개봉
	2월 12일	시드 그로먼의 차이니즈 극장에서 〈모던 타임스〉 개봉
	2월 17일	폴레트와 그녀의 어머니와 함께 호놀룰루에 가기 위해 쿨리지 호에 승선, 여행 중 폴레트와 결혼
	2월 26일	호놀룰루에 도착. 그곳에서 홍콩까지 가기로 결정
	3월~5월	요코하마, 고베, 상하이, 홍콩, 마닐라, 사이공, 프랑스령 인도 등지 여행
	5월 22일	쿨리지 호를 타고 일본 출항
	6월 3일	캘리포니아 도착
1939년	9월 9일	〈위대한 독재자〉 촬영에 들어감
	12월 12일	더글러스 페어뱅크스 사망
1940년	10월 15일	뉴욕 애스터 극장과 캐피털 극장에서 〈위대한 독재자〉 개봉
1941년	4월 15일	〈위대한 독재자〉 표절 소송에 휘말림
	6월	조안 베리와 영화 출연 계약 체결
1942년	5월 18일	〈그림자와 실체〉 작업 중 '러시아 전쟁구제 위원회'의 부탁으로 러시아 전쟁구제 지지 연설을 함
	5월 22일	조안 베리와 상호 합의 아래 계약 해지

	6월 4일	폴레트 고다르와 정식 이혼
	7월 22일	전화로 뉴욕 매디슨 스퀘어에서 개최된 제2전선 구축 집회 지지 연설
	10월 16일	뉴욕 카네기홀에서 제2전선 구축 지지 연설
	10월	우나 오닐을 만남
	12월 29일	〈그림자와 실체〉 제작 유보 결정
1943년	6월 4일	조안 베리, 자신이 임신한 아이가 찰리의 아이라며 친부확인 소송 제기
	6월 16일	샌타바버라 카핀테리아에서 우나 오닐과 극비리에 결혼
1944년	2월 10일	연방정부로부터 맨 법 위반 및 조안 베리의 시민권 침해 혐의로 기소됨
	2월 15일	친부확인소송과 관련 혈액 검사 실시
	4월 4일	맨 법 위반 무죄 판결
	5월 15일	시민권 침해 혐의 기각
	7월 20일	밀드레드 해리스 사망
	8월 1일	첫딸 제럴딘 레이 채플린 출생
	12월 13일	친부확인소송 관련 재판이 열림
1945년	1월 2일	친부확인소송에 대해 합의를 보지 못함. 재심리 명령
	1월 26일	〈랑드뤼〉(〈무슈 베르두〉의 원제) 각본 작업에 착수함
	4월 4일	조안 베리의 딸에 대한 법적 후견인이 법원으로 이관됨. 법원이 찰리에게 아이의 양육비를 지급하라며 소송 제기
1946년	3월 7일	셋째 마이클 존 채플린 출생
	3월 18일	에드나 퍼비언스, 〈무슈 베르두〉 출연 문제로 스튜디오 방문
	4월 7일	찰리의 매니저 앨프 리브스 사망
1947년	4월 11일	뉴욕 브로드웨이 극장에서 〈무슈 베르두〉 개봉
	4월 12일	〈무슈 베르두〉 관련 기자회견. 공산주의자로 몰림
	9월 23일	찰리, 의회 반미활동 조사위원회 조사를 위해 소환에 응함
	12월 17일	가톨릭 재향군인회, 찰리 국외 추방 요청
1948년	9월 13일	〈무대〉(〈라임라이트〉의 원제)의 각본을 구술함
1949년	3월 28일	딸 조세핀 해너 채플린 출생

	9월 6일	〈라임라이트〉 타이틀 등록
	12월	〈라임라이트〉 음악 작업 시작
1951년	5월 19일	딸 빅토리아 채플린 출생
1952년	8월 2일	파라마운트 영화사 스튜디오에서 〈라임라이트〉 시사회 개최
	9월 6일	채플린 일가, 출국을 위해 뉴욕으로 떠남
	9월 17일	채플린 일가, 퀸엘리자베스 호를 타고 뉴욕 출항
	9월 19일	퀸엘리자베스 호 선상에서 미국 추방 통보를 받음
	10월 23일	런던 레스터 스퀘어의 오데온 극장에서 〈라임라이트〉 개봉
	11월 17일	우나, 찰리의 미국 자산 정리를 위해 로스앤젤레스로 떠남
1953년	1월 5일	채플린 일가, 스위스 코르시에의 마노아 드 반으로 이사
	4월 10일	찰리, 미국 영주권 포기
	8월 23일	딸 유진 앤서니 채플린 출생
	9월 18일	찰리의 스튜디오 웹 앤드 크나프에 매각됨
1954년	2월 10일	우나, 미국 시민권 포기
	7월 18일	제네바에서 저우언라이 수상을 만남.
1955년	3월 1일	찰리, 유나이티드 아티스트 영화사 잔여 주식 처분
1956년	4월 24일	클라리지 호텔에서 흐루쇼프와 불가닌을 만남
	5월~7월	〈뉴욕의 왕〉 촬영
1957년	5월 23일	딸 제인 세실 채플린 출생
	9월 12일	런던에서 〈뉴욕의 왕〉 개봉
1958년	1월 13일	에드나 퍼비언스 사망
	12월 30일	미국 국세청 체납 세금 청산
1959년	9월 24일	〈채플린 레뷔〉 개봉
	12월 3일	아네트 에밀리 채플린 출생
1962년	6월 27일	옥스퍼드에서 명예박사 학위를 받음
	7월 8일	막내아들 크리스토퍼 제임스 채플린 출생
1964년	9월	《나의 자서전》 출간(사이먼 앤드 슈스터 출판사)
1965년	4월 16일	형 시드니 채플린 사망
	11월 1일	〈홍콩에서 온 백작부인〉 제작 발표
1966년	1월 25일	〈홍콩에서 온 백작부인〉 크랭크인

	5월 11일	〈홍콩에서 온 백작부인〉 크랭크아웃
1967년	1월 2일	〈홍콩에서 온 백작부인〉 개봉
1969년	4월 16일	〈서커스〉(1928) 재편집 작업
1972년	4월 2일	20년 만에 미국 방문
	4월 16일	할리우드에서 아카데미 특별상 수상
	9월 3일	제33회 베니스영화제 황금사자상 수상
1974년	10월	《사진으로 본 나의 인생》 출간
1975년	3월 4일	엘리자베스 2세에게 기사 작위를 받음
1977년	12월 25일	찰리 채플린, 마노아 드 반 자택에서 잠자는 중 사망
1991년	9월 27일	우나 채플린, 마노아 드 반 자택에서 사망

작품목록

키스톤 영화사

1914년
1. 생활비 벌기 Making a Living
2. 베니스의 꼬마 자동차 경주 Kid Auto Races at Venice
3. 메이벨의 알 수 없는 곤경 Mabel's Strange Predicament
4. 소나기 사이에서 Between Showers
5. 필름 조니 A film Johnnie
6. 탱고 소동 Tango Tangles
7. 그의 기분전환 His Favorite Pastime
8. 잔인한 사랑 Cruel, Cruel Love
9. 스타 하숙생 The Star Boarder
10. 메이벨의 운전 Mabel at the Wheel
11. 사랑의 20분 Twenty Minutes of Love
12. 카바레 인생 Caught in a Cabaret
13. 비를 만나다 Caught in the Rain
14. 분주한 하루 A Busy Day
15. 치명적인 방망이 The Fatal Mallet
16. 그녀의 친구는 강도 Her Friend the Bandit
17. 녹아웃 The Knockout
18. 메이벨의 분주한 하루 Mabel's Busy Day
19. 메이벨의 결혼생활 Mabel's Married Life
20. 웃음 가스 Laughing Gas

21. 소품 담당 The Property Man
22. 바 플로어의 얼굴 The Face on the Bar-room Floor
23. 오락 Recreation
24. 변장 The Masquerader
25. 그의 새 직업 His New Profession
26. 술꾼들 The Rounders
27. 새로운 관리인 The New Janitor
28. 사랑의 고통 Those Love Pangs
29. 가루 반죽과 다이너마이트 Dough and Dynamite
30. 무례한 신사들 Gentlemen of Nerve
31. 그의 뮤지컬 이력 His Musical Career
32. 그의 밀회 장소 His Trysting Place
33. 틸리의 어긋난 사랑 Tillie's Punctured Romance
34. 첫 만남 Getting Acquainted
35. 그의 선사시대 His Prehistoric Past

에사네이 영화사
1915년 36. 새로운 직장 His New Job
37. 야간 외출 A Night Out
38. 챔피언 The Champion
39. 공원에서 In the Park
40. 야반도주 A Jitney Elopement
41. 뜨내기 The Tramp
42. 바닷가에서 By the Sea
43. 작업 Work
44. 여자 A Woman
45. 은행 The Bank
46. 상하이 Shanghai
47. 하룻밤의 쇼 A Night in the Show

1916년 48. 찰리 채플린의 카르멘 Carmen
49. 경찰 Police
1918년 50. 삼중고 Triple Trouble

뮤추얼 영화사
1916년 51. 매장 감독 The Floorwalker
52. 소방수 The Fireman
53. 떠돌이 The Vagabond
54. 새벽 1시 One A.M.
55. 백작 The Count
56. 전당포 The Pawnshop
57. 스크린 뒤에서 Behind the Screen
58. 스케이트장 The Rink
1917년 59. 이지 스트리트 Easy Street
60. 요양 The Cure
61. 이민 The Immigrant
62. 모험가 The Adventurer

퍼스트내셔널 영화사 시절
1918년 63. 개의 인생 A Dog's Life
64. 어깨총 Shoulder Arms
65. 공채 The Bond
1919년 66. 서니사이드 Sunnyside
67. 행복한 하루 A Day's Pleasure
1920년 68. 키드 The Kid
69. 유한계급 The Idle Class
1922년 70. 봉급날 Pay Day
1923년 71. 순례자 The Pilgrim

유나이티드 아티스트 영화사

1923년 72. 파리의 연인 A Woman of Paris

1925년 73. 황금광 시대 The Gold Rush

1928년 74. 서커스 The Circus

1931년 75. 시티 라이트 City Lights

1936년 76. 모던 타임스 Modern Times

1940년 77. 위대한 독재자 The Great Dictator

1947년 78. 무슈 베르두 Monsieur Verdoux

1953년 79. 라임라이트 Limelight

아치웨이 영화사

1957년 80. 뉴욕의 왕 A King in New York

유니버설 영화사

1967년 81. 홍콩에서 온 백작부인 A Countess from Hong Kong

찾아보기

ㄱ

가부키 796
〈가루 반죽과 다이너마이트〉 323
가톨릭품위단 927, 947
간디 721, 724~728, 1020
개릭 클럽 570~572
〈개의 인생〉 437, 448, 459, 463
거트루드 스타인 651
게티즈버그 연설 850
〈결혼모임〉 632
《경제민주주의》 756
〈곤경에 처한 셜록 홈스〉 172~174
《골동품 상점》 91, 92
공산당 976, 1022, 1023
공산주의자 666, 825, 870, 871, 949, 953, 955, 957, 975, 990, 1024, 1040
그레이엄 그린 1013
그리피스 형제 89
〈그림자와 실체〉 882~884, 891, 893~898, 920
〈그의 새로운 직장〉 343, 346
〈그의 선사시대〉 317, 330, 333
글로리아 스완슨 342, 423, 633
기 드 모파상 823
〈기사도의 전성시대〉 654
《기적》 763

ㄴ

나치 679, 684, 755, 762, 824, 831, 835, 838, 847, 848, 857~862, 867~871, 874~878, 888, 926
《나폴레옹 회고록》 627
낸시 애스터 714
냇 굿윈 319, 320, 360, 361, 369
네루 1017, 1019~1022
노아유 공작부인 760, 761
노드 학교 49, 59, 61, 62
〈뉴요커〉 710
〈뉴욕 데일리 뉴스〉 954, 955, 964

ㄷ

대공황 701, 722, 756, 774, 798, 802, 804, 805, 812, 842, 928
댄 레노 90, 272
더글러스 페어뱅크스 407, 412, 415, 448, 462, 464, 466, 470, 555,

613, 614, 624, 669, 686, 687,
761, 777, 801, 839, 971, 1013
더들리 필드 말론 520, 524, 584, 872
〈데일리 뉴스〉 850
〈데일리 워커〉 885
〈떠돌이〉 388
도널드 오덴 스튜어트 1013
돈 스튜어트 962
《돈의 해부학》 737, 741
〈돈 주앙〉 693, 1000
동서냉전 1014, 1015, 1018
됭케르크 838
드뷔시 230, 231
딜론 리드 앤드 컴퍼니 625
〈들판에 핀 백합〉 597
뜨내기 45, 300, 302, 313, 437~439, 490, 508, 549, 550, 644, 695, 696, 700, 702, 776, 778, 811, 812, 822, 832, 833

〈라이프〉지 979
〈라임라이트〉 546, 968, 972, 979, 985, 992, 996, 999, 1000, 1007, 1017, 1018, 1022, 1027, 1029
《라임하우스의 밤》 592
라베 피에르 1025
라흐마니노프 842
랠프 바턴 710, 734
램버스 빈민구호소 47~50, 58, 59, 137, 169, 556, 606
〈랭트랑시지앙〉 760
랭크 그룹 953
러시아 전쟁구제 미국위원회 868, 869
〈레드북〉 676
〈레 레트르 프랑세즈〉지 1001
레베카 웨스트 576
레오폴드 고도프스키 397, 398
레지옹 도뇌르 훈장 578, 586, 761, 995
레프트뱅크 스튜디오 1003
로버트 부스비 721
로버트 오펜하이머 994
로브 와그너 452
로빈슨 제퍼스 826, 827
〈로스앤젤레스 타임스〉 661, 677, 909, 912
로이드 라이트 898, 901
로이드 조지 587, 588, 715, 751
로제 페르디낭 995, 999
록웰 켄트 885
롱룸 730
루돌프 발렌티노 387, 673
루시 먼로 874
루엘라 파슨스 673, 898
루이 아라공 1001, 1002
루이 앙투안 포벨레 드 부리엔 627
루이스 마운트배튼 경 1019
루이스 페르디난트 공 803
루체른 1020
〈르 피가로〉 817
리버티 공채 447, 448, 451~454, 457, 871
리온 포이히트방어 825, 916, 925, 926, 954
리처드 브린슬리 셰리단 608
리처드 스태퍼드 크립스 경 835
리치몬드 772
리타 그레이 603
림프니 588, 590, 714
링컨 548, 850

ㅁ

마노아 드 반 1007, 1020, 1021
마담 레카미에 658
마르셀린 85~87
마르퀘스 오브 솔즈베리 993
마리 도로 172~175, 177, 178, 458, 597
마리 로이드 90
마리 앙투아네트 569
마오쩌둥 1022, 1023
마이클 채플린 970
〈막다른 골목의 미망인〉 653
막스 라인하르트 374, 411, 882, 883, 1013
〈매장 감독〉 388
맥 세네트 264, 283, 293, 298, 304, 305, 311, 316, 318, 319, 325
맨 법(Mann Act) 901, 902, 907
〈맨 인 더 박스〉 752
〈머밍 버즈〉 178, 206, 232, 235
머피 판사 900, 901
메르나 케네디 605
메리 픽퍼드 321, 413, 416, 418, 448, 464, 466~468, 470, 555, 613, 614, 624, 669, 686, 687, 761, 801, 954, 959, 960
메리언 데이비스 654, 657, 686, 718
메이벨 노먼드 283, 289~291, 293, 296, 297, 300, 307, 308, 318, 319, 468
〈메이벨의 알 수 없는 곤경〉 305
《메이페어에서 모스크바까지》 608
멜리사 헤이든 970
〈모던 타임스〉 440, 528, 812~815, 821, 822, 834, 845
〈모험가〉 388
〈목신의 오후〉 400~402
몰리에르 1000
무성영화 264, 283, 293, 358, 631, 632, 693~697, 700, 708, 709, 776, 802, 805, 811, 821, 960, 1040,
〈무슈 베르두〉 893, 894, 920, 925, 927, 928, 930, 948, 954, 959, 963~965, 967, 968, 1030
뮤추얼 영화사 367, 370, 387~389, 391, 392, 427, 434
미구엘 코바루비아스 784
미국 산업별노동조합회의(CIO) 873, 874
미국 제일주의자 887
미국극장기구 874
미국애국여성회관 861, 862
미나 월리스 894
미니 M. 피스크 546
밀드레드 해리스 480, 481

ㅂ

바슬라프 니진스키 397, 398
《바람과 비》 593
발리 782~788
발성영화 693
발터 슈피스 785
〈밤주막〉 1003
배심원단 908, 910, 912~915
〈백작〉 388
뱅상 오리올 995
버나드 쇼 184, 572, 573, 713, 715, 717, 728, 928, 945
〈버라이어티〉지 252, 656
버지니아 셰릴 699
베런 스트라보기 992
베르톨트 브레히트 925

베른슈토르프 백작 679
벤베누토 첼리니 759
벨그레이비어 989
〈봉급날〉 623
불가닌 1013, 1014
브랜던 브래컨 721
브랜스비 윌리엄스 90~92
〈브로드웨이 멜로디〉 694
브로드웨이 243, 244, 246, 247, 251, 260, 280, 282, 356, 360, 369, 544, 694, 859, 1033
브롱크스 511, 684
브린 사무소 927, 928, 944
브베 1007, 1024, 1036
블라디미르 호로비츠 841
블랙모어 배우 중개소 147, 148
블랙번 171, 773, 774
〈블루버드〉 968
블루버드 랑드뤼 891
블룸스버리 610
〈비〉 260, 420
〈비를 만나다〉 313
비시 860
비토 마칸토니오 874
빅 베르타 833
빅토리아 채플린 970
빈 후작 614

《사과 수레》 718
〈사랑의 20분〉 323, 440
사르트르 1001~1003
사우샘프턴 202, 557, 558, 561, 772, 986, 987
사임 실버맨 252, 656, 657
《사회신용론》 701
사회주의 577, 688, 719, 731, 738, 739, 742, 774, 805
사회주의자 385, 442, 510, 732, 737, 739, 993
산시메온 662, 664~666, 668, 675
샌타바버라 880, 898~900
살카 비어텔 925
〈새로운 관리인〉 317
〈새벽 1시〉 388
생모리츠 777, 778
샹브륀 백작 860
〈서니사이드〉 488
서덜랜드 공작 614
서머싯 몸 260, 261, 418, 420, 567, 569, 570, 825
〈서커스〉 605, 673
성 존 어빈 591
〈세계를 뒤흔든 10일〉 688
세드릭 W. 하드위크 882
세실 B. 데밀 358, 460
셰익스피어 360, 519, 536, 537, 541, 547, 693, 771~773
〈소방수〉 388
〈소품 담당〉 323
쇼펜하우어 276, 937, 1036
〈수터의 황금〉 688
〈순례자〉 623, 624
슐리번 앤드 콘시딘 극장 254, 255, 263, 264
스리 스테그스 111
〈스케이트장〉 388
〈스케이팅〉 238, 250, 313
스콰이어 밴크로프트 571
〈스크린 뒤에서〉 388

스트랜드 극장 645
스티븐 스펜더 925
스페인 내전 759, 939
슬랩스틱 498
《시간 실험》 683
시뇨레 광장 759
시드 그로먼 262, 381
시드니 베른스타인 1013
시드니 채플린 1029
시드니 힐먼 874
시릴 코닐리 925
〈시티 라이트〉 439, 440, 695~697, 699~705, 710, 713, 728, 757, 776, 802, 810, 812, 961
〈신데렐라의 키스〉 573
〈신데렐라〉 75, 84, 86
심령술 683
싱싱교도소 597, 598, 600
싱클레어 루이스 882

ㅇ

아네트 채플린 1047
아널드 쇤베르크 845, 925
아돌프 멘주 632
아돌프 주커 469, 624
아르투로 토스카니니 842
아서 로렌츠 970
아서 브리스베인 661, 832
아서 헤이스 설즈버거 854
아이린 밴브러그 173
아인슈타인 680~687, 705, 707, 763
아치웨이 영화사 1052
안나 파블로바 382, 397, 402
안드레이 그로미코 1015
안젤로 조지프 869
알렉산더 무어 669
알렉산더 코르다 832
알렉산드리아 항 781
알바 공작 614, 759
알프레드 드 뮈세 998
《암살에 의한 지배》 794
앙드레 에글레프스키 968, 970
애스터 극장 849
앤 모건 579, 580, 585~587
앤 오헤어 매코믹 856
앨프 리브스 238, 282, 551, 601, 704, 705, 802
앨프리드 잭슨 752
앨프리드 J. 머닝스 경 716
〈야간 외출〉 350
〈어깨 총〉 460, 462, 778
어니스트 조 셴크 624, 696
어빙 벌린 701, 702
얼 윌슨 961
업턴 싱클레어 742
에드나 퍼비언스 346, 349, 388, 427, 428, 485, 550, 626, 627, 631, 1030
에드워드 베딩턴 베렌스 경 1013
에드윈 루티엔스 571, 578
에롤 플린 904
에른스트 루비치 632
에밀 루트비히 757
에사네이 영화사 329, 333, 342~345, 354, 356~360, 388, 428
엘라 윈터 1013
엘레오노라 두제 397, 405, 541
엘리너 글린 418, 420~422, 654, 655, 675, 678
여덟 명의 랭커서 소년들 77, 81, 84, 88, 93, 94, 97, 106, 752
연방수사국(FBI) 905

찾아보기 1057

연방재판소 903, 906, 912, 948
연방정부 900~905, 912, 920
〈열두 명의 배심원〉 192
〈영국 뮤직홀에서의 하룻밤〉 263
오리엔테이션 542, 543
오선 웰스 885, 891, 892
오스왈드 모슬리 경 756
오스틴 체임벌린 614
오즈월드 스톨 극장 575
올더스 헉슬리 926
〈와와〉 239, 248, 249, 262, 263
〈요양〉 388, 399
우나 오닐 891, 894
《우스운 이야기들》 710
〈웃음 가스〉 323
워너브라더스 영화사 418, 676, 693
월도프 아스토리아 호텔 886
〈월드〉지 812
월리 매카시 128
월터 해켓 571
웬델 L. 윌키 874
〈위대한 독재자〉 834, 835, 838, 839, 847, 849, 851, 860, 861, 865~867, 959, 965
윈스턴 처칠 경 608, 718, 720, 723, 728
윌 H. 헤이스 834
윌 J. 듀런트 971
윌리엄 랜돌프 허스트 655, 686, 807
윌리엄 오르펜 경 590
윌리엄 질레트 158, 171, 172, 174, 381
윌슨 미즈너 457, 824
유나이티드 아티스트 467, 471, 525, 547, 624~626, 641, 645, 704, 707, 708, 834, 835, 953~955, 959, 963, 965, 978, 1017
유니버설 영화사 329, 681

유성영화 693, 776, 802, 805, 806, 821, 888, 1040
〈유한계급〉 549, 550, 654
유화주의자 877, 878
이누카이 쓰요시 793
〈이민〉 388, 439
〈이반 대제〉 689
이보르 몬터규 687, 1013
〈이지 스트리트〉 388, 390
이튼스쿨 748, 749
임프레스 극장 262, 266, 267, 275, 284, 289, 295, 1012

ㅈ

자르모 88, 89
자크 코포 587
작가와 극작가 협회(SACD) 995, 999
〈잠수함 파일럿〉 752
〈잠수함 해적〉 328
〈잠자는 숲속의 미녀〉 968
장 콕토 814, 817
장정 1023, 1024
장제스 1023
재키 쿠건 489~491, 530
재향군인회 873, 956, 957, 964, 990, 991
잭 뎀프시 582
〈잭 존스〉 28
저우언라이 1017, 1022, 1023
〈전당포〉 388
〈전함 포템킨〉 688
제1차 세계대전 398, 422, 447, 448, 472, 715, 740, 758, 803
제2전선 868, 872, 874~876, 879, 884, 885, 887, 888

제대군인지원법 990
제럴드 K. 스미스 목사 887
제럴딘 채플린 970
제리 기슬러 901
제리 엡스타인 978
제스 로빈스 329, 344
제임스 M. 미드 874
제임스 M. 배리 571
조르주 뒤 모리에 408, 900
조르주 카르팡티에 582
조르주 페도 998
조세핀 627, 628, 768
조세핀 채플린 970
조안 베리 880, 881, 886, 893, 894, 897, 904, 907, 911
조지 니콜스 304, 306
조지 채프먼 744
조지 프램튼 571
조지 K. 스푸어 329
조지 K. 아서 576
조지 M. 코핸 극장 705
조지프 큐런 874
조지프 E. 데이비스 868, 976
존 가필드 872
존 메이너드 케인스 715
존 메이스필드 653
존 바비롤리 경 842
존 배리모어 547, 548
존 스타인벡 824
존 프롤러 368
〈즐거운 소령〉 192
지미 러셀 593
〈짐, 런던내기의 사랑〉 149, 152, 156, 157
짐 라킨 598, 599
짐 에이지 958, 970, 983

차이콥스키 968
차트웰 720~724
〈찰리 채플린의 카르멘〉 358, 360, 361
〈찰리의 아줌마〉 752
찰스 로크 156
찰스 채플린 974
찰스 폴레티 874
철의 장막 1018
《청부루의 종마》 827
체커스 코트 730
〈축구시합〉 194, 197, 198, 201, 231, 232, 235
치펜데일 671
친부확인소송 898, 901, 917
칠쿠트 고개 642

카네기홀 884~887
카노 극단 139, 178, 188, 194, 195, 201, 205, 219, 238, 248, 262, 283~285, 289, 556, 593
〈카르멘〉 358, 375
캅카스 876, 877, 879
캐닝턴 가 8, 9, 11, 18, 21, 60, 61, 111, 124, 127, 137, 138, 165, 169, 186, 191, 192, 559, 564~566, 568, 594, 989
캐피털 극장 849
커맨드 포퍼먼스 753
케셀 앤드 바우먼 282, 283
케이시코트 서커스단 184~186, 188, 189
케이트 스미스 887

케이트 스미스 아워 887
케인힐 정신병원 59, 136, 142, 157, 158, 166, 170
코가 세이시 794
코르넬리우스 반더빌트 3세 679
코르시 1007, 1010
코메디프랑세즈 1000
코즈모폴리턴 프로덕션 657, 675, 676
콘서티나 673
콘수엘로 밴더빌트 발산 756
콘스탄스 콜리어 406, 458, 886
컬럼비아 방송사 887
콜리시엄 극장 197, 198
퀸엘리자베스 호 983
크리스토퍼 채플린 1047
클라라 하스킬 1024
〈클럽에서의 하룻밤〉 284
클레멘스 데인 971
클레어 부스 루스 971, 972
클레어 블룸 970
클레어 셰리단 608
클로드 페퍼 874
클론다이크 642
클리퍼드 오데츠 925
〈키드〉 488, 493~495, 498, 499, 502, 503, 505~507, 513, 517, 522, 530, 548, 573, 580, 623, 641
키스톤 영화사 264, 283~285, 290, 296, 304, 312, 315, 317, 322, 323, 326~330, 333, 356, 367, 385, 388, 437, 439, 441, 477, 575

ㅌ

타임스 빌딩 245, 370, 854
〈타임〉지 958, 979

텔마 퍼니스 768
《토르티야 대지》 824
토마스 만 680, 825, 925, 954
토머스 립톤 경 669
토머스 배빙톤 매콜리 612
토머스 칼라일 995
토머스 H. 인스 629, 675
토머스 채터턴 1003
토키영화 693, 694, 696, 697, 704, 708, 710
톰 해링턴 477, 482, 483, 504, 529, 551
통속영화 693
〈트로이의 여인들〉 627
트로카데로 광장 580, 585, 586
트리아농 587, 676
《트릴비》 408, 900
티피 그레이 905, 906, 908, 913, 914
틴 팬 앨리 831
팀 듀란트 822, 823

ㅍ

파나란다 공작 614
파라마운트 영화사 429, 458, 464, 469, 481, 573, 633, 634, 636, 637, 688, 710, 822, 833, 865
〈파리의 연인〉 535, 631~633
파블로 카잘스 1025
패니 브라이스 683
패튼 장군 957
팬터마임 84, 86, 90, 178, 195, 315, 317, 493, 555, 695, 699, 700, 821, 822, 833
팰라디움 극장 753
퍼스트내셔널 영화사 392, 427, 448, 463, 466, 470, 505, 509, 514,

515, 517, 525, 548, 623, 624
펄 S. 벅 885
페기 피어스 322
페기 홉킨스 조이스 628
페르세우스 상 759
페미니즘 670
페블 비치 822, 823, 826
포드 스털링 283, 290, 292~294, 296, 297, 301~303, 305, 314, 326, 545
포레스터스 뮤직홀 189, 190, 194, 199, 201, 235
포트 벨비디어 770
폰 풀뮬러 763
폴 게티 880, 881, 886, 911
폴 루이 베이유 1026
폴라 네그리 387, 583, 633
폴레트 고다르 807
폴리베르제르 752
폴리베르제르 뮤직홀 219, 221, 224~227
표도르 샬랴핀 769
프랜시스 베이컨 772
프랭크 테일러 926
프랭크 해리스 478, 509, 510, 592, 597~ 599
프랭크 J. 굴드 234, 281, 752
프랭클린 D. 루스벨트(루스벨트) 451, 874
프레드 카노 극단 139
프레지던트 쿨리지 호 820
〈프리실라 양의 고양이〉 77
플랑부아 양식 588
피에르 라발 860
피카소 38, 1001~1003
《피터팬》 571, 573
필립 머리 874

필립 사순 경 572, 583, 587~590, 678, 714, 718, 748, 756
필립 스노든 775

ㅎ

한스 아이슬러 845, 846, 925, 949, 957
한웰 학교 48~52, 56~59, 137, 169
해너 채플린 19
해럴드 스타센 1015
해리 브리지스 847
해리 크로커 606, 673, 678, 898, 979, 985, 1002
허버트 베이야드 스워프 608
허버트 비어봄 트리 경 406, 408
허버트 클라크 후버 854
〈허스트 이그재미너〉 677, 832
헤맨 도너 642
헤이스 사무소 834
헤티 켈리 204, 211, 369, 551, 561
헨리 레어만 296, 300, 303, 304
혈액 검사 901, 903, 904, 917
호놀룰루 427, 814, 815
〈황금광 시대〉 439, 440, 471, 644, 645, 654, 704, 811, 961
휴 바이어스 794
흐루쇼프 1013~1016, 1018
흑룡회 794
히틀러 679, 680, 831~835, 838, 859, 867, 868, 874, 875, 877~879, 926
히포드롬 극장 84, 86, 87, 355, 356

〈UP 통신사〉 985
17마일 드라이브 822
A. C. 블루멘털 880

C. E. 해밀턴 149
C. H. 더글러스 701, 756
E. F. 휴턴 823
E. V. 루카스 571
F. H. 라가디아 874
G. M. 앤더슨 329
H. A. 세인츠버리 149, 158
J. B. 프리스틀리 1013
J. P. 모건 391, 579, 660
M.G.M 영화사 487, 631, 676, 694, 991
T. E. 로렌스 732